RECUEIL GÉNÉRAL DES LOIS ET DES ARRÊTS
ET
JOURNAL DU PALAIS

CODES ANNOTÉS

CONTENANT SOUS CHAQUE ARTICLE L'ANALYSE DE LA DOCTRINE ET DE LA JURISPRUDENCE

CODE DE COMMERCE

Annoté par

Em. COHENDY
PROFESSEUR A LA FACULTÉ DE DROIT ET A L'ÉCOLE SUPÉRIEURE DE COMMERCE DE LYON

Alcide DARRAS
DOCTEUR EN DROIT

Avec la Collaboration des Rédacteurs
DU RECUEIL GÉNÉRAL DES LOIS ET DES ARRÊTS
ET DU JOURNAL DU PALAIS

TOME DEUXIÈME

1er Fascicule

(Art. 437 à 648)

PARIS
LIBRAIRIE DE LA SOCIÉTÉ DU RECUEIL GÉNÉRAL DES LOIS ET DES ARRÊTS
FONDÉ PAR J.-B. SIREY, ET DU JOURNAL DU PALAIS
Ancienne Maison L. LAROSE & FORCEL
22, RUE SOUFFLOT, 5e *Arrond.*
L. LAROSE, Directeur de la Librairie
1904

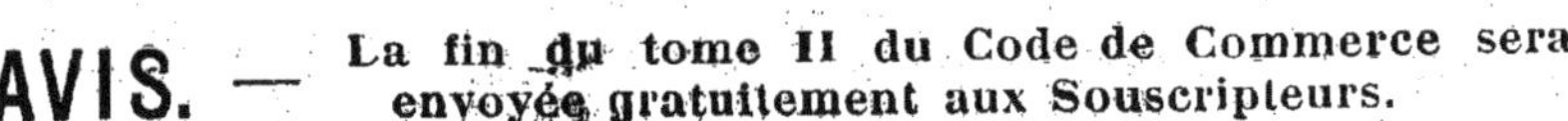

AVIS. — La fin du tome II du Code de Commerce sera envoyée gratuitement aux Souscripteurs.

CODE DE COMMERCE

ANNOTÉ

II

EXPLICATIONS DES PRINCIPALES ABRÉVIATIONS

S. — *Recueil général des Lois et des Arrêts, fondé par J.-B. Sirey.* — Le premier chiffre indique l'année, le second la partie, le troisième la page; ainsi [S. 75.1.477] veut dire : [Sirey, année 1875, 1re partie, p. 477]

S. chr. — Collection du même recueil, refondue jusqu'en 1830 inclusivement, par ordre chronologique; chaque année se trouve donc à sa date.

P. — *Journal du Palais.* — Lorsque le renvoi comprend trois chiffres, le premier indique l'année; le second (1 ou 2) indique le tome, et le troisième la page; ainsi [P. 53.2.125] signifie [**Journal du Palais**, année 1853, tome 2, p. 125] Les renvois aux années n'ayant qu'un volume ne comprennent naturellement que deux chiffres.

P. chr. — Collection *chronologique* du Journal du Palais, refondue jusqu'en 1835 inclusivement pour la Jurisprudence des Cours et Tribunaux et continuée jusqu'en 1890 pour la Jurisprudence administrative.

P. *Rép.* — *Répertoire général du Journal du Palais* (14 vol., ordre alphab.).

S. et P. — *Sirey* et *Palais*, la division en 4 parties et les paginations étant, depuis 1892, les mêmes dans les deux recueils.

D. P. — *Jurisprudence générale* de Dalloz; recueil périodique (mêmes observations que pour le recueil Sirey).

D. A. — Refonte par ordre alphabétique des matières des premières années du même recueil, jusqu'en 1824 inclusivement. (Le premier chiffre indique le tome, le second la page).

D. *Rép.* — *Jurisprudence générale* de Dalloz; répertoire de législation, de doctrine et de jurisprudence. (Le renvoi est complété par le mot indicateur et le numéro qu'y occupe l'arrêt).

Fr. jud. — *France judiciaire.* (Le premier chiffre double (77-78) indique l'année, le second la partie, le troisième la page).

Pasicr. — *Pasicrisie Belge.* (Mêmes observations que pour le recueil Sirey, sauf pour les premières années, qui ne comportent qu'une pagination).

RECUEIL GÉNÉRAL DES LOIS ET DES ARRÊTS
ET
JOURNAL DU PALAIS

CODES ANNOTÉS

CONTENANT SOUS CHAQUE ARTICLE L'ANALYSE DE LA DOCTRINE ET DE LA JURISPRUDENCE

CODE DE COMMERCE

Annoté par

Em. COHENDY
PROFESSEUR A LA FACULTÉ DE DROIT ET A L'ÉCOLE SUPÉRIEURE DE COMMERCE DE LYON

Alcide DARRAS
DOCTEUR EN DROIT

Avec la Collaboration des Rédacteurs

DU RECUEIL GÉNÉRAL DES LOIS ET DES ARRÊTS

ET DU JOURNAL DU PALAIS

TOME DEUXIÈME

1er Fascicule

(Art. 437 à 648)

PARIS
LIBRAIRIE DE LA SOCIÉTÉ DU RECUEIL GÉNÉRAL DES LOIS ET DES ARRÊTS
FONDÉ PAR J.-B. SIREY, ET DU JOURNAL DU PALAIS
Ancienne Maison L. LAROSE & FORCEL
22, RUE SOUFFLOT, 5e *Arrond.*
L. LAROSE, Directeur de la Librairie
1904

IMPRIMERIE
CONTANT-LAGUERRE
LUX VITAM
BAR-LE-DUC

CODE DE COMMERCE

LIVRE III

DES FAILLITES ET BANQUEROUTES

Loi du 28 mai 1838, promulguée le 5 juin.

TITRE PREMIER

DE LA FAILLITE

DISPOSITIONS GÉNÉRALES

ART. **437**. Tout commerçant qui cesse ses paiements est en état de faillite.

La faillite d'un commerçant peut être déclarée après son décès, lorsqu'il est mort en état de cessation de paiements.

La déclaration de faillite ne pourra être, soit prononcée d'office, soit demandée par les créanciers, que dans l'année qui suivra le décès. — C. civ., 1865 ; C. comm., 1, 2, 4, 5, 27, 28, 47 et s., 438, 440, 446, 531, 563, 597, 598, 632 ; L. 24 juill. 1867, art. 7 et 55 ; L. 4 mars 1889, art. 3 ; L. 1er août 1893, art. 6.

INDEX ALPHABÉTIQUE.

DIVISION

§ 1. *Conditions constitutives de la faillite.*

1. Il résulte de notre article que deux conditions sont nécessaires pour pouvoir être declaré en faillite. Il faut : 1° être commerçant, et 2° avoir cessé ses paiements. — Sur la question de savoir si l'état de faillite, avec ses conséquences essentielles, résulte de la seule coexistence de ces deux conditions, ou bien au contraire si la faillite, pour produire ses effets, doit nécessairement être déclarée par un jugement du tribunal de commerce compétent, V. *infrà*, n. 108 et s.

A. *Qualité de commerçant.* — 2. Tout commerçant peut être déclaré en faillite, sans qu'il y ait à distinguer à cet égard suivant qu'il s'agit d'un individu ou d'une société commerciale. — Sur les conditions constitutives de la qualité de commerçant, V. *suprà*, art. 1er, n. 11 et s., et *infrà*, art. 632. — Sur la question de savoir si les associés dans les sociétés commerciales doivent être considérés comme des commerçants, V. *suprà*, art. 1er, n. 72 et s. — Sur la situation du commanditaire qui s'immisce dans la gestion de la commandite dont il fait partie, et sur la question de savoir s'il acquiert ainsi la qualité de commerçant et s'il peut, par suite, être déclaré en faillite, V. *suprà*, art. 27-28, n. 77 et s. — Sur la capacité nécessaire pour être légalement commerçant, V. *suprà*, pour le mineur, art. 2, n. 1 et s., 8, 25, 80, et pour la femme mariée, art. 4, n. 1 et s., et art. 5, n. 51 et s. — Sur la question de savoir si le mari, qui a autorisé sa femme à faire le commerce, et qui est tenu comme tel, sous le régime de la communauté, des dettes contractées par sa femme, doit être considéré comme un commerçant et peut être déclaré en faillite, V. *suprà*, art. 5, n. 36 et s. — Sur les prohibitions de faire le commerce et les conséquences qui en résultent au point de vue de la qualité de commerçant et de la faillite, V. *suprà*, art. 1er, n. 136 et s. — Sur la distinction des sociétés civiles et des sociétés commerciales, V. *suprà*, Appendice II au liv. I, tit. 3, L. du 1er août 1893, art. 6 [art. 68 de la loi du 24 juill. 1867], n. 1 et s., et notre *Code civil annoté*, art. 1832, n. 61 et s.

α) *Sociétés.* — 3. La faillite s'applique, quoiqu'on l'ait autrefois contesté, aussi bien aux sociétés anonymes ou en commandite par actions qu'aux sociétés en nom collectif ou en commandite simple. D'une part, en effet, toutes les sociétés commerciales constituent également des personnes morales distinctes de la personnalité des associés. D'autre part, les sociétés anonymes, commes les sociétés en nom collectif, peuvent obtenir le bénéfice de la liquidation judiciaire, aux termes de l'art. 3 de la loi du 4 mars 1889, ce qui implique nécessairement qu'elles peuvent être déclarées en faillite. — Cass., 14 juill. 1862 [S. 62. 1. 938, P. 63. 1166, D. P. 62. 1. 518] — Paris, 29 déc. 1838 [S. 39. 2. 347, P. 39. 1. 72, D. *Rép.*, v° *Faillite*, n. 666]; 27 nov. 1852 [S. 52. 2. 662, P. 53. 1. 619, D. P. 53. 2. 182]; 12 juill. 1869 [S. 71. 2. 233, P. 71. 791 et la note de M. Lyon-Caen, D. P. 70. 2. 7] — *Sic*, Lyon-Caen et Renault, t. 8, n. 1136; Thaller, n. 2191; Boistel, n. 894; Alauzet, t. 7, n. 2434; Pardessus, n. 1146; Rousseau, *Tr. des sociétés*, n. 2036; Houpin, *Tr. des sociétés*, t. 2, n. 956; Pic, *Faillite des sociétés*, p. 26; et notre *Rép. gén. alph. du dr. fr.*, v° *Faillite*, n. 114 et s. — *Contrà*, Massé, t. 3, n. 1169; Renouard, t. 1, p. 260 et s.

4. Spécialement, une société anonyme formée pour la création et l'exploitation d'un chemin de fer, étant essentiellement commerciale, peut être déclarée en faillite quand elle cesse ses paiements, si, d'ailleurs, ses statuts ne renferment pas de dispositions qui résistent à l'état de faillite et à la gestion des syndics. — Cass., 14 juill. 1862, précité.

5. Et ne peut être considéré comme faisant obstacle à la mise en faillite d'une telle société le contrôle auquel elle est soumise de la part de l'administration. — Même arrêt.

6. Non plus que le séquestre dont le chemin de fer a été frappé par décret impérial. — Même arrêt.

7. Mais il en est autrement de l'association en participation qui ne constitue pas une personne morale, et qui, par suite, ne saurait être mise en faillite. Si donc le gérant d'une participation, seul connu des tiers, vient à suspendre ses paiements, il pourra sans doute être déclaré en faillite : mais

il ne peut s'agir que d'une faillite individuelle, sans répercussion sur les simples participants. — Cass., 23 févr. 1864 [S. 64. 1. 63, P. 64. 427, D. P. 64. 1. 136] — Poitiers, 22 déc. 1887 [S. 88. 2. 1, P. 88. 1. 79 et la note de M. Lyon-Caen, D. *Rép.*, *Suppl.*, v° *Faillite*, n. 227] — *Sic*, Lyon-Caen et Renault, t. 2, n. 1059; Thaller, n. 2190; Pic, p. 31; Poulle, *Tr. des sociétés en particip.*, n. 73. — Sur l'association en participation, V. *suprà*, art. 47-48, n. 1 et s.

8. La dissolution d'une société ne s'oppose pas à ce que cette société soit déclarée en faillite. Une société dissoute, en effet, continue à subsister comme personne civile juqu'à l'achèvement complet des opérations de sa liquidation : en conséquence, cette société peut, jusqu'à ce moment-là, être déclarée en faillite; et elle peut également être admise au bénéfice de la liquidation judiciaire. — Cass., 29 juin 1875, sol. impl. [S. 75. 1. 358, P. 75. 869, D. *Rép.*, *Suppl.*, v° *cit.*, n. 228] — Orléans, 9 mars 1894 [S. et P. 95. 2. 310, D. P. 95. 2. 265] — *Sic*, Lyon-Caen et Renault, t. 8, n. 1140; Thaller, n. 2195, et *Rev. crit.*, 1885, p. 298; Boistel, n. 379; Pic, p. 33; Duvivier, *Tr. de la faill. des soc. comm.*, p. 15; Ruben de Couder, v° *Société en nom collectif*, n. 356 et s., et *Suppl.*, v° *Faillite*, n. 21; et notre *Rép. gén. alph. du dr. fr.*, v° *cit.*, n. 138 et s.

9. Mais la faillite ne pourrait plus être déclarée, si la liquidation de la société était achevée et l'actif intégralement réparti entre les associés : à partir de ce moment-là, en effet, la personnalité morale de la société disparaît de plein droit. — Cass., 12 févr. 1890 [S. 91. 1. 230, P. 91. 1. 545]; 24 mai 1892 [S. et P. 92. 1. 469] — Orléans, 9 mars 1894, précité. — *Sic*, Lyon-Caen et Renault, *loc. cit.*

10. D'autre part, on admet généralement qu'avant même toute répartition, une société en nom collectif ou en commandite ne peut plus être déclarée en faillite, lorsque sa disssolution remonte à plus d'un an et résulte du décès d'un associé en nom : la faillite de la société entraînerait, en effet, la faillite de cet associé, et, par suite, on violerait ainsi le troisième alinéa de notre article, aux termes duquel la faillite d'un commerçant ne peut être déclarée plus d'un an après son décès. — *Sic*, Lyon-Caen et Renault, *loc. cit.* — Sur l'influence de la faillite d'une société sur la condition juridique des associés, V. *infrà*, n. 15 et s.

11. La nullité d'une société pour vice de constitution ou pour défaut de publicité ne fait pas non plus obstacle à la faillite de cette société. Il est de principe, en effet, que cette nullité ne peut pas être opposée par les associés aux créanciers sociaux : ceux-ci conservent donc le droit de provoquer la déclaration de faillite de la société, malgré la nullité dont elle est atteinte. — Cass., 15 mars 1875 [S. 75. 1. 260, P. 75. 625, D. P. 76. 1. 312]; 25 févr. 1879, sol. impl. [S. 81. 1. 461, P. 81. 1. 1187, D. P. 80. 1. 20]; 3 avr. 1895 [S. et P. 97. 1. 118, D. P. 95. 1. 443]; 5 juill. 1900 [D. P. 1902. 1. 89, et la note de M. Thaller] — Bordeaux, 8 déc. 1870 [D. P. 72. 2. 22] — Paris, 5 févr. 1873 [S. 73. 2. 75, P. 73. 338, D. P. 74. 2. 235] — Lyon, 21 déc. 1883 [D. P. 86. 2. 113]; 18 mars 1884 [D. P. 84. 2. 211]; 8 mai 1884 [S. 84. 2. 107, P. 84. 2. 219] — *Sic*, Boistel, n. 894; Lyon-Caen et Renault, t. 2, n. 239, et t. 8, n. 1141; Deloison, *Soc. commerc.*, n. 95; Houpin, t. 1, n. 509, et t. 2, n. 1023; Thaller, n. 2196, et *Rev. crit.*, 1885, p. 298; Pic, p. 42; Ruben de Couder, *Suppl.*, v° *Faillite*, n. 22 et 85; et notre *Rép. gén. alph. du dr. fr.*, v° *cit.*, n. 147 et s. — *Contrà*, Cass., 24 août 1863 [S. 63. 1. 486, P. 64. 95, D. P. 63. 1. 353] — Caen, 18 mai 1864 [S. 65. 2. 103, P. 65. 476, D. P. 66. 2. 35] — Orléans, 9 août 1865 [S. 66. 2. 57, P. 66. 321]; 14 mars 1883 [D. P. 85. 2. 25 et la note de M. Poncet] — Trib. comm. de Nantes, 14 juin 1882 [D. *Rép.*, *Suppl.*, v° *Faillite*, n. 232] — Sur les effets de la nullité des sociétés pour vice de constitution et pour défaut de publicité, V. *suprà*, Appendice II au liv. I, tit. 3, L. 24 juill. 1867, art. 55-56, n. 59 et s.

12. A plus forte raison, la nullité de la société ne saurait autoriser à faire rapporter la faillite antérieurement prononcée, alors surtout que le rapport de la faillite n'aurait plus d'objet, le concordat ayant déjà été homologué. — Lyon, 8 mai 1884, précité.

13. Mais il en serait autrement dans le cas où la nullité serait invoquée par les créanciers personnels des associés. D'après une jurisprudence constante en effet, ces créanciers ont le droit d'opposer cette nullité aux créanciers sociaux, de telle sorte que la société déclarée nulle n'a plus d'existence légale, ni de fonds social, à leur égard : la déclaration de faillite de cette société devient ainsi impossible. — Cass., 24 août 1863, précité. — *Sic*, Lyon-Caen et Renault, t. 2, n. 239, et t. 8, n. 1142; Pic, p. 44. — Sur les effets de la nullité de la société dans les rapports des créanciers sociaux et des créanciers personnels des associés, V *suprà*, Appendice II au liv. I, tit. 3, L. 24 juill. 1867, art. 55-56, n. 104 et s.

14. D'autre part, la nullité de la société mettra obstacle à la déclaration de faillite de cette société dans le cas où elle est fondée sur des motifs d'ordre public qui la rendent opposable aux tiers : il en sera ainsi des sociétés qui ont un objet illicite, ou qui sont contractées par des incapables. — V. notre *Rép. gén. alph. du dr. fr.*, v° *cit.*, n. 144 et s. — Sur les effets de la nullité des sociétés ayant un objet illicite, V. notre *Code civil annoté*, art. 1833, n. 40 et s. — Sur l'influence que peut exercer la faillite de la société sur la condition juridique des associés, V. *infrà*, n. 15 et s.

β) *Influence de la faillite de la société sur la condition juridique des associés.* — 15. La faillite personnelle d'un associé, alors du moins qu'il s'agit d'un associé en nom, entraîne, comme la déconfiture, la dissolution de la société dont il fait partie, d'après l'art. 1865, C. civ. Mais elle n'entraîne pas la faillite de la société, laquelle peut être solvable et continuer à faire face à ses échéances malgré la ruine d'un de ses membres. — Cass., 13 mars 1823 [S. et P. chr., D. *Rép.*, v° *Faillite*, n. 997]; 13 déc. 1831 [P. chr.]; 5 mars 1879 [S. 79. 1. 201, P. 79. 1. 494 et la note de M. Lyon-Caen, D. P. 79. 1. 250]; 25 août 1883 [*J. des faillites*, 83. 243] — *Sic*, Lyon-Caen et Renault, t. 8, n. 1150; Pic, p. 20; et notre *Rép. gén. alph. du dr. fr.*, v° *cit.*, n. 152 et s. — Sur la dissolution de la société par suite de la faillite d'un associé, V. notre *Code civil annoté*, art. 1865, n. 19 et s., 26 et s.

16. Spécialement, la faillite d'un agent de change n'entraîne pas la faillite de la société constituée pour l'exploitation de sa charge. — Cass., 5 mars 1879, précité. — *Contrà*, Paris, 22 janv. 1875 [S. 77. 2. 36, P. 77. 1. 215, D. P. 75. 2. 123]

17. Au contraire, la faillite d'une société entraîne de plein droit la faillite personnelle des associés en

nom qui en font partie. D'une part, en effet, les associés en nom sont personnellement et solidairement tenus du passif social, de telle sorte que, s'ils laissent ce passif social en souffrance, ils se constituent eux-mêmes en état de cessation de paiements et tombent ainsi sous le coup de la faillite. D'autre part, cette solution résulte de différents articles du Code de commerce, notamment de l'art. 438-2°, aux termes duquel la déclaration de faillite d'une société en nom collectif doit contenir le nom et l'indication du domicile de chacun des associés solidaires, et de l'art. 458 qui prescrit l'apposition des scellés, non seulement au siège principal de la société, mais aussi au domicile séparé de chacun des associés en nom : ces articles impliquent bien que la faillite des associés est encourue par suite et comme conséquence de la faillite sociale. — Cass., 17 avr. 1861 [S. 61. 1. 609, P. 61. 988, D. P. 61. 1. 254]; 8 janv. 1873 [S. 73. 1. 123, P. 73. 269, D. P. 73. 1. 257]; 13 mai 1879 [S. 80. 1. 163, P. 80. 367, D. P. 80. 1. 29]; 9 juin 1882 [S. 83. 1. 300, P. 83. 1. 740]; 12 nov. 1894 [S. et P. 97. 1. 107, D. P. 95. 1. 38]; 3 avr. 1895 [S. et P. 97. 1. 118, D. P. 95. 1. 443]; 21 juin 1899 [S. et P. 1900. 1. 88, D. P. 99. 1. 503] — Douai, 9 févr. 1825 [S. et P. chr., D. *Rép.*, v° *cit.*, n. 81]; 15 mai 1859 [S. 60. 2. 84, P. 61. 54]; 7 juin 1859 [S. et P. *Ibid.*, D. *Rép.*, *Suppl.*, v° *cit.*, n. 288] — Paris, 26 mars 1840, Fouqueron [P. 40. 1. 704]; 3 janv. 1866 [S. 66. 2. 48, P. 66. 218]; 9 août 1869 [D. P. 70. 2. 10] — Lyon, 5 févr. 1889 [*Ann. de dr. comm.*, 89. 166] — Cass., Turin, 12 juill. 1892 [S. et P. 93. 4. 13 et la note de M. Wahl] — *Sic*, Esnault, t. 1, n. 94; Renouard, t. 2, p. 133; Bédarride, t. 1, n. 194; Alauzet, t. 7, n. 2436; Massé, t. 5, p. 677; Demangeat, sur Bravard, t. 5, p. 677; Boistel, n. 894; Lyon-Caen et Renault, t. 8, n. 1147; Laurin, n. 1157; Rousseau, *Tr. des soc. comm.*, t. 2, n. 1951; Thaller, n. 2193; Ruben de Couder, *Suppl.*, v° *cit.*, n. 23; et notre *Rép. gén. alph. du dr. fr.*, v° *cit.*, n. 158 et s. — *Contrà*, Paris, 26 mars 1840, Gault [S. 40. 2. 247, P. 61. 54, *ad notam*, D. *Rép.*, v° *cit.*, n. 81] — Orléans, 27 nov. 1850 [S. 51. 2. 33, P. 50. 377, D. P. 51. 2. 57] — Amiens, 5 févr. 1875, motifs [S. 75. 2. 57, P. 75. 328, D. P. 76. 2. 221] — *Adde*, Deloison, t. 1, n. 91; Pardessus, t. 3, n. 976; Pic, p. 21 et s.

18. Spécialement jugé, que, la déclaration de faillite personnelle d'un associé étant la conséquence légale forcée de la cessation de paiements de la société en nom collectif dont il fait partie, les juges en déclarant d'office la faillite de cet associé, n'ont pas à se préoccuper de l'intérêt que les créanciers auraient pu avoir à ce que la mise en faillite ne fût pas prononcée. — Cass., 21 juin 1899, précité. — Sur les pouvoirs du juge, V. *infrà*, n. 77 et s.

19. Jugé également, que la faillite d'une société en nom collectif a pour conséquence forcée la faillite de chacun des associés. Et tel est le cas de la faillite d'une société en nom collectif nulle pour défaut de publicité, cette nullité ne pouvant être opposée par les associés aux créanciers sociaux, qui ont toujours le droit de faire déclarer la faillite de la société de fait, laquelle doit être liquidée comme si elle eût été régulière. — Cass., 12 nov. 1894, précité. — Sur la faillite d'une société entachée de nullité, V. *suprà*, n. 11 et s.

20. La faillite sociale peut s'étendre concurremment à l'ancien et au nouveau gérant, si le premier n'a pas réussi à dégager, par une liquidation faite en temps utile, les liens d'obligation solidaire dans lesquels il était engagé. Spécialement, le gérant d'une société en commandite qui s'est borné à donner sa démission, sans provoquer, au moment de sa retraite, la dissolution et la liquidation de la société, doit être déclaré en faillite avec le nouveau gérant, lorsque la société vient plus tard à cesser ses paiements. — Paris, 26 mars 1840, Fouqueron, précité.

21. Mais le gérant d'une société en commandite, cessant d'être commerçant à la dissolution de la société, ne peut être déclaré en faillite, s'il faisait honneur à ses engagements à cette époque, et s'il n'est pas redevenu commerçant depuis lors. — Cass., 3 mai 1880, précité.

22. D'autre part, si la faillite d'une société entraîne la faillite personnelle de chacun des associés en nom, ces faillites doivent, à moins du consentement contraire des créanciers, demeurer distinctes, de telle sorte que leurs masses actives et passives ne se confondent pas. — Cass., 9 juin 1882, précité. — Toulouse, 25 mars 1865 [S. 66. 2. 47, P. 66. 216] — Sur les tribunaux compétents pour connaître de chacune de ces faillites, V. *infrà*, art. 440, n. 56 et s. — Sur les solutions que chacune de ces faillites peut comporter, V. *infrà*, art. 531, n. 1 et s. — Sur le droit pour la société et pour les associés d'obtenir le bénéfice de la liquidation judiciaire, V. *infrà*, Appendice au liv. III, L. 4 mars 1889, art. 1.

23. La faillite de la société ne peut d'ailleurs entraîner la faillite des associés qu'autant qu'il s'agit d'associés en nom collectif ou de commandités. Mais elle ne peut atteindre ni les actionnaires, ni les commanditaires, lesquels ne répondent du passif social qu'à concurrence de leur apport, et n'ont même pas la qualité de commerçant, à moins qu'ils n'exercent un commerce séparé. — *Sic*, Thaller, n. 2194.

24. Sur la question de savoir si le commanditaire qui s'est immiscé dans la gestion peut être considéré comme commerçant et déclaré en faillite par suite de la faillite de la société, dans le cas où il a été déclaré solidairement obligé pour tout le passif social à raison du nombre et de la gravité de ses actes d'immixtion, — V. *suprà*, art. 27-28, n. 78 et s. — *Adde*, dans le sens de l'affirmative, Cass. Turin, 12 juill. 1892 [S. et P. 93. 4. 13 et la note de M. Wahl] — *Sic*, Pic, n. 26; Thaller, n. 2194; et notre *Rép. gén. alph. du dr. fr.*, v° *cit.*, n. 177 et s.

γ) *Etrangers et sociétés étrangères.* — 25. Notre article est applicable aux commerçants étrangers comme aux commerçants français. En conséquence, l'étranger, qui exerce son commerce en France, peut y être déclaré en faillite, alors même qu'il n'y aurait qu'un simple domicile de fait et qu'il n'aurait pas été autorisé par le gouvernement français à s'y établir. — Cass., 24 nov. 1857 [S. 58. 1. 65, P. 58. 308, D. P. 58. 1. 85]; 4 févr. 1885 [S. 86. 1. 200, P. 86. 1. 493, D. P. 85. 1. 159] — *Sic*, Lyon-Caen et Renault, t. 3, n. 1227; Alauzet, t. 4, n. 1645; Massé, t. 1, n. 504; Renouard, t. 2, p. 170; Pic, *Faill. et liquid. jud. des soc. comm. en dr. intern. pr.*, p. 22; Weiss, *Tr. élément. de dr. intern. pr.*, p. 865. — Sur le droit pour les tribunaux français de prononcer la faillite des étrangers qui ont leur établissement principal à l'étranger, ou des sociétés étrangères dont le domicile est à l'étranger, V.

infrà, art. 440, n. 75 et s. — Sur l'effet en France des jugements déclaratifs de faillite rendus par les tribunaux étrangers, V. *infrà*, art. 440, n. 80 et s. — Sur la nationalité des sociétés, V. *suprà*, Appendice I au liv. I, tit. 3, L. 30 mai 1857, art. 1-2, n. 1 et s.

B) *Cessation de paiements.* — α) *Distinction de la cessation de paiements et de l'insolvabilité.* — 26. La cessation de paiements est l'état d'un commerçant qui se trouve dans l'impossibilité de faire face à ses échéances. Peu importe, d'ailleurs, que ce commerçant soit solvable ou insolvable, c'est à-dire que son actif soit supérieur ou inférieur à son passif : ce n'est pas à la consistance réelle de sa fortune qui ne pourrait d'ailleurs être appréciée que par la liquidation de ses biens, mais uniquement au fait extérieur et apparent de la cessation des paiements qu'il faut s'attacher pour savoir si un commerçant peut ou non être déclaré en faillite. — *Sic*, Boistel, n. 895 ; Lyon-Caen et Renault, t. 7, n. 55 et s. ; Pardessus, n. 1321 ; Bravard et Demangeat, t. 5, p. 29 ; Alauzet, t. 7, n. 2405 et s. ; Thaller, n. 1722 et s. ; Garraud, *De la déconfiture*, p. 70 ; Ruben de Couder, v° *Faillite*, n. 41 et s., et *Suppl.*, *eod. v°*, n. 33 et s. ; et notre *Rép. gén. alph. du dr. fr.*, *v° cit.*, n. 201 et s.

27. Il résulte de là, d'une part, qu'un commerçant ne peut être déclaré en faillite, même s'il est établi que son passif est supérieur à son actif, tant qu'il reste en mesure, grâce à son activité et à son crédit, de faire face à ses échéances. — Colmar, 17 mars 1810 [S. et P. chr., D. *Rép.*, v° *Faillite*, n. 140-1°] — Grenoble, 1er juin 1831 [S. 32. 2. 591, P. chr., D. *Ibid.*, n. 74-4°] — Rouen, 18 janv. 1845 [P. 45. 1. 240]

28. Spécialement, un négociant ne peut être mis en état de faillite par cela seul que ses affaires sont embarrassées et qu'il ne soutient son crédit qu'à l'aide d'emprunts et de renouvellements de billets : il faut, de plus, que ce commerçant ait réellement cessé ses paiements, et c'est seulement à partir de leur cessation effective qu'on doit fixer l'époque de l'ouverture de la faillite. — Colmar, 28 déc. 1840 [P. 42. 2. 597, D. *Rép.*, *v° cit.*, n. 65-5°] ; 11 avr. 1860 [S. 61. 2. 25, P. 62. 505, D. P. 61. 1. 160, sous Cass., 23 avr. 1861] — Orléans, 15 mai 1844 [S. 45. 2. 25, P. 44. 1. 775, D. P. 45. 4. 269] — Bourges, 18 août 1845 [S. 47. 2. 445, P. 46. 2. 664, D. P. 47. 2. 182] — Rouen, 1er déc. 1879 [S. 80. 2. 167, P. 80. 672, D. P. 80. 2. 93]

29. Et il en est ainsi, alors même que le paiement des billets renouvelés aurait été fait par un tiers, si, d'ailleurs, ce tiers a agi de bonne foi et dans le seul but d'être utile au débiteur. — Rouen, 1er déc. 1871, précité. — V. aussi Cass., 29 juin 1876 [S. 76. 1. 354, P. 76. 862, D. P. 78. 5. 271]

30. De même, il n'y a pas cessation de paiements de nature à motiver une déclaration de faillite, par cela qu'un commerçant a consenti à l'un de ses créanciers une obligation hypothécaire pour règlement de compte, alors qu'un pareil règlement n'a pas eu pour objet de masquer la faillite, que le commerçant n'a pas cessé de jouir du même crédit auprès de ses fournisseurs et banquiers et qu'il a continué de recevoir et payer sans interruption. — Lyon, 15 janv. 1848 [P. 48. 2. 450]

31. ... Ni par cela qu'un règlement amiable est intervenu entre le commerçant et certains de ses créanciers. — Montpellier, 5 nov. 1853 [S. 53. 2. 665, P. 55. 1. 208, D. P. 55. 2. 318]

32. ... Ni par cela que le commerçant a acquitté ses engagements autrement qu'en espèces, par exemple, au moyen de cessions de créances, alors que ce fait s'explique par la nécessité où était ce commerçant de faire des avances considérables pour son commerce avant d'obtenir le règlement de ses travaux. — Colmar, 9 août 1850 [P. 52. 1. 377]

33. De même, lorsqu'un commerçant a continué sans interruption son commerce et exécuté ses engagements, on ne peut considérer comme faisant preuve d'une cessation de paiements susceptible de motiver la déclaration de la faillite et d'en fixer l'ouverture, de fréquents renouvellements de billets autorisés par les usages du commerce, des jugements de condamnation rendus contre ce commerçant à la suite, non de refus de paiements, mais de contestations sur le chiffre et l'exigibilité des obligations, et enfin un acte de crédit hypothécaire souscrit de bonne foi par lui dans le but de rendre possible la continuation de son commerce. — Metz, 6 déc. 1855 [S. 56. 2. 71, P. 55. 2. 573]

34. Jugé également, qu'en l'absence de tout protêt, jugement ou facture en souffrance, on ne saurait considérer comme un signe indicatif de la cessation des paiements, ni le fait par un commerçant de ne s'être soutenu qu'à l'aide de renouvellements d'effets, si ces renouvellements lui étaient accordés en considération d'une situation immobilière qui n'est devenue mauvaise que plus tard et par un événement de force majeure, ni le fait d'avoir cédé son commerce, alors qu'il en a entrepris un autre dans la même localité. — Colmar, 11 avr. 1860, précité.

35. Jugé de même, qu'en l'absence de tout protêt ou poursuite, et alors qu'un commerçant est demeuré à la tête de ses affaires, a joui d'un crédit public, effectué de nombreux paiements et fait des négociations importantes, on ne saurait considérer comme signe indicatif de la cessation des paiements le fait, par ce commerçant, d'avoir soustrait le gage qu'il avait donné à l'un de ses créanciers et de s'être mis dans l'obligation de grever ses immeubles pour remplacer ce gage. — Cass., 24 déc. 1866 [S. 67. 1. 28, P. 67. 40, D. P. 67. 1. 163]

36. De même encore, le fait qu'une société n'aurait fonctionné que d'une manière irrégulière en se procurant des fonds au moyen de mandats fictifs et à l'aide de renouvellements successifs, est insuffisant pour établir l'état de cessation de paiements de cette société, si elle n'a pas un instant cessé de fonctionner, et si elle est arrivée à son terme sans laisser de passif. — Caen, 22 nov. 1894 [S. et P. 95. 2. 211]

37. Jugé, dans le même sens, qu'on ne saurait considérer comme en état de cessation de paiements un commerçant dont l'insolvabilité serait démontrée par des rapports et inventaires contenant une estimation plus ou moins exacte de ses immeubles dont le prix peut d'ailleurs varier suivant les conditions de la vente, ou même par les difficultés qu'éprouve ce commerçant pour satisfaire aux obligations nées des crédits qui lui ont été concédés, si d'ailleurs ses opérations commerciales n'ont pas été suspendues. — Pau, 23 nov. 1893 [D. P. 94. 2. 66]

38. Mais il en serait autrement et la faillite d'un commerçant pourrait être déclarée dans le cas où ce commerçant, tout en faisant face à ses échéances, emploie, pour arriver à ce résultat, des moyens pu-

rement factices et frauduleux. — Cass., 7 janv. 1856 [S. 56. 1. 447, P. 56. 1. 141, D. P. 56. 1. 168] — Lyon, 31 déc. 1847 [S. 48. 2. 646, P. 48. 1. 363, D. P. 49. 2. 54] — Trib. civ. d'Annecy, 22 juin 1889 [D. *Rép., Suppl., v° cit.*, n. 255] — *Sic*, notre *Rép. gén. alph. du dr. fr., v° cit.*, n. 217 et s. — *Contrà*, Cass., 16 nov. 1846 [D. P. 52. 5. 267]

39. Jugé, en ce sens, que la cessation de paiements résulte de manœuvres frauduleuses employées par un commerçant pour donner le change sur son existence commerciale, de l'émission de billets faux et enfin de son suicide déclaré avoir pour unique cause sa détresse absolue et la ruine de son crédit alors consommée. — Cass., 7 janv. 1856, précité.

40. De même, il y a cessation de paiements par le commerçant dont un billet important a été payé à l'échéance, non par lui, mais par un créancier, au profit de qui il a consenti ensuite une garantie hypothécaire, non seulement pour le montant du billet, mais encore pour d'autres sommes. — Lyon, 31 déc. 1847, précité.

41. ... Et malgré quelques paiements faits depuis par le commerçant, si ce n'est qu'au moyen du crédit factice résultant de la garantie hypothécaire par lui consentie à l'un des créanciers qu'il a prolongé sa vie commerciale. — Même arrêt.

42. D'autre part, et du moment qu'un commerçant est en état de cessation de paiements, il doit être déclaré en faillite, alors même qu'il ne serait pas insolvable et que son actif serait supérieur à son passif. — Cass., 30 avr. 1810 [S. et P. chr., D. *Rép., v° cit.*, n. [illegible]] — Paris, 6 janv. 1812 [S. et P. chr., D. *[illegible] cit.*, n. 156-1°]; 7 févr. 1893 [S. et P. 95. [illegible], D. P. 93. 2. 585] — Aix, 15 janv. 1867 [S. 68. 2. 151, P. 68. 688, D. P. 67. 5. 307]; 13 janv. 1872 [S. 73. 2. 39, P. 73. 447, D. P. 73. 5. 261] — Alger, 13 mai 1896 [D. P. 97. 2. 362] — *Contrà*, Bourges, 27 août 1824 [S. et P. chr., D. *Rép.*, v° *Actes de commerce*, n. 86] — Bordeaux, 6 mai 1848 [S. 49. 2. 609, P. 49. 1. 240, D. P. 50. 2. 12]

43. Et il en est ainsi, alors surtout que l'actif de ce commerçant consisterait exclusivement en effets de commerce à très long terme et d'un recouvrement douteux. — Paris, 6 févr. 1893, précité.

β) *Paiements dont la cessation peut entraîner la faillite.* — 44. On admet aujourd'hui d'une ma[illegible] unanime que le non paiement par un commerçant de ses dettes civiles ne suffit pas, et alors d'ailleurs que ce commerçant continue à faire honneur à ses engagements commerciaux, pour légitimer une déclaration de faillite. D'une part, en effet, le retard dans le paiement des dettes civiles ne saurait comporter une sanction aussi rigoureuse que l'est la faillite. D'autre part la faillite est, dans notre législation, une institution essentiellement commerciale : elle est établie avant tout pour la garantie des créanciers commerciaux, de telle sorte que lorsque ces créanciers commerciaux sont hors de cause, les créanciers civils ne sauraient y recourir : c'est par la voie des saisies ou exécutions individuelles qu'ils doivent exercer leurs poursuites contre leur débiteur. — Cass., 2 déc. 1868 [S. 69. 1. 228, P. 69. 293, D. P. 69. 1. 129]; 25 avr. 1883 [S. 83. 1. 247, P. 83. 1. 604, D. *Rép., Suppl.*, v° *Faillite*, n. 251] — Metz, 17 août 1818 [S. et P. chr., D. *Rép.*, v° *Faillite*, n. 69, *in fine*] — Paris, 21 janv. 1873 [S. 73. 1. 120, P. 73. 572, D. P. 74. 5. 263] — Nancy, 29 juill. 1842 [P. 42. 2. 693, D. *Rép., v° cit.*, n. 69]; 23 mai 1874 [S. 75. 2. 262, P. 75. 1002, D. P. 75. 2. 117] — Alger, 13 mai 1896, précité; 29 nov. 1897 [D. P. 99. 2. 78] — Caen, 5 avr. 1881 [D. *Rép., Suppl., v° cit.*, n. 257] — Trib. comm. de Laigle, 11 avr. 1878, sous Cass., 3 mai 1880 [S. 81. 1. 351, P. 81. 1. 766] — *Sic*, Bédarride, t. 1, n. 19 ; Bravard et Demangeat, t. 5, p. 19 et s.; Boistel, n. 896; Laurin, n. 953; Pardessus, n. 1101 ; Esnault, t. 1, n. 84; Massé, t. 3, n. 205 ; Lyon-Caen et Renault, t. 7, n. 62 ; Thaller, n. 1726 ; Ruben de Couder, *v° cit.*, n. 51, et *Suppl., eod. v°*, n. 47 ; et notre *Rép. gén. alph. du dr. fr., v° cit.*, n. 251 et s. — *Contrà*, Renouard, t. 1, p. 274. — Sur l'influence que peut exercer le non paiement des dettes civiles sur la déclaration de faillite, V. *infrà*, n. 54 et s.

45. Spécialement jugé, en ce sens, que des condamnations pour injures et diffamations prononcées contre des associés en nom collectif constituent, non des dettes commerciales de la société, mais des dettes civiles personnelles à chacun des associés, qui ne suffisent pas pour entraîner la faillite si aucune dette commerciale n'est en souffrance. — Alger, 29 nov. 1897, précité.

46. Jugé de même, que la créance de loyers étant une créance civile, le propriétaire créancier de loyers arriérés ne saurait assigner son locataire, négociant de profession, en déclaration de faillite, si d'ailleurs aucune dette commerciale n'est actuellement en souffrance. — Rouen, 16 juin 1892 [*J. des faillites*, 1893. 219]

47. Jugé également, que ce même droit doit être refusé à l'administration des douanes, créancière d'un négociant en vertu d'une condamnation à l'amende prononcée contre ce dernier pour contravention aux lois douanières. — Nancy, 23 mai 1874, précité.

48. De même, un commerçant ne peut être déclaré en faillite pour défaut de paiement de sa patente, l'obligation de payer patente n'étant pas une obligation commerciale. — Alger, 13 mai 1896, précité.

49. De même, la déclaration de faillite peut être rapportée tant que le jugement déclaratif n'a pas acquis force de chose jugée, s'il est justifié que tous les créanciers commerciaux ont été payés ou désintéressés par des offres, et si le débiteur ne se trouve plus en présence que d'une seule dette purement civile exigible ou non exigible. — Cass., 25 avril 1883, précité. — Paris, 21 janv. 1873, précité.

50. En cas de doute sur le caractère de l'obligation du commerçant, la commercialité doit être présumée, sauf preuve contraire, conformément à l'art. 638, 2e alin., C. comm. En conséquence, le non-paiement par un commerçant d'un passif dont la cause est douteuse, fût-il purement hypothécaire, peut justifier sa déclaration de faillite. — Cass., 29 avr. 1889 [S. 89. 1. 425, P. 89. 1. 1049, D. P. 90. 1. 19]; 10 janv. 1894 [*J. des faillites*, 94. 145].

51. Dans le cas où un acte est civil pour l'une des parties et commercial pour l'autre, il convient de s'attacher de préférence au caractère que présente la dette pour le commerçant débiteur. Peu importe, en effet, que la dette soit commerciale pour le créancier : si elle est civile pour le débiteur, sa vie commerciale n'est pas touchée par suite du non paiement de cette dette, et dès lors il ne peut y avoir lieu à déclaration de faillite. — Trib. comm. de Saint-Nazaire, 8 oct. 1892 [*J. des faillites*, 83. 78] — *Sic*, Lyon-Caen et Renault, t. 7, n. 62.

52. D'autre part, c'est au moment de l'échéance et du refus de paiement, et non pas à l'époque de la naissance de l'obligation qu'il faut se placer pour en apprécier le caractère. Si donc la dette, civile *ab initio*, est devenu commerciale par l'effet d'une novation résultant, par exemple, de son versement dans un compte courant, le non paiement de cette dette pourra entraîner la faillite du débiteur. Et réciproquement, la dette commerciale qui serait transformée par novation en dette civile ne pourrait plus servir de base à une déclaration de faillite. — Limoges, 31 janv. 1857 [S. 58. 2. 90, P. 58. 1010] — *Sic*, Lyon-Caen et Renault, t. 7, n. 62.

53. Mais on ne saurait voir une novation dans le fait, soit de constater par un acte notarié, soit de garantir par un gage ou une hypothèque, une dette commerciale préexistante : le défaut de paiement d'une dette ainsi constatée ou garantie autorise donc le créancier à provoquer la déclaration de faillite de son débiteur. — Paris, 27 nov. 1841 [S. 42. 2. 50, P. 42. 2. 475, D. *Rép.*, v° *cit.*, n. 70]

54. Toutefois, si le non paiement de dettes civiles ne suffit pas pour qu'il y ait cessation de paiements au sens de notre article, il peut être pris en considération, soit pour éclairer les juges sur le fait de la cessation des paiements en donnant à celle-ci un caractère de généralité qui ne résulterait pas suffisamment de la seule suspension d'un ou de deux paiements de dettes commerciales. — Trib. comm. de Laigle, 11 avr. 1878, sous Cass., 3 mai 1880, motifs [S. 81. 1. 315, P. 81. 1. 766]

55. ... Soit pour servir à déterminer, concurremment avec l'inexécution des obligations commerciales, l'époque de la cessation des paiements. — Rouen, 14 mai 1853 [S. 54. 2. 428, P. 55. 2. 355, D. P. 54. 5. 361] — *Sic*, Pardessus, n. 1093 ; Lyon-Caen et Renault, t. 7, n. 63.

56. D'autre part, lorsqu'il y a cessation de paiements de dettes commerciales, un créancier civil peut alors s'en prévaloir pour faire déclarer la faillite de son débiteur. — V. *infrà*, art. 440, n. 6.

57. Si la cessation de paiements des dettes commerciales peut seule entraîner la déclaration de faillite, encore faut-il que ces dettes soient non seulement exigibles, mais encore qu'elles soient liquides et non contestées. S'il s'agit de dettes non liquides, dont le chiffre exact n'est pas encore connu et ne pourra être déterminé que plus tard à la suite d'une enquête, d'une expertise ou d'un nouveau jugement, et, à plus forte raison, s'il s'agit d'une dette contestée soit dans son principe, soit dans son quantum ou son mode d'exécution, le débiteur ne fait qu'user de son droit en refusant un paiement qui serait un aveu des prétentions de son adversaire, ou du moins en différant ce paiement jusqu'à ce que la dette soit liquidée ou que la contestation soit tranchée : son refus ne saurait être considéré comme une cessation de paiements dans le sens de notre article. — Cass., 29 mars 1825 [S. et P. chr., D. *Rép.*, v° *cit.*, n. 74-4°] ; 13 juill. 1893 [S. et P. 94. 1. 32, D. P. 93. 1. 480] — Rennes, 12 et 22 sept. 1810 [S. et P. chr., D. *Rép.*, v° *cit.*, n. 74-1°] — Grenoble, 18 juin 1831 [P. chr.] — Poitiers, 27 juill. 1885 [S. 86. 2. 9, P. 86. 1. 93, D. P. 93. 2. 415, note 1] — Paris, 10 avr. 1869 [D. P. 93. 2. 415, note 1] ; 5 juin 1875 [D. P. *Ibid.*] ; 26 août 1875 [D. P. *Ibid.*] ; 14 déc. 1875 [D. P. *Ibid.*] ; 3 mars 1892 [D. P. 93. 2. 415] ; 11 mars 1892 [D. P. *Ibid.*] — *Sic*, Pardessus, n. 1105 ; Lyon-Caen et Renault, t. 7, n. 60 ; Thaller, n. 1722 ; et notre *Rép. gén. alph. du dr. fr.*, v° *cit.*, n. 257 et s.

58. Spécialement jugé, que ne peut constituer l'état de faillite, le refus d'exécuter des marchés à terme dont un négociant demande la nullité. — Cass., 29 mars 1825, précité.

59. ... Ou encore le refus d'exécuter un traité argué de nullité comme étant le fruit d'une erreur. — Grenoble, 18 juin 1831, précité.

60. Et il en est ainsi, lors même que le refus de paiement a pour objet une dette établie par des billets à ordre et par un jugement exécutoire par provision, si l'appel interjeté contre ce jugement soulève des difficultés sérieuses. — Poitiers, 27 juill. 1885, précité.

61. Une contestation ne peut d'ailleurs mettre obstacle à la déclaration de faillite que si elle est sérieuse et non purement dilatoire. — Jugé, à cet égard, qu'une cour d'appel, saisie d'une double demande contre un même commerçant en paiement de billets échus et protestés et en déclaration de faillite, motive et justifie régulièrement la déclaration de faillite, lorsqu'elle déclare que l'état de cessation de paiements du défendeur est établi par les protêts des billets en question, que cet état s'est manifesté par le premier de ces protêts, et que le débiteur, ayant d'ailleurs toujours reconnu devoir les sommes à lui réclamées, a élevé des contestations en justice seulement pour gagner du temps et éviter la faillite. — Cass., 13 juill. 1893 [S. et P. 94. 1. 32, D. P. 93. 1. 480]

62. Il n'importe que le tribunal de commerce, saisi de la même demande en déclaration de faillite au cours de l'instance d[illegible] qui a abouti à l'arrêt déclarant la faillite, ait sursis à statuer jusqu'à l'arrêt attendu : ce prononcé de sursis ne peut être considéré comme ayant l'autorité de la chose jugée. — Même arrêt.

63. Il n'est pas nécessaire, pour que le débiteur puisse être déclaré en faillite, que la cessation de ses paiements soit absolue et qu'elle porte sur la totalité de ses dettes commerciales. S'il en était autrement, en effet, le débiteur pourrait trop facilement échapper à la faillite en faisant des paiements partiels, et on aboutirait ainsi à favoriser certains créanciers au détriment des autres au mépris du principe de l'égalité entre les créanciers qui domine la théorie de la faillite. — Colmar, 3 déc. 1816 [S. et P. chr.] — Bourges, 27 août 1824 [S. et P. chr., D. *Rép.*, v° *Actes de commerce*, n. 86] ; 22 déc. 1841 [P. 43. 1. 272, D. *Rép.*, v° *Faillite*, n. 1520-5°] — Paris, 4 févr. 1875 [S. 75. 2. 289, P. 75. 1111, D. P. 76. 2. 185] — *Sic*, Pardessus, n. 1101 ; Lyon-Caen et Renault, t. 7, n. 61 ; Thaller, n. 1722, et *Ann. de dr. comm.*, 78. 214 ; et notre *Rép. gén. alph. du dr. fr.*, v° *cit.*, n. 278 et s. — *Contrà*, Paris, 8 août 1809 [S. et P. chr.] — Aix, 17 janv. 1825 [S. et P. chr., D. *Rép.*, v° *cit.*, n. 65-2°]

64. Il n'est même pas nécessaire qu'il y ait cessation de paiements de la généralité des dettes commerciales. D'après la jurisprudence actuelle, c'est au juge qu'il appartient d'apprécier, d'après les circonstances, si les refus de paiements sont assez nombreux et assez importants pour constituer la cessation de paiements au sens légal : il jouit, à cet égard, d'un pouvoir d'appréciation souverain. — *Sic*, Bravard et Demangeat, t. 5, p. 17 ; Lyon-Caen et Renault, t. 7, n. 71 ; Alauzet, t. 7, n. 210 ; Laurin, n. 954 ; et notre *Rép. gén. alph. du dr. fr.*, v° *cit.*, n. 281 et s.

65. Jugé, en ce sens, que la déclaration de faillite n'est subordonnée par la loi ni à l'intérêt probable, ni au nombre des créanciers qui la réclament. — Paris, 11 janv. 1853 [P. 53. 1. 222, D. P. 54. 2. 6]; 4 févr. 1875 [S. 75. 2. 289, P. 75. 1111, D. P. 76. 2. 185]

66. Jugé même, que la cessation de paiements constituant l'état de faillite peut être réputée résulter du défaut de paiement d'un seul effet important, encore qu'ultérieurement des billets d'une faible valeur aient été acquittés. — Cass., 25 ou 26 avr. 1841 [P. 41. 3. 273, D. *Rép.*, v° *cit.*, n. 157-3°]; 19 juin 1876 [S. 76. 1. 353, P. 76. 860]; 1er mai 1882, motifs [S. 82. 1. 376, P. 82. 1. 941] — Nîmes, 28 avr. 1831 [P. chr., D. *Rép.*, v° *cit.*, n. 64-2°] — Aix, 1er mars 1877 [S. 78. 2. 175, P. 78. 481, D. P. 78. 2. 38]

67. Jugé cependant en sens contraire, que l'état de faillite ne résulte que d'une cessation de paiements générale ou d'un ensemble de circonstances indiquant que le commerçant ne peut plus satisfaire à ses engagements. — Paris, 20 févr. 1846 [P. 46. 1. 266] — Colmar, 19 avr. 1860 [S. 61. 2. 25] — *Sic*, Renouard, t. 1, p. 226; Boistel, n. 895; Thaller, n. 1722, et *Ann. de dr. comm.*, 1897, p. 214.

68. La faillite d'un commerçant pourrait même être déclarée au cas où il n'y aurait qu'un seul créancier connu. Il est vrai que la procédure de la faillite, telle qu'elle est organisée par le Code de commerce, suppose une masse de créanciers, avec des vérifications contradictoires et des délibérations communes. Mais la loi n'a prévu ainsi que le cas le plus général, et on ne peut en conclure qu'elle ait voulu interdire la faillite quand il n'y a qu'un seul créancier. Ce créancier peut avoir un intérêt légitime à faire prononcer la faillite du débiteur, soit pour faire annuler les actes passés par ce dernier pendant la période suspecte, soit pour faire restreindre les droits de la femme du failli, soit pour le dessaisir de l'administration de ses biens : et on ne comprendrait pas que cet intérêt soit sacrifié sous prétexte qu'il est seul créancier. D'ailleurs, si au début de la procédure, il n'y a qu'un créancier connu, il ne s'ensuit pas qu'il n'y ait pas d'autres créanciers qui ne sont pas encore connus, et qui se présenteront plus tard dans le cours des opérations de la faillite : il est donc nécessaire que, même dans ce cas, la faillite du débiteur puisse être déclarée tant dans l'intérêt du créancier qui la requiert que dans l'intérêt des créanciers inconnus.— Cass., 7 juill. 1841 [S. 41. 1. 570, P. 41. 2. 204, D. *Rép.*, v° *cit.*, n. 75]; 6 déc. 1841 [S. 42. 1. 77, P. 41. 2. 697, D. *Rép.*, *Ibid.*] — Pau, 28 août 1824 [P. chr.] — Orléans, 29 mai 1840 [S. 40. 2. 363, P. 42. 272] — Colmar, 19 avr. 1842 [P. 42. 2. 381] — Rouen, 22 juin 1842 [S. 42. 2. 388, P. 42. 2. 381] — Bourges, 21 mai 1842 [P. 42. 2. 742] — Paris, 24 juin 1864 [S. 64. 2. 156, P. 64. 835, D. P. 64. 5. 176]; 31 mars 1865 [S. 66. 2. 127, P. 66. 579] — Aix, 1er mars 1877 [D. P. 78. 2. 38] — Trib. comm. de Marseille, 8 juill. 1881 et 30 sept. 1884 [D. *Rép.*, *Suppl.*, v° *cit.*, n. 254] — *Sic*, Renouard, t. 1, p. 265; Bédarride, n. 58; Esnault, t. 1, n. 82; Delamarre et Lepoitvin, p. 60, n. 10; Massé, t. 2, n. 1150; Bravard et Demangeat, t. 5, p. 25; Alauzet, t. 7, n. 2410; et notre *Rép. gén. alph. du dr. fr.*, v° *cit.*, n. 289 et s. — *Contrà*, Paris, 30 mai 1838 [P. 39. 1. 433] — Agen, 16 mars 1875 [S. 75. 2. 240, P. 75. 965, D. *Rép.*, *Suppl.*, v° *cit.*, n. 254]

γ) *Preuves de la cessation des paiements.* — 69. Le Code de commerce de 1807 avait énuméré, dans son art. 441, certains faits, retraite du commerçant, fermeture de ses magasins, actes constatant son refus de payer, qui emportaient la preuve de la cessation des paiements : et certains arrêts en avaient conclu que cette énumération était limitative et que la faillite ne pouvait être déclarée en dehors des hypothèses prévues par ledit article. La loi de 1838 a rompu avec ce système et a laissé aux juges le pouvoir d'apprécier librement les faits qui peuvent fournir la preuve de la cessation des paiements. — *Sic*, Lyon-Caen et Renault, t. 7, n. 64; Thaller, n. 1727 et s.; et notre *Rép. gén. alph. du dr. fr.*, v° *Faillite*, n. 294 et s.

70. La preuve de la cessation des paiements résultera donc d'abord de l'aveu du débiteur lui-même qui peut d'ailleurs se manifester sous des formes diverses. Il y aura aveu du débiteur, de nature à entraîner sa faillite, non seulement dans le cas où le débiteur déclare sa cessation de paiements et dépose son bilan au greffe du tribunal de son domicile, conformément à l'art. 438, C. comm., mais aussi dans le cas où un commerçant envoie à ses créanciers une lettre circulaire par laquelle il les prévient qu'il cesse désormais ses paiements : dès ce moment et par car cela même, ce commerçant se trouve en état de faillite. — Cass., 13 nov. 1838 [S. 39. 1. 121, P. 39. 1. 22, D. *Rép.*, v° *cit.*, n. 119-2°] — Grenoble, 2 janv. 1842 [S. 42. 2. 168, P. 42. 2. 499]

71. Il en est de même dans le cas où un commerçant a conclu un concordat amiable ou atermoiement auquel n'auraient pas adhéré tous ses créanciers. Les créanciers dissidents peuvent alors demander sa déclaration de faillite : la proposition d'atermoiement qui a été présentée par le commerçant est un aveu de son impuissance à faire face à ses échéances et suffit à établir la cessation de ses paiements. — Cass., 30 avr. 1810 [S. et P. chr., D. *Rép.*, v° *cit.*, n. 153-2°] — Paris, 23 juill. 1807 [S. et P. chr., D. *Rép.*, v° *cit.*, n. 161-2°] — *Sic*, Thaller, n. 1729, et *Ann. de dr. comm.*, 1897, p. 214.

72. L'aveu du débiteur peut également résulter de la clôture de ses magasins, suivie de sa disparition ou de son suicide, alors surtout que ces faits ont été manifestement déterminés par des demandes de créanciers auxquelles le débiteur était impuissant à satisfaire. — Cass., 16 sept. 1831 [P. chr., D. *Rép.*, v° *cit.*, n. 1457]

73. ... Ou bien encore de la vente par le débiteur de son fonds de commerce, alors qu'il est établi que ce fonds constituait tout son actif et que, le prix étant inférieur au montant du passif, la vente a pour conséquence nécessaire de le rendre insolvable au regard de la masse. — Paris, 22 juill. 1882 [*J. des faillites*, 83. 16]; 2 déc. 1896 [*J. des trib. de comm.*, 97. 409] — Caen, 22 nov. 1894 [S. et P. 95. 2. 211] — Toulouse, 31 janv. 1893 [S. et P. 94. 2. 97, D. P. 94. 2. 22] — *Sic*, Bédarride, n. 21; Lyon-Caen et Renault, t. 7, n. 64; Thaller, n. 1730.

74. Indépendamment de l'aveu du débiteur, le tribunal peut trouver la preuve de la cessation des paiements dans des événements multiples dont il est impossible de donner une énumération complète. Cette preuve résultera notamment de l'existence de poursuites judiciaires dirigées contre le débiteur, surtout si ces poursuites ont abouti à des condamnations définitives dont la partie perdante n'a pu solder le montant. — Cass., 30 avr. 1877 [S. 77. 1. 244,

P. 77. 631, D. P. 78. 1. 83] — Angers, 30 déc. 1842 [P. 43. 2. 155, D. *Rép., v° cit.*, n. 1345-2°]

75. La preuve de la cessation des paiements résultera également des protêts faute de paiement qui auront été dressés contre le débiteur, si ces protêts, dans les circonstances où ils interviennent, impliquent l'impossibilité pour ce débiteur de faire face à ses engagements commerciaux. C'est donc moins au nombre des protêts qu'aux circonstances dans lesquelles ils interviennent, qu'il faut s'attacher pour savoir s'il y a réellement cessation de paiements. Il peut se faire qu'un seul protêt soit suffisant s'il a pour objet un effet de commerce important, et qu'à l'inverse une série de protêts soit insuffisante, si d'ailleurs le débiteur a conservé son crédit et parvient à solder ses effets protestés. — Cass., 13 juill. 1893 [S. et P. 94. 1. 32, D. P. 93. 1. 480] — Bourges, 22 déc. 1841 [P. 43. 1. 272, D. *Rép., v° cit.*, n. 155-5°] — Paris, 7 juill. 1886 [S. 87. 2. 65, P. 87. 1. 441] — Chambéry, 27 nov. 1894 [S. et P. 96. 2. 143, D. P. 95. 2. 467] — Alger, 13 mai 1896 [D. P. 97. 2. 362] — *Sic*, Lyon-Caen et Renault, t. 7, n. 64; Thaller, n. 1728; Ruben de Couder, *Suppl., v° cit.*, n. 42 et s.; et notre *Rép. gén. alph. du dr. fr., v° cit.*, n. 311 et s.

76. Au surplus, et en l'absence de protêts ou poursuites dirigées contre le débiteur, les juges pourraient également déclarer la faillite de ce débiteur en se fondant sur d'autres indices, moins apparents, mais jugés par eux suffisants, de son état de cessation de paiements. En fait, ces indices se révèlent surtout après le jugement déclaratif de la faillite et pendant le cours de ses opérations : et par suite ils servent de preuve au tribunal, moins pour déclarer la faillite que pour fixer après coup la date précise de la cessation des paiements. — V. à cet égard, *infrà*, art. 441, n. 3 et s.

C. *Pouvoirs du juge.* — 77. L'appréciation des faits constituant l'état de cessation de paiements appartient souverainement aux juges du fond, en ce sens tout au moins que ces juges sont souverains, soit pour la constatation de l'existence matérielle de ces faits, soit encore pour la détermination de leur influence sur la situation commerciale du débiteur. — Cass., 12 mai 1874 [S. 74. 1. 427, P. 74. 1088, D. P. 75. 1. 23] ; 13 mai 1879 [S. 80. 1. 163, P. 80. 367, D. P. 80. 1. 29] ; 19 nov. 1879 [S. 80. 1. 208, P. 80. 490, D. P. 80. 1. 389] ; 1er mai 1882 [S. 82. 1. 376, P. 82. 1. 941] ; 25 avr. 1883 [S. 83. 1. 247, P. 83. 1. 604]; 29 avr. 1889 [S. 89. 1. 425, P. 89. 1. 1049, D. P. 90. 1. 19] ; 8 juill. 1891 [S. et P. 95. 1. 390] ; 15 févr. 1897 [S. et P. 97. 1. 233, D. P. 97. 1. 112]; 13 juin 1899 [S. et P. 1900. 1. 24]; 29 juin 1899 [D. P. 1900. 1. 349]; 14 mai 1900 [S. et P. 1901. 1. 211, D. P. 1900. 1. 357]; 16 janv. 1901 [S. et P. 1902. 1. 166, D. P. 1902. 1. 251]

78. Ainsi, est suffisamment motivé et répond à tous les moyens invoqués à l'appui d'une demande en déclaration de faillite, l'arrêt qui constate qu'il n'y a pas eu cessation de paiements de la part du commerçant contre qui cette demande était dirigée. — Cass., 25 avr. 1883, précité.

79. ... Ou encore l'arrêt qui, même en présence d'un refus de paiement, dit, en appréciant les motifs de ce refus, qu'il n'y a pas lieu d'en induire l'état de faillite. — Cass., 12 mai 1874, précité.

80. De même, et à l'inverse, est suffisamment motivée, en cette matière, une décision qui déclare simplement qu'il résulte des renseignements recueillis que la société, dont la faillite est prononcée, a cessé complètement ses paiements. — Cass., 1er mai 1882, précité.

81. Mais l'appréciation du caractère juridique des faits souverainement constatés ou interprétés par les juges du fond appartient à la Cour de cassation, qui peut, dès lors, rectifier les erreurs de droit dont cette appréciation pourrait être entachée et décider, par exemple, que les faits déclarés constants par lesdits juges ne présentent pas les caractères légaux de la cessation des paiements au sens de notre article. — Cass., 1er avr. 1829 [P. chr., D. *Rép., v° cit.*, n. 46-1°]; 26 avr. 1841 [S. 41. 713, P. 41. 2. 473, D. *Rép., v° cit.*, n. 157-3°]; 12 mai 1841 [S. 41. 1. 663, P. 41. 2. 242, D. *Rép., v° cit.*, n. 139]; 24 déc. 1866 [S. 67. 1. 28, P. 67. 40, D. P. 67. 1. 163] — *Sic*, Lyon-Caen et Renault, t. 7, n. 59; Ruben de Couder, *v° cit.*, n. 251, et *Suppl., eod. v°*, n. 53 et s.; et notre *Rép. gén. alph. du dr. fr., v° cit.*, n. 291 et s.

82. D'autre part, dès que le tribunal a vérifié la qualité de commerçant du débiteur et la cessation de ses paiements, il doit nécessairement en tirer la conséquence légale et déclarer la faillite. Le tribunal ne pourrait pas, même à la demande de certains créanciers, et après avoir constaté la cessation de paiements du débiteur, se refuser à prononcer la faillite sur le motif que le débiteur est seulement en état temporaire de suspension de paiements, et que, eu égard à la possibilité de recouvrements ultérieurs qui le mettront à même de faire honneur à ses engagements, une liquidatien ordonnée par justice pourvoirait suffisamment à la conservation des intérêts de tous. — Colmar, 10 janv. 1864 [S. 64. 2. 113, P. 64. 250, D. P. 64. 2. 205] — *Sic*, Esnault, t. 1, n. 78; Bédarride, t. 1, n. 27; Alauzet, t. 7, n. 2412; Massé, t. 2, n. 1148; Boistel, n. 895; Bravard et Demangeat, t. 5, p. 29; Lyon-Caen et Renault, t. 7, n. 57; Thaller n. 1723; et notre *Rép. gén. alph. du dr. fr., v° cit.*, n. 233 et s. — *Contrà*, Paris, 14 juin 1815 [S. et P. chr., D. *Rép., v° cit.*, n. 65-2°]; 25 nov. 1830 [S. et P. chr., D. *Rép., v° cit.*, n. 1331] — Rennes, 19 déc. 1822 [S. et P. chr., D. *Rép., v° cit.*, n. 49-5°]

83. De même, le commerçant, qui est en état de cessation de paiements, ne saurait échapper à la faillite en justifiant que son actif excède son passif, et, par suite, le tribunal ne peut, sans excès de pouvoirs, ordonner une expertise à l'effet de contrôler la valeur déclarée de l'actif du commerçant, et spécialement d'apprécier la valeur des brevets d'invention par lui exploités. — Orléans, 2 janv. 1855 [D. P. 55. 2. 155]

84. Le tribunal ne pourrait pas non plus, sans commettre un excès de pouvoirs, se refuser à déclarer la faillite d'un commerçant en état de cessation de paiements, par des motifs d'utilité ou d'opportunité : il n'appartient pas aux tribunaux, en effet, de se constituer juges des motifs qui ont inspiré une demande ou de l'intérêt qu'elle présente ; leur mission est d'appliquer la loi. — Cass., 15 févr. 1897 [S. et P. 97. 1. 233, D. P. 97. 1. 112] — Besançon, 13 janv. 1845 [P. 46. 1. 347, D. P. 46. 1. 289] — Colmar, 19 janv. 1864, précité. — Lyon, 17 mars 1880 [S. 82. 2. 28, P. 82. 1. 204, D. P. 81. 2. 247] — Caen, 5 avr. 1881 [S. 81. 2. 174, P. 81. 1. 946, D. *Rép., Suppl., v° cit.*, n. 257] — Aix, 8 mai 1884 [*J. des faillites*, 84. 476] — Riom, 8 déc. 1885 [D. *Rép.*,

Suppl., *v° cit.*, n. 256] — Bordeaux, 5 juill. 1887 [*J. des faillites*, 88. 488] — Dijon, 3 déc. 1888 [*Ibid.*, 89. 74] — Pau, 18 nov. 1895 [S. et P. 96. 2. 39] — *Sic*, Lyon-Caen et Renault, t. 7, n. 103; Thaller, *Faillite des ag. de ch.*, n. 27 et 28 : Ruben de Couder, *Suppl.*, *v° cit.*, n. 72 et s. ; et notre *Rép. gén. alph. du dr. fr.*, *v° cit.*, n. 240 et s. — *Contrà*, Besançon, 19 janv. 1885 [*J. des faillites*, 85. 295] — Trib. comm. de Lyon, 4 mars 1882 [*J. des faillites*, 82. 138] — V. aussi Cass., 21 mars 1855 [S. 56. 1. 33, P. 56. 2. 210, D. P. 55. 1. 51]

85. Spécialement, un tribunal ne peut refuser de déclarer, sur la demande des créanciers, la faillite d'un commerçant qui a cessé ses paiements, sous le prétexte que, le débiteur étant complètement insolvable, les créanciers n'auraient aucun intérêt à faire déclarer la faillite, dont les frais n'auraient pas été couverts. — Besançon, 13 janv. 1845, précité.

86. Jugé également, que le tribunal ne peut, après avoir vérifié et reconnu, d'une part, l'état de cessation de paiements, d'autre part, la qualité du demandeur.... ni se dispenser de prononcer la faillite et surseoir à statuer. — Caen, 5 avr. 1881, précité.

87. ... Ni imposer aux créanciers un liquidateur judiciaire. — Lyon, 17 mars 1881, précité. — Riom, 8 déc. 1885, précité.

88. De même, la déclaration de faillite personnelle d'un associé étant la conséquence légale forcée de la cessation de paiements de la société en nom collectif dont il fait partie, les juges, en déclarant d'office la faillite de cet associé, n'ont pas à se préoccuper de l'intérêt que les créanciers auraient pu avoir à ce que cette mise en faillite ne fût pas prononcée. — Cass., 21 juin 1899 [S. et P. 1900. 1. 88, D. P. 99. 1. 503]

89. De même, le tribunal ne peut repousser une demande en déclaration de faillite, soit à raison des mobiles qui l'ont provoquée, soit à raison des avantages d'un règlement amiable. — Lors donc qu'à l'exception de deux créanciers, tous les autres créanciers du débiteur, dont l'état de cessation de paiements n'est pas contesté, ont consenti un arrangement amiable au débiteur et ont touché le dividende leur revenant dans la liquidation de ses biens, et lorsque les deux créanciers en question seuls ont réclamé le paiement intégral de leur créance, et faute de l'obtenir, ont demandé la déclaration de faillite du débiteur, les juges ne sauraient repousser la demande en déclaration de faillite de ces deux créanciers, en se fondant sur ce que la déclaration de faillite serait ruineuse pour les créanciers, et sur ce que l'attitude des poursuivants était le résultat d'une animosité personnelle et d'une tentative d'intimidation. — Cass., 15 févr. 1897, précité. — *Contrà*, Besançon, 13 janv. 1845, précité.

90. Jugé, dans le même sens, que la cessation de paiements, de la part d'un commerçant, le constitue nécessairement en état de faillite, quelle qu'en soit la cause, et lors même qu'elle proviendrait d'un fait de force majeure, tel que son arrestation par mesure administrative. — Cass., 18 mars 1826 [S. et P. chr.]

§ 2. *Faillite après décès ou après cessation de commerce.*

α) *Faillite après décès.* — 91. Pour qu'un commerçant décédé puisse être déclaré en faillite, le deuxième alinéa de notre article exige qu'il soit mort en état de cessation de paiements. Il ne suffirait donc pas d'établir que ce commerçant a laissé des dettes : il faut encore prouver qu'on lui en avait demandé le paiement et qu'il avait déclaré ne pouvoir payer. — Orléans, 19 avr. 1844 [P. 44. 1. 739, D. *Rép.*, *v° cit.*, n. 59] — *Sic*, Lyon-Caen et Renault, t. 7, n. 70 ; Thaller, n. 1718 ; Alauzet, t. 7, n. 2420 ; et notre *Rép. gén. alph. du dr. fr.*, *v° cit.*, n. 91 et s.

92. Jugé, dans le même sens, qu'un négociant décédé sans avoir cessé ses paiements ne saurait être déclaré en faillite par cela seul qu'à son décès son passif excédait son actif, si d'ailleurs aucun signe extérieur n'était venu trahir de son vivant l'embarras de ses affaires. — Paris, 17 déc. 1878 [S. 79. 2. 108, P. 79. 469] — Aix, 25 janv. 1890 [S. 90. 2. 80, P. 90. 1. 459, D. P. 90. 2. 321] — Pau, 23 nov. 1893 [D. P. 94. 2. 66]

93. Il appartient d'ailleurs aux juges du fond de constater, par interprétation des clauses d'un traité passé entre un débiteur, depuis décédé, et le représentant de ses créanciers, que ce débiteur a, jusqu'à sa mort, scrupuleusement tenu les engagements qu'il avait pris envers ses créanciers et de décider, en conséquence, qu'il n'est point décédé en état de cessation de paiements, et ne peut être, après sa mort, déclaré en faillite. — Cass., 12 mars 1889 [S. 89. 2. 49, P. 89. 1. 622, D. P. 90. 1. 15]

94. La faillite d'un commerçant décédé en état de cessation de paiements ne peut d'ailleurs, aux termes du troisième alinéa de notre article, être prononcée d'office ou demandée que dans l'année qui suit le décès. Et ce délai d'un an est un délai préfixe qui ne saurait être prolongé par décision du juge sous aucun prétexte, ni même suspendu par l'un des événements qui interrompent la prescription. — *Sic*, Lyon-Caen et Renault, t. 7, n. 71 ; Bravard et Demangeat, t. 5, p. 34. — Sur la question de savoir si les héritiers peuvent provoquer la déclaration de faillite de leur auteur, V. *infrà*, art. 440, n. 2 et s.

95. Mais la déclaration de faillite du commerçant décédé n'est subordonnée par la loi ni à l'intérêt probable, ni au nombre des créanciers qui la réclament ; la seule condition exigée est la cessation de paiements, et, dès que l'existence de cette condition est vérifiée, le droit du créancier ne peut sous aucun prétexte être paralysé, pourvu qu'il soit exercé dans les délais légaux. — Paris, 19 janv. 1853 [P. 53. 1. 222, D. P. 54. 2. 5]

96. Notre article, d'ailleurs, n'est pas applicable au cas où la faillite est prononcée contre la société qui, postérieurement au décès de l'un des associés, a continué ses opérations, et non contre l'associé personnellement. — Cass., 26 juill. 1843 [S. 43. 1. 881, P. 44. 1. 84]

97. La faillite d'un commerçant déclarée après son décès, a pour effet d'assurer à ses créanciers un droit de gage exclusif sur tous les biens qu'il a laissés. Et ce droit subsiste sur les immeubles de la succession, même à l'encontre des créanciers hypothécaires de l'héritier régulièrement inscrits sur ces immeubles, sans que les créanciers du défunt soient tenus de demander la séparation des patrimoines, ni de prendre l'inscription requise par l'art. 2111, C. civ. — Douai, 24 déc. 1877 [S. 80. 2. 260, P. 80. 984, D. P. 78. 2. 149] — *Sic*, Esnault, t. 2, n. 351 ; Thaller, n. 1719. — *Contrà*, Aubry et Rau, t. 6, § 619 ; Demolombe, t. 17, n. 198 ; Boistel, n. 893 ; Lyon-

Caen et Renault, t. 7, n. 69 ; Barafort, *Tr. de la sépar. des patrim.*, n. 255 et s. — Sur la séparation des patrimoines, V. notre *Code civil annoté*, art. 878 et 2111. — Sur l'influence du jugement déclaratif de faillite sur l'inscription du privilège de la séparation des patrimoines, V. *infrà*, art. 448, n. 23 et 24.

β) *Faillite après cessation de commerce.* — 98. Si la faillite d'un commerçant peut être déclarée après son décès, à plus forte raison peut-elle être déclarée après qu'il a cessé son commercè. Il faut d'ailleurs que ce commerçant ait été en état de cessation de paiements au moment même de sa retraite : il ne pourrait pas être déclaré en faillite si cette cessation de paiements ne s'était produite qu'après l'abandon de son commerce. — Cass., 11 flor. an XI [S. et P. chr.] ; 18 juin 1872 [S. 72. 1. 298, P. 72. 725, D. P. 73. 1. 108] ; 3 mai 1880 [S. 81. 1. 315, P. 81. 1. 766, D. P. 81. 1. 72] ; 4 févr. 1885 [D. P. 85. 1. 159] ; 6 juin 1885. [S. 87. 1. 140, P. 87. 1. 313] ; 27 juin 1887 [S. 87. 1. 368, P. 87. 1. 906, D. P. 88. 1. 136] ; 21 févr. 1900 [S. et P. 1900. 1. 184, D. P. 1900. 1. 468] ; 16 janv. 1901 [S. et P. 1902. 1. 166] — Metz, 20 févr. 1811 [S. et P. chr.] — Lyon, 2 mars 1878 [S. 78. 2. 166, P. 79. 715, D. P. 78. 2. 70] — Alger, 10 févr. 1879 [S. 79. 2. 108, P. 79. 470] — *Sic*, Bravard et Demangeat, t. 5, p. 35 ; Massé, t. 2, n. 1855 ; Lyon-Caen et Renault, t. 7, n. 72; Thaller, n. 1721 ; et notre *Rép. gén. alph. du dr. fr.*, v° *cit.*, n. 104 et s. — *Contrà*, Limoges, 31 janv. 1858 [S. 58. 2. 90, P. 58. 1010, D. P. 58. 2. 33]

99. Spécialement jugé à cet égard, que le commerçant qui a cessé le commerce au moment où son crédit n'avait pas subi d'atteinte ne saurait être déclaré en faillite par cela seul qu'il n'a pas acquitté une dette contractée pendant l'exercice de son négoce. — Cass., 18 juin 1872, précité. — Lyon, 2 mars 1878, précité. — Alger, 10 févr. 1879, précité.

100. Il en est ainsi surtout, lorsque le paiement de cette dette, déjà échue et exigible, n'avait pas été poursuivi contre lui pendant l'exercice de son commerce. — Lyon, 2 mars 1878, précité.

101. ... Ou bien encore, lorsqu'il résulte des circonstances de la cause que le non-paiement de l'unique dette qu'on lui oppose s'explique par sa conviction, justifiée en partie, qu'elle était éteinte par compensation. — Cass., 18 juin 1872, précité.

102. Il appartient aux juges du fond de constater qu'une convention, intervenue entre un commerçant et un de ses créanciers, constitue, non un contrat d'atermoiement pur et simple, mais un règlement forfaitaire, accompagné de garanties hypothécaires et de délais conventionnels, témoignant de la confiance et du crédit dont le débiteur jouissait ; que cette convention ne suffit pas à démontrer qu'à sa date, le commerçant, qui, depuis, n'a fait aucun acte de commerce, se soit trouvé en état de cessation de paiements, et que le contraire est établi par l'inexistence pendant son commerce de poursuites, de mise en demeure, et de tous les actes susceptibles de révéler cet état ; et enfin que la déconfiture ne s'est manifestée qu'à une époque où il n'était certainement plus commerçant. — Cass., 16 janv. 1901, précité.

103. En pareil cas, les juges du fond, après avoir ainsi, sans dénaturation de la convention, constaté souverainement et déclaré qu'il n'y a pas eu coexistence de la qualité du commerçant et de la cessation des paiements, ont pu refuser de déclarer la faillite. — Même arrêt.

104. Jugé également, qu'une demande en déclaration de faillite ne saurait être accueillie de la part d'un créancier, s'il ne rapporte la preuve qu'à la date où ses droits sont nés, le débiteur avait encore la qualité de commerçant. — Alger, 26 déc. 1899 [D. P. 1901. 2. 69]

105. Mais la faillite d'un ancien boulanger est à bon droit déclarée par les juges du fait, lorsqu'ils ne s'appuient pas seulement sur ce que celui-ci était, pour cause commerciale, débiteur vis-à-vis d'un créancier, de sommes importantes dont le montant n'était pas encore déterminé, mais que, de plus, ils constatent souverainement qu'au jour de la déclaration de faillite et les jours précédents, l'ancien boulanger ne payait plus aucun de ses nombreux créanciers, et qu'il y avait inexécution de ses engagements commerciaux ayant pour objet des fournitures de farines et de cotrets à lui faites en sa qualité de boulanger ; l'ensemble des circonstances et des faits ainsi relevés donne une base légale à la déclaration de faillite, sans qu'il y ait à rechercher quels étaient les droits du créancier dont le montant de la créance n'avait pas été déterminé. — Cass., 21 févr. 1900, précité.

106. D'autre part, il convient d'appliquer ici le principe en vertu duquel la fraude fait exception aux règles du droit commun. Le juge n'aurait donc pas à tenir compte du fait de la retraite d'un commerçant, si ce commerçant ne s'était retiré qu'à la veille d'une cessation de paiements inévitable et dans le seul but d'échapper à la faillite virtuellement encourue par lui. — Angers, 14 déc. 1875 [D. P. 76. 2. 196] — *Sic*, Lyon-Caen et Renault, t. 7, n. 72.

107. Le délai d'un an établi par le troisième alinéa de notre article pour le cas de faillite après décès ne peut être étendu arbitrairement au cas de cessation de commerce ; en conséquence, dans ce dernier cas, la faillite peut être prononcée même après l'expiration de l'année qui suit la retraite du commerçant. — *Sic*, Lyon-Caen et Renault, t. 7, n. 72 *in fine* ; Thaller, n. 1721.

§ 3. *Faillites non déclarées ou faillites de fait.*

108. L'état de cessation de paiements d'un commerçant ne suffit pas à lui seul pour entraîner l'application de toutes les règles de la faillite. Tant que la faillite n'est pas déclarée par jugement du tribunal de commerce compétent, il est certain que les règles de procédure, ainsi que les règles de fond qui s'y rattachent étroitement et qui en sont la conséquence, ne sauraient recevoir leur application : l'organisation de la faillite notamment avec ses syndics et son juge-commisaire, le dessaisissement du failli, les formalités relatives à la vérification des créances, le concordat, les déchéances civiques encourues par le débiteur, présupposent nécessairement une faillite déclarée dans les formes légales et par le tribunal de commerce compétent. — *Sic*, Lyon-Caen et Renault, t. 7, n. 187 et 199 ; Thaller, n. 1702 ; Alauzet, t. 7, n. 2454 ; Bravard et Demangeat, t. 5, p. 77 et s. ; Boistel, n. 908 ; Renouard, t. 1er, p. 292, note 3 ; Bédarride, t. 1er, n. 72 ; Ruben de Couder, *Suppl.*, v° *cit.*, n. 117 et s. ; et notre *Rép. gén. alph. du dr. fr.*, v° *cit.*, n. 637, 4362, et 4387 et s.

109. Jugé, en ce sens, que, si, en droit, la cessation de paiements constitue l'état de faillite d'un commerçant, celui-ci, néanmoins, n'est dessaisi de ses biens que par le jugement déclaratif de faillite. — Cass., 26 juin 1844 [S. 44. 1. 483, P. 44. 2. 283, D. *Rép.*, *v° cit.*, n. 228] ; 23 juill. 1884 [S. 86. 1. 309, P. 86. 1. 739, D. P. 84. 1. 455]

110. Spécialement, l'agent de change, qui est en état de cessation de paiements, mais dont la faillite n'a pas été déclarée, a qualité pour poursuivre en justice le paiement des sommes qui lui sont dues. — Cass., 23 juill. 1884, précité.

111. De même, lorsqu'à la suite d'arrangements intervenus entre un commerçant et ses créanciers, un liquidateur a été nommé simplement pour assurer l'exécution de ces engagements, le débiteur peut être considéré comme n'étant pas dessaisi de l'administration de ses biens, et comme conservant son droit d'action en justice, sans qu'il lui soit besoin de se faire assister du liquidateur ou de le mettre en cause. — Cass., 18 nov. 1885 [S. 88. 1. 225, P. 88. 1. 539, D. P. 86. 1. 88]

112. Mais que faut-il décider en ce qui concerne les autres effets attachés au régime de la faillite? L'état de cessation de paiements d'un commerçant suffit-il pour les produire, indépendamment de tout jugement déclaratif de faillite, de telle sorte que les juridictions civiles ou criminelles seraient en droit de constater elles-mêmes cet état de cessation de paiements et d'appliquer en conséquence les règles de la faillite, comme si elle avait été déclarée antérieurement par le tribunal de commerce compétent? La doctrine résoud en général cette question par la négative : elle n'admet à aucun point de vue l'existence d'une faillite en dehors d'un jugement déclaratif de faillite, et il faut bien reconnaître que les arguments les plus sérieux militent en faveur de cette solution. Ce sont d'abord les textes, notamment l'art. 444, qui subordonne formellement l'exigibilité des dettes du failli à un jugement déclaratif de faillite, et l'art. 446, qui annule les actes passés par le failli depuis l'époque déterminée par le tribunal comme étant celle de la cessation des paiements ou dans les dix jours qui précèdent, ce qui implique bien qu'il y a eu un jugement déclarant la faillite et reportant cette faillite à telle époque dans le passé. C'est ensuite l'esprit de la loi : si les règles de la faillite dérogent au droit commun, c'est uniquement dans l'intérêt de la masse des créanciers : or la masse, la réunion compacte de tous les créanciers dans un organisme juridique, c'est une création du jugement déclaratif de faillite ; en l'absence de ce jugement, il n'y a plus de masse constituée et, par suite, plus de motif pour déroger au droit commun. Enfin la thèse contraire présente de graves inconvénients pratiques. Au point de vue civil, il est extrêmement difficile de tracer une ligne de démarcation précise entre les effets qui impliquent un jugement déclaratif préalable et ceux qui découlent du simple état de cessation de paiements. Au point de vue pénal, on ne conçoit guère qu'un commerçant puisse être condamné comme banqueroutier et conserver en même temps la possession de ses biens, sans compter qu'il est particulièrement dangereux, si l'inculpé conteste sa qualité de commerçant, de faire résoudre une question aussi délicate par un tribunal d'ordre pénal ou par un jury. — Toulouse, 26 août 1828, motifs [S. et P. chr., D. *Rép.*, *v° cit.*, n. 1031] — Bourges, 27 nov. 1830, motifs [S. 31. 2. 218, P. chr.] — Douai, 15 nov. 1840 [P. 44. 1. 724] — *Sic*, Delamarre et Lepoitvin, t. 6, n. 26 et s. ; Massé, t. 2, n. 1166 et s. ; Bravard et Demangeat, t. 5, p. 66 ; Laurin, n. 958 ; Boistel, n. 898 ; Lyon-Caen et Renault, t. 7, n. 189 et s. ; Thaller, n. 1704 ; Fourcade, *Des faillites non déclarées*, p. 98 et s. ; Baudry-Lacantinerie et de Loynes, t. 2, n. 1012 ; et notre *Rép. gén. alph. du dr. fr.*, *v° cit.*, n. 4364 et s., et v° *Banqueroute*, n. 42 et s.

113. Jugé qu'en Belgique, la loi ne reconnaît pas la faillite de fait, et la masse faillie ne prend naissance que dans le jugement qui prononce la faillite. — En conséquence, la masse faillie ne saurait être tenue des engagements pris par le liquidateur du commerçant en état de cessation de payements et non déclaré en faillite, et ces engagements ne constituent pas une dette de la masse devant être payée par voie de prélèvement. — C. d'appel de Bruxelles, 2 mai 1893 [S. et P. 94. 4. 16] — Trib. comm. Anvers, 2 août 1892 [S. et P. 93. 4. 29]

114. La jurisprudence française décide, au contraire, qu'en dehors des dispostions légales qui exigent, pour leur application, un jugement déclaratif, l'état de cessation de paiements d'un commerçant, constaté par une juridiction quelconque, constitue la faillite et en produit les effets. Suivant la formule des arrêts de la Cour de cassation, « la loi tient le commerçant pour failli, avant toute déclaration, par cela seul qu'il a cessé ses paiements, et le jugement déclaratif ne fait que proclamer l'état de faillite comme nécessairement préexistant ». Cette jurisprudence se fonde d'abord sur le premier alinéa de notre article, aux termes duquel « tout commerçant qui cesse ses paiements est en état de faillite » : la cessation de paiements jointe à la qualité de commerçant suffit donc pour qu'il y ait faillite ; le jugement déclaratif n'est nécessaire que pour organiser la procédure de cette faillite. D'autre part, la faillite n'est autre chose qu'un simple fait d'ordre matériel, et on ne voit pas pourquoi une juridiction quelconque devant laquelle ce fait est invoqué ne pourrait pas en constater l'existence pour la solution du litige qui lui est déféré. Et il doit d'autant mieux en être ainsi qu'il est de règle que le juge de l'action est en même temps le juge de l'exception : lors donc qu'un tribunal est compétent pour connaître d'un litige, il doit l'être également pour connaître des faits qui sont de nature à influer sur sa décision. — Cass., 13 nov. 1838 [S. 39. 1. 121, P. 39. 1. 22, D. *Rép.*, *v° cit.*, n. 119-2°] ; 23 avr. 1841 [S. 42. 1. 243, P. 42. 1. 382, D. *Rép.*, *v° cit.*, n. 1514-1°] ; 4 déc. 1854 [S. 55. 1. 298, P. 55. 2. 45, D. P. 55. 1. 20] ; 23 juill. 1884 [S. 86. 1. 309, P. 86. 1. 739, D. P. 84. 1. 455] ; 22 févr. 1888 [S. 90. 1. 535, P. 90. 1. 1282, D. P. 88. 1. 310] ; 29 avr. 1889 [S. 89. 1. 425, P. 89. 1. 1049, D. P. 90. 1. 19] ; 15 févr. 1897 [S. et P. 97. 1. 233, D. P. 97. 1. 112] ; 8 déc. 1897 [S. et P. 98. 1. 273] — Grenoble, 7 juin 1834 [S. 34. 2. 438, P. chr., D. *Rép.*, *v° cit.*, n. 120] ; 3 janv. 1842 [S. 42. 2. 178, P. 42. 2. 499] — Bordeaux, 6 mai 1848 [S. 49. 2. 609, P. 49. 1. 240, D. P. 50. 2. 11] — Rennes, 17 mars 1849, sous Cass., 26 mai 1852 [S. 52. 1. 562, P. 52. 1. 612, D. P. 52. 1. 178] — Lyon, 21 févr. 1851 [S. 51. 2. 317, P. 51. 2. 356, D. P. 51. 2. 194] — Caen, 15 mai 1854 [S. 54. 2. 699, P. 55. 2. 45, D. P. 54. 2. 243] — Metz, 20 déc. 1865 [S. 66. 2. 281, P. 66. 1029, D. P. 66. 2. 10] — *Sic*, Renouard, t. 2, p. 325 ; Bédarride, t. 3, n. 994 ; Esnault, t. 1, n. 83 et 90 ; Aubry et Rau, t. 3, § 264

ter, texte et note 55; Alauzet, t. 8, n. 2798; Pardessus, t. 3, n. 1108; Hélie, *Instruction criminelle*, t. 6, n. 2914; Garraud, *Tr. de dr. pén. fr.*, t. 5, p. 358; Mangin, *De l'action publique*, n. 159; Ruben de Couder, v° *Banqueroute*, n. 8.

115. La jurisprudence subordonne toutefois le droit qu'elle accorde ainsi aux tribunaux de constater l'état de cessation de paiements et d'appliquer les règles de la faillite indépendamment de tout jugement déclaratif, à la condition qu'on se trouve à un moment où la faillite pourrait encore être déclarée par le tribunal de commerce compétent : mais ce droit ne pourrait plus être exercé si la déclaration de faillite était devenue impossible. — Cass., 4 déc. 1854, précité; 14 avr. 1858 [S. 58. 1. 670, P. 58. 580, D. P. 58. 1. 389]; 22 janv. 1868, motifs [S. 68. 1. 256, P. 68. 634, D. P. 68. 1. 263]; 29 avr. 1889, précité. — Lyon, 21 févr. 1851, précité. — Caen, 15 avr. 1854 [S. 55. 1. 298, P. 55. 2. 45, D. P. 55. 1. 20] — V. notre *Rép. gén. alph. du dr. fr.*, v° *Hypothèque*, n. 556 et s.

116. Spécialement, le tribunal ne pourrait pas se fonder sur l'état de cessation de paiements d'un commerçant pour restreindre les droits d'hypothèque légale de la femme, si ce commerçant était décédé depuis plus d'une année avant l'instance. — Mêmes arrêts. — Sur les conditions de la faillite après décès, V. *suprà*, n. 91 et s.

117. De même, la cessation de paiements équivalant à faillite ne saurait être invoquée, s'il existait une décision judiciaire ayant refusé de déclarer la faillite du débiteur. Jugé en ce sens, que l'art. 563, C. comm., qui règle, pour le cas de faillite, les effets de l'hypothèque légale des femmes de commerçants, n'est pas applicable au cas de simple insolvabilité de ces commerçants, alors surtout que, malgré cette insolvabilité, les juges ont refusé de déclarer la faillite. — Cass., 28 avr. 1869 [S. 69. 1. 313, P. 69. 777, D. P. 69. 1. 443] — Sur la distinction de l'insolvabilité et de la cessation de paiements, V. *suprà*, n. 26 et s. — Sur les restrictions de l'hypothèque légale de la femme du failli, V. *infrà*, art. 563.

118. Mais il en serait autrement et le pouvoir du juge civil s'exercerait à bon droit, à l'effet de constater l'état de cessation de paiements d'un commerçant et de décider que la femme de ce dernier, qui était commerçant à l'époque de son mariage n'a pas hypothèque légale pour sa dot sur l'immeuble acheté par le mari durant le mariage, si le mari avait simplement cessé son commerce, alors même que cet abandon du commerce remonterait à plusieurs années, notamment à plus de deux ans avant l'instance engagée. — Cass., 29 avr. 1889, précité. — Sur les conditions de la faillite après cessation de commerce, V. *suprà*, n. 98 et s.

119. La jurisprudence a fait de nombreuses applications de sa théorie. — Jugé, à cet égard, que le commerçant qui cesse ses paiements est en état de faillite, par le seul fait de cette cessation de paiements et sans qu'il soit besoin d'un jugement déclaratif, de telle sorte que, dès l'instant que la cessation de paiements est un fait certain et notoire, il ne peut être obtenu contre le commerçant aucun jugement ayant pour effet de conférer une hypothèque judiciaire ou autre droit de préférence : on doit appliquer ici la disposition finale de l'art. 446, C. comm., comme s'il y avait eu jugement déclaratif de faillite. — Grenoble, 3 janv. 1842, précité.

120. De même, celui qui a géré l'affaire du failli avant le jugement déclaratif, mais postérieurement à la date à laquelle ce jugement fait remonter la cessation des payements, doit être réputé avoir géré l'affaire de la faillite; et il a, de ce chef, contre la masse des créanciers, les droits qu'il aurait vis-à-vis du failli, si celui-ci était resté *in bonis*. — Cass., 22 févr. 1888, précité. — Sur les créanciers de la masse, V. *infrà*, art. 565, n. 1 et s.

121. Spécialement, lorsqu'un banquier a payé, dans la période suspecte, pour le compte du failli, une somme due à un tiers, auquel un warrant de marchandises avait été remis en garantie, ledit banquier peut, après avoir fait vendre les marchandises dont un nouveau warrant lui avait été délivré, retenir sur le montant de la vente, au regard de la masse des créanciers, la somme totale par lui payée utilement en l'acquit du failli. — Même arrêt.

122. Jugé également, que les art. 597 et 598, C. comm., qui prononcent la nullité des avantages particuliers consentis par le failli au profit de l'un de ses créanciers, sont applicables même au cas où il n'y a pas eu faillite judiciairement déclarée, si d'ailleurs l'état de faillite résulte des faits et des circonstances de la cause : il suffit à cet égard que la cessation des paiements, constitutive de l'état de faillite, ait existé au moment de la stipulation. — Cass., 4 juill. 1854 [S. 54. 1. 785, P. 55. 1. 208, D. P. 54. 1. 405]; 8 janv. 1855 [S. 56. 1. 801, P. 57. 91]; 22 août 1866 [S. 66. 1. 389, P. 66. 1061, D. P. 66. 1. 443]; 17 nov. 1870 [S. 71. 1. 62, P. 71. 181, D. P. 70. 1. 377]; 22 juin 1877 [S. 77. 1. 388, P. 77. 966, D. P. 77. 1. 407]; 26 mars 1888 [S. 88. 1. 461, P. 88. 1. 1141, D. P. 89. 1. 258] — Nîmes, 6 janv. 1852 [S. 52. 2. 38, P. 52. 1. 424, D. P. 52. 1. 158] — Paris, 27 déc. 1854 [S. 55. 2. 15, P. 55. 1. 208, D. P. 55. 5. 216]; 5 mars 1879 [S. 79. 2. 286, P. 79. 1133, D. P. 79. 2. 147] — Lyon, 20 janv. 1869 [S. 69. 2. 68, P. 69. 335, D. P. 69. 2. 52] — Aix, 16 juin 1870 [S. 70. 2. 288, P. 70. 2. 288, D. P. 71. 2. 107] — Poitiers, 2 juill. 1872 [S. 73. 2. 112, P. 73. 474, D. P. 72. 2. 166] — Bordeaux, 1er déc. 1887 [S. 90. 2. 165, P. 90. 1. 903, D. P. 88. 2. 185] — V. sur les concordats amiables, *infrà*, *Appendice* à la sect. 2, chap. 6, liv. 3.

123. Il en est ainsi, alors même que les avantages particuliers ont été stipulés à l'occasion d'un concordat amiable contenant abandon total de l'actif du failli. — Cass., 22 août 1866, précité.

124. Et le traité consenti au profit de l'un des créanciers du failli pour prix de son adhésion au concordat amiable arrêté avec celui-ci, est nul, encore bien qu'il ait été consenti par un tiers, et que l'avantage qui en résulte pour ce créancier ne soit pas ainsi à la charge de l'actif du failli. — Lyon, 20 janv. 1869, précité. — Aix, 16 juin 1870, précité.

125. Mais on doit considérer comme licite et valable le traité passé avec un débiteur qui n'a jamais été judiciairement déclaré en faillite ou qui, tout au moins, n'était pas, lors du traité, dans un état notoire de cessation de paiements, ... quand même ce traité aurait été passé peu de temps après un règlement amiable intervenu entre le débiteur et quelques autres de ses créanciers qui lui faisaient remise d'une quotité déterminée de leurs créances.

— Montpellier, 5 nov. 1853 [S. 53. 2. 665, P. 55. 1. 208, D. P. 55. 2. 318]

126. Jugé également, qu'il suffit pour l'application de l'art. 563, C. comm., qui, en cas de faillite du mari, restreint l'hypothèque légale de la femme, que le mari ait cessé ses paiements ; il n'est pas nécessaire qu'il soit intervenu un jugement déclaratif de faillite. — Cass., 8 juin 1837, Tardy [S. 37. 1. 920, P. 37. 1. 580, D. *Rép.*, v° *cit.*, n. 1081]; 13 nov. 1838 [S. 39. 1. 121, P. 39. 1. 22, D. *Rép.*, v° *cit.*, n. 119-2°]; 28 déc. 1840 [S. 41. 1. 32, P. 41. 1. 169, D. *Rép.*, v° *cit.*, n. 1085]; 29 avr. 1889 [S. 89. 1. 425, P. 89. 1. 1049, D. P. 90. 1. 19] — Grenoble, 7 juin 1834 [S. 34. 2. 438, P. chr., D. *Rép.*, v° *cit.*, n. 120]; 28 août 1847 [S. 48. 2. 469, P. 48. 1. 688, D. P. 48. 2. 137]; 13 nov. 1888 [D. *Rép.*, *Suppl.*, v° *cit.*, n. 365] — Bordeaux, 6 mai 1848 [S. 49. 2. 609, P. 49. 1. 240, D. P. 50. 1. 11] — Metz, 20 déc. 1865 [S. 66. 2. 281, P. 66. 1029, D. P. 66. 2. 10] — Sur les restrictions de l'hypothèque légale de la femme au cas de faillite de son mari, V. *infrà*, art. 563.

127. Spécialement, le tribunal civil, devant lequel est invoqué, à l'occasion d'une contestation dont il est saisi, le fait qu'un ancien commerçant se trouvait en état de cessation de paiements à l'époque où il a abandonné son commerce, a le droit, en vertu du pouvoir d'appréciation qui lui appartient, de constater ce fait, d'en appliquer les effets légaux, en décidant que la femme de ce dernier, lequel était commerçant à l'époque de son mariage, n'a pas d'hypothèque légale pour sa dot sur l'immeuble acheté par son mari durant le mariage. — Cass., 29 avr. 1889, précité.

128. Et la disposition de l'art. 563 s'applique également au cas où le mari a obtenu de ses créanciers un concordat amiable. — Grenoble, 28 août 1847, précité.

129. En matière pénale, la jurisprudence va encore plus loin. Partant de ce principe que la juridiction civile et la juridiction criminelle sont indépendantes l'une de l'autre et que les questions relatives à la qualité de commerçant du prévenu et à son état de faillite constituent, non des questions préjudicielles qui seraient de la compétence exclusive des tribunaux de commerce, mais des questions de fait que la juridiction répressive a le pouvoir de résoudre librement, la jurisprudence décide, d'une manière constante, que le juge correctionnel ou criminel peut prononcer la banqueroute simple ou la banqueroute frauduleuse contre un commerçant, non seulement en l'absence de tout jugement déclaratif et par cela seul que ce commerçant est en état de cessation de paiements, mais aussi dans le cas où le tribunal de commerce a refusé de déclarer la faillite dudit commerçant, ou a rapporté ou annulé un jugement déclaratif de faillite antérieurement rendu. — Cass., 19 avr. 1811 [S. et P. chr., D. *Rép.*, v° *cit.*, n. 1394-1°]; 7 nov. 1811 [S. et P. chr., D. *Ibid.*]; 19 févr. 1813 [S. et P. chr.]; 14 juill. 1814 [S. et P. chr.]; 3 mars 1814 [S. et P. chr., D. *Rép.*, v° *cit.*, n. 1395-1°]; 30 janv. 1824 [S. et P. chr.]; 15 avr. 1825 [S. et P. chr., D. *Rép.*, v° *cit.*, n. 1394-7°]; 1er sept. 1827 [S. et P. chr., D. *Rép.*, v° *cit.*, n. 1394-2°]; 2 janv. 1831 [P. chr., D. *Rép.*, v° *cit.*, n. 1394-4°]; 11 août 1837 [P. 37. 2. 427, D. *Rép.*, v° *cit.*, n. 1394-2°]; 23 avr. 1841 [S. 42. 1. 243, P. 42. 1. 382, D. *Rép.*, v° *cit.*, n. 1514-1°]; 22 mai 1846 [S. 46. 1. 792, D. P. 46. 1. 319]; 9 août 1851 [S. 52. 1. 281, P. 53. 2. 132, D. P. 52. 1. 160]; 6 août 1857 [S. 57. 1. 636, D. P. 57. 1. 180]; 1er mars 1862 [P. 62. 908, D. P. 62. 5. 191]; 24 juin 1864 [S. 64. 1. 173, P. 64. 1181, D. P. 64. 1. 450]; 22 sept. 1864 [S. 65. 1. 388, P. 65. 993, D. P. 65. 1. 43]; 6 janv. 1876 [S. 76. 1. 48, P. 76. 77, D. P. 77. 1. 234]; 10 août 1878 [S. 79. 1. 481, P. 79. 1235]; 23 déc. 1880 [S. 82. 1. 435, P. 82. 1. 1065, D. *Rép.*, *Suppl.*, v° *cit.*, n. 1397-1°]; 13 mai 1882 [D. P. 82. 1. 437]; 6 juin 1885 [S. 87. 1. 140, P. 87. 1. 313, D. *Rép.*, *Suppl.*, v° *cit.*, n. 1401]; 8 juill. 1885 [S. 86. 1. 133, P. 86. 1. 286, D. P. 85. 1. 279] — Metz, 18 déc. 1826 [P. chr., D. *Rép.*, v° *cit.*, n. 1405]; 14 mai 1833 [P. chr., D. *Rép.*, v° *cit.*, n. 1395-2°] — Aix, 9 août 1837 [P. 37. 2. 531, D. *Rép.*, v° *Chose jugée*, n. 483] — Alger, 14 févr. 1887 [*J. des faillites*, 88. 29] — Trib. de Tunis, 19 févr. 1898 [S. et P. 98. 2. 316] — *Sic*, Bédarride, t. 2, n. 1206 ; Renouard, t. 2, p. 426 ; Pardessus, t. 3, n. 1300; Esnault, t. 3, n. 680; Laurin, n. 959; Massé, t. 2, n. 1167 et 1248, et t. 3, n. 214 et s.; Mangin et Sorel, *Action publique*, t. 1, n. 169; Bertauld, *Questions préjudicielles*, n. 80 et s. ; Le Sellyer, *Compét. et organis. des trib. répressifs*, t. 2, n. 6888 ; Chauveau, F. Hélie et Villey, t. 5, n. 2152 et s. ; F. Hélie, *Instr. crimin.*, t. 6, n. 2914, et t. 7, n. 3567 ; Garraud, *Tr. de dr. pén. fr.*, t. 5, p. 358 ; Blanche, t. 6, n. 100 ; Alauzet, t. 8, n. 2865 ; Ruben de Couder, v° *Banqueroute*, n. 8. — *Contrà*, Lyon-Caen et Renault, t. 7, n. 191 et s. ; Thaller, n. 1704; Delamarre et Lepoitvin, t. 6, n. 42 et s. ; Bravard et Demangeat, t. 6, p. 3 et s.; Demangeat, *Rev. prat.*, t. 16, p. 337 ; Trébutien, *Cours de dr. crim.*, t. 2, p. 69 et p. 652, note 2 ; Hoffman, *Quest. préjudicielles*, t. 2, n. 314 et s. ; Villey, note sous Cass., 10 août 1878 [S. 79. 1. 481, P. 79. 1235]; et notre *Rép. gén. alph. du dr. fr.*, v° *Banqueroute*, n. 42 et s.

130. Spécialement jugé, qu'un négociant peut être condamné comme banqueroutier simple, bien qu'un jugement du tribunal de commerce ait décidé qu'il n'y avait lieu de le déclarer en faillite. — Aix, 9 août 1837, précité. — Alger, 14 févr. 1887, précité.

131. ... Ou encore, bien que le jugement déclaratif de faillite ait été rapporté ou annulé. — Cass., 23 avr. 1841, précité ; 6 janv. 1876, précité ; 10 août 1878, précité ; 23 déc. 1880, précité ; 6 juin 1885, précité.

132. Jugé également, que le délit de banqueroute simple peut être poursuivi et jugé durant l'instance d'appel du jugement déclaratif de faillite. — Bordeaux, 14 janv. 1848 [P. 48. 2. 15, D. P. 48. 2. 80]

133. De même, une chambre des mises en accusation ne peut, sans violer les règles de compétence et l'art. 3, C. instr. crim., surseoir à statuer sur une prévention de banqueroute frauduleuse, jusqu'à ce qu'il ait été prononcé définitivement par le tribunal de commerce sur le fait de la faillite, ou que son jugement par défaut ait acquis l'autorité de la chose jugée. — Cass., 30 janv. 1824, précité.

134. A plus forte raison, un commerçant qui a été admis au bénéfice de la liquidation judiciaire, peut être poursuivi pour banqueroute simple devant le tribunal de police correctionnelle, et condamné, bien que sa faillite n'ait pas été déclarée par le tribunal de commerce. — Trib. de Tunis, 19 févr. 1898 [S. et P. 98. 2. 316]

CHAPITRE I

DE LA DÉCLARATION DE FAILLITE ET DE SES EFFETS.

ART. **438**. (Modifié par l'art. 23, L. 4 mars 1889). Tout failli sera tenu, dans les quinze jours de la cessation de ses paiements, d'en faire la déclaration au greffe du tribunal de commerce de son domicile. Le jour de la cessation de paiements sera compris dans les quinze jours.

En cas de faillite d'une société en nom collectif, la déclaration contiendra le nom et l'indication du domicile de chacun des associés solidaires. Elle sera faite au greffe du tribunal dans le ressort duquel se trouve le siège du principal établissement de la société. — C. civ., 102 ; C. comm., 20 et s., 456, 586-4°; L. 4 mars 1889, art. 1 et 19.

INDEX ALPHABÉTIQUE.

1. Le manquement du débiteur à l'obligation que lui impose notre article comporte une double sanction. D'une part, aux termes de l'art. 586-4°, C. comm., le débiteur qui n'a pas fait sa déclaration dans le délai légal peut être condamné comme banqueroutier simple. D'autre part, aux termes de l'art. 456, ce n'est qu'autant que le débiteur a rempli cette obligation que le tribunal peut l'affranchir du dépôt ou de la garde de sa personne. Mais en pratique, ces sanctions sont très rarement appliquées. — V. notre *Rép. gén. alph. du dr. fr.*, v° *Faillite*, n. 339 et s. — Sur la question de savoir si le débiteur, qui a laissé passer le délai de quinzaine, peut encore obtenir le bénéfice de la liquidation judiciaire, V. *infrà*, Appendice à notre titre, la loi du 4 mars 1889, art. 1er. — Sur la faculté de convertir la liquidation judiciaire en faillite en cas d'inobservation du délai de quinzaine, V. *infrà*, même loi, art. 19.

2. La déclaration de faillite doit être faite par les incapables régulièrement habilités à faire le commerce, comme par tout autre commerçant en état de cessation de paiements. — *Sic*, Lyon-Caen et Renault, t. 7, n. 85 *ter*.

3. Jugé même, que la déclaration de faillite peut être faite par un condamné aux travaux forcés à temps, attendu qu'une telle déclaration ne constitue point une action en justice. — Paris, 18 janv. 1823 [S. et P. chr.]

4. Le commerçant peut faire sa déclaration soit en personne, soit par un mandataire. Mais dans ce cas, le mandat doit être spécial : car la déclaration de faillite, en tant qu'elle entraîne le dessaisissement du failli, doit être assimilée plutôt à un acte de disposition qu'à un acte d'administration ; or, un mandat général ne peut s'appliquer qu'à des actes d'administration. — *Sic*, Lyon-Caen et Renault, t. 7, n. 85 *bis*; Pardessus, t. 4, n. 1096.

5. Dans le cas où il s'agit d'une société en nom collectif ou en commandite, la déclaration de faillite peut émaner de tous les associés en nom ou commandités, sans distinguer d'ailleurs suivant qu'ils sont gérants ou non : du moment qu'ils sont tous tenus solidairement au paiement des dettes sociales, ils ont tous le même intérêt à la déclaration de faillite. — *Sic*, Lyon-Caen et Renault, t. 8, n. 1161; Pic, p. 63; Bédarride, t. 1, n. 44; et notre *Rép. gén. alph. du dr. fr.*, v° *cit.*, n. 391.

6. Dans les sociétés anonymes, le droit de faire la déclaration de faillite appartient aux représentants légaux de la société, c'est-à-dire à son directeur et à ses administrateurs, aux termes de l'art. 3, 2e alin., de la loi du 4 mars 1889. Ce droit n'est d'ailleurs subordonné à aucune condition restrictive; le directeur ou les administrateurs n'ont pas à se munir au préalable de l'autorisation de l'assemblée générale des actionnaires. — Paris, 7 août 1894 [S. et P. 95. 2. 309, D. P. 95. 2. 265]

7. Mais le directeur ou les administrateurs, n'étant pas des commerçants, mais de simples mandataires de la société, n'encourraient pas les sanctions ci-dessus indiquées pour n'avoir pas déclaré la faillite sociale dans le délai déterminé par notre article. — *Sic*, Lyon-Caen et Renault, t. 8, p. 388; Bravard et Demangeat, t. 6, p. 47; Pic, p. 64.

8. Quant aux commanditaires et aux actionnaires, ils n'ont pas qualité pour représenter la société, et, par suite, ils ne peuvent pas déclarer la faillite de la société en cas d'inaction de ses représentants légaux. Ils ne pourraient pas non plus exciper de leur qualité de créanciers de dividendes pour provoquer cette faillite : au regard des tiers, cette qualité de créancier disparaît devant celle d'associé, de telle sorte qu'il n'est pas possible aux commanditaires ou aux actionnaires de se comporter comme pourraient le faire les créanciers sociaux. — Colmar, 17 mars 1810 [S. et P. chr., D. *Rép.*, v° *Faillite*, n. 140-1°] — Paris, 22 janv. 1875 [S. 77. 2. 37, P. 79. 494, D. P. 79. 1. 250] — Rouen, 26 mai 1884 [*J. des faillites*, 84. 407] — *Sic*, Lyon-Caen et Renault, *loc. cit.*; Pic, p. 66; Bédarride, t. 1, n. 45; et notre *Rép. gén. alph. du dr. fr.*, v° *cit.*, n. 394, 401 et s.

9. Et le commanditaire qui, par une demande en déclaration de faillite irrecevable en elle-même, et de plus mal fondée, causerait à ses coassociés un

préjudice, pourrait être de ce chef condamné envers eux à des dommages-intérêts. — Colmar, 17 mars 1810, précité.

10. Les commanditaires et les actionnaires n'auraient le droit de demander la faillite de la société, qu'autant qu'ils seraient, d'autre part, créanciers sociaux. — Jugé, en ce sens, que, dans le cas où le bailleur de fonds d'un agent de change est en même temps son créancier personnel, il peut, en cette dernière qualité, demander la faillite de l'agent de change. — Cass., 5 mars 1879 [S. 79. 1. 201, P. 79. 494 et la note de M. Lyon-Caen, D. P. 79. 1. 150]

11. En cas de dissolution ou de liquidation d'une société en état de cessation de paiements, les anciens gérants ou directeurs n'ont plus qualité pour déclarer la faillite de la société : c'est au liquidateur qu'il appartient de représenter la société dans les opérations de la faillite et de déposer son bilan. — Cass., 11 mai 1891 [S. et P. 95. 1. 390, D. P. 92. 1. 213] — *Sic*, Lyon-Caen et Renault, t. 8, n. 1163 ; Pic, p. 65 ; et notre *Rép. gén. alph. du dr. fr.*, *v° cit.*, n. 387.

12. Mais le syndic de la faillite personnelle du liquidateur d'une société, légalement dissoute, n'a pas qualité pour demander la mise en faillite de cette société, si le liquidateur qu'il représente n'était pas lui-même créancier de cette société. — Cass., 25 avr. 1883 [S. 83. 1. 247, P. 83. 1. 604, D. *Rép.*, *Suppl.*, *v° cit.*, n. 251]

Art. **439**. La déclaration du failli devra être accompagnée du dépôt du bilan ou contenir l'indication des motifs qui empêcheraient le failli de le déposer. Le bilan contiendra l'énumération et l'évaluation de tous les biens mobiliers et immobiliers du débiteur, l'état des dettes actives et passives, le tableau des profits et pertes, le tableau des dépenses ; il devra être certifié véritable, daté et signé par le débiteur. — C. comm., 476 et s., 586-4°, 591 ; L. 4 mars 1889, art. 2.

1. Les énonciations que contient le bilan ne sauraient lier les créanciers qui peuvent toujours les contrôler et les discuter. — *Sic*, Lyon-Caen et Renault, t. 7, n. 88 ; Esnault, t. 1, n. 116 ; Ruben de Couder, v° *Faillite*, n. 110.

2. Ces énonciations ne pourraient même pas être considérées comme des aveux judiciaires liant irrévocablement le failli : il n'y a là qu'un état provisoire, dont les erreurs pourront être rectifiées par la suite, sans que ces rectifications soient de nature à entacher de fraude le bilan. — Paris, 6 mess. an XIII [S. et P. chr.] — *Sic*, Lyon-Caen et Renault, *loc. cit.*; Renouard, t. 1, p. 268.

3. On admet toutefois que les énonciations dont la sincérité ne serait pas discutable, équivalent à une reconnaissance de dette interruptive de la prescription : mais cette reconnaissance de dette n'opère pas novation et ne fait pas courir une prescription d'une nature différente de celle qu'elle a interrompue. — *Sic*, Lyon-Caen et Renault, *loc. cit.*; Renouard, *loc. cit.*

Art. **440**. La faillite est déclarée par jugement du tribunal de commerce rendu, soit sur la déclaration du failli, soit à la requête d'un ou de plusieurs créanciers, soit d'office. Le jugement sera exécutoire par provision. — C. civ., 14, 102, 1351 ; C. comm., 437 et s., 451, 455, 462, 491, 527, 580 ; C. proc. civ., 59 ; Loi 30 mai 1857.

INDEX ALPHABÉTIQUE.

DIVISION

§ 1. *Qui peut provoquer la déclaration de faillite.*

α) Déclaration du débiteur. Faillite après décès.

β) Requête ou citation d'un ou de plusieurs créanciers.

γ) Faillite déclarée d'office.

§ 2. *Tribunal compétent pour déclarer la faillite.*

α) Individu commerçant.

β) Société commerciale.

γ) Individu ou société possédant plusieurs établissements.

δ) Etrangers et sociétés étrangères : jugement déclaratif rendu par un tribunal étranger.

§ 3. *Forme et exécution provisoire du jugement déclaratif de faillite.*

---

§ 1. *Qui peut provoquer la déclaration de faillite.*

α) *Déclaration du débiteur. Faillite après décès.* — 1. Dans le cas où le débiteur déclare lui-même sa faillite et dépose son bilan conformément aux art. 438 et 439, C. comm., le tribunal de commerce doit nécessairement déclarer la faillite, si toutefois le débiteur a la qualité de commerçant : le dépôt du bilan implique en effet, de la part du débiteur, son état de cessation de paiements, et, dès lors, les conditions requises pour la faillite se trouvent remplies. Il en serait autrement cependant si, à la suite de nouvelles ressources qui lui seraient survenues, le débiteur avait rétracté son aveu et repris ses paiements avant que le tribunal ait statué. — *Sic*, Bédarride, t. 1, n. 57 ; Pardessus, t. 4, n. 1096 ; Demangeat sur Bravard, t. 5, p. 51 ; Boistel, n. 900 ; Lyon-Caen et Renault, t. 7, n. 90 ; et notre *Rép. gén. alph. du dr. fr.*, v° *Faillite*, n. 346.

2. Les héritiers d'un commerçant décédé en état de cessation de paiements sont-ils recevables à provoquer la déclaration de faillite de leur auteur ? Une première opinion refuse ce droit aux héritiers d'une manière absolue, et alors même qu'ils seraient créanciers du défunt. — *Sic*, Renouard, t. 1, p. 272 et s. ; Boulay-Paty, *Tr. des faillites*, t. 1, n. 67 ; Cadrat, *Tr. des faillites*, p. 28 ; Laroque-Sayssinel et Dutruc, *Formul. gén. des faill.*, t. 1, n. 41 ; Pardessus, t. 3, n. 1099. — V. aussi Boistel, n. 893 ; Dutruc, *Dict. du content. comm.*, t. 1, v° *Faillite*, n. 61. — Sur la faillite d'un commerçant après son décès, V. *suprà*, art. 437, n. 91 et s.

3. D'après une deuxième opinion, les héritiers ne seraient recevables à provoquer la déclaration de faillite de leur auteur qu'à la condition d'être en même temps ses créanciers et de n'avoir pas fait acte d'héritier. Cette opinion se fonde d'abord sur le texte de l'art. 437, troisième alinéa, qui s'occupe de la faillite après décès et qui ne parle que de la déclaration d'office ou sur la demande des créanciers, ce qui exclut implicitement les héritiers. D'autre part, ces héritiers n'ont aucun intérêt à la faillite de leur auteur, puisqu'ils n'ont qu'à accepter sous bénéfice d'inventaire pour échapper aux conséquences de son insolvabilité. — Aix, 25 janv. 1890 [S. 90. 2. 80, P. 90. 1. 459, D. P. 90. 2. 329] — *Sic*, Alauzet, t. 7, n. 2422 ; Demangeat, sur Bravard, t. 5, p. 34, note 2 ; Lainé, *Comment. de la loi de 1838 sur les faillites*, p. 19 et s. ; Ruben de Couder, v° *Faillite*, n. 64 et 119 ; Boistel, note sous Aix, 25 janv. 1890 [D. P. 90. 2. 329]

4. Enfin, d'après une troisième opinion, les héritiers du commerçant décédé en état de cessation de paiements auraient les mêmes droits que leur auteur et pourraient provoquer sa déclaration de faillite, tout au moins dans l'année du décès, comme le défunt aurait pu le faire lui-même de son vivant. Cette opinion trouve un appui des plus sérieux dans l'art. 2 de la loi du 4 mars 1889, qui autorise les héritiers à demander, du chef de leur auteur, le bénéfice de la liquidation judiciaire : du moment que la loi leur accorde ce droit en matière de liquidation judiciaire, il paraît impossible de le leur refuser en matière de faillite, les deux droits étant en somme de même nature. Quant à l'intérêt que peuvent avoir les héritiers à faire déclarer la faillite de leur auteur, il existe en ce sens que cette faillite peut leur permettre d'obtenir un concordat avantageux et d'échapper aux frais de la liquidation, peut-être inopportune, de l'actif successoral. — *Sic*, Lyon-Caen et Renault, t. 7, n. 89 ; Bédarride, t. 1, n. 25 ; Ruben de Couder, *Suppl.*, v° *cit.*, n. 79 et s. ; et notre *Rép. gén. alph. du dr. fr.*, v° *cit.*, n. 381 et s.

β) *Requête ou citation d'un ou plusieurs créanciers.* — 5. Des termes généraux dont se sert notre article, il résulte que la faillite peut être provoquée par tout créancier, quel qu'il soit. Ce droit appartient donc aussi bien à un créancier à terme ou conditionnel qu'à un créancier dont la créance est échue : la déclaration de faillite, en effet, doit être considérée comme un acte conservatoire des intérêts de la masse, qui, comme tel, peut être provoqué par tous les ayants-droit. — *Sic*, Renouard, t. 1, p. 270 ; Bravard et Demangeat, t. 5, p. 36 ; Bédarride, t. 1, n. 50 ; Boistel, n. 900 ; Delamarre et Lepoitvin, t. 6, p. 31 ; Alauzet, t. 7, n. 2442 ; Lyon-Caen et Renault, t. 7, n. 94 ; Thaller, n. 1747 ; et notre *Rép. gén. alph. du dr. fr.*, v° *cit.*, n. 351 et s.

6. D'autre part, la faillite peut être provoquée par un créancier civil comme par un créancier commercial. Il est vrai que le non-paiement des dettes civiles ne suffirait pas pour que le débiteur soit légalement en état de cessation de paiements. Mais, dès qu'il y a non-paiement des dettes commerciales, la faillite englobe les créanciers civils comme les créanciers commerciaux, qui peuvent dès lors également la provoquer. — Cass., 9 août 1849 [S. 49. 1. 617, D. P. 49. 1. 207] ; 2 déc. 1868 [S. 69. 1. 128, P. 69. 293, D. P. 69. 1. 129] — Paris, 27 nov. 1841 [S. 42. 2. 50, P. 42. 2. 475, D. *Rép.*, v° *Faillite*, n. 70] — Douai, 27 août 1851 [S. 53. 2. 39, P. 54. 1. 163, D. P. 54. 5. 361] — Bordeaux, 22 mai 1865 [S. 66. 2. 94, P. 66. 451] ; 31 août 1868 [S. 69. 1. 128, *ad notam*, P. 69. 293, *ad notam*] — Caen, 5 avr. 1881 [S. 81. 2. 174, P. 81. 1. 946, D. *Rép.*, *Suppl.*, v° *cit.*, n. 257] — *Sic*, Pardessus, t. 3, n. 1099 ; Renouard, t. 1, p. 274 ; Bédarride, t. 1, n. 49 ; Massé, t. 2, n. 1153 ; Esnault, t. 1, n. 85 ; Alauzet, t. 7, n. 2442 ; Bravard et Demangeat, t. 5, p. 55 ; Lyon-Caen et Renault, t. 7, n. 92 ; Thaller, *loc. cit.* ; Ruben de Couder, *Suppl.*, v° *cit.*, n. 50 et 84. — Sur la question de savoir si le non-paiement de dettes civiles suffit pour que la faillite puisse être déclarée, V. *suprà*, art. 437, n. 44.

7. La qualité de la créance est également indifférente, et la faillite peut être demandée aussi bien

par un créancier privilégié ou hypothécaire que par un créancier chirographaire. Il s'agit ici en effet d'un acte conservatoire, et d'autre part, on ne saurait affirmer *a priori* que les garanties des créanciers privilégiés ou hypothécaires seront suffisantes pour les désintéresser et qu'ils n'auront pas plus tard à produire comme créanciers chirographaires pour le solde qui leur restera dû. — Besançon, 13 août 1808 [P. chr.] — Metz, 20 janv. 1811 [P. chr.] — Aix, 27 nov. 1835 [S. 36. 2. 16, P. chr., D. *Rép.*, v° *cit.*, n. 106] — Bordeaux, 8 mars 1876 [S. 76. 2. 265, P. 76. 1008, D. P. 79. 5. 228] — *Sic*, Renouard, t. 1, p. 279 ; Laroque-Sayssinel, t. 1, p. 30 ; Bravard et Demangeat, t. 5, p. 55 et 56 ; Alauzet, *loc. cit.*; Lyon-Caen et Renault, t. 7, n. 93 ; Thaller, n. 1747.

8. Spécialement, l'administration des douanes peut, comme tout autre créancier, faire déclarer la faillite d'un de ses redevables. — Aix, 27 nov. 1835, précité.

9. Il n'y a pas à distinguer non plus entre les créanciers français et les créanciers étrangers... — Paris, 20 mai 1878 [S. 80. 2. 193, P. 80. 789, D. *Rép., Suppl.*, v° *cit.*, n. 1510]

10. ... Sauf au créancier étranger à fournir la *cautio judicatum solvi*, si le débiteur est français. — V. à cet égard, Thaller, n. 1747, p. 901, note 1.

11. Peu importe également l'origine de la créance. Jugé à cet égard, que les porteurs d'obligations d'une société anonyme, étant de véritables créanciers de cette société, ont qualité pour provoquer sa mise en faillite : on prétendrait vainement qu'ils ne sont que des actionnaires privilégiés. — Cass., 14 juill. 1862 [S. 62. 1. 938, P. 63. 1166, D. P. 62. 1. 618]

12. ... Ou encore le chiffre plus ou moins élevé de la créance. — *Sic*, Lyon-Caen et Renault, t. 7, n. 91.

13. ... Ou même le nombre des créanciers connus. — V. *suprà*, art. 437, n. 68.

14. A plus forte raison, n'y a-t il pas lieu de tenir compte de la parenté existant entre le requérant et le débiteur : on ne peut plus aujourd'hui refuser au conjoint ou aux enfants et descendants du débiteur le droit de provoquer sa faillite, sous prétexte qu'ils étaient irrecevables à demander contre lui la contrainte par corps. — *Sic*, Lyon-Caen et Renault, t. 7, n° 95 ; Bravard et Demangeat, t. 5, p. 57 ; Alauzet, t. 7, n. 2442 ; Thaller, n. 1747.

15. Les créanciers peuvent d'ailleurs renoncer individuellement et par anticipation au droit de provoquer la faillite de leur débiteur. — Orléans, 29 mai 1840 [S. 40. 2. 363, P. 40. 2. 272] — Paris, 2 févr. 1855, motifs [S. 55. 2. 483, P. 55. 1. 359] — *Contrà*, Lyon-Caen et Renault, t. 7, n. 97.

16. Cette renonciation peut être expresse ou tacite. Mais elle ne saurait s'induire.... ni d'une renonciation à la contrainte par corps. — Orléans, 29 mai 1840, précité.

17. ... Ni du fait, de la part du créancier d'un officier ministériel qui se serait indûment livré à des opérations commerciales, d'avoir poursuivi l'ouverture d'une contribution sur le produit de la vente de l'office. — Paris, 2 févr. 1855, précité.

18. En tout cas, le créancier, qui a introduit une demande en déclaration de faillite, peut valablement s'en désister : mais le tribunal conserve le droit de prononcer la faillite d'office, malgré ce désistement. — *Sic*, Lyon-Caen et Renault, t. 7, n. 101.

19. Le créancier qui forme une demande en déclaration de faillite ne fait qu'user de son droit, et par suite ne peut être condamné à des dommages-intérêts si sa demande est repoussée. Pour qu'il en fût autrement, il faudrait qu'il y eût de sa part abus de son droit, c'est-à-dire qu'il eût formé sa demande méchamment et dans l'intention de nuire à son débiteur. — Nîmes, 10 juill. 1886 [*J. des faillites*, 87. 74] — Lyon, 1er févr. 1888 [*Ibid.*, 88. 359] — *Sic*, Lyon-Caen et Renault, t. 7, n. 105. — *Contrà*, Cass. Turin, 9 sept. 1882 [S. 83. 4. 30, P. 83. 2. 49] — Sur la question de savoir si et dans quels cas l'exercice d'une action en justice est une source de dommages-intérêts, V. notre *Code civil annoté*, art. 1382 et 1383, n. 121 et s.

20. Les créanciers seuls ont le droit de former une demande en déclaration de faillite, à l'exclusion... soit des débiteurs du failli. — Lyon, 1er avr. 1882 [*J. des faillites*, 82. 541]

21. ... Soit du ministère public. — Nancy, 21 mars 1874 [S. 74. 2. 173, P. 74. 737, D. P. 75. 2. 37] — *Sic*, Lyon-Caen et Renault, t. 7, n. 88.

22. Les créanciers peuvent saisir le tribunal en procédant soit par voie d'assignation signifiée au débiteur, soit par voie de requête adressée directement au tribunal sans que le débiteur soit mis en cause. D'une part, en effet, le texte même de notre article autorise implicitement ce dernier mode de procéder. D'autre part, et du moment que le tribunal peut prononcer la faillite d'office, à plus forte raison peut-il statuer sur une requête des créanciers, alors qu'il y a urgence à dessaisir le plus tôt possible le débiteur de l'administration de ses biens. — *Sic*, Bédarride, t. 1, n. 53 ; Delamarre et Lepoitvin, t. 6, p. 27 ; Lyon-Caen et Renault, t. 7, n. 99 ; Thaller, n. 1747.

23. La demande des créanciers ayant pour objet la faillite d'un commerçant décédé doit être formée contre tous ses héritiers ; il est de principe, en effet, que les héritiers ne se représentent pas les uns les autres, de sorte que le jugement obtenu contre l'un d'eux n'est pas opposable aux autres. — *Sic*, Lyon-Caen et Renault, t. 7, n. 104. — *Contrà*, notre *Rép. gén. alph. du dr. fr.*, v° *cit.*, n. 388. — Sur l'effet de la chose jugée entre héritiers, V. notre *Code civil annoté*, art. 1351, n. 1326 et s.

24. Par application des principes généraux sur l'autorité de la chose jugée, il a été décidé que le jugement, même passé en force de chose jugée, qui rejette une demande en déclaration de faillite, faute de justification, quant à présent, de l'état de cessation de paiements, a un caractère purement provisoire. — Dès lors, ce jugement ne saurait faire obstacle à ce qu'un jugement ultérieur déclare la faillite, en s'appuyant sur des faits nouveaux. — Cass., 19 juin 1876 [S. 76. 1. 353, P. 76. 860, D. *Rép., Suppl.*, v° *cit.*, n. 369] — Caen, 8 mai 1827 [S. et P. chr., D. *Rép.*, v° *Jugement*, n. 321-1°] — Rennes, 3 août 1868 [S. 69. 2. 146, P. 69. 703] — *Sic*, Lyon-Caen et Renault, t. 7, n. 106 et s. ; Larombière, sur l'art. 1351, n. 25, 59 ; Allard, *Chose jugée*, p. 244 et s., 253 et s. — Sur l'autorité de la chose jugée, V. notre *Code civil annoté*, art. 1351, et notre *Rép. gén. alph. du dr. fr.*, v° *Chose jugée.*

3) *Faillite déclarée d'office.* — 25. Le tribunal ne doit user du pouvoir que la loi lui confère de déclarer la faillite d'office qu'avec réserve. Jugé, à cet égard, que le tribunal doit s'abstenir si tous les créanciers sont présents, alors surtout que des pourparlers sont engagés entre eux et le débiteur pour la conclusion

d'un arrangement amiable. — Bourges, 7 mars 1864 [D. P. 64. 2. 105]; 23 avr. 1864 [D. P. *Ibid.*] — *Sic*, Lyon-Caen et Renault, t. 7, n. 108.

26. Le tribunal ne pourrait pas d'ailleurs prononcer une faillite d'office, après avoir repoussé la demande formée par un créancier et alors qu'il ne serait survenu depuis aucun fait nouveau. — Dijon, 6 mars 1844 [D. *Rép.*, v° *Faillite*, n. 112] — *Sic*, Demangeat, sur Bravard, t. 5, p. 59, note 3. — *Contrà*, Lyon-Caen et Renault, t. 7, n. 109.

§ 2. *Tribunal compétent pour déclarer la faillite.*

α) *Individu commerçant.* — 27. Il résulte du premier alinéa de l'art. 438 ci-dessus que le seul tribunal compétent pour déclarer la faillite d'un commerçant est le tribunal de son domicile, et il faut entendre par domicile, conformément à l'art. 102, C. civ., le lieu du principal établissement. Jugé, à cet égard, que la connaissance de la faillite d'un commerçant appartient au tribunal du lieu où ce commerçant a le centre de ses opérations, où il demeure, paie la cote personnelle, exerce ses droits d'électeur, etc. — Cass., 29 juin 1875 [S. 75. 1. 358, P. 75. 869]; 21 déc. 1875 [S. 77. 1. 341, P. 77. 887, D. *Rép.*, *Suppl.*, v° *cit.*, n. 285]; 28 avr. 1880 [S. 81. 1. 22, P. 81. 1. 33, D. P. 80. 1. 327]

28. Dans le cas où un commerçant exerce son commerce dans un lieu autre que celui de son domicile légal, on s'est demandé s'il y avait là un domicile commercial attributif de juridiction au point de vue de la déclaration de faillite. La jurisprudence et la doctrine sont d'accord pour résoudre cette question par l'affirmative et pour accorder la préférence au domicile commercial, alors du moins que ce domicile présente un caractère de permanence incontestable. Le tribunal de ce domicile est, en effet, le mieux placé pour apprécier les conditions de la faillite, pour juger les contestations qu'elle peut soulever et pour en surveiller les opérations. — Cass., 12 juin 1883 [S. 84. 1. 257, P. 84. 1. 641, et la note de M. Esmein, D. P. 83. 1. 281]; 9 mai 1888 [S. 88. 1. 320, P. 88. 1. 773] — Nancy, 18 déc. 1869 [D. P. 70. 2. 55] — *Sic*, Lyon-Caen et Renault, t. 7, n. 76, *in fine*; Thaller, n. 1737.

29. Spécialement jugé en ce sens, que la femme mariée, dont le domicile légal se confond avec celui de son mari, peut avoir un domicile commercial distinct, et qu'en pareil cas, c'est au tribunal de ce dernier domicile, à l'exclusion de celui du mari, qu'il appartient de déclarer la faillite de la femme. — Cass., 12 juin 1883, précité. — *Sic*, Lyon-Caen et Renault, t. 7, n. 78; Lyon-Caen, *Rev. crit.*, 1888, p. 314 et s.; Courtois, p. 138; Aubry et Rau, t. 1er, § 143, note 4; Huc, t. 1, n. 382; Baudry-Lacantinerie et Houques-Fourcade, t. 1, n. 984; Ruben de Couder, *Suppl.*, v° *cit.*, n. 60; et notre *Rép. gén. alph. du dr. fr.*, v° *Domicile*, n. 398 et s.

30. Mais il en serait autrement, et il n'y aurait plus domicile commercial attributif de juridiction, dans le cas où le commerçant n'aurait qu'une exploitation commerciale purement temporaire dans un lieu autre que son domicile légal. Jugé, en ce sens, que la faillite d'un entrepreneur de services publics doit être déclarée par le tribunal de son domicile, et non par le tribunal du lieu où il s'est chargé d'une entreprise et où il a seulement une résidence résultant de cette entreprise. — Paris, 12 juill. 1875 [S. 75. 2. 236, P. 75. 960, D. *Rép.*, *Suppl.*, v° *cit.*, n. 272]

31. Peu importe qu'il paie la patente au lieu de cette résidence. — Même arrêt.

32. Peu importe encore qu'il ait répondu à des poursuites précédemment intentées contre lui devant le tribunal du lieu de l'entreprise. — Même arrêt.

33. Il ne suffit pas de l'ouverture, dans une ville autre que celle où se trouve le domicile légal, d'un bureau pour l'exécution d'un marché de fournitures militaires, pour établir nécessairement le transfert du domicile dans cette seconde ville. — Cass., 17 août 1881 [S. 82. 1. 112, P. 82. 1. 250, D. P. 83. 1. 336]

34. Jugé de même, qu'un entrepreneur de travaux publics, doit être déclaré en faillite dans le lieu où il a son domicile d'origine, où il n'a cessé d'habiter et d'être inscrit sur les listes électorales, et d'exercer les droits, et de subir les charges qui sont la conséquence du domicile, où il remplissait les fonctions de juge au tribunal de commerce et où il exerçait depuis longtemps sa profession : ce lieu étant le lieu de son principal établissement. — Cass., 28 déc. 1891 [S. et P. 94. 1. 319]

35. Peu importe qu'en sa qualité d'entrepreneur, il se soit porté adjudicataire de travaux dans d'autres lieux, où il a dû faire une élection de domicile temporaire et installer des bureaux, s'il n'y a pas établi une industrie distincte de celle dont le siège est au lieu de son principal établissement : chacune de ces entreprises spéciales ne saurait donner lieu à une faillite particulière. — Même arrêt.

36. La simple résidence temporaire serait cependant attributive de juridiction pour les négociants forains, tels que colporteurs, directeurs de cirques ou autres spectacles ambulants, qui n'ont pas en général un domicile fixe et pour lesquels il serait déraisonnable de s'attacher au domicile d'origine. Le tribunal du lieu où réside le forain est donc seul compétent pour déclarer sa faillite, si c'est d'ailleurs dans ce lieu que la faillite a éclaté et que se trouvent les principaux créanciers. — Limoges, 27 janv. 1823 [P. chr., D. *Rép.*, v° *cit.*, n. 376] — Douai, 31 mars 1843 [S. 43. 2. 327, P. 46. 2. 166] — Nancy, 18 déc. 1869 [D. P. 70. 2. 59]; 1er déc. 1872 [S. 75. 2. 237, P. 75. 961, D. *Rép.*, *Suppl.*, v° *cit.*, n. 273-2°] — Bordeaux, 20 nov. 1866 [S. 67. 2. 229, P. 67. 835, D. P. 68. 2. 28] — *Sic*, Carré, *Lois de la procéd.*, t. 1, p. 440, note 1; Boncenne, *Th. de la procéd.*, t. 2, p. 205; Rodière, *Compét. et procéd.*, t. 1, p. 110 et 111; Demolombe, t. 1, n. 348; Aubry et Rau, t. 1, § 145, p. 898, note 4; Lyon-Caen et Renault, t. 7, n. 77; Laurent, t. 2, n. 76; et notre *Rép. gén. alph. du dr. fr.*, v° *Domicile*, n. 35 et s. et v° *Faillite*, n. 421. — *Contrà*, Nîmes, 4 pluv. an IX [S. et P. chr.] — *Adde*, Carré et Chauveau, *Lois de la procéd.*, sous l'art. 59, note 3.

37. Dans le cas où un commerçant a changé de domicile, le tribunal du nouveau domicile est seul compétent pour déclarer la faillite, alors même que le changement de domicile serait postérieur à la cessation des paiements de ce commerçant. — *Sic*, Lyon-Caen et Renault, t. 7, n. 79; Alauzet, t. 7, n. 2429; Pardessus, n. 1094; Camberlin, *Man. des trib. de comm.*, p. 374; Ruben de Couder, v° *cit.*, n. 70, et *Suppl.*, *eod. v°*, n. 64. — *Contrà*, notre

Rép. gén. alph. du dr. fr., v° *Faillite*, n. 422 et s.

38. Il en serait autrement cependant, si le changement de domicile avait un caractère frauduleux et si le commerçant s'était uniquement proposé de soustraire ses agissements à l'appréciation de juges trop bien renseignés. — *Sic*, Lyon-Caen et Renault, *loc. cit.*; Ruben de Couder, *Suppl.*, v° *cit.*, n. 66.

39. ... Ou bien encore dans le cas où le commerçant aurait récemment transféré son domicile dans un lieu où il n'a fait aucune opération de négoce : peu importe, d'ailleurs, qu'il y ait déposé son bilan. — Cass., 9 mai 1888 [S. 88. 1. 320, P. 88. 1. 773]

40. Mais dans quel cas y aura-t-il changement de domicile attributif de juridiction? A cet égard, la preuve du changement de domicile pourra résulter de la double déclaration, faite, conformément à l'art. 104, C. civ., à la municipalité du lieu que l'on veut quitter et à celle du lieu où l'on veut se fixer, alors du moins que le déclarant a réellement transporté son principal établissement dans ce dernier lieu. — V. sur ce point, notre *Code civil annoté*, art. 104, et notre *Rép. gén. alph. du dr. fr.*, v° *Domicile*, n. 96 et s.

41. A défaut de cette déclaration, l'intention jointe au fait matériel du transfert suffit, et la preuve de cette intention est une question de fait qui est laissée à l'appréciation souveraine des juges du fond. — Cass., 29 janv. 1889 [S. 89. 1. 168, P. 89. 1. 392] — V. aussi, notre *Rép. gén. alph. du dr. fr.*, v° *Domicile*, n. 142 et s.

42. Jugé, à cet égard, que l'entrepreneur de travaux publics qui, après avoir eu son principal établissement dans une localité, l'a quittée définitivement pour transférer dans un autre lieu son installation personnelle et celle de sa famille, son mobilier, son matériel, le centre de ses opérations industrielles, en un mot son principal établissement, doit être déclaré en faillite par le tribunal de ce dernier lieu. — Cass., 20 mars 1893 [S. et P. 94. 1. 319]

43. De même, le commerçant, qui, après avoir commencé une exploitation dans une ville, a été amené par les exigences de son négoce à transporter son principal établissement dans une seconde localité, doit être déclaré en faillite par le tribunal de commerce de cette dernière localité, lors même qu'il aurait conservé dans la première ville une maison de commerce, si cette maison est devenue moins importante que celle de la seconde localité, où se trouve le siège de la résidence personnelle du commerçant, de sa comptabilité, et le centre de ses affaires, et, par suite, son domicile. — Cass., 18 juin 1894 [S. et P. 94. 1. 319, D. P. 94. 1. 440]

44. Jugé d'autre part, qu'un commerçant doit être considéré comme ayant, jusqu'à l'époque de la cessation de ses paiements, conservé son domicile dans la ville où il est né, où il s'est marié et où il habitait ordinairement, alors même qu'ayant acquis une propriété à la campagne, il se serait livré à des actes de commerce dans cette propriété, s'il n'est pas démontré qu'il y ait transféré sa résidence habituelle, le siège de ses affaires et son principal établissement. En conséquence, c'est le tribunal de commerce du domicile d'origine qui est compétent pour régler les opérations de la faillite. — Cass., 29 janv. 1889, précité.

45. De même, la compétence du tribunal, dans le ressort duquel le commerçant a son domicile et son principal établissement, est exclusive de la compétence du lieu où le commerçant s'est rendu pour y suivre l'exécution de travaux publics dont il avait soumissionné l'entreprise, et où, postérieurement à son départ, il a été engagé dans de nouvelles entreprises par son fils et en vertu d'une procuration qu'il lui avait laissée, s'il est établi qu'il a quitté ce lieu définitivement pour résider depuis, sans interruption, au lieu de son domicile. — Cass., 10 janv. 1887 [S. 87. 1. 367, P. 87. 1. 904] — V. aussi Cass., 12 mai 1880 [S. 80. 1. 260, P. 80. 609]

β) *Société commerciale.* — 46. Dans le cas où le siège social, tel qu'il a été déterminé par les statuts, est situé dans le même lieu que le siège d'exploitation de la société, il est certain que le tribunal de ce lieu est seul compétent pour déclarer la faillite de la société, à l'exclusion des tribunaux dans le ressort desquels la société aurait des succursales même importantes. — V. sur ce dernier point, *infrà*, n. 62 et s.

47. Et ce tribunal est compétent, à l'exclusion du tribunal du domicile des associés, alors même que la société n'aurait pas d'existence régulière à défaut d'accomplissement des formalités prescrites par la loi. — Cass., 15 mars 1875 [S. 75. 1. 260, P. 75. 625, D. P. 76. 1. 312] — Sur la faillite des société, entachées de nullité, V. *suprà*, art. 437, n. 11 et ss

48. ... Ou alors même que la société aurait été dissoute, si elle n'a pas été liquidée et si elle a continué d'exister en fait. — Cass., 29 juin 1875 [S. 75. 1. 358, P. 75. 869, D. *Rép.*, *Suppl.*, v° *cit.*, n. 228] — Sur la faillite des sociétés dissoutes, V. *suprà*, art. 437, n. 8 et s.

49. Dans le cas où le siège social et le centre d'exploitation de la société sont situés dans deux localités différentes, on a soutenu et il a été jugé que le tribunal du centre d'exploitation était seul compétent pour déclarer la faillite de cette société. C'est ce qui paraît résulter, en effet, du deuxième alinéa de l'art. 438, d'après lequel la déclaration de faillite d'une société en nom collectif doit être faite « au greffe du tribunal dans le ressort duquel se trouve le siège du principal établissement de la société ». — Cass., 13 mars 1865 [S. 65. 1. 115, P. 65. 258, D. P. 65. 1. 228]; 15 mars 1875, précité; 29 juin 1875, précité. — *Sic*, Alauzet, t. 7, n. 2430 et s.; Laroque-Sayssinel, t. 1, n. 43; Demangeat sur Bravard, t. 5, p. 676; Camberlin, p. 216; Rousseau, *Soc. comm.*, n. 2058; Lyon-Caen, *Journ. des soc.*, 1880, p. 36; Lyon-Caen et Renault, t. 8, n. 1152; Courtois, *Liquid. judic.*, p. 140.

50. La jurisprudence la plus récente se prononce, au contraire, en faveur du tribunal du siège social : et cette solution paraît préférable. D'une part, en effet, en matière de société, il est rationnel de considérer le siège social, plutôt que le centre d'exploitation, comme le principal établissement de cette société, attendu que c'est là que la société est légalement domiciliée et que résident les pouvoirs qui donnent l'impulsion aux divers établissements sociaux. D'autre part, cette solution est formellement consacrée par l'art. 3 de la loi du 4 mars 1889, lequel attribue compétence au tribunal du siège social pour recevoir la requête à fin de liquidation judiciaire : à moins d'admettre une antinomie injustifiable dans notre législation, ce tribunal doit être également compétent pour déclarer la faillite comme pour statuer sur la liquidation judiciaire. — Cass., 4 mai 1857 [S. 57. 1. 461, P. 57. 959, D. P. 57. 1. 401]; 1er févr. 1881 [S. 81. 1. 120, P. 81. 1. 264, D. P. 81. 1. 313]; 13 févr. 1884 [S. 84. 1. 264,

P. 84. 1. 653, D. *Rép., Suppl., v° cit.*, n. 277] ; 11 août 1884 [S. 84. 1. 392, P. 84. 1. 982, D. P. 85. 1. 372]; 1er déc. 1884 [S. 86. 1. 276, P. 86. 1. 652, D. P., *Ibid.*] ; 16 avr. 1885 [S. 86. 1. 304, P. 86. 1. 731] — *Sic*, Thaller, n. 1738 ; Deloison, *Tr. des soc. comm.*, t. 1, n. 164 ; Ruben de Couder, *Suppl.*, *v° cit.*, n. 62 ; et notre *Rép. gén. alph. du dr. fr.*, *v° cit.*, n. 434 et s.

51. En particulier, la connaissance de la faillite d'une compagnie de chemin de fer appartient au tribunal du lieu du siège social, alors que la société y a son domicile statutaire, que le conseil d'administration et les assemblées générales s'y tiennent, et que les actionnaires ont dû y élire domicile. — Cass., 1er févr. 1881, précité.

52. Peu importe que la société ait ailleurs un directeur d'exploitation, si les comptes et les fonds sont centralisés au siège social. — Même arrêt.

53. Peu importe encore que l'exploitation du chemin de fer, que la société avait pour but d'assurer, soit hors du lieu du siège social. — Même arrêt. — V. aussi Cass., 13 févr. 1884, précité.

54. Il en est ainsi du moins, et la déclaration de faillite d'une société doit être faite au greffe du tribunal du lieu indiqué dans les statuts comme étant celui du siége social, lorsque rien ne prouve que cette indication ait été purement nominale, et que, au contraire, il est constant, en fait, que c'est dans ce lieu que se sont tenues presque toutes les assemblées générales, et que c'est dans ce lieu aussi qu'était établie la comptabilité générale. — Cass., 13 févr. 1884, précité. — V. aussi Cass., 25 févr. 1895 [S. et P. 95. 1. 180]

55. Il n'importe que, postérieurement à la constitution de la société, les statuts aient été modifiés, et que le domicile et le siège social aient été transférés dans un autre lieu, s'il est établi en fait que, après comme avant cette modification, la société a toujours eu son principal établissement dans le lieu primitivement désigné, et si, par une réserve expresse, les statuts modifiés ont maintenu dans ce lieu la comptabilité, les archives, les assemblées générales d'actionnaires et les séances du conseil d'administration chargé de diriger et de représenter la société. — Cass., 11 août 1884, précité.

56. En cas de faillite d'une société en nom collectif entraînant la faillite individuelle de chacun des associés, cette dernière faillite peut être déclarée soit par le tribunal du domicile de chaque associé. — Cass., 9 juin 1882 [S. 83. 1. 300, P. 83. 1. 740, D. P. 83. 1. 459] — Sur l'influence de la faillite de la société sur les associés, V. *suprà*, art. 437, n. 15 et s.

57. ... Soit par le tribunal du siège social, bien que l'associé dont il s'agit ait son domicile personnel dans un autre lieu et dans le ressort d'un autre tribunal. — Cass., 23 août 1853 [S. 55. 1. 829, P. 55. 2. 135, D. P. 55. 1. 59]

58. Et cette déclaration de faillite peut être prononcée par un jugement postérieur à celui qui a déclaré la faillite de la société, cette deuxième déclaration de faillite ne modifiant pas au fond le premier jugement, mais ne faisant que l'expliquer et le développer. — Même arrêt.

59. Jugé, dans le même sens, que, si, vis-à-vis des associés gérants ayant leur domicile dans la circonscription d'un autre tribunal que celui du siége social, le § 2 de l'art. 438, C. comm., attribue compétence à ce dernier tribunal, cette compétence exceptionnelle n'efface pas la compétence du tribunal du domicile, et il n'en résulte pas que le tribunal du siége social doive nécessairement régler, à l'exclusion de celui du domicile, toutes les affaires dans lesquelles un associé pourrait être personnellement engagé, si disproportionné qu'en fût le chiffre avec son intérêt dans la société, et si éloigné que fût le centre de ses opérations commerciales. — Cass., 9 juin 1882, précité.

60. En conséquence, dans le cas où la faillite personnelle de l'associé gérant a été déclarée à la fois par le tribunal du siège social et par le tribunal de son domicile personnel, il y a lieu par voie de règlement de juges de maintenir la compétence de celui de ces tribunaux qui est, eu égard à la nature des intérêts engagés, en situation d'en assurer la meilleure gestion. — Même arrêt.

61. Jugé également, que, si la faillite d'un négociant, qui réside au lieu d'exploitation de la mine dont il est le gérant, a été déclarée à la fois par le tribunal de ce lieu et par le tribunal du domicile de son coassocié aussi en faillite, c'est à ce dernier tribunal que la connaissance des opérations de la faillite doit être définitivement attribuée, lorsqu'il est établi que les livres principaux de la société se trouvaient au domicile de ce coassocié, que les billets souscrits par le gérant de la mine étaient acquittés par le coassocié, qui remboursait aussi les avances de fonds faites par des banquiers pour les besoins de l'exploitation, et enfin que la société était un accessoire des opérations commerciales du même coassocié. — Cass., 27 déc. 1843 [P. 46. 1. 757]

γ) *Individu ou société possédant plusieurs établissements.* — 62. Dans le cas où l'un de ces établissements présente le caractère d'un établissement principal par rapport aux autres qui ne sont que des établissements de second ordre ou des succursales, c'est le tribunal de cet établissement principal qui est seul compétent pour prononcer la faillite du commerçant ou de la société. — Cass., 11 déc. 1871 [D. P. 71. 1. 300] ; 26 déc. 1871 [D. P. 72. 1. 200] ; 13 juin 1887 [S. 87. 1. 376, P. 87. 1. 921, D. P. 88. 1. 272] ; 9 mai 1888 [S. 88. 1. 320, P. 88. 1. 773] ; 18 juin 1894 [S. et P. 94. 1. 319, D. P. 94. 1. 440] — *Sic*, Bédarride, t. 1, n. 37 ; Esnault, t. 1, n. 92 ; Lyon-Caen et Renault, t. 7, n. 76, et t. 8, n. 1152 ; Pic, p. 51 ; Thaller, n. 1738.

63. Il ne saurait donc y avoir, dans cette hypothèse, qu'une seule et unique faillite : et si, en fait, deux ou plusieurs tribunaux avaient déclaré la faillite, il y aurait lieu de recourir à la procédure du règlement de juges, soit devant la Cour d'appel, si les deux tribunaux appartiennent au même ressort, soit devant la Cour de cassation, s'ils ressortissent à deux cours différentes, conformément à l'art. 363, C. proc. civ. — Cass., 22 févr. 1827 [S. et P. chr.] ; 19 juill. 1838 [S. 38. 1. 923, P. 38. 2. 117] ; 6 avr. 1840 [S. 40. 1. 700, P. 40. 2. 93] ; 5 juin 1841 [S. 42. 1. 361, P. 43. 1. 174] ; 18 août 1841 [S. 41. 1. 767, P. 43. 1. 173] ; 29 nov. 1843 [P. 44. 1. 175] ; 13 mai 1862 [S. 62. 1. 576, P. 63. 870, D. P. 68. 5. 221] ; 15 mars 1875 [S. 75. 1. 260, P. 75. 625] ; 29 juin 1875 [S. 75. 1. 358, P. 75. 869] ; 21 juill. 1875 [S. *Ibid.*, P. *Ibid.*, D. *Rép., Suppl., v° cit.*, n. 269] ; 21 déc. 1875 [S. 77. 1. 341, P. 77. 886, D. *Rép., Suppl., v° cit.*, n. 283] ; 28 avr. 1880 [S. 81. 1. 22, P. 81. 1. 35, D. P. 80. 1. 327] ; 1er févr. 1881 [S. 81. 1. 120, P. 81. 1. 264, D. P. 81. 1. 314] ; 17 août 1881 [S. 82. 1. 112, P. 82. 1. 250, D. P. 83. 1. 336] ; 9 juin 1882

[S. 83. 1. 300, P. 83. 1. 740, D. P. 83. 1. 459]; 12 juin 1883 [S. 84. 1. 257, P. 84 1. 641 et la note de M. Esmein]; 15 avr. 1885 [S. 86. 1. 304, P. 86. 1. 731]; 10 janv. 1887 [S. 87. 1. 367, P. 87. 1. 904, D. *Rép., Suppl., v° cit.*, n. 272]; 13 juin 1887 [S. 87. 1. 376, P. 87. 1. 921, D. P. 88. 1. 272]; 9 mai 1888 [S. 88. 1. 320, P. 88. 1. 773]; 29 janv. 1889 [S. 89. 1. 168, P. 89. 1. 392]; 29 déc. 1891 [S. et P. 94. 1. 319]; 20 mars 1893 [S. et P. *Ibid.*]; 18 juin 1894 [S. et P. *Ibid.*, D. P. 94. 1. 440] — Paris, 7 mai 1867, sol. impl. [S. 68. 2. 149, P. 68. 684, D. P. 68. 5. 215] — *Sic*, Renouard, t. 1, p. 281; Bravard et Demangeat, t. 5, p. 43; Lyon-Caen et Renault, t. 7, n. 80; Thaller, n. 1739; et notre *Rép. gén. alph. du dr. fr., v° cit.*, n. 450 et s.

64. La demande en règlement de juges est valablement formée contre le syndic seul; il n'est pas nécessaire de mettre en cause le failli. — Paris, 7 mai 1867, précité.

65. Dans ce cas, la requête à fin d'autorisation d'assigner en règlement de juges, lorsqu'elle est présentée avant l'expiration du délai de l'opposition au jugement déclaratif de la faillite, a pour effet, d'empêcher que ce jugement n'acquière l'autorité de la chose jugée : dès lors, la demande en règlement de juges est recevable, encore bien que l'assignation ait été donnée avant l'expiration du délai précité. — Même arrêt.

66. La demande en règlement de juges ne peut plus être formée, dès que l'une des deux décisions est passée en force de chose jugée. — Cass., 15 avr. 1885, précité.

67. Dans ce cas, les parties pourraient seulement attaquer le jugement non passé en force de chose jugée au moyen de l'opposition ou de l'appel. — *Sic*, notre *Rép. gén. alph. du dr. fr., v° cit.*, n. 456.

68. Les parties d'ailleurs ont toujours le choix entre le règlement de juge et les voies de recours ordinaires pour arriver à dessaisir la juridiction incompétente. — Jugé que, dans le cas où la faillite du gérant d'une société a été déclarée par deux tribunaux différents, le tribunal qui a rendu le second jugement doit, sur l'opposition qui y est formée, le rapporter comme frustratoire, sans qu'il y ait lieu de renvoyer les parties à se pourvoir en règlement de juges. — Douai, 7 juin 1859 [S. 60. 2. 84, P. 61. 54, D. *Rép., Suppl., v° cit.*, n. 288]

69. Mais ces mêmes solutions ne sauraient plus être admises, d'après la jurisprudence, dans le cas où un commerçant exerce deux ou plusieurs commerces distincts dans des établissements tout à fait autonomes. La jurisprudence se prononce alors pour la dualité des faillites, et elle décide que le commerçant peut être déclaré en faillite, soit simultanément, soit successivement, par chacun des tribunaux de commerce dans le ressort desquels sont situés les divers établissements qu'il exploite. Aucun texte en effet ne s'oppose ici à cette dualité de faillites : en réalité, le débiteur a autant de domiciles commerciaux que d'établissements différents, et chacun de ces établissements a son actif et son passif bien distincts. Il est donc rationnel de procéder à deux liquidations séparées dans l'intérêt même de chacun des groupes de créanciers, sauf à prendre les mesures nécessaires pour faciliter, le cas échéant, le recours de l'une des masses contre l'autre. — Cass., 23 août 1853 [S. 55. 1. 829, P. 55. 2. 135, D. P. 55. 1. 59]; 8 mai 1878 [S. 78. 1. 309, P. 78. 770, D. P. 79. 1. 101] — Paris, 30 août 1867 [S. 68. 2. 349, P. 68. 1258, D. P. 68. 2. 113]; 4 mars 1891, [D. P. 92. 2. 281] — Lyon, 12 juill. 1869 [D. P. 70. 2. 10] — *Sic*, Alauzet, t. 7, n. 2430, *in fine;* Laroque-Sayssinel et Dutruc, t. 1. n. 89; Ruben de Couder, *v° cit.*, n. 75; Namur, t. 3, n. 1605. — *Contrà*, Douai, 7 juin 1859, motifs [D. *Rép., Suppl., v° cit.*, n. 288] — *Adde*, Lyon-Caen et Renault, t. 7, n. 81; Bravard et Demangeat, t. 5, p. 43 et 679; Boistel, n. 899; Beudant, note sous Paris, 30 août 1867 [D. P. 68. 2. 113]; Pic, *Tr. de la faill. des soc.*, p. 61, et note sous Paris, 4 mars 1891 [D. P. 92. 2. 281]; et notre *Rép. gén. alph. du dr. fr., v° cit.*, n. 460 et s.

70. Spécialement jugé, qu'il en est ainsi, alors surtout que la seconde cessation de paiements se produit à l'occasion d'une industrie entreprise postérieurement à la première déclaration de faillite. — Cass., 8 mai 1878, précité.

71. Jugé de même, que le jugement qui prononce la clôture des opérations d'une faillite pour insuffisance d'actif a pour effet, tant qu'il n'est pas rapporté, de faire considérer cette faillite comme non existante. Dès lors, il ne fait pas obstacle à ce qu'une nouvelle faillite soit déclarée à raison des engagements contractés par le débiteur à la suite de nouvelles opérations commerciales. — Paris, 30 août 1867, précité. — Sur les effets de la clôture de la faillite pour cause d'insuffisance d'actif, V. *infrà*, art. 527, n. 3 et s.

72. Et la seconde faillite doit être maintenue, alors même que le jugement de clôture de la première faillite aurait été ultérieurement rapporté : cette situation de deux faillites et de deux syndics en présence, ayant son application dans deux séries d'opérations distinctes, séparées par un certain intervalle de temps (dans l'espèce, plus de 15 ans), n'a rien de contraire à la loi. — Même arrêt.

73. Mais les opérations de commerce entreprises par deux individus qui après leur mise en faillite dans une ville se sont enfuis, et, avec les deniers ou marchandises détournés de l'actif de leur faillite, ont fondé un établissement de commerce dans une autre ville, ne sauraient être considérées comme distinctes des opérations de la première faillite. Dès lors, si ces individus ont été également déclarés en faillite par le tribunal de leur nouvelle résidence, il y a lieu à règlement de juges. — Cass., 21 déc. 1875 [S. 77. 1. 341, P. 77. 887, D. *Rép., Suppl., v° cit.*, n. 285]

74. D'autre part, il a été jugé que, si en principe deux faillites simultanées peuvent être déclarées contre un commerçant à la tête d'opérations distinctes, il est cependant préférable, dans le cas où l'un des établissements de ce commerçant peut être considéré comme son établissement principal, de déclarer une seule faillite au lieu de ce principal établissement et d'y concentrer toutes les opérations de cette faillite unique, les autres établissements ne pouvant donner lieu qu'à une simple liquidation. — Paris, 4 mars 1891, précité.

b) Etrangers et sociétés étrangères : jugement déclaratif rendu par un tribunal étranger. — 75. L'art. 437, C. comm., aux termes duquel tout commerçant qui cesse ses paiements est en état de faillite, est, à raison de la généralité de ses termes, applicable aux étrangers comme aux Français. En conséquence, les tribunaux français sont compétents pour déclarer la faillite d'un étranger qui a son principal établissement en France, sans qu'il y ait d'ailleurs à distinguer suivant que cet étranger a été autorisé ou non à fixer son domicile sur le territoire français : c'est moins au domicile de droit qu'au domicile commercial résultant du principal établissement qu'il faut s'attacher pour déterminer la compétence en matière de déclaration de faillite. — Cass., 23 nov. 1857 [S. 58. 1. 65, P. 58. 308, D. P. 58. 1. 85] ; 4 févr. 1885 [S. 86. 1. 200, P. 86. 1. 493, D. P. 85. 1. 159] — *Sic*, Bertauld, *Quest. prat. du C. civ.*, t. 1, n. 204; Weiss, *Tr. élém. de dr. intern. pr.*, p. 865; Travers, *L'unité de la faill. en dr. intern.*, p. 177; Pic, *Faill. des soc. comm. en dr. intern. pr.*, p. 22; Renouard, t. 2, p. 170; Alauzet, t. 4, n. 1645; Massé, t. 1, n. 504; Lyon-Caen et Renault, t. 8, n. 1227; et notre *Rép. gén. alph. du dr. fr.*, *v° cit.*, n. 187 et 188.

76. La jurisprudence va même plus loin et elle décide que les tribunaux français sont compétents pour déclarer la faillite des étrangers qui ont leur principal établissement en pays étranger, par le seul fait que ces étrangers, individus ou sociétés, ont établi une succursale en France, ou même par le seul fait qu'ils auraient traité avec des Français. Cette jurisprudence se fonde, d'une part, sur l'art. 14, C. civ., aux termes duquel l'étranger, même non résidant en France, peut être cité devant les tribunaux français pour l'exécution des obligations par lui contractées, en France ou à l'étranger, envers un Français, et, d'autre part, sur l'art. 3, C. civ., qui soumet les étrangers comme les Français aux lois d'ordre public, parmi lesquelles il n'est pas douteux qu'on doive ranger les lois sur la faillite. — Cass., 5 juill. 1897 [S. et P. 98. 1. 16] — Paris, 23 déc. 1847 [S. 48. 2. 355, P. 48. 1. 181, D. P. 48. 2. 3]; 17 juill. 1877 [S. 80. 2. 195, P. 80. 793, D. P. 78. 2. 366]; 7 mars 1878 [S. 79. 2. 164, P. 79. 704, D. P. 79. 5. 224 et D. *Rép.. Suppl.*, *v° cit.*, n. 1522]; 20 mai 1878 [S. 80. 2. 193, P. 80. 789, D. *Rép.*, *Suppl.*, *v° cit.*, n. 1510]; 23 nov. 1895 [S. et P. 98. 2. 865, D. P. 97. 2. 497, et la note de M. Pic] — *Sic*, Demangeat et Fœlix, *Tr. de dr. intern. pr.*, t. 1, p. 359, note *a*; Brocher, *Cours de dr. intern. pr.*, t. 3, p. 210; Lyon-Caen et Renault, t. 8, n. 1229 et s.; Aubry et Rau, t. 8, § 748 *bis*, p. 138; Thaller, *Des faill. en dr. comparé*, t. 2, p. 360; Massé, t. 1, n. 504, et t. 2, n. 809; Alauzet, t. 7, n. 2427; Despagnet, *Précis de dr. intern. pr.*, n. 627; Bonfils, *Compét. des trib. fr. à l'égard des étrangers*, n. 204 *bis*; Laroque-Sayssinel et Dutruc, t. 1, n. 13; Ruben de Couder, *v° cit.*, n. 27; Lyon-Caen, *Cond. des soc. étr. en France*, n. 37; Rousseau, *Soc. commerc.*, t. 2, n. 2146; Duvivier, *Faill. des soc. comm.*, p. 248 et s.; Pic, *Faill. des soc.*, p. 216 et *Faill. des soc. comm. en dr. intern.*, p. 22; et notre *Rép. gén. alph. du dr. fr.*, *v° cit.*, n. 189 et s. — *Contrà*, Travers, p. 179; Dubois, sur Carle, *La faill. en dr. intern. pr.*, p. 44, note 50; Weiss, p. 867, *Ann. de dr. comm.*, 1888, t. 2, p. 120, et note sous Paris, 14 nov. 1889 [*Ann. de dr. comm.*, 90. 1. 53]

77. Spécialement jugé en ce sens, que le commerçant qui a eu un établissement commercial en France, peut, bien qu'ayant son principal établissement à l'étranger, être déclaré en faillite en France, dès lors qu'il exerce son industrie dans les deux pays. — Cass., 5 juill. 1897, précité.

78. De même, une société de commerce qui a son siège social à l'étranger, peut être déclarée en faillite en France, lorsqu'elle y possède une succursale avec un comité d'administration, lequel a passé avec des Français différents traités concernant notamment la négociation de ses titres d'obligations expressément stipulés remboursables en capital et intérêts, soit au siège social, soit en France. L'art. 438, C. comm., d'après lequel la faillite d'une société doit être déclarée au siège du principal établissement de la société, est inapplicable aux sociétés étrangères qui ont plusieurs établissements, dont les uns sont situés en France et les autres dans des pays différents. — Paris, 17 juill. 1877, précité ; 23 nov. 1895, précité.

79. La même solution devrait être admise en ce qui concerne les sociétés étrangères non reconnues en France dans les termes de la loi du 30 mai 1857. Les créanciers français peuvent assigner ces sociétés devant les tribunaux de France et, par suite, ils peuvent provoquer leur faillite. — *Sic*, Lyon-Caen et Renault, t. 2, n. 1131, et t. 8, n. 1229 ; Lyon-Caen, *op. cit.*, p. 121 ; Travers, p. 177 ; Pic, *Faill. des soc.*, p. 222, et *Faill. des soc. en dr. intern. pr.*, p. 23 ; et notre *Rép. gén. alph. du dr. fr.*, *v° cit.*, n. 198. — Sur la condition juridique des sociétés étrangères non reconnues en France, V. *suprà*, Appendice I au liv. I, tit. 3, Loi du 30 mai 1857, art. 1 et 2, n. 80 et s.

80. Mais les tribunaux français seraient-ils encore compétents pour déclarer la faillite d'un commerçant qui aurait déjà été l'objet d'une déclaration de faillite en pays étranger ? D'après une première opinion, la faillite serait une et indivisible en droit international comme en droit interne : le tribunal du domicile du débiteur, fût-ce un tribunal étranger, aurait seul compétence pour le déclarer en faillite, et cette faillite, une fois déclarée par le tribunal compétent, étendrait de plein droit ses effets sur tous les biens du failli, en quelque lieu qu'ils soient situés. Sans doute, le jugement étranger ne pourra être mis à exécution en France qu'après avoir été revêtu de la formule exécutoire par un tribunal français : mais il n'en a pas moins par lui-même autorité de chose jugée, et le tribunal français ne peut que le reviser en la forme et au point de vue de l'ordre public français. — Rouen, 14 juin 1883 [*J. des faill.* 84. 11] — Bordeaux, 8 juill. 1891 [*Ibid.*, 92. 118] — Trib. comm. Cette, 3 juill. 1890 [*Ibid.*, 92. 118] — *Sic*, Carle et Dubois, *La faill. en dr. intern. pr.*, n. 14 et s. ; Weiss, p. 861 et s.; Surville et Arthuys, p. 536 et s. ; Despagnet, n. 625 et s.; Glasson, *J. de dr. intern. pr.*, 1881, p. 126 et s. ; Esperson, *J. de dr. intern. pr.*, 1884, p. 276 ; Dubois, notes sous Paris, 7 mars 1878 [S. 79. 2. 161, P. 78. 704] et sous Milan, 15 déc. 1876 [S. 79. 2. 161, P. 79. 699] — Sur la question de savoir si les jugements étrangers ont de plein droit autorité de chose jugée en France, V. notre *Code civil annoté*, art. 1351, n. 381 et s., et notre *Rép. gén. alph. du dr. fr.*, v^is *Chose jugée*, n. 1426 et s., et *Jugement étranger*, n. 112 et s.

81. La jurisprudence, au contraire, applique à la faillite sa théorie générale sur l'effet des jugements étrangers, et, par suite, elle décide que le jugement déclaratif de faillite rendu par un tribunal étranger n'a pas, par lui-même, autorité de chose jugée en France. D'où résulte tout d'abord la conséquence suivante : c'est que ce jugement ne peut produire aucun effet sur le territoire français qu'autant qu'il aura été rendu exécutoire par un tribunal français, et ce tribunal a non seulement le droit de révision en la forme, mais aussi le droit de révision au fond ;

il apprécie librement les circonstances de la cause et peut rejeter la demande si la qualité de commerçant ou la cessation des paiements ne lui paraissent pas suffisamment établies. — *Sic*, Lyon-Caen et Renault, t. 8, n. 1208. — V. aussi notre *Rép. gén. alph. du dr. fr.*, v° *Faillite*, n. 4917 et s.

82. Jugé, à cet égard, que les créanciers français conservent, nonobstant le jugement déclaratif de faillite rendu par un tribunal étranger, le droit d'exercer des poursuites individuelles sur les biens de leur débiteur situés sur le territoire français. — Cass., 12 nov. 1872 [S. 73. 1. 17, P. 73. 24, D. P. 74. 1. 168] — Colmar, 11 mars 1820 [S. et P. chr., D. *Rép.*, v° *Droits civils*, n. 467-2°] — Lyon, 24 avr. 1850 [S. 51. 2. 354, P. 51. 1. 215] — Aix, 15 mars 1870 [S. 70. 2. 297, P. 70. 1151, D. P. 70. 2. 204] — Bordeaux, 2 juin 1874 [S. 75. 2. 27, P. 75. 211, D. P. 75. 2. 209] — Sur le droit pour les tribunaux français de déclarer la faillite malgré l'existence du jugement déclaratif étranger, V. *infrà*, n. 97 et s.

83. Spécialement, les créanciers français d'une société étrangère, tombée en faillite ou mise en liquidation, conservent toujours le droit de l'actionner devant les tribunaux français. — Cass., 12 nov. 1872, précité.

84. De même, si un jugement étranger déclarant une faillite fait preuve suffisante de la qualité des syndics et leur permet d'exercer en France les droits de la masse, indépendamment de toute déclaration d'exécution en France (V. *infrà*, n. 90 et s.), il en est autrement lorsque le failli lui-même invoque l'autorité de la chose jugée à l'étranger pour se soustraire aux poursuites individuelles de ses créanciers. — Bordeaux, 2 juin 1874, précité.

85. Les créanciers ne sont pas liés par un pareil jugement non déclaré exécutoire, alors surtout qu'il s'agit d'un Français qui oppose à ses créanciers français, et pour échapper à leur action, un jugement rendu sur sa demande et déclarant sa faillite en lui accordant le bénéfice de la cession de biens. — Même arrêt.

86. Peu importe même que ces créanciers se soient présentés dans les opérations de la faillite, s'ils y ont été contraints par la nécessité de sauvegarder leurs intérêts, le débiteur ne possédant aucun bien en France ; on ne saurait voir là une renonciation de la part des créanciers au droit d'actionner le débiteur devant la juridiction française. — Même arrêt.

87. Jugé cependant, en sens contraire, sur ce dernier point, que le jugement rendu à l'étranger qui déclare une faillite, peut être appliqué dans ses conséquences par les juges français aux créanciers du failli, bien qu'il n'ait pas été rendu exécutoire en France, si les créanciers contre lesquels la faillite est invoquée l'ont reconnue en y produisant et en actionnant en France les syndics en paiement de leurs créances. — Cass., 30 nov. 1868 [S. 69. 1. 267, P. 69. 652, D. P. 69. 1. 193]

88. De même, le dessaisissement résultant de la faillite ne s'étend pas aux biens situés sur le territoire français, et, par suite les actes accomplis par le débiteur sur ces biens sont opposables à ses créanciers. — Paris, 13 déc. 1864 [*J. des trib. de comm.*, 65. 161]; 2 juin 1875 [*Ibid.*, 76. 150]

89. En tout cas, le débiteur déclaré en faillite par un tribunal étranger n'encourt la privation de ses droits électoraux en France qu'autant que le jugement étranger a été déclaré exécutoire par un tribunal français : le décret du 2 févr. 1852, art. 15-17°, et la loi du 8 déc. 1883, art. 2-8°, sont formels à cet égard. Et cette solution doit être étendue aux autres déchéances qui résultent de la faillite. — *Sic*, Lyon-Caen et Renault, t. 8, n. 1249.

90. La jurisprudence apporte cependant une dérogation à son principe et elle décide que la qualité du syndic, nommé par un jugement étranger déclaratif de faillite, doit être reconnue en France, en tant du moins qu'il s'agit de procéder uniquement à des actes conservatoires, sans que le jugement étranger y ait été rendu exécutoire. A cet égard, la jurisprudence considère que le jugement déclaratif de faillite constitue plutôt un acte de juridiction gracieuse conférant au syndic un mandat collectif, et devant comme tel être appliqué en France, alors du moins qu'il n'est pas contesté et qu'il n'a rien de contraire à l'ordre public français. — Cass., 21 juin 1870 [D. P. 71. 1. 294] — Bordeaux, 10 févr. 1824 [S. et P. chr., D. *Rép.*, v° *Droits civils*, n. 469] — Aix, 8 juill. 1840 [S. 41. 2. 263, P. 41. 2. 438, D. *Rép.*, *v° cit.*, n. 474-1°] — Bordeaux, 22 déc. 1847 [S. 48. 2. 228, D. *Rép.*, *Suppl.*, *v° cit.*, n. 276] — Colmar, 10 févr. 1864 [S. 64. 2. 122, P. 67. 742, D. *Rép.*, *Suppl.*, *v° cit.*, n. 276] — Paris, 23 mars 1868 [S. 69. 2. 172, P. 69. 819, D. P. 74. 5. 265]; 22 févr. 1872 [S. 72. 2. 90, P. 72. 480, D. P. 72. 2. 107] ; 14 déc. 1875 [S. 76. 2. 70, P. 76. 330]; 7 mars 1878 [S. 79. 2. 164, P. 79.704 et la note de M. Dubois, D. *Rép.*, *Suppl.*, v° *Faillite*, n. 1522]; 15 juin 1887 [*Ann. de dr. comm.*, 88. 1. 36] — Bordeaux, 2 juin 1874 [S. 74. 2. 37, P. 75. 211, D. P. 75. 2. 209] — Nancy, 12 juill. 1887 [S. 90. 2. 187, P. 90. 1. 1047, D. P. 88. 2. 289] — *Sic*, Demangeat, sur Bravard, t. 5, p. 12 ; Massé, t. 2, n. 809 ; Bonfils, n. 245 et s. ; Dubois, sur Carle, p. 81 ; Fœlix et Demangeat, n. 468; Travers, p. 135 et s. ; Weiss, p. 875 ; Ripert, *Rev. crit.*, 1877, p. 708 ; Ruben de Couder, *Suppl.*, *v° cit.*, n. 94 ; et notre *Rép. gén. alph. du dr. fr.*, v° *Faillite*, n. 4939 et s.

91. En conséquence, le syndic étranger a qualité pour poursuivre en France le recouvrement des créances dues à la faillite, sans qu'il soit besoin que le jugement déclaratif de faillite ait été rendu exécutoire en France. — Nancy, 12 juill. 1887, précité.

92. De même, le syndic étranger a de plein droit qualité pour ester en justice devant les tribunaux français. — Cass., 21 juin 1870, précité. — Paris, 23 mars 1868, précité ; 22 févr. 1872, précité ; 7 mars 1878, précité.

93. Spécialement, le syndic est recevable à former tierce opposition au jugement français qui a déclaré la faillite du même commerçant. — Paris, 7 mars 1878, précité.

94. ... Ou encore à former opposition à un jugement rendu par défaut contre le failli. — Colmar, 10 févr. 1864, précité.

95. Le syndic étranger pourrait encore se faire autoriser à apposer les scellés sur les papiers et titres du failli par simple requête adressée au président du tribunal de commerce ou au juge de paix, conformément à l'art. 909, C. proc. civ. — Paris, 20 janv. 1877 [D. P. 77. 2. 67]

96. Mais le syndic étranger ne pourrait pas procéder à une saisie-arrêt en vertu du jugement non déclaré exécutoire : si, en effet, la saisie-arrêt ne constitue par elle-même qu'un acte conservatoire, elle se transforme en un acte d'exécution par le fait

et au moment même de l'assignation en validité. — Paris, 31 janv. 1873 [S. 74. 2. 33, P. 74. 203 et la note de M. Dubois, D. *Rép., Suppl.*, v° *Droits civils*, n. 276] — *Contrà*, Paris, 19 janv. 1850 [D. P. 51. 2. 125]

97. D'un autre côté, de ce que le jugement déclaratif de faillite rendu par un tribunal étranger n'a pas force de chose jugée en France, il résulte que l'existence de ce jugement ne saurait mettre obstacle à ce que la faillite du même commerçant soit déclarée en France par un tribunal français. — Cass., 17 juill. 1882, motifs [S. 84. 1. 58, P. 84. 1. 129, D. P. 83. 1. 65]; 5 juill. 1897 [S. et P. 98. 1. 16] — Lyon, 24 avr. 1850 [S. 51. 2. 354, P. 51. 1. 215, D. P. 54. 2. 119] — Aix, 15 mars 1870 [S. 70. 2. 297, P. 70. 1151, D. P. 70. 2. 204] — Paris, 17 juill. 1877 [S. 80. 2. 195, P. 80. 793, D. P. 78. 2. 366]; 7 mars 1878 [S. 79. 2. 164, P. 79. 704, D. P. 79. 5. 224 et D. *Rép., Suppl.*, *v° cit.*, n. 1522]; 10 nov. 1886 [S. 90. 2. 187, P. 90. 1. 1047, D. P. 88. 2. 290]; 23 nov. 1896 [S. et P. 98. 2. 265, D. P. 97. 2. 497 et la note de M. Pic] — Bordeaux, 25 mars 1885 [D. P. 88. 2. 290] — Nancy, 12 juill. 1887 [S. 90. 2. 187, P. 90. 1. 1047] — *Sic*, Aubry et Rau, t. 8, § 769 *ter;* Thaller, n. 1710 et *Faillites en dr. comp.*, t. 2, p. 343 et s.; Lyon-Caen et Renault, t. 8, n. 1241 et s.; Boistel, n. 899 *bis;* Asser et Rivier, n. 122 et s.; Ripert, *Rev. crit.*, 1877, p. 785; Pic, *Faill. des soc. comm. en dr. intern. pr.*, p. 16 et s.; et notre *Rép. gén. alph. du dr. fr.*, *v° cit.*, n. 4903 et s., 4936, 4960 et s.

98. Jugé spécialement à cet égard, que si le syndic de la faillite étrangère est recevable, en la forme, et à raison de sa qualité de mandataire, à former tierce opposition au jugement français qui a déclaré la faillite du même commerçant, cette tierce opposition doit cependant être rejetée comme mal fondée. Les créanciers français, en effet, ont le droit de poursuivre en France la déclaration de faillite de l'étranger déjà déclaré en faillite dans son pays, et le syndic étranger ne peut anéantir par sa tierce opposition les effets du jugement français qui a également déclaré la faillite. — Paris, 7 mars 1878, précité.

99. Lorsque la faillite d'un même commerçant a été ainsi déclarée à la fois en France et à l'étranger, chacune de ces faillites est distincte de l'autre et se déroule de son côté. — Jugé à cet égard, que la déclaration, par un tribunal français, de la faillite de la succursale située en France, empêche que l'*exequatur* soit accordé au jugement étranger déclarant la faillite de l'établissement principal, l'exécution en France de ce dernier jugement devant avoir pour résultat de faire grief aux droits des créanciers français en ce qui concerne la faillite de leur débiteur. — Même arrêt.

100. De même, de ce que chacune des faillites a sa masse distincte et à part de l'autre, il résulte que le débiteur français de la masse de la faillite déclarée à l'étranger ne peut opposer la compensation de sa dette avec une créance qu'il aurait contre la masse de la faillite déclarée en France. — Nancy, 12 juill. 1887, précité.

101. Et il s'ensuit encore que l'action du syndic étranger, en recouvrement d'une créance due par un débiteur français à la faillite étrangère, est valablement portée devant le tribunal du domicile du débiteur français : le tribunal, dans le ressort duquel la faillite française a été déclarée, n'a pas compétence pour en connaître. — Même arrêt.

102. Mais, malgré l'existence des deux faillites et des deux masses, les créanciers n'en peuvent pas moins se faire inscrire et produire dans chacune de ces faillites pour le montant de leurs droits jusqu'à parfait paiement : s'il en était autrement, en effet, les ayants droit obtiendraient des dividendes de taux inégal, ce qui serait contraire au principe de l'égalité qui domine la loi des faillites. — *Sic*, Lyon-Caen et Renault, t. 8, n. 1303 et s.; Thaller, n. 1710 *in fine*, et *Faillites en dr. comp.*, t. 2, p. 372 et s.; Travers, p. 205 et s.; et notre *Rép. gén. alph. du dr. fr.*, *v° cit.*, n. 2964 et s.

103. Les principes qui viennent d'être exposés reçoivent exception dans les rapports de la France avec la Suisse en vertu des art. 6 et s. du traité franco-suisse du 15 juin 1869, et dans les rapports de la France avec la Belgique en vertu des art. 8 et s. du traité franco-belge du 8 juill. 1899 (1). — V. notre *Rép. gén. alph. du dr. fr.*, *v° cit.*, n. 5003 et s.

(1) *a*) TRAITÉ FRANCO-SUISSE du 15 juin 1869, *promulgué par décret des 19 oct.-2 nov. 1869.*

Art. 6. La faillite d'un Français, ayant un établissement de commerce en Suisse, pourra être prononcée par le tribunal de sa résidence en Suisse, et réciproquement celle d'un Suisse, ayant un établissement de commerce en France, pourra être prononcée par le tribunal de sa résidence en France. — La production du jugement de faillite dans l'autre pays donnera au syndic ou représentant de la masse, après toutefois que le jugement aura été déclaré exécutoire conformément aux règles établies en l'art. 16 ci-après, le droit de réclamer l'application de la faillite aux biens meubles et immeubles que le failli possédera dans ce pays. — En ce cas, le syndic pourra poursuivre contre les débiteurs le remboursement des créances dues au failli; il poursuivra également, en se conformant aux lois du pays de leur situation, la vente des biens meubles et immeubles appartenant au failli. — Le prix des biens meubles et les sommes et créances recouvrées par le syndic dans le pays d'origine du failli seront joints à l'actif de la masse chirographaire du lieu de la faillite, et partagés avec cet actif, sans distinction de nationalité entre tous les créanciers, conformément à la loi du pays de la faillite. — Quant au prix des immeubles, la distribution entre les ayants droit sera réglée par la loi du pays de leur situation : en conséquence, les créanciers français ou suisses qui se seront conformés aux lois du pays de la situation des immeubles pour la conservation de leurs droits de privilège ou d'hypothèque sur lesdits immeubles seront, sans distinction de nationalité, colloqués sur le prix des biens au rang qui leur appartiendra d'après la loi du pays de la situation desdits immeubles.

7. Les actions en dommages, restitution, rapport, nullité et autres qui, par suite d'un jugement déclaratif de faillite ou d'un jugement reportant l'ouverture de la faillite à une époque autre que celle primitivement fixée, ou pour toute autre cause, viendraient à être exercées contre des créanciers ou des tiers, seront portées devant le tribunal du domicile du défendeur, à moins que la contestation ne porte sur un immeuble ou sur un droit réel et immobilier.

8. En cas de concordat, l'abandon fait par le débiteur failli des biens situés dans son pays d'origine et toutes les stipulations du concordat produiront, par la production du jugement d'homologation, déclaré exécutoire conformément à l'art. 16, tous les effets qu'il aurait dans le pays de la faillite.

9. La faillite d'un étranger établi soit en France, soit en Suisse, et qui aura des créanciers français et suisses et des biens situés en France ou en Suisse, sera, si elle est déclarée dans l'un des deux pays, soumise aux dispositions des art. 7 et 8.

b) TRAITÉ FRANCO-BELGE du 8 juill. 1899, *promulgué par décret des 30 juill.-1er août 1900.*

Art. 8 : § 1. Le tribunal du lieu du domicile d'un commerçant français ou belge, dans l'un et dans l'autre des deux pays, est seul compétent pour déclarer la faillite de ce commerçant. Pour les sociétés commerciales françaises ou belges ayant leur siège social dans l'un des deux pays, le tribunal compétent sera celui de ce siège social. — Les commerçants des deux nations, dont le domicile n'est ni en France, ni en Belgique peuvent être néanmoins déclarés en faillite dans l'un des deux pays, s'ils y possèdent un établissement commercial. Dans ce cas, le tribunal compétent est celui du lieu de l'établissement.

§ 2. Les effets de la faillite déclarée dans l'un des deux pays

104. Jugé à cet égard, que, les tribunaux suisses étant compétents, aux termes de l'art. 6 de la convention du 15 juin 1869, pour prononcer la faillite d'un Français qui a un établissement de commerce en Suisse, il en résulte que, une fois le jugement déclaratif de faillite rendu dans ces conditions par le tribunal suisse, le même débiteur ne peut plus être déclaré de nouveau en faillite par un tribunal français. — Cass., 17 juill. 1882 [S. 84. 1. 58, P. 84. 1. 129, D. P. 83. 1. 65] — Rouen, 14 juin 1883 [*J. des faill.*, 84. 11] — *Sic*, Thaller, n. 1709 et *Faillites en dr. comp.*, t. 2, p. 344 ; Lyon-Caen et Renault, t. 8, n. 1315 ; Travers, p. 271.

105. Il importe peu que la faillite prononcée en Suisse ait été close pour insuffisance d'actif ; cette clôture n'ayant pas pour effet de mettre fin à la faillite. — Cass., 17 juill. 1882, précité. — Sur les effets de la clôture de la faillite pour insuffisance d'actif, V. *infrà* art. 527, n. 3 et s.

106. Dans ce cas, il appartient aux créanciers de la faillite, s'ils veulent atteindre les biens de leur débiteur, situés en France, de remplir les formalités exigées par la convention franco-suisse du 15 juin 1869, pour donner, en France, force exécutoire au jugement rendu par le tribunal suisse. — Même arrêt.

107. Le syndic de la faillite suisse peut d'ailleurs accomplir les actes conservatoires en France, sans avoir besoin de demander l'*exequatur* aux tribunaux français. — *Sic*, Lyon-Caen et Renault, t. 8, n. 1316 ; Despagnet, n. 635 ; Weiss, p. 878 ; Dubois, sur Carle, p. 90. — *Contrà*, Thaller, t. 2, p. 364 ; Brocher, t. 3, p. 230. — V. au surplus, *suprà*, n. 90 et s.

§ 3. *Forme et exécution provisoire du jugement déclaratif de faillite.*

108. Le jugement déclaratif de faillite doit, suivant la règle ordinaire, être motivé et prononcé en audience publique. — Amiens, 24 avr. 1839 [S. 39. 2. 265, D. *Rép.*, v° *cit.*, n. 113] — Orléans, 21 déc. 1864 [D. P. 65. 2. 23]

109. Aux termes de la disposition finale de notre article, le jugement déclaratif de faillite est exécutoire par provision : formule absolue, d'où il résulte que cette exécution provisoire a lieu de plein droit et sans qu'il y ait d'ailleurs à distinguer suivant que le jugement est par défaut ou suivant qu'il est contradictoire. — Cass., 24 mars 1857 [D. P. 57. 1. 208]

110. Le syndic de la faillite peut donc, malgré l'opposition ou l'appel, procéder à toutes mesures provisoires, inventaire, apposition des scellés, etc., et cette opposition, non plus que cet appel, ne mettent obstacle au dessaisissement du failli et à ses conséquences. Toutefois, on est d'accord pour admettre que les mesures irrévocables, telles que l'aliénation des immeubles de faillite ou la délibération du concordat, doivent être différées jusqu'à ce que le jugement déclaratif ait acquis force de chose jugée. — *Sic*, Lyon-Caen et Renault, t. 7, n. 125 ; Bravard et Demangeat, t. 5, p. 63 ; Camberlin, t. 1, p. 380 et s. ; et notre *Rép. gén. alph. du dr. fr.*, v° *cit.*, n. 585 et s.

Art. **441**. Par le jugement déclaratif de la faillite, ou par jugement ultérieur rendu sur le rapport du juge-commissaire, le tribunal déterminera, soit d'office, soit sur la poursuite de toute partie intéressée, l'époque à laquelle a eu lieu la cessation de paiements. A défaut de détermination spéciale, la cessation de paiements sera réputée avoir eu lieu à partir du jugement déclaratif de la faillite. — C. civ., 1351 ; C. comm., 437, 446 et s., 580 et s.

INDEX ALPHABÉTIQUE.

1. Il résulte de notre article que le tribunal peut déterminer l'époque de la cessation des paiements soit par le jugement déclaratif de faillite, soit par un jugement postérieurement rendu, même d'office : dans l'un et l'autre cas, d'ailleurs, cette fixation est purement provisoire ; le tribunal reste libre de rapporter sa décision primitive et de reporter la cessation des paiements à une date différente, tant que les délais déterminés par les art. 580 et 581, C. comm., ne sont pas expirés. — Sur ces délais et sur les personnes qui peuvent demander le report de l'époque de la cessation des paiements, V. *infrà*, art. 580-581.

2. Lorsque le tribunal n'a pas fixé la date de la cessation des paiements, elle est réputée, aux termes

par le tribunal compétent, d'après les règles qui précèdent, s'étendent au territoire de l'autre. Le syndic ou curateur peut, en conséquence, prendre toutes mesures conservatoires ou d'administration et exercer toutes actions comme représentant du failli ou de la masse. Il ne peut toutefois procéder à des actes d'exécution qu'autant que le jugement en vertu duquel il agit a été revêtu de l'*exequatur*, conformément aux règles édictées par le titre 2 ci-après. Le jugement d'homologation du concordat rendu dans l'un des deux pays aura autorité de chose jugée dans l'autre et y sera exécutoire d'après les dispositions du même titre 2.

§ 3. Lorsque la faillite déclarée dans l'un des deux pays comprend une succursale ou un établissement dans l'autre, les formalités de publicité exigées par la législation de ce dernier pays sont remplies, à la diligence du syndic ou du curateur, au lieu de cette succursale ou de cet établissement.

§ 4. Les effets des sursis, concordats préventifs ou liquidations judiciaires, organisés par le tribunal du domicile du débiteur dans l'un des deux États, s'étendent dans la mesure et sous les conditions ci-dessus spécifiées, au territoire de l'autre État.

de notre article *in fine*, avoir eu lieu au jour du jugement déclaratif de faillite. Il en serait autrement cependant si la faillite était prononcée après le décès d'un commerçant : dans ce cas, on décide généralement que la cessation des paiements doit être réputée avoir eu lieu au jour même du décès. — Douai, 24 déc. 1877, motifs [D. P. 78. 2. 149] — *Sic*, Lyon-Caen et Renault, t. 7, n. 117 ; Renouard, t. 1, p. 286 ; et notre *Rép. gén. alph. du dr. fr.*, v° *Faillite*, n. 486. — Sur la déclaration de faillite après décès, V. *suprà*, art. 437, n. 91 et s.

3. Les juges du fond ont un pouvoir souverain d'appréciation pour déterminer, d'après les circonstances de la cause et l'ensemble des documents produits, la date de la cessation des paiements : la loi, ne définissant pas les circonstances qui constituent la cessation de paiements et qui déterminent, en conséquence, l'époque à laquelle doit être fixée l'ouverture de la faillite, en a abandonné l'appréciation aux tribunaux. — Cass., 15 mess. an XII [S. chr.] ; 12 mai 1841 [S. 41. 1. 663, P. 41. 2. 342, D. *Rép.*, v° *Faillite*, n. 139] ; 22 avr. 1872 [S. 72. 1. 416, P. 72. 1115, D. P. 72. 1. 371] ; 15 mars 1881 [S. 82. 1. 157, P. 82. 1. 273, D. P. 82. 1. 15] ; 8 juill. 1891 [S. et P. 95. 1. 391, D. P. 91. 5. 86] ; 15 févr. 1897 [S. et P. 97. 1. 233, D. P. 97. 1. 112] ; 31 oct. 1898 [S. et P. 1900. 1. 23, D. P. 99. 1. 115] ; 14 juin 1899 [S. et P. 1900. 1. 24] ; 29 juin 1899 [S. et P. 1900. 1. 120, D. P. 1900. 1. 349] ; 21 févr. 1900 [S. et P. 1900. 1. 184, D. P. 1900. 1. 468] ; 14 mai 1900 [S. et P. 1900. 1. 211, D. P. 1900. 1. 367] — *Sic*, Esnault, t. 1, n. 72 et s. ; Renouard, t. 1, p. 234 ; Bédarride, t. 3, n. 15 et s. ; Ruben de Couder, v° *Faillite*, n. 151, et *Suppl.*, *eod. v°*, n. 101. — V. cependant Lyon-Caen et Renault, t. 7, n. 118, et notre *Rép. gén. alph. du dr. fr.*, *v° cit.*, n. 507 et s.

4. Ils ne sont pas tenus, d'ailleurs, pour fixer la date de cette cessation de paiements, d'ordonner une expertise qui leur paraît inutile en présence des documents du procès, ni de motiver spécialement le rejet des conclusions tendant à une semblable mesure. — Cass., 8 avr. 1878 [S. 78. 1. 311, P. 78. 773, D. *Rép.*, *Suppl.*, *v° cit.*, n. 330]

5. Quel que soit cependant le pouvoir d'appréciation des tribunaux, la cessation des paiements doit s'entendre de l'impossibilité où s'est trouvé le commerçant failli de faire face à ses échéances et de prolonger sa vie commerciale : elle ne saurait être reportée à une époque antérieure. — Jugé à cet égard, que l'époque de l'ouverture de la faillite étant fixée par la loi à la date de tous actes constatant le refus ou l'impossibilité d'acquitter des engagements de commerce, on ne peut reporter cette ouverture au temps où le failli, bien que dans un état de gêne, et sous le poids d'un passif excédant son actif, n'était pas encore arrivé à une véritable cessation de paiements. — Lyon, 15 juill. 1840 [P. 41. 1. 233] — Sur la distinction de l'insolvabilité et de la cessation de paiements, V. *suprà*, art. 437, n. 26 et s.

6. Jugé également, que l'ouverture de la faillite d'un négociant qui a contracté des emprunts hypothécaires pour des sommes considérables et qui ensuite a laissé protester des effets par lui souscrits, a pu être fixée à la date du protêt des effets et non à celle des emprunts, alors surtout que, dans le temps intermédiaire, le failli est resté à la tête de ses affaires et a fait honneur à ses engagements. — Cass., 12 mai 1841 [S. 41. 1. 663, P. 41. 2. 342, D. *Rép.*, *v° cit.*, n. 139] — V. aussi Lyon, 26 août 1850 [P. 52. 1. 380, D. P. 55. 5. 217]

7. De même, la faillite d'un commerçant ne peut être reportée à une époque où il a été l'objet de quelques protêts indiquant une situation gênée, mais où il n'était pas dans l'impossibilité de faire face à ses engagements, alors que son crédit se maintenait encore et que son actif pouvait balancer son passif. — Cass., 15 mars 1881 [S. 82. 1. 157, P. 82. 1. 373, D. P. 82. 1. 15] — Colmar, 9 août 1850 [D. P. 55. 2. 222]

8. Spécialement, lorsqu'un commerçant est déclaré en faillite, ce n'est pas nécessairement à la date du plus ancien défaut de paiement que doit être reportée l'ouverture de la faillite, alors surtout qu'il apparaît que le créancier a été postérieurement désintéressé, mais à l'époque où le nombre et la gravité des poursuites ont attesté l'extinction de la vie commerciale du failli. — Rouen, 24 janv. 1852 [P. 54. 1. 480, D. P. 54. 2. 5]

9. De même, lorsqu'un commerçant a continué sans interruption son commerce et exécuté ses engagements, on ne peut considérer comme faisant preuve d'une cessation de paiements susceptible de motiver la déclaration de faillite et d'en fixer l'ouverture, de fréquents renouvellements de billets autorisés par les usages du commerce, des jugements de condamnation rendus contre ce commerçant, à la suite, non de refus de paiements, mais de contestations sur le chiffre et l'exigibilité des obligations, et, enfin, un acte de crédit hypothécaire souscrit de bonne foi par lui dans le but de rendre possible la continuation de son commerce. — Metz, 6 déc. 1855 [S. 56. 2. 171, P. 55. 2. 573] — V. cependant sur le renouvellement des billets, *infrà*, n. 24 et s.

10. Il n'y a pas lieu non plus de reporter l'ouverture de la faillite à une époque antérieure au jour de la déclaration, si, jusqu'au jour de cette déclaration, le failli a joui d'un grand crédit et n'a jamais refusé de paiement ; peu importe que quelques effets émis par le failli aient été protestés par suite de causes accidentelles, s'ils ont été payés quelques jours après, le failli ayant, dans les derniers mois, fait des achats et des ventes considérables et payé des sommes très élevées à l'aide de ses ressources et de son crédit. — Cass., 26 juin 1876 [S. 76. 1. 354, P. 76. 862, D. P. 78. 5. 271]

11. Peu importe encore que le failli ait fait, à certains moments, de grandes émissions de papier de circulation, s'il a toujours trouvé dans ses opérations ou son crédit le moyen de libérer ce papier à l'échéance. — Même arrêt.

12. Jugé encore, qu'il appartient aux juges du fond de constater en fait que si, antérieurement au dépôt de son bilan, le failli se trouvait engagé dans des opérations imprudentes et dangereuses ayant entraîné pour lui des pertes importantes, sa situation commerciale n'était pas désespérée ; qu'il jouissait encore d'un crédit sérieux ; qu'il payait couramment ses dettes exigibles ; qu'il n'avait recouru, pour soutenir son crédit à aucune manœuvre réprouvée par la loi, en sorte qu'il n'était pas en état de cessation de paiements. Dans ce cas, il n'y a pas lieu de reporter la date de la cessation des paiements à une date antérieure à celle du dépôt du bilan. — Cass., 31 oct. 1898 [S. et P. 1900. 1. 23, D. P. 99. 1. 115]

13. De même, il n'y a pas lieu de considérer

comme étant en état de cessation de paiements une société commerciale à une époque où son actif aurait facilement permis de désintéresser tous ses créanciers, alors que les irrégularités d'écritures commises ne pouvaient avoir pour effet de tromper les tiers, et spécialement un créancier dont postérieurement la société a sollicité et obtenu une ouverture du crédit. — Trib. de Remiremont, 14 juin 1900, sous Nancy, 9 févr. 1901 [D. P. 1902. 2. 140]

14. En tout cas, le non-paiement d'une dette civile ne pouvant entraîner, par lui-même, la faillite, il en résulte que celle-ci ne saurait être reportée à la date de ce non-paiement, quelle que soit l'importance de la dette. — Colmar, 9 août 1850 [P. 52. 1. 377, D. P. 55. 2. 222] — Sur la question de savoir si le non-paiement d'une dette civile entraîne la faillite, V. *suprà*, art. 437, n. 44 et s.

15. L'inexécution des obligations civiles peut seulement servir à constater, concurremment avec l'inexécution des obligations commerciales, l'époque de la cessation des paiements constitutive de l'état de faillite. — Rouen, 14 mai 1853 [S. 54. 2. 428, P. 55. 2. 355]

16. Spécialement, cette époque peut être reportée au jour où, en vendant son fonds de commerce pour une somme inférieure à ses dettes commerciales, le commerçant s'est mis dans l'impossibilité de les payer, bien qu'à cette époque il n'y eût de poursuites contre lui que pour ses dettes civiles. — Cass., 17 févr. 1852 [S. 52. 1. 824, P. 52. 2. 719, D. P. 52. 1. 234]

17. Mais dès qu'un commerçant se trouve dans l'impossibilité de faire face à ses échéances, il y a par cela même cessation de paiements. Peu importe que cette impossibilité de payer soit générale ou simplement partielle : un seul refus de paiements peut justifier la déclaration de faillite, ainsi que le report de la faillite au jour de ce refus. — Jugé, en ce sens, que l'inexécution d'un jugement qui a condamné un commerçant au paiement d'une certaine somme peut fournir aux juges du fond la preuve de son insolvabilité et déterminer l'époque à laquelle doit remonter l'ouverture de sa faillite.— Cass., 30 avr. 1877 [S. 77. 1. 244, P. 77. 631, D. P. 78. 1. 83]

18. De même, l'époque de la cessation des paiements d'un commerçant déclaré en faillite peut être reportée au jour où un atermoiement lui avait été accordé par ses créanciers, si, depuis cette époque, de fréquents protêts se sont succédé, et si le failli n'a pas rempli les conditions de l'atermoiement et n'a soutenu son commerce que par des moyens factices et ruineux. — Cass., 11 mars 1868 [S. 69. 1. 15, P. 69. 21, D. P. 68. 1. 435]

19. Peu importe également que l'impossibilité de payer se soit ou non manifestée par des faits extérieurs, du moment qu'elle existait réellement et que le commerçant n'a prolongé son existence commerciale que d'une manière purement fictive. — Jugé, en ce sens, que le commerçant notoirement insolvable, bien qu'il continue à faire ses paiements au moyen de l'assistance que lui prête l'un de ses créanciers pour en obtenir une garantie au préjudice des autres créanciers, est en état de cessation de paiements. — Paris, 8 mars 1846 [S. 48. 2. 645, *ad notam*]; 30 mars 1848 [S. 48. 2. 645, P. 48. 1. 603, D. P. 49. 2. 54] — Lyon, 31 déc. 1847 [S. 48. 2. 646, P. 48. 1. 363, D. P. *Ibid.*]

20. Spécialement, le juge qui constate qu'à une époque déterminée, un commerçant, se trouvant au-dessous de ses affaires, a abandonné à son banquier, la direction de sa maison de commerce, que le banquier, arrêtant son compte d'avance, n'a consenti à de nouveaux versements qu'en échange de valeurs et contre le paiement, indépendamment de l'intérêt et de l'agio, d'une remise de 10 0/0 sur chaque effet, et que ce banquier a ainsi réduit son découvert au détriment des autres créanciers, lesquels, abusés sur la véritable situation, voyaient les passifs s'augmenter dans des proportions considérables, — peut voir dans ces faits la preuve d'une existence commerciale purement fictive, et reporter à ladite époque la date de la cessation des paiements. — Cass., 29 juin 1899 [S. et P. 1900. 1. 120, D. P. 1900. 1. 349]

21. A plus forte raison en est-il de même, lorsqu'un débiteur, qui est dans l'impossibilité de payer et menacé de poursuites, a employé, pour acheter le silence des banquiers et conserver les apparences d'un crédit déjà ruiné, des procédés occultes et des manœuvres clandestines, notamment en consentant à leur profit devant un notaire étranger une constitution d'hypothèque et un nantissement d'actions dissimulé sur les registres de la société qu'il administrait. — Cass., 12 juill. 1881 [S. 82. 1. 64, P. 82. 1. 139, D. P. 82. 1. 264]

21 *bis*. Jugé également, que la cessation des paiements d'un failli peut être reportée à la date où il appert que le failli ne soutenait son crédit qu'à l'aide d'une circulation d'effets de complaisance, et où il était réduit, pour maintenir son existence commerciale, à affecter la totalité de son avoir immobilier à la garantie d'une ouverture de crédit qu'il se faisait consentir, de tels faits constituant la preuve d'une existence commerciale purement fictive. — Cass., 13 janv. 1902 [S. et P. 1902. 1. 279]

22. Jugé cependant, en sens contraire, que l'ouverture de la faillite ne doit pas être reportée à une époque antérieure à la cessation effective des paiements, quand même il serait constant que le négociant failli n'effectuait ses paiements qu'au moyen de billets de complaisance ou de billets faux. — Cass., 16 nov. 1846 [P. 53. 2. 342, D. P. 52. 5. 267] — Bourges, 18 août 1845 [S. 47. 2. 45, P. 46. 2. 664, D. P. 47. 2. 182] — Lyon, 9 févr. 1853 [D. P. 55. 2. 315]

23. ... Ou encore au moyen de transactions frauduleuses, concertées entre le failli et l'un de ses créanciers, à son profit personnel et au préjudice des autres créanciers. — Paris, 14 déc. 1846 [S. 47. 2. 47, P. 47. 1. 208, D. P. 47. 2. 183]

24. La jurisprudence est également divisée sur la question de savoir si le renouvellement d'effets de commerce doit être considéré comme une cessation de paiements. — Jugé, à cet égard, que le commerçant qui, au lieu de payer ses billets, les renouvelle, n'est pas en état de cessation de paiements, et que, dès lors, sa faillite ne peut être reportée à l'époque à laquelle ont eu lieu ces renouvellements. — Orléans, 15 mai 1844 [S. 45. 2. 25, P. 44. 1. 775, D. P. 45. 4. 268] — Lyon, 31 déc. 1847 [S. 48. 2. 646, P. 48. 1. 363, D. P. 49. 2. 54] — Paris, 30 mars 1848 [S. 48. 2. 645, P. 48. 1. 603, D. P. *Ibid.*]; 13 févr. 1877 [D. P. 78. 5. 272]

25. Spécialement, la cessation de paiements étant un fait complexe, il s'ensuit qu'elle doit être appréciée pour une entreprise aussi compliquée et aussi passagère qu'une exposition universelle, d'une manière moins absolue que pour toute autre entreprise.

En conséquence, lorsqu'une société créée dans ce but, avec un capital notoirement très inférieur à ses dépenses d'installation, a stipulé de ses entrepreneurs ou fournisseurs principaux la faculté de renouveler ses billets jusqu'à l'époque de ses recettes, la cessation de paiements ne doit pas être reportée au moment du renouvellement de ses billets, mais seulement à l'époque où la multiplicité des protêts et des poursuites non interrompues depuis ont démontré que la vie commerciale de la société était arrêtée. — Lyon, 17 juin 1874 [D. P. 76. 2. 171]

26. Mais jugé, en sens contraire, que l'ouverture d'une faillite peut être reportée à l'époque où les dettes du négociant failli, dont quelques-unes étaient exigibles, se trouvaient déjà supérieures à son actif, et à partir de laquelle il n'a soutenu son crédit qu'à l'aide de renouvellement de billets. — Cass., 26 avr. 1841 [S. 41. 1. 713, P. 41. 2. 373, D. *Rép.*, v° *Faillite*, n. 157-3°] — Douai, 10 avr. 1845 [S. 45. 2. 526, P. 45. 2. 177, D. P. 45. 2. 267] — Metz, 29 mars 1849 [P. 51. 2. 648]

27. Spécialement, l'état de cessation de paiements d'un commerçant peut être reporté à l'époque où ce commerçant ne réglait plus ses comptes avec ses créanciers qu'à l'aide d'effets sans cesse renouvelés et même garantis par une vente à réméré de tout son matériel. — Nancy, 18 déc. 1869 [S. 71. 2. 92, P. 71. 319, D. P. 70. 2. 55]

28. Et il en est ainsi surtout dans le cas où les billets renouvelés n'ont pas été acquittés à leur échéance. — Cass., 26 avr. 1841, précité. — Douai, 10 avr. 1845, précité. — Rouen, 1er déc. 1879 [D. P. 80. 2. 93]

29. L'existence de décisions judiciaires antérieures ne saurait d'ailleurs porter atteinte au droit qui appartient au tribunal de reporter l'ouverture de la faillite au jour où a eu lieu la cessation des paiements. — Ainsi, lorsqu'après un jugement repoussant la demande en déclaration de faillite formée par un créancier du débiteur, cette faillite vient à être prononcée sur la poursuite d'autres créanciers, le tribunal peut en faire remonter l'ouverture à une époque antérieure au premier jugement, sans violer en cela l'autorité de la chose jugée : le caractère d'une telle décision étant essentiellement relatif et provisoire. — Rennes, 3 août 1868 [S. 69. 2. 146, P. 69. 703] — V. aussi *infrà*, art. 580-581, n. 46.

30. De même, au cas où un jugement déclaratif de faillite a été rapporté par un second jugement, fondé sur des arrangements ou un atermoiement conclu entre le débiteur et ses créanciers, si la faillite de ce débiteur vient de nouveau à être déclarée, faute par lui de remplir les conditions de son atermoiement, l'ouverture peut en être reportée au jour de la cessation de paiements qui a précédé la première déclaration de faillite, sans violer en cela l'autorité de la chose jugée par le jugement qui avait rapporté cette première déclaration de faillite, l'effet d'une telle décision étant subordonné à l'exécution des arrangements qui l'avaient provoquée. — Cass., 28 juill. 1863 [S. 63. 1. 471, P. 64. 68, D. P. 63. 1. 351]

31. Et il en est ainsi, alors même que, dans l'intervalle, le failli aurait payé certaines dettes, mais au moyen d'emprunts laissés en souffrance. — Même arrêt.

32. En cas de faillite d'une société en nom collectif, il résulte du principe d'après lequel la faillite de la société entraîne la faillite personnelle des associés que la cessation de paiements des associés remonte, même à l'égard de leurs créanciers personnels, au jour fixé pour la cessation de paiements de la société, encore bien que ces associés aient personnellement continué leurs paiements jusqu'à une époque postérieure. — Cass., 17 avr. 1861 [S. 61. 1. 609, P. 61. 988, D. P. 61. 1. 254] — Sur l'effet de la faillite d'une société en nom sur la situation personnelle des associés, V. *suprà*, art. 437, n. 15 et s.

33. Il en est ainsi, alors surtout que la faillite de l'associé a été déclarée par un jugement distinct de celui qui déclare la faillite de la société, et qu'un jugement passé en force de chose jugée a fixé la même date pour la cessation des paiements de la société et pour la cessation des paiements de l'associé. — Même arrêt.

34. De même, dans ce cas, la date de la faillite personnelle de ces associés se trouve nécessairement fixée à celle déterminée pour la société elle-même, et non à la date du jugement postérieur qui, régularisant les opérations de la faillite, décide qu'il y a lieu de distinguer les masses active et passive de la société et celles des associés personnellement. — Paris, 3 janv. 1866 [S. 66. 2. 48, P. 66. 218]

Art. **442**. Les jugements rendus en vertu des deux articles précédents seront affichés et insérés par extrait dans les journaux, tant du lieu où la faillite aura été déclarée que de tous les lieux où le failli aura des établissements commerciaux, suivant le mode établi par l'article 42 du présent Code. — C. comm., 443, 446 et s., 580 et s.; C. proc. civ., 156.

1. Les formalités de publicité prescrites par l'art. 42 auquel renvoie notre article sont seules obligatoires : la loi n'exige pas que le jugement déclaratif de faillite soit affiché à la Bourse, non plus qu'à la porte des établissements du failli. — *Sic*, Demangeat, sur Bravard, t. 5, p. 62, note 2; Lyon-Caen et Renault, t. 7, n. 123. — *Contrà*, Bravard, t. 5, p. 62.

2. D'autre part, notre article ne renvoyant à l'art. 42 que pour le mode et non pour le délai de la publication prescrite, il en résulte que la publication du jugement déclaratif de faillite ou du jugement d'*exequatur* d'un jugement déclaratif rendu par un tribunal étranger, ne doit pas être nécessairement faite, à peine de nullité du jugement, dans la quinzaine de sa date. — Cass., 26 oct. 1887 [S. 90. 1. 307, P. 90. 1. 751, D. P. 88. 1. 110]

3. Bien plus, le jugement déclaratif de faillite, alors même qu'il n'a pas été publié, produit tous les effets qui y sont attachés par la loi, aussi bien à l'égard du failli qu'à l'égard des tiers. — Cass., 16 nov. 1887 [S. 88. 1. 164, P. 88. 1. 385, D. P. 88. 1. 325] — V. *infrà*, art. 443, n. 9 et s.

4. La seule voie ouverte aux tiers de bonne foi qui pourraient être lésés par le défaut de publicité serait une action en dommages-intérêts fondée sur l'art. 1382, C. civ., contre les personnes à qui incombe le soin de publier le jugement : ce sont le greffier du tribunal pour le jugement déclaratif de faillite et les syndics pour les jugements postérieurs fixant la date de la cessation des paiements. — *Sic*, Lyon-Caen et Renault, t. 7, n. 124, *in fine*.

5. La publicité prescrite par notre article a seulement pour effet de faire courir les délais de l'opposition contre les jugements déclarant la faillite ou fixant l'époque de la cessation de paiements. — V. *infrà*, art. 580-581, n. 26 et s.

6. D'autre part, si le jugement déclaratif de faillite a été rendu par défaut, la publicité de ce jugement et l'intervention du syndic à l'ordre ouvert sur le prix d'un immeuble dont le failli a été exproprié, constituent une exécution suffisante pour mettre le jugement à l'abri de la péremption de six mois édictée par l'art. 156, C. proc. civ. — Cass., 26 août 1887, précité.

7. De ce que la publicité a pour objet de faire courir le délai d'opposition, il résulte qu'elle ne saurait être requise pour les jugements qui ne sont pas susceptibles d'être attaqués par cette voie de recours. Ainsi, lorsqu'après un jugement fixant provisoirement la date de la cessation des paiements, un jugement est rendu contradictoirement avec les créanciers et sur leur opposition formée en vertu de l'art. 580, C. comm., ce second jugement ne pouvant plus être attaqué par l'opposition n'est pas soumis à la formalité de l'affichage et de l'insertion dans les journaux. — Poitiers, 2 févr. 1854 [D. P. 54. 2. 153]

Art. **443**. Le jugement déclaratif de la faillite emporte de plein droit, à partir de sa date, dessaisissement pour le failli de l'administration de tous ses biens, même de ceux qui peuvent lui échoir tant qu'il est en état de faillite.

A partir de ce jugement, toute action mobilière ou immobilière ne pourra être suivie ou intentée que contre les syndics.

Il en sera de même de toute voie d'exécution tant sur les meubles que sur les immeubles.

Le tribunal, lorsqu'il le jugera convenable, pourra recevoir le failli partie intervenante. — C. civ., 14, 1121, 1384, 1865, 2003 ; C. proc. civ., 99-7°, 156, 466, 563, 581 et s. ; C. comm., 346, 437, 442, 446 et s., 450, 466, 494, 519, 548, 565, 571, 577, 580 et s. ; L. 4 mars 1889, art. 5 ; L. 5 avr. 1890.

INDEX ALPHABÉTIQUE.

DIVISION

§ 1. *A partir de quel moment se produit le dessaisissement du failli.*

1. En décidant que le dessaisissement du failli a pour point de départ le jugement déclaratif de faillite, notre article a profondément modifié la disposition peu justifiable de l'art. 442 primitif du Code de commerce, aux termes duquel le failli était dessaisi à partir de la date de la cessation de ses paiements. — Sur les inconvénients de cette disposition et sur l'interprétation que lui donnait la jurisprudence, V. notre *Rép. gén. alph. du dr. fr.*, v° *Faillite*, n. 624 et s.

2. D'autre part, le dessaisissement du failli implique nécessairement un jugement déclaratif de faillite : il ne saurait résulter de l'état de faillite virtuelle et d'une simple cessation de paiements. — Cass., 26 juin 1844 [S. 44. 1. 483, P. 44. 2. 283, D. *Rép.*, v° *Faillite*, n. 228] ; 23 juill. 1884 [S. 86. 1. 309, P. 86. 1. 739, D. P. 84. 1. 455] — V. aussi *suprà*, art. 437, n. 108 et s.

3. A plus forte raison, la déconfiture du débiteur, même judiciairement constatée, n'entraîne-t-elle pas ce dessaisissement, la loi française n'ayant organisé pour la déconfiture des non-commerçants aucune procédure collective analogue à celle de la faillite. — Cass., 2 sept. 1812 [S. et P. chr.]; 17 janv. 1855 [D. P. 55. 1. 11] ; 3 mars 1869 [S. 69. 1. 149, P. 69. 375, D. P. 69. 1. 200] — Paris, 21 mars 1810 [S. et P. chr.] — Bordeaux, 17 août 1848 [S. 49. 2. 46, D. P. 49. 2. 61] — *Sic*, notre *Rép. gén. alph. du dr. fr.*, v° *Déconfiture*, n. 29 et s.

4. De même, lorsqu'à la suite d'arrangements intervenus entre un commerçant et ses créanciers, un liquidateur a été nommé simplement pour assurer l'exécution de ces engagements, le débiteur peut être considéré comme n'étant pas dessaisi de l'administration de ses biens et comme conservant son droit d'action en justice, sans qu'il lui soit besoin de se faire assister du liquidateur ou de le mettre en cause. — Cass., 18 nov. 1885 [S. 88. 1. 245, P. 88. 1. 599, D. P. 86. 1. 88]

5. Pareillement encore, la liquidation judiciaire, organisée par la loi du 22 avr. 1871, n'a pas pour conséquence, comme la faillite, de priver les créanciers de l'exercice de leur action individuelle, en ne leur laissant d'autre droit que celui de faire inscrire leurs créances au passif de la liquidation : le créancier conserve l'entier exercice de ses droits, et il peut, notamment, obtenir de son débiteur en liquidation, par une action individuelle, un titre de créance, dont il poursuivra l'exécution comme il le jugera convenable. — Lyon, 11 juill. 1883 [S. 85. 2. 86, P. 85. 1. 463, D. P. 84. 2. 213]

6. Mais du jour où le jugement déclaratif a été rendu, le dessaisissement se produit de plein droit : ce jugement étant exécutoire par provision, peu importe qu'il soit frappé d'appel. — Cass., 24 sept. 1819 [S. et P. chr.]

7. Et il en est ainsi, alors même que le jugement, ayant été rendu par défaut, aurait été ensuite rapporté sur opposition, s'il était ultérieurement confirmé sur appel : les paiements faits par le failli postérieurement au jugement primitif sont nuls vis-à-vis de la masse. — Cass., 13 mars 1872 [S. 73. 1. 397, P. 73. 971, D. P. 72. 1. 221] — *Sic*, Lyon-Caen et Renault, t. 7, n. 201.

8. Il n'en serait autrement que dans le cas où le jugement déclaratif, rendu par défaut, serait frappé de péremption faute d'exécution dans les six mois : un tel jugement étant considéré comme non avenu ne peut produire aucun effet. — Cass., 26 févr. 1834 [S. 35. 1. 222, P. chr., D. *Rép.*, *v° cit.*, n. 193] — *Sic*, Alauzet, t. 7, n. 2458 ; Lyon-Caen et Renault, t. 7, n. 202. — *Contrà*, Rennes, 7 janv. 1829 [S. et P. chr., D. *Rép.*, *loc. cit.*]

9. Peu importe également que les formalités de

publicité prescrites par l'art. 442, aient été ou non remplies. Le dessaisissement opérant de plein droit, les tiers qui traitent avec le failli postérieurement au jugement déclaratif de faillite ne peuvent être protégés contre les conséquences de ce jugement ni par leur bonne foi, ni par l'ignorance où ils étaient de l'état de faillite. — Cass., 2 juill. 1821 [S. et P. chr.]; 13 mai 1835 [S. 35. 1. 707, P. chr., D. *Rép., v° cit.*, n. 187]; 17 déc. 1856 [S. 57. 1. 440, P. 57. 113, D. P. 57. 1. 41]; 16 nov. 1887 [S. 88. 1. 164, P. 88. 1. 385, D. P. 88. 1. 325] — *Sic*, Ruben de Couder, v° *Faillite*, n. 159, et *Suppl.*, *eod. v°*, n. 103; Alauzet, t. 7, n. 2454; Demangeat, sur Bravard, t. 5, p. 76, note 15; Boistel, n. 908; Lyon-Caen et Renault, t. 7, n. 200; Thaller, n. 1776; et notre *Rép. gén. alph. du dr. fr.*, v° *Faillite*, n. 641 et s. — *Contrà*, Bravard, t. 5, p. 74. — V. aussi *suprà*, art. 442, n. 3 et s.

10. Spécialement, il en est ainsi, alors même qu'il s'agirait d'actes faits à une grande distance du lieu où a été rendu le jugement déclaratif de la faillite, même en pays étranger et à une époque où il paraîtrait physiquement impossible que le failli et les tiers avec lesquels il a contracté eussent eu connaissance du jugement. — Cass., 13 mai 1835, précité.

11. De même, sont nuls tous jugements obtenus contre le failli personnellement, après le prononcé du jugement déclaratif de faillite, alors même que le créancier poursuivant aurait ignoré l'existence de sa faillite, attendu sa non-publicité, et aurait agi de bonne foi. — Cass., 2 juill. 1821, précité.

12. Il n'importe pas davantage que les irrégularités, commises dans la publication du jugement, aient pu entraîner une erreur commune; l'incapacité du failli, prenant naissance de plein droit à partir de la date du jugement, ne peut dépendre ni de la régularité, ni même de l'existence de sa publication. — Cass., 16 nov. 1887, précité.

13. De même, sont nulles les poursuites de saisie immobilière commencées contre le failli personnellement par un de ses créanciers chirographaires après le jugement déclaratif de faillite, bien que ce jugement n'ait pas encore été publié. — Grenoble, 12 avr. 1851 [S. 51. 2. 227, P. 53. 1. 612, D. P. 51. 2. 212] — Sur la suspension des voies d'exécution, V. *infrà*, n. 268 et s.

14. D'autre part, il est universellement admis en jurisprudence que le jugement déclaratif de faillite produit ses effets et entraîne le dessaisissement du failli à partir de la première heure du jour où il a été rendu. C'est ce qui résulte, d'une part, des termes mêmes de notre article qui porte que le dessaisissement se produit à partir de la date du jugement, ce qui ne peut viser que le jour et non pas l'heure que n'indique pas le jugement, et, d'autre part, de l'art. 448, d'après lequel les droits d'hypothèque ou de privilège valablement acquis ne peuvent être inscrits que jusqu'au jour du jugement déclaratif, mais non ce jour-là; or il n'y a pas de raison pour admettre une règle différente pour les autres effets de la faillite. Au surplus, la solution contraire aboutirait à des difficultés insolubles lorsqu'il s'agirait d'établir l'heure exacte du prononcé du jugement et le moment précis où aurait été fait l'acte incriminé. — Cass., 24 janv. 1853 [S. 53. 1. 321, P. 53. 1. 219, D. P. 53. 1. 124]; 21 mai 1878 [S. 78. 1. 396, P. 78. 1046, D. P. 78. 1. 313] — Turin, 22 août 1872 [S. et P. chr.] — Rouen, 12 juill. 1825 [P. chr., D. *Rép.*, *v° cit.*, n. 188] — Amiens, 18 mars 1848 [S. 48. 2. 713, P. 49. 2. 622, D. P. 49. 2. 213]; 26 déc. 1855 [S. 56. 2. 563, P. 56. 2. 548, D. P. 57. 2. 35] — Metz, 23 juin 1857 [S. 58. 2. 328, P. 57, 1120, D. P. 58. 2. 36] — Douai, 15 févr. 1858 [S. 58. 2. 326, P. 59. 265] — Paris, 26 nov. 1880, sous Cass., 7 mars 1882 [S. 83. 1. 242, P. 83. 1. 593, D. P. 82. 1. 147] — Rennes, 15 avr. 1893 [S. et P. 93. 2. 156, D. P. 93. 2. 263] — *Sic*, Boulay-Paty, t. 1, n. 152; Alauzet, t. 7, n. 2454; Massé, t. 2, n. 1181; Bravard et Demangeat, t. 5, p. 72; Laroque-Sayssinel et Dutruc, t. 1, n. 135; Camberlin, p. 381; Boistel, n. 908; Lyon-Caen et Renault, t. 7, n. 203; Thaller, *Faill. en dr. comp.*, n. 88; Ruben de Couder, *v° cit.*, n. 181 et s., et *Suppl., eod. v°*, n. 121; et notre *Rép. gén. alph. du dr. fr.*, *v° cit.*, n. 645 et s. — *Contrà*, Labbé, note sous Paris, 26 nov. 1880 [S. 83. 1. 242, P. 83. 1. 593]

15. Spécialement, est nul au regard de la masse le paiement en espèces fait par le failli le jour même du jugement, alors même qu'il serait certain qu'il a eu lieu avant le prononcé de ce jugement. — Metz, 23 juin 1857, précité. — Douai, 15 févr. 1858, précité. — V. aussi *infrà*, n. 89.

16. De même, la saisie-arrêt pratiquée le jour même de la déclaration de faillite est nulle, ... alors même qu'il s'agirait d'une saisie-arrêt faite par le propriétaire des lieux loués au failli, quand cette saisie ne s'exerce pas sur les deniers affectés au privilège du bailleur. — Cass., 24 janv. 1853, précité.

§ 2. *Caractères du dessaisissement.*

17. Le dessaisissement qui résulte du jugement déclaratif de faillite ne consiste pas dans l'expropriation du failli. Après comme avant ce jugement, le failli reste propriétaire des biens et des droits compris dans son patrimoine. Mais il ne peut plus en disposer : l'administration de ses biens et l'exercice de ses droits passent entre les mains des syndics qui agissent de son chef et comme représentants de la masse, et à cet égard la masse est l'ayant cause du failli. — V. notre *Rép. gén. alph. du dr. fr.*, *v° cit.*, n. 652 et s.

18. Il en est ainsi pendant toutes les phases de la procédure : même dans l'état d'union, le failli est seulement dépossédé de l'administration de son patrimoine, et il reste propriétaire des biens formant son actif jusqu'à leur réalisation par les soins du syndic. — Aix, 19 juin 1893 [S. et P. 94. 2. 225, D. P. 95. 5. 251]

19. De ce que le failli reste propriétaire, il résulte que la masse n'a aucun droit de mutation à payer, ni aucune transcription à effectuer en ce qui concerne les immeubles du failli : ces droits ne deviendront exigibles et il ne pourra y avoir lieu à transcription qu'au moment où une mutation effective se sera opérée dans le cours de la procédure de la faillite, notamment à la requête des syndics dans l'état d'union. — Aix, 19 juin 1893, précité. — *Sic*, Massé, t. 2, n. 1182; Pardessus, n. 1115; Renouard, t. 1, p. 289; Bravard et Demangeat, t. 5, p. 71; Lyon-Caen et Renault, t. 7, n. 205; Ruben de Couder, *v° cit.*, n. 177.

20. De même, de ce que le failli conserve la propriété de son patrimoine, il résulte que les tribunaux français sont incompétents pour connaître d'une action dirigée par le syndic d'un failli étranger

contre des débiteurs étrangers de la faillite, bien que la faillite déclarée par un tribunal français ait été pourvue d'un syndic français, et que les créanciers soient Français en majeure partie. En pareil cas, les créanciers ne font qu'exercer par l'intermédiaire du syndic l'action même du failli, et ils ne peuvent, dès lors, invoquer à raison de leur qualité de Français, le bénéfice de l'art. 14, C. civ., que le failli n'aurait pu lui-même invoquer. — Cass., 12 janv. 1875 [S. 75. 1. 341, P. 75. 839, D. P. 75. 1. 353]

21. Par application de la même idée, il a encore été jugé que, lorsque le syndic croit devoir désintéresser, avec les deniers de la faillite, un créancier hypothécaire ou privilégié afin d'éviter une expropriation inopportune, la masse n'est pas subrogée aux lieu et place du créancier désintéressé, attendu que les fonds employés à ce paiement n'ont jamais cessé d'être la propriété du failli et que les créanciers n'ont, en définitive, effectué aucun débours. — Rennes, 2. janv. 1880 [S. 82. 2. 190, P. 82. 1.972, D. P. 81. 2. 130]

22. Si le dessaisissement n'entraîne pas l'expropriation du failli, il n'entraîne pas non plus son incapacité. Sans doute, par suite du dessaisissement, les actes passés par le failli postérieurement au jugement déclaratif de faillite ne sont pas opposables à la masse de ses créanciers. Mais ces actes n'en sont pas moins valables en eux-mêmes, de telle sorte que ni le failli, ni à plus forte raison les tiers qui ont traité avec lui, ne seraient pas recevables à en demander la nullité. — Cass., 12 avr. 1821 [S. et P. chr., D. *Rép.*, *v° cit.*, n. 198-2°] ; 21 nov. 1827 [S. et P. chr., D. *Ibid.*, n. 198-3°] ; 23 avr. 1834 [S. 34. 1. 230, P. chr., D. *Ibid.*, n. 807-5°] — Agen, 28 mai 1811 [S. et P. chr., D. *Ibid.*, n. 198-1°] — Bourges, 28 août 1813 [P. chr.] — Bordeaux, 19 août 1828 [S. et P. chr.]; 30 déc. 1828 [S. et P. chr.]; 19 mars 1841 [P. 43. 2. 192, D. *Ibid.*, n. 198-5°] — Paris, 15 déc. 1809 [S. et P. chr.]; 22 janv. 1840 [S. 40. 2. 116, P. 47. 1. 137, D. *Ibid.*, n. 497] — Toulouse, 4 avr. 1840 [P. 40. 2. 236, D. *Ibid.*, n. 198-4°] — Lyon, 25 août 1828 [S. et P. chr., D. *Ibid.*, n. 206-2°] — *Sic*, Bravard et Demangeat, t. 5, p. 70 ; Pardessus, n. 1114 ; Boulay-Paty, n. 67 ; Boistel, n. 906 ; Lyon-Caen et Renault, t. 7, n. 208 ; Thaller, n. 1779 ; Ruben de Couder, *v° cit.*, n. 177, et *Suppl.*, *eod. v°*, n. 127 ; et notre *Rép. gén. alph. du dr. fr.*, n. 660 et s.

23. Spécialement, le failli est non recevable à demander la nullité d'un billet qu'il a souscrit en état de faillite. — Cass., 12 avr. 1821, précité.

24. De même, le failli peut valablement acquiescer aux jugements obtenus contre lui par des créanciers : l'état de faillite ne lui ôte pas absolument la capacité de contracter, de telle sorte que, si ses engagements peuvent être attaqués par ses créanciers, il est du moins, lui personnellement, non recevable à se prévaloir d'un défaut de capacité. — Et il y a acquiescement si, lors du concordat, le failli n'élève aucune contestation sur les droits du créancier qui y figure en vertu du jugement : peu importe une protestation ultérieure. — Cass., 23 avr. 1834, précité.

25. De même encore, les engagements du failli ne pouvant être attaqués que par ses créanciers, il en résulte que l'héritier bénéficiaire du failli, qui n'est point le représentant légal des créanciers, ne peut être admis à invoquer la nullité des billets souscrits par son auteur alors qu'il était en faillite. — Toulouse, 4 avr. 1840, précité. — Bordeaux, 19 mars 1841, précité.

26. Et, l'incapacité du failli ne pouvant pas non plus être invoquée par les tiers, est valable et fait courir le délai de l'appel, la signification faite, depuis la faillite, par le failli, d'un jugement rendu en sa faveur. — Lyon, 25 août 1828, précité.

27. Le failli n'étant pas un incapable, peut engager ses services postérieurement au jugement déclaratif de faillite ou même entreprendre un nouveau commerce, sauf toutefois le droit permanent de contrôle et de surveillance des créanciers de la faillite, qui, par l'organe des syndics, peuvent veiller à leur intérêt, intervenir même pour s'opposer à tout engagement ou à tout acte qui, de la part du failli, seraient de nature à leur causer un préjudice, prendre les mesures nécessaires pour assurer le recouvrement des valeurs acquises par le failli ou en prévenir le détournement, et enfin poursuivre l'annulation des engagements et des actes qui auraient eu lieu nonobstant l'opposition des syndics, avec fraude et au préjudice de la masse. — Cass., 6 juin 1831 [S. 31. 1. 238, P. chr., D. *Rép.*, *v° cit.*, n. 195-2°]; 8 mars 1854 [S. 54. 1. 238, P. 54. 1. 380, D. P. 54. 1. 94]; 21 févr. 1859 [S. 59. 1. 555, P. 59. 1119, D. P. 59. 1. 197]; 25 juin 1860 [S. 60. 1. 858, P. 60. 814, D. P. 60. 1. 286]; 12 janv. 1864 [S. 64. 1. 17, P. 64. 324, D. P. 64. 1. 130]; 2 févr. 1876 [S. 76. 1. 150, P. 76. 361, D. P. 77. 1.422]; 8 mai 1878 [S. 78. 1. 309, P. 78. 770, D. P. 79. 1. 101]; 16 nov. 1887 [S. 88. 1. 164, P. 88 1. 385, D. P. 88. 1. 325]; 22 nov. 1887 [S. 89. 1. 81, P. 89. 1. 167, D. P. 88. 1. 326] — Paris, 2 févr. 1835 [S. 35. 2. 347, P. chr., D. *Rép.*, *v° cit.*, n. 195] — Toulouse, 4 avr. 1840 [P. 40. 2. 236, D. *Ibid.*, n. 198-4°] — Douai, 11 nov. 1856 [S. 57. 2. 306, P. 57. 1162] — Aix, 23 juin 1882 [S. 84. 2. 30, P. 84. 1. 204, D. *Rép.*, *Suppl.*, *v° cit*, n. 474] — *Sic*, Renouard, t. 1, n. 209; Massé, t. 3, n. 243; Pardessus, n. 1117; Boulay-Paty, t. 1, n. 146; Esnault, t. 1, p. 159; Laroque Sayssinel et Dutruc, t. 1, n. 156 ; Boistel, n. 912; Lyon-Caen et Renault, t. 7, n. 248 ; Thaller, n. 1783; Ruben de Couder, *v° cit.*, n. 186, et *Suppl.*, *eod. v°*, n. 127 ; et notre *Rép. gén. alph. du dr. fr.*, *v° cit.*, n. 668 et s. — Sur les droits des créanciers de la faillite sur les bénéfices réalisés par le failli dans son nouveau commerce, V. *infrà*, n. 42 et s. — Sur les droits respectifs des anciens et des nouveaux créanciers en cas de nouvelle faillite, V. *infrà*, n. 45 et s.

28. Cette faculté pour le failli d'entreprendre un nouveau commerce implique pour lui le droit de contracter valablement avec des tiers, d'emprunter, d'acquérir, d'hypothéquer, d'aliéner les biens nouvellement acquis, par suite de son industrie personnelle, postérieurement au jugement déclaratif de faillite. — Cass., 12 janv. 1864, précité; 2 févr. 1876, précité ; 8 mai 1878, précité.

29. Par suite, le syndic de la faillite ne peut, sur le motif du dessaisissement du failli, demander la nullité des opérations nouvelles et revendiquer contre des tiers les marchandises que le failli leur aurait livrées en exécution de ces opérations, à moins que les opérations dont il s'agit ne soient le résultat d'un concert frauduleux intervenu entre le failli et les tiers avec qui il a traité, dans le but de frustrer ses créanciers. — Douai, 11 nov. 1856, précité.

30. Du reste, les tiers avec lesquels le failli a

traité postérieurement à la déclaration de sa faillite ne peuvent mettre le syndic en cause dans les instances qu'ils poursuivent contre le failli à fin d'exécution des marchés qu'il a passés avec eux. — Même arrêt.

31. De même, les transactions intervenues entre le failli et des tiers, telles que la vente de son nouveau fond de commerce et la résiliation du bail des lieux où il s'exploitait, ne peuvent être attaquées par le syndic ou les créanciers qui les ont laissé s'accomplir sans opposition, si d'ailleurs elles n'ont aucun caractère frauduleux. — Cass., 12 janv. 1864, précité.

32. De même encore, le failli peut agir en justice seul et sans l'intervention de ses syndics, à l'effet de réclamer le paiement des sommes qui lui sont dues à raison des actes auxquels il s'est livré postérieurement à sa faillite. — Cass., 8 mars 1854, précité ; 21 févr. 1859, précité ; 25 juin 1860, précité ; 12 juin 1864, précité ; 2 févr. 1876, précité ; 8 mai 1878, précité. — Cass. Turin, 19 juin 1882 [S. 83. 4. 29, P. 83. 2. 49] — *Contrà*, Liège, 7 juin 1893 [S. et P. 94. 4. 22]

33 ... Et spécialement, les salaires ou bénéfices provenant de son industrie. — Aix, 23 juin 1882, précité.

34. À ces divers points de vue, il n'y a pas à distinguer entre des opérations minimes et des actes d'une plus ou moins grande importance. — Cass., 2 févr. 1876, précité.

35. Toutefois, si le failli peut ainsi entreprendre un nouveau commerce et garder la capacité nécessaire pour l'exercer, c'est à la condition qu'il n'y emploiera que des valeurs étrangères à la faillite. — Cass., 16 nov. 1887, précité. — *Sic*, Ruben de Couder, *Suppl.*, *v° cit.*, n. 131.

36. Et le failli, tant qu'il est en état de faillite, étant dessaisi de l'administration de tous ses biens, même de ceux qui lui arrivent postérieurement au jugement déclaratif, il en résulte que tout paiement fait par lui avant qu'il ait obtenu son concordat, est présumé fait avec les deniers appartenant à la masse, et cette présomption ne peut être détruite que par une preuve contraire, laquelle est à la charge du créancier qui a été payé. — Bordeaux, 28 nov. 1878 [S. 79. 2. 290, P. 79. 1. 139]

37. D'autre part, le failli ne pourrait pas entreprendre un commerce similaire à son ancien commerce, en tant du moins que le nouveau commerce serait de nature à opérer un détournement de clientèle préjudiciable à la faillite. — *Sic*, Lyon-Caen, et Renault, t. 7, n. 248. — V. aussi notre *Rép. gén. alph. du dr. fr.*, *v° cit.*, n. 683 et s., et v° *Fonds de commerce*, n. 148 et s.

38. En définitive, le dessaisissement ne touche ni au droit de propriété, ni à la capacité du failli : il consiste plutôt dans une sorte d'indisponibilité, en vertu de laquelle le failli, à partir du jour du jugement déclaratif de faillite, ne peut plus accomplir un acte qui soit opposable à ses créanciers sur les biens qui constituent leur gage général. — *Sic*, Lyon-Caen et Renault, t. 7, n. 209 ; Thaller, n. 1778 ; et notre *Rép. gén. alph. du dr. fr.*, v° *Faillite*, n. 688.

§ 3. *Biens auxquels s'applique le dessaisissement.*

39. Des termes employés par le premier alinéa de notre article, il résulte que le dessaisissement s'applique non seulement à tous les biens que possède le failli au jour du jugement déclaratif de faillite, mais encore à tous ceux qu'il peut acquérir, tant qu'il est en état de faillite, soit à titre gratuit, soit à titre onéreux. — *Sic*, Thaller, n. 1782 ; Lyon-Caen et Renault, t. 7, n. 247 ; et notre *Rép. gén. alph. du dr. fr.*, v° *Faillite*, n. 689 et s.

40. Le dessaisissement comprend donc les successions qui viendraient à échoir au failli pendant le cours de la faillite. Par suite, c'est au syndic seul, à l'exclusion du failli, qu'il appartient de prendre parti sur l'acceptation ou la renonciation de ces successions : l'acceptation ou la renonciation faite par le failli ne produirait aucun effet à l'égard de la faillite. — *Sic*, Lyon-Caen et Renault, *loc. cit.*

41. La masse d'ailleurs ne peut profiter des successions échues au failli que sous la déduction des charges qui les grèvent. Les légataires et les créanciers seront donc recevables à se prévaloir, soit de l'hypothèque de l'art. 1017, C. civ., soit de la séparation des patrimoines, sans qu'on puisse leur opposer la disposition de l'art. 448, C. comm., d'après laquelle aucune inscription ne peut être prise après le jugement déclaratif de faillite. — *Sic*, Lyon-Caen et Renault, *loc. cit.*; Renouard, t. 1, p. 298 ; Laurin, n. 969 ; Colmet de Santerre, t. 9, n. 120 *bis*-XVI ; Boistel, n. 917. — Sur les inscriptions des privilèges et des hypothèques, V. *infrà*, art. 448, n. 12 et s.

42. Les mêmes solutions doivent-elles être appliquées aux biens qui ont été acquis par le failli dans l'exercice d'un nouveau commerce ? Un point certain, c'est que ces biens sont également compris dans le dessaisissement, de telle sorte que les syndics au nom de la masse, ou les créanciers ayant repris aux termes de l'art. 527, C. comm., l'exercice de leurs actions individuelles, pourront faire valoir leur droit de gage sur ces biens. — Cass., 2 févr. 1876 [S. 76. 1. 150, P. 76. 361, D. P. 77. 1. 422] — Paris, 6 juill. 1855 [S. 55. 2. 479, P. 55. 2. 460, D. P. 55. 2. 360] — Liège, 7 juin 1893 [S. et P. 94. 4. 22] — *Sic*, Renouard, t. 1, p. 289 ; Boulay-Paty, t. 5, p. 66 ; Massé, t. 3, n. 244 ; Demangeat, sur Bravard, t. 5, p. 74 ; Lyon-Caen et Renault, t. 7, n. 249.

43. D'autre part, le failli étant capable d'exercer un nouveau commerce (V. *suprà*, n. 27 et s.), il n'est pas douteux que les syndics doivent respecter les opérations conclues sans fraude par le failli, et notamment qu'ils ne sauraient demander la nullité des aliénations qu'il aurait consenties. — Cass., 12 janv. 1864 [S. 64. 1. 17, P. 64. 324, D. P. 64. 1. 130] — Douai, 11 nov. 1856 [S. 57. 2. 306, P. 57. 1. 162]

44. Jugé, dans le même sens, que les syndics ne peuvent faire tomber les hypothèques consenties par le failli sur des immeubles par lui acquis depuis l'ouverture de sa faillite, surtout si l'acquisition de ces immeubles n'a eu lieu qu'en les grevant de ces mêmes hypothèques. — Paris, 22 janv. 1840 [S. 40. 1. 116 P. 47. 1. 137, D. *Rép.*, *v° cit.*, n. 497]

45. Mais la controverse s'élève lorsque le failli ayant été une seconde fois déclaré en faillite à la suite de l'exercice de son nouveau commerce, il s'agit de régler les droits respectifs des anciens et des nouveaux créanciers sur l'actif provenant de cette deuxième faillite. Une première opinion applique ici purement et simplement la solution qui est admise en matière de succession échue au failli, et décide, en conséquence, que les créanciers de la première faillite ne peuvent prétendre à l'actif de la nouvelle

faillite que sous la déduction du passif de cette faillite et après paiement des nouveaux créanciers. — Caen, 12 mars 1885, sous Cass., 28 nov. 1887 [S. 89. 1. 81, P. 89. 1. 167, D. P. 88. 1. 326]

46. Une deuxième opinion n'admet cette solution qu'à l'égard des nouveaux créanciers envers lesquels le failli s'est obligé à raison de son nouveau commerce : elle décide, au contraire, que les nouveaux créanciers dont les droits ont une cause étrangère à ce commerce sont exclus de l'actif de la nouvelle faillite par les anciens créanciers, et qu'à leur égard le dessaisissement qui est résulté de la première faillite doit produire tout son effet. — *Sic*, Lyon-Caen et Renault, t. 7, n. 250.

47. Dans une troisième opinion, qui est adoptée par la plupart des auteurs, on se prononce pour l'application rigoureuse de la disposition de notre article en vertu de laquelle le dessaisissement comprend tous les biens présents et à venir du failli, de telle sorte que les créanciers de la première faillite auraient droit d'être payés sur les biens nouvellement acquis par le failli par préférence aux créanciers postérieurs à cette première faillite, quelle que soit la cause de leurs créances. — *Sic*, Renouard, t. 1, p. 294 ; Boulay-Paty, t. 1, p. 128 ; Demangeat sur Bravard, t. 5, p. 74 et s. ; Alauzet, t. 7, n. 2462 ; Maynial, note sous Cass., 22 nov. 1887 [S. 89. 1. 81, P. 89. 1. 167]

48. Enfin, la jurisprudence décide que les créanciers de la première faillite ont seulement le droit de venir en concours avec ceux de la seconde faillite, sous déduction de ce qu'ils ont touché dans la première faillite, et que d'ailleurs il n'existe, au profit de ces derniers, aucun droit de préférence sur l'actif de cette seconde faillite. — Cass., 22 nov. 1887, précité. — *Sic*, Ruben de Couder, *Suppl.*, v° *cit.*, n. 132 et s.

49. Il importe peu à cet égard, que les créanciers postérieurs à la déclaration de faillite aient connu ou qu'ils aient ignoré la faillite antérieure et encore ouverte. — Même arrêt.

50. En tout cas, les nouveaux créanciers, quelle que soit la cause de leurs créances, n'ont rien à prétendre sur les biens composant l'actif de la première faillite. — *Sic*, Lyon-Caen et Renault, t. 7, n. 250, *in fine*.

51. Si général que soit le dessaisissement, il ne saurait comprendre les biens qui ne font pas partie du patrimoine du failli et dont il est simplement administrateur, à quelque titre que ce soit. — *Sic*, Lyon-Caen et Renault, t. 7, n. 238.

52. Dans le cas où le failli a, en outre, la jouissance légale des biens qu'il est chargé d'administrer (biens propres de sa femme ou de ses enfants mineurs de dix-huit ans), on s'accorde à reconnaître que la destination légale de cette jouissance doit être respectée ; en d'autres termes, les revenus perçus de ce chef par le failli ne peuvent être revendiqués par les syndics qu'après prélèvement des charges auxquelles ils doivent être affectés, entretien et éducation des enfants, frais du ménage, etc., et que le tribunal de commerce aura à apprécier en cas de contestation. — *Sic*, Demolombe, t. 6, n. 528 et s. ; Aubry et Rau, t. 6, § 550 *bis*, p. 84 ; Prud'hon, *Usufruit*, t. 1, n. 219 ; Renouard, t. 1, p. 306 ; Bravard et Demangeat, t. 5, p. 70 ; Lyon-Caen et Renault, *loc. cit.* — *Contrà*, Thaller, n. 1786.

53. De même, la découverte d'un procédé industriel faite par le failli, ne tombe pas dans l'actif de la faillite et reste la propriété de l'inventeur, tant qu'il n'en a fait aucune application pratique. Il peut, par conséquent, en profiter dans son intérêt personnel. — Paris, 27 avr. 1872 [S. 72. 1. 91, P. 72. 463, D. P. 73. 2. 225]

54. Mais il en serait autrement si l'inventeur failli avait pris un brevet avec ou sans l'intervention des syndics. Les créanciers auraient le droit de faire vendre ce brevet ou de le faire exploiter au profit de la masse. — *Sic*, Blanc, *Code des inventions*, p. 487 ; Pouillet, *Tr. des brevets d'invent.*, n. 89 ; Renouard, *Tr. des brevets d'invent.*, n. 101. — V. aussi notre *Rép. gén. alph. du dr. fr.*, v° *Brevet d'invention*, n. 788 et s.

55. En ce qui concerne le bénéfice d'une assurance sur la vie contractée valablement par le failli antérieurement à la faillite, il y a lieu d'appliquer ici la distinction traditionnelle que fait la jurisprudence entre le cas où le bénéfice de l'assurance a été stipulé au profit d'une personne déterminée, et le cas où il a été stipulé au profit de personnes incertaines ou insuffisamment déterminées, telles que les enfants nés ou à naître de l'assuré. Dans le premier cas, la jurisprudence décide, par application de l'art. 1121, C. civ., que le bénéfice de l'assurance n'a jamais fait partie du patrimoine du stipulant et, par suite, qu'il n'est pas compris dans le dessaisissement lors de la faillite du stipulant : ce n'est pas là une valeur de faillite. Dans le second cas, au contraire, la théorie de la stipulation pour autrui ne peut plus recevoir son application, et, dès lors, le dessaisissement s'applique au bénéfice de l'assurance qui tombe dans l'actif de la faillite comme tous les autres biens du failli. — V. sur cette jurisprudence, notre *Code civil annoté*, art. 1121, n. 54 et s., 73 et s., 84 et s., 118, 126, 130 et s., 154 et s., et art. 2092-2093, n. 10 et s. — V. aussi notre *Rép. gén. alph. du dr. fr.*, v° *Assurance sur la vie*, n. 353 et s.

56. Cette distinction est aujourd'hui consacrée par une jurisprudence constante. — V. en outre des arrêts cités dans notre *Code civil annoté*, *loc. cit.*, Cass., 8 avr. 1895 [S. et P. 95. 1. 265 et la note, D. P. 95. 1. 441 et la note de M. Dupuich] ; 9 mars 1896 [S. et P. 97. 1. 225] ; 29 juin 1896 [S. et P. 96. 1. 361, D. P. 97. 1. 73] — Paris, 10 mars 1896 [S. et P. 98. 2. 245, D. P. 96. 2. 465] ; 23 juin 1898 [S. et P. 1900. 2. 1] ; 18 janv. 1899 [D. P. 99. 2. 249] ; 5 mai 1899 [D. P. 1901. 2. 240] ; 10 janv. 1900 [D. P. 1900. 2. 489] — Amiens, 18 mai 1897 [S. et P. 1901. 2. 12] — Bordeaux, 27 nov. 1896 [S. et P. 99. 2. 177, D. P. 97. 2. 233 et la note de M. Dupuich] — Douai, 10 déc. 1895 [S. et P. 98. 2. 243, D. P. 96. 2. 417] ; 16 janv. 1897 [S. et P. 1901. 2. 9, D. P. 97. 2. 425] — Dijon, 11 avr. 1900 [D. P. 1901. 2. 309] — Grenoble, 11 déc. 1894 [D. P. 96. 2. 97 et la note de M. Dupuich] ; 22 janv. 1901 [D. P. 1901. 2. 337 et la note de M. Dupuich]

57. Jugé spécialement, que, dans le cas où le père de famille a contracté une assurance sur sa propre vie pour un capital payable à lui-même, à une date déterminée, « s'il était vivant ledit jour, ou, aussitôt son décès, s'il avait lieu pendant la durée du contrat, à sa femme et à ses enfants », la non-réalisation de la condition du décès de l'assuré, à laquelle était ainsi subordonnée la vocation de sa femme et de ses enfants, fait que le bénéfice de l'assurance ne leur a pas été acquis, et n'a pas cessé, depuis le jour du contrat, de faire partie du patrimoine de l'assuré. — Cass., 8 avr. 1895, précité.

58. Dans ce cas, le droit de rachat, inscrit au contrat pour le cas où les primes de trois années au moins auraient été acquittées, ne saurait être considéré comme personnel au stipulant. — Même arrêt.

59. Par suite, en cas de faillite de l'assuré, le tribunal peut valablement autoriser le syndic, conformément à une délibération des créanciers, à traiter avec l'assureur du rachat de la police. — Même arrêt.

60. Au contraire, lorsque le bénéfice de l'assurance est stipulé au profit d'une personne déterminée, la stipulation comporte essentiellement l'application de l'art. 1121, C. civ., et elle confère immédiatement un droit au tiers au profit de qui elle a eu lieu. Ce droit peut être révoqué par le stipulant tant que le tiers n'a pas déclaré vouloir profiter de la stipulation, et il devient irrévocable par cette déclaration. — Même arrêt. — Dijon, 11 avr. 1900, précité. — Douai, 10 déc. 1895, précité. — Paris, 10 mars 1896, précité.

61. Peu importe, à cet égard, que la police contienne une clause de rachat, cette clause ne changeant rien au droit de révocation du stipulant, tant qu'il n'y a pas eu acceptation du bénéficiaire. — Cass., 8 avr. 1895, précité.

62. L'acte emportant aux yeux du juge révocation de la stipulation doit être un acte qui suppose nécessairement de la part du stipulant la volonté de révocation. — Dijon, 11 avril 1900, précité.

63. Mais ce caractère fait défaut dans le cas où un mari qui a contracté une assurance sur la vie au profit de sa femme porte le capital à l'actif de son bilan déposé à fin de liquidation judiciaire, ce fait pouvant s'expliquer par l intention d'éviter jusqu'à l'apparence d'un oubli dans la rédaction du bilan et de se garantir ainsi contre les dispositions pénales qui atteignent le failli convaincu d'avoir dissimulé une partie de son actif. — Même arrêt.

64. Il en est ainsi surtout, alors que l'assuré n'a pas porté au passif de son bilan les primes à acquitter, dont le paiement aurait incombé à la masse des créanciers au cas où le bénéfice de l'assurance lui aurait été transmis. — Même arrêt.

65. ... Et alors que, d'autre part, l'assuré, lorsqu'il avait rédigé son bilan, devait être rien moins que disposé à transférer de sa femme à ses créanciers les avantages de l'assurance, sa mise en liquidation judiciaire étant motivée par le refus d'un groupe de créanciers d'accepter sa police en nantissement. — Même arrêt.

66. De même, on ne saurait considérer comme emportant révocation de l'assurance souscrite par le mari au profit de sa femme, le fait par le mari d'avoir remis la police d'assurance à la Compagnie en garantie d'un prêt à lui consenti. — Paris, 10 mars 1896, précité.

67. Il en serait autrement du rachat de l'assurance par le mari. — Même arrêt.

68. ... Ou de son aliénation par celui ci au profit d'un tiers. — Même arrêt.

69. Mais la procuration donnée par le mari à un notaire, même avec la participation de la femme, à l'effet de vendre l'assurance, ne saurait être considérée comme emportant révocation de la part du mari, alors que le décès du mari, survenu avant la réalisation de la vente, a mis fin au mandat. — Même arrêt.

70. Il en est ainsi surtout, alors que, les époux ayant été amenés à donner cette procuration par les promesses et allégations du syndic de la faillite du mari, qui leur avait affirmé que l'assurance dépendait de la faillite, la procuration est entachée de nullité comme reposant sur une fausse cause. — Même arrêt.

71. L'acceptation du tiers désigné comme bénéficiaire de la police, peut intervenir soit après le décès, soit après la faillite du stipulant. — Cass., 8 avr. 1895, précité. — Paris, 10 mars 1896, précité. — Dijon, 11 avr. 1900, précité.

72. Et, dans ce cas, le droit de révocation étant essentiellement attaché à la personne du stipulant, le syndic de la faillite de celui-ci est sans qualité pour l'exercer en son nom. — Mêmes arrêts. — *Contrà*, Douai, 10 déc. 1895, précité.

73. L'intervention des bénéficiaires désignés, dans une instance pendante entre l'assuré et le syndic de la faillite du stipulant, au sujet des assurances contractées par ce dernier, intervention tendant à la remise des polices litigieuses, manifeste formellement leur volonté d'en accepter le bénéfice. — Cass., 8 avr. 1895, précité.

74. Par suite, le syndic ne saurait être autorisé à traiter du rachat des polices pour le compte et au profit des créanciers de la faillite. — Même arrêt.

75. Mais l'avis donné, par le tiers bénéficiaire de l'assurance sur la vie (dans l'espèce, la femme du stipulant), à la compagnie d'assurances, de la mort de celui qui a contracté l'assurance n'établit pas nécessairement l'intention de ce tiers bénéficiaire d'accepter la stipulation faite à son profit. — Douai, 10 déc. 1895, précité.

76. Au surplus, l'acceptation qui pourrait résulter de cet avis est tardive et inopérante (dans l'opinion qui accorde le droit de révocation aux ayants-cause du stipulant), si elle est survenue postérieusement à une saisie-arrêt pratiquée par un créancier du stipulant, exerçant, en vertu de l'art. 1166, C. civ., les droits et actions de celui-ci, entre les mains de la compagnie d'assurances, sur le montant de l'assurance; cette saisie-arrêt a emporté, en effet, de la part du créancier exerçant les droits et actions du débiteur, révocation de l'assurance sur la vie contractée au profit du tiers bénéficiaire. — Même arrêt.

77. Les mêmes solutions doivent être appliquées dans le cas d'une assurance mixte, où une somme fixe est payable, soit à l'assuré lui-même, s'il est vivant à telle époque, soit à un tiers en cas de prédécès de l'assuré, alors que l'assuré est décédé avant l'époque déterminée par la police. — Cass., 8 avr. 1895, précité. — Trib. d'Orléans, 28 déc. 1885, et Orléans, 26 mars 1887, sous Cass., 22 oct. 1888 [S. 89. 1. 289, P. 89. 1. 721, et la note de M. Labbé] — Douai, 16 janv. 1897 [S. et P. 1901. 2. 9, D. P. 97. 2. 425] — Grenoble, 21 janv. 1901 [D. P. 1901 2. 337 et la note de M. Dupuich]

78. Parmi les biens qui font partie du patrimoine du failli, il en est qui sont déclarés insaisissables par différents articles du Code de procédure ou par des lois spéciales. Ces biens sont-ils compris dans le dessaisissement? En ce qui concerne les objets qui sont soustraits au gage des créanciers par l'art. 592, C. proc. civ., pour des raison d'humanité, il faut décider, par analogie de motifs, que ces biens sont également soustraits au dessaisissement. On ne voit pas d'ailleurs quelle influence la profession du débiteur ou la nature de la procédure pourraient exercer sur la consistance du gage des créanciers. — *Sic*, Boulay-Paty, t. 1, n. 151;

Alauzet, t. 7, n. 2460; Bravard et Demangeat, t. 5, p. 72, note; Laurin, n. 967; Thaller, n. 1789. — *Contrà*, Renouard, t. 1, n. 298; Massé, t. 3, n. 1185; Boistel, n. 907; Lyon-Caen et Renault, t. 7, n. 242.

79. Toutefois, ces derniers auteurs s'accordent à admettre que le dessaisissement ne doit s'appliquer, ni aux traitements et pensions dus par l'Etat, dans la mesure où les lois et règlements en interdisent la saisie, ni aux provisions alimentaires adjugées par justice et déclarées insaisissables par l'art. 581-2°, C. proc. civ. — *Sic*, Renouard, t. 1, p. 302; Lyon-Caen et Renault, t. 7, n. 243.

80. En ce qui concerne les biens donnés ou légués avec stipulation d'insaisissabilité, il y a lieu d'appliquer, également, par analogie de motifs, la disposition de l'art. 582, C. proc. civ., aux termes duquel ces biens ne peuvent être saisis que par les créanciers postérieurs à la libéralité en vertu de la permission du juge et pour la portion qu'il déterminera. Si donc tous les créanciers de la masse sont antérieurs à la libéralité, les biens donnés ou légués échapperont au dessaisissement et à l'action des syndics : il en sera ainsi notamment dans le cas où la libéralité a eu lieu postérieurement au jugement déclaratif de faillite. — *Sic*, Lyon-Caen et Renault, t. 7, n. 244; Thaller, n. 1789; et notre *Rép. gén. alph. du dr. fr.*, v° *Faillite*, n. 695 et 696.

81. Si, au contraire, tous les créanciers sont postérieurs à la libéralité, le syndic pourra se faire autoriser à englober les biens donnés ou légués dans la masse et pour une quote-part déterminée par le juge. — Mêmes auteurs.

82. Enfin si, parmi les créanciers, les uns sont antérieurs et les autres postérieurs à la libéralité, on décide généralement que le syndic peut exercer le même droit, et que la masse entière, à raison du principe de l'égalité des créanciers, profitera de la portion qui sera déterminée par le juge et qui viendra ainsi, au profit de tous, grossir l'actif de la faillite. — *Sic*, Lyon-Caen et Renault, *loc. cit.*, *in fine*; et notre *Rép. gén. alph. du dr. fr.*, *v° et loc. cit.* — *Contrà*, Demangeat sur Bravard, t. 5, p. 73, note; Thaller, n. 1789, p. 922, note 2.

83. Sur la question de savoir si le dessaisissement s'applique aux rentes sur l'Etat français appartenant au failli et si, par suite, le syndic peut les réaliser au profit de la masse, — V. notre *Code civil annoté* art. 2092-2093, n. 56 à 78, et notre *Rép. gén. alph. du dr. fr.*, v° *Dette publique*, n. 194 et s., 268 et s.

84. Aujourd'hui et depuis les arrêts de la Cour de cassation du 2 juill. et du 16 juill. 1894 [S. et P. 95. 1. 5, D. P. 94. 1. 497 et 504], la jurisprudence paraît se fixer en faveur du système de l'insaisissabilité relative : d'après ce système, les lois qui ont déclaré insaisissables les rentes sur l'Etat français auraient eu simplement pour objet d'interdire les saisies-arrêts de ces rentes pratiquées entre les mains du Trésor public; mais elles n'empêchent pas les créanciers, conformément au principe fondamental des art. 2092 et 2093, C. civ., de réaliser ces rentes du moment qu'il n'y a pas lieu à saisie entre les mains du Trésor. — Cass., 23 nov. 1897 [S. et P. 98. 1. 161, D. P. 98. 1. 39]; 18 févr. 1901 [S. et P. 1901. 1. 191, D. P. 1901. 1. 166] — Riom, 15 mai 1899 [S. et P. 1900. 2. 244]

§ 3. *Effets du dessaisissement sur les actes et contrats passés par le failli.*

85. Le dessaisissement comprenant tous les biens présents et futurs du failli, il en résulte que tous les actes qui pourraient être passés par le failli après le jugement déclaratif de faillite relativement à l'un quelconque de ses biens, sont inopposables à la masse des créanciers, sans qu'il y ait d'ailleurs à distinguer à cet égard entre les actes de disposition et les actes d'administration. — V. Boistel, n. 902; Lyon-Caen et Renault, t. 7. n. 210; Thaller, n. 1778; et notre *Rép. gén. alph. du dr. fr.*, v° *Faillite*, n. 717 et s.

86. Jugé, par application de ces principes, que, lorsque deux commerçants sont en compte courant, et que l'un d'eux, après une lettre de l'autre lui demandant une couverture, endosse à cet autre un chèque et le lui expédie, le recevant ne devient propriétaire du chèque qu'au moment de sa remise. Si donc à ce moment l'envoyeur est déjà tombé en faillite, et qu'il soit ainsi devenu incapable d'aliéner, la translation de la propriété du chèque n'a pu s'opérer au profit du recevant, et celui-ci est obligé de restituer à la faillite de l'envoyeur le montant de ce chèque. — Cass., 7 mars 1882 [S. 83. 1. 241, P. 83. 593, D. P. 82. 1. 147] — Sur l'effet que produit la faillite sur le compte courant, V. *infrà*, n. 129 et s.

87. Jugé également, que le mandat donné par le failli postérieurement au jugement déclaratif de la faillite et ayant pour objet la disposition d'une partie de son actif, ne peut produire aucun effet, et le mandataire, encore bien qu'il ait été de bonne foi, est responsable des actes qu'il a faits en cette qualité : il n'en est pas des cas de nullité du mandat, comme de celui d'extinction ou de révocation d'un mandat régulièrement constitué. — Cass., 14 janv. 1862 [S. 62. 1. 398, P. 62. 129, D. P. 62. 1. 168] — Sur la révocation du mandat par suite de la faillite du mandant, V. *infrà*, n. 128.

88. Spécialement le tiers chargé postérieurement à la déclaration de faillite d'opérer la négociation d'une lettre de change créée par le failli et endossée à l'ordre de ce tiers valeur à recouvrer, est, au cas où il en a remis le montant au failli après l'avoir reçu du tiré, responsable, vis-à-vis de la masse, du paiement fait indûment au premier, bien qu'il ignorât la faillite. — Même arrêt.

89. Sont également inopposables à la masse les paiements qui auraient été faits par le failli, comme aussi les paiements qu'il aurait reçus postérieurement au jugement déclaratif de faillite. Peu importe que le créancier ou le débiteur du failli ait été ou non de bonne foi : le jugement déclaratif de faillite produit ses effets de plein droit, sans qu'il y ait à chercher s'il a été ou non connu des tiers qui ont traité avec le failli. — *Sic*, Lyon-Caen et Renault, t. 7, n. 210 et 212. — V. aussi *suprà*, n. 9 et s.

90. Mais il en serait autrement, par application de l'art. 145, C. comm., en matière de lettre de change, de billet à ordre ou de chèque; le tiré ou le souscripteur, qui paie de bonne foi et sans opposition le porteur déclaré en faillite, doit être considéré comme valablement libéré. — V. *suprà*, art. 145.

91. De ce qu'aucun paiement ne peut avoir lieu au détriment de la masse postérieurement au jugement déclaratif, il résulte qu'à partir de ce juge-

ment, la compensation, qui n'est autre chose qu'un double paiement abrégé, ne peut plus s'opérer au profit de celui qui est à la fois débiteur et créancier du failli, entre ce qu'il doit et ce qui lui est dû, soit qu'il s'agisse d'une dette réellement échue depuis la déclaration de faillite, soit à plus forte raison qu'il s'agisse d'une dette non échue rendue exigible par la survenance de la faillite. Dans ce cas, le débiteur du failli doit payer au syndic de la faillite l'intégralité de sa dette, et il ne peut se présenter dans la faillite que comme créancier chirographaire, soumis comme tel à la loi du dividende. — Cass., 24 nov. 1841 [S. 42. 1. 80, P. 41. 2. 726, D. *Rép.*, v° *Faillite*, n. 251]; 16 avr. 1860 [S. 60. 1. 877, P. 61. 495, D. P. 60. 1. 281]; 9 juill. 1860 [S. 60. 1. 696, P. 60. 1171, D. P. 60. 1. 308]; 20 juill. 1870 [S. 72. 1. 65, P. 72. 1. 130, D. P. 71. 1. 339]; 16 août 1875 [S. 75. 1. 144, P. 75. 1142, D. P. 77. 1. 128]; 27 juin 1876 [S. 77. 1. 241, P. 77. 1. 625, D. P. 77. 1. 121]; 15 janv. 1878 [S. 78. 1. 111, P. 78. 1. 265]; 13 mai 1879 [S. 80. 1. 163, P. 80. 367, D. P. 80. 1. 29]; 13 mars 1882 [S. 82. 1. 315, P. 82. 1. 765, D. P. 83. 1. 160] — Agen, 3 janv. 1860 [S. 60. 2. 140, P. 60. 919] — *Sic*, Pardessus, t. 1, n. 1125; Boulay-Paty, n. 109; Renouard, t. 2, p. 321; Massé, t. 5, n. 391; Bravard et Demangeat, t. 5, p. 160; Lyon-Caen et Renault, t. 7, n. 216; Thaller, n. 1987; et notre *Rép. gén. alph. du dr. fr.*, v° *Faillite*, n. 1028 et s.

92. Spécialement jugé, que l'acte par lequel l'acheteur d'objets mobiliers non payés ou payés seulement en partie, rétrocède ces objets au vendeur, moyennant quoi il sera libéré du prix par lui dû, peut être considéré comme renfermant, non une simple dation en paiement, mais une véritable revente avec compensation entre le prix de la rétrocession et la dette antérieure du rétrocédant. — Par suite, si ce dernier était alors en état de faillite ou de cessation de paiements, la compensation est nulle et sans effet, et le nouvel acheteur reste débiteur du prix de la rétrocession; il ne peut prétendre qu'au moyen de la restitution à faire par lui des objets rétrocédés, les choses doivent être remises dans leur état primitif. — Cass., 16 avr. 1850, précité.

93. De même, la compensation ne peut s'opérer, après la faillite, entre une créance du failli et le prix de marchandises livrées à celui-ci par son débiteur, encore bien que le titre constitutif de la créance ait autorisé ce débiteur à imputer une portion de ce prix sur sa dette, s'il est établi qu'il avait, antérieurement à la faillite, renoncé à cette faculté et accepté un autre mode de paiement de ses fournitures. — Cass., 13 mars 1882, précité.

94. De même, en cas de faillite du débiteur principal, la caution ne peut, sous prétexte qu'aux termes de l'art. 2032, C. civ., elle aurait le droit d'agir contre le débiteur même avant d'avoir payé, compenser le montant de l'indemnité du cautionnement avec une créance que le failli aurait contre elle. — Cass., 27 juin 1876, précité.

95. Jugé également, que l'adjudicataire de travaux publics qui, en vertu de la responsabilité que lui impose son cahier des charges, paie la dette d'un sous-traitant, après la faillite de ce dernier, n'est pas fondé à imputer les sommes dont il devient à ce titre créancier du sous-traitant sur celles que, d'autre part, il peut lui devoir. — Cass., 15 janv. 1878, précité.

96. De même encore, la compensation ne peut se produire au sujet d'une créance provenant d'un compte-courant arrêté par la faillite et liquidé longtemps après. — Cass., 13 mai 1879, précité. — Douai, 5 mai 1887 [D. *Rép.*, *Suppl.*, v° *Faillite*, n. 555]

97. Il ne peut y avoir compensation entre les créanciers de la masse et le failli que lorsque, par l'effet du concordat, le failli a été rétabli à la tête de ses affaires, et seulement jusqu'à concurrence de la créance réduite par le concordat. — Agen, 3 janv. 1860, précité.

98. Mais le principe d'après lequel aucune compensation ne peut plus s'opérer postérieurement au jugement déclaratif de faillite doit recevoir exception dans le cas où les deux créances sont nées *ex eadem causa*, et présentent un lien de connexité tel que, dans l'intention des parties, l'exécution de l'une ne se concevrait pas sans l'exécution de l'autre. Dans ce cas, on ne peut plus, sous peine de dénaturer le contrat, obliger l'une des parties à l'exécution intégrale du marché et autoriser l'autre partie à se libérer en monnaie de faillite, au moyen d'un simple dividende. — *Sic*, Lyon-Caen et Renault, t. 7, n. 217; Thaller n. 1985; et notre *Rép. gén. alph. du dr. fr.*, *v° cit.*, n. 1038 et s.

99. Jugé, par application de cette règle, que la faillite du mari ne met pas obstacle à la compensation entre les reprises de la femme et les indemnités dues par celle-ci à la communauté, lors même que la liquidation des unes et des autres serait postérieure à la déclaration de faillite; la balance du compte des récompenses et des reprises constitue seule la femme créancière ou débitrice relativement à la faillite. — Cass., 3 mars 1891 [S. et P. 92. 2. 190] — Caen, 27 juin 1874 [S. 79. 2. 145, P. 79. 689 et la note de M. Labbé, D. P. 76. 2. 138] — Amiens, 16 mai 1877 [S. *Ibid.*, P. *Ibid.*, D. P. 80. 2. 215] — *Sic*, Lyon-Caen et Renault, t. 7, n. 217-*a*; Thaller, n. 1986-*b*.

100. Jugé également, que les règles des partages de succession relatives à l'établissement des comptes que se doivent les copartageants, au rapport en moins prenant des sommes ou valeurs dépendant de l'actif commun que l'un des copartageants détient ou a précédemment reçues, et enfin à l'effet déclaratif du partage sont applicables aux partages entre associés; et il en est ainsi, encore bien que l'un des associés ait été déclaré en faillite avant le partage, les règles dont il s'agit s'imposant au syndic comme à l'associé lui-même. — Le syndic ne peut, dès lors, en pareil cas, exiger que le liquidateur de la société verse entre ses mains la part intégrale revenant au failli dans l'actif social, sauf à la société à se faire admettre à la faillite pour une somme égale à celle dont l'associé failli est déjà saisi. — Cass., 8 févr. 1882 [S. 82. 1. 224, P. 82. 1. 533. D. P. 82. 1. 317] — *Sic*, Lyon-Caen et Renault, t. 7, n. 217-*b*.

101. La même solution doit être admise dans le cas où, une assurance ayant été contractée, l'assureur viendrait à être déclaré en faillite avant le paiement de la prime : s'il survient un sinistre, l'assuré ne saurait être obligé de payer tout d'abord la prime, sauf à se présenter ensuite dans la faillite pour le montant de l'indemnité qui lui est due. La compensation s'est produite à concurrence de la prime, et c'est seulement pour l'excédent de l'indemnité sur la prime que l'assuré produira dans la faillite de l'assureur. — *Sic*, Lyon-Caen et Renault, t. 7, n. 217-*c*.

102. En tout cas, les juges peuvent, sur une demande en paiement de travaux exécutés pour le compte d'un commerçant depuis déclaré en faillite, réduire le mémoire de l'entrepreneur d'une certaine somme, pour malfaçons ; ce n'est pas là prescrire, au préjudice de la masse, une compensation interdite par la loi. — Cass., 19 mai 1885 [S. 86. 1. 72, P. 86. 1 156]

103. Si les contrats passés par le failli postérieurement au jugement déclaratif de faillite ne sont pas opposables à la masse, on admet au contraire, d'une manière unanime, que la faillite n'a pas pour effet, en principe et sauf les exceptions ci-après indiquées, de résoudre de plein droit les contrats antérieurement conclus : la résolution peut seulement être demandée par le tiers qui a contracté avec le failli, si le syndic se refuse à les exécuter. — Cass., 23 févr. 1858 [S. 58. 1. 600, P. 58. 346, D. P. 58. 1. 391] ; 1er déc. 1886 [S. 87. 1. 253, P. 87. 1. 613, D. P. 87. 1. 102] ; 16 févr. 1887, motifs [S. 87. 1. 145, P. 87. 1. 353 et la note de M. Labbé, D. P. 87. 1. 201] ; 5 avr. 1889, motifs [S. et P. 92. 1. 492, D. P. 90. 1 228] ; 15 janv. 1900 [S. et P. 1900. 1. 433 et la note de M. Lyon-Caen, D. P. 1901. 1. 25 et la note de M. Lacour] — Poitiers, 12 mars 1856 [S. 56. 2. 196, P. 56. 2. 80, D. P. 56. 2. 274] — Douai, 22 mars 1886 [S. 88. 2. 147, P. 88. 1. 839] — Paris, 17 févr. 1892 [S. et P. 94. 2. 179, D. P. 94. 2. 1] ; 19 mai 1892 [S. et P. 95. 2. 198, D. P. 95. 2. 233 et la note de M. Thaller] — *Sic*, Pardessus, t. 1, n. 1179 ; Alauzet, t. 7, n. 2466 ; Bédarride, t. 3, n. 1168 ; Boistel, n. 911 ; Delamarre et Lepoitvin, t. 5, n. 418 et s. ; Thaller, n. 1988 ; Lyon-Caen et Renault, t. 8, n. 888 ; Ruben de Couder, *Suppl.*, *v° cit.*, n. 135 ; et notre *Rép. gén. alph. du dr. fr.*, *v° cit.*, n. 722 et s.

104. Jugé, à cet égard, que la faillite de l'entrepreneur n'anéantit pas le contrat de louage d'ouvrage ; la masse est tenue de remplir les engagements contractés par le failli. — Ainsi, lorsqu'un constructeur de navires s'est engagé à construire un bâtiment, en fournissant la matière et moyennant un prix déterminé, s'il arrive qu'il tombe en faillite, la masse des créanciers doit faire achever l'ouvrage par le failli ou par un autre entrepreneur ; si non et à défaut, elle doit autoriser celui qui a commandé le navire à le faire terminer lui-même aux frais de la masse. — Rouen, 24 janv. 1826 [S. et P. chr., D. *Rép.*, *v° cit.*, n. 343-2°]

105. De même, lorsqu'un commissionnaire s'est engagé envers un commerçant à acheter pour lui, et à lui livrer, à des échéances déterminées, une certaine quantité de sucres et d'alcools, la faillite du commerçant, survenue avant toute livraison, n'a pas pour effet, de résoudre la convention, et de dispenser, par suite, le commissionnaire d'effectuer les livraisons promises, alors que le syndic, en réclamant l'exécution des marchés, demande la remise des marchandises contre paiement du prix convenu. — Douai, 22 mars 1886, précité.

106. De même, encore, les conventions intervenues entre deux parties, conventions qui ont été constatées par un acte de prêt et un acte de bail du même jour, formant un ensemble complet, et qui, d'ailleurs, ne sont point attaquées dans leur existence, ni arguées de fraude ou de dol, ne sont point résiliées, par la faillite de l'une des parties survenue ultérieurement, et, par suite, elles sont opposables aux créanciers de la faillite, lesquels, en leur qualité d'ayants cause du failli, ne peuvent, pas plus que lui, scinder le contrat. — Cass., 1er déc. 1886, précité.

107. Mais la clause d'un acte de vente d'immeuble, par laquelle le vendeur s'est obligé à acheter annuellement une certaine quantité de marchandises à l'acquéreur, et à supporter l'imputation sur sa créance d'une portion du prix de ces marchandises, n'autorise pas l'acquéreur, en cas de faillite du vendeur, à imposer au syndic, à peine de dommages-intérêts, un règlement en marchandises, si les achats de marchandises n'étaient pas une condition *sine qua non* de la vente de l'immeuble, et surtout si, dans l'intention des parties, la faillite devait dispenser le vendeur de faire ces achats. — Cass., 13 mars 1882 [S. 82. 1. 315, P. 82. 1. 765, D. P. 83. 1. 160]

108. Lorsque la résolution du contrat a été demandée et obtenue, le demandeur a-t-il droit à des dommages-intérêts contre la faillite à raison du préjudice que cette résiliation peut lui causer ? Une première opinion se prononce pour la négative, appliquant ainsi à tous les contrats la jurisprudence de la Cour de cassation en vertu de laquelle le vendeur de marchandises ne peut prétendre à aucuns dommages-intérêts dans le cas où il exerce le droit de rétention ou le droit de résolution que lui confèrent les art. 576 et s., C. comm. — Amiens, 12 août 1887 [*J. des faill.*, 1888, p. 416] — Paris, 19 mai 1892, précité. — Poitiers, 7 nov. 1898 [S. et P. 1900. 2. 263] — Trib. comm. Marseille, 14 sept. 1882 [*J. des faill.*, 1883, p. 65] — Trib. comm. Chalon-sur-Saône, 22 déc. 1884 [*J. des faill.*, 1885, p. 349] — Sur le droit à des dommages-intérêts du vendeur d'effets mobiliers dans la faillite de l'acheteur, V. *infrà*, art. 577, n. 18 et s.

109. La jurisprudence la plus récente décide, au contraire, que le demandeur à l'action en résolution a toujours droit à des dommages-intérêts pour le préjudice que la résolution du contrat lui a causé, sauf dans l'hypothèse spéciale où il s'agit du vendeur d'effets mobiliers : et cette solution, qui est également suivie par les auteurs, doit être approuvée. Elle n'est autre chose que l'application pure et simple de l'art. 1184, C. civ., qui constitue le droit commun en matière commerciale comme en matière civile et dont les dispositions ne sauraient être écartées que par un texte contraire qui fait ici défaut. Si la jurisprudence ne maintient plus la même solution à l'égard du vendeur d'effets mobiliers, cette antinomie peut s'expliquer par les règles spéciales qui sont établies par les art. 576 et s., C. comm., mais qui ne touchent en rien au principe relativement aux autres contrats. — Cass., 15 janv. 1900, précité. — Paris, 17 févr. 1892, précité. — Poitiers, 12 mars 1856, précité. — Aix, 6 janv. 1897 [*J. des faill.*, 1897, p. 113] — Trib. comm. de la Seine, 9 juill. 1870 [*J. des trib. de comm.*, 1871, p. 5] — Trib. comm. de Marseille, 31 mars 1896 [*J. des faill.*, 1896, p. 185] — *Sic*, Lyon-Caen et Renault, t. 8, n. 888 ; Thaller, n. 1989, et note sous Paris, 19 mai 1892 [D. P. 95. 2. 233] ; Lyon-Caen, note sous Cass., 15 janv. 1900 [S. et P. 1900. 1. 433] ; Lacour, note sous Cass., 15 janv. 1900 [D. P. 1901. 1. 25] ; Pochet, *Effets du jug. déclar. sur les contr. antér.*, p. 67 et s ; et notre *Rép. gén. alph. du dr. fr.*, *v° cit.*, n. 728 et s.

110. Spécialement jugé, que la faillite ne saurait être considérée comme un cas de force majeure

mettant fin aux engagements résultant des contrats passés par le failli antérieurement à sa faillite; qu'il en est ainsi pour le contrat de louage de services, et, qu'en conséquence, l'inexécution de ce contrat par suite de la faillite donne à la partie envers laquelle l'engagement n'a pas été exécuté le droit de demander dans les termes de l'art. 1184, C. civ., des dommages-intérêts, à raison desquels elle produira à la faillite en concours avec les autres créanciers. — Par suite, l'employé dont le failli avait, antérieurement à la faillite, engagé les services pour une durée déterminée et qui a été congédié à la suite de la déclaration de faillite, est en droit de réclamer, à raison de cette inexécution de son engagement, des dommages-intérêts pour lesquels il produira à la faillite, sans pouvoir réclamer, à raison de ces dommages-intérêts, aucun privilège. — Paris, 17 févr. 1893, précité. — *Contrà*, Paris, 19 mai 1892, précité.

111. Jugé également, que la mise en liquidation judiciaire (ou la faillite) n'anéantit point les obligations valablement contractées par le débiteur avant le jugement déclaratif; et, d'autre part, que, à moins d'une disposition formelle de la loi, tout créancier a le droit de concourir aux dividendes au marc le franc, pour tout ce qui lui est dû soit en principal, soit comme accessoire et conséquence légale de l'obligation inexécutée. — En conséquence, en cas de vente valablement faite par le débiteur avant le jugement déclaratif, l'arrêt qui, en prononçant la résolution ordonne qu'il y a lieu de procéder à la fixation des dommages-intérêts réclamés par l'acheteur, fait une application exacte de l'art. 1184, C. civ. — Cass., 23 févr. 1858, précité; 15 janv. 1900, précité. — Poitiers, 12 mars 1856, précité. — *Contrà*, Amiens, 12 août 1887, précité. — Poitiers, 7 nov. 1898, précité.

112. Le demandeur en dommages-intérêts ne saurait d'ailleurs produire dans la faillite que comme créancier chirographaire et sans pouvoir réclamer aucun privilège. — Paris, 17 févr. 1892, précité. — *Contrà*, Poitiers, 12 mars 1856, précité.

113. Les actes sous seing privé passés par le failli avant le jugement déclaratif de faillite font foi par eux-mêmes de leur date, sauf au syndic de la faillite à prouver que ces actes ont été frauduleusement antidatés : d'une part, en effet, les créanciers du failli ne sauraient à cet égard être considérés comme des tiers; d'autre part, il est admis d'une manière unanime que l'art. 1328, C. civ., d'après lequel les actes sous seing privé n'ont de date certaine, vis-à-vis des tiers, que dans certaines circonstances qu'il détermine, n'est pas applicable en matière commerciale. — Cass., 20 août 1828 [S. et P. chr., D. *Rép.*, v° *Faillite*, n. 190]; 15 juin 1843 [S. 43. 1. 467, P. 43. 2. 108, D. *Rép.*, v° *Obligations*, n. 3988-1°]; 15 juin 1843 [S. 43. 1. 471, P. 43. 2. 111, D. *Rép.*, v° *Faillite*, n. 613-7°]; 4 juill. 1854 [S. 54. 1. 469, P. 54. 2. 578, D. P. 54. 1. 405]; 25 févr. 1862 [S. 62. 1. 497, P. 62. 512, D. P. 62. 1. 299]; 28 juin 1875 [S. 75. 1. 309, P. 75. 738, D. P. 75. 1. 469] — Douai, 1er mars 1851 [S. 51. 2. 309, P. 51. 2. 640, D. P. 51. 2. 189] — Metz, 1er févr. 1860 [S. 60. 2. 542, P. 60. 688, D. P. 60. 5. 295] — Bordeaux, 22 août 1860 [S. 61. 2. 49, P. 61. 326, D. P. 61. 2. 7] — Rennes, 22 juill. 1879 [S. 81. 2. 190, P. 81. 1. 973, D. P. 81. 2. 31] — *Sic*, Aubry et Rau, t. 8, § 756, p. 255, note 118; Duranton, t. 13, n. 140; Demolombe, t. 29, n. 543; Larombière, sur l'art. 1328, n. 36; Bonnier et Larnaude, *Des preuves*, n. 697; Pardessus, n. 1187; Lyon-Caen et Renault, t. 7, n. 477-*a*; Thaller, n. 1679-*c*; notre *Code civil annoté*, art. 1155, n. 34, et art. 1328, n. 70 et s.; et notre *Rép. gén. alph. du dr. fr.*, v° *Faillite*, n. 751 et s. — V. aussi *suprà*, art. 109, n. 11 et s.

114. Spécialement jugé, que la négociation d'une lettre de change à un banquier contre un bon à ordre, payable à vue (au lieu d'espèces), est réputée faite et consommée avant la faillite du négociateur, encore que le paiement du bon à vue n'ait eu lieu qu'après cette faillite. En conséquence, la créance du banquier contre le négociateur, au cas de non paiement de la lettre de change, fait nécessairement partie du passif de la faillite. — Cass., 20 août 1828, précité.

115. De même, la dispense de protêt consentie par le souscripteur ou l'endosseur, peut, après sa faillite, être opposée à ses créanciers, bien qu'elle n'ait pas acquis date certaine antérieure. — Cass., 4 juill. 1854, précité; 28 juin 1875, précité.

116. On ne peut, dans tous les cas, rejeter comme inutile, la preuve offerte de la sincérité de cette dispense. — Cass., 4 juill. 1854, précité.

117. Jugé également, que l'acte sous seing privé par lequel le failli a rétrocédé à un tiers des biens qu'il avait achetés pour le compte de ce dernier, est opposable à la masse des créanciers, bien qu'il n'ait acquis date certaine que depuis la faillite. — Cass., 15 juin 1843 [S. 43. 1. 467, P. 43. 2. 108, D. *Rép.*, v° *Obligations*, n. 3988-1°]

118. Il en est de même de la cession faite par le failli de ses droits dans la succession paternelle. — Cass., 15 juin 1843 [S. 43. 1. 471, P. 43. 2. 111, D. *Rép.*, v° *Faillite*, n. 613-7°]

119. Peut-être cependant y aurait-il lieu de revenir au droit commun et d'appliquer l'art. 1328, C. civ., lorsqu'il s'agit d'opérations qui ont été faites par le failli en dehors de son commerce et qui ne peuvent être considérées que comme des actes purement civils. — *Sic*, Thaller, n. 1679-*c*. — *Contrà*, Lyon-Caen et Renault, t. 7, n. 477-*a*.

120. Jugé à cet égard, que, lorsqu'un négociant conclut avec un tiers une convention à objet civil, par exemple, une promesse de vente d'immeuble et qu'un acte sous seing privé est dressé, le défaut d'enregistrement dudit acte avant le jugement déclaratif le rend inopposable aux créanciers de la masse. — Cass., 27 janv. 1886 [S. 87. 1. 293, P. 87. 1. 729, D. P. 86. 1. 373]

121. De même, les créanciers sont recevables à contester comme n'ayant pas date certaine, un cautionnement sous seing privé souscrit par la mère de leur débiteur en faveur d'un créancier de ce dernier, et à soutenir, en conséquence, que les biens revenant au failli dans la succession de sa mère ne sont pas grevés de ce cautionnement à leur préjudice. — Cass., 29 déc. 1858 [S. 59. 1. 209, P. 60. 861, D. P. 59. 1. 102]

122. Mais on s'accorde à reconnaître que les créanciers pourraient se prévaloir de l'art. 1321, C. civ., et demander la nullité des contre-lettres passées par le failli avant le jugement déclaratif de faillite : à cet égard, les créanciers doivent être considérés comme des tiers auxquels ces contre-lettres ne sont pas opposables. — Cass., 23 févr. 1835 [S. 35. 1. 36, P. chr., D. *Rép.*, v° *Obligations*, n. 3204 1°]; 10 mars 1847 [S. 47. 1. 616, P. 47. 2. 224, D. P. 47.

1. 132]; 3 janv. 1883 [S. 83. 1. 69, P. 83. 1. 146, D. P. 83. 1. 416]; 8 mars 1893 [S. et P. 93. 1. 193, D. P. 93. 1. 243] — Agen, 9 juill. 1847 [S. 47. 2. 454, P. 47. 2. 453, D. *Rép.*, v° *cit.*, n. 2397-2°] — *Sic*, Demolombe, t. 29, n. 344 et s.; Aubry et Rau, t. 8, § 756 *bis*, p. 267 et s.; Duranton, t. 16, n. 302; Duvergier, *Vente*, t. 2, n. 215; Troplong, *Id.*, t. 2, n. 911; Lyon-Caen et Renault, t. 7, n. 477-c; notre *Code civil annoté*, art. 1321, n. 25 et s.; et notre *Rép. gén. alph. du dr. fr.*, v° *cit.*, n. 755 et s. — *Contrà*, Dijon, 13 juin 1864 [S. 64. 2. 244, P. 64. 1188]

123. Jugé, à cet égard, que, lorsqu'un individu négociant, après avoir constitué à sa fille, par contrat de mariage, une somme d'argent, reçoit plus tard de son gendre quittance d'une partie de cette somme et mentionne sur son livre-journal que, nonobstant cette quittance, il reste devoir partie de la somme quittancée, cette mention ne forme point un titre qui opère novation, mais plutôt une contre-lettre. Dès lors, si ce négociant tombe en faillite, cet écrit ne peut pas être opposé aux syndics qui, agissant dans l'intérêt de la masse, doivent être considérés comme des *tiers*. — Agen, 9 juill. 1847, précité.

124. Mais l'immatriculation de rentes au porteur faite à l'insu du propriétaire, au profit du mandataire de ce dernier, chargé d'effectuer le dépôt de ces titres au nom d'un tiers, pour cautionnement de concessions de chemins de fer, ne saurait transformer le mandat antérieur en une contre-lettre sans effet contre les tiers; en conséquence, les créanciers du mandataire tombé en faillite ne sont nullement autorisés à revendiquer la propriété des rentes dont il s'agit. — Cass., 20 déc. 1876 [S. 77. 1. 155, P. 77. 387, D. P. 78. 1. 430]

125. Sur les actes qui sont soumis à certaines formalités pour être opposables aux tiers, et sur la question de savoir si ces actes sont opposables aux créanciers dans le cas où ils sont antérieurs au jugement déclaratif de faillite, et alors que les formalités légales n'ont pas été accomplies avant ce jugement, — V. *infrà*, art. 448, n. 56 et s.

126. Le dessaisissement résultant du jugement déclaratif de faillite s'applique aussi bien en matière de délits ou de quasi-délits qu'en matière de contrats : en conséquence, les obligations résultant de faits illicites commis par le failli depuis la déclaration de faillite ne sont pas opposables à la masse de ses créanciers. — *Sic*, Lyon-Caen et Renault, t. 7, n. 210; Thaller, n. 1794.

127. Mais que doit-on décider pour les condamnations qui seraient prononcées contre le failli postérieurement au jugement déclaratif de faillite à raison de faits délictueux antérieurs à ce jugement? On distingue en général entre les frais de poursuites et les dommages-intérêts d'une part, et la condamnation à l'amende d'autre part. La créance résultant des frais de poursuites et, à plus forte raison, la créance de dommages-intérêts sont simplement constatées par le jugement de condamnation : mais elles ont l'une et l'autre leur source dans des faits antérieurs à la faillite, et par suite elles affectent le patrimoine du failli au même titre que toute autre créance civile qui serait antérieure à la faillite et qui aurait été reconnue judiciairement après cette faillite. Quant à l'amende, elle n'a d'existence qu'en vertu du jugement de condamnation et du jour de ce jugement : elle n'est donc pas opposable à la masse, si ce jugement est postérieur à la faillite. — Cass., 11 août 1857 [S. 57. 1. 751, P. 58. 823, D. P. 57. 1. 343] — *Sic*, Lyon-Caen et Renault, t. 7, n. 211; Thaller, n. 1794, p. 924, note 1, et note sous Cass., 19 janv. 1898 [D. P. 98. 1. 473]; Lyon-Caen note sous Cass., 19 janv. 1898 [S. et P. 99. 1. 5]; et notre *Rép. gén. alph. du dr. fr.*, v° *Faillite*, n. 741 et s. — V. cependant *infrà*, art. 516, n. 27 et s.

§ 5. *Des contrats auxquels met fin la faillite et spécialement du compte courant.*

128. Si la faillite ne porte pas atteinte aux contrats antérieurement conclus par le failli, ce principe comporte cependant certaines exceptions qui se réfèrent pour la plupart aux contrats formés *intuitu personæ* : la faillite entraîne, soit de plein droit, soit à la demande des parties intéressées, la résiliation de ces contrats. — V. pour l'assurance maritime, *suprà*, art. 346; pour le contrat de bail, *infrà*, art. 450 et 550; pour le contrat de société, notre *Code civil annoté*, art. 1865, n. 19 et s., 36 et s.; et pour le contrat de mandat, notre *Code civil annoté*, art. 2003, n. 24 et s., et notre *Rép. gén. alph. du dr. fr.*, v^is *Commission*, n. 387 et *Mandat*, n. 882 et s.

129. De même, le jugement déclaratif de faillite a pour effet d'entraîner la clôture du compte courant ouvert avec le failli, de telle sorte que le solde de ce compte est fixé au jour de l'ouverture de la faillite. — Cass., 20 juill. 1846 [S. 46. 1. 875, P. 46. 2. 502, D. P. 45. 1. 335]; 18 janv. 1887 [S. 90. 1. 442, P. 90. 1. 1073, D. P. 87. 1. 278]; 19 nov. 1888 [S. 89. 1. 159, P. 89. 1. 377, D. P. 89. 1. 409]; 8 juill. 1891 [S. et P. 95. 1. 485, D. P. 92. 1. 598]; 8 mars 1897 [S. et P. 97. 1. 281, D. P. 97. 1. 321] — *Sic*, Lyon-Caen et Renault, t. 4, n. 813 et 848; Boistel, n. 887; Feitu, n. 304; Clément, n. 157; Noblet, n. 195; Levé, n. 166; Thaller, n. 1635; Ruben de Couder, *Suppl.*, v° *Faillite*, n. 471; et notre *Rép. gén. alph. du dr. fr.*, v° *Compte courant*, n. 573 et s.

130. Il résulte de là que les remises qui auraient pu être faites postérieurement au jugement déclaratif de faillite restent en dehors du compte courant qui a été clos par ce jugement. Par suite, si un banquier, après avoir retiré de la circulation un effet endossé par son correspondant, le lui renvoie à la charge de l'en créditer dans son compte courant et que ce correspondant vienne à décéder ou à tomber en faillite avant d'avoir reçu cet effet, l'effet reste la propriété de l'envoyeur qui n'a pas pu en être crédité et qui peut, dès lors, le revendiquer dans la faillite de celui à qui il était adressé. — Cass., 20 juill. 1846, précité.

131. De même, lorsque deux commerçants sont en compte courant et que l'un d'eux, après une lettre de l'autre lui demandant une couverture, endosse à cet autre un chèque et le lui expédie, le recevant ne devient propriétaire du chèque qu'au moment de sa remise. Si donc, à ce moment, l'envoyeur est déjà tombé en faillite, et qu'il soit devenu ainsi incapable d'aliéner, la translation de la propriété du chèque n'a pu s'opérer au profit du recevant, et celui-ci est obligé de restituer à la faillite de l'envoyeur le montant de ce chèque. — Cass., 7 mars 1882 [S. 83. 1. 241, P. 83. 1. 593 et la note de M. Labbé, D. P. 82. 1. 147]

132. De même encore, la faillite ayant pour conséquence de clôturer le compte courant, le paiement postérieur à cette faillite d'effets remis en compte

courant ne saurait conférer au remettant ou à son cessionnaire le droit de réclamer l'inscription au crédit du compte du montant des effets ainsi payés. — Cass., 18 janv. 1887, précité.

133. Peu importe que l'échéance des traites fût antérieure à la faillite et que le remettant eût la qualité de caution solidaire au regard du failli, soit vis-à-vis du tiré, soit vis-à-vis des tiers porteurs. — Même arrêt.

134. Mais à l'inverse, le compte courant clôturé par le jugement déclaratif de faillite comprend toutes les remises qui ont été faites sans réserve antérieurement à ce jugement, et notamment les remises en effets de commerce que le remettant ne peut plus désormais revendiquer. — Cass., 5 août 1874 [S. 74. 1. 437, P. 74. 1104, D. P. 75. 1. 105]; 19 nov. 1888 [S. 89. 1. 159, P. 89. 1. 377, D. P. 89. 1. 409]; 9 mai 1892 [D. P. 93. 1. 477]; 9 févr. 1896 [S. et P. 96. 1. 328, D. P. 97. 1. 157] — Lyon, 17 nov. 1863 [S. 64. 2. 111, P. 64. 639, D. P. 64. 2. 39] — Rennes, 27 nov. 1867 [S. 68. 1. 142, P. 68. 600, D. *Rép.*, *Suppl.*, v° *cit.*, n. 1236-2°] — Grenoble, 8 févr. 1872 [S. 72. 2. 142, P. 72. 637] — Dijon, 14 janv. 1896 [S. et P. 96. 2. 202] — Sur les remises opérées pendant la période suspecte, V. *infrà*, art. 446, n. 114 et s., et art. 447, n. 26 et s.

135. Jugé en ce sens, que le banquier, qui a remis au failli, avant la faillite, des effets de commerce qui se trouvaient encore en nature dans le portefeuille du failli au jour de la faillite, n'en peut exercer la revendication, alors, d'une part, que ces effets ont été passés à l'ordre du failli en vertu d'un endossement régulier apposé par lui-même, ne donnant pas un simple mandat de recouvrement, mais transmettant leur propriété au débiteur, et alors, d'autre part, que celui-ci avait accepté ce transfert de propriété, en portant, le jour même de leur réception, le montant de ces effets au crédit du compte du banquier. — Dijon, 14 janv. 1875, précité. — Paris, 2 déc. 1898 [D. P. 99. 2. 89, et la note de M. Claro] — *Contrà*, Chambéry, 7 juin 1886 [D. P. *ibid.*]

136. Peu importe que le compte courant n'ait été crédité de cette remise que sous réserve implicite d'encaissement : la clause « sauf encaissement », expresse ou tacite, ne constituant qu'une condition résolutoire, et non une condition suspensive, n'enlève pas à l'endossement régulier son effet translatif. — Dijon, 14 janv. 1895, précité.

137. Peu importe également qu'aux termes du tarif de banque, les remises d'effets ne soient faites qu'avec mandat d'encaisser, alors qu'en réalité et contrairement aux stipulations de ce tarif, les remises d'effet dont s'agit ont été faites au failli avec transmission de propriété et passation immédiate en compte courant. — Mêmes arrêts.

138. D'ailleurs, ce tarif eût-il été imposé par le créancier et accepté par le débiteur que cette circonstance serait sans importance : il ne saurait appartenir aux parties elles-mêmes de déroger par avance au moyen de conventions privées aux dispositions de lois qui règlent le rang des créanciers du failli, lesquelles sont d'ordre public. — Mêmes arrêts.

139. Jugé également, que ne sont pas susceptibles de revendication de la part de l'expéditeur les valeurs envoyées en compte courant à un banquier depuis tombé en faillite, alors même qu'elles sont arrivées chez le banquier après le départ de celui-ci sans esprit de retour, si, le jour même de leur arrivée, les valeurs ont été reçues et inscrites au crédit du compte courant de l'expéditeur par un fondé de pouvoirs du banquier, et si, à ce dit jour, on ignorait encore la cause du départ et la ruine de ce dernier. — Cass., 5 août 1874, précité.

140. En pareil cas, l'opération du fondé de pouvoirs ne saurait être déclarée inefficace et nulle, sous prétexte que son mandat aurait été révoqué de plein droit par la fuite du banquier, et que le mandataire n'aurait plus eu qualité pour recevoir les valeurs litigieuses et les passer en compte courant pour son mandant. L'art. 2008, qui valide les actes faits par le mandataire dans l'ignorance du changement d'état du mandant, ne comporte aucune distinction et s'applique à tous les actes faits de bonne foi par le mandataire, onéreux ou profitables au mandant. — Même arrêt. — *Sic*, Laroque-Sayssinel, sur l'art. 443, n. 10 et 11; Pardessus, t. 3, n. 1120; Delamarre et Lepoitvin, *Contr. de commission*, t. 2, n. 450, et *Tr. de droit comm.*, t. 3, n. 290; Alauzet, t. 7, n. 2457.

141. Peu importe, d'ailleurs, que l'expéditeur, lors de l'envoi des valeurs, ait ignoré la fuite du banquier et le mauvais état de ses affaires; cette ignorance ne peut en elle-même constituer une erreur substantielle, capable de vicier le consentement et d'invalider le contrat de compte courant. — Même arrêt.

142. Si en principe les remises en compte courant opérées avant le jugement déclaratif de faillite sont définitives et irrévocables, il n'en est plus de même lorsque ces remises consistent dans des effets de commerce. Dans ce cas, la jurisprudence décide, par interprétation de la volonté des parties et des usages commerciaux, que ces effets, alors même qu'il n'existe aucune stipulation formelle à cet égard, ne sont portés par le récepteur au crédit du remettant que « sauf encaissement », c'est-à-dire sous la condition résolutoire de leur non-paiement à l'échéance : si donc cette condition se réalise et si les effets sont impayés, le récepteur a le droit de porter ces effets au débit de son remettant au moyen d'une contrepassation d'écriture, même au cas où le non-paiement aurait eu lieu postérieurement à la faillite du remettant. En somme, lorsque des effets ont été ainsi remis en compte courant, le solde du compte clôturé par la faillite au jour de son ouverture n'est pas définitif : il reste subordonné à l'encaissement desdits effets à leur échéance. — Cass., 10 mars 1852, Sergent [S. 52. 1. 258, P. 52. 1. 363, D. P. 52. 1. 77]; 10 mars 1852, Syndic Tilhard [S. *Ibid.*, P. *Ibid.*, D. P. *Ibid.*]; 10 août 1852 [S. 52. 1. 609, P. 54. 1. 345, D. P. 52 1. 214]; 13 mars 1854 [D. P. 54. 1. 130]; 25 juin 1862 [S. 62. 1. 975, P. 62. 1. 172, D. P. 62. 1. 479]; 10 janv. 1872 [S. 72. 1. 25, P. 72. 39, D. P. 72. 1. 102]; 18 janv. 1887 [S. 90. 1. 442, P. 90. 1. 1073, D. P. 87. 1. 279]; 19 nov. 1888 [S. 89. 1. 157, P. 89. 1. 377, D. P. 89. 1. 409]; 19 oct. 1900 [S. et P. 1900. 1. 291, D. P. 1900. 1. 556] — Paris, 12 nov. 1844 [S. 45. 2. 272, P. 44. 2. 517, D. P. 45. 2. 29]; 2 mai 1849 [S. 49. 2. 300, P. 50. 1. 318, D. P. 50. 2. 25]; 14 juin 1900 [D. P. 1901. 2. 169 et la note de M. Boistel] — Bordeaux, 3 janv. 1860 [P. 60. 1134] — Douai, 5 mars 1845 [S. 45. 2 268, P. 45. 1. 596], 21 juin 1861 [S. 62. 2. 86, P. 62. 616, D. P. 62. 5. 79] — Rennes, 27 nov. 1867 [S. 68. 2. 142, P. 68. 600] — Grenoble, 8 mars 1872 [S. 72. 1. 142, P. 72. 637] — Poitiers, 28 janv. 1878 [S. 78. 2. 301, P. 78. 1250, D. P. 78.

2. 145] — Rouen, 19 févr. 1877 [D. P. 77. 2. 82] — Nancy, 3 mars 1885 [D. P. 86. 2 144] — Montpellier, 19 janv. 1899 [D. P. 1901. 2. 289, et la note de M. Thaller] — Caen, 28 janv. 1899 [D. P. *Ibid.*] — *Sic*, Pardessus, t. 4, n. 1218 et s. ; Massé, t. 4, n. 2308 et s.; Boistel, n. 883 et s.; Lyon-Caen et Renault, 3e édit., t. 4, n. 810; Thaller, n. 1654; Clément, n. 63; Noblet, n. 98; Feitu, n. 147 et s.; Helbronner, n. 68 et s.; Da, n. 99 et s.; Ruben de Couder, v° *Compte courant*, n. 33 et s., et *Suppl.*, *eod. v°*, n. 14; et notre *Rép. gén. alph. du dr. fr.*, v° *Compte courant*, n. 162 et s. — *Contrà*, Cass., 9 janv. 1838 [S. 38. 1. 518, P. 38. 1. 109, D. *Rép.*, v° *Compte courant*, n. 47]; 27 avr. 1846 [S. 46. 1. 593, P. 46. 2. 624, D. P. 46. 1. 243] — Rouen, 13 déc. 1841 [S. 45. 2. 55, P. 44. 1. 445, D. *Rép.*, v° *cit.*, n. 48-2°]; 18 juin 1845 [S. 46. 2. 70, P. 46. 1. 439] — Dijon, 29 avr. 1847 [S. 48. 2. 187, P. 48. 2. 4]

143. Au surplus, le récepteur ne peut porter au débit du remettant que le montant de l'effet impayé, mais non les frais de protêt et autres faits à l'occasion du non-paiement, alors du moins que le remettant a été déclaré en faillite. Le compte courant en effet est clôturé par la faillite et on ne peut y introduire des articles nouveaux qui ont leur cause dans un fait postérieur à la faillite. Le récepteur ne pourra donc, en ce qui concerne lesdits frais, que produire comme créancier chirographaire à la faillite du remettant. — *Sic*, Lyon-Caen et Renault, t. 4, n. 813; Massé, t. 4, n. 2310; Dietz, p. 158 et 159; Helbronner, n. 73 et s.; Da, n. 103; Clément, n. 65; Ruben de Couder, v° *cit*, n. 37; et notre *Rép. gén. alph. du dr. fr.*, v° *cit.*, n 218 et s. — *Contrà*, Boistel, n. 883; Feitu, n. 152.

144. D'autre part, les parties peuvent renoncer, expressément ou tacitement, à la condition sauf encaissement. La volonté des parties à cet égard peut s'induire notamment de ce que certains effets ont été portés au compte courant pour une somme inférieure à leur valeur nominale : il y a alors une sorte de forfait par lequel le récepteur prend à ses risques et périls l'effet qui lui a été ainsi transmis. — *Sic*, Lyon-Caen et Renault, t. 4, n. 821; Noblet, n. 102; Clément, n. 66; Da, n. 118; et notre *Rép. gén. alph. du dr. fr.*, v° *cit.*, n. 221 et s.

145. Jugé de même, que la clause sauf encaissement, ne doit pas être sous-entendue quand l'effet a été transmis au récepteur moyennant escompte et a été par suite porté au crédit du remettant sous la déduction d'une somme représentant l'intérêt de cet effet jusqu'au jour de son échéance : cette opération d'escompte doit être considérée comme constituant le récepteur débiteur personnel et direct du remettant. — Paris, 2 mai 1849 [S. 49. 2. 300, P. 50. 1. 318, D. P. 50. 2. 25]; 23 févr. 1850 [P. 50. 1. 609, D. P. 54. 5. 174]; 27 avr. 1850 [P. 50. 1. 611] — *Contrà*, Orléans, 4 août 1857, sous Cass., 16 mars 1858 [S. 58. 1. 593, P. 59. 186, D. P. 58. 1. 199]

146. Les juges du fait décident, d'ailleurs, souverainement que la déduction opérée sur l'effet ne constitue pas un escompte, mais une forme d'écriture destinée à simplifier les calculs et n'excluant pas en conséquence la clause sauf encaissement. — Cass., 16 mars 1858, précité.

147. Le récepteur, qui a ainsi le droit de contrepasser les effets impayés, n'y est cependant pas obligé : il peut ne pas se prévaloir de la condition sauf encaissement et agir comme porteur contre le remettant et les autres signataires de l'effet, en se conformant aux règles édictées par les art. 542 et s., C. comm. Mais peut-il exercer successivement ces deux droits? A supposer qu'il ait tout d'abord contrepassé, a-t-il encore le droit, pour le cas où le compte courant présenterait encore un solde en sa faveur, de conserver l'effet impayé pour agir contre les signataires de cet effet, ou bien au contraire doit-il restituer cet effet au syndic de la faillite du remettant? Dans une première opinion, on soutient qu'en principe et sauf intention contraire des parties contractantes, le récepteur, qui procède à la contrepassation de l'effet impayé, annule ainsi la remise qui lui avait été faite et qui doit être considérée comme non avenue : il détient donc désormais sans cause ledit effet, et, dès lors, il ne saurait s'en prévaloir à aucun titre. — Chambéry, 7 juin 1886 [D. P. 99. 2. 89] — Poitiers, 14 févr. 1889 [S. et P. 92. 2. 311, D. P. 91. 2 337] — *Sic*, Lyon Caen et Renault, t. 4, n. 820; Feitu, n. 193; Dietz, p. 157.

148. Mais l'opinion contraire paraît l'emporter, et on admet aujourd'hui, d'une manière générale, que le récepteur, tout en contrepassant le crédit qu'il avait donné, peut refuser de restituer à la faillite du remettant les effets impayés et agir comme porteur contre les différents signataires de ces effets à concurrence du solde du compte courant qui lui reste dû. Les uns justifient cette solution en disant que la contrepassation est simplement une mesure d'ordre intérieur, qui ne saurait avoir pour conséquence d'enlever au récepteur la propriété des effets qui lui a été régulièrement transmise. Les autres ajoutent que ces effets doivent être considérés comme ayant été transmis au récepteur subsidiairement à titre de nantissement du solde qui lui reste dû, de telle sorte qu'alors même que la contrepassation lui en enlèverait la propriété, il n'en conserve pas moins ces effets comme créancier gagiste et avec tous les droits que lui confère le nantissement. — Cass., 27 nov. 1827 [S. et P. chr., D. *Rép.*, v° *Compte courant*, n. 28]; 5 févr. 1861 [S. 61. 1. 491, P. 61. 899, D. P. 61. 1. 313]; 19 nov. 1888 [S. 89. 1. 159, P. 89. 1. 377, D. P. 89. 1. 409]; 17 oct. 1900 [S. et P. 1901. 1. 291, D. P. 1900. 1. 566] — Bourges, 11 févr. 1829 [S. et P. chr., D. *Rép.*, *Ibid.*] — Rouen, 29 févr. 1877 [D. P. 77. 1. 82] — Nancy, 3 mars 1885 [D. P. 86. 2. 144] — Paris, 2 déc. 1898 [D. P. 99. 2 89 et la note de M. Claro]; 19 nov. 1898 [D. P. 99. 2. 373]; 14 juin 1900 [D. P. 1901. 1. 169, et la note de M. Boistel] — Dijon, 8 juill. 1890 [D. P. 91. 1. 330] — Montpellier, 19 janv. 1899 [D. P. 1901. 2. 289 et la note de M. Thaller] — Caen, 28 janv. 1899 [D. P. *Ibid.*] — Trib. comm. de Montereau, 10 mai 1891 [D. P. 92. 2. 449 et la note de M. Boistel] — *Sic*, Clément, n. 86; Noblet, n. 110 et s.; et notre *Rép. gén. alph. du dr. fr.*, v° *Compte courant*, n. 277 et s.

149. La jurisprudence décide même, par application de l'art. 542, C. comm., que le récepteur, après avoir poursuivi les divers signataires de l'effet impayé, peut produire dans la faillite du remettant pour le solde intégral du compte courant, tel que ce solde ressort après la contrepassation dudit effet, sans avoir à en retrancher le montant des paiements ou acomptes qu'il a reçus des coobligés du remettant failli : le récepteur ne serait obligé de venir en compte avec le syndic que dans le cas où il aurait

encaissé des sommes dont le total excéderait le montant de sa créance. — Cass., 19 nov. 1888, précité; 9 mai 1892, précité. — Montpellier, 19 janv. 1899 et la note de M. Thaller, précité. — Caen, 28 janv. 1899, précité. — Dijon, 8 juill. 1890, précité. — Paris, 14 juin 1900 et la note de M. Boistel, précité. — *Contrà*, Nancy, 3 mars 1885, précité.

150. A l'inverse, le récepteur pourrait-il, après avoir d'abord agi comme porteur des effets qui lui ont été transmis, contrepasser au débit du remettant le montant qu'il n'a pas pu recouvrer contre les signataires des dits effets? On résoud en général cette question par l'affirmative; du moment, en effet, que l'encaissement n'a été que partiel, la condition résolutoire de la clause sauf encaissement est réalisée à concurrence de la somme qui n'a pas été payée, et, dès lors, la contrepassation peut avoir lieu à concurrence de cette même somme. — *Sic*, Lyon-Caen et Renault, t. 4, n. 819; Da, n. 112 et s.; Clément, n. 76 et s.; Boistel, n. 883-A; et notre *Rép. gén. alph. du dr. fr.*, v° *cit.*, n. 254 et s. — *Contrà*, Feitu n. 157 et s.; Dietz, p. 161 et s.; Helbronner, n. 67 et s.

151. Le récepteur peut avoir intérêt, dans certains cas, à ne pas contrepasser. Le remettant ou ses créanciers, s'il est en faillite, peuvent-ils procéder à la contrepassation contre le gré du récepteur? On admet en général la négative. La condition résolutoire de l'encaissement, en effet, ne saurait être invoquée par le remettant qui est en faute d'avoir transmis un titre qui n'a pas été payé. Et, d'autre part, si le remettant pouvait contrepasser, on lui permettrait ainsi, en cas de faillite du récepteur, de revendiquer l'effet dans cette faillite, contrairement à l'art. 574, C. comm., d'après lequel les effets remis en compte courant avant la faillite du récepteur ne peuvent plus être revendiqués. — Cass., 5 févr. 1861 [S. 61. 1. 490, P. 61. 899, D. P. 61. 1. 313] — Lyon, 17 nov. 1863 [S. 64. 2. 111, P. 64. 639, D. P. 64. 2. 39] — Rennes, 27 nov. 1867 [S. 68. 2. 142, P. 68. 600] — Grenoble, 8 mars 1872 [S. 72. 2. 142, P. 72. 637] — Rouen, 19 févr. 1877 [D. P. 77. 2. 82] — Douai, 14 janv. 1895 [S. et P. 96. 2. 202] — *Sic*, Boistel, n. 883-A; Thaller, n. 1655; Feitu, n. 184 et s.; Dietz, p. 189; Da, n. 109; Clément, n. 69; Helbronner, n. 82; Bédarride, *Faillite*, t. 2, n. 411 et 412; Ruben de Couder, v° *Compte courant*, n. 38; et notre *Rép. gén. alph. du dr. fr.*, v° *cit.*, n. 232 et s. — *Contrà*, Paris, 21 avr. 1849 [S. 49. 2. 300, P. 49. 2. 204, D. P. 50. 2. 25]; 23 févr. 1850 [P. 50. 1. 609, D. P. 54. 5. 174] — *Adde*, Lyon-Caen et Renault, t. 4, n. 815.

§ 6. *Exercice des actions judiciaires du failli.*

A. *Actions relatives au patrimoine du failli.* — 152. Après avoir posé le principe du dessaisissement dans son premier alinéa, notre article en déduit ensuite cette conséquence qu'à partir du jugement déclaratif de faillite, c'est au syndic qu'il appartient d'exercer les actions intéressant le patrimoine de ce dernier et d'y défendre. — Cass., 28 déc. 1842 [P. 43. 1. 490]; 8 avr. 1846 [S. 46. 1. 630, P. 46. 2. 375]; 17 juin 1865, motifs [S. 65. 1. 462, P. 65. 1201, D. P. 65. 1. 401]; 11 août 1885 [S. 87. 1. 473, P. 87. 1. 1162, D. P. 86. 1. 52]; 4 mars 1889 [S. 90. 1. 75, P. 90. 1. 157, D. P. 89. 1. 426] — Rouen, 19 mai 1845 [P. 45. 2. 247, D. P. 45. 4. 266] — *Sic*, Esnault, t. 1, n. 158; Renouard, t. 1, p. 303; Massé, t. 2, n. 1234; Boulay-Paty, t. 1, n. 134; Alauzet, t. 7, n. 2463; Lyon-Caen et Renault, t. 7, n. 219 et s.; Thaller, n. 1792; Ruben de Couder, v° *Faillite*, n. 231 et s., et *Suppl.*, *eod. v°*, n. 136 et s.; et notre *Rép. gén. alph. du dr. fr.*, v° *Faillite*, n. 801 et s. — Sur la question de savoir jusqu'à quel moment le syndic peut agir en justice comme représentant du failli, V. *infrà*, art. 519, n. 6 et s. — Sur les actions exercées par le syndic comme représentant la masse des créanciers, V. *infrà*, n. 219 et s.

153. Spécialement, le syndic de la faillite d'un entrepreneur de travaux publics pour le compte de l'Etat, ayant qualité pour exercer toutes les actions appartenant, soit au failli, soit à la masse, peut réclamer le versement entre ses mains de toutes les sommes dues par l'Etat au failli. — Cass., 4 mars 1889, précité.

154. Son action est recevable, du moins, sous l'engagement qu'il est prêt à admettre, comme ayant un privilège sur ces sommes, les créanciers que le tribunal désignera. — Même arrêt.

155. Le syndic puise dans sa seule qualité le pouvoir nécessaire pour ester en justice du chef du failli sous sa propre responsabilité, et, par suite, il n'a besoin d'aucune autorisation à cet égard. Toutefois, si les créanciers ont nommé des contrôleurs, le syndic, aux termes des art. 10, 2e al. et 20 de la loi du 4 mars 1889 sur la liquidation judiciaire, est tenu de prendre au préalable leur avis sur les actions à intenter ou à suivre. — Sur les pouvoirs des contrôleurs, V. *infrà*, Appendice au liv. III, la loi du 4 mars 1889, art. 9-10.

156. Lorsque le syndic succombe dans l'instance qu'il poursuit ou à laquelle il défend, les frais et dépens auxquels il est condamné doivent être considérés comme des frais et dépenses de l'administration de la faillite et prélevés sur le montant de l'actif, conformément, à l'art. 565, C. comm. — Sur le principe, V. *infrà*, art. 565, n. 8 et s.

157. Est-ce à dire cependant que le failli soit désormais sans qualité pour agir en justice, et pourrait-on opposer une fin de non-recevoir tirée de ce défaut de qualité aux actions qu'il aurait personnellement exercées? L'affirmative paraît résulter du texte et de l'esprit de la loi. D'une part, en effet, notre article porte qu'à partir du jugement déclaratif de faillite, toute action mobilière ou immobilière *ne pourra* être suivie ou intentée que contre le syndic. D'autre part, l'initiative de l'action prise par le failli serait contraire à l'unité de gestion établie par la loi en matière de faillite et, par cela même, à l'intérêt des créanciers. — Cass., 25 févr. 1862 [S. 62. 1. 233, P. 62. 512, D. P. 62. 1. 299]; 12 avr. 1869 [S. 69. 1. 356, P. 69. 897, D. P. 69. 1. 517]; 11 août 1885 [S. 87. 1. 473, P. 87. 1. 1162 et la note de M. Esmein, D. P. 86. 1. 52] — Caen, 26 mars 1874 [D. P. 76. 2. 50] — *Sic*, Alauzet, t. 7, n. 2469; Bravard et Demangeat, t. 5 p. 127; Lyon-Caen et Renault, t. 7, n. 226. — Sur la jurisprudence antérieure à la loi de 1838 modifiant le Livre de la faillite, V. notre *Rép. gén. alph. du dr. fr.*, v° *Faillite*, n. 835 et s.

158. Spécialement, le failli, dessaisi de l'administration de ses biens, n'a pas qualité pour exercer seul et sans le concours de son syndic une action en paiement de marchandises par lui fournies antérieurement, sous prétexte que l'action devrait augmenter l'actif de la faillite et profiter à la masse des créanciers. — Cass., 11 août 1885, précité.

159. De même, le failli ne peut agir, soit pour demander la nullité de l'ordonnance qui prescrit la vente de ses biens, soit pour demander le remplacement du syndic ou du juge-commissaire. — Cass., 25 févr. 1862, précité.

160. Jugé même, que le failli est sans qualité, alors même que le syndic s'est démis et n'a pas été remplacé, pour exercer en son nom et pour son compte personnel, une action relative à des droits de nature à intéresser les créanciers et dont l'administration lui a été enlevée par le jugement déclaratif de faillite. — Cass., 12 avr. 1869, précité.

161. Jugé cependant, en sens contraire, que, le dessaisissement du failli n'étant établi que dans l'intérêt de la masse des créanciers, le failli n'est pas absolument incapable d'exercer les droits qui lui appartenaient avant le jugement déclaratif de la faillite et que le syndic n'a pas exercés. — Spécialement, le failli a qualité pour poursuivre la réalisation d'une promesse de vente qui lui avait été faite antérieurement à sa faillite et dont le prix doit être payé des deniers d'un tiers. — Cass., 26 oct. 1885 [S. 87. 1. 473, P. 87. 1. 1162, D. P. 86. 1. 51] — V. aussi Cass., 16 août 1852 [S. 53. 1. 16, P. 53. 2. 380, D. P. 52. 1. 295] — *Sic*, Bédarride, t. 1, n. 84 *bis*.

162. Notre article s'applique même aux instances commencées avant le jugement déclaratif de faillite, en ce sens tout au moins que le syndic a le droit, dès son entrée en fonctions, de se substituer au failli pour suivre l'instance en son lieu et place, et que, de leur côté, les tiers sont recevables à appeler le syndic dans l'instance : celui-ci ne peut résister à sa mise en cause, sous prétexte qu'il y aurait lieu préalablement par le créancier à produire son titre et à le faire vérifier dans la faillite. — Cass., 23 janv. 1866 [S. 66. 1. 151, P. 66. 392] — *Sic*, Renouard, t. 1, p. 319 et s.; Alauzet, t. 7, n. 2481; Boulay-Paty, t. 1, n. 158.

163. Mais si le syndic n'est pas appelé en cause, l'instance peut-elle être poursuivie par le failli seul ou contre le failli seul, et le jugement rendu dans ces conditions sera-t-il valable? L'affirmative paraît certaine dans le cas où l'affaire est en état : aux termes de l'art. 342, C. proc. civ., en effet, le jugement de l'affaire qui est en état ne peut être différé par le changement d'état des parties. — Lyon, 25 juill. 1883 [*J. des faill.*, 1884, p. 61] — *Sic*, Lyon-Caen et Renault, t. 7, n. 222; Boulay-Paty, *loc. cit.*; Ruben de Couder, *v° cit.*, n. 209. — V. aussi notre *Code de procédure civile annoté*, art. 342.

164. La question est au contraire vivement controversée dans le cas où l'affaire n'est pas encore en état au moment du jugement déclaratif de faillite. Une première opinion décide que, même dans ce cas, l'instance peut être valablement poursuivie par le failli ou contre le failli seul : elle se fonde sur l'art. 345, C. proc. civ., lequel, bien loin d'exiger une reprise d'instance en cas de survenance de la faillite de l'une des parties, porte au contraire que « ni le changement d'état des parties, ni la cessation des fonctions dans lesquelles elles procédaient, n'empêcheront la continuation des poursuites. » — Bordeaux, 14 avr. 1840 [P. 40. 2. 151, D. *Rép.*, v° *Faillite*, n. 206-1°]; 29 févr. 1860 [S. 60. 2. 319, P. 60. 1. 106, D. P. 60. 5. 327] — *Sic*, Garsonnet, *Tr. de procéd. civ.*, t. 2, n. 362; Demangeat, sur Bravard, t. 5, p. 129, note 1; Lyon-Caen et Renault, t. 7, n. 222.

165. Dans un second système, qui tend à prévaloir en jurisprudence, on applique à la lettre notre art. 443, aux termes duquel, à partir du jugement déclaratif de faillite, aucune action ne peut être *suivie* ou intentée que contre le syndic, et on décide, en conséquence, que l'instance doit être nécessairement reprise avec le syndic, conformément aux art. 346 et s., C. proc. civ. — Chambéry, 3 avr. 1867 [S. 67. 2. 295, P. 67. 1019, D. P. 67. 5. 366] — Paris, 18 mars 1875 [D. P. 78. 2. 49]; 1er juin 1900 [D. P. 1902. 2. 195] — V. aussi notre *Rép. gén. alph. du dr. fr.*, *v° cit.*, n. 822 et s.

166. Peu importe, d'ailleurs, que le jugement déclaratif de faillite ait été ou non publié : ce jugement produit ses effets de plein droit à partir de sa date. — *Sic*, Ruben de Couder, *v° cit.*, n. 208. — *Contrà*, Pardessus, t. 3, n. 1176; Alauzet, t. 7, n. 2465. — V. aussi *suprà*, n. 9 et s.

167. En tous cas, quand un assisté judiciairement vient à tomber en faillite, l'assistance judiciaire ne se continue pas au profit du syndic. — Déc. du bur. d'assist. jud. près la Cour de Bordeaux, 1er déc. 1881 [S. 82. 2. 229, P. 82. 1. 114]

168. Le syndic a également seul qualité pour attaquer par les voies de recours ordinaires ou extraordinaires les jugements rendus contre lui. — Jugé en ce sens, que le failli, étant, aux termes de l'art. 443, C. comm., dessaisi de l'administration de ses biens, et ne pouvant, par suite, intenter aucune action mobilière ou immobilière à dater du jugement déclaratif, ne peut davantage appeler d'une décision rendue contre lui en première instance ; c'est au syndic seul qu'appartient ce droit. — Nancy, 26 juin 1896 [S. et P. 98. 2. 96] — V. aussi Bordeaux, 22 août 1851 [D. P. 53. 2. 163]

169. Il importe peu que le failli ait interjeté appel contre son syndic; il ne peut contraindre ce dernier à soutenir malgré lui devant la Cour une action qui ne lui paraît pas fondée, et à lui donner une assistance que le syndic entend formellement lui refuser. — Nancy, 26 juin 1896, précité.

170. Il en est ainsi du moins, lorsqu'il ne s'agit pas d'une action ayant un caractère personnel, mais bien d'une action intentée dans l'intérêt de la masse. — Même arrêt.

171. Jugé également, que le gérant d'une société en commandite par actions, tombée en faillite, est à partir du jugement déclaratif, dessaisi de toute action intéressant la société, et que, dès lors, il est désormais sans qualité pour suivre sur l'appel, qu'il avait régulièrement interjeté avant cette date, d'un jugement rendu contre ladite société. — Paris, 1er juin 1900 [D. P. 1902. 2. 195]

172. L'intérêt qu'il peut lui même avoir à la solution du litige, en qualité de gérant personnellement et solidairement tenu des obligations sociales, peut seulement justifier des conclusions d'intervention de sa part, mais non lui donner qualité pour être reçu comme partie dans l'instance, laquelle ne peut être suivie que par le syndic. — Même arrêt.

173. De même, le failli ne peut seul, et sur le refus du syndic, se pourvoir par la voie extraordinaire de la requête civile contre une décision de justice intéressant la faillite, ni se pourvoir en cassation contre l'arrêt rejetant la requête civile. — Cass., 10 nov. 1885 [S. 87. 1. 473, P. 87. 1. 1162 et la note de M. Esmein, D. P. 86. 1. 49] — *Contrà*, Laroque-Sayssinel et Dutruc, *Formul. gén. des faill.*, t. 1, n. 166; Rousseau et Defert, *Code ann. des faill.*,

sur l'art. 443, n. 141 ; Lyon-Caen et Renault, t. 7, n. 226, p. 176, note 3.

174. Jugé cependant, en sens contraire, que le failli peut interjeter appel, en cas d'inaction du syndic, contre un jugement qui fait grief à ses droits et faire tous actes conservatoires de l'appel. — Bordeaux, 14 avr. 1840 [P. 40. 2. 151, D. *Rép.*, *v° cit.*, n. 206-2°]; 28 juin 1867 [D. p. 67. 5. 210] — *Sic*, Laroque-Sayssinel et Dutruc, sur l'art. 443, n. 165; Rousseau et Defert, sur l'art. 443, n. 148; Dutruc, *Diction. du content. comm.*, v° *Faillite*, n. 176 et s.; Ruben de Couder, *v° cit.*, n. 240 et s.; Lyon-Caen et Renault, t. 7, n. 226, *in fine*.

175. Spécialement, le failli a pouvoir et qualité pour interjeter personnellement appel d'un jugement qui a été rendu contre lui antérieurement à la déclaration de sa faillite. — Aix, 2 mars 1853 [S. 53. 2. 229, P. 53. 2. 436, D. p. 53. 2. 129]

176. Jugé de même, que le failli peut poursuivre en appel, en cas d'inaction du syndic qui figurait en première instance, une action en dommages-intérêts contre un mandataire infidèle chargé de liquider sa situation et d'empêcher sa faillite, si d'ailleurs le failli demande que les dommages-intérêts soient versés aux mains du syndic pour profiter à la faillite. — Dijon, 24 déc. 1874 [S. 75. 2. 239, P. 75. 964]

177. Mais si, en un tel cas, les syndics s'approprient l'appel du failli et prétendent suivre l'instance ouverte sur cet appel, le vice prétendu de l'appel est couvert et l'intimé ne peut l'invoquer contre les syndics. — Aix, 2 mars 1853, précité. — *Sic*, Lyon-Caen et Renault, t. 7, n. 226.

178. Lorsque le failli a poursuivi l'instance sans que son adversaire se soit prévalu de son défaut de qualité, le jugement ainsi obtenu suit le même sort que les actes que le failli aurait passés postérieurement à sa faillite : il n'est pas opposable à la masse des créanciers; mais le failli ne peut personnellement en demander la nullité. — Jugé, en ce sens, que le commerçant, déclaré en faillite au cours d'une procédure d'appel qui a abouti à un arrêt de condamnation contre lui, ne peut se prévaloir contre l'arrêt d'une cause de nullité qui résulterait du défaut d'assistance du syndic, laquelle n'existerait qu'au regard de la masse des créanciers. — Cass., 18 juin 1900 [S. et P. 1900. 1. 492, D. p. 1900. 1. 415] — *Sic*, Lyon-Caen et Renault, t. 7, n. 223; Thaller, n. 1795.

B. *Intervention du failli.* — 179. Aux termes du dernier alinéa de notre article, le tribunal peut recevoir le failli partie intervenante, lorsqu'il le juge convenable. C'est là une faculté qui est laissée à la libre appréciation des juges, et, par suite, leur décision sur ce point ne peut donner ouverture au pourvoi en cassation. — Cass., 8 mai 1838 [S. 38. 1. 529, P. 38. 2. 228, D. *Rép.*, v° *Faillite*, n. 240]; 25 févr. 1857 [S. 62. 1. 233, *ad notam*, P. 58. 252, D. p. 57, 1. 113]; 25 févr. 1862 [S. 62. 1. 233, P. 62. 512, D. p. 62. 1. 299]; 17 juin 1868 [S. 68. 1. 437, P. 68. 1173, D. p. 71. 5. 187] — Douai, 20 déc. 1862 [S. 64. 2. 109, P. 64. 717]; 14 févr. 1863 [S. *Ibid.*, P. *Ibid.*] — *Sic*, Bédarride, t. 1, n. 84; Boulay-Paty, t. 1, n. 163; Massé, t. 2, n. 1200; Renouard, t. 1, p. 314; Alauzet, t. 7, n. 2468; Lyon-Caen et Renault, t. 7, n. 225; et notre *Rép. gén. alph. du dr. fr.*, v° *Faillite*, n. 850 et s.

180. Le failli qui est intervenu en première instance pourrait incontestablement interjeter appel, étant ainsi devenu partie au jugement qui termine cette instance. — *Sic*, Lyon-Caen et Renault, t. 7, n. 225. — Sur le principe en matière d'appel, V. *suprà*, n. 168 et s.

181. Mais le failli qui n'est pas intervenu en première instance serait-il recevable à intervenir pour la première fois en cause d'appel? La raison de douter provient de l'art. 466, C. proc. civ., qui n'admet l'intervention en appel qu'en faveur des tiers qui auraient le droit de former tierce opposition au jugement du premier degré : or il est certain que ce droit ne saurait appartenir au failli, attendu qu'il est représenté par les syndics dans les procès intentés par eux ou contre eux. Malgré cela, on décide en général que le failli peut demander à intervenir même pour la première fois en appel : notre article en effet, en accordant au failli la faculté d'intervenir, ne distingue pas suivant que l'instance est introduite devant une juridiction du premier degré ou devant une juridiction d'appel, et par suite il doit être considéré comme dérogeant à l'art. 466, C. proc. civ. — Douai, 20 déc. 1862, précité; 14 févr. 1863, précité. — *Sic*, Renouard, t. 1, n. 329; Bravard et Demangeat, t. 5, p. 139; Lyon-Caen et Renault, *loc. cit.*; Ruben de Couder, *v° cit.*, n. 203. — *Contrà*, Alauzet, t. 7, n. 2468.

182. Le tribunal compétent pour statuer sur la demande en intervention est, nécessairement, le tribunal saisi du litige. Ce tribunal sera le plus souvent le tribunal même qui a déclaré la faillite. Mais il n'en sera cependant pas toujours ainsi : si, par exemple, une action est exercée par le syndic devant le tribunal civil à raison de sa nature civile, c'est à ce tribunal qu'il appartiendra d'admettre ou de rejeter l'intervention du failli suivant les circonstances. — *Sic*, Lyon-Caen et Renault, *loc. cit.*

C. *Mesures conservatoires.* — 183. Le dessaisissement ayant uniquement pour but de protéger les créanciers contre les actes susceptibles de compromettre leur gage, il est incontestable que le failli peut valablement accomplir les actes, judiciaires ou extrajudiciaires, qui sont de nature à conserver ce gage. Notamment le failli peut seul, et sans l'intervention des syndics, faire dresser un protêt contre le débiteur d'un effet de commerce non payé à l'échéance. — *Sic*, Renouard, t. 1, p. 325; Pardessus, t. 3, n. 1176; Alauzet, t. 7, n. 2472; Lyon-Caen et Renault, t. 7, n. 226, *in fine*; et notre *Rép. gén. alph. du dr. fr.*, *v° cit.*, n. 827 et s.

184. Le failli peut également produire dans un ordre et demander collocation au profit de la masse des créanciers. — Rennes, 22 mars 1865 [S. 65. 2. 335, P. 65. 12. 143]

185. Il en est ainsi surtout si la sommation de produire a été faite au failli et non aux syndics. — Même arrêt.

186. Et l'intervention des syndics, afin de se substituer au failli et de défendre les intérêts de la masse dont ils sont seuls les représentants légaux, a valablement lieu par simples conclusions à l'audience. — Même arrêt.

187. De même, le failli peut valablement pratiquer une saisie-arrêt aux mains du débiteur de son débiteur, voire même la dénoncer au débiteur saisi et l'assigner en validité, conformément à l'art. 563, C. proc. civ. : ces formalités complémentaires de la saisie-arrêt participent de son caractère conservatoire et, dès lors, on ne saurait exciper contre le failli saisissant de son défaut de qualité pour exercer ses

actions en justice, alors surtout qu'il s'est abstenu de suivre l'audience sur l'instance en validité. — Paris, 24 déc. 1880 [D. P. 81. 2. 203]

188. Le failli peut également agir en justice à l'effet d'interrompre une prescription, ou d'empêcher une péremption d'instance. — Poitiers, 29 janv. 1829 [S. et P. chr., D. *Rép.*, *v° cit.*, n. 206-5°] — Bordeaux, 14 avr. 1840 [P. 40. 2. 151, D. *Ibid.*, n. 206-1°]

189. ... Ou encore signifier un jugement et faire ainsi courir le délai d'appel. — Lyon, 25 août 1828 [S. et P. chr., D. *Rép.*, *v° cit.*, n. 206-2°]

D. *Actions relatives aux droits attachés à la personne du failli.* — 190. Les droits qui présentent un caractère exclusivement ou même principalement moral ne font pas partie à proprement parler du patrimoine, et, à ce titre, ils ne sauraient être compris dans le dessaisissement résultant du jugement déclaratif de faillite. D'où il suit que le failli peut exercer seul, tant en demandant qu'en défendant, les actions qui sont relatives à ces droits, sauf aux syndics à intervenir dans l'instance, à l'effet de sauvegarder, s'il y a lieu, les intérêts de la masse des créanciers. — *Sic*, Renouard, t. 1, p. 293 ; Boulay-Paty, t, 1, n. 160 ; Laroque-Sayssinel, t. 1, sur l'art. 443, n. 59 ; Bédarride, t. 1, n. 84 *bis* ; Massé, t. 2, n. 1199 ; Alauzet, t. 7, n. 2471 ; Lyon-Caen et Renault, t. 7, n. 228 et s.; Thaller, n. 1785 ; Ruben de Couder, *v° cit.*, n. 192 et s. ; et notre *Rép. gén. alph. du dr. fr.*, *v° cit.*, n. 866 et s.

191. Ainsi le failli a seul qualité pour exercer les actions se rattachant aux droits de famille ou pour y défendre : actions en nullité de mariage, en divorce ou en séparation de corps, en désaveu de paternité, en destitution de tutelle en interdiction, en dation d'un conseil judiciaire. — *Sic*, Lyon-Caen et Renault, t. 7, n. 230 ; Thaller, n. 1788, *in fine*. — V. aussi notre *Rép. gén. alph. du dr. fr.*, v° *Divorce et séparation de corps*, n. 761 et s.

192. Spécialement, la femme du failli forme valablement sa demande en séparation de corps contre son mari, sans qu'il y ait lieu de mettre en cause le syndic de la faillite. — Paris, 28 août 1871 [S. 72. 2. 367, P. 73. 1095, D. P. 74. 5. 262] — Sur la séparation de biens, V. *infrà*, n. 209 et s.

193. Jugé cependant, que la femme d'un commerçant failli, demanderesse en séparation de corps, en pension alimentaire et en provision *ad litem*, peut mettre en cause le syndic, en tant que représentant la masse, sur laquelle doivent rejaillir les conséquences pécuniaires du jugement. — Nancy, 13 juin 1883 [S. 84. 2. 67, P. 84. 1. 348, D. *Rép.*, *Suppl.*, *v° cit.*, n. 465] — Sur la question de savoir si le syndic doit être condamné aux dépens, V. *infrà*, art. 565, n. 27 et s.

194. Le failli peut également exercer seul les actions qui intéressent sa considération ou son honneur. — Cass., 25 juin 1860 [S. 60. 1. 858, P. 60. 814, D. P. 60. 1. 286]; 17 juin 1865 [S. 65. 1. 462, P. 65. 1201, D. P. 65. 1. 401]; 10 mars 1879 [S. 79. 1. 465, P. 79. 1209, D. P. 79. 1. 354] — Dijon, 24 déc. 1874 [S. 75. 2. 239, P. 75. 964]

195. Spécialement, un failli peut lui-même soutenir en justice qu'il a été révoqué d'un emploi contrairement au contrat qui le lui conférait et réclamer sa réintégration dans ses fonctions ou des dommages-intérêts. — Cass., 25 juin 1860, précité.

196. De même, le failli a qualité pour exercer, directement et personnellement, contre un coassocié, une action en abus de confiance à raison de détournements qui ont compromis, non seulement les intérêts sociaux, mais aussi la considération et l'honneur du plaignant. — Cass., 17 juin 1854, précité.

197. Pour les mêmes motifs, le failli peut exercer seul toute action en réparation d'un délit quelconque commis à son préjudice, les actions *ex delicto* ayant un caractère essentiellement personnel, malgré le profit pécuniaire que la condamnation peut procurer au plaignant : les intérêts de la masse, en pareil cas, sont suffisamment sauvegardés par le droit d'intervention du syndic, et il n'est pas nécessaire que le syndic soit mis en cause pour que le jugement soit opposable à la masse. — Paris, 25 janv. 1887 [D. P. 87. 2. 132]; 18 mai 1888 [D. *Rép.*, *Suppl.*, *v° cit.*, n. 467] — *Contrà*, Lyon-Caen et Renault, t. 7, n. 231.

198. Spécialement, le failli a qualité pour exercer seul une action en contrefaçon, soit d'une œuvre littéraire ou artistique, soit d'un brevet, d'une marque, d'un dessin ou d'un modèle industriel. — Paris, 18 mars 1897 [*Gaz. du Pal.*, 97. 1. 701] — Trib. comm. Seine, 18 mai 1855 [*J. des faill.*, 1855, p. 70] — V. aussi notre *Rép. gén. alph. du dr. fr.*, v° *Contrefaçon*, n. 331 et s

199. Mais le failli ne pourrait pas exercer seul devant les tribunaux de répression une action civile tendant à la constatation d'un droit de créance et à la liquidation de la créance reconnue. — Paris, 25 juin 1901 [D. P. 1901. 2. 422]

200. Et il importe peu à cet égard, que la faillite ait été clôturée pour insuffisance d'actif. — Même arrêt. — Sur la clôture de la faillite pour insuffisance d'actif, V. *infrà*, art. 527.

201. Le failli ne peut pas non plus, sans l'assistance de son syndic, prendre devant la Cour, comme partie civile, des conclusions sur l'appel interjeté par le prévenu. — Même arrêt.

202. A l'inverse, les actions civiles nées d'une infraction pénale commise par le failli peuvent être exercées contre le failli seul, sans qu'il puisse leur opposer une exception dilatoire tirée de ce que le syndic n'aurait pas été mis en cause. — Cass., 9 mai 1846 [S. 46. 1. 844, D. P. 46. 1. 316] ; 14 mai 1861 [S. 71. 1. 255, P. 71. 767, D. P. 70. 1. 437] — *Contrà*, Lyon-Caen et Renault, *loc. cit.*

203. Il faut également ranger parmi les actions exclusivement attachées à la personne l'action en révocation d'une donation pour cause d'ingratitude : malgré ses conséquences pécuniaires, cette action présente un caractère moral que le donateur peut seul personnellement apprécier. — *Sic*, Lyon-Caen et Renault, t. 7, n. 232 ; Renouard, t. 1, p. 312 ; Bravard et Demangat, t. 5, p. 127.

204. De même, au cas où le failli est donataire, l'action en révocation devra être poursuivie contre lui. Mais la condamnation ne pourra être exécutée à l'encontre de la masse que si les faits d'ingratitude sont antérieurs au jugement déclaratif de faillite. Si au contraire les faits d'ingratitude sont postérieurs à ce jugement, la condamnation du failli ne sera pas opposable à la masse : par suite du dessaisissement, en effet, le failli ne peut diminuer son actif, au regard de la masse, ni par ses actes licites, ni par ses actes illicites. — *Sic*, Lyon-Caen et Renault, t. 7, n. 232 ; Demangeat, sur Bravard, t. 5, p. 122, note.

205. Le failli pourrait également, dans le cas où il aurait exercé un nouveau commerce après sa

faillite, agir seul en justice pour l'exécution des marchés passés par lui dans ce nouveau commerce. — V. *suprà*, n. 42 et s.

206. De même, une action en dommages-intérêts, qui aurait son principe dans la mort d'une personne, n'a jamais pu faire partie du patrimoine de la personne homicidée. — Cette action ne peut donc être exercée par le syndic de cette personne déclarée en faillite, ni comme représentant le failli, ni comme exerçant les droits des créanciers. — Trib. Seine, 9 janv. 1879 [S. 81. 2. 21, P. 81. 1. 220, et la note de M. Labbé, D. *Rép.*, *Suppl.*, *v° cit.*, n. 467]

207. Mais on ne doit considérer comme des actions attachées à la personne, ni l'action en révocation d'une donation pour inexécution des charges, ni même l'action en révocation pour survenance d'enfants ; ces actions ne peuvent donc être exercées que par le syndic ou contre lui. — *Sic*, Lyon-Caen et Renault, t. 7, n. 233.

208. Jugé également, que le failli est incapable de consentir, en sa qualité de légataire universel ou d'héritier à réserve, la délivrance des legs résultant d'un testament olographe : il n'y a pas là pour le failli un de ces droits exclusivement personnels dont il conserve l'exercice. — Orléans, 21 janv. 1876 [S. 76. 2. 44, P. 76. 219, D. *Rép.*, *Suppl.*, *v° cit.*, n. 458]

209. Le caractère de la demande en séparation de biens est plus douteux, et la question de savoir contre qui cette demande doit être exercée est vivement controversée. Les uns s'attachent avant tout au caractère moral que présente cette demande et décident, en conséquence, qu'elle doit être exercée contre le mari seul, sauf au syndic à intervenir. — *Sic*, Massé, t. 2, p. 1199 ; Geoffroy, *Code prat. de la faill.*, p. 24.

210. Un autre opinion considère de préférence les résultats pécuniaires de la demande en séparation de biens et en conclut qu'elle doit être poursuivie contre les syndics, comme toute autre action intéressant le patrimoine du failli, sauf à ce dernier à intervenir avec l'autorisation du tribunal. — Paris, 22 mai 1876 [S. 77. 2. 52, P. 77. 240, D. P. 76. 2. 224] — *Sic*, Boistel, n. 913 ; Bravard et Demangeat, t. 5, p. 124 ; Lyon-Caen, note sous Paris, 13 mars 1879 [S. 80. 2. 17, P. 80. 104]

211. D'après l'opinion la plus générale, la femme qui demande la séparation de biens doit assigner en même temps son mari et le syndic : le mari, à raison de l'intérêt moral qu'il peut avoir à conserver l'administration des biens de la femme et à rester le chef de la communauté ; le syndic, à raison de la répercussion que va produire sur l'actif de la faillite le jugement de séparation de biens et la liquidation des reprises de la femme qui en est la conséquence. — Cass., 11 juin 1877, sol. impl. [S. 78. 1. 465, P. 78. 1209, D. P. 77. 1. 502] ; 23 févr. 1880, sol. impl. [S. 80. 1. 248, P. 80. 589, D. P. 80. 1. 337] ; 11 déc. 1895, sol. impl. (trois arrêts) [S. et P. 96. 1. 37, D. P. 97. 1. 17] — Bourges, 24 mai 1826 [S. et P. chr.] — Paris, 13 mars 1879 [S. 80. 2. 17, P. 80. 104, D. P. 79. 2. 264] ; 3 avr. 1890 [D. P. 90. 2. 34] — Bordeaux, 12 déc. 1891 [S. et P. 92. 2. 77] — *Sic*, Pardessus, t. 3, n. 1177 ; Laroque-Sayssinel et Dutruc, t. 1, n. 220 ; Lyon-Caen et Renault, t. 7, n. 234 ; Thaller, n. 1788 ; Ruben de Couder, *v° cit.*, n. 199, et *Suppl.*, *eod. v°*, n. 146 ; et notre *Rép. gén. alph. du dr. fr.*, v° *Faillite*, n. 885 et s. — Sur la question de savoir si les frais de l'instance en séparation de biens doivent être mis à la charge du mari ou à la charge des syndics et employés par lui en frais de syndicat, V. *infrà*, art. 565, n. 17 et s.

212. En conséquence, est nul le jugement de séparation de biens prononcé contre le syndic de la faillite, sans que le mari ait été assigné ou ait figuré dans l'instance. — Bordeaux, 11 déc. 1891, précité.

213. Et les créanciers du mari peuvent se prévaloir de cette nullité contre la femme. — Même arrêt.

214. Mais une fois que le jugement de séparation de biens a été prononcé, l'exécution de ce jugement doit être poursuivie contre le syndic seul, sans qu'il soit nécessaire de mettre en cause le mari : dans ce cas, en effet, l'action de la femme tend uniquement à obtenir le paiement de ses reprises et elle présente ainsi un caractère exclusivement pécuniaire. — Trib. sup. de Cologne, 1er mars 1899 [S. et P. 1902. 4. 30]

215. Spécialement jugé, que l'acte par lequel un failli abandonne ses immeubles à sa femme pour la remplir de ses reprises matrimoniales est nul, s'il a été passé par le mari seul et sans l'assistance du syndic de la faillite : il ne saurait suffire pour la validité de cet acte que le syndic ait été sommé d'assister aux opérations de la liquidation notariée desdites reprises. — Cass., 27 juin 1899 [D. P. 99. 1. 500]

216. D'autre part, le syndic ne peut, dans une instance en séparation de biens, opposer au nom du failli étranger l'exception d'incompétence fondée sur l'extranéité de ce dernier et décliner en son nom la compétence du tribunal français devant lequel la femme a porté sa demande. — Nancy, 23 mai 1900 [D. P. 1900. 2. 497]

217. Mais il est recevable à arguer de cette incompétence au nom de la masse dont il est le représentant et qui a le droit d'intervenir dans l'instance comme créancière du mari. — Même arrêt.

218. Et il en est ainsi, alors même que le mari aurait conclu au fond devant ledit tribunal et acquiescé ainsi à sa juridiction. — Même arrêt.

§ 7. *Exercice des droits et actions des créanciers.*

A. *Suspension du droit d'action individuelle des créanciers.* — 219. A partir du jugement déclaratif de faillite, les créanciers forment une masse qui est représentée par les syndics et ils ne peuvent plus exercer aucune action individuelle pour réclamer le paiement de ce qui leur est dû : leur droit d'action individuelle est remplacé par la faculté de produire dans la faillite, conformément à la procédure de la vérification des créances. — *Sic*, Lyon-Caen et Renault, t. 7, n. 251 ; Thaller, n. 1879 ; Bravard et Demangeat, t. 5, p. 131 ; Boistel, n. 920 ; et notre *Rép. gén. alph. du dr. fr.*, v° *Faillite*, n. 899 et s. — Sur la procédure de la vérification des créances, V. *infrà*, art. 491 et s.

220. Un créancier ne pourrait pas même continuer une instance commencée avant le jugement déclaratif de faillite : cette instance est arrêtée de droit, sauf au créancier à produire dans la faillite, et par suite, il ne saurait y avoir lieu à reprise d'instance au nom du syndic. — *Sic*, Thaller, n. 1880 et 1881.

221. D'autre part, les créanciers sont également représentés par le syndic, en ce sens que, depuis le

jugement déclaratif de la faillite jusqu'au jugement qui en prononce la clôture, le syndic est seul investi du droit d'exercer les actions qui intéressent la masse et qui ont pour but de diminuer le passif ou d'augmenter l'actif, sans que les créanciers puissent agir ou intervenir individuellement, sauf à porter devant le juge-commissaire leurs réclamations ou leurs plaintes. — Cass., 10 nov. 1890 [S. 91. 1. 241, P. 91. 1. 593, D. P. 92. 1. 8] ; 12 mars 1900 [S. et P. 1900. 1. 392, D. P. 1900. 1. 271] — *Sic*, Lyon-Caen et Renault, t. 7, n. 251 et s. ; Thaller, n. 1872 et s. — V. cependant sur la question de savoir si les créanciers, individuellement, peuvent poursuivre une instance en contredit, *infrà*, art. 494, n. 1 et s.

222. En conséquence, le syndic a seul qualité pour exercer, du chef du failli, par application de l'art. 1166, C. civ., les droits et actions dont il aurait négligé de faire usage. — Cass., 18 févr. 1863, motifs [S. 63. 1. 285, P. 63. 337, D. P. 63. 1. 149] ; 11 août 1885 [S. 87. 1. 473, P. 87 1. 1162, D. P. 86. 1. 52] ; 23 juill. 1889 [S. 91. 1. 212, P. 91. 1. 513, D. P. 91. 1. 53] — *Sic*, Renouard, t. 1, p. 314 ; Bravard et Demangeat, t. 5, p. 129 ; Lyon-Caen et Renault, t. 7, n. 227 ; Thaller, n. 1873 ; et notre *Rép. gén. alph. du dr. fr.*, v° *cit.*, n. 908 et s.

223. Spécialement, le créancier d'un failli est sans qualité pour exercer, du chef du failli et en vertu de l'art. 1166, C. civ., une action en nullité d'une société dont le failli, son débiteur, faisait partie, ou une action en responsabilité contre les fondateurs de cette société. — Cass., 23 juill. 1889, précité.

224. ... Alors surtout que cette action a pour base un préjudice commun à tous les créanciers composant la masse et non un préjudice personnel à ce créancier. — Même arrêt.

225. Le syndic a également seul qualité, en tant que représentant de la masse, pour faire prononcer la nullité d'une convention comme contraire aux art. 446 et 447, C. comm. — Cass., 17 juill. 1861 [S. 62. 1. 374, P. 62. 122, D. P. 62. 1. 118] ; 2 avr. 1866 [S. 66. 1. 388, P. 66. 1059] ; 1er juill. 1895 [S. et P. 95. 1. 279] — Grenoble, 1er juin 1865 [S. 65. 2. 332, P. 65. 1237, D. P. 65. 2. 182] — Dijon, 27 déc. 1871 [D. P. 74. 2. 237] — Paris, 29 déc. 1887 [D. P. 90. 1. 194] — *Sic*, Lyon-Caen et Renault, t. 7, n. 312-*a* et 473 ; Thaller, n. 1873 ; et notre *Rép. gén. alph. du dr. fr.*, v° *cit.*, n. 909 et s.

226. En conséquence, si le syndic, après avoir demandé, en première instance, la nullité de ces conventions, n'a pas interjeté appel du jugement qui l'a débouté de sa demande, la femme du failli n'est pas recevable, comme créancière de ses reprises, à demander la cassation de ce jugement. — Cass., 17 juill. 1861, précité.

227. De même, lorsque le syndic a laissé son droit d'appel s'éteindre par l'expiration du délai légal, ce droit ne peut, sous aucun prétexte, renaître en sa personne par l'effet de l'appel d'un créancier. En conséquence, ne sauraient être déclarés recevables l'appel du créancier et l'intervention du syndic. — Cass., 1er avr. 1895, précité.

228. Est également irrecevable, faute de qualité, l'appel interjeté par certains créanciers, et non par le syndic, contre un jugement ayant rejeté une demande du syndic en rapport à la masse de marchandises cédées par le failli après la cessation de ses paiements. — Montpellier, 6 juill. 1894, sous Cass., 18 janv. 1897 [S. et P. 98. 1. 231, D. P. 99. 1. 314] ; 6 juill. 1898 [D. P. 99. 1. 314]

229. Jugé, dans le même sens, que le syndic d'une faillite est recevable à former tierce opposition au jugement qui, dans un ordre ouvert, avant la déclaration de la faillite, pour la distribution du prix des immeubles du failli, a admis des collocations, en vertu d'hypothèques frappées de nullité par l'art. 446, C. comm., la masse des créanciers n'ayant pas été, en ce cas, représentée par le débiteur. — Cass., 27 avr. 1869 [S. 69. 1. 253, P. 69. 629, D. P. 69. 1. 331]

230. Les syndics, lorsqu'ils agissent en vertu du droit propre qu'ils puisent dans les art. 446 et 447, C. comm., ne peuvent être considérés comme de simples ayants cause du failli, auxquels il est permis d'opposer tous les actes opposables à celui-ci. — Cass., 27 janv. 1886 [S. 87. 1. 293, P. 87. 1. 729, D. P. 86. 1. 373] — V. aussi Cass., 1er juill. 1857 [S. 58. 1. 206, P. 58. 951, D. P. 57. 1. 438]

231. Mais si les syndics ont seuls qualité pour demander la nullité des actes faits contrairement aux art. 446 et 447, C. comm., on décide généralement que les créanciers du failli n'en ont pas moins, individuellement, en vertu de l'art. 1167, C. civ., le droit d'arguer de nullité, pour cause de fraude, les obligations souscrites par leur débiteur. — Cass., 13 nov. 1867 [S. 68. 1. 116, P. 68. 273, D. P. 68. 1. 212] — Orléans, 16 janv. 1861 [D. P. 61. 5. 225] — *Sic*, Alauzet, t. 7, n. 2526 est 2533 ; Massé, t. 2, n. 1226 ; Lyon-Caen et Renault, t. 7, n. 312-*a* ; Ruben de Couder, v° *cit.*, n. 284 ; Boistel, n. 941. — *Contrà*, Thaller, n. 1873.

232. Et la décision qui, à la requête d'un créancier, rejette une créance comme frauduleuse et sans cause, profite à la masse (Sol. implic.). — Cass., 13 nov. 1867, précité.

233. Le droit de contestation des créanciers à l'égard des privilèges prétendus au préjudice de la masse n'est pas d'ailleurs limité au cas où il s'agit d'actes viciés de dol ou de fraude, ou bien d'actes déclarés nuls ou annulables par les art. 446 et 447, C. comm. ; les créanciers peuvent se prévaloir contre le créancier privilégié du défaut d'accomplissement des conditions requises pour l'exercice du privilège. — Dès lors le syndic, représentant la masse des créanciers, a qualité pour contester le nantissement réclamé par l'un d'eux comme n'ayant pas été réalisé conformément à la loi. — Cass., 9 juill. 1877 [S. 77. 1. 369, P. 77. 934, D. P. 77. 1. 417]

234. Mais le syndic, ne pouvant agir que comme représentant de la masse et uniquement dans l'intérêt de celle-ci, est sans qualité pour invoquer contre un créancier un privilège existant en faveur d'une certaine classe de créanciers, et qui ne profiterait en rien à la masse. — Même arrêt.

235. De ce que le syndic représente la masse des créanciers, il résulte encore que, lorsque, par suite de prêts sur gage, n'ayant rien eu de sérieux, un crédit momentané a été procuré à un commerçant qui en a profité pour tromper les tiers, et que la responsabilité civile du prêteur, vis-à-vis de la faillite de l'emprunteur, s'est ainsi trouvée engagée, les dommages-intérêts qui peuvent être dus de ce chef devant être répartis entre les créanciers du failli (même ceux qui ont traité avec le failli après la faute commise), le syndic a qualité pour former la demande. — Paris, 21 nov. 1881 [S. 83. 2. 114, P. 83. 1. 679]

236. Le syndic représente la masse des créanciers, hypothécaires ou chirographaires, dans tous les cas du moins où ceux-ci n'ont pas des intérêts opposés ou contraires, ou des moyens qui leur soient personnels ; et, dans ce cas, ce qui est jugé contre lui au profit d'un des créanciers est réputé jugé avec tous. — Cass., 12 mars 1873 [S. 73. 1. 398, P. 73. 973]

237. Spécialement, un créancier hypothécaire ne peut, dans l'ordre, contester l'existence et le chiffre de la créance d'un autre créancier, alors que cette créance a été admise à la faillite en exécution d'un jugement rendu contre le syndic. — Même arrêt.

238. Le syndic d'une faillite représente aussi tous les créanciers chirographaires et hypothécaires dans un litige relatif à la validité d'une donation faite au failli. — Cass., 26 août 1872 [S. 72. 1. 366, P. 72. 983, D. P. 72. 1. 403]

239. En conséquence, la tierce opposition formée par un créancier chirographaire ou hypothécaire au jugement qui, statuant contre le syndic, prononce la nullité d'une telle donation, n'est pas recevable, alors qu'il est constant que le syndic a défendu à la demande formée en sa présence et qu'aucun acte de collusion frauduleuse n'est relevé contre lui. — Même arrêt. — V. aussi, Cass., 28 mai 1889, motifs [S. et P. 92. 1. 397, D. P. 90. 1. 385]

240. Jugé, dans le même ordre d'idées, que le jugement rendu entre le syndic d'une faillite et un tiers consignataire de marchandises appartenant au failli, qui, reconnaissant à ce consignataire la qualité de créancier privilégié sur lesdites marchandises, en a, par suite, affecté la valeur au remboursement de sa créance, est opposable comme ayant autorité de chose jugée au porteur d'une lettre de change tirée par le failli sur le consignataire, en sorte que ce porteur ne peut plus réclamer son paiement sur le prix des marchandises considérées comme constituant une provision à lui acquise, alors que, la lettre de change n'ayant pas été acceptée par le tiré, le porteur de l'effet n'a aucun droit direct et personnel contre lui : en un tel cas, le porteur de l'effet a été valablement représenté dans l'instance par le syndic de la faillite du tireur. — Cass., 1er juin 1858 [S. 58. 1. 807, P. 58. 806, D. P. 58. 1. 387] — Sur la question de savoir si le porteur est propriétaire de la provision, V. *suprà*, art. 116, n. 74 et s.

241. Mais les syndics d'une faillite ne représentent pas les créanciers ayant hypothèque sur les immeubles du failli dans les actes où l'intérêt particulier de ces créanciers est en opposition avec celui de la masse des créanciers du failli. — Caen, 28 nov. 1825 [S. 51. 2. 641, en note, D. *Rép.*, v° *Faillite*, n. 1173-1°] — Orléans, 13 mai 1851 [S. 51. 2. 722, P. 51. 1. 638, D. P. 52. 2. 177] — Colmar, 8 déc. 1868 [S. 70. 2. 41, P. 70. 215, D. *Rép.*, *Suppl.*, v° *cit.*, n. 1052] — Trib. de Sedan, 27 août 1851 [S. 51. 2. 641, D. P. 52. 2. 152]

242. Spécialement, lorsque les syndics, agissant en vertu de l'art. 572, C. comm., ont fait vendre un immeuble qui avait été précédemment adjugé au failli, et dont le prix n'était pas encore payé, cette revente ne rend pas les créanciers, inscrits sur cet immeuble du chef du précédent propriétaire, non recevables à en poursuivre la folle enchère contre les syndics. — Orléans, 13 mai 1851, précité.

243. De même, les créanciers privilégiés ont qualité pour demander la modification des clauses d'un cahier des charges dressé par le syndic, qui porteraient atteinte à leurs droits. — Colmar, 8 déc. 1868, précité.

244. D'autre part, les syndics ne représentent pas non plus les créanciers chirographaires dans le cas ou ceux-ci ont des intérêts particuliers, distincts de ceux de la masse ou qui leur sont opposés. — Sur le droit pour les créanciers de former individuellement des contredits, V. *infrà*, art. 494, n. 1 et s. — Sur le droit de former des réclamations contre la gestion des syndics et de demander leur révocation. V. *infrà*, art. 466-467. — Sur le droit de former opposition ou d'interjeter appel contre le jugement déclaratif de faillite et contre le jugement fixant la date de la cessation des paiements, V. *infrà*, art. 580-581.

245. Il y a lieu de faire application de ces règles à la faillite des sociétés et, par suite, de distinguer les actions qui intéressent la masse des créanciers et celles qui intéressent seulement tels ou tels créanciers individuellement : les premières ne peuvent être exercées que par les syndics en leur qualité de représentants de la masse ; les autres peuvent être exercées par chacun des créanciers intéressés. — V. notre *Rép. gén. alph. du dr. fr.*, v° *Faillite*, n. 978 et s.

246. Ainsi, c'est au syndic qu'il appartient d'exercer l'action en paiement du non versé sur les actions. — Spécialement jugé, à cet égard, que le syndic de la faillite d'une société en commandite a qualité pour demander au commanditaire le versement de sa commandite. — Cass., 4 janv. 1887 [S. 90. 1. 387, P. 90. 1. 944, D. P. 87. 1. 124] — V. aussi Pont, *Sociétés*, t. 2, n. 1450; Vavasseur, *Sociétés*, t. 1, n. 326 ; Bravard et Demangeat, t. 1, p. 242; Boistel, n. 210 et 228; Lyon-Caen et Renault, t. 8, n. 1180. — Sur la question de savoir si la faillite a pour effet de rendre exigibles de plein droit les versements qui restent dus par les commanditaires ou actionnaires, V. *suprà*, *Appendice* II au liv. I, tit. 3, la loi du 24 juill. 1867, art. 3, n. 37 et s.

247 De même, le syndic de la faillite d'une société en commandite a qualité, exclusivement aux créanciers, pour exercer contre des commanditaires l'action en responsabilité solidaire à raison d'actes d'immixtion de leur part dans l'administration de la société. — Cass., 13 févr. 1864 [S. 64. 1. 65, P. 64. 547, D. P. 64. 1. 89] — Paris, 26 mars 1840 [S. 40. 2. 250, P. 40. 1. 704, D. *Rép.*, v° *Société*, n. 1361-4°] — Lyon, 22 févr. 1866 [S. 67. 2. 22, P. 67. 108] — Sur l'immixtion des commanditaires dans la gestion, V. *suprà*, art. 27-28, n. 1 et s.

248. Dès lors, il peut valablement transiger sur cette action au nom de la masse, et la transaction par lui consentie est opposable à tous les créanciers, même à ceux qui auraient exercé une action individuelle contre les commanditaires. — Mêmes arrêts.

249. De même encore, le syndic peut agir, comme représentant de la masse, en nullité de la société pour inobservation des conditions requises par les art. 1 et s. de la loi du 24 juill. 1867. — Cass., 23 juill. 1889, motifs [S. 91. 1. 212, P. 91. 1. 513, D. P. 91. 1. 53] — *Sic*, Renouard, t. 1, p. 314 ; Alauzet, t. 7, n. 2476. — V. cependant Lyon-Caen et Renault, t. 8, n. 1182.

250. Il peut également exercer l'action en responsabilité contre les fondateurs et les premiers administrateurs à raison de cette nullité. — Cass., 27 janv. 1873 [S. 73. 1. 163, P. 73. 383, D. P. 73. 1.

331]; 25 févr. 1879 [S. 81. 1. 461, P. 81. 1. 1187, D. P. 80. 1. 20]; 11 nov. 1885 [D. P. 89. 1. 59]; 23 juill. 1889, motifs, précité.

251. Il en serait de même de l'action exercée contre un tiers, à raison du préjudice éprouvé par les créanciers à l'occasion de la fondation de la société. Jugé en ce sens, qu'il suffit que l'action introduite par le syndic au nom de la masse ait pour objet l'augmentation de l'actif, gage commun de tous les créanciers, pour que la masse créancière tout entière soit intéressée au succès de cette action, sans qu'il y ait à distinguer entre les différentes catégories de créanciers. — Cass., 5 mai 1886 [S. 86. 1. 311, P. 86. 1. 743, D. P. 87. 1. 481]

252. Spécialement, est recevable l'action en dommages-intérêts exercée par le syndic d'une société faillie contre la chambre syndicale des agents de change de Paris, et fondée sur ce que l'admission à la cote officielle, tant des actions que des obligations émises par ladite société, aurait été accordée irrégulièrement, et, en tout cas, dans des conditions telles que le plus simple accomplissement du devoir d'examen et de contrôle imposé à la chambre syndicale eût suffi pour faire refuser l'admission à la cote, et, par suite, pour éviter tant à la société qu'à la masse des créanciers les pertes résultant de cette admision; encore bien d'ailleurs que tous les créanciers de la société, à cause de la différence dans la date de négociation des titres, n'aient pas un intérêt dans la réparation du préjudice qu'aurait causé l'admission imprudente à la cote officielle de la Bourse. — Même arrêt. — Sur la responsabilité de la Chambre syndicale à raison de l'admission d'une valeur à la cote officielle, V. *suprà*, art. 74, n. 60 et s.

253. En ce qui concerne les actions ci-dessus énumérées, les créanciers sociaux ne pourraient même pas les exercer personnellement dans la mesure de leur intérêt propre, en cas d'inaction du syndic, sauf à eux à demander la révocation du syndic négligent. — Cass., 11 nov. 1885, précité. — Orléans, 20 mars 1884 [S. 85. 2. 145, P. 85 1. 812, D. P. 86. 2. 85] — Pau, 26 déc. 1872, sous Cass., 21 déc. 1875 [S. 79. 1. 97, P. 79. 2. 41, D. P. 77. 1. 17] — *Contrà*, Lyon-Caen et Renault, t. 8, n. 1185; Labbé, note sous Cass., 21 déc. 1875 [S. 79. 1. 97, P. 79. 2. 41]

254. En tout cas, et en admettant même que les créanciers puissent exercer individuellement les dites actions en cas d'inaction du syndic, il est certain que le syndic en conserve la libre disposition et qu'il peut toujours les éteindre par une transaction ou par un désistement. — Cass., 21 déc. 1875, précité. — Pau, 26 déc. 1872, précité. — Paris, 30 juin 1883, sous Cass., 23 févr. 1885 [S. 85. 1. 337, P. 85. 1. 849, D. P. 85. 2. 18]

255. A l'inverse, les créanciers sociaux peuvent exercer individuellement et à l'exclusion du syndic, les actions qui ont pour objet la réparation du préjudice qui leur aurait été personnellement causé par les agissements frauduleux des administrateurs de la société. — V. à cet égard les arrêts cités *suprà*, *Appendice* II au liv. I, tit. 3, loi du 24 juill. 1867, art. 17, n. 64 à 66. — *Adde*, Cass., 16 janv. 1878 [D. P. 79. 1. 209]

256. D'autre part, en cas de faillite d'une société en nom collectif ayant entraîné la faillite personnelle des associés, la nomination d'un seul syndic pour ces diverses faillites, n'en laisse pas moins subsister autant de masses distinctes qu'il y a de faillites, de telle sorte que le syndic ne peut représenter que la masse des créanciers sociaux toutes les fois qu'il y a opposition d'intérêts entre ces créanciers sociaux et les créanciers personnels des associés faillis : ceux-ci pourront donc agir individuellement pour la défense de leurs droits. — Décidé, en ce sens, que la chose jugée avec le syndic d'une faillite ne saurait être opposée aux créanciers qui ont des intérêts contraires à ceux de la masse ou complètement distincts. Spécialement, le créancier personnel d'un failli, lequel failli est membre d'une société également en faillite, peut, sans qu'on puisse lui opposer l'exception de la chose jugée, réclamer, en se fondant sur ce que la société est elle-même sa débitrice, son admission à la faillite de cette société, à son profit exclusif et personnel, alors même que le syndic de la faillite personnelle de l'associé a vainement demandé cette même admission au profit de la masse. — Cass., 28 mai 1889 [S. et P. 92. 1. 397, D. P. 90. 1. 385]

B. *Droit d'intervention des créanciers.* — 257. Les créanciers, comme le failli, peuvent faire tous les actes conservatoires de leurs droits, en dehors du syndic ou contre le syndic : ces actes en effet ne sauraient entraver l'administration de la faillite. — Spécialement, un créancier peut, à défaut du syndic, signifier les jugements rendus dans le cours de la faillite à l'effet de faire courir les délais d'appel. — Paris, 19 août 1852 [S. 52. 2. 518, P. 52. 2. 699, D. P. 53. 2. 70] — Nîmes, 13 juin 1853 [D. P. 53. 2. 207]

258. Mais c'est une question qui a longtemps divisé la jurisprudence que celle de savoir si les créanciers peuvent intervenir dans les instances dirigées par les syndics. Une première opinion accorde ce droit aux créanciers, conformément aux principes généraux du Code de procédure civile : aucun texte en effet ne déroge ici à ces principes, et, d'autre part, il n'y a point de motif pour repousser une intervention que les créanciers font à leurs frais et qui ne présente que des avantages pour la solution du procès. — Cass., 30 déc. 1856 [S. 57. 1. 830, P. 57. 768, D. P. 57. 1. 203] — Riom, 8 mars 1855 [D. P. 55. 2. 216] — Agen, 22 nov. 1880 [D. P. 82. 221] — Poitiers, 26 juill. 1886 [D. P. 89. 1. 255] — Pau, 19 mars 1888 [D. P. 89. 2. 215] — Paris, 12 juill. 1889 [D. P. 90. 2. 177] — *Sic*, Alauzet, t. 7, n. 2475; Ruben de Couder, v° *Faillite*, n. 247 et s.; Boistel, note sous Paris, 12 juill. 1889 [D. P. 90. 2. 178]; J. Appleton, note sous Trib. civ. de Lille, 19 juin 1895 [D. P. 96. 2. 353]

259. La jurisprudence actuelle de la Cour de cassation se prononce pour l'opinion opposée. Partant de ce principe que, depuis le jugement déclaratif de faillite jusqu'au jugement qui en prononce la clôture, le syndic représente la masse des créanciers, et est seul investi du droit d'exercer les actions intéressant cette masse, elle décide que les créanciers ne peuvent agir, ni intervenir individuellement dans les instances engagées ou soutenues par le syndic, sauf à porter devant le juge-commissaire leurs réclamations ou leurs plaintes. — Cass., 22 déc. 1835 [S. 36. 1. 149, P. chr., D. *Rép.*, v° *Faillite*, n. 561]; 10 nov. 1890 [S. 91. 1. 241, P. 91. 1. 593 et la note de M. Labbé, D. P. 92. 1. 8]; 12 mars 1900 [S. et P. 1900. 1. 392, D. P. 1900. 1. 271] — Caen, 30 mai 1899 [D. P. 1900. 2. 508] — Paris, 24 déc. 1849 [S. 53. 2. 227, P. 50. 1. 587, D. P. 50. 2. 196]; 12 déc. 1855 [S. 56. 2. 229, P. 56. 2. 107] — Poitiers,

20 janv. 1853 [D. P. 55. 2. 23] — Trib. civ. de Lille, 19 juin 1895 [D. P. 96. 2. 353] — *Sic*, Renouard, t. 1, p. 315; Lyon-Caen et Renault, t. 7, n. 227; Thaller, n. 1877 ; Cabouat, note sous Caen, 20 juill. 1887 [*Ann. de dr. comm.*, 88. 1. 24]; et notre *Rép. gén. alph. du dr. fr.*, *v° cit.*, n. 931 et s.

260. Spécialement, les créanciers ne peuvent pas intervenir dans une demande en homologation d'une transaction régulièrement consentie par le syndic, dans le but de s'opposer à cette homologation. — Paris, 12 déc. 1855, précité.

261. Il n'en serait autrement et l'intervention des créanciers ne serait recevable que si, d'après la nature et l'objet de la contestation, ou à raison des circonstances de la cause, les créanciers intervenants avaient des intérêts particuliers distincts de ceux de la masse ou invoquaient des moyens spéciaux ou personnels. — Cass., 11 nov. 1890, précité ; 12 mars 1900, précité.

262. Spécialement jugé, dans ce sens, que les créanciers hypothécaires du failli sont recevables à intervenir personnellement dans l'instance ouverte sur une demande en nullité de leurs hypothèques : ils n'y sont pas représentés par les syndics de la faillite. — Colmar, 13 mars 1850 [S. 51. 2. 540, P. 51. 1. 210]

263. Il en est ainsi surtout au cas d'une demande formée par un coobligé du failli en nullité d'une hypothèque consentie par les deux obligés sur leurs immeubles. — Même arrêt.

264. Pareillement, le syndic de la faillite a qualité pour intervenir dans l'instance sur une telle demande. — Même arrêt.

265. A plus forte raison, les créanciers ne seraient pas recevables à intervenir en cause d'appel, à moins qu'ils n'aient des intérêts opposés ou distincts de ceux de la masse : ces créanciers, en effet, ne pourraient pas former tierce opposition contre le jugement du premier degré, attendu qu'ils ont été représentés dans l'instance par les syndics; or, d'après l'art. 466, C. proc. civ., aucune intervention ne peut être admise en appel si ce n'est de la part de ceux qui auraient le droit de former tierce-opposition. — Paris, 3 juill. 1880 [D. P. 82. 2. 62] ; 26 nov. 1889 [D. P. 90. 2. 249 et la note de M. Boistel] — V. sur le principe notre *Rép. gén. alph. du dr. fr.*, v° *Appel* [mat. civ.], n. 1819 et s.

266. Jugé à cet égard, qu'un créancier peut intervenir pour la première fois en appel sur la demande en rapport formée par le syndic d'une faillite contre un autre créancier, lorsqu'il est établi que l'intervenant est créancier du failli au même titre que celui auquel le rapport est demandé, qu'il a été partie au même contrat, qu'il a reçu comme les appelants, postérieurement à la date du rapport de la faillite, le paiement d'une partie de sa créance. La situation vis-à vis de la faillite étant la même que celle des appelants, il est directement intéressé à la solution des questions litigieuses que l'arrêt doit trancher, et, par suite, son intervention est recevable. — Orléans, 17 mai 1881 [D. P. 82. 2. 55]

267. Les créanciers ne peuvent pas davantage intervenir devant la Cour suprême pour demander la cassation d'un arrêt rendu conformément aux conclusions du syndic. — Cass., 14 juill. 1873 [S. 74. 1. 425, P. 74. 1084] — V. au surplus, notre *Rép. gén. alph. du dr. fr.*, v° *Cassation* (mat. civ.), n. 1397 et s.

§ 8. *Suspension des voies d'exécution.*

A. *Créanciers chirographaires.* — 268. Malgré la formule ambiguë dont se sert le troisième alinéa de notre article, on admet, d'une manière unanime, que les créanciers chirographaires ne peuvent plus poursuivre la saisie et la vente des biens du failli à partir du jugement déclaratif de faillite. D'une part, en effet, le principe d'égalité qui domine la faillite ne permet pas qu'un créancier puisse améliorer par des poursuites individuelles sa situation au détriment des autres. Et d'autre part, l'administration des biens du failli, que la loi a voulu centraliser entre les mains du syndic dans l'intérêt de la masse, ne pourrait qu'être entravée et paralysée par les poursuites qu'il plairait à chaque créancier d'exercer. — *Sic*, Lyon-Caen et Renault, t. 7, n. 251 ; Boistel, n. 920; Bravard et Demangeat, t. 5, p. 131 ; Thaller, n. 1882 et s. ; et notre ***Rép. gén. alph. du dr. fr.***, v° *Faillite*, n. 899 et s.

269. Mais les créanciers chirographaires pourraient-ils tout au moins, continuer une saisie qu'ils auraient déjà commencée avant le jugement déclaratif de faillite? En ce qui concerne la saisie-exécution, on est d'accord pour résoudre la question par la négative : les mêmes raisons qui s'opposent à ce que les créanciers commencent une saisie après la faillite s'opposent également à ce qu'ils continuent des poursuites commencées antérieurement. — Rouen, 12 déc. 1837 [P. 43. 1. 646] ; 6 janv. 1843 [S. 43. 2. 120, P. 43. 1. 646, D. *Rép.*, v° *Faillite*, n. 224] — Montpellier, 22 juin 1838 [P. 38. 2. 426] — Paris, 21 juin 1845 [P. 46. 1. 208] ; 2 juill. 1846 [S. 46. 2. 391, P. 46. 2. 556, D. P. 46. 4. 285] ; 22 août 1846 [P. 46. 2. 557] — Lyon, 26 août 1853 [P. 54. 1. 476] — *Sic*, Renouard, t. 1, p. 312 ; Pardessus, t. 3, n. 1171 ; Bravard et Demangeat, t. 5, p. 132 ; Boistel, n. 920 ; Alauzet, t. 7, n. 2483; Lyon-Caen et Renault, t. 7, n. 254; Thaller, n. 1884 ; Ruben de Couder, *v° cit.*, n. 226 ; et notre *Rép. gén. alph. du dr. fr.*, *v° cit.*, n. 938 et s. — *Contrà*, Paris, 23 déc. 1811 [S. et P. chr., D. *Rép.*, *v° cit.*, n. 224-2°] ; 21 juill. 1837 [S. 38. 2. 13, P. chr., D. *Ibid.*, n. 224-4°] ; 26 juill. 1837 [S. *Ibid.*, P. *Ibid.*, D. *Ibid.*] — Aix, 21 juill. 1840 [S. 42. 2. 14, D. *Ibid.*, n. 224-5°] — *Adde*, Bédarride, t. 1, n. 87.

270. La jurisprudence et la doctrine sont au contraire profondément divisées sur la question de savoir si les créanciers peuvent ou non poursuivre une saisie immobilière qu'ils auraient commencée avant la faillite. La jurisprudence se prononce pour l'affirmative : elle s'appuie principalement, d'une part, sur l'art. 571, C. comm., qui ne défend aux créanciers chirographaires que de poursuivre l'expropriation, c'est-à-dire d'engager des poursuites, mais non de les continuer, après le jugement déclaratif de faillite, et, d'autre part, sur l'art. 572 qui réserve aux syndics le droit de poursuivre la vente des immeubles du failli, mais seulement dans le cas où il n'y a pas de poursuites commencées avant l'époque de l'union, et qui implique par là que, jusqu'à l'union, les saisies immobilières pratiquées doivent continuer à avoir effet. — Paris, 30 nov. 1839 [P. 40. 1. 128, D. *Rép.*, *v° cit.*, n. 230-2°] ; 12 avr. 1844 [P. 44. 2. 75, D. *Ibid.*, n. 230-3°] ; 3 avr. 1886 [*J. des faill.*, 1886, art. 711] — Bordeaux, 16 mars 1852 [P. 53. 1. 94, D. P. 53. 2. 113] — Angers, 22 mai 1874 [S. 74. 2. 251, P. 74.

1042] — Caen, 12 oct. 1861, en note sous Montpellier, 31 oct. 1895 [S. et P. 96. 2. 161, D. P. 63. 2. 34] — Rouen, 10 oct. 1862 [S. et P. *Ibid.*, D. P. *Ibid.*] — Montpellier, 31 oct. 1895 [S. et P. *Ibid.*] — V. Pardessus, t. 3, n. 1175; Esnault, t. 3, n. 615 ; Laroque-Sayssinel, t. 2, p. 579; Rivière, p. 776 et s.

271. Et ce droit appartient même au créancier hypothécaire dont l'hypothèque a été annulée en vertu de l'art. 448, C. comm., comme ayant été inscrite après l'époque de la cessation des paiements ou dans les dix jours qui ont précédé. — Caen, 12 oct. 1861, précité. — Rouen, 10 oct. 1862, précité. — Montpellier, 31 oct. 1895, précité. — Angers, 22 mai 1874, motifs, précité.

272. Mais pour qu'il en soit ainsi, il faut que les poursuites aient été réellement commencées au jour du jugement déclaratif de faillite : un simple commandement à fin de saisie serait inopérant. — Douai, 17 févr. 1859 [S. 59. 2. 294, P. 59. 124, D. P. 59. 2. 63] — Angers, 15 mai 1861 [S. 61. 2. 242, P. 62. 7, D. P. 61. 2. 107]

273. La doctrine décide, au contraire, par identité de motifs, que les créanciers ne peuvent pas plus continuer une saisie immobilière qu'une saisie-exécution après le jugement déclaratif de faillite. Quant aux art. 571 et 572, C. comm., ils n'ont pas le sens que leur donne la jurisprudence. L'art. 571, en effet, n'interdit pas seulement aux créanciers de commencer des poursuites de saisie immobilière après le jugement déclaratif : il leur interdit de poursuivre l'expropriation après ce jugement, formule générale qui comprend nécessairement les poursuites déjà commencées avant le jugement. D'autre part, l'art. 572 ne s'applique pas aux créanciers chirographaires : il se rattache à l'article précédent, et il a simplement pour but de resteindre en cas d'union le droit de poursuites que ce dernier article reconnaît aux créanciers hypothécaires. — Dijon, 18 déc. 1858 [D. P. 60. 2. 78] — Bordeaux, 13 janv. 1865 [S. 65. 2. 144, P. 65. 700] — *Sic,* Boulay-Paty, t. 2, n. 743; Renouard, t. 2, p. 331 ; Rousseau et Defert, *Code ann. des faill.*, sur l'art. 571, n. 2; Alauzet, t. 7, n. 2483 et t. 8, n. 2813 ; Bravard et Demangeat, t. 5, p. 132 et s. ; Boistel, n. 920 ; Lyon-Caen et Renault, t. 7, n. 254 ; Ruben de Couder, *v° cit.*, n. 226, et *Suppl.*, *eod. v°*, n. 161 ; et notre *Rép. gén. alph. du dr. fr.*, *v° cit.*, n. 960 et s.

274. En tout cas, le créancier chirographaire dont les poursuites à fin de saisie sont arrêtées par le jugement déclaratif de faillite, doit être considéré comme ayant conservé par ces poursuites le gage commun des créanciers, et il a droit au remboursement par privilège des frais de poursuite qu'il a faits pour la conservation de ce gage. — Rouen, 6 janv. 1843 [S. 43. 2. 120, P. 43. 1. 646, D. *Rép.*, *v° cit.*, n. 224] — Bordeaux, 28 nov. 1840 [P. 41. 1. 329, D. *Rép.*, *v° cit.*, n. 229] ; 13 janv. 1865, motifs, précité. — *Sic*, Lyon-Caen et Renault, t. 7, n. 254; Thaller, n. 1884.

275. Et c'est au tribunal qu'il appartient d'apprécier, après examen des circonstances de la cause, si les frais de poursuite faits par un créancier antérieurement à la faillite ont profité à la masse : cette question ne rentre point dans la compétence du juge des référés. — Paris, 25 mars 1847 [P. 47. 1. 477]

276. D'autre part, les créanciers ne pourraient pas non plus pratiquer une saisie-arrêt entre les mains du débiteur du failli postérieurement au jugement déclaratif de faillite. — Cass., 24 janv. 1853 [S. 53. 1. 321, P. 53. 1. 219, D. P. 53. 1. 124] — Poitiers, 9 févr. 1826 [P. chr., D. *Rép.*, *v° cit.*, n. 225] — Rennes, 4 août 1893 [D. P. 95. 2. 37] — *Sic*, Lyon-Caen et Renault, t. 7, n. 255 ; Rousseau et Defert, *Code ann. des faill.*, sur l'art. 443, n. 127 et s. ; Ruben de Couder, *v° cit.*, n. 212, et *Suppl.*, *eod. v°*, n. 152 ; et notre *Rép. gén. alph. du dr. fr.*, *v° cit.*, n. 942 et s.

277. Et le créancier, qui aurait pratiqué et poursuivi une saisie-arrêt dans ces conditions, ne serait pas recevable à produire dans la faillite pour les frais de poursuite qu'il devrait seul supporter. — Rennes, 4 août 1893, précité.

278. Quant aux oppositions ou saisies-arrêt qui auraient été formées par les créanciers chirographaires antérieurement au jugement déclaratif de faillite, il y a lieu de distinguer suivant qu'elles ont été ou non validées par un jugement passé en force de chose jugée avant la déclaration de faillite. Dans le premier cas, le créancier saisissant est devenu, par suite du jugement de validité, créancier direct du tiers saisi, et, dès lors, il peut poursuivre l'exécution du jugement contre ce tiers saisi : le dessaisissement ne saurait s'appliquer à une créance qui, au jour du jugement déclaratif de faillite, ne fait plus partie du patrimoine du failli. — Cass., 20 nov. 1860 [S. 61. 1. 270, P. 61. 522, D. P. 60. 2. 38] ; 9 juin 1869 [S. 69. 1. 455, P. 69. 1193, D. P. 72. 5. 396] — Colmar, 10 févr. 1864 [S. 64. 2. 122, P. 64. 742] — Lyon, 30 nov. 1866 [S. 67. 2. 262, P. 67. 935, D. P. 67. 2. 89] — Dijon, 3 juill. 1874 [S. 76. 2. 247, P. 76. 979] — *Sic*, Lyon-Caen et Renault, *loc. cit.* ; Ruben de Couder, *v° cit.*, n. 213, et *Suppl.*, *eod. v°*, n. 153. — Sur la question de savoir si la saisie-arrêt, bien que validée avant la faillite, produit ses effets dans le cas où elle a été pratiquée pendant la période suspecte, V. *infrà*, art. 446, n. 101.

279. Si, au contraire, la saisie arrêt n'a pas été validée avant la faillite par un jugement passé en force de chose jugée, elle n'a pu conférer aucun droit attributif au créancier saisissant : ce créancier ne peut donc poursuivre la saisie et reste soumis à la condition commune. — Cass., 20 nov. 1860, précité. — Colmar, 10 févr. 1874, précité. — Lyon, 30 nov. 1867, précité. — Rouen, 1er févr. 1882 [S. 89. 2. 77, P. 89. 1. 453, *ad notam*]

280. Mais la saisie-arrêt, lorsqu'elle est ainsi sans effet au regard du créancier saisissant, n'en lie pas moins le tiers saisi, qui ne peut, dès lors, être obligé de payer entre les mains du syndic qu'autant que celui-ci rapporte une mainlevée de l'opposition. Telle est la solution formellement consacrée par l'art. 489, 3e al., C. comm., dans le cas où des saisies-arrêts ont été pratiquées sur des sommes déposées par le syndic à la Caisse des dépôts et consignations. — Cass., 4 juin 1888 [S. 89. 1. 177, P. 89. 1. 407, D. P. 89. 1. 365] ; 5 juin 1888 [S. *Ibid.*, P. *Ibid.*, D. P. *Ibid.*] — Rouen, 8 mai 1886 [S. 89. 2. 76, P. 89. 1. 453, D. P. 88. 1. 111] — Rennes, 6 juin 1889 [*D. Rép.*, *Suppl.*, *v° cit.*, n. 848] — *Sic*, Ruben de Couder, *Suppl.*, *v° cit.*, n. 154 et s. ; et notre *Rép. gén. alph. du dr. fr.*, *v° cit.*, n. 949 et s. — *Contrà*, Rouen, 1er févr. 1882, précité. — Riom, 26 janv. 1886, sous Cass., 5 juin 1888, précité. — *Adde*, Lyon-Caen et Renault, t. 7, n. 255.

281. Spécialement, le syndic d'une faillite ne peut exiger le versement entre ses mains du prix de la vente des meubles du failli opérée antérieurement

à la déclaration de faillite, sans rapporter la mainlevée des oppositions pratiquées, avant la déclaration de faillite, entre les mains de l'officier public chargé de la vente. — Cass., 4 juin 1888, précité; 5 juin 1888, précité.

282. Dans ce cas, le dépôt du prix de vente à la Caisse des consignations en suite des oppositions, est obligatoire pour le commissaire-priseur, même après la déclaration de faillite, la survenance de la faillite ne modifiant pas les prescriptions qui tracent aux officiers publics la conduite à tenir au cas d'oppositions formées sur le montant des ventes des immeubles. — Cass., 4 juin 1888, précité.

283. De même, si la consignation est antérieure à la faillite, la Caisse des consignations ne peut être contrainte à se dessaisir des sommes consignées tant que la mainlevée des oppositions n'est pas rapportée. — Cass., 5 juin 1888, précité.

B. *Créanciers hypothécaires et privilégiés.* — 284. Les créanciers hypothécaires ont incontestablement le droit de poursuivre contre le syndic l'expropriation des immeubles, qui sont grevés de leur hypothèque, sans qu'il y ait à distinguer d'ailleurs entre les diverses espèces d'hypothèques : ce droit leur est reconnu de la manière la plus générale par l'art. 571, C. comm. — V. *infrà*, art. 571-572.

285. En ce qui concerne les créanciers privilégiés, on admet la même solution lorsque ces créanciers sont investis d'un privilège spécial reposant sur une idée de nantissement. Cette solution est en effet consacrée par l'art. 548, C. comm., pour le créancier gagiste : or les créanciers dont le privilège repose sur une idée de nantissement, notamment le voiturier, l'aubergiste, le bailleur, sont de véritables créanciers gagistes, ayant les mêmes droits et les mêmes garanties. — Bordeaux, 6 déc. 1893 [S. et P. 96. 2. 172, D. p. 94. 2. 478] — *Sic*, Laurin, n. 841, p. 426, note 1; Lyon-Caen et Renault, t. 7, n. 253; Valabrègue, n. 337; Thaller, n. 2000; Boistel, n. 921; Bédarride, t. 3, n. 957; Labbé, note sous Cass., 14 déc. 1892 [S. et P. 93. 1. 169]; Wahl, note sous Rouen, 9 déc. 1896 [S. et P. 99. 2. 233]

286. Cette même solution doit être également admise même pour les créanciers dont le privilège spécial est étranger à l'idée de nantissement, Trésor public, créancier de frais faits pour la conservation de la chose, prêteur à la grosse, etc. : ces créanciers sont également en dehors de la masse et, par suite, ils ne sont pas représentés par le syndic. — Cass., 25 avr. 1883 [S. 83. 1. 456, P. 83. 1. 1147, D. p. 84. 1. 40] — Bordeaux, 6 déc. 1893, précité. — *Sic*, Lyon-Caen et Renault, t. 7, n. 253; Thaller, n. 2000; Boistel, n. 921; Wahl, *loc. cit.* — *Contrà*, Trib. comm. de Marseille, 25 août 1865 [*J. de Marseille*, 65. 1. 72] — *Adde*, Bédarride, *loc. cit.*; Valabrègue, *loc. cit.*

287. Jugé spécialement, en matière de contributions indirectes, que l'état de faillite du redevable ne peut arrêter ni paralyser l'action de l'administration, ni imposer à celle-ci l'obligation de faire vérifier et admettre sa créance par le syndic; en conséquence, l'administration conserve le droit d'agir par voie de contrainte, de commandement et de saisie-arrêt pour obtenir le payement de droits dus à raison de l'exploitation d'un débit de boissons du failli depuis la faillite. — Cass., 25 avril 1883, précité.

288. De même, le Trésor public ayant un privilège sur les loyers et revenus des immeubles sujets à la contribution pour le recouvrement de l'impôt foncier, le tiers, qui a acquitté l'impôt foncier à la décharge du débiteur alors en état de liquidation judiciaire, est fondé à agir directement par voie de saisie-arrêt pour obtenir payement de sa créance, laquelle constitue une avance faite à la masse de la liquidation pour le compte des liquidateurs. — Bordeaux, 6 déc. 1893, précité.

289. Jugé toutefois, en sens contraire, que les ouvriers privilégiés, aux termes des art. 3 et 4 du décret du 26 pluv. an II, sur les sommes dues par l'Etat à l'entrepreneur de travaux publics qui les a employés, ne peuvent, en cas de faillite de cet entrepreneur, saisir ces sommes en leur nom personnel, entre les mains de l'Etat, pour se les attribuer en dehors de la faillite : le recouvrement de ces sommes doit être poursuivi par les syndics, et les ouvriers ne peuvent, comme tous autres créanciers, que se faire admettre au passif de la faillite, pour y faire valoir leur privilège. — Paris, 26 juin 1840 [S. 40. 2. 485]

290. Au contraire, on décide, d'une manière générale, que les créanciers privilégiés généraux doivent être assimilés aux créanciers chirographaires au point de vue du droit de poursuite. Il est vrai que ces créanciers ne font pas à proprement parler partie de la masse et qu'à cet égard leur situation est analogue à celle des créanciers qui ont un privilège spécial. Mais il n'existe aucun texte conférant à ces créanciers le droit d'agir, et on ne peut pas raisonner ici par voie d'analogie : l'exercice d'un privilège spécial portant sur tel ou tel meuble ne trouble pas l'administration du syndic; l'exercice d'un privilège général pourrait au contraire entraver cette administration, si, par exemple, le créancier faisait saisir des meubles qui sont nécessaires à l'exploitation du commerce du failli. — *Sic*, Lyon-Caen et Renault, t. 7, n. 253, *in fine*; Laurin, *loc. cit.*; Valabrègue, *loc. cit.*; Boistel, *loc. cit.* — *Contrà*, Thaller, *loc. cit.*; Wahl, *loc. cit.* — Sur la question de savoir si les créanciers privilégiés ou hypothécaires doivent faire procéder à la vérification de leurs créances, V. *infrà*, art. 494, n. 1 et s.

ART. **444.** Le jugement déclaratif de faillite rend exigibles, à l'égard du failli, les dettes passives non échues.

En cas de faillite du souscripteur d'un billet à ordre, de l'accepteur d'une lettre de change, ou du tireur à défaut d'acceptation, les autres obligés seront tenus de donner caution pour le paiement à l'échéance, s'ils n'aiment mieux payer immédiatement. — C. civ., 1184, 1188, 1913, 1978, 2040, 2102; C. proc. civ., 124, 517 et s.; C. comm., 120, 443, 471, 542 et s.; L. 4 mars 1889, art. 8.

INDEX ALPHABÉTIQUE.

DIVISION

§ 1er. *Des dettes rendues exigibles par suite de la faillite.*

1. De la formule générale employée par le 1er alinéa de notre article, il résulte que toutes les dettes à terme du failli deviennent exigibles par suite du jugement déclaratif de faillite : peu importe à cet égard que ces dettes soient à terme certain ou à terme incertain. — *Sic*, Lyon-Caen et Renault, t. 7, n. 257. — V. aussi notre *Rép. gén. alph. du dr. fr.*, v° *Faillite*, n. 1012 et s.

2. Peu importe également que ces dettes soient des dettes commerciales ou des dettes civiles. — *Sic*, Pardessus, t. 3, n. 1127; Lyon-Caen et Renault, t. 7, n. 261.

3. Peu importe enfin que ces dettes soient des dettes chirographaires ou qu'elles soient garanties par un privilège ou une hypothèque. — Angers, 15 mai 1861 [S. 61. 2. 442, P. 62. 7, D. P. 61. 2. 107] — Agen, 20 févr. 1866 [S. 66. 2. 154, P. 66. 680, D. P. 67. 2. 72] — Lyon, 16 févr. 1881 [S. 82. 2. 44, P. 82. 1. 310, D. P. 81. 2. 237] — Trib. civ. de Châtillon sur Seine, 17 mars 1897 [D. P. 98. 2. 249] — *Sic*, Lyon-Caen et Renault, *loc. cit.*; Ruben de Couder, v° *Faillite*, n. 263, et *Suppl.*, *eod. v°*, n. 167. — Sur la question de savoir si les créanciers privilégiés ou hypothécaires peuvent se prévaloir de cette exigibilité pour exercer immédiatement leurs poursuites, V. *infrà*, n. 23 et s.

4. Mais notre article ne visant que les créances à terme ne saurait s'appliquer aux créances conditionnelles, tout au moins lorsque la condition à laquelle elles sont subordonnées est une condition suspensive : on ne concevrait pas que la faillite puisse transformer un droit éventuel en un droit actuel et certain. — Paris, 18 déc. 1840 [S. 41. 2. 124, P. 41. 1. 272, D. *Rép.*, v° *Faillite*, n. 249] — *Sic*, Pothier, *Tr. des obligations*, n. 235; Troplong, *De la Vente*, n. 55 ; Aubry et Rau, t. 4, p. 88 ; Demangeat, sur Bravard, t. 5, p. 155; Lyon-Caen et Renault, t. 7, n. 258 ; Thaller, n. 1908 ; Ruben de Couder, *v° cit.*, n. 270, et *Suppl., eod. v°*, n. 168. — *Contrà*, Bédarride, t. 1, n. 93 ; Alauzet, t. 7, n. 2486.

5. Les créanciers conditionnels peuvent seulement exiger que les dividendes afférents à leurs créances soient mis en réserve et déposés à la Caisse des dépôts et consignations jusqu'à la réalisation de la condition, sauf à être reversés à la masse si la condition vient à défaillir. — *Sic*, Lyon-Caen et Renault, *loc. cit.*; Ruben de Couder, *Suppl.*, *v° cit.*, n. 169.

6. Quant au créancier sous condition résolutoire, il doit être admis, comme un créancier pur et simple, à produire dans la faillite pour le montant nominal de sa créance : il sera toutefois tenu, pour pouvoir être admis aux répartitions, de fournir une caution garantissant la restitution des sommes par lui touchées, pour le cas où la condition viendrait à se réaliser. — *Sic*, Lyon-Caen et Renault, t. 7, n. 258, *in fine*.

7. Lorsque le failli est débiteur d'une rente perpétuelle, le jugement déclaratif a pour effet, aux termes de l'art. 1913, C. civ., de rendre immédiatement exigible le capital de la rente. — Et il en est ainsi, aussi bien à l'encontre de la caution de la rente, qu'à l'encontre du débiteur principal lui-même. — Caen, 10 nov. 1857 [S. 58. 2. 427, P. 58. 779] — *Sic*, Guillouard, n. 215 ; Baudry-Lacantinerie, t. 3, n. 842.

8. Mais les art. 1188 et 1913, d'après lesquels le capital des rentes perpétuelles devient exigible lorsque le débiteur est tombé en faillite ou en déconfiture et l'art. 444, C. comm., qui déclare exigibles, au cas de faillite, toutes les dettes non échues, ne sont pas applicables aux rentes foncières constituées pour le prix de vente d'un immeuble. Par suite, la circonstance que le débiteur d'une telle rente est tombé en faillite et que l'immeuble grevé de la rente foncière a été vendu, ne suffit pas pour ouvrir au créancier de cette rente l'action en remboursement de son capital, le propre de la rente foncière étant de n'avoir aucun terme d'exigibilité pour le capital. — Nîmes, 25 mai 1852 [S. 52. 2. 539, P. 54. 2. 43] — Caen, 5 août 1874 [S. 75. 2. 327, P. 75. 1246, D. P. 76. 2. 123] — *Sic*, Guillouard, *loc. cit.*

9. Peu importe que la taxe du rachat, s'il avait lieu, ait été fixée dans le contrat de vente ; cette fixation n'ayant ni pour objet, ni pour résultat de modifier le caractère de la rente. — Caen, 5 août 1874, précité.

10. Il en est ainsi surtout, et le créancier de la rente foncière a d'autant moins le droit d'exiger de l'acquéreur de l'immeuble le remboursement du capital de cette rente, alors que, sans opposition de sa part, le cahier des charges a stipulé pour cet acquéreur la faculté ou de payer immédiatement la totalité de son prix ou de continuer le service de la rente. — Même arrêt.

11. D'autre part, si le failli est débiteur d'une rente viagère, il y a lieu d'appliquer l'art. 1978, C. civ., aux termes duquel le crédi-rentier ne peut demander le remboursement du capital ou du fonds par lui aliéné, mais seulement l'emploi, sur le produit de la vente des biens du débi-rentier, d'une somme suffisante pour le service des arrérages. Pour déterminer cette somme en cas de faillite, le syndic aura le choix entre deux procédés. Ou bien il prélèvera provisoirement le dividende suffisant pour le service des arrérages, ce dividende devant revenir à la masse lors du décès du crédi-rentier. Ou bien il mettra en réserve un dividende correspondant à la somme qui, placée à fonds perdu, permettra de servir la rente stipulée pendant la vie du crédi-rentier. — V. Boistel, n. 936 ; Lyon-Caen et Renault, t. 7, n. 270-*c*; Pont, *Petits contrats*,

n. 756 et s.; Thaller, n. 1904 et s.; et notre *Rép. gén. alph. du dr. fr., v° cit.*, n. 1065 et s.

12. Mais est licite la clause par laquelle on stipule la résolution, par dérogation à l'art. 1978, C. civ., d'un contrat de rente viagère pour défaut de paiement des arrérages. — Cass., 26 mars 1817 [S. et P. chr.]; 23 août 1843 [S. 43. 1. 892, P. 43. 2. 577, D. *Rép.*, v° *Rente viagère*, n. 128]; 2 déc. 1856 [S. 57. 1. 355, P. 57. 5]; 13 mars 1888 [S. 90. 1. 169, P. 90. 1. 393, D. P. 88. 1. 357] — Bordeaux, 15 (5) juill. 1816 [S. et P. chr., D. *Rép., v° cit.*, n. 98-1°] — Toulouse, 2 juin 1832 [S. 32. 2. 484, P. chr., D. *Ibid.*] — Paris, 22 févr. 1837 [S. 37. 2. 291, P. 37. 2. 184, D. *Ibid.*] — Caen, 16 déc. 1843 [S. 44. 2. 97, P. 44. 1. 707, D. *Ibid.*] — Grenoble, 13 janv. 1887, sous Cass., 13 mars 1888, précité. — *Sic*, Troplong, n. 310; Pont, t. 1, n. 763; Guillouard, n. 211; Zachariæ, Massé et Vergé, t. 5, p. 31, § 749, texte et note 7; Aubry et Rau, t. 4, § 390, texte et note 22; Colmet de Santerre et Demante, t. 8, n. 193 *bis*-VII; Lacoste, note sous Cass., 13 mars 1888 [S. 90. 1. 169, P. 90. 1. 393]; et notre *Code civil annoté*, art. 1978, n. 12 et s. — *Contrà*, Paris, 22 déc. 1812 [S. et P. chr., D. *Rép., v° cit.*, n. 95-1°] — *Adde*, Laurent, t. 27, n. 325; Duranton, t. 18, n. 169.

13. La promesse d'une somme d'argent payable au stipulant lors du décès du promettant et la constitution ultérieure par le stipulant au profit du promettant d'une rente viagère moyennant cette somme peuvent être considérées, suivant les circonstances, par le juge du fait, dont l'appréciation à cet égard est souveraine, comme formant un seul tout, bien qu'il y ait eu là deux stipulations à des jours différents et constatées par deux actes séparés. — Et, dans ce cas, la résolution stipulée, pour le cas de non-paiement de la rente viagère, par une clause insérée dans l'acte de constitution, s'applique virtuellement à l'obligation antérieure dont l'engagement de servir une rente est la cause directe et l'équivalent. — Cass., 13 mars 1888, précité.

14. En conséquence, bien que, en principe, la faillite de l'acheteur fasse perdre au vendeur d'effets mobiliers le droit de résolution de la vente pour défaut de paiement du prix, néanmoins la personne au profit de laquelle une rente viagère a été constituée moyennant un capital en argent payable au décès de cette personne, et qui a stipulé la résolution du contrat pour défaut de paiement des arrérages, peut exercer le droit de résolution, même en cas de faillite du débiteur de la rente viagère. — Même arrêt.

15. Et la résolution du contrat de rente viagère, pour défaut de paiement des arrérages n'oblige pas le crédit-rentier à restituer les arrérages qui lui ont été servis : ces arrérages ont des fruits que le crédirentier a reçus de bonne foi et a faits siens. — Cass., 13 mars 1888, précité, et la note de M. Lacoste. — Dijon, 22 janv. 1847 [S. 48. 2. 206, P. 48. 2. 100, D. *Rép., v° cit.*, n. 129] — *Sic*, Duranton, t. 18, n. 169; Toulier, t. 6, p. 508; Zachariæ, Massé et Vergé, t. 5, p. 30, § 749, note 6; Aubry et Rau, t. 4, p. 590, § 390; Troplong, n. 301; Pont, t. 1, n. 746 et s.; Guillouard, n. 201 et 213; et notre *Code civil annoté*, art. 1978, n. 24 et s. — *Contrà*, Laurent, t. 27, n. 331.

16. Notre article ne parlant que des dettes passives du failli est inapplicable aux créances du failli soit contre des tiers, soit contre des créanciers de la masse; la faillite ne rend pas ces créances exigibles, et, par suite, les débiteurs du failli ne peuvent être poursuivis par les syndics qu'à l'expiration du terme stipulé. — *Sic*, Bravard et Demangeat, t. 5, p. 165; Lyon-Caen et Renault, t. 7, n. 264; Thaller, n. 1901. — Sur la question de savoir si la faillite d'une société a pour effet de rendre immédiatement exigibles les versements restant dus par les actionnaires, alors même que les délais déterminés par les statuts sociaux ne sont pas encore échus, V. *suprà*, *Appendice* II au liv. I, tit. 3, la loi du 24 juill. 1867, art. 3, n. 37 et s. — V. aussi notre *Rép. gén. alph. du dr. fr., v° cit.*, n. 1095 et s.

§ 2. *Effets de l'exigibilité des dettes du failli.*

17. L'exigibilité résultant du jugement déclaratif de faillite produit le même effet que l'échéance normale du terme, en ce sens que le créancier peut produire à la faillite pour le montant nominal de sa créance sans avoir à déduire aucun escompte. — Jugé à cet égard, que, lorsque le souscripteur d'un billet à ordre qui comprend à la fois et le capital formant la valeur fournie, et les intérêts de ce capital calculés d'avance jusqu'à l'échéance, vient à tomber en faillite avant l'échéance du billet, le porteur n'en a pas moins droit à la totalité des intérêts ainsi ajoutés au capital : ici n'est pas applicable la règle d'après laquelle la faillite fait cesser le cours des intérêts pour les créanciers du failli. — Bourges, 27 janv. 1857 [S. 58. 2. 695, P. 58. 969, D. P. 57. 2. 8] — *Sic*, Lyon-Caen et Renault, t. 7, n. 259, *in fine*. — *Contrà*, Thaller, n. 1903, p. 978, note 1; et notre *Rép. gén. alph. du dr. fr., v° cit.*, n. 1027.

18. Dans le cas où une société a émis des obligations remboursables dans un certain délai, d'après un tableau d'amortissement et par voie de tirage au sort, à un taux supérieur à leur taux d'émission, les porteurs d'obligations ont incontestablement le droit de se prévaloir de notre article et de produire immédiatement dans la faillite de la société. Mais pour quelle somme pourront-ils produire ? Sera-ce simplement à concurrence du prix d'émission, ou bien au contraire à concurrence du taux de remboursement de leurs obligations ? La jurisprudence ne s'est arrêtée ni à l'une ni à l'autre de ces solutions absolues, et elle se prononce en faveur d'un système intermédiaire, d'après lequel les obligataires sont admis à produire pour une somme moyenne comprenant, d'une part, le taux d'émission et, d'autre part, une partie de la prime de remboursement déterminée par un calcul de proportions sur les bases duquel les opinions sont d'ailleurs divergentes. — Cass., 10 août 1863 [S. 63. 1. 428, P. 63. 1129, D. P. 63. 1. 350] — Paris, 23 mai 1862 [S. 62. 2. 327, P. 62. 1048]; 25 mars 1868 [S. 68. 2. 287, P. 68. 1032, D. P. 74. 2. 202, en note]; 15 mai 1878, sous Cass., 29 juin 1881 [S. 83. 1. 218, P. 83. 1. 523, D. P. 82. 1. 106]; 28 janv. 1879 [S. 79. 2. 52, P. 79. 231, D. P. 80. 2. 25 et la note de M. Levillain]; 21 févr. 1881, sous Cass., 18 avr. 1883 [S. 84. 1. 441, P. 83. 1. 929, et la note de M. Labbé]; 18 mars 1881 [S. 83. 2. 238, P. 83. 1. 1220, D. *Rép., Suppl.*, v° *Faillite*, n. 563] — Douai, 24 janv. 1873 [S. 73. 2. 244, P. 73. 1056, D. P. 74. 2. 203] — Rennes, 25 juill. 1887 [D. P. 88. 2. 153] — *Sic*, Lyon-Caen et Renault, t. 8, n. 1170; Boistel, n. 241; Thaller, n. 721 et s.; Deloison, *Sociétés*, t. 1, n. 301; Buchère, *Tr. des valeurs mobil.*, n. 445 et s.; Alauzet, t. 7, n. 2486;

Pic, *Faillite des soc.*, p. 107 et s.; Lacour, *Ann. de dr. comm.*, 1889, t. 1, p. 65; et notre *Rép. gén. alph. du dr. fr.*, v° *cit.*, n. 1104 et s. — V. cependant *contrà*, Lyon, 8 août 1873 [S. 74. 2. 105, P. 74. 473, D. P. 74. 2. 201]

19. Jugé, à cet égard, que les porteurs d'obligations d'une société industrielle ont le droit d'être admis au passif de la faillite de cette société pour le prix d'émission desdites obligations accru de la somme des fractions d'intérêts réservés qui ont couru jusqu'au jour de la faillite et d'une indemnité représentative de l'accroissement proportionnel de la valeur des obligations en raison des chances de remboursement. — Cass., 10 août 1863, précité. — Paris, 23 mai 1862, précité; 25 mars 1868, précité; 15 mai 1878, précité; 21 févr. 1881, précité.

20. Et le taux d'émission des obligations d'une société industrielle est celui auquel le public a été admis à les souscrire, alors même que l'intégralité de ces obligations aurait été cédée à un banquier par la compagnie à un taux inférieur, si d'ailleurs, dans l'appel au public, le banquier a figuré comme chargé seulement de l'émission des titres, et s'il n'est pas établi que les souscripteurs aient eu connaissance de la vente passée au banquier. — Paris, 25 mars 1868, précité.

21. Jugé, d'autre part, que, en cas de faillite de la société, les obligataires ne peuvent demander le remboursement de leurs obligations qu'au taux d'émission augmenté seulement d'une part proportionnelle de prime correspondante au temps couru depuis l'émission, jusqu'au jour de la faillite. — Paris, 28 janv. 1879, précité; 18 mars 1881, précité.

22. Et, pour apprécier la somme qui doit, à ce dernier titre, être attribuée aux obligataires, il y a lieu, d'une part, de rechercher le moment où, d'après le tableau d'amortissement, il y aurait autant d'obligations remboursées que d'obligations à rembourser, de manière à établir le temps moyen où tous les porteurs actuels se trouveraient avoir, au jour de la faillite, des chances égales de remboursement; et, d'autre part, de déterminer la somme qui, sur une capitalisation annuelle d'intérêts conduite jusqu'au temps moyen, produirait une somme égale au montant de la prime. — Paris, 28 janv. 1879, précité.

23. On s'est demandé si les créanciers hypothécaires ou privilégiés dont la créance est à terme pouvaient se prévaloir de la disposition de notre article pour procéder immédiatement à des voies d'exécution sur les biens grevés de leur privilège ou de leur hypothèque. Bien qu'il paraisse contradictoire d'autoriser les créanciers dont il s'agit à se prévaloir des règles de la faillite en vue de l'exigibilité de leurs créances et à écarter en même temps ces règles en vue d'exercer des poursuites que des créanciers ordinaires ne pourraient pas intenter, la jurisprudence leur accorde cependant ce double droit : elle se fonde, d'une part, sur ce que l'état de faillite ne saurait modifier la position des créanciers privilégiés ou hypothécaires qui peuvent dès lors poursuivre la réalisation de leur gage, comme si la faillite n'existait pas; et, d'autre part, il est de l'intérêt de la masse elle-même que tous les gages spéciaux soient réalisés le plus promptement possible, afin d'établir la consistance réelle de l'actif du failli et de hâter ainsi la solution de la faillite. — Angers, 15 mai 1861 [S. 61. 2. 442, P. 62. 7, D. P. 61. 2. 107] — Agen, 20 févr. 1866 [S. 66. 2. 154, P. 66. 680, D. P. 66. 2. 149] — Lyon, 6 févr. 1881 [S. 82. 2. 44, P. 82. 1. 310, D. P. 81. 2. 237] — Aix, 23 avr. 1884 [*J. des faill.*, 84. 405] — Amiens, 11 févr. 1892 [*Ibid.*, 93. 207] — Trib. civ. de Châtillon-sur Seine, 17 mars 1897 [D. P. 98. 2. 249] — *Sic*, Aubry et Rau, t. 4, § 303, note 17; Laurent, t. 17, n. 199; Demolombe, t. 25, n. 661 et s.; Larombière, sur l'art. 1188, n. 2; Ruben de Couder, v° *Faillite*, n. 263 et s, et *Suppl.*, *eod. v°*, n. 167. — *Contrà*, Pardessus, t. 3, n. 1127; Renouard, t. 1, p. 334 et t. 2, p. 332; Alauzet, t. 7, n. 2485; Boistel, n. 924; Lyon-Caen et Renault, t 7, n. 262; Laurin, n. 978 et s.; Thaller, n. 2004 et s.; et notre *Rép. gén. alph. du dr. fr.*, v° *cit.*, n. 1044 et s.

24. Et le concordat obtenu par le failli n'aurait pas pour résultat de supprimer cette exigibilité ou de suspendre les poursuites des créanciers privilégiés et hypothécaires, alors du moins que ceux-ci n'y sont pas intervenus. — Trib. civ. de Châtillon-sur Seine, précité.

25. En tous cas, l'exigibilité résultant du jugement déclaratif de faillite ne produit plus le même effet que l'échéance normale du terme au point de vue de la compensation. — Jugé, à cet égard, qu'aucune compensation ne peut s'opérer au profit de celui qui est à la fois débiteur et créancier du failli, entre ce qu'il doit et ce qui lui est dû, soit qu'il s'agisse d'une dette réellement échue depuis la déclaration de faillite, soit à plus forte raison qu'il s'agisse d'une dette non échue rendue exigible par la survenance de la faillite. — Cass., 27 juin 1876 [S. 77. 1. 241, P. 77. 1. 625, D. P. 77. 1. 121] — Sur l'effet du dessaisissement résultant de la faillite sur la compensation, V. *suprà*, art. 443, n. 91 et s.

26. Ainsi, en cas de faillite du débiteur principal, la caution ne peut, sous prétexte qu'aux termes de l'art. 2032, C. civ., elle aurait le droit d'agir contre le débiteur même avant d'avoir payé, compenser le montant de l'indemnité de cautionnement avec une créance du failli contre la caution. — Même arrêt.

27. La déchéance du terme ne se produit qu'à l'égard du failli, mais non à l'égard des personnes qui pourraient être tenues de la même dette d'une manière principale ou accessoire. — Ainsi la faillite de l'un des coobligés solidaires ne fait pas perdre aux autres le bénéfice du terme. — Bordeaux, 10 mars 1854 [S. 54. 2. 515, P. 55. 2. 418, D. P. 55. 2. 246] — *Sic*, Pothier, *Obligations*, n. 236; Delvincourt, t. 2, p. 704; Duranton, t. 11, n. 119; Pardessus, n. 1129; Boulay-Paty, t. 1, n. 115; Renouard, t. 1, p. 321; Bédarride, t. 1, n. 94; Esnault, t. 1, n. 170; Rodière, *Solidarité*, p. 223; Larombière, sur l'art. 1188, n. 23; Laurent, t. 17, n. 214; Aubry et Rau, t. 4, § 303, note 20; Demolombe, t. 25, n. 703; Lyon-Caen et Renault, t. 7, n. 264 *bis*; et notre *Rép. gén. alph. du dr. fr.*, v° *cit.*, n. 1021.

28. De même, il est de jurisprudence que la déchéance du terme encourue par le débiteur principal n'atteint pas la caution. — V. Paris, 24 déc. 1842 [D. *Rép.*, v° *Obligations*, n. 1306] — Nîmes, 18 mars 1862 [S. 63. 2. 5, P. 63. 617] — Rouen, 29 juin 1871 [S. 71. 1. 220, P. 71. 785, D. P. 73. 2. 206] — Trib. Seine, 18 janv. 1867, sous Paris, 25 juin 1867 [S. 68. 2. 222, P. 68. 851] — *Sic*, Massé et Vergé, sur Zachariæ, t. 3, § 537, note 11; Demolombe, t. 25, n. 705; Esnault, t. 1, n. 170; Alauzet, t. 7, n. 2487; Demangeat sur Bravard, t. 5, p. 168; Lyon-Caen et Renault, t. 7, n. 264 *bis*; Thaller,

n. 1918 ; et notre *Rép. gén. alph. du dr. fr.*, v° *Cautionnement*, n. 430 et s. — *Contrà*, Aubry et Rau, t. 4, p. 90, § 303 ; Larombière, sur l'art. 1188, n. 22 ; Laurent, t. 17, n. 213. — Sur la question de savoir si la faillite de la caution entraîne la déchéance du terme vis-à-vis du débiteur principal, V. notre *Rép. gén. alph. du dr. fr.*, v° *cit.*, n. 278 et s., et notre *Code civil annoté*, art. 2020.

29. La disposition finale de notre article apporte une restriction à ces règles en cas de faillite du souscripteur d'un billet à ordre, et de l'accepteur d'une lettre de change ou du tireur à défaut d'acceptation : dans ce cas, les autres signataires de l'effet ne sont pas déchus à proprement parler du bénéfice du terme ; mais le porteur a le droit de leur demander de fournir une caution et, à défaut de caution, le paiement immédiat de l'effet. — V. Thaller, n. 1919 et s. ; Lyon-Caen et Renault, t. 2, n. 237, 238 et 523.

30. Toutefois, celui qui n'a endossé un billet à ordre qu'en vue de garantir solidairement l'exécution d'un traité fait entre le souscripteur et le porteur, et qui a été condamné comme obligé solidaire, ne peut être admis à jouir du bénéfice du terme en cas de faillite du souscripteur : il n'est pas au nombre des obligés autres que celui-ci, dont parle l'art. 444, C. comm. — Cass., 5 août 1858 [S. 60. 1. 136, P. 59. 765, D. P. 59. 1. 123]

31. Au cas de faillite du souscripteur d'un billet à ordre non encore échu, les autres obligés, que l'art. 444, C. comm. admet à jouir du bénéfice du terme à la charge de donner caution pour le paiement à l'échéance, ne peuvent se prévaloir pour la première fois devant la Cour de cassation des dispositions de cet article. — Même arrêt.

32. En tout cas, la disposition finale de notre article ne saurait recevoir son application dans le cas de faillite d'un endosseur. — Cass., 16 mai 1810 [S. et P. chr.] — Bruxelles, 28 mars 1811 [S. et P. chr.] — *Contrà*, Nîmes, 31 janv. 1825 [S. et P. chr., D. *Rép.*, v° *Faillite*, n. 258] — V. aussi notre *Rép. gén. alph. du dr. fr.*, v° *Lettre de change*, n. 820 et s.

ART. **445**. Le jugement déclaratif de faillite arrête, à l'égard de la masse seulement, le cours des intérêts de toute créance non garantie par un privilège, par un nantissement ou par une hypothèque.

Les intérêts des créances garanties ne pourront être réclamés que sur les sommes provenant des biens affectés au privilège, à l'hypothèque ou au nantissement. — C. civ., 1153, 1254, 2114, 2151 ; C. comm., 491 et s., 546 et s., 568, 604 ; L. 4 mars 1889, art. 8.

INDEX ALPHABÉTIQUE.

DIVISION

§ 1er. *Des créances dont les intérêts sont arrêtés par suite de la faillite.*

α) *Créanciers chirographaires.* — 1. Il résulte des termes de notre article que le cours des intérêts, en ce qui concerne ces créanciers, est arrêté, non pas par la cessation des paiements, mais seulement par le jugement déclaratif de faillite. — *Sic*, Lyon-Caen et Renault, t. 7, n. 268 ; Boistel, n. 936 ; et notre *Rép. gén. alph. du dr. fr.*, v° *Faillite*, n. 1049. — V. cependant *contrà*, Lyon, 30 août 1861 [S. 62. 2. 126, P. 62. 1. 1017, D. P. 61. 2. 227]

2. La disposition de notre article est d'ailleurs conçue en termes absolus et, par suite, elle s'applique à toute créance chirographaire, quelle qu'en soit la cause, et sans qu'il y ait à distinguer suivant qu'il s'agit d'intérêts moratoires ou d'intérêts conventionnels. — Jugé, à cet égard, que les intérêts des condamnations prononcées contre un failli, comme ceux de toute créance chirographaire, s'arrêtent, relativement à la masse, à la date du jugement déclaratif de faillite. — Trib. comm. Mulhouse, 15 nov. 1867 [S. 68. 2. 55, P. 68. 234]

3. De même, lorsque le failli a prêté ou sous-loué à un tiers de bonne foi des objets mobiliers qui lui avaient été loués, le locateur ne peut plus se présenter comme propriétaire, mais seulement comme créancier ordinaire dans la faillite : et sa créance ne peut produire des intérêts à l'égard de la masse après le jugement déclaratif de la faillite. — Cass., 27 mai 1879 [S. 81. 1. 470, P. 81. 1. 1202, D. P. 79. 1. 356]

4. De même, le créancier chirographaire contesté par le syndic de la faillite, et dont la part a été mise en réserve jusqu'à la fin du litige, conformément à l'art. 568, § 2, C. comm., n'est pas fondé, s'il obtient gain de cause, à réclamer les intérêts à 6 0/0 du dividende à lui réservé, à compter de chaque répartition. — Lyon, 10 nov. 1888 [S. 90. 2. 161, P. 90. 1. 894, D. P. 89. 2. 217]

5. Jugé également, que le jugement déclaratif de

faillite arrête à l'égard de la masse le cours des intérêts de toute créance non garantie, nonobstant toute demande judiciaire formée contre elle. — Par suite, au cas où un créancier, qui a reçu de son débiteur, depuis la date de la cessation de paiements et en pleine connaissance de l'état de cessation de paiements, le paiement d'une dette échue, est lui-même déclaré en faillite, la masse de sa faillite, actionnée par l'autre faillite en restitution des sommes par lui reçues, ne saurait être condamnée aux intérêts de ces sommes à partir de la demande en justice. — Angers, 28 mai 1894 [S. et P. 96. 2. 245]

6. Mais notre article ne saurait s'appliquer aux intérêts qui ont été compris d'avance dans le capital et qui ne font qu'un avec lui. Ainsi lorsque des marchandises ont été vendues avec escompte pour le cas où elles seraient payées avant le terme stipulé, le vendeur n'en a pas moins le droit de produire pour le montant intégral de sa facture et sans déduction de l'escompte dans le cas où la faillite de l'acheteur est déclarée même avant l'échéance dudit terme. — *Sic*, Laisné, p. 57 ; Demangeat, sur Bravard, t. 5, p. 187 ; Lyon-Caen et Renault, t. 7, n. 269 ; et notre *Rép. gén. alph. du dr. fr.*, *v° cit.*, n. 1069.

7. De même, lorsque le souscripteur d'un billet à ordre qui comprend tout à la fois et le capital formant la valeur fournie, et les intérêts de ce capital calculés d'avance jusqu'à l'échéance, vient à tomber en faillite avant l'échéance du billet, le porteur n'en a pas moins droit à la totalité des intérêts ainsi ajoutés au capital : ici n'est pas applicable la règle d'après laquelle la faillite fait cesser le cours des intérêts pour les créanciers du failli. — Bourges, 27 janv. 1857 [S. 58. 2. 695, P. 58. 969, D. P. 57. 2. 68] — *Sic*, Alauzet, t. 7, n. 2494 ; Lyon-Caen et Renault, t. 7, n. 269 ; Bravard et Demangeat, t. 5, p. 186 ; et notre *Rép. gén. alph. du dr. fr.*, *v° cit.*, n. 1070. — *Contrà*, Trib. comm. Seine, 17 nov. 1874 [*J. des trib. de comm.*, 75. 176] ; 20 mars 1884 [*J. des faill.*, 86. 182] — *Adde*, Namur, t. 3, n. 1682.

8. Jugé également, que les obligations valablement contractées par le failli avant le jugement déclaratif de faillite n'étant pas anéanties par ce jugement, il s'ensuit que le tiers porteur d'un effet de commerce, dont la cause se rattache à des engagements valablement contractés avant le jugement déclaratif, est en droit d'exercer son recours contre les tireurs, endosseurs et autres codébiteurs solidaires du failli, et de poursuivre contre eux, ainsi que contre la faillite, le remboursement des frais exposés à l'occasion de ce recours, même postérieurement à la déclaration de faillite ; ici ne s'applique pas l'art. 445, C. comm., dont la disposition relative aux intérêts a un caractère exceptionnel. — Cass., 5 août 1889 [S. et P. 92. 1. 492, D. P. 90. 1. 228] — *Sic*, Renouard, t. 2 p. 178 ; Boistel, n. 993 ; Bravard et Demangeat, t. 5, p. 592 ; et notre *Rép. gén. alph. du dr. fr.*, *v° cit.*, n. 1072 et 1073.

β) *Créanciers hypothécaires et privilégiés.* — 9. Le principe de la suspension du cours des intérêts ne concerne que les créanciers qui font partie de la masse en leur qualité de créanciers chirographaires. En conséquence, les créanciers privilégiés ou hypothécaires, qui sont en dehors de la masse, peuvent se faire colloquer même pour les intérêts conventionnels ou moratoires, qui ont continué à courir à leur profit après le jugement déclaratif de faillite, avec cette réserve toutefois édictée par le deuxième alinéa de notre article, que ces intérêts ne peuvent être réclamés que sur les sommes provenant des biens affectés au privilège ou à l'hypothèque. — Cass., 14 juill. 1829 [S. et P. chr., D. *Rép.*, v° *Bourse de commerce*, n. 395] ; 2 avr. 1833 [S. 33. 1. 378, P. chr., D. *Rép.*, v° *Prêt à intérêt*, n. 59-1°-3°] ; 24 févr. 1852 [S. 52. 1. 174, P. 54. 1. 39, D. P. 52. 1. 46] — Poitiers, 30 janv. 1878 [S. 78. 2. 176, P. 78. 730, D. P. 78. 2. 70]

10. On avait soutenu et jugé que le mode d'imputation établi par l'art. 1254, C. civ., aux termes duquel le paiement partiel doit être imputé d'abord sur les intérêts, était inapplicable en matière de faillite, notre article contenant à cet égard une dérogation au droit commun. — Lyon, 30 août 1861 [S. 62. 2. 126, P. 62. 1017, D. P. 61. 2. 227]

11. Et la chambre des requêtes de la Cour de cassation avait déduit de là, que les sommes qu'un créancier privilégié ou hypothécaire du failli a touchées dans la distribution du prix des biens affectés au privilège ou à l'hypothèque, doivent, vis-à-vis de la masse chirographaire, être imputées, en cas d'insuffisance, sur le capital de la créance, par préférence aux intérêts échus *depuis la faillite*, dont l'art. 445, C. comm., arrête le cours à l'égard de la masse. Dans ce cas, le mode d'imputation établi par notre article au cas de paiement partiel n'est pas applicable en matière de faillite. — Cass., 17 nov. 1862 [S. 63. 1. 205, P. 63. 663, D. P. 63. 1. 305] — Lyon, 30 août 1861, précité. — Rouen, 6 févr. 1882 [*J. des faill.*, 82. 635] — *Sic*, Lyon-Caen et Renault, t. 7, n. 275 ; Demangeat, sur Bravard, t. 5, p. 190 ; Alauzet, t. 7, n. 2492 ; Laurent, t. 17, n. 609 ; Demolombe, t. 28, n. 57.

12. Mais, par une analyse plus approfondie de l'art. 445, C. comm., la chambre civile est arrivée à une solution contraire dans cette hypothèse particulière. — Au cas donc où le créancier d'une faillite, qui avait en même temps une hypothèque sur les biens d'un coobligé, vient, après avoir obtenu une collocation partielle en principal et intérêts dans l'ordre ouvert sur le prix de ces biens, se présenter à la masse chirographaire de la faillite pour concourir à la distribution, il est en droit d'y figurer pour tout ce qui lui reste dû, sans être tenu d'imputer ce qu'il a touché sur le prix principal de sa créance, préférablement aux intérêts courus depuis la faillite jusqu'à la clôture de l'ordre ; les créanciers chirographaires invoqueraient en vain, dans cette hypothèse, le principe qui, à l'égard de la masse, arrête au jour de la faillite, le cours des intérêts de toute créance chirographaire. — Cass., 26 déc. 1871 [S. 72. 1. 49, P. 72. 113, et la note de M. Labbé, D. P. 73. 1. 145]

13. Jugé, dans le même sens et d'une manière plus générale, que, si aux termes de l'art. 445, C. comm., la faillite arrête le cours des intérêts de toute créance non garantie par un nantissement, un privilège ou une hypothèque, et si les intérêts des créances garanties ne peuvent être réclamés que sur les sommes provenant des biens affectés au gage, au privilège ou à l'hypothèque, on ne saurait en conclure que le créancier, qui a reçu son paiement partiel dans la masse hypothécaire ou par l'attribution des valeurs reçues en gage, et qui se présente, pour participer, à raison de ce qui lui reste dû, aux répartitions dans la masse chirographaire, doive, contrairement aux règles d'imputation établies par l'art 1254, C. civ., imputer le reliquat d'abord sur le

capital et ensuite sur les intérêts. — Cass., 12 juill. 1876 [S. 78. 1. 68, P. 78. 144, D. P. 77. 1. 305]; 13 juill. 1896 [S. et P. 96. 1. 395, D. P. 97. 1. 450] — Poitiers, 30 janv. 1878 [S. 78. 2. 176, P. 78. 730, D. P. 78. 2. 70] — Rouen, 24 mai 1898 [D. P. 99. 2. 31] — *Sic*, Boistel, n. 937 ; Dutruc, v° *Faillite*, n. 1210 *bis;* Laroque-Sayssinel, n. 278; Thaller, n. 2008 ; Ruben de Couder, v° *Faillite*, n. 277, et *Suppl.*, *eod. v°*, n. 175; et notre *Rép. gén. alph. du dr. fr.*, *v° cit.*, n. 1056 et s.

14. Et l'état de faillite du débiteur n'altère en rien les droits du créancier gagiste, et, lorsque ce créancier a touché les intérêts de sa créance, comme il en a le droit sur les biens affectés à son gage, la masse chirographaire ne peut être admise à modifier les résultats d'une distribution faite en conformité des règles tracées par la loi dans l'art. 1254, C. civ. — Cass., 13 juill. 1896, précité.

15. Notre article ne déroge pas non plus à l'art. 2151, C. civ. : en conséquence, le créancier hypothécaire ne peut être colloqué, conformément aux dispositions dudit art. 2151, que pour deux années d'intérêts (aujourd'hui trois années depuis la loi du 17 juin 1893) et l'année courante, alors d'ailleurs qu'il n'a été pris aucune inscription particulière pour d'autres années. — Cass., 24 févr. 1852 [S. 52. 1. 174, P. 54. 1. 39, D. P. 52. 1. 46] — Poitiers, 30 janv. 1878 [S. 78. 2. 176, P. 78. 730, D. P. 78. 2. 70] ; 7 déc. 1885 [S. 86. 2. 81, P. 86. 1. 459, D. P. 87. 2. 60] — *Sic*, Alauzet, t. 7, n. 2492 ; Lyon-Caen et Renault, t. 7, n. 274 ; Aubry et Rau, t. 3, p. 425, § 582 ; Dutruc, v° *Faillite*, n. 302 ; Laroque-Sayssinel et Dutruc, n. 277 ; Ruben de Couder, v° *Faillite*, n. 277 ; Pont, *Priv. et hypoth.*, n. 1025.

§ 2. *Effets de l'arrêt du cours des intérêts.*

16. Si la déclaration de faillite arrête le cours des intérêts, c'est seulement à l'égard de la masse, mais non à l'égard du failli. — Cass., 17 janv. 1893 [S. et P. 94. 1. 113, et la note de M. Labbé, D. P. 93. 1. 537, et la note de M. Boistel] — Paris, 1er déc. 1892 [S. et P. 94. 2. 138, D. P. 94. 2. 109]

17. Il n'y a pas lieu de distinguer à cet égard entre les intérêts conventionnels et les intérêts moratoires. Par suite, le failli reste débiteur des uns et des autres, s'il ne lui en a été fait remise, et il doit les acquitter sur les deniers disponibles après le remboursement intégral des créances de la faillite en capital. — Cass., 17 janv. 1893, précité. — *Sic*, Renouard, t. 1, n. 323 ; Lyon-Caen et Renault, t. 7, n. 271 ; Demangeat, sur Bravard, t. 5, p. 186 ; Laurin, n. 985 ; Thaller, n. 1911 ; et notre *Rép. gén. alph. du dr. fr.*, *v° cit.*, n. 1080 et s.

18. S'il s'agit d'intérêts moratoires, le jugement déclaratif de faillite ne suffit pas pour les faire courir contre le failli au profit des créanciers : il faut une demande en justice ou une sommation de payer, conformément à l'art. 1153, C. civ., modifié par la loi du 7 avr. 1900. — Paris, 1er déc. 1892, motifs, précité. — *Sic*, Lyon-Caen et Renault, t. 7, n. 273. — *Contrà*, Douai, 12 mars 1875 [S. 75. 2. 165, P. 75. 686, D. P. 75. 2. 89] ; 26 déc. 1877 [S. 78. 2. 56, P. 78. 237, D. P. 78. 2. 38]

19. Jugé, à cet égard, que si, pour le règlement de ces intérêts, il y a lieu d'attendre la clôture des opérations de la faillite, les créanciers peuvent néanmoins agir en justice avant la clôture de la faillite pour faire reconnaître leur droit aux intérêts et en faire fixer le point de départ. — Paris, 1er déc. 1892, précité.

20. ... Alors surtout que la condamnation doit atteindre un codébiteur solidaire, lequel n'est point en faillite. — Même arrêt.

21. La demande formée au cours des opérations de la faillite à l'effet de faire courir les intérêts d'une créance contre le failli personnellement, doit être dirigée, non contre le syndic, mais contre le failli lui-même. — Même arrêt.

22. Et la production à la faillite, faite conformément aux art. 491 et 492, C. comm., qui a pour effet de mettre en cause à la fois le failli et le syndic, équivaut à une demande en justice faisant, par la réclamation du capital, courir les intérêts des créances de la faillite. — Cass., 17 janvier 1893, précité. — Paris, 1er déc. 1892, précité. — *Sic*, Lyon-Caen et Renault, *loc cit.;* Thaller, *loc cit.;* Labbé, note précitée ; et notre *Rép. gén. alph. du dr. fr.*, *v° cit.*, n. 1090 et s.

23. Par suite, ces intérêts sont dus aux créanciers du jour de la production au jour du payement reçu sur l'excédent de l'actif de la faillite après le payement intégral du passif de la faillite en capital. — Cass., 17 janv. 1893, précité.

24. Et ces intérêts courent de la production, premier acte de la procédure, et non de l'affirmation consécutive à l'admission des créances au passif de la faillite. — Même arrêt.

25. Les intérêts ainsi réclamés ne peuvent être atteints par la prescription quinquennale tant que durent les opérations de la faillite. — Paris, 1er déc. 1892, précité. — *Sic*, notre *Rép. gén. alph. du dr. fr.*, *v° cit.*, n. 1092 et s.

26. Le principe posé par notre article ayant pour objet de garantir la masse contre toute réclamation d'intérêts courus depuis le jugement déclaratif, il en résulte qu'il est inapplicable aux coobligés, cautions ou codébiteurs solidaires du failli : ces coobligés n'étant pas en faillite, rien ne s'oppose à ce que le créancier leur réclame le paiement intégral de ce qui lui est dû, en capital et intérêts. — Paris, 1er déc. 1892, précité. — *Sic*, Bédarride, n. 98 ; Labbé, note précitée; Lyon-Caen et Renault, t. 7, n. 272.

Art. **446**. Sont nuls et sans effet relativement à la masse, lorsqu'ils auront été faits par le débiteur depuis l'époque déterminée par le tribunal comme étant celle de la cessation de ses paiements, ou dans les dix jours qui auront précédé cette époque :

Tous actes translatifs de propriétés mobilières ou immobilières à titre gratuit ;

Tous paiements, soit en espèces, soit par transport, vente, compensation, ou autrement, pour dettes non échues, et, pour dettes échues, tous paiements faits autrement qu'en espèces ou en effets de commerce ;

Toute hypothèque conventionnelle ou judiciaire, et tous droits d'antichrèse ou de nantissement constitués sur les biens du débiteur pour dettes antérieurement contractées. — C. civ., 932 et s., 939 et s., 1121, 1167, 1282 et s., 1289 et s., 1690, 2071 et s., 2124 et s., 2135, 2146 ; C. proc. civ., 130 ; C. comm., 76, 116, 447 et s. ; L. 4 mars 1889, art. 19.

INDEX ALPHABÉTIQUE.

DIVISION

§ 1er. *Des actes nuls de droit.*

I. *Actes à titre gratuit.* — **1.** Bien que notre article ne parle *in terminis* que des actes translatifs de propriété à titre gratuit, on est d'accord pour l'appliquer à tous les actes à titre gratuit, quels qu'ils soient et quelle qu'en soit la forme. — *Sic*, Bravard et Demangeat, t. 5, p. 216 ; Lyon-Caen et Renault, t. 7, n. 420 ; Boistel, n. 944 ; Thaller, n. 1820 ; Ruben de Couder, v° *Faillite*, n. 297 ; et notre *Rép. gén. alph. du dr. fr.*, v° *Faillite*, n. 1132 et s.

2. Il en serait ainsi des constitutions à titre gratuit de droits réels, tels qu'une servitude ou un usufruit. — *Sic*, mêmes auteurs.

3. De même, est nulle la remise de dette faite à titre gratuit par le failli à l'un de ses débiteurs, dans les dix jours qui ont précédé la date de la cessation des paiements. — Cass., 6 août 1867 [S. 67. 1. 452, P. 67. 1196, D. P. 68. 1. 86]

4. De même encore, est nulle relativement à la masse des créanciers, si elle est postérieure à la cessation de paiements, la cession consentie par le failli de la clientèle de son fonds de commerce, des baux, des lieux et de la marchandise, alors que le prix stipulé s'applique exclusivement à la marchandise ; la cession de la clientèle et celle du droit au bail n'étant, en pareil cas, représentées par aucun équivalent en faveur de la masse. — Cass., 5 avr. 1875 [S. 76. 1. 155, P. 76. 369, D. P. 76. 1. 37] — *Sic*, Lyon-Caen et Renault, t. 7, n. 323 ; Renouard, t. 1, p. 367.

5. Les juges peuvent comprendre parmi les frais mis à la charge de l'acquéreur d'un fonds de commerce dont l'annulation est prononcée par application de l'art. 446, C. comm., l'enregistrement de l'acte antérieur de vente invoqué par lui comme constituant en sa faveur le droit à la jouissance des lieux. — Même arrêt.

6. Et la même solution doit être appliquée aux donations dites rémunératoires, sauf aux tribunaux à apprécier, dans chaque espèce, eu égard aux circonstances et à l'importance des services rendus par le bénéficiaire ou disposant, si ces donations doivent être considérées en tout ou en partie comme des actes à titre gratuit, ou bien au contraire comme la juste rémunération et l'équivalent des services rendus : dans ce dernier cas, l'acte ne serait plus nul de droit par application de notre article ; mais il serait annulable en tant qu'acte à titre onéreux et dans les conditions de l'art. 447 ci-après. — *Sic*, Renouard, *loc. cit.*; Lyon-Caen et Renault, t. 7, n. 322 ; Ruben de Couder, v° *Faillite*, n. 302. — *Contrà*, Laurin, n. 997 ; Paradan, *Rev. crit.*, 1877, p. 283 et s.

7. En tout cas, l'art. 446, qui déclare nuls les actes d'aliénation consentis par le failli dans les dix jours qui ont précédé l'ouverture de la faillite, ne s'applique pas aux aliénations qui résultent de condamnations judiciaires prononcées dans le même intervalle. — Paris, 24 déc. 1849 [S. 53. 2. 227, P. 50. 1. 587, D. P. 50. 2. 195]

8. Si ces solutions sont certaines, on discute, au contraire, très vivement la question de savoir quel est le sort de la constitution de dot faite par le failli à l'un de ses enfants pendant la période suspecte. Un premier système soutient que la constitution de dot doit être considérée comme un acte à titre gratuit à l'égard des deux époux et qu'elle tombe sous le coup de notre article, de la même manière que toute autre donation. — Caen, 7 mars 1870 [S. 70. 2. 281, P. 70. 1077, D. P. 70. 2. 97] — Paris, 27 juill. 1894 [S. et P. 95. 2. 158] — Orléans, 8 juin 1898 [S. et P. 98. 2. 309, D. P. 98. 2. 283] — *Sic*, Rodière et Pont, t. 1, n. 125 ; Laurent, t. 16, p. 451 ; Lyon-Caen et Renault, t. 7, n. 325 à 328 *bis* ; Bravard et Demangeat, t. 5, p. 220 ; Namur, t. 3, n. 1647 ; Godefroy, *Rev. crit.*, 1887, p. 731 ; Labbé, note sous Cass., 18 janv. 1887 [S. 87. 1. 97, P. 87. 1. 241] ; Ruben de Couder, v° *Faillite*, n. 299 et s.

9. Une deuxième opinion résoud la question au moyen de la distinction suivante. Vis-à-vis de la femme, la constitution de dot devrait toujours être considérée comme un acte à titre gratuit, de telle sorte que la nue propriété des biens constitués en dot reviendrait à la masse des créanciers par application de notre article 446. Vis-à-vis du mari, au contraire, la constitution de dot devrait être considérée comme un acte à titre onéreux : les créanciers ne pourraient pas la faire annuler en vertu de notre article, mais seulement dans les conditions de l'art. 447 et en prouvant que le mari avait connaissance de l'état de cessation de paiements du constituant. — Cass. Belgique, 9 janv. 1890 [S. 91. 4. 5, P. 91. 2. 8] — *Sic*, Troplong, *Du contrat de mariage*, t. 1, n. 131 ; Larombière, *Obligations*, t. 1, sur l'art. 1167 ; Demolombe, t. 25, n. 211 ; Aubry et Rau, t. 4, p. 137, § 313, note 24 ; Thaller, n. 1831 ; Guillouard, *Du contrat de mariage*, t. 1, p. 161 et s., et *Et. sur l'action paulienne*, p. 214.

10. La jurisprudence décide, au contraire, que les donations faites par contrat de mariage, tant par la destination des objets donnés, qui doivent faire face aux charges du ménage, que par l'obligation de garantie des donateurs et par l'irrévocabilité qui y est attachée, participent de la nature des actes à titre onéreux, sans qu'il y ait lieu de distinguer entre la dot constituée à la femme et la donation faite au mari, et elles ont le même caractère vis-à-vis des deux époux. — Cass., 25 févr. 1845 [S. 45. 1. 417, P. 45. 1. 523, D. P. 45. 1. 173] ; 3 mars 1847 [S. 47. 1. 185, P. 47. 1. 372, D. P. 47. 1. 129] ; 24 mai 1848 [S. 48. 1. 437, P. 48. 2. 653, D. P. 48. 2. 129] ; 18 nov. 1861 [S. 62. 1. 73, P. 62. 545, D. P. 62. 1. 197] ; 18 janv. 1887 [S. 87. 1. 97, P. 87. 1. 241, D. P. 87. 1. 257] ; 18 déc. 1895 [S. et P. 96. 1. 72, D. P. 98. 1. 193 et la note de M. Sarrut] — Bordeaux, 30 nov. 1869 [S. 70. 2. 283, P. 70. 1. 81, D. P. 71. 2. 108] — Poitiers, 21 août 1878 [S. 78. 2. 257, P. 78. 1020, D. P. 79. 2. 6] — *Sic*, Ruben de Couder, v° *Faillite*, *Suppl.*, n. 189.

11. En conséquence, les donations par contrat de mariage ne peuvent être annulées, sur la demande des créanciers du donateur, en vertu de l'art. 446 qui n'est applicable qu'aux actes de pure libéralité, mais seulement en vertu de l'art. 447 et à la condition de prouver, dans les termes de cet article, qu'il y avait, de la part de toutes les parties intéressées, connaissance de l'état de cessation de paiement du constituant. — Cass., 18 déc. 1895, précité.

12. Par suite, la donation faite par contrat de mariage à son fils par le père ultérieurement déclaré en faillite, ne peut être annulée malgré l'opposition de la femme dont l'entière bonne foi est constatée. — Même arrêt.

13. L'application de notre article en matière d'assurance sur la vie a également soulevé de vives difficultés. On s'est d'abord demandé si l'assurance sur la vie, souscrite par le failli pendant la période suspecte au profit d'un tiers déterminé, tombait sous le coup de notre article, de telle sorte que les créanciers pourraient en faire prononcer la nullité et réclamer, au décès du stipulant, le rapport à la masse du capital assuré. La jurisprudence résoud cette question par la négative : elle applique ici la théorie qu'elle a consacrée d'une manière constante depuis de nombreuses années et d'après laquelle le contrat d'assurance au profit d'un tiers dénommé confère immédiatement au bénéficiaire sur le capital assuré et à l'encontre de la compagnie d'assurances, un droit personnel et direct qui lui appartient dès l'origine et qui n'a jamais fait partie du patrimoine du stipulant. En conséquence et du moment que le droit au capital assuré n'a jamais figuré dans l'actif du failli, la stipulation qui investit le bénéficiaire de ce droit ne saurait être considérée comme une donation tombant sous le coup de notre article. Les créanciers ne peuvent donc pas

faire annuler cette stipulation et exiger le rapport à la masse du capital assuré. Ils peuvent seulement réclamer au bénéficiaire de l'assurance la restitution des primes qui auraient été payées par le failli depuis les dix jours qui ont précédé la cessation des paiements : ces primes, en effet, constituent des donations, puisqu'elles ont diminué d'autant l'actif du failli et qu'elles ont été payées par lui sans contre-prestation et à titre purement gratuit. — Cass., 2 juill. 1884 [S. 85. 1. 5, P. 85. 1. 5, et la note de M. Labbé, D. P. 85. 1. 150]; 8 févr. 1888 [S. 88. 1. 121, P. 88. 1. 281, D. P. 88. 1. 193]; 22 févr. 1888 [S. *Ibid.*, P. *Ibid.*, D. P. *Ibid.*]; 27 mars 1888 [S. *Ibid.*, P. *Ibid.*, D. P. *Ibid.*]; 8 avr. 1895 [S. et P. 95. 1. 265, D. P. 95. 1. 441, *Ann. de dr. comm.*, 95. 77 et la note de M. Huvelin] — Bordeaux, 21 mai 1885 [S. 86. 2. 38, P. 86. 1. 309] — *Sic*, Lyon-Caen et Renault, t, 7, n. 324, *in fine;* Thaller, n. 1835; Dupuich, *Tr. de l'assurance sur la vie*, n. 14; Lefort, *Tr. de l'assur. sur la vie*, t. 2, p. 225, n. 1; Couteau, *Tr. des assur. sur la vie*, t. 2, n. 499; Ruben de Couder, *Suppl.*, v^is *Assurance sur la vie*, n. 23 et s., et *Faillite*, n. 188; et notre *Rép. gén. alph. du dr. fr.*, v^is *Assurance sur la vie*, n. 731 et s., et *Faillite*, n. 1147 et s. — *Contrà*, Alger, 15 juin 1876 [S. 79. 2. 292, P. 79. 1142, D. P. 78. 2. 116] — Sur l'effet de l'assurance sur la vie au profit d'un tiers désigné, V. notre *Code civil annoté*, art. 1121, n. 43 et s., et notre *Rép. gén. alph. du dr. fr.*, v° *Assurance sur la vie*, n. 354 et s.

14. Mais la même solution ne saurait être admise dans le cas où le failli, après avoir contracté une assurance sur la vie à son profit ou au profit de ses héritiers, sans désignation individuelle d'un bénéficiaire déterminé, cède gratuitement à un tiers, au cours de la période suspecte, le bénéfice de cette assurance, par exemple, au moyen d'un endossement. Dans ce cas, en effet le droit au capital assuré faisait partie de l'actif du failli, et dès lors la cession à titre gratuit de ce droit tombe nécessairement sous le coup de la nullité édictée par notre article. — Besançon, 27 mars 1876 [S. 77. 2. 135, P. 77. 682, D. *Rép., Suppl.*, v° *Assurances terrestres*, n. 408] — Lyon, 9 avr. 1878 [S. 78. 2. 320, P. 78. 1269, D. P. 79. 2. 153]; 21 juin 1879, sous Cass., 17 août 1880 [S. 82. 1. 31, P. 82. 1. 48, D. P. 81. 1. 403] — Grenoble, 2 févr. 1882 [S. 82. 2. 106, P. 82. 1. 577, D. P. 82. 2. 242]; 22 janv. 1901 [D. P. 1901. 2. 337 et la note de M. Dupuich] — C. just. Genève, 10 sept. 1883 [S. 84. 4. 16] — *Sic*, Dupuich, *op. cit.*, n. 221; Thaller, n. 1836; Lyon-Caen et Renault, t. 7, n. 324; Ruben de Couder, *Suppl.*, v° *Faillite*, n. 187; et notre *Rép. gén. alph. du dr. fr.*, v^is *Assurance sur la vie*, n. 739 et s., et *Faillite*, n. 1145.

15. Il en serait autrement cependant dans le cas où l'assuré aurait transmis le bénéfice de l'assurance souscrite à son profit ou au profit de ses héritiers à un tiers déterminé, au moyen d'un avenant. Il est de jurisprudence, en effet, que l'avenant par lequel l'assuré, d'accord avec l'assureur, attribue à un tiers le bénéfice d'une assurance sur la vie ne constitue pas un acte de transmission de cette assurance: c'est plutôt une modification de la police primitive dont il fait désormais partie intégrante et avec laquelle il se confond, de telle sorte que l'attribution qui en résulte pour le bénéficiaire le rend créancier direct de l'assureur dès le jour même du contrat primitif et avec les mêmes effets que si elle était contenue dans la police elle-même. Par suite, le tiers désigné dans l'avenant a droit au capital assuré dès la date de la police, à l'exclusion des créanciers de la faillite de l'assuré, lesquels ne peuvent se prévaloir de la nullité édictée par notre article, encore bien que l'avenant ait été souscrit dans les dix jours qui ont précédé la date de la cessation des paiements. — Grenoble, 22 janv. 1901, précité. — *Sic*, Dupuich, *Tr. de l'assur. sur la vie*, n. 222, et note sous Grenoble, 22 janv. 1901 [D. P. 1901. 2. 336]; Lefort, *op. cit.*, t. 2, p. 284. — Sur le caractère de l'avenant et les conséquences qui en résultent, V. notre *Code civil annoté*, art. 1121, n. 117, 118, 147 et s., et notre *Rép. gén. alph. du dr. fr.*, v° *Assurance sur la vie*, n. 322 et s.

16. Pour qu'une donation tombe sous le coup de notre article, il faut qu'elle ait été faite depuis la cessation des paiements ou dans les dix jours qui précèdent. Peu importe d'ailleurs que l'acte de donation ait été passé avant cette époque, si l'acceptation du donataire n'a été donnée que postérieurement : d'après l'art. 932, C. civ., en effet, une donation ne devient parfaite que du jour de son acceptation. — *Sic*, Boulay-Paty, t. 1, n. 85; Locré, p. 183; Laisné, p. 62; Bédarride, t. 1, n. 108; Alauzet, t. 7, n. 2501; Laroque-Sayssinel et Dutruc, t. 2, n. 290; Demangeat, sur Bravard, t. 5, p. 220; Boistel, p. 313; Lyon-Caen et Renault, t. 7, n. 321; Thaller, n. 1830; Ruben de Couder, *v° cit.*, n. 303; et notre *Rép. gén. alph. du dr. fr.*, v^is *Donation entre-vifs*, n. 1003 et s., et *Faillite*, n. 1154.

17. Peu importe même que la donation soit passée et acceptée avant la période suspecte, si l'acceptation n'est notifiée au donateur que pendant cette période : dans ce cas en effet, et d'après l'art. 932, 2e alin., C. civ., la donation ne devient parfaite que du jour de la notification de son acceptation. — *Sic*, Laurent, t. 16, n. 264; Bravard et Demangeat, t. 5, p. 220; Lyon-Caen et Renault, *loc. cit.*; Thaller, *loc. cit.*; Ruben de Couder, *v° et loc. cit.* — *Contrà*, Boistel, *loc. cit.* — Sur la question de savoir jusqu'à quel moment peut être opérée la transcription d'une donation de biens susceptibles d'hypothèque, V. *infrà*, art. 448, n. 56 et s.

II. *Paiement de dettes non échues.* — 18. La disposition de notre article qui déclare nuls et sans effet les paiements de dettes non échues effectués par le failli depuis les dix jours qui précèdent la cessation des paiements est conçue en termes généraux et absolus : d'où il résulte qu'elle s'applique à tout paiement de cette espèce, quel qu'il soit. Peu importe que le paiement soit effectué en espèces, ou en effets de commerce, ou de toute autre manière. — *Sic*, Lyon-Caen et Renault, t. 7, n. 331; Thaller, n. 1838; Bédarride, t. 1, n. 137 et s.; Alauzet, t. 7, n. 2502; Ruben de Couder, *v° cit.*, n. 310 et s., et *Suppl.*, *eod. v°*, n. 193; et notre *Rép. gén. alph. du dr. fr.*, v° *Faillite*, n. 1173 et s.

19. Jugé à cet égard, que l'acquittement de bons ou reconnaissances payables à un certain nombre de jours déterminé, fait sans visa préalable par un négociant depuis la cessation de ses paiements ou dans les dix jours qui l'ont précédée, est nul comme constituant un paiement de dettes non échues; on objecterait vainement que, suivant l'usage du commerce, de tels bons sont toujours payables à présentation. — Orléans, 26 juill. 1859 [S. 59. 2. 603, P. 60. 1015, D. P. 59. 2. 156]

20. Jugé également, que le débiteur qui adresse

à son créancier des titres de rente sur l'Etat, pour être échangés contre des espèces à fournir par un tiers et qui seront portées en compte courant, fait, non pas un paiement en espèces ou en effets de commerce pour dettes échues dans le sens de l'art. 446, C. comm., mais un paiement par transport ou délégation pour dette non échue que ledit article déclare nul et sans effet à l'égard de la masse, s'il a eu lieu depuis l'époque fixée par le tribunal comme étant celle de la cessation des paiements ou dans les dix jours qui ont précédé cette époque. — Metz, 23 juin 1857 [S. 58. 2. 328, P. 57. 1120, D. P. 58. 2. 36]

21. De même, le transport consenti par un entrepreneur de travaux publics, comme garantie de l'ouverture d'un crédit, de toutes les sommes qui pourraient lui être dues pour prix des travaux par lui soumissionnés, constitue, entre les contractants, un paiement de dettes non échues, nul aux termes de l'art. 446, C. comm., si l'entrepreneur étant tombé en faillite, le transport se trouve avoir été consenti soit depuis l'époque à laquelle la faillite a été reportée, soit dans les dix jours qui ont précédé cette époque. — Paris, 24 févr. 1866 [S. 68. 2. 13, P. 68. 99, D. P. 67. 2. 78]

22. De même encore, le débiteur d'un failli ne peut opposer à la masse, en compensation de sa dette, un billet souscrit par celui-ci et qui n'a été endossé au profit du débiteur par le tiers porteur que dans les dix jours précédant l'ouverture de la faillite. L'art. 446, C. comm. qui déclare nul relativement à la masse tout paiement par compensation effectué en temps suspect pour dette non échue, atteint non seulement les actes émanés directement du failli, mais encore ceux dont la formation par des voies détournées aurait pour résultat d'éteindre au préjudice de la masse une dette du failli à l'aide d'une de ses créances. — Aix, 22 juin 1869 [S. 71. 2. 27, P. 71. 101, D. *Rép.*, *Suppl.*, v° *Faillite*, n. 629]

23. Et l'art. 446, C. comm., applicable même au cas où les parties qui ont concouru aux actes incriminés seraient de bonne foi, l'est à plus forte raison lorsque, connaissant le mauvais état des affaires du failli, elles s'étaient concertées pour faciliter à l'une d'elles le paiement de sa créance. — Même arrêt.

24. Peu importe également, du moment que la dette n'est pas échue au moment du paiement, le caractère et l'époque du terme stipulé. — Jugé, à cet égard, que, dans le cas où un commerçant, après avoir obtenu de ses créanciers la faculté de se libérer, par fractions et à des époques déterminées, du montant de ses obligations, est ultérieurement déclaré en faillite, le paiement par lui fait à l'un desdits créanciers d'une fraction non encore échue de la dette est nul de plein de droit, aux termes de l'art. 446, C. comm., s'il a été fait depuis l'époque fixée par le tribunal de commerce comme étant celle de la cessation des paiements. — Cass., 26 juin 1888 [S. 91. 1. 166, P. 91. 1. 390]

25. A plus forte forte raison en serait-il de même du paiement au cours de la période suspecte d'une dette naturelle, dont le caractère est de n'être jamais exigible. — *Sic*, Lyon-Caen et Renault, t. 7, n. 332, p. 282, note 3.

26. Jugé, d'autre part, que le paiement d'une dette non échue est nul, alors même que l'échéance de cette dette serait antérieure au jugement déclaratif de faillite. — Dijon, 29 févr. 1867 [S. 67. 2. 316, P. 67. 1128, D. P. 68. 2. 139] — *Sic*, Bravard et Demangeat, t. 5, p. 238 ; Lyon-Caen et Renault, t. 7, n. 333 ; Boistel, n. 945.

27. Notre article est également applicable aux dettes contractées depuis la cessation des paiements, comme aux dettes contractées avant cette époque. — Cass., 29 juin 1870 [S. 70. 1. 417, P. 70. 1105, D. P. 70. 1. 289]

28. En conséquence, est nul le paiement du prix d'une acquisition postérieure à l'époque indiquée, paiement qui dépouillerait la masse des valeurs fournies en maintenant la chose achetée dans l'actif du débiteur failli. — Même arrêt.

29. Peu importe, d'un autre côté, que le paiement anticipé ait été opéré par le failli en vue d'obtenir d'autres avantages. Ainsi le paiement d'une facture avant l'échéance doit être considéré comme le paiement d'une dette non échue et tombe sous le coup de l'art. 446, C. comm., alors même qu'il a eu lieu moyennant un escompte sur le prix. — Paris, 29 juin 1877 [S. 79. 2. 331, P. 79. 1280, D. P. 79. 2. 200] — *Sic*, Pardessus, t. 3, n. 1140 ; Delamarre et Lepoitvin, t. 6, n. 146 ; Laroque-Sayssinel et Dutruc, t. 1, n. 303 ; Demangeat, sur Bravard, t. 5, p. 221 ; Boistel, n. 945 ; Alauzet, t. 7, n. 2502 ; Lyon-Caen et Renault, t. 7, n. 332, p. 281, note 1 ; Thaller, n. 1838 ; Ruben de Couder, *v° cit.*, n. 320, et *Suppl.*, *eod. v°*, n. 194 ; et notre *Rép. gén. alph. du dr. fr.*, *v° cit.*, n. 1184 et s. — *Contrà*, Bourges, 7 mars 1845 [S. 46. 2. 70, D. P. 46. 2. 226]

30. Il en serait autrement toutefois dans le cas où la faculté d'escompte aurait été réservée au débiteur par la convention : ici en effet le paiement anticipé n'a par lui-même rien d'anormal et de suspect. — *Sic*, Thaller, *loc. cit.*

31. De même, notre article ne saurait s'appliquer à la remise à un agent de change par un client en état de cessation de paiements d'une somme ou de titres comme couverture d'opérations à terme. Il est vrai que la couverture s'analyse, d'après l'opinion la plus générale, en un paiement anticipé des sommes dont le client pourra se trouver débiteur envers son agent de change au moment de la liquidation. Mais ce paiement anticipé est stipulé au moment même de la convention ; et, d'autre part, il est une des conditions du mandat confié à l'agent de change, de telle sorte que, ce mandat étant valable en lui-même, sauf l'application possible de l'art. 447 ci-après, la couverture, qui s'y rattache d'une façon indivisible, doit participer de sa validité. — *Sic*, Thaller, n. 1838, *in fine*; et notre *Rép. gén. alph. du dr. fr.*, *v° cit.*, n. 1187. — Sur le caractère juridique de la couverture, V. *suprà*, art. 76, n. 304 et s.

32 Au surplus, la disposition de notre article ne saurait recevoir son application qu'autant qu'il y a eu un paiement et que ce paiement a eu pour objet une dette non échue. C'est ainsi que dans le cas où le failli, après avoir vendu les marchandises corps certains livrables à un certain terme, livre ces marchandises avant l'expiration de ce terme pendant la période suspecte, cette délivrance ne peut pas être considérée comme un paiement tombant sous le coup de notre article. Ici, en effet, l'acheteur est devenu propriétaire dès le jour de la vente, et la faillite du vendeur ne porte aucune atteinte à son droit de propriété : la délivrance anticipée de la chose vendue ne nuit donc pas aux créanciers et, par suite, ils ne peuvent, faute d'intérêt, en faire prononcer la nul-

lité. — *Sic*, Pardessus, t. 3, n. 1139 ; Lyon-Caen et Renault, t. 7, n. 337 ; Ruben de Couder, *v° cit.*, n. 318.

33. Toutefois, s'il s'agit d'une chose frugifère, il paraît juste d'obliger l'acheteur à tenir compte à la faillite de l'avantage que lui a procuré la jouissance anticipée de cette chose. — *Sic*, Lyon-Caen et Renault, *loc. cit.*

34. De même, les remises en compte courant ne sauraient être considérées comme des paiements tombant sous le coup de notre article. — V. à cet égard *infrà*, n. 114 et s.

35. D'autre part, les dettes nées *ex delicto* ou *quasi ex delicto* sont des dettes toujours exigibles et leur paiement ne constitue en aucun cas le paiement d'une dette non échue. — Jugé, en ce sens, qu'au cas où un négociant s'est fait remettre des marchandises à l'aide de manœuvres frauduleuses à raison desquelles il a été condamné pour escroquerie, l'obligation de restituer qui en résulte contre lui est une obligation toujours exigible et conséquemment échue ; en conséquence, il peut valablement, même après la cessation de ses paiements, restituer ces marchandises en nature ou effectuer le paiement de sa dette en argent ou en effets de commerce. — Cass., 16 nov. 1864, Mercier [S. 65. 1. 13, P. 65. 19, D. P. 65. 1. 37] — Lyon, 10 juill. 1862 [S. 62. 543, P. 63. 411, D. P. 63. 2. 123] — *Sic*, notre *Rép. gén. alph. du dr. fr.*, *v° cit.*, n. 1165 et s.

36. De même, la révocation d'une convention par consentement mutuel produit le même effet que l'accomplissement d'une condition résolutoire, laquelle remet les choses au même état que si l'obligation n'avait pas existé, en ce sens que les restitutions réciproques auxquelles sont tenues les parties par suite de la révocation deviennent immédiatement exigibles. — Spécialement, lorsqu'une convention d'escompte, convention en vertu de laquelle un commerçant a escompté à un autre commerçant des traites pour une somme déterminée, a été suivie, de la part des parties, de la restitution réciproque des traites et de la somme escomptée, l'obligation éteinte par la restitution de la somme est celle qui résultait de la restitution des traites, et non l'obligation de garantie contractée pour le cas où les traites ne seraient pas payées à l'échéance ; cette obligation de garantie se trouvant annulée par le fait de la révocation de la convention d'escompte, révocation dont les restitutions réciproques n'ont été que l'exécution. — En conséquence, la restitution de la somme ne saurait être considérée comme le paiement d'une dette non échue, et être annulée par application de l'art. 446, C. comm., et le montant rapporté à la faillite du commerçant escompteur, sous le prétexte que ce prétendu payement aurait eu lieu au jour fixé pour la cessation des paiements. — Cass., 27 juill. 1892 [S. et P. 93. 1. 67, D. P. 92. 1. 462]

37. Faut-il considérer comme un paiement par anticipation, et par suite nul en vertu de notre article, l'envoi d'une provision fait pendant la période suspecte par le tireur d'une lettre de change au tiré accepteur? D'après certains auteurs, la question devrait être résolue par la négative. D'une part, en effet, le tireur est tenu de fournir provision aux termes de l'art. 116, C. comm., et, dès lors, il ne fait que s'acquitter d'une dette échue lorsqu'il envoie cette provision au tiré. Et, d'autre part, l'envoi de la provision forme un tout indivisible avec la traite elle-même ; or du moment que le paiement de la traite est valable, le transport de la provision qui en constitue un des éléments doit l'être également. — *Sic*, Boistel, n. 945 ; Bravard et Demangeat, t. 5, p. 260 ; Thaller, n. 1428 ; et notre *Rép. gén. alph. du dr. fr.*, *v° cit.*, n. 1190 et 1191.

38. D'après la jurisprudence, au contraire, il y aurait lieu d'appliquer ici l'art. 446. Le tireur en effet, aux termes de l'art. 116, C. comm., n'est tenu de fournir provision qu'à l'époque de l'échéance de la lettre de change : si donc il fournit provision avant cette échéance, il paie en réalité une dette non échue, et ce paiement doit être annulé comme tout autre paiement anticipé, s'il a été effectué depuis la cessation des paiements ou dans les dix jours qui l'ont précédée. — Cass., 17 déc. 1850 [S. 51. 1. 414, P. 52. 1. 208, D. P. 50. 1. 103] ; 30 mai 1859 [S. 59. 1. 748, P. 60. 321, D. P. 59. 1. 462] ; 24 janv. 1869, (deux arrêts) [S. 60. 1. 789, P. 60. 243, D. P. 60. 1. 71] ; 21 mai 1884 [*J. des faill.*, 84. 373] — Amiens, 2 mai 1882 [*Ibid.*, 82. 468] — Toulouse, 7 juin 1880 [*Ibid.*] ; 9 mai 1882 [*Ibid.*] ; — *Sic*, Lyon-Caen et Renault, t. 7, n. 335 ; Renouard, t. 1, p. 372 ; Rousseau et Laisney, *Code ann. des faill.*, sur l'art. 446, n. 42 ; Ruben de Couder, *v° Faillite*, n. 312 et s., et *Suppl.*, *eod v°*, n. 197. — Sur la provision, V. *suprà*, art. 116, n. 1 et s.

39. Jugé, toutefois, que le commerçant en état de cessation de paiements, conservant le droit de vendre ses marchandises et d'en recevoir le prix, peut céder sa créance de vendeur à un tiers qui lui en verse le montant et, par suite, en faire valablement la provision d'une lettre de change tirée sur son acheteur et que ce tiers lui escompte. Ici, en effet, la provision résulte d'un contrat de vente qu'on ne saurait attaquer en vertu de notre article, puisqu'elle consiste dans la créance naissant de ce contrat lui-même, et dès lors elle ne saurait être assimilée à une provision fournie après coup et volontairement par le tireur pendant la période suspecte. En conséquence, l'art. 446 est ici sans application, et les créanciers de la faillite du tireur ne peuvent faire annuler la provision à l'encontre du porteur de l'effet. — Agen, 9 févr. 1881 [D. P. 82. 2. 239]

III. *Paiement de dettes échues.* — 40. Tandis que le paiement des dettes non échues est toujours nul, notre article distingue, au contraire, lorsqu'il s'agit de dettes échues, suivant que le paiement est effectué ou bien en espèces ou en effets de commerce, ou bien de toute autre manière : dans le premier cas, le paiement n'a rien d'anormal et par suite il est valable, ou plutôt annulable dans les conditions de l'art. 447 ci-après ; dans le second cas, au contraire, le paiement implique l'intention de favoriser un des créanciers au détriment des autres, et notre article en prononce avec raison la nullité. — V. Lyon-Caen et Renault, t. 7, n. 339 ; Thaller, n. 1839.

A. *Modes de paiement autorisés.* — α) *Paiements en espèces.* — 41. Par paiement en espèces, il faut entendre non pas seulement le paiement en numéraire, mais d'une manière plus générale le paiement de la chose due, quelle qu'en soit la nature. — *Sic*, Pardessus t. 3, n. 1139 ; Renouard, t. 1, p. 375 ; Bédarride, t. 1, n. 116 *bis* ; Massé, t. 3, n. 1224 ; Alauzet, t. 7, n. 2513 ; Boistel, n. 946 ; Bravard et Demangeat, t. 5, n. 230 ; Lyon Caen et Renault, t. 7, n. 340 ; Thaller, n. 1840-*a* ; et notre *Rép. gén. alph. du dr. fr.*, *v° cit.*, n. 1198 et s.

42. Jugé en ce sens, que des livraisons de marchandises faites par un négociant dans les dix jours de la cessation des paiements, en exécution d'une vente ou d'une convention antérieure par laquelle il s'était engagé à effectuer ces livraisons jusqu'à concurrence d'avances à lui faites, doivent être considérées comme l'exécution d'un marché à livrer, et non comme un paiement en marchandises nul aux termes de l'art. 446, C. comm. — Cass., 3 août 1847 [S. 48. 1. 131, P. 48. 1. 58, D. P. 47. 1. 345] — Lyon, 31 déc. 1847 [S. 48. 2. 351, P. 48. 1. 180, D. P. 48. 2. 15] — Nîmes, 9 nov. 1863 [S. 63. 2. 244, P. 64. 106, D. *Rép., Suppl., v° cit.*, n. 611]

43. De même, au cas où un négociant a vendu une certaine quantité de marchandises déterminées (des vins d'un crû spécifié) se trouvant alors dans ses magasins, la livraison d'autres marchandises pareilles (des vins du même crû) faite par ce négociant postérieurement à l'ouverture de sa faillite, doit être considérée comme l'exécution d'un marché à livrer, et non comme un paiement en marchandises nul aux termes de l'art. 446, C. comm. — Cass., 31 mars 1868 [S. 68. 1. 294, P. 68. 759, D. P. 69. 1. 292]

44. De même encore, lorsqu'une remise de valeurs mobilières, faite par un failli après la cessation de ses paiements, constitue, non pas un paiement, mais la restitution, en titres de même nature et valeur, d'un prêt de consommation à lui fait avant sa faillite, et qu'aucun terme n'avait été fixé pour cette restitution, dont l'époque avait été abandonnée à la volonté du prêteur, ce prêteur, auquel la restitution a été opérée, ne saurait être tenu de rapporter les valeurs à la masse de la faillite. — Cass., 17 juill. 1883 [S. 85. 1. 203, P. 85. 1. 499, D. P. 84. 1. 183]

45. Mais une livraison de marchandises faite par un négociant ne peut être considérée comme constituant l'exécution d'une vente antérieure, si l'acheteur, ayant déjà refusé ces marchandises comme n'étant pas conformes au type, n'en a consenti la réception que postérieurement à la faillite du vendeur, avec connaissance de la cessation de paiements de ce dernier, et en pratiquant diverses manœuvres de changement d'ordre, d'expédition et d'antidate, dans l'intention de se payer de sa créance jusqu'à concurrence de la valeur de la marchandise ainsi livrée. En conséquence, il est tenu, par application des art. 446 et 447, de faire compte à la masse de la valeur de cette marchandise, avec les intérêts de droit. — Cass., 5 août 1875 [S. 76. 1. 461, P. 76. 1171, D. P. 76. 1. 389]

46. Le paiement en espèces échappe à l'application de l'art. 446, quelle que soit la provenance des deniers. Ainsi les paiements faits, sans fraude, en espèces, pour dettes échues, dans l'intervalle de la cessation des paiements du débiteur ou de la période des dix jours précédant le jugement déclaratif de la faillite, sont valables, alors même que les espèces ayant servi au paiement proviendraient de la vente faite à des tiers, durant la même période, de marchandises appartenant au failli. — Cass., 6 juill. 1864 [S. 64. 1. 384, P. 64. 1. 281]

47. Jugé également, que la délivrance d'un bordereau de collocation dans une procédure de distribution par contribution, en vertu d'une ordonnance passée en force de chose jugée, équivaut à un paiement en espèces : en conséquence, la faillite ultérieure du débiteur n'empêche pas le créancier porteur d'un semblable bordereau d'en toucher le montant, alors même que l'ouverture de la faillite aurait été reportée à une époque antérieure à la délivrance du bordereau. — Bordeaux, 16 nov. 1841 [S. 42. 2. 312, P. 42. 1. 335, D. *Rép., v° cit.*, n. 291]

48. Mais il y aurait lieu de considérer comme une forme de paiement par transport, et non plus comme un paiement en espèces, le paiement d'une dette échue effectué pendant la période suspecte par un tiers saisi pour le compte et du consentement du débiteur failli. — Lyon, 30 nov. 1866 [S. 67. 2. 262, P. 67. 935, D. P. 67. 2. 88] — *Contrà*, Metz, 21 nov. 1865 [S. 66. 2. 118, P. 66. 479, D. *Rép., Suppl., v° cit.*, n. 613]

β) *Paiement en effets de commerce.* — 49. Pour qu'il y ait paiement en effet de commerce, il ne suffit pas qu'un effet de cette nature ait été créé ou endossé par le failli au profit de son créancier : il faut en outre que cet effet ait été remis effectivement entre les mains du créancier. — Cass., 7 mars 1882 [S. 83. 1. 241, P. 83. 1. 593 et la note de M. Labbé, D. P. 82 1. 147] — Lyon, 24 mars 1841 [S. 41. 2. 343, D. *Rép., v° cit.*, n. 311] — V. aussi *suprà*, art. 136, n. 42 et s.

50. Jugé même, que la remise d'effets de commerce, faite par le failli, avant la déclaration de faillite, aux mains d'un tiers chargé de les recouvrer pour le compte d'un créancier auquel ils étaient spécialement affectés, opère dessaisissement immédiat au profit de celui-ci : en conséquence, le créancier n'est pas tenu de rapporter à la masse les deniers provenant du recouvrement, bien qu'il ne les ait reçus des mains du tiers que postérieurement au jugement déclaratif. — Cass., 16 août 1869 [S. 69. 1. 467, P. 69. 1212, D. P. 69. 1. 520]

51. Par effets de commerce, il faut entendre, non pas tous les effets qui sont négociables par les modes du droit commercial, mais seulement ceux de ces effets qui représentent le paiement d'une somme d'argent à court terme et qui sont considérés par les usages du commerce comme tenant lieu de numéraire. A ce titre, on doit tout d'abord considérer comme effets de commerce la lettre de change et le billet à ordre. — Cass., 10 mai 1865 [S. 65. 1. 277, P. 65. 656, D. P. 65. 1. 230]

52. Peu importe d'ailleurs que le débiteur ait, pour s'acquitter, créé ou endossé un de ces effets au profit de son créancier : dans les deux cas, il y a un règlement en effets de commerce et, par suite, ce règlement est valable. — *Sic*, Lyon-Caen et Renault, t. 7, n. 343 ; Bravard et Demangeat, t. 5, p. 279 ; Boistel, n. 950 ; Thaller, n. 1840-*b* ; et notre *Rép. gén. alph. du dr. fr., v° cit.*, n. 1222 et s.

53. Jugé, en ce sens, qu'en supposant que la remise d'effets de commerce en compte courant à l'un de ses créanciers par un failli dans les dix jours qui ont précédé l'époque de la cessation des paiements puisse être considérée comme un paiement, ce paiement s'appliquant à une dette réputée échue n'en a pas moins été valablement opéré, puisqu'il est effectué en effets de commerce, sans qu'il y ait lieu de distinguer à cet égard entre les effets créés par le débiteur lui-même et ceux qu'il tiendrait de tiers. — Cass., 10 mai 1865, précité. — V. aussi Cass., 10 juin 1873, Pizaneau [S. 74. 1. 78, P. 74. 162, D. P. 74. 1. 83]

54. Jugé également, que le paiement fait sans fraude par le failli en effets de commerce représentant le prix de marchandises par lui vendues dans

l'intervalle de la cessation de ses paiements au jugement déclaratif de faillite, ne peut être réputé constituer, dans le sens de l'art. 446, soit un paiement fait en marchandises, soit un nantissement au profit du créancier. — Cass., 10 mai 1865, précité.

55. A la lettre de change et au billet à ordre il y a lieu d'assimiler le chèque. En conséquence, le paiement opéré au moyen d'un chèque, de commerçant à commerçant, constitue un paiement en effets de commerce, dans le sens de l'art. 446, C. comm. — Paris, 26 nov. 1880, sous Cass., 7 mars 1882 [S. 83. 1. 241, P. 83. 1. 593, D. P. 82. 1. 147] — *Sic*, Alauzet, t. 4, n. 1591 ; Bédarride, *Des chèques*, p. 75 ; Boistel, n. 951 ; Lyon-Caen et Renault, t. 7, n. 343 ; Thaller, *loc. cit.*; Rousseau et Defert, sur l'art. 446, n. 75 ; Ruben de Couder, *v° cit.*, n. 363 ; et notre *Rép. gén. alph. du dr. fr.*, v^is *Chèque*, n. 130, et *Faillite*, n. 1228 et s.

56. Et ces solutions devraient être appliquées même dans le cas où, par suite d'un défaut de forme, le titre, toute en étant valable, ne vaudrait pas également comme lettre de change, billet à ordre ou chèque. — *Sic*, Lyon-Caen et Renault, t. 7, n. 344. — Sur les lettres de change irrégulières en la forme, V. *suprà*, art. 112, n. 1 et s.

57. Jugé cependant, en sens contraire, avant la loi du 7 juin 1894 qui permet de tirer une lettre de change d'un lieu sur le même lieu, que le paiement effectué au moyen d'un mandat payable dans le lieu de son émission ne constitue pas un paiement en effet de commerce. — Trib. comm. de Lille, sous Douai, 24 avr. 1891 [S. 91. 2. 131, P. 91. 1. 674] — *Contrà*, Lyon-Caen, note sous cet arrêt.

58. Il convient d'assimiler au chèque le bon payable à présentation à la caisse d'un banquier. — *Sic*, Bravard et Demangeat, t. 5, p. 229.

59. ... Et le virement en banque : peu importe, en effet, au point de vue de la masse des créanciers, que le failli tire au profit de son créancier un chèque sur leur banquier commun, ou bien qu'il ordonne simplement à celui-ci d'inscrire telle somme au crédit de son créancier et à son propre débit. — *Sic*, Boistel, n. 951 ; Lyon-Caen et Renault, t. 7, n. 345.

60. Mais devrait être annulé, comme constituant en réalité un paiement fait autrement qu'en espèces ou en effets de commerce, le virement de compte opéré dans les dix jours de la faillite sur les livres du failli, et résultant de l'accord de celui-ci avec l'un de ses créanciers pour transporter, par cette opération fictive, tout ou partie de la créance au crédit de l'un des débiteurs de ce failli, et compenser ainsi jusqu'à due concurrence la dette avec cette créance. — Cass., 19 mars 1867 [S. 67. 1. 247, P. 67. 633, D. P. 67. 1. 384]

61. D'autre part, on ne saurait considérer comme des effets de commerce dans le sens de notre article, ni les récépissés délivrés par un magasin général : ces récépissés, en effet, représentent la propriété des marchandises déposées, et par suite le paiement au moyen de l'endossement d'un récépissé constitue en réalité un paiement en marchandises tombant sous le coup de la nullité édictée par notre article. — Cass., 27 juin 1882 [S. 83. 1. 69, P. 83. 1. 147, D. P. 82. 1. 358] — *Sic*, Lyon-Caen et Renault, t. 7, n. 346 ; Thaller, n. 1841 ; Ruben de Couder, *v° cit.*, n. 219, et *Suppl.*, *eod. v°*, n. 206 ; et notre *Rép. gén. alph. du dr. fr.*, *v° Faillite*, n. 1234. — Sur les paiements en marchandises, V. *infrà*, n. 72 et s.

62. ... Ni les warrants délivrés par le magasin général en même temps que les récépissés. — Jugé, à cet égard, que l'endossement d'un warrant, séparé du récépissé, au profit d'un créancier, pour une dette échue, ne saurait être considéré comme un paiement ; il ne constitue qu'un simple gage ou nantissement, qui doit être annulé si l'endossement a eu lieu depuis la cessation de paiements du propriétaire des marchandises ou dans les dix jours qui précèdent. — Rennes, 22 mars 1866 [S. 67. 2. 323, P. 67. 1227, D. P. 67. 2. 205] — *Sic*, Thaller, n. 1841 ; Ruben de Couder, *v° cit.*, n. 335 et 371. — Sur les nantissements consentis par le failli pendant la période suspecte, V. *infrà*, n. 128 et s.

63. Toutefois, si les marchandises warrantées ont été vendues suivant les formalités légales, par un tiers porteur de bonne foi, le créancier premier cessionnaire du warrant n'est tenu de rapporter à la faillite qu'une somme égale au produit net de la vente. — Même arrêt.

64. Quelques auteurs cependant n'admettent cette solution que dans le cas où le débiteur a lui-même détaché le warrant du récépissé pour l'endosser à son créancier. Mais ils décident que dans le cas où le débiteur a négocié un warrant qui lui avait déjà été transmis, cette négociation ne peut plus être considérée comme un nantissement. Le warrant joue alors le rôle d'un véritable effet de commerce : c'est un billet à ordre garanti par un gage, et son endossement n'est autre chose qu'un paiement en effets de commerce au sens de notre article. — *Sic*, Boistel, n. 951 ; Lyon-Caen et Renault, t. 7, n. 346, *in fine* ; Ruben de Couder, *Suppl.*, *v° cit.*, n. 220.

65. En tous cas, le paiement d'une dette échue fait par un débiteur au moyen de l'endossement simultané à son créancier de récépissés et warrants relatifs à des marchandises déposées dans un magasin général autorisé, est nul s'il a eu lieu dans les dix jours avant la cessation de paiements de ce débiteur : une négociation de cette nature, en effet, constitue à la fois un paiement en marchandises et un nantissement également frappés de nullité par l'art. 446. — Cass., 7 mai 1866 [S. 66. 1. 313, P. 66. 865, et la note de M. Moreau, D. P. 66. 1. 197] — Rennes, 26 avr. 1873 [S. 74. 2. 202, P. 74. 850, D. *Rép.*, *Suppl.*, *v° cit.*, n. 623] — *Contrà*, Grenoble, 18 déc. 1862 [S. 63. 2. 85, P. 63. 715, D. P. 63. 2. 64]

66. On ne saurait non plus assimiler des coupons, même échus, ni à des effets de commerce, cette dénomination convenant exclusivement aux valeurs de circulation régies par la loi commerciale, ni à des espèces, ces coupons n'étant payables qu'à certaines banques et pouvant être frappés d'opposition dans les termes de la loi du 15 juin 1872. — Cass., 29 juin 1870 [S. 70. 1. 417, P. 70. 1105, D. P. 71. 1. 289] — *Sic*, Lyon-Caen et Renault, t. 7, n. 348 ; Boistel, n. 951 ; Ruben de Couder, *v° cit.*, n. 365 et s.

67. A plus forte raison, la même solution doit-elle être appliquée aux valeurs de bourse. — Jugé, en ce sens, que le paiement fait en compte courant par un négociant, dans les dix jours qui ont précédé l'ouverture de la faillite, au moyen de la remise au créancier de titres de rente nominatifs ou au porteur à échanger avec un tiers dénommé contre la somme représentative de leur valeur, est nul, aux termes de l'art. 446. — Metz, 23 juin 1857 [S. 58. 2. 328, P. 57. 1120, D. P. 58. 2. 36] — Paris, 14 janv.

1882 [D. P. 82. 2. 232] — *Sic*, Laroque-Sayssinel et Dutruc, t. 1, n. 322; Alauzet, t. 7, n. 2514; Lyon-Caen et Renault, t. 7, n. 347. — *Contrà*, Laurin, n. 1001.

68. De même, ne constituent pas un paiement en effets de commerce, échappant à la nullité de notre article..., ni la remise de factures acquittées. — Aix, 2 déc. 1863 [S. 64. 2. 198, P. 64. 953, D. *Rép., Suppl., v° cit.*, n. 605] — *Sic*, Lyon-Caen et Renault, t. 7, n. 347; Boistel, n. 951; Delamarre et Lepoitvin, t. 6, n. 146; Massé, t. 2, n. 1224; Bravard et Demangeat, t. 5, p. 224; Ruben de Couder, *v° cit.*, n. 320.

69. Spécialement, le paiement d'une dette échue fait par un débiteur à son créancier, après l'époque fixée pour la cessation de ses paiements, au moyen de la remise de factures acquittées payables à terme par un tiers et d'un mandat, non revêtu de la clause d'ordre, de toucher somme égale au montant des factures, constitue une cession de créance dans les conditions du droit commun, et non un paiement en effets de commerce autorisé par l'art 446, C. comm., et n'est, conséquemment, pas valable. — Bordeaux, 29 mars 1871 [S. 71. 2. 209, P. 71. 664, D. P. 73. 2. 213]

70. ... Ni la remise faite par le failli à son créancier d'une reconnaissance qui avait été souscrite à son profit par un de ses débiteurs, reconnaissance ayant pour cause une dette purement civile. — Orléans, 1er févr. 1853 [S. 53. 2. 661, P. 53. 2. 157, D. P. 54. 2. 222]

71. ... Ni la remise d'une reconnaissance en blanc par le failli à son créancier. Ainsi est nul, lorsqu'il a été fait dans la période suspecte déterminée par l'art. 446, C. comm., le paiement en reconnaissances souscrites en blanc par le débiteur d'un commerçant depuis déclaré en faillite, que ce dernier a remplies directement au nom d'un de ses propres créanciers et qu'en outre il a avalisées. Un tel paiement ne saurait être considéré comme ayant été en réalité fait en effets de circulation équivalents à des espèces et admis comme tels dans les usages commerciaux, lesquels peuvent seuls servir d'instrument à un paiement valable dans la période suspecte — Cass., 13 nov. 1889 [S. et P. 92. 1. 437, D. P. 90. 1. 61]

B. *Paiements nuls.* — *a) Paiement par vente ou dation en paiement.* — 72. On entend par là le paiement qui consiste dans la remise au créancier d'une chose autre que celle qui lui était due : cette dation en paiement est nulle, aux termes du troisième alinéa de notre article, lorsqu'elle a lieu pendant la période suspecte, quels que soient d'ailleurs les biens au moyen desquels elle a été effectuée. — *Sic*, Bravard et Demangeat, t. 5, p. 231 et s.; Lyon-Caen et Renault, t. 7, n. 354 et s.; Thaller, n. 1844; Ruben de Couder, *Suppl., v° cit.*, n. 206 et s.; et notre *Rép. gén. alph. du dr. fr., v° cit.*, n. 1250 et s.

73. Jugé, en ce sens, que les paiements en marchandises faits par un failli postérieurement à l'époque de l'ouverture de la faillite sont frappés de nullité, alors même que le créancier avait reçu ces marchandises avec mandat ou autorisation de les vendre pour en employer le prix à l'acquit de sa créance. — Cass., 30 mai 1848 [S. 49. 1. 301, P. 49. 1. 58, D. P. 48. 5. 190]

74. De même, l'expédition de marchandises faite par un négociant, depuis tombé en faillite, à un commissionnaire, son créancier, moyennant une somme convenue qui devait être portée au crédit de l'expéditeur, quel que fût le prix de vente que le commissionnaire en obtînt, est une véritable dation en paiement, nulle comme telle, lorsqu'elle a été faite dans les dix jours qui ont précédé la faillite de l'expéditeur. — Douai, 14 janv. 1847 [S. 48. 2. 182, P. 48. 2. 93, D. P. 48. 2. 93]

75. Jugé également, que le créancier du failli, qui, dans les dix jours précédant la cessation des paiements, s'est rendu acquéreur du fonds de commerce mis en vente pour éteindre tout ou partie du passif, ne peut compenser le prix dont il est débiteur avec la créance qui lui est due : ce serait là un paiement fait à ce créancier au moyen de la chose même du failli et autrement qu'en espèces ou en effets de de commerce, et qui, dès lors, tombe sous l'application de l'art. 446, C. comm. — Paris, 27 août 1866 [S. 67. 2. 294, P. 67. 1107, D. P. 67. 5. 208]

76. De même, les paiements faits par le failli pendant la période suspecte sous la forme d'une vente d'immeubles à réméré, sont nuls et de nul effet, encore bien qu'ils se rapportent à un achat de marchandises au comptant. — Cass., 20 mai 1895 [S. et P. 99. 1. 519, D. P. 96. 1. 228]

77. Spécialement, l'acte par lequel un débiteur a vendu, après l'époque fixée pour l'ouverture de la faillite, à l'un de ses créanciers les immeubles qui étaient hypothéqués à la garantie de sa créance, et a stipulé que le prix se compenserait avec le montant de cette créance, doit être apprécié d'une manière indivisible : et, dès lors, si la disposition relative au paiement du prix est annulée, il n'y a pas lieu de maintenir celle portant vente. La nullité affecte l'acte tout entier. — Bordeaux, 13 juill. 1849 [P. 51. 1. 144, D. P. 51. 2. 105]

78. Jugé même, mais par une décision contestable, que le paiement fait par un père failli, dans les dix jours qui ont précédé l'ouverture de sa faillite, d'une dot qu'il avait antérieurement constituée à son fils, avec faculté de se libérer, soit en argent, soit en immeubles, est nul s'il a été fait en immeubles. — Riom, 20 juill. 1841 [S. 42. 2. 66, P. 42. 2. 402, D. *Rép., v° cit.*, n. 277-1°] — Sur les constitutions de dot faites par le failli pendant la période suspecte, V. *suprà*, n. 8 et s.

79. De même, la restitution des marchandises faite au vendeur non payé par l'acheteur qui était notoirement en état de cessation de paiements, bien que la faillite n'ait été déclarée que plus tard, peut être annulée comme constituant le paiement en marchandises d'une dette échue, alors du moins qu'il n'est pas établi que l'acheteur eût obtenu la livraison par dol ou fraude. — Besançon, 28 mars 1855 [S. 55. 2. 398, P. 55. 1. 255, D. P. 55. 2. 324] — Paris, 18 août 1871 [S. 71. 2. 210, P. 71. 667, D. P. 72. 2. 80] — Caen, 22 nov. 1894 [S. et P. 95. 2. 210] — *Sic*, Laroque-Sayssinel et Dutruc, t. 1, n. 342; Bravard et Demangeat, t. 5, p. 238; Alauzet, t. 7, n. 2504; Boistel, n. 947; Lyon-Caen et Renault, t. 7, n. 362; Ruben de Couder, *v° cit., Suppl.*, n. 207; et notre *Rép. gén. alph. du dr. fr., v° cit.*, n. 1262 et s.

80. Jugé également, que, dans le cas où le dépositaire de titres nominatifs de rente 3 p. 100 sur l'Etat a fait, au moyen d'un faux, transférer les titres nominatifs déposés en titres au porteur pour les aliéner, l'impossibilité par le dépositaire d'accomplir la restitution des titres déposés a donné naissance à une dette d'indemnité, et, par suite, la remise par

ce dépositaire au déposant ou à ses héritiers de titres similaires inscrits à leur nom n'a été qu'un mode de réparation du préjudice par équivalence, et une dation en paiement, laquelle doit être annulée, si elle a été faite, en cas de faillite du dépositaire, depuis la date de la cessation des paiements ou dans les dix jours précédents. — Cass., 27 nov. 1900 [S. et P. 1901. 1. 113] — *Contrà*, Lyon-Caen, note sous cet arrêt.

81. Notre article, annulant sans distinction tout paiement par vente, devrait être appliqué même dans le cas où le paiement résulterait d'une vente de marchandises opérée au profit du créancier par l'entremise d'un courtier de commerce. — *Sic*, Bravard et Demangeat, t. 5, p. 235 ; Lyon-Caen et Renault, t. 7, n. 354, p. 295, note 4 ; et notre *Rép. gén. alph. du dr. fr.*, *v° cit.*, n. 1567. — *Contrà*, Cass., 3 août 1847 [S. 48. 1. 131, P. 48. 1. 58, D. P. 47. 1. 345]

82. Sur la question de savoir si notre article est applicable au cas où les remises de marchandises ont été effectuées en exécution d'un compte courant, — V. *infrà*, n. 120 et s.

83. Dans le cas de dissolution de la communauté, on s'est demandé si les attributions mobilières ou immobilières consenties par le failli à sa femme pour la couvrir de ses reprises tombaient sous le coup de notre article, alors qu'elles avaient eu lieu pendant la période suspecte. A cet égard, il paraît certain que notre article doit s'appliquer au cas où la femme a reçu en paiement des propres du mari : il y a là en effet une véritable dation en paiement. — Bordeaux, 4 avr. 1876 [S. 76. 2. 257, P. 77. 1029, D. P. 79. 2. 265]

84. Et la même solution doit être admise, par analogie de motifs, au cas où la femme a reçu des biens de communauté, lorsqu'elle a renoncé à la communauté : alors en effet les biens de communauté sont les biens du mari. — Jugé en ce sens, qu'il y a lieu d'annuler, par application des art. 446 et 447, C. comm., la dation en paiement, faite par le mari à sa femme, à la suite d'un jugement de séparation de biens, pour lui tenir lieu de ses reprises, alors qu'il est constaté que la dation en paiement a eu lieu postérieurement à la cessation de paiements du mari, et que la femme connaissait cette cessation et a voulu par la dation en paiement, se faire une situation meilleure que celle des autres créanciers. — Cass., 17 juin 1884 [S. 86. 1. 154, P. 86. 1. 368, D. P. 85. 1. 192] — Grenoble, 27 mai 1899 [D. P. 99. 2. 342] — *Sic*, Lyon-Caen et Renault, t. 7, n. 356 ; Thaller, n. 1847 *in fine* ; et notre *Rép. gén. alph. du dr. fr.*, *v° cit.*, n. 1269 et s.

85. La question est plus douteuse dans le cas où la femme a accepté la communauté, et on a décidé que, la femme exerçant alors ses prélèvements à titre de copartageante et le partage ne tombant pas sous le coup de notre article, les créanciers du mari ne pouvaient pas attaquer l'attribution à elle faite, de meubles ou d'immeubles dépendant de la communauté. — Bordeaux, 4 avr. 1876, précité. — *Sic*, Thaller, n. 1847 ; Ruben de Couder, *v° cit.*, n. 309.

86. Mais l'opinion contraire paraît préférable. La jurisprudence décide, en effet, que la femme, même acceptante, exerce ses reprises, non pas comme copropriétaire, mais simplement comme créancière, et, à ce titre, elle est soumise au droit commun des créanciers. Bien plus, alors même qu'on considérerait la femme comme copropriétaire, il n'en résulterait pas qu'on doive lui appliquer les règles du partage le prélèvement de ses reprises n'étant pas une opération du partage lui-même, mais un règlement préalable et en dehors de ce partage. — Cass., 24 janv. 1854 [S. 54. 1. 66, P. 54. 1. 225, D. P. 54. 1. 81] — Metz, 12 juin 1855 [S. 55. 2. 464, P. 55. 2. 30, D. P. 55. 2. 280] — Agen, 23 févr. 1881 [S. 81. 2. 149, P. 81. 1. 811] — *Sic*, Troplong, *Contr. de mar.*, n. 1050 ; Aubry et Rau, t 5, § 511 ; Lyon-Caen et Renault, t. 7, n. 356 ; et notre *Rép. gén. alph. du dr. fr.*, *v° cit.*, n. 1272 et s. — Sur la question de savoir si la femme exerce ses reprises en qualité de propriétaire ou de créancière, V. notre *Code civil annoté*, art. 1471, n. 3 et s.

β) *Paiement par transport ou cession de créances.* — 87. Tout paiement au moyen d'un transport de créance, à l'exception seulement du paiement en effets de commerce (V. *suprà*, n. 49 et s.) est nul, aux termes du troisième alinéa de notre article, lorsqu'il a eu lieu pendant la période suspecte, quel que soit d'ailleurs la forme extérieure dans laquelle il a été effectué. Il en est ainsi de la cession par le failli à un de ses créanciers, par la voie civile, d'une créance qu'il avait contre un tiers. — Rouen, 5 janv. 1841 [S. 41. 2. 165, P. 41. 1. 282, D. P. *Rép.*, *v° cit.*, n. 288-2°] — Orléans, 1er févr. 1853 [S. 53. 2. 661, P. 53. 1. 157, D. P. 54. 2. 222] — *Sic*, notre *Rép. gén. alph. du dr. fr.*, *v° cit.*, n. 1274 et s. — Sur la question de savoir si la cession-transport opérée antérieurement à la période suspecte tombe sous le coup de notre article, lorsqu'elle n'a été signifiée qu'au cours de cette période, V. *infrà*, art. 447, n. 50 et s. — Sur la validité des cessions-transports consenties avant la cessation des paiements et signifiées pendant la période suspecte plus de quinze jours après l'acte de cession, ou après le jugement déclaratif de faillite, V. *infrà*, art. 448, n. 66 et s.

88. Il en est de même de la délégation d'une créance consentie par le failli postérieurement à la cessation de paiements ou dans les dix jours qui l'ont précédée. Une telle délégation est nulle, même dans le cas où elle aurait pour objet d'éteindre une dette échue : elle ne peut être assimilée au paiement en espèces ou en valeurs de commerce autorisé par l'art. 446, C. comm. — Cass., 10 mai 1865 [S. 65. 1. 277, P. 65. 656, D. P. 65. 1. 230] ; 13 févr. 1877 [S. 78. 1. 368, P. 78. 917, D. P. 78. 1, 208] — Rouen, 5 janv. 1841, précité. — Orléans, 1er févr. 1853, précité. — Limoges, 24 mars 1893 [S. et P. 94. 2. 121, D. P. 95. 2. 137] — *Sic*, Esnault, t. 1, n. 195 ; Laroque-Sayssinel et Dutruc, t. 1, n. 319 ; Bravard et Demangeat, t. 5, p. 228 ; Boistel, n. 948 ; Lyon-Caen et Renault, t. 7, n. 353 ; Paradan, *Rev. crit.*, 1877, t. 6, p. 19 ; Ruben de Couder, *v° cit.*, n. 330, et *Suppl.*, *eod. v°*, n. 202.

89. Spécialement, la délégation d'une créance consentie par le failli dans les dix jours qui ont précédé la faillite, même dans le but d'éteindre par compensation une dette échue dont il se trouvait tenu envers le délégataire, est nulle, encore bien qu'elle ait eu lieu par compte courant : une telle délégation ne peut être assimilée à un paiement en espèces, dans le sens de l'art. 446, C. comm. — Rouen, 5 janv. 1841, précité.

90. Jugé de même, que les sommes qui, postérieurement à l'époque à laquelle la faillite a été reportée, ont été payées par un tiers débiteur du failli à un créancier de celui-ci, doivent être rapportées par celui qui les a reçues, alors qu'il est constant que ce tiers a payé sans ordre ni participation du failli et

croyant exécuter une cession qui, en réalité, n'existait pas. — Cass., 29 juill. 1872 [S. 73. 1. 159, P. 73. 377, D. P. 72. 1. 272]

91. Du moins, l'arrêt qui admet cette répétition de la part du syndic de la faillite, en constatant que les paiements ont eu lieu sans disposition ni participation du failli, ne viole ni l'art. 446, C. comm., ni aucune autre loi. — Même arrêt.

92. Jugé également, que l'art. 446, C. comm., est applicable à la cession d'une police d'assurance faite à l'un de ses créanciers par un individu depuis décédé et déclaré en faillite après son décès, avec report de la cessation des paiements à une date antérieure à la cession, lors même que, au moment de cette cession, le cédant avait abandonné le commerce pour embrasser une profession purement civile. — Cass., 29 déc. 1880 [S. 81. 1. 265, P. 81. 1. 632, D. P. 82. 1. 51] — Sur la déclaration en faillite d'un commerçant après son décès, V. *suprà*, art. 437, n. 91 et s.

93. Mais la nullité prononcée par l'art. 446, C. comm., n'est pas applicable à l'acte renfermant simplement novation d'une dette par la substitution d'un nouveau créancier au créancier primitif, alors d'ailleurs que ce changement ne préjudicie pas à la masse des créanciers. — Orléans, 16 juin 1852 [S. 53. 2. 661, P. 52. 2. 272, D. P. 54. 2. 222] — Douai, 3 févr. 1875 [S. 75. 2. 238, P. 75. 962] — *Sic*, Renouard, t. 1, p. 377 ; Alauzet, t. 7, n. 2530 ; Lyon-Caen et Renault, t. 7, n. 353. — *Contrà*, Laroque-Sayssinel et Dutruc, t. 1, n. 330.

94. D'autre part, l'art. 446 ne saurait s'appliquer... ni à la cession émanée d'un tiers. — Ainsi est valable le paiement d'une dette solidaire entre deux époux communs en biens avec société d'acquêts, fait même sous forme de transport, dans les dix jours précédant la faillite du mari, par la femme autorisée du mari avec des deniers provenant d'une succession à elle échue, si ces deniers, restés entre les mains d'un tiers, étaient demeurés propres à la femme. Ici ne s'applique pas l'art. 446, C. comm., concernant les paiements faits par le failli, la femme ayant payé la dette solidaire avec des deniers lui appartenant. — Angers, 28 janv. 1874 [S. 76. 2. 11, P. 76. 95]

95. Au contraire, le paiement fait par la femme, dans la même période, avec des fonds provenant du reliquat d'un prêt hypothécaire, consenti aux époux pendant la communauté, est nul aux termes de l'art. 446, C. comm. ; ces fonds n'ayant jamais constitué un propre de la femme. — Même arrêt.

96. ... Ni à la cession-transport intervenant comme contrat principal et non en vue de régler une dette non encore payée : nulle de droit aux termes du premier alinéa de notre article si elle intervenait à titre gratuit, cette cession ne peut être annulée, lorsqu'elle est faite à titre onéreux, qu'en vertu et dans les conditions de l'art. 447 ci-après. — Cass., 4 janv. 1847, Bureau [S. 47. 1. 161, P. 47. 1. 229, D. P. 47. 1. 130] — *Sic*, Lyon-Caen et Renault, t. 7, n. 351, p. 293, note 4.

97. ... Ni la cession-transport concomitante de la dette et destinée à en assurer le paiement. — Jugé, en ce sens, que les paiements par voie de transport consentis par le failli depuis la cessation de ses paiements ou dans les dix jours qui l'ont précédée, ne sont nuls de droit que quand ils ont eu pour objet des dettes antérieurement contractées : il n'y a pas nullité lorsque ces actes ont été consentis par le failli en même temps que la dette qu'ils sont destinés à garantir, et dont ils forment une condition essentielle. — Cass., 24 juin 1868 [S. 68. 1. 365, P. 68. 939, D. P. 68. 1. 326] ; 30 déc. 1874 [S. 76. 1. 150, P. 76. 362, D. P. 76. 1. 25] — Alger, 31 déc. 1869 [S. 71. 2. 205, P. 71. 658, D. P. 71. 2. 101] — Rouen, 9 févr. 1870 [S. 71. 2. 43, P. 71. 129, D. P. 71. 2. 101] — *Sic*, Bravard et Demangeat, t. 5, p. 240 ; Lyon-Caen et Renault, t. 7, n. 352.

98. Un tel acte ne tombe pas sous l'application de l'art. 446 et ne peut, dès lors, être annulé qu'autant que le débiteur se trouvait en ce moment en état complet de cessation de paiements et que le cessionnaire connaissait cette situation. — Alger, 31 déc. 1869, précité.

99. Et les juges sont seulement autorisés à annuler cet acte suivant les circonstances. — Cass., 30 déc. 1874, précité.

100. Lors donc que le transport a été fait tout à la fois pour le paiement des dettes antérieures et pour garantie d'avances nouvelles, le juge doit apprécier distinctement les deux opérations, afin de faire produire, à celle qui n'est point frappée de nullité, tous les effets dont elle est susceptible. — Ainsi le juge peut décider que le bénéficiaire du transport n'est pas tenu de rapporter à la masse les sommes reçues par lui lorsqu'elles sont inférieures au montant des avances nouvelles. — Même arrêt.

101. Au surplus, notre article n'entend prohiber que la cession-transport volontaire : mais il ne concerne pas le transport judiciaire résultant d'un jugement de validité de saisie-arrêt rendu pendant la période suspecte. Le jugement (passé en force de chose jugée) qui valide une saisie-arrêt, dessaisit le débiteur des sommes arrêtées pour en faire attribution et transport au saisissant, lequel devient créancier direct du tiers saisi. Le report de la faillite du saisi à une époque antérieure à l'arrêt de validité ne saurait détruire l'effet du transport consommé. — Paris, 24 déc. 1849 [S. 53. 2. 227, P. 50. 1. 587, D. P. 50. 2. 195] — Bourges, 14 juill. 1851 [S. 51. 2. 737, P. 51. 2. 95, D. P. 52. 2. 72] — Dijon, 3 juill. 1874 [S. 76. 2. 247, P. 76. 979, D. *Rép., Suppl., v° cit.*, n. 685-2°] — *Sic*, Laroque-Sayssinel et Dutruc, t. 1, n. 279 ; Alauzet, t. 7, n. 2498 ; Bédarride, n. 119 *quater* ; Lyon-Caen et Renault, t. 7, n. 408. — Sur l'effet du jugement déclaratif de faillite sur la saisie-arrêt pratiquée avant la faillite, V. *suprà*, art. 443, n. 278 et s.

γ) *Paiement par compensation.* — 102. On est d'accord pour reconnaître que le troisième alinéa de notre article, qui déclare nuls les paiements par compensation, ne s'applique pas à la compensation légale, c'est-à-dire à la compensation qui se produit de plein droit et à l'insu même des parties entre deux dettes également fongibles, liquides et exigibles. — Cass., 21 févr. 1870 [S. 70. 1. 295, P. 70. 761, D. P. 71. 1. 100] ; 26 juill. 1881 [S. 82. 1. 73, P. 82. 1. 153, D. P. 82. 1. 296] ; 12 août 1890 [S. et P. 94. 1. 452] ; 22 nov. 1899 [S. et P. 1900. 1. 385] — Metz, 16 juill. 1845 [P. 45. 2. 580, D. P. 46. 2. 14] — Rouen, 14 juin 1870 [S. 71. 2. 132, P. 71. 490, D. P. 72. 2. 142] — *Sic*, Bravard et Demangeat, t. 5, p. 236 ; Boistel, n. 949 ; Thaller, n. 1845 ; Lyon-Caen et Renault, t. 7, n. 358 ; Ruben de Couder, *v° cit.*, n. 372 et *Suppl., eod. v°*, n. 213 ; Labbé, note sous Cass., 27 juin 1876 [S. 77. 1. 241, P. 77. 625] ; et notre *Rép. gén. alph. du dr. fr., v° cit.*, n. 1290 et s.

103. Spécialement, la disposition de l'art. 446, annulant les paiements par compensation, faits par un failli dans l'intervalle entre la cessation de paiements et la déclaration de faillite, n'est pas applicable au cas où, un arrêté de compte fait dans cet intervalle entre le failli et un tiers ayant constitué ce dernier débiteur, le tiers s'est libéré partie en espèces, et partie au moyen de la remise de traites échues et souscrites par le failli, lesquelles se sont trouvées ainsi payées par compensation. — Cass., 26 juill. 1881, précité.

104. Un tel paiement peut seulement être annulé en vertu des art. 447, C. comm., et 1167, C. civ., si le tiers qui l'a fait avait connaissance de l'état de cessation de paiements, ou s'il a agi en fraude des droits des créanciers (Sol. implic.). — Même arrêt.

105. De même, le créancier qui, antérieurement à la faillite, mais avant la cessation de paiements du débiteur, s'est rendu adjudicataire sur licitation d'un immeuble indivis entre eux, peut compenser le prix dont il est débiteur avec sa créance contre le failli : ici n'est pas applicable l'art. 446, C. comm. — Chambéry, 18 janv. 1870 [S. 70. 2. 144, P. 70. 587, D. P. 70. 2. 177]

106. Il en est ainsi surtout du créancier hypothécaire. — Même arrêt.

107. Notre article s'applique au contraire à la compensation conventionnelle, sous quelque forme qu'elle se réalise : et il faut entendre par là toute convention qui aurait pour objet d'éteindre deux dettes, entre lesquelles la compensation légale ne pourrait pas avoir lieu, parce que ces dettes ne seraient pas également liquides, fongibles ou exigibles. — Cass., 26 juill. 1881, précité. — *Sic*, Massé, t. 4, n. 2306 et s.; Demangeat, sur Bravard, t. 5, p. 236, note 1; Thaller, *loc. cit.*; Lyon-Caen et Renault, t. 7, n. 358; Ruben de Couder, *v° cit.*, n. 258 et s., et *Suppl.*, *eod. v°*, n. 212; et notre *Rép. gén. alph. du dr. fr.*, *v° cit.*, n. 1300 et s. — Sur les conditions de la compensation légale et sur la compensation conventionnelle, V. notre *Code civil annoté*, art. 1289, n. 49 et s.

108. La jurisprudence décide même que la compensation légale devrait être assimilée à la compensation conventionnelle, au point de vue de l'application de notre article, dans le cas où elle s'est opérée par suite de combinaisons concertées entre le débiteur en état de cessation de paiements et son créancier, afin de masquer un paiement volontaire fait en fraude de la masse de ses créanciers : ces derniers, représentés par le syndic, sont en droit de poursuivre la nullité d'un paiement effectué dans de semblables conditions. — Cass., 12 août 1890 [S. et P. 94. 1. 452]

109. Mais la nullité du paiement ne saurait être prononcée par le seul motif qu'au moment où il a été effectué, le créancier connaissait l'insolvabilité du débiteur et lui a donné alors un appui qui a retardé la déclaration de faillite. — Même arrêt.

110. Jugé également, qu'est nulle, par application de l'art. 446, C. comm., la convention ayant le caractère d'une compensation conventionnelle, quand elle est intervenue pendant la période suspecte. — Il en est spécialement ainsi de la convention en vertu de laquelle, pour garantir à l'un de ses créanciers le paiement de sa créance, le failli s'est constitué durant la période suspecte mandataire salarié de ce créancier, a cédé à celui-ci le montant de la créance née du mandat salarié, pour être appliqué, lors de chaque règlement mensuel, à l'extinction de la créance. — Cass., 7 févr. 1899 [S. et P. 99. 1. 305 et la note de M. Lyon-Caen, D. P. 99. 1. 194]

111. De même, ne constitue pas une compensation légale, la clause d'un acte de résiliation de vente de fonds de commerce passé entre le vendeur et le failli acquéreur pendant la période suspecte, clause aux termes de laquelle le vendeur reprend les marchandises existantes, en les imputant sur le solde du prix de vente restant dû et sur les loyers restés en souffrance de l'immeuble où s'exploite le fonds ; par suite, si cette imputation n'avait pas été autorisée par l'acte de vente ou tout autre acte antérieur à la cessation de paiements, et si, au moment où elle a été convenue, le vendeur avait connaissance de la cessation des paiements, l'acte peut être annulé vis-à-vis de la masse en vertu de l'art. 447, C. comm. — Paris, 11 janv. 1899, sous Cass., 22 nov. 1899 [S. et P. 1900. 1. 385 et la note de M. Wahl] — V. aussi Cass., 18 juin 1900 [D. P. 1900. 1. 513 et la note de M. Thaller]

112. Quant à la compensation judiciaire, elle doit être assimilée à la compensation légale plutôt qu'à la compensation conventionnelle : étant l'œuvre du juge, elle ne présente pas les mêmes dangers pour les créanciers qu'une convention conclue par le futur failli. — *Sic*, Lyon-Caen et Renault t. 7, n. 361 ; et notre *Rép. gén. alph. du dr. fr.*, *v° cit.*, n. 1305 et s. — *Contrà*, Aix, 15 juill. 1889 [D. *Rép.*, *Suppl.*, *v° cit.*, n. 685]

113. Mais le jugement rendu au cours d'une distribution par contribution, dans laquelle est intervenu le syndic de la faillite du débiteur pour demander le renvoi de la procédure devant le tribunal de commerce (lequel renvoi a été repoussé), et subsidiairement la réduction de la collocation d'un des créanciers, ne fait pas obstacle à ce que ce même syndic demande ultérieurement à la juridiction commerciale la nullité de certaines compensations intervenues entre le failli et le susdit créancier, en contravention aux art. 446 et 447, C. comm. — Cass., 12 août 1890, précité.

C) *Remises en compte courant.* — 114. On admet, d'une manière unanime, que le compte courant est indivisible, c'est-à-dire que les créances qui rentrent dans un compte courant perdent par cela même leur individualité et ne constituent, tant que le compte courant fonctionne, que des articles de crédit et de débit, dont le solde seul constituera une dette à la charge de l'un des correspondants, lors de la clôture du compte courant. Dès lors, et du moment qu'il n'existe encore aucune dette durant le fonctionnement du compte courant, les remises en compte courant ne sauraient être considérées comme des paiements tombant sous le coup de notre article, quelles que soient les valeurs qui en sont l'objet et alors même qu'elles seraient faites au profit du correspondant créditeur. — Cass., 10 mai 1865 [S. 65. 1. 277, P. 65. 656, D. P. 65. 1. 230] ; 20 mai 1873 [S. 73. 1. 396, P. 73. 969, D. P. 73. 1. 409] ; 15 févr. 1875 [S. 75. 1. 360, P. 75. 873, D. P. 76. 1. 318] ; 8 déc. 1875 [S. 76. 1. 60, P. 76. 132, D. P. 76. 1. 105] ; 22 avr. 1884 [S. 84. 1. 409, P. 84. 1. 1005 et la note de M. Labbé, D. P. 85. 1. 230] — Amiens, 22 janv. 1885 [S. 85. 2. 155, P. 85. 1. 830, D. P. 86. 2. 152] — Lyon, 5 mai 1882 [S. 90. 2. 169, P. 90. 1. 1027, en sous note sous Lyon, 26 juill. 1882, D. P. 83. 2. 235] ; 26 juill. 1888 [S. *Ibid.*, P. *Ibid.*, et la note de M. C. Appleton) — Douai, 24 avr. 1891 [S. 91. 2. 121,

P. 91. 1. 674, et la note de M. Lyon-Caen, D. P. 93. 2. 89] — *Sic*, Levé, *Code des comptes courants*, n. 131 et s.; Clément, *Etudes sur le compte courant*, n. 140 et s.; Feitu, *Compte courant*, n. 6 et s.; Bédarride, t. 1, n. 112; Pardessus, t. 1, n. 474; Bravard et Demangeat, t. 5, p. 231; Lyon-Caen et Renault, t. 4, n. 179 et s., et t. 7, n. 334; Boistel, p. 594; Delamarre et Lepoitvin, t. 3, n. 437 et s.; Ruben de Couder, v° *Compte courant*, n. 49 et *Suppl., eod. v°*, n. 10, et v° *Faillite, Suppl.*, n. 198; et notre *Rép. gén. alph. du dr. fr.*, v[is] *Compte courant*, n. 241 et s., et *Faillite*, n. 1309 et s.

115. Ainsi et spécialement, la remise d'effets du commerce faite en compte courant à l'un de ses créanciers par un failli dans les dix jours qui ont précédé la cessation de ses paiements, ne constitue pas un véritable paiement dans le sens de l'art. 446, C. comm., alors que le compte courant n'a pas été arrêté après cette remise, et qu'au contraire le créancier a fait postérieurement à son débiteur de nouvelles avances dépassant même le montant des valeurs remises. — Cass., 10 mai 1865, précité.

116. De même, si un banquier, en compte courant avec un client, a remis à celui-ci une certaine somme, cette remise, étant l'une des opérations du compte courant, ne saurait être détachée du compte pour être considérée comme une avance remboursable, rapportable à la masse de la faillite du banquier dans les termes de l'art. 446, C. comm., en tant qu'ayant été effectuée durant la période de la cessation des paiements ou dans les dix jours antérieurs. — Cass., 22 avr. 1884, précité. — Amiens, 22 janv. 1885, précité.

117. Et si, lors de la remise, le client était créancier du banquier (à raison de titres laissés par le client au banquier en dépôt et garantie de compte, et détournés par le banquier antérieurement à un ordre de vente donné par le client), la créance du banquier, pouvant être déterminée et devenir certaine, liquide et exigible au jour du jugement déclaratif de la faillite, doit être comprise dans le compte. — Mêmes arrêts.

118. Il importe peu que, cette vente ayant été faite sans l'ordre ou à l'insu du client, les fonds soient parvenus entre les mains du banquier par suite d'un fait délictueux. — Amiens, 22 janv. 1885, précité.

119. Il importe peu également que le banquier, pour ne pas révéler le fait délictueux dont il s'est rendu coupable, n'ait pas porté en compte le prix des valeurs par lui vendues ou détournées, le devoir des tribunaux étant de rétablir les écritures en conformité du contrat qui lie les parties. — Même arrêt.

120. Jugé, dans le même sens, que des remises réciproques de marchandises en compte courant, commencées et continuées sans fraude, ne doivent pas être confondues, sans examen, avec des paiements faits, en période suspecte, autrement qu'en espèces ou effets de commerce. — Cass., 20 mai 1873, précité; 15 févr. 1875, précité.

121. Ainsi, un arrêt a pu, sans violer l'art. 446, C. comm., décider, par appréciation des faits de la cause, que des farines remises en compte courant par un négociant à un autre négociant avaient constitué le détenteur propriétaire de ces marchandises, et que, dès lors, celui-ci s'était trouvé en droit, même après la faillite de celui qui les lui avait remises, d'en disposer dans les conditions convenues et précédemment pratiquées par imputation sur le compte courant. — Cass., 20 mai 1873, précité.

122. De même, la remise de warrants en compte courant, faite à son banquier par un failli dans la période suspecte, constitue, non point un paiement ou un nantissement prohibé par l'art. 446, C. comm., mais simplement un article de l'opération indivisible de compte courant. — Du moins, il en est ainsi, si la remise a eu lieu conformément à l'usage établi entre les parties et en exécution de la convention de compte courant, et si cette remise, faite sans aucune affectation spéciale, a été suivie d'autres opérations consignées dans le compte, qui a continué à courir et a pris fin seulement par la déclaration de faillite. — Cass., 8 déc. 1875, précité.

123. Il en est ainsi du moins, lorsqu'il est établi que le compte courant ne constate que des négociations sincères et sérieuses, et qu'il a été ouvert de bonne foi, comme une nécessité qui s'imposait aux parties pour établir leur situation, et non comme un moyen de parer aux conséquences d'une faillite qu'on ne pouvait prévoir. — Lyon, 5 mai 1882, précité.

124. Mais les opérations du compte courant, intervenues après la date de la cessation des paiements du failli, peuvent tomber sous le coup des art. 446 et 447, C. comm., si elles sont caractéristiques de paiements prohibés par ces articles. — Alger, 12 juin 1879, sous Cass., 8 mars 1882 [S. 83. 1. 82, P. 83. 1. 169, D. P. 82. 1. 405]

125. Tel est le cas, spécialement, lorsque, aux remises ainsi faites par le commerçant en état de cessation de paiements à son cocontractant, ne correspondent que de très rares remises d'espèces ou de valeurs à lui faites par celui-ci, et qu'il résulte des circonstances de la cause que ces remises n'ont été faites par le cocontractant que dans son propre intérêt, et ne peuvent, dès lors, être considérées comme la continuation des rapports de compte courant existant entre les parties. — Même arrêt.

126. D'autre part, la remise de sommes d'argent ou de marchandises qu'un négociant a faite à un autre peut, alors même qu'il existe entre eux un compte courant, être considérée comme constituant un véritable paiement, et, à ce titre, comme nulle, si elle est postérieure à la cessation de paiements du remettant, lorsqu'il est établi que cette remise était spécialement affectée à l'acquittement de lettres de change étrangères au compte courant. — Cass., 7 déc. 1868 [S. 69. 1. 359, P. 69. 902, D. P. 69. 1. 189]

127. De même, la remise et l'endossement par le failli à l'un de ses créanciers des récépissés de marchandises déposées dans un magasin général constituant un paiement en marchandises et, dès lors, nul quand il a été fait après la cessation des paiements, il importe peu à cet égard qu'il ait existé un compte courant entre le failli et le créancier, s'il est constaté en fait que la remise dont s'agit avait une affectation spéciale et devait, à ce titre, demeurer étrangère au compte courant, et si ni la remise, ni l'endossement des récépissés n'ont été inscrits au compte courant, où le produit de la vente des marchandises a été seulement porté la veille de la clôture du compte; le principe de l'indivisibilité du compte courant est alors inapplicable. — Cass., 27 juin 1882 [S. 83. 1. 69, P. 83. 1. 147, D. P. 82. 1. 358]

IV. *Sûretés constituées pour dettes antérieures.* — A. *Sûretés conventionnelles : hypothèque, gage, antichrèse.* — 128. En déclarant nulles de droit les sûretés remontant au cours de la période suspecte, la disposition finale de notre article suppose que ces sûretés ont été consenties par le failli lui-même et qu'elles l'ont été pour dettes antérieurement contractées. En conséquence, doit être considérée comme valable l'hypothèque constituée par un tiers sur un de ses immeubles pour garantir même une dette antérieure du failli. — *Sic*, Lyon-Caen et Renault, t. 7, n. 368 ; Bravard et Demangeat, t. 5, p. 257 ; et notre *Rép. gén. alph. du dr. fr.*, v° *Faillite*, n. 1327.

129. La sûreté consentie par le débiteur ne saurait non plus être entachée de nullité, si elle est antérieure à la période suspecte. — Jugé à cet égard, que l'acte constitutif d'hypothèque maritime échappant, à raison de son caractère essentiellement commercial, à l'application de l'art. 1328, C. civ., un acte de ce genre, passé par le failli antérieurement à la période suspecte, n'est pas nul ou annulable en vertu des art. 446 et 447, C. comm., bien qu'il n'ait pas acquis date certaine avant cette période. — Bordeaux, 9 mars 1896 [S. et. P. 98. 2. 273 et la note de M. Wahl, D. P. 99. 2. 65 et la note de M. Valéry] — Sur l'hypothèque maritime, V. *suprà*, art. 190, n. 29 et s. — Sur la question de savoir si la promesse d'hypothèque ou la convention de gage doivent être assimilées, au point de vue de l'application de notre article, à la constitution de l'hypothèque ou du gage, V. *infrà*, n. 143 et s.

130. D'autre part, notre article ne saurait non plus s'appliquer au cas où la sûreté, hypothèque ou nantissement, a été constituée au moment où la dette a été contractée : en un tel cas, l'hypothèque est valable, si l'obligation l'est elle-même, et l'une et l'autre ne peuvent être annulées que dans les conditions de l'art. 447. — Cass., 30 nov. 1847 [S. 48. 1. 545, P. 48. 1. 41, D. P. 47. 4. 254] ; 8 mars 1854 [S. 56. 1. 170, P. 55. 1. 369, D. P. 54. 1. 149] ; 24 juin 1868 [S. 68. 1. 361, P. 68. 939, D. P. 68. 1. 326] ; 20 janv. 1886 [S. 86. 1. 305, P. 86. 1. 372, et la note de M. Lyon-Caen, D. P. 86. 1. 406] ; 25 nov. 1891 [S. et P. 93. 1. 465, D. P. 92. 1. 505] ; 16 nov. 1896 [S. et P. 98. 1. 6, D. P. 97. 1. 47] ; 5 févr. 1901 [D. P. 1901. 1. 101] — Paris, 22 janv. 1840 [S. 40. 2. 116, D. *Rép.*, v° *cit.*, n. 497] — Poitiers, 16 janv. 1860, sous Cass., 24 déc. 1860 [S. 61. 1. 538, P. 61. 225, D. P. 61. 1. 171] ; 20 avr. 1885 [D. P. 86. 2. 6] — *Sic*, Bédarride, t. 1, n. 122 ; Pardessus, t. 3, n. 1137 ; Lyon-Caen et Renault, t. 7, n. 370 ; Bravard et Demangeat, t. 5, p. 245 ; Thaller, n. 1849 ; Baudry-Lacantinerie et de Loynes, *Du nantis., des priv. et des hyp.*, t. 2, n. 1343 ; Bioche, v° *Faillite*, n. 305 ; Ruben de Couder, v° *cit.*, n. 375, et *Suppl.*, *eod v°*, n. 225 ; et notre *Rép. gén. alph. du dr. fr.*, v° *cit.*, n. 1328 et s.

131. A plus forte raison la même solution doit-elle être admise dans le cas où la sûreté est constituée par le failli en vue d'une dette future ou éventuelle. — Ainsi, est valable l'hypothèque consentie par le débiteur, postérieurement à l'époque fixée comme étant celle de la cessation des paiements, pour la sûreté d'ouvertures de crédit, lorsqu'il est constaté que les actes d'ouverture de crédit sont parfaitement sincères, qu'ils ont été faits avec une entière bonne foi, que les hypothèques stipulées par les mêmes actes n'avaient d'autre objet que de garantir les avances à faire en exécution des crédits ; enfin, que les crédits promis ont été réalisés. — Cass., 8 mars 1854, précité ; 29 déc. 1880 [S. 81. 1. 162, P. 81. 1. 382, D. P. 81. 1. 54] — *Sic*, Bédarride, t. 1, n. 122 ; Esnault, t. 1, n. 186 ; Bravard et Demangeat, t. 5, p. 239 ; Boistel, n. 952 ; Lyon-Caen et Renault, t. 7, n. 378 ; Baudry-Lacantinerie et de Loynes, t. 2, n. 1343 ; Pont, *Privil. et hypoth.*, n. 711 et s. ; Aubry et Rau, t. 3, p. 281, § 266 ; Ruben de Couder, v° *cit.*, n. 378, et *Suppl.*, *eod. v°*, n. 226 ; et notre *Rép. gén. alph. du dr. fr.*, v° *cit.*, n. 1330 et s. — Sur la question de savoir si l'hypothèque ainsi constituée ne tombe pas sous le coup de l'art. 447, V. *infrà*, art. 447, n. 28 et s. — Sur l'hypothèque constituée en vue d'une ouverture de crédit, V. notre *Code civil annoté*, art. 2132, n. 6 et s.

132. Jugé également, que la nullité de notre article n'est applicable, ni au nantissement contemporain de la dette qu'il garantit, ni au nantissement destiné à garantir une dette future, spécialement la dette à naître de la réalisation d'une ouverture de crédit. — Cass., 24 juin 1868, précité ; 30 déc. 1874 [S. 76. 1. 150, P. 76. 362, D. P. 76. 1. 25] ; 25 nov. 1891, précité. — Alger, 31 déc. 1869 [S. 71. 2. 205, P. 71. 658, D. P. 71. 2. 101] — Rouen, 9 févr. 1870 [S. 71. 2. 43, P. 71. 129, D. *Rép.*, *Suppl.*, v° *cit.*, n. 652] — *Sic*, Laroque-Sayssinel et Dutruc, t. 1, n. 353 ; Alauzet, t. 7, n. 2515 ; Bravard et Demangeat, t. 5, p. 240 ; Lyon-Caen et Renault, t. 7, n. 375 ; Ruben de Couder, v° *cit.*, n. 377.

133. Peu importe d'ailleurs, qu'une partie des sommes versées au crédité ait été employée à rembourser le montant d'un autre crédit antérieurement ouvert par le créditeur à un tiers, dans l'intérêt même du crédité, pour lequel ce tiers s'était porté fort. — Douai, 1er juill. 1852, sous Cass., 8 mars 1854, précité.

134. Et l'hypothèque, pour sûreté d'un crédit ouvert, ayant rang du jour de l'inscription, et non du jour de la délivrance des fonds, ne saurait être atteinte plus tard par la faillite du crédité, alors même que les fonds n'auraient été livrés que depuis l'époque, fixée ultérieurement, de la cessation des paiements, ou dans les dix jours qui ont précédé. — Cass., 8 mars 1853 [P. 53. 1. 364] — Paris, 15 janv. 1852 [P. 52. 1. 334]

135. Mais il faudrait tenir pour nulle, par application de notre article, l'hypothèque consentie par le débiteur, postérieurement à l'époque fixée comme étant celle de sa cessation de paiements, pour garantir les résultats d'une ouverture de crédit, lorsqu'il est constant, en fait, qu'aucun versement n'a eu lieu par le failli depuis la constitution de l'hypothèque, et que cette ouverture de crédit n'a eu pour but et pour effet que de garantir le paiement d'une dette antérieurement contractée. — Cass., 17 mars 1873 [S. 74. 1. 244, P. 74. 631, D. P. 74. 1. 371]

136. Il en est de même de l'hypothèque consentie par un failli en garantie d'un crédit qui lui a été ouvert après la cessation de ses paiements et en connaissance de cet état, lorsque ce crédit a été réalisé en grande partie au moyen de billets souscrits antérieurement par le crédité et renouvelés depuis. — Cass., 7 janv. 1879 [S. 79. 1. 400, P. 79. 1053, D. P. 79. 1. 286]

137. Et l'hypothèque est nulle, même pour la partie du crédit réalisée au moyen d'avances nouvelles, si ces avances ont été le prix de la sûreté fournie au créditeur. — Même arrêt. — V. aussi *infrà*, n. 157.

138. Si les sûretés concomitantes ou antérieures à la naissance de la dette ne tombent pas sous le

coup de notre article, il en est autrement et la nullité édictée par notre article frappe toute sûreté constituée pour dettes antérieurement contractées. Et par ces expressions « dettes antérieurement contractées », il faut entendre, non pas les dettes contractées antérieurement à la cessation des paiements, mais les dettes contractées antérieurement à la constitution de l'hypothèque ou du nantissement. — Cass., 11 juill. 1881 [S. 83. 1. 315, P. 83. 1. 766, D. P. 82. 1. 296] — *Sic*, Bédarride, t. 1, n. 121 ; Bravard et Demangeat, t. 5, p. 244 ; Lyon-Caen et Renault, t. 7, n. 367 ; Boistel, n. 952 ; Thaller, n. **1849** *a*; Baudry-Lacantinerie et de Loynes, t. 2, n. 1343 ; Ruben de Couder, *v° cit.*, n. 374, et *Suppl., eod. v°*, n. 224.

139. Peu importe le caractère de la dette garantie. Ainsi, est nulle l'hypothèque constituée par le failli, depuis la cessation des paiements, ou dans les dix jours qui ont précédé cette époque, pour une dette antérieurement contractée, alors même que la dette aurait été contractée pour réparation d'un délit. — Rouen, 16 mars 1878 [S. 80. 2. 53, P. 80. 307, D. *Rép., Suppl., v° cit.*, n. 638]

140. Peu importe également la sûreté conventionnelle qui a été constituée pour dettes antérieures : bien que notre texte ne vise que l'hypothèque terrestre, il est certain qu'il doit également s'appliquer à l'hypothèque maritime introduite dans notre législation en 1875 et réglementée par la loi du 10 juill. 1885. — *Sic*, Lyon-Caen et Renault, t. 7, n. 370 ; Baudry-Lacantinerie et de Loynes, t. 2, n. 1345. — Sur l'hypothèque maritime, V. *suprà*, art. 190, n. 29 et s., 61 et 62.

141. Et la vérification et affirmation d'une créance ne met pas à l'abri de la nullité prononcée par l'art. 446, C. comm., l'hypothèque consentie par le débiteur, depuis failli, pour la garantie de cette créance, dans les dix jours qui ont précédé la cessation de ses paiements. — Douai, 17 févr. 1859 [S. 59. 2. 294, P. 59. 124, D. P. 59. 2. 63]

142. Mais il n'y aurait pas sûreté donnée pour dette antérieurement contractée dans le cas où une hypothèque serait constituée pour sûreté d'une dette issue de la novation d'une dette antérieure : la novation a, en effet, pour résultat d'éteindre la dette préexistante et de la remplacer par une dette nouvelle et, par cela même, concomitante à la naissance de l'hypothèque. — Jugé, à cet égard, qu'en cas de transport d'une créance civile fait par le failli à l'un de ses créanciers, si l'obligation nouvelle a été garantie par une constitution d'hypothèque de la part du débiteur, cette hypothèque ne rentre pas, par cela seul qu'elle se rapporte à une obligation substituée à une obligation plus ancienne, sous l'application de la disposition finale de l'art 446 ; la constitution d'hypothèque est valable comme l'obligation nouvelle qu'elle est destinée à garantir. — Orléans, 16 juin 1852 [S. 53. 2. 661, P. 52. 2. 272, D. P. 54. 2. 222]

143. Que faut-il décider dans le cas où l'hypothèque aurait été promise au moment même de la naissance de la dette, mais n'aurait été constituée que postérieurement par un acte notarié? D'après la jurisprudence, la promesse de constituer une hypothèque ne saurait être assimilée à une constitution d'hypothèque. En conséquence, doit être annulée, en vertu de l'art. 446, C. comm., l'hypothèque constituée dans les dix jours qui précèdent la cessation des paiements et postérieurement au prêt qu'elle a pour but de garantir, alors même que la promesse d'une garantie hypothécaire aurait été concomitante au prêt et en aurait formé une condition essentielle. — Paris, 7 juill. 1886 [S. 87. 2. 65, P. 87. 1. 441, D. *Rép., Suppl., v° cit.*, n. 638] — *Sic*, Ruben de Couder, *Suppl., v° cit.*, n. 229. — Sur les différences qui séparent la promesse d'hypothéquer et la constitution d'hypothèque, V. notre *Rép. gén. alph. du dr. fr.*, v° *Hypothèque*, n. 1889 et s.

144. Et il en est spécialement ainsi, lorsque l'acte sous seing privé, contenant la promesse de constituer hypothèque, n'a pas acquis date certaine à l'égard des tiers. — Même arrêt.

145. Mais cette solution a été vivement critiquée. Dans le cas en effet où l'hypothèque est promise au moment même du prêt, on ne peut pas dire que le failli ait voulu avantager un de ses anciens créanciers au détriment des autres : les motifs qui ont inspiré la disposition finale de notre article font ainsi défaut, et, par suite, cette disposition ne saurait plus recevoir son application. — *Sic*, Lyon-Caen et Renault, t. 7, n. 371; Thaller, n. 1849 ; Lyon-Caen, note sous Paris, 7 juill. 1886 [S. 87. 2. 65, P. 87. 1. 441] ; et notre *Rép. gén. alph. du dr. fr.*, v° *Faillite*, n. 1349.

146. Toutefois, si l'opération ne tombe pas sous le coup de notre article, elle peut être annulée en vertu de l'art. 447 ci-après et dans les conditions de cet article : ici en effet le débiteur a fait un paiement dans le sens large de ce mot en fournissant pendant la période suspecte la sûreté qu'il avait promise. — *Sic*, Lyon-Caen, note sous Cass., 20 janv. 1886 [S. 86. 1. 305, P. 86. 1. 732] ; Thaller, *loc. cit.*, et *Rev. crit.*, 1887, p. 224.

147. La même solution doit être admise, par analogie de motifs, pour le gage qui aurait été convenu en même temps que la dette qu'il garantit, mais qui n'aurait été réalisé que plus tard, et au cours de la période suspecte, au moyen de la remise de l'objet engagé au créancier. — Cass., 20 janv. 1886 [S. 86. 1. 305, P. 86. 1 732, D. P. 86. 1. 406] ; 16 nov. 1896, sol. impl. [S. et P. 98. 1. 6, D. P. 97. 1. 47] — Toulouse, 25 mars 1874, sous Cass., 15 févr. 1875 [D. P. 76. 1. 318] — *Sic*, Renouard, t. 1, p. 388 ; Bravard et Demangeat, t. 5, p 254 ; Pont, *Petits contrats*, t. 2, n. 1134 ; Boistel, n. 953 ; Thaller, n. 1849 ; Baudry-Lacantinerie et de Loynes, t. 1, n. 25 ; Lyon-Caen et Renault, t. 7, n. 375 ; Lyon-Caen, note sous Cass., 20 janv. 1886 [S. 86. 1. 305, P. 86. 1. 732] ; Ruben de Couder, *Suppl., v° cit.*, n. 232 ; et notre *Rép. gén. alph. du dr. fr.*, v° *cit.*, n. 1368 et s. — *Contrà*, Cass. du Grand-Duché de Luxembourg, 23 déc. 1892 [S. et P. 93. 4. 15] — *Adde*, Troplong, *Nantissement*, n. 276 ; Massé, t. 4, n. 2891.

148. Spécialement jugé en ce sens, que si, en principe, au cas de constitution du gage d'une créance, il faut que le titre de créance soit remis au créancier gagiste, néanmoins, la constitution d'une créance en gage ne peut être annulée en vertu de l'art. 446, C. comm., quand elle a été faite au moment où la dette a été contractée, encore que la remise du titre de créance n'ait été opérée qu'après la date de la cessation des paiements, si d'ailleurs, au moment de la remise, il n'y avait pas encore déclaration de faillite. — Cass., 20 janv. 1886, précité.

149. Jugé de même, que les juges ne peuvent, s'attachant exclusivement à la date de la remise

postérieure à la cessation des paiements, d'un connaissement donné en garantie d'avances antérieurement faites, prononcer la nullité du nantissement par application de l'art. 446, C. comm., sans rechercher si cette remise, opérée par le failli avant son dessaisissement, n'était pas l'exécution d'accords antérieurs à la période suspecte. — Cass., 16 nov. 1896 (sol. implic.), précité.

150. Jugé également, que le gage commercial ayant pour objet des titres nominatifs, peut être établi à l'égard des tiers non seulement par un transfert, mais aussi par tous les moyens admis pour la preuve du gage commercial constitué sur des choses corporelles, spécialement par la correspondance et les mentions faites sur les livres des parties. — En conséquence, la constitution en gage de titres nominatifs ne peut être annulée, bien que le transfert ait été fait postérieurement à la cessation des paiements du débiteur pour une dette ancienne, si la mise en gage de ces titres résulte d'une correspondance et d'écritures antérieures à la cessation des paiements. — Paris, 28 nov. 1878 [S. 79. 2. 129, P. 79. 578, et la note de M. Lyon-Caen, D. P. 79. 2. 153]

151. A plus forte raison, le nantissement constitué sur une créance en même temps que la naissance de la dette qu'il garantit, ne tombe-t-il pas sous le coup de notre article, alors même que les formalités prescrites par l'art. 2075, C. civ., et notamment la signification au débiteur de la créance engagée, n'auraient eu lieu que postérieurement et pendant le cours de la période suspecte, si d'ailleurs ces formalités ont précédé le jugement déclaratif de faillite. — Cass., 4 janv. 1847, Odon-Rech [S. 47. 1. 161 et 175, P. 47. 1. 228, D. P. 47. 1. 134]; 19 juin 1848 [S. 48. 1. 465, P. 49. 1. 505, et la note de M. Devilleneuve, D. P. 48. 1. 181]; 18 juin 1862 [S. 62. 1. 865, P. 63. 184, D. P. 62. 1. 424] — Nîmes, 22 juin 1847 [S. 48. 2. 39, P. 48. 1. 310, D. P. 48. 2. 30] — Paris, 20 févr. 1849 [P. 49. 1. 506] — Lyon, 16 juin 1874 [D. P. 76. 2. 171] — *Sic*, Esnault, t. 1, n. 202; Bravard et Demangeat, t. 5, p. 254; Lyon-Caen et Renault, t. 7, n. 375; Baudry-Lacantinerie et de Loynes, t. 2, n. 25; Ruben de Couder, *v° cit*, n. 403 et *Suppl.*, *eod. v°*, n. 233; et notre *Rép. gén. alph. du dr. fr.*, *v° cit.*, n. 1373 et s. — *Contrà*, Montpellier, 13 janv. 1845 [S. 45. 2. 403] — Colmar, 17 janv. 1866 [S. 66. 2. 218, P. 66. 832, D. P. 66. 5. 224] — Cass. du Grand-Duché de Luxembourg, 23 déc. 1892, précité. — *Adde*, Renouard, t. 1, p. 363; Massé, t. 6, n. 518; Troplong, *Nantissement*, n. 276.

152. En tout cas, l'art. 446, C. comm., qui déclare nuls, dans l'intérêt de la masse, les nantissements consentis par le failli, pour dettes antérieures, dans les dix jours qui ont précédé la cessation des paiements, est inapplicable à la simple substitution, faite sans fraude, d'un gage nouveau et de même valeur à un ancien gage encore subsistant, mais à la condition qu'il soit établi, d'une part, que le créancier, au moment de la constitution du nouveau gage, était nanti de l'ancien, et ne s'en était pas dessaisi; d'autre part, que c'était bien le contrat primitif de nantissement qui avait reçu son exécution sous une autre forme, et qu'on ne se trouvait pas en présence d'un contrat nouveau et distinct. — Cass., 12 août 1867 [S. 67. 1. 38, P. 68. 61, D. *Rép.*, *Suppl.*, *v° cit.*, n. 650]; 29 nov. 1882 [S. 84. 1. 311, P. 84. 1. 779, D. P. 83. 1. 376] — Aix, 17 janv. 1866 [S. 67. 2. 131, P. 67. 561] — *Sic*, Boistel, n. 953; Lyon-Caen et Renault, t. 7, n. 375 *bis*; Ruben de Couder, *v° cit.*, n. 380, et *Suppl.*, *eod. v°*, n. 235.

153. En conséquence, un contrat de nantissement, intervenu après la date de la cessation des paiements, est nul, s'il n'est pas justifié que le gage stipulé à ce contrat n'était pas déjà entre les mains du créancier, en vertu d'un contrat précédent et inattaquable, et s'il est établi que le second contrat constitue un contrat nouveau distinct du premier. — Mêmes arrêts.

154. Mais, en admettant que la substitution d'un gage à un autre opérée dans l'intervalle qui sépare la cessation des paiements et la déclaration de faillite échappe à l'application de l'art. 446, C. comm., du moins ne pourrait-il en être ainsi qu'autant que le créancier gagiste serait encore saisi du gage primitif au moment où il reçoit le nouveau. Mais si, précédemment, le créancier s'était dessaisi de ce gage et avait ainsi suivi pour un temps la foi de son débiteur, la prétendue substitution s'appliquant à une créance qui n'est plus garantie constitue un nantissement nouveau, auquel, s'agissant d'une dette antérieurement contractée, ledit art. 446 est applicable. — Cass., 29 mars 1865 [S. 65. 1. 221, P. 65. 531, D. P. 65. 1. 286]

155. Jugé, dans une hypothèse particulière, que le créancier gagiste, dans les magasins de qui ont été soustraites par le débiteur les marchandises formant son gage, et qui a exigé de celui-ci comme nouveau gage, une constitution d'hypothèque, ne peut, le débiteur étant plus tard tombé en faillite, être considéré comme s'étant créé illicitement un avantage au détriment des autres créanciers, alors surtout qu'il est constant que la stipulation de cette nouvelle garantie n'a pas eu, de sa part, pour mobile certain la crainte d'une faillite dont il ignorait l'imminence. — Cass., 24 déc. 1866 [S. 67. 1. 28, P. 67. 40, D. P. 67. 1. 163]

156. Il peut se faire qu'une garantie ait été stipulée pour sûreté, tout à la fois, d'un nouveau prêt et d'un prêt antérieur : dans ce cas, la garantie doit être considérée comme nulle relativement au prêt antérieur, et comme valable relativement au nouveau prêt. — Spécialement, l'hypothèque et le nantissement stipulés dans une ouverture de crédit, après la cessation de paiements du crédité, pour garantie, tout à la fois, de prêts antérieurs et d'avances nouvelles, sont nuls, en tant qu'ils s'appliquent aux faits antérieurs; mais ils sont valables en tant qu'ils s'appliquent aux avances nouvelles. — Poitiers, 20 avr. 1885 [S. 87. 1. 173, P. 87. 1. 400, sous Cass., 18 avr. 1887, D. P. 86. 2. 6] — *Sic*, Bédarride, t. 1, n. 123, *in fine*; Bravard et Demangeat, t. 5, p. 241 et la note; Alauzet, t. 7, n. 2515 et 2518; Laroque-Saissinel et Dutruc, t. 1, n. 355; Baudry-Lacantinerie et de Loynes, t. 2, n. 1343; Nicolas, *Effets de la faill. relat. aux privil. et hypoth.*, p. 83; Ruben de Couder, *v° cit.*, n. 379, et *Suppl.*, *eod v°*, n. 227.

157. Toutefois la garantie consentie par le failli, après la cessation de ses paiements, peut être déclarée nulle et sans effet à l'égard du créancier, même pour les avances nouvelles qui lui ont été faites, lorsque ces avances ont été le prix de la garantie frauduleusement donnée au créancier pour prêts antérieurs. — Cass., 17 mars 1873 [S. 74. 1. 244, P. 74. 631, D. P. 74. 1. 371]; 7 janv. 1879 [S. 79. 1. 400, P. 79. 1053, D. P. 79. 1. 286]; 13 août

1883 [S. 85. 1. 218, P. 85. 1. 524, D. P. 84. 1. 207] — Nancy, 4 août 1860 [S. 61. 2. 119, P. 61. 813, D. P. 60. 2. 196] — Poitiers, 20 avr. 1885, motifs, précité. — *Sic*, Thaller, n. 1850; Lyon-Caen et Renault, t. 7, n. 379 ; Baudry-Lacantinerie et de Loynes, t. 2, n. 1242 ; Ruben de Couder, *v° cit.*, *Suppl.*, n. 227.

B. *Hypothèque judiciaire.* — 158. En déclarant nulle l'hypothèque judiciaire pour dettes antérieurement contractées, la disposition finale de notre article aboutit à supprimer, d'une manière absolue et sauf la restriction ci-après indiquée, toute hypothèque judiciaire pour les jugements rendus depuis la cessation des paiements et dans les dix jours qui précèdent : il est de principe, en effet, que les jugements sont déclaratifs de droits préexistants, et, par suite, l'hypothèque qui en résulte ne peut garantir que des dettes antérieures, ce qui entraîne nécessairement sa nullité. — *Sic*, Thaller, n. 1851, et *Faill. en dr. comp.*, t. 1, n. 115 ; Boistel, n. 954 ; Lyon-Caen et Renault, t, 7, n. 372 ; Baudry-Lacantinerie et de Loynes, t. 2, n. 1242 ; et notre *Rép. gén. alph. du dr. fr.*, *v° cit.*, n. 1351 et s.

159. Il en est ainsi, alors même qu'aucune entente frauduleuse n'aurait pu exister entre le créancier et le failli. — Cass., 18 févr. 1873 [S. 73. 1. 397, P. 73. 972, D. P. 74. 1. 166]

160. Peu importe également que la demande ait été intentée avant ou pendant la période suspecte. — *Sic*, Renouard, t. 1, p. 389 ; Demangeat, sur Bravard, t. 5, p. 252, note 1 ; Boistel, n. 953 ; Lyon-Caen et Renault, t. 7, n. 372 ; Laurin, n. 1004 ; Baudry-Lacantinerie et de Loynes, t. 2, n. 1242. — *Contrà*, Bravard, t. 5, p. 252.

161. Et il n'y a pas non plus à distinguer suivant que le jugement de condamnation a pour objet l'exécution d'une obligation conventionnelle ou des dommages-intérêts encourus à raison d'un délit ou d'un quasi-délit. — *Sic*, Lyon-Caen et Renault, t. 7, n. 373 ; Baudry-Lacantinerie et de Loynes, *loc. cit.*

162. Lorsqu'un arrêt a repoussé comme tardive l'opposition d'un créancier hypothécaire à un précédent arrêt fixant la date de la cessation des paiements, et a ordonné que cet arrêt sortirait son plein et entier effet, et lorsqu'aucun pourvoi n'a été dirigé contre les deux arrêts, il y a chose jugée à l'égard du créancier hypothécaire sur la date de l'ouverture de la faillite, et l'hypothèque judiciaire inscrite par lui après cette date est à bon droit annulée. — Cass., 20 oct. 1886 [S. 90. 1. 510, P. 90. 1. 1240, D. P. 87. 1. 249]

163. La nullité atteint également, par identité de motifs, la subrogation conventionnelle au bénéfice de l'hypothèque judiciaire, ainsi que toutes les combinaisons qui pourraient être employées pour éluder la prohibition de notre article. — Ainsi, lorsqu'une hypothèque judiciaire résulte d'un jugement rendu depuis l'ouverture de la faillite, et que, dans le but de sauvegarder la créance du créancier hypothécaire, de tourner la loi et d'échapper aux conséquences de l'art. 446, C. comm., un tiers a fait au débiteur failli un prêt d'argent à l'effet de rembourser ladite créance, en se faisant subroger dans l'hypothèque du créancier, et en exigeant, en outre, une hypothèque conventionnelle comme garantie supplémentaire, il appartient aux juges, par application de l'art. 446, C. comm., et du pouvoir d'appréciation qu'ils tiennent de l'art. 447, d'annuler l'hypothèque judiciaire comme prise après la cessation des paiements du débiteur pour dette antérieurement contractée, et l'hypothèque conventionnelle comme consentie au profit d'un tiers qui avait connaissance de la cessation des paiements. — Cass., 17 mai 1887 [S. 90. 1. 519, P. 90. 1. 1255, D. P. 87. 1. 252]

164. D'autre part, la nullité des hypothèques judiciaires constituées postérieurement à la cessation des paiements et pour dettes antérieurement contractées, entraîne par voie de conséquence la nullité des paiements faits en vertu de ces hypothèques. — Cass., 19 nov. 1872 [S. 73. 1. 49, P. 73. 113, et la note de M. Labbé, D. P. 73. 1. 425]

165. Vainement le créancier exciperait de ce que ces paiements auraient été effectués en vertu du règlement définitif d'un ordre ouvert pour la distribution du prix des immeubles du débiteur ; l'expiration des délais pour contredire et la forclusion qui en résulte ne pouvant être opposées à la masse créancière qui n'a pas été partie à la procédure d'ordre et n'a pu y être appelée à cause de la date de la déclaration de faillite. — Même arrêt.

166. Il a été soutenu cependant que les paiements faits dans ces conditions en exécution d'un bordereau de collocation ne sont pas nuls par application de l'art. 446, mais sont seulement susceptibles d'être déclarés tels, en vertu de l'art. 447, C. comm., s'il est constaté que le créancier connaissait la cessation des paiements. — *Sic*, Bédarride, t. 1, n. 119-4° ; Demangeat, sur Bravard, t. 5, p. 264 ; Labbé, note sous Cass., 19 nov. 1872, précité.

167. Jugé en ce sens, que l'art. 446, C. comm., qui déclare nulle l'hypothèque conventionnelle ou judiciaire constituée depuis la cessation des paiements, pour dettes antérieurement contractées, est inapplicable au cas où le créancier hypothécaire a, avant la déclaration de la faillite, obtenu une collocation provisoire maintenue sur contredit, dans un ordre ouvert sur le débiteur. — Cass., 11 juill. 1853 [S. 55. 1. 202, P. 54. 2. 592, D. P. 54. 1. 308] — Paris, 28 févr. 1867, joint à Cass., 27 avr. 1869 [S. 69. 1. 253, P. 69. 629, D. P. 69. 1. 331]

168. Toutefois, l'hypothèque judiciaire ne tombe pas sous le coup de notre article, dans le cas où elle garantit la condamnation aux dépens prononcée en vertu de l'art. 130, C. proc. civ. ; l'obligation aux dépens en effet naît du jugement lui-même, et par suite elle est concomitante à l'hypothèque judiciaire qui la garantit. — *Sic*, Lyon-Caen et Renault, t. 7, n. 373, *in fine ;* Baudry-Lacantinerie et de Loynes, t. 2, n. 1242.

C. *Privilèges et hypothèques légales.* — 169. La disposition finale de notre article est inapplicable aux privilèges, mobiliers ou immobiliers, autres que celui de créancier gagiste, et alors même que ces privilèges seraient fondés sur une idée de gage tacite : les privilèges sont en effet inhérents à la qualité de la créance, et par cela même, ils sont concomitants à la naissance du droit qu'ils garantissent. — *Sic*, Lyon-Caen et Renault, t. 7, n. 382 ; Thaller, n. 1852 ; et notre *Rép. gén. alph. du dr. fr.*, *v° cit.*, n. 1398 et s.

170. Jugé en ce sens, que le privilège résultant, au profit du bailleur, des baux passés en la forme authentique ou ayant acquis date certaine, n'est pas compris au nombre des droits de préférence dont la création, lorsqu'elle ne précède pas de plus de dix jours la cessation de paiements du locataire, est

déclarée nulle et sans effet relativement à la masse. — Cass., 30 mai 1870 [S. 70. 1. 340, P. 70. 868, D. P. 70. 1. 254] — Aix, 19 janv. 1871 [S. 71. 2. 212, P. 71. 670, D. P. 71. 2. 46] — Sur la question de savoir si ces baux tombent sous le coup de l'art. 447 ci-après, V. *infrà*, art. 447, n. 24 et s.

171. Notre article n'est pas non plus applicable au privilège du commissionnaire, alors même qu'il garantit des avances faites au commettant failli antérieurement à l'expédition ou à la réception des marchandises lui appartenant. Il en est de ce privilège du commissionnaire comme du privilège du créancier gagiste : il doit être considéré comme existant à partir du jour où les avances ont été faites conformément aux accords des parties, alors même que les objets sur lesquels il porte n'ont pas encore été remis au créancier. — Colmar, 5 juill. 1865 [D. P. 65. 2. 225] — *Sic*, Lyon-Caen et Renault, t. 7, n. 382. — Sur le privilège du commissionnaire, V. *suprà*, art. 95, n. 1 et s.

172. D'un autre côté, notre article est également étranger aux hypothèques légales : d'une part, en effet, les circonstances dans lesquelles ces hypothèques légales prennent naissance sont exclusives de toute idée de fraude de la part des parties ; et d'autre part, ces hypothèques sont toujours concomitantes ou même antérieures aux dettes dont elles garantissent le paiement. Il en est ainsi spécialement de l'hypothèque légale de la femme. — Cass., 7 nov. 1848 [S. 49. 1. 121, P. 49. 1. 542, D. P. 48. 1. 241] ; 25 juill. 1860 [S. 61. 1. 93, P. 61. 229, D. P. 60. 1. 330] ; 27 avr. 1881 [S. 81. 1. 393, P. 81. 1. 1025, D. P. 81. 1. 295] ; 18 avr. 1887, motifs [S. 87. 1. 173, P. 87. 1. 400, D. P. 87. 1. 155] — Angers, 21 janv. et 10 juin 1846 [P. 48. 2. 658] — Colmar, 10 nov. 1855 [S. 56. 2. 530, P. 58. 199] — Douai, 29 janv. 1857 [S. 57. 2. 401, P. 57. 988, D. P. 57. 2. 113] — Nancy, 18 mars 1879 [S. 79. 2. 113, P. 79. 563, D. P. 80. 2. 10] — Poitiers, 5 mai 1879 [S. 79. 2. 254, P. 79. 1016, D. P. 79. 2. 165] — Pau, 23 nov. 1891 [D. P. 93. 2. 448] — Bordeaux, 10 mai 1899 [D. P. 1900. 2. 468] — *Sic*, Renouard, t. 1, p. 352 ; Esnault, t. 1, n. 121 ; Bravard et Demangeat, t. 5, p. 283 ; Massé, t. 2, p. 383 ; Lyon-Caen et Renault, t. 7, n. 380 ; Thaller, n. 1852 ; Ruben de Couder, *v° cit.*, n. 382, et *Suppl.*, *eod. v°*, n. 231 ; et notre *Rép. gén. alph. du dr. fr.*, *v° cit.*, n. 1387 et s.

173. En conséquence, la femme qui, postérieurement à la cessation de paiements de son mari, s'oblige solidairement avec lui, a, pour indemnité de cette obligation, une hypothèque légale dans l'effet de laquelle elle peut valablement subroger le créancier envers lequel elle s'est obligée. — Cass., 25 juill. 1860, précité ; 24 déc. 1860 [S. 61. 1. 538, P. 61. 229, D. P. 61. 1. 71] — Colmar, 20 nov. 1855, précité. — Douai, 29 janv. 1857, précité.

174. On a cependant soutenu et jugé que l'hypothèque légale et la subrogation consentie par la femme à cette hypothèque étaient nulles par application de notre article, dans le cas où la femme se serait obligée pour son mari, pendant la période suspecte, au profit d'un de ses créanciers antérieurs : l'intervention de la femme dans cette hypothèse ne peut avoir pour but que d'éluder la loi pour conférer au créancier du mari une garantie que le mari n'aurait pu lui accorder personnellement. — Nancy, 10 août 1875 [S. 76. 2. 245, P. 76. 974] ; 4 mars 1876, sous Cass., 11 déc. 1876 [S. 77. 1. 406, P. 77 1080, D. P. 77. 1. 359] — *Sic*, Pont, *Privil. et hypoth.*, t. 1, n. 457 ; Bédarride, t. 1, n. 123 *ter* ; Coin-Delisle, *Rev. crit.*, 1853, t. 3, p. 221 ; Beudant, note sous Cass., 9 déc. 1868 [D. P. 69. 1. 5]

175. Mais cette opinion est aujourd'hui abandonnée, et la jurisprudence décide, ainsi que la doctrine, que l'obligation contractée par la femme envers un créancier de son mari et la subrogation à l'hypothèque légale consentie par elle au profit de ce créancier sont valables, sans qu'il y ait à distinguer suivant que la femme s'est obligée pour une dette concomitante ou pour une dette antérieure de son mari. L'art. 446, en effet, qui annule les sûretés constituées pour dettes antérieurement contractées ne vise que les hypothèques conventionnelles et judiciaires : ce n'est pas cet article, mais seulement l'art. 447, ci-après, qui peut recevoir son application au cas où la constitution de l'hypothèque légale de la femme serait frauduleuse. — Cass., 7 nov. 1848, précité ; 15 mai 1850 [P. 52. 1. 53] ; 25 juill. 1860, précité ; 9 déc. 1868 [S. 69. 1. 117, P. 69. 275, D. P. 69. 1. 5] ; 27 avr. 1881 [S. 81. 1. 393, P. 81. 1. 1025, et la note de M. Labbé, D. P. 81. 1. 295] ; 18 avr. 1887, précité. — Angers, 21 janv. et 10 juin 1846, précités. — Paris, 16 janv. 1854 [P. 54. 1. 569, D. P. 55. 2. 58] — Douai, 29 janv. 1857, précité. — Colmar, 20 nov. 1855, précité. — Bourges, 1er avr. 1870 [S. 71. 2. 72, P. 71. 294, D. P. 72. 2. 30] — Bordeaux, 12 mai 1873 [S. 73. 2. 220, P. 73. 1030, D. *Rép.*, *Suppl.*, *v° cit.*, n. 645] — Lyon, 6 janv. 1876 [S. 76. 2. 207, P. 76. 828] — Nancy, 19 mars 1879 [S. 79. 2. 113, P. 79. 563, D. P. 80. 2. 10] — Poitiers, 5 mai 1879 [S. 79. 2. 254, P. 79. 1016, D. P. 79. 2. 165] ; 20 avr. 1885 [S. 87. 1. 173, P. 87. 1. 400, sous Cass., 18 avr. 1887, D. P. 86. 2. 6] — Besançon, 19 mai 1886 [S. 86. 2. 176, P. 86. 1. 973] — *Sic*, Renouard, t. 1, n. 382 ; Massé, t. 2, p. 383 ; Pardessus, t. 3, n. 1135 ; Alauzet, t. 7, n. 2616 ; Bravard et Demangeat, t. 5, p. 248 ; Lyon-Caen et Renault, t. 7, n. 381 ; Thaller, n. 1853 ; et notre *Rép. gén. alph. du dr. fr.*, *v° cit.*, n. 1390 et s. — V. aussi Baudry-Lacantinerie et de Loynes, t. 2, n. 993. — Sur la question de savoir si l'art. 447 doit recevoir son application en cas de fraude, V. *infrà*, art. 447, n. 29 et s. — Sur la subrogation à l'hypothèque légale de la femme, V. notre *Code civil annoté*, art. 2121, n. 245 et s.

§ 2. *Caractère et effets de la nullité.*

176. Aux termes du premier alinéa de notre article, les actes ci-dessus énumérés sont nuls et sans effet, relativement à la masse. La nullité est donc une nullité absolue, en ce sens que le juge doit nécessairement la prononcer, quelque favorable que puisse paraître la situation des tiers qui ont traité avec le failli, par cela seul que l'acte incriminé rentre dans l'énumération de notre article et qu'il est intervenu depuis la cessation des paiements ou dans les dix jours qui précèdent. — *Sic*, Lyon-Caen et Renault, t. 7, n. 315 ; Thaller, n. 1827 ; et notre *Rép. gén. alph. du dr. fr.*, *v° cit.*, n. 1128. — Sur le pouvoir du juge en ce qui concerne les autres actes passés par le failli depuis la cessation des paiements, V. *infrà*, art. 447, n. 70 et s.

177. Mais cette nullité n'existe que relativement à la masse : d'où résulte qu'elle ne peut être invoquée par le failli, non plus que par les créanciers agissant individuellement, mais seulement par les syndics

qui représentent la masse des créanciers. — Sur les personnes qui peuvent exercer l'action en nullité, V. *infrà* art. 447, n. 85 et s. — Sur la question de savoir si les créanciers peuvent exercer l'action paulienne à raison des actes passés par le failli pendant la période suspecte, V. *infrà*, art. 447, n. 110 et s. — Sur les effets de l'action en nullité, V. *infrà*, même article, n. 112 et s.

Art. **447**. Tous autres paiements faits par le débiteur pour dettes échues, et tous autres actes à titre onéreux par lui passés après la cessation de ses paiements et avant le jugement déclaratif de faillite, pourront être annulés si, de la part de ceux qui ont reçu du débiteur ou qui ont traité avec lui, ils ont eu lieu avec connaissance de la cessation de ses paiements. — C. civ., 882, 1167, 1351, 2052; C. comm., 446, 537, 574, 597; L. 4 mars 1889, art. 19.

INDEX ALPHABÉTIQUE.

DIVISION

§ 1er. *Actes annulables.*

A. Paiements.

B. Actes à titre onéreux.

α) Achats et ventes.

β) Baux.

γ) Remises en compte courant.

δ) Constitution de dot.

ε) Hypothèque et nantissement.

C. Jugements et transactions.

D. Partages.

§ 2. *Conditions de l'annulation.*

α) Actes passés depuis la cessation des paiements.

β) Connaissance de la cessation des paiements.

γ) Pouvoir du juge.

§ 3. *Caractère et effets de la nullité des actes visés par les art. 446 et 447.*

α) Caractère de la nullité : qui peut l'invoquer.

β) Effets de l'action en nullité.

§ 1. *Actes annulables.*

1. Aux termes de notre article, sont annulables, dans les conditions ci-après déterminées, les paiements et les actes à titre onéreux qui ont été accomplis par le failli depuis le jour de la cessation des paiements, et qui ne tombent pas sous le coup de la nullité édictée par l'article précédent. — V. Lyon-Caen et Renault, t. 7, n. 386 et s. ; Thaller, n. 1809 et s.; et notre *Rép. gén. alph. du dr. fr.*, v° *Faillite*, n. 1460 et s.

A. *Paiements.* — 2. En déclarant annulables tous paiements autres que ceux qui sont nuls de droit, d'après l'art. 446, notre article se sert d'une formule aussi générale que possible. Peu importe donc que le paiement soit effectué en espèces ou en effets de commerce : les remises d'effets de commerce faites par le failli à l'un de ses créanciers après la cessation de ses paiements et avec la connaissance par le créancier de l'état de faillite peuvent entraîner l'application de notre article, si elles sont préjudiciables à la masse. — Cass., 14 déc. 1875 [S. 76. 1. 58, P. 76. 1. 128, D. P. 78. 1. 125] ; 26 juill. 1880 [S. 82. 1. 356, P. 82. 1. 865, D. P. 80. 1. 366] — Sur le paiement des effets de commerce effectué par le failli pendant la période suspecte, V. *infrà*, art. 449.

3. Peu importe également la cause de la dette acquittée par le failli après la cessation de ses paiements. Ainsi la disposition de notre article est applicable, alors même que la créance a pour cause un

délit. — Cass., 9 janv. 1865 [S. 65. 1. 15, P. 65. 22, D. P. 65. 1. 38]; 19 mars 1883 [S. 83. 1. 203, P. 83. 1. 498, D. P. 84. 1. 28] — *Sic*, Laroque-Sayssinel et Dutruc, t. 1, n. 379; Lyon-Caen et Renault, t. 7, n. 388; et notre *Rép. gén. alph. du dr. fr.*, v° *cit.*, n. 1466.

4. De même, au cas où un banquier, après s'être, par un abus de confiance, créé des valeurs au moyen de blancs seings qui lui avaient été confiés, remet au signataire de ces blancs seings la somme nécessaire pour acquitter les effets qui lui seront présentés, il effectue en cela un véritable paiement de la dette résultant à sa charge envers celui-ci de la négociation des blancs seings; en sorte que ce paiement est annulable relativement à la masse de la faillite du banquier, s'il a eu lieu en temps suspect et le créancier connaissant la situation de son débiteur. — Cass., 13 nov. 1866 [S. 67. 1. 25, P. 67. 35, D. P. 66. 1. 435]

5. Cette remise de sommes ne peut être considérée ni comme la restitution d'une chose indûment possédée. — Même arrêt.

6. ... Ni comme faite à titre de mandat, celui qui la reçoit ne pouvant être réputé mandataire du failli à l'effet de payer avec la somme remise les billets indûment mis en circulation et dont il aurait été personnellement tenu envers les tiers porteurs. — Même arrêt.

7. Mais si c'est à un tiers, et non au signataire des blancs seings, que le banquier, avant la déclaration de sa faillite, a remis les sommes pour acquitter les valeurs ainsi mises en circulation, ce tiers ne peut être tenu de rapporter à la masse de la faillite les sommes payées aux tiers porteurs : le mandat qui lui a été donné n'étant pas nul de droit, son exécution ne saurait entraîner contre lui aucune responsabilité, alors même que le mandataire avait connaissance de la cessation des paiements. — Même arrêt.

8. D'autre part, la revendication par le créancier des remises en effets de commerce autorisée par l'art. 574, C. comm., ne peut avoir lieu qu'à la double condition que ces valeurs aient été remises avec un mandat déterminé et qu'elles se retrouvent en nature dans le portefeuille du failli à l'époque de la faillite. — Cass., 19 mars 1883, précité.

9. En conséquence, si le failli, après avoir reçu des fonds destinés à payer des traites, détourne ces fonds pour les employer à un autre usage, puis rembourse une somme égale au créancier après la cessation des payements et alors que le créancier connaît cette cessation, le créancier ne saurait être dispensé de rapporter à la masse la somme remboursée, sous prétexte que l'art. 447, C. comm., était ici inapplicable, et que la restitution de la somme était autorisée par l'art. 574, C. comm. — Même arrêt.

10. Notre article est applicable aux paiements qui seraient faits à certains créanciers seulement, en vertu d'un concordat amiable ou pacte d'atermoiement consenti par l'unanimité des créanciers. — Jugé en ce sens, qu'au cas où un débiteur, après avoir, sur la poursuite de ses créanciers, conclu avec eux un contrat d'atermoiement moyennant la promesse de les payer par dividendes à des époques déterminées, a fait, en conséquence, des paiements à quelques-uns d'entre eux au détriment d'autres qui n'ont pas reçu d'acompte dans des proportions égales sur leurs créances, ou qui, même, n'ont rien reçu du tout, ces paiements peuvent être annulés en vertu de l'art. 447, C. comm., si, ce débiteur venant à être déclaré en faillite, la cessation de ses paiements a été fixée au jour même du contrat d'atermoiement. — Bordeaux, 4 août 1868 [S. 70. 2. 311, P. 70. 1163, D. P. 71. 2. 104]

11. Au contraire, le traité amiable par lequel tous les créanciers d'un débiteur lui donnent quittance finale moyennant un dividende payable comptant contre la remise des titres de chacun d'eux, ne rentre pas, après avoir reçu sa pleine exécution, sous l'application des art. 446 et 447, C. comm., qui déclarent nuls et sans effet, relativement à la masse, certains actes et paiements faits par le débiteur postérieurement à la cessation de ses paiements et dans les dix jours précédant cette époque, et ne peut, dès lors, être annulé sur le motif qu'un jugement déclaratif de faillite rendu postérieurement contre le débiteur a fait remonter l'époque de sa cessation de paiements au jour dudit traité, lequel tomberait, par suite, de plein droit devant ce jugement. — Bordeaux, 5 avril 1870 [S. 70. 2. 311, P. 70. 1163, D. *Rép.*, *Suppl.*, v° *Faillite*, n. 665]

12. Mais ces articles sont applicables aux sommes que ces créanciers auraient exigées et reçues depuis le traité, à titre de supplément de dividende. — Même arrêt.

13. Et le rapport à la masse des sommes ainsi indûment perçues ne saurait être surbordonné à la restitution par le syndic de la faillite des titres remis au failli et qui ne peuvent être retrouvés : les créanciers tenus au rapport n'ayant qu'à s'imputer à eux-mêmes de n'avoir pas exercé, en temps utile, les droits que ces titres pourraient, suivant eux, leur conférer contre certains tireurs ou endosseurs. — Même arrêt.

14. Jugé également, que la cession de biens qu'un débiteur a faite avant sa déclaration de faillite peut être déclarée valable, bien qu'elle soit postérieure à la date fixée comme étant celle de la cessation des paiements, s'il est reconnu qu'elle a eu lieu au profit de tous les créanciers, et que, consentie et exécutée de bonne foi, elle a été avantageuse pour eux. — Cass., 24 juill. 1867 [S. 67. 1. 441, P. 67. 1177, D. *Rép.*, *Suppl.*, v° *cit.*, n. 667]

15. De même peuvent être annulées, en vertu de notre article, les cessions-transports qui ne tombent pas sous le coup de l'art. 446 et qui ne sont pas nulles de droit par application de cet article. — Cass., 29 juill. 1872 [S. 73. 1. 159, P. 73. 377, D. P. 72. 1. 222]; 26 juill. 1880 [S. 82. 1. 356, P. 82. 1. 865, D. P. 80. 1. 366] — Sur les cessions-transports nulles de droit, V. *suprà*, art. 446, n. 87 et s.

16. Spécialement, l'autorisation, donnée par le débiteur cédé au cessionnaire de tirer des traites sur lui, constitue une acceptation de la cession; mais si cette acceptation n'a point été faite par acte authentique, elle n'a pu saisir le cessionnaire à l'égard des tiers. — Cass., 26 juill. 1880, précité.

17. En conséquence, cette acceptation, bien qu'antérieure à la déclaration de faillite du cédant, ne suffit pas pour saisir le cessionnaire à l'égard des créanciers de la faillite, alors, d'ailleurs, que les traites n'ont point été acceptées par le débiteur cédé. — Même arrêt.

18. Si les paiements des traites ultérieurement faits par le débiteur cédé au cessionnaire, en éteignant jusqu'à due concurence la créance cédée, ont fait cesser, dans la même mesure, le droit des créan-

ciers de la faillite, ce n'est qu'autant que ces paiements ont été valables et opposables à ces créanciers. Si ces paiements sont annulés à l'égard de la masse de la faillite, par application de l'art. 447, le bénéficiaire des traites doit rapporter à la faillite les sommes par lui reçues. — Même arrêt.

19. Et les paiements dont s'agit, faits postérieurement à la cessation de paiements du failli, peuvent être annulés, par application de l'art. 447, C. comm., et en vertu de la faculté laissée aux juges par cet article, lorsqu'il est constaté que le bénéficiaire des traites avait connaissance de la cessation des paiements et des conséquences immédiates, relativement aux droits des créanciers, des paiements qui lui étaient faits. — Même arrêt.

20. Jugé, également, que le créancier qui, au lieu d'observer les formalités légales pour la réalisation de son gage, en a fait faire la vente amiablement par le débiteur, doit être considéré comme ayant reçu directement de celui-ci le montant des choses engagées ; il peut, dès lors, être condamné à rapporter la somme reçue à la faillite du débiteur, si, au moment de cette réception, le débiteur était en état de cessation de paiements, et si le créancier avait de cet état une connaissance caractérisée au moyen de circonstances relevées par les juges du fait. — Cass., 24 oct. 1894 [S. et P. 98. 1. 135]

21. Mais on ne saurait considérer comme un paiement tombant sous le coup de l'art. 447, C. comm., non plus que sous celui de l'art. 1167, C. civ., le fait par un commerçant en état de cessation de paiements, institué légataire universel, d'avoir effectué la délivrance de son legs à un légataire à titre particulier : ce commerçant ne se dépouille ainsi d'aucune partie de son actif au préjudice de ses créanciers. — Limoges, 24 févr. 1899 [D. P. 1902. 2. 153 et la note de M. Lacour]

B. *Actes à titre onéreux.* — α) *Achats et ventes.* — 22. Sont annulables, en vertu de notre article, les achats et ventes effectués depuis la cessation des paiements soit de marchandises, soit de meubles incorporels, créances ou autres valeurs. — Caen, 19 juill. 1842 [P. 43. 1. 186] — *Sic*, Lyon-Caen et Renault, t. 7, n. 389 ; et notre *Rép. gén. alph. du dr. fr.*, v° *cit.*, n. 1482 et s.

23. Spécialement, peut être annulé, par application des art. 1167, C. civ., et 447, C. comm., le marché contenant achat, en pleine connaissance de l'état de cessation des paiements du vendeur depuis déclaré en faillite, de toutes ses marchandises et de tout son matériel d'exploitation pour un prix payé à l'un des créanciers dudit vendeur afin d'arrêter ses poursuites. — Cass., 28 mars 1892 [S. et P. 96. 1. 220, D. P. 92. 1. 465 et la note de M. Boistel]

β) *Baux.* — 24. Sont également susceptibles d'être annulés les baux dans lesquels le failli a été partie, soit comme bailleur, soit comme locataire, si le tiers qui a traité avec le failli connaissait la cessation des paiements, et que la masse ait intérêt à l'annulation, par exemple, pour faire tomber le privilège du bailleur. — Cass., 30 mai 1870 [S. 70. 1. 340, P. 70. 868, D. P. 70. 1. 254] ; 27 nov. 1893 [S. et P. 94. 1. 328, D. P. 94. 1. 343] — Aix, 19 janv. 1871 [S. 71. 2. 213, P. 71. 670, D. P. 71. 2. 46] — V. aussi notre *Code civil annoté*, art. 2102, n. 20 et s.

25. Mais il faut que le bail ait eu lieu, de la part du bailleur, en connaissance de la cessation de paiements du locataire. En conséquence, doit être annulé l'arrêt qui, pour refuser à un bailleur l'admission privilégiée au passif de la faillite de son locataire, pour les loyers échus et à échoir, se fonde uniquement sur ce que le bail en vertu duquel le privilège est réclamé n'a été enregistré que cinq jours avant le jugement déclaratif de la faillite. — Cass., 30 mai 1870, précité.

γ) *Remises en compte courant.* — 26. Si l'indivisibilité du compte courant s'oppose en principe à l'application des art. 446 et 447, il en est autrement cependant lorsque les remises qui y sont effectuées ne sont qu'un moyen détourné pour balancer le compte et en payer le solde ; dans ce cas, les dites remises ne peuvent plus être considérées comme l'exécution loyale du compte courant ; elles sont effectuées dans un but frauduleux, et, par suite, elles tombent sous le coup de notre article. — Cass., 8 mars 1882 [S. 83. 1. 82, P. 83. 1. 169, D. P. 82. 1. 405] — Alger, 12 juin 1879, sous Cass., 8 mars 1882, précité. — Lyon, 5 mai 1882 [S. 90. 2. 169, *ad notam*, P. 90. 1. 1027, *ad notam*, D. P. 83. 2. 235] — *Sic*, Feitu, *Compte courant*, p. 339 ; Alauzet, t. 7, n. 2504 ; Massé, t. 4, n. 2314 ; Lyon-Caen et Renault, t. 7, n. 389. — V. aussi *suprà*, art. 446, n. 114 et s.

δ) *Constitution de dot.* — 27. V. *suprà*, art 446, n. 8 et s.

ε) *Hypothèque et nantissement.* — 28. Si les sûretés constituées en même temps que la dette ou en vue d'une dette future, ne sont pas nulles de droit, elles peuvent être annulées par application de notre article. — Jugé en ce sens, que l'hypothèque consentie par un failli après la cessation de ses paiements doit être annulée, quoiqu'elle ne s'applique pas à une dette antérieure, mais bien à une dette contractée en même temps que la constitution de l'hypothèque, et résultant, par exemple, d'une ouverture de crédit faite au failli, si, au moment où cette hypothèque a été constituée, le créancier avait connaissance de la cessation des paiements. — Poitiers, 16 janv. 1860 [S. 60. 2. 289, P. 61. 225, D. P. 60. 2. 25] — V. au surplus, *suprà*, art. 446, n. 128 et s.

29. D'un autre côté, si l'obligation contractée par la femme du failli envers un des créanciers antérieurs de ce dernier et la subrogation à son hypothèque légale consentie par elle au profit dudit créancier ne sont pas nulles de droit en vertu de l'art. 446, elles peuvent être annulées par appplication de notre art. 447. Si donc la femme et le créancier ont eu connaissance de la cessation des paiements, l'hypothèque légale garantissant le recours de la femme contre son mari pourra être déclarée inefficace à l'égard de la masse, qu'elle soit exercée par la femme ou par le créancier subrogé. Il en sera de même dans le cas où la femme seule a connu la cessation de paiements : l'hypothèque qui garantit son recours étant annulée à raison de sa mauvaise foi entraînera nécessairement la nullité de la subrogation consentie au profit du créancier du mari. Si, au contraire, la cessation des paiements n'a été connue que du créancier subrogé seul, ce créancier ne pourra pas se prévaloir de l'hypothèque à laquelle il a été subrogé : mais la femme, étant de bonne foi, pourra utilement l'invoquer. — Cass., 24 déc. 1860 [S. 61. 1. 538, P. 61. 225, D. P. 61. 1. 71] ; 9 déc. 1868 [S. 69. 1. 117, P. 69. 275, D. P. 69. 1. 5] ; 11 déc. 1876 [S. 77. 1. 406, P. 77. 1080, D. P. 77. 1. 359] ; 27 avr. 1881 [S. 81. 1. 393, P. 81. 1.

1025, et la note de M. Labbé, D. P. 81. 1. 295]; 21 déc. 1881 [S. 82. 1. 422, P. 82. 1. 1042, D. P. 82. 1. 198]; 18 avr. 1887 [S. 87. 1. 173, P. 87. 1. 400, D. P. 87. 1. 155] — Angers, 21 janv. 1846 [P. 48. 2. 158] — Colmar, 20 nov. 1855 [S. 56. 2. 580, P. 58. 1. 199] — Poitiers, 16 janv. 1860, précité; 20 avr. 1885 [S. 87. 1. 173, P. 87. 1. 400, sous Cass., 18 avr. 1887, D. P. 86. 2. 6] — Lyon, 6 janv. 1876 [S. 76. 2. 207, P. 76. 828] — Nancy, 19 mars 1879 [S. 79. 2. 113, P. 79. 563, D. P. 80. 2. 10] — Besançon, 19 mai 1886 [S. 86. 2. 176, P. 86. 1. 973] — Bordeaux, 10 mai 1899 [D. P. 1900. 2. 468] — *Sic*, Alauzet, t. 7, n. 2516; Bravard et Demangeat, t. 5. p. 242; Lyon-Caen et Renault, t. 7, n. 381; et notre *Rép. gén. alph. du dr. fr.*, v° *cit.*, n. 1496 et s. — V. au surplus, *suprà*, art. 446, n. 172 et s.

30. Notre article doit également s'appliquer à l'hypothèse où la femme s'oblige solidairement avec son mari pour une dette concomitante ou pour une dette future. — Cass., 24 déc. 1860, précité. — *Sic*, Lyon-Caen et Renault, t. 7, n. 381, *in fine*.

31. Et les juges ont un pouvoir souverain pour annuler, suivant les circonstances, l'obligation solidaire et la subrogation d'hypothèque consenties par la femme, si, au moment de l'acte, le créancier et la femme avaient connaissance de la cessation des paiements. — Cass., 11 déc. 1876, précité. — Sur les pouvoirs des juges en ce qui concerne l'application de notre article, V. *infrà*, n. 70 et s.

32. On a cependant soutenu que notre article ne pouvait pas recevoir ici son application, en se fondant notamment sur ce que cet article ne vise que les actes passés par le failli, et qu'ici le cautionnement, ainsi que la subrogation à l'hypothèque légale, sont le fait de la femme du failli, et non du failli lui-même. Dans cette opinion, toutefois, l'obligation de la femme et la subrogation à son hypothèque légale ne seraient pas nécessairement valables : la masse des créanciers pourrait en faire prononcer la nullité, par application de l'art. 1382, C. civ., et à la condition de prouver l'existence d'un concert frauduleux entre le failli, sa femme et le créancier subrogé. — *Sic*, Baudry-Lacantinerie et de Loynes, *Tr. des privil. et hypoth.*, t. 2, n. 994; Boutaud, *Des contr. de la femme avec les tiers dans l'int. du mari*, n. 105, p. 184 et s.

33. Mais cette théorie ne paraît pas admissible en présence de la généralité des termes de notre article. Sans doute, l'opération dont il s'agit n'est pas un acte du failli au sens étroit de ce mot : mais c'est une opération qui implique le concours du failli en vue de favoriser un créancier au détriment de la masse, ce qui suffit pour que notre article puisse recevoir son application. — *Sic*, Lyon-Caen et Renault, t. 7, n. 381 *bis*.

34. Au surplus, lorque la femme d'un commerçant, en état de cessation de paiements, s'est engagée solidairement avec celui-ci vis-à-vis d'un créancier de son mari, et qu'elle a subrogé ce créancier dans le bénéfice de son hypothèque légale, il n'importe, au point de vue de l'engagement de la femme, que cette obligation et cette subrogation aient été déclarées en justice nulles, par application des art. 447 et 597, C. comm., à l'égard de la masse de la faillite du mari, comme ayant été consenties à la charge de l'actif de la faillite, en connaissance de la cessation des paiements du mari. En d'autres termes, la nullité poursuivie par le syndic de la faillite relativement à la masse est sans influence sur le règlement des rapports de la femme avec le créancier, la femme pouvant demeurer personnellement engagée, en tant qu'il ne résulte de cet engagement aucun préjudice pour les droits des créanciers sur l'actif de la faillite, et la validité de l'obligation de la femme n'étant pas subordonnée, d'ailleurs, à l'efficacité du recours que la loi lui accorde sur les biens de son mari. — Cass., 27 avr. 1881, précité; 21 déc. 1881, précité. — Poitiers, 16 janv. 1860, précité. — *Sic*, Lyon-Caen et Renault, t. 7, n. 381. — *Contrà*, Nancy, 4 août 1860 [S. 61. 2. 119, P. 61. 813, D. P. 60. 2. 196]; 19 mars 1879, précité.

35. Spécialement, les art. 447 et 597, C. comm., sont sans application au règlement des rapports de la femme du failli avec le créancier envers qui elle s'est engagée, alors, d'ailleurs, qu'il s'agit uniquement d'appliquer le bénéfice de la subrogation à l'hypothèque légale garantissant les reprises matrimoniales à raison de la dot et des rapports mobiliers de la femme. — Cass., 27 avr. 1881, précité.

36. De même, l'inexistence de l'hypothèque légale n'empêche point que l'obligation solidaire de la femme et l'hypothèque qu'elle a constituée sur ses biens personnels pour en garantir l'exécution, ne doivent être déclarées valables. — Poitiers, 16 janv. 1860, précité.

C. *Jugements et transactions.* — 37. Les jugements étant en principe déclaratifs de droits préexistants, il en résulte qu'ils ne tombent pas sous le coup de notre article, non plus que les paiements qui seraient effectués en vertu de ces jugements. — Paris, 24 déc. 1849 [P. 50. 1. 587, D. P. 50. 2. 195]; 18 mars 1873 [S. 74. 2. 285, P. 74. 1173, D. P. 74. 2. 137] — Bordeaux, 17 mars 1879 [S. 80. 2. 161, P. 80. 660, et la note de M. Labbé, D. P. 81. 2. 225] — *Sic*, Laroque-Sayssinel et Dutruc, t. 2, n. 279 et 378; Bédarride, t. 1, n. 119-4°; Lyon-Caen et Renault, t. 7, n. 391; Ruben de Couder, *Suppl.*, v° *Faillite*, n. 248 et s.

38. Et cette solution doit être appliquée à toute décision judiciaire, jugement proprement dit, ou sentence arbitrale : ainsi, un compromis est valable quoiqu'il ait été passé dans les dix jours qui ont précédé la faillite de l'une des parties. — Paris, 18 mars 1873, précité.

39. La jurisprudence décide même que notre article, ne visant que les actes passés par le débiteur depuis la cessation des paiements, reste étranger aux jugements attributifs de droits et spécialement aux jugements de validité d'une saisie-arrêt rendus pendant la période suspecte. — En conséquence, ne peut être annulé le paiement effectué par le tiers saisi en vertu d'un jugement de validité de saisie-arrêt passé en force de chose jugée, à moins que, par l'effet d'un concert entre le débiteur et son créancier, la poursuite en saisie-arrêt ait été destinée à masquer un paiement volontaire fait en fraude des droits de la masse. En l'absence d'un tel concert, la nullité de ce paiement ne saurait être prononcée par le seul motif qu'au moment où il a été effectué, le créancier avait connaissance de la cessation de paiements de son débiteur. — Cass., 1er juin 1840 [P. 40. 2. 482, D. *Rép.*, v° *cit.*, n. 310-1°]; 17 nov. 1848 [S. 49. 1. 106, P. 49. 1. 480, D. P. 48. 1. 243]; 21 déc. 1881 [S. 82. 1. 202, P. 82. 1. 496, D. P. 82. 1. 198] — Rouen, 25 juin 1828 [S. et P. chr.] — Dijon, 3 juill. 1874 [S. 76. 2. 247, P. 76. 979, D. *Rép.*, *Suppl.*, v° *cit.*, n. 685] — Bordeaux, 17 mars 1879, précité. — Bourges, 11 juill. 1882 [S.

84. 2. 5, P. 84. 1. 86] — Paris, 21 mai 1887, sous Cass., 24 déc. 1889 [S. 91. 1. 455, P. 91. 1. 1111, D. P. 90. 1. 161] — *Sic*, Lyon-Caen et Renault, t. 7, n. 408 ; Boistel, p. 726 ; Ruben de Couder, *v° cit.*, n. 213, et *Suppl.*, *eod. v°*, n. 251 ; et notre *Rép. gén. alph. du dr. fr.*, *v° cit.*, n. 1505 et s. — *Contrà*, Douai, 14 janv. 1825 [S. et P. chr.] — Paris, 8 mars et 10 juill. 1879 [S. 80. 2. 161, P. 80. 660, D. P. 81. 2. 225] — *Adde*, Demangeat, sur Bravard, t. 5, p. 264 ; Bédarride, t. 1, n. 119 ; Alauzet, t. 7, n. 2527 ; Lyon-Caen, *Rev. crit.*, 1881, p. 276 ; Thaller, n. 1816, et *Rev. crit.*, 1883, p. 363.

40. La jurisprudence va encore plus loin et elle assimile les transactions aux jugements, en se fondant sur ce que, aux termes de l'art. 2052, C. civ., les transactions ont entre les parties l'autorité de la chose jugée en dernier ressort. — Jugé, en ce sens, que la transaction opérée par les soins d'un expert commis par un jugement pour déterminer les dommages-intérêts dus par une des parties à l'autre avec mission de les concilier, s'il est possible, ne tombe pas sous le coup de l'art. 447, C. comm., parce qu'elle participe de l'autorité de ce jugement. — Bordeaux, 17 mars 1879, précité.

41. Mais cette solution paraît très contestable, ou tout au moins elle ne saurait être admise que pour les transactions qui sont constatées par un jugement convenu ou d'expédient et qui font partie intégrante de ce jugement quant aux autres transactions, quelles qu'elles soient, elles constituent des actes passés par le failli pendant la période suspecte, et, par suite, il semble bien qu'elles doivent être comprises dans la formule générale de notre article. — *Sic*, Lyon-Caen et Renault, t. 7, n. 392 ; Bravard et Demangeat, t. 5, p. 265 ; Ruben de Couder, *Suppl.*, *v° cit.*, n. 245 et s.

42. Jugé, en ce sens, qu'est nulle et sans effet, relativement à la masse des créanciers de la faillite, une transaction consentie par le débiteur après l'époque de la cessation des paiements, soit par application de l'art. 447, C. comm., lorsqu'elle a eu pour but et pour effet de faire sortir des valeurs de l'actif de la faillite pour les attribuer en pleine propriété à un créancier qui les détenait jusqu'alors à titre de nantissement et qui avait d'ailleurs connaissance de la cessation de paiements du débiteur, soit par application de l'art. 446, C. comm., si cette prétendue transaction est en réalité une dation en paiement effectuée par l'abandon de valeurs de bourse, ces valeurs ne pouvant être assimilées à des effets de commerce. — Douai, 5 juill. 1894, sous Cass., 26 juill. 1897 [D. P. 1901. 1. 28] — Sur les paiements de dettes échues effectués en valeurs de bourse, V. *suprà*, art. 446, n. 67.

D. *Partages*. — 43. D'après une première opinion, qui a été consacrée pendant longtemps par la jurisprudence, le partage, ayant un effet déclaratif et non translatif de propriété, aux termes de l'art. 883, C. civ., ne saurait tomber sous l'application des art. 446 et 447, C. comm., qui annulent les actes à titre gratuit ou à titre onéreux passés par le failli pendant la période suspecte ; en conséquence, les créanciers du failli ne peuvent, aussi bien en matière de faillite qu'en cas de déconfiture, attaquer le partage opéré en fraude de leurs droits que dans les conditions de l'art. 882, C. civ., et qu'autant qu'ils y ont formé au préalable opposition. — Orléans, 28 juill. 1843 [P. 44. 1. 659] — Colmar, 19 janv. 1856 [S. 56. 2. 392, P. 56. 2. 531, D. P. 56. 2. 197] — Chambéry, 18 janv. 1870 [S. 70. 2. 144, P. 70. 587, D. P. 70. 2. 177] — Bordeaux, 4 avr. 1876 [S. 77. 2. 257, P. 77. 1029, D. P. 79. 2. 267] — Pau, 28 févr. 1878 [S. 79. 2. 20, P. 79. 110, D. P. 79. 2. 226] — *Sic*, Alauzet, t. 7, n. 2498 ; Bédarride, t. 1, n. 120 *bis* ; Rousseau et Defert, *Code ann. des faill.*, sur les art. 446 et 447, n. 34 et s. ; Ruben de Couder, *v° cit.*, n. 308 ; Thaller, *Rev. crit.*, 1881, p. 664.

44. La jurisprudence actuelle décide, au contraire, avec raison, que le partage doit être compris dans les termes généraux d'actes à titre onéreux qui sont visés sans exception par notre art. 447. D'une part, en effet, il n'y a pas à tenir compte ici de l'effet déclaratif du partage, qui n'est qu'une fiction destinée à régler les rapports des copartageants entre eux, mais qui ne saurait s'appliquer dans les rapports de chacun des copartageants avec ses créanciers : à ce dernier point de vue, il faut revenir à la réalité et considérer le partage comme un acte translatif de propriété, tombant comme tel sous le coup de notre article. D'autre part, c'est surtout en matière de partage que l'application de notre article s'impose, étant donné qu'il sera facile au failli de s'assurer de la complicité de ses copartageants qui seront souvent de proches parents. — Cass., 28 mai 1895 [S. et P. 95. 1. 385 et la note de M. Lyon-Caen, D. P. 96. 2. 154] — Limoges, 24 mai 1893 [S. et P. 94. 2. 121 et la note de M. Wahl, D. P. 95. 2. 137 et la note de M. Cohendy] — Montpellier, 26 oct. 1896 [*Ann. de dr. comm.*, 97. 84] — Douai, 7 févr. 1901 [D. P. 1902. 2. 256] — Trib. comm. Saint-Etienne, 2 juin 1897 [*Ann. de dr. comm.*, 97. 326] — *Sic*, Bravard et Demangeat, t. 5, p. 265 ; Lyon-Caen et Renault, t. 7, n. 390 ; Bouniceau-Gesmon, *Rev. crit.*, 1879, p. 449 et s., et note sous Bordeaux, 4 avr. 1876 [D. P. 79. 2. 267] ; Ruben de Couder, *Suppl.*, *v° cit.*, n. 190 et s. ; et notre *Rép. gén. alph. du dr. fr.*, *v° cit.*, n. 1512 et s.

45. Et l'annulation peut être demandée par les créanciers de la faillite, à la seule condition que les copartageants aient connu la cessation des paiements, sans qu'une fraude de ces derniers soit nécessaire. — Mêmes arrêts.

46. ... Et alors même que les créanciers n'ont pas préalablement, et conformément à l'art. 882, C. civ., fait opposition au partage. — Limoges, 24 mai 1893, précité. — Montpellier, 26 oct. 1896, précité. — Douai, 7 févr. 1901, précité.

§ 2. *Conditions de l'annulation.*

α) *Actes passés depuis la cessation des paiements.* — 47. Notre article ne permettant d'annuler les actes passés par le failli qu'autant que le tiers qui a traité avec ce failli avait connaissance de son état de cessation de paiements, il en résulte qu'à la différence de l'art. 446, il ne peut être appliqué qu'aux actes postérieurs à cette cessation de paiements. Quant aux actes qui auraient été passés antérieurement par le failli, fût-ce dans les dix jours précédant le report de la faillite, ils sont valables, sauf à être attaqués dans les termes du droit commun et en vertu de l'art. 1167, C. civ. — Lyon, 16 mai 1849 [S. 50. 2. 171, P. 52. 2. 83, D. P. 50. 2. 85] — Paris, 8 août 1865 [S. 65. 2. 309, P. 65. 1146] — Nancy, 11 mai 1886 [D. *Rép.*, *Suppl.*, *v° cit.*, n. 592] — *Sic*, Laroque-Sayssinel et Dutruc, t. 1, sur l'art. 447, n. 51 ; Bravard et Demangeat, t. 1, p. 264 ; Alauzet, t. 7, n. 2526 ; Lyon-Caen et Renault, t. 7, n. 394-*b* ; Boistel, n. 954 ; et notre *Rép. gén. alph. du dr. fr.*, v° *cit.*, n. 1405 et s.

48. Spécialement, les paiements faits par le failli avant l'époque déterminée comme étant celle de la cessation des paiements, autres que ceux que l'art. 446, C. comm., déclare nuls de plein droit lorsqu'ils ont eu lieu dans les dix jours précédant cette époque, ne sont pas annulables dans les termes de l'art. 447, lequel ne s'applique qu'aux paiements faits après la cessation des paiements. — Paris, 8 août 1865, précité.

49. De même, est opposable aux créanciers de la faillite la contre-lettre par laquelle leur débiteur, en achetant un immeuble à une époque où il n'avait pas cessé ses paiements, s'est engagé à payer un supplément de prix, si, d'ailleurs, cette contre-lettre n'a point été consentie en fraude des droits des créanciers. — Dijon, 13 juin 1864 [S. 64. 2. 244, P. 64. 1188]

50. La même solution doit être admise et les art. 446 et 447, C. comm., sont inapplicables dans le cas où une cession-transport a été opérée avant la période suspecte, alors même qu'elle n'a été signifiée que pendant cette période, pourvu que ce soit avant le jugement déclaratif de faillite : tant que la faillite n'est pas déclarée en effet, les créanciers doivent être considérés, non comme des tiers, mais comme des ayants cause du débiteur, obligés de respecter ses actes, sauf l'application de l'art. 1167, C. civ. — Cass., 4 janv. 1847 [S. 47. 1. 162, P. 47. 1. 231, D. P. 47. 1. 130] ; 19 juin 1848 [S. 48. 1. 465, P. 49. 1. 505, D. P. 48. 1. 181] ; 26 janv. 1859 [S. 59. 1. 569, P. 59. 1053, D. P. 59. 1. 97] ; 18 juin 1862 [S. 62. 1. 865, P. 63. 184, D. P. 62. 1. 424] ; 26 janv. 1863 [S. 63. 1. 64, P. 63. 429, D. P. 63. 1. 47] ; 5 janv. 1875 [S. 76. 1. 157, P. 76. 373, D. P. 76. 1. 15] — Orléans, 13 août 1841 [S. 42. 2. 427, P. 41. 2. 417, D. *Rép.*, v° *cit.*, n. 617-3°] — Lyon, 17 mars 1842 [S. 42. 2. 289, P. 42. 2. 706, D. *Rép.*, v° *cit.*, n. 618] — Paris, 17 févr. 1849 [S. 49. 2. 175, P. 49. 1. 507, D. P. 49. 5. 192] — *Sic*, Bravard et Demangeat, t. 5, p. 300 ; Aubry et Rau, t. 4, p. 430, § 359 *bis*, texte et note 15 ; Guillouard, *De la vente*, t. 2, n. 785 ; et notre *Rép. gén. alph. du dr. fr.*, v° *cit.*, n. 1286 et s., et 1499 et s. — *Contrà*, Colmar, 17 janv. 1866 [S. 66. 2. 218, P. 66. 832, D. P. 66. 5. 224] — *Adde*, Renouard, t. 2, p. 362 ; Roger, *Saisie-arrêt*, n. 214 ; Troplong, *Vente*, t. 2, n. 911. — V. aussi sur la cession à titre de gage, *suprà*, art. 446, n. 147 et s.

51. Spécialement, un transport régulièrement consenti et signifié avant la faillite du cédant, fait irrévocablement passer la propriété de la créance dans les mains du cessionnaire. — Peu importe que le cessionnaire ait donné mainlevée de la signification après la cessation des paiements du cédant, en chargeant celui-ci de retirer les fonds de la Caisse des dépôts et consignations pour les lui remettre, ce qui a immédiatement eu lieu : la mainlevée n'a pas eu pour effet de faire rentrer, même pendant un instant, la somme dans le patrimoine du cédant. — Dès lors, il n'y a point lieu, en ce cas, d'ordonner le rapport de ladite somme à la faillite du cédant. — Cass., 5 janv. 1875, précité.

β) *Connaissance de la cessation des paiements.* — 52. Pour que les actes ci-dessus indiqués puissent être annulés, notre article exige, dans sa disposition finale, que les tiers, qui ont reçu du failli ou qui ont traité avec lui, aient connu en fait son état de cessation de paiements. — Jugé, à cet égard, que le règlement de compte intervenu entre le failli et un tiers, dans l'intervalle de la cessation de paiements à la déclaration de faillite, ne saurait être déclaré nul et de nul effet à l'égard de la masse par application de l'art. 447, si le tiers ignorait l'état de cessation de paiements du failli. — Trib. Valence, 18 juill. 1873, sous Cass., 27 juin 1876 [S. 77. 1. 241, P. 77. 625, D. P. 77. 1. 121] — *Sic*, Lyon-Caen et Renault, t. 7, n. 394-*a* ; Thaller, n. 1810 ; et notre *Rép. gén. alph. du dr. fr.*, v° *cit.*, n. 1412 et s.

53. De même, le paiement en espèces d'une dette échue, fait par le failli dans la période de cessation de paiements, ne peut être annulé que si le créancier avait connaissance de la cessation de paiements de son débiteur. — Bourges, 16 mai 1874 [S. 74. 2. 203, P. 74. 851, D. P. 76. 2. 204]

54. De même encore, le tribunal, saisi d'une demande en nullité d'un bail consenti par le failli, dans l'intervalle compris entre la cessation des paiements et le jugement déclaratif de la faillite, rejette à bon droit ladite demande, lorsqu'il constate souverainement, en fait, qu'il n'est point établi que le preneur, en traitant avec le failli, ait eu connaissance de la cessation de ses paiements, et que d'ailleurs le bail critiqué n'a eu aucun caractère frauduleux et n'a causé aucun préjudice à la masse. — Cass., 27 nov. 1893 [S. et P. 94. 1. 328, D. P. 94. 1. 343]

55. Jugé également, que les juges refusent à bon droit d'annuler une livraison de marchandises du failli à son acquéreur, postérieurement à la cessation de ses paiements, ainsi que la remise à un tiers de la traite représentant la valeur de ces marchandises, dès lors que, loin d'avoir été inspirée par une pensée de fraude concertée entre les parties, la livraison des marchandises a eu lieu à la suite et comme conséquence d'opérations régulières et que le tiers à qui la traite a été remise ignorait la cessation de paiements du failli. — Cass., 18 janv. 1897 [S. et P. 98. 1. 231, D. P. 99. 1. 314]

56. Peu importe d'ailleurs que le tiers ait personnellement connu la cessation de paiements ou que son mandataire seul en ait eu connaissance. — Jugé, en ce sens, que les actes juridiques faits par le mandataire dans la limite de ses pouvoirs et au nom du mandant devant être considérés comme faits personnellement par celui-ci, le paiement fait après la cessation de ses paiements par un débiteur plus tard déclaré en faillite au mandataire d'un de ses créanciers peut être annulé, si le mandataire avait connaissance de la cessation des paiements, le mandant devant être considéré comme en ayant eu lui-même légalement connaissance. — Cass., 15 juin 1898 [S. et P. 99. 1. 209 et la note de M. Tissier] — *Sic*, Thaller, n. 1810, p. 935, note 1.

57. Jugé même, qu'il y a lieu d'annuler les paiements faits par un commerçant déclaré en faillite ou en liquidation judiciaire, si ces paiements ont été effectués après la cessation des paiements au profit de créanciers qui la connaissaient, alors même que ces derniers ont cru que les deniers par eux touchés provenaient de tiers (la mère des débiteurs et la femme de l'un d'eux) qui avaient pris l'engagement de les leur verser : la bonne foi au sujet de la provenance des deniers ne saurait assurer à un créancier une situation privilégiée, et ce créancier

doit subir la loi de l'égalité. — Cass., 30 avr. 1900 [S. et P. 1902. 1. 9 et la note, D. P. 1900. 1. 609 et la note de M. Boistel]

58. Jugé de même, que, lorsque la somme dont avait été trouvé porteur un individu mis en état d'arrestation et depuis déclaré en faillite, a été encaissée au greffe correctionnel par un tiers postérieurement à la date fixée comme étant celle de la cessation des paiements, ce tiers ne peut se refuser à rapporter ladite somme à la masse des créanciers, sous le prétexte qu'il n'a fait que rentrer en possession de fonds qui lui avaient été escroqués, alors que, d'une part, il ne fait pas la preuve que les deniers ainsi touchés soient identiquement les mêmes que ceux dont il avait été dépouillé, que, d'autre part, il ne justifie d'aucune décision de justice devenue définitive et lui faisant attribution desdits deniers, et qu'enfin il est souverainement constaté en fait qu'à l'époque de la remise dont il a bénéficié, il avait connaissance de l'état de cessation de paiements. — Cass., 15 déc. 1897 [D. P. 99. 1. 44]

59. Il ne suffit pas d'ailleurs, pour qu'un créancier soit considéré comme ayant eu connaissance de la cessation des paiements, qu'il ait seulement connu la situation embarrassée et périlleuse du débiteur, voire même les démarches faites par ce débiteur pour sortir de cette situation, si d'ailleurs, ces démarches n'étaient pas, par elles-mêmes, caractéristiques de la cessation des paiements. — Cass., 18 avr. 1866 [S. 66. 1. 351, P. 66. 971, D. P. 66. 1. 260] ; 12 août 1890 [S. et P. 94. 1. 452] — Orléans, 1er févr. 1882 [S. 83. 2. 170, P. 83. 1. 886, D. P. 83. 2. 64] — Lyon, 23 juin 1883 [D. P. 84. 2. 130] — *Sic*, Laroque-Sayssinel et Dutruc, t. 1, n. 365, *in fine;* Rousseau et Defert, *Code ann. des faill.*, sur les art. 446 et 447, n. 195 ; Lyon-Caen et Renault, t. 7, n. 394-*a* ; et notre *Rép. gén. alph. du dr. fr.*, *v° cit.*, n. 1419 et s.

60. Spécialement jugé, que les paiements de dettes échues, effectués par un commerçant en état de cessation de paiements, antérieurement au jugement déclaratif de faillite, ne peuvent être annulés qu'autant qu'il est formellement constaté que le créancier les a reçus avec connaissance de l'état réel de la faillite du débiteur ; il ne suffirait pas, pour justifier cette annulation, d'énoncer que le créancier, alarmé par les bruits répandus sur la situation du débiteur, et dans la prévision du danger qui menaçait sa créance, en a exigé le paiement immédiat. — Cass., 18 avr. 1866, précité.

61. De même, la nullité d'un paiement ne saurait être prononcée par le seul motif qu'au moment où il a été effectué, le créancier connaissait l'insolvabilité du débiteur et lui a donné alors un appui qui a retardé la déclaration de faillite. — Cass., 12 août 1890, précité.

62. Mais s'il est nécessaire que le tiers ait eu connaissance de la cessation des paiements, notre article n'exige cependant pas qu'il ait été de mauvaise foi et qu'il ait commis une fraude caractérisée. — Cass., 1er déc. 1840 [P. 41. 1. 162, D. *Rép.*, *v° cit.*, n. 268-8°] ; 12 févr. 1844 [S. 44. 1. 219, P. 44. 1. 277, D. *Ibid.*, n. 309] ; 30 juill. 1850 [S. 50. 1. 641, P. 51. 2. 672, D. P. 51. 1. 235] ; 30 déc. 1856 [S. 57. 1. 830, P. 57. 768, D. P. 57. 1. 203] ; 20 janv. 1857 [S. 57. 1. 330, P. 57. 803] ; 17 avr. 1861 [S. 61. 1. 609, P. 61. 988, D. P. 61. 1. 254] ; 14 déc. 1875 [S. 76. 1. 154, P. 76. 128, D. P. 76. 1. 119] ; 24 avr. 1877 [S. 78. 1. 466, P. 78. 1210, D. P. 78. 1. 88] ; 26 juin 1888 [S. 91. 1. 166, P. 91. 1. 390] — Caen, 14 déc. 1880 [S. 81. 2. 138, P. 81. 1. 708, D. *Rép.*, *Suppl.*, *v° cit.*, n. 702] — *Sic*, Lyon-Caen et Renault, t. 7, n. 394-*a* ; Boistel, n. 954 ; Thaller, n. 1814 ; Ruben de Couder, *v° cit.*, n. 400 ; et notre *Rép. gén. alph. du dr. fr.*, *v° cit.*, n. 1447 et s. — *Contrà*, Cass., 14 avr. 1863 [S. 63. 1. 313, P. 63. 888, D. P. 63. 1. 293] — Lyon, 26 déc. 1866 [S. 67. 2. 347, P. 67. 1256, D. P. 69. 2. 16]

63. Spécialement jugé, que l'arrêt qui constate, d'une part, qu'un acte de société intervenu entre le débiteur en état de cessation de paiements et quelques-uns de ses créanciers est ruineux pour la masse, et, d'autre part, que ces créanciers, au moment où ils devenaient les associés de leur débiteur, savaient qu'il avait cessé ses paiements, peut annuler ladite société : il n'est pas nécessaire que cet arrêt constate de plus que les parties avaient été de mauvaise foi. — Cass. 30 déc. 1856, précité.

64. De même, les paiements en espèces ou en effets de commerce, et pour dettes échues, faits par le failli dans les dix jours ayant précédé la faillite, peuvent être annulés, conformément à l'art. 447, C. comm., bien que le créancier n'ait pas été de mauvaise foi : il suffit que, connaissant la cessation des paiements, il ait fait sciemment sa condition meilleure que celle des autres créanciers. — Caen, 14 déc. 1880, précité.

65. De même, lorsque les juges ont déclaré que des remises d'effets de commerce ont été faites par le failli à l'un de ses créanciers après la cessation de paiements du débiteur et avec la connaissance par le créancier de l'état de faillite, cette double constatation suffit pour justifier l'annulation des remises prononcées en vertu de l'art. 447, C. comm. — Cass., 14 déc. 1875, précité.

66. En pareil cas, il y a lieu à annulation, quand la remise ainsi faite est préjudiciable à la masse et ne s'explique par aucune circonstance propre à justifier la bonne foi du créancier. — Rouen, 22 août 1874, sous Cass., 14 déc. 1875, précité.

67. Lors même qu'en évaluant à l'avance et sous forme de contrainte le dommage résultant de l'inexécution de l'obligation de restituer les effets de commerce reçus du failli, les juges du fond en auraient exagéré l'importance, cette erreur ne serait qu'un mal jugé et surtout ne pourrait être regardée comme un excès de pouvoirs donnant ouverture à cassation. — Cass., 14 déc. 1875, précité.

68. Déclarer à la charge du créancier l'existence et les éléments de l'obligation de restituer les effets de commerce reçus par lui, c'est motiver implicitement, mais suffisamment, la condamnation à des dommages-intérêts prononcée pour le cas d'inexécution de cette obligation et sous forme de contrainte. — Même arrêt.

69. Les tribunaux sont d'ailleurs investis d'un pouvoir souverain d'appréciation pour décider si le tiers avait connaissance de la cessation des paiements au moment de l'acte incriminé, par exemple, au moment où il recevait de son débiteur le paiement d'une dette échue. — Cass., 17 févr. 1861 [S. 61. 1. 609, P. 61. 988, D. P. 61. 1. 254] ; 10 juin 1873 [S. 74. 1. 78, P. 74. 162, D. P. 74. 1. 83] ; 13 févr. 1877 [S. 78. 13. 68, P. 78. 917, D. P. 78. 1. 208] ; 26 juill. 1880 [S. 82. 1. 356, P. 82. 1. 865, D. P. 80. 1. 366] ; 26 juin 1888 [S. 91. 1. 166, P. 91. 1. 390] ; 27 nov. 1893 [S. et P. 94. 1. 328, D. P. 94. 1. 343]

— *Sic,* Renouard, t. 1, p. 392 ; Laroque-Sayssinel et Dutruc, n. 365 ; Delamarre et Lepoitvin, t. 6, n. 150 ; Bravard et Demangeat, t. 5, p. 261 ; Boistel, n. 954 ; Lyon-Caen et Renault, t. 7, n. 394-*a* ; Ruben de Couder, *v° cit.*, n. 394.

γ) *Pouvoir du juge.* — 70. En décidant que les paiements et les actes à titre onéreux passés par le failli depuis la cessation des paiements *pourront* être annulés dans les conditions qu'il détermine, notre article accorde aux tribunaux le pouvoir de maintenir ces actes, alors même que lesdites conditions se trouveraient réunies, et sans que leur décision sur ce point puisse être censurée par la Cour de cassation. C'est ainsi que les tribunaux peuvent se refuser à prononcer la nullité d'un acte accompli dans les conditions ci-dessus, si cet acte ne cause aucun préjudice appréciable à la masse. — *Sic,* Alauzet, t. 7, n. 2526 ; Bédarride, t. 1, n. 119 ; Bravard et Demangeat, t. 5, p. 267 ; Delamarre et Lepoitvin, t. 6, n. 151 ; Lyon-Caen et Renault, t. 7, n. 394-*c* ; Boistel, n. 954 ; Thaller, n. 1810 ; et notre *Rép. gén. alph. du dr. fr.*, *v° cit.*, n. 1433 et s.

71. Jugé, à cet égard, que ne constituent pas un paiement annulable comme fait en temps suspect, en matière de faillite, les retenues que, lors de l'escompte d'effets présentés par une société dans laquelle était intéressé le failli, l'escompteur, créancier du failli, a effectuées d'un commun accord en extinction de la dette personnelle de celui-ci, alors d'ailleurs que les parties ont agi en cela de bonne foi, et qu'il est établi que la convention dont il s'agit, loin de nuire à la masse de la faillite, lui a été avantageuse. — Cass., 19 mai 1868 [S. 68. 1. 355, P. 68. 923, D. P. 69. 1. 92] — V. cependant *contrà*, Lyon, 26 déc. 1863 [P. 64. 721, D. *Rép., Suppl.*, *v° cit.*, n. 697]

72. Mais les tribunaux ont-ils encore la faculté de maintenir un acte passé dans les conditions de notre article, lorsqu'il est constaté que cet acte cause préjudice à la masse des créanciers ? Une première opinion, qui a été consacrée anciennement par quelques arrêts, se prononce pour la négative. — Poitiers, 16 janv. 1860 [S. 60. 2. 289, P. 61. 225, sous Cass., 24 déc. 1860, D. P. 60. 2. 25] — Angers, 25 avr. 1861 [S. 62. 2. 119, P. 63. 1123, D. P. 68. 5. 218] — Orléans, 20 mai 1868 [S. 68. 2. 48, P. 69. 228, D. P. 68. 2. 211] — *Sic,* Alauzet, t. 7, n. 2526 ; Delamarre et Lepoitvin, t. 6, n. 150 ; Massé, t. 3, n. 275 ; Bravard et Demangeat, t. 5, p. 267, note ; Bédarride, t. 1, n. 119.

73. Spécialement jugé en ce sens, que les juges ne peuvent que dans des cas exceptionnels et en respectant la règle de l'égalité entre les créanciers de la faillite, s'abstenir de prononcer l'annulation des paiements de dettes échues faits par le failli depuis la cessation de ses paiements à des créanciers qui avaient connaissance de cette cessation de paiements. — Angers, 25 avr. 1861, précité.

74. Mais l'opinion la plus générale décide, conformément au texte de notre article, que les paiements et actes à titres onéreux consentis par le failli postérieurement à la cessation de ses paiements ne sont pas nécessairement nuls par cela seul que ceux qui ont traité avec lui avaient connaissance de cette cessation de paiements, et, par suite, que les juges ont toujours la faculté de maintenir ou d'annuler ces actes d'après les circonstances, et notamment eu égard à la bonne ou mauvaise foi qui y a présidé ainsi qu'aux conséquences qu'ils ont pu avoir pour le débiteur et ses créanciers. — Cass., 12 févr. 1844 [S. 44. 1. 219, P. 44. 1. 277, D. *Rép.*, *v° cit.*, n. 309] ; 30 juill. 1850 [S. 50. 1. 641, P. 51. 2. 672, D. P. 50. 1. 235] ; 30 janv. 1857 [S. 57. 1. 330, P. 57. 803] ; 24 déc. 1860 [S. 61. 1. 538, P. 61. 225, D. P. 61. 1. 71] ; 14 avr. 1863 [S. 63. 1. 313, P. 63. 888, D. P. 63. 1. 293] ; 10 juin 1873 [S. 74. 1. 78, P. 74. 162, D. P. 74. 1. 83] ; 28 juin 1875 [S. 75. 1. 309, P. 75. 738, D. P. 75. 1. 469] ; 13 févr. 1877 [S. 78. 1. 368, P. 78. 917, D. P. 78. 1. 208] ; 20 mars 1878 [S. 79. 1. 202, P. 79. 497, D. P. 79. 1. 69] ; 26 juill. 1880 [S. 82. 1. 356, P. 82. 1. 825, D. P. 81. 1. 366] ; 29 mai 1883 [S. 85. 1. 167, P. 85. 1. 391, D. P. 84. 1. 150] ; 18 avr. 1887 [S. 87. 1. 173, P. 87. 1. 400, D. P. 87. 1. 155] ; 26 juin 1888 [S. 91. 1. 166, P. 91. 1. 390] ; 25 nov. 1891 [S. et P. 93. 1. 365, D. P. 92. 1. 505] ; 27 nov. 1893 [S. et P. 94. 1. 328, D. P. 94. 1. 343] ; 28 juill. 1897 [S. et P. 97. 1. 488, D. P. 98. 1. 115] ; 15 juin 1898 [S. et P. 99. 1. 209] — Douai, 19 août 1857 [S. 58. 2. 331, P. 58. 1222, D. P. 68. 5. 218] — Lyon, 4 févr. 1860 [S. 60. 2. 540, P. 61. 231] ; 26 déc. 1866 [S. 67. 2. 347, P. 67. 1256, D. P. 69. 2. 16] — Aix, 19 janv. 1871 [S. 71. 2. 212, P. 71. 670, D. P. 71. 2. 46] — Bourges, 16 mai 1874 [S. 74. 2. 203, P. 74. 851, D. P. 76. 2. 204] — *Sic,* Renouard, t. 1, p. 392 ; Esnault, t. 1, n. 199 ; Laroque-Sayssinel et Dutruc, t. 1, n. 368 ; Lyon-Caen et Renault, t. 7, n. 394-*c* ; Thaller, n. 1810 ; Ruben de Couder, *v° cit.*, n. 394, et *Suppl.*, *eod. v°*, n. 256 ; et notre *Rép. gén. alph. du dr. fr.*, *v° cit.*, n. 1440 et s.

75. Mais si, aux termes de l'art. 447, C. comm., les juges du fait peuvent, à raison des circonstances de la cause, dispenser du rapport à la faillite le créancier qui a reçu le montant de sa créance, après la cessation des paiements et en connaissance de cette cessation, la dispense de rapport prononcée par les juges du fait ne peut être maintenue, lorsqu'elle est uniquement basée sur une théorie de droit erronée. — Cass., 19 mars 1883 [S. 83. 1. 203, P. 83. 1. 498, D. P. 84. 1. 28]

76. D'autre part, la décision des juges du fond tomberait sous la censure de la Cour de cassation, s'il résultait de ses motifs mêmes que le tribunal n'a pas fait usage du libre pouvoir d'appréciation que lui confère notre article, et spécialement, qu'il a fait résulter de la seule connaissance de la cessation des paiements une cause légale et nécessaire de la nullité de l'acte incriminé. — Cass., 20 janv. 1857, précité ; 24 déc. 1860, précité ; 14 avr. 1863, précité ; 28 juin 1875, précité ; 20 mars 1878, précité ; 20 juill. 1897, précité. — *Sic,* Lyon-Caen et Renault, t. 7, n. 395 ; Ruben de Couder, *v° cit.*, n. 398 et s., et *Suppl.*, *eod. v°*, n. 256 ; et notre *Rép. gén. alph. du dr. fr.*, *v° cit.*, n. 1454 et s.

77. Ainsi les juges ne peuvent, négligeant d'user du pouvoir discrétionnaire dont ils sont investis, attacher à la seule connaissance de la cessation des paiements du débiteur la nullité de dispenses de protêt données par celui-ci. — Cass., 28 juin 1875, précité.

78. Jugé également, que, les actes à titre onéreux consentis par le failli postérieurement à la cessation de ses paiements n'étant pas nécessairement nuls par cela seul que ceux au profit desquels ces actes ont été souscrits avaient connaissance de cette cessation de paiements, les juges ne peuvent se fonder sur ce seul fait de la connaissance qu'un

tiers aurait eue de la cessation des paiements, pour annuler, soit une hypothèque consentie par le failli au profit de ce tiers, soit la subrogation dans l'hypothèque légale de la femme du failli pour l'indemnité qui lui est due à raison de l'obligation par elle contractée solidairement avec son mari. — Cass., 24 déc. 1860, précité.

79. Au surplus, les juges ne peuvent, quand ils maintiennent l'obligation principale contractée par le failli, annuler l'hypothèque constituée en même temps pour garantie de cette obligation : la convention doit être maintenue ou annulée pour le tout. — Même arrêt.

80. De même, la subrogation consentie par la femme du failli, depuis la cessation des paiements, dans l'hypothèque légale attachée à l'indemnité qui lui est due à raison de l'obligation par elle souscrite solidairement avec son mari, ne saurait être annulée, lorsque les juges, au lieu de voir dans cette subrogation le résultat d'une fraude concertée au préjudice des créanciers du mari, déclarent licite l'engagement contracté par la femme. — Même arrêt.

81. Mais la preuve que les juges du fond ont usé du pouvoir discrétionnaire qui leur est conféré par notre article peut s'induire implicitement des motifs de leur décision. — Ainsi, l'arrêt qui annule le paiement reçu par un créancier d'un débiteur en état de cessation de paiements, en se fondant sur ce que les faits et circonstances de la cause démontraient que le créancier avait connaissance de cette cessation de paiements et qu'il a voulu absorber à son profit exclusif l'avoir du débiteur, échappe à la censure de la Cour de cassation. — Cass., 17 avr. 1861 [S. 61. 1. 609, P. 61. 188, D. P. 61. 1. 254]

82. De même, est suffisamment motivé l'arrêt qui annule le paiement fait par un débiteur depuis tombé en faillite, en constatant que le créancier connaissait l'état de cessation de paiements, que cet état était de notoriété publique, à tel point que le débiteur avait fait appel à ses créanciers pour obtenir un arrangement amiable. — Cass., 24 avr. 1877 [S. 78. 1. 466, P. 78. 1211, D. P. 78. 1. 88]

83. De même encore, les juges, qui prononcent la nullité d'un paiement fait par le failli à un tiers connaissant la cessation de paiements en se fondant sur les faits et circonstances de la cause par eux rappelés, font usage du pouvoir d'appréciation que leur attribue l'art. 447, C. comm., et ils manifestent suffisamment qu'ils usent de ce pouvoir, en déclarant que, « étant données les circonstances de la cause, le paiement litigieux peut être annulé en vertu de l'art. 447, C. comm. ». — Cass., 18 oct. 1897 [S. et P. 98. 1. 88]

84. Jugé également, que les juges du fond qui déclarent nul le paiement fait au mandataire d'un créancier après la cessation des paiements, en constatant la connaissance qu'avait ledit mandataire du créancier de cette cessation, en relevant les circonstances qui caractérisaient cette connaissance, et en déclarant qu'il y a lieu d'ordonner la restitution par le créancier des sommes payées, ne font qu'user du pouvoir d'appréciation à eux attribué par l'art. 447, C. comm. ; on ne saurait dire, en pareil cas, que les juges ont fait résulter la nullité de la seule connaissance de la cessation des paiements du débiteur. — Cass., 15 juin 1898 [S. et P. 99. 1. 209]

§ 3. *Caractère et effets de la nullité des actes visés par les art 446 et 447.*

α) *Caractère de la nullité : qui peut l'invoquer ?* — 85. Les nullités de droit et les nullités facultatives édictées par les art. 446 et 447 n'existent qu'à l'égard de la masse : d'où il résulte qu'elles ne peuvent être invoquées que par le syndic, représentant légal de la masse. — *Sic*, Bravard et Demangeat, t. 5, p. 188; Alauzet, t. 7, n. 2528; Lyon-Caen et Renault, t. 7, n. 317, 383 et 398; Thaller, n. 1854; Laurin, n. 863; Ruben de Couder, *v° cit.*, n. 293, et *Suppl.*, *eod. v°*, n. 237; et notre *Rép. gén. alph. du dr. fr.*, *v° cit.*, n. 1578 et s.

86. Le syndic, lorsqu'il agit en nullité en vertu des art. 446 et 447, C. comm., exerce un droit propre et ne peut être considéré comme un simple ayant cause du failli auquel il serait permis d'opposer tous les actes opposables à celui-ci. — Cass., 9 juill. 1877 [S. 77. 1. 369, P. 77. 934, D. P. 77. 1. 417]; 27 janv. 1886 [S. 87. 1. 293, P. 87. 1. 729, D. P. 86. 1. 373]; 12 mars 1900 [S. et P. 1900. 1. 392, D. P. 1900. 1. 271]; 30 avr. 1900 [S. et P. 1902. 1. 9, D. P. 1900. 1. 609 et la note de M. Boistel]

87. Et la masse est alors un tiers intéressé qui a le droit de se prévaloir de la nullité d'une société constituée par le débiteur, contrairement aux conditions de publicité prescrites par la loi, la publicité pouvant seule imprimer à la société commerciale le caractère d'un corps moral ayant un patrimoine distinct affecté au paiement des dettes sociales. — Cass., 30 avr. 1900, précité.

88. Par suite, dans le cas où une société en nom collectif, composée de deux associés, n'a pas été publiée, le syndic de la faillite d'un des associés, nommé également liquidateur judiciaire de l'autre associé, a le droit de demander la nullité de paiements faits à des créanciers par les associés après la date de la cessation de leurs paiements et avant celle des jugements déclaratifs de faillite et de liquidation, sans que les créanciers ainsi actionnés puissent, en prétendant avoir reçu les paiements incriminés pour le compte de la société, opposer au syndic ou liquidateur judiciaire un défaut de qualité pris de ce que le syndic de la faillite de la société, faillite non déclarée, pourrait seul exercer contre eux l'action de l'art. 447, C. comm. — Même arrêt.

89. Si la faillite d'une société en nom collectif ayant une existence de fait peut être prononcée nonobstant la nullité résultant du défaut de publication légale, c'est parce que, cette nullité ne pouvant être opposée par les associés aux créanciers sociaux, ceux-ci ont le droit de poursuivre la faillite de la société en vue de sa conséquence nécessaire, qui est la faillite de chacun des associés. — Bordeaux, 13 juill. 1897, sous Cass., 30 avr. 1900, précité.

90. Dans le cas où, après la faillite ou la mise en liquidation judiciaire de deux commerçants, qui avaient formé entre eux une société en nom collectif non publiée, le syndic ou liquidateur judiciaire des deux associés a introduit une action en rapport à la masse contre un tiers qui a reçu un paiement de la société, ce tiers ne peut repousser l'action en rapport en déniant au syndic ou liquidateur judiciaire des associés la qualité de représentant de la société (syndic ou liquidateur spécial). — Même arrêt.

91. ... Alors que ce créancier ou aucun autre n'a jamais poursuivi la faillite de la société et ne la demande même pas aujourd'hui, et que d'ailleurs cette mesure serait sans intérêt, en l'absence de tout apport fait dans la société par les associés. — Même arrêt.

92. ... Et alors que, pareillement, il n'y a aucune utilité pratique à faire prononcer la nullité de la société, en vue de sa liquidation, pour nommer un administrateur distinct, dont l'ingérence n'aboutirait qu'à enchevêtrer les opérations de la liquidation dans leur marche au détriment des créanciers. — Même arrêt.

93. Du reste, les jugements qui, à la requête du syndic ou liquidateur judiciaire des deux commerçants, ont fixé la date de la cessation des paiements, ont, vis-à-vis des créanciers de la société en nom collectif formée entre ces deux commerçants et nulle pour défaut de publicité, l'autorité de la chose jugée, en tant qu'ils ont décidé que le syndic ou liquidateur judiciaire est l'unique représentant des deux masses et est seul investi des actions en rapport. — Même arrêt.

94. Le syndic qui peut seul exercer les actions en nullité, peut aussi renoncer expressément ou tacitement à ces actions, et nul ne saurait être admis à les reprendre, faute de qualité. — Jugé à cet égard, que les syndics qui, dans un ordre ouvert pour la distribution du prix des biens du failli, ne contestent pas la collocation d'un créancier dont l'hypothèque serait nulle pour avoir été constituée après la cessation de paiements, ne sont pas recevables à demander cette nullité après la clôture définitive de l'ordre. Ils ne peuvent prétendre que, dans la poursuite d'ordre, ils ne représentaient que le failli et non les créanciers chirographaires. — Cass., 5 nov. 1848 [S. 49. 1. 106, P. 49. 1. 481, D. P. 48. 1. 242]

95. D'autre part, le syndic, après avoir agi en vertu d'un desdits articles, ne peut pas invoquer l'autre pour la première fois devant la Cour de cassation. — Jugé, en ce sens, que le syndic, après avoir en première instance demandé, par application de l'art. 447, la nullité d'un règlement de compte, et après avoir en appel conclu à la condamnation du tiers au paiement du reliquat du compte, n'est pas recevable, devant la Cour de cassation, à demander la nullité du règlement de compte par application de l'art. 446, C. comm., et sur le motif que ce règlement aurait opéré l'extinction d'une créance du failli par voie de compensation : c'est là un moyen nouveau. — Cass., 27 juin 1876 [S. 77. 1. 241, P. 77. 625, D. P. 77. 1. 121]

96. De même, le syndic d'une faillite qui, en première instance et en appel, s'est borné à critiquer le paiement fait à un créancier postérieurement à l'époque fixée pour l'ouverture de la faillite, comme tombant sous le coup de l'art. 447, C. comm., en ce qu'il aurait été reçu par ce créancier en connaissance de la cessation des paiements, ne peut, pour la première fois devant la Cour de cassation, exciper de ce que le paiement ainsi fait s'appliquerait à une dette non échue et serait, en conséquence, nul par application de l'art. 446 du même Code, quelle que fût la bonne foi du créancier. — Cass., 10 juin 1873, deux arrêts [S. 74. 1. 78, P. 74. 162, D. P. 74. 1. 83]

97. L'action en nullité, n'appartenant qu'au syndic en sa qualité de représentant de la masse, ne saurait en aucun cas être exercée, ni invoquée par le failli, lequel est lié par les actes qu'il a passés. — *Sic*, Esnault, t. 1, n. 196 ; Boistel, n. 1052 ; Lyon-Caen et Renault, t. 7, n. 317-*a* ; Thaller, n. 2095 ; et notre *Rép. gén. alph. du dr. fr.*, v° *cit.*, n. 1585 et s., 2677 et s.

98. Et il en est ainsi, alors même que le failli a obtenu son concordat et quel que soit l'intérêt qu'il puisse avoir à invoquer la nullité : ce n'est pas dans son intérêt que la nullité a été établie. — Jugé, en ce sens, que le failli qui a obtenu un concordat n'est pas recevable à se prévaloir de la nullité prononcée par l'art. 446, C. comm., à l'égard des actes qu'il a consentis depuis la cessation de ses paiements, ou dans les dix jours qui l'ont précédée, cette nullité ayant été établie uniquement en faveur de la masse. — Bourges, 1er avr. 1870 [S. 71. 2. 72, P. 71. 294, D. P. 72. 2. 30] — Agen, 24 avr. 1899 [D. P. 99. 2. 476] — *Sic*, Lyon-Caen et Renault, t. 7, n. 632 ; Thaller, *loc. cit.*; et notre *Rép. gén. alph. du dr. fr.*, *loc. cit.*

99. En conséquence, si le concordat est intervenu alors qu'une action en nullité formée par le syndic contre un acte de cette nature était pendante, cette action se trouve éteinte et l'acte doit être déclaré valable. — Même arrêt. — Amiens, 7 déc. 1895 [S. et P. 97. 2. 51]

100. En conséquence encore, et spécialement, la nullité des paiements faits en temps suspect par le failli n'étant établie que dans l'intérêt exclusif de la masse de la faillite, et non dans celui du failli, il s'ensuit que celui-ci, même après avoir été remis à la tête de ses affaires par un concordat, est sans droit ni qualité pour poursuivre l'exécution des jugements qui, sur la demande du syndic, avaient prononcé l'annulation de tels paiements. — Cass., 30 juill. 1866 [S. 66. 1. 385, P. 66. 1054, D. P. 67. 1. 38]

101. De même, la nullité des actes à titre onéreux consentis par le failli, spécialement des hypothèques par lui constituées, prononcée par application, soit de l'art. 446, soit de l'art. 447, C. comm., ne profite qu'à la masse des créanciers auxquels ces actes portent préjudice, et non au failli qui, au moment où il a contracté, n'était atteint d'aucune incapacité personnelle. — Cass., 15 juill. 1857 [S. 58. 1. 705, P. 59. 539, D. P. 57. 1. 385] — Aix, 7 août 1856 [S. 56. 2. 561, P. 57. 111, D. P. 56. 5. 214] — Douai, 17 févr. 1859 [S. 59. 2. 294, P. 59. 124, D. P. 59. 2. 69]

102. Par suite, l'annulation de ces hypothèques prononcée sur la demande formée par les syndics à l'effet de faire réduire le créancier hypothécaire à la qualité de simple chirographaire, ne donne pas au failli remis par un concordat à la tête de ses affaires le droit d'en demander la radiation. — Cass., 15 juill. 1857, précité ; 10 févr. 1863 [S. 63. 1. 262, P. 63. 589, D. P. 63. 1. 300] — V. cependant Poitiers, 2 mai 1854 [S. et P. sous Cass., 15 juill. 1857, précité, *ad notam*, D. P. 55. 2. 115]

103. Mais ces hypothèques ne peuvent être opposées, même après le concordat, aux créanciers qui poursuivent le paiement de leurs dividendes sur le prix des biens hypothéqués. — Caen, 7 août 1856, joint à Cass., 15 juill. 1857, précité.

104. Jugé toutefois, en sens contraire, que le concordat obtenu par le failli n'anéantit pas nécessairement l'action en rapport exercée par les syndics contre un créancier payé en temps suspect, non plus que le jugement qui en a été la suite ; qu'ainsi,

s'il résulte des circonstances que lors du concordat, ni les créanciers, ni même le créancier auquel le rapport est demandé, et qui a pris part à cet acte sous toutes réserves, n'ont entendu que l'action en rapport serait considérée comme anéantie, cette action doit être réputée faire partie des biens remis au failli qui peut, dès lors, y donner suite, et spécialement reprendre l'instance engagée sur l'appel du jugement qui avait ordonné le rapport. — Bordeaux, 15 févr. 1849 [D. p. 49. 2. 88] — Colmar, 10 juill. 1866 [S. 67. 2. 1, P. 67. 74, D. *Rép., Suppl.*, *v° cit.*, n. 708] — *Sic*, Laurin, n. 1141 ; Ruben de Couder, v° *Concordat*, n. 199 ; Alauzet, note sous Cass., 30 juill. 1866 [S. 66. 1. 385, P. 66. 1054].

105. D'un autre côté, de ce que l'action en nullité appartient au syndic seul, il résulte qu'elle ne peut être exercée par les créanciers agissant isolément, dans un intérêt propre et distinct de celui de la masse. — *Sic*, Bravard et Demangeat, t. 5, p. 193 ; Boistel, p. 663 ; Lyon-Caen et Renault, t. 7, n. 317-*b* ; Thaller, n. 1812 ; et notre *Rép. gén. alph. du dr. fr.*, *v° cit.*, n. 1592 et s.

106. Jugé en ce sens, que la règle qui répute nuls les paiements faits par le failli avant la déclaration de faillite, mais postérieurement au jour auquel elle est reportée, lorsque le créancier avait, au moment du paiement, connaissance de l'insolvabilité de son débiteur, n'est applicable qu'au cas où la nullité du paiement est demandée par la masse et dans son intérêt, et non lorsqu'elle n'est demandée que par un tiers auquel ce paiement aurait causé un préjudice personnel. — Spécialement, celui auquel le failli a extorqué des billets à ordre avec lesquels il a payé un de ses créanciers dans le temps qui s'est écoulé entre le jugement déclaratif et l'époque à laquelle l'ouverture de la faillite a été reportée, n'est fondé à agir contre ce créancier, en restitution des billets ou de leur valeur, qu'autant qu'il prouve non-seulement que ce créancier a eu connaissance, au moment du paiement, de l'état d'insolvabilité du failli, mais de plus qu'il a participé à la fraude dont le failli s'est rendu coupable pour se procurer les billets. — Cass., 16 nov. 1840 [S. 40. 1. 944, P. 41. 1. 108, D. *Rép.*, *v° cit.*, n. 326].

107. De même, l'annulation de l'hypothèque consentie par le débiteur, pour dette antérieure, depuis la cessation des paiements ou dans les dix jours qui précèdent, ne saurait être demandée par un créancier hypothécaire qui voudrait écarter un créancier antérieur. — Cass., 17 juill. 1861 [S. 62. 1. 374, P. 62. 122, D. p. 62. 1. 118]; 2 août 1866 [S. 66. 1. 388, P. 66. 1059, D. p. 67. 1. 37] — Bourges, 1er avr. 1870 [S. 71. 2. 72, P. 71. 294, D. p. 72. 2. 30] — Dijon, 27 déc. 1871 [D. p. 74. 2. 237] — Paris, 29 déc. 1887 [D. p. 90. 1. 194] — *Sic*, Lyon-Caen et Renault, t. 7, n. 383 ; Alauzet, t. 7, n. 2499 et 2529 ; Bravard et Demangeat, t. 5, p. 200 ; Boistel, n. 942 ; Laurin, n. 863 ; Ruben de Couder, v° *Faillite*, n. 293, et *Suppl.*, *eod. v°*, n. 237. — Sur la question de savoir si l'annulation de l'hypothèque, dans le cas où elle est prononcée à la requête du syndic, profite à la masse ou aux créanciers hypothécaires postérieurs, V. *infrà*, n. 137 et s.

108. Les créanciers ne pourraient même pas exercer les actions en nullité dont il s'agit lorsque le failli a obtenu son concordat : ces actions en effet sont établies dans l'intérêt de la masse ; or la masse n'existe plus, et chaque créancier recouvre ses droits individuels contre le failli après l'homologation du concordat. — Cass., 30 juill. 1866 [S. 66. 1. 365, P. 66. 1054, D. p. 67. 1. 38] — Agen, 24 avr. 1899 [D. p. 99. 2. 476] — *Contrà*, Lyon-Caen et Renault, t. 7, n. 632 ; Thaller, n. 2095 ; Boistel, n. 1052 ; et notre *Rép. gén. alph. du dr. fr.*, *v° cit.*, n. 2680.

109. Et il en est de même, dans le cas où la procédure de la faillite a pris fin par la clôture de l'état d'union. — *Sic*, Lyon-Caen et Renault, t. 7, n. 419, et t. 8, n. 730. — V. aussi *infrà*, art. 537, n. 12 et s.

110. Mais les créanciers ne pourraient-ils pas tout au moins faire annuler par l'action paulienne, et dans les conditions de l'art. 1167, C. civ., les actes accomplis par le débiteur en fraude de leurs droits ? En ce qui concerne les actes qui sont antérieurs à la période suspecte, et qui comme tels ne tombent pas sous l'application des art. 446 et s., C. comm., il est incontestable que les créanciers peuvent les attaquer par l'action paulienne, soit collectivement par l'entremise du syndic, soit individuellement et en leur nom propre. — Cass., 10 mars 1847 [S. 47. 1. 616, P. 47. 2. 224, D. p. 47. 1. 132] ; 2 févr. 1852 [S. 52. 1. 234, P. 53. 1. 390] ; 29 déc. 1858 [S. 59. 1. 209, P. 60. 861, D. p. 59. 1. 102] ; 23 août 1864 [S. 65. 1. 177, P. 65. 409, D. p. 64. 1. 367] ; 3 mars 1869 [S. 69. 1. 174, P. 69. 418, D. p. 71. 5. 192] — Paris, 14 déc. 1846 [S. 47. 2. 47, P. 47. 1. 208, D. p. 47. 2. 183] — *Sic*, Lyon-Caen et Renault, t. 7, n. 312 ; et notre *Rép. gén. alph. du dr. fr.*, *v° cit.*, n. 1620 et s.

111. D'autre part et d'après l'opinion générale, la même solution devrait être étendue aux actes passés par le failli pendant la période suspecte : en d'autres termes, l'action en nullité des art. 446 et s., C. comm., ne serait pas exclusive de l'action paulienne, laquelle peut toujours être exercée soit par les créanciers agissant individuellement, soit par le syndic au nom de la masse. — Cass., 13 nov. 1867 [S. 68. 1. 116, P. 68. 273, D. p. 68. 1. 212] — *Sic*, Alauzet, t. 7, n. 2526 et 2533 ; Massé, t. 2, n. 1226 ; Boistel, n. 951 ; Lyon-Caen et Renault, t. 7, n. 420 ; Ruben de Couder, *v° cit.*, n. 284 ; et notre *Rép. gén. alph. du dr. fr. v° cit.*, n. 1626 et s. — *Contrà*, Thaller, n. 1873.

β) *Effets de l'action en nullité.* — 112. D'une manière générale, on peut dire que la nullité a pour effet, une fois qu'elle a été prononcée, de remettre les parties dans la situation où elles auraient été si l'acte incriminé n'avait pas eu lieu. Si donc cet acte consiste dans un paiement effectué en espèces ou en effets de commerce, le créancier devra rapporter la somme qu'il aura ainsi touchée. — Bruxelles, 28 mars 1823 [S. et P. chr.] — *Sic*, Lyon-Caen et Renault, t. 7, n. 364.

113. De même, le créancier, condamné à rapporter à la masse des marchandises qu'il a reçues en paiement après l'époque fixée pour l'ouverture de la faillite, est tenu de restituer ces marchandises elles-mêmes, ou, s'il ne peut les représenter, d'en payer la valeur d'après l'estimation qu'il en a faite lui-même lorsqu'elles lui ont été remises : il ne saurait être admis à les remplacer par d'autres marchandises de même espèce et qualité. — Cass., 13 mai 1868 [S. 69. 2. 258, P. 68. 997, D. p. 68. 2. 200].

114. Jugé également, qu'au cas où le mari a fait abandon à sa femme, dans les conditions de l'art.

447, C. comm., de divers objets mobiliers et d'un fonds de commerce pour la couvrir de ses reprises à la suite d'une séparation de biens judiciaire, la femme doit rapporter, non pas la valeur en argent des objets qu'elle a reçus, mais ces objets eux-mêmes, et notamment le fonds de commerce qui lui a été remis à titre de dation en paiement. C'est seulement dans le cas où ces objets auraient été aliénés ou détériorés par son fait qu'elle devrait être condamnée à en rapporter la valeur à la faillite. — Grenoble, 27 mai 1899 [D. P. 99. 2. 342]

115. Mais l'action en restitution ou en rapport à la masse de la faillite, qui est la conséquence de l'annulation prononcée en vertu de l'art. 447, C. comm., des actes passés par le failli, après la cessation de ses paiements, avec des tiers connaissant cette situation, ne peut avoir d'autre effet que de contraindre ceux qui ont traité avec le failli à rendre ce qu'ils ont *reçu* en exécution des contrats annulés. — Cass., 8 juin 1886 [S. 89. 1. 267, P. 89. 1. 654, D. P. 87. 1. 86]

116. En conséquence, le banquier, qui, postérieurement à la cessation des paiements, a escompté des effets de commerce au failli, et a retenu sur le montant de l'escompte, en moins donnant, une certaine somme à titre de garantie jusqu'à encaissement complet des valeurs escomptées, ne peut être condamné à rapporter cette somme à la masse, par application de l'art. 447, C. comm., alors que, par suite de l'insolvabilité des souscripteurs, les valeurs escomptées sont restées impayées. — Même arrêt.

117. De même, le créancier qui, postérieurement à la cessation des paiements de son débiteur, a reçu du failli, en pleine connaissance de cause de la cessation de paiements, le paiement d'une dette échue en effets de commerce, sous réserve d'encaissement suivant l'usage, et qui est condamné, en vertu de l'art. 447, à en faire le rapport à la masse de la faillite, est fondé à se libérer de cette condamnation par la restitution des effets de commerce reçus par lui et demeurés impayés. — Angers, 28 mai 1894 [S. et P. 96. 2. 245]

118. Mais la restitution ne peut être admise que des effets qui ont fait l'objet de protêts dénoncés en temps utile, à moins que ces effets n'aient été endossés par le failli au créancier, soit avec dispense de protêt ou de dénonciation de protêt, soit avec garantie expresse. — Même arrêt.

119. D'autre part, les tribunaux, en ordonnant le rapport à la masse, ne peuvent pas prescrire que ce rapport aura lieu en moins prenant seulement au moment de la distribution des deniers. — Orléans, 17 mai 1881 [S. 81. 2. 139, P. 81. 1. 710, D. P. 82. 2. 55]

120. Mais le créancier, obligé au rapport des sommes qu'il a touchées ou de la valeur des marchandises qu'il a reçues en paiement, doit-il les intérêts à partir du paiement et de la dation en paiement, ou bien seulement à partir du jour de la demande en justice ? On a soutenu qu'en principe les intérêts n'étaient dus qu'à partir de la demande en justice, sauf dans le cas où il serait prouvé que le créancier était de mauvaise foi lors du paiement ou de la dation en paiement à lui effectués. — *Sic*, Demangeat sur Bravard, t. 5, p. 270, note ; Lyon-Caen et Renault, t. 7, n. 364 ; Demolombe, t. 31, n. 360 et 361 *bis*.

121. L'opinion la plus générale estime au contraire que le créancier qui a reçu un paiement entaché de nullité doit être considéré comme étant de mauvaise foi, soit dans le cas où la nullité repose sur une présomption de fraude, par application de l'art. 446, soit dans le cas où elle repose sur la connaissance qu'avait ce créancier de la cessation de paiements du débiteur, par application de l'art. 447. En conséquence, le créancier doit les intérêts des sommes qu'il est tenu de rapporter à partir de leur indue réception, conformément à l'art. 1378, C. civ. — Cass., 2 juill. 1834 [S. 34. 1. 710, P. chr., D. *Rép.*, v° *cit.*, n. 309] — Paris, 8 août 1865 [S. 65. 2. 309, P. 65. 1146] — Douai, 24 nov. 1877 [S. 78. 2. 113, P. 78. 476, D. P. 79. 2. 223] — Paris, 31 déc. 1877 [S. P. et D. P. *Ibid.*] — Amiens, 22 févr. 1878 [S. P. et D. P. *Ibid.*] — Orléans, 25 nov. 1879, sous Cass., 21 déc. 1881 [S. 82. 1. 202, P. 82. 1. 496, D. P. 82. 1. 198] (24 juill. 1879, d'après Dalloz) — Nancy, 7 avr. 1880, sous Cass., 5 août 1881 [S. 82. 1. 269, P. 82. 1. 640, D. P. 82. 1. 29] — Orléans, 17 mai 1881 [S. 81. 2. 139, P. 81. 1. 710, D. P. 82. 2. 55] — Trib. comm. Mamers, 17 nov. 1893, sous Angers, 28 mai 1894 [S. et P. 96. 2. 245] — *Sic*, Esnault, n. 228; Alauzet, t. 7, n. 2528 ; Ruben de Couder, v° *Faillite*, n. 433 *bis*, et *Suppl.*, *eod. v°*, n. 263 ; Renouard, t. 1, p. 392; et notre *Rép. gén. alph. du dr. fr.*, v° *cit.*, n. 1606 et s.

122. ... Et il en est ainsi, sans que la prescription quinquennale puisse être invoquée par le créancier constitué, par le seul fait de l'obligation du rapport, en état de mauvaise foi. — Orléans, 17 mai 1881, précité.

123. Cependant le créancier d'un débiteur, depuis tombé en faillite, et qui, ayant reçu son paiement en marchandises en temps suspect et avec connaissance de la cessation de paiements, est condamné à restituer lesdites marchandises, ou, à défaut, à en payer la valeur, peut, sans violation de la loi, n'être condamné aux intérêts de la somme à restituer qu'à partir du jour de la demande, et non à partir de la dation en paiement, alors que l'allocation des intérêts n'a été demandée qu'à titre de dommages-intérêts. En pareil cas, il y a lieu à l'application du principe qui reconnaît aux juges du fond plein pouvoir d'appréciation pour la fixation des dommages-intérêts. — Cass., 13 avr. 1875 [S. 75. 1. 261, P. 75. 626]

124. En tout cas, si la restitution doit comprendre tout ce qui a été reçu ou touché en exécution des actes annulés, et notamment, s'il s'agit de valeurs de bourse, les titres eux-mêmes avec les coupons y afférents depuis le jour de leur remise, et, à défaut, la valeur de ces titres au jour de la demande, ainsi que le montant des coupons échus à cette date, il n'y a pas lieu cependant au paiement des intérêts desdits coupons : le possesseur de mauvaise foi n'est tenu qu'à la restitution des fruits et non au paiement des intérêts produits par ces fruits. — Douai, 5 juill. 1894, sous Cass., 26 juill. 1897 [D. P. 1901. 1. 28]

125. Lorsque l'annulation porte sur un acte à titre onéreux intervenu entre le failli et un tiers, la masse de la faillite ne peut faire rentrer dans l'actif du failli les biens qui en sont sortis qu'à la charge de restituer la chose fournie à celui-ci en retour, si elle existe encore en nature, ou de lui en rembourser la valeur jusqu'à concurrence de ce que le patrimoine du failli s'en trouve enrichi. S'il en était autrement, en effet, la masse des créanciers réaliserait un bénéfice injuste au préjudice du tiers

contre lequel la nullité est prononcée : elle profiterait à la fois du bien rentré dans le patrimoine du failli et de ce qui lui avait été fourni en retour. — *Sic*, Lyon-Caen et Renault, t. 7, n. 398 *bis-a*.

126. Jugé à cet égard, en matière d'action paulienne, mais par une décision applicable également à la faillite, que les créanciers qui font révoquer un échange pour cause de fraude, ne peuvent avoir cumulativement pour gage, et le bien cédé, et le bien acquis par leur débiteur. — Pau, 2 avr. 1879 [S. 82. 2. 145, P. 82. 1. 801, et la note de M. Labbé, D. P. 81. 2. 73]

127. Par suite, le coéchangiste dont l'échange est révoqué, sur la demande des créanciers de son adverse partie, a le droit de reprendre l'objet par lui donné en contre-échange, et qui se retrouve en nature. — Même arrêt.

128. Mais encore faut-il, pour qu'il y ait lieu à restitution de la part de la masse, que l'on puisse établir qu'elle a réellement encaissé une somme ou une valeur quelconque. — En conséquence, lorsque le marché contenant achat, en pleine connaissance de l'état de cessation de paiements du vendeur, de toutes ses marchandises et de tout son matériel d'exploitation pour un prix payé à l'un des créanciers de ce vendeur afin d'arrêter ses poursuites, a été annulé par application des art. 1167, C. civ., et 447, C. comm., l'acheteur, condamné à restituer la valeur des marchandises disparues, ne peut se faire restituer par la masse des créanciers de la faillite du vendeur le prix ainsi payé à ce créancier, prix que la masse, en fait, n'a pas reçu, et dont la restitution en tout ou en partie serait le maintien du contrat. — Cass., 28 mars 1892 [S. et P. 96. 1. 220, D. P. 92. 1. 465 et la note de M. Boistel]

129. L'acheteur exciperait, d'ailleurs vainement, de ce que le désintéressement, procuré par ses fonds, du créancier payé, profitant aux autres créanciers de la faillite dans la répartition de l'actif, il aurait, dans cette mesure, droit à restitution, si, au moment de cette réclamation, la vérification de la créance du créancier payé n'a pas eu lieu dans les formes légales au cours des opérations de la faillite. — Même arrêt.

130. Dans ce cas, l'acheteur, créancier du failli avec lequel il a contracté, n'a pas d'action directe contre la masse : c'est un créancier de la faillite, qui ne doit être payé qu'au marc le franc et seulement après vérification de sa créance. — Même arrêt.

131. La disposition de l'art. 2038, C. civ., aux termes duquel la caution est déchargée lorque le créancier a accepté un immeuble ou un effet quelconque en paiement de la dette principale, est absolue et doit recevoir son application, pour quelque cause que l'éviction de ce créancier ait été prononcée. — Orléans, 30 août 1850 [S. 51. 2. 44, P. 50. 2. 302, D. P. 51. 2. 29]

132. Ainsi, cette disposition ne reçoit pas d'exception au cas où le paiement a été annulé comme fait par un incapable ; spécialement, comme fait par un commerçant depuis déclaré en faillite et postérieurement à l'époque à laquelle a été fixée l'ouverture de la faillite. — Même arrêt.

133. Mais cette disposition n'est applicable qu'au cas de dation en paiement. — Cass., 23 oct. 1887 [S. 89. 1. 409, P. 89. 1. 1022, D. P. 89. 1. 167] — Douai, 7 juill. 1875 [S. 77. 2. 257, P. 77. 1028, D. P. 76. 2. 30] — V. notre *Rép. gén. alph. du dr. fr.*, v° *Cautionnement*, n. 711 et s.

134. ... Et par l'effet des règles de la novation. — Cass., 23 oct. 1888, précité.

135. ... Et non pas au cas d'un paiement ordinaire. — Douai, 7 juill. 1875, précité. — *Sic*, Delvincourt, t. 3, p. 496 ; Massé et Vergé, sur Zachariæ, t. 5, p. 80, § 763 ; Laurent, t. 28, n. 281 ; Baudry-Lacantinerie, t. 3, n. 977.

136. Par suite, l'art. 2038 ne s'applique pas au cas d'un paiement ordinaire postérieurement annulé, en vertu de l'art. 447, C. comm., comme ayant été reçu par le créancier après la cessation des paiements du débiteur. Dans cette dernière hypothèse, le cautionnement suit le sort de l'obligation principale, et revit avec elle, après que le paiement a été annulé. — Cass., 23 oct. 1888, précité. — Douai, 7 juill. 1875, précité. — *Sic*, Laurent, t. 28, n. 281 et s. ; Aubry et Rau, t. 4, p. 693, § 429, note 5 ; Delvincourt, t. 3, p. 496 ; Massé et Vergé, sur Zachariæ, *loc. cit.* ; Guillouard, n. 258 ; Lyon-Caen et Renault, t. 7, n. 364, p. 302, note 4.

137. Dans le cas où une hypothèque a été annulée par application de nos articles, on s'est demandé si cette nullité devait profiter aux créanciers de la masse, ou bien aux créanciers hypothécaires postérieurs en rang à l'hypothèque annulée. D'après une première opinion, les créanciers hypothécaires postérieurs ne pourraient jamais profiter de cette nullité, parce que ce n'est pas dans leur intérêt qu'elle a été établie. Quant aux créanciers de la masse, il y a lieu de distinguer suivant que l'hypothèque entachée de nullité leur causerait ou non un préjudice : dans le premier cas, ils auraient le droit d'invoquer la nullité de cette hypothèque et de s'attribuer la somme qui serait revenue au créancier hypothécaire ; dans le second cas, au contraire, l'hypothèque serait maintenue malgré la nullité dont elle est entachée, et les créanciers de la masse ne pourraient se prévaloir de cette nullité. Soit, par exemple, un immeuble du failli vendu 100,000 francs, et grevé d'une première hypothèque annulée, pour 50,000 francs, et d'une seconde hypothèque valable, également pour 50,000 francs ; dans ce cas, les créanciers de la masse pourront invoquer la nullité de la première hypothèque et ils en profiteront pour s'attribuer les 50,000 francs qu'elle garantit : c'est à ces créanciers, en effet, que cette hypothèque préjudicierait si elle était maintenue. Mais si, au contraire, la première hypothèque annulée est de 100,000 francs, et la seconde également de 100,000 francs, la première hypothèque devra être maintenue : son existence ne cause aucun préjudice aux créanciers de la masse, puisque, si elle n'existait pas, le prix total de l'immeuble serait absorbé par le second créancier hypothécaire. — Trib. comm. Seine, 29 déc. 1885, en note sous Cass., 11 déc. 1889 [S. et P. 92. 1. 145, D. P. 90. 1. 194] — *Sic*, Lyon-Caen et Renault, t. 7, n. 383 ; Ruben de Couder, *Suppl.*, v° *cit.*, n. 238 et s.

138. Une deuxième opinion, partant de ce principe que la nullité est établie dans l'intérêt de la masse, décide que cette nullité doit profiter exclusivement à la masse. En conséquence, la situation des créanciers hypothécaires postérieurs reste la même que si la nullité n'avaient pas été prononcée : à leur égard, le créancier atteint par la nullité est maintenu dans l'ordre au rang de son inscription. Mais à l'égard de la masse, ce créancier n'est plus qu'un créancier chirographaire, et il doit verser à la faillite le bénéfice de sa collocation hypothécaire, sauf

à venir ensuite au marc le franc dans cette faillite : en d'autres termes, par suite et comme conséquence de la nullité de son hypothèque, la masse prend son lieu et place et est subrogée à ses droits. — Paris, 29 déc. 1887, en note sous Cass., 11 déc. 1889, précité. — *Sic*, Laurin, n. 863.

139. Enfin, un troisième système, consacré par la Cour suprême, décide que la nullité de l'hypothèque ne peut profiter qu'aux créanciers hypothécaires postérieurs : dès l'instant que la nullité est prononcée, en effet, l'hypothèque n'existe plus, son inscription doit être radiée et, dès lors, c'est l'hypothèque postérieurement inscrite qui est nécessairement appelée à la remplacer. On ne concevrait pas que la nullité de l'hypothèque puisse avoir pour effet de maintenir cette hypothèque au profit de la masse et à l'encontre des créanciers nantis d'hypothèques valables inscrites après l'hypothèque annulée. — Cass., 11 déc. 1889 [S. et P. 92. 1. 145 et la note de M. Lacoste, D. P. 90. 1. 193 et la note, *Ann. de dr. comm.*, 1890. 1. 4 et la note de M. Mahoudeau] — Paris, 28 juin 1876, en note sous Cass., 11 déc. 1889, précité. — *Sic*, Thaller, n. 1854.

Art. **448.** Les droits d'hypothèque et de privilège valablement acquis pourront être inscrits jusqu'au jour du jugement déclaratif de faillite.

Néanmoins, les inscriptions prises après l'époque de la cessation des paiements, ou dans les dix jours qui précèdent, pourront être déclarées nulles, s'il s'est écoulé plus de quinze jours entre la date de l'acte constitutif de l'hypothèque ou du privilège et celle de l'inscription.

Ce délai sera augmenté d'un jour à raison de cinq myriamètres de distance entre le lieu où le droit d'hypothèque aura été acquis et le lieu où l'inscription sera prise. — C. civ., 941, 1167, 1654, 1690, 2108 et s., 2135, 2146, 2151 ; C. proc. civ., 1033; C. comm., 190, 195, 443, 446, 490; L. 23 mars 1855, art. 3, 6 et s.; L. 4 mars 1889, art. 19.

INDEX ALPHABÉTIQUE.

DIVISION

§ 1er. *Des inscriptions prises après le jugement déclaratif de faillite.*

A. *Généralités.* — 1. En décidant que le jugement déclaratif de faillite arrête le cours des inscriptions des droits de privilège ou d'hypothèque valablement acquis sur les biens du failli, notre article ne fait qu'appliquer à ces inscriptions le principe du dessaisissement du failli tel qu'il est établi par l'art. 443, C. comm. — En conséquence, l'hypothèque acquise avant la déclaration de faillite du débiteur, et que l'art. 448, C. comm., permet d'inscrire *jusqu'au jour* du jugement déclaratif, ne peut l'être valablement le *jour même* de ce jugement. — Amiens, 26 déc. 1855 [S. 56. 2. 563, P. 56. 2. 548, D. P. 57. 2. 35] — *Sic*, Aubry et Rau, t. 3, § 272, p. 547, texte et note 18 ; Baudry-Lacantinerie et de Loynes, t. 2, n. 1563 ; Lyon-Caen et Renault, t. 7, n. 281 ; Thaller, n. 2050, p. 1056, note 1 ; et notre *Rép. gén. alph. du dr. fr.*, v[is] *Faillite*, n. 773, et *Hypothèque*, n. 2586. — Sur le moment où se produit le dessaisissement, V. *suprà*, art. 443, n. 1 et s.

2. La règle posée par le premier alinéa de notre article est générale et elle s'applique en principe à toute inscription de privilège ou d'hypothèque. Ainsi l'hypothèque maritime ne peut plus être inscrite au bureau des douanes dans la circonscription duquel le navire est immatriculé, postérieurement au jugement déclaratif de la faillite du propriétaire de ce navire. — V. *suprà*, art. 190, n. 77.

3. Toutefois, notre article ne saurait s'appliquer aux inscriptions qui ont pour objet, non plus de faire acquérir à un créancier hypothécaire ou privilégié un rang qu'il n'avait pas, mais de lui conserver la situation qu'il avait antérieurement. C'est ainsi que les inscriptions en renouvellement peuvent être prises valablement après le jugement déclaratif de faillite, pourvu seulement qu'elles soient prises en temps utile, c'est-à-dire avant l'expiration du délai de dix ans qui suit la première inscription, conformément à l'art. 2154, C. civ. — Cass., 17 juin 1817 [S. et P. chr.] ; 29 juin 1830 [S. et P. chr., D. *Rép.* v° *Privilèges et hypothèques*, n. 1671-5°] ; 2 déc. 1863 [S. 64. 1. 57, P. 64. 352, D. P. 64. 1. 105] ; 24 mars 1891 [S. 91. 1. 209, P. 91. 1. 508, D. P. 91.1. 145] — Paris, 5 déc. 1885 [D. P. 87. 2. 55] — *Sic*, Esnault, n. 224 ; Bédarride, t. 1, n. 132 ; Lyon-Caen et Renault, t. 7, n. 288 ; Thaller, n. 2052 ; Bravard et Demangeat, t. 5, p. 293, note ; Renouard, t 1, p. 496 ; Mourlon, *Transcription*, t. 2, n. 638 ; Aubry et Rau, t. 3, § 280, p. 612, texte et note 13 ; Laurent, t. 31, n. 145 et s. ; Colmet de Santerre, t. 9, n. 134 *bis*-XII et s. ; Baudry-Lacantinerie, t. 3, n. 1409 ; Baudry-Lacantinerie et de Loynes, t. 2, n. 1770 ; et notre *Rép. gén. alph. du dr. fr.*, v^is *Faillite*, n. 775, et *Hypothèque*, n. 1653.

4. Par contre, serait inopposable à la masse toute inscription de renouvellement prise après l'expiration du délai légal : effectivement, lorsque la première inscription est périmée, celle prise en renouvellement vaut comme inscription nouvelle, laquelle ne saurait valablement intervenir au regard de la masse après la déclaration de faillite. — Cass., 17 juin 1817, précité ; 2 déc. 1863, précité ; 24 mars 1891, précité. — Lyon, 6 févr. 1890 [D. P. 91. 2. 377]

5. D'autre part, notre article ne saurait non plus s'appliquer aux hypothèques légales de la femme mariée, du mineur ou de l'interdit, alors du moins que le délai d'un an qui est imparti à ces incapables pour prendre inscription, après la dissolution du mariage ou la cessation de la tutelle, n'est pas encore expiré. — *Sic*, Lyon-Caen et Renault, t. 7, n. 289 ; P. Pont, t. 2, n. 890, 893, 895 ; Mourlon, *Transcript.*, t. 2, n. 873 ; Aubry et Rau, t. 3, p. 305, § 269 ; Demangeat, sur Bravard-Veyrières, t. 5, p. 293 à la note ; Guyard, *Rev. crit.*, 1870, t. 36, p. 401 ; Laroque-Sayssinel et Dutruc, *Formul. gén. des faill.*, n. 391, *in fine ;* Baudry-Lacantinerie et de Loynes, t. 2, n. 1515 ; Colmet de Santerre, t. 9, n. 129 *bis*-VI ; Thaller, n. 2053 ; et notre *Rép. gén. alph. du dr. fr.*, v^is *Faillite*, n. 777, et *Hypothèque*, n. 848 et s., 1394 et s.

6. Mais au contraire, comme l'expiration du délai d'un an sans qu'il ait été procédé à l'inscription de l'hypothèque légale des mineurs, interdits, femmes mariées, a pour effet d'assimiler cette hypothèque à toute autre hypothèque soumise à la nécessité d'une inscription, et notamment a pour effet d'en soumettre la conservation aux dispositions de l'art. 2146, C. civ. il faut décider que les événements qui, en principe, empêchent qu'une inscription puisse être valablement prise rendent désormais inefficace et impossible l'inscription desdites hypothèques légales. — *Sic*, P. Pont, t. 2, n. 890, 895, 926 ; Mourlon, *Transcript.*, t. 2, n. 878 ; Troplong, *Transcript.*, n. 317 ; Carette, note sous Cass., 2 mars 1863 [S. 63. 1. 425] ; Briguiboul, *Rev. prat.*, 1864, t. 25, p. 150 ; Verdier, t. 3, n. 638 ; Aubry et Rau, t. 3, p. 306, § 269 ; Lyon-Caen et Renault, *op.* et *loc. cit. ;* de Loynes, note sous trib. Bordeaux, 15 janv. 1894 [D. P. 94. 2. 577] ; Baudry-Lacantinerie et de Loynes, t. 2, n. 1517. — V. aussi notre *Code civil annoté*, art. 2135, n. 57 et s.

7. Jugé, à cet égard, que la femme qui, après la dissolution du mariage, a laissé s'écouler un an sans inscrire son hypothèque légale, ou qui n'a pris, pendant ce délai, qu'une inscription entachée de nullité, est complètement déchue de son hypothèque, lorsque son mari est décédé en état de faillite. — Orléans, 26 août 1869 [S. 70. 2. 113, P. 70. 466, D. P. 69. 2. 185] — Lyon, 19 août 1871 [S. 72. 2. 80, P. 72. 457, D. P. 72. 5. 279] — Bordeaux, 4 avr. 1876 [S. 77. 2. 557, P. 77. 1029, D. P. 79. 2. 265]

8. De même, l'hypothèque légale du mineur ou de la femme mariée qui n'a pas été inscrite dans l'année de la cessation de la tutelle ou de la dissolution du mariage, en conformité de l'art. 8 de la loi du 23 mars 1855, ne peut plus, si le tuteur ou le mari est tombé en faillite, être utilement inscrite postérieurement au jugement déclaratif : l'art. 448, C. comm., est, en ce cas, opposable au mineur ou à la femme mariée, comme à tous autres créanciers. — Cass., 17 août 1868 [S. 68. 1. 377, P. 68. 1041, D. P. 68. 1. 398] — Caen, 27 janv. 1870 [S. 70. 2. 231, P. 70. 1197, D. P. 71. 2. 99]

9. Et la nullité d'une inscription d'hypothèque légale prise dans ces conditions après le jugement déclaratif de faillite existe au regard, non seulement des créanciers hypothécaires, mais aussi de la masse chirographaire de la faillite. — Cass., 17 août 1868, précité. — *Sic*, Flandin, t. 2, n. 1537 et s. ; Baudry-Lacantinerie et de Loynes, t. 2, n. 1519 ; Aubry et Rau, t. 3, p. 311, § 269.

10. Si un créancier hypothécaire ou privilégié ne peut plus prendre inscription pour le capital de sa créance après le jugement déclaratif de faillite, ne peut-il pas tout au moins, après s'être inscrit en temps utile pour ce capital et pour les trois années d'intérêts garantis par l'art. 2151, C. civ., prendre inscription après ledit jugement pour les intérêts de sa créance autres que ceux conservés par son inscription primitive ? On a soutenu la négative en se fondant sur ce qu'il s'agissait ici pour le créancier, non pas de conserver sa situation antérieure, mais de l'améliorer au détriment de la masse, et à une époque où les droits respectifs des créanciers étaient définitivement fixés par le jugement déclaratif de faillite. — *Sic*, Demangeat sur Bravard, t. 5, p. 298, note ; Thaller, n. 2055 ; Boistel, n. 916 ; Weber, *Rev. prat.*, 1879, t. 46, p. 338 ; Ruben de Couder, v° *Faillite*, n. 452 et s.

11. La jurisprudence décide au contraire que l'art. 448, C. comm., qui ne permet d'inscrire les hypothèques que jusqu'au jour du jugement déclaratif de faillite, ne s'applique qu'aux créances principales, et non aux intérêts ou arrérages d'une créance antérieurement inscrite. D'une part, en effet, l'inscription prise pour les intérêts que ne garantit pas l'inscription primitive peut être considérée comme tendant

plutôt à conserver un droit antérieur qu'à améliorer la situation du créancier, en ce sens qu'elle n'est que la conséquence prévue de l'inscription primitivement et valablement prise. D'autre part, cette inscription ne prenant rang qu'à partir de sa date et pouvant, dès lors, être primée par l'hypothèque légale résultant du jugement déclaratif de faillite, n'est pas de nature, à moins d'une négligence grave du syndic, à causer un préjudice sérieux à la masse des créanciers. — Cass., 20 févr. 1850 [S. 50. 1. 185, P. 50. 2. 247, D. P. 50. 1. 102, D. *Rép.*, v° *Privil. et hyp.*, n. 1418] — Paris, 22 nov. 1828 [S. et P. chr.] — Poitiers, 30 janv. 1878, sol. implic. [S. 78. 2. 176, P. 78. 730, D. P. 78. 2. 70] ; 7 déc. 1885 [S. 86. 2. 81, P. 86. 1. 459, D. P. 87. 2. 60] — *Sic*, Renouard, t. 1, n. 399 ; Lyon-Caen et Renault, t. 7, n. 292 ; Rousseau et Defert, *Code ann. des faillites*, sur l'art. 448, n. 22 ; P. Pont, t. 2, n. 889, 925 et 1024 ; Aubry et Rau, t. 3, p. 425, § 285 ; Colmet de Santerre, t. 9, n. 131 *bis*-X et XI ; Baudry-Lacantinerie et de Loynes, t. 2, n. 1587 ; Laurin, n. 988 ; Ruben de Couder, *Suppl.*, *v° cit.*, n. 266 ; et notre *Rép. gén. alph. du dr. fr.*, v^is *Faillite*, n. 779 et *Hypothèque*, n. 3593 et s.

12. En tous cas, la disposition de notre article est étrangère aux privilèges ou aux hypothèques qui prendraient naissance postérieurement au jugement déclaratif de faillite. Ainsi les créanciers d'une succession échue au failli après le jugement déclaratif pourront, nonobstant ce jugement, prendre valablement l'inscription requise par l'art. 2111, C. civ., pour la conservation du privilège de la séparation des patrimoines. — Cass., 29 déc. 1858 [S. 59. 1. 210, P. 60. 861, D. P. 59. 1. 102] — *Sic*, Lyon-Caen et Renault, t. 7, n. 287 ; Thaller, n. 2054 ; Baudry-Lacantinerie et de Loynes, t. 2, n. 1566. — V. aussi *suprà*, art. 443, n. 41.

13. De même, en cas de partage opéré depuis le jugement déclaratif de faillite, le copartageant, créancier d'une soulte, pourra valablement inscrire son privilège sur les immeubles mis dans le lot du failli débiteur, conformément à l'art. 2109, C. civ. — Mêmes auteurs.

14. De même encore, si le failli recueille une succession grevée de legs pendant le cours de la faillite, les légataires inscriront valablement sur les immeubles héréditaires l'hypothèque qui leur est conférée par l'art. 1017, C. civ. — Mêmes auteurs.

15. D'un autre côté, notre article ne vise que les inscriptions prises par les créanciers hypothécaires ou privilégiés du failli. Si donc le failli, après avoir acheté un immeuble hypothéqué, a négligé de transcrire son acquisition, les créanciers ayant hypothèque du chef du précédent propriétaire pourront prendre inscription sur ledit immeuble, nonobstant la faillite, et jusqu'à ce que la mutation ait été transcrite à la requête du syndic. Ici, en effet, il ne s'agit plus d'un conflit entre créanciers du même débiteur : il s'agit d'un conflit entre un acquéreur, représenté actuellement par son syndic, et les créanciers hypothécaires du vendeur. Le conflit doit donc se trancher, non pas par les règles de la faillite, mais par les règles de la loi du 23 mars 1855 et en faveur de celui qui a procédé le premier à la publicité prescrite par cette loi. — *Sic*, Troplong, t. 3, n. 655 *ter* ; Pont, t. 2, n. 907 ; Aubry et Rau, t. 3, § 272, texte et note 24 ; Baudry-Lacantinerie et de Loynes, t. 2, n. 1564 ; Lyon-Caen et Renault, t. 7, n. 284 ; et notre *Rép. gén. alph. du dr. fr.*, v^is *Faillite*, n. 780, et *Hypothèque*, n. 2589.

16. De même, la prohibition de notre article ne s'applique pas aux inscriptions qui seraient prises par les créanciers du failli sur les immeubles que celui-ci avait aliénés avant la faillite et pour lesquels l'acquéreur n'a pas rempli la formalité de la transcription. La masse des créanciers n'a ni intérêt, ni qualité, en général tout au moins, pour critiquer ces inscriptions, puisque les immeubles dont il s'agit sont sortis du patrimoine du failli. — *Sic*, Persil, sur l'art. 2146, C. civ., n. 11 ; Troplong, t. 3, n. 655 *ter* ; Aubry et Rau, t. 3, § 272, texte et note 25, p. 549 ; Pont, t. 2, n. 908 ; et notre *Rép. gén. alph. du dr. fr.*, v° *Hypothèque*, n. 2590 et s. — V. cependant Lyon-Caen et Renault, t. 7, n. 285.

17. Mais il en est autrement dans le cas où le syndic a pris inscription de l'hypothèque légale de la masse, conformément à l'art. 490, C. comm., avant la transcription. La masse pouvant alors opposer à l'acquéreur le défaut de transcription et ayant ainsi un droit sur les immeubles aliénés, pourra également invoquer son droit contre toute inscription tardivement prise à son préjudice sur lesdits immeubles. — *Sic*, Lyon-Caen et Renault, *loc. cit.* ; Baudry-Lacantinerie et de Loynes, t. 2, n. 1565. — Sur le droit pour le syndic qui a inscrit l'hypothèque légale de la masse d'opposer le défaut de transcription à un acquéreur des immeubles du failli, V. *infrà*, art. 490, n. 16.

B. *Application aux privilèges.* — α) *Privilège des architectes, entrepreneurs et ouvriers.* — 18. A cet égard, il y a lieu de distinguer les deux inscriptions (inscription du procès-verbal de l'état des lieux et inscription du procès-verbal de la réception des travaux) qui doivent être prises, aux termes de l'art. 2110, C. civ., pour la conservation de ce privilège. En ce qui concerne la première inscription, on s'accorde à reconnaître qu'elle ne peut pas être prise postérieurement au jugement déclaratif de faillite : l'art. 448, C. comm., doit recevoir ici son application. — *Sic*, Pont, t. 1, n. 280 ; Aubry et Rau, t. 3, p. 368, § 278 ; Baudry-Lacantinerie et de Loynes, t. 1, n. 844 et t. 2, n. 1597 ; Lyon-Caen et Renault, t. 7, n. 291.

19. Jugé à cet égard, que l'entrepreneur de constructions qui, pour la conservation de son privilège, a fait dresser un procès-verbal de l'état des lieux et des travaux à faire, conformément à l'art. 2103, mais qui ne l'a pas fait inscrire, en conformité de l'art. 2110, ne peut plus utilement inscrire le procès-verbal de réception de ces travaux, et perd par suite son privilège, si, dans l'intervalle, le propriétaire débiteur du prix des travaux est tombé en faillite. Vainement prétendrait-il qu'il ne pouvait être tenu d'inscrire tant que les travaux n'étaient pas achevés et reçus. — Limoges, 1er mars 1847 [S. 47. 2. 637, D. P. 47. 2. 147, D. *Rép.*, v° *Privil. et hyp.*, n. 699-3°] — Rouen, 12 juin 1841 [D. *Rép.*, *v° cit.*, n. 468-3°]

20. Mais il semble qu'il en doit être autrement en ce qui concerne l'inscription du procès-verbal de réception des travaux : cette seconde inscription présente un caractère purement conservatoire d'un droit antérieurement acquis et déjà publié ; elle peut donc être prise après le jugement déclaratif de faillite, pourvu que le premier procès-verbal ait été antérieurement inscrit. — *Sic*, Baudry-Lacantinerie et de Loynes, t. 1, n. 847 ; Colmet de Santerre, t. 9, n. 120 *bis*-VII ; Lyon-Caen et Renault,

t. 7, n. 291 ; Thaller, n. 2057. — V. cependant Aubry et Rau, t. 3, § 278, p. 369 et note 41.

β) *Privilège du copartageant.* — 21. On décide, dans une première opinion, que le copartageant, créancier d'une soulte ou d'un prix de licitation, peut encore inscrire utilement son privilège après le jugement déclaratif de faillite, pourvu qu'il soit encore dans le délai de soixante jours, à compter du partage ou de l'adjudication, qui lui est imparti par l'art. 2109, C. civ., pour prendre son inscription : l'inscription prise dans ce délai, en effet, rétroagit au jour de l'adjudication ou du partage, et par conséquent elle doit être considérée comme ayant été prise ce jour-là. — *Sic*, Troplong, t. 1, n. 317 ; Thézard, n. 314; Pont, t. 2, n. 899 et 927 ; Aubry et Rau, t. 3, § 278, p. 361 ; Baudry-Lacantinerie et de Loynes, t. 1, n. 836 et t. 2, n. 1595; Ruben de Couder, v° *Faillite*, n. 458, et *Suppl.*, *eod. v°*, n. 268.

22. Une deuxième opinion, qui paraît préférable, se prononce pour l'application stricte de notre art. 448 et décide, en conséquence, que le copartageant ne peut plus s'inscrire utilement après le jugement déclaratif de faillite, alors même qu'il est encore dans le délai de soixante jours de l'art. 2109, C. civ. Il est vrai que l'inscription prise dans ce délai rétroagit au jour du partage ou de la licitation : mais cette inscription ne saurait être considérée néanmoins comme ayant un caractère conservatoire d'un droit préexistant; elle vivifie un privilège qui jusqu'alors était occulte et inopposable aux tiers, et elle modifie ainsi, contrairement au but de la loi, la situation des créanciers telle qu'elle était fixée au moment du jugement déclaratif de faillite. — *Sic*, Boistel, n. 918 ; Demangeat sur Bravard, t. 5, p. 294 ; Bressolles, *Exposé sur la transcription*, n. 84 ; Flandin, t. 2, n. 1142 ; Colmet de Santerre, t. 9, n.120 *bis*-VIII ; Lyon-Caen et Renault, t. 7, n.294 ; Thaller, n. 2058 et s. ; et notre *Rép. gén. alph. du dr. fr.*, v° *Faillite*, n. 786.

γ) *Privilège de la séparation des patrimoines.* — 23. La même controverse s'élève et donne également lieu à des opinions divergentes en ce qui concerne ce privilège. On a soutenu et décidé à cet égard, que la séparation des patrimoines, ne constituant en réalité ni un privilège, ni une hypothèque, pouvait être utilement inscrite après la faillite de l'héritier, à la seule condition que le délai de six mois imparti aux créanciers héréditaires par l'art. 2111, C. civ., ne se soit pas encore écoulé : ici ne s'appliquerait pas l'art. 448, C. comm. — Bordeaux, 19 févr. 1895 [S. et P. 96. 2. 27, D. p. 96. 2. 276] — *Sic*, de Fréminville, t. 1, n. 396 ; Barafort, n. 155 et s. ; Le Sellyer, t. 3, n. 1752; Aubry et Rau, t. 6, p. 485, § 619 ; Pont, t. 2, n. 899 et 927 ; Baudry-Lacantinerie et de Loynes, n. 868 ; Ruben de Couder, *v° cit.*, n. 457.

24. Mais cette solution est très contestable. Peu importe, en effet, que la séparation des patrimoines soit ou non un véritable privilège ; quelle que soit la qualification qu'on lui donne, il n'en est pas moins vrai que la loi subordonne son efficacité à l'égard des tiers aux mêmes formalités qui sont requises pour les privilèges proprement dits; par suite, ces formalités ne peuvent être remplies dans des conditions différentes et postérieurement au jugement déclaratif de faillite. — *Sic*, Esnault, t. 2, n. 351 ; Lyon-Caen et Renault, t. 7, n. 294 ; Boistel, n. 918 ; Colmet de Santerre, t. 9, n. 120 *bis*-VIII ; Bravard et Demangeat, t. 5, p. 289; Thaller, n. 2058 et s.

δ) *Privilège et action résolutoire du vendeur.* — 25. On a soutenu, dans une première opinion, que le privilège du vendeur ne tombait pas sous le coup de notre article. D'une part, en effet, notre article ne vise que les inscriptions : or, aux termes de l'art. 2108, C. civ., le privilège du vendeur se conserve, non pas par une inscription, mais par la transcription de l'acte de vente. D'autre part, et alors même que cette transcription devrait être assimilée à une inscription au point de vue de l'application de notre article, il n'en résulterait aucun préjudice pour le vendeur : tant que la transcription n'a pas eu lieu, en effet, le vendeur reste propriétaire de l'immeuble vendu, de telle sorte que, si cette transcription ne peut plus être opérée après le jugement déclaratif de faillite, la situation du vendeur sera plutôt améliorée en ce sens qu'il se présentera dans la faillite, non plus seulement comme créancier privilégié, mais comme propriétaire. — Paris, 20 mai 1809 [S. et P. chr., D. *Rép.*, *v° cit.*, n. 1410] — Metz, 25 juin 1833, sous Cass., 24 janv. 1838 [S. 38. 1. 97, D. *Rép.*, *loc. cit.*] — Besançon, 14 déc. 1861 [S. 62. 2. 129, P. 62. 621, D. p. 62. 2. 104] — *Sic*, Pont, t. 2, n. 903 et 927, et *Rev. crit.*, 1860, t. 16, p. 289 ; Ruben de Couder, *v° cit.*, n. 458.

26. D'après une deuxième opinion, il y aurait lieu de combiner notre article avec la disposition de l'art. 6, 2e alin., de la loi du 23 mars 1855 : en d'autres termes, le vendeur aurait, comme dans le cas de revente suivie de transcription, un délai de quarante-cinq jours à partir du jugement déclaratif de faillite, pour opérer la transcription et pour conserver son privilège. — *Sic*, Aubry et Rau, t. 3, p. 358, § 378, texte et note 8.

27. La jurisprudence et la majorité de la doctrine repoussent, avec raison, ces deux opinions. D'une part, en effet, il n'est pas exact de dire que le vendeur reste propriétaire jusqu'à la transcription : dans ses rapports avec son acheteur, la propriété a été transférée dès le jour même de la vente, de telle sorte que, dès ce jour-là, le vendeur n'a plus qu'un privilège qu'il doit conserver dans les conditions du droit commun. D'autre part, on ne saurait appliquer ici la disposition de l'art. 6, 2e alin. de la loi du 23 mars 1855 : cet article, en effet, en accordant au vendeur un délai de quarante-cinq jours, pour transcrire son titre, a eu en vue l'hypothèse d'une revente, et non celle d'un conflit entre le vendeur et les créanciers de l'acheteur failli. Ce qui est vrai, c'est que la transcription du contrat de de vente vaut inscription, suivant les expressions de l'art. 2108, C. civ., mais ne vaut pas plus : elle tombe donc, comme toute inscription, sous l'application de notre article. — Cass., 16 juill. 1818 [S. et P. chr., D. *Rép.*, v° *Privil. et hyp.*, n. 1410] ; 12 juill. 1824 [S. et P. chr.] ; 2 déc. 1863 [S. 64. 1. 57, et la note de M. Dutruc, P. 64. 352, D. p. 64. 1. 105] ; 24 mars 1891 [S. 91. 1. 209, P. 91. 1. 508, et la note de M. Lyon-Caen, D. p. 91. 1. 145] — Nîmes, 23 juin 1829 [S. et P. chr.] — Toulouse, 2 mars 1826 [S. et P. chr., D. *Rép.*, *loc. cit.*] — Grenoble, 13 mars 1858 [S. 59. 2. 209, P. 59. 816, D. p. 58. 2. 176] — Nancy, 6 août 1859 [S. 59. 2. 594, P. 61. 176] — Lyon, 23 févr. 1861 [S. et P. sous Cass., 2 déc. 1863, précité] — Alger, 17 mai 1865 [S. 65. 2. 187, P. 65. 818] — Agen, 5 déc. 1888 [S. et P. sous Cass., 24 mars 1891, précité] —

Sic, Duranton, t. 20, n. 78; Troplong, *Hyp.*, t. 3, n. 659, *Transcript.*, n. 282; Pardessus, t. 4, n. 1136; Guillouard, *Tr. de la vente*, t. 2, n. 696 et s.; Baudry-Lacantinerie et de Loynes, t. 2, n. 1598 et s.; Colmet de Santerre, t. 9, n. 120 *bis*-X et XI; Rivière, *Rev. crit.*, 1859, t. 15, p. 433; Mourlon, *Exam. crit.*, n. 379; Lyon-Caen et Renault, t. 7, n. 295; Flandin, *Transcript.*, t. 2, n. 1177 et s.; Demangeat sur Bravard-Veyrières, t. 5, p. 295, note; André, n. 405; Thézard, n. 407; Thaller, n. 2059; Ruben de Couder, *Suppl.*, v° *cit.*, n. 269.

28. Par identité de motifs, on doit décider que l'inscription d'office du privilège du vendeur d'immeubles, qui n'a pas été renouvelée dans les dix ans de sa date, ne peut plus être prise à nouveau, après le jugement déclaratif de faillite, au préjudice des créanciers de la masse. — Cass., 24 mars 1891, précité. — *Sic*, Lyon-Caen et Renault, t. 7, n. 295.

29. Le vendeur déchu de son privilège, faute de transcription de son titre avant le jugement déclaratif de faillite, perd-il en même temps, à l'égard de la masse, son action résolutoire pour défaut de paiement du prix? La difficulté provient de l'art. 7 de la loi du 23 mars 1855, aux termes duquel « l'action résolutoire, établie par l'art. 1654, C. civ., ne peut être exercée après l'extinction du privilège du vendeur, au préjudice des tiers qui ont acquis des droits sur l'immeuble du chef de l'acquéreur et qui se sont conformés aux lois pour les conserver. » Cet article établit ainsi un lien, qui n'existait pas antérieurement, entre le privilège et l'action résolutoire du vendeur : il s'agit de savoir si et à quelles conditions il peut être appliqué en matière de faillite. — Sur le droit qui était reconnu au vendeur, avant la loi de 1855, de se prévaloir de son action résolutoire même en cas de perte de son privilège, V. notre *Rép. gén. alph. du dr. fr.*, v° *Faillite*, n. 793.

30. Pendant longtemps, la jurisprudence a décidé que l'art. 7 de la loi de 1855 ne pouvait pas recevoir son application en matière de faillite, et que, par suite, le vendeur dont le privilège n'avait pas été inscrit avant la faillite de l'acquéreur n'en conservait pas moins le droit d'exercer son action résolutoire à l'encontre des créanciers de cette faillite, alors même que le syndic avait fait inscrire l'hypothèque légale de la masse avant l'exercice de cette action. Cette jurisprudence se fondait, d'une part, sur ce que la faillite a exclusivement pour effet de rendre le privilège du vendeur inopposable à la masse, mais non pas d'en opérer l'extinction dans le sens de l'art. 7 de la loi de 1855; et, d'autre part, elle prétendait que cet art. 7 ne visait que l'hypothèse prévue par l'article précédent, c'est-à-dire l'hypothèse où l'action résolutoire était exercée, non pas contre les créanciers de l'acquéreur, mais contre un sous-acquéreur ou un de ses ayants cause. — Cass., 1er mai 1860 [S. 60. 1. 602, P. 60. 970, D. P. 60. 1. 236] — Bordeaux, 15 juill. 1857 [S. 57. 2. 641, P. 57. 1217, D. P. 57. 2. 185] — Grenoble, 13 mars 1858 [S. 59. 2. 209, P. 59. 816, D. P. 58. 2. 177]; 24 mai 1860 [S. 60. 2. 526, P. 61. 175] — Dijon, 13 juin 1864 [S. 64. 2 244, P. 64. 1188] — Lyon, 6 avr. 1865 [S. 66. 2. 196, P. 66. 812, D. P. 66. 5. 487] — *Sic*, Pont, *Priv. et hyp.*, t. 2, n. 902 et s., *Rev. crit.*, t. 16, p. 289 et 385, et *Le Droit*, 5 juin 1848; Carette, note sous Bordeaux, 15 juill. 1857 [S. 57. 2. 641]; Gauthier, note sous Grenoble, 13 mars 1858 [S. 59. 2. 209]; Aubry et Rau, t. 3, p. 359, § 278, t. 4, p. 402, § 356; Guillouard, t. 2, n. 596; Arthuys, *Rev. crit.*, 1899, p. 348 et s.

31. Mais aujourd'hui la jurisprudence paraît se fixer en sens contraire, et elle décide que le vendeur, déchu de son privilège, ne peut plus exercer son action résolutoire, alors du moins que le syndic a fait inscrire l'hypothèque légale de la masse, conformément à l'art. 490, C. comm. Dans ce cas en effet et par suite de cette inscription, les créanciers du failli sont bien des tiers qui ont acquis des droits sur l'immeuble et qui les ont conservés conformément à la loi : ils peuvent donc se prévaloir de l'art. 7 de la loi de 1855 pour repousser l'action résolutoire du vendeur. — Cass., 24 mars 1891 [S. 91. 1. 209, P. 91. 1. 508, et la note de M. Lyon-Caen, D. P. 91. 1. 145]; 7 févr. 1898 [S. et P. 99. 1. 307, D. P. 98. 1. 459] — Riom, 1er juin 1859 [S. 59. 2. 597, P. 60. 779, D. P. 59. 2. 124] — *Sic*, Lyon-Caen et Renault, t. 7, n. 296; Baudry-Lacantinerie et de Loynes, t. 1, n. 1601 et s.; Rivière et Huguet, *Quest. sur la transcript.*, n. 374 et s.; Troplong, *Transcription*, n. 295 et s.; Mourlon, *Examen critique, append. sur la transcript.*, n. 379; Sellier, *Transcription*, 239; Hérisson, *Rev. prat.*, t. 10, p. 45; Massé et Vergé, sur Zachariæ, t. 5, p. 209, § 813, note 7; Flandin, t. 2, n. 1189; Ruben de Couder, v° *cit.*, *Suppl.*, n. 270; et notre *Rép. gén. alph. du dr. fr.*, v° *cit.*, n. 794 et s.

32. Jugé en ce sens, que la disposition de l'art. 7 de la loi du 23 mars 1855, portant que l'action résolutoire ne peut plus être exercée après l'extinction du privilège du vendeur au préjudice des tiers qui ont acquis des droits sur l'immeuble du chef de l'acquéreur et les ont conservés en se conformant aux lois, a pour effet de lier intimement le sort de l'action résolutoire à celui du privilège, et s'applique aussi bien aux créanciers qu'aux acquéreurs; et, à partir du jour où le liquidateur judiciaire a inscrit l'hypothèque de l'art. 490, C. comm., et de l'art. 4 de la loi du 4 mars 1889 au nom de la masse des créanciers, ceux-ci possèdent, sur les biens de leur débiteur, les droits visés par l'art. 7, précité. — Cass., 7 févr. 1898, précité.

33. D'autre part en vertu de l'art. 448, C. comm., l'inscription du privilège du vendeur ne pouvant plus être prise postérieurement à la déclaration de faillite ou de liquidation judiciaire, le privilège doit alors être considéré comme éteint dans le sens de l'art. 7 de la loi du 23 mars 1855, au regard de la masse des créanciers du liquidé lorsque le liquidateur a pris inscription au profit de ladite masse. — Même arrêt.

34. Par suite, dans ce cas, le vendeur ne peut plus exercer l'action résolutoire. — Même arrêt.

35. On est même allé plus loin et on a soutenu que le vendeur ne pouvait plus exercer son action résolutoire dès que la faillite était ouverte et sans même que le syndic ait fait inscrire l'hypothèque légale de la masse. Cette opinion se fonde sur l'idée, très contestable, que le jugement déclaratif de faillite créerait immédiatement au profit de la masse un droit réel exempt de toute publicité pour sa conservation et qui serait ainsi opposable aux tiers *ipso jure* et sans formalité spéciale. — *Sic*, Thaller, n. 1680 et 2062.

§ 2. *Des inscriptions prises pendant la période suspecte.*

a) Conditions de l'annulation. — 36. Le deuxième

alinéa de notre article ne subordonne l'annulation des inscriptions prises depuis la cessation des paiements ou dans les dix jours qui précèdent qu'à une seule condition, à savoir qu'il se soit écoulé plus de quinze jours entre la date de l'acte constitutif du privilège ou de l'hypothèque et la date de l'inscription. Cette condition étant remplie, le tribunal jouit d'un pouvoir souverain d'appréciation, soit pour maintenir l'inscription, s'il estime que le retard se justifie par des raisons plausibles ou qu'il ne cause aucun préjudice à la masse, soit pour annuler l'inscription s'il estime que le retard n'est pas suffisamment justifié, sans qu'il y ait d'ailleurs à tenir compte de ce que le créancier avait ou non connaissance de la cessation des paiements de son débiteur. — *Sic*, Lyon Caen et Renault, t. 7, n. 412; Bravard et Demangeat, t. 5, p. 595; Alauzet, t. 7, n. 2536; Laroque-Sayssinel et Dutruc, sur l'art. 448, n. 1 et s.; Thaller, n. 2063; et notre *Rép. gén. alph. du dr. fr., v° cit.*, n. 1525 et s.

37. Mais les tribunaux, en usant de ce pouvoir discrétionnaire, doivent donner à leur décision des motifs suffisants. — Jugé, à cet égard, que les tribunaux ne peuvent prononcer la nullité qu'autant que le créancier, par sa tardiveté, a causé un préjudice à la masse, en ménageant au débiteur un crédit apparent et mensonger, qui a pu induire les tiers en erreur sur la véritable situation. — Rouen, 8 mai 1851 [S. 52. 2. 185, P. 53. 1. 570, D. p. 53. 2. 55]

38. Dans tous les cas, il n'y aurait pas de motifs suffisants de l'annulation dans cette simple énonciation : *eu égard aux circonstances de la cause.* — Même arrêt.

39. Jugé également, que le maintien de l'inscription dans ce cas est subordonné à la preuve que le retard d'inscrire provient d'un empêchement de force majeure ou tout au moins sérieux : à défaut de cette preuve par le créancier, son inscription doit être annulée. — Bourges, 9 août 1848 [S. 48. 2. 597, P. 48. 2. 523, D. p. 48. 2. 153]

40. ... Dans tous les cas, l'arrêt qui, pour annuler une inscription tardive, se fonde sur ce qu'aucun empêchement de force majeure, ou tout au moins sérieux, n'a fait obstacle à l'inscription, échappe à la censure de la Cour de cassation. — Cass., 17 avr. 1849 [S. 49. 1. 638, P. 49. 2. 255, D. p. 49. 1. 150]

41. Jugé de même, que, lorsqu'il s'agit d'inscriptions prises plus de quinze jours après la date de l'acte constitutif du privilège ou de l'hypothèque, notre article laisse aux juges la faculté d'annuler l'inscription tardive suivant les circonstances qu'ils ont le pouvoir souverain d'apprécier. Ainsi, l'arrêt qui, pour maintenir une telle inscription, se fonde sur ce que le retard n'est le résultat d'aucune intention frauduleuse et n'a causé aucun préjudice aux tiers ou à la masse des créanciers, échappe à la censure de la Cour de cassation. — Cass., 2 mars 1863 [S. 63. 1. 425, P. 64. 51, D. p. 64. 1. 25]

42. Jugé encore dans le même sens, que l'art. 448, C. comm., a pour but, non seulement d'atteindre le concert frauduleux entre les parties, mais aussi de punir la négligence coupable, c'est-à-dire la faute lourde préjudiciable aux tiers. — Bordeaux, 9 mars 1896 [S. et P. 99. 2. 273, D. p. 99. 2. 65 et la note de M. Valéry]

43. Mais on ne peut considérer comme une faute lourde le retard du créancier à prendre inscription de son hypothèque, si le crédit du débiteur ne paraissait aucunement ébranlé à l'époque où a été rédigé l'acte constitutif d'hypothèque, et si, postérieurement à l'inscription arguée de nullité, les demandeurs en nullité, ayant eu connaissance de l'hypothèque, auraient pu faire inscrire un privilège leur appartenant. — Même arrêt.

44. Des termes de notre article, ainsi que des principes généraux admis en matière de calcul des délais emportant déchéance, il résulte que le délai de quinzaine qui doit s'écouler entre l'acte constitutif de l'hypothèque ou du privilège et son inscription doit être considéré comme un délai franc. En conséquence, l'inscription est valable tant que quinze jours pleins, non compris le *dies a quo* et le *dies ad quem*, ne se sont pas écoulés entre ces deux dates. — *Sic*, Esnault, n. 215.

β) *Inscriptions annulables.* — 45. La disposition du deuxième alinéa de l'art. 448 ayant pour objet d'apporter une exception au principe posé par le premier alinéa du même article, il s'ensuit que les inscriptions annulables pour avoir été prises pendant la période suspecte, sont les mêmes que celles qui ne peuvent plus être prises postérieurement au jugement déclaratif de faillite. — *Sic*, Lyon-Caen et Renault, t. 7, n. 413 et s.; Thaller, n. 2063; et notre *Rép. gén alph. du dr. fr.*, *v° cit.*, n. 1533 et s.

46. En conséquence, peuvent être annulées sous les conditions fixées par l'art. 448, deuxième alinéa, les inscriptions d'hypothèques conventionnelles, judiciaires ou légales autres que celles des incapables qui sont dispensées d'inscription. — *Sic*, Lyon-Caen et Renault, t. 7, n. 414.

47. Sont également annulables, par application de notre article, les inscriptions de privilèges, alors même qu'il s'agirait des privilèges pour l'inscription desquels la loi accorde un délai au créancier. Ainsi peut être annulée, en tant qu'elle a pour but de conserver le privilège du vendeur, la transcription postérieure de plus de quinze jours à la mutation d'une vente consentie au failli. — Nancy, 6 août 1859 [S. 59. 2. 594, P. 61. 176] — *Sic*, Lyon-Caen et Renault, *loc. cit.*; Thaller, *loc. cit.*; Mourlon, *Examen critique*, n. 379; Troplong, *Priv. et hypoth.*, n. 650; Rivière et Huguet, *Transcription*, n. 371. — *Contrà*, Pont, t. 2, n. 903.

48. Mais à l'inverse, la nullité facultative de l'art. 448, deuxième alinéa, ne saurait s'appliquer ... ni aux inscriptions d'hypothèques ou de privilèges prises en renouvellement. — *Sic*, Lyon-Caen et Renault, t. 7, n. 415.

49. ... Ni aux inscriptions prises pour garantir les intérêts d'une créance hypothécaire ou privilégiée valablement inscrite. — *Sic*, Lyon-Caen et Renault, *loc. cit.*

50. ... Ni aux inscriptions des hypothèques légales de la femme mariée, du mineur ou de l'interdit, alors du moins qu'une année ne s'est pas encore écoulée depuis la dissolution du mariage ou la cessation de la tutelle. — Même auteur.

51. Mais que faut-il décider, en ce qui concerne ces hypothèques légales, dans le cas où une année s'est écoulée depuis la cessation de la tutelle ou la dissolution du mariage avant qu'elles n'aient été inscrites ? On a soutenu que, dans ce cas, les créanciers à hypothèque légale, n'étant plus dispensés d'inscription, étaient dans la même situation que les autres créanciers hypothécaires, et qu'en consé-

quence leur inscription pouvait être annulée, par application de notre article, si elle était prise, pendant la période suspecte, plus de quinze jours après l'expiration de ladite année. — *Sic*, Pont, t. 2, n. 890 et 895 ; Aubry et Rau, t. 3, p. 307, § 269, note 21 ; Mourlon, *Transcription*, t. 2, n. 878 ; Cordier, *Effets de la loi de 1855 sur les hypoth. lég.*, n. 70 et s.

52. Jugé même, que notre article s'applique à l'inscription de l'hypothèque légale par cela seul qu'elle a été prise après l'année de la cessation du mariage ou de la tutelle. — Alger, 23 juin 1879 [S. 79. 2. 201, P. 79. 839, D. P. 80. 2. 33]

53. Mais l'opinion contraire paraît préférable et plus conforme au texte de notre article. Pour qu'une inscription soit annulable, en effet, il ne suffit pas qu'elle ait été prise pendant la période suspecte ; il faut, de plus, aux termes de notre article, que cette inscription ait été prise plus de quinze jours après la date de l'acte constitutif du privilège ou de l'hypothèque. Or, pour les hypothèques légales, il ne saurait être question d'acte constitutif, puisque c'est la loi elle-même qui les établit. Notre article ne peut donc recevoir ici son application, d'autant plus qu'il s'agit ici d'une déchéance qui doit être interprêtée restrictivement. — Colmar, 15 janv. 1862 [S. 62. 2. 122, P. 62. 19, D. P. 62. 2. 102] — Caen, 18 juin 1879 [S. 80. 2. 201, P. 80. 803] — *Sic*, Baudry-Lacantinerie et de Loynes, t. 2, n. 1591 ; Troplong, *Transcription*, n. 317 ; Carette, note sous Cass., 2 mars 1863 [S. 63. 1. 425] ; Lyon-Caen et Renault, t. 7, n. 415 ; Laroque-Sayssinel et Dutruc, n. 392 ; et notre *Rép. gén. alph. du dr. fr.*, v^is *Faillite*, n. 1539, et *Hypothèque*, n. 853 et s., 1398 et s.

54. En tout cas, si l'on admet que l'art. 448, 2e alin., C. comm., soit applicable à l'inscription de l'hypothèque légale du mineur, l'inscription prise par le mineur entre la cessation des paiements et le jugement déclaratif de la faillite ne devrait pas être annulée, s'il est constant que le mineur n'a participé à aucune fraude, que son retard provient de son inexpérience et n'a causé aucun préjudice aux créanciers. — Grenoble, 25 juin 1875 [S. 76. 2. 147, P. 76. 674]

55. La nullité édictée par l'art. 448 a le même caractère que les nullités des art. 446 et 447 : elle n'existe qu'au regard de la masse, et, par suite, elle ne peut être invoquée ni par le failli, ni par ses ayants cause à titre particulier, ni par chacun de ses créanciers agissant dans son intérêt individuel. — Cass., 18 févr. 1878, motifs [D. P. 78. 1. 291] — *Sic*, Ruben de Couder, *Suppl.*, v° *cit.*, n. 271. — Sur le caractère des nullités des actes passés pendant la période suspecte, V. *suprà*, art. 447, n. 85 et s.

§ 3. *Formalités autres que les inscriptions.*

α) *Transcription.* — 56. En ce qui concerne les donations d'immeubles, on est d'accord pour décider que la transcription ne peut plus être opérée par le donataire et à l'encontre des créanciers de la masse postérieurement au jugement déclaratif de la faillite. D'après l'art. 941, C. civ., en effet, le défaut de transcription d'une donation immobilière peut être opposée par « toute personne y ayant intérêt ». Or cette formule générale doit comprendre les créanciers de la masse, étant donné surtout que le jugement déclaratif de faillite a opéré à leur profit une mainmise judiciaire sur les biens de leur débiteur. — Cass., 23 nov. 1859 [S. 61. 1. 85, P. 60. 775, D. P. 59. 1. 481] — *Sic*, Lyon-Caen et Renault, t. 7, n. 301 ; Boistel, n. 919 ; Thaller, n. 1679-*a* ; Bédarride, t. 1, n. 109 ; Aubry et Rau, t. 3, § 209, note 92 ; Demolombe, t. 20, n. 303 ; et notre *Rép. gén. alph. du dr. fr.*, v^is *Donation entre-vifs*, n. 1959 et s., et *Faillite*, n. 764. — V. cependant Rouen, 7 avr. 1856 [S. 57. 2. 41, P. 57. 1031, D. P. 59. 1. 481]

57. Mais si les donations immobilières ne peuvent être transcrites postérieurement au jugement déclaratif de faillite, rien ne s'oppose à ce que la transcription soit valablement opérée pendant la période suspecte, alors que l'acte de donation est antérieur à cette période. D'une part, en effet, l'art. 446, C. comm., ne saurait recevoir ici son application : car la transcription n'est point une condition de validité de la donation, mais seulement une condition de publicité ; et par suite, la donation, quoique non transcrite, n'en doit pas moins être considérée comme parfaite avant la période suspecte, si elle est antérieure à cette période. — Cass., 24 mai 1848 [S. 48. 1. 437, P. 48. 2. 654, D. P. 48. 1. 172] — Grenoble, 17 juin 1822 [P. chr.] — *Sic*, Renouard, t. 1, p. 370 ; Bédarride, t. 1, n. 108 ; Paradan, *Rev. crit.*, 1877, p. 285 ; Lyon-Caen et Renault, t. 7, n. 321 ; Ruben de Couder, v° *cit.*, n. 304 ; et notre *Rép. gén. alph. du dr. fr.*, v^is *Donation entre-vifs*, n. 1959 et s., et *Faillite*, n. 1157.

58. D'autre part, l'art. 448, C. comm., qui confère aux juges le droit d'annuler les inscriptions prises après l'époque de la cessation des paiements du failli ou dans les dix jours qui l'ont précédée, s'il s'est écoulé plus de quinze jours entre la date de l'acte constitutif de l'hypothèque ou du privilège et celle de l'inscription, ne vise que les inscriptions, et ne peut être étendu, sous prétexte d'analogie, à la transcription d'une donation. — Rouen, 7 avr. 1856 [S. 57. 2. 41, P. 57. 1031, D. P. 59. 1. 481] — *Sic*, Lyon-Caen et Renault, t. 7, n. 415 *bis*.

59. Les mêmes solutions doivent être appliquées dans le cas où le failli a aliéné à titre gratuit ou à titre onéreux, un bâtiment de mer et où les formalités de la mutation en douane n'ont pas été remplies avant le jugement déclaratif de faillite. Le défaut de mutation en douane, comme le défaut de transcription d'une donation immobilière, peut, en effet, être opposé par toute personne y ayant intérêt, et, par suite, par les créanciers du failli. — *Sic*, Lyon-Caen et Renault, t. 7, n. 302. — Sur la mutation en douane et les effets du défaut de mutation, V. *suprà*, art. 195, n. 42 et s.

60. En ce qui concerne les aliénations d'immeubles à titre onéreux, la question de savoir si la transcription peut avoir lieu après le jugement déclaratif de faillite est plus douteuse. Ici, en effet, l'art. 3 de la loi du 23 mars 1855 ne donne le droit d'invoquer le défaut de transcription qu'aux tiers qui ont acquis des droits sur l'immeuble aliéné et qui les ont conservés conformément aux lois. Or, peut-on considérer les créanciers comme des tiers dans le sens de cet article ? Une première opinion résoud cette question par l'affirmative : elle se fonde sur ce que le jugement déclaratif de faillite conférerait *ipso jure* aux créanciers sur les biens du failli un droit réel qui se conserve par lui-même, sans aucune formalité de publicité ; ces créanciers peuvent donc se prévaloir du défaut de transcription toutes les fois que cette transcription n'a pas été opérée avant

le jugement déclaratif de faillite. — *Sic*, Troplong, *Transcription*, n. 158 ; Sellier, *Transcription*, n. 309 ; Demangeat, sur Bravard, t. 5, p. 301 à 303 ; Thaller, n. 1684-*a*.

61. La jurisprudence décide, au contraire, que les créanciers de la faillite ne peuvent être considérés comme des tiers dans le sens de l'art. 3 de la loi de 1855, qu'autant que le syndic a fait inscrire l'hypothèque légale de la masse, conformément à l'art. 490, C. comm. C'est seulement à ce moment là, en effet, que ces créanciers ont conservé leurs droits conformément à la loi et qu'ils remplissent les conditions prescrites par ledit art. 3 pour pouvoir opposer à l'acquéreur le défaut de transcription. — Cass., 5 août 1869 [S. 69. 1. 393, P. 69. 1041, D. P. 70. 1. 161]; 13 juill. 1891 [S. et P. 92. 1. 257, et la note de M. Garsonnet, D. P. 92. 1. 483] — *Sic*, Lyon-Caen et Renault, t. 7, n. 299 ; Boistel, n. 919 ; Aubry et Rau, t. 2, § 209, notes 92 et 93 ; Flandin, *Transcription*, t. 2, n. 857; et notre *Rép. gén. alph. du dr. fr.*, v° *Faillite*, n. 1938.

62. En conséquence, la transcription opérée par l'acquéreur d'un immeuble du failli antérieurement à l'inscription prise au profit de la masse chirographaire est opposable à cette masse, alors même qu'elle n'a été requise que postérieurement au jugement déclaratif de faillite. — Cass., 5 août 1869, précité.

63. Et à l'inverse les aliénations consenties, même à titre onéreux et de bonne foi, par un failli avant l'époque de la cessation de ses paiements, ne sont pas opposables à ses créanciers, lorsqu'elles n'ont été transcrites que postérieurement à l'inscription par eux prise de l'hypothèque légale de la masse. — Cass., 13 juill. 1891, précité.

64. Et cette inscription prime celles que les créanciers de l'acquéreur ont pu prendre, même antérieurement à elle, mais avant la transcription de la vente. — Même arrêt.

65. En tout cas, la transcription opérée pendant la période suspecte plus de quinze jours après la vente, ne saurait être annulée, par application du 2ᵉ alin. de l'art. 448, lequel ne vise que les inscriptions de privilège ou d'hypothèque. — *Sic*, Lyon-Caen et Renault, t. 7, n. 415 *bis*.

β) *Cession de créance.* — 66. On admet, d'une manière unanime, que les formalités requises par l'art. 1690, C. civ., pour que la cession de créance soit valable à l'égard des tiers, ne peuvent plus être opérées après le jugement déclaratif de faillite. Le dessaisissement qui résulte de ce jugement opère en effet, à l'instar d'une saisie, une mainmise sur les biens du failli au profit des créanciers, qui deviennent ainsi des tiers et qui peuvent, dès lors, opposer au cessionnaire le défaut d'accomplissement des formalités légales. — Cass., 4 janv. 1847 [S. 47. 1. 161, P. 47. 1. 231, D. P. 47. 1. 130]; 26 janv. 1859 [S. 59. 1. 569, P. 59. 1053, D. P. 59. 1. 97]; 26 janv. 1863 [S. 63. 1. 64, P. 63. 429, D. P. 63. 1. 47]; 26 juill. 1880 [S. 82. 1. 356, P. 82. 1. 865, D. P. 80. 1 366] — Nancy, 22 août 1844 [S. 45. 2. 253, P. 45. 1. 513, D. P. 45. 2. 12] — Riom, 8 mars 1845 [S. 46. 2. 118, P. 46. 2. 74, D. P. 46. 2. 65] — Rennes, 29 juill. 1861 [S. 62. 2. 225, P. 63. 429] — *Sic*, Guillouard, t. 2, n. 772; Renouard, t. 1, p. 362; Troplong, *Tr. de la vente*, t. 2, n. 911 ; Bravard et Demangeat, t. 5, p. 300, note 1. Lyon-Caen et Renault, t. 7, n. 303 ; Thaller, n. 1679-*b*; et notre *Rép. gén. alph. du dr. fr.*, v° *cit.*, n. 757 et s. — V. cependant Aix, 31 janv. 1845 [P. 46. 1. 437] — Sur les formalités requises pour que la cession de créance soit opposable aux tiers, V. notre *Code civil annoté*, art. 1690.

67. Et le syndic de la faillite du cédant est fondé, en ce cas, à faire figurer dans l'actif de cette faillite le montant de la créance cédée. — Rennes, 29 juill. 1861, précité.

68. Mais en cas d'annulation d'une cession pour défaut de notification au débiteur cédé, avant la faillite du cédant, le cessionnaire ne peut être condamné à restituer les sommes qui lui ont été payées volontairement par les débiteurs cédés avant la déclaration de faillite et qu'il a reçues de bonne foi. — Cass., 4 janv. 1847, précité.

69. D'autre part, la ratification d'un transport non enregistré ni notifié avant la faillite du cédant peut résulter de la reconnaissance que les syndics ont faite, pendant toutes les opérations de la faillite, de sa validité non alors contestée et de l'exécution qu'ils lui ont donnée de concert avec les principaux créanciers : ce n'est pas là une transaction qui excède les pouvoirs des syndics. Dans ce cas, les créanciers ou leurs représentants ne sont pas fondés, après la clôture de la faillite, à demander la nullité du transport. — Cass., 18 juin 1844 [S. 44. 1. 486, P. 44. 2. 252, D. *Rép.*, v° *Faillite*, n. 619]

70. Mais la cession de créance signifiée pendant la période suspecte est opposable aux créanciers de la masse, alors même que plus de quinze jours se seraient écoulés entre l'acte de cession et sa signification. — *Sic*, Lyon-Caen et Renault, t. 7, n. 415 *bis*. — Sur l'application à la cession de créance des art. 446 et 447, C. comm., V. *suprà*, art. 446, n. 87 et s., et art. 447, n. 15 et s., 50 et s.

71. Par identité de motifs, doit être considérée comme inopposable à la masse toute cession d'un brevet d'invention non enregistrée avant le jugement déclaratif dans les formes déterminées par l'art. 20 de la loi du 5 juill. 1844. — *Sic*, Lyon-Caen et Renault, t. 7, n. 305 ; Thaller, n. 1679-*b*; Pouillet, *Tr. des brev. d'inv.*, n. 212 et s. — V. aussi notre *Rép. gén. alph. du dr. fr.*, v° *Brevet d'invention*, n. 1100 et s.

72. D'autre part, notre article ne saurait non plus s'appliquer à la transcription d'une délégation de loyers consentie par le failli avant la période suspecte, cette délégation n'étant ni un privilège, ni une hypothèque, et l'obligation de la transcrire, quand elle s'applique à une durée de trois ans, ne pouvant lui donner le caractère d'une de ces causes de préférence. En conséquence, une telle délégation, bien que transcrite depuis la cessation des paiements, est opposable à la masse de la faillite. — Paris, 8 juin 1899 [D. P. 1901. 2. 203]

γ) *Nantissement.* — 73. On admet également comme conséquence de dessaisissement du failli, que les formalités qui sont requises pour que le nantissement soit opposable aux tiers, ne peuvent plus être remplies après le jugement déclaratif de faillite. Ainsi un acte de nantissement d'objets mobiliers, qui n'aurait été enregistré qu'après la faillite du débiteur ou après la mainmise opérée par un créancier du débiteur sur les objets constitués en gage, ne pourrait être opposé aux tiers. — Metz, 22 déc. 1820 [S. et P. chr., D. *Rép.*, v° *Nantissement*, n. 86] — *Sic*, Baudry-Lacantinerie et de Loynes,

n. 47; Guillouard, n. 72; Laurent, t. 28, n. 453; P. Pont, t. 2, n. 1092; Duranton, t. 18, n. 513; Troplong, n. 201; Thézard, n. 10; Lyon-Caen et Renault, t. 7, n. 306; Boistel, n. 919; et notre *Rép. gén. alph. du dr. fr.*, v° *Faillite*, n. 1368 et s. — Sur la question de savoir si lesdites formalités peuvent être accomplies pendant la période suspecte, V. *suprà*, art. 446, n. 147 et s.

74. De même, la signification de la constitution en gage d'une créance ne peut avoir lieu utilement après le jugement déclaratif de faillite. — Cass., 11 août 1869 [S. 69. 1. 397, P. 69. 1049, D. P. 70. 1. 81]; 20 janv. 1886 [S. 86. 1. 305, P. 86. 1. 732, et la note de M. Lyon-Caen, D. P. 86. 1. 406] — Rouen, 1er août 1888 [S. 88. 2. 171, P. 88. 1. 971]

75. Mais la signification opérée pendant la période suspecte est valable, alors même qu'il se serait écoulé plus de quinze jours entre la constitution du gage et cette signification : on ne saurait appliquer ici l'art. 448, 2e alin., qui ne vise que les inscriptions de privilège ou d'hypothèque. — Cass., 19 juin 1848 [S. 48. 1. 465, P. 49. 1. 505, D. P. 48. 1. 181] — Lyon, 16 juin 1874 [D. P. 76. 2. 171] — *Sic*, Lyon-Caen et Renault, t. 7, n. 415 *bis*.

ART. **449.** Dans le cas où des lettres de change auraient été payées après l'époque fixée comme étant celle de la cessation de paiements et avant le jugement déclaratif de faillite, l'action en rapport ne pourra être intentée que contre celui pour le compte duquel la lettre de change aura été fournie.

S'il s'agit d'un billet à ordre, l'action ne pourra être exercée que contre le premier endosseur.

Dans l'un et l'autre cas, la preuve que celui à qui on demande le rapport avait connaissance de la cessation de paiements à l'époque de l'émission du titre devra être fournie. — C. civ., 1167; C. comm., 110 et s., 446 et s.; L. 4 mars 1889, art. 19.

INDEX ALPHABÉTIQUE.

DIVISION

α) *A quelles conditions le porteur est dispensé du rapport.* — 1. En décidant que le porteur d'une lettre de change ou d'un billet à ordre n'est pas tenu de rapporter le paiement qu'il a reçu, alors même qu'il aurait eu connaissance de l'état de cessation des paiements du débiteur, notre article déroge, uniquement, en faveur de ce porteur, à l'art. 447, C. comm. En conséquence, le paiement ne serait plus valable, et le porteur qui l'a reçu serait tenu au rapport, par application de l'art. 443, C. comm., si le paiement était effectué postérieurement à la déclaration de faillite du débiteur. — *Sic*, Lyon-Caen et Renault, t. 7, n. 400-*a;* Boistel, n. 956; Bédarride, t. 1, n. 136 et s.; Laroque-Sayssinel et Dutruc, t. 1, n. 406; Bravard et Demangeat, t. 5, p. 269; Thaller, n. 1823-1°. — Sur la nullité des paiements effectués postérieurement au jugement déclaratif de faillite, V. *suprà*, art. 443, n. 89 et s.

2. De même, sont également nuls de droit, par application de l'art. 446, C. comm., les paiements d'effets de commerce échus qui seraient effectués autrement qu'en espèces ou au moyen d'autres effets de commerce. — *Sic*, Boistel, n. 954; Lyon-Caen et Renault, t. 7, n. 400-*c*. — V. aussi *suprà*, art. 446, n. 40 et s.

3. ... Ou encore les paiements d'effets de commerce avant leur échéance. — Dijon, 19 févr. 1867 [S. 67. 2. 316, P. 67. 1128, D. P. 68. 2. 139] — *Sic*, Lyon-Caen et Renault, t. 7, n. 400-*b;* Thaller, n. 1823-2°. — V. aussi *suprà*, art. 446, n. 18 et s.

4. Mais s'il est certain que notre article ne déroge, en faveur du porteur d'une lettre de change ou d'un billet à ordre, qu'à l'art. 447, C. comm., c'est au contraire une question vivement controversée que celle de savoir quelle est la portée de cette dérogation et si le porteur peut toujours s'en prévaloir, quelle que soit la personne qui l'ait payé et dans quelque condition que le paiement ait été effectué. — A cet égard, un premier système, qui prévaut depuis longtemps en jurisprudence, part de cette idée très exacte et confirmée par les travaux préparatoires de la loi du 28 mai 1838, que la disposition de faveur de notre article n'est autre chose que le corollaire de la théorie des devoirs du porteur. En d'autres termes, si le porteur est dispensé du rapport, cela tient à ce qu'il est obligé de recevoir le paiement que lui offre le tiré à l'échéance, de telle sorte qu'il n'a pas pu faire dresser protêt faute de paiement et qu'ainsi il est déchu de son recours contre les endosseurs; ce serait une véritable iniquité que de l'obliger dans ces conditions et alors qu'il n'a aucune faute à se reprocher, à rapporter à la faillite les sommes qu'il a touchées. En conséquence, et si

tel est le motif de la disposition de faveur de notre article, cette disposition ne peut s'appliquer que dans le cas où le porteur a reçu son paiement du tiré ou du souscripteur et avant qu'il ait été dressé protêt : dans toute autre hypothèse, le paiement reçu par le porteur tombe sous le coup de l'art. 447, C. comm. — Cass., 18 déc. 1865 [S. 66. 1. 137, P. 66. 369, D. P. 66. 1. 17] ; 15 mai 1867 [S. 67. 1. 193, P. 67. 489, D. P. 67. 1. 417] ; 27 nov. 1867 [S. 68. 1. 166, P. 68. 389, D. P. 67. 1.417] ; 9 déc. 1868 [S. 69. 1. 112, P. 69. 266, D. P. 69. 1. 16] ; 5 mai 1873 [S. 74. 1. 78, P. 74. 161, D. P. 73. 1. 351] ; 1er déc. 1879 [S. 80. 1. 158, P. 80. 360, D. P. 80. 1. 230] ; 30 oct. 1888 [S. 89. 1. 409, P. 89. 1. 1022, D. P. 89. 1. 167] ; 21 juill. 1896 [S. et P. 99. 1. 461, D. P. 98. 1. 209] — Riom, 8 janv. 1855, sous Cass., 26 nov. 1855 [S. 56. 1. 346, P. 56. 177, D. P. 56. 1. 26] — Bordeaux, 20 déc. 1864 [S. 65. 2. 308, P. 65. 1144] ; 13 août 1866 [S. 67. 1. 192, *ad notam*, P. 67. 482, *ad notam*, D. P. 67. 2. 9] — Colmar, 29 mars 1865 [S. 65. 2. 161, P. 65. 716, D. P. 65. 2. 166] ; 10 févr. 1869 [S. 70. 2. 52, P. 70. 322] — Paris, 24 mars 1870 [S. 70. 2 151, P. 70. 600, D. P. 70. 2. 188] — Douai, 20 juill. 1871 [S. 71. 2. 209, P. 71. 665, D. P. 71. 2 80] — *Sic*, Boistel, n. 957 ; Bravard et Demangeat, t. 5 p. 269 ; Thaller, n. 1822 ; Pont, note sous Cass., 15 mai 1867 [S. 67. 1. 193, P. 67. 489] ; Ruben de Couder, *v° cit.*, n. 420 et s. ; et notre *Rép. gén. alph. du dr. fr.*, v° *Faillite*, n. 1547 et s.

5. Spécialement jugé en ce sens, que la disposition exceptionnelle de l'art. 449, C. comm., en affranchissant virtuellement du rapport le porteur d'une lettre de change qui en a reçu le paiement après l'époque fixée comme étant celle de la cessation de paiements et avant le jugement déclaratif de la faillite, a eu en vue limitativement le cas de paiement fait à l'échéance par le tiré. En conséquence, le bénéfice de cet article ne saurait être invoqué par le tiers porteur qui, après protêt de la lettre de change à défaut de paiement par le tiré, a exercé utilement son recours contre l'un des signataires antérieurs solidairement obligés. En un tel cas, le paiement est, dans les conditions déterminées par l'art. 447, rapportable, par le tiers porteur, à la masse de la faillite de celui de qui il l'a reçu. — Cass., 15 mai 1867, précité ; 27 nov. 1867, précité ; 9 déc. 1868, précité. — Paris, 24 mars 1870, précité. — Douai, 20 juill. 1871, précité.

6. De même, le paiement du montant d'une lettre de change que le tireur en état de cessation de paiements a fait au preneur de cette lettre, entre les mains duquel elle était revenue après protêt par le tiers porteur sur le tiré, tombe sous la règle commune consacrée par l'art. 447, C. comm., et non sous la disposition exceptionnelle de l'art. 449, même Code. Ce paiement est donc rapportable à la faillite du tireur, si celui qui l'a reçu avait alors connaissance de la cessation de paiements de ce dernier. — Cass., 18 déc. 1865, précité ; 15 mai 1867, précité.

7. De même encore le porteur d'une traite, qui, sur le refus de paiement du tiré à l'échéance, reçoit directement du tireur, contre la remise de l'effet, un acompte sur cet effet, et cela à une époque où le tireur, déclaré depuis en faillite, était déjà dans un état de cessation de paiements connu du porteur, peut voir annuler son paiement et être condamné à en rapporter le montant à la faillite du tireur, en vertu de l'art. 447, C. comm., et du pouvoir d'appréciation attribué aux juges par cet article. — Cass., 21 juill. 1896, précité.

8. Jugé également, que le bénéfice de l'article 449 ne saurait non plus être invoqué, d'après le même principe, par le tiers porteur qui, après protêt de la lettre de change à défaut de paiement par le tiré, en a reçu le montant d'un tiers indiqué par la lettre pour la payer au besoin. — Colmar, 10 fév. 1869, précité.

9. D'autre part, l'endosseur qui, après avoir remboursé la lettre de change ou le billet à ordre protesté par le tiers porteur, s'adresse à son cédant et en exige lui-même son remboursement, sachant qu'il est en état de cessation de paiements, n'est pas dispensé de rapporter à la faillite ultérieurement déclarée la somme qui lui a été ainsi payée. — Bordeaux, 20 déc. 1864, précité. — Colmar, 29 mars 1865, précité.

10. Il en est ainsi, surtout, quand cet endosseur, sans agir contre le souscripteur ni contre le premier endosseur, et sans dénoncer le protêt, conformément à la loi, même à son cédant, a demandé à celui-ci son remboursement verbalement et par lettres missives, et ne l'a obtenu de lui, au moment où la déclaration de faillite, par suite de la cessation de paiements, déjà manifestée et à la connaissance dudit endosseur, était imminente, que par la menace d'une dénonciation au ministère public. Un tel paiement ne rentre pas dans la disposition de l'art. 449, C. comm. ; il est au contraire susceptible d'annulation, dans les termes de l'art. 447 du même Code. — Colmar, 29 mars 1865, précité.

11. Peu importe, du reste, que le paiement ait été fait par le failli personnellement, ou par un mandataire par exemple, par une société en commandite formée pour la liquidation des affaires du failli, le mandataire n'ayant, en pareil cas, pas plus de droits que le mandant. — Bordeaux, 20 déc. 1864, précité.

12. Jugé également, que l'art. 449, C. comm., relatif à la dispense de rapport du montant de lettres de change payées après l'époque fixée comme étant celle de la cessation des paiements et avant le jugement déclaratif de la faillite, n'est pas applicable au cas où il y a eu protêt contre le tiré, retour de la valeur impayée et remboursement par le failli à celui au bénéfice duquel il l'avait créée : les relations du bénéficiaire de ladite lettre, qui en reçoit le paiement, sont alors régies exclusivement par l'art. 447, et, par suite, il appartient au juge d'apprécier, conformément à cet article, si ce paiement doit être maintenu ou invalidé. — Douai, 20 juill. 1871, précité. — Cass., 1er déc. 1879, précité.

13. Il en est de même pour le paiement d'un billet à ordre, le bénéfice de l'art. 449, C. comm., ne saurait être invoqué par l'endosseur qui, ayant payé le billet après protêt contre le débiteur, obtient ensuite de celui-ci son remboursement ; il y a lieu, en pareil cas, à rapport dans les termes de l'art. 447. — Cass., 5 mai 1873, précité.

14. En tout cas, le tiers porteur de billets à ordre non payés à l'échéance, qui, au lieu d'en poursuivre le paiement, a accepté de nouveaux billets du souscripteur, à une époque où celui-ci était en état de cessation de paiements, et dont il a ultérieurement reçu le montant, est tenu de rapporter à la masse de la faillite les sommes par lui touchées : il ne sau-

rait plus être considéré, en un tel cas, comme un tiers porteur, et se prévaloir, à ce titre, de la disposition exceptionnelle de l'art. 449, C. comm. — Cass., 19 mai 1868 [S. 68. 1. 364, P. 68. 937, D. P. 69. 1. 92]

15. Il en est ainsi, surtout, si le créancier connaissait réellement la cessation de paiements de son débiteur. — Même arrêt.

16. D'après une deuxième opinion, la disposition de faveur de notre article, en mettant le porteur à l'abri de toute action en rapport des sommes par lui reçues, aurait eu pour but principal d'encourager la circulation de la lettre de change. En conséquence, cette disposition doit recevoir son application, d'une manière générale et absolue, toutes les fois que le porteur a reçu son paiement, et sans qu'il y ait à distinguer suivant qu'il a été payé par le tiré avant ou après protêt, ou bien par le tireur ou l'un des endosseurs sur l'action récursoire qu'il aurait exercée contre eux. — Cass., 16 juin 1846 [S. 46. 1. 523, P. 46. 2. 90, D. P. 51. 1. 127]; 26 nov. 1855 [S. 56. 1. 346, P. 56. 177, D. P. 56. 1. 26] — Alger, 15 nov. 1866 [S. 67. 2. 43, P. 67. 216, D. *Rép.*, *Suppl.*, *v° cit.*, n. 750] — *Sic*, Lyon-Caen et Renault, t. 7, n. 405; Renouard, t. 1, p. 404; Alauzet, t. 7, n. 2539, et *Rev. prat.*, t. 28, p. 5 et s.; Demangeat, sur Bravard, t. 5, p. 277, note; Rataud, *Rev. crit.*, t. 28, p. 489; Delamarre et Lepoitvin, t. 6, n. 152; Namur, t. 3, n. 1667.

17. Enfin, on a proposé une troisième opinion intermédiaire qu'il paraît difficile d'admettre en présence du texte de notre article. D'après cette opinion, le porteur serait dispensé du rapport en vertu de notre article, lorsqu'il aurait reçu son paiement d'une personne avec qui il n'a pas directement contracté, par exemple du tiré, du tireur ou d'un endosseur autre que son endosseur immédiat. Au contraire, notre article ne devrait plus s'appliquer et le paiement tomberait sous le coup de l'art. 447, toutes les fois qu'il serait intervenu entre deux personnes ayant contracté directement et sans intermédiaire : il en serait ainsi dans le cas où le porteur se serait fait payer par son endosseur immédiat, ou bien encore dans le cas où un endosseur se serait fait payer par son cédant. — *Sic*, Labbé, note sous Cass., 18 déc. 1865 [S. 66. 1. 137, P. 66. 369]; Beudant, note sous Cass., 15 mai 1867 [D. P. 67. 1. 417] — V. aussi Paris, 16 mars 1866 [S. 66. 1. 137, *ad notam*, P. 66. 371, *ad notam*] — Lyon, 26 déc. 1866 [S. 67. 2. 347, P. 67. 1256, D. P. 69. 2. 16]

18. Dans tous les cas et quel que soit le système qu'on adopte sur la question précédente, il paraît certain que notre article ne dispense du rapport que le tiers porteur qui n'a été en contact avec le débiteur depuis tombé en faillite que par le hasard de la circulation des effets de commerce. Par suite, notre article est inapplicable au porteur qui a traité directement avec le souscripteur, bien que, d'après la disposition adoptée dans l'effet souscrit, ce porteur ne se présente que comme second endosseur. — Lyon, 26 déc. 1866 [S. 67. 2. 347, P. 67. 1256, D. P. 69. 2. 16] — *Sic*, Lyon-Caen et Renault, t. 7, n. 404; Laurin, n. 1015; Demangeat, sur Bravard, t. 5, p. 283, note 2.

19. Jugé encore, d'après le même principe, que l'art. 449 n'est pas applicable au paiement fait à celui qui, bénéficiaire du titre, s'est abstenu de le négocier et l'a gardé pour en toucher le montant à l'échéance : un tel paiement est soumis à la règle générale de l'art. 447; et il importe peu que le billet soit garanti par des avals, les donneurs d'aval n'étant que simples cautions du paiement et ne pouvant, à aucun titre, être considérés comme tiers porteurs. — Cass., 15 mai 1867 [S. 67. 1. 198, P. 67. 491, D. P. 67. 1. 417] — Paris, 8 août 1865 [S. 65. 2. 309, P. 65. 1146]

20. Et il importe peu également, que d'autres signatures précèdent celle dudit bénéficiaire, si ceux qui ont donné ces signatures ne peuvent être considérés comme des tiers porteurs, mais sont ainsi intervenus dans la lettre de change à titre de caution du tiré et de certificateur de la caution et pour organiser dans la forme convenue, avec le tireur, la solidarité stipulée entre eux et le tiré. — Dijon, 19 févr. 1867 [S. 67. 2. 316, P. 67. 1128, D. P. 68. 2. 139]

21. Mais ces solutions ne s'appliquent qu'au bénéficiaire même du titre, et non à celui à qui le titre a été négocié. Notre article, en effet, en n'admettant l'action en rapport que contre celui pour le compte duquel la lettre est fournie, c'est-à-dire contre le tireur, exclut par cela même cette action en rapport contre tout porteur quel qu'il soit, et ce, alors même que la traite n'a pas été l'objet d'endossements successifs, et que le porteur actuel est le preneur primitif, à qui le tireur, son débiteur, avait remis cette traite. — Cass., 21 juill. 1896 [S. et P. 99. 1. 461, D. P. 98. 1. 209] — *Contrà*, Dijon, 19 févr. 1867, précité.

22. Lorsque le tiers porteur ne peut pas se prévaloir de l'art. 449, le paiement qu'il a reçu peut être annulé en vertu de l'art. 447, C. comm., et à la condition qu'il ait connu la cessation des paiements du débiteur. — Jugé à cet égard, que la preuve que le tiers porteur a eu connaissance de la cessation des paiements résulte suffisamment de ce que le paiement de la lettre de change n'a été obtenu qu'à l'aide de lettres comminatoires et a été fractionné en acomptes de diverses natures, espèces, chèques, cessions de dividendes de faillite. — Colmar, 10 févr. 1869, précité.

23. Le tiers obligé au rapport dans le cas prévu par l'art. 447, C. comm., doit, comme n'étant pas de bonne foi au moment où il a reçu, être tenu des intérêts du jour du paiement. — Paris, 8 août 1865 [S. 65. 2. 309, P. 65. 1146] — Sur l'époque à partir de laquelle sont dus les intérêts au cas de rapport de sommes payées par le failli pendant la période suspecte, V. *suprà*, art. 447, n. 120 et s.

β) *Contre qui l'action en rapport peut-elle être exercée.* — 24. Aux termes de notre article, l'action en rapport peut être exercée contre celui pour le compte de qui la lettre de change a été tirée, c'est-à-dire contre le tireur ou contre le donneur d'ordre et, s'il s'agit d'un billet à ordre, contre le premier endosseur, c'est-à-dire contre le bénéficiaire du billet. — V. Lyon-Caen et Renault, t. 7, n. 402; Thaller, n. 1824; et notre *Rép. gén. alph. du dr. fr.*, *v° cit.*, n. 1569 et s.

25. Mais, bien qu'aux termes de l'art. 449, C. comm., l'action en rapport à la masse de la faillite du montant d'un billet à ordre payé par le failli postérieurement à la cessation de ses paiements, ne puisse être exercée que contre le premier endosseur, celui qui ne figure que comme second endosseur sur le billet est lui-même passible de cette action, s'il est établi qu'il est le véritable bénéficiaire : il doit, en pareil cas, être réputé le

premier endosseur dans le sens de l'art. 449. — Angers, 25 avril 1861 [S. 66. 2. 119, P. 66. 1123, D. P. 68. 5. 218] — *Sic*, Bédarride, t. 1, n. 140; Lyon-Caen et Renault, *loc. cit.*

26. ... Et il en est ainsi notamment, alors que le premier endosseur d'un effet de commerce n'est, en réalité, qu'une caution. — Lyon, 26 déc. 1866 [S. 67. 2. 347, P. 67. 1246, D. P. 69. 2. 16]

27. L'action en rapport ne peut d'ailleurs être exercée contre le tireur de la lettre de change et le bénéficiaire du billet à ordre que dans les conditions de l'article 447, C. comm. Il est donc nécessaire que ce tireur ou ce bénéficiaire aient eu connaissance de la cessation des paiements au moment de l'émission de la lettre de change ou de la souscription du billet à ordre : c'est en effet à ce moment là, et non pas au moment de l'échéance, qu'ils ont reçu en fait le paiement de ce qui leur était dû. — *Sic*, Lyon-Caen et Renault, t. 7, n. 402; Bravard et Demangeat, t. 5, p. 234; Thaller, n. 1824; et notre *Rép. gén. alph. du dr. fr.*, v° *cit.*, n. 1573 et s.

28. D'autre part, l'action en rapport ayant pour base l'art. 447, C. comm., la condamnation du tireur ou du bénéficiaire du billet à ordre est facultative pour le juge qui a, à cet égard, un pouvoir souverain d'appréciation. — Sur le pouvoir du juge, V. *suprà*, art. 447, n. 70 et s.

ART. **450** (*Modifié par la loi du 12 févr. 1872*). Les syndics auront, pour les baux des immeubles affectés à l'industrie ou au commerce du failli, y compris les locaux dépendant de ces immeubles et servant à l'habitation du failli et de sa famille, huit jours, à partir de l'expiration du délai accordé par l'article 492, C. comm., aux créanciers domiciliés en France, pour la vérification de leurs créances, pendant lesquels ils pourront notifier au propriétaire leur intention de continuer le bail, à la charge de satisfaire à toutes les obligations du locataire.

Cette notification ne pourra avoir lieu qu'avec l'autorisation du juge-commissaire et le failli entendu.

Jusqu'à l'expiration de ces huit jours, toutes voies d'exécution sur les effets mobiliers servant à l'exploitation du commerce ou de l'industrie du failli, et toutes actions en résiliation du bail seront suspendues, sans préjudice de toutes mesures conservatoires et du droit qui serait acquis au propriétaire de reprendre possession des lieux loués.

Dans ce cas, la suspension des voies d'exécution établie au présent article cessera de plein droit.

Le bailleur devra, dans les quinze jours qui suivront la notification qui lui sera faite par les syndics, former sa demande en résiliation.

Faute par lui de l'avoir formée dans ledit délai, il sera réputé avoir renoncé à se prévaloir des causes de résiliation déjà existantes à son profit. — C. civ., 1728-2°, 1741, 2102-1°; C. proc. civ., 819 et s. ; C. comm., 550, 635 ; L. 4 mars 1889, art. 18.

INDEX ALPHABÉTIQUE.

DIVISION

1. La loi du 12 févr. 1872, incorporée dans les art. 450 et 550, C. comm., a poursuivi un double but. D'une part, elle a réglementé à nouveau et dans un sens plus favorable aux intérêts de la masse le droit de poursuite du bailleur et son action en résiliation du bail. D'autre part, elle a restreint dans une large mesure l'étendue du privilège du bailleur. — Sur la législation antérieure à la loi du 12 févr. 1872, V. notre *Rép. gén. alph. du dr. fr.*, v° *Faillite*, n. 3765 et s. — Sur l'étendue du privilège du bailleur en cas de faillite de son locataire, V. *infrà*, art. 550.

α) *Baux auxquels s'applique notre article.* — 2. Aux termes du premier alinéa de notre article, ses dispositions ne sont applicables qu'aux baux des immeubles affectés à l'industrie et au commerce du failli, y compris d'ailleurs les locaux dépendant de ces immeubles et servant à l'habitation du failli et de sa famille. Quant aux autres baux que le failli aurait pu passer, bail d'une maison de campagne ou même d'un appartement ne dépendant pas de ses ateliers ou de ses magasins, ils restent soumis aux règles du droit commun. — *Sic*, Lyon-Caen et Renault, t. 8, n. 870; Baudry-Lacantinerie et de Loynes, t. 1, n. 414; Thaller, n. 2016. — Sur la question de savoir si le privilège du bailleur est régi, quant à son étendue, par l'art. 550, C. comm., ou par l'art. 2102, C. civ., en ce qui concerne les baux des appartements du failli n'attenant pas à son local industriel ou commercial, V. *infrà*, art. 550, n. 2 et s.

β) *Suspension de l'exercice des droits du bailleur.* — 3. La suspension du droit de poursuite du bailleur et de son action en résiliation du bail jusqu'à l'expiration des huit jours qui suivent le délai imparti aux créanciers domiciliés en France pour la vérification de leurs créances, n'est pas absolue et notre article y apporte une double réserve. D'une part, cette suspension n'a plus lieu dans le cas où, à l'époque de la faillite du preneur, il y aurait droit acquis pour le bailleur à la reprise de possession des lieux loués : c'est ainsi que le bailleur pourrait invoquer les causes de résiliation provenant des clauses du bail lui-même, telle que l'expiration du temps pour lequel le bail était passé, ou bien encore la clause portant que le bail serait résilié de plein droit en cas de faillite du preneur. — Paris, 6 août 1884 [*J. des faill.*, 84. 506] — *Sic*, Lyon-Caen et Renault, t. 8, n. 868; Thaller, n. 2026.

4. D'autre part, le bailleur peut immédiatement procéder à des mesures conservatoires, telles que l'opposition à l'enlèvement des meubles garnissant les locaux loués ou encore la saisie revendication des meubles indûment enlevés. — Cass., 28 nov. 1898 [S. et P. 1902. 1. 142, D. P. 99. 1. 35] — *Sic*, Lyon-Caen et Renault, *loc. cit.*; Thaller, *loc. cit.*; Baudry-Lacantinerie et de Loynes, t. 1, n. 448 et s.

5. De même, le bailleur peut agir par la voie de la saisie-arrêt pour faire valoir son privilège sur le prix de la vente des objets mobiliers garnissant les lieux loués, vente effectuée par le syndic de la faillite du preneur. — Cass., 9 juill. 1894 (sol. implic.) [S. et P. 98. 1. 407, D. P. 95. 1. 97] — V. aussi notre *Code de proc. civ. annoté*, art. 609 et 610.

6. Spécialement, dans le cas de faillite, le bailleur des immeubles loués au failli peut, pour sûreté des loyers qui lui sont dus, pratiquer, entre les mains du commissaire-priseur qui a procédé à la vente des meubles du failli, à la requête du syndic, une saisie-arrêt sur le prix de cette vente et agir en validité de la saisie : vainement le syndic, pour faire prononcer la nullité de cette saisie-arrêt, prétendrait qu'il a seul qualité pour toucher et administrer les deniers de la faillite et les distribuer ensuite suivant les formes prescrites par l'art. 551, C. comm. — Rouen, 8 mai 1886, Chaudet [S. 88. 2. 76, P. 88. 1. 238, D. P. 88. 2. 111] — Sur le tribunal compétent pour statuer sur la validité de la saisie-arrêt, V. *infrà*, art. 635.

7. Mais en aucun cas, le bailleur ne peut user de son droit de saisie-revendication pour s'opposer à la saisie et à la vente par les autres créanciers du preneur des biens qui forment son gage; il lui suffit alors de faire opposition sur le prix de la vente pour sauvegarder ses droits. — Cass., 9 juill. 1894, précité. — Paris, 9 mars 1899 [D. P. 1900. 2. 441] — *Sic*, Guillouard, t. 1, n. 348.

8. Le délai pendant lequel, en cas de faillite du preneur, le droit d'exécution du bailleur est suspendu, a été édicté en faveur du syndic, pour lui permettre d'exercer en pleine connaissance de cause le droit qui lui appartient de résilier ou de continuer le bail; le syndic peut donc y renoncer. — Rouen, 9 déc. 1896 [S. et P. 99. 2. 233, D. P. 99. 2. 137]

9. Et si, avant l'expiration de ce délai, le syndic a pris un parti, notamment en faisant une tentative infructueuse de vente du mobilier industriel du failli, le bailleur reprend l'exercice de ses droits qui n'étaient que suspendus, et a, par suite, seul le droit de réaliser son gage, faute par le syndic d'acquitter le montant des loyers qui lui sont dus. — Même arrêt.

γ) *Continuation ou résiliation du bail.* — 10. D'après les alinéas 1 et 2 de notre article, le syndic a le droit, avec l'autorisation du juge-commissaire et le failli entendu, d'opter pour la continuation du bail, à la charge de satisfaire à toutes les obligations du locataire. Dans ce cas, il doit notifier son intention au bailleur dans la huitaine qui suit la vérification des créances, à l'effet de le mettre en demeure de faire valoir les causes de résiliation du bail qu'il pourrait invoquer. — Lyon-Caen et Renault, t. 8, n. 867; Thaller, n. 2028; Baudry-Lacantinerie et de Loynes, t. 1, n. 419.

11. Le bailleur doit former sa demande en résiliation dans les quinze jours qui suivent la notification des syndics : passé ce délai, il est réputé avoir renoncé à la résiliation du bail; son silence équivaut à l'acceptation des offres de continuation des syndics. — Mêmes auteurs.

12. Le délai de quinzaine dans lequel le bailleur doit demander la résiliation du bail ne court que du jour de la notification des syndics : si donc les syndics n'ont pas fait cette notification, le bailleur peut former sa demande même après l'expiration dudit délai. — Aix, 30 déc. 1875 [D. P. 78. 5. 269] — *Sic*, Lyon Caen et Renault, *loc. cit.*

13. Mais, d'un autre côté, le défaut de notification dans le délai légal, de la part des syndics n'emporte pas déchéance contre eux : ils peuvent encore, après l'expiration de ce délai, et tant que le bailleur n'a pas formé sa demande en résiliation, opter pour la continuation du bail et notifier leur intention au bailleur. Dans ce cas, le bailleur devra se prononcer, conformément à notre article, dans la quinzaine de cette notification. — Aix, 30 déc. 1875, précité. — *Sic*, Thaller, n. 2027, p. 1046, note 1-3°.

CHAPITRE II

DE LA NOMINATION DU JUGE-COMMISSAIRE.

Art. **451**. Par le jugement qui déclarera la faillite, le tribunal de commerce désignera l'un de ses membres pour juge-commissaire. — C. comm., 440, 452 et s., 462, 519, 522, 583.

1. C'est par le jugement déclaratif de faillite que le juge-commissaire est nommé. Mais le jugement qui déclare un commerçant en état de faillite (ou de liquidation judiciaire) obéit suffisamment à la loi qui veut que ce jugement fixe l'époque de la cessation des paiements, et nomme un juge-commissaire et des syndics, en s'en référant sur ce point aux énonciations d'un jugement antérieur, alors même que ce jugement a été annulé : ce n'est pas la faire revivre ce jugement; c'est lui faire un emprunt purement matériel. — Cass., 29 janv. 1850 [S. 50. 1. 375, P. 50. 2. 148, D. P. 50. 1. 192]

2. Le juge-commissaire peut être choisi parmi les juges suppléants aussi bien que parmi les juges titulaires qui composent le tribunal de commerce. — Montpellier, 28 juin 1850 [S. 50. 2. 443, P. 51. 1. 465, D. P. 50. 2. 140] — Orléans, 23 nov. 1881 [S. 82. 2. 22, P. 82. 1. 194, D. P. 82. 2. 241] — *Sic*, Lyon-Caen et Renault, t. 7, n. 443; Bravard et Demangeat, t. 5, p. 99.

3. Notre article ne prononçant pour le juge-commissaire aucune exclusion ni incapacité analogue à celle de l'art. 463 ci-après pour les syndics, il en résulte que le juge-commissaire pourrait être un parent du failli ou du syndic. On pourrait toutefois faire valoir contre le juge-commissaire les causes de récusation qui peuvent être proposées contre les autres juges. — *Sic*, Lyon-Caen et Renault, t. 7, n. 444; Bravard et Demangeat, t. 5, p. 99. — Sur les causes de récusation, V. notre *Code de proc. civ. annoté*, art. 378 et s.

4. Jugé, à cet égard, que le jugement qui nomme ou remplace le juge-commissaire d'une faillite est réputé contradictoirement rendu avec le syndic : par suite, la récusation contre ce juge-commissaire n'est recevable de la part du syndic que dans les trois jours de ce jugement. — Cass., 2 juill. 1856 [S. 56. 1. 666, P. 56. 2. 528, D. P. 55. 1. 396]

Art. **452**. Le juge-commissaire sera chargé spécialement d'accélérer et de surveiller les opérations et la gestion de la faillite (1).

Il fera au tribunal de commerce le rapport de toutes les contestations que la faillite pourra faire naître, et qui seront de la compétence de ce tribunal. — C. comm., 514, 538.

INDEX ALPHABÉTIQUE.

1. Le droit de surveillance générale que le premier alinéa de notre article confère au juge-commissaire a pour objet la gestion des syndics et les opérations de la faillite. Mais il n'implique pas pour le juge-commissaire le pouvoir de faire des visites domiciliaires, d'interroger le failli et de le renvoyer en état d'arrestation devant le procureur du roi. — Cass., 13 nov. 1823 [S. et P. chr.]

2. Le rapport préalable du juge-commissaire prescrit par le deuxième alinéa de notre article dans toutes les contestations que peut faire naître la faillite, est une condition nécessaire à la validité du jugement qui statue sur ces contestations ; et cette condition présente un caractère d'ordre public, de telle sorte que le jugement qui n'aurait pas été précédé dudit rapport serait entaché d'une nullité absolue. — Cass., 8 avr. 1884 [S. 85. 1. 247, P. 85. 1. 619, D. P. 84. 1. 439]; 13 nov. 1889 [S. 90. 1. 203, P. 90. 1. 498, D. P. 91. 2. 137]; 24 juill. 1893 [S. et P. 93. 1. 376, D. P. 93. 1. 544] — Rennes, 23 août 1847 [P. 49. 1. 59, D. P. 49. 2. 111] — Orléans, 20 mai 1868 [S. 69. 2. 48, P. 69. 228, D. P. 68. 2. 211]; 23 nov. 1881 [S. 82. 2. 22, P. 82. 1. 194, D. P. 82. 2. 241] — Caen, 14 déc. 1880 [S. 81. 2. 138, P. 81. 1. 708, D. *Rép., Suppl.*, *v° cit.*, n. 702] — Bourges, 14 mai 1888 [S. 90. 2. 68, P. 90. 1. 448, D. P. 89. 2. 206] — Riom, 15 févr. 1890 [S. et P. 93. 2. 10, D. P. 91. 2. 137] — Agen, 18 mai 1898 [D. P. 1900. 1. 349] — *Sic*, Renouard, t. 1, p. 413; Bravard et Demangeat, t. 5, p. 102; Laroque-Sayssinel et Dutruc, t. 1, n. 425; Boistel, n. 962; Lyon-Caen et Renault, t. 7, n. 447; Thaller, n. 1771; Ruben de Couder, *v° cit.*, n. 470 et s., et *Suppl.*, *eod. v°*, n. 276 et s.; et notre *Rép. gén. alph. du dr. fr.*, *v° cit.*, n. 1757 et s. — *Contrà*, Rennes, 2 juin 1879 [S. 81. 2. 138, P. 81. 1. 709, D. P. 81. 2. 32] — Sur le jugement d'homologation du concordat, V. *infrà*, art. 514, n. 1 et s.

3. Le rapport du juge-commissaire doit précéder les plaidoiries, à peine de nullité du jugement. — Cass., belge, 2 avr. 1890 [*J. des faill.*, 90. 250] — Bruxelles, 2 févr. 1891 [*Ibid.*, 91. 119] — *Sic*, Renouard, t. 1, p. 414; Bravard et Demangeat, t. 5, p. 102; Lyon-Caen et Renault, t. 7, n. 447.

4. Le jugement doit, à peine de nullité, constater

(1) Du 25 mars 1880. — DÉCRET *portant qu'il sera tenu au greffe de chaque tribunal de commerce et de chaque tribunal civil jugeant commercialement, un registre sur lequel seront inscrits, pour chaque faillite, les actes relatifs à la gestion des syndics.*

Art. 1er. Il sera tenu au greffe de chaque tribunal de commerce et de chaque tribunal civil jugeant commercialement un registre, coté et paraphé, conformément aux prescriptions de l'art. 11, C. comm., sur lequel seront inscrits, pour chaque faillite, article par article et à leurs dates respectives, les actes relatifs à la gestion des syndics, recettes, dépenses et versements à la Caisse des dépôts et consignations, d'après les états de situation fournis par les syndics.

2. Ce registre, tenu sous la surveillance spéciale du juge-commissaire de chaque faillite, sera communiqué au failli et aux créanciers, sur leur demande.

3. Tous les trois mois, un relevé indiquant sommairement la situation de chaque faillite, d'après les énonciations du registre, sera transmis au procureur général par le greffier du tribunal.

4. Les greffiers auront droit, pour la tenue du registre, les communications à faire au failli et aux créanciers et l'établissement des relevés trimestriels, à un émolument fixe de deux francs par trimestre et par faillite. — Cet émolument sera payé par la masse et par privilège, comme frais de justice.

l'accomplissement de cette formalité substantielle : et la preuve qu'elle a été observée ne saurait s'induire, par voie de raisonnement, du seul fait que le juge-commissaire a pris part à la délibération qui a précédé le jugement. — Cass., 8 avr. 1884, précité ; 13 nov. 1889, précité ; 24 juill. 1893, précité. — Riom, 15 févr. 1890, précité. — Agen, 18 mai 1898, précité. — *Sic*, Lyon-Caen et Renault, t. 7, n. 447 ; Ruben de Couder, *Suppl.*, v° *cit.*, n. 277 et s. — V. aussi *infrà*, art. 514, n. 4.

5. A plus forte raison, y a-t-il nullité du jugement qui, sans mentionner que le juge-commissaire a fait son rapport, ne constate même pas que ce magistrat ait pris part à la délibération et participé à la décision. — Bourges, 14 mai 1888, précité.

6. Jugé cependant en sens contraire, que le jugement n'est entaché de nullité qu'autant qu'il n'appert... ni des faits qui s'y trouvent consignés..., ni d'aucun autre document, qu'il ait été précédé du rapport soit écrit, soit verbal du juge-commissaire. — Caen, 14 déc. 1880, précité. — V. aussi *infrà*, art. 514, n. 4.

7. Jugé également, que la présence du juge-commissaire, parmi les magistrats qui ont rendu le jugement, suffit pour répondre au vœu de la loi qui ne dispose rien quant à la forme du rapport. — Rennes, 2 juin 1879, précité.

8. Mais la preuve de l'accomplissement de la formalité du rapport ne saurait résulter de la mention que le juge suppléant, commissaire de la faillite, a assisté au jugement avec voix simplement consultative : il est nécessaire, en effet, que le juge-commissaire assiste à l'audience avec voix délibérative pour pouvoir valablement y présenter son rapport. — Orléans, 23 nov. 1881, précité. — *Contrà*, Lyon-Caen et Renault, t. 7, n. 447, p. 380, note 1.

9. La formalité du rapport n'est pas nécessaire pour toutes les contestations qui s'élèvent dans le cours et à l'occasion d'une faillite, mais seulement pour les contestations qui naissent de la faillite et en sont une conséquence nécessaire. — Cass., 9 mars 1880 [S. 80. 1. 313, P. 80. 745, D. P. 80. 1. 199]; 14 août 1889 [S. 91. 1. 336, P. 91. 1. 801, D. P. 90. 5. 282] — Bastia, 30 mars 1892 [S. et P. 94. 2. 71, D. P. 93. 2. 542] — *Sic*, Bravard et Demangeat, t. 5, p. 101 ; Lyon-Caen et Renault, *loc. cit.* ; Ruben de Couder, *Suppl.*, v° *cit.*, n. 280 et s.

10. Ainsi est régulier, bien qu'il n'ait pas été précédé du rapport du juge-commissaire, le jugement qui statue sur une demande en paiement de sommes dues au failli par suite de conventions par lui conclues antérieurement à la faillite, demande portée par le syndic devant le tribunal du domicile du défendeur, qui est en même temps celui de la faillite; une pareille demande est, en effet, étrangère à l'état de la faillite. — Cass., 9 mars 1880, précité.

11. De même, le tribunal, saisi par le syndic de la faillite d'une demande en paiement d'une somme d'argent pour prix de fournitures de marchandises faites par le failli, peut statuer sur le débat sans avoir entendu le rapport du juge-commissaire, l'événement de la faillite n'ayant pas fait naître cette contestation, qui ne s'y rattache pas par une conséquence nécessaire. — Cass., 14 août 1889, précité.

12. Jugé également, mais par une décision contestable, que l'opposition formée par le failli au jugement déclaratif de faillite ne rentre pas dans la catégorie des contestations que fait naître la faillite et qu'en conséquence, le jugement rendu sur cette opposition n'est pas soumis à la formalité du rapport. — Bastia, 30 mars 1892, précité.

13. D'autre part, notre article est inapplicable aux juridictions qui (spécialement en Indo-Chine) ne comportent qu'un juge unique. — Cass., 20 mai 1895 [S. et P. 99. 1. 519, D. P. 96. 1. 229]

ART. **453**. Les ordonnances du juge-commissaire ne seront susceptibles de recours que dans les cas prévus par la loi. Ces recours sont portés devant le tribunal de commerce. — C. comm., 466, 474, 530, 583-5°.

1. Le juge-commissaire, qui présente le rapport exigé par l'article précédent, peut participer au jugement avec voix délibérative, alors même que le tribunal est appelé à statuer sur un recours formé contre une ordonnance que ce juge aurait rendue. On ne saurait objecter la règle en vertu de laquelle le juge du premier degré ne peut faire partie de la juridiction du second degré; ici, en effet, le tribunal ne statue pas comme juge du second degré ; c'est le corps tout entier qui se prononce après instruction et avis préalable de son délégué. — Riom, 16 févr. 1829 [S. et P. chr., D. *Rép.*, v° *Faillite*, n. 819-1°] — Montpellier, 28 juin 1850 [S. 50. 2. 443, P. 51. 1. 465, D. P. 50. 2. 140] — *Sic*, Lyon-Caen et Renault, t. 7, n. 447, *in fine;* Renouard, t. 1, p. 415 ; Bravard et Demangeat, t. 5, p. 104, note ; Laurin. n. 1033. — *Contrà*, Bédarride, t. 1, n. 245 ; Esnault, n. 248.

2. Mais la participation du juge-commissaire au jugement précédé de son rapport est simplement facultative, et non pas obligatoire à peine de nullité du jugement. — Cass., 8 janv. 1866 [S. 66. 1. 45, P. 66. 121, D. P. 66. 1. 253] — *Sic*, Renouard, t. 1, p. 414 ; Lyon-Caen et Renault, t. 7, n. 447. — *Contrà*, Cass. belge, 2 avr. 1890 [*J. des faill.*, 90. 250] — *Adde*, Bédarride, t. 1, n. 152 et 153 ; Bravard et Demangeat, t. 5, p. 103 et 104.

ART. **454**. Le tribunal de commerce pourra, à toutes les époques, remplacer le juge-commissaire de la faillite par un autre de ses membres. — C. comm., 452, 583-1°.

1. Le remplacement du juge-commissaire doit être fait dans les mêmes formes que sa nomination, par un jugement rendu publiquement par le tribunal de commerce. — Cass., 4 janv. 1881 [D. P. 81. 1.

123] — Angers, 18 févr. 1889 [*J. des faill.*, 89. 200, D. *Rép.*, *Suppl.*, v° *Faillite*, n. 767] — *Sic*, Lyon-Caen et Renault, t. 7, n. 443 ; Bédarride, t. 1, n. 166 ; Laroque-Sayssinel et Dutruc, t. 1, n 443 ; Ruben de Couder, v° *Faillite*, n. 484.

2. Mais un jugement n'est pas nécessaire s'il s'agit simplement de remplacer provisoirement le juge-commissaire empêché : il suffit, en pareil cas, de mentionner, dans les actes postérieurs, l'empêchement provisoire du juge-commissaire et son remplacement. — Cass., 9 mai 1892 [D. p. 93. 1. 477] — *Contrà*, Angers, 18 févr. 1889, précité.

CHAPITRE III

DE L'APPOSITION DES SCELLÉS, ET DES PREMIÈRES DISPOSITIONS A L'ÉGARD DE LA PERSONNE DU FAILLI.

Art. **455**. Par le jugement qui déclarera la faillite, le tribunal ordonnera l'apposition des scellés et le dépôt de la personne du failli dans la maison d'arrêt pour dettes, ou la garde de sa personne par un officier de police ou de justice, ou par un gendarme.

Néanmoins, si le juge-commissaire estime que l'actif du failli peut être inventorié en un seul jour, il ne sera point apposé de scellés, et il devra être immédiatement procédé à l'inventaire.

Il ne pourra en cet état être reçu, contre le failli, d'écrou ou recommandation pour aucune espèce de dettes. — C. proc. civ., 792 et s., 907 et s. ; C. comm., 468 et s., 472 et s.

Art. **456**. Lorsque le failli se sera conformé aux articles 438 et 439, et ne sera point, au moment de la déclaration, incarcéré pour dettes ou pour autre cause, le tribunal pourra l'affranchir du dépôt ou de la garde de sa personne.

La disposition du jugement qui affranchirait le failli du dépôt ou de la garde de sa personne pourra toujours, suivant les circonstances, être ultérieurement rapportée par le tribunal de commerce, même d'office. — C. comm., 472 et s., 505 ; L. 22 juill. 1867.

Art. **457**. Le greffier du tribunal de commerce adressera sur-le-champ, au juge de paix, avis de la disposition du jugement qui aura ordonné l'apposition des scellés.

Le juge de paix pourra, même avant ce jugement, apposer les scellés, soit d'office, soit sur la réquisition d'un ou plusieurs créanciers, mais seulement dans le cas de disparition du débiteur ou de détournement de tout ou partie de son actif. — C. proc. civ., 912 ; C. comm., 593 et s. ; L. 28 avril 1816, art. 53.

Art. **458**. Les scellés seront apposés sur les magasins, comptoirs, caisses, portefeuilles, livres, papiers, meubles et effets du failli.

En cas de faillite d'une société en nom collectif, les scellés seront apposés, non seulement dans le siège principal de la société, mais encore dans le domicile séparé de chacun des associés solidaires.

Dans tous les cas, le juge de paix donnera, sans délai, au président du tribunal de commerce, avis de l'apposition des scellés. — C. comm., 22 et s., 438, 469 et s., 531, 604.

Art. **459**. Le greffier du tribunal de commerce adressera, dans les vingt-quatre heures, au procureur du Roi du ressort, extrait des jugements déclaratifs de faillite, mentionnant les principales indications et dispositions qu'ils contiennent. — C. comm., 440, 482 et s., 584, 606 et s.

Art. 460. Les dispositions qui ordonneront le dépôt de la personne du failli dans une maison d'arrêt pour dettes, ou la garde de sa personne, seront exécutées à la diligence, soit du ministère public, soit des syndics de la faillite.

INDEX ALPHABÉTIQUE.

DIVISION

α) Apposition des scellés.

β) Dépôt ou garde du failli.

α) *Apposition des scellés.* — 1. Aux termes de l'art. 455, 2e alin., il appartient au juge-commissaire de dispenser de l'apposition des scellés, dans le cas où il estime que l'actif du failli peut être inventorié en un seul jour. Mais la circonstance qu'un inventaire qui, en matière de faillite, a duré plus d'un jour, a eu lieu, sans apposition de scellés, de l'ordre du juge-commissaire, qui estimait que l'actif pouvait être inventorié en un seul jour, n'entraîne pas la nullité de l'inventaire et de tout ce qui s'en est suivi, spécialement du concordat, lorsque d'ailleurs aucun fait de détournement n'est établi. — Cass., 13 févr. 1855 [S. 55. 1. 357, P. 56. 1. 57, D. p. 55. 1. 339]

2. Il y aurait également dispense d'inventaire dans le cas où les meubles et marchandises du failli seraient déjà saisis par un créancier au moment du jugement déclaratif de faillite : le procès-verbal que l'huissier a dressé et le gardien qu'il a établi sont des garanties suffisantes contre les détournements. — *Sic*, Lyon-Caen et Renault, t. 7, n. 491 ; Boistel, n. 972; Bédarride, t. 1, n. 172.

3. Le juge de paix ne peut apposer les scellés qu'après que le jugement déclaratif de faillite a été rendu et en vertu de ce jugement, si ce n'est dans les cas énumérés limitativement par le deuxième alinéa de l'art. 457. — *Sic*, Esnault, t. 1, n. 271 ; Boulay-Paty, t. 1, n. 41 ; Lyon-Caen et Renault, t. 7, n. 492.

4. Bien que le président du tribunal civil puisse seul statuer en référé sur les contestations relatives aux scellés après faillite, il n'est cependant pas compétent pour ordonner qu'il sera sursis à l'apposition des scellés, quand les syndics agissant en vertu du jugement qui les nomme, requièrent le juge de paix d'y procéder. — Bruxelles, 14 avr. 1820 [S. et P. chr., D. *Rép.*, *v° cit.*, n. 1317]

5. La disposition du deuxième alinéa de l'art. 458, aux termes de laquelle, en cas de faillite d'une société en nom collectif, les scellés doivent être apposés à la fois au siège social et au domicile séparé de chacun des associés, s'applique également aux associés commandités dans les sociétés en commandite. Mais l'apposition des scellés ne peut être opérée qu'au siège social dans les sociétés anonymes, et au domicile du gérant, s'il s'agit d'une association en participation. — V. Lyon-Caen et Renault, t. 8, n. 1197 ; Alauzet, t. 7, n. 2560 ; et notre *Rép. gén. alph. du dr. fr.*, v° *Faillite*, n. 1867 et s.

6. D'après l'art. 458-1°, les scellés doivent être apposés en principe sur tous les biens mobiliers du failli, sauf les exceptions déterminées par les art. 469 et s., C. comm. — V. *infrà*, art. 469.

β) *Dépôt ou garde du failli.* — 7. Le dépôt, dans une prison civile, de la personne du commerçant déclaré en état de faillite, ne saurait être assimilé à l'incarcération pour cause de dette. — C'est là une mesure préventive, établie dans l'intérêt de la vindicte publique aussi bien que dans celui des créanciers, et qui n'a nullement été abrogée par la loi du 22 juill. 1867 portant suppression de la contrainte par corps en matière civile et commerciale. — Cass., 1er juill. 1873 [S. 73. 1. 396, P. 73. 969, D. p. 74. 1. 168] — *Sic*, Lyon-Caen et Renault, t. 7, n. 482 ; Garsonnet, *De l'abol. de la contr. par corps*, p. 93.

8. Jugé, dans le même sens, que la loi du 22 juill. 1867, abolitive de la contrainte par corps, n'a pas rapporté les articles du Code de commerce qui ordonnent le dépôt de la personne du failli dans une maison d'arrêt (art. 455, 472) ; ce dépôt étant, non l'exercice du droit de contrainte par corps, mais une mesure d'ordre public nécessitée par les opérations de la faillite, il en résulte que, même depuis ladite loi de 1867, le failli ne peut obtenir sa mise en liberté définitive tant que les opérations ne sont pas clôturées. — Montpellier, 11 mars 1870 [S. 71. 2. 110, P. 71. 344, D. p. 72. 2. 28]

9. Le tribunal peut affranchir le failli du dépôt ou de la garde de sa personne dans les cas déterminés par l'art. 456, 1er alin. — Jugé même, que, lorsqu'un tribunal, statuant sur une demande en déclaration de faillite, a omis de se prononcer sur la mesure du dépôt de la personne du failli dans une maison d'arrêt, cette omission doit être interprétée comme la manifestation de l'intention d'accorder au failli un sauf-conduit. — Amiens, 28 mai 1887 [S. 89. 2. 45, P. 89. 1. 233, D. p. 88. 2. 226] — *Sic*, Lyon-Caen et Renault, t. 7, n. 486.

10. D'après l'art. 460, les dispositions du jugement qui ordonnent le dépôt de la personne du failli dans une maison d'arrêt sont exécutées à la diligence des syndics ou du ministère public : d'où il résulte que les syndics peuvent, en vertu dudit jugement, procéder à l'arrestation du failli malgré l'opposition du ministère public. — *Sic*, Lyon-Caen et Renault, t. 7, n. 483 ; de Forcrand, *J. du min. publ.*, 1883, p. 123 et s. ; Ruben de Couder, *Suppl.*, v° *Faillite*, n. 209. — *Contrà*, Massabiau, *Man. du min. publ.*, t. 1, n. 1808 ; Le Poittevin, *Dict. formul. des parquets*, t. 2, v° *Faillite*, n. 5.

11. En tous cas, lorsque le gardien chef d'une prison s'est refusé, en conformité des instructions à lui données par le parquet, à incarcérer le failli, le syndic n'est pas recevable à demander que le gardien chef soit condamné, soit à des dommages-

intérêts à raison de son refus, soit à exécuter la disposition du jugement ordonnant l'incarcération du failli ; l'action du syndic ne peut être dirigée que contre le magistrat du parquet dont le gardien chef a suivi les prescriptions, et elle doit être intentée par la voie de la prise à partie. — Trib. de Lille, 29 déc. 1882 [S. 85. 2. 207, P. 85. 1. 1257]

ART. **461**. Lorsque les deniers appartenant à la faillite ne pourront suffire immédiatement aux frais du jugement de déclaration de la faillite, d'affiche et d'insertion de ce jugement dans les journaux, d'apposition des scellés, d'arrestation et d'incarcération du failli, l'avance de ces frais sera faite, sur ordonnance du juge-commissaire, par le Trésor public, qui en sera remboursé par privilège, sur les premiers recouvrements, sans préjudice du privilège du propriétaire. — C. civ., 2101-1°, 2102 ; C. comm., 440, 455, 460, 587 et s., 592.

Notre article ne concerne que les premiers frais qui doivent être faits en exécution du jugement déclaratif de faillite, mais il ne s'appliquerait pas aux autres frais : si l'actif de la faillite était insuffisant pour y faire face, il y aurait lieu pour le tribunal de prononcer la clôture de la faillite pour cause d'insuffisance d'actif. — *Sic*, Lyon-Caen et Renault, t. 7, n. 526, *in fine* ; Bravard et Demangeat, t. 5, p. 305, note 1. — Sur la clôture de la faillite pour cause d'insuffisance d'actif, V. *infrà*, art. 527-528.

CHAPITRE IV

DE LA NOMINATION ET DU REMPLACEMENT DES SYNDICS PROVISOIRES.

ART. **462**. Par le jugement qui déclarera la faillite, le tribunal de commerce nommera un ou plusieurs syndics provisoires.

Le juge-commissaire convoquera immédiatement les créanciers présumés à se réunir dans un délai qui n'excédera pas quinze jours. Il consultera les créanciers présents à cette réunion, tant sur la composition de l'état des créanciers présumés que sur la nomination de nouveaux syndics. Il sera dressé procès-verbal de leurs dires et observations, lequel sera représenté au tribunal.

Sur le vu de ce procès-verbal et de l'état des créanciers présumés, et sur le rapport du juge-commissaire, le tribunal nommera de nouveaux syndics, ou continuera les premiers dans leurs fonctions.

Les syndics ainsi institués sont définitifs; cependant ils peuvent être remplacés par le tribunal de commerce, dans les cas et suivant les formes qui seront déterminés.

Le nombre des syndics pourra être, à toute époque, porté jusqu'à trois; ils pourront être choisis parmi les personnes étrangères à la masse, et recevoir, quelle que soit leur qualité, après avoir rendu compte de leur gestion, une indemnité que le tribunal arbitrera sur le rapport du juge-commissaire. — C. civ., 2101; C. comm., 1, 468 et s., 483 ; C. pén., 224, 230; L. 4 mars 1889, art. 10.

ART. **463**. Aucun parent ou allié du failli, jusqu'au quatrième degré inclusivement, ne pourra être nommé syndic.

ART. **464**. Lorsqu'il y aura lieu de procéder à l'adjonction ou au remplacement d'un ou plusieurs syndics, il en sera référé par le juge-commissaire au tribunal de commerce, qui procédera à la nomination suivant les formes établies par l'art. 462.

INDEX ALPHABÉTIQUE.

DIVISION

α) Nomination et remplacement des syndics provisoires et définitifs.

β) Caractère des fonctions des syndics.

γ) Indemnité des syndics.

α) *Nomination et remplacement des syndics provisoires et définitifs.* — 1. Les syndics provisoires sont nommés directement, et en dehors de toute intervention des créanciers, par le jugement déclaratif de faillite. Quant aux syndics définitifs, ils sont également nommés par le tribunal de commerce, mais seulement après avis des créanciers. A cet effet, le juge commissaire est tenu, d'après l'art. 462, 2e alin., de convoquer immédiatement les créanciers présumés, sans qu'il y ait d'ailleurs à distinguer entre les créanciers chirographaires et les créanciers hypothécaires ou privilégiés, à se réunir dans un délai maximum de quinze jours pour donner leur avis sur la nomination des nouveaux syndics. Le tribunal n'est pas lié par cet avis, et il peut ou nommer de nouveaux syndics ou continuer les premiers dans leurs fonctions. — V. notre *Rép. gén. alph. du dr. fr.*, v° *Faillite*, n. 1650 et s.

2. L'art. 462, dans son deuxième alinéa, n'a fixé que le délai maximum pour la convocation des créanciers: quant au délai maximum entre la convocation et le jour de la réunion, il appartient au juge-commissaire de le déterminer, sauf au tribunal à apprécier s'il est ou non suffisant pour permettre aux créanciers d'assister à l'assemblée. — Jugé, à cet égard, qu'il y a lieu d'annuler la convocation de créanciers faite du jour au lendemain à l'effet de nommer un syndic définitif. Et, s'il résulte de cette convocation irrégulière et des circonstances dont elle a été accompagnée, qu'il y a eu intention de nuire au failli, le créancier poursuivant et les agents du greffe qui se sont prêtés à cette irrégularité peuvent être condamnés aux frais et à des dommages-intérêts. — Paris, 17 juill. 1841 [P. 41. 2. 193, D. *Rép.*, v° *Faillite*, n. 408]

3. On décide, en général, conformément à l'art. 464, que les mêmes formalités prescrites par l'art. 462 doivent être remplies, lorsqu'il y a lieu de procéder, pendant le cours de la faillite, à l'adjonction ou au remplacement d'un ou de plusieurs syndics. — *Sic*, Lainné, p. 108; Bédarride, t. 1, p. 234; Rousseau et Defert, *Code ann. des faill.*, sur l'art. 464, n. 2; Frémont et Camberlin, *Code des liquid. et faill.*, n. 867; Lyon-Caen et Renault, t. 7, n. 435; Boistel, n. 964. — *Contrà*, Alauzet, t. 7, n. 2560; Ruben de Couder, v° *Syndic*, n. 33.

4. En tout cas, la qualité de syndic définitif, attribuée à un syndic de faillite par un arrêt, est suffisamment justifiée par la déclaration de cet arrêt que la nomination a eu lieu en vertu de l'art. 462, alinéas 2, 3 et 4, C. comm., cette référence impliquant nécessairement que toutes les formalités prescrites par cette disposition ont été accomplies. — Cass., 17 avr. 1894 [S. et P. 96. 1. 459, D. P. 95. 1. 161]

5. Toute personne, pourvu qu'elle soit capable peut être nommée syndic : la seule incapabilité spéciale, édictée par l'art. 463, est relative aux parents ou alliés du failli jusqu'au quatrième degré inclusivement. Le tribunal pourrait donc nommer syndic un failli concordataire. — *Sic*, Renouard, t. 1, p. 437; Esnault, t. 1, n.284; Laroque-Sayssinel et Dutruc, t. 1, n. 469; Pardessus, n. 1151; Ruben de Couder, *v° cit.*, n. 22; et notre *Rép. gén. alph. du dr. fr.*, *v° cit.*, n. 1657 et s.

6. ... Ou encore un étranger. — *Sic*, Pardessus, *loc. cit.*; Esnault, t. 1, n. 282; Lyon-Caen et Renault, t. 7, n. 433.

7. ... Ou même un créancier du failli, sauf à apprécier si ce créancier n'est pas, vis-à-vis du failli, dans un état d'hostilité de nature à nuire aux intérêts de la masse. — Paris, 17 juin 1841 [P. 41. 2. 193]

8. De même, il n'y a pas incompatibilité entre les fonctions de syndic et celles d'officier ministériel : ainsi un huissier peut légalement être nommé syndic. — Bordeaux, 20 mars 1863 [S. 63. 2. 113, P. 63. 777, D. *Rép., Suppl.*, v° *Faillite*, n. 787]

β) *Caractère des fonctions des syndics.* — 9. Bien que les syndics soient constitués de fait en corporation auprès des tribunaux de commerce les plus importants, ils ne sauraient cependant être considérés comme des officiers ministériels. Mais ils n'en sont pas moins des mandataires judiciaires, et à ce titre ils sont chargés d'un ministère de service public. — *Sic*, Lyon-Caen et Renault, t. 7, n. 437; Fabreguettes, *Tr. des infract. de la parole*, etc., t. 1, n. 1297; Barbier, *Code expliqué de la presse*, t. 2, n. 504 *bis*; Ruben de Couder, *v° cit.*, n. 52, et *Suppl.*, *eod. v°*, n. 3 et s. — Sur l'organisation des syndics à Paris, V. *J. des faill.*, 1883, p. 75 et 130 et s., et Thaller, p. 926, note 2; et sur l'organisation des syndics dans les départements, spécialement à Lyon et à Marseille, *J. des faill.*, 1883, p. 134 et s.

10. Jugé en conséquence, que les art. 224 et 230, C. pén., doivent être reconnus applicables aux outrages par paroles, gestes ou menaces dont les syndics pourraient être victimes. — Cass., 12 févr. 1880 [S. 80. 1. 144, P. 80, 304, D. P. 80. 1. 139] — Riom, 9 mai 1866 [S. 67. 2. 7, P. 67. 85] — Dijon, 15 avr. 1868 [S. 68. 2. 216, P. 68. 842]

11. Mais jugé, en sens contraire, que les liquidateurs judiciaires, institués par la loi du 4 mars 1889, ne peuvent être assimilés à des citoyens chargés d'un service ou mandat public; ils n'assistent les commerçants placés en état de liquidation judiciaire que pour des intérêts privés, et, s'ils sont les auxiliaires du juge-commissaire, ils ne participent pas à l'autorité de ce magistrat et n'exercent aucune portion de la puissance publique. — En conséquence, les diffamations dont ils sont l'objet par la voie de la presse, en leur qualité de liquidateurs, sont de la compétence des tribunaux correctionnels. — Cass., 12 juin 1891 [S. et P. 92. 2. 215, D. P. 92. 1. 171] — *Sic*, notre

Rép. gén. alph. du dr. fr., v° *Diffamation*, n. 829 et s. — *Contrà*, Orléans, 17 mars 1891 [S. 91. 2. 138, P. 91. 1. 867, D. P. 92. 1. 171]

12. D'autre part, les syndics étant investis d'un mandat judiciaire, dont la rémunération représente le salaire du travail et non le résultat d'une spéculation, ne sauraient être assimilés aux agents d'affaires et considérés comme des commerçants. — V. *suprà*, art. 1, n. 22, 57 et 124.

γ) *Indemnité des syndics.* — 13. Les syndics, qu'ils soient ou non créanciers du failli, peuvent toujours recevoir une indemnité pour leur gestion. — Jugé, en ce sens, que le syndic a droit à une indemnité, lors même qu'au moment de sa nomination il aurait été créancier unique par subrogation aux droits des autres créanciers, si, tout en faisant son affaire, il a fait aussi celle de la faillite. — Cass., 19 janv. 1880 [S. 80. 1. 441, P. 80. 1121, D. P. 80. 1. 468]

14. Jugé également, que les syndics nommés à une faillite déclarée à la fois sur dépôt de bilan par un jugement et sur la demande des créanciers par un arrêt depuis cassé, et qui ont procédé seuls et sans contestation à toutes les opérations de la faillite, ne sauraient être considérés comme étant sans droit pour réclamer le paiement de leurs frais et honoraires, s'il est constaté, d'une part, que la décision qui les a nommés ne se rattache pas plus à l'arrêt qu'au jugement, et, d'autre part, qu'ils ont géré pour le mieux et au profit de tous, les affaires de la faillite. — Cass., 3 juill. 1890 [S. 91. 1. 470, P. 91. 1. 1135]

15. En principe, les syndics ne doivent recevoir d'indemnité qu'après avoir rendu le compte définitif de leur gestion : néanmoins, il peut leur être alloué même avant cette époque, soit à titre de provision, soit à titre définitif, une juste rémunération des soins qu'ils ont donnés et du temps qu'ils ont consacré à la liquidation dont ils ont pris la charge. — Pau, 12 févr. 1880 [S. 80. 2. 172, P. 80. 680, D. P. 80. 2. 94] — *Sic*, Lyon-Caen et Renault, t. 7, n. 436.

16. Jugé, d'autre part, que, bien que les syndics d'une faillite ne doivent recevoir une indemnité qu'après la reddition de leur compte, ils ne sont pas tenus des intérêts des sommes qu'ils ont touchées provisoirement à ce titre, pendant leur gestion, lorsqu'ils les ont touchées de bonne foi, en vertu d'ordonnance du juge-commissaire et sur l'avis du tribunal. — Douai, 18 mai 1868 [S. 68. 2. 211, P. 68. 832, D. P. 68. 2. 107]

17. Avant la loi du 4 mars 1889, l'indemnité était fixée par le tribunal de commerce en vertu de l'art. 462, dernier alinéa. Aujourd'hui, l'art. 10, 4e alin., et l'art. 15, 3e alin., applicables à la faillite comme à la liquidation judiciaire, décident que l'indemnité réclamée par les syndics ou les liquidateurs judiciaires doit être taxée par le juge-commissaire : l'état des frais ainsi taxé est déposé au greffe, et les créanciers ainsi que le failli peuvent, dans la huitaine, y former une opposition sur laquelle le tribunal statue en chambre du conseil. — V. Lyon-Caen et Renault, t. 7, n. 436 ; et notre *Rép. gén. alph. du dr. fr.*, v° *Faillite*, n. 1729. — Sur la question de savoir si le jugement qui fixe l'indemnité des syndics est susceptible d'appel, V. *infrà*, art. 583, n. 8 et s.

18. L'indemnité des syndics doit toujours être arbitrée par le tribunal (aujourd'hui, par le juge-commissaire). — Si donc le syndic, en rendant le compte de sa gestion aux créanciers en état d'union convoqués par le juge-commissaire, a réclamé une certaine somme à titre d'indemnité, et si le compte a été approuvé par la majorité des créanciers, cette approbation ne constitue pas un contrat judiciaire opposable au créancier qui refuse l'approbation du compte, et ce créancier conserve le droit de demander au tribunal d'arbitrer l'indemnité du syndic. — Cass., 5 nov. 1878 [S. 78. 1. 466, P. 78. 1211, D. P. 79. 1. 149]

19. Quant au quantum de l'indemnité, la loi française n'a fixé aucun taux. Il convient seulement de tenir compte, non seulement des difficultés vaincues et des labeurs supportés, mais aussi des résultats obtenus. — Rennes, 22 déc. 1841 [S. 42. 2. 62] — Nancy, 2 mai 1867 [S. 68. 2. 118, P. 68. 575, D. P. 67. 2. 83] — Pau, 12 févr. 1879, précité. — *Sic*, Lyon-Caen et Renault, t. 7, n. 436 ; Ruben de Couder, *v° cit.*, n. 160.

20. Les sommes qui sont dues aux syndics à titre d'indemnité sont privilégiées comme frais de justice : elles doivent donc être payées par préférence à la masse des créanciers, soit en vertu de l'art. 2101-1°, C. civ., soit en vertu de l'art. 565, C. comm. — Cass., 13 avr. 1859 [S. 60. 1. 170, P. 60. 1142, D. P. 59. 1. 417] — V. au surplus, sur l'étendue du privilège des syndics, notre *Code civil annoté*, art. 2101, n. 40 et s.

Art. **465**. S'il a été nommé plusieurs syndics, ils ne pourront agir que collectivement ; néanmoins, le juge-commissaire peut donner à un ou plusieurs d'entre eux des autorisations spéciales à l'effet de faire séparément certains actes d'administration. Dans ce dernier cas, les syndics autorisés seront seuls responsables. — C. civ., 1382, 1995 ; C. comm., 468 et s.

INDEX ALPHABÉTIQUE.

DIVISION

α) Administration collective des syndics.

β) Responsabilité des syndics.

α) *Administration collective des syndics.* — 1. Sous l'empire des anciennes dispositions du Code de commerce, les syndics, autorisés à opérer le recouvrement des sommes dues au failli, n'étaient pas obligés d'agir collectivement ; ils pouvaient procéder individuellement. Par suite, les paiements faits à un seul des syndics étaient valables et libératoires. — Cass., 19 mars 1861 [S. 61. 1. 443, P. 61. 553, D. P. 61. 1. 276]

2. Notre article décide au contraire, d'une manière formelle, que les syndics ne peuvent agir que collectivement : le concours de tous les syndics est donc nécessaire à la validité de leurs actes, à moins qu'une autorisation spéciale n'ait été donnée par le juge-commissaire à l'un ou quelques-uns d'entre eux. — V. Lyon-Caen et Renault, t. 7, n. 440 ; Boistel, n. 966 ; Ruben de Couder, v° *Syndic*, n. 102, et *Suppl., eod. v°*, n. 31 ; et notre *Rép. gén. alph. du dr. fr.*, v° *Faillite*, n. 1705 et s.

3. Jugé en ce sens, que, sauf le cas de délégation spéciale du juge-commissaire, un des syndics ne peut pas procéder seul à la vente des immeubles du failli : en tout cas, cette cause de nullité doit être proposée, à peine de déchéance, dans les délais déterminés par l'art. 728, C. proc. civ. — Aix, 18 févr. 1888 [D. *Rép.*, *Suppl.*, v° *Faillite*, n. 830]

4. Jugé également, que, en cas de concordat amiable dans les termes de la loi du 22 avr. 1871, les conventions passées entre le commerçant et les tiers, pour les besoins de la liquidation, doivent être faites avec le concours de tous les syndics, s'il y en a plusieurs, à moins d'autorisations spéciales données par le juge-commissaire. — Cass., 4 mai 1887 [S. 90. 1. 302, P. 90. 1. 744, D. P. 88. 1. 35]

5. Toutefois, l'acte émané d'un seul syndic devrait être considéré comme valable s'il avait été effectué en exécution d'un mandat donné par les autres syndics, ou même si ces syndics l'avaient ratifié après coup, expressément ou tacitement. — *Sic*, Lyon-Caen et Renault, *loc. cit.* ; Ruben de Couder, *Suppl.*, *v° cit.*, n. 32 et s.

6. Jugé en ce sens, que l'irrégularité de l'appel résultant de ce qu'il a été formé par un seul syndic, lorsqu'il y en a plusieurs, est valablement réparée par l'intervention des autres syndics qui déclarent s'associer à l'appel. — Cass., 30 déc. 1856 [S. 57. 1. 830, P. 57. 768, D. P. 57. 1. 203]

7. Bien plus, si les autres syndics s'abstiennent de demander la nullité de l'acte passé par l'un deux, ils sont censés renoncer à cette nullité et ratifier tacitement l'acte de leur collègue. — *Sic*, Lyon-Caen et Renault, *loc. cit.* ; Boistel, n. 966 ; Laurin, n. 1028 ; Renouard, t. 1, p. 468 ; Ruben de Couder, *Suppl.*, *v° cit.*, n. 35.

8. La nullité de l'acte passé par un des syndics seul ne peut être invoquée que par les autres syndics, et non par le tiers avec qui ledit acte a été passé. — Jugé en ce sens, que, en admettant que l'intervention d'un seul syndic ne suffise pas pour proroger, avec l'autorisation spéciale du juge-commissaire, les pouvoirs des arbitres nommés antérieurement à la faillite, dans tous les cas, la nullité de cette intervention ne peut être que relative et ne saurait profiter qu'à la masse créancière, et non à celui qui a contracté avec le syndic. — Cass., 11 févr. 1873 [S. 73. 1. 369, P. 73. 923, D. P. 73. 1. 245] — V. cependant Paris, 29 juill. 1868 [S. et P. *Ibid.*, *ad notam*]

9. L'autorisation que le juge-commissaire peut accorder à un ou plusieurs syndics à l'effet d'agir individuellement, doit être une autorisation spéciale à tels ou tels actes ; mais elle peut avoir pour objet les actes les plus divers. C'est ainsi que le juge-commissaire peut autoriser spécialement un des syndics à poursuivre la nullité d'une vente d'immeubles que le failli aurait faite en fraude des droits de la masse. — Rouen, 31 mai 1851 [D. P. 54. 5. 357]

β) *Responsabilité des syndics.* — 10. La responsabilité des syndics est engagée, soit quand ils ont agi en dehors des limites de leur mandat, soit quand ils ont commis dans l'exercice de leur mandat une faute préjudiciable à la masse : à cet égard, leur responsabilité doit être d'autant plus sévèrement appréciée, conformément à l'art. 1992, C. civ., qu'ils sont des mandataires salariés. — *Sic*, Lyon-Caen et Renault, t. 7, n. 440 ; Bravard et Demangeat, t. 5, p. 306 ; Ruben de Couder, *v° cit.*, n. 119.

11. Jugé à cet égard, que les syndics d'une faillite qui succombent dans une instance par eux introduite en cette qualité peuvent, suivant les circonstances, être condamnés aux dépens en leur nom personnel. — Cass., 27 juin 1821 [S. et P. chr., D. *Rép.*, *v° cit.*, n. 1049] — *Sic*, Renouard, t. 2, p. 203 ; Chauveau, sur Carré, *Lois de la procéd.*, quest., n. 162 ; Rodière, *Cours de compt. et de proc.*, t. 1, p. 215. — V. aussi notre *Rép. gén. alph. du dr. fr.*, v° *Dépens*, n. 1710 et s.

12. Spécialement, le syndic d'une faillite peut être condamné personnellement aux dépens, si le tribunal juge qu'en intentant le procès, il a compromis les intérêts de son administration. — Cass., 25 mars 1823 [S. et P. chr., D. *Rép.*, v° *Compétence commerciale*, n. 277]

13. ... Ou lorsqu'en saisissant la justice, il a plutôt obéi à un ressentiment personnel que consulté les intérêts bien entendus de la faillite. — Nancy, 3 déc. 1875 [S. 77. 2. 99, P. 77. 455]

14. ... Ou encore lorsqu'il est reconnu et constaté que les dépens ont été plutôt avancés en vue de faire du bruit et du scandale que d'obtenir un résultat avantageux à la masse. — Cass., 24 juill. 1867 [S. 67. 1. 441, P. 67. 1177, D. *Rép.*, *Suppl.*, v° *Faillite*, n. 667]

15. ... Et d'une manière plus générale, toutes les fois que le syndic a témérairement engagé l'instance. — Cass., 22 août 1871 [S. 71. 1. 197, P. 71. 611, D. P. 71. 1. 228] ; 27 nov. 1893 [S. et P. 94. 1. 328]

16. Dans ces diverses hypothèses, la condamnation du syndic peut être prononcée d'office et sans que les parties y aient conclu. — Cass., 17 août 1853 [S. 54. 1. 777, P. 55. 2. 186] ; 26 juill. 1867, précité ; 22 août 1871, précité.

17. Jugé, d'autre part, que le syndic de faillite ou le liquidateur judiciaire qui, par la promesse faite par lui au bailleur de payer sa créance privilégiée, l'a empêché de poursuivre la réalisation de son gage et qui a employé la totalité du prix de vente des marchandises et du matériel garnissant les lieux loués à payer ses propres honoraires et des droits de greffe, frais d'inventaire, etc., lesquels, n'ayant

point contribué à la conservation et à la réalisation du gage du bailleur, étaient primés par le privilège de celui-ci, commet une faute lourde, et doit être personnellement condamné à indemniser le bailleur du préjudice qu'il lui a ainsi causé. — Alger, 23 févr. 1893 [S. et P. 93. 2. 175]

18. Mais le liquidateur d'une faillite n'est pas responsable de la nullité d'une inscription par lui prise, si, depuis qu'il a cessé ses fonctions, les intéressés ont négligé de la renouveler en temps utile ou d'en requérir une nouvelle. — Cass., 3 févr. 1874 [S. 74. 1. 371, P. 74. 922]

19. Les syndics agissant collectivement en vertu du mandat judiciaire qui leur a été conféré, leur responsabilité doit être considérée comme une responsabilité solidaire. — Cass., 18 janv. 1814 [S. chr., D. *Rép.*, v° *Obligation*, n. 1043-1°] — *Sic*, Renouard, t. 1, p. 442 ; Boulay-Paty, t. 1, n. 528; Pardessus, n. 1160 ; Alauzet, t. 7, n. 2570; Lyon-Caen et Renault, *loc. cit.*; Ruben de Couder, *Suppl.*, v° *cit.*, n. 32 ; et notre *Rép. gén. alph. du dr. fr.*, v° *Faillite*, n. 1715 et s.

20. Spécialement, il y a solidarité de plein droit entre les syndics provisoires d'une faillite à raison de leur gestion. — Même arrêt.

21. De même, le syndic adjoint à un syndic antérieurement nommé se trouve tenu, au même rang et au même titre que celui-ci, et par suite du mandat judiciaire, des obligations de la gestion collective. — Caen, 18 nov. 1873 [D. P. 77. 2. 60]

22. Jugé, également, que les syndics (même définitifs) d'une faillite sont tenus *solidairement* envers les créanciers des dommages-intérêts dus à raison d'une faute grave par eux commise dans leur gestion. — Cass., 26 juill. 1836 [S. 37. 1. 994, P. chr., D. *Rép.*, v° *Responsabilité*, n. 135]

23. Spécialement, les syndics d'une faillite, qui ont reçu conjointement d'un tiers une somme non due à la faillite, qu'ils se trouvent, par suite, obligés de restituer, sont solidairement tenus de cette restitution. — Limoges, 2 sept. 1842 [S. 43. 2. 65, P. 43. 2. 264, D. *Rép.*, v° *Faillite*, n. 501]

24. Toutefois, ceux des syndics qui auraient été dans l'impossibilité de gérer seraient nécessairement déchargés de toute responsabilité. — Lyon, 30 août 1836 [S. 38. 2. 382, D. *Rép.*, *loc. cit.*] — *Sic*, Alauzet, t. 7, n. 2576 ; Boistel, n. 966 ; Ruben de Couder, *Suppl.*, v° *cit.*, n. 34.

25. De même, si l'un des syndics a obtenu du juge-commissaire une autorisation spéciale pour tel acte, il en est seul responsable, et il ne peut plus être question de solidarité. — *Sic*, Lyon-Caen et Renault, t. 7, n. 440 ; Ruben de Couder, *loc. cit.*, n. 33.

26. Mais il faut une autorisation spéciale pour écarter la solidarité : une autorisation générale n'étant pas valable ne produirait aucun effet à cet égard. — Jugé, en ce sens, que les syndics provisoires d'une faillite sont tenus *solidairement* des suites de leur gestion, alors même qu'ils ont été autorisés à agir séparément, en cas d'empêchement de l'un d'eux. — Paris, 30 déc. 1837 [S. 38. 2. 136, P. 38. 1. 146, D. *Rép.*, v° *Faillite*, n. 500] — *Sic*, Pardessus, t. 4, n. 1167; Boulay-Paty, n. 528; Bioche et Goujet, *Dict. de procéd.*, v° *Faillite*, n. 179; Esnault, t. 1, n. 203. — *Contrà*, Duranton, t. 11, n. 27; Massé, t. 5, n. 97.

ART. **466**. S'il s'élève des réclamations contre quelqu'une des opérations des syndics, le juge-commissaire statuera dans le délai de trois jours, sauf recours devant le tribunal de commerce.

Les décisions du juge-commissaire sont exécutoires par provision.

ART. **467**. Le juge-commissaire pourra, soit sur les réclamations à lui adressées par le failli ou par des créanciers, soit même d'office, proposer la révocation d'un ou plusieurs des syndics.

Si, dans les huit jours, le juge-commissaire n'a pas fait droit aux réclamations qui lui ont été adressées, ces réclamations pourront être portées devant le tribunal.

Le tribunal, en chambre du conseil, entendra le rapport du juge-commissaire et les explications des syndics, et prononcera à l'audience sur la révocation. — C. comm., 532, 583.

1. Il résulte de l'art. 467 qu'en principe, l'initiative de la procédure à fin de révocation des syndics appartient au juge-commissaire, agissant d'office ou sur la plainte des intéressés : par suite, ni les créanciers, ni le failli ne peuvent introduire directement devant le tribunal une demande en révocation. — Cass., 25 févr. 1862 [S. 62. 1. 233, P. 62. 612, D. P. 62. 1. 299] — *Sic*, Bravard et Demangeat, t. 5, p. 310 ; Lyon-Caen et Renault, t. 7, n. 435 ; et notre *Rép. gén. alph. du dr. fr.*, v° *Faillite*, n. 1669 et s.

2. Le syndic révoqué, devant cesser ses fonctions, n'a dès lors plus qualité pour conserver les pièces et papiers de la faillite, et suspendre ainsi les opérations de cette faillite ; il doit remettre les pièces et papiers au syndic appelé à le remplacer, sauf la faculté pour lui de les consulter au besoin entre les mains de son successeur pour l'apurement de ses comptes. — Cass., 19 mars 1879 [S. 79. 1. 453, P. 79. 1190, D. P. 79. 1. 357]

3. En admettant qu'il puisse être autorisé à conserver les pièces pour l'apurement de ses comptes pendant

un certain temps, ce délai ne pourrait être abandonné à son arbitraire, mais devrait être fixé par les tribunaux. — Même arrêt.

4. Le syndic révoqué, qui, depuis son remplacement, a différé la réddition de son compte, et qui est assigné par son successeur en versement de deniers par lui touchés pour la faillite, peut être condamné à la remise intégrale de la somme, s'il s'est borné à demander acte de son offre de rendre compte, sans présenter aucune justification ni même alléguer aucun fait de nature à permettre de l'exonérer en tout ou en partie du versement de la somme réclamée. — Même arrêt.

CHAPITRE V

DES FONCTIONS DES SYNDICS.

SECTION PREMIÈRE

DISPOSITIONS GÉNÉRALES.

ART. **468**. Si l'apposition des scellés n'avait point eu lieu avant la nomination des syndics, ils requerront le juge de paix d'y procéder. — C. proc. civ., 907 et s.

ART. **469**. Le juge-commissaire pourra également, sur la demande des syndics, les dispenser de faire placer sous les scellés ou les autoriser à en faire extraire :

1° Les vêtements, hardes, meubles et effets nécessaires au failli et à sa famille, et dont la délivrance sera autorisée par le juge-commissaire sur l'état que lui en soumettront les syndics ;

2° Les objets sujets à dépérissement prochain ou à dépréciation imminente ;

3° Les objets servant à l'exploitation du fonds de commerce, lorsque cette exploitation ne pourrait être interrompue sans préjudice pour les créanciers.

Les objets compris dans les deux paragraphes précédents seront de suite inventoriés avec prisée par les syndics, en présence du juge de paix, qui signera le procès-verbal. — C. proc. civ., 924, 943 et s.

ART. **470**. La vente des objets sujets à dépérissement ou à dépréciation imminente, ou dispendieux à conserver, et l'exploitation du fonds de commerce auront lieu à la diligence des syndics, sur l'autorisation du juge-commissaire. — C. comm., 486.

ART. **471**. Les livres seront extraits des scellés et remis par le juge de paix aux syndics, après avoir été arrêtés par lui ; il constatera sommairement, par son procès-verbal, l'état dans lequel ils se trouveront.

Les effets de portefeuille à courte échéance ou susceptibles d'acceptation ou pour lesquels il faudra faire des actes conservatoires, seront aussi extraits des scellés par le juge de paix, décrits et remis aux syndics pour en faire le recouvrement. Le bordereau en sera remis au juge-commissaire.

Les autres créances seront recouvrées par les syndics sur leurs quittances. Les lettres adressées au failli seront remises aux syndics qui les ouvriront ; il pourra, s'il est présent, assister à l'ouverture. — C. comm., 443, 490.

1. En admettant que le mandataire ait le droit de conserver jusqu'au paiement de ses déboursés et honoraires les registres et papiers qui lui ont été confiés par son mandant, ce droit ne saurait survivre

à la faillite de ce dernier et prévaloir contre le devoir légal qui incombe au syndic de placer sous la main de justice, en se les faisant remettre, tous les papiers du failli, sauf au syndic à dresser contradictoirement avec le mandataire un état des papiers qui lui sont remis, sous la réserve des droits de ce dernier quant au chiffre et au caractère privilégié ou non de sa prétendue créance. — Cass., 12 août 1873 [S. 74. 1. 77, P. 74. 160, D. P. 74. 1. 18]

2. On est d'accord pour décider que la disposition de l'art. 471 doit être restreinte à la seule correspondance commerciale (lettres ou télégrammes) du failli : ce dernier peut, en conséquence, se faire remettre sa correspondance personnelle ou de famille. — *Sic*, Lyon-Caen et Renault, t. 7, n. 499 ; Ruben de Couder, v° *Faillite*, *Suppl.*, n. 296 et s. ; et notre *Rép. gén. alph. du dr. fr.*, v° *Faillite*, n. 1903 et s.

ART. **472**. Le juge-commissaire, d'après l'état apparent des affaires du failli, pourra proposer sa mise en liberté avec sauf-conduit provisoire de sa personne. Si le tribunal accorde le sauf-conduit, il pourra obliger le failli à fournir caution de se représenter, sous peine de paiement d'une somme que le tribunal arbitrera, et qui sera dévolue à la masse. — C. civ., 2040 et s. ; C. proc. civ., 517 et s. ; C. comm., 455, 583.

ART. **473**. A défaut, par le juge-commissaire, de proposer un sauf-conduit pour le failli, ce dernier pourra présenter sa demande au tribunal de commerce, qui statuera, en audience publique, après avoir entendu le juge-commissaire. — C. comm., 583.

La décision du tribunal sur le sauf-conduit n'est que provisoire : le tribunal peut accorder au failli sa liberté après la lui avoir refusée, ou, au contraire, révoquer le sauf-conduit qu'il avait antérieurement accordé, soit d'office, soit à la requête des intéressés. — Cass., 26 juill. 1853 [P. 53. 2. 305, D. P. 53. 1. 254] — Montpellier, 11 mars 1870 [S. 71. 2. 110, P. 71. 344, D. P. 72. 2. 28] — Amiens, 28 mai 1887 [S. 89. 2. 45, P. 89. 1. 223, D. P. 88. 2. 226] — *Sic*, Lyon-Caen et Renault, t. 7, n. 485 ; Ruben de Couder, v° *Faillite*, n. 510, et *Suppl.*, *eod. v°*, n. 287. — V. aussi *suprà*, art. 455-460, n. 7 et s. — Sur les voies de recours contre les jugements rendus en matière de sauf-conduit, V. *infrà*, art. 583.

ART. **474**. Le failli pourra obtenir pour lui et sa famille, sur l'actif de sa faillite, des secours alimentaires, qui seront fixés, sur la proposition des syndics, par le juge-commissaire, sauf appel au tribunal en cas de contestation. — C. comm., 443, 530, 583.

ART. **475**. Les syndics appelleront le failli auprès d'eux pour clore et arrêter les livres en sa présence.

S'il ne se rend pas à l'invitation, il sera sommé de comparaître dans les quarante-huit heures au plus tard.

Soit qu'il ait ou non obtenu un sauf-conduit, il pourra comparaître par fondé de pouvoirs, s'il justifie de causes d'empêchement reconnues valables par le juge-commissaire. — C. comm., 586-5°.

ART. **476**. Dans le cas où le bilan n'aurait pas été déposé par le failli, les syndics le dresseront immédiatement à l'aide des livres et papiers du failli, et des renseignements qu'ils se procureront, et ils le déposeront au greffe du tribunal de commerce. — C. comm., 439, 522.

ART. **477**. Le juge-commissaire est autorisé à entendre le failli, ses commis et employés, et toute autre personne, tant en ce qui concerne la formation du bilan que sur les causes et les circonstances de la faillite.

ART. **478**. Lorsqu'un commerçant aura été déclaré en faillite après son décès, ou lorsque le failli viendra à décéder après la déclaration de la faillite, sa veuve, ses enfants, ses héritiers, pourront se présenter ou se faire représenter pour le suppléer dans la formation du bilan, ainsi que dans toutes les autres opérations de la faillite. — C. comm., 437, 614.

1. Depuis la loi du 4 mars 1889, ce sont les contrôleurs qui sont spécialement chargés de vérifier les livres du failli. — V. *infrà, Appendice* au liv. III, la loi du 4 mars 1889, art. 9-10.

2. Les peines ne pouvant être étendues par voie d'analogie, on décide en général que les personnes que le juge-commissaire est autorisé à appeler en vertu de l'art. 477, peuvent se refuser à comparaître ou à répondre, sans encourir les peines prononcées par l'art. 263, C. proc. civ., contre les témoins défaillants. — *Sic*, Esnault, t. 1, n. 331 ; Ruben de Couder, v° *Faillite*, n. 580 ; et notre *Rép. gén. alph. du dr. fr.*, v° *Faillite*, n. 1901. — *Contrà*, Pardessus, n. 1158.

SECTION II

DE LA LEVÉE DES SCELLÉS ET DE L'INVENTAIRE.

ART. **479**. Dans les trois jours, les syndics requerront la levée des scellés et procéderont à l'inventaire des biens du failli, lequel sera présent ou dûment appelé. — C. comm., 443, 455, 468.

1. Le délai de trois jours fixé par notre article court de la nomination des syndics, si les scellés ont été apposés avant leur nomination, ou de l'apposition des scellés, si les syndics avaient été nommés antérieurement. — *Sic*, Renouard, t. 1, p. 461.

2. La levée des scellés et l'inventaire étant des mesures conservatoires et urgentes, les syndics provisoires peuvent y procéder comme les syndics définitifs. — Bourges, 14 janv. 1862 [S. 62. 2. 282, P. 62. 159, D. P. 62. 2. 174] — *Sic*, Renouard, t. 1, p. 441 et s. ; Bédarride, t. 1, n. 335 ; Alauzet, t. 7, n. 2588 ; Laurin, n. 1065 ; Demangeat, sur Bravard, t. 5, p. 112, en note ; Lyon-Caen et Renault, t. 7, n. 496.

3. Il n'est pas nécessaire d'appeler à la levée des scellés ceux qui auraient fait aux scellés des oppositions fondées sur leur seule qualité de créanciers. Les créanciers sont, en effet, représentés légalement par les syndics : ils pourraient seulement intervenir à leurs frais à la levée des scellés. — *Sic*, Pardessus, n. 1152 ; Ruben de Couder, v° *Faillite*, n. 585.

4. Il en serait autrement et il y aurait lieu d'appeler à la levée des scellés ceux qui auraient formé des oppositions fondées sur une prétention de propriété relativement à certains objets mis sous scellés. — *Sic*, Pardessus, *loc. cit.* ; Renouard, t. 1, p. 462.

5. Le président du tribunal civil n'est pas compétent pour ordonner en référé la mainlevée des scellés apposés sur les meubles du saisi en vertu du jugement déclaratif de la faillite. — Lyon, 26 août 1853 [D. P. 55. 2. 318]

ART. **480**. L'inventaire sera dressé en double minute par les syndics à mesure que les scellés seront levés, et en présence du juge de paix, qui le signera à chaque vacation. L'une de ces minutes sera déposée au greffe du tribunal de commerce dans les vingt-quatre heures; l'autre restera entre les mains des syndics.

Les syndics seront libres de se faire aider, pour sa rédaction comme pour l'estimation des objets, par qui ils jugeront convenable.

Il sera fait récolement des objets qui, conformément à l'article 469, n'auraient pas été mis sous les scellés, et auraient déja été inventoriés et prisés. — C. proc. civ., 937, 943.

1. L'art. 480, C. comm., disposant que l'un des doubles de l'inventaire, dressé au début de la faillite, restera entre les mains du syndic, celui-ci doit être également autorisé à conserver par devers lui l'un des doubles de l'état de répartition des dividendes, qui est la contre-partie de l'inventaire. — Caen, 23 juill. 1885 [S. 88. 2. 44, P. 88. 1. 233, D. *Rép.*, *Suppl.*, v° *Faillite*, n. 991]

2. La présence du juge de paix à l'inventaire est nécessaire, alors même qu'il n'aurait pas été procédé à l'apposition des scellés. Notre article, en effet, ne contient à cet égard aucune distinction, et, d'autre part, on ne concevrait pas que les syndics qui sont chargés de la garde des dépôts puissent certifier à eux seuls les objets compris dans ces dépôts. — *Sic*, Ruben de Couder, v° *Faillite*, n. 589. — *Contrà*, Renouard, t. 1, p. 389.

ART. **481**. En cas de déclaration de faillite après décès, lorsqu'il n'aura point été fait d'inventaire antérieurement à cette déclaration, ou en cas de décès du failli avant l'ouverture de l'inventaire, il y sera procédé immédiatement, dans les formes du précédent article, et en présence des héritiers, ou eux dûment appelés. — C. proc. civ., 943; C. comm., 437, 614.

1. Notre article doit recevoir son application, alors même qu'antérieurement à la déclaration de faillite, le juge de paix, à raison de la présence d'un mineur, aurait apposé les scellés au nom des héritiers, conformément aux règles du Code de procédure civile. En conséquence, le syndic de la faillite qui veut procéder à l'inventaire, aux termes des art. 479 et s., C. comm., peut requérir du juge de paix la levée des scellés, sans qu'il soit besoin de la présence d'un notaire, conformément aux prescriptions du Code de procédure civile: les dispositions des art. 479 et s., C. comm., doivent seules être observées. — Paris, 11 mars 1893 [D. P. 93. 2. 312, *J. des trib. de comm.*, 94. 283]

2. L'inventaire dressé par le syndic peut également servir pour le règlement des droits auxquels donne ouverture le décès. — Ainsi, la femme commune qui, après la déclaration de faillite de son mari, obtient sa séparation de biens, est sans intérêt et sans droit à faire procéder à l'inventaire de la communauté si le syndic a déjà procédé lui-même à l'inventaire de la faillite, la condition de l'inventaire se trouvant par là suffisamment remplie pour assurer à la femme, au cas d'acceptation de la communauté, le privilège de n'être tenu des dettes que jusqu'à concurrence de son émolument. — Paris, 21 mars 1867 [S. 67. 2. 357, P. 67. 1272, D. P. 68. 2. 149] — *Sic*, Guillouard, t. 3, n. 1392; Laurent, t. 23, n. 68; Lyon-Caen et Renault, t. 7, n. 497; Bravard et Demangeat, t. 5, p. 334; Ruben de Couder, v° *Faillite*, n. 592.

3. A l'inverse, si après le décès du failli, un inventaire a été dressé par devant notaires, conformément au droit commun, cet inventaire suffit aussi bien pour la faillite que pour la succession : il faut seulement qu'une expédition en soit remise au greffe et une autre aux syndics. — *Sic*, Lyon-Caen et Renault, *loc. cit.*

ART. **482**. En toute faillite, les syndics, dans la quinzaine de leur entrée ou de leur maintien en fonctions, seront tenus de remettre au juge-commissaire un mémoire ou compte sommaire de l'état apparent de la faillite, de ses principales causes et circonstances, et des caractères qu'elle parait avoir.

Le juge-commissaire transmettra immédiatement les mémoires, avec ses observations, au procureur de la République. S'ils ne lui ont pas été remis dans les délais prescrits, il devra en prévenir le procureur de la République et lui indiquer les causes du retard. — C. comm., 459, 584 et s.

ART. **483**. Les officiers du ministère public pourront se transporter au domicile du failli et assister à l'inventaire.

Ils auront, à toute époque, le droit de requérir communication de tous les actes, livres ou papiers relatifs à la faillite. — C. civ., 102; C. comm., 459, 602 et s.

Le mémoire des syndics participe du caractère secret de l'instruction criminelle proprement dite, les syndics devant être considérés à cet égard comme des auxiliaires du parquet en conséquence, il ne doit être communiqué ni au failli, ni aux créanciers. — Trib. comm. Seine, 19 janv. 1880 [*J. des faill.*, 83. 473]

SECTION III

DE LA VENTE DES MARCHANDISES ET MEUBLES ET DES RECOUVREMENTS.

ART. **484**. L'inventaire terminé, les marchandises, l'argent, les titres actifs, les livres et papiers, meubles et effets du débiteur, seront remis aux syndics, qui s'en chargeront au bas dudit inventaire.

Art. **485**. Les syndics continueront de procéder, sous la surveillance du juge-commissaire, au recouvrement des dettes actives. — C. proc. civ., 943 ; C. comm., 443, 471, 490.

Aux termes de l'art. 10, 2ᵉ alin., de la loi du 4 mars 1889, applicable en matière de faillite, les syndics sont tenus de prendre l'avis des contrôleurs sur les actions à intenter ou à suivre, mais ils ne sont pas obligés de se conformer à cet avis. — V. *infrà, Appendice* au livre III, la loi du 4 mars 1889, art. 9-10.

Art. **486**. Le juge-commissaire pourra, le failli entendu ou dûment appelé, autoriser les syndics à procéder à la vente des effets mobiliers ou marchandises.

Il décidera si la vente se fera soit à l'amiable, soit aux enchères publiques, par l'entremise des courtiers ou de tous autres officiers publics préposés à cet effet.

Les syndics choisiront dans la classe d'officiers publics déterminée par le juge-commissaire celui dont ils voudront employer le ministère (1). — C. proc. civ., 617 et s., 946; C. comm., 74, 534, 559 et s.; L. 25 juin 1841, art. 4.

INDEX ALPHABÉTIQUE.

DIVISION.

α) Vente des effets mobiliers et des marchandises.

β) Vente des immeubles.

α) *Vente des effets mobiliers et des marchandises.* — 1. Le juge-commissaire peut seul autoriser les syndics à procéder à la vente du mobilier et des marchandises et régler en même temps le mode de vente. Le juge des référés est incompétent à cet égard, alors même que, par des ordonnances antérieures à la faillite, il aurait prescrit des mesures provisoires qui n'ont pas été exécutées. — Paris, 4 janv. 1849 [S. 49. 2. 155, D. P. 49. 5. 194] — Sur les pouvoirs du juge des référés, V. notre *Code de proc. civ. annoté*, art. 806.

2. Le juge des référés serait également incompétent pour arrêter l'exécution d'une ordonnance rendue par le juge-commissaire d'une faillite dans les limites de ses attributions, et prescrire, à la demande du bailleur, qu'il sera sursis à l'exécution de la vente que le juge-commissaire a autorisée. — Paris, 6 ma- 1867 [S. 68. 2. 53, P. 68. 327, D. *Rép.*, *Suppl.*, vᵒ *Faillite*, n. 805]

3. Les ventes passées par le syndic sans l'autorisation du juge-commissaire sont, en principe, entachées de nullité, à moins qu'il n'y ait eu péril en la demeure, et sous la réserve du droit pour les acquéreurs de bonne foi d'invoquer l'art. 2279, C. civ. — *Sic*, Lyon-Caen et Renault, t. 7, n. 517; Boistel, n. 975. — *Contrà*, Laurin, n. 1012; Ruben de Couder, vᵒ *Faillite*, n. 544, et *Suppl.*, *eod. vᵒ*, n. 311.

4. La vente peut avoir pour objet non pas seulement les meubles corporels, mais aussi les meubles incorporels dépendant de la faillite. — Spécialement, le syndic peut, avec l'autorisation du juge-commissaire, faire vendre aux enchères les créances dépendant de la faillite d'une société et consistant en recouvrement du non-versé sur les actions. — Trib. comm. Seine, 7 janv. 1881 [D. *Rép.*, *Suppl.*, *vᵒ cit.*, n. 806]; 11 mai 1885 [*Ibid.*] — *Sic*, Lyon-Caen et Renault, t. 7, n. 518; Ruben de Couder, *Suppl.*, *vᵒ cit.*, n. 312.

5. Le juge-commissaire qui autorise la vente des effets mobiliers ou marchandises, décide également aux termes du deuxième alinéa de notre article, si cette vente se fera à l'amiable ou aux enchères publiques. Mais le failli qui doit être entendu ou convoqué sur la question de l'opportunité de la vente, n'a pas à intervenir sur la fixation du mode de procéder. — Jugé à cet égard, que le syndic d'une faillite qui, le failli entendu, a été autorisé par le juge-commissaire à procéder à la vente par adjudication publique des effets mobiliers ou marchandises dépendant de la faillite, peut, s'il ne se présente pas d'enchérisseur, être autorisé par le juge-commissaire à vendre ces objets à l'amiable, sans qu'il soit nécessaire d'entendre de nouveau le failli. — Cass., 7 août 1862 [S. 62. 1. 782, P. 63. 205, D. P. 62. 1. 435]

6. Notre article conférait aussi au juge-commissaire le droit de désigner librement la classe des

(1) Du 25 juin 1841. — Loi *sur les ventes aux enchères de marchandises neuves.*

Art. 4. Les ventes de marchandises après faillite seront faites conformément à l'art. 486, C. comm., par un officier public de la classe que le juge-commissaire aura déterminée. — Quant au mobilier du failli, il ne pourra être vendu aux enchères que par le ministère des commissaires-priseurs, notaires, huissiers ou greffiers de justice de paix, conformément aux lois et règlements qui déterminent les attributions de ces différents officiers.

officiers publics à laquelle devait s'adresser le syndic pour procéder à la vente aux enchères des marchandises et du mobilier du failli. Mais aujourd'hui, ce droit comporte une double restriction. D'une part, et d'après le deuxième alinéa de l'art. 4 de la loi du 25 juin 1841, la vente du mobilier ne peut avoir lieu que par le ministère des officiers publics énumérés par cet article ; elle ne peut avoir lieu par le ministère des courtiers qui ne sont pas compris dans cette énumération. — *Sic*, Lyon-Caen et Renault, t. 7, n. 519 ; Ruben de Couder, *Suppl.*, *v° cit.*, n. 315 ; et notre *Rép. gén. alph. du dr. fr.*, v° *Faillite*, n. 1969.

7. Jugé, par application dudit art. 4, 2e alin. de la loi du 25 juin 1841, que si les greffiers de justice de paix ont, en vertu de ce texte, le droit de procéder à la vente du mobilier du failli, les greffiers des tribunaux de commerce ne sont pas investis de la même qualité. En conséquence, le greffier de la justice de paix du canton du domicile du failli peut assigner en dommages-intérêts le greffier du tribunal de commerce qui a procédé à la vente du mobilier du failli, et le syndic qui l'a proposé au choix du juge-commissaire. — Trib. civ. de Marennes, 12 févr. 1884 [*Monit. des huiss.*, 84. 222]

8. D'autre part, si le juge-commissaire conserve toujours, en ce qui concerne les ventes de marchandises, le droit de désigner la classe d'officiers publics à laquelle devra s'adresser le syndic, il est tenu, dans cette désignation, de se conformer aux dispositions qui fixent les attributions des différents officiers publics. — Ainsi, dans les lieux où il existe des commissaires-priseurs, le juge-commissaire doit, s'il écarte les courtiers, désigner les commissaires-priseurs, à l'exclusion des notaires, huissiers et greffiers. — Cass., 23 nov. 1886 [S. 87. 1. 420, P. 87. 1. 1042, D. P. 87. 1. 373] — Caen, 26 août 1843 [S. 44. 2. 157, P. 44. 1. 667] — *Sic*, Renouard, t. 1, p. 509 et s. ; Boulay-Paty, t. 1, n. 363 ; Alauzet, t. 7, n. 2594 ; Lyon-Caen et Renault, t. 7, n. 519 ; Ruben de Couder, *v° cit.*, n. 604, et *Suppl.*, *eod. v°*, n. 315 ; et notre *Rép. gén. alph. du dr. fr.*, vis *Commissaire-priseur*, n. 126 et s., et *Faillite*, n. 1973. — Sur le droit pour les courtiers de procéder concurremment avec les commissaires-priseurs, à la vente des marchandises, en gros ou en détail, dans le cas de faillite, V. *suprà*, art. 78, n. 13 et 14. — Sur le monopole des agents de change pour la vente des valeurs mobilières, V. *suprà*, art. 76, n. 24 et s.

9. La vente publique des marchandises et effets mobiliers du failli doit avoir lieu, en principe, dans le ressort du tribunal qui a déclaré la faillite. Toutefois, ce tribunal peut autoriser le syndic à procéder, en dehors des limites de son arrondissement, à une vente de marchandises neuves dépendant de l'actif du failli. — Rennes, 1er févr. 1881 [S. 81. 2. 257, P. 81. 1. 1246, D. *Rép.*, *Suppl.*, *v° cit.*, n. 812] — *Sic*, Ruben de Couder, *v° cit.*, n. 605.

β) *Vente des immeubles.* — 10. Bien que le texte de notre article ne parle que de la vente des effets mobiliers et marchandises du failli, la jurisprudence, s'inspirant des nécessités pratiques, décide que le syndic peut également procéder, avant la conclusion du concordat ou la formation de l'état d'union, à la vente des immeubles dépendant de la faillite, avec l'assentiment du failli, et la double autorisation du juge-commissaire et du tribunal de commerce, dans le cas où cette vente serait imposée par les nécessités financières de la faillite. — Cass., 13 janv. 1869 [S. 69. 1. 152, P. 69. 380, D. P. 71. 5. 191] ; 28 juill. 1890 [S. 90. 1. 148, P. 90. 1. 1083, D. P. 91. 1. 165] — Caen, 24 janv. 1884 [S. 86. 2. 116, P. 86. 1. 689] — Paris, 28 janv. 1890 [S. 90. 2. 152, P. 90. 1. 880, D. P. 91. 1. 165, en note sous Cass., 28 juill. 1890] — *Sic*, Thaller, n. 2145 ; Lyon-Caen et Renault, t. 7, n. 520 ; Alauzet, t. 8, n. 2817 ; Ruben de Couder, *v° cit.*, n. 1028, et *Suppl.*, *eod.*, *v°*, n. 478. — *Contrà*, Douai, 28 mai 1857 [P. 60. 1027, D. P. 57. 2. 166] — *Adde*, Bédarride, t. 1, n. 367 ; Laroque-Sayssinel et Dutruc, t. 1, n. 568 ; Rousseau et Defert, *Code ann. de faill.*, sur l'art. 486, n. 50. — Sur la vente des immeubles en cas de liquidation judiciaire, V. *infrà*, *Appendice* au liv. III, la loi du 4 mars 1889, art. 6.

11. Mais la demande du syndic à fin de vente des immeubles doit être rejetée, bien qu'elle soit formée avec l'assentiment du failli et l'autorisation du juge-commissaire, lorsque le syndic ne justifie point qu'une pareille mesure ait un caractère de nécessité, et lorsque, notamment, il est établi qu'il a en mains les fonds nécessaires pour continuer, jusqu'à la fin, les opérations de la faillite. — Caen, 24 janv. 1884, précité.

12. Les ventes d'immeubles dont il s'agit doivent être effectuées dans les formes prescrites par l'art. 572, C. comm., pour la vente des biens de mineurs. — *Sic*, Lyon-Caen et Renault, *loc. cit.* ; Thaller, *loc. cit.*

13. Mais les dispositions des art. 572 et 573, C. comm., relatives aux ventes des immeubles du failli en état d'union, ne sauraient être étendues aux ventes qui ont été effectuées par le syndic avant l'union ; les ventes ainsi opérées devant être considérées comme volontaires, dès lors qu'elles ne peuvent avoir lieu qu'avec le consentement du failli, et sur une autorisation que le tribunal peut donner ou refuser. — Cass., 28 juill. 1890 [S. 90. 1. 448, P. 90. 1. 1083, D. P. 91. 1. 165] ; 23 juin 1896 [S. et P. 96. 1. 389, D. P. 97. 1. 57] — *Sic*, Lyon-Caen et Renault, t. 7, n. 520 ; Thaller, n. 2146 ; Ruben de Couder, *Suppl.*, *v° cit.*, n. 480 et s. ; Baudry-Lacantinerie et de Loynes, t. 3, n. 2386.

14. Ainsi, l'exception, édictée par les art. 572 et 573, C. comm., au principe d'après lequel (dans les ventes autres que celles sur expropriation forcée), l'ordre ne doit être ouvert qu'après l'accomplissement des formalités prescrites pour la purge des hypothèques, doit être strictement limitée aux expropriations prévues par ces articles, c'est-à-dire à celles qui ont lieu après l'union des créanciers. — Cass., 6 juill. 1881 [S. 82. 1. 51, P. 82. 1. 117, D. P. 82. 1. 449] ; 4 juin 1889 [S. 90. 1. 65, P. 90. 1. 140, D. P. 90. 1. 133] — Orléans, 24 déc. 1890 [S. 91. 2. 32, P. 91. 1. 213, D. P. 91. 1. 165, en note sous Cass., 28 juill. 1890] — Besançon, 30 nov. 1880 [S. 81. 2. 163, P. 81. 1. 932, D. P. 81. 2. 55]

15. Par suite cette exception ne saurait être étendue aux ventes effectuées avant l'union par le syndic, ces ventes devant être considérées comme volontaires, dès lors qu'elles ne peuvent avoir lieu qu'avec le consentement du failli, et sur une autorisation que le tribunal peut accorder ou refuser. — Cass., 4 juin 1889, précité.

16. Par suite encore, la surenchère du dixième, organisée par l'art. 573 pour les adjudications après union, ne saurait être admise par assimilation dans les ventes intervenues avant l'union. — Cass., 28 juill. 1890, précité.

17. Jugé, en sens contraire, que les dispositions de l'art. 573, C. comm., et spécialement la disposition qui autorise toute personne à former une surenchère du dixième sur la vente des immeubles du failli, effectuée après l'union, sont applicables à la vente des immeubles du failli, effectuée par le syndic avant l'union, du consentement du failli et avec l'autorisation du juge-commissaire. — Cass., 17 juin 1878 [S. 79. 1. 165, P. 79. 402, D. P. 79. 1. 34] — Paris, 28 janvier 1890 [S. 90. 2. 152, P. 90. 1. 180, D. P. 91. 1. 165, en note sous Cass., 28 juill. 1890]

18. En tout cas, l'adjudication d'immeubles dépendant d'une faillite, adjudication poursuivie, du consentement du failli, par le syndic, en vertu d'une autorisation du tribunal (mais avant l'union), et à laquelle l'art. 2185, C. civ., a été déclaré applicable par un arrêt passé en force de chose jugée, a le caractère de vente volontaire. — Par suite, la soumission de surenchère doit être formée au greffe du tribunal dans le ressort duquel sont situés les immeubles vendus, et non au greffe du tribunal qui a prononcé l'adjudication. — Cass., 6 juill. 1881, précité. — Besançon, 30 nov. 1880, précité.

ART. **487**. Les syndics pourront, avec l'autorisation du juge-commissaire, et le failli dûment appelé, transiger sur toutes contestations qui intéressent la masse, même sur celles qui sont relatives à des droits et actions immobiliers.

Si l'objet de la transaction est d'une valeur indéterminée ou excède 300 francs, la transaction ne sera obligatoire qu'après avoir été homologuée, savoir : par le tribunal de commerce pour les transactions relatives à des droits mobiliers, et par le tribunal civil pour les transactions relatives à des droits immobiliers.

Le failli sera appelé à l'homologation ; il aura, dans tous les cas, la faculté de s'y opposer ; son opposition suffira pour empêcher la transaction, si elle a pour objet des biens immobiliers. — C. civ., 2044 et s ; C. proc. civ., 1003 et s. ; C. comm., 507, 535 ; L. 4 mars 1889, art. 7 et 20.

INDEX ALPHABÉTIQUE.

DIVISION.

α) Transactions.

β) Désistement et acquiescement.

γ) Compromis.

α) *Transactions.* — 1. Notre article conférant aux syndics le pouvoir de transiger « sur toutes contestations qui intéressent la masse », il en résulte que les syndics ont qualité pour transiger aussi bien sur les droits qui appartiennent aux créanciers que sur ceux qui appartiennent au failli. Ainsi, le syndic de la faillite d'une société en commandite, ayant qualité exclusivement aux créanciers, pour exercer contre des commanditaires l'action en responsabilité solidaire, à raison des actes d'immixtion de leur part dans l'administration de la société, peut valablement transiger sur cette action au nom de la masse. — Cass., 15 févr. 1864 [S. 64. 1. 65, P. 64. 547, D. P. 64. 1. 89] — Lyon, 22 févr. 1866 [S. 67. 2. 22 P. 67. 108, D. *Rép., Suppl.*, v° *Faillite*, n. 1660]

2. Le syndic d'une faillite a qualité pour transiger, non seulement sur les éléments de la masse active, mais encore sur ceux de la masse passive, et, par conséquent, sur les créances qui entrent dans la composition de cette masse passive. — Cass., 26 avr. 1864 [S. 64. 1. 225, P. 64. 1050, D. P. 64. 1. 308]

3. Et il peut transiger à l'égard de ces créances avant même qu'elles aient été vérifiées, alors surtout que les créanciers vérifiés, qui d'ailleurs peuvent intervenir dans l'instance d'homologation pour sauvegarder leurs droits, ont été mis en cause par le syndic. — Même arrêt.

4. Dans ce cas, les créanciers contestants, à la disposition desquels les syndics ont, après sommation, mis toutes les pièces et tous les documents qui pourraient leur être utiles, et qui ont pu en prendre communication, ne sont pas fondés à se plaindre de ce que les juges ne se seraient pas arrêtés à la demande en communication par eux formée. — Même arrêt.

5. Le syndic ne peut valablement transiger qu'avec l'autorisation du juge-commissaire, le failli dûment appelé, et en outre, l'homologation du tribunal compétent, lorsque l'objet litigieux sur lequel porte la transaction est d'une valeur indéterminée ou d'une valeur supérieure à 300 francs.

De plus, d'après les art. 7, 2e al., et 20 de la loi du 4 mars 1889, si des contrôleurs ont été nommés, les syndics sont tenus de demander au préalable leur avis, à titre purement consultatif — V. Lyon-Caen et Renault, t. 7, n. 507 ; et notre *Rép. gén. alph. du dr. fr.*, v° *Faillite*, n. 2006 et s. — Sur la transaction dans la liquidation judiciaire, V. *infrà*, *Appendice* au liv. III, la loi du 4 mars 1889, art. 7.

6. Bien que notre article semble exiger que le failli soit convoqué lorsque l'autorisation de transiger est demandée au juge-commissaire, la jurisprudence décide qu'il suffit de le convoquer dans l'instance d'homologation devant le tribunal. — Cass., 2 août 1865 [S. 65. 1. 437, P. 65. 1160, D. P. 66. 1. 25] ; 17 avr. 1894 [S. et P. 96. 1. 459, D. P. 95. 1. 161] — *Sic*, Ruben de Couder, v° *Syndic*, n. 91. — *Contrà*, Bédarride, t. 1, n. 388 et s.; Alauzet, t. 7 n. 2595 ; Bravard et Demangeat, t. 5, p. 333 ; Rousseau et Defert, sur l'art. 487, n. 6 ; et notre *Rép. gén. alph. du dr. fr.*, *v° cit.*, n. 2018 et s.

7. Spécialement, est valable la transaction passée par le syndic d'une société (anonyme) en faillite hors la présence d'un mandataire spécial de cette société, si celui-ci a été appelé dans l'instance judiciaire en homologation de cette transaction, y a figuré en première instance et en appel, et a été mis en demeure de présenter toutes les observations auxquelles cette transaction pouvait donner lieu, en sorte que les intérêts de la faillite ont été sauvegardés. — Cass., 17 avr. 1894, précité.

8. On s'accorde à reconnaître que la disposition de notre article qui attribue compétence, pour homologuer la transaction, au tribunal de commerce en matière de droits mobiliers et au tribunal civil en matière de droits immobiliers, ne statue que sur le *plerumque fit* et ne doit pas être prise à la lettre. En réalité, le tribunal compétent pour homologuer la transaction, c'est le tribunal qui aurait été compétent pour statuer sur le litige lui-même, indépendamment du caractère mobilier ou immobilier du droit litigieux. — *Sic*, Lyon-Caen et Renault, t. 7, n. 509 ; Bravard et Demangeat, t. 5, p. 339 ; Laroque-Sayssinel et Dutruc, t. 1, n 575 ; et notre *Rép. gén. alph. du dr. fr.*, *v° cit.*, n. 2010 et s.

9. Jugé en ce sens, que l'homologation d'une transaction passée entre les syndics d'une faillite et l'un des créanciers sur une contestation qui aurait été de la compétence du tribunal de commerce, telle que celle de la nullité d'une hypothèque prétendue consentie en temps suspect par le failli, appartient à ce tribunal et non au tribunal civil ; en ce cas, est inapplicable la règle générale de l'art. 487, C. comm., qui attribue à la juridiction civile l'homologation des transactions relatives aux droits immobiliers du failli. — Cass., 13 déc. 1865 [S. 67. 1. 65, P. 67. 139, D. P. 66. 1. 145]

10. Jugé d'autre part, que l'homologation d'une transaction dont l'objet est à la fois mobilier et immobilier, est de la compétence du tribunal de commerce, si l'objet mobilier est principal. — Cass., 15 nov. 1880 [S. 83. 1. 148, P. 83. 1. 359, D. P. 81. 1. 101] — Sur la compétence dans le cas où une même action comprend à la fois un chef civil et un chef commercial, V. *infrà*, art. 631.

11. Lorsqu'une transaction est conclue entre les syndics d'une faillite et un tiers se prétendant créancier de la faillite, le jugement qui homologue cette transaction, conformément à l'art. 487, C. comm., est un acte de juridiction gracieuse. En conséquence, l'action en nullité de cette transaction n'est pas recevable ; et le jugement homologatif ne peut être attaqué, dans le cas où le demandeur a renoncé à en interjeter appel, que par les voies de recours extraordinaires indiquées au liv. 4, C. proc. civ. — Nancy, 28 déc. 1886 [D. P. 88. 2. 142]

12. La Cour saisie de l'appel d'un jugement du tribunal de commerce, ne statue comme juge civil, en vertu de sa plénitude de juridiction, que dans le cas où, infirmant le jugement pour cause d'incompétence, elle évoque le fond. Mais la Cour statue commercialement quand elle confirme le jugement du tribunal de commerce. — En conséquence, est recevable le moyen de cassation tiré de ce que l'arrêt a, à tort, rejeté des conclusions tendant à faire déclarer la juridiction commerciale incompétente pour statuer sur le litige. — Cass., 15 nov. 1880, précité.

13. Les conditions ci-dessus doivent être remplies pour tout acte qui, au fond, présente un caractère transactionnel. Ainsi, l'admission par le syndic au passif de la faillite, d'une créance dont l'existence ou la quotité formaient l'objet d'une instance pendante au moment de la faillite entre le créancier et le failli et non encore jugée, constitue une transaction qui ne peut être opposée au failli qu'autant qu'elle a été accompagnée des formalités voulues par l'art. 487, C. comm. — En cet état, le failli a le droit de reprendre lui-même l'instance et de la poursuivre. — Bordeaux, 30 mai 1853 [S. 53. 2. 551, P. 55. 2. 316, D. P. 54. 2. 110]

14. Jugé de même, que la délation du serment décisoire impliquant la capacité de transiger, le syndic d'une faillite n'a pas qualité pour déférer le serment décisoire dans une instance intéressant la faillite, s'il n'y est autorisé par le juge-commissaire ou par la masse des créanciers. — Paris, 20 févr. 1844 [S. 44. 2. 638] — Rennes, 29 mai 1858 [S. 59. 2. 216, P. 59. 146] — *Sic*, Marcadé, sur l'art. 1358, n. 1 ; Massé et Vergé, sur Zachariæ, t. 3, p. 542, § 608, note 8 ; Aubry et Rau, t. 8, p. 184, § 753 ; Larombière, sur l'art. 1359, C. civ., n. 8 ; Rolland de Villargues, v° *Serment*, n. 13 ; Baudry-Lacantinerie, t. 2, n. 1313 ; Lyon-Caen et Renault, t. 7, n. 511. — V. aussi, sur le caractère du serment décisoire, notre *Code civil annoté*, art. 1357, n. 17 et s.

15. Et, à défaut de cette autorisation, les juges peuvent d'office refuser d'ordonner un tel serment, quand même la partie adverse se déclarerait disposée à le prêter. — Rennes, 29 mai 1858, précité.

16. D'autre part, le serment décisoire ne pourrait être déféré, ni au failli qui est incapable de transiger. — Toulouse, 25 mai 1885 [S. 89. 2. 41, P. 89. 1. 228 et la note de M. Labbé]

17. ... Ni au syndic, qui ne représente que l'une des parties en justice. — *Sic*, Lyon-Caen et Renault, t. 7, n. 511 ; Aubry et Rau, t. 8, p. 185, § 753. — V. aussi notre *Code civil annoté*, art. 1359, n. 1 et s.

18. Sur la question de savoir si la remise de dette qui résulte du concordat doit être assimilée à une transaction, et si le syndic a le pouvoir de voter au concordat d'un débiteur du failli, V. *infrà*, art. 507, n. 7.

β) *Désistement et acquiescement.* — 19. Le syndic d'une faillite puise, dans ses pouvoirs d'administrateur, une qualité suffisante pour se désister d'une instance. Mais il ne saurait plus en être ainsi, lorsque le désistement porte sur l'action elle-même :

dans ce cas, le désistement entraînant abandon ou aliénation d'un droit, équivaut à une transaction, et, par conséquent, reste assujetti aux formalités prescrites par les art. 535 et 487, C. comm. — Cass., 23 févr. 1885 [S. 86. 1. 150, P. 86. 1. 362, D. P. 85. 1. 284] — *Sic*, Lyon-Caen et Renault, t. 7, n. 514; Esnault, t. 1, n. 297; Laroque-Sayssinel et Dutruc, t. 1, n. 584; Rousseau et Defert, sur l'art. 487, n. 18; Ruben de Couder, v° *Syndic*, n. 98 et s., et *Suppl.*, *eod. v°*, n. 24; et notre *Rép. gén. alph. du dr. fr.*, *v° cit.*, n. 2028 et s. — *Contrà*, Lyon-Caen et Renault, *Précis de dr. comm.*, t. 2, n. 2848. — Sur le désistement dans la liquidation judiciaire, V. *infrà*, *Appendice* au liv. 3, la loi du 4 mars 1889, art. 7, n. 1.

20. De même, l'acquiescement entraînant abandon d'un droit équivalent à une transaction, et étant, par conséquent, assujetti aux formes prescrites par les art. 487 et 535, C. comm., le syndic n'a pas capacité pour acquiescer sans l'autorisation du juge-commissaire. — Cass., 15 juin 1900 [S. et P. 1900. 1. 512, D. P. 1900. 1. 416] — Nancy, 13 août 1839 [S. 40. 2. 79, P. 39. 2. 530, D. *Rép.*, v° *Désistement*, n. 34] — Pau, 4 juill. 1898 [S. et P. 98. 2. 296, D. P. 99. 2. 111] — *Contrà*, Cass., 15 nov. 1813 [S. et P. chr.] — Toulouse, 9 juin 1866 [S. 67. 2. 108, P. 67. 466]

21. En conséquence, la signification d'un jugement faite par un syndic de faillite, qui n'a pas capacité pour acquiescer sans l'autorisation du juge-commissaire, ne constitue pas un acquiescement à ce jugement, et n'a d'autre effet que de faire courir les délais d'appel. — Cass., 15 juin 1900, précité. — Pau, 4 juill. 1898, précité.

γ) *Compromis.* — 22. On décide en général que les syndics, n'ayant pas la libre disposition des droits du failli, ne peuvent pas compromettre sur ces droits. — *Sic*, Alauzet, t. 7, n. 2596; Demangeat, sur Bravard, t. 5, p. 335, note; Lyon-Caen et Renault, t. 7, n. 513; Bédarride, t. 2, n. 395; Ruben de Couder, v° *Compromis*, n. 24; et notre *Rép. gén. alph. du dr. fr.*, v^is *Arbitrage*, n. 118 et s., et *Faillite*, n. 2033 et s.

23. Mais la faillite n'anéantit pas l'effet d'un compromis antérieur valablement conclu. — Cass., 6 févr. 1827 [S. et P. chr., D. *Rép.*, v° *Arbitrage*, n. 284]; 11 févr. 1873 [S. 73. 1. 369, P. 73. 923, D. P. 73. 1. 145] — Paris, 31 mai 1842 [S. 44. 2. 650, P. 42. 1. 761]

24. Les syndics pourraient donc nommer des arbitres, en exécution de ce compromis. — Cass., 6 févr. 1827, précité.

25. Jugé même que l'intervention d'un seul des syndics, en l'absence du failli et des autres syndics, suffit pour proroger, avec l'autorisation spéciale du juge-commissaire, les pouvoirs des arbitres. — Paris, 13 janv. 1872, sous Cass., 11 févr. 1873, précité.

26. En tout cas, et en admettant la nullité de cette prorogation, cette nullité ne pourrait être que relative, et ne saurait profiter qu'à la masse et non à celui qui a contracté avec le syndic. — Cass., 11 févr. 1873, précité. — *Contrà*, Paris, 29 juill. 1868 [S. et P., sous Cass., 11 févr. 1873, précité]

Art. **488**. Si le failli a été affranchi du dépôt, ou s'il a obtenu un sauf-conduit, les syndics pourront l'employer pour faciliter et éclairer leur gestion ; le juge-commissaire fixera les conditions de son travail. — C. comm., 456, 472 et s.

Art. **489**. Les deniers provenant des ventes et des recouvrements seront, sous la déduction des sommes arbitrées par le juge-commissaire pour le montant des dépenses et frais, versés immédiatement à la Caisse des dépôts et consignations. Dans les trois jours des recettes, il sera justifié au juge-commissaire desdits versements ; en cas de retard, les syndics devront les intérêts des sommes qu'ils n'auront point versées.

Les deniers versés par les syndics, et tous autres consignés par des tiers, pour compte de la faillite, ne pourront être retirés qu'en vertu d'une ordonnance du juge-commissaire. S'il existe des oppositions, les syndics devront préalablement en obtenir la main-levée.

Le juge-commissaire pourra ordonner que le versement sera fait par la caisse directement entre les mains des créanciers de la faillite, sur un état de répartition dressé par les syndics et ordonnancé par lui. — C. civ., 1153, 1907 ; C. comm., 566.

1. Le juge-commissaire de la faillite ne peut dispenser les syndics de verser immédiatement leurs recouvrements à la Caisse des dépôts et consignations que pour des sommes déterminées et proportionnées aux dépenses et frais d'administration de la faillite : une autorisation générale de ne pas consigner, alors même qu'elle rentrerait dans les usages de la localité, n'aurait aucune valeur, et dès lors, ne saurait affranchir les syndics de l'obligation de tenir compte des intérêts des sommes non consignées — Douai, 18 mai 1868 [S. 68. 2. 211, P. 68. 832, D. P. 68. 2. 107]

2. Le syndic qui n'a pas consigné dans le délai déterminé par notre article, doit les intérêts d'après le taux légal, et non pas seulement ceux qu'aurait payés la Caisse des dépôts et consignations (Sol. implic.) — Même arrêt. — *Sic*, Lyon-Caen et Renault, t. 7, n. 525; Esnault, t. 2, n. 346; Demangeat, sur Bravard, t. 5, p. 340, note.

3. Mais l'obligation imposée au syndic de la fail-

lite de verser à la caisse des consignations les deniers provenant des ventes ou recouvrements n'est pas une condition de la réception de ces deniers, et n'altère en rien son droit de toucher et de donner quittance. Dès lors, le conservateur des hypothèques est tenu d'opérer la radiation de l'inscription prise au profit d'une faillite sur la seule production de la mainlevée du syndic : il ne saurait exiger en outre la preuve que les fonds touchés par celui-ci ont été préalablement consignés. — Caen, 26 juill. 1867 [S. 68. 2. 303, P. 68. 1135, D. p. 68. 2. 149]

4. En tout cas, l'inobservation de notre article de la part des syndics, lors de chaque recouvrement, n'implique pas par elle-même le détournement et l'intention frauduleuse. — Cass., 8 janv. 1895 [D. p. 95. 1. 375]

5. Les deniers versés par les syndics et tous autres consignés par des tiers pour le compte de la faillite ne peuvent être retirés qu'en vertu d'une ordonnance du juge-commissaire et à la charge par les syndics, s'il existe des oppositions, d'en obtenir au préalable la mainlevée. — Cass., 4 et 5 juin 1888 [S. 89. 1. 177, P. 89. 1. 407, D. p. 89. 1. 65] — Rouen, 8 mai 1886 [S. 89. 2. 76, P. 89. 1. 453, D. p. 88. 2. 111] — Rennes, 6 juin 1889 [D. *Rép., Suppl., v° cit.*, n. 348] — *Contrà*, Rouen, 1er févr. 1882 [S. 89. 2. 77, P. 89. 1. 453] — Trib. comm. Seine, 5 oct. 1883 [D. *Rép., Suppl., v° cit.*, n. 849] — Sur la procédure à suivre pour retirer les sommes déposées à la Caisse des dépôts et consignations, V. notre *Rép. gén. alph. du dr. fr.*, v° *Caisse des dépôts et consign.*, n. 661 et s.

SECTION IV

DES ACTES CONSERVATOIRES.

ART. **490.** A compter de leur entrée en fonctions, les syndics seront tenus de faire tous actes pour la conservation des droits du failli contre ses débiteurs.

Ils seront aussi tenus de requérir l'inscription aux hypothèques sur les immeubles des débiteurs du failli, si elle n'a pas été requise par lui; l'inscription sera prise au nom de la masse par les syndics, qui joindront à leurs bordereaux un certificat constatant leur nomination.

Ils seront tenus aussi de prendre inscription, au nom de la masse des créanciers, sur les immeubles du failli dont ils connaîtront l'existence. L'inscription sera reçue sur un simple bordereau énonçant qu'il y a faillite, et relatant la date du jugement par lequel ils auront été nommés. — C. civ., 1166, 2146 et s.; C. comm., 471, 485; L. 4 mars 1889, art. 4.

INDEX ALPHABÉTIQUE.

DIVISION

α) Actes conservatoires.

β) Inscription de l'hypothèque de la masse.

α) *Actes conservatoires.* — 1. De ce que les syndics sont tenus, à dater de leur entrée en fonctions, de faire tous actes pour la conservation des droits du failli, on a conclu que le syndic d'une faillite peut, sans engager sa responsabilité, vendre une partie du mobilier du failli et en distribuer le prix aux créanciers privilégiés sur ce mobilier, sans le concours de ses collègues et l'autorisation du juge-commissaire, alors qu'il a été contraint à cette mesure par des événements de force majeure, et qu'il n'en est, d'ailleurs, résulté aucun préjudice pour la masse, ni pour les autres créanciers privilégiés. — Cass., 7 nov. 1848 [S. 49. 1. 109, P. 49. 1. 568, D. p. 48. 1. 249]

2. Les syndics sont aussi tenus de requérir les inscriptions des privilèges ou des hypothèques qui existent au profit du failli. Mais ils ne pourraient pas valablement former une surenchère pour le failli, même avec l'autorisation du juge-commissaire : la surenchère implique en effet l'obligation de faire porter le prix à un dixième en sus, et, par suite, ne peut être considérée comme un acte conservatoire. — Chambéry, 31 déc. 1874 [S. 75. 2. 50, P. 75. 234, D. *Rép., Suppl.*, v° *Faillite*, n. 816]

3. Les syndics pourraient également, à titre conservatoire, accepter sous bénéfice d'inventaire une succession échue au failli. — C. just. Genève, 21 sept. 1885 [S. 86. 4. 16, P. 86, 2. 27]

β) *Inscription de l'hypothèque de la masse.* — 4. On a soutenu, dans une première opinion, que l'inscription prise par le syndic en vertu de notre article ne constituait qu'un moyen de publicité destiné à rendre plus notoire l'état de faillite, mais qu'elle ne conférait aux créanciers chirographaires aucun droit de préférence, ce droit ne pouvant résulter que de l'inscription prise en vertu du jugement d'homologation du concordat, conformément à l'art. 517, C. comm. — Cass., 22 juin 1841 [S. 41. 1. 723, P. 41. 2. 339, D. *Rép.*, *v° cit.*, n. 494] — Paris, 22 juin 1850 [S. 51. 2. 542, P. 51. 1. 30, D. P. 52. 2. 213] — Amiens, 26 mars 1860 [S. 60. 2. 124, P. 60. 865, D. P. 62. 1. 127] — *Sic*, Bédarride, t. 1, n. 416 ; Bravard et Demangeat, t. 5, p. 309 ; Pont, *Tr. des priv. et des hypoth.*, t. 1, p. 325.

5. Une opinion, diamétralement opposée, décide que la masse des créanciers est investie *ipso jure*, par le seul fait du dessaisissement et indépendamment de toute inscription, d'un droit réel à l'égard des tiers : dans cette opinion, l'inscription ne serait qu'un complément de publicité de la faillite, et la seule sanction du défaut d'inscription serait d'engager la responsabilité du syndic, en ce sens que les tiers, qui auraient traité avec le failli dans l'ignorance de sa faillite, pourraient exercer un recours en dommages-intérêts contre le syndic. — *Sic*, Thaller, n. 1680 et s., et 1915.

6. Mais il est aujourd'hui de jurisprudence constante que l'inscription hypothécaire prise par le syndic d'une faillite, dans l'intérêt de la masse, sur les biens du failli, en conformité de l'art. 490, C. comm., a pour résultat, non pas seulement de rendre publique la faillite, mais encore de conférer une véritable hypothèque aux créanciers. Cette solution résulte en effet de l'art. 517, C. comm., qui porte que l'homologation du concordat conserve à chacun des créanciers, sur les immeubles du failli, l'hypothèque inscrite en vertu du troisième paragraphe de l'art. 490. — Cass., 29 déc. 1858 [S. 59. 1. 209, P. 60. 861, D. P. 59. 1. 202] ; 5 août 1869 [S. 69. 1. 393, P. 69. 1041, D. P. 70. 1. 161] — Paris, 24 avr. 1861 [S. 61. 2. 440, P. 61. 1048] ; 27 mai 1865 [S. 65. 2. 227, P. 65. 929, D. P. 65. 2. 174] — Besançon, 16 avr. 1862 [S. 62. 2. 283, P. 62. 885, D. P. 62. 2. 85] — Lyon, 5 août 1862 [S. 62. 2. 544, P. 63. 87, D. P. 62. 2. 149] — *Sic*, Renouard, t. 1, p. 523; Esnault, t. 2, n. 350 ; Laurin, n. 992 ; Lyon-Caen et Renault, t. 7, n. 276 ; Boistel, n. 964 ; Guillouard, *Priv. et hypoth.*, t. 2, n. 687; Baudry-Lacantinerie et de Loynes, t. 2, n. 967 ; Alauzet, t. 7, n. 2603 ; Flandin, *Transcription*, t. 2, n. 857 ; Girault, *Rev. prat.*, 1867, t. 24, p. 80 et s.; Ruben de Couder, v° *Faillite*, n. 553 et s., et *Suppl.*, *eod. v°*, n. 303 ; et notre *Rép. gén. alph. du dr. fr.*, v° *Faillite*, n. 1923 et s.

7. Bien que certains arrêts aient décidé que l'hypothèque de la masse constituait une hypothèque judiciaire, il paraît plus juridique de considérer cette hypothèque comme une hypothèque légale : le jugement déclaratif de faillite en effet n'emporte pas condamnation dans le sens de l'art. 2123, C. civ. — *Sic*, Lyon-Caen et Renault, t. 7, n. 277 ; Thaller, n. 1913 ; Demangeat, sur Bravard, t. 5, p. 309 ; Aubry et Rau, t. 3, § 264, note 12 ; Baudry-Lacantinerie et de Loynes, t. 2, n. 967. — *Contrà*, Dijon, 5 août 1862, précité. — Paris, 27 mai 1865, précité. — *Adde*, Alauzet, t. 7, n. 2603 ; de Vareilles-Sommières, *L'hypoth. judic.*, p. 81 ; Ruben de Couder, *v° cit.*, n. 554, et *Suppl.*, *eod. v°*, n. 304.

8. L'hypothèque de la masse ne frappe que les immeubles du failli : elle ne s'étend pas aux navires du failli, lesquels ne sont susceptibles que d'hypothèques conventionnelles. — V. *suprà*, art. 190, n. 48.

9. Mais cette hypothèque, étant une hypothèque générale dont l'étendue n'est restreinte par aucun texte, grève non seulement les immeubles présents du failli, mais aussi ceux qu'il peut acquérir pendant le cours de la faillite. — *Sic*, Lyon-Caen et Renault, t. 7, n. 278.

10. ... Et même ceux qui lui adviendraient après la clôture de la faillite et la dissolution de l'union. — Dijon, 5 août 1862, précité. — Paris, 27 mai 1865, précité. — *Sic*, Laurin, n. 992. — *Contrà*, Caen, 10 juill. 1886 [*J. des faillites*, 86. 430] — Rouen, 27 avr. 1887 [*Ibid.*, 87. 473] — *Adde*, Lyon-Caen et Renault, *loc. cit.*

11. En tout cas, l'inscription de la masse peut être restreinte, par la volonté des créanciers, aux immeubles que possède le failli, soit au jour de l'inscription, soit au jour du concordat. — Paris, 27 mai 1865, précité.

12. Et cette volonté n'a pas besoin d'être expresse : elle peut s'induire, ou des termes d'une inscription prise « sur tous les immeubles que le failli possède, » ou de ce que le concordat désigne nominativement les immeubles qui restent grevés de l'hypothèque, ou de ce que le failli s'y oblige à acheter un terrain pour conférer à ses créanciers concordataires une hypothèque sur ce terrain dès qu'il en sera devenu propriétaire. — Même arrêt.

13. Mais si l'hypothèque de la masse s'étend à tous les immeubles présents et à venir du failli, une inscription spéciale doit être prise sur chaque immeuble : la spécialité des inscriptions est en effet le principe de notre régime hypothécaire ; or l'art. 2148, *in fine*, C. civ., ne paraît déroger à ce principe que pour les hypothèques légales du mineur, de l'interdit ou de la femme mariée. — *Sic*, Lyon-Caen et Renault, t. 7, n. 278; Baudry-Lacantinerie et de Loynes, t. 2, n. 1668 ; Pont, t. 2, n. 1001 ; Aubry et Rau, t. 3, p. 264, note 15.

14. L'inscription de l'hypothèque de la masse conservant cette hypothèque conformément à la loi, la masse est investie, par suite de cette inscription, de la qualité de tiers dans le sens de l'art. 3 de la loi du 23 mars 1855 : elle pourra donc se prévaloir de cette qualité au même titre que tout autre créancier hypothécaire. — Jugé, en ce sens, que la masse pourra opposer son hypothèque ainsi conservée aux créanciers d'une succession échue au failli dans le cours de la faillite, alors que ces créanciers n'ont pas fait inscrire leur privilège de la séparation des patrimoines dans les six mois de l'ouverture de la succession. — Cass., 29 déc. 1858 [S. 59. 1. 209, P. 60. 861, D. P. 59. 1. 102] — *Sic*, Lyon-Caen et Renault, t. 7, n. 279 *bis*; Boistel, n. 917 ; Aubry et Rau, t. 3, § 264, p. 204, note 13; et notre *Rép. gén. alph. du dr. fr.*, *v° cit.*, n. 1937 et s. — Sur le conflit du privilège et de l'action résolutoire du vendeur d'immeubles avec l'hypothèque légale de la masse, V. *suprà*, art. 448, n. 25 et s.

15. Jugé également, dans le même sens, que les syndics qui, aux termes de l'art. 490, ont pris inscription sur les immeubles du failli, ont le droit d'opposer à tous les créanciers ayant hypothèque sur ces mêmes immeubles des exceptions que le failli lui-même ne pourrait pas leur opposer. — Spécialement, les syndics qui figurent dans un

ordre au nom de la masse dont ils ont fait inscrire l'hypothèque, peuvent opposer aux créanciers hypothécaires qui n'ont pas produit dans les délais légaux, la déchéance édictée par l'art. 755, C. proc. civ. — Paris, 24 avr. 1861 [S. 61. 2. 439, P. 61. 1048, D. *Rép.*, v° *Ordre entre créanciers*, n. 442-1°]

16. D'autre part, l'inscription de l'hypothèque de la masse permet aux créanciers d'exercer leur droit de préférence et leur droit de suite sur les immeubles du failli à l'encontre des nouveaux créanciers et des tiers acquéreurs après le concordat ou l'état d'union. Il en sera ainsi dans le cas où les immeubles du failli, après avoir été vendus par les syndics au profit de la masse, ont été postérieurement saisis contre l'acquéreur et vendus par un créancier de ce dernier : si un ordre vient à s'ouvrir pour la distribution du prix de vente, le syndic, même s'il est déchu de son privilège de vendeur, peut encore être colloqué, pour la créance de la masse, à la date de l'inscription prise en exécution de l'art. 490, C. comm. — Orléans, 28 mars 1885 [D. P. 86. 2. 225] — *Sic*, Thaller, n. 1914 ; Lyon-Caen et Renault, t. 7, n. 279 *bis*.

17. L'inscription du privilège du vendeur et de l'hypothèque de la masse ne faisant pas double emploi, il en résulte que le syndic d'une faillite en état d'union, ne peut, avec la seule autorisation du juge-commissaire, donner mainlevée de l'inscription hypothécaire prise au profit de la masse, en vertu de l'art. 490, C. comm., en tant que cette hypothèque grève un immeuble du failli vendu sur adjudication et dont le prix n'est pas intégralement payé. — Cass., 21 déc. 1880 [S. 81. 1. 154, P. 81. 1. 368, D. P. 81. 1. 193]

18. Mais l'hypothèque de la masse ne saurait avoir pour résultat de modifier la position respective des créanciers les uns au regard des autres. En conséquence, l'inscription de cette hypothèque n'affranchit pas les créanciers hypothécaires de l'obligation de renouveler l'inscription de l'hypothèque existant à leur profit. — Cass., 13 janv. 1874 [S. 74. 1. 111, P. 74. 264, D. P. 74. 1. 169] — Limoges, 26 juin 1820 [S. et P. chr.] — Amiens, 26 mars 1860 [S. 60. 2. 126, P. 60. 865, D. P. 62. 1. 127] — *Sic*, Alauzet, t. 7, n. 2603; Renouard, t. 1, p. 496; Laroque-Sayssinel et Dutruc, t. 1, n. 598; Lyon-Caen et Renault, t. 7, n. 279 *bis;* Ruben de Couder, *v° cit.*, n. 556.

19. De même et spécialement, au cas de condamnation criminelle prononcée contre le failli, l'inscription prise par le seul syndic au nom de la masse ne dispense point le Trésor public d'inscrire son privilège, dans les deux mois de la condamnation, conformément à l'art. 3, L. 5 sept. 1807. — Metz, 28 févr. 1856 [S. 56. 2. 321, P. 56. 2. 241, D. P. 57. 2. 49] — Besançon, 30 juin 1856 [P. *Ibid.*]

20. Jugé également que, si le privilège du Trésor pour frais de justice criminelle est primé par les hypothèques résultant d'actes antérieurs au mandat d'arrêt ou au jugement de condamnation, cette exception ne s'applique pas à l'hypothèque de la masse de la faillite inscrite par le syndic en vertu de l'art. 490, C. comm. — Dès lors, cette hypothèque ne peut faire obstacle à l'exercice du privilège du Trésor pour les frais d'une poursuite motivée par des faits antérieurs à la faillite (alors d'ailleurs que ce privilège a été inscrit dans les deux mois de la condamnation). — Cass., 13 janv. 1874, précité.

21. De même encore, l'inscription hypothécaire prise par le syndic au profit de la masse conformément à l'art. 490, C. comm., n'est pas opposable à l'administration des douanes. — Cass., 16 mai 1888, Soc. des raffineries Étienne [S. 88. 1. 321, P. 88. 1. 775, D. P. 88. 1. 343]

22. ... Ni à l'administration des contributions indirectes. — Cass., 16 mai 1888, Dir. des contr. ind. [S. *Ibid.*, P. *Ibid.*]

SECTION V

DE LA VÉRIFICATION DES CRÉANCES.

ART. **491**. A partir du jugement déclaratif de la faillite, les créanciers pourront remettre au greffier leurs titres, avec un bordereau indicatif des sommes par eux réclamées. Le greffier devra en tenir état et en donner récépissé.

Il ne sera responsable des titres que pendant cinq années à partir du jour de l'ouverture du procès-verbal de vérification. — C. comm., 440, 492 et s.; L. 4 mars 1889, art. 11.

INDEX ALPHABÉTIQUE.

DIVISION.

α) *Créances soumises à la procédure de vérification.* — 1. Tous les créanciers chirographaires sont soumis à la procédure de la vérification des créances, sans qu'il y ait à distinguer suivant le caractère civil ou commercial de leur créance, ou suivant qu'ils agissent en vertu d'un acte authentique, ou d'un acte sous seing privé, ou à plus forte raison sans acte écrit. — *Sic*, Lyon-Caen et Renault, t. 7, n. 553 ; Ruben de Couder, *Suppl*, v° *Vérification des créances*, n. 1 ; et notre *Rép. gén. alph. du dr. fr.*, v° *Faillite*, n. 2056 et s.

2. Les créanciers ne sauraient donc faire valoir leurs droits par une autre voie, notamment par voie d'action directe devant le tribunal de la faillite, ou devant toute autre juridiction. — Agen, 22 déc. 1846 [S. 47. 2. 104, P. 47. 2. 89, D. P. 47. 2. 87] — Nîmes, 20 nov. 1889 [*J. des faill.*, 90. 63]

3. De même, sont soumis à la procédure de vérification des créances les créanciers qui sont tenus à rapporter les sommes qu'ils ont touchées pendant la période suspecte, par application des art. 446 et s., C. comm. — *Sic*, Lyon-Caen et Renault, *loc. cit.*

4. Jugé dans le même sens, que dans le cas où, par suite de l'annulation du traité secret par lequel le créancier du failli s'est fait garantir, en échange de son vote au concordat, le paiement intégral de sa créance, ledit créancier est obligé de rapporter à la masse toutes les sommes par lui reçues en vertu du traité annulé, ce créancier n'a alors d'autres droits à faire valoir que ceux qui pourraient lui appartenir comme créancier de la faillite, et il ne peut être admis, avant vérification de sa créance, à déduire, par voie de compensation, le dividende promis par le concordat. — Cass., 13 mars 1893 [S. et P. 97. 1. 511, D. P. 94. 1. 400]

5. Jugé, toutefois, que le créancier dont la créance a été déterminée et fixée contre le syndic d'une faillite, par des jugements et arrêts passés en force de chose jugée, n'est point tenu d'affirmer et de faire vérifier sa créance, conformément aux art. 492 et s., C. comm. — Pau, 15 juill. 1893 [S. et P. 93. 2. 272, D. P. 94. 2. 173] — *Sic*, Ruben de Couder, *Suppl.*, *v° cit.*, n. 6. — *Contrà*, notre *Rép. gén. alph. du dr. fr.*, *v° cit.*, n. 2061.

6. En tout cas, le syndic qui a versé à ce créancier une somme à compte sur son dividende, est irrecevable à soutenir que la créance ainsi déterminée ne peut être admise au passif de la faillite. — Même arrêt.

7. En ce qui concerne les créanciers hypothécaires ou privilégiés, on a soutenu qu'ils devaient être assimilés aux créanciers chirographaires au point de vue de la vérification de leurs créances, et que, par suite, ils n'étaient pas recevables à se prévaloir de leur privilège ou de leur hypothèque avant d'avoir procédé à cette vérification. Cette opinion se fonde sur les dispositions des art. 491 et s., C. comm., qui ne distinguent pas entre les diverses espèces de créanciers ; et elle a trouvé un nouvel appui dans l'art. 11 (applicable à la faillite) de la loi du 4 mars 1889, aux termes duquel le bordereau du créancier produisant doit énoncer, en même temps que le titre de sa créance, les privilèges, hypothèques ou gages qui y sont affectés. — Rennes, 15 juin 1811 [S. et P. chr., D. *Rép.*, v° *Faillite*, n. 574-1°] ; 12 févr. 1813 [S. et P. chr.] — Amiens, 27 févr. 1839 [S. 39. 2. 321, P. 47. 1. 177] — Besançon, 30 août 1856 [S. 56. 2. 698, P. 56. 2. 241, D. P. 57. 2. 51] — Bordeaux, 19 mars 1860, sous Cass., 8 avr. 1862 [S. 62. 1. 736, P. 62. 1065, D. P. 62. 1. 332] — *Sic*, Renouard, t. 1, p. 559 ; Bédarride, t. 1, n. 426 ; Esnault, t. 2, n. 360 ; Alauzet, t. 7, n. 2606 ; Boulay-Paty, t. 2, n. 455 ; Mahoudeau, note sous Paris, 14 déc. 1888, *Ann. de dr. comm.*, 89. 1. 102.

8. Mais d'après une seconde opinion, qui est consacrée aujourd'hui par une jurisprudence constante, les créanciers privilégiés ou hypothécaires, étant placés par la loi en dehors de la faillite à raison de leur droit exclusif sur le bien grevé de leur privilège ou de leur hypothèque, peuvent poursuivre la saisie et la vente de ce bien sans avoir, au préalable, à faire vérifier leur créance et sans l'avoir affirmée. Ils ne sont soumis à cette obligation, que quand ils prétendent faire valoir leurs droits dans la faillite, soit en demandant à concourir avec les créanciers chirographaires pour le surplus de leur créance, lorsque leur garantie s'est trouvée insuffisante, soit en se présentant pour voter au concordat. Quant aux art. 491 et s., C. comm., et à l'art. 11 de la loi du 4 mars 1889, ils ne sont pas suffisamment formels pour infirmer cette solution. — Cass., 19 juin 1889 [S. 89. 1. 480, P. 89. 1. 1190, D. P. 89. 1. 377] ; 1er déc. 1897 [S. et P. 1901. 1. 525, D. P. 98. 1. 166] — Paris, 21 mars 1863 [S. 64. 2. 233, P. 64. 505] — Bordeaux, 2 juin 1871 [S. 72. 2. 265, P. 72. 1063, D. P. 72. 2. 195] — Poitiers, 28 janv. 1878 [S. 78. 2. 301, P. 78. 1250, D. P. 78. 2. 145] — Lyon, 16 févr. 1881 [S. 82. 2. 144, P. 82. 310, D. P. 81. 2. 237] — Rouen, 2 janv. et 20 nov. 1901 [S. et P. 1902. 2. 129] — *Sic*, Lyon-Caen et Renault, t. 7, n. 554 ; Boistel, n. 988 ; Laurin, n. 1083 ; Lancelin, *Rev. crit.*, t. 15, p. 77, et *J. des avoués*, t. 84, p. 305 ; Thaller, n. 2001 et s. ; Ruben de Couder, *v° cit.*, n. 4 et s., et *Suppl.*, *eod. v°*, n. 2 ; et notre *Rép. gén. alph. du dr. fr.*, *v° cit.*, n. 2063 et s. — Sur la vérification des créances hypothécaires ou privilégiées en cas de liquidation judiciaire, V. *infrà*, *Appendice* au liv. 3, la loi du 4 mars 1889, art. 11-13.

9. Jugé en ce sens, que le créancier gagiste, investi par la loi d'un droit exclusif sur la valeur du gage, se trouve placé en réalité en dehors de la faillite, et il lui appartient, nonobstant l'événement de la faillite, soit de réclamer l'attribution à son profit du prix du gage encaissé par le syndic, soit de poursuivre directement la réalisation du gage, sans être tenu au préalable de faire vérifier et affirmer sa créance. — Rouen, 2 janv. et 20 nov. 1901, précités.

10. Spécialement, le créancier, auquel un fonds de commerce a été donné en gage dans les formes prescrites par la loi du 1er mars 1898, est en droit, après la déclaration de faillite de son débiteur, sans être tenu de faire vérifier ni d'affirmer sa créance, de réclamer l'attribution à son profit, par privilège, du prix du gage encaissé par le syndic, sans que celui-ci puisse prélever sur le prix les sommes nécessaires pour faire face aux opérations de la faillite. — Rouen, 20 nov. 1901, précité.

11. Le droit du créancier gagiste ne peut recevoir aucune atteinte du fait que le débiteur, alors *in bonis*, aurait, avec la ratification du créancier gagiste, vendu l'objet donné en gage. — Rouen, 2 janv. 1901, précité.

12. Spécialement, le créancier, auquel un fonds de commerce a été donné en gage dans les formes prescrites par la loi du 1er mars 1898, est en droit

après la déclaration de faillite de son débiteur, et sans être tenu de faire vérifier ni d'affirmer sa créance, de réclamer le versement entre ses mains du prix encore dû, moyennant lequel son débiteur, avant l'événement de la faillite, avait, avec son consentement, vendu le fonds de commerce, et ce, sans que le syndic puisse prélever quoi que ce soit sur le prix du gage, qui est en dehors de la faillite. — Même arrêt.

13. Mais jugé, en sens contraire, que le créancier gagiste n'ayant plus, depuis la loi du 1er mars 1898, que la possession fictive du fonds de commerce qui lui est donné en gage, et ne pouvant plus ainsi, dans la plupart des cas, réaliser lui-même le gage et en encaisser le prix, ce créancier, dans le cas où le prix est encaissé par le syndic de la faillite et est ainsi tombé dans la masse, doit produire à la faillite, et, par voie de conséquence, subir, contradictoirement avec les autres créanciers, les vérifications et affirmations des créances; il n'est pas, en effet, un créancier de la masse, émettant la prétention d'être payé par privilège. — Trib. comm. Rouen, 13 juill. 1900 [S. et P. 1901. 2. 177]

14. En tout cas, il est certaines créances privilégiées qui sont affranchies de la nécessité de la vérification. Ce sont les créances qui appartiennent aux administrations des douanes et des contributions directes ou indirectes : l'état de faillite des redevables ne saurait arrêter ou paralyser l'action de ces administrations qui conservent le droit d'agir par voie de contrainte, de commandement ou de saisie-arrêt pour obtenir le paiement de ce qui leur est dû, indépendamment de l'accomplissement de toute formalité de vérification et d'admission. — Cass., 25 avr. 1883 [S. 83. 1. 247, P. 83. 1. 1147, D. P. 84. 1. 40] — *Sic*, Lyon-Caen et Renault, t. 7, n. 555; Ruben de Couder, *Suppl.*, *v° cit.*, n. 3 et s.

15. Jugé également, que la procédure de vérification est inapplicable à la demande de l'Etat qui réclame le remboursement par privilège des avances par lui faites pour continuer l'exploitation d'une compagnie de chemin de fer mise sous séquestre, puis déclarée en faillite : l'Etat peut faire valoir directement cette créance par voie de décision ministérielle liquidant ledit séquestre. — Cass., 2 janv. 1901 [D. P. 1901. 1. 409 et la note de M. Percerou]

16. Et lorsqu'une décision de ce genre a reconnu au profit de l'Etat un solde créditeur, et lui a délégué, en paiement de ses avances une créance de la compagnie débitrice sur la Caisse des dépôts et consignations, les syndics qui approuvent cette décision et y adhèrent par lettres n'excèdent point les limites de leurs pouvoirs. — Même arrêt.

17. Cette adhésion emporte cession à l'Etat de la créance des fonds déposés, et cette cession est parfaite vis-à-vis des créanciers de la masse représentés par les syndics malgré l'inaccomplissement des formalités édictées par l'art. 1690, C. civ., ces formalités n'étant prescrites qu'à l'égard des tiers. — Même arrêt.

β) *Formes de la production.* — 18. L'art. 11 de la loi du 4 mars 1889, applicable à la faillite en vertu de l'art. 20 de la même loi, a modifié ou complété notre article à plusieurs points de vue. D'une part, il permet au créancier de produire, soit entre les mains des syndics définitifs, soit entre les mains du greffier ; d'autre part, il énumère plus complètement que notre article les diverses mentions que doit contenir le bordereau de production. Il fixe enfin à dix ans la responsabilité des syndics qui durait trente ans, conformément au droit commun. — V. *infrà*, *Appendice* au liv. 3, la loi du 4 mars 1889, art. 11-13.

19. Le créancier doit nécessairement produire son titre de créance, s'il en a un : aucune autre pièce ne peut dans ce cas le remplacer. Jugé, à cet égard, que le cessionnaire d'une créance, qui produit à la faillite, doit déposer non seulement son acte de cession, mais encore l'acte constitutif de la créance au profit du cédant. — Trib. comm. Seine, 18 avr. 1885 [*J. des faill.*, 85. 346] — *Sic*, Lyon-Caen et Renault, t. 7, n. 529.

20. Il faut de plus que le titre soit en français pour que la vérification puisse avoir lieu, ou qu'il soit accompagné d'une traduction, s'il s'agit d'un titre rédigé en langue étrangère. — Paris, 6 déc. 1889 [*J. des faill.*, 90. 30] — *Sic*, Lyon-Caen et Renault, *loc. cit.*, p. 432, note 1.

21. En vertu de l'art. 10 de la loi du 26 janv. 1892, les actes de produit sont affranchis du droit de timbre et de l'enregistrement. — V. notre *Rép. gén. alph. du dr. fr.*, *v° cit*, n. 4408 et s.

Art. **492**. Les créanciers qui, à l'époque du maintien ou du remplacement des syndics, en exécution du troisième paragraphe de l'article 462, n'auront pas remis leurs titres, seront immédiatement avertis, par des insertions dans les journaux et par lettres du greffier, qu'ils doivent se présenter en personne ou par fondés de pouvoirs, dans le délai de vingt jours, à partir desdites insertions, aux syndics de la faillite, et leur remettre leurs titres accompagnés d'un bordereau indicatif des sommes par eux réclamées, si mieux ils n'aiment en faire le dépôt au greffe du tribunal de commerce; il leur en sera donné récépissé.

A l'égard des créanciers domiciliés en France, hors du lieu où siège le tribunal saisi de l'instruction de la faillite, ce délai sera augmenté d'un jour par cinq myriamètres de distance entre le lieu où siège le tribunal et le domicile du créancier.

A l'égard des créanciers domiciliés hors du territoire continental de la France, ce délai sera augmenté conformément aux règles de l'article 73, C. proc. civ. — C. civ., 102; C. proc. civ., 73, 1033; C. comm., 491, 627.

1. En ce qui concerne les avertissements par lettres individuelles, une simple lettre sous bande affranchie suffit. — Douai, 24 juin 1887 [D. *Rép., Suppl.*, v° *Faillite*, n. 859]

2. Ces lettres ne sont pas, du reste, exigées au regard de tous les créanciers, un tel mode de convocation n'étant possible que pour les créanciers connus ; pour les autres, l'insertion dans les journaux constitue une mise en demeure suffisante pour faire courir le délai de production. — Même arrêt.

3. Mais tout créancier connu doit, bien que non porté au bilan, être appelé à la faillite. Il en est ainsi spécialement de celui qui, à la connaissance du syndic, est porteur d'une lettre de change acceptée par le failli. — Aix, 30 déc. 1864 [S. 65. 2. 346, P. 65. 1257]

4. Les créanciers peuvent se présenter à l'assemblée de vérification et aux opérations de la faillite, soit en personne, soit par l'intermédiaire d'un mandataire muni d'un pouvoir écrit. Mais les créanciers ne pourraient choisir pour mandataire le syndic de la faillite, non plus que le juge-commissaire ou le greffier du tribunal de commerce. — *Sic*, Lyon-Caen et Renault, t. 7, n. 534 ; et notre *Rép. gén. alph. du dr. fr.*, v° *Faillite*, n. 2109 et s.

5. Jugé toutefois que, de ce que dans le procès-verbal de la vérification des créances d'une faillite, le syndic aurait figuré comme mandataire d'un créancier, il ne saurait résulter nullité, alors surtout que le juge-commissaire a déclaré avoir vérifié la créance. — Bordeaux, 20 mars 1863 [S. 63. 2. 113, P. 63. 777]

6. La jurisprudence décide également qu'un huissier ne saurait être choisi comme mandataire, pour représenter un créancier dans la procédure de vérification des créances. Cette solution paraît, en effet, imposée par l'art. 627, C. comm., aux termes duquel, « dans les causes portées devant les tribunaux de commerce, aucun huissier ne pourra ni assister comme conseil, ni représenter les parties en qualité de procureur fondé, à peine d'une amende de 25 à 50 fr., sans préjudice des peines disciplinaires contre les huissiers contrevenants. » — En conséquence, est nul le mandat donné à un huissier par un créancier, de le représenter dans les opérations de la faillite de son débiteur. Et l'huissier qui l'accepte encourt l'amende prononcée par l'art. 627, C. comm. — Cass., 10 mars 1847 [D. P. 47. 1. 98] — Trib. comm. Rouen, 25 juin 1877, sous Cass., 9 juin 1879 [S. 79. 1. 446, P. 79. 1178, D. *Rép., v° cit.*, n. 870]

7. Est d'ailleurs nul, comme violant le droit de la défense, le jugement du tribunal de commerce qui prononce l'amende édictée par l'art. 627, C. comm., contre un huissier, pour avoir accepté un mandat d'un des créanciers d'une faillite, alors que le juge-commissaire, devant qui était produit le pouvoir incriminé, n'a pas fixé par son ordonnance de renvoi le jour où il ferait au tribunal son rapport sur l'incident, et que l'huissier inculpé n'a été appelé à l'audience par aucun mode d'ajournement. — Cass., 9 juin 1879, précité.

8. La plupart des auteurs repoussent cependant cette interprétation absolue de l'art. 627, C. comm., et proposent une distinction : ils admettent que l'huissier peut valablement accepter le mandat de produire et d'affirmer une créance à l'assemblée de vérification ; mais ce mandat cesse d'être valable et tombe sous le coup dudit art. 627, s'il y a lieu à contredit, le contredit étant généralement le préliminaire d'un procès. — *Sic*, Lyon-Caen et Renault, t. 7, n. 534 ; Renouard, t. 1, n. 649 ; Alauzet, t. 7, n. 2610 ; Rousseau et Laisney, *Dict. de proc.*, v° *Faillite*, n. 380 ; Deffaux et Harel, *Encycl. des huis.*, v° *Huissier*, n. 221 et s. ; et notre *Rép. gén. alph. du dr. fr.*, v[is] *Faillite*, n. 2111 et s., et *Huissier*, n. 69 et s.

9. Des créanciers d'une faillite peuvent d'ailleurs se grouper pour produire collectivement et diminuer ainsi les frais de production ; mais cette association ne saurait leur conférer, soit quant au fond, soit quant au mode de preuve, plus de droits qu'il n'en appartient à chacun d'eux pris isolément, et les dispenser, par exemple, de la vérification distincte de chaque créance. — Paris, 24 déc. 1877 [S. 79. 2. 203, P. 79. 842, D. P. 79. 1. 272, sous Cass., 8 août 1878]

10. Jugé, dans le même sens, que les créanciers d'une faillite peuvent former de leurs créances une masse commune et nommer des syndics pour en poursuivre le recouvrement, sans préjudice de la vérification qui doit toujours être faite créance par créance, et du droit pour le syndic, qui représente la masse, d'élever toute contestation qu'il juge utile à ses intérêts. — Cass., 8 août 1878 [S. 79. 1. 50, P. 79. 116, D. P. 79. 1. 272]

11. Ainsi, des créanciers privilégiés sur navires pour fournitures, après avoir confondu toutes leurs créances en une masse unique et homogène, ne pourraient, sous prétexte qu'ils ont des droits communs sur toutes les créances provenant de chacun d'eux, obtenir la substitution d'une vérification collective de l'emploi en bloc de toutes les fournitures, à la vérification détaillée qui doit être faite distinctement pour chaque créancier, suivant la spécialité de ces fournitures et de leur emploi à la construction de tel ou tel navire. — Paris, 24 déc. 1877, précité.

ART. **493**. La vérification des créances commencera dans les trois jours de l'expiration des délais déterminés par les premier et deuxième paragraphes de l'article 492. Elle sera continuée sans interruption. Elle se fera aux lieu, jour et heure indiqués par le juge-commissaire. L'avertissement aux créanciers ordonné par l'article précédent contiendra mention de cette indication. Néanmoins, les créanciers seront de nouveau convoqués à cet effet, tant par lettres du greffier que par insertions dans les journaux.

Les créances des syndics seront vérifiées par le juge-commissaire ; les autres le seront contradictoirement entre le créancier ou son fondé de pouvoirs et les syndics, en présence du juge-commissaire, qui en dressera procès-verbal. — C. comm., 497 ; L. 4 mars 1889, art. 11 et s.

1. Aucun délai n'est imposé par la loi, en matière de faillite, pour l'achèvement de la vérification, qui doit seulement être conduite le plus rapidement possible et sans interruption : il peut donc y avoir plusieurs assemblées successives de vérification. — *Sic*, Lyon-Caen et Renault, t. 7, n. 533. — Sur les assemblées de vérification dans la liquidation judiciaire, V. *infrà*, *Appendice* au liv. 3, la loi du 4 mars 1889, art. 11-13.

2. D'autre part, la loi n'ayant point déterminé le délai dans lequel les opérations de la vérification des créances doivent être terminées, ce délai ne prend fin que par la déclaration de clôture définitive de ces opérations, faite par le juge-commissaire en son procès-verbal. C'est seulement à l'expiration de la huitaine qui suit cette déclaration que ne sont plus recevables les demandes tendant à faire fixer la date de la cessation des paiements à une époque autre que celle résultant du jugement déclaratif, ou d'un jugement postérieur. — Cass., 10 déc. 1890 [S. 91. 1. 255, P. 91. 1. 618, D. P. 91. 1. 257] — Sur le délai dans lequel peut être exercée l'action en report de la faillite, V. *infrà*, art. 580-581.

3. Un procès-verbal du juge-commissaire, portant déclaration de clôture, seulement provisoire, de la vérification des créances, ne peut donc faire courir ce délai. — Même arrêt.

4. Mais les opérations de vérification et d'affirmation des créances doivent être considérées comme terminées après l'expiration des délais impartis par les art. 492, 493 et 497, C. comm., alors même que le procès-verbal, signé par le juge-commissaire, le syndic et le greffier, n'énoncerait pas formellement la clôture des opérations, s'il n'indique pas qu'il y a lieu de surseoir à la suite de ces opérations. — Paris, 21 févr. 1883 [S. 85. 2. 197, P. 85. 1. 1123, D. P. 84. 2. 173]

5. Par suite, un créancier ne peut demander le report de la faillite après la clôture ainsi faite des opérations de vérification et d'affirmation. — Même arrêt.

6. La clôture des opérations de vérification et d'affirmation, ne comportant pas de formule sacramentelle, pourrait également et à plus forte raison, s'induire de la convocation des créanciers à l'assemblée du concordat. — Paris, 19 juin 1885 [D. *Rép.*, *Suppl.*, v° *Faillite*, n. 865]

ART. **494**. Tout créancier vérifié ou porté au bilan pourra assister à la vérification des créances, et fournir des contredits aux vérifications faites et à faire. Le failli aura le même droit. — C. civ., 1165, 1328; C. comm., 439, 476.

1. Pendant longtemps, la jurisprudence s'était affirmée en ce sens que, si l'art. 494, C. comm., autorise les créanciers vérifiés, ou portés au bilan, à fournir des contredits aux vérifications faites, ou à faire, des créances produites à la faillite, ce droit doit être restreint au seul fait de la vérification devant le juge-commissaire, et ne saurait être étendu aux instances judiciaires, même à celles qui procéderaient des contredits des créanciers : de sorte que ce serait seulement à partir du jugement de clôture de la faillite, que chaque créancier rentrerait dans l'exercice de ses actions individuelles ; jusque-là, il n'appartiendrait qu'au syndic seul de mettre en mouvement les actions de la faillite. — Cass., 9 avr. 1829 [S. et P. chr., D. *Rép.*, v° *Commissionnaire*, n. 216]; 22 déc. 1835 [S. 36. 1. 149, P. chr., D. *Rép.*, v° *Faillite*, n. 561] ; 22 févr. 1862 [S. 62. 1. 497, P. 62. 1101] ; 18 févr. 1863 [S. 63. 1. 285, P. 63. 337, D. P. 63. 1. 149] — Caen, 20 juill. 1887 [S. 88. 2. 236, P. 88. 1. 1236, D. P. 91. 2. 137, *ad notam*] — Paris, 29 janv. 1890 [S. et P. 93. 2. 10, D. P. 91. 2. 137] — *Sic*, Lyon-Caen et Renault, t. 7, n. 543 ; Cabouat, *Ann. de dr. comm.*, 1888, *Jurisp.*, p. 24.

2. Spécialement jugé, que le principe, d'après lequel le syndic est seul investi, durant la faillite, de l'exercice actif et passif des actions qui intéressent le failli et la masse des créanciers, dont il est l'unique représentant, est absolu. L'art. 494, C. comm., n'y déroge pas ; et le droit de contredit, que ce texte accorde à tous les créanciers vérifiés ou portés au bilan, consiste purement et simplement dans le droit de discussion devant l'assemblée générale : il ne comporte point, en outre, la faculté d'engager une instance tendant à soutenir le contredit devant le tribunal. — Caen, 20 juill. 1887, précité.

3. En conséquence, est irrecevable l'action que l'un des créanciers voudrait, à cet effet, intenter lui-même et en dehors du syndic. — Même arrêt.

4. Mais cette doctrine semble abandonnée, et l'on décide plus généralement aujourd'hui, que des instances en contredit peuvent être *engagées* par de simples créanciers. — En d'autres termes, le droit accordé par l'art. 494, C. comm., à tout créancier vérifié ou porté au bilan, de fournir des contredits à la vérification des créances, est indépendant de celui qui appartient au syndic de la faillite ; il n'est pas même subordonné à la condition de l'intervention du syndic ou de sa mise en cause. — Cass., 13 nov. 1867, motifs [S. 68. 1. 116, P. 68. 273, D. P. 68. 1. 212] ; 8 juin 1886 [S. 88. 1. 481, P. 88. 1. 1175 et la note de M. Petiet, D. P. 87. 1. 77] — Lyon, 2 févr. 1884, sous Cass., 8 juin 1886, précité. — Amiens, 19 déc. 1851 [S. 53. 2. 226, P. 53. 1. 327, D. P. 52. 2. 12] — Riom, 15 févr. 1890 [S. et P. 93. 2. 10, D. P. 91. 2. 137] — *Sic*, Alauzet, t. 7, n. 2614; Boistel, n. 979 ; Ruben de Couder, *Suppl.*, v° *Syndic*, n. 19 et s.

5. En conséquence, les créanciers contestants sont autorisés à agir en justice, à leurs risques et périls, dans l'intérêt de la masse qu'ils représentent, au moins dans la mesure du profit qui doit résulter pour elle de l'admission de leur contredit. — Lyon, 2 févr. 1884, précité.

6. Le syndic a, d'ailleurs, le droit d'intervenir dans l'instance. — Même arrêt.

7. De même, les parties intéressées ont le droit de l'y appeler, et d'opposer aux créanciers contredisants une exception préalable, jusqu'à ce que le syndic ait été mis en cause ; mais il leur est loisible de renoncer à cette exception, qui n'est pas d'ordre public, et qui n'est plus recevable en appel, si elle

n'a pas été opposée en première instance. — Même arrêt.

8. Ainsi, le créancier contesté, soit en n'appelant pas le syndic en cause, soit en ne mettant pas le contestant en demeure de l'y appeler, accepte ce dernier comme le représentant de la masse créancière, et comme agissant dans l'intérêt de celle-ci. — Cass., 8 juin 1886, précité.

9. Et si l'instance a abouti à une décision rendue au profit de la masse, le créancier contesté n'est pas recevable à provoquer ultérieurement contre la masse, représentée par le syndic, une décision contraire ; sa nouvelle demande est, à bon droit, repoussée par l'exception de chose jugée. — Même arrêt.

10. En tout cas, le syndic a qualité pour former un contredit, à moins que ce contredit ne mette en jeu des intérêts particuliers et distincts de ceux de la masse. Mais le syndic pourrait invoquer, à l'encontre d'un créancier produisant à la faillite, une fin de non recevoir tirée de ce que la créance alléguée a pour cause l'endossement d'effets de complaisance dont le créancier connaissait l'origine, et de ce que le créancier a, par cette négociation, fourni au failli le moyen de tromper la confiance des tiers et de faire disparaître l'actif. — Caen, 30 mai 1899 [S. et P. 1900. 2. 163]

11. Vainement, on alléguerait le caractère individuel et la diversité d'origine des créances composant la masse ; tous les créanciers chirographaires ont, en effet, le même intérêt à s'opposer à l'admission d'une créance, et sont, en conséquence, valablement représentés par le syndic dans la contestation tendant à faire écarter cette créance. — Même arrêt.

12. Il appartient également au syndic d'exercer contre le même créancier une action en dommages-intérêts à raison de ses agissements. — Caen, 30 mai 1899 (sol. implic.), précité.

Art. **495**. Le procès-verbal de vérification indiquera le domicile des créanciers et de leurs fondés de pouvoirs.

Il contiendra la description sommaire des titres, mentionnera les surcharges, ratures et interlignes, et exprimera si la créance est admise ou contestée. — C. comm., 498 et s., 603.

Art. **496**. Dans tous les cas, le juge-commissaire pourra, même d'office, ordonner la représentation des livres du créancier, ou demander, en vertu d'un compulsoire, qu'il en soit rapporté un extrait fait par les juges du lieu. — C. proc. civ., 849 et s. ; C. comm., 14 et s.

Art. **497**. Si la créance est admise, les syndics signeront, sur chacun des titres, la déclaration suivante :

Admis au passif de la faillite de..... pour la somme de..... le.....

Le juge-commissaire visera la déclaration.

Chaque créancier, dans la huitaine au plus tard après que sa créance aura été vérifiée, sera tenu d'affirmer, entre les mains du juge-commissaire, que ladite créance est sincère et véritable. — C. civ., 1153; C. comm., 495, 503 et s., 593-2°.

INDEX ALPHABÉTIQUE.

DIVISION.

α) *Formes de l'admission et de l'affirmation.* —

1. Aux termes des art. 495 et 497, l'admission d'une créance se constate par une mention qui doit être inscrite sur le procès-verbal de vérification et sur le titre lui-même. — V. Lyon-Caen et Renault, t. 7, n. 537.

2. La mention à inscrire, aux termes de l'art. 497, C. comm., sur les titres des créances admises ne peut être que la reproduction de ce qui est constaté dans le procès-verbal de vérification dressé par le juge-commissaire de la faillite, avec l'assistance facultative de tout créancier porté au bilan et vérifié, et ayant droit d'y fournir des contredits. — Cass., 7 janv. 1890 [S. 90. 1. 389, P. 90. 1. 947, D. P. 91. 1. 254] — Dijon, 20 juill. 1875 [S. et P. *Ibid.*, en note, D. P. 78. 2. 25]

3. Au cas où, par erreur ou omission, il aurait été établi sur les titres en question une mention en contradiction avec la mention du procès-verbal de vérification, les énonciations de celui-ci consignées par le juge-commissaire lui-même, devraient seules être retenues — Mêmes arrêts.

4. En conséquence, lorsque l'admission a été

inscrite sur un des titres sans faire mention des réserves, cette omission ne saurait prévaloir contre les constatations du procès-verbal de vérification, qui établit régulièrement les faits accomplis, et auquel, en cas de difficulté, il convient toujours de se référer; et cette omission ne saurait faire obstacle à ce que le syndic de la faillite soit en droit de ne pas s'arrêter à une omission constituant une irrégularité, et d'attaquer, en vertu des réserves insérées au procès-verbal, la validité d'une hypothèque conférée à une date frappée de suspicion. — Mêmes arrêts.

5. L'admission doit être suivie, dans la huitaine au plus tard, de l'affirmation faite entre les mains du juge-commissaire, par le créancier ou son fondé de pouvoirs, que sa créance est sincère et véritable : cette affirmation n'est soumise à aucune forme sacramentelle. — *Sic*, Lyon-Caen et Renault, t. 7, n. 538; Renouard, t. 1, p. 547; Bravard et Demangeat, t. 5, p. 361.

6. Au cas où le créancier admis est un cessionnaire de créance, il suffit qu'il affirme qu'à sa connaissance la créance existe et n'est pas éteinte. — Lyon, 19 janv. 1850 [D. P. 52. 2. 250] — *Sic*, Lyon-Caen et Renault, t. 7, n. 538, p. 438, note 1; Demangeat, sur Bravard, t. 5, p. 362, note 2.

7. Rien ne s'oppose à ce que l'affirmation des créances ait lieu le jour même de la réunion des créanciers pour délibérer sur le concordat : il suffit que la clôture du procès-verbal de vérification précède cette réunion. — Cass., 20 juill. 1858 [S. 59. 1. 497, P. 59. 643, D. P. 58. 1. 403]; 8 mai 1860 [S. 60. 1. 406, P. 60. 998, D. P. 60. 1. 242] — *Sic*, Lyon-Caen et Renault, t. 7, n. 538; Bravard et Demangeat, t. 5, p. 356.

§ 3) *Effets de l'admission et de l'affirmation.* — 8. Il est aujourd'hui de jurisprudence constante que l'admission et l'affirmation des créances produites à une faillite forment entre toutes les parties intéressées un contrat judiciaire qui équivaut à une condamnation ou à une chose jugée, et qui place les créances admises sans protestations ni réserves à l'abri de toutes contestations ultérieures, autres que les exceptions tirées du dol et de la fraude. — Cass., 19 févr. 1850 [D. P. 51. 5. 261]; 8 avr. 1851 [S. 51. 1. 690, P. 51. 2. 326, D. P. 51. 1. 121]; 11 juill. 1853 [S. 55. 1. 199, P. 54. 2. 590, D. P. 54. 1. 308]; 16 janv. 1860 [S. 60. 1. 273, P. 60. 996, D. P. 60. 1. 175]; 25 févr. 1862 [S. 62. 1. 497, P. 62. 110, D. P. 62. 1. 295]; 21 juill. 1868 [S. 69. 1. 77, P. 69. 160, D. P. 68. 1. 489]; 28 juin 1870 [S. 71. 1. 104, P. 71. 251, D. P. 71. 1. 334]; 17 févr. 1873 [S. 73. 1. 63, P. 73. 137, D. P. 73. 1. 298]; 18 mars 1874 [S. 74. 1. 304, P. 74. 778, D. P. 76. 1. 388]; 19 mars 1879 [S. 79. 1. 271, P. 79. 660, D. P. 79. 1. 180]; 28 nov. 1881 [S. 82. 1. 82, P. 82. 1. 170, D. P. 82. 1. 247]; 8 mars 1882 [S. 83. 1. 82, P. 83. 1. 169, D. P. 82. 1. 405]; 14 janv. 1885 [S. 85. 1. 159, P. 85. 1. 383, D. P. 85. 1. 403]; 23 févr. 1885 [S. 85. 1. 337, P. 85. 1. 849, D. P. 85. 1. 413]; 11 nov. 1885 [S. 86. 1. 413, P. 86. 1. 1013, D. P. 86. 1. 69]; 1er févr. 1888 [S. 90. 1. 394, P. 90. 1. 956, D. P. 88. 1. 213]; 28 avr. 1891 [S. et P. 95. 1. 494, D. P. 92. 1. 262]; 28 nov. 1894, deux arrêts [S. et P. 95. 1. 405, D. P. 95. 1. 243]; 7 mars 1900 [S. et P. 1901. 1. 49, D. P. 1900. 1. 574]; 18 juill. 1900 [S. et P. 1900. 1. 460, D. P. 1900. 1. 432] — Amiens, 10 janv. 1856 [S. 56. 2. 257, P. 56. 1. 312, D. P. 56. 5. 211] — Pau, 27 mars 1871 [S. 71. 2. 64, P. 71. 281, D. P. 72. 2. 24] — Dijon, 20 juill. 1875 [D. P. 78. 2. 25] — Orléans, 6 juin 1882 [D. P. 83. 2. 199] — Paris, 30 juin 1883 [D. P. 85. 2. 18]; 1er déc. 1892 [S. et P. 94. 2. 138, D. P. 94. 2. 109] — Douai, 11 mai 1898 [S. et P. 1900. 2. 263, D. P. 1900. 2. 48] — Trib. de Cette, 8 juin 1893 et Montpellier, 6 juill. 1894, sous Cass., 18 janv. 1897 [S. et P. 98. 1. 231, D. P. 99. 1. 314] — *Sic*, Renouard, t. 1, p. 549; Lyon-Caen et Renault, t. 7, n. 540; Thaller, n. 1894; Laurin, n. 1092; Ruben de Couder, v° *Vérification de créances*, n. 61 et s., et *Suppl.*, *eod. v°*, n. 33 et s.; et notre *Rép. gén. alph. du dr. fr.*, v° *Faillite*, n. 2135 et s. — *Contrà*, Colmar, 27 déc. 1855 [S. 56. 2. 267, P. 56. 2. 493] — Dijon, 12 mai 1856 [S. 57. 2. 184, P. 56. 2. 535, D. P. 57. 2. 64]

9. Il n'importe, à cet égard, que l'admission au passif de la faillite ait eu lieu amiablement, ou par autorité de justice. — Cass., 8 mars 1882, précité; 18 juill. 1900, précité.

10. De ce principe, combiné avec celui de l'indivisibilité du compte courant, il résulte que, quand une créance, formant « le solde final d'un compte courant », a été admise purement et simplement au passif de la faillite, le syndic n'est pas recevable à contester des créances antérieurement admises sous réserves, et résultant d'arrêtés partiels et provisoires du même compte. — Cass., 8 mars 1882, précité.

11. De même, lorsqu'une créance primitivement d'un chiffre supérieur a été réduite par un paiement à un chiffre inférieur, pour lequel le créancier a été admis à la faillite, après examen des causes de réduction, les syndics ne sont plus recevables à demander la nullité de ce paiement, comme fait contrairement aux dispositions de l'art. 446, C. comm., à l'effet de faire condamner le créancier à rapporter ce qu'il a reçu — Cass., 8 avr. 1851, précité.

12. Il en est ainsi, alors même que la vérification et l'admission de la créance ont eu lieu par suite d'une liquidation judiciaire, et que la nullité du paiement est ensuite demandée par les syndics de la faillite déclarée après la liquidation. — Même arrêt.

13. De même encore, lorsqu'une traite a été admise au passif d'une faillite pour son montant intégral et qu'elle a participé, à ce titre, à la répartition du premier terme du dividende, le syndic n'est plus recevable à soutenir qu'elle ne doit prendre part aux autres termes que sous la déduction de la provision qui lui était affectée chez le tiré. — Cass., 28 juin 1870, précité.

14. Et il en est ainsi, bien que, depuis la vérification, il soit intervenu un jugement de report de la faillite, susceptible d'atteindre ou de modifier les créances, s'il eût existé avant la vérification : ce jugement ne saurait avoir pour effet de remettre en question ce qui a été réglé d'une manière définitive. — Cass., 15 déc. 1862 [S. 64. 1. 86, D. P. 64. 1. 108]; 18 mars 1874, précité; 19 mars 1879, précité.

15. Peu importe que le jugement déclaratif n'ait pas fixé la date de la cessation des paiements du débiteur, et ait réservé de faire plus tard cette fixation. La cessation de paiements, en l'absence d'une fixation spéciale, étant toujours réputée avoir lieu au jour de la déclaration de faillite, on ne serait pas fondé à induire du silence du jugement déclaratif que la vérification des créances, avant qu'il inter-

vînt un jugement de report, n'avait qu'un caractère provisoire, et que son effet était subordonné à la fixation qui serait ultérieurement faite par ce jugement. — Mêmes arrêts.

16. Et ce principe protège même les créances hypothécaires, qui deviennent inattaquables, fût-ce de la part d'autres créanciers hypothécaires, alors que ceux-ci ne se fondent pas sur des moyens qui leur soient personnels, et se bornent, par exemple, à contester, non la validité de l'hypothèque, mais l'existence même de la créance. — Cass., 21 juill. 1868, précité.

17. Il en est ainsi surtout dans le cas où l'éventualité du report de la cessation des paiements a été envisagée par le syndic de la faillite lors de la formation du contrat judiciaire. — Cass., 18 mars 1874, précité.

18. On décide également que la vérification et l'admission sans protestation ni réserve d'une créance au passif d'une faillite produisent, dès qu'elles ont été suivies de l'affirmation du créancier devant le juge-commissaire, et sauf le cas de dol ou de fraude, des effets irrévocables et définitifs pour les créances hypothécaires, comme pour les créances chirographaires. — Cass., 25 févr. 1861, précité; 21 juill. 1868, précité; 19 mars 1879, précité. — V. cependant *contrà*, Amiens, 3 févr. 1876 [D. *Rép.*, *Suppl.*, *v° cit.*, n. 884]

19. En d'autres termes, les créances définitivement admises au passif de la faillite sont à l'abri de toute contestation ultérieure, non seulement quant à leur existence ou à leur quotité, mais encore quant à leur nature. — Pau, 27 mars 1871, précité.

20. En conséquence, une créance garantie par un gage, admise comme privilégiée d'une manière absolue et sans restriction, ne peut plus être soumise à réduction, sous le prétexte, soit que l'admission devait être considérée comme faite sous la condition implicite que la réalisation du gage suffirait à couvrir la créance, ce qui n'a pas eu lieu ; soit que le privilège réclamé et accordé uniquement à titre de nantissement, ne pouvait s'exercer que sur le montant des fonds provenant du gage, et non sur tous les fonds de la faillite. — Pau, 27 mars 1871, précité.

21. ... Alors surtout qu'en accordant le privilège, les syndics s'étaient chargés de la réalisation du gage. — Même arrêt.

22. Mais si en principe la vérification et l'affirmation d'une créance forment un contrat judiciaire irrévocable, il en est autrement et la créance admise et affirmée peut de nouveau être contestée, lorsque le contrat judiciaire est entaché de dol, de fraude ou de force majeure qui en auraient empêché la vérification exacte et sincère. — Cass., 16 janv. 1860, précité; 28 juin 1870, précité ; 17 févr. 1873, précité ; 18 mars 1874, précité ; 28 nov. 1881, précité ; 23 févr. 1885, précité ; 28 nov. 1894, précité. — Douai, 11 mai 1898, précité. — *Sic*, Renouard, t. 1, p. 549; Bédarride, t. 1, n. 448; Esnault, t. 2, n. 375; Lyon-Caen et Renault, t. 7, n. 540 *bis;* Thaller, n. 1895; et notre *Rép. gén. alph. du dr. fr.*, *v° cit.*, n. 2141 et s.

23. Spécialement, l'admission au passif de la faillite d'un solde de compte courant est entaché de fraude, et par conséquent nulle, quand le créancier a apporté dans le mode de présentation de son compte des habiletés et des dissimulations qui ont trompé le syndic en ne lui permettant pas de soupçonner que certaines sommes portées au crédit du failli provenaient d'autant de paiements faits par celui-ci, contrairement à l'art. 447, C. comm. Dans ce cas, le créancier est tenu de rapporter les sommes par lui illégalement reçues, sauf à se faire vérifier de nouveau comme créancier de la faillite. — Cass., 17 févr. 1873, précité.

24. Spécialement encore, dans le cas où le tireur d'une lettre de change, acceptée par une maison de banque, s'est fait admettre au passif de la liquidation judiciaire de cette maison pour le montant de ladite lettre, en sachant qu'elle était sans cause, et en s'abstenant de communiquer aux liquidateurs des pièces, par lui détenues, décisives pour la démonstration de l'inexistence de la créance alléguée, l'admission du tireur au passif de la liquidation judiciaire est à bon droit annulée, comme ayant été surprise par dol et par fraude. — Cass., 13 avr. 1893 [S. et P. 94. 1. 24, D. P. 93. 1. 384]

25. Jugé même, que si une créance vérifiée et affirmée est en principe à l'abri de toute contestation, il n'en est plus de même lorsque l'une des parties, trompée par l'autre, a donné un consentement erroné et vicié. Il en est ainsi, notamment, quand un créancier a été admis à la faillite, à raison de traites dont il était porteur, dans la croyance erronée qu'il en était porteur régulier, alors qu'il a été reconnu depuis que son affirmation d'en avoir fait les fonds était inexacte et mensongère. — Douai, 11 mai 1898, précité.

26. Jugé également que, si, en matière de faillite, le contrat judiciaire formé par l'admission d'une créance ne peut être amoindri dans ses effets par la survenance de circonstances postérieures, spécialement par un jugement reportant l'ouverture de la faillite, ce n'est qu'autant que les parties ont pu être à même de contrôler toutes les conséquences de cet acquiescement. Et il n'en est pas ainsi, lorsque le créancier porteur de billets souscrits en vertu d'un règlement passé avec son débiteur n'a produit, lors de la vérification des créances, que les billets, sans le règlement. — Alger, 31 déc. 1869 [S. 71. 2. 205, P. 71. 658, D. P. 71. 2. 101]

27. Le syndic est donc recevable, en pareil cas, malgré une telle admission, à contester la validité de la créance et à demander la nullité des accords intervenus entre le créancier et le failli postérieurement à l'époque fixée pour l'ouverture de la faillite. — Même arrêt.

28. ... Alors surtout que le créancier n'a point affirmé la créance admise, conformément à l'art. 497, C. comm. — Même arrêt.

29. ... Et même en supposant que l'affirmation puisse encore avoir lieu après le délai fixé par cet art. 497, elle ne saurait plus utilement intervenir une fois l'action du syndic introduite, cet acte ne pouvant avoir aucun effet rétroactif. — Même arrêt.

30. D'autre part, l'admission et l'affirmation d'une créance ne mettent cette créance à l'abri de toute contestation ultérieure qu'autant que l'admission a eu lieu sans protestations ni réserves de la part des intéressés. — Jugé, en ce sens, que, si l'admission suivie d'affirmation des créances, dans une faillite, forme un contrat judiciaire, qui place les créances admises sans protestations ni réserves à l'abri de toute contestation future, il en est autrement dans le cas où la créance, étant hypothécaire, n'est admise que sous réserves d'une appréciation ultérieure de la valeur de l'hypothèque qui y est attachée; ces

réserves suffisent pour permettre de contester l'hypothèque dans l'ordre ouvert pour la distribution du prix des immeubles sur lesquels elle paraissait porter. — Cass., 7 janv. 1890, précité. — V. aussi Cass., 8 juill. 1872, précité; 18 mars 1874, précité.

31. Jugé encore, que le contrat judiciaire, résultant de l'admission au passif de la faillite du créancier de sommes comprenant le montant d'une traite tirée par le failli, et dont ce créancier est tiers porteur, ne met pas obstacle, — lorsque cette admission a été faite chirographairement et sous réserve d'ajouter le montant des effets échus ou à échoir qui ne seraient pas payés, — à ce que le syndic fasse valoir les droits de la masse contre le tiré, et conteste au tiers porteur, créancier admis, la propriété de la provision fournie par le failli dans les dix jours qui ont précédé sa faillite. — Cass., 1er févr. 1888, précité.

32. De même encore, lorsqu'un créancier, admis provisoirement au passif de la faillite pour le montant d'effets qui lui avaient été passés par le débiteur, sous réserve de remettre au syndic les effets qui seraient demeurés impayés, ne justifie pas, par la remise des effets ou autrement, que ces effets soient demeurés impayés, sa créance doit être réduite du montant desdits effets, encore bien que les syndics aient payé au créancier des dividendes partiels sur l'ensemble de son admission, ces dividendes étant provisoires comme l'admission même en vertu de laquelle ils ont été faits. — Dijon, 14 janv. 1895 [S. et P. 96. 2. 202]

33. A plus forte raison, la réserve que font les syndics, en formant opposition à un arrêt qui a condamné la faillite, de la faculté de se pourvoir en cassation contre cette décision couvre toute la procédure ultérieure, y compris le procès-verbal de vérification où la créance a été admise avec le caractère hypothécaire que lui avait reconnu l'arrêt dont il s'agit. — Cass., 28 janv. 1878 [S. 78. 1. 450, P. 78. 1184]

34. Au surplus, il appartient aux juges du fond, usant de leur droit souverain, de rechercher l'intention des parties, et, interprétant les termes du procès-verbal de vérification, de déclarer, que l'admission d'une créance n'a été prononcée que sous réserve, spécialement, sous la réserve de discuter la valeur de l'hypothèque qui y était attachée. — Cass., 7 janv. 1890, précité.

35. Mais le syndic est non recevable à demander le rapport à la masse d'une créance admise, alors qu'il n'apporte pas la preuve, dont la charge lui incombe, que cette créance n'a été admise que sous protestations et réserves, ou bien que cette admission est le résultat du dol ou de la fraude. — Cass., 3 juill. 1872 [S. 72. 1. 367, P. 72. 985, D. P. 72. 1. 220]

36. Jugé cependant que l'admission au passif d'une faillite de la créance résultant d'une ouverture de crédit garantie jusqu'à concurrence d'une somme déterminée par une hypothèque conventionnelle, — avec indication que cette créance est admise hypothécairement pour la somme à laquelle est limitée l'affectation hypothécaire et chirographairement pour le surplus, — n'emporte pas renonciation par les syndics à contester le règlement provisoire de l'ordre ouvert ultérieurement, en se fondant sur ce que certaines valeurs faisant partie de la créance totale ne seraient pas garanties par l'hypothèque. — Amiens, 3 févr. 1876 [S. 77. 2. 41, P. 77. 220, D. *Rép.*, *Suppl.*, *v° cit.*, n. 884]

37. Il en est de même du paiement par eux effectué de diverses sommes à valoir sur ladite créance hypothécaire, sans indication spéciale des valeurs qui la composent et sans autres réserves quant à ce. — Même arrêt.

38. Il est bien certain, d'ailleurs, que le contrat judiciaire, qui se forme par le simple fait de l'admission d'une créance au passif de la faillite, ne saurait, pas plus que les autres conventions particulières, déroger aux lois qui intéressent l'ordre public. Cass., 11 nov. 1885 [S. 86. 1. 413, P. 86. 1. 1013, D. P. 86. 1. 69]

39. C'est ainsi que, de la part du failli concordataire, est recevable l'action en redressement de compte, tendant à faire réduire, comme entaché d'usure, le chiffre d'une créance précédemment admise au passif de la faillite. — Même arrêt.

40. D'autre part, si la vérification d'une créance admise au passif d'une faillite a un caractère définitif entre le créancier et le débiteur, la caution du débiteur failli n'en conserve pas moins le droit d'examiner si la créance ainsi vérifiée est comprise dans le cautionnement qu'elle a donné. — Caen, 28 avr. 1874 [S. 74. 2. 274, P. 74. 1155, D. P. 76. 2. 173]

41. L'admission d'une créance, au passif de la faillite, bien que formant un contrat judiciaire, n'implique cependant, de la part du créancier, ni une novation, ni, comme le vote au concordat, une renonciation à son privilège. — Cass., 14 juill. 1879 [S. 80. 1. 21, P. 80. 1. 33, D. P. 79. 1. 422]; 27 mai 1889 [S. 89. 1. 325, P. 89. 1. 783, D. P. 90. 5. 284] — Douai, 30 juin 1855 [S. 56. 2. 257, et la note de M. Le Gentil, D. P. 56. 2. 175] — Rouen, 2 janv. 1851 [D. P. 55. 2. 179] — Caen, 20 juin 1859 [S. 60. 2. 41] — *Sic*, Demangeat, sur Bravard, t. 5, p. 343; Alauzet, t. 7, n. 2606 et s.; Ruben de Couder, v° *Vérification de créances*, n. 5, et *Suppl.*, *eod. v°*, n. 43 et s.; et notre *Rép. gén. alph. du dr. fr.*, *v° cit.*, n. 2152 et s.

42. Toutefois, l'admission à la faillite, impliquant de la part du débiteur reconnaissance de sa dette, équivaut à une demande en justice. En conséquence, elle fait courir les intérêts moratoires à la charge du failli. — V. *suprà*, art. 445, n. 22 et s.

43. Et d'autre part, elle interrompt la prescription qui courait contre le créancier. — *Sic*, Lyon-Caen et Renault, t. 7, n. 541; Ruben de Couder, *Suppl.*, *v° cit.*, n. 45. — Sur la question de savoir si, en matière de lettre de change, cette admission a pour effet de remplacer la prescription de cinq ans par la prescription trentenaire, V. *suprà*, art. 189, n. 66.

ART. **498.** Si la créance est contestée, le juge-commissaire pourra, sans qu'il soit besoin de citation, renvoyer à bref délai devant le tribunal de commerce qui jugera sur son rapport.

Le tribunal de commerce pourra ordonner qu'il soit fait, devant le juge-commissaire, enquête sur les faits, et que les personnes qui pourront fournir des renseignements soient, à cet effet, citées devant lui. — C. proc. civ., 254, 407 et s., 432; C. comm., 500 et s.

1. Le tribunal de commerce du lieu de l'ouverture de la faillite, saisi d'une demande en admission au passif de la faillite, est compétent pour statuer sur le contredit des syndics consistant à dénier la créance et à faire déclarer reconventionnellement la faillite créancière. — Cass., 23 oct. 1894 [S. et P. 96. 1. 85, D. P. 95. 1. 155] — Pau, 17 juin 1885 [D. P. 86. 2. 253]

2. En pareil cas, le prétendu créancier ne peut, après le renvoi du juge-commissaire saisissant le tribunal, par un désistement non accepté, dessaisir le tribunal et exiger son renvoi devant le tribunal de commerce de son domicile. — Cass., 23 oct. 1894, précité.

ART. **499.** Lorsque la contestation sur l'admission d'une créance aura été portée devant le tribunal de commerce, ce tribunal, si la cause n'est point en état de recevoir jugement définitif avant l'expiration des délais fixés, à l'égard des personnes domiciliées en France, par les articles 492 et 497, ordonnera, selon les circonstances, qu'il sera sursis ou passé outre à la convocation de l'assemblée pour la formation du concordat.

Si le tribunal ordonne qu'il sera passé outre, il pourra décider par provision que le créancier contesté sera admis dans les délibérations pour une somme que le même jugement déterminera. — C. comm., 500 et s., 516, 583-4° ; L. 4 mars 1889, art. 14.

ART. **500.** Lorsque la contestation sera portée devant un tribunal civil, le tribunal de commerce décidera s'il sera sursis ou passé outre ; dans ce dernier cas, le tribunal civil saisi de la contestation jugera à bref délai, sur requête des syndics, signifiée au créancier contesté, et sans autre procédure, si la créance sera admise par provision, et pour quelle somme.

Dans le cas où une créance serait l'objet d'une instruction criminelle ou correctionnelle, le tribunal de commerce pourra également prononcer le sursis ; s'il ordonne de passer outre, il ne pourra accorder l'admission par provision, et le créancier contesté ne pourra prendre part aux opérations de la faillite tant que les tribunaux compétents n'auront pas statué. — C. comm., 499, 583 et s., 591 ; L. 4 mars 1889, art. 14.

1. Le tribunal de commerce est exclusivement compétent pour statuer sur la question de savoir s'il y a lieu de surseoir ou de passer outre à l'assemblée du concordat. — Jugé, à cet égard, que pour surseoir à cette assemblée ou décider qu'il y a lieu de passer outre, le tribunal de commerce peut statuer sur conclusions ou d'office. — Bordeaux, 21 déc. 1892 [D. P. 94. 2. 229] — Sur la question de savoir si le jugement du tribunal de commerce peut être attaqué par l'opposition, l'appel ou le pourvoi en cassation, V. *infrà*, art. 583, n. 5 et s.

2. Quant à l'admission provisionnelle du créancier contesté, elle ne peut être prononcée que par le tribunal compétent pour statuer sur le fond du litige. — Toutefois, cette admission provisionnelle ne peut être accordée lorsque la créance est l'objet d'une instruction criminelle ou correctionnelle : dans ce cas, le créancier contesté n'est pas admis à prendre part aux opérations de la faillite, tant que le tribunal répressif n'a pas statué. — Paris, 14 déc. 1886 [D. *Rép.*, *Suppl.*, v° *Faillite*, n. 892]

3. Jugé, à cet égard, que la signification au créancier de la requête des syndics, ordonnée par l'art. 500, C. comm., ou le débat contradictoire prévu par l'art. 499, ne sont pas prescrits à peine de nullité. — Bordeaux, 21 déc. 1892, précité.

4. Les décisions qui interviennent sur les admissions provisionnelles ne sont pas soumises aux règles ordinaires de la procédure et aucun vice de forme ne peut être invoqué pour en paralyser les effets. — Même arrêt.

ART. **501.** Le créancier dont le privilège ou l'hypothèque seulement serait contesté sera admis dans les délibérations de la faillite comme créancier ordinaire. — C. comm., 445, 508 ; L. 4 mars 1889, art. 15.

ART. **502**. A l'expiration des délais déterminés par les articles 492 et 497, à l'égard des personnes domiciliées en France, il sera passé outre à la formation du concordat et à toutes les opérations de la faillite, sous l'exception portée aux articles 567 et 568 en faveur des créanciers domiciliés hors du territoire continental de la France.

ART. **503**. A défaut de comparution et affirmation dans les délais qui leur sont applicables, les défaillants connus ou inconnus ne seront pas compris dans les répartitions à faire : toutefois, la voie de l'opposition leur sera ouverte jusqu'à la distribution des deniers inclusivement ; les frais de l'opposition demeureront toujours à leur charge.

Leur opposition ne pourra suspendre l'exécution des répartitions ordonnancées par le juge-commissaire ; mais s'il est procédé à des répartitions nouvelles avant qu'il ait été statué sur leur opposition, ils seront compris pour la somme qui sera provisoirement déterminée par le tribunal, et qui sera tenue en réserve jusqu'au jugement de leur opposition.

S'ils se font ultérieurement reconnaître créanciers, ils ne pourront rien réclamer sur les répartitions ordonnancées par le juge-commissaire ; mais ils auront le droit de prélever, sur l'actif non encore réparti, les dividendes afférents à leurs créances dans les premières répartitions. — C. proc. civ., 669 ; C. comm., 492, 542 et s., 565.

1. Le créancier qui a laissé passer les délais fixés par l'art. 492, C. comm., sans faire sa production, n'est pas pour cela déchu de son droit : il peut former opposition aux répartitions des deniers qui ne sont pas encore effectuées, et cette opposition lui permet de prendre part aux répartitions nouvelles et même de prélever, sur l'actif non encore réparti, les dividendes afférents à sa créance dans les premières répartitions. — V. Lyon-Caen et Renault, t. 7, n. 549. — V. aussi Trib. fédéral suisse, 26 déc. 1900 [S. et P. 1901. 4. 16]

2. Jugé en ce sens, que le créancier qui, en produisant, sans faire de réserves, à une faillite pour une créance ayant pour objet exclusif le solde d'un compte courant, n'a pas produit pour une autre créance fondée sur une cause différente, n'est pas déchu du droit de demander à la faillite le paiement de cette seconde créance, bien que les délais de l'art. 592, C. comm., soient expirés, alors qu'à la date de la première production, le créancier, ajoutant foi aux dires de la femme du failli, pouvait, quant à cette seconde créance, se croire créancier, non de la faillite, mais de celle-ci. — Cass., 12 nov. 1895 [S. et P. 96. 1. 240, D. P. 97. 1. 617] — Dijon, 8 janv. 1894 [S. et. P. 95. 2. 173, D. P. 94. 2. 587]

3. Le créancier, quant à la seconde créance, n'est pas frappé de déchéance ; il y a seulement lieu de lui appliquer les dispositions de l'art. 503, C. comm. (d'après lesquelles le créancier qui n'a pas produit dans les délais ne peut rien réclamer sur les répartitions ordonnancées par le juge-commissaire, mais a le droit de prélever, sur l'actif non encore réparti, le dividende afférant à sa créance). — Mêmes arrêts.

4. Ici ne saurait s'appliquer la règle d'après laquelle le contrat judiciaire qui se forme entre le créancier et le syndic sur l'ensemble d'un compte dont la balance est affirmée et vérifiée sans réserves, ne permet plus au créancier de remettre en question les divers éléments de ce compte, et, par conséquent, de formuler aucune réclamation nouvelle à ce sujet. — Mêmes arrêts.

5. L'opposition du créancier retardataire est recevable jusqu'à l'ordonnancement de la dernière répartition. — Jugé, à cet égard, que l'art. 503, C. comm., admettant les créanciers de la faillite, qui n'ont pas fait vérifier leurs créances dans les délais légaux, à former opposition « jusqu'à la distribution des deniers », ce droit ne saurait leur être fermé par une ordonnance du juge-commissaire qui autorise en bloc, et sans attribution individuelle, la répartition de l'actif par les soins du syndic entre les créanciers, mais seulement par une ordonnance du juge-commissaire déterminant le dividende revenant à chacun des créanciers nominativement désigné sur l'actif ou les parties d'actif à partager. — Paris, 12 mai 1892 [S. et P. 94. 2. 86, D. P. 94. 2. 43] — V. aussi Trib. comm. Seine, 11 janv. 1892 [D. P. 94. 2. 345, et la note de M. Boistel]

6. Les mêmes solutions doivent êtres appliquées au créancier qui a fait vérifier sa créance, mais ne l'a pas affirmée sincère et véritable dans les conditions de l'art. 497, C. comm. Ce créancier peut procéder utilement à l'affirmation, même après le délai légal, et former alors opposition aux répartitions des deniers. — Paris, 29 déc. 1830 [S. 31. 2. 85, P. chr., D. *Rép.*, v° *cit.*, n. 630-2°] — *Sic*, Lyon-Caen et Renault, t. 7, n. 550 ; Demangeat, sur Bravard, t. 5, p. 360, note 3. — *Contrà*, Renouard, t. 1, p. 548.

CHAPITRE VI

DU CONCORDAT ET DE L'UNION.

SECTION PREMIÈRE

DE LA CONVOCATION ET DE L'ASSEMBLÉE DES CRÉANCIERS.

ART. **504**. Dans les trois jours qui suivront les délais prescrits pour l'affirmation, le juge-commissaire fera convoquer par le greffier, à l'effet de délibérer sur la formation du concordat, les créanciers dont les créances auront été vérifiées et affirmées, ou admises par provision. Les insertions dans les journaux et les lettres de convocation indiqueront l'objet de l'assemblée. — C. comm., art. 437, 497, 500.

1. Le délai maximum de trois jours dans lequel les créanciers doivent être convoqués est de rigueur, et il ne saurait être prolongé sous prétexte qu'une créance non admise par provision est encore contestée. — Jugé, à cet égard, que le renvoi à l'audience ordonné par le juge-commissaire en matière de faillite, à l'égard d'une créance contestée, ne fait pas obstacle à ce que, avant le jugement de cette contestation, il soit passé un concordat entre le failli et les créanciers vérifiés..., lorsque d'ailleurs le litige ne met en doute ni les trois quarts en sommes, ni la majorité des créanciers. En un tel cas, le concordat est donc obligatoire pour celui dont la créance était contestée, comme pour tous autres. — Cass., 24 mars 1840 [S. 40. 1. 311, P. 40. 1. 442, D. *Rép.*, v° *Faillite*, n. 687]

2. Toutefois, l'inobservation du délai déterminé par les art. 497 et 504 combinés ne peut donner lieu au refus d'homologation du concordat, alors que, d'une part, les créanciers vérifiés moins de huit jours avant le concordat ont assisté à la réunion et pris part au vote sans se prévaloir de ce qu'ils avaient été convoqués en dehors du temps prescrit, et alors, d'autre part, que les autres créanciers, après avoir été convoqués régulièrement, se sont abstenus volontairement et ont d'ailleurs donné leur adhésion aux résolutions arrêtées. — Bordeaux, 6 avr. 1892 [D. P. 94. 2. 38]

3. Si la loi impose au juge-commissaire l'obligation de lancer les convocations dans le délai de trois jours, en revanche elle ne fixe pas le délai dans lequel l'assemblée du concordat doit être réunie. — Jugé, à cet égard, qu'il suffit, pour la régularité de la convocation, qu'un temps suffisant se soit écoulé entre la convocation et le jour de l'assemblée, sans qu'il y ait lieu d'appliquer le délai de vingt jours, imparti par l'ar. 492, C. comm., pour la remise préalable des titres à la vérification des créances, augmenté du délai de distance, si, parmi les créanciers appelés au concordat, certains sont domiciliés, soit hors du ressort du tribunal de la faillite, soit à l'étranger. — Nancy, 11 févr. 1888 [S. 89. 2. 133, P. 89. 1. 711, D. *Rép., Suppl., v° cit.*, n. 898] — *Sic*, Boulay-Paty, t. 2, n. 519 ; Laroque-Sayssinel et Dutruc, t. 1, n. 712 ; Rousseau et Defert, sur l'art. 504, n. 9 ; Lyon-Caen et Renault, t. 7, n. 572; Thaller, n. 2069; Ruben de Couder, *Suppl.*, v° *Concordat*, n. 9; et notre *Rép. gén. alph. du dr. fr.*, v° *Faillite*, n. 2256 et s.

4. Il résulte de notre article que la convocation doit avoir lieu tant au moyen d'une insertion dans les journaux qu'au moyen de lettres individuelles adressées par le greffier à chacun des créanciers connus. La jurisprudence décide néanmoins que ces formalités ne sont pas absolument substantielles et que les juges du fond ont le pouvoir d'annuler ou de maintenir, suivant les circonstances, la délibération de l'assemblée à laquelle les créanciers n'auraient pas été individuellement convoqués. — Paris, 28 août 1865 [S. 66. 2. 14, P. 66. 88, D. *Rép., Suppl., v° cit.*, n. 899] — Alger, 30 nov. 1878, sol. impl. [S. 79. 2. 149, P. 79. 696, D. P. 80. 2. 212] — Bordeaux, 6 avr. 1892 [D. P. 94. 2. 38] — Trib. Vitry-le-François, 29 juin 1895 [D. P. 96. 2. 156] — *Sic*, Renouard, t. 2, p. 37 ; Bédarride, t. 2, n. 511 ; Alauzet t. 7, n. 2643 ; Lyon-Caen et Renault, t. 7, n. 570, *in fine;* Ruben de Couder, *Suppl.*, *v° cit.*, n. 7 ; et notre *Rép. gén. alph. du dr. fr.*, *v° cit.*, n. 2250 et s. — *Contrà*, Caen, 7 janv. 1863 [D. P. 63. 2. 115] — *Adde* Boistel, n. 1031 ; Rousseau et Defert, sur l'art. 504, n. 7.

5. Jugé, en ce sens, que la loi ne prescrivant l'emploi d'aucune forme particulière ou sacramentelle pour les insertions dans les journaux et pour la convocation des créanciers à l'effet de délibérer sur la formation du concordat, il suffit, pour la régularité de ces opérations préliminaires, qu'il soit certain que les intéressés ont été prévenus et mis en demeure d'exercer leurs droits. — Paris, 28 août 1865, précité.

6. Mais le créancier qui n'a pas reçu la lettre de convocation prescrite par l'art. 404, C. comm. (cette lettre ayant été adressée à un tiers sans mandat pour le représenter), et qui, averti inopinément, n'a pu se faire représenter en temps utile, est fondé à demander la nullité de la délibération à la suite de laquelle l'état d'union a été déclaré, le concordat étant devenu impossible faute de représentation du créancier par son chiffre de créance. — Alger, 30 nov. 1878, précité.

7. Quant à la convocation collective par la voie des journaux il suffit que l'insertion de cette convocation soit faite dans les journaux du domicile du

failli, sans qu'il soit besoin qu'elle soit faite en outre dans les journaux du domicile de chaque créancier. — Nancy, 11 févr. 1888, précité.

8. Les créanciers hypothécaires et privilégiés sont valablement convoqués par le juge-commissaire à l'assemblée appelée à délibérer sur le concordat, sauf à eux à apprécier s'ils doivent s'abstenir de voter, ou prendre part au vote en renonçant implicitement à leurs privilèges ou hypothèques. — Nancy, 11 févr. 1888, précité. — *Sic*, Lyon-Caen et Renault, t. 7, n. 571 ; Alauzet, t. 7, n. 2644; Laroque-Sayssinel et Dutruc, t. 1, n. 716; Ruben de Couder, *Suppl.*, v° *cit.*, n. 4.

ART. **505**. Aux lieu, jour et heure qui seront fixés par le juge-commissaire, l'assemblée se formera sous sa présidence; les créanciers vérifiés et affirmés, ou admis par provision, s'y présenteront en personne ou par fondés de pouvoirs.

Le failli sera appelé à cette assemblée ; il devra s'y présenter en personne, s'il a été dispensé de la mise en dépôt, ou s'il a obtenu un sauf-conduit, et il ne pourra s'y faire représenter que pour des motifs valables et approuvés par le juge-commissaire. — C. civ., 1987 ; C. comm , 456, 473, 492, 497 et s.

1. L'assemblée du concordat comprend tous les créanciers vérifiés et affirmés ou admis par provision. Et il faut comprendre dans cette formule même les créanciers vérifiés et affirmés en présence et du consentement de la masse à la séance même où est délibéré le concordat : ces créanciers peuvent prendre part à ce concordat et y voter. — Cass., 13 févr. 1855 [S. 55. 1. 358, P. 56. 1. 57, D. P. 55. 1. 339]

2. Dans tout les cas, les créanciers qui ont consenti à cette vérification et à cette affirmation ne sont pas recevables à les critiquer comme tardives et à demander, de ce chef, la nullité du concordat. — Même arrêt.

3. Il en est ainsi, alors surtout qu'indépendamment du concours des créanciers vérifiés tardivement, le concordat réunit en nombre et en sommes la majorité exigée par la loi. — Même arrêt.

4. D'autre part, des créanciers, bien que leurs créances aient été contestées par le failli, peuvent, si la contestation a été écartée par jugements, être admis à délibérer sur le concordat en vertu de ces mêmes jugements lesquels doivent être provisoirement exécutés. — Cass., 20 juill. 1858 [S. 59. 1. 497, P. 59. 643, D. P. 58. 1. 403] — *Sic*, Lyon-Caen et Renault, t. 7, n. 571 ; Thaller, n. 2069, p. 1067, note 2.

5. Les créanciers peuvent se présenter soit en personne, soit par fondés de pouvoirs qu'ils sont libres de choisir comme ils l'entendent. — Jugé, à cet égard, que le fait que des créanciers auraient été représentés au concordat par des huissiers peut exposer ces mandataires à une peine disciplinaire, mais ne peut vicier l'acte lui-même et entraîner la nullité de ce qui a été fait avec leur concours. — Bordeaux, 6 avr. 1892 [D. P. 94. 2. 38] — V. *suprà*, art. 492, n. 4 et s.

6. Le mandat peut être donné même par acte sous seing privé. — *Sic*, Bravard et Demangeat, t. 5, p. 373; Laroque-Sayssinel et Dutruc, t. 1, n. 722 ; Rousseau et Defert, sur l'art. 505, n. 4.

7. Jugé même, que le mandat peut, à raison de la matière qui est purement commerciale, se constater par tous les modes de preuve. — Cass., 11 févr. 1880 [S. 80. 1. 164, P. 80. 369, D. *Rép., Suppl.*, v° *Faillite*, n. 903]

8. De son côté, le failli doit être convoqué dans les mêmes formes que les créanciers : mais il doit se présenter en personne, et ne peut constituer un mandataire que pour des motifs valables et approuvés par le juge-commissaire. Le failli peut d'ailleurs se faire assister d'un conseil. — V. notre *Rép. gén. alph. du dr. fr.*, v° *cit.*, n. 2268 et s.

9. Si le failli ne se présente pas ou n'a pas adressé de propositions écrites à l'assemblée, le concordat, qui n'est autre chose qu'une convention entre le failli et ses créanciers ne peut être formé, et les créanciers sont de plein droit en état d'union. Toutefois, les créanciers peuvent accorder au failli un sursis, à l'expiration duquel il doit se présenter et formuler ses propositions : faute de quoi, la faillite se termine par l'état d'union. — V. notre *Rép. gén. alph. du dr. fr.*, v° *cit.*, n. 2273 et s.

10. La réunion des créanciers à l'effet de délibérer sur le concordat doit se tenir sous la présidence du juge-commissaire : elle ne pourrait, à peine de nullité, être présidée par un autre juge, fût-ce le président du tribunal, qui n'aurait reçu du tribunal de commerce aucune commission à cet effet, alors même que l'absence du juge-commissaire proviendrait d'un cas imprévu et que le tribunal n'aurait pas eu le temps matériel pour procéder à son remplacement. — Nîmes, 20 mai 1892 [D. P. 92. 2. 529]

11. Et la nullité de la réunion illégalement présidée atteint également les réunions postérieures qui en sont la suite, même si ces réunions sont présidées par le juge-commissaire, conformément à la loi. — Même arrêt.

ART. **506**. Les syndics feront à l'assemblée un rapport sur l'état de la faillite, sur les formalités qui auront été remplies et les opérations qui auront eu lieu ; le failli sera entendu.

Le rapport des syndics sera remis, signé d'eux, au juge-commissaire, qui dressera procès-verbal de ce qui aura été dit et décidé dans l'assemblée.

Aucune disposition législative n'exige qu'avant l'assemblée concordataire, le liquidateur judiciaire d'un commerçant envoie aux créanciers vérifiés et affirmés un extrait de son rapport et des propositions concordataires; et si, en exécution d'une mesure prise par le tribunal, l'envoi de cet extrait est fait aux créanciers dans les conditions de rapidité que peuvent permettre l'importance de ces documents et le temps matériel nécessaire à leur impression, les créanciers ne peuvent se plaindre que cet extrait leur a été envoyé trop peu de temps avant l'assemblée concordataire pour qu'ils aient pu en prendre connaissance, alors d'ailleurs que le rapport a été lu *in extenso* au jour de l'assemblée. — Trib. comm. Seine, 28 nov. 1893, sous Paris, 17 avr. 1894 [S. et P. 95. 2. 121] — *Sic*, Ruben de Couder, *Suppl.*, v° *Concordat*, n. 10 et s.

SECTION II

DU CONCORDAT.

§ 1er. — *De la formation du concordat.*

ART. **507.** Il ne pourra être consenti de traité entre les créanciers délibérants et le débiteur failli qu'après l'accomplissement des formalités ci-dessus prescrites.

(*Modifié par les art. 15, 1er al., et 20, L. 4 mars 1889*). Ce traité ne s'établira que par le concours d'un nombre de créanciers formant la majorité, et représentant, en outre, les deux tiers (*auparavant les trois quarts*) de la totalité des créances vérifiées et affirmées ou admises par provision, conformément à la section 5 du chapitre 5 : le tout à peine de nullité. — C. comm., 497, 504 et s., 529; L. 4 mars 1889, art. 15.

INDEX ALPHABÉTIQUE.

DIVISION.

§ 1er. *Sanction des formalités préalables au concordat.*

1. Il résulte des termes du premier alinéa de notre article que les formalités de la procédure préparatoire à la solution de la faillite doivent être considérées comme prescrites à peine de nullité du concordat intervenu prématurément. — *Sic*, Lyon-Caen et Renault, t. 7, n. 568; Bravard et Demangeat, t. 5, p. 371; Ruben de Couder, v° *Concordat*, n. 7; et notre *Rép. gén. alph. du dr. fr.*, v° *Faillite*, n. 2238 et s.

2. Jugé en ce sens, que, la rédaction du bilan figurant au nombre des formalités préliminaires dont parle l'art. 507, le concordat obtenu par le failli ne peut être homologué, si le failli s'est dispensé de faire figurer dans son bilan ses immeubles, parce qu'ils étaient grevés d'hypothèques ou autres charges. — Besançon, 29 nov. 1843 [P. 44. 1. 641, D. *Rép.*, v° *Faillite*, n. 673]

3. De même, doit être tenue pour nulle toute délibération de concordat prise après une clôture prématurée de la vérification des créances. — Douai, 27 févr. 1893 [*J. des faill.*, 1893, art. 1774]

4. Jugé également, qu'il ne peut être délibéré sur la formation d'un concordat tant que l'ouverture de la faillite n'est pas définitivement fixée. — Caen, 20 janv. 1868 [S. 69. 2. 11, P. 69. 85, D. P. 69. 2. 100] — Douai, 27 févr. 1893, précité. — *Sic*, Lyon-Caen et Renault, t. 7, n. 568.

§ 2. *Vote des créanciers.*

α) *Créanciers admis à prendre part au vote.* — 5. Tout créancier vérifié et affirmé ou admis par provision peut prendre part au vote du concordat, à la seule condition d'être capable. La capacité requise est celle de disposer à titre onéreux, et non pas celle de disposer à titre gratuit : si en effet le vote au concordat entraîne concession de remise de dette ou tout au moins de délais pour le failli, il n'implique cependant pas une intention libérale de la part du créancier. — *Sic*, Lyon-Caen et Renault, t. 7, n. 576 ; Renouard, t. 2, p. 24 ; Esnault, t. 2, p. 625; et notre *Rép. gén. alph. du dr. fr.*, v° *cit.*, n. 2285 et s.

6. D'autre part, si le concordat présente une certaine analogie avec la transaction, il ne constitue cependant pas une transaction et la même capacité ne saurait être requise dans les deux cas. A la différence de la transaction, en effet, le concordat n'implique pas une contestation ; d'autre part, il ne suppose pas des concessions réciproques; et enfin, il n'intervient pas entre deux personnes, mais entre le failli et la majorité des créanciers. — En conséquence, le tuteur peut voter au concordat pour le compte de son pupille, à charge seulement de se conformer aux prescriptions de la loi du 27 févr. 1880 sur la vente des choses incorporelles appartenant au mineur. — *Sic*, Lyon-Caen et Renault, t. 7, n. 576, *in fine*.

7. Jugé dans le même sens, que le syndic d'une faillite a le pouvoir de voter au concordat de la faillite d'un débiteur du failli, avec la seule autorisation du juge-commissaire. — Bordeaux, 18 déc. 1878 [S. 80. 2. 140, P. 80. 563, D. P. 81. 2. 215] — Aix, 4 mars 1890 [S. 90. 2. 49, P. 90. 1. 322, et la note de M. Lyon-Caen] — *Sic*, Lyon-Caen et Renault, *loc. cit.*; Ruben de Couder, *Suppl.*, v° *Syndic*, n. 25 et s. — Sur la question de savoir si le syndic peut voter au concordat quand la créance du failli est garantie par une hypothèque, V. *infrà*, art. 508, n. 29.

8. En tout cas, tout créancier vérifié et affirmé ou admis par provision peut prendre part aux assemblées générales et au vote du concordat, quelle que soit la proximité de son degré de parenté ou d'alliance avec le failli : et l'on doit faire compte de sa créance pour supputer la majorité en sommes requise par la loi. — Dijon, 21 mai 1844 [S. 44. 2. 566, P. 44. 2. 269, D. *Rép.*, v° *cit.*, n. 686]

β) *Majorités requises pour le vote du concordat.* — 9. Notre article exige pour le vote du concordat deux majorités, une majorité en nombre d'abord, et ensuite une majorité en sommes qui était fixée par la loi de 1838 aux trois quarts des créances vérifiées et affirmées ou admises par provision et qui a été réduite aux deux tiers de ces créances par l'art. 15, 1er alin., de la loi du 4 mars 1889, applicable à la faillite. — V. notre *Rép. gén. alph. du dr. fr.*, v° *cit.*, n. 2360 et s.

10. Sous l'empire de la loi de 1838, on discutait la question de savoir si la majorité en nombre devait être calculée ou bien suivant le nombre des créanciers présents à l'assemblée du concordat, ou bien d'après le nombre total des créanciers admis à voter. La jurisprudence se prononçait plus généralement en faveur de cette dernière solution : et c'est aussi cette solution que la loi du 4 mars 1889 a consacrée dans son art. 15, applicable à la faillite en spécifiant que le concordat devrait être consenti « par la majorité de tous les créanciers vérifiés et affirmés ou admis par provision ». — Sur la jurisprudence antérieure à la loi de 1889, V. notre *Rép. gén. alph. du dr. fr.*, v° *cit.*, n. 2367 et s.

11. Le droit de vote est un droit individuel qui ne peut être exercé qu'une seule fois par la même personne, quel que soit le nombre des titres qu'elle possède ou l'importance des sommes qui lui sont dues. — Jugé, en conséquence, que celui qui, même depuis la faillite de son débiteur, s'est rendu cessionnaire de plusieurs créances contre lui, n'est pas en droit d'exiger que, pour la composition de la majorité en nombre nécessaire pour le concordat, on lui compte autant de voix qu'il a acquis de créances; il ne peut compter que pour une voix. — Cass., 24 mars 1840 [S. 40. 1. 315, P. 40. 1. 441, D. *Rép.*, v° *cit.*, n. 687] — *Sic*, Lyon-Caen et Renault, t. 7, n. 591 ; Thaller, n. 2071, p. 1008, note 7 ; Laurin, n. 1125 ; et notre *Rép. gén. alph. du dr. fr.*, v° *cit.*, n. 2378 et s. — *Contrà*, Amiens, 2 juill. 1822 [S. et P. chr.] — Paris, 1er avr. 1829, motifs [S. et P. chr.] — Bordeaux, 26 avr. 1836 [S. 36. 2. 361, P. 37. 1. 40, D. *Rép.*, *loc. cit.*]

12. Dans l'hypothèse où une créance s'est divisée entre plusieurs personnes, par suite d'une succession ou d'un partage, on admet, d'une manière générale, que chacun des ayants droit a une voix, sans qu'il y ait à distinguer d'ailleurs suivant que l'ouverture de la succession ou le partage sont antérieurs ou postérieurs au jugement déclaratif de faillite. — *Sic*, Lyon-Caen et Renault, t. 7, n. 591, *in fine*; Thaller, *loc. cit.*; Bravard et Demangeat, t. 5, p. 395.

13. Mais la question est plus douteuse dans le cas où la division de la créance provient d'une cession volontaire faite par le créancier au profit de plusieurs personnes. A cet égard, on décide, dans une première opinion, que les cessionnaires ne pourront individuellement prendre part au vote qu'autant que les cessions auront été opérées antérieurement au jugement déclaratif de la faillite. Si au contraire les cessions n'ont eu lieu qu'après ce jugement, les cessionnaires n'auront à eux tous qu'une seule voix : car autrement il dépendrait d'un créancier, au moyen de cessions simulées, de multiplier le nombre de ses voix au mépris de la loi. — *Sic*, Thaller, *loc. cit.* ; Boistel, n. 1024 ; Bravard et Demangeat, t. 5, p. 394.

14. Une seconde opinion décide au contraire, sans distinction, que chaque cessionnaire a toujours droit à une voix : la fraude en effet ne se présume pas, et ce n'est qu'autant qu'elle est prouvée qu'il y a lieu de déroger au droit commun. — *Sic*, Lyon Caen et Renault, t. 7, n. 591.

15. D'autre part, plusieurs créanciers peuvent se faire représenter par le même mandataire : dans ce cas, ce mandataire aura autant de voix qu'il y a de mandants, et il pourra, suivant les instructions qu'il aura reçues de chacun d'eux, voter alternativement pour et contre le concordat. — Montpellier, 10 juill. 1858 [S. 59. 2. 247, P. 59. 171, D. P. 59. 2. 107] — *Sic*, Renouard, t. 2, p. 65 ; Bédarride, t. 2, n. 535; Laroque-Sayssinel et Dutruc, t. 1, n. 747 ; Lyon-Caen et Renault, t. 7, n. 590.

16. Mais le gérant d'une société commerciale, spécialement d'une société en nom collectif, ne dispose jamais que d'une seule voix : il agit, en effet, comme mandataire de la société, et non pas comme mandataire des associés. — Paris, 19 mai 1882 [D. P. 83. 2. 111]

17. Sur le concordat en matière de société commerciale, V. *infrà*, art. 531.

ART. **508**. Les créanciers hypothécaires inscrits ou dispensés d'inscription, et les créanciers privilégiés ou nantis d'un gage, n'auront pas voix dans les opérations relatives au concordat pour lesdites créances, et elles n'y seront comptées que s'ils renoncent à leurs hypothèques, gages ou privilèges.

Le vote au concordat comportera de plein droit cette renonciation. — C. civ., 2071 et s., 2095 et s., 2114, 2134 et s.; C. comm., 445, 501, 546, 552 et s.

INDEX ALPHABÉTIQUE.

DIVISION.

§ 1er. *Sûretés auxquelles s'applique notre article.*

§ 2. *Conditions de la renonciation.*

α) Vote au concordat.

β) Capacité.

§ 3. *Irrévocabilité de la renonciation.*

§ 4. *Effets de la renonciation.*

§ 1er. *Sûretés auxquelles s'applique notre article.*

1. Des termes généraux de notre article, il résulte qu'il doit être appliqué à tout créancier hypocaire, sans qu'il y ait à distinguer entre les hypothèques conventionnelles, légales ou judiciaires, non plus qu'entre les hypothèques sur les immeubles et l'hypothèque maritime. — *Sic*, Lyon-Caen et Renault, t. 7, n. 577; Thaller, n. 2075; et notre *Rép. gén. alph. du dr. fr.*, v° *Faillite*, n. 2303 et s.

2. Ainsi et spécialement, le créancier du failli, cautionné par la femme de celui-ci, avec subrogation à son hypothèque légale pour une partie de sa créance, renonce à l'hypothèque en votant au concordat pour le montant intégral de sa créance, sans aucune déduction de la partie cautionnée par la femme. — Vainement dirait-il qu'il a voté au concordat, comme créancier direct du failli, et que ce vote n'a pu le priver du droit de se faire colloquer du chef de la femme, et comme subrogé à son hypothèque légale. — Cass., 14 juill. 1879, deux arrêts [S. 80. 1. 21, P. 80. 33, D. P. 79. 1. 422] — Poitiers, 27 févr. 1896 [D. P. 99. 2. 25 et la note de M. Boistel]

3. Jugé également, que la renonciation à l'hypothèque, que l'art. 508, C. comm., déclare résulter de plein droit du vote du créancier hypothécaire au concordat s'applique à tous droits pouvant résulter de l'inscription hypothécaire, qu'il s'agisse de droits actuels ou de droits éventuels, notamment aux droits résultant d'une inscription d'hypothèque judiciaire sur biens à venir prise antérieurement au vote (alors même que le failli n'a, au moment du vote du concordat, aucuns biens présents, et qu'il ne lui en advient qu'après la dissolution de l'union). — Cass., 5 nov. 1873 [S. 74. 1. 81, P. 74. 167, D. P. 74. 1. 373]; 6 mars 1894 [S. et P. 96. 1. 41, et la note de M. Dalmbert, D. P. 94. 1. 489] — Rouen, 30 mars 1892 [D. P. 92. 2. 445]

4. Mais notre article ne saurait être étendu aux créanciers qui sont investis d'une garantie personnelle, telle que le cautionnement ou la solidarité : ici, en effet, la masse n'a pas intérêt à la déchéance de ces garanties qui ne saurait lui profiter en rien. — Dijon, 21 mai 1844 [S. 44. 2. 566, P. 44. 2. 269, D. *Rép.*, v° *Faillite*, n. 686] — *Sic*, Lyon-Caen et Renault, t. 7, n. 584 ; Thaller, n. 2075, p. 1070, note 1.

5. Toutefois, si le créancier avait en même temps une hypothèque et une caution, le vote au concordat lui ferait perdre, par une espèce de choc en retour, ces deux garanties : il perdrait son hypothèque par application de notre article, et il perdrait son recours contre la caution par application de l'art. 2037, C. civ., aux termes duquel la caution est déchargée lorsque la subrogation aux droits, hypothèques et privilèges des créanciers ne peut plus, par le fait de ces créanciers, s'opérer en faveur de la caution. — *Sic*, Lyon-Caen et Renault, *loc. cit.*

6. D'autre part, notre article est également inapplicable au cas où l'hypothèque aurait été constituée par un tiers sur son immeuble. Ici, en effet, la situation du créancier est la même que dans l'hypothèse précédente : que la caution soit personnelle ou réelle, la masse des créanciers n'a pas d'intérêt à une déchéance qui ne lui profiterait pas. — Cass., 20 juin 1854 [S. 54. 1. 593, P. 54. 2. 537, D. P. 54. 1. 305] — Rennes, 31 mars 1849 [S. 49. 2. 440, P. 50. 1. 120, D. P. 49. 2. 157] — Rouen, 3 août 1857 [S. 58. 2. 334, P. 59. 107] — Aix, 3 mai 1882 [D. *Rép., Suppl.*, v° *cit.*, n. 917] — *Sic*, Boistel, n. 1036 ; Lyon-Caen et Renault, t. 7, n. 585 ; Rousseau et Defert, sur l'art. 508, n. 19 ; Thaller, *loc. cit.*; Ruben de Couder, *Suppl.*, v° *Concordat*, n. 33 ; et notre *Rép. gén. alph. du dr. fr.*, v° *cit.*, n. 2313 et s. — *Contrà*, Poitiers, 29 août 1850, [S. 53. 1. 403, sous Cass., 2 mai 1853, P. 50. 2. 644] — *Adde*, Demangeat, sur Bravard, t. 5, p. 382.

7. Spécialement, le créancier qui a une hypothèque sur un immeuble du codébiteur du failli peut voter au concordat sans encourir aucune déchéance. — Aix, 3 mai 1882, précité.

8. De même, notre article ne saurait s'appliquer au cas où l'hypothèque grève exclusivement les im-

meubles de la femme du failli. — Rennes, 31 mars 1849, précité. — Rouen, 3 août 1857, précité.

9. ... Ni au cas où il s'agit d'une hypothèque consentie par l'accepteur de lettres de change dont le porteur se présente dans la faillite du tireur. — Cass., 20 juin 1854, précité.

10. Mais le vote au concordat emporterait, de la part des créanciers hypothécaires, renonciation aux hypothèques existant à leur profit sur les biens du failli, alors même que ces hypothèques auraient été prises sur les précédents propriétaires de ces biens. — Metz, 26 déc. 1860 [P. 61. 871, D. *Rép., Suppl., v° cit.*, n. 917]

11. Et la même déchéance serait encourue dans le cas où les biens hypothéqués auraient été aliénés par le failli : la masse des créanciers a alors intérêt à l'annulation de l'hypothèque, pour empêcher le tiers acquéreur de l'immeuble hypothéqué d'exercer un recours contre la faillite. — Poitiers, 27 févr. 1896 [D. P. 99. 2. 25, et la note de M. Boistel] — *Sic*, Lyon-Caen et Renault, t. 7, n. 585, *in fine*.

12. Jugé également, que le vote d'un créancier hypothécaire au concordat de son débiteur emporte renonciation à son hypothèque, alors même qu'il s'est produit après la collocation provisoire de sa créance dans l'ordre ouvert sur l'immeuble hypothéqué. — Même arrêt.

§ 2. *Conditions de la renonciation.*

α) *Vote au concordat.* — 13. Pour qu'un créancier soit déchu de son privilège ou de son hypothèque, il faut qu'il ait réellement participé au vote du concordat : le seul fait d'avoir assisté à la délibération ou même d'avoir pris part à la discussion ne suffirait pas pour entraîner sa renonciation, alors qu'il s'est abstenu au moment du vote. — *Sic*, Thaller, n. 2075; et notre *Rép. gén. alph. du dr. fr.*, *v° cit.*, n. 2299 et s.

14. Jugé, en ce sens, que le créancier hypothécaire d'un failli qui, menacé dans son hypothèque par une action tendant à faire reporter l'ouverture de la faillite à une époque antérieure à la déclaration de faillite, renonce, pour obtenir le désistement des syndics, à exercer tous droits sur l'actif mobilier du failli pour ce qui lui resterait dû après l'exercice de son action hypothécaire, et qui intervient au concordat pour faire cette renonciation, n'est pas par cela seul partie au concordat, auquel d'ailleurs il n'a pas voté, et n'est pas dès lors déchu de son hypothèque. — Cass., 4 juill. 1855 [S. 56. 1. 40, P. 56. 2. 473, D. P. 55. 1. 277]

15. Dans ce cas, la renonciation du créancier hypothécaire à son droit sur l'actif mobilier, n'ayant lieu que dans l'intérêt des créanciers chirographaires, ne fait pas obstacle à ce qu'il exerce ses droits sur ce qui reste de cet actif après le paiement des dividendes stipulés par le concordat. — Même arrêt.

16. Jugé également, dans le même ordre d'idées, que, en cas de liquidation judiciaire, un créancier privilégié n'est point déchu de son privilège, encore bien qu'il se soit rendu à l'assemblée convoquée pour délibérer sur le concordat et ait déclaré expressément accepter les propositions faites au nom du débiteur, s'il est constant qu'il a assisté seul à cette assemblée d'où tous les autres créanciers étaient absents et qui n'a réuni à aucun moment et sous aucun rapport les éléments nécessaires pour statuer sur les propositions du concordat. — Paris, 20 févr. 1894 [D. P. 95. 2. 401]

17. De même les créanciers n'étant censés avoir renoncé à leurs sûretés que s'ils ont pris part au vote du concordat, il en résulte que la production à la faillite ou à la liquidation judiciaire ou même la réception d'un dividende n'impliquent pas cette renonciation et n'entraînent pas l'application de notre article. — Agen, 24 avr. 1899 [D. P. 99. 2. 475]

18. Dans ce cas, les créanciers dont il s'agit peuvent recevoir les dividendes concordataires qui leur sont versés sans que les droits réels qu'ils possèdent en reçoivent aucune atteinte, ces paiements partiels emportant réduction de la créance jusqu'à concurrence de la somme perçue, mais laissant subsister pour le surplus ladite créance avec toutes les garanties qui y sont attachées. — Même arrêt.

19. D'autre part, le créancier hypothécaire qui, sans novation et sous réserve de ses droits antérieurs, a accepté la délégation du prix de l'immeuble hypothéqué et reçu en représentation des effets, qu'il a en partie négociés à des tiers, conserve son droit hypothécaire pour le solde de sa créance, malgré la participation des tiers porteurs au concordat consenti à l'acquéreur tombé en faillite. — Cass., 22 juill. 1872 [S. 74. 1. 32, P. 74. 50, D. P. 73. 1. 349] — *Sic*, Renouard, t. 2, p. 23; Esnault, t. 2, n. 406; Pardessus, t. 3, n. 1236; Alauzet, t. 7, n. 2658; Thaller, n. 2078.

20. Il en est ainsi, surtout, alors que les tiers porteurs ayant en mains d'autres effets souscrits par l'acquéreur au profit du même créancier, mais pour des causes étrangères à la délégation du prix de vente, il n'est pas établi que ceux admis au concordat soient précisément du nombre des effets représentant tout ou partie de la créance hypothécaire. — Même arrêt.

β) *Capacité.* — 21. La capacité ou le pouvoir nécessaires pour renoncer expressément ou tacitement à une hypothèque ou à un privilège ne sont autre chose que la capacité ou le pouvoir de disposer de la créance dont l'hypothèque ou le privilège sont l'accessoire. On ne saurait exiger ici la capacité ou le pouvoir d'aliéner les immeubles, sous prétexte que l'hypothèque présente un caractère immobilier. L'hypothèque étant l'accessoire de la créance, il n'est pas admissible qu'on exige, pour y renoncer, des conditions plus sévères que pour disposer de la créance elle-même, qui est le principal. — Paris, 17 juill. 1866 [S. 67. 2. 24, P. 67. 196, D. *Rép., Suppl., v° cit.*, n. 916] — *Sic*, Renouard, t. 2, p. 25; Rousseau et Defert, sur l'art. 508, n. 14 et s.; Lyon-Caen et Renault, t. 7, n. 578; Aubry et Rau, t. 3, § 281, p. 388; Laurent, t. 31, n. 163; Ruben de Couder, *v° cit.*, n. 55 et s.: et notre *Rép. gén. alph. du dr. fr.*, *v° cit.*, n. 2318 et s. — *Contrà*, Cass., 18 juill. 1843 [S. 43. 1. 778, P. 43. 2. 679, D. *Rép.*, v° *Minorité*, n. 514] — *Adde*, Massé, t. 3, n. 139; Martou, *Tr. des priv. et des hyp.*, t. 3, n. 1188 et s.

22. Il résulte de là que le vote au concordat du tuteur d'un mineur créancier du failli n'emportera déchéance de l'hypothèque légale du mineur qu'autant que le tuteur aura obtenu au préalable les autorisations qui sont prescrites par la loi du 27 févr. 1880 pour l'aliénation des valeurs incorporelles des mineurs (autorisation du conseil de famille, et homologation du tribunal au-dessus de 1.500 francs). Dans le cas contraire, l'hypothèque subsistera, mais le vote du tuteur sera réputé non avenu, et la créance

du mineur n'entrera pas en ligne de compte pour le calcul de la majorité. — *Sic*, Renouard, t. 2, p. 24 et s. ; Alauzet, t. 7, n. 2661 ; Boistel, n. 1035 ; Ruben de Couder, *v° cit.*, n. 55 et s. ; Rousseau et Defert, sur l'art. 508, n. 15.

23. Jugé que le vote au concordat par le subrogé tuteur des enfants mineurs du failli n'emporte renonciation à l'hypothèque légale de ces mineurs sur les biens de leur père et tuteur, qu'autant que le subrogé tuteur a été autorisé par une délibération du conseil de famille homologuée par le tribunal. — Paris, 17 juill. 1866, précité.

24. De même, le vote au concordat de la femme du failli n'emporte déchéance de son hypothèque légale sur les biens de son mari, que si elle a été autorisée à voter soit par son mari, soit par la justice. — Trib. civ. Seine, Ch. du conseil, 3 mai 1882 [*J. des faillites*, 82. 295]

25. Et la femme mariée qui prend part au vote du concordat accordé à son mari en présence et avec le concours de ce dernier, doit être réputée avoir *ipso facto* renoncé à son hypothèque légale. — Rennes, 20 mai 1893 [D. P. 93. 2. 331]

26. Bien plus, lorsque les époux sont mariés sous le régime dotal, le principe de l'inaliénabilité de la dot mobilière a pour effet d'interdire à la femme, même dûment autorisée, la faculté de renoncer, directement ou indirectement à son hypothèque légale, en tant du moins que cette hypothèque garantit ses reprises dotales : en conséquence, le vote au concordat de la femme mariée sous le régime dotal n'entraînera la renonciation à son hypothèque légale que pour ses reprises paraphernales, et celles-ci seules entreront en ligne de compte pour le calcul des majorités requises par notre article. — Rouen, 6 juin 1844 [S. 45. 2. 180, P. 46. 4. 167, D. P. 45. 2. 77] — Paris, 9 mai 1888 [D. *Rép.*, *Suppl.*, *v° cit.*, n. 916] — *Sic*, Lyon-Caen et Renault, t. 7, n. 578; Demangeat, sur Bravard, t. 5, p. 379, note; Thaller, n. 2077; Renouard, t. 2, p. 24; Rousseau et Defert, sur l'art. 508, n. 26; Ruben de Couder, *v° cit.*, n. 57; Lyon-Caen, note sous Aix, 4 mars 1890 [S. 90. 2. 49, P. 90. 1. 322] — Sur l'effet de l'inaliénabilité de la dot mobilière relativement à la renonciation à l'hypothèque légale, V. notre *Code civil annoté*, art. 1554, n. 223 et s.

27. Par contre, le mari ayant sous le régime dotal, d'après la jurisprudence, le droit de disposer des valeurs mobilières de sa femme, peut concourir valablement à un concordat dans une faillite où la dot est intéressée ; et le concordat est obligatoire pour la femme. — *Sic*, Rodière et Pont, t. 3, n. 1867 ; Lyon-Caen et Renault, *loc. cit.*

28. Spécialement, le mari d'une femme dont le débiteur d'une créance dotale garantie par une hypothèque est en faillite, peut, en prenant part au concordat, renoncer à cette hypothèque et consentir à la réduction de la créance, et, par suite, il n'est plus recevable après cette renonciation à demander la collocation de cette créance dans l'ordre ouvert pour la distribution du prix des biens qui y étaient hypothéqués. — Cass., 26 août 1851 [S. 51. 1. 805, P. 52. 1. 112, D. P. 51. 1. 283]

29. Le syndic d'une faillite, dûment autorisé par le juge-commissaire, peut voter au concordat du débiteur du failli, encore bien que la créance soit garantie par une hypothèque. Et, dans ce cas, l'hypothèque est éteinte en vertu de l'art. 508, C. comm. — Vainement objecterait-on que, pour renoncer à une hypothèque, il faut avoir la capacité ou le pouvoir d'aliéner un immeuble. La capacité de disposer de la créance suffit : or le syndic peut disposer de la créance avec la seule autorisation du juge-commissaire. — Aix, 4 mars 1890 [S. 90. 2. 49, P. 90. 1. 322, et la note de M. Lyon-Caen] — Sur le pouvoir du syndic de voter au concordat d'un débiteur du failli, V. *suprà*, art. 507, n. 7.

30. Ces conditions étant remplies, le vote au concordat entraîne nécessairement, de la part du créancier, renonciation absolue à son privilège ou à son hypothèque. Peu importe que le créancier, au moment du vote, ait manifesté la volonté de conserver ses garanties : son intention, même formellement exprimée, à cet égard, ne saurait prévaloir contre le texte impératif de notre article. — Cass., 19 juill. 1841 [S. 41. 1. 763, P. 41. 2. 659, D. *Rép.*, *v° cit.*, n. 602] ; 26 août 1851 [S. 51. 1. 805, P. 52. 1. 12, D. P. 51. 1. 283] — Metz, 26 déc. 1860 [P. 61. 871, D. *Rép.*, *Suppl.*, *v° cit.*, n. 917] — Rouen, 30 mars 1892 [S. et P. 96. 1. 41, sous Cass., 6 mars 1894, D. P. 92. 2. 445] — *Sic*, Lyon-Caen et Renault, t. 7, n. 581.

31. Peu importe également que l'hypothèque ou le privilège soient l'objet d'une contestation au moment du concordat : si les créanciers dont on conteste seulement l'hypothèque ou le privilège doivent être admis comme créanciers ordinaires dans les délibérations de la faillite, aux termes de l'art. 501, C. comm., c'est que leur vote au concordat entraîne de leur part renonciation à leur privilège ou à leur hypothèque. — Cass., 11 févr. 1880 [S. 80. 1. 164, P. 80. 369, D. *Rép.*, *Suppl.*, *v° cit.*, n. 903] — *Sic*, Renouard, t. 2, n. 10 ; Bédarride, t. 2, n. 487 ; Alauzet, t. 7, n. 2638 ; Bravard et Demangeat, t. 5, p. 368 ; Lyon-Caen et Renault, t. 7, n. 582 ; Ruben de Couder, *v° cit.*, n. 46, et *Suppl.*, *eod. v°*, n. 27.

32. On a cependant soutenu que dans cette hypothèse, le créancier devait être admis à voter au concordat sans que son vote entraînât une renonciation à ses garanties, et on s'est fondé sur ce qu'il ne serait pas équitable d'obliger ce créancier à opter entre l'abstention au vote du concordat et la renonciation à sa garantie, alors qu'il ignore jusqu'à l'issue du litige, si cette garantie sera ou non efficace. Si on lui refuse le droit de voter pour le montant intégral de sa créance, tout au moins devrait-on, en bonne justice, procéder à une évaluation de son droit, et l'admettre à voter jusqu'à concurrence du chiffre ainsi arbitré, son droit hypothécaire demeurant réservé. — *Sic*, Boistel, n. 989 ; Thaller, n. 2079 ; et notre *Rép. gén. alph. du dr. fr.*, *v° cit.*, n. 2329 et s.

33. La même solution équitable, mais difficilement admissible en présence du texte de notre article, a été proposée pour le cas où la créance hypothécaire serait affectée d'une modalité, terme ou condition, qui en rendrait impossible la réalisation immédiate, ou même pour le cas où, la créance étant d'ailleurs échue, le créancier justifierait, pour des motifs de fait laissés à l'appréciation du juge, de son retard à liquider la garantie qui lui appartient. — *Sic*, Thaller, n. 2079, p. 1072, note 1.

34. Mais, si absolue que soit la diposition de notre article, elle ne peut cependant être appliquée qu'aux créanciers qui sont exclusivement des créanciers hypothécaires ou privilégiés. Si donc un créancier a à la fois une créance chirographaire et une créance

garantie par un privilège ou une hypothèque, il pourra voter au concordat pour sa première créance et en sa qualité de créancier chirographaire, sans perdre pour cela l'hypothèque ou le privilège qui garantit sa seconde créance. — Cass., 22 juill. 1872, motifs [S. 74. 1. 32, P. 74. 50, D. P. 73. 1. 349] — Nîmes, 23 avr. 1884 [*J. des faill.*, 84. 536] — Paris, 21 juin 1893 [D. P. 93. 2. 470] — *Sic*, Pardessus, t. 3, n. 1236; Renouard, t. 2, p. 23; Esnault, t. 2, n. 406; Bravard et Demangeat, t. 5, p. 377; Alauzet, t. 7, n. 2658; Boistel, n. 1035; Lyon-Caen et Renault, t. 7, n. 583; et notre *Rép. gén. alph. du dr. fr.*, v° *cit.*, n. 2341 et s.

35. Et il en ainsi, alors surtout qu'il est prouvé que le créancier avait l'intention certaine de ne prendre part au vote du concordat que comme créancier chirographaire. — Nîmes, 23 avr. 1884, précité.

36. Il n'est pas même nécessaire que le créancier ait fait des réserves expresses à cet égard. C'est au juge qu'il appartient d'interpréter son intention : mais en cas de doute, le créancier doit être considéré comme ayant voté en sa seule qualité de créancier chirographaire; les renonciations en effet ne se présument pas. — Cass., 22 juill. 1872, motifs, précité. — V. aussi Bourges, 24 déc. 1889 [D. P. 90. 2. 247]

37. Par identité de motifs, le créancier investi de deux créances hypothécaires ou privilégiées, pourrait déclarer, en votant au concordat, qu'il ne prend part au vote que pour une seule de ces deux créances, et conserver ainsi le privilège ou l'hypothèque qui garantit son autre créance. — *Sic*, Lyon-Caen et Renault, t. 7, n. 583.

38. De même, le créancier dont la créance n'est garantie qu'en partie par une hypothèque ou par un privilège peut voter au concordat, à la condition de spécifier le montant de sa créance pour lequel il vote et renonce à son hypothèque ou à son privilège, et il conservera par là sa garantie pour le surplus de ladite créance. — Lyon, 9 août 1894 [J. *La Loi*, 23 nov. 1894] — Douai, 2 déc. 1895 [D. P. 98. 2. 225] — Trib. civ. Lons-le-Saulnier, 4 juill. 1853 [D. P. 53. 3. 32] — *Sic*, Lyon-Caen et Renault, *loc. cit.*; Boistel, n. 1036; Bravard et Demangeat, t. 5, p. 382; Thaller, n. 2080. — *Contrà*, Pardessus, t. 3, n. 1326; Renouard, t. 2, p. 22.

39. D'autre part, la déchéance prononcée par l'art. 508, C. comm., n'étant encourue que pour le créancier hypothécaire inscrit au moment où il prend part au vote du concordat ou dispensé d'inscription, il en résulte qu'elle ne saurait être appliquée au créancier admis par jugement au passif de la faillite et qui, au moment de son vote, n'avait pas fait inscrire son hypothèque judiciaire. — Rouen, 30 mars 1892 [S. et P. 96. 1. 41, sous Cass., 6 mars 1894, D. P. 92. 2. 445]

§ 3. *Irrévocabilité de la renonciation.*

40. La renonciation résultant du vote au concordat est irrévocable dans le cas où le concordat a été voté et homologué par le tribunal de commerce compétent. C'est ainsi que le créancier ne pourrait pas, pour échapper à l'application de notre article, exciper de son ignorance de la loi : il est en faute de l'avoir ignorée, et dans ces conditions, sa bonne foi ne saurait le relever de la déchéance qu'il a encourue. — Rouen, 2 janv. 1851 [D. P. 55. 2. 179]

41. Mais en est-il de même et la renonciation doit-elle encore être maintenue dans le cas où le concordat n'aboutit pas, soit parce qu'il n'a pas été voté par les majorités requises ou homologué par le tribunal, soit parce qu'il a été plus tard annulé pour cause de dol ou résolu pour inexécution de ses conditions? D'après une première opinion, le créancier hypothécaire ou privilégié qui a voté au concordat resterait déchu de ses garanties en cas de rejet du concordat par les créanciers; il recouvrerait au contraire ses garanties en cas de non-homologation, d'annulation ou de résolution du concordat. — *Sic*, Alauzet, t. 7, n. 2663 et s.

42. Une deuxième opinion part de cette idée que la renonciation résultant du vote au concordat a pour cause le concordat lui-même auquel elle est subordonnée, et elle décide en conséquence que, si le concordat ne peut se former ou s'il est annulé ou résolu, la renonciation manque de cause et doit être non avenue. — Bourges, 15 mars 1865 [S. 66. 2. 149, P. 66. 601, D. *Rép.*, *Suppl.*, v° *cit.*, n. 919] — *Sic*, Bédarride, t. 2, n. 544; Rousseau et Defert, sur l'art. 508, n. 22; Boileux, sur Boulay-Paty, t. 2, n. 558; Laurin, n. 1115; Ruben de Couder, v° *cit.*, n. 44.

43. La jurisprudence et la majorité de la doctrine décident au contraire que la renonciation à l'hypothèque, que l'art. 508, C. comm., déclare résulter de plein droit du vote du créancier hypothécaire ou privilégié au concordat, est définitive, quel que soit le sort du concordat, et alors même qu'il serait refusé, non homologué ou annulé; cette renonciation ne saurait être considérée comme dépourvue de cause à raison de l'un de ces événements, l'art. 508 la faisant résulter formellement et irrévocablement du fait seul du vote du créancier hypothécaire au concordat. — Cass., 6 mars 1894 [S. et P. 96. 1. 41, D. P. 94. 1. 449] — Rouen, 30 mars 1892 [S. et P. 96. 1. 41, sous Cass., 6 mars 1894, D. P. 92. 2. 445] — Rennes, 20 mai 1893 [D. P. 93. 2. 331] — Bordeaux, 22 août 1844 [S. 45. 2. 287, P. 59. 878, *ad notam*, D. P. 92. 2. 445, *ad notam*]; 19 août 1858 [S. 59. 2. 150, P. 59. 878, D. P. 92. 2. 445, *ad notam*] — Trib. de Saint-Gaudens, 5 janv. 1887 [D. P. 87. 3. 55] — *Sic*, Renouard, t. 2, n. 11; Demangeat, sur Bravard, t. 5, p. 378, note 2; Boistel, n. 1035; Lyon-Caen et Renault, t. 7, n. 579 et 580; Thaller, n. 2077; Ruben de Couder, *Suppl.*, v° *cit.*, n. 25; Dalmbert, note sous Cass., 6 mars 1894 [S. et P. 96. 1. 41]; Lyon-Caen, Consultation, *Gazette du Palais* des 10, 12 et 13 sept. 1887; et notre *Rép. gén. alph. du dr. fr.*, v° *cit.*, n. 2334 et s.

§ 4. *Effets de la renonciation.*

44. La renonciation au privilège ou à l'hypothèque qu'entraîne le vote au concordat n'a d'effet que pour l'avenir. En conséquence, le créancier d'un failli, qui par son adhésion au concordat, a renoncé au nantissement en actions industrielles garantissant sa créance, n'en conserve pas moins le droit de toucher les intérêts et dividendes de ces actions, échus, même depuis le jugement déclaratif de faillite, jusqu'au jour du concordat, sauf à déduire leur montant du chiffre de la créance. — Du moins, la décision qui juge ainsi par appréciation des conventions, échappe à la censure de la Cour de cassation. — Cass., 7 juill. 1870 [S. 72. 1. 85, P. 72. 171, D. P. 71. 1. 307] — *Sic*, Lyon-Caen et Renault, t. 7, n. 586.

45. Mais qui peut se prévaloir de cette renonciation ? On a soutenu à cet égard que la renonciation était purement relative et qu'elle ne pouvait être invoquée que par la masse des créanciers : c'est, en effet, dans l'intérêt de la masse et pour empêcher un créancier dont les intérêts sont souvent opposés à ceux de la masse d'influer sur le vote du concordat que l'art. 508 a été édicté ; et, dès lors, c'est à la masse seule qu'il appartient d'invoquer la disposition de cet article, comme elle peut seule invoquer les nullités édictées par les art. 446 et s., C. comm. — Rouen, 6 juin 1844 [S. 45. 2. 180, P. 46. 1. 23, D. P. 45. 2. 77] — Dijon, 8 févr. 1865 [S. 65. 2. 31, P. 65. 215, D. P. 65. 2. 89] — *Sic*, Rousseau et Defert, sur l'art. 508, n. 23.

46. Jugé, en ce sens, que la femme du failli, mariée sous le régime dotal, conserve, après le concordat obtenu par son mari, une hypothèque légale sur les biens qui adviennent ultérieurement à celui-ci pour garantie de la restitution de la portion de sa dot excédant le dividende qu'elle a touché dans la faillite. — Rouen, 6 juin 1844, précité.

47. Jugé également, que les créanciers hypothécaires, qui, en prenant part au vote du concordat, ont renoncé à l'effet de leur hypothèque, peuvent, après la dissolution de l'union, prendre inscription en vertu de ces mêmes hypothèques, et que les droits hypothécaires annulés par l'art. 446, C. comm., peuvent aussi être inscrits efficacement : ces renonciations et annulations n'ayant d'effet qu'au regard de la masse, laquelle n'existe plus. — Dijon, 8 févr. 1865, précité.

48. La jurisprudence et la majorité des auteurs décident au contraire que la renonciation dont s'agit est absolue et produit son effet, non seulement vis-à-vis de la masse, mais à l'égard de tous, en sorte que la disparition de la masse et la reprise par les créanciers de leurs droits et actions contre le failli, après la dissolution de l'union, n'ont aucun effet sur la renonciation acquise définitivement et vis-à-vis de tous par le fait du vote au concordat. C'est qu'en effet, l'art. 508, à la différence des art. 446 et s., ne limite plus expressément les effets de la renonciation à la masse des créanciers ; il faut donc appliquer ici le principe posé par l'art. 2180, C. civ., en vertu duquel la renonciation à l'hypothèque consomme d'une manière absolue et *erga omnes* l'extinction de ce droit. — Cass., 6 mars 1894 [S. et P. 96. 1. 41 et la note de M. Dalmbert, D. P. 94. 1. 449] — Rouen, 21 janv. 1862, sous Cass., 10 févr. 1863 [S. 63. 1. 262, P. 63. 589, D. P. 63. 1. 300] ; 30 mars 1892 [S. et P. 96. 1. 41, sous Cass., 6 mars 1894, D. P. 92. 2. 445] — Poitiers, 27 févr. 1896 [D. P. 99. 2. 25 et la note de M. Boistel] — *Sic*, Lyon-Caen et Renault, t. 7, n. 587 ; Pont, *Tr. des priv. et hyp.*, t. 2, n. 1236 ; Ruben de Couder, *Suppl.*, *v° cit.*, n. 29 ; et notre *Rép. gén. alph. du dr. fr.*, *v° cit.*, n. 2348 et s.

49. Spécialement, la déchéance résultant du vote d'un créancier hypothécaire au concordat peut être invoquée par le tiers acquéreur de l'immeuble hypothéqué, à l'effet de s'affranchir du droit de suite. — Poitiers, 27 févr. 1896, précité.

Art. **509**. Le concordat sera, à peine de nullité, signé séance tenante. S'il est consenti seulement par la majorité en nombre ou par la majorité des deux tiers en sommes, la délibération sera remise à huitaine pour tout délai ; dans ce cas, les résolutions prises et les adhésions données lors de la première assemblée demeureront sans effet. — C. comm., 507, 512.

INDEX ALPHABÉTIQUE.

1. En exigeant que le concordat soit signé séance tenante, notre article n'a pas voulu interdire aux créanciers de discuter les propositions du failli pendant plusieurs séances : il signifie seulement que le concordat doit être signé dans la séance même où il a été voté. — Jugé en ce sens, que, de ce que le concordat doit être, à peine de nullité, signé séance tenante, il ne résulte pas que la séance dans laquelle il est délibéré ne puisse être suspendue et que la signature ne soit valablement donnée à la fin de la séance reprise, lorsque d'ailleurs aucun vote n'est intervenu avant la suspension. — Cass., 13 févr. 1855 [S. 55. 1. 357, P. 56. 1. 57, D. P. 55. 1. 339] — *Sic*, Renouard, t. 2, p. 29 ; Alauzet, t. 7, n. 2669 ; Esnault, t. 2, n. 408 ; Lyon-Caen et Renault, t. 7, n. 595 ; Thaller, n. 2073-*a* ; Ruben de Couder, v° *Concordat*, n. 69 ; et notre *Rép. gén. alph. du dr. fr.*, v° *Faillite*, n. 2385 et s.

2. Mais un concordat serait nul, si, au lieu d'être signé séance tenante ou dans la huitaine (pour le cas où la réunion doit être renvoyée par suite de la réunion d'une seule des majorités requises par la loi), il n'avait été formé qu'au moyen de deux actes séparés par un intervalle de plusieurs mois. — Paris, 12 juill. 1869 [S. 71. 2. 233, P. 71. 791, D. P. 70. 2. 7]

3. De même, serait irrégulier et nul le concordat signé par certains créanciers au greffe du tribunal de commerce, en dehors de l'assemblée des créanciers et de la présence du juge-commissaire. — Et il n'est pas nécessaire de recourir à l'inscription de faux pour faire valoir cette nullité. — Toulouse, 7 août 1889 [D. P. 90. 2. 60]

4. Toutefois, le concordat ne serait pas nul parce que quelques créanciers qui y ont consenti ne l'ont pas signé dans le lieu où il a été consommé, si d'ailleurs les autres signatures représentent la majorité en nombre et en sommes. — Nîmes, 18 mai 1813

[S. et P. chr., D. *Rép.*, v° *Faillite*, n. 693] ; 20 mai 1892 [D. P. 92. 2. 529]

5. Le procès-verbal dressé dans les conditions de notre article rentre dans la classe des actes authentiques : et, par suite, on ne peut en contester les énonciations que par la voie de l'inscription de faux. — Paris, 7 août 1850 [S. 50. 2. 604, P. 50. 2. 616, D. P. 51. 2. 33] — Bordeaux, 6 avr. 1892 [D. P. 94. 2. 38] — *Sic*, Lyon-Caen et Renault, t. 7, n. 596; Thaller, n. 2073-*a*.

6. Dans le cas où le concordat ne réunit qu'une seule des majorités requises par la loi, la délibération doit être remise à huitaine pour tout délai. Mais cette nouvelle réunion des créanciers n'est pas obligatoire, et elle doit être demandée par le failli : c'est en effet dans l'intérêt du failli et par faveur pour lui que notre article permet la réunion d'une seconde assemblée; si donc le failli estime que cette nouvelle assemblée ne modifiera pas les résultats de la première, il doit être libre de renoncer à la provoquer. — *Sic*, Lyon-Caen et Renault, t. 7, n. 595-3°; Ruben de Couder, *Suppl.*, v° *cit.*, n. 19; et notre *Rép. gén. alph. du dr. fr.*, v° *cit.*, n. 2394 et s.

7. Jugé en ce sens, que l'art. 509, C. comm., d'après lequel, au cas où le concordat est consenti seulement par la majorité en nombre, ou par la majorité des trois quarts en sommes, la délibération est remise à huitaine pour tout délai, ne formule pas une disposition d'ordre public, et, en conséquence, le failli peut renoncer à s'en prévaloir. — Bourges, 11 avr. 1894 [S. et P. 95. 2. 165, D. P. 95. 2. 589 et la note de M. Boistel]

8. Par suite, si le failli, dont le concordat a été voté, à la première réunion, par une seule des majorités requises, n'a pas demandé la remise à huitaine pour une nouvelle délibération, et a laissé le juge-commissaire prononcer immédiatement le refus du concordat, il n'est pas recevable à demander ultérieurement la réunion de ses créanciers à l'effet de délibérer à nouveau sur le concordat. — Même arrêt.

9. Mais le délai de huitaine pour la réunion de la seconde assemblée concordataire est un délai fatal, en ce sens qu'après ce délai aucune nouvelle assemblée ne peut plus être réunie, et que le concordat est définitivement rejeté. — *Sic*, Thaller, n. 2073-*c*; Lyon-Caen et Renault, t. 7, n. 595; Bravard et Demangeat, t. 5, p. 404; Boulay-Paty, t. 1, n. 262; Renouard, t. 2, p. 32; Bédarride, t. 2, n. 547 ; Laroque-Sayssinel et Dutruc, t. 1, n. 773; Ruben de Couder, v° *cit.*, n. 74 et s., et *Suppl.*, *eod. v°*, n. 13 et s.

10. Jugé en ce sens, que, quand il y a renvoi pour une nouvelle délibération du concordat, en conformité de l'art. 509, C. comm., ce renvoi ne peut être fait à un délai plus long que celui de huitaine fixé par cet article. Peu importe que des créanciers demeurent à une distance considérable. — Bordeaux, 10 mai 1845 [S. 46. 2. 316, P. 46. 2. 600]

11. Exceptionnellement, le délai de huitaine pourrait être prolongé par suite d'un cas de force majeure. — Jugé en ce sens, que le failli qu'un événement de force majeure a empêché de se rendre à la seconde réunion relative au concordat, ou de s'y faire représenter, peut être admis à demander la prorogation du délai de huitaine fixé par l'art. 509, C. comm. — Cass., 15 nov. 1871 (motifs) [S. 71. 1. 191, P. 71. 601, D. P. 71. 1. 326] — Paris, 28 nov. 1857 [S. 57. 2. 452, P. 57. 1211]

12. Toutefois, il n'en saurait être ainsi qu'autant que la preuve de cette impossibilité est rapportée d'une manière complète par le failli; à défaut par lui de faire cette preuve, il n'est pas fondé à demander la nullité de la délibération intervenue en son absence et constituant les créanciers en état d'union. — Cass., 15 nov. 1871, précité.

13. D'autre part, la disposition de l'art. 509, C. comm., aux termes duquel, si le concordat est consenti seulement par la majorité en nombre ou par la majorité des trois quarts en sommes, la délibération sera remise à huitaine pour tout délai, ne s'applique qu'au cas où il est intervenu un vote sur les propositions du failli. Si aucun vote n'est intervenu, la délibération est valablement remise à un délai plus long que le délai de huitaine fixé par l'art. 509. — Toulouse, 1er déc. 1884 [S. 85. 2. 177, P. 85. 1. 989, D. *Rép.*, *Suppl.*, v° *cit.*, n. 924]

14. La nouvelle assemblée comprend tous les créanciers vérifiés et affirmés ou admis par provision, y compris ceux dont le titre a été vérifié dans l'intervalle qui sépare les deux assemblées. — Trib. comm. Seine, 25 oct. 1882 et 14 juin 1883 [*J. des faill.*, 83. 314]

15. Dans la nouvelle assemblée, les créanciers sont libres de leur vote, et ne sont pas liés par leur vote antérieur : les propositions concordataires en effet ont pu être modifiées par le failli, et par suite il est rationnel que les créanciers, appelés à examiner ces propositions nouvelles, puissent statuer en toute indépendance. — *Sic*, Lyon-Caen et Renault, t. 7, n. 595-3° ; Thaller, n. 2073-*c*; Bédarride, t. 2, n. 548.

16. Cette seconde assemblée est d'ailleurs la dernière qui puisse être tenue : si dans cette assemblée le concordat ne réunit pas les deux majorités requises, il n'y a pas lieu à délibération nouvelle, et l'union s'ouvre de plein droit. — Cass., 6 août 1840 [S. 41. 1. 65, P. 42. 1. 16, D. *Rép.*, v° *cit.*, n. 704]

ART. **510**. Si le failli a été condamné comme banqueroutier frauduleux, le concordat ne pourra être formé.

Lorsqu'une instruction en banqueroute frauduleuse aura été commencée, les créanciers seront convoqués à l'effet de décider s'ils se réservent de délibérer sur un concordat, en cas d'acquittement, et si, en conséquence, ils surseoient à statuer jusqu'après l'issue des poursuites.

Ce sursis ne pourra être prononcé qu'à la majorité en nombre et en somme déterminée par l'article 508. Si, à l'expiration du sursis, il y a lieu à délibérer sur le concordat, les règles établies par le précédent article seront applicables aux nouvelles délibérations. — C. comm., 509, 583.

Art. **511.** Si le failli a été condamné comme banqueroutier simple, le concordat pourra être formé. Néanmoins, en cas de poursuites commencées, les créanciers pourront surseoir à délibérer jusqu'après l'issue des poursuites en se conformant aux dispositions de l'article précédent. — C. comm., 515, 520, 584 et s., 612.

1. En décidant que le concordat ne peut pas être formé dans le cas de banqueroute frauduleuse, notre article vise uniquement une banqueroute frauduleuse se rattachant à la faillite actuelle. Mais une banqueroute frauduleuse prononcée à la suite d'une faillite antérieure ne serait pas un obstacle à la formation du concordat, sauf au tribunal à refuser son homologation dans les conditions de l'art. 515, C. comm. — *Sic*, Lyon-Caen et Renault, t. 7, n. 608.

2. Pour qu'une instruction en banqueroute frauduleuse soit réputée commencée, il ne suffit pas qu'une plainte ait été déposée par une partie qui se prétend lésée : il faut que le ministère public ait commencé une instruction sur la plainte qui lui a été remise. — Cass., 19 juin 1821 [S. et P. chr., D. *Rép., v° cit.*, n. 714] — *Sic*, Mangin, *Tr. de l'action publique*, t. 1, n. 163, p. 350.

3. Dans le cas où les créanciers ont refusé au failli son concordat, et se sont mis en état d'union à raison de ce que le failli était menacé de poursuites en banqueroute, cette solution doit être considérée comme définitive, et les créanciers ne pourraient accorder au failli son concordat s'il était ultérieurement acquitté. C'est en vue d'une éventualité pareille en effet que la loi a autorisé les créanciers à surseoir à la solution de la faillite en cas de poursuites correctionnelles ou criminelles contre le failli : en ne profitant pas de cette faculté, ils ont manifesté leur volonté de repousser le concordat à tout événement, et, par suite, ils ne peuvent pas revenir sur leur décision. — *Sic*, Lyon-Caen et Renault, t. 7, n. 608 ; et notre *Rép. gén. alph. du dr. fr.*, v° *Faillite*, n. 2227. — *Contrà*, Angers, 14 août 1816 [S. 51. 1. 101, *ad notam*, P. chr., D. P. 54. 5. 367]

Art. **512.** Tous les créanciers ayant eu droit de concourir au concordat, ou dont les droits auront été reconnus depuis, pourront y former opposition.

L'opposition sera motivée, et devra être signifiée aux syndics et au failli, à peine de nullité, dans les huit jours qui suivront le concordat : elle contiendra assignation à la première audience du tribunal de commerce.

S'il n'a été nommé qu'un seul syndic, et s'il se rend opposant au concordat, il devra provoquer la nomination d'un nouveau syndic, vis-à-vis duquel il sera tenu de remplir les formes prescrites au présent article.

Si le jugement de l'opposition est subordonné à la solution de questions étrangères, à raison de la matière, à la compétence du tribunal de commerce, ce tribunal surseoira à prononcer jusqu'après la décision de ces questions.

Il fixera un bref délai dans lequel le créancier opposant devra saisir les juges compétents et justifier de ses diligences. — C. proc. civ., 170, 424, 427, 1033 ; C. comm., 452, 500, 518, 631 et s.

INDEX ALPHABÉTIQUE.

DIVISION

α) Personnes qui peuvent former opposition.
β) Formes de l'opposition.
γ) Délai de l'opposition.

α) *Personnes qui peuvent former opposition.* —
1. Aux termes du premier alinéa de notre article, le droit de former opposition appartient à tous les créanciers ayant eu droit de voter au concordat ou dont les titres ont été reconnus depuis le concordat et dans

les délais impartis pour l'opposition. — Jugé même, que le créancier qui a produit ses titres en temps utile entre les mains des syndics, mais dont la créance n'a pas été vérifiée par la faute de ces derniers, a le droit de former opposition au concordat, sauf au tribunal à surseoir à statuer sur cette opposition jusqu'à ce que la créance de l'opposant ait été judiciairement reconnue, et qu'en tous cas il peut former tierce opposition au jugement d'homologation du concordat. — Paris, 23 févr. 1844 [P. 44. 1. 506, D. *Rép.*, v° *Faillite*, n. 1367]

2. Peu importe d'ailleurs, en ce qui concerne les créanciers admis à l'assemblée du concordat, qu'ils se soient abstenus d'y participer, ou qu'ils aient voté dans tel ou tel sens : alors même qu'ils ont voté pour le concordat, ils n'en ont pas moins le droit d'y former opposition, sauf à faire connaître les motifs sur lesquels elle est fondée. — *Sic*, Renouard, t. 2, p. 40 ; Boistel, n. 1029 ; Laroque-Sayssinel et Dutruc, t. 1, n. 780 ; Lyon-Caen et Renault, t. 7, n. 600 ; Thaller, n. 2086 ; Ruben de Couder, v° *Concordat*, n. 92 ; et notre *Rép. gén. alph. du dr. fr.*, v° *Faillite*, n. 2431 et s.

3. Jugé, d'autre part, qu'un créancier est recevable à former opposition, quoiqu'il ait échoué dans une plainte en banqueroute simple ou frauduleuse qu'il avait portée contre le failli, alors que son opposition est fondée sur des causes différentes de celles qui avaient motivé ladite plainte. — Toulouse, 13 mars 1839 [P. 44. 1. 326, D. *Rép.*, v° *Chose jugée*, n. 587]

4. Mais le droit de former opposition au concordat n'appartient pas aux créanciers privilégiés ou hypothécaires. — Besançon, 25 août 1812 [S. et P. chr., D. *Rép.*, v° *Faillite*, n. 731] — *Sic*, Alauzet, t. 7, n. 2674 ; Lyon-Caen et Renault, *loc. cit.*

5. ... A moins que ces créanciers n'aient renoncé à leurs privilèges ou à leurs hypothèques, soit tacitement en votant au concordat, soit expressément après le vote du concordat et avant la clôture des délais d'opposition. — Besançon, 9 mars 1874 [D. P. 74. 2. 123] — Amiens, 24 juin 1887 [*J. des faill.*, 87. 410]

6. Mais dans le cas où un créancier renonce à son hypothèque ou à son privilège après le concordat, sa renonciation ne peut pas être partielle et limitée à une partie de sa créance : du moment qu'il s'est abstenu de prendre part au vote du concordat, il ne peut y former opposition et en demander la nullité qu'à la condition de renoncer intégralement à sa situation privilégiée. — Besançon, 9 mars 1874, précité. — *Sic*, Lyon-Caen et Renault, t. 7, n. 599, p. 488, note 3.

7. Toutefois, les créanciers hypothécaires ou privilégiés pourraient toujours former opposition au concordat, si cette opposition était fondée sur un dol commis à leur préjudice. — Cass., 21 déc. 1840 [S. 41. 1. 313, D. *Rép.*, v° *cit.*, n. 702] — Amiens, 24 juin 1887, précité.

8. Le droit de former opposition doit également être refusé au failli, qui ne saurait retirer les propositions qu'il a offertes aux créanciers. — *Sic*, Lyon-Caen et Renault, t. 7, n. 600.

9. Le syndic ne peut pas non plus former opposition, à moins qu'il ne soit lui-même créancier du failli, auquel cas il devra provoquer la nomination d'un nouveau syndic qui représentera la masse dans l'instance sur l'opposition. Cette nomination ne serait cependant pas nécessaire s'il y avait plusieurs syndics, la masse étant alors représentée par les syndics non opposants. — *Sic*, Lyon-Caen et Renault, *loc. cit.*

10. D'autre part, si le syndic ne peut pas former opposition, il peut tout au moins, et sans qu'il soit besoin de procéder à son remplacement, prendre sur l'instance en homologation du concordat telles conclusions qu'il jugera à propos, et même conclure à l'annulation du concordat : il agit alors dans l'intérêt de la masse qu'il représente au procès. — Lyon, 18 mars 1884 [D. P. 84. 2. 111]

β) *Formes de l'opposition.* — 11. Aux termes du deuxième alinéa de notre article, l'opposition doit être motivée. — Jugé à cet égard, que l'opposition est suffisamment motivée lorsque le créancier opposant déclare qu'il entend faire prononcer la nullité du concordat par les motifs par lui déduits dans le procès-verbal de l'assemblée des créanciers tenue pour la délibération du concordat, alors qu'il est constant que ce procès-verbal est connu du failli, des syndics et des créanciers. — Caen, 10 févr. 1822 [P. chr., D. *Rép.*, v° *cit.*, n. 732] — *Sic*, Renouard, t. 2, p. 43; Ruben de Couder, v° *cit.*, n. 100; et notre *Rép. gén. alph. du dr. fr.*, v° *cit.*, n. 2445 et s.

12. L'opposition doit être signifiée aux syndics en tant que représentants de la masse et au failli : mais notre article n'exige pas qu'elle soit signifiée au créancier qui a poursuivi la déclaration de faillite. — *Sic*, Lyon-Caen et Renault, t. 7, n. 602, p. 490, note 1; Laroque-Sayssinel et Dutruc, t. 2, n. 1765.

13. En décidant que cette opposition doit contenir assignation pour la première audience du tribunal de commerce, le deuxième alinéa de notre article a entendu par là la première audience qui suivra l'expiration du délai de huitaine pendant lequel les oppositions sont recevables. — *Sic*, Alauzet, t. 7, n. 2676; Bédarride, t. 2, n. 571; Bravard et Demangeat, t. 5, p. 412.

14. D'autre part, il y a lieu d'appliquer ici le délai ordinaire des ajournements en matière commerciale, tel qu'il est déterminé par l'art. 416, C. proc. civ. — En conséquence, l'assignation donnée au failli et aux syndics par le créancier opposant au concordat doit, à peine de nullité, contenir pour la comparution un délai d'au moins un jour, elle ne peut être donnée pour le lendemain. — Et la nullité de l'assignation donnée ainsi à délai trop bref entraîne la nullité de l'opposition elle-même. — Paris, 7 juill. 1840 [S. 40. 2. 345, P. 40. 2. 121, D. *Rép.*, v° *cit.*, n. 744] — *Sic*, Pardessus, t. 3, n. 1367; Carré, *Lois de la proc. civ.*, n. 1492; Thomine-Desmazures, *Comment. sur le C. proc. civ.*, n. 464.

γ) *Délai de l'opposition.* — 15. L'opposition doit être, à peine de déchéance, signifiée aux syndics et au failli dans les huit jours qui suivent le concordat : toute opposition formée après l'expiration de ce délai serait irrecevable et devrait être rejetée *de plano*. — Cass., 26 avr. 1820 [S. et P. chr., D. *Rép.*, v° *cit.*, n. 736] ; 27 mars 1838 [S. 38. 1. 762, P. 38. 2. 338, D. *Rép.*, v° *cit.*, n. 733-3°] — Paris, 15 avr. 1811 [P. chr., D. *Rép.*, v° *cit.*, n. 733-1°] — Rouen, 14 avr. 1813 [S. et P. chr., D. *Rép.*, v° *cit.*, n. 737-1°]; 8 juin 1818 [S. et P. chr., D. *Rép.*, v° *cit.*, n. 738-3°]

16. Et pour faire courir le délai de huitaine pour l'opposition au concordat il n'est pas nécessaire de faire signifier le concordat aux créanciers qui ne l'ont pas signé : le délai court, indépendamment de toute signification, à partir de la date du concordat. — Rouen, 14 avr. 1813, précité.

17. Spécialement jugé, qu'en admettant que les créanciers hypothécaires ou nantis d'un gage fussent aptes à former opposition au concordat, ils ne le pourraient que dans le délai de huitaine fixé par notre article. — Besançon, 25 août 1812 [S. et P. chr., D. *Rép.*, *v° cit.*, n. 731-1°]

18. De même, notre article doit s'appliquer, non seulement aux créanciers qui ont pris part à la délibération du concordat, mais encore à ceux qui en étaient absents, si toutefois ils avaient été légalement mis en demeure d'y assister. — Cass., 26 avr. 1820, précité.

19. Jugé encore, que les créanciers appelés à la faillite, dont les créances ont été vérifiées et à l'égard desquels toutes les formalités ont été remplies, ne sont pas recevables, après le délai de huitaine, à attaquer le concordat pour inobservation des formalités requises pour sa validité : le concordat ne peut plus, quand ce délai est expiré, être attaqué que pour cause de dol ou de fraude par les créanciers... Peu importe qu'à l'époque où le concordat a été consenti, les créanciers prétendissent exercer un droit exclusif sur certaines parties de l'actif, et n'eussent alors, à raison de cette prétention, aucun intérêt à attaquer le concordat. — Cass., 27 mars 1838, précité.

20. On admet même généralement que le délai de huitaine est applicable aux créanciers dont les créances n'ont pas été vérifiées, si d'ailleurs on a rempli à leur égard toutes les formalités qu'il était possible de remplir. — Cass., 27 mars 1838, précité. — Aix, 24 août 1829 [S. et P. chr.]

21. Peu importe d'ailleurs que les créances dont il s'agit n'aient pas été vérifiées par suite des contestations qui auraient été élevées contre elles par les syndics. — Cass., 12 janv. 1831 [S. 31. 1. 76, P. chr., D. *Rép.*, *v° cit.*, n. 677] — Bordeaux, 27 juin 1832 [S. 33. 2. 560, P. chr., D. *Rép.*, *v° cit.*, n. 737-2°] — *Contrà*, Paris, 2 déc. 1831 [S. 32. 2. 651, P. chr., D. *Rép.*, *v° cit.*, n. 735-2°] — Colmar, 26 mai 1840 [D. *Rép.*, *v° cit.*, n. 603]

22. En tout cas, les créanciers qui ont attaqué le concordat après le délai de huitaine, pour inaccomplissement des formalités requises, ne peuvent se pourvoir contre l'arrêt qui les a déclarés non recevables, en se fondant sur ce que leurs titres étaient contestés et qu'ils n'avaient pu agir, alors que l'arrêt attaqué a déclaré en fait qu'il n'existait pas de contestations sur leurs titres, et qu'ils avaient été admis au passif de la faillite sur leurs productions et après vérification. — Cass., 27 mars 1838, précité.

23. Mais il en serait autrement, et l'opposition serait recevable, même après le délai de huitaine, pour cause de dol ou de fraude, et à la condition de prouver les faits dolosifs imputés au failli ou aux syndics. — Cass., 18 août 1814 [S. et P. chr., D. *Rép.*, *v° cit.*, n. 738-2°]

24. Il en est ainsi dans le cas où le créancier aurait été mis dans l'impossibilité d'agir dans le délai de huitaine par suite de la fraude du failli. — Rouen, 8 juin 1818 [S. et P. chr., D. *Rép.*, *v° cit.*, n. 738-3°]

25. De même, le créancier qui, étant connu, n'a reçu aucune convocation, par fraude ou par simple négligence de la part du syndic, est recevable à former opposition au concordat, encore que sa créance n'ait pas été vérifiée et affirmée, et qu'elle n'ait été reconnue qu'après la huitaine à partir du concordat. — Aix, 30 déc. 1864 [S. 65. 2. 346, P. 65. 1257] ; 14 mars 1867 [D. P. 67. 5. 509] — *Sic*, Renouard, t. 2, n. 440 et s. ; Ruben de Couder, *v° cit.*, n. 105.

26. Le délai pour former opposition n'est pas augmenté à raison des distances. — Amiens, 1er août 1885 [D. P. 92. 2. 124, *ad notam*]

27. Il court également contre les mineurs, interdits et femmes mariées, sauf leur recours contre qui de droit. — *Sic*, Pardessus, t. 3, n. 1240 ; Renouard, t. 2, p. 91 ; Bravard et Demangeat, t. 5, p. 441 ; Laroque-Sayssinel et Dutruc, t. 1, n. 791 ; Ruben de Couder, *v° cit.*, n. 103.

28. Si le créancier qui a laissé passer le délai de huitaine ne peut plus former opposition, il peut tout au moins intervenir dans l'instance sur une opposition régulièrement engagée par un autre créancier. — Toulouse, 7 août 1889 [D. P. 90. 2. 260]

ART. **513**. L'homologation du concordat sera poursuivie devant le tribunal de commerce, à la requête de la partie la plus diligente ; le tribunal ne pourra statuer avant l'expiration du délai de huitaine, fixé par l'article précédent.

Si, pendant ce délai, il a été formé des oppositions, le tribunal statuera sur ces oppositions et sur l'homologation par un seul et même jugement.

Si l'opposition est admise, l'annulation du concordat sera prononcée à l'égard de tous les intéressés. — C. civ., 1351 ; C. comm., 512.

1. De ce que l'homologation du concordat doit être poursuivie à la requête de la partie la plus diligente, il résulte que cette homologation ne peut être prononcée d'office par le tribunal. — *Sic*, Lyon-Caen et Renault, t. 7, n. 599 ; Bravard et Demangeat, t. 5, p. 414.

2. Mais cette homologation peut être poursuivie par toute personne intéressée, c'est-à-dire par le failli, par un des créanciers, ou par le syndic de la faillite. — *Sic*, Lyon-Caen et Renault, *loc. cit.* ; Alauzet, t. 7, n. 2680 ; Esnault, t. 2, n. 431 ; Laroque-Sayssinel et Dutruc, t. 1, n. 804 ; Bravard et Demangeat, t. 5, p. 410 ; Ruben de Couder, v° *Concordat*, n. 118 ; et notre *Rép. gén. alph. du dr. fr.*, v° *Faillite*, n. 2479 et s.

3. Jugé, à cet égard, que l'homologation du concordat obtenu par un failli, peut, après le décès de ce dernier, être poursuivie par ses héritiers. — Paris, 23 févr. 1839 [S. 39. 2. 135, P. 39. 1. 282, D. *Rép.*, v° *Faillite*, n. 766]

4. Jugé, d'autre part, que l'homologation du concordat obtenu par un failli peut, lorsque l'un des syndics étant personnellement créancier du failli a voté contre le concordat, être poursuivie par

l'autre syndic seul et sans l'autorisation du juge-commissaire. — Paris, 28 avr. 1855 [S. 55. 2. 716, P. 55. 2. 90, D. P. 56. 2. 188]

5. L'homologation peut être demandée soit par voie d'assignation, soit par voie de simple requête adressée au tribunal de commerce. — *Sic*, Pardessus, t. 3, n. 1243; Esnault, t. 2, n. 430; Lyon-Caen et Renault, t. 7, n. 601.

6. Le tribunal ne peut statuer avant l'expiration de la huitaine qui suit le vote du concordat, à raison des oppositions qui peuvent être formées dans ce délai et sur lesquelles il doit être prononcé en même temps que sur l'homologation. Mais après cette huitaine, la loi n'impose au tribunal aucun délai maximum pour homologuer le concordat. — *Sic*, Lyon-Caen et Renault, t. 7. n. 601, *in fine*.

Art. **514**. Dans tous les cas, avant qu'il soit statué sur l'homologation, le juge-commissaire fera au tribunal de commerce un rapport sur les caractères de la faillite et sur l'admissibilité du concordat. — C. proc. civ., 573; C. comm., 452.

1. Notre article applique au jugement d'homologation du concordat la règle posée par l'art. 452, 2e alin., C. comm., en vertu de laquelle le juge-commissaire est tenu de faire au tribunal de commerce un rapport sur toutes les contestations que peut faire naître la faillite et qui rentrent dans la compétence de ce tribunal. En conséquence, le rapport exigé par notre article, doit être considéré comme prescrit à peine de nullité du jugement d'homologation du concordat. — Cass., 8 janv. 1866, sol. implic. [S. 66. 1. 45, P. 66. 120, D. P. 66. 1. 253] — Douai, 23 déc. 1839 [P. 40. 2. 547, D. *Rép.*, v° *Faillite*, n. 769] — Rennes, 23 août 1847 [P. 49. 1. 59, D. P. 49. 2. 111] — Aix, 12 déc. 1877 [S. 78. 2. 115, P. 78. 480, D. *Rép., Suppl.*, *v° cit.*, n. 932] — *Sic*, Esnault, t. 2, n. 443; Bédarride, t. 2, n. 587; Alauzet, t. 7, n. 2681; Bravard et Demangeat, t. 5, p. 421; Lyon-Caen et Renault, t. 7, n. 476 et 602; Thaller, n. 2086; Boistel, n. 1039; Laroque-Sayssinel et Dutruc, t. 1, n. 808; Ruben de Couder, v° *Concordat*, n. 128 et s., et *Suppl.*, *eod. v°*, n. 37; et notre *Rép. gén. alph. du dr. fr.*, v° *Faillite*, n. 2484 et s. — Sur le principe, V. *suprà*, art. 452, n. 2 et s.

2. Le rapport du juge-commissaire n'a pas besoin d'être fait par écrit, dans le cas tout au moins où le juge-commissaire siège, comme il en a le droit, parmi les juges appelés à statuer sur l'homologation du concordat. — Cass., 2 mai 1853 [S. 53. 1. 403, P. 53. 1. 699, D. P. 53. 1. 149] — Montpellier, 10 juill. 1858 [S. 59. 2. 247, P. 59. 171, D. P. 59. 2. 107] — Aix, 12 déc. 1877, précité.

3. Dans le cas contraire, le rapport doit être écrit : alors, en effet, il est nécessaire que ce rapport soit placé sous les yeux du tribunal. — Aix, 12 déc. 1877, précité.

4. Le jugement qui homologue le concordat n'est pas nul par cela seul qu'il ne contient pas la mention expresse du rapport du juge-commissaire : la preuve de ce rapport peut s'induire des faits et circonstances de la cause, et notamment de la présence du juge-commissaire parmi les magistrats qui ont rendu le jugement. — Montpellier, 10 juill. 1858, précité. — *Contrà*, Aix, 12 déc. 1877, précité. — V. aussi *suprà*, art. 452, n. 4 et s.

5. En tous cas, la Cour saisie de l'appel d'un jugement qui, après rapport du juge-commissaire de la faillite, a statué sur l'homologation du concordat, n'est pas tenue de ne prononcer sur cet appel qu'après la production du rapport du juge-commissaire, lequel n'est pas nécessairement fait par écrit. — Par suite, la Cour peut, en annulant le jugement de première instance, évoquer le fond et y statuer, sans que ce rapport ait été produit : cette production n'est pas nécessaire pour que l'affaire soit en état. — Cass., 2 mai 1853, précité.

Art. **515**. En cas d'inobservation des règles ci-dessus prescrites, ou lorsque des motifs tirés, soit de l'intérêt public, soit de l'intérêt des créanciers, paraîtront de nature à empêcher le concordat, le tribunal en refusera l'homologation. — C. comm., 509, 583.

INDEX ALPHABÉTIQUE.

DIVISION

§ 1er. *Pouvoir du juge.*

1. Le tribunal saisi de la demande d'homologation ne peut qu'accorder ou refuser cette homologation : mais il ne pourrait pas modifier les clauses du concordat qui lui est soumis, par exemple en n'accordant l'homologation qu'à la charge de remplir certaines conditions qu'il imposerait d'office. — Nancy,

6 juin 1846 [P. 47. 1. 98, D. P. 46. 2. 198] — *Sic*, Lyon-Caen et Renault, t. 7, n. 603 ; et notre *Rép. gén. alph. du dr. fr.*, v° *Faillite*, n. 2494.

2. Spécialement, le tribunal ne pourrait pas subordonner l'homologation du concordat à la condition qu'au mode de vente publique adopté par les parties pour la vente des immeubles du failli, il sera substitué le mode observé pour la vente des biens de mineurs. — Même arrêt.

3. ... Ou encore à la condition que le failli fournira une caution pour garantir le paiement des dividendes qu'il a promis. — Paris, 23 févr. 1839 [S. 39. 2. 135, P. 39. 1. 282, D. *Rép.*, v° *Faillite*, n. 766-4°]

4. Il résulte de la formule de notre article que le tribunal est tenu de refuser l'homologation du concordat dans le cas où les formalités prescrites par la loi pour la formation du concordat n'ont pas été remplies. — *Sic*, notre *Rép. gén. alph. du dr. fr.*, *v° cit.*, n. 2500.

5. Jugé, en ce sens, que le tribunal devrait refuser l'homologation du concordat qui aurait été voté par les créanciers, alors que ces créanciers étaient déjà en état d'union. — Cass., 2 mai 1864 [S. 65. 1. 269, P. 65. 643, D. P. 65. 1. 125]

6. Il en serait de même si le vote du concordat n'avait pas été précédé du rapport des syndics. — Même arrêt.

7. ... Ou encore si, le concordat n'ayant été voté qu'à une des majorités prescrites par la loi, les créanciers n'avaient été convoqués pour délibérer à nouveau qu'après le délai de huitaine de l'art. 509, C. comm. — Bordeaux, 10 mai 1845 [S. 46. 2. 316, P. 46. 2. 600]

8. Jugé cependant, que la loi, en dehors du cas prévu par l'art. 509, C. comm., n'ayant pas prescrit à peine de nullité l'observation des délais et formalités requis pour la convocation des créanciers ou l'affirmation et la vérification de leurs créances, il en résulte que les tribunaux ont le pouvoir d'apprécier la gravité des irrégularités commises et de faire usage, à cet égard, du droit que leur confère l'art. 515 de refuser l'homologation du concordat du failli. — Bordeaux, 6 avr. 1892 [D. P. 94. 2. 38]

9. Au contraire, le tribunal est souverain appréciateur des motifs tirés de l'intérêt public ou de l'intérêt privé des créanciers qui peuvent entraîner le refus d'homologation du concordat. A cet égard, sa décision échappe au contrôle de la Cour de cassation. — Cass., 2 mai 1853 [S. 53. 1. 403, P. 53. 1. 699, D. P. 53. 1. 149] ; 23 mai 1864 [S. 64. 1. 283, P. 64. 943, D. P. 64. 1. 365] — Paris, 21 mai 1831 [S. 31. 2. 243, P. chr.] ; 13 mars 1856 [S. 56. 2. 589, P. 56. 2. 25, D. P. 56. 2. 234] ; 20 avr. 1893 [D. P. 94. 2. 547] — Alger, 27 janv. 1879 [S. 79. 2. 238, P. 79. 989, D. *Rép.*, *Suppl.*, *v° cit.*, n. 934] — Bordeaux, 18 déc. 1884 [*J. des Faill.*, 85. 286] ; 6 avr. 1893 [D. P. 94. 2. 38] — *Sic*, Lyon-Caen et Renault, t. 7, n. 604, *in fine;* Alauzet, t. 7, n. 2684 ; Boulay-Paty, t. 2, n. 611 ; Demangeat, sur Bravard, t. 5, p. 415 ; Ruben de Couder, *Suppl.*, v° *Concordat*, n. 39 et s. ; et notre *Rép. gén. alph. du dr. fr.*, *v° cit.*, n. 2504 et s., et 2519.

10. Jugé à cet égard, que notre article attribue au tribunal une sorte de pouvoir discrétionnaire, indépendant, dans son exercice, de l'appréciation qui peut déjà avoir eu lieu des faits reprochés au failli. Le tribunal de commerce peut donc, après que le failli a été renvoyé d'une plainte de banqueroute portée contre lui, apprécier de nouveau les faits qui lui étaient imputés, et se fonder sur ces faits pour refuser l'homologation du concordat par lui obtenu : la décision au criminel n'a, en ce cas, aucunement l'effet de la chose jugée au civil. — Cass., 23 mai 1864, précité. — Paris, 21 mai 1831, précité.

11. A plus forte raison, le tribunal peut refuser son homologation lorsque le failli a été antérieurement frappé de condamnations correctionnelles. — Paris, 20 avr. 1893 [S. et P. 97. 2. 179, sous Paris, 17 juill. 1896, D. P. 94. 2. 547]

12. ... Alors surtout que ces condamnations ont été motivées pour falsification de marchandises et mise en vente de ces marchandises falsifiées. — Paris, 2 août 1894 [D. P. 95. 2. 173]

13. Mais le tribunal peut aussi accorder son homologation, malgré des condamnations antérieures, même pour faux, si le failli, après avoir subi sa peine, a manifesté des sentiments honnêtes et racheté son passé par sa conduite présente. — Bordeaux, 18 déc. 1884, précité.

14. Le tribunal de commerce, saisi de la demande en homologation d'un concordat, a le droit et le devoir d'examiner l'ensemble des opérations de la faillite, leur caractère, leurs conséquences, et en particulier la conduite et les agissements du failli, de manière à accorder seulement la faveur du concordat au commerçant qui a été plus malheureux que coupable. — Alger, 27 janv. 1879, précité.

15. Et l'homologation du concordat doit être refusée lorsque le failli s'est jeté dans des spéculations aventureuses et désordonnées, s'est livré à des dépenses personnelles excessives, et a soutenu son crédit jusqu'à la faillite à l'aide de la circulation d'effets fictifs. — Même arrêt.

16. Jugé, dans le même sens, que l'homologation du concordat consenti à un failli par ses créanciers, peut être refusée par les juges pour simple cause d'une incapacité grossière du failli dans la gestion de ses affaires, et en l'absence de toute fraude de sa part, alors même que le concordat serait avantageux aux créanciers qui l'ont consenti. — Paris, 13 mars 1856, précité.

17. Mais l'homologation du concordat ne peut être refusée par les juges en l'absence de toute fraude ou désordre imputable au failli, sur le seul motif que celui-ci se trouve pour la seconde fois en état de faillite, et que la première faillite a donné lieu à un contrat d'union. — Paris, 10 août 1857 [S. 58. 2. 240, P. 57. 1004, D. P. 59. 5. 179]

18. Et un failli ne peut être réputé en état de fraude, de nature à faire refuser l'homologation de son concordat, à raison de la différence entre son actif et son passif, si, lors de son dernier inventaire, l'actif n'était de 50 0/0 au-dessous de son passif. — Rennes, 7 janv. 1811 [S. et P. chr., D. *Rép.*, *v° cit.*, n. 766]

19. On ne peut non plus imputer à fraude au failli des signatures de crédit et de circulation, s'il n'en a émis la quantité comparative qui est prohibée par la loi. — Même arrêt.

20. ... Ni sa négligence à faire assurer ses expéditions maritimes : ce n'est là ni un jeu, ni une opération de pur *hasard*. — Même arrêt.

21. ... Ni le défaut de timbre, de parafes sur les livres d'un commerçant, et l'absence de livre-journal et de livre des inventaires. — Même arrêt.

22. De même, les habitudes d'intempérance d'un failli ne suffisent pas, alors d'ailleurs qu'elles ne

sont pas une des causes de sa faillite, pour motiver, de la part du tribunal de commerce, le refus d'homologation du concordat que ses créanciers lui ont accordé. — Orléans, 22 juin 1861 [P. 62. 177]

23. Jugé également, qu'il n'y a pas lieu pour un tribunal de refuser l'homologation du concordat passé entre une société en état de liquidation judiciaire et ses créanciers (ayant tous, à l'exception d'un seul, la qualité d'obligataires), par cette raison que la société aurait vendu à forfait à un établissement de crédit les obligations à émettre moyennant un rabais de beaucoup supérieur à la commission d'usage, et que la même société aurait passé, pour des travaux importants, un contrat très onéreux avec une autre société, si les obligataires ont été avertis dès l'origine que le produit total des obligations serait affecté à ces travaux, et qu'ils n'auraient à toucher d'intérêts que sur le produit net de l'exploitation. — Paris, 17 avr. 1894 [S. et P. 95. 2. 121, et la note de M. Wahl, D. P. 97. 1. 113, et la note de M. Thaller, sous Cass., 5 nov. 1895]

24. Jugé, d'autre part, que les juges peuvent refuser d'homologuer le concordat par abandon d'actif consenti à un imprimeur par ses créanciers, à raison du refus fait par le failli de réaliser au profit de ceux-ci la cession de son brevet, lorsque, ce brevet ayant été porté au bilan de la faillite, les créanciers ont dû compter qu'il faisait partie de l'actif abandonné. — Cass., 13 déc. 1869 [S. 70. 1. 102, P. 70. 250, D. P. 71. 1. 116]

25. En vain le failli prétendrait-il que le brevet ne pouvait faire partie de l'actif abandonné, en ce qu'il était exclusivement attaché à sa personne (Sol. impl.). — Même arrêt.

26. Jugé également, qu'une femme mariée sous le régime dotal, dont le mari, négociant, vient à tomber en faillite, ne peut, dans le concordat auquel elle a été appelée comme créancière de sa dot, consentir des sacrifices plus grands que ceux que le concordat fait subir aux autres créanciers. Dans le cas où elle aurait consenti à de tels sacrifices, les juges devraient refuser d'homologuer le concordat. — Rouen, 9 mars 1846 [S. 46. 2. 537, P. 48. 1. 266, D. P. 46. 4. 168]

27. En tous cas, le tribunal doit tenir le plus grand compte de l'intérêt des créanciers avant d'accorder ou de refuser son homologation. Ainsi les juges du fond pourront refuser d'homologuer le concordat s'ils estiment trop faible le dividende promis par le failli, ou s'ils pensent que le failli sera dans l'impossibilité d'exécuter ses obligations concordataires. — Paris, 4 juill. 1864 [*J. des trib. de comm.*, 65. 204] ; 14 févr. 1875 [*Ibid.*, 76. 430] ; 23 août 1879 [*Ibid.*, 80. 213]

28. Mais lorsqu'une société a dû suspendre ses payements et se mettre en état de liquidation judiciaire par suite de la cessation du payement de la garantie promise par un gouvernement, il est de l'intérêt des créanciers que le tribunal homologue un concordat, qui, tout en réduisant les droits des actionnaires, permet à la société de continuer son existence et d'entamer des négociations pour assurer, aux conditions les plus avantageuses possibles, la continuation du service de la garantie ou son remplacement par un avantage équivalent. — Paris, 17 avr. 1894, précité.

29. Jugé, d'une manière générale, que les tribunaux peuvent refuser l'homologation d'un concordat au profit d'un commerçant, en se fondant sur ce que ce commerçant était indigne d'obtenir un concordat et sur ce qu'il était de l'intérêt public et de celui des créanciers que ledit concordat ne fût pas homologué. — Cass., 1er avr. 1901 [D. P. 1901. 1. 263]

§ 2. *Voies de recours contre le jugement d'homologation.*

30. Le jugement qui statue sur l'homologation du concordat n'est susceptible d'opposition, ni de la part des parties qui n'ont pas été appelées dans l'instance d'homologation, ni de la part de l'opposant, alors même qu'il aurait fait défaut devant le tribunal : le syndic représente en effet tous les créanciers dans l'instance d'homologation. — Paris, 28 avr. 1855 [S. 55. 2. 716, P. 55. 2. 90, D. P. 56. 2. 88] — Trib. comm. Marseille, 1893 [*J. des faill.*, 94. 522] — *Sic*, Alauzet, t. 7, n. 2680 ; Laroque-Sayssinel et Dutruc, t. 1, n. 805 ; Bravard et Demangeat, t. 5, p. 423 ; Lyon-Caen et Renault, t. 7, n. 606. — V. cependant Pardessus, t. 3, n. 1345.

31. Mais le jugement qui statue sur l'homologation, n'étant pas visé par l'art. 583, C. comm., qui énumère les jugements non susceptibles d'appel en matière de faillite, peut être attaqué au moyen de cette voie de recours : et l'appel doit être interjeté, à peine de déchéance, conformément à l'art. 582, dans les quinze jours qui suivent la signification du jugement. — *Sic*, Alauzet, t. 7, n. 2685 ; Bédarride, t. 2, n. 585 ; Bravard et Demangeat, t. 5, p. 422 ; Renouard, t. 2, p. 63 ; Boistel, n. 1039 ; Lyon-Caen et Renault, t. 7, n. 605 ; Ruben de Couder, *v° cit.*, n. 171.

32. L'appel peut être interjeté par toute personne intéressée, c'est-à-dire par le failli, le syndic et chacun des créanciers, contre le jugement qui refuse l'homologation du concordat. — *Sic*, Lyon-Caen et Renault, *loc. cit.*

33. Au contraire, le jugement qui accorde l'homologation ne peut être frappé d'appel que par ceux qui y ont formé opposition en temps utile. Mais les créanciers non opposants, étant censés avoir acquiescé au concordat, ne sauraient attaquer le jugement qui homologue ce concordat. — Amiens, 1er août 1885 [D. P. 92. 2. 124, *ad notam*] — Aix, 9 janv. 1892 [D. P. 92. 2. 124] — *Sic*, Lyon-Caen et Renault, t. 7, n. 605 ; Bédarride, t. 2, n. 585 ; Pardessus, t. 3, n. 1345.

34. Mais les créanciers non opposants peuvent intervenir dans l'instance d'appel, alors que l'appel a été interjeté par un créancier qui avait régulièrement formé opposition. — Toulouse, 7 août 1889 [D. P. 90. 2. 260] — *Contrà*, Douai, 17 févr. 1849 [S. 49. 2. 684, P. 50. 1. 29, D. P. 50. 5. 225]

35. Les juges d'appel qui infirment le jugement de première instance pour vice de forme ou pour toute autre cause, peuvent, ici comme en toute autre matière, évoquer l'affaire si elle est disposée à recevoir une solution définitive, et statuer au fond. — Cass., 2 mai 1853 [S. 53. 1. 403, P. 53. 1. 699, D. P. 53. 1. 149] — Sur la faculté d'évocation des juges d'appel, V. notre *Code de proc. civ. annoté*, art. 473, et notre *Rép. gén. alph. du dr. fr.*, v° *Appel* (mat. civ.), n. 3567 et s.

§ 2. *Des effets du concordat.*

Art. 516. L'homologation du concordat le rendra obligatoire pour tous les créanciers portés ou non portés au bilan, vérifiés ou non vérifiés, et même pour les créanciers domiciliés hors du territoire continental de la France, ainsi que pour ceux qui, en vertu des articles 499 et 500, auraient été admis par provision à délibérer, quelle que soit la somme que le jugement définitif leur attribuerait ultérieurement. — C. civ., 829, 843, 1235, 1282 et s., 1978 ; C. comm., 140, 437, 522, 541.

INDEX ALPHABÉTIQUE.

DIVISION

§ 1er. *Remise de dettes résultant du concordat.*

1. Si la remise de dettes concordataire entraîne, comme la remise de dettes ordinaire, la libération civile du failli à concurrence de la portion de la dette excédant le dividende stipulé, elle diffère cependant de la remise de dettes ordinaire en ce qu'elle n'est pas inspirée par une pensée de libéralité à l'égard du débiteur : d'où il résulte qu'elle laisse subsister une obligation naturelle à la charge de ce dernier. — Cass., 1er déc. 1863 [S. 64. 1. 158, P. 64. 119, D. P. 64. 1. 132] — Rennes, 8 janv. 1872 [S. 72. 2. 91, P. 72. 462, D. P. 73. 2. 14] — Poitiers, 2 juill. 1872 [S. 73. 2. 112, P. 73. 474, D. P. 72. 2. 166] — *Sic*, Renouard, t. 2, p. 115 ; Lyon-Caen et Renault, t. 7, n. 617 ; Thaller, n. 2099 ; Colmet de Santerre, t. 5, n. 174 *bis*-III et IV ; Aubry et Rau, t. 4, § 297-*c* ; Demolombe, t. 27, n. 40 ; Laurent, t. 17, n. 21 ; Massol, *Tr. de l'oblig. natur.*, p. 266 ; et notre *Rép. gén. alph. du dr. fr.*, v° *Faillite*, n. 2638 et s.

2. En conséquence, cette obligation naturelle peut être novée et devenir une obligation civile par la volonté du failli. — Poitiers, 2 juill. 1872, précité. — Bordeaux, 19 mars 1841 [P. 43. 2. 192]

3. Jugé, par application du même principe, que le failli n'est pas fondé, en payant le dernier dividende stipulé par le concordat, à exiger du créancier la remise du titre de créance, sous l'offre d'y mentionner que cette remise n'a été faite que contre le paiement du dividende seulement, et de donner récépissé du titre dans les mêmes termes. Le créancier a le droit de conserver son titre, sauf à y mentionner le paiement du dernier dividende et à en donner une quittance séparée. — Paris, 2 déc. 1865 [S. 66. 2. 80, P. 66. 344]

4. De même encore, le failli qui, par devoir de conscience ou en vue d'obtenir sa réhabilitation, paye à ses créanciers la portion de dettes dont ils lui avaient fait remise dans son concordat, n'obéit en cela qu'à une obligation purement naturelle ou morale, dont l'accomplissement, tout volontaire de sa part, lui reste exclusivement personnel. — Cass., 1er déc. 1863, précité.

5. En conséquence, si ce paiement a été effectué par lui postérieurement à la dissolution de la communauté, sous le régime de laquelle il était marié, il n'est pas fondé à en faire supporter aux héritiers de sa femme une part proportionnelle à leurs droits dans cette communauté. — Même arrêt.

6. Vainement se présenterait-il comme subrogé aux droits, contre la commmunauté, des créanciers qu'il a désintéressés, ces créanciers n'ayant pu lui transporter que les droits dont ils étaient restés en possession après la remise consentie dans le concordat, savoir les droits résultant d'une obligation naturelle, impuissante à fonder une action judiciaire. — Même arrêt.

7. Si le failli n'est tenu que d'une obligation naturelle, en ce qui concerne la portion de la dette dont la remise lui a été faite par le concordat, on admet toutefois que l'engagement par lequel un failli promet, en cas de meilleure fortune, de payer outre le dividende stipulé, la totalité, mais sans intérêt, des créances vérifiées et affirmées, est licite, et l'exécution peut, dès lors, en être poursuivie en justice. — Cass., 26 janv. 1874 [S. 76. 1. 72, P. 76. 152, D. P. 75. 1. 23] — Rouen, 28 déc. 1869 [S. 71. 2. 19, P. 71. 95, D. P. 71. 2. 198]

8. Mais cet engagement doit être pris en termes formels par le failli ; sinon, il ne pourrait être considéré que comme une simple reconnaissance, d'ailleurs superflue, de son obligation naturelle, dont l'exécution ne pourrait plus être poursuivie en justice. A cet égard, les juges du fond apprécient souverainement l'intention des parties. — Rouen, 28 déc. 1869, précité. — Bordeaux, 14 janv. 1869 [S. 69. 2. 164, P. 69. 718, D. P. 74. 5. 357] — Paris, 10 janv. 1893 [D. P. 94. 2. 218] — *Sic*, Pardessus, t. 3, n. 1247 ; Boulay-Paty, t. 1, n. 291 ; Lyon-Caen et Renault, t. 7, n. 618 ; Alauzet, t. 7, n. 2691 ; Thaller, n. 2097 ; Ruben de Couder, v° *Concordat*, n. 209 ; et notre *Rép. gén. alph. du dr. fr.*, *v° cit.*, n. 2643 et s.

9. Il en serait ainsi, et il n'y aurait pas engagement ferme de la part du débiteur, dans le cas où il aurait été stipulé que « les créanciers s'en rapportent au débiteur pour le paiement des sommes remises, si ses affaires deviennent meilleures. » — Poitiers, 9 niv. an XI [S. et P. chr.]

10. ... Ou encore si « le débiteur prend l'engagement d'honneur de rembourser intégralement ses créanciers, en cas de retour à meilleure fortune. » — Trib. comm. Seine, 13 mars 1878 [*J. des trib. de comm.*, 79. 248]

11. ... Ou encore, si « le débiteur remercie ses créanciers, et s'oblige en cas de meilleure fortune à leur restituer la remise qu'ils lui ont faite. » — Bordeaux, 7 janv. 1874 [D. P. 76. 5. 244]

12. ... Alors surtout que la clause de retour à meilleure fortune, serait, d'après les usages locaux, une clause de style, n'imposant dans la pensée des parties contractantes aucune obligation positive au débiteur, autre que celle de payer les dividendes convenus, aux échéances stipulées. — Même arrêt.

13. La stipulation insérée dans un concordat que remise est faite au failli d'une partie de sa dette, *sauf le cas de meilleure fortune*, ne doit pas nécessairement être entendue en ce sens qu'il n'y aura « meilleure fortune » qu'autant que le failli aura recouvré de quoi rembourser intégralement toutes ses dettes, outre ce qui lui est nécessaire pour vivre convenablement, lui et les siens, selon sa situation sociale. — Rouen, 28 déc. 1869, précité.

14. En pareil cas, les juges ont tout pouvoir pour apprécier, dans chaque espèce, quelle a pu être, en présence des circonstances dans lesquelles elles se trouvaient, l'intention des parties. — Même arrêt.

15. La remise résultant du concordat ne constituant pas une libéralité ne saurait donner lieu ni à la réduction au profit des héritiers réservataires du créancier, ni au rapport des donations, dans le cas où le failli est un successible de son créancier. — *Sic*, Lyon-Caen et Renault, t. 7, n. 627 ; Thaller, n. 2101.

16. Sur la question de savoir s'il n'y aurait pas lieu tout au moins au rapport des dettes, V. notre *Code civil annoté*, art. 829, n. 25 et s. — *Adde*, dans le sens de la négative, Lyon-Caen et Renault, *loc. cit.* ; Thaller, *loc. cit.* ; Deschamps, *Rapport des dettes*, n. 88 ; Baudry-Lacantinerie et Wahl, *Tr. des successions*, t. 3, n. 3866 ; — et dans le sens de l'opinion qui n'admet le rapport que dans le cas où la dette du failli a pour cause une avance gratuite, telle qu'un prêt sans intérêt, Cass., 4 nov. 1889 [S. 90. 1. 206, P. 90. 1. 503, D. P. 90. 1. 435] — V. aussi notre *Rép. gén. alph. du dr. fr.*, *v° cit.*, n. 2651 et s.

17. Spécialement jugé, dans ce dernier sens, que le fils, dont la faillite a été déclarée, venant à la succession de ses père et mère, n'est tenu de rapporter les sommes qui lui ont été prêtées, que dans les limites fixées par le concordat, lorsque le prêt résulte d'un contrat à titre onéreux et a été consenti surtout à l'avantage du prêteur. — Cass., 4 nov. 1889, précité.

18. Mais il en est autrement lorsque le prêt est un contrat de bienfaisance, à titre gratuit, dans l'intérêt du seul emprunteur ; il s'agit alors, non du remboursement d'une dette, mais du rapport d'une libéralité. — Même arrêt.

19. Spécialement, les représentants du fils, déclaré en faillite en même temps que la société en nom collectif dont il était le membre, doivent à la succession du père le rapport de tout ce que celui-ci a payé de la dette sociale, quand il est souverainement constaté, en fait, que ce payement a été effectué uniquement à titre de libéralité, et dans l'intérêt du fils associé qui en a profité. — Même arrêt.

§ 2. *Créanciers auxquels le concordat est opposable.*

20. De la formule générale de notre article, il résulte que le concordat homologué est en principe obligatoire pour tous les créanciers chirographaires, dont la créance est antérieure au jugement déclaratif de faillite. — *Sic*, Alauzet, t. 7, n. 2687 ; Bravard et Demangeat, t. 5, p. 424 ; Lyon-Caen et Renault, t. 7, n. 629 ; Thaller, n. 2089 ; Ruben de Couder, v° *Concordat*, n. 224 ; et notre *Rép. gén. alph. du dr. fr.*, *v° cit.*, n. 2605 et s.

21. Jugé, à cet égard, que le créancier d'une rente viagère est soumis, en ce qui concerne les arrérages échus postérieurement au concordat, à la réduction proportionnelle imposée par cet acte aux dettes du failli. — Cass., 22 mars 1847 [S. 47. 1. 433, P. 47. 1. 489, D. P. 47. 1. 326]

22. Mais le failli ne serait pas fondé à vouloir restituer le prix ou le capital moyennant lequel la rente viagère a été constituée, en la réduisant proportionnellement aux remises faites par le concordat. — Devilleneuve et Carette, Observ. sur l'arrêt précité.

23. Jugé de même, que l'assureur doit également subir le concordat, tout au moins pour les primes échues antérieurement au jugement déclaratif de faillite : pour les primes postérieures à ce jugement au contraire, l'assureur devient créancier de la masse et, comme tel, n'est pas lié par le concordat. — Paris, 21 août 1850 [S. 52. 2. 408, P. 51. 1. 147, D. P. 54. 5. 358]

24. La même règle doit être appliquée au créancier conditionnel, lequel n'est point en dehors de la faillite, puisqu'il a pu faire mettre sa part en réserve jusqu'à la réalisation de la condition. — *Sic*, Lyon-Caen et Renault, *loc. cit.*

25. ... Ou même au créancier éventuel, si sa créance existe déjà avant le jugement déclaratif de faillite. — Jugé, à cet égard, que, bien que le failli, endosseur d'un billet à ordre non échu au moment de son concordat, ne soit qu'éventuellement tenu au paiement du montant du billet, cependant le porteur n'en est pas moins lié par le concordat ; de telle sorte que si, faute de paiement ultérieur du billet par le souscripteur, il exerce son recours contre l'endosseur failli, il ne peut exiger le paiement que dans les termes et d'après les réductions

accordées au failli par le concordat. — Cass., 18 août 1851 [S. 51. 1. 692, P. 52. 1. 209, D. P. 51. 1. 236] — V. au surplus, *infrà*, n. 30 et s.

26. Toutefois, si le concordat est opposable à tout créancier chirographaire, alors même qu'il n'aurait pas été porté au bilan ou convoqué aux assemblées de la faillite, il en est autrement dans le cas où cette omission au bilan et ce défaut de convocation proviennent d'une fraude ou d'un dol pratiqué envers ledit créancier pour lui dissimuler les opérations de la faillite : ce créancier n'est pas lié par le concordat et il peut en demander la nullité à son égard. — Cass., 22 juill. 1868 [S. 69. 1. 56, P. 69. 125, D. *Rép., Suppl., v° cit.*, n. 956]

27. D'autre part, le concordat est inopposable aux créanciers chirographaires dont la créance est née depuis le jugement déclaratif de faillite. — Cass., 6 juill. 1857 [S. 59. 1. 704, P. 59. 539, D. P. 57. 1. 440] — Paris, 21 août 1850 [S. 52. 2. 408 P. 51. 1. 147, D. P. 54. 5. 358] — *Sic*, Bravard et Demangeat, t. 5, p. 424 ; Lyon-Caen et Renault, t. 7, n. 629, p. 515, note 1 ; Thaller, n. 2089 ; Ruben de Couder, *v° cit.*, n. 224 ; et notre *Rép. gén. alph. du dr. fr.*, *v° cit.*, n. 2615 et s.

28. Spécialement jugé, que, dans le cas où le syndic n'a pas cru opportun de résilier la police d'assurances contractée avant la faillite par le débiteur, celui-ci ne saurait exciper du concordat qu'il aurait obtenu, pour se refuser à acquitter intégralement les primes échues depuis le jugement déclaratif. Vainement objecterait-on que la cause de la dette des primes réside dans un acte juridique, le contrat d'assurance, conclu par hypothèse avant la faillite, attendu que chaque prime doit être considérée comme une dette nouvelle, dont la date d'exigibilité doit être seule prise en considération. — Paris, 21 août 1850, précité.

29. Jugé de même, que la créance qui résulte, pour l'acquéreur d'un immeuble, de l'éviction de cet immeuble par suite de la résolution de la vente au moyen de laquelle son vendeur en était devenu propriétaire, ne peut être soumise à la loi du concordat obtenu par ce dernier ultérieurement déclaré en état de faillite, lorsque cette créance n'a été déclarée et reconnue que par un jugement postérieur au concordat. — Cass., 6 juill. 1857, précité.

30. Mais si la créance procède d'un droit né antérieurement à la faillite, elle est soumise à la loi du concordat, alors même qu'elle serait éventuelle ou conditionnelle et qu'elle n'aurait été reconnue que par un jugement postérieur au concordat. — Paris, 15 mars 1898 [S. et P. 99. 2. 82, D. P. 99. 2. 370]

31. Spécialement, le porteur d'une traite dont le failli a été reconnu débiteur par un jugement antérieur au concordat, duquel jugement il a été interjeté appel, doit subir pour sa créance la loi du concordat, encore bien que sa créance contre le failli n'ait été définitivement consacrée que par un arrêt postérieur au concordat. — Même arrêt.

32. Il en est ainsi surtout, alors que la créance représentée par la traite est antérieure à la faillite ; le tiers porteur, substitué aux droits du créancier originaire, qui aurait été obligé de subir la loi du concordat, ne saurait avoir d'autres et plus amples droits que celui-ci. — Même arrêt.

33. De même, le tiers, qui a été condamné à indemniser le tiré accepteur d'une traite du montant de cette traite payée à l'échéance par le tiré malgré l'absence de provision, et qui a obtenu remise de la traite pour exercer un recours contre le tireur, ne saurait, étant subrogé au tiré, avoir plus de droits que lui, et, par suite, il doit subir l'effet du concordat consenti au tireur, postérieurement au paiement de la traite par le tiré accepteur. — Cass., 21 nov. 1899 [S. et P. 1901. 1. 21, D. P. 1901. 1. 505 et la note de M. Thaller]

34. De même, le concordat obtenu par un actionnaire d'une société anonyme est opposable à la société, quand un appel de fonds a été formé par celle-ci après la déclaration de faillite de cet actionnaire; l'obligation de l'actionnaire, éventuelle pour la proportion non versée sur son action, n'en avait pas moins une existence certaine et définitive, et elle était ainsi antérieure à la faillite de cet actionnaire. — Cass., 16 déc. 1896 [S. et P. 99. 1. 5 et la note de M. Lyon-Caen, D. P. 97. 1. 314]

35. Jugé, également, qu'un créancier est soumis à la loi du concordat, encore bien que sa créance n'ait été reconnue en justice que par un jugement postérieur au concordat, si cette créance existait antérieurement au concordat, et si la demande par lui formée pour en obtenir la reconnaissance en justice est également antérieure au concordat. — Orléans, 6 août 1897 [S. et P. 99. 2. 171, D. P. 99. 2. 95]

36. Spécialement, le propriétaire, qui a actionné le failli, antérieurement au concordat, en responsabilité de l'incendie d'une usine par lui louée au failli, doit subir la loi du concordat, encore bien que le jugement qui lui a alloué des dommages-intérêts, et a ainsi reconnu sa créance, soit postérieur au vote du concordat. — Même arrêt.

37. Mais il en serait autrement, d'après certains arrêts, et le créancier ne serait pas soumis à la loi du concordat, dans le cas où le fait qui donne naissance à la créance serait antérieur à la faillite, mais où cependant cette créance n'était pas encore née à cette époque. — Cass., 19 janv. 1898 [S. et P. 99. 1. 5 et la note de M. Lyon-Caen, D. P. 98. 1. 473 et la note de M. Thaller]

38. Ainsi le concordat n'est pas opposable au créancier à raison d'un quasi-délit antérieur à la déclaration de faillite, s'il n'a formé sa demande en justice contre le failli que postérieurement au concordat. — Même arrêt.

39. Il en est ainsi spécialement au cas où le créancier a demandé qu'il fût sursis au concordat jusqu'au moment où il aurait fait reconnaître sa créance, si le syndic a fait repousser cette demande en soutenant que la créance était purement hypothétique, et si c'est un arrêt ultérieur qui a constaté la créance. — Même arrêt.

40. Jugé, dans le même sens, que n'est pas soumise à la loi du concordat la créance qui, même antérieure au concordat, ne repose cependant que sur un titre certain et déclaré en justice, remontant à une époque postérieure. — Cass., 22 oct. 1901 [S. et P. 1901. 1. 504, D. P. 1901. 1. 527] — Alger, 8 juin 1898 [S. et P. 99. 2. 12, D. P. 99. 2 190]

41. Spécialement, le concordat n'est pas opposable au créancier dont la créance a son origine dans un jugement postérieur au concordat, et condamnant le failli à des dommages-intérêts envers l'escompteur de traites fausses dont la fabrication et l'usage ont été souverainement attribués au failli par un arrêt de Cour d'assises, même antérieur au concordat. — Mêmes arrêts.

42. Il n'importe même que l'arrêt de la Cour d'as-

sises constate que la négociation des valeurs fausses a eu lieu avant le concordat; ledit arrêt, rendu sans l'intervention de l'escompteur, qui ne s'était pas porté partie civile, n'a eu pour objet qu'une déclaration de culpabilité, qui pouvait devenir le principe d'une réparation civile, mais qui, ne déterminant pas le préjudice causé, ne pouvait constituer un titre certain et judiciairement déclaré. — Mêmes arrêts.

43. Il n'importe encore que ce soit le jour même du concordat que l'escompteur ait assigné le syndic de la faillite en dommages-intérêts; l'effet déclaratif des décisions judiciaires ne produit pas cette conséquence, que c'est la date de la demande et non celle du jugement qui a déterminé la situation du demandeur en tant que créancier de la faillite, et la date d'un jugement ne peut jamais être que celle de son prononcé. — Mêmes arrêts.

44. Mais ces solutions sont très contestables, et on ne voit pas pourquoi les créances nées d'un délit ou d'un quasi-délit devraient être traitées autrement que celles résultant des contrats ou des quasi-contrats. Dans les deux cas, la créance existe dès le jour où s'est produit le fait, licite ou illicite, qui lui a donné naissance ; et s'il est vrai qu'en cas de délit ou de quasi-délit un jugement est plus souvent nécessaire qu'en cas de contrat ou de quasi-contrat, pour déterminer l'existence ou l'étendue du préjudice, il n'y a là qu'une question de fait, qui ne saurait modifier le fond du droit. — *Sic*, Lyon-Caen, note précitée; Thaller, note précitée.

45. En tout cas, le concordat ne saurait être opposé aux créanciers de la masse, c'est-à-dire aux créanciers qui ont la masse pour débitrice. Bien que le concordat rétablisse le débiteur failli dans la plénitude de ses droits et le rende passible de toutes les actions personnelles qui ont des causes postérieures à la faillite, néanmoins, s'il s'agit de dettes contractées dans l'intérêt de la masse relativement à des biens que, par le concordat, le failli a abandonnés à ses créanciers, les actions relatives à ces dettes doivent être dirigées contre les représentants de la masse qui les a faites ou qui en a profité, et non contre le failli, auquel elles sont devenues étrangères par l'abandon qu'il a fait de son actif à ses créanciers. — Spécialement, les loyers courus depuis la faillite, d'une chose nécessaire à l'exploitation d'une usine, et dont la masse a profité, en continuant l'exploitation de l'usine dans son intérêt, sont dus non par le failli qui, par concordat, a abandonné l'usine à ses créanciers, mais par la masse des créanciers. — Cass., 11 févr. 1845 [S. 45. 1. 81, P. 45. 1. 383, D. P. 45. 1. 158] — Sur les créanciers de la masse, V. *infrà*, art. 565.

46. Il en est ainsi, alors surtout qu'il est jugé en fait que les créanciers ayant empêché le locateur de faire résilier le bail, sont devenus personnellement responsables des loyers courus depuis la faillite. — Même arrêt.

47. Jugé de même, que l'ancien associé d'un failli, qui, ayant un compte à faire avec lui, a payé à la masse de la faillite, et avant tout compte, une somme à valoir sur ce dont il pouvait être débiteur, et sauf à compter, et qui ensuite s'est trouvé, tout compte fait, avoir payé plus qu'il ne devait, a une action contre la masse en répétition de ce qu'il a payé en trop. On ne peut lui opposer ni le concordat auquel il n'a été ni dû être partie, puisqu'il n'était pas créancier du failli, ni l'exigibilité des sommes qui figurent à son passif dans le compte social, un associé ne pouvant être débiteur de l'autre que du reliquat que ce compte met à sa charge. — Cass., 2 janv. 1849 [S. 49. 1. 176, P. 49. 1. 304, D. P. 49. 1. 85]

48. Jugé également, que celui qui a obtenu contre une faillite une condamnation aux dépens n'est pas, à raison de cette condamnation, créancier dans la faillite, mais bien créancier de la faillite elle-même, et il n'est pas, en conséquence, soumis, pour son remboursement, à la contribution par voie de dividende. — Rouen, 31 déc. 1898 (motifs) [S. et P. 1900. 2. 239, D. P. 99. 2. 436]

49. D'autre part, les créanciers hypothécaires, privilégiés ou nantis d'un gage, qui sont demeurés étrangers au concordat sont considérés comme chirographaires et soumis comme tels aux effets du concordat, lorsqu'ils poursuivent leur paiement sur les biens autres que ceux qui sont affectés à la sûreté particulière de leurs créances. — Cass., 29 janv. 1900 [S. et P. 1900. 1. 337 et la note de M. Naquet] — V. aussi *infrà*, art. 541, n. 16 et s.

50. Mais le créancier hypothécaire au préjudice duquel son débiteur a commis un stellionat et qui n'a point été utilement colloqué sur le prix des immeubles de ce débiteur, tombé en faillite, n'est point lié par le concordat que celui-ci aurait obtenu de ses créanciers. Il peut, en conséquence, poursuivre contre le failli stellionataire la condamnation par corps au paiement intégral de sa créance. — Cass., 28 janv. 1840 [S. 40. 1. 105, P. 40. 1. 316, D. *Rép.*, *v° cit.*, n. 798-6°] — Paris, 13 nov. 1843 [S. 44. 2. 22, P. 44. 1. 53, D. *Ibid.*, n. 800] — Toulouse, 19 janv. 1864 [S. 64. 2. 4, P. 64. 332, D. P. 64. 2. 44] — V. notre *Rép. gén. alph. du dr. fr.*, *v° cit.*, n. 2633 et s.

51. Si le concordat, une fois homologué, est obligatoire pour les créanciers, il lie également le failli, en ce sens qu'il ne peut plus contester les créances qui ont été vérifiées, alors même que cette vérification aurait eu lieu en dehors de sa présence. — Cass., 23 avr. 1834 [S. 34. 1. 230, P. chr., D. *Rép.*, *v° cit.*, n. 807-5°] — *Sic*, Alauzet, t. 7, n. 2694; Pardessus, t. 3, n. 1250; Renouard, t. 2, p. 29; et notre *Rép. gén. alph. du dr. fr. v° cit.*, n. 2664 et s.

52. Le failli peut seulement demander le redressement des erreurs et la réparation des omissions qui pourraient avoir été commises dans le bilan. — Ainsi, il est recevable, en prouvant que tel individu n'a figuré au concordat comme son créancier que par suite de l'omission à l'actif du bilan d'une créance d'une valeur supérieure qu'il avait lui-même contre cet individu, à former contre ce dernier une action en paiement de l'excédent dont celui-ci se trouverait en réalité débiteur. — Bordeaux, 27 janv. 1846 [S. 46. 2. 268, P. 46. 1. 479, D. P. 46. 4. 287]

53. Le concordat ne fait d'ailleurs que consolider le titre des créanciers : mais il n'opère pas novation. La novation, en effet, ne se présume pas ; et, d'autre part, s'il y avait novation, on comprendrait difficilement la disposition de l'art. 545, C. comm., aux termes duquel les cautions du failli restent tenues malgré le concordat accordé au débiteur principal. — Cass., 7 mars 1866 [D. P. 66. 1. 298]; 5 avr. 1892 [S. et P. 92. 1. 365, D. P. 92. 1. 246] — Paris, 22 janv. 1844 [S. 45. 2. 593, P. 44. 2. 92, D. *Rép.*, *v° cit.*, n. 803] ; 21 nov. 1853 [P. 53. 2. 507] — *Sic*, Renouard, t. 2, p. 216 ; Esnault, t. 2, n. 453 ; Pardessus, t. 3, n. 1249; Lyon-Caen et Renault,

t. 7, n. 626; et notre *Rép. gén. alph. du dr. fr.*, v° *cit.*, n. 2670 et s. — *Contrà*, Paris, 20 juin 1870 [D. P. 71. 2. 3] — *Adde*, Laurin, n. 1142.

54. En conséquence, la prescription inhérente à la nature du titre, notamment la prescription quinquennale édictée par l'art. 189, C. comm., en matière d'effets de commerce, continue à subsister. — *Sic*, Lyon-Caen et Renault, *loc. cit.*

55. De même, chaque créance conservant son caractère civil ou commercial, c'est ce caractère qui servira à déterminer la compétence des tribunaux sur les contestations qui pourraient s'élever sur cette créance après le concordat. — Alger, 19 sept. 1851 [S. 53. 2. 207, P. 52. 2. 569, D. P. 54. 5. 163]

§ 3. *Effets des concordats passés en pays étranger.*

56. On s'accorde à reconnaître que le concordat passé et homologué en pays étranger, oblige, comme le ferait toute autre convention, tous les créanciers qui l'ont voté ou qui y ont volontairement adhéré. — Toulouse, 4 févr. 1886 [*J. de dr. intern. pr.*, 86. 332] — Trib. civ. Seine, 18 juill. 1884 [*J. des faill.*, 84. 605]; 26 févr. 1886 [*Ibid.*, 87. 292] — *Sic*, Weiss, p. 883; Lyon-Caen et Renault, t. 8, n. 1262; Asser et Rivier, n. 125; Dubois, sur Carle, p. 108; Pic, *Faill. des soc.*, p. 227.

57. En ce qui concerne les créanciers dissidents, une première opinion soutient que le jugement d'homologation étranger produit de plein droit ses effets en France, sans qu'il soit nécessaire de le faire rendre exécutoire par un tribunal français : l'*exequatur* ne serait requise que si l'on voulait procéder en France à des mesures d'exécution en vertu de ce concordat. — *Sic*, Weiss, p. 884; Dubois, sur Carle, p. 108; Despagnet, n. 645 et s.; Surville et Arthuys, n. 525.

58. Jugé en ce sens, que le statut personnel des étrangers les suivant en Belgique (ou en France), et la loi hollandaise sur les faillites, en tant qu'elle règle la capacité du failli et du concordataire, constituant, d'après l'interprétation des juges du fait, un statut personnel, il en résulte que le Hollandais déclaré en faillite, puis concordataire dans son pays, doit être tenu pour tel en Belgique (ou en France). — En conséquence, le concordat qui le libère produit ses effets en Belgique (ou en France), même à l'égard des créanciers qui n'y ont pas adhéré, dès lors que l'adhésion n'est pas exigée par la loi hollandaise. — Cass. Belgique, 23 mai 1889 [S. 91. 4. 7, P. 91. 2. 11, D. P. 91. 2. 225 et la note de M. de Boeck]

59. D'après une seconde opinion, le concordat intervenu à l'étranger ne lie pas les créanciers français qui n'y ont pas pris part : il est sans effet à leur égard, et ne pourrait même pas être déclaré exécutoire en France, les tribunaux français n'ayant pas les documents suffisants pour apprécier la situation morale et matérielle de la faillite et pour se prononcer en connaissance de cause sur l'*exequatur*. — *Sic*, Massé, t. 1, n. 613; Boulay-Paty et Boileux, t. 2, n. 618; Bonfils, n. 247; Thaller, *Des faill. en dr. comp.*, t. 2, n. 235.

60. Enfin, la jurisprudence décide que le concordat, intervenu en pays étranger et homologué par l'autorité étrangère compétente, doit être rendu exécutoire par un tribunal de France pour pouvoir être opposé aux créanciers français. — Paris, 9 mars 1887 [S. 90. 2. 197, P. 90. 1. 1180] — Trib. comm. Seine, 11 févr. 1884, sous Paris, 9 mars 1887, précité; 6 mars 1886 [*J. des trib. de comm.*, 87. 175] — *Sic*, Fœlix et Demangeat, t. 2, p. 111; Alauzet, t. 7, n. 2686; Lyon-Caen et Renault, t. 8, n. 1262; Brocher, t. 3, p. 219. — V. aussi notre *Rép. gén. alph. du dr. fr.*, v° *cit.*, n. 4978 et s.

61. Par suite, les tribunaux français sont incompétents pour connaître de la demande, formée par un Français, ledit Français obligataire d'une société étrangère, contre cette société, alors que cette demande a pour objet l'exécution d'un concordat (*convenio*), intervenu, conformément à la loi espagnole, entre cette société et ses créanciers, homologué par un jugement espagnol auquel le Français, ou ses auteurs, ont été parties, et rendu exécutoire par un tribunal français. — Paris, 9 mars 1887, précité.

62. La même solution est généralement admise en ce qui concerne l'*order of descharge* anglais, c'est-à-dire la décision en vertu de laquelle la cour des faillites anglaises déclare, de sa propre autorité, le failli libéré de ses dettes, après achèvement de la liquidation, et bien qu'il n'ait pas obtenu de concordat de ses créanciers : cette décision est susceptible d'être déclarée exécutoire par un tribunal de France, et elle est alors opposable aux créanciers français. — Trib. Seine, 15 nov. 1853 [*J. des trib. de comm.*, 54. 158]; 22 mai 1863 [*Gaz. des Trib.*, 22-23 juin 1863] — Trib. Marseille, 13 déc. 1861 [*Ibid.*] — *Sic*, Travers, p. 235. — *Contrà*, Trib. Seine, 10 juin 1863 [*Gaz. des Trib.*, *loc. cit.*]

63. C'est au créancier français, défendeur à la demande en *exequatur* d'un jugement étranger, dans l'espèce d'un jugement d'un tribunal belge homologuant un concordat, s'il allègue, pour s'opposer à l'*exequatur*, que le concordat homologué ne réunissait pas les conditions de validité exigées par l'art. 507, C. comm., qu'il incombe de fournir la preuve de la prétendue violation par lui invoquée de la loi française. — Cass., 15 janv. 1896 [S. et P. 96. 1. 457 et la note de M. Appert]

Art. **517**. L'homologation conservera à chacun des créanciers, sur les immeubles du failli, l'hypothèque inscrite en vertu du troisième paragraphe de l'article 490. A cet effet, les syndics feront inscrire aux hypothèques le jugement d'homologation, à moins qu'il n'en ait été décidé autrement par le concordat. — C. civ., 2146; C. comm., 490.

DIVISION

α) Hypothèque légale de la masse.

β) Cautionnement.

α) *Hypothèque légale de la masse.* — 1. Bien que notre article prescrive d'inscrire le jugement d'homologation du concordat, on est d'accord pour décider qu'il suffit d'inscrire un bordereau contenant les énonciations légales. — *Sic*, Lyon-Caen et Renault, t. 7, n. 625.

2. Le bordereau doit contenir les énonciations prescrites par l'art. 2148, C. civ., et spécialement les noms et les domiciles des créanciers. Toutefois, comme ces créanciers peuvent être trop nombreux, on peut se borner à indiquer en bloc le montant des créances, sauf aux créanciers à conférer au syndic ou à un commissaire au concordat le mandat de prendre l'inscription au nom de la masse et de donner les mains levées nécessaires au fur et à mesure du paiement des dividendes promis. — *Sic*, Lyon-Caen et Renault, t. 7, n. 625, *in fine;* et notre *Rép. gén. alph. du dr. fr.*, v° *Faillite*, n. 2690 et s.

3. Il peut être convenu par le concordat que la totalité des immeubles du failli ou qu'une partie de ces immeubles sera affranchie de l'hypothèque légale de la masse : dans ce dernier cas, l'inscription ne pourra être prise qu'aux bureaux des hypothèques dans l'arrondissement desquels sont situés les immeubles hypothéqués. — V. notre *Rép. gén. alph. du dr. fr.*, v° *cit.*, n. 2696.

β) *Cautionnement.* — 4. En dehors de l'hypothèque légale de notre article, les créanciers peuvent stipuler des garanties spéciales pour l'exécution des obligations concordataires : un tiers peut se porter caution pour le failli ou constituer une hypothèque sur ses immeubles au profit des créanciers. Dans ce cas, le tiers qui s'engage ou qui engage ses biens pour le failli n'est tenu qu'à concurrence des dividendes que ce dernier a promis : au delà, il n'est même pas tenu d'une obligation naturelle. — Grenoble, 14 janv. 1884 [*J. des faill.*, 84. 564] — *Sic*, Lyon-Caen et Renault, t. 7, n. 624.

5. Mais ce tiers, et spécialement la caution, est tenu, à moins de clause contraire, comme le failli lui-même, non seulement envers les créanciers vérifiés et affirmés, mais encore envers ceux qui ne le sont pas et à l'égard desquels le concordat n'est pas moins obligatoire. — Paris, 9 juill 1828 [S. et P. chr., D. *Rép.*, v° *Faillite*, n. 788] — Bordeaux, 6 déc. 1837 [S. 39. 2. 193] ; 24 févr. 1843 [S. 43. 2. 288] — *Sic*, Lyon-Caen et Renault, *loc. cit.;* et notre *Rép. gén. alph. du dr. fr.*, v° *cit.*, n. 2700 et s.

ART. **518**. Aucune action en nullité du concordat ne sera recevable, après l'homologation, que pour cause de dol découvert depuis cette homologation, et résultant, soit de la dissimulation de l'actif, soit de l'exagération du passif. — V. *infrà* art. 520.

ART. **519**. Aussitôt après que le jugement d'homologation sera passé en force de chose jugée, les fonctions des syndics cesseront.

Les syndics rendront au failli leur compte définitif, en présence du juge-commissaire; ce compte sera débattu et arrêté. Ils remettront au failli l'universalité de ses biens, livres, papiers et effets. Le failli en donnera décharge.

Il sera dressé du tout procès-verbal par le juge-commissaire, dont les fonctions cesseront.

En cas de contestation, le tribunal de commerce prononcera. — C. civ., 1351; C. proc. civ., 527 ; C. comm., 443, 462, 563, 572, 635.

INDEX ALPHABÉTIQUE.

DIVISION

§. 1. *Cessation du dessaisissement du failli.*

α) *Rétablissement du failli dans l'exercice de ses droits et actions.* — 1. Il résulte du premier alinéa de l'art. 519 que le failli reprend le libre exercice de ses droits et actions à partir du jour où le jugement d'homologation du concordat a acquis force de chose jugée. — *Sic*, Renouard, t. 2. p. 90; Esnault, t. 2, n. 451 ; Bravard et Demangeat, t. 5, p. 426;

Lyon-Caen et Renault, t. 7, n. 610 et s.; Thaller, n. 2093; Ruben de Couder, v° *Concordat*, n. 189 et s.; et notre *Rép. gén. alph. du dr. fr.*, v° *Faillite*, n. 2543 et s.

2. C'est ainsi notamment que le failli concordataire peut désormais effectuer ou recevoir des paiements, soit en espèces, soit par voie de compensation, soit de toute autre manière. — Jugé, en ce sens, que le failli remis à la tête de ses affaires par un concordat, est recevable à opposer à la compensation dont un créancier se prévaut contre lui, tous les obstacles légaux que cette compensation a pu rencontrer, soit à l'époque de l'ouverture de la faillite, soit depuis. — Cass., 24 nov. 1841 [S. 42. 1. 80, D. *Rép.*, v° *Faillite*, n. 251] — Agen, 3 janv. 1860 [S. 60. 2. 140, P. 60. 920]

3. Réciproquement, il peut compenser le dividende par lui dû à l'un de ses créanciers avec le prix des travaux par lui faits pour ce créancier depuis le concordat. Et ces compensations ne sont pas annulées par l'effet d'une nouvelle faillite, lorsqu'elles ont eu lieu en temps non suspect. — Rouen, 12 nov. 1853 [S. 54. 2. 606, P. 56. 1. 223, D. P. 55. 5. 219]

4. Il peut également se libérer par voie de dation en paiement, et, spécialement, aliéner son mobilier au profit de ses enfants en paiement de leurs droits pupillaires, sans que ses créanciers puissent requérir une estimation nouvelle du mobilier cédé. — Rennes, 16 mai 1821 [P. chr., D. *Rép.*, *v° cit.*, n. 810-5°]

5. Il peut aussi aliéner et hypothéquer librement ses biens, meubles et immeubles. — Cass., 11 flor. an XI [S. et P. chr., D. *Rép.*, *v° cit.*, n. 804-1°] — Caen, 5 mai 1847 [P. 47. 2. 524] — *Sic*, Lyon-Caen et Renault, t. 7, n. 614.

6. D'autre part, le failli concordataire reprend, tant comme demandeur que comme défendeur, l'exercice des actions concernant son patrimoine. — Bourges, 4 oct. 1811 [P. chr.] — Bordeaux, 16 juill. 1840 [P. 40. 2. 358, D. *Rép.*, *v° cit.*, n. 810-4°] — Poitiers, 2 mai 1854 [S. 58. 1. 705, *ad notam*, P. 59. 540, *ad notam*, D. P. 55. 2. 115]

7. En conséquence, les instances commencées par le syndic peuvent être continuées par le failli, à partir du moment de la procédure où le syndic les avait laissées. — Aix, 11 mai 1840 [P. 40. 2. 703] — Paris, 8 juill. 1869 [*J. des trib. de comm.*, 70. 342] — *Sic*, Lyon-Caen et Renault, t. 7, 612-*a*.

8. De même, le failli peut interjeter appel des jugements rendus contre les syndics ès qualités. — Bordeaux, 16 juill. 1840, précité. — Poitiers, 19 mars 1863 [D. P. 63. 2. 214] — *Sic*, Lyon-Caen et Renault, t. 7, n. 612-*b*.

9. Mais la cessation du dessaisissement ne se produit que pour l'avenir, et n'a pas d'effet rétroactif, en ce sens qu'il ne peut supprimer l'état de faillite qui a antérieurement existé et les conséquences que cet état de faillite a pu entraîner. — *Sic*, Lyon-Caen et Renault, t. 7, n. 612; Ruben de Couder, *Suppl.*, *v° cit.*, n. 41 et s.; et notre *Rép. gén. alph. du dr. fr.*, *v° cit.*, n. 2551 et s.

10. Le failli doit donc subir les conséquences bonnes ou mauvaises des conventions conclues par les syndics dans les limites de leurs pouvoirs. Ainsi, le failli, replacé à la tête de ses affaires, n'est pas recevable à critiquer la remise faite, sans opposition de la part du syndic, à l'expéditeur qui les a revendiquées, de marchandises vendues avant la faillite, surtout si la réclamation n'a été élevée par le failli que par suite d'un concert arrêté entre son syndic et lui, dans son intérêt personnel, après l'expiration des fonctions de ce dernier. — Cass., 7 mars 1848 [S. 49. 1. 140, P. 49. 1. 376, D. P. 49. 1. 83]

11. Jugé également, que le fait qu'un concordat a été consenti au failli ou au liquidé ne saurait donner au vendeur, qui a exercé la rétention sur les marchandises non livrées, le droit de réclamer des dommages-intérêts pour inexécution du contrat; le concordat ne met fin au dessaisissement que pour l'avenir. — Nancy, 23 mai 1893 [S. et P. 93. 2. 146, D. P. 94. 2. 227]

12. De même, un concordat entre le failli et ses créanciers ne fait pas cesser l'état de la faillite, en ce sens que la femme du failli puisse, dans le règlement de ses droits et pour l'exercice de son hypothèque légale, faire considérer son mari comme n'étant plus en faillite : l'état de faillite ne cesse que par la réhabilitation. — Cass., 1er déc. 1858 [S. 59. 1. 113, P. 59. 895, D. P. 59. 1. 11] — V. aussi *infrà*, art. 561-563, n. 41 et s.

13. D'autre part, le concordat obtenu par un failli bénéficiaire d'un compte courant qui avait été clôturé par le jugement déclaratif de faillite ne saurait avoir pour effet de faire revivre le compte courant, comme si la faillite n'avait pas existé; et si, postérieurement au concordat, le banquier fait de nouvelles avances, c'est un nouveau compte courant qui commence. — Cass., 8 mars 1897 [S. et P. 97. 1. 281, D. P. 97. 1. 321]

14. Jugé cependant, que le failli concordataire a le droit d'user du crédit qui lui avait été ouvert par son banquier avant la faillite, le banquier pouvant de son côté se prévaloir de l'hypothèque concomitante de l'ouverture de crédit. — Cass., 14 nov. 1859 [S. 60. 1. 803, P. 60. 367, D. P. 60. 1. 221]

15. Quant aux incapacités civiques et politiques qui résultaient du jugement déclaratif de faillite, elles subsistent après le concordat, et ne peuvent disparaître que par suite de la réhabilitation. — V. *infrà*, art. 604 et s.

β) *Droit de poursuite individuelle des créanciers.* — 16. La masse étant dissoute et les fonctions des syndics ayant pris fin par suite de l'homologation du concordat, il en résulte que chaque créancier recouvre *ipso facto* son droit de poursuite individuelle et peut agir personnellement contre le failli en exécution de ses obligations concordataires. — *Sic*, Bravard et Demangeat, t. 5, p. 428; Lyon-Caen et Renault, t. 7, n. 615; Thaller, n. 2094; et notre *Rép. gén. alph. du dr. fr.*, *v° cit.*, n. 2675 et s. — Sur la question de savoir si les créanciers ou le failli peuvent exercer les actions en nullité des art. 446 et 447, C. comm., V. *suprà*, art. 447, n. 85 et s.

γ) *Restrictions à la cessation du dessaisissement : des commissaires.* — 17. En accordant au failli son concordat, les créanciers peuvent décider que le failli ne reprendra l'administration de ses biens que sous la surveillance ou avec l'assistance de commissaires, qu'ils nomment eux-mêmes soit parmi eux, soit en dehors d'eux, à l'effet de contrôler et d'assurer l'exécution du concordat. — V. Bédarride, t. 2, n. 616; Bravard et Demangeat, t. 5, p. 431; Alauzet, t. 7, n. 2791; Lyon-Caen et Renault, t. 7, n. 614; Ruben de Couder, v° *Concordat*, n. 191; et notre *Rép. gén. alph. du dr. fr.*, *v° cit.*, n. 2558 et s.

18. L'étendue des pouvoirs de ces commissaires varie suivant les termes du concordat. Les commis-

saires peuvent être simplement investis d'un pouvoir général de contrôle sur la gestion du failli. Dans ce cas, ils ont le droit de vérifier les livres du failli, de surveiller sa gestion et d'aviser les créanciers des agissements frauduleux de leur débiteur. Mais ce dernier n'en conserve pas moins sa pleine liberté d'action : il n'est tenu de prendre l'avis des commissaires ni pour les actes de gestion ou de disposition, ni pour ester en public, ni même pour transiger. — Paris, 6 janv. 1854 [D. P. 54. 5. 713]

19. Les commissaires ne seraient pas non plus recevables, en vertu de ce simple pouvoir de contrôle, à ester en justice, soit comme parties principales, soit même comme parties intervenantes, dans les procès qui intéressent le failli. — Rennes, 17 avr. 1834 [P. chr., D. *Rép.*, *v° cit.*, n. 822-1°] — Rouen, 12 juin 1846 [P. 46. 2. 38, D. *Rép.*, *v° cit.*, n. 822-2°]

20. Les commissaires peuvent être chargés d'assister le failli soit dans l'accomplissement de certains actes, soit dans toutes les opérations de son commerce jusqu'à l'exécution complète de ses obligations concordataires. Dans ce cas, les actes qui seraient passés par le failli sans l'assistance des commissaires seraient nuls à l'égard des créanciers. — Jugé en ce sens, que, lorsqu'il a été stipulé dans un concordat que le failli ne pourrait disposer d'une partie quelconque de l'actif dévolu à la masse sans le concours des commissaires établis au concordat, un créancier postérieur à la faillite ne peut se prévaloir, au préjudice de la masse, de la cession qui lui aurait été faite par le failli concordataire d'une créance appartenant à son actif, bien qu'il allègue avoir traité de bonne foi et dans l'ignorance de la faillite. — Bruxelles, 21 juin 1820 [P. chr., D. *Rép.*, *v° cit.*, n. 816]

21. Les commissaires peuvent également être chargés d'accomplir, aux lieu et place du débiteur, soit certains actes de gestion, tels que la réception des comptes du syndic et la décharge de ces comptes. — Rouen, 16 févr. 1829 [S. et P. chr., D. *Rép.*, *v° cit.*, n. 819-1°]

22. ... Ou la vente des immeubles par voie d'adjudication publique, ou même de gré à gré, ainsi que la répartition amiable des deniers en provenant. — Jugé, à cet égard, que le pouvoir donné par une masse de créanciers concordataires et par le débiteur lui-même, à des commissaires-directeurs, de vendre certains immeubles, dont le prix servirait à acquitter les créances hypothécaires et chirographaires, emporte pour ces commissaires le droit de procéder à la distribution du prix provenant de la vente. — Cass., 28 mars 1836 [S. 36. 1. 748, D. *Rép.*, *v° cit.*, n. 1171]

23. ... Soit tous les actes de gestion courante, en vue de faciliter la liquidation et la réunion des capitaux nécessaires à l'acquittement du dividende stipulé. — Jugé, en ce sens, que les créanciers qui consentent un concordat à leur débiteur failli, et lui accordent un délai pour l'accomplissement des obligations qu'il a prises, peuvent charger un commissaire liquidateur de gérer les affaires du concordataire, auquel il aura à rendre compte après l'exécution de son mandat. Dans ce cas l'homologation du concordat ne remet pas au concordataire la libre disposition, ni même l'administration de ses biens et actions, et, s'il tombe de nouveau en faillite, les créanciers de la seconde faillite n'ont droit d'exiger du liquidateur de la première que le compte qu'il devait à leur débiteur. — Rennes, 24 mai 1851 [P. 51. 2. 529, D. P. 54. 2. 45]

24. D'autre part, les créanciers peuvent, par une clause expresse du concordat, soit imposer au débiteur l'obligation de prendre l'avis des commissaires sur les actions à intenter ou à suivre, soit même conférer aux commissaires le pouvoir d'agir en justice aux lieu et place du débiteur. — Paris, 27 mai 1840 [P. 40. 2. 120, D. *Rép.*, *v° cit.*, n. 821-3°] — Rennes, 11 juill. 1870, Sol. implic. [S. 71. 2. 210, P. 71. 666, D. P. 72. 2. 205] — *Sic*, Ruben de Couder, *v° cit.*, n. 193 ; Lyon-Caen et Renault, t. 7, n. 614.

25. Et le commissaire liquidateur nommé par les créanciers dans le concordat, avec pouvoir de citer devant tous les tribunaux, a qualité pour interjeter appel d'un jugement rendu contre le failli, même avant sa faillite, mais dans les dix jours d'icelle, et l'un de ses créanciers. — Paris, 27 mai 1840, précité.

26. Jugé même, que les liquidateurs d'une faillite qui ont été chargés par le concordat de toutes les opérations concernant cette liquidation, sous la direction et la surveillance d'une commission, ont, par cela même, pouvoir et qualité pour exercer les actions qui se rapportent à la faillite. — Besançon, 28 mars 1855 [S. 55. 2. 398, P. 55. 1. 255, D. P. 55. 2. 324]

27. Toutefois, la circonstance qu'il a été adjoint des liquidateurs, même avec les pouvoirs les plus étendus, à l'administration du failli concordataire ne saurait détruire les effets légaux du concordat : le failli n'est plus dessaisi, et il doit participer à la procédure, nonosbtant le mandat *ad litem* donné aux commissaires. — En conséquence, non seulement le failli peut intervenir dans les instances dirigées par ou contre les commissaires; mais de plus les actions des tiers doivent être poursuivies à la fois contre les commissaires et contre lui. — Poitiers, 19 mars 1863 D. P. 63. 2. 214] — V. aussi Cass., 27 juill. 1852 [S. 52. 1. 621, P. 54. 202, D. P. 52. 1. 211]

28. La détermination des pouvoirs des commissaires, se rattachant à l'interprétation des clauses du concordat et de la volonté des parties, rentre dans l'appréciation souveraine des juges du fond. — Cass., 9 nov. 1831 [P. chr., D. *Rép.*, *v° cit.*, n. 219-2°]; 29 mars 1836 [S. 36. 1 748, D. *Rép.*, *v° cit.*, n 1171]; 27 (ou 23) févr. 1837 [P. 37. 1. 152, D. *Rép.*, *v° cit.*, n. 322]

29. Il n'y a ni indivisibilité ni solidarité, à moins de stipulation formelle, dans le mandat donné par les créanciers d'un failli concordataire à des commissaires chargés de les représenter pour l'exécution du concordat. — Rennes, 11 juill. 1870 [S. 71. 2. 210, P. 71. 666, D. P. 72. 2. 205]

30. En conséquence, le jugement rendu contre tous les commissaires peut, à défaut d'appel par l'un d'eux, acquérir force de chose jugée à l'égard de celui-ci, malgré l'appel des autres. — Même arrêt.

31. Mais l'appel interjeté par la majorité des commissaires, en leur qualité de représentants de la masse des créanciers, n'en est pas moins valable. — Même arrêt.

32. Jugé toutefois, que les commissaires, nommés collectivement à l'exécution d'un concordat, sont solidairement responsables, à l'égard des créanciers, des recouvrements par eux faits conjointement, bien que la solidarité n'ait point été stipulée dans l'acte constitutif de mandat, et qu'il soit établi qu'un

d'eux, seul, a eu le maniement des fonds recouvrés. — Paris, 28 avr. 1836 [P. chr.]

33. Les commissaires doivent rendre leurs comptes lorsque leur mission a pris fin, c'est-à-dire après achèvement de la liquidation, sauf le cas de démission ou de révocation : jusque-là, il ne sont tenus de donner aux créanciers que le tableau de la situation active et passive de la faillite. — Bruxelles, 24 mars 1821 [P. chr., D. *Rép.*, *v° cit.*, n. 605-1°]

34. Les carnets, notes et agendas, tenus par un commissaire à l'exécution d'un concordat, sont sa propriété et non celle de ses mandants ; ceux-ci, par conséquent, ne peuvent en exiger la remise, mais seulement la communication. — Rennes, 11 juill. 1870, précité.

§ 2. *Reddition de compte du syndic.*

35. Le failli ne peut pas demander des comptes au syndic jusqu'au moment où le jugement d'homologation du concordat a acquis autorité de chose jugée. Et il n'aurait pas davantage capacité suffisante pour donner au syndic, avant ce moment-là, une décharge valable de sa gestion. — Paris, 18 juin 1825 [S. et P. chr., D. *Rép., v° cit.*, n. 849] – Amiens, 27 févr. 1839 [S. 39. 2. 321, P. 47. 1. 177, D. *Rép.*, *v° cit.*, n. 806-1°]

36. En rendant leur compte et si ce compte est approuvé, les syndics doivent restituer au failli, qui en donne décharge, tous ses biens, livres, papiers et effets sans exception. — Paris, 10 août 1811 [S. et P. chr., D. *Rép.*, *v° cit.*, n. 677]

37. Si le compte est l'objet de contestations, le tribunal de commerce compétent est le tribunal de la faillite, et non celui du domicile du syndic. — Bordeaux, 25 févr. 1836 [P. chr.]

38. Il n'est pas nécessaire que le jugement soit rendu sur le rapport du juge-commissaire, lequel doit être considéré comme ayant cessé ses fonctions à partir de la rédaction du procès-verbal de reddition de compte. — V. notre *Rép. gén. alph du dr. fr.*, *v° cit.*, n. 2592.

§ 3. *De l'annulation ou de la résolution du concordat.*

Art. **520**. L'annulation du concordat, soit pour dol, soit par suite de condamnation pour banqueroute frauduleuse intervenue après son homologation, libère de plein droit les cautions.

En cas d'inexécution, par le failli, des conditions de son concordat, la résolution de ce traité pourra être poursuivie contre lui devant le tribunal de commerce, en présence des cautions, s'il en existe, ou elles dûment appelées.

La résolution du concordat ne libérera pas les cautions qui y seront intervenues pour en garantir l'exécution totale ou partielle. — C. civ., 1116, 1184 ; C. comm., 521, 635.

INDEX ALPHABÉTIQUE.

DIVISION

A. *Causes d'annulation du concordat.* — α) *Condamnation pour banqueroute frauduleuse.* — 1. Cette condamnation entraîne de plein droit l'annulation du concordat, sans qu'il soit besoin d'ailleurs que les créanciers qui demandent l'annulation au tribunal de commerce se soient portés parties civiles devant la Cour d'assises. — Montpellier, 5 août 1836, motifs [S. 37. 220, P. 37. 2. 459] — *Sic*, Renouard, t. 2, p. 98; Pardessus, t. 3, n. 1250; Bédarride, t. 2, n. 656; Laroque-Sayssinel et Dutruc, t. 1, n. 891; Bravard et Demangeat, t. 5, p. 458 ; Lyon-Caen et Renault, t. 7, n. 637 ; Thaller, n. 2110; et notre *Rép. gén. alph. du dr. fr.*, v° *Faillite*, n. 2711 et s.

2. Mais une condamnation est nécessaire pour entraîner la nullité du concordat : des poursuites simplement commencées ne suffiraient pas à cet effet. — Poitiers, 21 juill. 1825 [S. et P. chr.] — V. *infrà*, art. 521.

β) *Dol qualifié.* — 3. Aux termes des art. 518 et 520, le dol n'est une cause de nullité du concordat qu'autant qu'il a consisté dans la dissimulation de l'actif ou dans l'exagération du passif, et à la condition qu'il ait été découvert depuis l'homologation du concordat. En dehors de ces conditions, le dol ne saurait entraîner la nullité du concordat : et à plus forte raison en est-il de même des autres causes, erreur ou violence, qui, de droit commun, vicient les conventions. — *Sic*, Bravard et Demangeat, t. 5, p. 457; Lyon-Caen et Renault, t. 7, n. 635; Ruben de Couder, v° *Concordat*, n. 282 et s. ; et notre *Rép. gén. alph. du dr. fr.*, v° *cit.*, n. 2722 et s.

4. Jugé à cet égard, que, pour qu'un concordat puisse être attaqué par voie d'action en nullité pour dol ou fraude dans les dix ans fixés par l'art. 1304, C. civ., il faut que le créancier qui intente cette action n'ait pu avoir connaissance, au moment du concordat, des faits de dol ou de fraude sur lesquels il entend baser son action; il y est non recevable, si les titres de créance qu'il veut attaquer ont été produits et vérifiés lors du concordat, et s'il ne les a pas contredits. — Riom, 20 juill. 1840 [S. 40. 2. 354, D. *Rép.*, v° *Faillite*, n. 741]

5. De même, l'omission involontaire, dans le bilan déposé par un failli, d'un objet de minime valeur, n'a pas les caractères du dol susceptible d'entraîner l'annulation du concordat. — Cass., 27 janv. 1874 [S. 77. 1. 376, P. 77. 946, D. P. 74. 1. 352] — Bordeaux, 11 janv. 1833 [S. 33. 2. 380, P. chr.]

6. ... Alors surtout qu'en fait, cette omission n'a exercé aucune influence sur la conclusion du traité. — Cass., 27 janv. 1874, précité.

7. Jugé également, que tout moyen de nullité contre le concordat est non recevable de la part du créancier contre lequel ce concordat est obligatoire et qui n'y peut former opposition. Par suite, ce créancier n'est pas admissible à attaquer le concordat en ce qu'il aurait été consenti avec un seul des créanciers de la faillite. — Cass., 22 juill. 1868 [S. 69. 1. 56, P. 69. 125, D. *Rép.*, *Suppl.*, v° *cit.*, n. 956]

8. Et la nullité ne peut même pas être demandée en se fondant sur ce que le concordat aurait été consenti après la formation de l'état d'union. — Cass., 2 mai 1864 [S. 65. 1. 269, P. 65. 643, D. P. 65. 1. 125]

B. *Causes de résolution du concordat.* — 9. A la différence des causes de nullité du concordat qui dérogent au droit commun, la résolution du concordat pour inexécution par le failli de ses obligations concordataires n'est autre chose que l'application de la condition résolutoire qui est contenue dans tous les contrats synallagmatiques aux termes de l'art. 1184, C. civ. — *Sic*, Laroque-Sayssinel et Dutruc, t. 1, n. 893 ; Bravard et Demangeat, t. 5, p. 469; Lyon-Caen et Renault, t. 7, n. 640 ; Thaller, n. 2111 ; et notre *Rép. gén. alph. du dr. fr.*, v° *cit.*, n. 2730 et s.

10. Il résulte de là que les créanciers peuvent, à leur choix, ou bien poursuivre contre le failli l'exécution du concordat et le paiement des dividendes convenus par les voies de droit ordinaires, ou bien demander au tribunal de prononcer la résolution du concordat pour inexécution de ses conditions. — Paris, 3 déc. 1842 [P. 43. 1. 197, D. *Rép.*, v° *cit.*, n. 873]; 11 août 1843 [S. 43. 2. 546, P. 43. 2. 696, D. *Rép.*, v° *cit.*, n. 866]

11. Le tribunal peut également, toujours par application du droit commun, accorder un délai de grâce au débiteur pour lui permettre de se libérer, sauf à prononcer la résolution si le débiteur ne s'exécute pas dans ce délai. — Angers, 13 févr. 1852 [S. 52. 2. 187, P. 52. 2. 188, D. P. 52. 2. 286] — *Sic*, Thaller, *loc. cit.*; Lyon-Caen et Renault, *loc. cit.*; Ruben de Couder, v° *cit.*, n. 289, et *Suppl.*, *eod. v°*, n. 48. — *Contrà*, Bordeaux, 9 nov. 1890 [D. P. 92. 2. 5]

12. Jugé même, que la charge d'un concordat portant que ce concordat sera résolu de plein droit et sans l'intervention de la justice, à défaut de paiement d'un seul des dividendes convenus dans les délais déterminés, n'empêche pas que, ce cas arrivant, les juges ne puissent accorder encore un nouveau délai au débiteur, si le retard du paiement du dividende échu n'est pas imputable à la faute du débiteur, et si les droits des créanciers réclamants ne sont pas d'ailleurs en péril. — Angers, 13 févr. 1852, précité.

C. *Procédure des actions en annulation et en résolution.* — 13. De ce que, après le concordat, il n'existe pas de masse ayant des droits et des intérêts collectifs, il résulte que les actions en annulation ou en résolution du concordat peuvent être exercées individuellement par l'un quelconque des créanciers. — Jugé, en ce sens, que le droit de demander la nullité d'un concordat obtenu par la fraude du failli appartient aussi bien aux créanciers qui ont été forclos qu'aux créanciers qui l'ont signé. — Lyon, 15 mars 1838 [P. 38. 2. 566, D. *Rép.*, v° *cit.*, n. 868] — *Sic*, Renouard, t. 2, p. 79 ; Laroque-Sayssinel et Dutruc, t. 1, n. 897 ; Lyon-Caen et Renault, t. 7, n. 641 ; et notre *Rép. gén. alph. du dr. fr.*, v° *cit.*, n. 2743 et s.

14. Toutefois, les créanciers auxquels le concordat n'est pas opposable et qui, par conséquent, n'ont à supporter aucune réduction, sont sans intérêt et, par suite, sans qualité pour agir en nullité ou en résolution. — Jugé en ce sens, que le créancier hypothécaire qui n'a pas renoncé à son droit de préférence, et qui, par conséquent, n'est pas devenu simple créancier chirographaire, n'étant pas régi par le concordat, est sans droit aux dividendes fixés par ce traité, tant que l'insuffisance de son hypothèque pour le payer intégralement n'est pas établie; et, par suite, il ne peut, faute de paiement du dividende, demander, avant que l'insuffisance dont il s'agit soit constatée, la résolution du concordat pour inexécution des conditions stipulées. — Cass., 25 mai 1864 [S. 64. 1. 284, P. 64. 1217, D. P. 64. 1. 363]

15. L'action en annulation ou en résolution doit être exercée, non pas contre les syndics dont les fonctions ont pris fin après l'homologation du concordat, mais contre le failli personnellement, ou, en cas de décès du failli, contre ses héritiers. — *Sic*, Lyon-Caen et Renault, t. 7, n. 641 *bis*.

16. Dans ce dernier cas, la demande peut être formée, tant que le droit des créanciers n'est pas éteint par la prescription, même plus d'un an après le décès du failli. Il est vrai qu'aux termes de l'art. 437, 3ᵉ alin., la demande en déclaration de faillite d'un commerçant décédé ne peut être formée que dans l'année qui suit le décès. Mais c'est là une disposition tout exceptionnelle, et qui, par conséquent, ne saurait être étendue par voie d'analogie à la réouverture d'une ancienne faillite par suite de la résolution du concordat. — Besançon, 8 mars 1875 [D. P. 76. 2. 10] — *Sic*, Lyon-Caen et Renault, *loc. cit.*

17. L'action en résolution doit en outre être poursuivie, aux termes du deuxième alinéa de notre article, « en présence des cautions, s'il en existe, ou elles dûment appelées ». Mais cette mise en cause des cautions n'est pas nécessaire dans l'instance en annulation : le jugement qui termine cette instance a en effet pour conséquence de les libérer, s'il prononce la nullité du concordat, et par suite elles

n'ont pas d'intérêt à défendre à l'action en nullité. — V. *infrà*, n. 22.

18. Dans tous les cas, la demande doit être introduite, non pas par voie de requête, comme peut l'être la demande en déclaration de faillite, mais seulement par voie d'assignation, conformément aux règles du droit commun. — Besançon, 8 mars 1875, précité.

19. L'action en nullité du concordat est éteinte par la prescription de dix ans, conformément à la disposition de l'art. 1304, C. civ. — Ainsi jugé qu'un concordat vicié de dol et de fraude peut être querellé de nullité, même pendant dix ans ; et le délai ne court qu'à dater du jour de la découverte de la fraude. A cet égard, l'art. 1304, C. civ., s'applique à un concordat commercial, de même qu'aux conventions civiles. L'art. 523, C. comm., qui n'accorde qu'un délai de huitaine pour former opposition au concordat, n'y fait point obstacle. — Vainement on exciperait aussi de l'exécution du concordat, avant la découverte de la fraude, ou de la chose jugée par le jugement d'homologation du concordat. — Cass., 11 (ou 12) déc. 1827 [S. et P. chr., D. *Rép.*, *v° cit.*, n. 869] — Lyon, 1er août 1825 [S. et P. chr., D. *Rép.*, *v° cit.*, n. 738-4°] — *Sic*, Bédarride, t. 2, n. 615 ; Renouard, t. 2, p. 125 ; Pardessus, t. 3, n. 1250 ; Laroque-Sayssinel et Dutruc, t. 1, n. 863 ; Thaller, n. 2110, p. 1086, note 2.

20. Quant à l'action en résolution, elle se prescrit par trente années ; et la prescription a pour point de départ, conformément au droit commun, le jour où devaient être exécutées les obligations concordataires. — *Sic*, Bravard et Demangeat, t. 5, p. 465 ; Ruben de Couder, *v° cit.*, n. 288 ; et notre *Rép. gén. alph. du dr. fr.*, *v° cit.*, n. 2752.

D. *Effets du jugement d'annulation ou de résolution.* — 21. Ce jugement produit un effet aussi absolu que le jugement d'homologation : il annule ou il résoud le concordat à l'égard de tous les créanciers, alors même qu'il aurait été rendu à la requête d'un seul. — Jugé, en ce sens, que la résolution du concordat prononcée sur la demande d'un seul des créanciers pour défaut de paiement des dividendes, ne profite pas à lui seul, et ne lui donne pas le droit d'exiger du failli le paiement intégral et immédiat de sa créance : la résolution a lieu dans l'intérêt de tous les créanciers non payés de leurs dividendes, en ce qu'elle fait revivre la faillite ; et dès lors le paiement, tant du créancier qui a demandé et obtenu la résolution que de tous les autres, est subordonné, et pour le *quantum* de la somme à toucher, et pour l'époque de l'exigibilité de cette somme, à la liquidation définitive de la faillite. — Riom, 2 août 1853 [S. 53. 2. 666, P. 54. 2. 506, D. P. 54. 2. 99] — *Sic*, Pardessus, t. 3, n. 1251 ; Bédarride, t. 2, n. 615 ; Laroque-Sayssinel et Dutruc, t. 1, n. 898 ; Alauzet, t. 7, n. 2709 ; Lyon-Caen et Renault, t. 7, n. 641 ; Ruben de Couder, *v° cit.*, n. 288.

22. Quant aux cautions qui seraient intervenues pour garantir l'exécution totale ou partielle du concordat, elles sont libérées par suite de l'annulation du concordat ; mais en cas de résolution, elles continuent à être tenues, dans la limite des engagements qu'elles ont contractés. — *Sic*, Thaller, n. 2112 ; Lyon-Caen et Renault, t. 7, n. 649-*d* ; et notre *Rép. gén. alph. du dr. fr.*, *v° cit.*, n. 2770 et s.

ART. **521**. Lorsque, après l'homologation du concordat, le failli sera poursuivi pour banqueroute frauduleuse, et placé sous mandat de dépôt ou d'arrêt, le tribunal de commerce pourra prescrire telles mesures conservatoires qu'il appartiendra. Ces mesures cesseront de plein droit du jour de la déclaration qu'il n'y a lieu à suivre, de l'ordonnance d'acquittement ou de l'arrêt d'absolution. — C. comm., 591 ; C. instr. crim., 95 et s., 358.

ART. **522**. Sur le vu de l'arrêt de condamnation pour banqueroute frauduleuse, ou par le jugement qui prononcera, soit l'annulation, soit la résolution du concordat, le tribunal de commerce nommera un juge-commissaire et un ou plusieurs syndics.

Ces syndics pourront faire apposer les scellés.

Ils procéderont sans retard, avec l'assistance du juge de paix, sur l'ancien inventaire, au récolement des valeurs, actions et des papiers, et procéderont, s'il y a lieu, à un supplément d'inventaire.

Ils dresseront un bilan supplémentaire.

Ils feront immédiatement afficher et insérer dans les journaux à ce destinés, avec un extrait du jugement qui les nomme, invitation aux créanciers nouveaux, s'il en existe, de produire, dans le délai de vingt jours, leurs titres de créances à la vérification. Cette invitation sera faite aussi par lettres du greffier, conformément aux articles 492 et 493. — C. comm., 439, 454, 497 et s., 519, 583-1°.

ART. **523**. Il sera procédé, sans retard, à la vérification des titres de créances produits en vertu de l'article précédent.

Il n'y aura pas lieu à nouvelle vérification des créances antérieurement admises et affirmées, sans préjudice néanmoins du rejet ou de la réduction de celles qui depuis auraient été payées en tout ou en partie. — C. comm., 491 et s., 497 et s.

ART. **524**. Ces opérations mises à fin, s'il n'intervient pas de nouveau concordat, les créanciers seront convoqués à l'effet de donner leur avis sur le maintien ou le remplacement des syndics.

Il ne sera procédé aux répartitions qu'après l'expiration, à l'égard des créanciers nouveaux, des délais accordés aux personnes domiciliées en France, par les articles 492 et 497. — C. comm., 565 et s.

1. La résolution ou l'annulation du concordat ne donnent pas ouverture à une nouvelle faillite : elles font revivre l'ancienne faillite, laquelle doit être reprise sur les mêmes errements, avec les modifications qui sont apportées par les art. 521 et suivants à la procédure en ce qui concerne notamment les créances à vérifier et les délais de cette vérification. — Colmar, 16 avr. 1849 [S. 53. 2. 667, *ad notam*, P. 51. 1. 47, D. p. 51. 2. 120] — *Sic*, Lyon-Caen et Renault, t. 7, n. 643 et s.; Bravard et Demangeat, t. 5, p. 460; Thaller, n. 2114; et notre *Rép. gén. alph. du dr. fr.*, v° *Faillite*, n. 2779 et s.

2. Dans le cas où le concordat a été résolu pour inexécution de ses conditions, les créanciers peuvent accorder au failli un nouveau concordat s'ils ont encore confiance en lui. — *Sic*, Lyon-Caen et Renault, t. 7, n. 644.

3. Mais il en est autrement, et un nouveau concordat ne peut pas être accordé au failli dans le cas d'annulation du concordat primitif. A cet égard, il n'y a pas à distinguer suivant que ce concordat a été annulé pour cause de dol ou à la suite d'une condamnation pour banqueroute frauduleuse : dans les deux cas, l'indignité du failli est la même, et la sanction doit en être identique. — *Sic*, Bravard, t. 5, p. 466; Lyon-Caen et Renault, *loc. cit.*; Ruben de Couder, *v° cit.*, n. 295 et s. — *Contrà*, Demangeat sur Bravard, t. 5, p. 467, note 1.

ART. **525**. Les actes faits par le failli postérieurement au jugement d'homologation, et antérieurement à l'annulation ou à la résolution du concordat, ne seront annulés qu'en cas de fraude aux droits des créanciers. — C. civ., 1167; C. comm., 443, 446 et s., 513.

1. La question de savoir quels sont les actes du failli auxquels s'applique notre article est vivement controversée. D'après la jurisprudence, notre article aurait seulement en vue les actes nouveaux faits par le failli, lesquels ne pourraient être annulés que pour cause de fraude et dans les conditions de l'action paulienne de l'art. 1167, C. civ. : mais il ne s'appliquerait pas aux actes dérivant de faits antérieurs au concordat et se rattachant à son exécution, lesquels resteraient annulables d'après les règles de la faillite. — Cass., 7 déc. 1874 [S. 75. 1. 13, P. 75. 18, D. p. 75. 1. 457]; 16 juill. 1883 [S. 83. 1. 467, P. 83. 1. 1165, D. p. 84. 1. 183] — Nancy, 7 avr. 1889 [D. p. 82. 1. 29] — Paris, 15 nov. 1900 [D. p. 1901. 2. 23] — *Sic*, Laroque-Sayssinel et Dutruc, t. 1, n. 918; Ruben de Couder, v° *Concordat*, n. 49.

2. Jugé, en conséquence, que la résolution du concordat, en amenant la réouverture de la faillite, replace les parties dans la situation où elles étaient au début de la faillite; par suite, le paiement de dividendes non échus, fait à un créancier concordataire au détriment de la masse commune, est nécessairement atteint par les dispositions des art. 446 et 447, C. comm. — Cass., 7 déc. 1874, précité. — V. aussi trib. comm. Aix, 7 juin 1900 [D. p. 1900. 2. 468]

3. ... Ou tout au moins, si le paiement de ces dividendes n'est pas atteint par les art. 446 et 447, C. comm., il l'est en tout cas par la disposition du premier alinéa de l'art. 443, édictant le dessaisissement du failli. — Cass., 16 juill. 1883, précité.

4. Mais cette jurisprudence paraît très contestable en présence du texte de notre article qui ne distingue pas entre les différents actes du failli. Quant aux art. 443 et 446 et s., C. comm., ils ne sauraient recevoir ici leur application, l'art. 443, parce qu'il entraînerait, de plein droit et à raison du dessaisissement qu'il édicte, la nullité de tous les actes du failli, contrairement à la disposition de notre article, et les art. 446 et s., parce qu'ils se réfèrent exclusivement à la période qui est antérieure au jugement déclaratif de faillite et qui n'a pas d'équivalent dans le cas de réouverture de la faillite. — *Sic*, Boistel, p. 773; Lyon-Caen et Renault, t. 7, n. 647; et notre *Rép. gén. alph. du dr. fr.*, v° *Faillite*, n. 2796 et s.

5. Mais si le jugement d'annulation ou de résolution du concordat ne rétroagit pas en ce qui concerne les actes passés par le failli depuis l'homologation de ce concordat, il en est autrement pour les inscriptions en renouvellement qui auraient été prises par des tiers depuis cette époque. — En conséquence, la disposition de l'art. 448, C. comm., en vertu de laquelle l'inscription d'office du privilège d'un vendeur d'immeubles, qui n'a pas été renouvelée dans les dix ans de sa date, ne peut plus être prise à nouveau après le jugement déclaratif au préjudice des créanciers de la masse (ce qui entraîne la perte du privilège et de l'action résolutoire dans

les conditions de l'art. 3 de la loi du 23 mars 1855), doit recevoir son application, alors même qu'il y a eu concordat, et inscription nouvelle prise après sa conclusion, si le concordat a été résolu. — Cass., 24 mars 1891 [S. 91. 1. 209, P. 91. 1. 508 et la note de M. Lyon-Caen, D. P. 91. 1. 145] — Sur la survivance de l'action résolutoire au privilège du vendeur, V. *suprà*, art. 448, n. 29 et s.

Art. 526. Les créanciers antérieurs au concordat rentreront dans l'intégralité de leurs droits à l'égard du failli seulement; mais ils ne pourront figurer dans la masse que pour les proportions suivantes, savoir :

S'ils n'ont touché aucune part du dividende, pour l'intégralité de leurs créances; s'ils ont reçu une partie du dividende, pour la portion de leurs créances primitives correspondante à la portion du dividende promis qu'ils n'auront pas touchée.

Les dispositions du présent article seront applicables au cas où une seconde faillite viendra à s'ouvrir sans qu'il y ait eu préalablement annulation ou résolution du concordat. — C. comm., 437, 446 et s., 490.

1. Si les créanciers anciens, dans le cas d'annulation ou de résolution du concordat, ne peuvent concourir avec les nouveaux créanciers que pour la portion de leur créance primitive pour laquelle ils n'ont pas touché leur dividende, tout au moins pourront-ils se prévaloir, à l'encontre des nouveaux créanciers et pour garantir le paiement de ce qui leur reste dû, de l'hypothèque légale qui résultait à leur profit du jugement déclaratif de faillite. — *Sic*, Thaller, n. 2118, p. 1089, note 1; Renouard, t. 2, p. 159.

2. Jugé cependant, que l'homologation du concordat qui, aux termes de l'art. 517, C. comm., conserve à chacun des créanciers, sur les immeubles du failli, l'hypothèque inscrite en vertu de l'art. 490, n'a d'autre objet que la garantie des obligations prises par le failli dans son concordat. D'où il suit que, dans le cas d'une seconde faillite, les créanciers antérieurs au concordat de la première et qui viennent en concours avec les créanciers de la seconde, ne peuvent être colloqués sur le prix des immeubles que pour ce qui leur est dû aux termes du concordat, et non pour la valeur nominale de leurs créances primitives. — Paris, 22 juin 1850 [S. 51. 2. 542, P. 51. 1. 30, D. P. 52. 2. 213] — *Sic*, notre *Rép. gén. alph. du dr. fr.*, v° *Faillite*, n. 2805.

3. Lorsqu'un failli concordataire est obligé de cesser ses paiements, les nouveaux créanciers envers qui il s'est engagé ne peuvent pas demander la résolution du concordat auquel ils n'ont pas été parties : mais ils peuvent demander une nouvelle déclaration de faillite contre leur débiteur. — *Sic*, Bravard et Demangeat, t. 5, p. 464; Lyon-Caen et Renault, t. 7, n. 650; Thaller, n. 2121; et notre *Rép. gén. alph. du dr. fr.*, *v° cit.*, n. 2808 et s.

4. Lorsqu'il y a ainsi une seconde faillite ouverte avant l'exécution d'un concordat sur première faillite, l'ouverture de la seconde faillite rend le concordat sans valeur et entraîne par suite sa résolution. — C. d'appel Bruxelles, 4 mars 1881 [S. 81. 4. 37, P. 81. 2. 59, D. *Rép., Suppl.*, v° *Faillite*, n. 977] — Paris, 12 nov. 1859, motifs [P. 60. 45] — *Sic*, Pardessus, t. 3, n. 1251; Lyon-Caen et Renault, t. 7, n. 651; Thaller, n. 2121.

5. En pareil cas, les créanciers de la première faillite doivent être admis au passif de la seconde pour la portion de leur créance primitive correspondante à la portion du dividende promis qu'ils n'ont pas touché, et ce, sans qu'ils soient tenus de faire prononcer l'annulation ou la résolution du concordat, soit avant, soit après la nouvelle faillite. — Même arrêt.

6. D'autre part, les anciens créanciers peuvent se prévaloir, à l'encontre des nouveaux créanciers, de l'hypothèque légale qui résultait à leur profit de la déclaration de la première faillite. — *Sic*, Renouard, t. 2, p. 159; Bédarride, t. 2, n. 693; Laroque-Sayssinel et Dutruc, t. 1, n 922; Lyon-Caen et Renault, t. 7, n. 651, *in fine*.

7. Et en tout cas, ils peuvent agir à concurrence du dividende concordataire contre les cautions qui ont garanti vis-à-vis d'eux l'exécution du concordat. — *Sic*, Lyon-Caen et Renault, *loc. cit.*

8. Mais la déclaration d'une nouvelle faillite produit à tous autres égards les mêmes effets qu'une déclaration de faillite ordinaire. Notamment, le jugement qui la déclare devra fixer l'époque de la cessation des paiements; et les actes qui auront été passés par le failli depuis cette époque et dans les dix jours qui précèdent seront annulés, non pas dans les termes de l'art. 525, C. comm., mais en vertu des art. 446 et s. — Alger, 29 avr. 1896 [D. P. 97. 2. 116] — *Sic*, Bravard et Demangeat, t. 5, p. 471; Lyon-Caen et Renault, t. 7, n. 650; Thaller, *loc. cit.*

APPENDICE A LA SECTION II : DES CONCORDATS AMIABLES

INDEX ALPHABÉTIQUE.

1. Antérieurement à la loi du 4 mars 1889, la jurisprudence décidait que les créanciers pouvaient accorder à leur débiteur un concordat amiable, soit avant que ce débiteur ait été déclaré en faillite, soit même postérieurement au jugement déclaratif de faillite et jusqu'à la clôture de l'union. — V. sur cette jurisprudence et sur les critiques dont elle avait été l'objet, notre *Rép. gén. alph. du dr. fr.*, v^is *Faillite*, n. 2916 et s., et *Liquidation judiciaire*, n. 524 et s.

2. Depuis la loi du 4 mars 1889, le concordat amiable ne peut avoir lieu qu'avant la faillite. L'art. 16 de cette loi, en effet, déclare nuls *erga omnes* tous concordats qui, après l'ouverture de la liquidation judiciaire, ne seraient pas souscrits dans les formes légales : et bien que cet article n'ait pas été spécialement déclaré applicable à la faillite par l'art. 20 de ladite loi, on s'accorde à reconnaître qu'il n'y a là qu'une inadvertance de la part du législateur et qu'il n'existe aucun motif de distinguer à cet égard contre la faillite et la liquidation judiciaire. — *Sic*, Lyon-Caen et Renault, t. 7, n. 667; et notre *Rép. gén. alph. du dr. fr.*, v° *Faillite*, n. 2921. — Sur la portée de la prohibition du concordat amiable après liquidation judiciaire ou faillite, V. *infrà*, *Appendice* au livre III, la loi du 4 mars 1889, art. 15-16.

3. Le concordat amiable est soumis, pour sa validité, au droit commun des contrats, et, par suite, il ne peut être conclu, à la différence du concordat judiciaire, que par le consentement de tous les créanciers. Ceux des créanciers qui n'auraient pas consenti ne seraient pas liés par le concordat : ils n'en pourraient pas moins poursuivre leur débiteur pour l'intégralité de leurs créances et le faire déclarer en faillite à défaut de paiement. — *Sic*, Lyon-Caen et Renault, t. 7, n. 654.

4. L'adhésion de chaque créancier est d'ailleurs subordonnée à l'adhésion des autres. — Jugé, en ce sens, que, lorsqu'un contrat d'atermoiement, portant la remise partielle des créances, a été accepté par plusieurs des créanciers d'un négociant, sous la condition qu'il serait signé par tous les autres dans un certain délai, les premiers adhérents peuvent demander en justice la rétractation de leur consentement, au cas où toutes les signatures n'arrivent pas à être obtenues, sans qu'on puisse repousser cette demande en rétractation par ce motif que les non signataires ont ratifié la convention d'atermoiement en recevant les paiements partiels faits sur leurs créances; l'acceptation de paiements partiels par un créancier ne pouvant pas impliquer, à elle seule, son adhésion à un contrat d'atermoiement. — Cass., 20 mars 1889 [S. 91. 1. 386, P. 91. 1. 958, D. P. 89. 1. 416]; 13 juin 1893 [S. et P. 97. 1. 507, D. P. 94. 1. 46]

5. Mais si le concordat amiable requiert le consentement unanime des créanciers, par cela même il n'est pas nécessaire qu'il soit homologué par le tribunal de commerce. Cette homologation ne pourrait même pas être accordée par le tribunal, attendu qu'elle a pour objet principal de sauvegarder les intérêts des créanciers dissidents qui n'existent pas en matière de concordat. — Paris, 15 déc. 1863 [D. P. 63. 5. 178]; 12 juillet 1872 [D. P. 74. 2. 9] — *Sic*, Lyon-Caen et Renault, t. 7, n. 654; Ruben de Couder, *Suppl.*, v° *Concordat*, n. 72. — *Contrà*, Lyon, 29 août 1849 [S. 50. 2. 19, P. 50. 1. 345, D. P. 50. 2. 38] — *Adde*, Alauzet, t. 7, n. 2726; Pardessus, t. 3, n. 1268.

6. Le concordat amiable produit en principe les mêmes effets que le concordat judiciaire. Notamment, les remises de dettes qui y sont contenues ne sauraient être considérées comme des libéralités : d'où résulte, d'une part, que le débiteur, tout en étant libéré civilement de la portion de ses dettes dont remise lui a été faite par ses créanciers, reste cependant tenu vis-à-vis d'eux d'une obligation naturelle, et, d'autre part, que ces remises ne sont sujettes ni au rapport, ni à la réduction dans le cas où elles sont consenties par un créancier à l'un de ses successibles. — *Sic*, Lyon-Caen et Renault, t. 7, n. 658; Bravard et Demangeat, t. 5, p. 636; Thaller, n. 2101, *in fine*; et notre *Rép. gén. alph. du dr. fr.*, v° *cit.*, n. 2908 et s. — Sur la question de savoir si les coobligés du débiteur sont libérés à concurrence des remises faites au débiteur par le concordat amiable, V. *infrà*, art. 545, n. 9 et s.

7. Quant au débiteur, il échappe à la faillite en raison même du concordat qu'il a obtenu, et par suite il n'est pas frappé de dessaisissement, alors même qu'un liquidateur aurait été nommé par les créanciers pour assurer l'exécution du concordat : ce liquidateur, à la différence du syndic de faillite, n'est pas le représentant légal du débiteur. — Jugé, en conséquence, que, lorsqu'à la suite d'arrangements intervenus entre un commerçant et ses créanciers, un liquidateur a été nommé simplement pour assurer l'exécution de ces engagements, le débiteur peut être considéré comme n'étant pas dessaisi de l'administration de ses biens, et comme conservant son droit d'action en justice, sans qu'il ait besoin de se faire assister du liquidateur ou de le mettre en cause. — Cass., 18 nov. 1885 [S. 88. 1. 245, P. 88. 1. 599, D. P. 86. 1. 89]

8. Mais, à ce point de vue, le concordat amiable ne doit pas être confondu avec le concordat, qualifié improprement d'amiable, bien qu'il soit en réalité judiciaire, qui était régi par la loi du 22 avr. 1871. Si l'art. 2 de cette loi maintenait au failli concordataire l'administration de ses biens, à la charge de les liquider avec le concours des syndics et sous la surveillance du juge-commissaire, les règles de la faillite n'en continuaient pas moins à recevoir leur application, à l'exception toutefois de celles qui ne pouvaient se concilier avec la dispense du dessaisissement du failli : la jurisprudence concluait de là notamment que le débiteur, resté à la tête de ses affaires, pouvait procéder à la réalisation de ses immeubles, sans avoir à observer les formalités édictées par les art. 572 et 573, C. comm. — Cass., 29 juin 1891 [S. 91. 1. 320, P. 91. 1. 173]

9. En l'absence de texte spécial, il y a lieu d'appliquer au concordat amiable les règles du droit commun sur la nullité et sur la résolution des contrats. En conséquence, le concordat amiable peut être annulé pour cause d'erreur, ou de violence, ou de dol du débiteur, alors même que le dol ne consisterait pas dans la dissimulation de l'actif ou dans l'exagération du passif. — Bordeaux, 4 août 1868 [S. 70. 2. 311, P. 70. 1163, D. P. 71. 2. 104] — *Sic*, Lyon-Caen et Renault, t. 7, n. 659.

10. Quant à la résolution, elle peut être demandée

pour inexécution des conditions par l'un quelconque des créanciers. Dans ce cas, le jugement qui prononce la résolution produit effet à l'égard de tous : alors, en effet, on ne rencontre plus ce consentement unanime des créanciers sans lequel le concordat amiable ne se conçoit pas. — *Sic*, Lyon-Caen et Renault, t. 7, n. 661.

11. Les cautions qui étaient intervenues lors du concordat amiable sont libérées de plein droit dans le cas d'annulation du concordat : elles ne s'étaient engagées en effet que pour assurer l'exécution d'un concordat valable. Mais il ne semble pas que cette même solution puisse être admise dans le cas de résolution du concordat, et il est préférable d'appliquer ici la disposition de l'art. 520, C. comm., qui maintient l'obligation de la caution en cas de résolution du concordat judiciaire : dans les deux cas, en effet, la caution intervient en vue d'assurer, à tout événement, l'exécution des obligations concordataires. — *Sic*, Lyon-Caen et Renault, t. 7, n. 660. — *Contrà*, notre *Rép. gén. alph. du dr. fr.*, v° *cit.*, n. 2914.

12. Le créancier qui a fait à son débiteur remise d'une partie de la dette à la condition de payer le surplus à des époques déterminées, ne peut, en cas de faillite de celui-ci après le paiement de divers acomptes, être admis au passif de la faillite que dans les termes de l'art. 526, C. comm., c'est-à-dire pour la portion de sa créance primitive correspondant à la portion de dividende promise et non payée. — Paris, 12 nov. 1859 [P. 60. 45]

13. Une telle convention présente, en effet, tous les caractères d'un concordat amiable, à l'égard duquel il y a lieu de statuer, par assimilation, suivant les règles établies en matière de concordat judiciaire. — Même arrêt.

14. Il en est ainsi, alors même que la convention d'atermoiement porterait que, si le débiteur ne paie pas aux échéances fixées, le créancier rentrera dans la plénitude de ses droits pour la totalité de sa créance, déduction faite des acomptes reçus. — Même arrêt.

15. Sur la question de savoir si les art. 597 et 598, C. comm., s'appliquent aux avantages particuliers qui auraient été consentis dans le concordat amiable à certains créanciers, — V. *infrà*, C. comm., art. 597 et 598.

SECTION III

DE LA CLÔTURE EN CAS D'INSUFFISANCE DE L'ACTIF.

ART. **527**. Si, à quelque époque que ce soit, avant l'homologation du concordat ou la formation de l'union, le cours des opérations de la faillite se trouve arrêté par insuffisance de l'actif, le tribunal de commerce pourra, sur le rapport du juge-commissaire, prononcer, même d'office, la clôture des opérations de la faillite.

Ce jugement fera rentrer chaque créancier dans l'exercice de ses actions individuelles, tant contre les biens que contre la personne du failli.

Pendant un mois, à partir de sa date, l'exécution de ce jugement sera suspendue. — C. comm., 443, 461, 513, 529 et s.

INDEX ALPHABÉTIQUE.

DIVISION

§ 1. *Du jugement prononçant la clôture de la faillite pour cause d'insuffisance d'actif.*

1. Pour que le tribunal puisse prononcer la clôture de la faillite pour cause d'insuffisance d'actif, il ne suffirait pas que les biens qui composent l'actif de la faillite soient plus ou moins difficiles à réaliser : il faut qu'il n'y ait plus un actif suffisant pour faire face aux frais que nécessite la procédure de la faillite. — *Sic*, Lyon-Caen et Renault, t. 8, n. 763.

2. Cette clôture peut être prononcée à un moment quelconque de la procédure préparatoire à la solution de la faillite. Mais la faillite ne saurait plus être clôturée pour cause d'insuffisance d'actif après l'homologation du concordat ou la formation de l'état d'union. — *Sic*, Lyon-Caen et Renault, t. 8, n. 764 et 765; Thaller, n. 2157; et notre *Rép. gén. alph. du dr. fr.*, v° *Faillite*, n. 3209.

§ 2. *Effets de la clôture pour insuffisance d'actif.*

α) *Continuation de l'état de faillite.* — 3. La clôture pour insuffisance d'actif a simplement pour effet de suspendre les opérations de la faillite : mais elle laisse subsister, sauf en ce qui concerne les poursuites individuelles des créanciers, l'état de faillite tel qu'il existait antérieurement. — Cass., 5 nov. 1879 [S. 81. 1. 161, P. 81. 1. 379 et la note de M. Lyon-Caen, D. P. 80. 1. 5] ; 11 août 1885 [S. 85. 1. 422, P. 85. 1. 1032, D. P. 86. 1. 52] ; 26 oct. 1885 [S. 87. 1. 473, P. 87. 1. 1162 et la note de M. Esmein, D. P. 86. 1. 51] ; 10 nov. 1885 [S. *Ibid.*, P. *Ibid.*, D. P. 86. 1. 49] ; 31 mai 1897 [S. et P. 1901. 1. 447, D. P. 97. 1. 383] ; 4 janv. 1898 [D. P. 98. 1. 228] — Rouen, 21 mars 1851 [S. 52. 2. 274, P. 53. 1. 462, D. P. 52. 2. 274] ; 3 mai 1879 [S. 80. 2. 236, P. 80. 944, D. P. 80. 2. 15] — Paris, 18 déc. 1858 [S. 59. 2. 151, P. 59. 21, D. P. 68. 5. 214] ; 10 mai 1881 [S. 81. 2. 263, P. 81. 1. 1257, D. P. 83. 2. 109] — Nancy, 27 juin 1896 [D. P. 98. 2. 177 et la note de M. Valéry] ; 10 janv. 1899 [S. et P. 99. 2. 108] — *Sic*, Bédarride, t. 2, n. 711 ; Renouard, t. 2, p. 118 ; Alauzet, t. 7, n. 2720 ; Bravard et Demangeat, t. 5 p. 492 ; Laroque-Sayssinel et Dutruc, t. 1, n. 926 ; Boistel, n. 1028 ; Lyon-Caen et Renault, t. 8, n. 766 ; Thaller, n. 2160 ; Ruben de Couder, v° *Concordat*, n. 652, et *Suppl.*, *eod. v°*, n. 322 et s. ; et notre *Rép. gén. alph. du dr. fr.*, *v° cit.*, n. 3214 et s. — *Contrà*, Paris, 30 août 1867 [S. 68. 2. 349, P. 68. 1258, D. P. 68. 2. 113]

4. En conséquence, ce jugement ne fait pas cesser le dessaisissement du failli. — Cass., 5 nov. 1879, précité ; 11 août 1885, précité ; 26 oct. 1885, précité ; 10 nov. 1885, précité. — Rouen, 21 mars 1851, précité ; 3 mai 1879, précité. — Toulouse, 11 janv. 1867 [S. 67. 2. 36, P. 67. 204, D. P. 67. 2. 8] — Bordeaux, 31 juill. 1879 [S. 80. 2. 236, P. 80. 944, D. *Rép.*, *Suppl.*, v° *Faillite*, n. 523] — Nîmes, 15 janv. 1881 [S. 81. 2. 262, P. 81. 1. 1256, D. P. 83. 2. 109] — Paris, 10 mai 1881, précité. — Aix, 20 mars 1884 [S. 85. 2. 135, P. 85. 1. 714, D. *Rép.*, *Suppl.*, *v° cit.*, n. 551] — C. just. Genève, 10 sept. 1883 [S. 84. 4. 16, P. 84. 2. 27, D. *Rép.*, *Suppl.*, *v° cit.*, n. 1031] — *Sic*, Massé, t. 2, n. 1240 ; Alauzet, *loc. cit* ; Boistel, *loc. cit* ; Bravard et Demangeat, t. 5, p. 492 et s. ; Lyon-Caen et Renault, t. 8, n. 771 ; Laroque-Sayssinel et Dutruc, *loc. cit.*

5. Spécialement jugé, par application de ce principe, que les sommes touchées du failli par l'un de ses créanciers, après clôture de la faillite pour insuffisance d'actif, doivent être rapportées à la masse dont le cas où le jugement de clôture vient à être rapporté et où, par suite, la faillite reprend son cours. — Paris, 8 mars 1856 [S. 56. 2. 199, P. 56. 1. 559, D. P. 56. 2. 139]

6. Et il en est ainsi, même pour les paiements qui seraient effectués, par voie de compensation, par le failli pendant la clôture de la faillite. — Aix, 20 mars 1884, précité.

7. Le dessaisissement comprend tous les biens qui pourraient advenir au failli postérieurement à la clôture de la faillite : ces biens sont affectés aux créanciers antérieurs à la faillite, à l'exclusion des créanciers nouveaux. — Rouen. 21 mars 1852, précité. — Nîmes, 15 janv. 1881, précité.

8. D'autre part, le dessaisissement comprend également tous les actes par lesquels le failli disposerait de ses biens. — Jugé, en conséquence, que le transport d'une créance fait postérieurement à la clôture par le failli sans l'assistance des syndics est nul et ne peut servir de fondement à aucune poursuite de la part du cessionnaire. — Paris, 18 déc. 1858, précité ; 17 avr. 1885 [D. P. 86. 2. 41] — Nancy, 10 janv. 1899, précité.

9. Spécialement si, postérieurement à la clôture pour insuffisance d'actif, le failli cède à un tiers le bénéfice d'un contrat d'assurance moyennant un prix déclaré payé comptant, la cession est nulle et le syndic est fondé à en demander la nullité. — Cour just. Genève, 10 sept. 1883, précité.

10. Il importerait peu que la cession fût faite au profit de l'un des créanciers de la faillite, alors surtout qu'elle n'a pas pour cause une action individuelle exercée par ce créancier et n'offre pas le caractère d'un paiement effectué par le failli sur les poursuites dirigées contre lui. — Nancy, 10 janv. 1899, précité.

11. En pareil cas, la nullité de la cession peut être invoquée, non seulement par les créanciers de la faillite, ou le syndic, agissant au nom de la masse, mais aussi par le débiteur cédé. — Même arrêt.

12. Pareillement, si, postérieurement à la clôture pour insuffisance d'actif, le failli traite directement et à l'amiable d'une indemnité d'expropriation, et perçoit seul cette indemnité, le syndic est fondé à demander une indemnité nouvelle. — Paris, 10 mai 1881, précité.

13. Et le syndic ne peut se voir opposer par l'expropriant une déchéance résultant de ce qu'il n'aurait pas, conformément à la loi du 3 mai 1841, fait connaître sa situation de tiers intéressé ; le syndic, en effet, représente le failli et ne saurait subir une déchéance que celui-ci n'a pas encourue. — Même arrêt.

14. Le failli ne pourrait pas non plus, en dehors de l'intervention des syndics, procéder au partage des biens recueillis par lui dans une succession. — Rouen, 3 mai 1873, précité.

15. Et les syndics ont le droit et le devoir de demander la nullité de ce partage, sans être astreints à faire préalablement rapporter le jugement de clôture de la faillite. — Même arrêt.

16. En ce qui concerne l'exercice des actions en justice, il paraît certain que le failli peut défendre aux actions dirigées contre lui : du moment, en effet, que les créanciers recouvrent leur droits de poursuites individuelles (V. *infrà*, n. 35 et s.) il faut bien que le failli ait qualité pour défendre à ces poursuites. — *Sic*, Lyon-Caen et Renault, t. 8, n. 770. — Sur le droit d'intervention des syndics dans les instances dirigées contre le failli, V. *infrà*, n. 31 et s.

17. Mais le failli n'a pas qualité pour agir seul et sans le concours des syndics comme demandeur. Après comme avant le jugement de clôture pour insuffisance d'actif, c'est au syndic qu'appartient l'exercice des actions intéressant la masse, et le tribunal saisi d'une demande formée par le débiteur seul doit rejeter en principe cette demande comme irrecevable. — Cass., 5 nov. 1879, précité ; 31 mai 1897 [S. et P. 1901. 1. 447, D. P. 97. 1. 383] — Nancy, 27 juin 1896, précité. — *Sic*, Lyon-Caen et Renault, t. 8, n. 774 ; Thaller, n. 2160 ; et notre *Rép. gén. alph. du dr. fr. v° cit.*, n. 3225 et s.

18. Et la fin de non-recevoir tirée du défaut de qualité du failli a le caractère d'une exception péremptoire et constitue une véritable défense au fond

qu'on peut faire valoir en tout état de cause devant les juges du fait, aussi bien en première instance qu'en appel. — Nancy, 27 juin 1896, précité.

19. Ainsi le failli n'a pas qualité pour exercer seul et sans le concours de son syndic une action en paiement de marchandises par lui fournies antérieurement, sous prétexte que l'action devrait augmenter l'actif de la faillite et profiter à la masse des créanciers. — Cass., 11 août 1885, précité.

20. ... Ni poursuivre seul, en l'absence du syndic défaillant, l'appel d'un jugement dans une instance qui ne peut être considérée comme un acte conservatoire. — Bordeaux, 31 juill. 1879, précité.

21. ... Ni pour se pourvoir seul, et sur le refus du syndic, par la voie extraordinaire de la requête civile contre une décision de justice intéressant la faillite, ni pour se pourvoir en cassation contre l'arrêt rejetant la requête civile. — Cass., 10 nov. 1885, précité ; 31 mars 1897, précité. — *Sic*, Thaller, n. 2160 , Lyon-Caen et Renault, t. 8, n. 774 ; Ruben de Couder, *Suppl.*, *v° cit.*, n. 326 et 327. — *Contrà*, Cass., 7 avr. 1830 [S. et P. chr., D. *Rép.*, *v° cit.*, n. 242] — *Adde*, Bravard et Demangeat, t. 5, p. 77 ; Laroque-Sayssinel et Dutruc, t. 1, n. 166.

22. Mais le failli conserve, même après le jugement de clôture, l'exercice des actions qui se réfèrent à des droits exclusivement attachés à la personne et qui lui appartiendraient même au cours de la procédure de la faillite. — Jugé, à cet égard, que le failli, dont la faillite a été close pour insuffisance d'actif, conformément à l'art. 527, C. comm., est néanmoins recevable à former, devant le conseil de préfecture, une demande en indemnité contre une ville à raison de dommages à lui causés par l'exécution de travaux publics. — Cons. d'Etat, 5 juill. 1878 [S. 80. 2. 95, P. adm. chr., D. P. 79. 3. 27] — *Sic*, Lyon-Caen et Renault, t. 8, n. 774 et 777. — Sur les actions se référant aux droits exclusivement attachés à la personne et que le failli peut exercer malgré la faillite, V. *suprà*, art. 443, n. 190 et s.

23. Par le même motif, l'incapacité dont reste frappé le failli, à la suite du jugement prononçant la clôture des opérations de la faillite pour insuffisance d'actif, laisse au failli le droit de poursuivre l'exécution de ses droits sans le secours du syndic, lorsque cette exécution ne porte pas atteinte aux intérêts des créanciers. — Paris, 18 juill. 1884 [S. 84. 2. 172, P. 84. 1 897]

24. Ainsi, le propriétaire, qui a consenti au failli avant la faillite un bail avec promesse de vente, ne peut se refuser à réaliser la promesse de vente, alors que le failli demande la réalisation de cette promesse après la clôture de la faillite pour insuffisance d'actif, le prix de vente devant être payé par un tiers en l'acquit du failli ; vainement le propriétaire exciperait de l'incapacité du failli. — Même arrêt.

25. De même, le failli a qualité pour poursuivre la réalisation d'une promesse de vente qui lui avait été faite antérieurement à sa faillite, et dont le prix doit être payé des deniers d'un tiers. — Cass., 26 oct. 1885 [S. 87. 1. 473, P. 87. 1. 1162, et la note de M. Esmein, D. P. 86. 1. 51]

26. De même encore, le failli a qualité, après la clôture pour insuffisance d'actif, pour reprendre une instance qui, au moment de la faillite, était pendante entre lui et un de ses créanciers et que les syndics ne peuvent plus poursuivre eux-mêmes. — Bordeaux, 30 mai 1853 [S. 53. 2. 551, P. 55. 2. 316, D. P. 54. 2. 110]

27. Jugé, dans le même sens, que le failli, qui peut entreprendre un nouveau commerce ou louer ses services malgré le dessaisissement qui résulte de la faillite, a le droit d'exercer seul et sans le concours des syndics, les actions relatives à l'exercice de son nouveau commerce, comme aussi les actions en paiement du salaire qui lui serait personnellement dû pour des travaux exécutés depuis le jugement de clôture. — Aix, 23 juin 1882 [*J. des faill.*, 83. 376] — *Sic*, Lyon-Caen et Renault, t. 8, n. 777 ; Thaller, n. 2160, p. 1107, note 1 ; Demangeat, sur Bravard, t. 5, p. 74.

28. Et, à l'inverse, les transactions intervenues entre le failli et des tiers, telles que la vente de son nouveau fonds de commerce et la résiliation du bail des lieux où il s'exploitait, ne peuvent être attaquées par le syndic ou les créanciers qui les ont laissées s'accomplir sans opposition, si d'ailleurs elles n'ont aucun caractère frauduleux. — Cass., 12 janv. 1864 [S. 64. 1. 17, P. 64. 324, D. P. 64. 1. 130]

29. De ce que le failli reste dessaisi de l'administration de ses biens après le jugement de clôture de la faillite, il résulte que ce jugement laisse subsister les droits et les pouvoirs du syndic, qui continue à surveiller les intérêts de la masse et à assurer l'unité de la gestion. — Cass., 5 nov. 1879, précité ; 10 nov. 1885, précité ; 31 mai 1897, précité. — Rouen, 21 mai 1851, précité ; 3 mai 1879, précité. — Paris, 10 mai 1881, précité. — Lyon, 24 mars 1897 [S. et P. 97. 2. 248] — *Sic*, Pardessus, t. 3, p. 97 ; Massé, t. 2, n. 1240 ; Bravard et Demangeat, t. 5, p. 492 ; Laroque-Sayssinel et Dutruc, t. 1, n. 296 ; Boistel, n. 1028 ; Lyon-Caen et Renault, t. 8, n. 771 ; Thaller, n. 2160 ; Ruben de Couder, *v° cit.*, n. 653, et *Suppl.*, *eod. v°*, n. 323 et s. ; et notre *Rép. gén. alph. du dr. fr.*, *v° cit.*, n. 3236 et s. — *Contrà*, Renouard, t. 2, p. 118 ; Bédarride, t. 2, n. 701 ; Namur, t. 3, n. 1928.

30. Les syndics demeurent donc investis du droit d'agir dans l'intérêt de la masse, et de faire les diligences nécessaires pour assurer le recouvrement de toute valeur dépendant de la faillite. — Spécialement, le syndic a qualité pour agir en justice contre un tiers auquel le failli a vendu son fonds de commerce, à l'effet d'obtenir le paiement du prix, et pour pratiquer des saisies-arrêts entre les mains des débiteurs de l'acheteur du fonds de commerce. — Lyon, 24 mars 1897, précité.

31. D'autre part, si le failli peut défendre aux actions exercées contre lui par ses créanciers, les syndics ont toujours le droit d'intervenir dans ces procès pour sauvegarder les intérêts de la masse — Cass., 5 nov. 1879. précité. — Amiens, 2 juill. 1892 [D. P. 93. 2. 505] — Paris, 29 mars 1881 [D. P. 83. 2. 108] ; 6 août 1896 [D. P. 97. 2. 87] — *Sic*, Lyon-Caen et Renault, t. 8, n. 775.

32. Spécialement, les syndics ont qualité pour intervenir dans une instance en partage introduite contre le failli, et même pour l'intenter en son nom contre les cohéritiers de celui-ci. — Paris, 29 mars 1884, précité.

33. De même, lorsqu'un des créanciers a formé une saisie-arrêt sur les biens du failli, le syndic a qualité pour intervenir dans l'instance en validité de la saisie-arrêt, à l'effet, d'une part, d'empêcher le créancier saisissant de se faire attribuer le béné-

fice de la saisie-arrêt et, d'autre part, de faire verser entre ses mains, à lui syndic, et au profit de la masse, les sommes saisies-arrêtées. — Paris, 6 août 1896, précité.

34. L'intervention des syndics peut se produire pour la première fois en appel, si, devant les premiers juges, les syndics n'étaient pas en cause en cette qualité, et spécialement s'ils ne figuraient alors dans l'instance que comme liquidateurs de la société dont ils ont été plus tard nommés syndics. — Amiens, 2 juill. 1892, précité.

β) *Poursuites individuelles des créanciers.* — 35. Aux termes des deuxième et troisième alinéas de notre article, les créanciers recouvrent l'exercice de leurs actions individuelles tant contre les biens que contre la personne du failli, à partir de l'échéance du mois qui suit le jugement de clôture pour cause d'insuffisance d'actif. — Cass., 5 nov. 1879 [S. 81. 1. 161, P. 81. 1. 379 et la note de M. Lyon-Caen, D. P. 80. 1. 5] — Paris, 6 août 1896 [D. P 97. 2. 87] — *Sic*, Lyon-Caen et Renault, t. 8, n. 767 et s.; Thaller, n. 2159 ; Ruben de Couder, *v° cit.*, n. 654, et *Suppl.*, *eod. v°*, n. 332 ; et notre *Rép. gén. alph. du dr. fr.*, *v° cit.*, n. 3211 et s.

36. Notamment, les créanciers peuvent former des saisies-arrêts sur les biens du failli, sauf au syndic à intervenir pour se faire attribuer, au profit de la masse, les sommes saisies-arrêtées. — Paris, 6 août 1896, précité. — Sur la question de savoir si le créancier poursuivant doit restituer à la masse les sommes qu'il a touchées du failli dans le cas où le jugement de clôture de la faillite est rapporté, V. *infrà*, art. 528, n. 4.

Art. **528**. Le failli, ou tout autre intéressé, pourra, à toute époque, le faire rapporter par le tribunal en justifiant qu'il existe des fonds pour faire face aux frais des opérations de la faillite, ou en faisant consigner, entre les mains des syndics, somme suffisante pour y pourvoir.

Dans tous les cas, les frais des poursuites exercées en vertu de l'article précédent devront être préalablement acquittés. — C. civ., 2101-1° ; C. comm., 443.

1. Le droit de demander le rapport du jugement de clôture pour cause d'insuffisance d'actif appartient à toute personne intéressée, failli, syndic ou créancier. — *Sic*, Lyon-Caen et Renault, t. 8, n. 780 ; Thaller, n. 2162 ; et notre *Rép. gén. alph. du dr. fr.*, v° *Faillite*, n. 3245 et s.

2. Le tribunal pourrait également rapporter d'office son jugement. — Amiens, 6 déc. 1881 [*J. des fail.*, 82. 406] — *Sic*, Lyon-Caen et Renault, *loc. cit.*

3. Le rapport du jugement de clôture a pour effet de rouvrir la faillite sur les derniers errements de la procédure et de priver de nouveau les créanciers de leur droit de poursuite individuelle. — *Sic*, Lyon-Caen et Renault, t. 8, n. 781.

4. D'un autre côté, le jugement de rapport a pour effet d'obliger les créanciers, qui auraient exercé des poursuites individuelles contre le failli postérieurement à la clôture pour insuffisance d'actif, à rapporter à la masse les sommes qu'ils ont touchées du failli. Si en effet la loi restitue aux créanciers leur droit de poursuite individuelle après la clôture de la faillite, c'est uniquement pour leur permettre de suppléer à l'inaction des syndics et non pas pour favoriser tel créancier au détriment des autres. Et ce qui confirme cette interprétation, c'est que le deuxième alinéa de notre article décide que les frais de poursuite individuelle doivent être acquittés par la faillite préalablement au jugement de rapport : c'est donc que ces frais profitent à la masse et non pas au seul créancier qui les a exposés. — Cass., 5 nov. 1879 [S. 81. 1. 161, P. 81. 1. 179, D P. 80. 1. 5] — Paris, 8 mars 1856 [S. 56. 2. 199, P. 56. 1. 559, D. P. 56. 2. 139] ; 6 août 1896 [D. P. 97. 2. 87] — Aix, 20 mars 1884 [S. 85. 2. 135, P. 85. 1. 714, D. *Rép.*, *Suppl.*, v° *Faillite*, n. 551] — *Sic*, Bravard et Demangeat, t. 5, p. 493; Renouard, t. 2, p. 122 ; Boistel, n. 1028; Laroque-Sayssinel et Dutruc, t. 1, n. 933 ; Lyon-Caen et Renault, t. 8, n. 782 ; Thaller, n. 2159, p. 1106, note 1 ; Ruben de Couder, v° *Faillite*, n. 656 ; et notre *Rép. gén. alph. du dr. fr.*, v° *Faillite*, n. 3248. — *Contrà*, Bédarride, t. 2, n. 702.

5. La situation créée par le jugement de clôture pour insuffisance d'actif continue aussi longtemps que ce jugement n'est pas rapporté. — Jugé, à cet égard, que même dans le cas où le failli aurait intégralement payé ses créanciers, les tribunaux ne pourraient pas, en dehors des règles légales, déclarer la faillite définitivement clôturée, et relever les syndics et le juge-commissaire de leurs fonctions : ce serait là créer une solution nouvelle de la faillite en dehors de celles qui sont limitativement énumérées par la loi. Dans ce cas, la réhabilitation seule peut faire disparaître la faillite. — Paris, 25 mars 1879 [D. P. 79. 2. 97] — *Sic*, Lyon-Caen et Renault, t. 8, n. 783 ; Alauzet, t. 8, n. 2847 et 2888 ; Camberlin, p. 459.

6. Les héritiers du failli, de leur côté, ne pourraient pas s'immiscer dans l'administration de la faillite, tant que le jugement de clôture n'a pas été rapporté, en se fondant sur ce qu'ils auraient trouvé des capitaux dans la succession de leur auteur. — Rouen, 11 mai 1878 [D. P. 80. 2. 16] — *Sic*, Lyon-Caen et Renault, t. 8, n. 784.

SECTION IV

DE L'UNION DES CRÉANCIERS.

Art. **529**. S'il n'intervient point de concordat, les créanciers seront de plein droit en état d'union.

Le juge-commissaire les consultera immédiatement, tant sur les faits de la gestion que sur l'utilité du maintien ou du remplacement des syndics. Les créanciers privilégiés, hypothécaires ou nantis d'un gage, seront admis à cette délibération.

Il sera dressé procès-verbal des dires et observations des créanciers, et, sur le vu de cette pièce, le tribunal de commerce statuera comme il est dit à l'article 462.

Les syndics qui ne seraient pas maintenus devront rendre leur compte aux nouveaux syndics, en présence du juge-commissaire, le failli dûment appelé. — C. proc. civ., 527 et s.; C. comm , 445, 462, 570; L. 4 mars 1889, art. 19.

α) *Ouverture de l'union.* — 1. La disposition du premier alinéa de notre article ne comporte pas de distinction et doit être appliquée toutes les fois que, pour un motif quelconque, le concordat ne peut pas être formé. — Jugé, en ce sens, que, dans le cas où le failli n'a fait aucune proposition de concordat et où la majorité de l'assemblée a refusé de lui accorder le sursis par lui demandé, le juge-commissaire ne fait qu'obéir à l'art. 529 en déclarant les créanciers en état d'union. — Cass., 11 nov. 1873 [D. P. 74. 5. 259] — *Sic*, Lyon-Caen et Renault, t. 8, n. 669-*b*.

2. De même, le rejet de la demande en homologation d'un concordat, alors même que le jugement qui a rejeté cette demande a déclaré en même temps le failli excusable, ne permet pas au failli de proposer un nouveau concordat à ses créanciers, ceux-ci se trouvant de plein droit en état d'union. Il n'en est pas de ce cas comme de celui où un concordat homologué a été ensuite annulé pour une cause autre que la découverte d'un dol du failli ou sa condamnation comme banqueroutier frauduleux, survenues depuis l'homologation. — Rouen, 3 mai 1846 [S. 47. 2. 561, P. 48. 1. 266, D. P. 46. 4. 168]

β) *Nomination des syndics de l'union.* — 3. Les créanciers doivent donner leur avis sur le maintien ou sur le remplacement des syndics définitifs, soit dans l'assemblée même du concordat, soit dans une assemblée spéciale si le concordat n'a pas été homologué par le tribunal ou s'il est annulé. Les créanciers privilégiés ou hypothécaires peuvent prendre part au vote sans encourir la déchéance de leur privilège ou de leur hypothèque. — *Sic*, Alauzet, t. 7, n. 7225; Lyon-Caen et Renault, t. 8, n. 676; et notre *Rép. gén. alph. du dr. fr.*, v° *Faillite*, n. 2960 et s.

4. Dans le cas où les syndics définitifs sont maintenus en fonctions, ils deviennent alors syndics de l'union, et en ont les pouvoirs, notamment celui de faire vendre les immeubles du failli dans les conditions des art. 572 et s., C. comm. — Angers, 12 déc. 1894, sous Cass., 23 juin 1896 [S. et P. 96. 1. 389] — *Sic*, Ruben de Couder, *Suppl.*, v° *Union*, n. 1.

Art. **530**. Les créanciers seront consultés sur la question de savoir si un secours pourra être accordé au failli sur l'actif de la faillite.

Lorsque la majorité des créanciers présents y aura consenti, une somme pourra être accordée au failli, à titre de secours, sur l'actif de la faillite. Les syndics en proposeront la quotité, qui sera fixée par le juge-commissaire, sauf recours au tribunal de commerce, de la part des syndics seulement. — C. comm., 453, 583-5°.

1. Il n'est pas nécessaire que le failli demande lui-même un secours : le juge-commissaire doit d'office provoquer la délibération des créanciers sur ce point. — *Sic*, Bédarride, t. 2, n. 738; Bravard et Demangeat, t. 5, p. 499; Ruben de Couder, v° *Union*, n. 70.

2. Le recours des syndics devant le tribunal de commerce contre l'ordonnance du juge-commissaire qui fixe la somme à accorder au failli à titre de secours, est introduit au moyen d'une simple requête : le failli n'a pas le droit d'en discuter le montant, ni de se pourvoir contre ladite ordonnance. — *Sic*, Bédarride, t. 2, n. 742; Lyon-Caen et Renault, t. 8, n. 679; Bravard et Demangeat, t. 5, p. 499, note 1; Ruben de Couder, *v° cit.*, n. 73.

3. L'usage, qui consiste à allouer au failli son mobilier à titre de secours, est contraire à la disposition de notre article qui ne prévoit et n'autorise que l'allocation d'une somme d'argent au failli. — *Sic*, Lyon-Caen et Renault, t. 8, n. 679, *in fine*.

Art. **531**. Lorsqu'une société de commerce sera en faillite, les créanciers pourront ne consentir de concordat qu'en faveur d'un ou plusieurs des associés.

En ce cas, tout l'actif social demeurera sous le régime de l'union. Les biens personnels de ceux avec lesquels le concordat aura été consenti en seront exclus, et le traité particulier passé avec eux ne pourra contenir l'engagement de payer un dividende que sur des valeurs étrangères à l'actif social.

L'associé qui aura obtenu un concordat particulier sera déchargé de toute solidarité. — C. civ., 1200 et s.; C. comm., 19 et s., 458, 507 et s., 541, 604.

INDEX ALPHABÉTIQUE.

DIVISION

§ 1. *Concordat des sociétés en nom collectif et en commandite.*

α) Concordat social.

β) Concordats individuels des associés.

§ 2. *Sociétés anonymes.*

§ 3. *Sociétés dissoutes ou nulles.*

§ 1. *Concordat des sociétés en nom collectif et en commandite.*

α) *Concordat social.* — 1. Lorsqu'il s'agit d'une société en nom collectif, les propositions concordataires ne peuvent être faites par le gérant seul : elles exigent le consentement de tous les associés, lesquels doivent arrêter d'un commun accord le projet de traité qui sera ensuite soumis à l'assemblée des créanciers, soit par le gérant, soit par un mandataire spécialement nommé à cet effet. — *Sic,* Pic, *Faill. des soc.*, p. 173; et notre *Rép. gén. alph. du dr. fr.*, v° *Faillite*, n. 2207.

2. La même règle doit être suivie dans les sociétés en commandite simple : le consentement de tous les commandités est nécessaire, mais suffisant, et il n'est pas besoin du consentement des commanditaires. Au contraire, dans la commandite par actions, les gérants doivent, comme les administrateurs des sociétés anonymes, soumettre au préalable les propositions concordataires au vote de l'assemblée générale des actionnaires. — *Sic,* Pic, *op. cit.*, p. 174.

3. Le concordat social ne peut être voté que par une assemblée exclusivement composée des créanciers sociaux, et la double majorité requise par l'art. 507, C. comm., se calcule uniquement d'après leur nombre et le chiffre de leurs créances; on ne saurait tenir compte des créanciers personnels des associés. — *Sic,* Lyon-Caen et Renault, t. 8, n. 1189 et 1212; Thaller, n. 2207; et notre *Rép. gén. alph. du dr. fr.*, v° *cit.*, n. 2406 et s.

4. Dans le cas où les créanciers sociaux ont accordé à la société son concordat, les associés peuvent individuellement se prévaloir vis-à-vis de ces créanciers de la remise de dettes, consentie à la société, alors tout au moins que les créanciers sociaux n'ont pas réservé leurs droits contre eux : ici ne s'applique pas l'art. 545, C. comm., aux termes duquel les créanciers conservent malgré le concordat, leur action contre les coobligés du failli. — Cass., 5 déc. 1864 [S. 65. 1. 29, P. 65. 45, D. P. 65. 1. 15] — *Sic,* Thaller, n. 2209; Pic, p. 177. — *Contrà,* Lyon-Caen et Renault, t. 8, n. 1214.

5. Mais les associés ne pourraient se prévaloir des clauses du concordat social que contre les créanciers sociaux et non pas contre leurs créanciers personnels qui sont restés étrangers à ce concordat : à l'égard des créanciers qui lui sont personnels, il faut que chaque associé obtienne un concordat individuel suivant les règles ci-après indiquées. — Cass., 10 nov. 1845 [S. 45. 1. 789, D. P. 45. 1. 417]; 7 janv. 1873 [S. 73. 1. 123, P. 73. 269, D. P. 73. 1. 257]

β) *Concordats individuels des associés.* — 6. Que la faillite de la société se clôture par un concordat ou par l'état d'union, chacun des associés peut obtenir individuellement, et en ce qui touche sa faillite personnelle, son concordat. D'après la jurisprudence, ce concordat ou ces concordats individuels devraient être demandés à peine de déchéance dans l'assemblée même où sont examinées les propositions de concordat faites au nom de la société. — Alger, 20 oct. 1867 [S. 68. 2. 19, P. 68. 194, D. P. 71. 2. 75] — Amiens, 27 nov. 1868, sous Cass., 26 avr. 1869 [S. 70. 1. 113, P. 70. 268, D. P. 71. 1. 5]

7. Mais cette solution a été justement critiquée. D'une part, en effet, les faillites de la société et des associés, bien que procédant d'une même cause, la cessation de paiements des dettes sociales, n'en sont pas moins distinctes et indépendantes les unes des autres, si bien qu'elles peuvent comporter des solutions opposées. D'autre part, les créanciers personnels des associés ne sont pas nécessairement convoqués à l'assemblée qui statue sur le concordat de la société, et l'on ne concevrait pas que, dans ces conditions, cette assemblée soit obligée de délibérer, à peine de déchéance, sur les concordats individuels des associés. — *Sic,* Lyon-Caen et Renault, t. 8, n. 1212, *in fine*; et notre *Rép. gén. alph. du dr. fr.*, v° *cit.*, n. 2408 et s.

8. En tout cas, lorsque la faillite d'une société en nom collectif et celles des gérants ont le même juge-commissaire et les mêmes syndics, que les opérations ont toujours été communes et que les créanciers personnels des gérants ont été convoqués en même temps que ceux de la société pour entendre les propositions de concordat, cette convocation entraîne la nécessité de délibérer dans la même séance sur le concordat de la société et sur ceux des gérants. En conséquence, le gérant qui, après le rejet du concordat présenté au nom de la société, refuse d'en présenter un en son nom personnel, est déchu du droit de l'obtenir ultérieurement, malgré les réserves qu'il a pu faire. — Cass., 26 avr. 1869, précité.

9. L'assemblée qui statue sur le concordat indi-

viduel d'un associé est composée des créanciers personnels de cet associé, y compris d'ailleurs les créanciers sociaux, et c'est sur l'ensemble de ces créanciers que doivent se calculer les majorités qui sont requises par la loi. Les créanciers sociaux ne forment qu'une seule et même masse avec les créanciers personnels des associés : ils ne pourraient pas délibérer séparément et s'opposer à eux seuls à la formation du concordat. — *Sic*, Lyon-Caen et Renault, t. 8, n. 1212; et notre *Rép. gén. alph. du dr. fr.*, v° *cit.*, n. 2414 et s.

10. Jugé cependant, en sens contraire, que le commerçant, membre d'une société tombée en faillite, et déclaré lui-même personnellement en faillite, ne peut obtenir de concordat valable dans sa faillite personnelle, lorsqu'un concordat particulier lui a été refusé par les créanciers sociaux : le même débiteur ne saurait être à la fois concordataire et sous le régime d'un contrat d'union. — Paris, 19 août 1844 [S. 44. 2. 616] — Colmar, 25 mai 1855 [S. 56. 2. 144, P. 56. 2. 464, D. P. 58. 2. 64] — *Sic*, Renouard, t. 2, p. 139.

11. Dans le cas où les créanciers personnels d'un associé lui ont accordé son concordat, alors que les créanciers sociaux ont repoussé les propositions concordataires de la société et sont ainsi en état d'union, l'associé concordataire est déchargé, dit notre article, de toute solidarité, en ce sens qu'il n'est tenu vis-à-vis des créanciers sociaux, comme vis-à-vis de ses propres créanciers, que du dividende qu'il a promis par son concordat : ce dividende doit d'ailleurs être acquitté exclusivement de ses deniers personnels, l'actif social demeurant le gage exclusif des créanciers sociaux. — Trib. comm. Bordeaux, 27 avr. 1887 [*J. des faill.*, 87. 664] — *Sic*, Lyon-Caen et Renault, t. 8, n. 1213; Thaller, n. 2208; Pic, p. 176; et notre *Rép. gén. alph. du dr. fr.*, v° *cit.*, n. 2417 et s.

12. Toutefois, lorsque les créanciers d'une société en état de faillite consentent des concordats séparés à chacun des membres de la société, ils peuvent abandonner tout l'actif social à l'un de ces membres seulement, comme condition de son obligation de leur payer des dividendes : ici n'est pas applicable l'art. 531, C. comm., qui statuant pour le cas où les créanciers ne consentent de concordats qu'au profit de quelques-uns seulement des membres de la société, dispose qu'alors tout l'actif social demeurera sous le régime de l'union, et que les associés concordataires ne pourront s'engager à payer un dividende que sur des valeurs étrangères à l'actif social. — Paris, 25 mars 1858 [S. 59. 2. 248, P. 59. 196, D. P. 58. 2. 77]

§ 2. *Sociétés anonymes.*

13. On admet aujourd'hui, d'une manière unanime, que les sociétés anonymes, comme les autres sociétés, peuvent obtenir un concordat. La faillite de la société en effet, n'entraîne pas, comme on l'a soutenu à tort, la dissolution de cette société : et dès lors, il n'y a point de motif pour lui refuser le droit au concordat. — Cass., 17 avr. 1894, sol. implic. [S. et P. 96. 1. 459, D. P. 95. 1. 161] — Paris, 12 juill. 1869 [S. 71. 2. 233, P. 71. 791 et la note de M. Lyon-Caen, D. P. 70. 2. 7] — *Sic*, Lyon-Caen et Renault, t. 8, n. 1204; Thaller, n. 2205, *Rev. crit.*, 1885, p. 296, et *Faill. en dr. comp.*, t. 2, p. 325; Boistel, n. 1040; Pic, p. 168; Duvivier, *Tr. de la faill. des soc.*, p. 197; Rousseau, *Tr. des soc.*, n. 2038; Ruben de Couder, v° *Concordat*, n. 16; et notre *Rép. gén. alph. du dr. fr.*, v° *cit.*, n. 2205 et s. — Sur la question de savoir si les sociétés anonymes peuvent obtenir un concordat par abandon d'actif, V. *infrà*, art. 541, n. 1 et s.

14. Dans ce cas, les propositions concordataires qui seront soumises à l'assemblée des créanciers doivent être délibérées et votées par une assemblée d'actionnaires : elles dépassent les attributions normales du conseil d'administration. — *Sic*, Thaller, n. 2205, et *Rev. crit.*, 1885, p. 298; Lyon-Caen et Renault, t. 8, n. 1206.

15. La faillite de la société n'entraînant pas sa dissolution, c'est aux administrateurs qui étaient en fonctions au moment où elle a été déclarée, qu'il appartient de défendre devant l'assemblée du concordat les propositions arrêtées par les actionnaires, à moins que ces derniers n'aient désigné d'autres mandataires. — *Sic*, Thaller, *loc. cit.*; Pic, p. 179. — *Contrà*, Lyon-Caen et Renault, *loc cit.*

16. Jugé cependant que les administrateurs et fondateurs d'une société en faillite sont des tiers, et non les faillis : en conséquence, leur présence au concordat et leur signature séance tenante ne sont point une condition de validité du concordat, les seules personnes nécessaires étant le failli, c'est-à-dire la société représentée par son liquidateur, et les créanciers. — Lyon, 18 mars 1884 [D. P. 84. 2. 211]

17. La faillite des sociétés anonymes, à la différence de la faillite des sociétés en nom collectif ou en commandite ne comporte pas de concordats individuels pour les actionnaires qui ne sont pas des commerçants. — Sur les conditions de validité des clauses qui peuvent être insérées dans le concordat de la société en faveur des actionnaires ou des administrateurs, V. *infrà*, art. 541, n. 2 et s.

§ 3. *Sociétés dissoutes ou nulles.*

18. Il est généralement reconnu qu'une société dissoute ou annulée ne peut pas obtenir un concordat. Le but du concordat, en effet, est de remettre le failli à la tête de ses affaires : or ce but ne peut plus être réalisé lorsqu'il s'agit d'une société qui a été dissoute ou annulée et qui, comme telle, n'a plus d'existence juridique. — Paris, 17 avr. 1894 [S. et P. 95. 1. 121 et la note de M. Wahl, D. P. 97. 1. 113 et la note de M. Thaller, sous Cass., 5 nov. 1895] — *Sic*, Lyon-Caen et Renault, t. 9, n. 1208; Thaller, *Rev. crit.*, 1885, p. 297 et *Des faill. en dr. comp.*, t. 2, p. 326; Pic, *Faill. des soc.*, p. 183 et s.; Duvivier, *Faill. des soc.*, p. 209; Ruben de Couder, *Suppl.*, v° *Concordat*, n. 1 et s.; et notre *Rép. gén. alph. du dr. fr.*, v° *cit.*, n. 2234 et s. — *Contrà*, Lyon, 18 mars 1884 [D. P. 84. 2. 111] — *Adde*, Boistel, n. 1040. — Sur la question de savoir si une société dissoute ou nulle peut obtenir un concordat par abandon d'actif, V. *infrà*, art. 541, n. 4 et s.

19. Le moyen tiré de la nullité d'une société commerciale, invoqué pour la première fois en appel à l'appui d'une opposition à l'homologation d'un concordat consenti par les créanciers de cette société, a le caractère, non d'une demande nouvelle, mais d'un moyen nouveau recevable en appel. — Paris, 17 avr. 1894, précité.

ART. **537**. Lorsque la liquidation de la faillite sera terminée, les créanciers seroı convoqués par le juge-commissaire.

Dans cette dernière assemblée, les syndics rendront leur compte. Le failli sera préseı ou dûment appelé.

Les créanciers donneront leur avis sur l'excusabilité du failli. Il sera dressé, à c effet, un procès-verbal dans lequel chacun des créanciers pourra consigner ses dires observations.

Après la clôture de cette assemblée, l'union sera dissoute de plein droit. — C. pro civ., 527 et s. ; C. comm., 452, 530, 532.

INDEX ALPHABÉTIQUE.

DIVISION

α) Reddition de comptes des syndics et clôture de l'union.

β) Effets de la clôture de l'union.

α) *Reddition de comptes des syndics et clôture de l'union.* — 1. De ce que les syndics doivent rendre leurs comptes en présence du failli ou le failli dûment appelé, il résulte que le failli a le droit de contester ce compte, s'il lui paraît inexact ou frauduleux. — Alger, 30 mars 1868 [S. 68. 1. 268, P. 68. 1004, D. P. 72. 5. 244]

2. Et le failli, après avoir contesté certains articles du compte des syndics devant le juge-commissaire qui a renvoyé, à cet effet, les parties à l'audience, est recevable à formuler d'autres griefs et à assigner directement les syndics devant le tribunal pour y faire statuer. — Même arrêt.

3. La disposition de l'art. 537, C. comm., portant que l'union est dissoute de plein droit après la clôture de l'assemblée dans laquelle les syndics ont rendu leur compte définitif, n'est applicable qu'au cas où ce compte n'a été l'objet d'aucune contestation : dans le cas contraire, l'union subsiste jusqu'à l'apurement définitif du compte. — Alger, 30 mars 1868 [S. 68. 2. 268, P. 68. 1004, D. P. 71. 2. 112]

4. Jugé, dans le même sens, que c'est à tort que le tribunal déclare les opérations de la faillite terminées, lorsque les créanciers ont refusé de recevoir les comptes du syndic et veulent les faire contrôler. — Lyon, 18 juill. 1893 [D. P. 94. 2. 257]

5. L'union doit être également clôturée dans le cas où les créanciers sont complètement désintéressés par suite de la liquidation et de la répartition des biens du failli : les syndics doivent alors rendre leurs comptes, non plus aux créanciers qui n'ı plus intérêt à contrôler sa gestion, mais au faill qui revient le solde disponible. — Trib. com Seine, 8 juin 1889 [*J. des faill.*, 89, art. 1157]

6. Il en serait de même dans le cas où le fai ayant acquis de nouveaux biens, par suite d'une sı cession ou d'un legs, offrirait aux syndics de l remettre les sommes nécessaires au paiement in gral des créanciers ; le failli pourrait même, en d'inaction des syndics, les assigner devant le tribur à l'effet d'obtenir un jugement prononçant la clôt de l'union à raison de ses offres et prescrivant ε syndics de lui rendre leurs comptes. — Lyon, août 1882 [*J. des faill.*, 83. 254] — V. aussi nc *Rép. gén. alph. du dr. fr.*, v° *Faillite*, n. 3045 e

7. Mais l'état d'union ne peut pas prendre fin la prescription : en conséquence, et alors même le syndic serait resté trente ans, sans faire au acte de procédure depuis l'ouverture de l'union, nouveaux biens que le failli pourrait acquérir n sont pas moins soumis aux règles de l'union. Alger, 16 déc. 1888 [*J. des faill.*, 89. 384] — T. comm. Alger, 29 févr. 1888 [*Ibid.*, 88. 379 et note de M. Bartin] — *Sic*, Lyon-Caen et Rena t. 8, n. 735.

β) *Effet de la clôture de l'union.* — 8. La ture de l'union met fin à la faillite et fait dis raître pour l'avenir ses effets civils et notamm le dessaisissement du failli quant aux biens c pourra acquérir par la suite. — Trib. comm. Se 2 févr. 1867 [*J. des trib. de comm.*, 67. 212] — aussi notre *Rép. gén. alph. du dr. fr.*, v° n. 3082 et s.

9. D'autre part, et dès lors qu'il n'y a plus fail la masse cesse d'exister. En conséquence, l'hy thèque légale conférée à la masse par l'art. C. comm., ne peut plus être invoquée après la clô de l'union. Il est vrai qu'aux termes de l'art. C. comm., cette hypothèque survit au concorc mais c'est là une disposition spéciale qui s'expl par la nécessité d'assurer aux créanciers qui r encore rien touché le paiement des dividendes mis par le failli; et, par suite, cette dispositioı saurait être étendue à l'état d'union. — *Sic*, L Caen et Renault, t. 8, n. 729 ; et notre *Rép. alph. du dr. fr.*, v° *cit.*, n. 3084 et s.

10. Le syndic doit donc, après reddition d comptes et une fois les répartitions effectuées, ner mainlevée de l'inscription hypothécair l'art. 490 sans même être tenu d'en référer au j commissaire. — *Sic*, Pont, *Priv. et hypoth.*, n. 1079; Aubry et Rau, t. 3, § 221 ; Baudry-La tinerie et de Loynes, t. 3, n. 1832.

11. Et, lorsque le tribunal de commerce, en

nonçant, après le paiement de tous les créanciers, la clôture des opérations de la faillite et l'apurement du compte du syndic, a omis d'ordonner la radiation des inscriptions prises dans l'intérêt de la masse, la demande de cette radiation est valablement formée contre le syndic et devant le tribunal civil. — Caen, 13 fév. 1865 [S. 65. 2. 138, P. 65. 691, D. *Rép., Suppl.*, v° *Faillite*, n. 1064]

12. La clôture de l'union met également fin aux fonctions des syndics, qui n'ont plus qualité pour représenter le failli ou les créanciers. Toutefois, le syndic qui, par la reddition de ses comptes, a perdu la gestion générale des affaires de la faillite, ne doit pas moins être considéré comme le mandataire des créanciers à l'effet de les représenter jusqu'à l'apurement des instances par lui engagées et encore pendantes. — Alger, 30 mars 1868 [S. 68. 2. 268, P. 68. 1004, D. P. 72. 5. 244] — Rennes, 23 juin 1870 [S. 70. 2. 274, P. 70. 1076, D. P. 71. 2. 112] — *Sic*, Bédarride, t. 2, n. 821 ; Esnault, t. 2, n. 501 ; Lyon-Caen et Renault, t. 8, n. 729 ; Ruben de Couder, v° *Union*, n. 101.

13. Jugé, dans le même sens, que les pouvoirs du syndic pour agir, tant en demandant qu'en défendant, lui sont maintenus tant que la liquidation n'est pas terminée. — Ainsi, le pourvoi en cassation, en matière civile, n'étant pas suspensif, le syndic d'une faillite, nonobstant le pourvoi formé contre un arrêt rendu contre lui et se rattachant à la liquidation de la faillite, a pu poursuivre l'exécution de cet arrêt et rendre son compte définitif. — Cass., 5 août 1885 [S. 86. 1. 268, P. 86. 1. 639, D. P. 86. 1. 167]

14. Mais, et encore bien que, par la reddition de ce compte, la liquidation de la faillite soit terminée, et que l'union des créanciers ait pris fin dans les conditions de l'art. 537, C. comm., le syndic continue cependant de représenter la masse des créanciers pour défendre au pourvoi, et l'arrêt d'admission lui est, dès lors, valablement signifié. — Même arrêt.

15. D'autre part, de ce que la dissolution de l'union entraîne l'extinction de la masse créancière, il résulte que les créanciers recouvrent l'exercice de leurs actions individuelles contre le failli pour le reliquat qui leur est dû, sans qu'ils soient d'ailleurs astreints à prouver que le failli a acquis de nouveaux biens. — Paris, 17 mai 1838 [S. 41. 2. 126, *ad notam*, P. 38. 2. 35, D. *Rép.*, *v° cit.*, n. 975-1°] ; 31 janv. 1841 [S. 41. 2. 126, D. *Ibid.*] ; 17 févr. 1846 [D. P. 46. 4. 291]

16. En conséquence, le créancier chirographaire antérieur à la faillite peut, aussi bien que celui qui lui est postérieur, obtenir jugement contre le failli et faire inscrire l'hypothèque attachée à ce jugement. — Dijon, 8 févr. 1865 [S. 65. 2. 31, P. 65. 215, D. P. 65. 2. 89]

17. De même, les créanciers hypothécaires qui, en prenant part au vote du concordat, ont renoncé à l'effet de leur hypothèque, peuvent, après la dissolution de l'union, prendre inscription en vertu de ces mêmes hypothèques ; et les droits hypothécaires annulés par l'art. 446, C. comm., peuvent être inscrits efficacement : ces renonciations et annulations n'ayant effet qu'au regard de la masse, laquelle n'existe plus. — Même arrêt. — V. cependant, en ce qui concerne la déchéance résultant du vote au concordat, *suprà*, art. 508, n. 45 et s.

18. Pareillement, la dissolution de l'union entraîne l'extinction de la masse créancière, et met obstacle à ce que le failli et les créanciers, agissant individuellement, se prévalent des exceptions que la loi avait créées dans l'intérêt de cette masse. — Cass., 2 août 1866 [S. 66. 1. 388, P. 66. 1059, D. P. 67. 1. 37]

19. Spécialement, le failli et les créanciers ne peuvent critiquer les inscriptions hypothécaires prises postérieurement à la dissolution de l'union, pour la conservation de droits annulés par l'art. 446, C. comm. : cette annulation n'ayant d'effet qu'au regard de la masse, laquelle n'existe plus. — Même arrêt.

20. Mais la dissolution de l'union, si elle ne fait pas cesser complètement l'état de faillite, le modifie du moins si profondément que les créanciers, au cas de survenance d'un nouvel actif, ne peuvent plus demander la réouverture des opérations de la faillite et la nomination d'un nouveau juge-commissaire et de nouveaux syndics, mais seulement exercer leurs actions individuelles contre le failli ou sur ses biens. — Cass., 13 août 1862 [S. 62. 1. 790, P. 63. 109, D. P. 62. 1. 439] — Paris, 23 nov. 1861 [P. 62. 228] — *Sic*, Laroque-Sayssinel et Dutruc, t. 2, p. 423 et s. ; Bédarride, t. 2, n. 821 et s. ; Renouard, t. 2, p. 163 ; Esnault, t. 2, n. 501 ; Boistel, n. 1084 ; Lyon-Caen et Renault, t. 8, n. 732 ; Demangeat, sur Bravard, t. 5, p. 643, note ; Ruben de Couder, *v° cit.*, n. 101 ; et notre *Rép. gén. alph. du dr. fr.*, *v° cit.*, n. 3097 et s.

21. Le tribunal de commerce ne pourrait pas non plus déclarer d'office une nouvelle faillite du même commerçant, en se fondant uniquement sur les faits anciens qui avaient déterminé la première déclaration de faillite. — Angers, 5 mai 1854 [S. 55. 2. 295, P. 54. 2. 438, D. P. 54. 2. 145]

22. Les créanciers postérieurs à la dissolution de l'union pourraient seuls faire déclarer une nouvelle faillite : dans ce cas, les créanciers anciens et les créanciers nouveaux viendront en concours sur les biens du failli. — Cass., 22 nov. 1887 [S. 89. 1. 81, P. 89. 1. 167, D. P. 88. 1. 326] — *Sic*, Lyon-Caen et Renault, t. 8, n. 732.

23. Bien que la clôture de l'union soit en principe définitive, on admet cependant d'une manière générale que, lorsque la liquidation d'une faillite n'a été considérée comme terminée que par suite d'une erreur ou d'une fraude, l'union des créanciers n'est réellement pas dissoute, et le dessaisissement du failli subsiste quant aux valeurs qui n'ont pas été comprises dans cette liquidation. — Cass., 26 mars 1877 [S. 78. 1. 309, P. 78. 771, D. P. 78. 1. 225] ; 20 déc. 1886 [S. 87. 1. 411, P. 87. 1. 1026, D. P. 87. 1. 309] ; 4 janv. 1898 [S. et P. 1902. 1. 330] — Caen, 31 août 1870 [S. 71. 2. 27, P. 71. 100, D. *Rép.*, *Suppl.*, *v° cit.*, n. 292] — Lyon, 2 juin 1876, sous Cass., 26 mars 1877, précité. — Paris, 10 août 1885, sous Cass., 20 déc. 1886, précité ; 27 juill. 1889 [D. *Rép.*, *Suppl.*, *v° cit.*, n. 1067] — *Sic*, Lyon-Caen et Renault, t. 8, n. 733 ; Lacour, note sous Cass., 10 déc. 1886 [*Ann. de dr. comm.*, 87. 2. 105] ; Laroque-Sayssinel et Dutruc, t. 1, n. 1038 ; et notre *Rép. gén. alph. du dr. fr.*, *v° cit.*, n. 3104 et s.

24. En conséquence, est nulle, quoique postérieure à la clôture de l'assemblée des créanciers, prescrite par l'art. 537, C. comm., la cession, faite par le failli, d'une créance par lui recueillie dans une succession ouverte à son profit antérieurement à la déclaration de faillite. — Cass., 20 nov. 1886, précité.

24 *bis*. De même, le failli n'est pas recevable à intenter une demande ayant pour fondement un droit qui avait pris naissance antérieurement à la déclaration de faillite.—Cass., 4 janv. 1898, précité.

25. Jugé également, que le syndic d'une faillite antérieurement close peut être autorisé à recueillir au nom de la masse le montant d'un legs fait par un tiers aux créanciers du failli. — Lyon, 2 juin 1876, précité.

26. Peu importe que le legs soit contenu dans un testament postérieur à la dissolution de l'union. Dans ce cas, le legs peut néanmoins être considéré comme s'adressant à la masse et non pas individuellement aux créanciers du failli, si ce legs a été subordonné à la condition que les créanciers renonceraient à faire valoir leurs droits à une succession échue au failli antérieurement à la dissolution de l'union. — Même arrêt.

27. En tous cas, l'héritier détenteur des valeurs léguées ne peut, après avoir accepté et exécuté les décisions qui ont prescrit la réouverture de la faillite, méconnaître la qualité du syndic dans les poursuites exercées contre lui par celui-ci. — Cass., 26 mars 1877, précité.

Art. **538**. Le juge-commissaire présentera au tribunal la délibération des créanciers relative à l'excusabilité du failli, et un rapport sur les caractères et les circonstances de la faillite.

Le tribunal prononcera si le failli est ou non excusable. — C. comm., 452, 582.

Art. **539**. Si le failli n'est pas déclaré excusable, les créanciers rentreront dans l'exercice de leurs actions individuelles, tant contre sa personne que sur ses biens.

S'il est déclaré excusable, il demeurera affranchi de la contrainte par corps à l'égard des créanciers de sa faillite, et ne pourra plus être poursuivi par eux que sur ses biens, sauf les exceptions prononcées par les lois spéciales. — C. comm., 455, 527, 541 ; L. 22 juill. 1867.

Art. **540**. Ne pourront être déclaré excusables : les banqueroutiers frauduleux, les stellionataires, les personnes condamnées pour vol, escroquerie ou abus de confiance, les comptables de deniers publics. — C. civ., 2059 ; C. comm., 612 ; C. pén., 379 et s., 401 et s.

1. En dehors des hypothèses déterminées par l'art. 540, le tribunal a un pouvoir souverain d'appréciation pour déterminer les circonstances qui peuvent entraîner l'excusabilité du failli. Toutefois, l'excusabilité supposant essentiellement la bonne foi, ne saurait être admise lorsque le failli a commis des faits de dol ou de fraude entachant sa probité commerciale, alors surtout que les créanciers ont donné un avis contraire à cette excusabilité. — Alger, 2 déc. 1850 [P. 50. 2 665, D. P. 54. 5. 573] — Orléans, 4 mai 1852 [S. 52. 2. 140, P. 52. 2. 34, D. P. 53. 2. 206] — Nîmes, 13 juin 1853 [S. 53. 2. 409, P. 54. 2. 515, D. P. 53. 2. 207] — Paris, 19 août 1852 [S. 52. 2. 518, P. 52. 2 699, D. P. 53. 2. 70] ; 29 janv. 1859 [P. 59. 271, D. P. 59. 2. 174] — *Sic*, Bédarride, t. 2, n. 839; Lyon-Caen et Renault, t. 8, n. 727; et notre *Rép. gén. alph. du dr. fr.*, v° *Faillite*, n. 3060 et s. — Sur l'appel et le délai d'appel contre le jugement statuant sur l'excusabilité du failli, V. *infrà*, art. 582, n. 19.

2. Jugé également, que le failli ne peut être admis au bénéfice de l'excusabilité, lorsque les opérations de la faillite ont été clôturées pour insuffisance de l'actif. — Toulouse, 11 janv. 1867 [S. 67. 2. 36, P. 67. 204, D. P. 67. 2. 8]

3. Les dires et observations des créanciers sur l'excusabilité du failli doivent, à peine de déchéance, être présentés dans l'assemblée générale convoquée après la liquidation de la faillite, et consignés dans le procès-verbal dressé à cet effet : ils ne peuvent faire l'objet d'une contestation spéciale portée devant le tribunal par le créancier qui a négligé d'exercer son droit dans l'assemblée générale. — Aix, 9 mars 1867 [S. 68. 2. 151, P. 68. 688, D. P. 67. 5. 209]

4. Depuis la loi du 22 juill. 1867, la déclaration d'excusabilité ne présente plus qu'une valeur purement morale, surtout si l'on admet que cette déclaration n'affranchit pas le failli de la contrainte par corps qui peut être encore appliquée pour assurer le paiement des amendes, frais et dommages-intérêts résultant d'une condamnation pénale. — Agen, 24 févr. 1902 [D. P. 1902. 2. 249 et la note de M. Claro] — V. Boistel, n. 1083; Lyon-Caen et Renault, t. 8, n. 726; et notre *Rép. gén. alph. du dr. fr.*, v° *cit.*, n. 3077 et s.

Art. **541** (*Modifié par la L. du 17 juill. 1856*). Aucun débiteur commerçant n'est recevable à demander son admission au bénéfice de cession de biens.

Néanmoins, un concordat par abandon total ou partiel de l'actif du failli peut être formé, suivant les règles prescrites par la section II du précédent chapitre.

Ce concordat produit les mêmes effets que les autres concordats, il est annulé ou résolu de la même manière.

La liquidation de l'actif abandonné est faite conformément aux §§ 2, 3 et 4 de l'article 529, aux articles 532, 533, 534, 535 et 536, et aux §§ 1 et 2 de l'article 537.

Le concordat par abandon est assimilé à l'union pour la perception des droits d'enregistrement. — C. civ., 1265 et s.; C. comm., 507 et s., 572 et s.; L. 4 mars 1889, art. 5.

INDEX ALPHABÉTIQUE.

DIVISION

§ 1. *Qui peut obtenir un concordat par abandon d'actif.*

1. Les sociétés, quelle que soit leur forme, peuvent, comme les individus, obtenir un concordat par abandon d'actif. — Cass., 17 avr. 1894 [S. et P. 96. 1. 459, D. P. 95. 1. 161] — Paris, 12 juill. 1869 [S. 71. 2. 233, P. 71. 791 et la note de M. Lyon-Caen, D. P. 70. 2. 7] — *Sic*, Boistel, n. 1040; Rousseau, t. 2, n. 2040; Lyon-Caen et Renault, t. 8, n. 1203 et s.; Thaller, *Rev. crit.*, 1875, p. 296; Pic, *Faill. des soc.*, p. 168 et s.; Duvivier, *Faill. des soc.*, p. 197; Ruben de Couder, v° *Concordat*, n. 16; et notre *Rép. gén. alph. du dr. fr.*, v° *Faillite*, n. 2834 et s.

2. Lorsque le concordat par abandon d'actif consenti à une société anonyme contient des clauses qui n'en font pas partie intégrante et qui touchent moins aux intérêts de la société qu'aux intérêts des administrateurs ou des actionnaires, telles, par exemple, qu'une remise du non versé ou une décharge de responsabilité, ces clauses ne sont pas soumises aux conditions de validité du concordat : elles doivent plutôt être considérées comme des transactions pour lesquelles il y a lieu de se conformer aux prescriptions des art. 487 et 535, C. comm. — *Sic*, Lyon-Caen et Renault, t. 8, n. 1207; Boistel, n. 1040; Pic, *Ann. de dr. comm.*, 1887, p. 229.

3. Jugé, à cet égard, que l'art. 507, C. comm., d'après lequel il ne peut être consenti de concordat entre les créanciers délibérants et le débiteur failli (dans l'espèce, une société anonyme), qu'après l'accomplissement des formalités prescrites par les art. 504, 506, même Code, est applicable seulement au cas d'un abandon d'actif aux créanciers de la faillite, mais non au cas d'obligations contractées individuellement à l'égard de la faillite d'une société anonyme par des administrateurs et des actionnaires, moyennant l'abandon des poursuites que les syndics étaient en droit d'exercer contre eux. — Cass., 17 avr. 1894, précité.

4. Une société en nom collectif ou en commandite peut obtenir un concordat par abandon d'actif, alors même qu'elle est dissoute ou annulée. Sans doute, ce concordat ne profitera pas à la société qui n'a plus d'existence légale : mais il profitera tout au moins aux associés qui seront ainsi libérés par voie de contre-coup de toute obligation au paiement des dettes sociales. — *Sic*, Lyon-Caen et Renault, t. 8, n. 1208; Pic, p. 185; et notre *Rép. gén. alph. du dr. fr.*, v° *cit.*, n. 2837 et s.

5. Mais cette solution ne peut plus être admise lorsqu'il s'agit d'une société anonyme. Dans ce cas, en effet, le concordat par abandon d'actif ne serait d'aucune utilité, ni pour la société, ni pour les actionnaires qui restent toujours tenus de verser le montant de leurs actions en tant qu'il fait partie de l'actif abandonné par la société. — *Sic*, Lyon-Caen et Renault, *loc. cit.*; Pic, p. 186. — *Contrà*, Lyon-Caen et Renault, 1re édit., t. 2, n. 3134; *Rev. crit.*, 1885, p. 287; Ruben de Couder, *Suppl.*, v° *Concordat*, n. 2. — Sur la question de savoir si une société dissoute ou annulée peut obtenir un concordat simple, V. *suprà*, art. 531, n. 18 et s.

§ 2. *Caractère et formes du concordat par abandon d'actif.*

6. Le concordat par abandon d'actif implique, comme condition d'existence et de validité, un abandon par le failli de tout ou partie de ses biens à ses créanciers, sous la condition qu'il sera libéré envers eux, quel que soit le prix que produise la vente des biens qui leur ont été abandonnés. — Jugé,

en conséquence, qu'un concordat par abandon d'actif est nul, comme ayant pour objet de soustraire la liquidation de la faillite aux règles que la loi prescrit en pareil cas, s'il transporte au failli tout l'actif de la faillite, à la condition d'acquitter les dettes privilégiées et de payer tant pour cent aux créanciers chirographaires, dans un délai déterminé. — Paris, 24 mai 1873 [S. 73. 2. 119, P. 73. 571, D. P. 74. 5. 260]

7. De même, dans la faillite déclarée contre une société commerciale, le concordat par abandon d'actif, qui transporte l'actif social dans une société nouvelle devant poursuivre le même objet que la première, est nul. — Paris 12 juill. 1869 [S. 71. 2. 233, P. 71. 791 et la note de M. Lyon-Caen, D. P. 70. 2. 7]

8. D'autre part, il n'y aurait pas concordat par abandon d'actif dans le cas où le failli se serait obligé à payer une somme fixe aux créanciers. En conséquence, on ne saurait considérer comme un concordat par abandon d'actif celui par lequel, après avoir abandonné son actif à ses créanciers, le failli s'est engagé à leur payer, dans un certain délai, ce qui leur restera dû. — Amiens, 6 janv. 1883 [D. P. 85. 2. 205]

9. Jugé dans le même sens, que constitue un concordat pur et simple, et non pas un concordat par abandon d'actif, le traité par lequel des créanciers font à leur débiteur failli remise de 40 p. 100 sur leurs créances sous la condition que le débiteur leur payera 60 p. 100, soit au moyen du produit d'une vente d'immeubles à réaliser par des commissaires nommés à cet effet par l'assemblée des créanciers, soit, en cas d'insuffisance, au moyen de cinq versements annuels. — Paris, 11 déc. 1895 [S. et P. 98. 2. 298, D. P. 97. 2. 345] — *Contrà*, Thaller, note sous cet arrêt [D. P. 97. 2. 345]; Lyon-Caen et Renault, t. 8, n. 756.

10. En conséquence, ce concordat n'est pas soumis aux dispositions prescrites par la loi pour le concordat par abandon d'actif relativement à la vente des biens du failli et à la distribution du prix; et les créanciers sont libres de prendre les mesures qui leur paraissent utiles pour assurer que la vente des biens et la distribution du prix en provenant aient lieu dans les conditions les plus favorables. — Même arrêt.

11. Spécialement, les créanciers peuvent stipuler que la vente des immeubles du failli aura lieu à l'amiable, par les soins et sous la surveillance des commissaires par eux nommés à cet effet, qui sont également chargés de procéder à la distribution du prix. — Même arrêt.

12. Mais la clause par laquelle une femme, à raison du concordat par abandon d'actif accordé à son mari, « renonce à faire valoir ses reprises vis-à-vis de la faillite, jusqu'au moment où les dividendes reçus par la masse auront atteint 40 pour 100 », peut être interprétée en ce sens que la femme abandonne aux créanciers de son mari, avec le consentement de celui-ci, tous ses biens, sous la réserve de se porter seulement créancière après que tous les créanciers chirographaires auront reçu 40 pour 100. — Cass., 23 juill. 1878 [S. 80. 1. 207, P. 80. 489, D. *Rép.*, *Suppl.*, v° *Faillite*, n. 994]

13. Au surplus, le concordat par abandon d'actif est soumis aux mêmes conditions de forme que le concordat simple. — *Sic*, Lyon-Caen et Renault, t. 8, n. 742 et s.

14. Jugé, à cet égard, que les juges peuvent refuser d'homologuer le concordat par abandon d'actif consenti à un imprimeur par ses créanciers, à raison du refus fait par le failli de réaliser au profit de ceux-ci la cession de son brevet, lorsque, ce brevet ayant été porté au bilan de la faillite, les créanciers ont dû compter qu'il faisait partie de l'actif abandonné. — Cass., 13 déc. 1869 [S. 70. 1. 102, P. 70. 250, D. P. 71. 1. 116]

15. En vain le failli prétendrait-il que le brevet ne pouvait faire partie de l'actif abandonné, en ce qu'il était exclusivement attaché à sa personne (Sol. impl.). — Même arrêt.

§ 3. *Effets du concordat par abandon d'actif.*

16. Le concordat par abandon d'actif ressemble au concordat simple, en ce sens que le failli est libéré civilement de la portion de ses dettes qui excède le prix de la vente des biens par lui abandonnés, et que les effets du dessaisissement cessent en ce qui concerne les biens qu'il pourra acquérir par la suite. — *Sic*, Lyon-Caen et Renault, t. 8, n. 755; Thaller, n. 2153; Ruben de Couder, *Suppl.*, *v° cit.*, n. 87 et s.; et notre *Rép. gén. alph. du dr. fr.*, *v° cit.*, n. 2849 et s.

17. Jugé en ce sens, que le concordat, par lequel les créanciers du failli lui ont abandonné ses biens à venir moyennant l'abandon par lui fait de ses biens présents, a pour effet de restreindre l'obligation civile du failli envers ses créanciers chirographaires au montant de ses biens présents, et de ne laisser subsister à sa charge, en ce qui concerne ses biens à venir, qu'une simple obligation naturelle qui ne donne pas ouverture à une action en justice. — Cass., 29 janv. 1900 [S. et P. 1900. 1. 137, D. P. 1900. 1. 200]

18. Et une telle stipulation est opposable à la femme divorcée du failli, bien qu'elle n'ait pas pris part au concordat, lorsque, agissant dans les conditions d'un créancier chirographaire pour le recouvrement du solde de ses reprises, elle en poursuit le paiement sur des deniers du mari, qui, d'une part, ne sont pas le prix d'un immeuble touché de son hypothèque légale, et qui, d'autre part, sont advenus au mari postérieurement au concordat (dans l'espèce, le prix de licitation au profit d'un cohéritier d'un immeuble échu au mari et à d'autres par succession après le concordat). — Même arrêt.

19. Mais si le failli est libéré pour l'avenir par suite du concordat par abandon d'actif, l'état de faillite et le dessaisissement qui en est la conséquence, n'en subsistent pas moins en ce qui concerne ses biens présents dont il a fait l'abandon et qui passent sous le régime de l'union. — Par suite, les actions qui naissent de la faillite et qui font partie de l'actif du failli, continuant de subsister, peuvent être exercées par le syndic après comme avant cet abandon. — Cass., 10 févr. 1864 [S. 64. 1. 144, P. 64. 361, D. P. 64. 1. 236] — Rennes, 29 janv. 1861 [S. 61. 2. 245, P. 61. 817, D. P. 61. 2. 126] — Orléans, 20 mai 1868 [S. 69. 2. 48, P. 69. 228, D. P. 68. 2. 111]; 1er déc. 1869 [S. 70. 2. 48, P. 70. 1160, D. P. 70. 2. 89] — Caen, 23 juill. 1885, motifs [S. 88. 2. 44, P. 88. 1. 233, D. *Rép.*, *Suppl.*, *v° cit.*, n. 991] — *Sic*, Alauzet, t. 7, n. 2753; Bravard et Demangeat, t. 5, p. 484, note 2; Boistel, n. 1064 et s.; Lyon-Caen et Renault, t. 8, n. 748 et s.; Bédarride, t. 2, n. 849; Laroque-Sayssinel et

Dutruc, t. 1, n. 1043; Ruben de Couder, *v° cit.*, n. 369, et *Suppl.*, *eod. v°*, n. 79 et s. ; et notre *Rép. gén. alph. du dr. fr.*, *v° cit.*, n. 2857 et s.

20. Il en est ainsi spécialement de l'action en rapport des sommes payées par le failli à un créancier depuis la faillite ou dans les dix jours de la cessation de paiements, bien que cette action n'appartienne pas au failli personnellement, mais à la masse de ses créanciers. — Cass., 10 févr. 1864, précité.

21. Pareillement, après le concordat par abandon, le syndic de la faillite conserve le droit d'exiger le rapport à la masse des sommes payées par le failli à un créancier qui avait connaissance de la cessation des paiements de celui-ci : on prétendrait à tort que ce rapport ne profiterait qu'au failli, qui n'a pas lui-même le droit de l'exiger. — Rennes, 29 janv. 1861, précité.

22. Jugé encore, que le concordat par abandon d'actif ne fait cesser l'état de faillite que relativement à la personne du failli : il laisse subsister cet état quant aux biens abandonnés, dont la liquidation doit être faite conformément aux règles établies en matière de faillite. Par suite, est nul, s'il n'a pas été rendu sur le rapport du juge-commissaire, le jugement qui, après abandon d'actif, condamne un créancier à rapporter à la masse une somme qui lui a été payée en temps suspect par le failli. — Orléans, 20 mai 1868, précité.

23. De même, la résolution du bail des lieux occupés par le failli est régulièrement demandée contre le syndic de la faillite seul, alors même que le failli aurait obtenu un concordat par abandon d'actif, ce concordat ne rendant pas au failli l'administration de ses biens. — Nancy, 16 avr. 1877 [S. 79. 2. 325, P. 79. 1269, D. P. 79. 2. 205]

24. D'autre part, les règles de l'union doivent être observées relativement à la vente des biens abandonnés par le failli. — Ainsi et spécialement, l'art. 572, C. comm., qui détermine la forme des ventes des immeubles du failli en état d'union, est applicable en cas de concordat par abandon d'actif. — Bordeaux, 24 déc. 1866 [S. 67. 2. 83, P. 67. 439, D *Rép.*, *Suppl.*, *v° cit.*, n. 986] — *Sic*, Thaller, n. 2152; Lyon-Caen et Renault, t. 8, n. 750; Bédarride, t. 2, n. 849-8°. — *Contrà*, Laroque-Sayssinel et Dutruc, t. 2, n. 761.

25. Dans tous les cas, l'autorisation donnée au syndic par les créanciers chirographaires de vendre les immeubles abandonnés sans observer les formalités prescrites par l'art. 572, précité, n'est pas obligatoire pour les créanciers hypothécaires. — Même arrêt.

26. Il faut également décider, par application de l'art. 573, que l'adjudication des immeubles abandonnés purge de plein droit les privilèges et hypothèques qui grevaient l'immeuble adjugé. — *Sic*, Lyon-Caen et Renault, t. 8, n. 752 ; et notre *Rép. gén. alph. du dr. fr.*, *v° cit.*, n. 2871 et s. — *Contrà*, Trib. Nantes, 21 août 1884 [D. P. 86. 3. 96]

27. Les créanciers peuvent nommer des commissaires pour surveiller la liquidation des biens abandonnés par le failli. — Jugé, à cet égard, que le commissaire nommé par les créanciers à l'exécution d'un concordat par abandon d'actif, a qualité pour interjeter appel d'un jugement rendu au préjudice de la masse alors représentée par un syndic qui, depuis, a cessé ses fonctions. — Cass., 5 juill. 1865 [S. 65. 1. 402, P. 65. 1057, D. P. 65. 1. 496]

28. Quant au failli, bien que dessaisi à partir du concordat, il a également intérêt, et, par suite, qualité pour surveiller la gestion des biens abandonnés, et même pour poursuivre personnellement les recouvrements négligés par ses créanciers : sauf aux tribunaux à prescrire les mesures nécessaires pour que les sommes recouvrées par l'initiative du failli soient versées, non point entre ses mains, mais en celles de ses créanciers, en déduction de leurs droits. — Colmar, 29 déc. 1859 [P. 60. 435, D. P. 61. 5. 222] — Trib. comm. Marseille, 26 avr. 1863 [D. P. 64. 3. 8] — *Sic*, Ruben de Couder, *Suppl.*, *v° cit.*, n. 81.

29. Mais tandis que le concordat ordinaire, qui restitue au failli l'administration de ses biens, oblige le syndic à rendre à celui-ci compte de sa gestion, le concordat par abandon d'actif n'autorise pas le failli à exiger la reddition d'un compte, qui intéresse principalement, sinon exclusivement, ses créanciers : c'est aux créanciers, le failli dûment appelé, que le syndic doit rendre compte. — Caen, 23 juill. 1885 [S. 88. 2. 44, P. 88. 1. 233, D. *Rép.*, *Suppl.*, *v° cit.*, n. 991] — *Sic*, Boistel, n. 1065; Ruben de Couder, *v° cit.*, n. 378, et *Suppl.*, *eod. v°*, n. 82 et s.

30. Par suite, lorsque le syndic a rendu son compte définitif aux créanciers, en présence du failli (qui, du reste, n'y a pas contredit), est irrecevable la demande en reddition de compte formée par le failli concordataire. — Même arrêt.

31. Le syndic, en ce cas, ne devant pas de compte au failli, celui-ci n'est pas recevable, après reddition de compte aux créanciers, à réclamer la remise des pièces justificatives qui sont l'accessoire de ce compte. — Même arrêt.

32. Mais, lorsque la liquidation de l'actif est terminée, le failli peut obtenir la remise des pièces et documents qui ont cessé d'être utiles aux créanciers. — Même arrêt.

33. Jugé également, qu'en cas de faillite d'une société, l'associé responsable auquel un concordat personnel a été accordé est non recevable à demander que les livres de la société lui soient remis, ni même qu'ils soient déposés entre les mains d'un séquestre chargé de les tenir à sa disposition et à celle du syndic; alors surtout que, dans son concordat, il a abandonné à ses créanciers personnels tous les droits qu'il pouvait avoir dans la société. — Orléans, 1er déc. 1869 [S. 70. 2. 309, P. 70. 1160, D. P. 70. 2. 89]

34. Vainement invoquerait-il soit sa qualité de concordataire par abandon total d'actif, le concordat par abandon d'actif ne faisant cesser l'état de faillite que relativement à la personne du failli, et le maintenant quant aux biens abandonnés, et, d'autre part, le failli par abandon d'actif n'ayant pas plus de droits sur les registres dépendant de l'actif que le failli dont les créanciers ont été déclarés en état d'union. — Même arrêt.

35. ... Soit le dispositif du jugement homologatif du concordat, portant que le failli était remis à la tête de ses affaires, cette déclaration, toute de style, ne pouvant donner au failli d'autres et plus amples droits que ceux qui découlent des stipulations du concordat. — Même arrêt.

36. Au cas de concordat par abandon total ou partiel d'actif, le syndic conserve ses fonctions jusqu'à ce que la liquidation de l'actif soit terminée. — Cass., 21 nov. 1881 [S. 82. 1. 166, P. 82. 1. 388, D. P. 82. 1. 204]

37. Par suite, le syndic a qualité, même après reddition de ses comptes, pour recevoir l'arrêt d'admission du pourvoi formé contre une décision à laquelle il a été partie avant cette reddition, et il ne saurait, dès lors, demander sa mise hors de cause. — Même arrêt.

38. Le concordat par abandon d'actif peut être annulé ou résolu par les mêmes causes que le concordat simple. — *Sic*, Lyon-Caen et Renault, t. 8, n. 758.

39. Au cas de déclaration d'une nouvelle faillite, les créanciers postérieurs au concordat par abandon d'actif ne sauraient avoir pour gage les biens abandonnés aux anciens créanciers et sont nécessairement primés par ceux-ci sur ses biens. — Rennes, 24 mai 1851 [D. P. 54. 2. 45]

CHAPITRE VII

DES DIFFÉRENTES ESPÈCES DE CRÉANCIERS, ET DE LEURS DROITS EN CAS DE FAILLITE.

SECTION PREMIÈRE

DES COOBLIGÉS ET DES CAUTIONS.

ART. **542**. Le créancier porteur d'engagements souscrits, endossés ou garantis solidairement par le failli et d'autres coobligés qui sont en faillite, participera aux distributions dans toutes les masses, et y figurera pour la valeur nominale de son titre jusqu'à parfait payement. — C. civ., 1200 et s. ; C. comm., 135, 140, 187, 444, 543 et s.

INDEX ALPHABÉTIQUE.

1. Notre article ne peut recevoir son application qu'autant que le créancier a plusieurs débiteurs qui sont tenus envers lui, soit en qualité de débiteurs solidaires, soit en qualité de débiteur principal et de caution. Notre article devrait donc être écarté, et le créancier ne serait pas recevable à produire pour le tout dans chacune des faillites de ses débiteurs, dans le cas où ces débiteurs, tout en étant tenus à la même dette, ne sont cependant pas débiteurs solidaires. — *Sic*, Lyon-Caen et Renault, t. 8, n. 919. — V. aussi notre *Rép. gén. alph. du dr. fr.*, v° *Faillite*, n. 3661 et s.

2. Ainsi il n'y a pas solidarité, justifiant l'application de l'art. 542, entre le tireur pour compte (vendeur) qui a tiré une traite sur un tiers désigné par l'acheteur, et le tiré. — Paris, 27 déc. 1892 [*J. des faill.*, 93. 49] — Sur les obligations respectives du tireur pour compte et du donneur d'ordre, V. *suprà*, art. 115, n. 1 et s.

3. Jugé également, que l'associé en nom collectif qui garantit personnellement, par une hypothèque sur ses immeubles, une dette sociale, ne peut, à raison de cet engagement, être considéré comme coobligé ou caution de la société ; dès lors, au cas de faillite de cette société, le créancier hypothécaire n'est pas fondé à prétendre qu'il doit participer aux distributions dans la masse hypothécaire et dans la masse chirographaire, et y figurer pour la valeur nominale de son titre jusqu'à parfait paiement. — Paris, 26 avr. 1867 [S. 68. 2. 151, P. 68. 689, D. *Rép. Suppl.*, v° *Faillite*, n. 1079] — *Sic*, Lyon-Caen et Renault, t. 8, n. 919, p. 194, note 4-*a*. — Sur l'action des créanciers sociaux contre la société et les associés, V. *suprà*, art. 22, n. 20 et s.

4. Jugé cependant, en sens contraire, que le créancier d'une société en nom collectif en liquidation, dont l'un des associés tombe en faillite, doit être admis, à la fois, et dans la liquidation et dans la faillite, pour la valeur nominale de sa créance. On ne saurait prétendre que ce créancier ne doit être admis au passif de la faillite que provisoirement et sous réserve de restituer, après les opérations de la liquidation de la société, le dividende touché sur la faillite pour la somme reçue dans la liquidation. — Dijon, 4 mai 1881 [S. 82. 2. 215, P. 82. 1. 1092, D. *Rép., Suppl.*, v° *cit.*, n. 1082]

5. A plus forte raison, l'art. 542 est-il inapplicable dans le cas où il y aurait, non point une dette unique, mais plusieurs dettes distinctes, alors même qu'elles se rattacheraient les unes aux autres. C'est ainsi qu'aucune solidarité n'existant entre le tiré non accepteur qui a reçu provision et qui n'est tenu que *propter rem*, d'une part, et, d'autre part, le tireur et les endosseurs qui sont obligés en vertu de l'effet par eux signé, le porteur qui a touché une partie du montant de l'effet par la réalisation de la provision, ne saurait se prévaloir de notre article et produire dans la faillite d'un des signataires de l'effet pour la valeur nominale de cet effet. — Cass. belg., 27 oct. 1887 [*Pasicr. belge.* 88. 1. 5]

6. De même, celui qui, ayant reçu par endossement d'une maison de banque des effets souscrits par divers commerçants, les a endossés à une autre maison de banque, puis les a remboursés à celle-ci après protêts, ne peut prendre part aux distributions dans les faillites de la première maison de banque

et des souscripteurs primitifs que par production séparée des titres individuels ; il n'y a pas une seule et unique créance, mais bien autant de créances distinctes que d'effets impayés. — Cass., 26 déc. 1871 [S. 72. 1.49, P. 72. 113 et la note de M. Labbé, D. P. 73. 1. 145]

7. Et cela, alors même que la seconde maison de banque qu'il a remboursée et à laquelle il se trouve subrogé lui avait ouvert un crédit d'une somme déterminée réalisable au moyen de la prise à l'escompte desdits effets, qui étaient transportés à celle-ci à titre de nantissement. — Même arrêt.

8. Peu importe que, lors de ce nantissement, le crédité ait garanti d'une façon collective et pour une somme totale l'ensemble des billets souscrits par les tiers débiteurs. — Même arrêt.

9. En conséquence, aucun dividende ne peut être prétendu à raison des effets entièrement soldés par les coobligés, et, à l'égard de ceux des effets partiellement soldés, le dividende ne peut excéder le montant distinct de chacun de ces effets. — Même arrêt.

10. Mais dès qu'il y a solidarité ou cautionnement, le créancier peut produire pour le tout dans chacune des faillites. Il n'y a pas lieu de distinguer suivant que ce créancier a touché un acompte dans l'une des faillites à titre de collocation privilégiée et hypothécaire, ou simplement à titre de dividende. — Spécialement, le créancier qui a touché, en vertu d'une collocation hypothécaire, une portion de sa créance dans la faillite de l'un de ses codébiteurs solidaires, n'en est pas moins recevable à produire à la masse d'un autre codébiteur, également failli, pour la valeur nominale de son titre, et il doit être compris dans les répartitions de cette seconde faillite pour la totalité de sa créance jusqu'à parfait paiement. — Colmar, 14 mai 1851 [P. 52. 2. 660, D. P. 54. 2. 16] — *Sic*, Lyon-Caen et Renault, t. 8, n. 921 ; Laroque-Sayssinel et Dutruc, t. 2, n. 1076 ; Bravard et Demangeat, t. 5, p. 599 ; Ruben de Couder, v° *Faillite*, n. 673.

11. De même, le créancier porteur d'un titre d'obligation solidaire contre plusieurs faillis, et privilégiée à l'égard de l'un ou de plusieurs d'entre eux, qui n'a touché, par l'exercice de son privilège, qu'une partie de sa créance, a le droit de réclamer, dans les autres faillites, un dividende proportionnel à la valeur nominale de son titre, et non pas seulement à la portion non payée de sa créance. En d'autres termes, le bénéfice de l'art. 542, C. comm., ne s'applique pas seulement au cas d'une participation simultanée à diverses faillites, en vertu d'une créance purement solidaire, et à titre de simples dividendes ordinaires, mais encore au cas de l'exercice d'un privilège dans l'une de ces faillites. — Amiens, 29 juill. 1851 [S. 51. 2. 725, P. 52. 1. 441, D. P. 51. 2. 130]

12. Jugé également, que le porteur par endossement d'effets de commerce restés impayés par suite de la faillite des coobligés, qui, aux termes de l'art. 542, C. comm., a le droit d'être admis pour la valeur nominale de son titre dans chacune des faillites, jusqu'à parfait paiement, conserve ce droit vis-à-vis de la faillite de l'endosseur, encore bien qu'il s'agisse d'effets remis en compte courant, n'entrant dans ce compte que sous la condition d'encaissement, et quoique par suite du défaut d'encaissement de ces effets, ils aient passé, dans le compte courant, du crédit du remettant à son débit. — Cass., 5 févr. 1861 [S. 61. 1. 491, P. 61. 899, D. P. 61. 1. 313]

13. Le créancier, porteur d'engagements solidaires souscrits par plusieurs coobligés faillis, peut produire dans chacune des faillites pour le montant de sa créance en principal et accessoires : ces accessoires comprennent, d'une part, les frais, et, d'autre part, les intérêts qui ont couru jusqu'au jugement déclaratif, conformément à l'art. 445, C. comm. L'art. 542, qui n'a pour objet que de régler les droits du créancier relativement à ses codébiteurs faillis, ne déroge pas à cet art. 445. — Cass., 18 août 1847 [S. 48. 1. 215, P. 48. 1. 189, D. P. 47. 1. 365] — *Sic*, Bédarride, t. 2, n. 857 ; Bravard et Demangeat, t. 5, p. 592 ; Pardessus, t. 3, n. 1211 ; Lyon-Caen et Renault, t. 8, n. 922.

14. Il suit de là que le créancier pourra produire dans chaque faillite pour des sommes différentes, si ces faillites ont été déclarées à des dates différentes. — *Sic*, Lyon-Caen et Renault, *loc. cit.* ; Bravard et Demangeat, *loc. cit.* ; Boistel, n. 993 ; Laroque-Sayssinel et Dutruc, t. 2, n. 1083.

15. Sur la question de savoir si notre article doit recevoir son application dans le cas où tous les coobligés ne sont pas en faillite, — V. *infrà*, art. 544, n. 5.

16. Le créancier qui, après avoir été admis sur la production de son titre au passif de la faillite d'un coobligé failli, est obligé de produire ce même titre dans la faillite d'un autre coobligé, pour y toucher le dividende auquel il a droit, ne peut être tenu de représenter ce même titre dans la première faillite pour y toucher son dividende, alors que c'est sur l'autorisation du juge-commissaire et des syndics de cette faillite qu'il a retiré son titre pour le produire dans la seconde. — Cass., 23 nov. 1852 [S. 53. 1. 23, P. 52. 2. 676, D. P. 52. 1. 324]

17. La disposition de notre article étant exceptionnelle doit s'appliquer exclusivement au cas qu'elle prévoit. En conséquence, elle ne saurait s'étendre de la faillite à la déconfiture, même si cette déconfiture est celle d'un commerçant dont la succession a été acceptée sous bénéfice d'inventaire. — Dijon, 28 juill. 1897 [D. P. 99. 2. 274]

Art. **543**. Aucun recours, pour raison des dividendes payés, n'est ouvert aux faillites des coobligés les unes contre les autres, si ce n'est lorsque la réunion des dividendes que donneraient ces faillites excéderait le montant total de la créance, en principal et accessoires, auquel cas cet excédent sera dévolu, suivant l'ordre des engagements, à ceux des coobligés qui auraient les autres pour garants.

1. La disposition de notre article, qui interdit tout recours pour raison des dividendes payés aux faillites des coobligés les unes contre les autres, est une conséquence de la règle en vertu de laquelle une

créance ne peut figurer qu'une seule fois dans une même faillite. Par suite, cette disposition doit recevoir son application dans tous les cas où le créancier peut agir pour le tout contre ses coobligés. — *Sic*, Renouard, t. 2, p. 175; Esnault, t. 2, p. 444 ; Massé, t. 5, n. 151.

2. Jugé à cet égard, que l'art. 543, C. comm., qui refuse tout recours aux faillites des coobligés les unes contre les autres, s'applique non seulement au cas où ce recours serait fondé sur une obligation de garantie résultant des termes du droit commun, mais encore à celui où il est fondé sur une convention particulière. — Cass., 14 mars 1853 [S. 53. 1. 356, P. 53. 2. 442, D. P. 53. 1. 87]

3. Spécialement, en cas de faillite du tireur et de l'accepteur d'une lettre de change, pour laquelle le tireur s'était particulièrement obligé à faire la provision chez l'accepteur, ou à le garantir, la faillite de l'accepteur, chez lequel la provision n'a pas été faite, n'a aucun recours contre la faillite du tireur qui a payé un dividende au porteur de la traite. — Même arrêt.

4. Mais il en est autrement dans le cas où la réunion des dividendes que donnerait au créancier sa production dans les différentes faillites de ses coobligés excéderait le montant total de sa créance : ceux des coobligés qui ont les autres pour garants peuvent alors se faire attribuer cet excédent, en suivant l'ordre des engagements. En conséquence, la caution pourra se faire attribuer dans la faillite du débiteur principal la somme qui reste disponible sur le dividende revenant au créancier après que celui-ci aura été complètement désintéressé. — *Sic*, Lyon-Caen et Renault, t. 8, n. 924-*a*; Thaller, n. 1927; et notre *Rép. gén. alph. du dr. fr.*, v° *cit.*, n. 3683 et s.

5. De même, en matière d'effets de commerce, les endosseurs auront le droit de prélever l'excédent disponible dans la faillite du tireur ; et, s'il y a plusieurs endosseurs, c'est le dernier qui primera les autres qui sont ses garants. — *Sic*, Lyon-Caen et Renault, t. 8, n. 924-*b*; Thaller, n. 1928, p. 992, note 2.

6. Enfin, s'il s'agit d'une dette solidaire, dans laquelle les débiteurs ne sont pas garants les uns des autres, l'excédent devra se partager entre eux proportionnellement à la somme pour laquelle chacun d'eux a contribué au paiement. — *Sic*, Lyon-Caen et Renault, t. 8, n. 924-*c*; Renouard, t. 2, p. 129.

ART. **544**. Si le créancier porteur d'engagements solidaires entre le failli et d'autres coobligés a reçu avant la faillite, un acompte sur sa créance, il ne sera compris dans la masse que sous la déduction de cet acompte, et conservera pour ce qui lui restera dû ses droits contre le coobligé ou la caution.

Le coobligé ou la caution qui aura fait le payement partiel sera compris dans la même masse pour tout ce qu'il aura payé à la décharge du failli. — C. civ., 1210, 1251-3°, 1252, 2011 et s. ; C. comm., 542 et s.

1. La disposition de l'art. 544, C. comm., d'après laquelle le créancier porteur d'engagements solidaires ne doit être compris dans la masse de la faillite que sous la déduction des acomptes à lui payés par les coobligés, *avant la faillite*, doit s'entendre de tous acomptes reçus avant la déclaration de faillite, et non pas seulement de ceux reçus avant l'époque à laquelle la cessation des paiements a pu être reportée. — Paris, 2 mai 1850 [S. 50. 2. 328, P. 50. 1. 450, D. P. 50. 2. 151]

2. Bien que notre article, dans son deuxième alinéa, accorde formellement à la caution ou au coobligé qui a fait le paiement partiel avant la faillite le droit de produire dans la faillite du débiteur principal ou coobligé à concurrence de ce qu'elle a payé, on a soutenu, par application de l'adage « *nemo contrà se subrogasse censetur* », consacré d'ailleurs par l'art. 1252, C. civ., que le créancier pouvait se faire attribuer, jusqu'à parfait paiement, le dividende revenant à la caution dans ladite production. — Nancy, 25 juin 1842 [P. 42. 2. 659, D. *Rép.*, v° *Faillite*, n. 1025] — *Sic*, Bravard et Demangeat, t. 5, p. 661 ; Laurin, n. 1223.

3. Mais cette opinion ne saurait être admise. Il est vrai qu'aux termes de l'art. 1252, C. civ., la caution qui a payé une partie de la dette ne peut se prévaloir de la subrogation qui résulte de ce paiement contre le créancier subrogeant. Mais cet article ne peut recevoir son application qu'autant que la caution se prévaut de la subrogation. Or, ici, la caution qui a payé n'invoque pas le bénéfice de la subrogation : elle exerce une action de mandat ou de gestion d'affaires qui lui appartient en propre, et dès lors, le créancier ne saurait ni s'opposer à sa production dans la faillite du débiteur principal, ni profiter à aucun titre de cette production. — *Sic*, Lyon-Caen et Renault, t. 8, n. 928; Thaller, n. 1931, p. 994, note 1 ; Demangeat sur Bravard, t. 5, p. 611, note 1 ; Boistel, n. 605 ; Aubry et Rau, t. 4, § 321, note 91 ; Mourlon, *Tr. des subrog. person.*, p. 19 ; Pont, t. 2, n. 275 ; Larombière, t. 4, art. 1252, n. 26; Gauthier, *Tr. de la subrog.*, p. 62 ; Campion, *Rev. prat.*, t. 2, p. 311 et s. ; Labbé, note sous Cass., 26 déc. 1871 [S. 72. 1. 49, P. 72. 113] ; et notre *Rép. gén. alph. du dr. fr.*, v^is *Cautionnement*, n. 578 et s., et *Faillite*, n. 3697 et s.

4. Jugé, en ce sens, que la caution qui n'a garanti qu'une partie de la dette et qui l'a payée, peut venir en concours sur les biens du débiteur avec le créancier désintéressé partiellement, pour obtenir le remboursement de ses avances ; en un tel cas, la caution exerce une action directe et personnelle, à laquelle le créancier ne saurait opposer la disposition de l'art. 1252, C. civ., portant que la subrogation établie au profit de la caution qui a payé la

dette ne peut nuire au créancier, lorsqu'il n'a été payé qu'en partie. — Cass., 1er août 1860 [S. 61. 1. 366, P. 61. 5, D. P. 60. 1. 502] — Rennes, 22 mai 1858 [S. 59. 2. 298, P. 59. 70]

5. D'après l'opinion la plus générale, l'application de notre article doit être restreinte à l'hypothèse même qu'il prévoit. En conséquence, si le créancier touche un dividende dans la faillite de l'un des coobligés, les autres étant encore *in bonis*, ce dividende, étant pour ainsi dire un paiement forcé, ne saurait être assimilé à un acompte dans le sens de notre article, de telle sorte que, si un des coobligés qui n'ont encore rien payé vient à être déclaré postérieurement en faillite, il y aura lieu d'appliquer la disposition de l'art. 542 : le créancier pourra produire dans cette faillite pour le montant intégral de sa créance. — Cass., 24 juin 1851 [S. 51. 1. 561, P. 52. 2. 500, D. P. 54. 5. 368] — *Sic*, Boistel, n. 977; Bravard et Demangeat, t. 5, p. 600, note; Lyon-Caen et Renault, t. 8, n. 929-1°; Thaller, n. 1932; Pic, *Faill. des soc.*, p. 128; et notre *Rép. gén. alph. du dr. fr.*, v° *Faillite*, n. 3702. — *Contrà*, Renouard, t. 2, p. 180.

6. De même, de ce que l'art. 544 se réfère exclusivement à l'hypothèse d'un acompte payé avant toute faillite, il résulte que ce n'est plus cet article, mais l'art. 542 qui doit recevoir son application dans le cas où le créancier reçoit un acompte d'un des coobligés *in bonis*, à un moment où les autres coobligés ou certains d'entre eux étaient déjà en faillite : ici encore, le créancier pourra produire pour le tout dans ces faillites, malgré l'acompte qu'il a reçu. — Cass., 24 juin 1851, précité; 23 nov. 1852 [S. 53. 1. 23, P. 52. 2. 676, D. P. 52. 1. 324]; 5 déc. 1866 [S. 67. 1. 169, P. 67. 393, D. P. 66. 1. 423]; 25 févr. 1879 [S. 79. 1. 153, P. 79. 384, D. P. 79. 1. 149] — Rouen, 27 avr. 1861 [S. 62. 2. 121, P. 62. 929, D. P. 62. 2. 157] — Paris, 18 janv. 1862 [S. 62. 2. 397, P. 62. 479, D. P. 63. 2. 124] — Rennes, 25 nov. 1871 [S. 72. 2. 72, P. 72. 357, D. P. 72. 5. 242] — Besançon, 26 mai 1873 [S. 74. 2. 135, P. 74. 598, D. P. 74. 2. 34] — Amiens, 12 mai 1876 [S. 77. 2. 51, P. 77. 238] — *Sic*, Thaller, n. 1933; Lyon-Caen et Renault, t. 8, n. 929-2°; Demangeat, sur Bravard, t. 5, p. 605, note; Laurin, n. 1222; et notre *Rép. gén. alph. du dr. fr.*, v° *cit.*, n. 3704 et s. — *Contrà*, Bruxelles, 4 mai 1876 [*Pasicr. belge*, 78. 2. 288] — *Adde*, Boistel, n. 990; Alauzet, t. 8, n. 2766; Namur, t. 3, n. 1936; Devilleneuve, note sous Cass., 25 juin 1851 [S. 51. 1. 561]

7. Jugé à cet égard, que le créancier qui, depuis la faillite, a reçu de la caution la portion de créance garantie par celle-ci, doit néanmoins, dans la répartition des dividendes fixés par le concordat, être compris pour la valeur de sa créance entière telle qu'elle a été admise au passif de la faillite. — Paris, 18 janv. 1862, précité.

8. Jugé aussi, que l'art. 544, C. comm., suivant lequel le créancier porteur d'engagements solidaires entre le failli et d'autres coobligés, tels qu'une caution, ne peut, s'il a reçu un acompte avant la faillite, être compris dans la masse que sous la déduction de cet acompte, la caution devant, en pareil cas, y être admise pour la somme par elle payée à la décharge du failli, ne saurait être étendu au cas où le paiement acompte n'a eu lieu que depuis la faillite...; et cela, alors même qu'au moyen de ce paiement la caution, obligée seulement à une partie de la dette, aurait été complètement libérée. — Cass., 5 déc. 1866, précité.

9. En conséquence, malgré le paiement partiel qui lui a été fait, le créancier conserve le droit de se présenter à la faillite du débiteur pour la valeur nominale de sa créance entière : ce qui exclut nécessairement la caution de la répartition de l'actif; sauf à elle, si la somme dont elle a fait l'avance, jointe au dividende obtenu par le créancier, excède la créance totale, à demander à être admise, jusqu'à concurrence de cet excédent, au bénéfice de ce dividende. — Même arrêt.

10. Par suite du même principe, le porteur d'une lettre de change non acceptée, pour laquelle le tiré n'a reçu provision partielle que postérieurement à la faillite du tireur, est en droit de produire à la faillite de celui-ci pour le montant nominal de son titre, sans qu'on puisse en déduire le montant de la provision, sous prétexte qu'ayant droit à cette provision, il aurait reçu un acompte sur sa créance. — Rennes, 25 nov. 1871, précité.

11. Et il en est ainsi, alors même qu'au moyen de ce paiement, la caution obligée seulement à une partie de la dette, aurait été complètement libérée. — En pareil cas, le créancier, malgré le paiement partiel à lui fait, conserve le droit de se présenter à la faillite pour l'intégralité de sa créance, et la caution ne peut répéter contre lui la quote-part afférente à la somme par elle payée. — Besançon, 26 mai 1873, précité. — Amiens, 12 déc. 1876, précité. — *Contrà*, Lyon-Caen et Renault, t. 8, n. 930.

12. ... Sauf à elle, si la somme dont elle a fait l'avance, jointe au dividende obtenu par le créancier, excède la créance totale, à demander à être admise, jusqu'à concurrence de cet excédent, au bénéfice de ce dividende. — Mêmes arrêts.

ART. **545**. Nonobstant le concordat, les créanciers conservent leur action pour la totalité de leur créance contre les coobligés du failli. — C. civ., 1285 et s., 2028 et s.

1. De la formule générale de notre article, il résulte que sa disposition doit s'appliquer soit aux codébiteurs solidaires, soit à la caution réelle ou personnelle, soit enfin aux débiteurs principaux ou accessoires d'un effet de commerce. La remise de dette forcée que contient le concordat ne saurait produire les mêmes effets que la remise de dette volontaire qui libère les codébiteurs solidaires et les cautions, aux termes des art. 1285 et 1287, C. civ. — *Sic*, Lyon-Caen et Renault, t. 7, n. 622; Thaller, n. 2102 et s.; Pardessus, t. 3, n. 1247; Bravard et Demangeat, t. 5, p. 441; Laroque-Sayssinel et Dutruc, t. 2, n. 1114; et notre *Rép. gén. alph. du dr. fr.*, v° *Faillite*, n. 2655 et s.

2. Jugé, à cet égard, que la remise ou décharge partielle accordée par concordat au mari tombé en faillite n'est pas réputée volontaire; par suite, elle n'opère pas novation et ne libère pas la femme codé-

bitrice solidaire : celle-ci reste obligée pour toute la dette. — Paris, 16 avr. 1864 [S. 64. 2. 289, P. 64. 1274, D. P. 64. 2.127] — *Sic*, Lyon-Caen et Renault, t. 7, n. 623 ; Thaller, n. 2108. — Sur la question de savoir si les créanciers peuvent, du chef de la femme, se faire payer pour le tout sur l'actif de la communauté, V. notre *Code civil annoté*, art. 1419, n. 4 et s. — V. aussi Lyon-Caen et Renault, *loc. cit.*; Thaller, *loc. cit.*

3. Il en est ainsi, même à l'égard du créancier hypothécaire qui, en votant au concordat, a par cela même renoncé au bénéfice de son hypothèque sur les biens du failli : la femme ne peut opposer cette renonciation au créancier, surtout s'il n'a concouru au concordat qu'en cédant aux instances communes du mari et de la femme, et, par conséquent, avec le consentement de celle-ci. — Même arrêt. — Rennes, 31 mars 1849 [S. 49. 2. 440, D. P. 49. 2. 157]

4. Elle est, d'ailleurs, non recevable à l'opposer, alors qu'ayant son hypothèque légale sur les biens du mari pour l'indemnité de la dette contractée conjointement et solidairement avec lui, la renonciation du créancier à son hypothèque conventionnelle sur les mêmes biens ne saurait causer aucun préjudice à la femme. — Même arrêt.

5. Si le concordat a pour effet de libérer complètement le débiteur en état de faillite ou de liquidation judiciaire, et si, aux termes de l'art. 545, cette libération ne s'étend pas à la caution du failli concordataire, qui reste obligé envers les créanciers pour la totalité de son engagement, l'exécution de l'obligation de la caution, née antérieurement à la faillite, ne laisse à la caution aucun recours contre le débiteur principal soit en vertu de l'art. 2029, C. civ., — la subrogation aux droits du créancier étant impossible, puisque ces droits sont éteints, — soit en vertu de l'art. 2028 du même Code, parce que le concordat fixe définitivement la situation du failli ou du liquidé et qu'aucune créance ne peut, en totalité ou en partie, figurer deux fois dans son passif. — Cass., 15 janv. 1901 [S. et P. 1902. 1. 41, D. P. 1901. 1. 325] — *Sic*, Lyon-Caen et Renault, t. 7, n. 620 ; Thaller, n. 2103.

6. En conséquence, la caution est mal fondée à réclamer au débiteur le remboursement soit de la somme qu'elle a dû payer au créancier comme caution du débiteur, après le concordat par abandon d'actif ayant clos la liquidation judiciaire de celui-ci, soit une part de cette somme proportionnelle au dividende attribué aux créanciers dans ce concordat. — Même arrêt.

7. Il importe peu d'ailleurs que la caution prétende exercer son recours sur les biens du failli qui n'auraient pas été compris dans l'abandon d'actif. — Même arrêt.

8. Il n'appartient pas aux juges, en rejetant la demande de la caution, de dire si le failli est au moins tenu à son égard d'une obligation naturelle. — Même arrêt.

9. Mais le concordat amiable, consenti à un débiteur en état de cessation de paiements, mais non déclaré en faillite, quelque qualification que lui donnent les intéressés, constitue une remise ou décharge volontaire, et a pour effet, aux termes des art. 1285 et 1287, C. civ., applicables en matière commerciale aussi bien qu'en matière civile, d'opérer la libération des codébiteurs solidaires et des cautions, vis-à-vis des créanciers qui n'ont pas expressément réservé leurs droits contre eux. — Cass., 12 nov. 1867 [S. 68. 1. 61, P. 68. 133, D. P. 69. 1. 483]; 8 avr. 1868 [S. 68. 1. 260, P. 68. 641] — Pau, 21 janv. 1869 [S. 69. 2. 79, P. 69. 354] — *Sic*, Thaller, n. 2107 ; Lyon-Caen et Renault, t. 7, n. 657. — Sur le concordat amiable, V. *suprà*, *Appendice* à la sect. 2 du chap. 6.

10. Peu importe, d'ailleurs, que ces codébiteurs et leurs cautions aient concouru à la convention : leur présence ne saurait équivaloir à cette réserve expresse. — Cass., 12 nov. 1867, précité.

11. Un tel contrat libère, notamment, les endosseurs d'une lettre de change à l'égard des tiers porteurs. — Cass., 12 frim. an X [S. et P. chr.]; 8 avr. 1868, précité. — Paris, 10 niv. an XIII [S. et P. chr., D. A. 6. 516] — Pau, 21 janv. 1869, précité.

12. Il en est ainsi, tout au moins, tant que le créancier n'a pas expressément réservé ses droits. — Cass., 12 frim. an X, précité. — Paris, 10 niv. an XIII, précité.

13. Il n'importe d'ailleurs que ces endosseurs aient eux-mêmes concouru à la convention : leur consentement au contrat d'atermoiement ne saurait équivaloir à une réserve formelle. — Pau, 21 janv. 1869, précité.

14. Il n'importerait non plus que ces endosseurs eussent reçu du tireur, en marchandises, la valeur des effets litigieux ; si cette circonstance peut justifier un recours du tireur ou de ses créanciers contre les endosseurs, elle ne saurait anéantir l'effet de la décharge consentie au tiers porteur. — Même arrêt.

SECTION II

DES CRÉANCIERS NANTIS DE GAGES ET DES CRÉANCIERS PRIVILÉGIÉS SUR LES BIENS MEUBLES.

ART. **546**. Les créanciers du failli qui seront valablement nantis de gages ne seront inscrits dans la masse que pour mémoire. — C. civ., 2071 et s. ; C. comm., 445, 508.

ART. **547**. Les syndics pourront, à toute époque, avec l'autorisation du juge-commissaire, retirer les gages au profit de la faillite, en remboursant la dette. — C. civ., 2082 et s.

ART. **548**. Dans le cas où le gage ne sera pas retiré par les syndics, s'il est vendu par le créancier moyennant un prix qui excède la créance, le surplus sera recouvré par les syndics; si le prix est moindre que la créance, le créancier nanti viendra à contribution pour le surplus, dans la masse, comme créancier ordinaire. — C. civ., 2078 et s.

1. On a soutenu que le créancier gagiste pouvait, comme un créancier hypothécaire, prendre part à la répartition des deniers avant la réalisation de son gage, dans le cas où, la valeur du gage étant incertaine, il y a doute sur le point de savoir si le créancier gagiste sera intégralement payé en vertu de son privilège. — *Sic*, Boistel, n. 1025.

2. Mais cette opinion ne saurait être admise en présence des termes de l'art. 546 qui dispose, d'une manière générale et sans distinction, que le créancier gagiste ne sera inscrit dans la masse que pour mémoire. Au surplus, le créancier gagiste peut facilement faire vendre son gage pour s'assurer de sa valeur et produire ensuite dans la faillite comme créancier chirographaire. — *Sic*, Bédarride, t. 2, n. 917; Bravard et Demangeat, t. 5, p. 573; Laurin, n. 1217; Lyon-Caen et Renault, t. 8, n. 722; Thaller, n. 1998; et notre *Rép. gén. alph. du dr. fr.*, v° *Faillite*, n. 3879 et s.

3. Mais l'art. 546, portant que le créancier gagiste ne sera inscrit dans la masse que pour mémoire, ne s'appliquerait plus dans le cas où le gage a été fourni par un coobligé du failli : on ne concevrait pas en effet que les droits du créancier contre le failli fussent amoindris, parce qu'une garantie spéciale lui a été concédée par un tiers. — Cass., 24 juin 1851 [S. 51. 1. 561, P. 52. 2. 500, D. P. 54. 5. 368]; 23 nov. 1852 [S. 53. 1. 23, P. 52. 2. 676, D. P. 52. 1. 324] — *Sic*, Boistel, n. 1024; Bravard et Demangeat, t. 5, p. 575; Lyon-Caen et Renault, t. 8, n. 723.

Art. **549** (*Modifié par la loi du 4 mars 1889, art. 22*). Le salaire acquis aux ouvriers directement employés par le débiteur, pendant les trois mois qui ont précédé l'ouverture de la liquidation judiciaire ou la faillite, est admis au nombre des créances privilégiées, au même rang que le privilège établi par l'article 2101 du Code civil pour les salaires des gens de service.

(*Ajouté par la loi du 6 févr. 1895*). Le même privilège est accordé aux commis attachés à une ou plusieurs maisons de commerce, sédentaires ou voyageurs, savoir :

S'il s'agit d'appointements fixes, pour les salaires qui leur sont dus durant les six mois antérieurs à la déclaration de la liquidation judiciaire ou de la faillite;

Et, s'il s'agit de remises proportionnelles allouées à titre d'appointements ou de suppléments d'appointements, pour toutes les commissions qui leur sont définitivement acquises dans les trois derniers mois précédant le jugement déclaratif, alors même que la cause de ces créances remonterait à une époque antérieure. — C. civ., 1798, 2101-4°; C. comm., 438 et s., 565; L. 26 pluv. an II; L. 25 juill. 1891; L. 27 déc. 1895.

INDEX ALPHABÉTIQUE.

DIVISION

§ 1. *Personnes qui ont droit au privilège.*

1. Les privilèges étant de droit étroit, notre article doit être interprété dans un sens restrictif, et, par suite, il faut entendre exclusivement par ouvriers ou employés ceux qui ont loué leurs services à leur patron et qui sont placés dans sa dépendance et sous ses ordres. En conséquence, le privilège établi par notre article n'appartient pas aux auxiliaires des commerçants, tels que les courtiers, les commissionnaires ou les représentants de commerce, dont les services n'impliquent aucun lien de subordination vis-à-vis de leur mandant. — *Sic*, Pardessus, t. 3, n. 1195; Lyon-Caen et Renault, t. 8, n. 825; Ruben de Couder, v° *Faillite*, n. 759, et *Suppl.*, v° *Commis*, n. 9 et 10; et notre *Rép. gén. alph. du dr. fr.*, v° *Faillite*, n. 5751 et s.

2. Jugé dans ce sens, que les acteurs, en cas de faillite du directeur du théâtre auquel ils sont attachés, ne jouissent pas, pour le paiement de leurs appointements, du privilège établi par les art. 2101, n. 4, C. civ., et 549, C. comm.; ils ne sauraient être

considérés comme des gens de service, ouvriers ou commis. — Aix, 10 mars 1861 [S. 62. 2. 9, P. 63. 66] — Paris, 20 juin 1863 [S. 63. 2. 254, P. 64. 103, D. P. 63. 2. 169]; 24 févr. 1864 [S. 64. 1. 59, P. 64. 239, D. P. 64. 1. 135] — Trib. comm. Le Havre, 14 janv. 1865 [D. P. 65. 3. 31] — Trib. comm. Seine, 23 juill. 1885 [*Journ. des faill.*, 85. 378] — *Sic*, Lacan et Paulmier, *Législ. des théâtres*, t. 1, n. 346; Guillouard, n. 230; Bravard-Veyrières et Demangeat, t. 5, p. 581, note; Aubry et Rau, t. 3, p. 134, § 260; P. Pont, t. 1, n. 85; Laurent, t. 29, n. 366; Baudry-Lacantinerie et de Loynes, t. 1, n. 341; Vieu, *Rev. de dr. commerc.*, 1864, t. 2, p. 229; Thézard, n. 376; Lyon-Caen et Renault, t. 8, n. 825. — *Contrà*, Montpellier, 25 mars 1862 [S. 63. 2. 270, P. 63. 67, D. P. 62. 2. 260] — *Adde*, Vivien et Blanc, *Législ. des théâtres*, n. 270; Agnel, *C. man. des artistes dram.*, n. 205; Rolland de Villargues, *Rép. du not.*, v° *Engagement d'acteur*, n. 21.

3. Il en est spécialement ainsi pour les musiciens de l'orchestre. — Trib. comm. du Havre, 14 janv. 1865, précité.

4. ... Et pour les sapeurs-pompiers de service dans un théâtre. — Trib. comm. Seine, 23 juill. 1885, précité.

5. Décidé aussi, que l'administrateur général d'un concert qui, outre des appointements fixes, touche une part des bénéfices, ne peut être rangé dans aucune des catégories d'employés auxquels la loi accorde un privilège pour leur salaire; il ne peut être compris dans les gens de service, ni être considéré comme un commis. — Paris, 20 mai 1879 [S. 79. 2. 261, P. 79. 1027, D. P. 80. 2. 120] — *Contrà*, Laroque-Sayssinel et Dutruc, t. 2, n. 1144; Alauzet, t. 8, n. 2779.

6. De même, le privilège accordé aux commis du commerçant déclaré en faillite, pour le paiement des salaires des six derniers mois, ne s'étend pas à celui qui était au service de la maison, non à titre de simple employé, mais à titre de gérant, avec une bonification sur les affaires par lui traitées directement. — Lyon, 1er avr. 1881 [S. 82. 2. 165, P. 82. 1. 890, et les conclusions de M. l'avocat général Baudouin, D. P. 82. 2. 44] — V. aussi pour le capitaine de navire, *suprà*, art. 191, n. 22 et 23.

7. D'autre part, le privilège accordé par l'art. 549, C. comm., aux ouvriers employés par le failli, pour le salaire à eux acquis pendant le mois qui a précédé la déclaration de faillite, n'existe qu'au profit des ouvriers qui ont accompli directement des travaux pour le compte du failli : il ne peut être invoqué par le commissionnaire qui a employé des ouvriers à l'accomplissement de travaux que le failli l'avait chargé d'exécuter. — Rouen, 10 nov. 1860 [S. 61. 2. 13, P. 61. 269, D. *Rép.*, *Suppl.*, v° *Faillite*, n. 1099]

8. ... Peu importe que ce commissionnaire ait payé les ouvriers pour le compte du failli, aucune subrogation dans leur privilège ne résultant à son profit de ce paiement. — Même arrêt.

§ 2. *Créances garanties par le privilège.*

9. Antérieurement à la loi du 6 févr. 1895, la jurisprudence refusait le privilège de notre article aux employés attachés concurremment à plusieurs maisons de commerce. — Trib. comm. Seine, 1er mai 1857 [D. P. 58. 3. 48]

10. ... Ainsi qu'aux employés qui étaient rétribués au moyen de remises proportionnelles allouées à titre d'appointements ou de suppléments d'appointements. — Rouen, 10 nov. 1860, précité. — Paris, 21 juin 1887 [S. 88. 2. 188, P. 88. 1. 992, D. P. 88. 2. 20]

11. La loi du 6 févr. 1895, incorporée à notre article, a fait disparaître cette anomalie en assimilant, d'une part, les employés attachés à une ou à plusieurs maisons de commerce, et en étendant, d'autre part, le privilège aux employés appointés au moyen de remises proportionnelles, pour les commissions qui leur sont définitivement acquises dans les trois mois précédant le jugement déclaratif de faillite, alors même que la cause de ses créances remonterait à une époque antérieure. Pour savoir si une commission est définitivement acquise, il faut donc envisager, non pas l'époque où la commande donnant droit à cette commission a été prise par l'employé, mais l'époque où la commission a dû être portée au crédit de l'employé d'après les accords intervenus entre lui et son patron. — *Sic*, Lyon-Caen et Renault, t. 8, n. 826, *in fine;* Thaller, n. 2014; Ruben de Couder, *Suppl.*, v° *Commis*, n. 12 et s.; et notre *Rép. gén. alph. du dr. fr.*, *v° cit.*, n. 3748 et s.

12. Sous l'empire de l'ancien art. 549, C. comm., tel qu'il se comportait à la suite de la loi du 28 mai 1838, on décidait unanimement que le point de départ du privilège des ouvriers et des employés était le jugement déclaratif de faillite. — V. Trib. Seine, 13 juill. 1853 [*J. Trib. comm.*, t. 2, p. 347] — Trib. comm. Nantes, 9 févr. 1874 [*Jurispr. comm. et marit. Nantes*, 1874. 1. 179] — Rousseau et Defert, *Code annoté des faillites*, p. 230, sur l'art 549, C. comm., n. 7.

13. Depuis la rédaction nouvelle donnée à l'art. 549 par la loi du 4 mars 1889, il a été soutenu que le privilège des ouvriers pour leurs salaires, en cas de faillite, a pour point de départ, non plus le jugement déclaratif de faillite, mais l'ouverture de la faillite, c'est-à-dire la date à laquelle est fixé l'état de cessation de paiements du failli. — Trib. comm. Fécamp, 21 janv. 1891 (motifs) [S. et P. 92. 2. 319]

14. Mais cette solution ne saurait être admise. Il est vrai que l'art. 549 emploie l'expression d'ouverture de la faillite à propos du privilège des ouvriers. Mais cette expression doit être prise dans le sens de jugement déclaratif de faillite : car il n'existe aucun motif pour distinguer à cet égard le privilège des ouvriers et celui des employés. — *Sic*, Maxime Lecomte, *Liquid. judiciaire*, n. 522; Baudry-Lacantinerie et de Loynes, t. 1, n. 339; Lyon-Caen et Renault, t. 8, n. 822, p. 106, note 2; et notre *Rép. gén. alph. du dr. fr.*, *v° cit.*, n. 3743 et s.

15. Quant aux salaires ou appointements qui seraient dus aux commis ou aux ouvriers à raison des services qu'ils auraient fournis depuis le jugement déclaratif de faillite, c'est la masse elle-même qui en est débitrice et qui doit les payer sur les premières répartitions par préférence aux autres créanciers. — *Sic*, Thaller, n. 2012. — V. *infrà*, art. 565, n. 2.

16. Le privilège établi par notre article ne garantit que la créance des salaires ou d'appointements, mais non les autres créances que le commis ou l'ouvrier pourrait avoir contre son patron. Le commis ou l'ouvrier n'ont donc point de privilège... ni

pour les avances de fonds pour voyage qu'ils auraient faites au failli. — Paris, 21 juin 1887 [S. 88. 2. 188, P. 88. 1. 992, D. P. 88. 2. 20]

17. ... Ni pour les dommages-intérêts qui seraient dus dans le cas de brusque renvoi. — Paris, 17 févr. 1892 [D. P. 94. 2. 1, et la note de M. Boistel] — *Sic*, Lyon-Caen et Renault, t, 8, n. 824; Baudry-Lacantinerie et de Loynes, t. 1, n. 340.

18. ... Ni pour l'indemnité due en cas d'accident industriel. — *Sic*, Lyon-Caen et Renault, *loc. cit.*

19. ... Ni pour le remboursement du cautionnement fourni par un employé à son patron. — *Sic*, Lyon-Caen et Renault, *loc. cit.*

20. Sur la question de savoir si les maçons, charpentiers et autres ouvriers employés à la construction d'un bâtiment ou d'autres ouvrages faits à l'entreprise, ont un privilège contre celui pour lequel les ouvrages ont été faits jusqu'à concurrence de ce qu'il doit à l'entrepreneur, V. notre *Code civil annoté*, art. 1798, n. 40 et s. — Sur le privilège que les lois du 26 pluv. an II, et du 25 juill. 1891, accordent aux ouvriers et fournisseurs des entrepreneurs de travaux publics sur les fonds déposés dans les caisses des receveurs pour être délivrés auxdits entrepreneurs, V. *infrà*, *Appendice* au Code de commerce. — Sur le privilège établi par la loi du 27 déc. 1895, relativement aux caisses de retraite, de secours et de prévoyance fondées au profit des employés et ouvriers, V. aussi *infrà*, même *Appendice*.

ART. **550** (*Modifié par la loi du 12 févr. 1872*). L'article 2102 du Code civil est ainsi modifié à l'égard de la faillite :

Si le bail est résilié, le propriétaire d'immeubles affectés à l'industrie ou au commerce du failli aura privilège pour les deux dernières années de location échues avant le jugement déclaratif de faillite, pour l'année courante, pour tout ce qui concerne l'exécution du bail et pour les dommages-intérêts qui pourront être alloués par les tribunaux.

Au cas de non-résiliation, le bailleur, une fois payé de tous les loyers échus, ne pourra plus exiger le paiement des loyers en cours ou à échoir, si les sûretés qui lui ont été données lors du contrat sont maintenues, ou si celles qui lui ont été fournies depuis la faillite sont jugées suffisantes.

Lorsqu'il y aura vente ou enlèvement des meubles garnissant les lieux loués, le bailleur pourra exercer son privilège comme au cas de résiliation ci-dessus et, en outre, pour une année à échoir à partir de l'expiration de l'année courante, que le bail ait ou non date certaine.

Les syndics pourront continuer ou céder le bail pour tout le temps restant à courir, à la charge par eux ou leurs cessionnaires de maintenir dans l'immeuble un gage suffisant, et d'exécuter, au fur et à mesure des échéances, toutes les obligations résultant du droit ou de la convention, mais sans que la destination des lieux loués puisse être changée. Dans le cas où le bail contiendrait interdiction de céder le bail ou de sous-louer, les créanciers ne pourront faire leur profit de la location que pour le temps à raison duquel le bailleur aurait touché ses loyers par anticipation, et toujours sans que la destination des lieux puisse être changée.

Le privilège et le droit de revendication établis par le numéro 4 de l'article 2102 du Code civil, au profit du vendeur d'effets mobiliers, ne peuvent être exercés contre la faillite. — C. civ., 2102-1° et 4°; C. comm., 191, 450, 576 et s.

INDEX ALPHABÉTIQUE.

DIVISION

§ 1. *Privilège du bailleur.*

α) Continuation du bail.

β) Vente et enlèvement des meubles du failli.
γ) Résiliation du bail.
δ) Dommages-intérêts
ε) Droit de relocation de la masse.

§ 2. *Privilège et droit de revendication du vendeur de meubles.*

§ 3. *Conflit du vendeur d'effets mobiliers et du bailleur.*

---

§ 1. *Privilège du bailleur.*

1. Antérieurement à la loi de 1872, la jurisprudence appliquait en matière de faillite, l'art. 2102-1°, C. civ., et décidait, en conséquence, que le bailleur pouvait se faire payer immédiatement en vertu de son privilège, au cas où le bail avait date certaine, tous les loyers échus et tous les loyers à échoir jusqu'à l'expiration du bail. A cet égard, la loi de 1872, incorporée dans notre art. 550, a restreint dans de plus justes proportions le privilège du bailleur. — Sur la jurisprudence antérieure à la loi de 1872, V. notre *Code civil annoté*, art. 2102, n. 39, et notre *Rép. gén. alph. du dr. fr.*, v° *Faillite*, n. 3773 et s. — Sur les délais pendant lesquels sont suspendus les droits du bailleur, V. *suprà*, art. 450, n. 1 et s.

2. Notre article ne restreint le privilège du bailleur qu'en ce qui concerne les baux des immeubles affectés à l'industrie ou au commerce du failli, y compris les locaux dépendant de ces immeubles et servant à l'habitation du failli et de sa famille. — *Sic*, Lyon-Caen et Renault, t. 8, n. 870; Thaller, n. 2016; Baudry-Lacantinerie et de Loynes, t. 1, n. 414.

3. Mais il s'applique à tous ces baux : à la différence de l'art. 2101-2°, C. civ., il ne distingue pas, quant à l'étendue du privilège du bailleur, suivant que ces baux ont ou non acquis date certaine avant le jugement déclaratif de faillite. — *Sic*, Lyon-Caen et Renault, t. 8, n. 871; Baudry-Lacantinerie et de Loynes, t. 1, n. 416; Thaller, n. 2023.

4. D'autre part, notre article s'applique également dans le cas où le failli est un sous-locataire, alors du moins que le locataire principal n'a fait, en sous-louant, qu'user des droits que lui confèrent la loi ou le contrat de bail : dans ce cas, en effet, et d'après l'art. 1753, C. civ., le sous-locataire est tenu directement vis-à-vis du bailleur jusqu'à concurrence de son prix de sous-location comme s'il avait traité avec lui. — Sur les rapports du sous-locataire et du bailleur, V. notre *Code civil annoté*, art. 1753, n. 33 et s.

5. Mais toute disposition de la loi favorable au sous-locataire ou au cessionnaire d'un bail est subordonnée au consentement préalable donné par le bailleur à la sous-location ou à la cession du bail, si une clause du bail principal l'exige. — Ainsi, l'art. 1753, portant que le sous-locataire n'est tenu envers le propriétaire que jusqu'à concurrence du prix de sa sous-location dont il peut être débiteur au moment de la saisie, ne s'applique pas au cas où le preneur a stipulé l'interdiction de sous-louer; en ce dernier cas, les meubles et marchandises qui garnissaient les locaux loués au moment de la location sont affectés intégralement à la garantie du propriétaire, la transmission qui a été faite par le preneur au tiers occupant de ces mêmes meubles et marchandises n'ayant pu avoir pour effet de restreindre le privilège du propriétaire. — Ainsi, ce privilège s'étend à la totalité des loyers à échoir jusqu'à l'expiration du bail. — Cass., 11 avr. 1892 [S. et P. 92. 1. 433, et la note de M. Labbé, D. P. 92. 1. 345] — *Sic*, Labbé, *loc. cit.*; Baudry-Lacantinerie, t. 3, n. 694; Lyon-Caen et Renault, t. 8, n. 878; Ruben de Couder, *Suppl.*, v° *Faillite*, n. 411 et s.; et notre *Rép. gén. alph. du dr. fr.*, v° *cit.*, n. 3823 et s.

6. Peu importe que le sous-locataire soit tombé en faillite; si l'art. 550, C. comm. et la loi du 12 févr. 1872 modifient l'art. 2102, C. civ., à l'égard de la faillite, il ne s'agit que de la faillite du preneur lui-même, ou de celle du sous-preneur qu'il a régulièrement introduit dans l'immeuble; mais la faillite d'un tiers occupant subrepticement les locaux loués, contrairement à l'interdiction de sous-louer, ne saurait avoir aucune influence sur le privilège du propriétaire. — Même arrêt.

7. Lorsque, en pareil cas, le sous-locataire a fait procéder à l'enlèvement et à la vente des meubles, marchandises et autres objets mobiliers affectés à la garantie du privilège du propriétaire, lequel a d'ailleurs exercé la revendication dans le délai de la loi, la réalisation du gage a rendu exigibles les loyers à échoir, par application de l'art. 2102. — Même arrêt.

α) *Continuation du bail.* — 8. Dans cette hypothèse, et d'après le deuxième alinéa de notre article, le bailleur ne peut se prévaloir à aucun titre de son privilège. En ce qui concerne les loyers en cours ou à échoir, il les touchera comme créancier de la masse qui continue le bail, mais seulement au fur et à mesure de leur échéance. Quant aux loyers échus, notre article suppose que le bailleur se les est fait préalablement payer comme condition de son consentement à la continuation du bail : dans le cas contraire et à défaut de paiement préalable, le bailleur ne pourrait agir pour ces loyers échus que comme créancier chirographaire, à moins qu'il ne soit procédé plus tard à la vente du mobilier du failli, auquel cas le bailleur exercerait son privilège dans les conditions ci-après indiquées. — *Sic*, Thaller, n. 2021; Baudry-Lacantinerie et de Loynes, t. 1, n. 418 et s.; et notre *Rép. gén. alph. du dr. fr.*, v° *cit.*, n. 3807 et s. — V. cependant Lyon-Caen et Renault, t. 8, n. 875.

β) *Vente et enlèvement des meubles du failli.* — 9. Le bailleur, étant privé par suite de cette vente des garanties sur lesquelles il comptait, peut alors se prévaloir de son privilège. Mais ce privilège est restreint par le troisième alinéa de notre article à deux années de loyers échus, à l'année courante et à une année à échoir à partir de l'expiration de l'année courante. Quant aux autres loyers, le bailleur ne peut les réclamer que comme créancier chirographaires et en subissant la loi du dividende. — V. Lyon-Caen et Renault, t. 8, n. 877; et notre *Rép. gén. alph. du dr. fr.*, v° *cit.*, n. 3810 et s.

γ) *Résiliation du bail.* — 10. Comme dans l'hypothèse précédente, le bailleur peut se prévaloir de son privilège, aux termes du premier alinéa de notre article, pour deux années échues et pour l'année courante. Mais du moment qu'il reprend la possession de son immeuble par suite de la résiliation du bail, il ne saurait prétendre au paiement d'une année future, sauf au tribunal à lui allouer le montant de cette année à titre d'indemnité de chômage. — *Sic*, Lyon-Caen et Renault, t. 8, n. 872, *in fine*; Thaller, n. 2029, *in fine*; Baudry-Lacantinerie et de Loynes, t. 1, n. 415; et notre *Rép. gén. alph. du dr. fr.*, v° *cit.*, n. 3818 et s.

11. On décide, en général, que l'année courante est celle au cours de laquelle la faillite a été déclarée, et non celle où a eu lieu la vente des meubles du failli. Il est vrai qu'avec ce système le bailleur pourra être lésé dans le cas où il a été opté pour la résiliation du bail, et où, par suite des délais de la procédure établis par l'art. 450, C. comm., il n'a pu demander cette résiliation qu'après la fin de l'année qui était en cours au jour de la déclaration de faillite. Mais c'est là une hypothèse toute exceptionnelle et l'argument d'équité qu'on en tire ne saurait prévaloir contre le texte de notre article qui ajoute l'année courante aux deux dernières années échues avant le jugement déclaratif de faillite, ce qui implique bien que cette année courante est celle pendant laquelle le jugement est prononcé. — Douai, 15 juill. 1896 [D. P. 97. 2. 187] — *Sic*, Thaller, n. 2024; Baudry-Lacantinerie et de Loynes, t. 1, n 417; Alauzet, t. 7, n. 2782; Laroque-Sayssinel et Dutruc, t. 2, n. 1151; Rousseau et Defert, *Code ann. des faill.*, art. 550, n. 13; Genevois, *Priv. du propr. en cas de faill.*, n 59, 62 et s.; Verdier, *Priv. du propr. en cas de faill.*, n. 48 et 49; Ruben de Couder, v° *Faillite*, n. 816 et 817, et *Suppl*, *eod. v°*, n. 410; Lyon-Caen et Renault, t. 8, n. 872. — *Contrà*, Paris, 9 mars 1899 [D. P. 1900. 2. 441]

12. Cette même solution devrait être admise, à notre avis tout au moins, pour l'année à échoir, même dans le cas où le syndic, après avoir continué le bail pendant plusieurs années du consentement du bailleur, cesserait d'exécuter ses obligations et d'acquitter les loyers. Il est vrai que dans ce cas, et avec cette solution, le bailleur sera lésé, puisqu'il n'aura plus de garantie pour l'avenir. Mais l'art. 450, dans son troisième alinéa, dispose, sans faire aucune distinction, que l'année à échoir a pour point de départ l'expiration de l'année courante, et non pas la vente des meubles du failli. D'autre part, le bailleur ne sera pas nécessairement lésé : s'il ne peut se prévaloir de son privilège pour l'avenir, il pourra tout au moins obtenir des dommages-intérêts à raison de l'inexécution de ses obligations et se présenter dans la faillite pour ces dommages-intérêts comme créancier de la masse. — *Contrà*, Thaller, n 2025.

13. En tout cas, lorsque le bail n'est pas résilié, et que les meubles ont été enlevés et vendus, les deux années de location auxquelles l'art. 550, C. comm., restreint l'exercice du privilège du bailleur, sauf ses droits pour l'année courante, pour une année à échoir, pour ce qui concerne l'exécution du bail et les dommages-intérêts, doivent s'entendre des deux années échues avant le jugement déclaratif de faillite, et non des deux années échues avant la date à laquelle a été fixée la cessation des paiements du failli. — Trib. comm. de Mamers, 3 février 1893 [S. et P. 93. 2. 230]

δ) *Dommages-intérêts.* — 14. Le privilège du bailleur ne garantit pas seulement le paiement des loyers dans la mesure qui vient d'être indiquée il garantit également, aux termes du premier alinéa, de notre article, « tout ce qui concerne l'exécution du bail et les dommages-intérêts qui pourront être alloués au bailleur par les tribunaux. » Le bailleur pourra donc notamment se faire payer par privilège les prestations accessoires dont la valeur s'ajoute au loyer, les avances qu'il aurait faites au preneur en conformité des clauses du bail et pour en assurer l'exécution, et enfin les dommages-intérêts qui pourraient lui être dus soit à raison d'un abus de jouissance de la part du preneur, soit à raison du chômage présumé de son immeuble ou d'une baisse des loyers. — Cass., 19 janv. 1880 [S. 80. 1. 249, P. 80. 590, D. P. 82. 1. 279] — Douai, 18 avr. 1850 [S. 51. 2. 77, P 51. 1. 395, D. P. 51. 2. 60] — Paris, 25 déc. 1871 [S. 73. 2. 13, P. 73. 98]; 9 mars 1899 [D. P. 1900. 1. 441] — Alger, 25 juin 1878 [S. 78. 2. 327, P. 78. 1282, D. P. 79. 2. 209] — *Sic*, Pont, t. 1, n. 125; Aubry et Rau, t. 3, § 261, p. 143; Colmet de Santerre, t. 9, n. 28 *bis*-X; Baudry-Lacantinerie et de Loynes, t. 1. n. 394 et 425; Lyon-Caen et Renault, t. 8, n. 873; et notre *Code civil annoté*, art. 2102, n. 48 et s.

15. Jugé spécialement, que dans le cas où un propriétaire trouve une compensation suffisante aux travaux faits par lui à l'origine du bail dans le chiffre fixé pour le loyer et dans la durée du contrat, le seul préjudice dont il lui est dû réparation est celui qui provient de la résiliation du bail. — Paris, 9 mars 1899, précité.

16. Jugé encore, que le copropriétaire d'un immeuble qui l'acquiert sur licitation, alors que le locataire était en faillite et que l'éventualité de la résiliation du bail était déjà certaine, a dû tenir compte de cette circonstance pour la détermination de son prix, et ce fait doit être pris en considération pour fixer l'indemnité due par la faillite. — Même arrêt.

17. Mais on ne saurait, pour réduire cette indemnité, reprocher au propriétaire, soit de s'être opposé à une relocation, alors qu'en refusant aux syndics une diminution de loyer qui leur eût permis de trouver un acquéreur du fonds du failli sans diminuer le prix qu'ils en demandaient, il n'a fait qu'user de son droit, ... soit d'avoir éloigné les amateurs en fixant dans les insertions à fin de location un loyer trop élevé, l'usage étant d'indiquer un taux supérieur à celui qu'on pourra consentir en l'abaissant ultérieurement. — Même arrêt.

18. D'autre part, le privilège ne saurait être invoqué pour assurer le remboursement d'une créance du bailleur contre le preneur, qui n'aurait pas son origine dans le contrat de bail, telle, par exemple, que le remboursement d'une somme prêtée au locataire, non pour assurer l'exécution du bail, mais pour améliorer un immeuble de l'emprunteur ou pour toute autre cause étrangère au bail. — Trib. civ. Seine, 22 déc. 1886 [*J. des faill.*, 86. 335] — *Sic*, Lyon-Caen et Renault, t. 8, n. 873; Baudry-Lacantinerie et de Loynes, t. 1, n. 395.

ε) *Droit de relocation de la masse.* — 19. Notre article distingue à cet égard, dans son quatrième alinéa, suivant que le bail contient ou ne contient pas interdiction de sous-louer. Au premier cas, les syndics ne peuvent sous-louer que dans l'hypothèse où le bailleur exercerait son privilège et seulement pour l'année courante et l'année future dont le bailleur a perçu les loyers en vertu de son privilège. Dans le second cas, au contraire, les syndics peuvent à leur gré continuer l'exploitation ou sous-louer l'immeuble, à charge par le locataire de maintenir dans les locaux loués un mobilier suffisant pour assurer le paiement des loyers à échoir. — V. Lyon-Caen et Renault, t. 8, n. 879; Baudry-Lacantinerie et de Loynes, t. 1, n. 436 et s.

§ 2. *Privilège et droit de revendication du vendeur de meubles.*

20. La disposition finale de notre article, qui supprime en matière de faillite le privilège et le droit de revendication établis par l'art. 2102-4°, C. civ., au profit du vendeur d'effets mobiliers, est absolue et s'applique aux ventes de choses incorporelles comme aux ventes de choses corporelles. — *Sic*, Renouard, t. 2, p. 271; Alauzet, t. 8, n. 2782 et s.; Boistel, n. 1018; Lyon-Caen et Renault, t. 8, n. 837; Thaller, n. 1958; Ruben de Couder, *v° cit.*, n. 865, et *Suppl.*, *eod v°*, n. 432; et notre *Rép. gén. alph. du dr. fr.*, *v° cit.*, n. 3410 et s. — Sur la question de savoir si le vendeur de meubles peut exercer à l'encontre de la faillite l'action en résolution de la vente, V. *infrà*, art. 576, n. 1 et s.

21. En conséquence, le privilège reconnu au vendeur d'un office ministériel sur le prix de cet office disparaît et ne peut plus être exercé au cas où le cessionnaire s'est livré à des actes de commerce malgré sa qualité d'officier public et a été déclaré en faillite. — Spécialement, le privilège de l'art. 2102-4°, C. civ., ne peut être exercé à l'encontre des créanciers du failli, ... ni par le vendeur d'un office de notaire. — Cass., 23 août 1853 [S. 53. 1. 606, P. 54. 2. 270, D. P. 53. 1. 257]; 10 févr. 1857 [S. 57. 1. 602, P. 57. 1. 602, D. P. 57. 1. 87]; 18 déc. 1867 [S. 68. 1. 248, P. 68. 621, D. P. 69. 1. 289] — Bourges, 14 août 1855 [S. 55. 2. 613, P. 55. 2. 609, D. P. 56. 2. 100] — Sur l'acquisition de la qualité de commerçant par un officier ministériel, V. *suprà*, art. 1, n. 137 et s. — Sur le privilège du vendeur d'un office ministériel, V. notre *Code civil annoté*, art. 2102, n. 248 et s.

22. ... Ni par le vendeur d'un office d'huissier. — Paris, 25 févr. 1860 [S. 60. 2. 123, P. 60. 470, D. P. 60. 2. 115]

23. ... Ni par le vendeur d'une charge d'agent de change. — Lyon, 9 déc. 1850 [S. 50. 2. 634, P. 51. 1. 52, D. P. 51. 2. 9]

24. ... Ou d'une charge de courtier de commerce. — Paris, 16 févr. 1842 [S. 43. 2. 58, P. 43. 1. 198]

25. Peu importe d'ailleurs que le privilège du vendeur ait été reconnu antérieurement lors de la distribution d'une partie du prix de l'office: cette reconnaissance ne peut en effet aboutir à faire échec, au cas de faillite du cessionnaire survenant après cette première répartition, au principe de l'égalité de traitement entre les créanciers du failli. — Paris, 25 févr. 1860, précité.

26. De même, le vendeur d'un fonds de commerce ne peut opposer son privilège à la masse des créanciers de l'acheteur failli. — Paris, 12 déc. 1850 [S. 51. 2. 79, D. P. 51. 2. 62] — Sur le privilège du vendeur d'un fonds de commerce, V. notre *Code civil annoté*, art. 2102, n. 210 et s.

27. On s'accorde toutefois à reconnaître que le privilège du vendeur d'un bâtiment de mer peut être exercé dans la faillite de l'acheteur. — V. *suprà*, art. 191, n. 56; et notre *Rép. gén. alph. du dr. fr.*, *v° cit.*, n. 3416.

28. Si l'art. 550, § 6, C. comm., interdit contre la faillite l'exercice du privilège et du droit de revendication établis au profit du vendeur d'effets mobiliers, et si la suppression de ces droits entraîne nécessairement celle du droit de résolution de la vente, ce n'est qu'autant que l'action du vendeur serait en effet exercée à l'encontre de la faillite. — Cass., 24 déc. 1889 [S. 91. 1. 455, P. 91. 1. 1111, D. P. 90. 1. 161 et la note de M. Boistel] — Douai, 17 juin 1875 [D. P. 76. 2. 67] — *Sic*, Thaller, n. 1949; Ruben de Couder, *Suppl.*, *v° cit.*, n. 434 et s.; et notre *Rép. gén. alph. du dr. fr.*, *v° cit.*, n. 3426 et s.

29. Mais cette disposition ne saurait s'appliquer à l'instance introduite avant le jugement déclaratif de la faillite par le vendeur non payé contre le débiteur encore *in bonis*; dans ce cas, la faillite, survenue au cours de l'instance, peut d'autant moins rendre rétroactivement irrecevable la demande du vendeur que, d'après les règles du droit, c'est au jour de l'introduction de cette demande que le juge doit se reporter pour en apprécier le mérite. — Cass., 24 déc. 1889, précité.

30. Il en est ainsi spécialement, lorsque la demande en résolution a été accueillie par un jugement par défaut rendu avant la déclaration de faillite, et suivi sur opposition, d'un jugement contradictoire conforme, depuis la déclaration de faillite, jugement réformé sur appel. — Cass., 24 décembre 1889 (sol. implic.), précité.

31. Et, lorsqu'il s'agit d'un fonds de commerce vendu avec le droit au bail, l'action en résolution du bail suit le sort de l'action en résolution de la vente dont le bail a été la conséquence. — Paris, 21 mai 1887, sous Cass., 24 déc. 1889, précité.

32. A plus forte raison, la collocation du privilège du vendeur d'un fonds de commerce n'est pas susceptible d'être révoquée par l'effet de la déclaration de la faillite de l'acquéreur, survenue postérieurement au règlement provisoire : la disposition de l'art. 550, C. comm., qui refuse tout privilège au vendeur d'effets mobiliers, en cas de faillite de l'acheteur, cesse d'être applicable après ce règlement. — Paris, 25 juill. 1882 [S. 84. 2. 33, P. 84. 1. 208, D. P. 83. 2. 216]

33. Peu importe, d'ailleurs, que des contredits sur le règlement provisoire aient été élevés avant la déclaration de faillite, et qu'il n'ait été statué sur ces contredits qu'après cette déclaration. — Même arrêt.

34. Le vendeur ne pourrait, en aucun cas, se réserver, pour le cas de faillite de l'acheteur, le privilège que supprime notre article : une pareille clause serait nulle et non avenue. — Cass., 4 août 1852 [S. 52. 1. 705, P. 54. 1. 204, D. P. 52. 1. 297]; 17 juill. 1895 [D. P. 96. 1. 57] — Bourges, 26 déc. 1887 [S. 88. 2. 78, P. 88. 1. 453] — Sur la question de savoir si le vendeur peut se réserver la propriété de la chose vendue jusqu'au paiement intégral du prix, V. *infrà*, art. 576, n. 92 et s.

§ 3. *Conflit du vendeur d'effets mobiliers et du bailleur.*

35. Notre article supprimant d'une manière absolue et sans réserve, le privilège du vendeur d'effets mobiliers, il en résulte que le vendeur ne peut se prévaloir de son privilège, ni à l'encontre de la masse, ni à l'encontre du bailleur sur le montant de sa collocation privilégiée, alors même que ce bailleur serait de mauvaise foi et se verrait ainsi primé par le vendeur d'après l'art. 2102, C. civ. —

Dijon, 8 janv. 1894 [D. p. 95. 2. 17 et la note de M. de Loynes]

36. D'autre part, la masse des créanciers ne peut pas non plus se substituer au privilège du vendeur qui n'existe plus, pour l'opposer au bailleur de mauvaise foi et se faire attribuer par préférence à lui le prix des meubles vendus. — Jugé, à cet égard, que les privilèges établis par le Code civil peuvent être exercés à la suite de la faillite ou de la liquidation judiciaire du débiteur, à moins que la loi n'en ait autrement et expressément disposé. — En conséquence, au cas de faillite du locataire, le privilège du bailleur subsiste dans les limites fixées par l'art. 550, C. comm., à la différence du privilège du vendeur d'effets mobiliers, supprimé par ce dernier article. — Cass., 18 févr. 1895 [S. et P. 95. 1. 209, et la note de M. Lyon-Caen, D. p. 95. 1. 230] — *Sic*, Thaller, n. 1948; de Loynes note précitée; Ruben de Couder, *Suppl.*, v° *cit.*, n. 407.

37. Et il en est ainsi, même au cas où le privilège du bailleur est, en principe, primé par celui du vendeur, en vertu de l'art. 2102-4°, à raison de la connaissance qu'avait le bailleur du non-paiement du prix des meubles garnissant les lieux loués. La disparition du privilège du vendeur n'entraîne pas celle du privilège du bailleur. — Même arrêt.

Art. **551**. Les syndics présenteront au juge-commissaire l'état des créanciers se prétendant privilégiés sur les biens meubles, et le juge-commissaire autorisera, s'il y a lieu, le payement de ces créanciers sur les premiers deniers rentrés.

Si le privilège est contesté, le tribunal prononcera. — C. comm., 565, 635.

Notre article laisse une certaine latitude au juge-commissaire qui peut, suivant les cas, ordonner le paiement de tous les créanciers privilégiés, ou seulement de quelques-uns d'entre eux si les premiers deniers rentrés sont insuffisants pour les désintéresser tous. — *Sic*, Bédarride, t. 2, n. 953. — Sur les créanciers privilégiés, V. *infrà*, art. 565. — Sur le tribunal compétent pour statuer en cas de contestation sur l'existence ou le rang d'un privilège, V. *infrà*, art. 635, et notre *Rép. gén. alph. du dr. fr.*, v[is] *Compétence civile et commerciale*, n. 798 et s., et *Faillite*, n. 3867 et s., et 4044.

SECTION III

DES DROITS DES CRÉANCIERS HYPOTHÉCAIRES ET PRIVILÉGIÉS SUR LES IMMEUBLES.

Art. **552**. Lorsque la distribution du prix des immeubles sera faite antérieurement à celle du prix des biens meubles, ou simultanément, les créanciers privilégiés ou hypothécaires, non remplis sur le prix des immeubles, concourront, à proportion de ce qui leur restera dû, avec les créanciers chirographaires, sur les deniers appartenant à la masse chirographaire, pourvu toutefois que leurs créances aient été vérifiées et affirmées suivant les formes ci-dessus établies. — C. comm., 491 et s., 497, 571 et s.

Art. **553**. Si une ou plusieurs distributions des deniers mobiliers précèdent la distribution du prix des immeubles, les créanciers privilégiés ou hypothécaires vérifiés et affirmés concourront aux répartitions dans la proportion de leurs créances totales, et sauf, le cas échéant, les distractions dont il sera parlé ci-après. — C. comm., 491 et s., 565 et s.

Art. **554**. Après la vente des immeubles et le règlement définitif de l'ordre entre les créanciers hypothécaires et privilégiés, ceux d'entre eux qui viendront en ordre utile sur le prix des immeubles pour la totalité de leur créance ne toucheront le montant de leur collocation hypothécaire que sous la déduction des sommes par eux perçues dans la masse chirographaire.

Les sommes ainsi déduites ne resteront point dans la masse hypothécaire, mais retourneront à la masse chirographaire au profit de laquelle il en sera fait distraction. — C. civ., 1251; C. comm., 552.

1. Les dispositions des art. 553 et 554 doivent recevoir leur application toutes les fois que la distribution des deniers mobiliers précède celle du prix des immeubles du failli. — Jugé, en ce sens, que celui qui, dans une faillite, est à la fois créancier hypothécaire et créancier chirographaire, a droit de prendre part, pour un dividende calculé sur la totalité de sa créance, à une distribution de deniers provenant de la masse chirographaire, bien qu'un ordre soit ouvert sur le prix des immeubles du failli : il n'y a pas à surseoir jusqu'à la clôture de l'ordre, pour connaître le résultat de la collocation de ce créancier sur les immeubles du failli. — Rouen, 6 juill. 1843 [S. 44. 2. 87]

2. Jugé également, que l'art. 540, ancien, C. comm. (actuellement l'art. 553), qui, en matière de faillite, autorise les créanciers hypothécaires à concourir aux répartitions mobilières, lorsque la vente du mobilier précède celle des immeubles et donne lieu à des répartitions avant la distribution du prix des immeubles, s'applique au cas où l'hypothèque affecte des immeubles situés en pays étranger, comme au cas où elle grève des immeubles situés en France. — Toutefois, et lorsqu'il s'agit d'immeubles situés en pays étranger, les tribunaux peuvent ordonner des mesures de sûreté, pour que les distractions qui, aux termes de l'art. 541, C. comm., devront être accordées en compensation sur le prix de ces immeubles au profit de la masse chirographaire, puissent être opérées. — Ainsi, par exemple, ils peuvent ordonner le dépôt, à la Caisse des consignations, des sommes revenant aux créanciers hypothécaires dans les répartitions mobilières, et soumettre ces créanciers à l'obligation de faire des poursuites dans un délai déterminé, pour être payés de leurs créances, sur le prix des immeubles étrangers qu'elles affectent. — Paris, 16 juill. 1831 [S. 31. 2. 260, P. chr.]

3. En tout cas, le créancier d'une faillite qui se présente à la distribution d'une somme mobilière appartenant à la masse chirographaire, avec une double créance, l'une privilégiée sur la masse chirographaire, l'autre hypothécaire sur des immeubles non encore vendus, ne peut être tenu de subir sur sa créance privilégiée, la distraction, même provisoire, des sommes qu'il pourra recouvrer en vertu de son hypothèque sous le prétexte que l'incertitude de ce recouvrement (à faire en pays étranger) pourrait rendre illusoire ou inefficace la subrogation à laquelle la masse chirographaire a droit dans la masse hypothécaire, aux termes des art. 540 et 541 (actuellement 553 et 554), C. comm. : cette subrogation ne pouvant avoir lieu qu'à raison du paiement d'une créance hypothécaire par la masse chirographaire, et non à raison du paiement d'une créance privilégiée sur la masse chirographaire elle-même, ces articles sont ici sans application. — Cass., 13 mai 1835 [S. 35. 1. 707, P. chr., D. *Rép.*, v° *Faillite*, n. 1069]

4. La faillite qui paie avec les deniers de la masse chirographaire une somme en l'acquit d'un créancier hypothécaire, est subrogée dans les droits de celui-ci jusqu'à concurrence de la somme payée, et peut en conséquence se faire colloquer en sous-ordre dans la masse hypothécaire, à raison de cette somme, sur la collocation faite au profit du créancier hypothécaire pour le montant intégral de sa créance. Les créanciers hypothécaires postérieurs prétendraient vainement que la somme payée par la masse chirographaire à la décharge du créancier hypothécaire antérieur, diminue d'autant sa créance, et qu'il ne peut, en conséquence, être colloqué que sous la déduction de cette somme, pour laquelle la faillite, qui n'a fait que payer sa dette propre, n'a aucune subrogation à prétendre. — Cass., 4 juill. 1844 [S. 44. 1. 481, D. *Rép*, *v° cit.*, n. 1073-2°]

5. Mais, si les art. 553 et 554 sont applicables dans le cas où le créancier n'a en face de lui qu'un débiteur, le failli, de qui il a reçu directement son hypothèque, il n'en est plus de même au cas où l'hypothèque a été consentie par un tiers intervenu comme caution ou codébiteur solidaire. Dans ce cas, le créancier, qui a touché un dividende dans la masse chirographaire de son débiteur failli, ne peut être colloqué que pour ce qui lui reste dû dans l'ordre ouvert sur l'immeuble grevé de son hypothèque, et la diminution de sa créance hypothécaire profitera aux créanciers hypothécaires inscrits après lui. — Paris, 22 janv. 1890 [D. P. 92. 2. 105, et la note de M. Boistel] — V. aussi *infrà*, art. 555, n. 1.

6. Et il en est ainsi, alors même que le failli est devenu l'héritier pur et simple de celui dont l'immeuble était hypothéqué à sa dette, l'inscription de l'hypothèque ayant suffi pour la soustraire aux conséquences de la confusion du patrimoine du défunt avec celui de l'héritier. — Même arrêt. — V. toutefois Boistel, note précitée.

ART. **555.** A l'égard des créanciers hypothécaires qui ne seront colloqués que partiellement dans la distribution du prix des immeubles, il sera procédé comme il suit : leurs droits sur la masse chirographaire seront définitivement réglés d'après les sommes dont ils resteront créanciers après leur collocation immobilière, et les deniers qu'ils auront touchés au delà de cette proportion, dans la distribution antérieure, leur seront retenus sur le montant de leur collocation hypothécaire, et reversés dans la masse chirographaire.

L'art. 555, C. comm., d'après lequel il y a lieu de retenir sur le montant de la collocation hypothécaire d'un créancier, alors qu'elle n'est que partielle, les deniers touchés par ce créancier dans la masse chirographaire au delà de la proportion fixée par sa collocation immobilière, n'est applicable qu'aux créanciers qui ont obtenu directement du failli une hypothèque judiciaire ou conventionnelle ; il ne l'est pas au cas où une hypothèque de garantie, ayant été concédée par un tiers à un créancier chirographaire du failli, celui-ci est devenu, comme héritier de ce tiers, propriétaire de l'immeuble grevé. — Caen, 13 déc. 1867 [S. 68. 2. 211, P. 68. 833, D. P. 68. 2. 228] — V. aussi *suprà*, art. 552-554, n. 5 et s.

ART. **556**. Les créanciers qui ne viennent point en ordre utile seront considérés comme chirographaires, et soumis comme tels aux effets du concordat et de toutes les opérations de la masse chirographaire. — C. comm., 516, 552 et s.

Les dispositions des articles 553 et s., ne sont pas applicables au cas de concordat : ces articles, en effet, ont pour objet de protéger les intérêts de la masse chirographaire, laquelle disparaît par suite du concordat. En conséquence, les créanciers hypothécaires ou privilégiés ne peuvent point, tant que l'ordre n'est pas réglé, invoquer les conditions du concordat conclu avec leur débiteur et réclamer de celui-ci une part, même provisoire, dans les dividendes promis. — Cass., 25 mai 1864 (sol impl.) [S. 64. 1. 284, P. 64. 1217, D. P. 64. 1. 363] — Rouen, 25 janv. 1855 [D. P. 55. 2. 94] — *Sic*, Bédarride, t. 3, n. 976 *bis*; Laroque-Sayssinel et Dutruc, t. 2, n. 1385; Bravard et Demangeat, t. 5, p. 558; Lyon-Caen et Renault, t. 8, n. 719; et notre *Rép. gén. alph. du dr. fr.*, v° *Faillite*, n. 3852 et s.

SECTION IV

DES DROITS DES FEMMES.

ART. **557**. En cas de faillite du mari, la femme dont les apports en immeuble ne se trouveraient pas mis en communauté, reprendra en nature lesdits immeubles et ceux qui lui seraient survenus par succession ou donation entre-vifs ou testamentaire. — C. civ., 1235, 1400 et s.; C. com., 443 et s., 561.

ART. **558**. La femme reprendra pareillement les immeubles acquis par elle et en son nom des deniers provenant desdites successions et donations, pourvu que la déclaration d'emploi soit expressément stipulée au contrat d'acquisition et que l'origine des deniers soit constatée par inventaire ou par tout autre acte authentique. — C. civ., 1317, 1435, 1493.

ART. **559**. Sous quelque régime qu'ait été formé le contrat de mariage, hors le cas prévu par l'article précédent, la présomption légale est que les biens acquis par la femme du failli appartiennent à son mari, ont été payés de ses deniers, et doivent être réunis à la masse de son actif, sauf à la femme à fournir la preuve du contraire. — C. civ., 1350, 1392, 1402.

DIVISION

α) Immeubles appartenant à la femme avant le mariage, ou acquis par elle à titre gratuit pendant le mariage.

β) Biens meubles ou immeubles acquis par la femme à titre onéreux pendant le mariage.

α) *Immeubles appartenant à la femme avant le mariage, ou acquis par elle à titre gratuit pendant le mariage.* — 1. L'art. 557 n'a imposé, en ce qui concerne ces immeubles, aucune preuve spéciale à la femme : celle-ci pourra donc les revendiquer dans la faillite de son mari, en prouvant son droit de propriété, conformément aux règles du droit commun. — *Sic*, Lyon-Caen et Renault, t. 8, n. 893; Thaller, n. 1968; et notre *Rép. gén. alph. du dr. fr.*, v° *Faillite*, n. 3928 et s.

β) *Biens meubles ou immeubles acquis par la femme à titre onéreux pendant le mariage.* — 2. A cet égard, l'art. 559, reproduisant la *présomption mucienne* du droit romain, qui avait été également adoptée par la jurisprudence des pays de droit écrit, décide que lesdits biens doivent être présumés appartenir au mari, avoir été payés de ses deniers et faire partie de son actif, sauf à la femme à fournir la preuve du contraire. — *Sic*, Aubry et Rau, t. 5, § 501; Lyon-Caen et Renault, t. 8, p. 171, note 1; Thaller, n. 1967.

3. Dans le cas où il s'agit d'immeubles que la femme a acquis avec des deniers provenant de successions ou de donations à elle faites pendant le mariage, la preuve de son droit de propriété ne peut être fournie que dans les conditions déterminées par l'art. 558. Mais en dehors de l'hypothèse particulière prévue et réglementée par cet article, la femme du failli peut combattre la présomption de l'art. 559, conformément aux règles du droit commun et par toute espèce de moyens. — *Sic*, Renouard, t. 2, n. 299; Alauzet, t. 7, n. 2793; Laroque-Sayssinel, t. 2, sur l art. 559, n. 1; Massé, t. 2, n. 1336; Lyon-Caen et Renault, t.8, n.894; Thaller, n. 1967; Ruben de Couder, *Suppl.* v° *Faillite*, n. 460; et notre *Rép. gén. alph. du dr. fr.*, v° *cit.*, n. 3931 et s. — *Contrà*, Esnault, t. 3, n. 585; Bédarride t. 3, n. 1006; Demangeat, sur Bravard, t. 5, p. 530, note 1.

4. Jugé en ce sens, que la femme qui a, pendant le mariage, acquis des immeubles avec des deniers ne lui provenant pas de successions, donations entre-vifs ou legs, peut, en cas de faillite de son mari, prouver par d'autres moyens que par inventaire ou acte authentique, que ces immeubles ont été payés de ses deniers personnels, et dès lors lui sont propres. — Paris, 3 févr. 1867 [S. 67. 2. 309, P. 67. 1116, D. P. 68. 2. 29]

5. Spécialement, l'origine dotale des deniers employés à l'acquisition d'un immeuble par la femme d'un commerçant failli, est suffisamment et authentiquement constatée, comme l'exige la loi, lorsque l'acte de vente établit, non seulement que l'acquisition a été faite pour servir de remploi à la femme, mais encore que le prix a été payé avec la dot mobilière qui lui avait été constituée par son contrat de mariage. Il n'est pas indispensable en ce cas, que le paiement de la dot à la femme ou à son mari soit constaté par une quittance authentique. Et il en est ainsi surtout, si l'existence de l'emploi a été reconnu par les syndics de la faillite du mari, lors de la vérification des créanciers. En un tel cas, l'immeuble acquis doit être déclaré la propriété exclusive de la femme. — Cass., 8 janv. 1844 [S. 44. 1. 161, D. *Rép.*, v° *Contrat de mariage*, n. 1419] — Grenoble, 28 juin 1858 [S. 59. 2. 249, P. 59. 874, D. P. 59. 2. 191]

6. La même solution, doit être appliquée dans le cas où un immeuble aurait été acquis par la femme en échange ou en remploi d'un immeuble propre: en dehors des conditions qui sont requises de droit commun pour le remploi, on ne peut exiger de la femme aucune preuve spéciale quant à l'origine des deniers. — *Sic*, Lyon-Caen et Renault, t. 8 n. 894. — *Contrà*, Demangeat, sur Bravard, *loc. cit.*; Thaller, n. 1975, p. 1019, note 1. — Sur les conditions générales du remploi, V. notre *Code civil annoté*, art. 1435, n. 1 et s.

7. En tout cas, le remploi, sur lequel la femme d'un failli fonde la revendication d'un immeuble contre la faillite de ce dernier, doit être considéré comme valablement opéré suivant les prescriptions de l'art. 558, C. comm., lorsque, d'une part, l'immeuble a été acquis par la femme et en son nom, avec déclaration qu'elle y consacrait par anticipation le prix à provenir de ventes d'immeubles à elle propres, et que, d'autre part, les ventes de ces immeubles ont été réalisées par des actes authentiques rendant certaine la quotité des sommes acquises à la femme et reçues par le mari. L'art. 558 n'exige pas que, en outre, les quittances du prix de l'immeuble acquis en remploi déclarent de quelles ventes provenaient les fonds versés: ici ne s'applique pas l'art. 1250, § 2, C. civ., relatif au cas de subrogation personnelle. — Cass., 8 nov. 1886 [S. 89. 1. 465, P. 89. 1. 1164, et le rapport de M. le conseiller Babinet, D. P. 87. 1. 113]

8. D'autre part, il y a lieu également de décider que la disposition de l'art. 558, qui impose un mode de preuve spécial à la femme, s'applique exclusivement aux reprises immobilières. — Cass., 1er déc. 1879 [S. 80. 1. 308, P. 80. 737, D. P. 80. 1. 230] — *Sic*, Lyon-Caen et Renault, t. 8, n. 899; Demangeat sur Bravard t. 5, p. 530, note 1; et notre *Rép. gén. alph. du dr. fr.*, v° *cit.*, n. 3950 et s. — *Contrà*, Thaller, n. 1975, p. 1019, note 1.

Art. **560**. La femme pourra reprendre en nature les effets mobiliers qu'elle s'est constitués par contrat de mariage, ou qui lui sont advenus par succession, donation entre-vifs ou testamentaire, et qui ne seront pas entrés en communauté, toutes les fois que l'identité en sera prouvée par inventaire ou tout autre acte authentique.

A défaut par la femme, de faire cette preuve, tous les effets mobiliers, tant à l'usage du mari qu'à celui de la femme, sous quelque régime qu'ait été contracté le mariage, seront acquis aux créanciers, sauf aux syndics à lui remettre, avec l'autorisation du juge-commissaire, les habits et linges nécessaires à son usage. — C. civ., 1317, 1350, 1499, 1504, 1510; C. proc. civ., 943.

1. Le contrat de mariage lui même ne pourrait pas déroger à la disposition de notre article. — Jugé en ce sens, que la femme mariée sous le régime de la séparation de biens et dont le contrat de mariage porte que tout le mobilier garnissant les lieux par elle habités sera réputé être sa propriété sans qu'elle puisse être tenue d'aucune justification, ne peut néanmoins, en cas de faillite de son mari, revendiquer les meubles et effets mobiliers existant au jour de la faillite qu'autant qu'elle justifie par inventaire ou acte authentique de leur identité avec ceux qu'elle a apportés en dot ou qui lui sont échus par succession, donation ou legs. — Paris, 9 févr. 1868 [S. 67. 2. 309, P. 67. 1116, D. P. 68. 2. 29]

2. Mais si la femme ne peut revendiquer les effets

mobiliers qu'elle s'est constitués en dot ou qu'elle a acquis à titre gratuit pendant le mariage en dehors des conditions prévues par notre article, ne pourrait-elle pas se présenter dans la faillite de son mari comme créancière, et au besoin se prévaloir de son hypothèque légale, à la seule condition de prouver l'existence de sa créance conformément aux règles du droit commun? Pendant longtemps, la jurisprudence a résolu cette question par l'affirmative, en se fondant sur ce que notre article ne réglemente la situation de la femme qu'autant qu'elle se présente comme propriétaire, et qu'ainsi il la laisse sous l'empire du droit commun, lorsqu'elle se présente comme créancière, sauf les restrictions qui sont apportées à son hypothèque légale par les articles suivants. — Dijon, 17 juin 1874 [S. 74. 2. 250, P. 74. 1040]; 4 févr. 1884 [S. 85. 2. 25, P. 85. 2. 196, D. P. 84. 2. 169] — Caen, 24 mars 1890 [S. 90. 2. 134, P. 90. 1. 712, D. P. 90. 2. 217] — *Sic*, Aubry et Rau, t. 3, § 264 *ter*, note 18 ; Guillouard, t. 3, n. 1481 ; Vigié, t. 3, n. 399 ; Lyon-Caen et Renault, t. 8, n. 901 ; Massigli, *Rev. crit.*, 1888, p. 657 ; Bressolles, *De la femme du commerçant*, n. 183 et s.; Bufnoir, notes sous Dijon, 4 févr. 1884 [S. 85. 2. 25, P. 85. 1. 196] et sous Cass., 22 nov. 1886 [S. 89. 1. 465, P. 89. 1. 1164]; Guénée, note sous Cass., 22 nov. 1886 [D. P. 87. 1. 113]; et notre *Rép. gén. alph. du dr. fr.*, v[is] *Communauté conjugale*, n. 2592 et s., et *Faillite*, n. 3961 et s.

3. Mais, dans le plus récent état de sa jurisprudence, la Cour de cassation décide que, en ce qui concerne les créanciers du mari, la présomption qui, d'après les art. 1499 et 1510, C. civ., fait réputer acquêt le mobilier existant lors du mariage, ou échu depuis, et non constaté par inventaire ou état en bonne forme, doit être appliquée rigoureusement, lorsqu'elle est opposée à la femme par les créanciers du mari, et, spécialement, en cas de faillite de ce dernier. Le deuxième alinéa de notre article pose en effet, comme règle générale, que, faute de prouver par acte authentique l'identité de *tous les effets mobiliers*, ils seront acquis aux créanciers : or, cette expression « effets mobiliers » comprend tout ce qui est meuble suivant la loi, sans aucune distinction. — Cass., 22 nov. 1886 [S. 89. 1. 465, P. 89. 1. 1164, D. P. 87. 1. 113] — *Sic*, Thaller, n. 1793. — V. aussi Cass., 16 janv. 1877 [S. 77. 1. 169, P. 77. 409, D. P. 78. 1. 265], et notre *Code civil annoté*, art. 1499, n. 47 et s.

4. Et dans ce cas, la présomption, qui s'applique même aux meubles à l'usage personnel de la femme, reste applicable, encore bien que celle-ci se borne à réclamer la valeur de son mobilier, au lieu de le réclamer en nature, et elle l'est également, lorque, au lieu de meubles, linges ou hardes, ou de leur valeur, la femme réclame, en qualité de créancière, même chirographaire, le montant des sommes, ou la valeur de titres au porteur touchés par le mari. — Même arrêt.

5. La même présomption conserve son empire, quoique les créanciers du mari n'allèguent aucune fraude, et reconnaissent même la sincérité des actes non authentiques produits : il s'agit ici, en effet, d'une présomption, *juris et de jure*, qui, lorsqu'elle est invoquée, ne peut être paralysée,... ni par la preuve contraire,... ni par le défaut de contestation au sujet de la sincérité des actes,... ni même par la reconnaissance de cette sincérité. — Même arrêt.

6. D'autre part, l'art. 560, C. comm., — d'après lequel la femme d'un commerçant en faillite, quel que soit, d'ailleurs, le régime matrimonial des époux, ne peut reprendre en nature les objets mobiliers qu'elle s'est constituée par contrat de mariage ou qui lui sont advenus par succession, donation entre-vifs ou testamentaire et qui ne sont point entrés en communauté, qu'à la condition d'en prouver l'identité par inventaire ou tout autre acte authentique, — est obligatoire même à l'égard des effets mobiliers qui se trouveraient en la possession de la femme séparée de biens, cet article créant la présomption qu'à défaut de la preuve qu'il exige, toute valeur possédée par la femme lui provient de son mari. — Limoges, 24 févr. 1899 [S. et P. 1902. 2. 225 et la note de M. A. Wahl, D. P. 1902. 2. 153 et la note de M. Lacour]

7. Mais cette disposition est sans application au tiers qui, en vertu d'un titre émané de la femme, détient des objets mobiliers revendiqués par le syndic de la faillite au nom des créanciers du mari ; le conflit, en effet, ne s'élève plus alors entre la faillite et la femme qui prétend reprendre en nature des objets mobiliers qu'elle dit lui appartenir, mais entre la faillite et un tiers, auquel ne saurait être opposée la règle exceptionnelle de l'art. 560, et dont la possession est protégée par les principes généraux du droit. — Même arrêt.

8. Il appartient donc en ce cas au syndic, soit de prouver que les objets mobiliers qu'il réclame étaient, non la propriété de la femme, mais celle du mari, soit de faire annuler les actes en vertu desquels le tiers les détient, auquel cas les objets, rentrant dans la possession des époux, sont acquis aux créanciers du mari, à moins que la femme ne fasse la preuve qui lui est imposée par l'art. 560, C. comm. — Même arrêt.

9. La délivrance d'un legs particulier, faite en sa qualité de légataire universel par le failli pendant la période suspecte, ne peut être annulée, alors même que le légataire particulier a eu connaissance de la cessation des paiements, le légataire particulier ayant le droit d'exiger la délivrance du legs, et le failli ne faisant que prévenir une demande judiciaire aux conséquences de laquelle il n'aurait pu se soustraire, ne se dépouillant au préjudice de ses créanciers d'aucune partie de son actif, et reconnaissant simplement, loin de le créer, le droit préexistant du légataire particulier. — Même arrêt. — V. aussi *suprà*, art. 437, n. 21.

10. La nullité de la délivrance ne peut être demandée davantage par application de l'art. 1167, C. civ., si le syndic, à qui incombe, en sa qualité de demandeur en nullité, la preuve de la fraude, ne justifie pas que les parties aient voulu, au moyen de cet acte, transférer au légataire particulier la propriété ou la possession de biens qui n'auraient pas été compris dans le legs, et auraient au contraire fait partie de l'actif du failli. — Même arrêt.

11. Le syndic de la faillite est d'ailleurs sans qualité pour attaquer, en vertu, soit de l'art. 447, C. comm., soit de l'art. 1167, C. civ., la vente de meubles propres à la femme, bien que le mari, au moment où il a autorisé sa femme, ait été en état de cessation de paiements. — Même arrêt.

ART. **561**. L'action en reprise résultant des dispositions des articles 557 et 558 ne sera exercée par la femme qu'à la charge des dettes et hypothèques dont les biens sont légalement grevés, soit que la femme s'y soit obligée volontairement, soit qu'elle y ait été condamnée.

ART. **562**. Si la femme a payé des dettes pour son mari, la présomption légale est qu'elle l'a fait des deniers de celui-ci, et elle ne pourra, en conséquence, exercer aucune action dans la faillite, sauf la preuve contraire, comme il est dit à l'article 559.

ART. **563**. Lorsque le mari sera commerçant au moment de la célébration du mariage, ou lorsque, n'ayant pas alors d'autre profession déterminée, il sera devenu commerçant dans l'année, les immeubles qui lui appartiendraient à l'époque de la célébration du mariage, ou qui lui seraient advenus depuis, soit par succession, soit par donation entre-vifs ou testamentaire, seront seuls soumis à l'hypothèque de la femme :

1° Pour les deniers et effets mobiliers qu'elle aura apportés en dot, ou qui lui seront advenus depuis le mariage par succession ou donation entre-vifs ou testamentaire, et dont elle prouvera la délivrance ou le paiement par acte ayant date certaine ; 2° pour le remploi de ses biens aliénés pendant le mariage ; 3° pour l'indemnité des dettes par elle contractées avec son mari. — C. civ., 75, 883, 1328, 1569, 2121, 2133, 2185 ; C. comm., 1, 2, 446, 604.

INDEX ALPHABÉTIQUE.

DIVISION

§ 1. *Conditions d'application de l'art. 563.*

1. Aux termes du premier alinéa de l'art. 563, les restrictions à l'hypothèque légale de la femme en cas de faillite du mari, ne doivent recevoir leur application qu'autant que le mari était commerçant lors de la célébration du mariage ou que, n'ayant pas alors d'autre profession déterminée, il est devenu commerçant dans l'année. Jugé qu'en dehors de ces cas la femme qui veut exercer ses reprises, comme créancière, même à titre hypothécaire, n'est pas obligée de produire, soit un acte authentique, soit même un acte sous seing privé ayant date certaine, pour prouver la délivrance et le paiement, aux mains du mari, des deniers ou effets mobiliers apportés en dot ou à elle advenus pendant le mariage, par succession, donation entre-vifs ou testamentaire, comme aussi du prix provenant d'immeubles vendus et qui n'a pas été réemployé. — Cass., 22 nov. 1886 [S. 89. 1. 465, P. 89. 1. 1164, D. P. 87. 1. 113]

2. Il suffit à la femme de faire cette preuve par les moyens de droit commun, à l'aide, par exemple, de quittances sous seing privé du mari, même sans date certaine, alors, d'ailleurs, que ces quittances sont reconnues sincères par les créanciers du mari. — Même arrêt.

3. La question de savoir si le mari doit être considéré comme ayant la qualité de commerçant doit

être résolue suivant les règles établies par les art. 1 et s., C. comm. — Jugé, à cet égard, que le mineur qui a fait le commerce sans y avoir été autorisé conformément à l'art. 2, C. comm., n'est pas légalement commerçant, et qu'en conséquence, l'hypothèque légale de la femme de ce mineur ne subit pas les restrictions édictées par l'art. 563, C. comm., pour le cas où le mari est commerçant lors de la célébration du mariage ou l'est devenu dans l'année. — Cass., 18 avr. 1882 [S. 83. 1. 161, P. 83. 1. 380, et la note de M. Lyon-Caen, D. P. 83. 1. 73] — *Sic*, Ruben de Couder, *Suppl.*, v° *Faillite*, n. 466. — Sur les conditions nécessaires pour que le mineur devienne commerçant, V. *suprà*, art. 2, n. 1 et s. — V. aussi notre *Rép. gén. alph. du dr. fr.*, v^is *Faillite*, n. 4013 et s., et *Hypothèque*, n. 542 et s.

4. Mais il en est autrement des personnes capables, tels que les magistrats, les notaires, les avoués, etc., qui exercent le commerce au mépris des règlements prohibitifs de leur profession, et qui acquièrent ainsi légalement la qualité de commerçant. — Jugé, en ce sens, que l'exercice par le mari de la profession de notaire, ou encore des fonctions de receveur particulier des finances, à l'époque de son mariage, ne met pas obstacle, en ce qui touche les avantages matrimoniaux et l'hypothèque légale de la femme, à l'application des art. 563 et 564, C. comm., alors qu'il est établi qu'à l'époque du mariage et même antérieurement, le mari se livrait habituellement à des opérations de commerce étrangères à ses fonctions. — Cass., 5 juill. 1837 [S. 37. 1. 923, P. 37. 2. 26] — Nîmes, 10 juill. 1851 [S. 51. 2. 634, P. 51. 2. 642, D. P. 52. 2. 216] — Sur les personnes auxquelles le commerce est interdit et sur la sanction de cette interdiction, V. *suprà*, art. 1, n. 117 et s.

5. Peu importe d'ailleurs, que le mari ait pris la qualité de commerçant dans son contrat de mariage et dans l'acte de célébration qui l'a suivi : cette qualification ne saurait, en cas de faillite, enlever à la femme le bénéfice de son hypothèque légale, dans les termes du droit commun, lorsqu'en fait, son mari n'était pas commerçant au moment du mariage et ne l'est devenu qu'après le délai d'une année. Il en résulte seulement une présomption qui doit prévaloir à défaut de preuve contraire, de telle sorte que la femme devra prouver, pour se prévaloir de son hypothèque légale, que son mari avait pris une qualité inexacte ou mensongère. — Cass., 24 janv. 1872 [S. 72. 1. 231, P. 72. 548, D. P. 72. 1. 93] — Orléans, 16 mars 1839 [P. 39. 1. 648] — Besançon, 13 févr. 1856 [S. 56. 2. 367, P. 56. 1. 271, D. P. 56. 2. 118] — Sur la preuve de la qualité de commerçant, V. *suprà*, art. 1, n. 81 et s.

6. Réciproquement, il y aura lieu à l'application de l'art. 563, bien que le mari n'ait pas pris la qualité de commerçant dans le contrat de mariage, s'il est établi qu'il se livrait habituellement à des opérations commerciales, et cela, alors même qu'il aurait exercé une profession incompatible avec celle de commerçant. — Cass., 5 juill. 1837, précité. — Nîmes, 10 juill. 1851, précité.

7. Jugé d'autre part, que l'exercice des fonctions de principal clerc de notaire ne peut être considéré comme une profession déterminée dans le sens de l'art. 563, C. comm., et que, dès lors, si le mari, principal clerc de notaire au moment du mariage, est devenu agent d'affaires dans l'année, les immeubles qu'il a acquis pendant le mariage ne sont point grevés de l'hypothèque légale de la femme. — Paris, 9 févr. 1867 [S. 67. 2. 309, P. 67. 1116, D. P. 68. 2. 29]

§ 2. *Immeubles grevés de l'hypothèque légale de la femme du failli.*

8. Il résulte du premier alinéa de l'art. 563 que la femme du failli ne peut se prévaloir de son hypothèque légale sur les immeubles que le failli a acquis à titre onéreux pendant la durée du mariage : la loi présume que ces immeubles ont été acquis avec l'argent des créanciers ou tout au moins au moyen de deniers qui constituaient leur gage général. — Grenoble, 8 mars 1892 [D. P. 92. 2. 205]

9. Mais on ne saurait considérer comme ayant été acquis pendant la durée du mariage, et, par suite, comme étant soustraits à l'hypothèque légale de la femme, ni l'immeuble dont le mari serait devenu propriétaire pendant le mariage au moyen de la prescription, à raison de l'effet rétroactif de cette prescription, ... ni, pour le même motif, l'immeuble rentré dans le patrimoine du mari postérieurement au mariage en vertu d'une clause de réméré,... ni même l'immeuble dont le prix aurait été payé pendant le mariage si l'acquisition en est antérieure. — *Sic*, notre *Rép. gén. alph. du dr. fr.*, v° *Faillite*, n. 3973 et s. — V. cependant, en ce qui concerne l'immeuble acquis à la suite de l'exercice du réméré, *contrà*, Thaller, n. 2035, p. 1049, note 2.

10. Il en serait de même dans le cas où le mari aurait échangé un immeuble qu'il possédait antérieurement au mariage ou qu'il aurait acquis à titre gratuit pendant le mariage, contre un autre immeuble. Le nouvel immeuble est substitué à un immeuble grevé de l'hypothèque légale de la femme, et, par suite, il doit être également soumis à cette hypothèque. Peu importe, d'ailleurs, que l'échange dont il s'agit ait eu lieu avec soulte : c'est seulement dans le cas où la soulte serait supérieure à la moitié de l'immeuble acquis par le mari que l'opération devrait être considérée non plus comme un échange, mais comme une vente. — *Sic*, Demangeat, sur Bravard, t. 5, p. 565, note 2 ; Lyon-Caen et Renault, t. 8, n. 904 ; Pont, t. 1, n. 535 ; Valette, *Des privil. et des hypoth.*, p. 253 ; et notre *Rép. gén. alph. du dr. fr.*, v° *Faillite*, n. 3978 et s. — *Contrà*, Thaller, n. 2037.

11. Jugé également, que l'hypothèque légale de la femme du failli sur les immeubles appartenant au mari lors du mariage, frappe, à ce titre, l'immeuble du mari ameubli par contrat de mariage, dans le cas où la femme a renoncé à la communauté, l'immeuble ameubli par le mari continuant de lui appartenir, après la renonciation de la femme, au même titre qu'avant le mariage. — Cass., 26 janv. 1876 [S. 76. 1. 241, P. 76. 593 et la note de M. Labbé, D. P. 76. 1. 62]

12. Mais dans le cas où l'acte d'acquisition énonce que le mari a acheté un immeuble après le mariage, la femme peut être admise à établir, soit par la preuve testimoniale, soit au moyen de présomptions graves, qu'il l'avait réellement acquis à une époque antérieure au mariage. — Grenoble, 28 juin 1858 [S. 59. 2. 249, P. 59. 874, D. P. 59. 2. 191] — *Sic*, Baudry-Lacantinerie et de Loynes, t. 2, n. 1013.

13. Il importe peu d'ailleurs, pour l'application de l'art. 563, que la dissolution du mariage soit antérieure ou postérieure à la déclaration de faillite du mari. — Rouen, 11 juin 1895, sous Cass., 8 déc. 1897 [S. et P. 98. 1. 273, D. P. 98. 1. 161]

14. Et il n'y a pas à distinguer davantage suivant que la femme agit en vertu de son contrat de mariage, ou en vertu du jugement prononçant la séparation de biens ou homologuant la liquidation de ses reprises. — Même arrêt.

15. C'est au moment où la femme du failli se présente dans l'ordre qu'il faut se placer pour apprécier ses droits. — Cass., 8 déc. 1897 [S. et P. 98. 1. 273, D. P. 98. 1. 161]

16. Par suite, si l'ordre n'est ouvert sur le prix d'immeubles acquis par le failli depuis son mariage que postérieurement à l'époque où le jugement déclaratif de faillite a fixé le moment de la cessation des paiements, ces immeubles ne sont pas soumis à l'hypothèque légale de la femme, sans que celle-ci puisse opposer aux créanciers, ni les jugements antérieurs qui ont prononcé la séparation de biens et liquidé les reprises, jugements qui n'ont fait que déterminer le chiffre de la créance de la femme contre son mari, ni le fait de l'inscription de l'hypothèque légale, qui ne constitue qu'une mesure conservatoire. — Même arrêt.

17. L'art. 563, en effet, enlève d'une manière générale à la femme son hypothèque légale sur les immeubles acquis à titre onéreux par le mari pendant la durée du mariage, sans s'inquiéter du point de savoir à quelle époque remontent ses créances. C'est seulement si la femme a obtenu une collocation définitive avant la déclaration de faillite qu'elle est à l'abri des restrictions édictées par l'art. 563. — V. Rouen, 20 mai 1840 [S. 41. 2. 566, P. 40. 2. 264]

18. Dans le cas où le mari, qui était propriétaire par indivis d'un immeuble avant le mariage, ou qui l'est devenu depuis par succession ou par donation, a acquis la totalité de cet immeuble pendant le mariage, à la suite d'une licitation ou d'un partage, on s'est demandé si l'hypothèque légale de la femme grevait la totalité de cet immeuble, ou seulement la part indivise que possédait le mari antérieurement à la licitation ou au partage. Une première opinion se prononce pour la restriction de l'hypothèque légale à la part indivise du mari. Il est vrai qu'aux termes de l'art. 883, C. civ., le mari, dans notre hypothèse, doit être considéré comme ayant été propriétaire de l'immeuble tout entier dès avant le mariage ou depuis l'ouverture de la succession. Mais il n'y a là qu'une fiction qui ne saurait être étendue en dehors des rapports pour lesquels elle a été établie et qui, à tous autres points de vue, ne saurait prévaloir contre la réalité. Or, en réalité, le partage est un acte à titre onéreux : le mari a acheté les parts indivises de ses copropriétaires avec des sommes ou des valeurs faisant partie de son actif : et dès lors l'hypothèque légale de la femme ne peut frapper ces parts indivises, pas plus qu'elle ne frappe tout autre immeuble acheté par le mari pendant le mariage. — Bourges, 2 févr. 1836 [S. 37. 2. 465, P. 38. 1. 51, D. *Rép.*, v° *Privilèges et hypothèques*, n. 876] — Paris, 8 avr. 1853 [S. 53. 2. 565, P. 56. 1. 181, D. P. 54. 2. 115] — Caen, 21 avr. 1866 [S. 68. 2. 270, P. 68. 1007, D. P. 69. 2. 44] — *Sic*, Esnault, t. 3, n. 600 ; Massé, t. 2, n. 1345 ; Demolombe, t. 17, n. 328 ; Bertault, *Rev. crit.*, t. 24, p. 392 ; Lyon-Caen et Renault, t. 8, n. 906 ; Thaller, n. 2035-*a*.

19 D'après une deuxième opinion, l'hypothèque légale de la femme frapperait la totalité de l'immeuble, mais seulement dans le cas où le mari n'aurait à payer aucune soulte pour les parts de ses copropriétaires à lui adjugées ou attribuées, les autres valeurs de la succession étant suffisantes pour les désintéresser. Ici, en effet, les créanciers de la faillite n'ont pas à se plaindre, puisque le paiement desdites parts a été effectué, non pas avec des valeurs faisant partie de l'actif du mari, mais avec des valeurs héréditaires : dans ces conditions, l'immeuble tout entier est bien acquis par le mari à titre de succession. — V. Aubry et Rau, t. 3, § 264 *ter*, note 52.

20. Enfin, la jurisprudence applique ici dans toute sa rigueur le principe de l'art. 883, C. civ., et décide, en conséquence, que la femme peut exercer son hypothèque légale sur la totalité de l'immeuble attribué au mari. Cette jurisprudence est des plus équitables : car, si la licitation ou le partage avaient fait attribuer l'immeuble à un des copropriétaires du mari, la femme aurait perdu son hypothèque pour le tout. Il est juste que, par compensation, elle puisse s'en prévaloir pour le tout, si c'est le mari qui s'est porté acquéreur. — Cass., 10 nov. 1869, deux arrêts [S. 70. 1. 5, P. 70. 5, D. P. 69. 1. 501] — Limoges, 14 mai 1853 [S. 53. 2. 567, P. 56. 1. 282, D. P. 54. 2. 113] — Grenoble, 5 août 1857 [S. 58. 2. 633, P. 58. 721, D. P. 66. 2. 11, *ad notam*] — Angers, 27 mai 1864 [S. 64. 2. 270, P. 64. 1168, D. P. 64. 2. 152] — Metz, 20 déc. 1865 [S. 66. 2. 281, P. 66. 1029, D. P. 66. 2. 10] ; 14 mai 1867 [S. 68. 2. 279, P. 68. 1007, D. P. 69. 2. 43] — Douai, 26 nov. 1868 [S. 68. 2. 334, P. 68. 1234, D. P. 69. 2. 43] — *Sic*, Pont, *Tr. des privil. et des hypoth.*, t. 1, n. 536 ; Alauzet, t. 4, n. 1881 ; Demangeat, sur Bravard, t. 5, p. 565, note ; Baudry-Lacantinerie et de Loynes, t. 2, n. 1013 ; Labbé, note sous Cass., 10 nov. 1869 [S. 70. 1. 5, P. 70. 5] ; et notre *Rép. gén. alph. du dr. fr.*, v^is *Faillite*, n. 3977, et *Hypothèque*, n. 574 et s.

21. Une question analogue s'est élevée relativement aux constructions ou améliorations faites par le mari sur un immeuble lui appartenant, pendant le cours du mariage. Il est certain cependant que l'hypothèque légale de la femme ne porte pas sur ces constructions ou améliorations dans le cas où elles ont été faites sur un immeuble acheté par le mari pendant le mariage et soustrait comme tel à cette hypothèque. — Grenoble, 8 mars 1892 [D. P. 92. 2. 205]

22. Mais la question est plus douteuse, lorsqu'il s'agit de constructions ou d'améliorations qui ont été faites par le mari sur un immeuble qu'il possédait avant le mariage ou qu'il a acquis depuis à titre de succession ou de donation. D'après l'art. 563, en effet, cet immeuble est grevé de l'hypothèque légale de la femme ; or, aux termes de l'art. 2133, C. civ., l'hypothèque acquise s'étend de plein droit à toutes les améliorations survenues à l'immeuble hypothéqué. — Rouen, 29 déc. 1855 [S. 57. 2. 753, P. 57. 585, D. P. 57. 2. 197] — Grenoble, 28 juin 1858 [S. 59. 2. 250, P. 59. 874, D. P. 59. 2. 191] — Caen, 3 juin 1865 [S. 65. 2. 310, P. 65. 1148]

23. La jurisprudence n'est cependant pas fixée d'une manière absolue à cet égard : plusieurs arrêts et la majorité des auteurs décident, au contraire, que

les améliorations et constructions dont il s'agit ne sauraient être traitées autrement que les immeubles acquis à titre onéreux par le mari pendant le mariage. En définitive, ces constructions et améliorations ont été faites, comme le seraient des acquisitions d'immeubles, avec des valeurs formant le gage général des créanciers : elle ne doivent donc pas être soumises, pas plus que les immeubles achetés par le mari, à l'hypothèque légale de la femme. L'art. 563 déroge, à ce point de vue, à l'art. 2133, C. civ. — Montpellier, 29 juill. 1867 [S. 68. 2. 190, P. 68. 729, D. *Rép.*, *Suppl.*, v° *Faillite*, n. 1103] — Grenoble, 8 mars 1892, précité. — *Sic*, Renouard, t. 2, p. 344 ; Bédarride, t. 3, n. 1034 ; Massé, t. 2, n. 1345 ; Alauzet, t. 8, n. 2804 ; Demangeat, sur Bravard, t. 5, p. 566, note ; Aubry et Rau, t. 3, § 264 *ter*, p. 396, note 51 ; Pont, t. 1, n. 535 ; Baudry-Lacantinerie et de Loynes, t. 2, n. 1014 : Lyon-Caen et Renault, t. 8, n. 905 ; Thaller, n. 2036 ; et notre *Rép. gén. alph. du dr. fr.*, v° *Hypothèque*, n. 584 et s.

24. Dans ce cas, l'on doit procéder à la ventilation du prix de vente de l'immeuble du mari, afin de limiter la collocation hypothécaire de la femme à la portion du prix représentant la valeur de l'immeuble, déduction faite de celle des constructions. — Mêmes arrêts.

§ 3. *Créances garanties par l'hypothèque légale.*

25. La disposition de l'art. 563 est essentiellement limitative. En conséquence, les restrictions qui sont établies par cet article relativement aux immeubles qui sont grevés de l'hypothèque légale de la femme ne s'appliquent qu'aux créances qui y sont énumérées. — Cass., 14 juin 1853 [S. 53. 1. 609, P. 55. 1. 506, D. P. 53. 1. 185]

26. Spécialement, elles ne s'appliquent pas à la créance de la femme résultant d'une pension alimentaire que son mari a été condamné à lui fournir par un jugement de séparation de corps antérieur à la faillite, et pour sûreté de laquelle la femme a pris inscription hypothécaire. — Même arrêt.

a) Deniers et effets mobiliers apportés en dot par la femme ou à elle échus par succession ou donation pendant le mariage. — 27. On a vu *suprà*, art. 560, n. 2 et s., que, d'après le dernier état de la jurisprudence, la femme ne pouvait se présenter comme créancière dans la faillite de son mari, à raison des deniers et effets mobiliers qu'elle a apportés en dot ou qui lui sont échus postérieurement à titre gratuit, qu'à la condition de prouver par acte authentique, la consistance de ces deniers ou effets mobiliers. Mais cette preuve ne suffit pas pour que la femme puisse se prévaloir de son hypothèque légale à l'encontre des créanciers de la faillite : il faut en outre, au termes du deuxième alinéa de l'art. 563, que la femme prouve que ces deniers et effets ont été réellement délivrés ou payés au mari, au moyen d'un acte ayant date certaine antérieure à la faillite. — Cass., 13 août 1868 [S. 69. 1. 348, P. 69. 883, D. P. 70. 1. 126] — *Sic*, Renouard, t. 2, p. 315 ; Esnault, t. 3, n. 586 *bis* ; Massé, t. 2, n. 1344 ; Bédarride, t. 3, n. 1037 ; Alauzet, t. 4, n. 1877 ; Lyon-Caen et Renault, t. 8, n. 909-2° ; Thaller, n. 2044 ; et notre *Rép. gén. alph. du dr. fr.*, v[is] *Faillite*, n. 3987 et s., et *Hypothèque*, n. 349 et s.

28. Jugé, à cet égard, qu'on peut considérer comme actes ayant date certaine pour établir la créance de la femme du failli, des jugements rendus dans une instance antérieure entre les époux et des tiers, et dans lesquels il a été reconnu que le mari avait reçu, pour le compte de son épouse, la somme qui forme le montant de la créance réclamée par celle-ci. — Limoges, 29 juin 1839 [S. 40. 2. 9, P. 44. 1. 301, D. *Rép.*, v° *Faillite*, n. 1092]

29. Jugé également, que, dans le cas où la femme d'un négociant tombé en faillite prétend exercer son hypothèque légale sur les immeubles de son mari, en vertu de l'art. 563, C. comm., à raison du versement qu'elle soutenait avoir été fait aux mains de son mari du prix de vente d'une rente sur l'Etat qui lui appartenait à elle-même comme propre ou paraphernal, la preuve de ce versement peut être légalement établie au moyen des registres du receveur général par l'intermédiaire duquel la rente a été vendue : c'est là une preuve par acte ayant date certaine dans le sens de l'art. 563, précité. — Grenoble, 17 août 1854 [S. 55. 2. 485, P. 55. 1. 175]

30. Jugé même, que, pour que la femme d'un commerçant failli ait hypothèque légale sur les biens de son mari, à raison de deniers qui lui sont échus par succession depuis le mariage, il suffit que la délivrance de ces deniers, soit constatée par la quittance authentique qu'elle en a donnée avec l'autorisation et l'assistance de son mari, sans qu'il soit nécessaire qu'elle fournisse la preuve, par acte authentique ou ayant date certaine, que les deniers ont été versés dans les mains du mari. — Cass., 27 déc. 1852 [S. 53. 1. 161, P. 53. 1. 198, D. P. 53. 1. 39]

31. De même, lorsqu'il a été convenu, dans le contrat de mariage d'un commerçant, que l'acte de célébration du mariage vaudra quittance de la dot promise à la femme, cet acte de célébration rapproché du contrat de mariage constitue un acte ayant date certaine dans le sens de l'art. 563, C. comm., faisant preuve tant à l'égard des tiers qu'à l'égard des époux, du paiement de la dot promise, et attribue ainsi l'hypothèque légale, à la femme sur les biens de son mari failli. — Cass., 22 févr. 1860 [S. 60. 1. 433, P. 60. 849, D. P. 60. 1. 181] ; 13 août 1868 [S. 69. 1. 348, P. 69. 883, D. P. 70. 1. 126]

32. Peu importe que le paiement, au lieu d'avoir été fait en espèces, l'ait été en traites ou en valeurs. — Cass., 22 févr. 1860, précité. — V. aussi Colmar, 28 déc. 1853 [S. 56. 2. 397, P. 56. 2. 301, D. P. 56. 2. 285]

33. Mais la femme d'un commerçant failli ne peut se prévaloir de son hypothèque légale à l'effet de se faire colloquer antérieurement à un créancier hypothécaire pour une somme provenant de valeurs paraphernales et touchées par le mari au cours de l'union conjugale, alors qu'elle appuie cette prétention uniquement sur une mention inscrite par le mari sur un de ses livres de commerce et indiquant à tel jour la réception de la somme en question, ladite mention sans date certaine ne pouvant être opposée aux tiers. — Cass., 21 nov. 1887 [S. 90. 1. 471, P. 90. 1. 112, D. P. 88. 1. 204]

34. De même, l'hypothèque légale appartenant à la femme d'un commerçant failli, à raison de sa dot, ne peut, alors même que le mariage a duré dix ans depuis l'échéance des termes pris par le

constituant, s'exercer sur les immeubles propres du mari qu'autant que le paiement de la dot est établi par acte ayant date certaine : ici n'est pas applicable la présomption légale de paiement établie par l'art. 1569, C. civ. — Angers, 23 déc. 1868 [S. 69. 2. 194, P. 69. 839, D. P. 69. 2. 33] — Poitiers, 21 juin 1881 [D. P. 83. 2. 224] — *Sic*, Lyon-Caen et Renault, t. 8, n. 909-2°; Thaller, n. 2044, *in fine;* Alauzet, t. 4, n. 1877; Baudry-Lacantinerie et de Loynes, t. 2, n. 983; et notre *Rép. gén. alph. du dr. fr.*, v° *Hypothèque*, n. 353.

35. Au surplus, l'acte ayant date certaine n'est exigé que lorsque la femme prétend exercer son hypothèque légale : si elle veut simplement établir sa qualité de créancière chirographaire, elle sera admise à fournir tous les moyens de preuve, et notamment elle pourra se prévaloir de la présomption de l'art. 1569, C. civ. — Colmar, 2 févr. 1857 [S. 57. 2. 681, P. 58. 716, D. P. 58. 5. 61] — *Sic*, Lyon-Caen et Renault, t. 8, n. 909-2°.

β) *Créance pour le remploi des immeubles de la femme aliénés pendant le mariage.* — 36. Ici, la femme n'a qu'à prouver le fait de l'aliénation par son mari, sans avoir à justifier du versement du prix entre les mains de ce dernier; et il n'est pas non plus nécessaire que l'aliénation ait date certaine avant la faillite. — Cass., 27 déc. 1852 [S. 53. 1. 161, P. 53. 1. 198, D. P. 53. 1. 39] — *Sic*, Lyon-Caen et Renault, t. 8, n. 909; Aubry et Rau, t. 3, § 264 *ter*, p. 241; et notre *Rép. gén. alph. du dr. fr.*, v° *Faillite*, n. 3994 et s.

γ) *Indemnité des dettes contractées avec le mari.* — 37. A cet égard, la femme peut se prévaloir de son hypothèque légale, sans qu'il soit nécessaire de produire un acte ayant date certaine. Mais elle devra faire tomber la présomption posée par l'art. 562 en vertu de laquelle les dettes payées par la femme pour son mari sont considérées comme l'ayant été avec les deniers de celui-ci : elle pourra d'ailleurs fournir cette preuve par toute espèce de moyens. — V. notre *Rép. gén. alph. du dr. fr.*, v° *cit.*, n. 3997 et s. — Sur la question de savoir si la femme peut se prévaloir de son hypothèque légale à raison d'une dette contractée par son mari pendant la période suspecte, V. *suprà*, art. 446, n. 172 et s.

§ 4. *Etendue d'application de l'art. 563.*

38. La question de savoir qui peut invoquer les restrictions apportées par le Code de commerce et spécialement par l'art. 563 aux droits de la femme a soulevé une vive controverse. D'après une première opinion, l'art. 563 doit être interprété restrictivement et limité aux seuls intérêts que la loi des faillites a pour objet de protéger. Or, ces intérêts ne sont et ne peuvent être que ceux des créanciers chirographaires. Ces créanciers seuls pourront donc se prévaloir des restrictions apportées aux droits de la femme, comme ils peuvent seuls se prévaloir des nullités établies par les art. 446 et s., C. comm. : s'ils ne le font pas, les créanciers hypothécaires et les tiers acquéreurs des immeubles du mari devront subir l'hypothèque légale de la femme dans les termes du droit commun. — *Sic*, Boistel, n. 1054; Lyon-Caen et Renault, t. 8, n. 915; Thaller, n. 2045; Labbé, note sous Nancy, 27 mai 1865 [S. 66. 2. 345, P. 66. 1265]; Rataud, *Rev. crit.*, 1867, p. 1 et s.; Ruben de Couder, *Suppl.*, v° *Faillite*, n. 470.

39. L'opinion la plus générale décide, au contraire, que la disposition de l'art. 563, ainsi que toutes celles qui restreignent les droits de la femme dans la faillite de son mari, peuvent être invoquées, non seulement par les créanciers chirographaires, mais aussi par les créanciers hypothécaires inscrits postérieurement à la naissance de l'hypothèque légale de la femme et par les tiers détenteurs qui auraient acquis un immeuble du mari. D'une part, en effet, le texte de l'art. 563 est absolument général : non seulement il n'attribue pas le droit d'invoquer ses dispositions aux seuls créanciers chirographaires; mais il décide, sans distinction d'aucune sorte, que tels immeubles seront seuls soumis, pour telles créances, à l'hypothèque légale de la femme. Cette hypothèque n'existe donc plus, dès qu'il y a faillite, sur les autres immeubles du mari et pour les autres créances de la femme. D'autre part, l'esprit de la loi conduit à la même solution. Ce que la loi a voulu empêcher en restreignant les droits de la femme, ce sont les fraudes que les époux auraient pu être tentés de commettre au préjudice des créanciers : or il est évident que ces fraudes sont à redouter aussi bien lorsqu'il s'agit des créanciers hypothécaires ou des tiers acquéreurs que lorsqu'il s'agit des créanciers chirographaires du mari. Enfin, il n'est pas absolument exact de dire que les dispositions de la loi des faillites sont établies uniquement dans l'intérêt des créanciers chirographaires. Parmi ces dispositions, en effet, il en est un certain nombre, telle par exemple que celle de l'art. 444, C. comm., qui prononce contre le failli la déchéance du terme, qui peuvent être invoqués aussi bien par les créanciers hypothécaires que par la masse des créanciers : les articles dont ils ne peuvent se prévaloir, comme par exemple les art. 446 et s., C. comm., contiennent à cet égard des prescriptions formelles et ne touchent pas en général à leurs intérêts. — Cass., 8 déc. 1897 [S. et P. 98. 1. 273 et la note de M. Wahl, D. P. 98. 1. 161] — Nîmes, 4 mars 1828 [S. et P. chr., D. *Rép.*, v° *Faillite*, n. 1084]; 17 juill. 1867 [S. 68. 2. 149, P. 68. 685, D. P. 68. 5. 216] — Nancy, 27 mai 1865 [S. 66. 2. 345, P. 66. 1265] — Grenoble, 13 nov. 1888 [D. *Rép.*, *Suppl.*, v° *Faillite*, n. 365, *J. des faillites*, 1889, p. 188] — *Sic*, Bédarride, t. 3, n. 996; Massé, t. 2, n. 1350; Demangeat, sur Bravard, t. 5, n. 567; Aubry et Rau, t. 3, § 264 *ter*, p. 399; Rousseau et Defert, *Code ann. des liquid. jud. et des faill.*, sur l'art. 563, n. 20; Bressoles, *De la femme du commerçant*, n. 55; Baudry-Lacantinerie et de Loynes, t. 2, n. 1013; Guillouard, *Tr. des priv. et hyp.*, t. 2, n. 829.

40. En tout cas, le moyen pris de la violation de l'art. 563, C. comm., en ce que l'exclusion de la femme profiterait uniquement aux créanciers hypothécaires, est subordonné à l'importance des charges hypothécaires grevant l'immeuble du mari, et se trouve ainsi mélangé de fait et de droit. En conséquence, ce moyen ne peut être présenté pour la première fois devant la Cour de cassation. — Cass., 26 oct. 1887 [S. 90. 1. 307, P. 90. 1. 751, D. P. 88. 1. 110]

41. Les personnes ci-dessus déterminées peuvent se prévaloir des restrictions apportées aux droits de la femme tant que dure l'état de faillite. En conséquence l'art. 563, C. comm., reste applicable même après le vote du concordat, et il pourra être invoqué

par les créanciers chirographaires pour les dividendes promis, aussi bien que par les créanciers hypothécaires. — Cass., 1er déc. 1858 [S. 59. 1. 113, P. 59. 895, D. P. 59. 1. 11] — Nîmes, 4 mars 1828, précité. — Toulouse, 7 avr. 1865 [S. 65. 2. 212, P. 65. 918, D. P. 65. 2. 78] — *Sic*, Esnault, t. 3, n. 595; Massé, t. 2 n. 1350; Bédarride, t. 3, n. 996; Demangeat, sur Bravard, t. 5, n. 567; Aubry et Rau, t. 3, § 274 *ter*, p. 399; Baudry-Lacantinerie et de Loynes, t. 2, n. 1016; et notre *Rép. gén. alph. du dr. fr.*, vis *Faillite*, n. 2555, et *Hypothèque*, n. 562. — Sur les effets du concordat, V. *suprà*, art. 518-519, n. 1 et s.

42. Mais l'art. 563 ne saurait recevoir son application une fois que la liquidation de la faillite est terminée. — Cass., 2 août 1865 [S. 66. 1. 388, P. 68. 1059, D. P. 67. 1. 37] — Dijon, 8 févr. 1865 [S. 65. 2. 31, P. 65. 215]

43. Il en sera ainsi spécialement, quand le failli aura exécuté son concordat par le paiement à ses créanciers des dividendes promis; cette exécution, en effet, alors même qu'il n'y a pas eu réhabilitation, fait cesser l'état de faillite. — Toulouse, 7 avr. 1865, précité. — *Sic*, Massé, *loc. cit.*; Baudry-Lacantinerie et de Loynes, *loc. cit.*

44. Jugé que la femme du failli, qui a été colloquée, en vertu de son hypothèque légale, sur le prix d'un immeuble ayant appartenu à son mari, ne saurait être privée du bénéfice de sa collocation, par cela seul qu'un contredit y aurait été formé, en son temps, au nom de la masse; il faudrait, en outre, que cette masse eut encore subsisté au moment où il a été statué sur la contestation. — Cass., 21 déc. 1891 [S. et P. 93. 1. 298, D. P. 92. 1. 591]

45. En conséquence, un arrêt, pour annuler cette collocation, ne saurait se fonder exclusivement sur ce que le syndic de la faillite, après avoir régulièrement formé un contredit au nom de la femme, ne s'en était pas désisté, et sur ce que la Cour d'appel en serait restée saisie, malgré la cessation des fonctions du syndic; l'arrêt ne s'explique pas ainsi suffisamment sur la condition contestée de l'existence de la masse, et, dès lors, sa décision n'est pas légalement justifiée et viole l'art. 563, C. comm. — Même arrêt.

ART. **564**. La femme dont le mari était commerçant à l'époque de la célébration du mariage, ou dont le mari, n'ayant pas alors d'autre profession déterminée, sera devenu commerçant dans l'année qui suivra cette célébration, ne pourra exercer dans la faillite aucune action à raison des avantages portés au contrat de mariage; et, dans ce cas, les créanciers ne pourront, de leur côté, se prévaloir des avantages faits par la femme au mari dans le même contrat. — C. comm., 1, 563.

INDEX ALPHABÉTIQUE.

1. On est généralement d'accord pour étendre la disposition de notre article aux donations qui seraient faites par le mari à la femme pendant le mariage: si en effet la faillite fait tomber les donations irrévocables, à plus forte raison doit-il en être de même pour celles qui ne le sont pas. — Cass., 2 mars 1881 [S. 81. 1. 145, P. 81. 1. 353, D. P. 81. 1. 401] — *Sic*, Lyon-Caen et Renault, t. 8, n. 912; Demangeat, sur Bravard, t. 5, p. 571; Thaller, n. 1978; Ruben de Couder, v° *Faillite*, n. 991; et notre *Rép. gén. alph. du dr. fr.*, vis *Faillite*, n. 4004, et *Hypothèque*, n. 376 et s. — *Contrà*. Massé, t. 2, n. 1343.

2. Mais une simple faculté d'option, ne pouvant procurer aucun enrichissement réel, ne saurait être qualifiée d'avantage dans le sens de notre article. Jugé à cet égard, que la stipulation du contrat de mariage qui donne à la femme la faculté de reprendre à son choix, ou le mobilier à elle constitué en dot, ou la valeur estimative à lui donnée, ne constitue pas un avantage tombant sous l'application de l'art. 564. — Rennes, 26 janv. 1849 [D. P. 51. 2. 119]

3. Si ces solutions sont certaines, c'est au contraire une question vivement controversée que celle de savoir quel est le sort de l'assurance contractée par le mari au profit de sa femme, soit par contrat de mariage, soit pendant le mariage. Pendant longtemps, la jurisprudence a été divisée, et de nombreux arrêts ont décidé que le syndic de la faillite du mari pouvait réclamer le bénéfice de cette assurance à l'encontre de la femme, soit parce que cette assurance doit être considérée comme une libéralité faite par le mari à la femme et par application de notre article, soit parce que le bénéfice de l'assurance doit être considéré comme ayant été acquis des deniers du mari et par suite être réuni à l'actif de la faillite par application de l'art. 559 ci-dessus. — Cass., 2 mars 1881 [S. 81. 1. 145, P. 81. 1. 353 et la note de M. Labbé, D. P. 81. 1. 401] — Paris, 1er août 1879 [S. 80. 2. 249, P. 80. 966 et la note de M. Labbé] — Caen, 6 déc. 1881 [S. 83. 2. 33, P. 83. 1. 212] — Alger, 9 juin 1885 [S. 86. 2. 19, P. 86. 1. 109, D. *Rép., Suppl.*, v° *Assurances terrestres*, n. 448-4°] — Amiens, 8 mai 1888 [S. 88. 2. 177, P. 88. 1. 269 et la note de M. Labbé]; 31 janv. 1889 [D. P. 91. 2. 9] — Trib. civ. d'Epernay, 17 août 1882 [D. P. 83. 3. 71]

4. Mais cette opinion ne pouvait pas triompher, étant donné le principe posé par la jurisprudence et en vertu duquel le bénéfice d'une assurance sur la vie contractée nominativement au profit d'un tiers doit être réputé n'avoir jamais appartenu à l'assuré et avoir toujours fait partie du patrimoine du bénéficiaire, à la condition bien entendu qu'il l'ait accepté. Partant de là, la jurisprudence a été nécessairement amenée à conclure qu'on ne pouvait appliquer au cas d'assurance contractée par le mari au profit de sa femme, ni l'art. 564, C. comm.,

attendu que le bénéfice de cette assurance, n'ayant jamais fait partie du patrimoine du mari, ne saurait être considéré comme une véritable libéralité dans le sens de cet article,... ni l'art. 559, C. comm., attendu que le capital assuré est acquis au moyen de primes annuelles qui sont payées sur les revenus du ménage plutôt qu'avec des deniers propres au mari. En définitive, si la femme s'enrichit par suite de l'assurance contractée à son profit, ce n'est pas avec des sommes ou valeurs faisant partie de l'actif de la faillite et constituant le gage général des créanciers : et dès lors il est légitime qu'elle puisse réclamer le bénéfice de cette assurance, malgré la faillite de son mari et à l'exclusion de la masse de ses créanciers. — Cass., 10 nov. 1879 [S. 80. 1. 337, P. 80. 833, D. P. 80. 1. 175]; 22 févr. 1888 [S. 88. 1. 121, P. 88. 1. 281 et la note de M. Crépon, D. P. 88. 1. 193 et la note]; 7 août 1888 [S. 89. 1. 97, P. 89. 1. 241 et la note de M. Labbé, D. P. 89. 1. 118]; 23 juill. 1889 [S. 90. 1. 5, P. 90. 1. 5 et la note de M. Labbé, D. P. 90. 1. 393] — Caen, 14 mars 1876 [S. 77. 2. 332, P. 77. 1298, D. P. 77. 2. 131] — Paris, 7 mars 1870 [D. *Rép., Suppl.*, v° *Assurances terrestres*, n. 445]; 4 juin 1878 [D. P. 79. 2. 25 et la note de M. Levillain] — Nîmes, 25 févr. 1880 [S. 80. 2. 327, P. 80. 1230, D. P. 80. 2. 181] — Aix, 24 mars 1886 [S. 87. 2. 214, P. 87. 1. 1112] — Besançon, 2 mars 1887 [S. 87. 2. 213, P. 87. 1. 1111, D. P. 88. 2. 1 et la note de M. Thaller] — Nancy, 17 janv. 1888 [D. P. 89. 2. 153 et la note de M. Boistel] — Alger, 17 oct. 1892 [S. et P. 93. 2. 137 et la note de M. Labbé] — *Sic*, Thaller, n. 1979; Agnel et de Corny, *Man. gén. des assur.*, n. 447; Couteau, *Tr. des assur. sur la vie*, t. 1, n. 539; Lefort, *Rec. périod. des assur.*, 1886, p. 63 et s.; Ruben de Couder, v° *Assurance sur la vie*, n. 27 et s.; et notre *Rép. gén. alph. du dr. fr.*, v° *Assurance sur la vie*, n. 659 et s.

5. Il en serait autrement cependant si le contrat d'assurance dissimulait une donation déguisée sous la forme d'un contrat à titre onéreux : la nullité devrait alors en être prononcée pour cause de fraude envers les créanciers. — *Sic*, notre *Rép. gén. alph. du dr. fr., v° cit.*, n. 711 *bis* et s.

6. D'autre part, pour que la femme puisse réclamer le bénéfice de l'assurance contractée à son profit, il faut qu'elle l'ait accepté expressément ou tacitement et qu'elle puisse encore l'accepter. — Cass., 23 janv. 1889 [S. 89. 1. 353, P. 89. 1. 881 et la note de M. Labbé, D. P. 90. 1. 73]

7. Mais il n'en est pas ainsi, lorsque la femme de l'assuré n'a jamais déclaré vouloir profiter de la stipulation faite à son profit par son mari, qu'en outre le syndic de la faillite du mari a même obtenu de la femme une déclaration constatant qu'elle n'avait pas droit au capital assuré, lequel devait être considéré comme dépendant de la succession du mari, et qu'enfin il n'est produit, ni même allégué aucune acceptation expresse, ni justifié d'aucune acceptation tacite de la femme. — Même arrêt.

8. Vainement on prétendrait faire résulter une acceptation tacite d'un acte par lequel la femme aurait, de concert avec son mari, cédé le bénéfice de l'assurance, si le prétendu acte de cession, dont l'original n'est pas d'ailleurs produit, a été déclaré frauduleux sur la demande du syndic de la faillite du mari. — Même arrêt.

9. En pareil cas, la femme n'ayant ainsi manifesté ni expressément, ni tacitement, la volonté de profiter de la stipulation faite en sa faveur, le bénéfice de l'assurance est resté dans le patrimoine du mari et doit servir de gage à ses créanciers. En conséquence, le montant de l'assurance doit être payé entre les mains du syndic de la faillite. — Même arrêt.

10. Jugé également, que la femme (ou le créancier de la femme) au profit de laquelle son mari avait stipulé une assurance sur la vie, n'est pas recevable à réclamer au syndic de la faillite du mari le montant de l'assurance, lorsqu'elle a cédé le bénéfice de l'assurance à un tiers, et qu'il a été jugé entre ce tiers et le syndic de la faillite du mari, par un jugement auquel le tiers a acquiescé, que le montant de la police était la propriété de la masse des créanciers du mari. — Cass., 16 juin 1890 [S. et P. 93. 1. 518, D. P. 90. 1. 291]

11. Dans ce cas, le syndic n'invoque pas le jugement comme ayant l'autorité de la chose jugée contre la femme qui n'y a pas été partie, mais comme ayant pour conséquence nécessaire de déterminer définitivement le bénéficiaire de l'assurance. — Même arrêt.

12. Jugé d'ailleurs, que la déclaration d'une police d'assurance, par laquelle la compagnie s'oblige à payer, au décès de l'assuré, le capital assuré à la femme et aux enfants de l'assuré, ne suffit pas pour conférer à la femme et aux enfants un droit privatif opposable aux créanciers de l'assuré tombé en faillite, alors que les autres clauses de la police contiennent l'offre par la compagnie de racheter la police à la demande de l'assuré et règlent la transmissibilité de la police par un transfert sur le titre, et que d'ailleurs l'assuré a exercé son droit de cession au profit d'une personne autre que sa femme et ses enfants. — Caen, 3 janv. 1888 [S. 88. 2. 97, P. 88. 1. 562]

13. En tout cas, on ne saurait appliquer l'art. 564, non plus que l'art. 559, C. comm., si le mari n'avait agi que comme *negotiorum gestor*, pour le compte de sa femme, qui aurait fourni les primes d'assurances au moyen de ses ressources personnelles. Spécialement, la femme serait en droit de réclamer le bénéfice de l'assurance à l'exclusion des créanciers, si les primes avaient été payées au moyen de ressources provenant d'une pension ayant le caractère alimentaire. — Agen, 22 nov. 1880 [D. P. 82. 2. 221]

14. Mais si la femme peut réclamer, à l'encontre de la faillite, le bénéfice de l'assurance contractée à son profit par son mari, ne doit-elle pas tout au moins rapporter à la faillite le montant des primes qui ont été payées à la compagnie d'assurances pendant la durée du mariage? Une première opinion résoud d'une manière absolue la question par l'affirmative. Les primes en effet doivent être présumées avoir été payées avec les deniers du mari, par application de l'art. 559, C. comm.; elles constituent, comme telles, des libéralités qui tombent sous le coup de l'art. 564. Et par suite, la femme doit les restituer à la faillite, à moins qu'elle ne prouve qu'elles ont été payées soit par elle-même, soit par des tiers. — Bordeaux, 21 mai 1885 [S. 86. 2. 38, P. 86. 1. 309, D. *Rép., Suppl.*, v° *Assurances terrestres*, n. 450-2°] — Alger, 17 oct. 1892 [S. et P. 93. 2. 137 et la note de M. Labbé]

15. La jurisprudence s'est arrêtée à un système moins absolu, et elle décide que la femme sera tenue ou non de restituer à la faillite le montant des pri-

mes payées par son mari « *suivant les circonstances.* » En d'autres termes, les primes seront rapportables dans le cas où, étant donné leur importance, elles peuvent être considérées comme ayant été prises sur le capital du failli : au contraire, elles ne seront plus rapportables, si, eu égard à leur modicité et à leur périodicité, elles doivent être considérées, non comme un capital détourné par le mari de son patrimoine, mais comme un prélèvement sur les revenus ordinaires et courants dont le mari avait le libre emploi. — Cass., 22 févr. 1888 [S. 88. 1. 121, P. 88. 1. 281, et la note de M. Crépon, D. P. 88. 1. 193 et la note]; 7 août 1888 [S. 89. 1. 97, P. 89. 1. 241, et la note de M. Labbé, D. P. 89. 1. 118] — Aix, 24 mars 1886 [S. 87. 2. 214, P. 87. 1. 1112] — Besançon, 2 mars 1887 [S. 87. 2. 213, P. 87. 1. 1111, D. P. 88. 2. 1, et la note de M. Thaller] — Nancy, 17 janv. 1888 [D. P. 89. 2. 153, et la note de M. Boistel] — Paris, 10 mars 1896 [S. et P. 98. 2. 245, D. P. 96. 2. 465, et la note de M. Dupuich] — *Sic*, Ruben de Couder, *Suppl.*, v° *Assurance sur la vie*, n. 28 et s.; et notre *Rép. gén. alph. du dr. fr.*, v° *Assurance sur la vie*, n. 720 et s.

16. La femme doit, au contraire, rembourser au syndic les primes payées depuis la déclaration de faillite pour parer à la déchéance de la police. — Paris, 10 mars 1896, précité.

CHAPITRE VIII

DE LA RÉPARTITION ENTRE LES CRÉANCIERS ET DE LA LIQUIDATION DU MOBILIER.

ART. **565**. Le montant de l'actif mobilier, distraction faite des frais et dépenses de l'administration de la faillite, des secours qui auraient été accordés au failli ou à sa famille, et des sommes payées aux créanciers privilégiés, sera réparti entre tous les créanciers au marc le franc de leurs créances vérifiées et affirmées.

ART. **566**. A cet effet, les syndics remettront tous les mois, au juge-commissaire, un état de situation de la faillite et des deniers déposés à la Caisse des dépôts et consignations; le juge-commissaire ordonnera, s'il y a lieu, une répartition entre les créanciers, en fixera la quotité, et veillera à ce que tous les créanciers en soient avertis. — C. comm., 489 et s., 503, 549, 552 et s.

INDEX ALPHABÉTIQUE.

DIVISION

§ 1er. *Créanciers de la masse.*

1. On doit considérer comme créanciers de la masse les tiers envers lesquels le syndic s'est obligé en sa qualité de représentant de la masse des créanciers du failli. Les créanciers de la masse ont cette masse pour débitrice, et par suite ils sont payés sur les deniers provenant de la faillite avant les autres créanciers qui font partie de la masse elle-même. — Cass., 2 janv. 1849 [S. 49. 1. 276, P. 49. 1. 304, D. P. 49. 1. 85]; 4 janv. 1858 [S. 58. 2. 213, P. 58. 1. 597, D. P. 59. 1. 198]; 22 févr. 1888 [S. 90. 1. 535, P. 90. 1. 1282, D. P. 88. 1. 310] — Rouen, 23 nov. 1857 [S. 58. 2. 686, P. 58. 1. 587, D. P. 58. 2. 182] — Paris, 17 févr. 1892 [S. et P. 94. 2. 179, D. P. 94. 2. 1] — *Sic*, Renouard, t. 1, p. 319; Bravard et Demangeat, t. 5, p. 501; Alauzet, t. 7, n. 2466; Lyon-Caen et Renault, t. 7, n. 556 et s.; Thaller, n. 1674 et s.; Boistel, n. 909; Ruben de Couder, *Suppl.*, v° *Faillite*, n. 336 et s.; et notre *Rép. gén. alph. du dr. fr.*, v° *Faillite*, n. 3891 et s.

2. Jugé spécialement, que lorsqu'un employé du failli a continué ses fonctions après la déclaration de faillite, la portion de ses appointements qui a couru depuis la déclaration de faillite est une charge de l'exploitation de la faillite, et doit lui être payée directement par le syndic. En conséquence, il n'y a pas lieu d'en faire état pour déterminer la somme

à raison de laquelle il doit être autorisé à produire à la faillite. — Paris, 17 février 1892, précité. — Sur le privilège des employés pour les salaires antérieurs au jugement déclaratif de faillite, V. *suprà*, art. 549.

2 *bis*. De même, les associations en participation ne constituant pas un être moral distinct de la personne des coparticipants, il en résulte que l'un des coparticipants, en expédiant à l'autre des marchandises achetées de ses deniers pour être vendues à son compte, sauf à se régler avec son coparticipant, sur les résultats de l'opération, n'a pas cessé d'en conserver la propriété, non seulement à l'égard de son coparticipant, mais encore à l'égard des créanciers de celui-ci, qui ne sauraient avoir sur cette marchandise plus de droits que leur débiteur. En conséquence, si le liquidateur judiciaire de ce dernier réalise les marchandises, le produit en appartient au coparticipant qui les avait achetées; la réalisation ayant profité directement à la masse des créanciers de la liquidation judiciaire, et nul ne pouvant s'enrichir aux dépens d'autrui, cette masse est tenue de la dette de remboursement, comme l'aurait été le liquidé lui-même. — Cass., 5 févr. 1901 [S. et P. 1902. 1. 405]

3. D'autre part, la masse peut aussi être obligée *quasi ex contractu*, soit en vertu des principes du paiement de l'indu, soit par application des principes de la gestion d'affaires. — Jugé à cet égard, que l'ancien associé d'un failli qui, ayant un compte à faire avec lui, a payé à la masse de la faillite, et avant tout compte, une somme à valoir sur ce dont il pouvait être débiteur et sauf à compter, et qui s'est ensuite trouvé, tout compte fait, avoir payé plus qu'il ne devait, a une action contre la masse en répétition de ce qu'il a payé en trop. On ne peut lui opposer, ni le concordat auquel il n'a été ni dû être partie, puisqu'il n'était pas créancier du failli, ni l'exigibilité des sommes qui figurent à son passif dans le compte social, un associé ne pouvant être débiteur de l'autre que du reliquat que ce compte met à sa charge. — Cass., 2 janv. 1849, précité.

4. De même, lorsque, en exécution d'un arrêt déclarant nuls des connaissements et le privilège pouvant en résulter en faveur d'un commerçant, un syndic de faillite s'est fait restituer les marchandises données en gage et les a réalisées, si, après la cassation de cet arrêt, le privilège a été reconnu par la Cour de renvoi, le commerçant dépossédé de son ancien gage a droit, sur le prix en provenant, à un privilège à l'exclusion de la masse. — Rouen, 23 nov. 1857, précité.

5. Jugé également que, au cas où, à la suite de contestations entre un libraire et un imprimeur obligés solidairement envers un auteur à imprimer son ouvrage, les frais d'impression ont été mis par un arrêt à la charge exclusive du libraire, la masse créancière de ce libraire tombé depuis en faillite, qui a laissé continuer l'impression de l'ouvrage, est tenue envers l'imprimeur de la totalité des frais d'impression par lui faits pour le compte de la faillite : c'est là, non une dette du failli payable au marc le franc avec les autres dettes chirographaires, mais une dette de la masse, qui doit être prélevée sur l'actif et payée avant toute distribution aux créanciers du failli. — Cass., 4 janv. 1858, précité.

6. De même encore, le dessaisissement du failli s'opérant par le seul fait de la déclaration de faillite, celui qui a géré l'affaire du failli, avant le jugement déclaratif, mais postérieurement à la date à laquelle ce jugement fait remonter la cessation des paiements, doit être réputé avoir géré l'affaire de la faillite ; et, il a, de ce chef, contre la masse des créanciers, les droits qu'il aurait vis-à-vis du failli, si celui-ci était resté *in bonis*. — Cass., 22 févr. 1888, précité.

7. Spécialement, lorsqu'un banquier a payé, dans la période suspecte, pour le compte du failli, une somme due à un tiers, auquel un warrant de marchandises avait été remis en garantie, ledit banquier peut, après avoir fait vendre les marchandises dont un nouveau warrant lui avait été délivré, retenir sur le montant de la vente, au regard de la masse des créanciers, la somme totale par lui payée utilement en l'acquit du failli. — Même arrêt.

8. En ce qui concerne les instances suivies par les syndics pour le compte et dans l'intérêt de la faillite, on distingue, d'une part, les frais proprement dits et, d'autre part, les dépens auxquels le syndic peut être condamné, par application de l'art. 130, C. proc. civ., en cas de perte du procès. Les frais proprement dits sont seuls privilégiés comme frais de justice en vertu de l'art. 2101-1°, C. civ. (V. *infrà*, n. 35 et s.). Quant aux dépens, s'ils ne sont pas garantis par le privilège des frais de justice, ils doivent du moins être considérés comme une dette de la masse, de telle sorte que la partie gagnante peut en réclamer le paiement avant la masse des créanciers et par voie de prélèvement sur les deniers de la faillite. — Cass., 20 avr. 1869 [S. 71. 1. 72, P. 71. 198, D. P. 69. 1. 340] ; 11 juin 1877 [S. 77. 1. 308, P. 77. 786, D. P. 77. 1. 502] ; 18 août 1880 [S. 81. 1. 60, P. 81. 1. 131, D. P. 80. 1. 444] ; 5 févr. 1901 [S. et P. 1902. 1. 405] — Paris, 2 mai 1850 [S. 50. 2. 296, P. 50. 2. 232, D. P. 52. 2. 136] — Nancy, 3 juill. 1893 [D. P. 95. 2. 31] — Rouen, 31 déc. 1898, motifs [S. et P. 1900. 2. 239, D. P. 99. 2. 436] — *Sic*, Lyon-Caen et Renault, t. 7, n. 560 ; Thaller, n. 1804 ; Ruben de Couder, v° *Faillite*, n. 724 et s., et *Suppl.*, *eod. v°*, n. 349 ; et notre *Rép. gén. alph. du dr. fr.*, *v° cit.*, n. 3892 et s.

9. Il importe peu, d'ailleurs, pour la collocation des dépens en frais de syndicat, que l'instance soit postérieure à la faillite ou qu'elle ait été suivie par le syndic après avoir été introduite antérieurement par le failli. — Jugé en ce sens, que le syndic d'une faillite, qui intervient dans une instance commencée avant l'ouverture de la faillite, est passible, en sa qualité, non seulement des frais postérieurs à son intervention, mais encore de ceux faits antérieurement, s'il succombe avec le failli au fond, alors même que la cause était en état avant la faillite. — Paris, 2 mai 1850, précité. — Nancy, 3 juill. 1893, précité.

10. Spécialement, le syndic qui intervient devant la Cour de cassation pour s'en rapporter à justice sur un pourvoi introduit avant la déclaration de faillite, ne peut obtenir qu'en cas de rejet de ce pourvoi le failli, qui se trouve alors dépouillé de la disposition et de l'administration de ses biens, soit condamné personnellement aux dépens. — Cass., 23 juill. 1873 [S. 74. 1. 12, P. 74. 17, D. P. 74. 1. 102]

11. Jugé cependant en sens contraire, que les dépens auxquels le syndic d'une faillite a été condamné dans une instance commencée avant la déclaration de faillite, ne doivent être prélevés par

privilège sur l'actif mobilier que pour la partie des frais postérieure à la reprise d'instance par le syndic ; ceux faits antérieurement suivent le sort de la créance principale. — Trib. comm. de Mulhouse, 15 nov. 1867 [S. 68. 2. 55, P. 68. 234, D. *Rép., Suppl., v° cit.*, n. 1196]

12. L'avoué de la partie gagnante peut aussi prélever sur l'actif de la faillite les dépens de l'instance en vertu de la distraction prononcée à son profit. — Cass., 18 août 1880, précité ; 5 févr. 1901, précité. — Sur la distraction des dépens, V. notre *Code de proc. civ. annoté*, art. 133.

13. La condamnation aux dépens, prononcée dans les termes généraux de l'art. 130, C. proc., ne comprend pas seulement le coût des actes de procédure ; elle comprend aussi le droit d'enregistrement à percevoir sur les chefs de dispositions ou de condamnations que le jugement lui-même prononce envers la partie qui succombe. — Cass., 20 avr. 1869, précité.

14. Cette condamnation comprend, notamment, le droit proportionnel perçu en vertu de la loi du 27 vent. an IX (art 12) sur le jugement qui prononce contre l'acquéreur, entré en possession, la résolution d'une vente d'immeubles pour défaut de paiement du prix. — Même arrêt.

15. Il faut également assimiler aux dépens les dommages-intérêts auxquels la masse pourrait être condamnée, en raison d'une instance téméraire-ment engagée. — Bordeaux, 13 août 1888 [D. *Rép., Suppl., v° cit.*, n. 1196]

16. Jugé d'autre part, que, si en règle générale, les frais faits par un créancier chirographaire dans un procès où figure le syndic de la faillite doivent être supportés par ce créancier, néanmoins la partie qui succombe peut être condamnée au paiement de ces frais, quand l'intervention du créancier chirographaire a profité à la masse des créanciers, spécialement en sauvegardant le droit d'appel, et quand, en outre, c'est à titre de dommages-intérêts que ces frais ont été mis à la charge de la partie perdante. — Cass., 31 juill. 1879 [S. 80. 1. 409, P. 80. 1035, D. P. 80. 1. 273]

17. L'application de ces principes à l'instance en séparation de biens a soulevé des difficultés, qui proviennent de ce que cette instance, d'après l'opinion générale, doit être dirigée conjointement contre le syndic et le mari. A cet égard, un premier système, qui a été pendant longtemps consacré par la jurisprudence, part de cette idée que l'instance en séparation de biens est en réalité dirigée contre le syndic seul, et non contre le mari qu'il convient seulement de mettre en cause, et décide en conséquence que le syndic doit être seul condamné aux dépens, lesquels doivent être colloqués, sur l'actif de la faillite, comme frais de syndicat. — Cass., 11 juin 1877 [S. 77. 1. 308, P. 77. 786, D. P. 77. 1. 502] ; 23 févr. 1880 [S. 80. 1. 248, P. 80. 589, D. P. 80. 1. 337] — Douai, 22 avr. 1874 [S. 75. 2. 239, P. 75. 963, D. P. 80. 1. 337, sous Cass., 23 févr. 1880] — Paris, 22 mai 1876 [S. 77. 2. 52, P. 77. 240, D. P. 76. 2. 224] ; 13 mars 1879 [S. 80. 2. 17, P. 80. 104, D. P. 79. 2. 264] — *Sic*, Ruben de Couder, *v° cit.*, n. 199, *in fine*. — Sur les personnes contre qui l'instance en séparation de biens est dirigée, V. *suprà*, art. 443, n. 209 et s.

18. Peu importe que le syndic ait déclaré ne pas contester la demande. — Paris, 13 mars 1879, précité.

19. ... Ou qu'il ait déclaré s'en rapporter à justice, une telle déclaration équivalant à une contestation de la demande. — Cass., 11 juin 1877, précité. — Douai, 22 avr. 1874, précité.

20. Il n'y a pas à distinguer, à cet égard, entre les frais faits par la femme depuis le jour de sa demande jusqu'à celui de la déclaration de la faillite et les frais encourus depuis cette dernière époque. — Cass., 11 juin 1877, précité.

21. La jurisprudence actuelle décide, au contraire, que la séparation de biens étant suivie et obtenue par la femme contre son mari et le syndic de la faillite de celui-ci, les dépens doivent rester à la charge des deux défendeurs divisément ; si la séparation de biens est indivisible, il en est autrement des dépens. — Cass., 11 déc. 1895 (3 arrêts) [S. et P. 96. 1. 37, D. P. 97. 1. 17]

22. Il en est ainsi, dès lors qu'il n'y a entre les défendeurs aucune solidarité, soit légale, soit conventionnelle, et alors, du reste, qu'il n'est allégué contre eux aucune faute commune, dont chacun d'eux serait responsable pour le tout. — Mêmes arrêts.

23. Le principe admis pour le cas de faillite doit l'être à plus forte raison au cas de liquidation judiciaire. — Mêmes arrêts. — V. dans le même sens, Lyon-Caen et Renault, t. 7, n. 235 et s. ; Lyon-Caen, note sous Paris, 13 mars 1879 [S. 80. 1. 17, P. 80. 104] ; Thaller, n. 1788, et note sous Cass., 11 déc. 1896 [D. P. 97. 1. 17] ; Ruben de Couder, *Suppl., v° cit.*, n. 148 ; et notre *Rép. gén. alph. du dr. fr., v° cit.*, n. 3901 et s.

24. Quant au point de savoir dans quelle mesure les dépens devront être partagés entre le mari et le syndic, un premier système distingue entre les frais qui ont été faits par le syndic et qui seront employés en frais de syndicat, et les frais nécessités par la mise en cause du mari et à raison desquels la femme ne pourra prétendre qu'à un dividende dans la faillite de ce dernier. — Paris, 6 mars 1885 [S. 91. 2. 84, *ad notam*, P. 91. 1. 464, *ad notam*, D. P. 90. 2. 341, note 1-*a*]

25. Un deuxième système décide au contraire que la condamnation aux dépens prononcée contre le mari et le syndic se partage entre eux par moitié, en telle sorte que, seule, la moitié des dépens incombant au syndic doit être employée par lui en frais de syndicat, la moitié incombant au mari constituant une dette personnelle de celui-ci. — Paris, 3 avr. 1890 [S. 91. 2. 84, P. 91. 1. 464, D. P. 90. 2. 341]

26. Et il en est ainsi, alors même que le syndic et le mari ont déclaré s'en rapporter à justice. — Même arrêt.

27. En ce qui concerne la demande en séparation de corps, on décide en général que la femme d'un commerçant failli peut la former valablement contre son mari seul, sans qu'il y ait nécessité pour elle de mettre en cause le syndic de la faillite. D'où il résulte que les frais de la séparation de corps, prononcée contre le failli, ne doivent pas être mis à la charge du syndic ès noms, mais doivent être supportés par le mari seul. — En conséquence, la femme doit produire pour leur montant à la faillite de celui-ci. — Dijon, 2 déc. 1881 [S. 83. 2. 153, P. 83. 1. 412, et la note de M. Lyon-Caen, D. *Rép., Suppl., v° cit.*, n. 465] — Sur la question de savoir contre qui l'instance en séparation de corps doit être formée, V. *suprà*, art. 443, n. 192.

28. Toutefois, si la femme a mis le syndic en cause, et si le syndic a conclu au procès, et a contesté,

en ce qui le concerne, la demande en provision, puis que, finalement, il ait succombé, il est à bon droit condamné aux dépens, sans qu'il y ait lieu d'en excepter ceux de la demande principale en séparation de corps, qui se confondent avec les frais des demandes accessoires. — Nancy, 13 juin 1883 [S. 84. 2. 67, P. 84. 1. 348, D. *Rép., Suppl., v° cit.*, n. 465]

29. Vainement, on objecterait que la femme aurait dû agir en vertu de l'art. 474, C. comm., à l'effet d'obtenir des secours alimentaires sur l'actif de la faillite : le droit attribué au failli par l'art. 474 lui est personnel. — Même arrêt.

30. Jugé, au contraire, que si le syndic de la faillite a été appelé dans l'instance par la femme demanderesse en séparation de corps, ou y est intervenu à raison de contestations d'ordre pécuniaire, les dépens afférents à ces contestations doivent seuls être supportés par le syndic ès noms. — Dijon, 2 déc. 1881, précité.

31. Les créanciers de la masse, sauf dans l'hypothèse spéciale prévue par l'art. 533, C. comm., ne peuvent agir que sur le patrimoine du failli qui forme le gage général des créanciers. — Jugé à cet égard, que l'avoué qui a été chargé par les syndics d'une faillite d'occuper dans une instance intéressant la faillite n'a d'action contre les créanciers de la faillite pour le paiement des frais qui lui sont dus que jusqu'à concurrence de leur part dans l'actif. Il n'a d'action solidaire contre eux qu'autant qu'il a agi en vertu d'une autorisation spéciale de leur part. — Cass., 24 août 1843 [S. 43. 1. 760, D. *Rép., v° cit.*, n. 504-2°] — Paris, 24 déc. 1841 [S. 42. 2. 175, P. 42. 1. 28, D. P. 42. 2. 81] — *Sic*, Bravard et Demangeat, t. 5, p. 501 et s.; Lyon-Caen et Renault, t. 7, n. 557 ; Ruben de Couder, *Suppl., v° cit.*, n. 339.

32. Jugé encore, que le jugement ou l'arrêt qui condamne les syndics, en leur qualité, à l'accomplissement de l'engagement par eux pris au nom de la masse, n'a pas l'autorité de la chose jugée contre les créanciers personnellement : ce jugement ou arrêt ne peut être exécuté contre ces derniers au delà des forces de la faillite. — Cass., 17 mars 1840 [S. 40. 1. 213, P. 40. 1. 546, D. *Rép., v° cit.*, n. 1162]

33. Les créanciers de la masse ne pourraient pas non plus agir contre les syndics, sauf s'ils s'étaient rendus coupables d'une faute mettant en jeu leur responsabilité. — Sur la responsabilité des syndics, V. *suprà*, art. 465, n. 10 et s.

§ 2. *Des créances privilégiées et spécialement des frais de justice.*

34. La loi commerciale a modifié à divers points de vue l'énumération des créances privilégiées, telle qu'elle est fournie par les art. 2101 et s., C. civ. D'une part, en effet, l'art. 549, C. comm. a ajouté aux privilèges généraux le privilège des commis et des ouvriers. D'autre part, les art. 450 et 550, C. comm., ont supprimé le privilège du vendeur de meubles et restreint dans une large mesure le privilège du bailleur. — Sur les privilèges généraux, V. notre *Code civil annoté*, art. 2101. — Sur le privilège des commis et des ouvriers, V. *suprà*, art. 549. — Sur le privilège du bailleur, V. *suprà*, art. 450 et 550. — Sur le privilège du vendeur de meubles, V. *suprà*, art 550, n. 20 et s.

35. En ce qui concerne les frais de justice, il faut entendre par là en matière de faillite tous les frais, de quelque nature qu'ils soient, judiciaires ou extra-judiciaires, qui sont occasionnés par les diverses formalités prescrites par la loi, tels que ceux du jugement déclaratif de faillite, de scellés, d'inventaire, de vente, etc. — *Sic*, Renouard, t. 2, p. 307 ; Bédarride, t. 2, n. 929 ; Pont, *Tr. des priv. et hyp.*, t. 1, n. 69 et s. ; Baudry-Lacantinerie et de Loynes, t. 1, n. 311 ; Laroque-Sayssinel et Dutruc, t. 2, n. 1484 ; Bravard et Demangeat t. 5, p. 629 ; Lyon-Caen et Renault, t. 8, n. 709-1° ; Ruben de Couder, *Suppl., v° cit.*, n. 345 et s. ; et notre *Rép. gén. alph. du dr. fr., v° cit.*, n. 3119 et s., 3713 et s.

36. Spécialement, les frais faits par un notaire pour arriver à la vente d'un fonds de commerce d'un failli ont le caractère de frais de justice et sont à ce titre privilégiés sur la généralité des meubles. — Paris, 11 juill. 1861 [S. 61. 2. 566, P. 62. 106]

37. Jugé pareillement, que l'adjudicataire des immeubles d'un failli a privilège pour les frais de notification de son adjudication aux créanciers inscrits. — Trib. Rouen, 3 août 1837 [S. 38. 2. 100, note] ; 21 déc. 1837 [S. 38. 2. 99, D. *Rép., v° Faillite*, n. 1174]

38. De même, les avances faites par un tiers au syndic d'une faillite, agissant dans la limite de ses pouvoirs pour la conservation, la réalisation et la liquidation de tout ou partie de l'actif, ont le caractère de frais de justice, privilégiés sur tout l'actif mobilier, conformément à l'art. 2101, § 1. — Cass., 10 juill. 1893 [S. et P. 93. 1. 365, D. P. 93. 1. 521] — *Sic*, Baudry-Lacantinerie et de Loynes, *loc. cit.*

39. En pareil cas, le privilège, au profit du prêteur, s'exerce sans qu'il y ait lieu de rechercher à l'égard de celui-ci si l'emprunt contracté de la sorte constituerait, ou non, un acte de bonne administration, et s'il a réellement profité à la gestion. — Même arrêt.

40. Les frais de faillite ne priment, au surplus, que les créanciers auxquels ils ont profité, mais non pas les créanciers qui n'en auraient retiré aucun avantage. — *Sic*, Renouard, t. 2, p. 244 ; Troplong, t. 1, n. 124, 130 et s. ; Aubry et Rau, t. 3, § 260, p. 129 ; Pont, t. 1, n. 67 ; Laurent, t. 29, n. 328 ; Guillouard, t. 1, n. 187, 195 ; Baudry-Lacantinerie et de Loynes, t. 1, n. 317 ; et notre *Rép. gén. alph. du dr. fr., v° cit.*, n. 3718 et s.

41. Jugé, en ce sens, que les frais de faillite ne sont privilégiés sur les immeubles du failli qu'autant qu'ils ont été faits dans l'intérêt de la masse entière, hypothécaire et chirographaire, tels que ceux de déclaration de faillite, d'apposition de scellés et d'inventaire : le privilège n'existe pas pour les frais qui n'intéressent que la masse chirographaire, tels que ceux des jugements qui fixent l'époque de la cessation de paiements et autres de même nature. — Cass., 11 août 1824 [S. et P. chr., D. *Rép., v° Privilèges et hypothèques*, n. 150] — Paris, 28 janv. 1812 [S. et P. chr., D. *Rép., v° cit.*, n. 159] ; 10 janv. 1896 [D. P. 99. 1. 177] — Rouen, 2 déc. 1841 [S. 42. 2. 158, P. 41. 2. 445, D. *Rép., v° Faillite*, n. 1048] — Riom, 24 août 1863 [S. 64. 2. 65, P. 64. 535, D. P. 63. 2. 161] — Alger, 23 févr. 1893 [S. et P. 93. 2. 175]

42. Et l'arrêt qui constate en fait l'inutilité desdites dépenses pour les créanciers hypothécaires justifie ainsi son refus d'accorder le privilège des

frais de justice au tiers subrogé dans les droits du mandataire du syndic. — Cass., 15 déc. 1897 [D. P. 99. 1. 177]

43. Spécialement jugé, que les créanciers hypothécaires doivent être payés avant l'acquittement des frais particuliers de la faillite tels que ceux faits pour l'ouverture de la faillite, les convocations et assemblées de créanciers, les droits de greffe et les honoraires des syndics, tous frais qui n'ont pas eu pour objet la conservation de leur gage. — Rouen, 2 déc. 1841, précité.

44. De même, le privilège du bailleur sur les meubles garnissant la maison louée prime les autres créances privilégiées dont les causes n'ont point contribué à sa conservation, tels notamment que les frais de faillite et de justice autres que ceux nécessités par la réalisation du gage. — Alger, 23 février 1893, précité.

45. Décidé encore, mais la formule peut être trop large à raison des circonstances particulières de chaque affaire, que les honoraires dus au syndic d'une faillite ne sont pas privilégiés sur les immeubles dépendant de la faillite, à l'égard des créanciers ayant hypothèque ou privilège sur ces mêmes immeubles, notamment à l'égard du vendeur. — Limoges, 9 janv. 1841 [S. 42. 2. 270] — *Sic*, Grenier, n. 384; Troplong, t. 1, n. 220. — *Contrà*, Duranton, t. 19, n. 162. — V. Baudry-Lacantinerie et de Loynes, t. 1, n. 311.

46. Mais le syndic d'une faillite, chargé par justice de recouvrer des sommes dans l'intérêt d'un créancier privilégié, et qui a opéré ce recouvrement dont le produit a profité au créancier, a, pour ses honoraires, qui constituent des frais de justice, un privilège en vertu duquel il peut se faire colloquer en sous-ordre sur le montant de la collocation faite, au profit de ce même créancier, dans l'ordre distributif du prix des immeubles du failli. — Cass., 13 avr. 1859 [S. 60. 1. 170, P. 60. 1142, D. P. 59. 1. 417]

47. Il suffit d'ailleurs, pour donner naissance au privilège accordé à celui qui expose des frais pour la conservation de la chose formant le gage commun des créanciers, que, dans la réalité des faits, les frais exposés aient profité aux créanciers, en empêchant la perte totale ou partielle de leur gage : il n'est point nécessaire que, en outre, celui qui a fait les avances ait agi dans l'intention et se soit proposé pour but de sauvegarder les intérêts de la masse. — Cass., 10 mai 1887 [S. 87. 1. 200, P. 87. 1. 493, D. P. 87. 1. 397]

48. Les avances faites pour payer des sommes, dues à raison de fûts qui contiennent des vins appartenant à une société, et qui forment le gage de ses créanciers, peuvent avoir été de nature à conserver le gage commun, et ainsi donner lieu au privilège de l'art. 2102, § 3, C. civ. — Même arrêt.

§ 3. *Créanciers chirographaires.*

49. La répartition au marc le franc entre les créanciers chirographaires, telle qu'elle est prescrite par notre article, est d'ordre public. La loi ayant réglé, à cet égard, le mode de liquidation et de répartition de l'actif d'un commerçant tombé en faillite, il ne peut y avoir qu'une masse que se répartissent suivant leurs rangs les créanciers privilégiés et où viennent en concurrence après eux les créanciers chirographaires qui ont tous la même situation; un tribunal ne peut donc décider que certains des créanciers chirographaires ne passeront qu'après les autres. — Lyon, 30 mars 1897 [S. et P. 1900. 2. 161, D. P. 97. 2. 387]

50. Spécialement, un tribunal ne peut décider qu'un créancier admis à la faillite ne passera qu'après les créanciers postérieurs à la date fixée pour la cessation de paiement, par le motif qu'en prenant l'engagement de renouveler périodiquement, pendant un temps déterminé, les traites tirées par un tiers sur le failli (engagement dont l'exécution a fait naître la créance pour laquelle ce créancier produit à la faillite), il a constitué en faveur du failli un crédit apparent qui a induit les tiers à croire à une situation prospère. — Même arrêt.

ART. **567**. Il ne sera procédé à aucune répartition entre les créanciers domiciliés en France, qu'après la mise en réserve de la part correspondante aux créances pour lesquelles les créanciers domiciliés hors du territoire continental de la France seront portés sur le bilan.

Lorsque ces créances ne paraîtront pas portées sur le bilan d'une manière exacte, le juge-commissaire pourra décider que la réserve sera augmentée, sauf aux syndics à se pourvoir contre cette décision devant le tribunal de commerce.

ART. **568**. Cette part sera mise en réserve et demeurera à la Caisse des dépôts et consignations jusqu'à l'expiration du délai déterminé par le dernier paragraphe de l'article 492 ; elle sera répartie entre les créanciers reconnus, si les créanciers domiciliés en pays étranger n'ont pas fait vérifier leurs créances, conformément aux dispositions de la présente loi.

Une pareille réserve sera faite pour raison de créances sur l'admission desquelles il n'aurait pas été statué définitivement. — C. comm., 489 et s., 522 ; Ord. 3 juill. 1816, art. 42.

1. Aux termes de l'art. 42 de l'ordonn. du 3 juill. 1816, les sommes déposées à la Caisse des dépôts et consignations produisent intérêt à raison de 3 p. 0/0 (aujourd'hui 2 p. 0/0), à partir du soixante et unième jour qui suit le dépôt. De là est née la question de savoir qui doit profiter de ces intérêts. Dans un premier système, on a soutenu que ces intérêts revenaient à la masse des créanciers. Ici, en effet, le dépôt à la Caisse des dépôts et consignations ne saurait être considéré comme un paiement, c'est plutôt une mise en réserve, avec une affectation spéciale de fonds appartenant à la faillite et restant d'ailleurs à son compte : et dès lors, ces fonds, comme tous ceux qui sont versés par le syndic, doivent porter intérêt au profit de la masse des créanciers. — *Sic*, Renouard, t. 2, p. 322; Boulay-Paty, t. 2, p. 255; Thaller, note sous Lyon, 10 nov. 1888 [D. P. 89. 2. 217]; Ruben de Couder, v° *Faillite*, n. 1012.

2. La jurisprudence décide au contraire que le créancier contesté par le syndic de la faillite, ou domicilié en pays étranger, et dont la part a été mise en réserve jusqu'à la fin du litige, est en droit de réclamer l'attribution à son profit des intérêts produits à la Caisse des dépôts et consignations par les sommes mises en réserve pour payer les dividendes afférents à sa créance. On ne saurait admettre en effet, sous peine de rompre l'égalité entre les créanciers, que les créanciers ordinaires puissent toucher leurs dividendes et profiter ainsi des intérêts de ce qu'ils auront touché, alors que les créanciers contestés ou domiciliés en pays étranger seraient obligés de partager les intérêts produits par le dividende qui a été versé pour leur compte à la Caisse des dépôts et consignations. — Cass., 26 oct. 1897 [S. et P. 98. 1. 5 et la note de M. Lyon-Caen, D. P. 99. 1. 580] — Lyon, 10 nov. 1888 [S. 90. 2. 561, P. 90. 1. 894, D. P. 89. 2. 217] — Paris, 28 févr. 1895 [S. et P. 95. 2. 228] — *Sic*, Thaller, n. 2150; Bravard et Demangeat, t. 5, p. 663 ; Boistel, n. 1079, *in fine*; Lyon-Caen et Renault, t. 8, n. 713; Laroque-Sayssinel et Dutruc, t. 2, n. 1507; Alauzet, t. 8, n. 2809 ; Ruben de Couder, *Suppl.*, *v° cit.*, n. 474 et s.; et notre *Rép. gén. alph. du dr. fr.*, v° *Faillite*, n. 3144 et s.

ART. **569**. Nul paiement ne sera fait par les syndics que sur la représentation du titre constitutif de la créance.

Les syndics mentionneront sur le titre la somme payée par eux ou ordonnancée conformément à l'art. 489.

Néanmoins, en cas d'impossibilité de représenter le titre, le juge-commissaire pourra autoriser le paiement sur le vu du procès-verbal de vérification.

Dans tous les cas, le créancier donnera la quittance en marge de l'état de répartition. — C. comm., 489, 497.

Le créancier qui, après avoir été admis, sur la production de son titre, au passif de la faillite d'un coobligé failli, est obligé de produire ce même titre dans la faillite d'un autre coobligé, pour y toucher le dividende auquel il a droit, ne peut être tenu de représenter ce même titre dans la première faillite pour y toucher son dividende, alors que c'est sur l'autorisation du juge-commissaire et des syndics de cette faillite qu'il a retiré son titre pour le produire dans la seconde. — Cass., 23 nov. 1852 [S. 53. 1. 23, P. 52. 2. 676, D. P. 52. 1. 324]

ART. **570**. L'union pourra se faire autoriser par le tribunal de commerce, le failli dûment appelé, à traiter à forfait de tout ou partie des droits et actions dont le recouvrement n'aurait pas été opéré, et à les aliéner ; en ce cas, les syndics feront tous les actes nécessaires.

Tout créancier pourra s'adresser au juge-commissaire pour provoquer une délibération de l'union à cet égard. — C. comm., 487, 535.

1. Aux termes de notre article, les syndics peuvent être autorisés à traiter à forfait sur les créances du failli d'un recouvrement long et difficile, ou à céder ces créances à des tiers. Dans ce dernier cas, le débiteur cédé peut exercer le retrait litigieux dans les conditions des art. 1699 et 1700, C. civ., si la créance présente en outre les caractères d'une créance litigieuse. — Paris, 15 févr. 1893 [*J. des faill.*, 93. 245] — *Sic*, Lyon-Caen et Renault, t. 8, n. 684, *in fine* ; Thaller, n. 2188; et notre *Rép. gén. alph. du dr. fr.*, v° *Faillite*, n. 3021 et s. — Sur le retrait litigieux, V. notre *Code civil annoté*, art. 1699.

2. Les délibérations des créanciers en état d'union, spécialement dans le cas prévu par l'art. 570, C. comm., sont valablement prises à la simple majorité des votants, et cette majorité se calcule sans tenir compte des créanciers qui, quoique présents à la

délibération, s'abstiennent de prendre part au vote. — Cass., 17 déc. 1833 [S. 34. 1. 14, D. *Rép.*, v° *Faillite*, n. 1133] — Amiens, 30 juill. 1873 [S. 73. 2. 268, P. 73. 1096, D. P. 74. 5. 266] — *Sic*, Bédarride, t. 3, n. 1068 ; Demangeat, sur Bravard, t. 5, p. 506, note 2 ; Alauzet, t. 8, n. 2812 ; Lyon-Caen et Renault, t. 8, n. 684 ; Renouard, t. 2, p. 326.

3. Le failli doit être appelé à donner son avis, et par suite il est recevable à former opposition au jugement qui autorise ses créanciers à traiter à forfait des droits et actions dont le recouvrement n'a pas été opéré : la loi, en prescrivant que le failli sera dûment appelé sur la demande formée à ce sujet, le rend partie au procès. — Nancy, 16 mai 1860 [S. 60. 2. 450, P. 61. 699, D. P. 61. 5. 230]

4. Mais la mise en cause du failli n'ayant d'intérêt que pour lui, il en résulte qu'il a seul qualité pour se prévaloir de l'irrégularité prise de ce qu'un traité consenti par l'union, et contenant aliénation ou abandon de droits lui appartenant, a été passé sans qu'il y ait été appelé. — Ses créanciers, même ceux qui n'ont pas consenti au traité, sont non recevables à opposer cette irrégularité. — Cass., 17 déc. 1833 [S. 34. 1. 14, P. chr., D. *Rép.*, v° *cit.*, n. 1133] — *Sic*, Bédarride, t. 3, n. 1072 ; Renouard, *loc. cit.*; Laroque-Sayssinel et Dutruc, t. 2, n. 1521 ; Ruben de Couder, v° *Union*, n. 40.

5. La disposition de l'art. 570, C. comm., qui subordonne à l'autorisation du tribunal la vente ou cession par l'union des créanciers de tout ou partie des droits et actions du failli, n'est d'ailleurs applicable qu'au cas où il s'agit de créances dont le recouvrement est douteux et qui forment comme un résidu de l'actif, lequel ne peut se réaliser qu'au moyen d'un sacrifice : quant aux créances ordinaires et certaines du failli, elles peuvent être cédées par les syndics, dans le cours de leur administration, sans autorisation préalable. — Cass., 23 févr. 1858 [S. 58. 1. 600, P. 58. 346, D. P. 58. 1. 390] — Douai, 30 juill. 1883 [D. *Rép.*, *Suppl.*, v° *cit.*, n. 426] — *Sic*, Demangeat, sur Bravard, t. 5, p. 509, note 1 ; Lyon-Caen et Renault, t. 8, n. 684.

6. D'autre part, notre article, ne visant que les traités passés entre l'union et les tiers, ne saurait non plus s'appliquer aux traités passés avec le failli par la majorité des créanciers. Ces traités ne seraient pas obligatoires pour les créanciers qui ont refusé d'y adhérer : car autrement, il serait trop facile d'éluder, sous couleur de traité à forfait, la règle d'après laquelle le concordat ne peut plus être voté quand les créanciers sont en état d'union. — Paris, 2 juill. 1840 [S. 40. 2. 424, P. 41. 1. 360, D. *Rép.*, v° *cit.*, n. 960] ; 23 mars 1877 [S. 79. 2. 184, P. 79. 822, D. P. 80. 2. 21] — Orléans, 9 avr. 1878 [S. 78. 2. 183, P. 78. 884, D. *Rép.*, *Suppl.*, v° *cit.*, n. 1022] — *Sic*, Renouard, t. 2, p. 327 ; Bédarride, t. 2, n. 789 ; Alauzet, t. 8, n. 2740 et 2812 ; Lyon-Caen et Renault, t. 8, n. 684, *in fine*.

CHAPITRE IX

DE LA VENTE DES IMMEUBLES DU FAILLI.

ART. **571**. A partir du jugement qui déclarera la faillite, les créanciers ne pourront poursuivre l'expropriation des immeubles sur lesquels ils n'auront pas d'hypothèques. — C. civ., 2094 et s., 2114, 2166 ; C. comm., 443, 534, 539.

ART. **572**. S'il n'y a pas de poursuite en expropriation des immeubles commencée avant l'époque de l'union, les syndics seuls seront admis à poursuivre la vente ; ils seront tenus d'y procéder dans la huitaine sous l'autorisation du juge-commissaire, suivant les formes prescrites pour la vente des biens des mineurs. — C. proc. civ., 229 et s., 954 et s. ; C. comm., 529, 534.

INDEX ALPHABÉTIQUE.

1. Il résulte de nos articles que, jusqu'au moment où l'union est formée, les créanciers hypothécaires ou privilégiés peuvent poursuivre l'expropriation des immeubles qui sont grevés de leur hypothèque ou de leur privilège, et qu'ils peuvent aussi continuer après l'état d'union les poursuites en expropriation qu'ils auraient commencées antérieurement. Les poursuites sont alors soumises, tant au point de vue de leurs formes que des surenchères possibles après l'adjudication, aux règles générales des poursuites et des ventes sur saisie immobilière. — *Sic*, Thaller, n. 2000 ; Lyon-Caen et Renault, t. 3, n. 690 ; et notre *Rép. gén. alph. du dr. fr.*, v° *Faillite*, n. 3153.

2. Et le tribunal compétent pour procéder à la

vente est le tribunal dans l'arrondissement duquel l'immeuble saisi est situé. — *Sic*, Lyon-Caen et Renault, t. 8, n. 693, *in fine*.

3. Mais, après la formation de l'état d'union, un créancier hypothécaire n'a plus qualité pour commencer des poursuites en expropriation d'un immeuble du failli, et le commandement qu'il a fait à cette fin doit être déclaré nul. C'est au syndic seul qu'il appartient de poursuivre la procédure en expropriation et de faire dresser le cahier des charges. — Paris, 13 janv. 1893 [D. P. 94. 2. 217]

4. Jugé de même, que le syndic d'une faillite représentant, en cas de contrat d'union, la masse des créanciers, sans distinction entre la masse hypothécaire et la masse chirographaire tant qu'il n'y a pas opposition d'intérêts entre elles, a qualité pour poursuivre le recouvrement d'un prix de vente immobilière dû au failli, par conséquent, pour faire au tiers détenteur sommation de payer, conformément à l'art. 2169, C. civ. — Cass., 7 juin 1859 [S. 60. 1. 277, P. 59. 1133, D. P. 60. 1. 21]

5. Mais le syndic n'est point, en pareil cas, tenu de faire commandement préalable au débiteur originaire, qu'il représente aussi bien que la masse. — Même arrêt.

6. Aux termes de l'art. 572, les syndics sont tenus de procéder à la vente des immeubles, dans la huitaine, avec l'autorisation du juge-commissaire. On s'accorde à reconnaître que le délai de huitaine n'est pas un délai de rigueur, et que le juge-commissaire peut, suivant les circonstances, différer le jour de la vente. — *Sic*, Alauzet, t. 8, n. 2816; Bédarride, t. 3, n. 1084; Lyon-Caen et Renault, t. 8, n. 691.

7. L'autorisation du juge-commissaire est au contraire prescrite à peine de nullité. — Jugé en ce sens, que la vente des immeubles du failli, effectuée après que les créanciers se sont mis en état d'union, a le caractère de vente forcée, et produit, par suite, des effets différents de ceux appartenant à la vente opérée avant l'union, laquelle a le caractère de vente volontaire. — Cass., 23 juin 1896 [S. et P. 96. 1. 389, D. P. 97. 1. 87]

8. Et, au cas d'union, les prescriptions spéciales aux ventes forcées doivent être considérées comme substantielles. — Même arrêt.

9. Il en est ainsi, notamment, de l'autorisation que le syndic doit obtenir du juge-commissaire après que l'union a été déclarée, et de l'indication de la qualité en laquelle le syndic de l'union poursuit la vente. — Même arrêt.

10. Par suite, est nulle l'adjudication d'immeubles de la faillite, qui, commencée avant l'union, a été poursuivie après l'union en vertu de l'autorisation précédemment donnée au syndic de la faillite et au nom de ce syndic. — Même arrêt. — *Sic*, Lyon-Caen et Renault, t. 8, n. 691, *in fine*. — *Contrà*, Douai, 28 juin 1894 [D. P. 95. 2. 161]

11. Au surplus, l'autorisation du juge-commissaire requise pour la vente des immeubles d'un failli, résulte suffisamment de sa présence et de sa signature au procès-verbal d'adjudication. — Angers, 14 mars 1832 [S. 34. 2. 250, P. chr., D. *Rép.*, v° *Faillite*, n. 1159]

12. Et il en est ainsi même au cas de vente au-dessous de l'estimation. — Cass., 22 ou 23 mars 1836 [S. 36. 1. 399, D. *Ibid.*]

13. Mais on ne saurait considérer comme équivalant à l'autorisation du juge-commissaire le fait que ce magistrat a pris part, comme membre du tribunal de commerce, à un jugement qui, antérieurement à l'union, a autorisé la vente. — Douai, 28 juin 1894, précité.

14. L'autorisation du juge-commissaire suffit, et il n'est pas nécessaire que le failli soit entendu ou même convoqué devant le juge. Mais le failli n'étant point dessaisi de la propriété de ses biens, a le droit d'intervenir dans la procédure de vente de ses immeubles, quoiqu'il ne soit pas nécessaire de l'y appeler, pour veiller à la conservation de ses intérêts et empêcher que la vente ne soit faite autrement que suivant les formes voulues par la loi. — Cass., 21 nov. 1827 [S. et P. chr., D. *Rép.*, *v° cit.*, n. 238-6°] — Douai, 13 oct. 1812 [S. et P. chr., D. *Rép.*, *v° cit.*, n. 238-4°]

15. Et il en est ainsi, encore bien que le failli ne propose pas d'autres moyens que ceux qui ont été proposés par ses syndics. — Cass., 8 mai 1838 [S. 38. 1. 529, P. 38. 2. 228, D. *Rép.*, *v° cit.*, n. 219-5°]

16. L'art. 572 ajoute que la vente doit être faite dans les formes des ventes des biens de mineurs. — En conséquence, est nulle la vente d'un immeuble du failli, faite sans estimation préalable, contrairement à l'art. 955, C. proc., bien que cette formalité ne soit pas prescrite par le Code civil. — Douai, 13 oct. 1812, précité.

17. Jugé encore, que les dispositions du Code de procédure concernant la vente des biens des mineurs, sont applicables à la vente des immeubles des faillis; notamment l'art. 964, prescrivant certaines formalités pour la vente au-dessous de l'estimation. — L'avis du conseil de famille, exigé par cet article, doit être remplacé par l'autorisation ou le consentement du juge-commissaire à la faillite. — Et toute vente au-dessous du prix d'estimation des biens d'un failli, qui serait permise par le tribunal sans cette autorisation du juge-commissaire, est essentiellement nulle. — Cass., 21 nov. 1827, précité.

18. Jugé également, que les prescriptions de l'art. 739, C. proc., et par conséquent de l'art. 729, même Code, auquel il renvoie, doivent être étendues, conformément à l'art. 572, C. comm., aux ventes des biens immeubles des faillis. — Cass., 9 janv. 1893 [S. et P. 94. 1. 67, D. P. 93. 1. 549]

19. Par suite, l'adjudicataire d'un immeuble vendu après faillite, qui n'a proposé un moyen de nullité contre la surenchère que la veille du jour de l'adjudication, encourt la déchéance prévue par l'art. 729, C. proc. — Même arrêt.

20. De même, l'art. 732, C. proc., relatif aux formalités de l'appel des jugements rendus sur les incidents de la vente sur saisie immobilière, s'applique au cas de vente judiciaire d'immeubles de mineurs ou de faillis. — Ainsi, doit être formé suivant la règle de l'art. 732 l'appel d'un jugement ayant annulé la procédure de surenchère faite sur l'adjudication d'un immeuble dépendant d'une faillite. — Poitiers, 17 mars 1890, sous Cass., 3 janv. 1893, précité.

21. D'autre part, le tribunal décidera, conformément à l'art. 954, C. proc., par le jugement qui détermine la date de l'adjudication, si cette adjudication devra avoir lieu devant un notaire commis ou devant le tribunal lui-même. Dans ce dernier cas, il peut désigner soit le tribunal du lieu de la faillite, soit le tribunal du lieu de la situation de l'immeuble. — Paris, 12 avr. 1856 [D. P. 57. 1. 113] — *Sic*, Lyon-Caen et Renault, t. 8, n. 693.

22. Jugé à cet égard, que, au cas de vente d'immeubles dépendant d'une faillite, si le syndic est d'accord avec les créanciers pour demander que la vente soit faite devant un notaire du lieu de la situation des immeubles, les juges doivent accueillir cette demande. — Grenoble, 10 févr. 1859 [S. 60. 2. 417, P. 60. 347]

23. L'adjudication a lieu dans les mêmes conditions que toute autre vente aux enchères. On décide toutefois que l'interdiction qui est édictée par l'art. 1596, C. civ., et en vertu de laquelle les mandataires ne peuvent se porter adjudicataires des biens qu'ils sont chargés de vendre, est inapplicable aux syndics de l'union, ces syndics agissant plutôt comme mandataires des créanciers que comme représentants du failli. — Cass., 22 ou 23 mars 1836 [S. 36. 1. 399, D. *Rép.*, v° *cit.*, n. 1159] — Bourges, 1er juin 1813 [P. chr.] — Angers, 14 mars 1832 [S. 34. 2. 250, P. chr., D. *Ibid.*] — Orléans, 16 nov. 1842 [P. 43. 1. 27, D. *Rép.*, v° *cit.*, n. 1164] — *Sic*, Renouard, t. 2, p. 323; Bédarride, t. 3, n. 1096; Laroque-Sayssinel et Dutruc, t. 3, n. 1556; Pardessus, t. 3, n. 1265.

24. Les créanciers du failli ne sont pas personnellement tenus des obligations mises à la charge de la masse par le cahier des charges de la vente des immeubles du failli, pousuivie en leur nom et dans leur intérêt par les syndics : l'acquéreur n'a de recours pour l'acquit de ces obligations que contre la masse, et jusqu'à concurrence seulement des forces de la faillite. — Cass., 17 mars 1840 [S. 40. 1. 213, P. 40. 1. 546, D. *Rép.*, v° *cit.*, n. 1162]

Art. **573**. La surenchère, après adjudication des immeubles du failli sur la poursuite des syndics, n'aura lieu qu'aux conditions et dans les formes suivantes :

La surenchère devra être faite dans la quinzaine.

Elle ne pourra être au-dessous du dixième du prix principal de l'adjudication. Elle sera faite au greffe du tribunal civil, suivant les formes prescrites par les articles 710 et 711 (708 et 709 nouveaux) du Code de procédure civile; toute personne sera admise à surenchérir.

Toute personne sera également admise à concourir à l'adjudication par suite de surenchère. Cette adjudication demeurera définitive et ne pourra être suivie d'aucune autre surenchère. — C. civ., 2185 ; C. proc. civ., 708 et s.

1. La surenchère du dixième réglementée par notre article doit être faite, conformément à l'art. 706, C. proc. civ., au greffe du tribunal civil qui a ordonné l'adjudication. Et il en est ainsi, même dans le cas où, à raison de la situation des biens, cette adjudication aurait eu lieu devant un notaire d'un autre ressort : ce n'est pas au greffe du tribunal de ce ressort que doit être faite la surenchère. — Aix, 10 févr. 1876 [D. P. 78. 5. 435] — Limoges, 27 nov. 1880 [S. 81. 2. 93, D. *Rép.*, *Suppl.*, v° *Faillite*, n. 1220] — Toulouse, 10 janv. 1884 [S. 84. 2. 60, D. *Ibid.*] — *Sic*, Lyon-Caen et Renault, t. 8, n. 694, p. 20, note 1.

2. La surenchère de notre article purge de plein droit, lorsqu'elle a été effectuée, les privilèges et hypothèques qui grevaient l'immeuble surenchéri, de telle sorte que l'adjudication ne peut être l'objet d'aucune autre surenchère ni de la part des créanciers chirographaires, ni de celle des créanciers hypothécaires ou privilégiés. Notre article ne fait qu'appliquer ici le principe posé par l'art. 965, C. proc. civ., que « surenchère sur surenchère ne vaut. » — *Sic*, Lyon-Caen et Renault, t. 8, n. 696.

3. Mais à défaut de surenchère dans les conditions de notre article, l'adjudication ne suffit-elle pas, par elle-même, pour opérer de plein droit la purge des privilèges et des hypothèques ? En d'autres termes, cette adjudication ne doit-elle pas être assimilée, au point de vue de la purge, à l'adjudication sur saisie ? On l'a contesté en s'appuyant sur le texte et sur l'esprit de la loi. D'une part, en effet, l'art. 572 assimile expressément l'adjudication dont il s'agit, non pas à l'adjudication sur saisie, mais à la vente des biens de mineurs : or il est certain que la vente des biens de mineurs ne purge pas par elle-même les privilèges et les hypothèques qui grevaient l'immeuble vendu. D'autre part, à la différence de ce qui a lieu en cas de saisie, les créanciers hypothécaires ou privilégiés ne sont pas appelés à la procédure, et dès lors ce serait léser leurs intérêts que de leur enlever de plein droit leur droit de suite, sans qu'ils aient été avertis de l'expropriation et mis en demeure de surenchérir. — Paris, 19 mars 1836 [S. 36. 2. 260]; 21 août 1862 [S. 62. 2. 546, P. 63. 621, D. *Rép.*, *Suppl.*, v° *cit.*, n. 1227] — Rouen, 21 déc. 1837 [S. 38. 2. 99, D. *Rép.*, v° *cit.*, n. 1174] — Douai, 4 août 1859 [S. 60. 2. 299, P. 60. 1131, D. P. 60. 2. 85] ; 18 août 1865 [S. 66. 2. 148, P. 66. 599, D. P. 66. 2. 38] — Besançon, 11 mars 1880 [S. 81. 2. 163, P. 81. 1. 932, D. P. 81. 2. 55] — *Sic*, Petit, *Surenchère*, p. 269; Boileux, sur Boulay-Paty, t. 2, p. 242 ; Esnault, t. 3, p. 581 ; Olivier et Mourlon, *Comm. de la loi du 21 mai 1858*, n. 460 ; Demangeat, sur Bravard, t. 5, p. 627, note ; Boistel, n. 1078 ; Aubry et Rau, t. 3, § 293 *bis*, texte et note 15, p. 502 ; Colmet de Santerre, t. 9, n. 169 *bis*-XVI ; Baudry-Lacantinerie et de Loynes, t. 2 n. 2385 ; Dalmbert, *Purge des priv. et hyp.*, n. 48 et s.; Ruben de Couder, v° *Faillite*, n. 1040 et s. ; et notre *Rép. gén. alph. du dr. fr.*, v° *Faillite*, n. 3173 et s. — V. aussi Thaller, n. 2141 et s.

4. Jugé en conséquence, que l'art. 573, C. comm., qui limite à la quinzaine, à partir de l'adjudication, la faculté de surenchérir ouverte à toute personne en cas de vente des immeubles d'un failli sur la poursuite des syndics, n'a point pour effet d'enlever

aux créanciers inscrits sur les immeubles vendus le droit que l'art. 2185, C. civ., donne d'une manière générale aux créanciers hypothécaires, de former une surenchère dans les quarante jours de la notification qui leur est faite, par l'acquéreur, de son contrat d'acquisition. — Mêmes arrêts.

5. Peu importe, du reste, que les hypothèques inscrites l'aient été sur le failli lui-même ou sur les précédents propriétaires. — Douai, 18 août 1865, précité.

6. La jurisprudence décide, au contraire, que l'adjudication opérée à la suite de l'union purge de plein droit les privilèges et les hypothèques de la même manière qu'une adjudication sur saisie. C'est ce qui résulte en effet de l'art. 573 qui n'autorise qu'une seule et unique surenchère, la surenchère de quinzaine : si donc cette surenchère n'a pas eu lieu, les créanciers privilégiés et hypothécaires sont forclos, et leur droit de suite se transforme en droit de préférence sur le prix. Il est vrai que ces créanciers ne sont pas liés à la procédure de l'expropriation, comme en matière de saisie; mais on ne peut pas dire non plus qu'ils y sont restés étrangers, puisqu'ils ont dû être avertis de la faillite de leur débiteur, et, dès lors, c'était à eux à pousser les enchères ou à former une surenchère dans les conditions de notre article. Quant à l'objection tirée de l'art. 572, elle n'est pas probante : si cet article en effet assimile l'adjudication sur faillite à la vente des biens de mineurs, c'est seulement au point de vue de ses formes, mais non pas au point de vue de ses effets. — Cass., 19 mars 1851 [S. 51. 1. 270, P. 51. 1. 605, D. P. 51. 1. 292]; 3 août 1864 [S. 64. 1. 381, P. 64. 1077, D. P. 64. 1. 329]; 8 avr. 1867 [S. 68. 1. 31, P. 68. 49, D. P. 67. 1. 380]; 13 août 1867 [S. 67. 1. 390, P. 67. 1060, D. P. 67. 1. 375]; 24 févr. 1869 [S. 69. 1. 197, P. 69. 487, D. P. 69. 1. 451]; 20 avr. 1875 [D. P. 75. 1. 209]; 6 juill. 1881 [S. 82. 1. 51, P. 82. 1. 117, D. P. 82. 1. 449]; 4 juin 1889 [S. 90. 1. 65, P. 90. 1. 140, D. P. 90. 1. 134] — Nîmes, 28 janv. 1856 [S. 56. 2. 301, P. 56. 1. 129, D. P. 56. 2. 98] — Caen, 1er juill. 1864 [S. 64. 2. 284, P. 64. 1243, D. P. 64. 2. 235] — Amiens, 3 févr. 1887, sous Cass., 4 juin 1880, précité. — Trib. Amiens, 28 juill. 1886, sous Cass., 4 juin 1889, précité. — *Sic*, Rodière, *Cours de procéd.*, t. 2, n. 453; Pont, *Priv. et hypoth.*, t. 2, n. 1345 *bis*; Alauzet, t. 8, n. 2818; Laurin, n. 1194; Lyon-Caen et Renault, t. 8, n. 697; Thézard, *Priv. et hypoth.*, n. 201; Laroque-Sayssinel et Dutruc, t. 2, n. 1558; Labbé, *Rev. crit.*, 1861, t. 19, p. 301; Ruben de Couder, *Suppl.*, v° *cit.*, n. 486.

7. Jugé, en ce sens, que le droit de surenchère ouvert aux créanciers inscrits par l'art. 2185, C. civ., ne peut être exercé au cas d'adjudication des immeubles d'un failli poursuivie par les syndics, en conformité des dispositions du Code de commerce ; cette adjudication n'est soumise qu'à la surenchère dans la quinzaine de la part de toute personne. — Mêmes arrêts.

8. Il en est surtout ainsi quand les hypothèques inscrites l'ont été sur le failli lui-même, et non sur les précédents propriétaires. — Cass., 3 août 1864, précité ; 13 août 1867, précité.

9. Par suite, le prix restant définitivement fixé par l'adjudication non suivie de cette dernière surenchère, il n'y a pas lieu à l'accomplissement des formalités relatives à la purge des hypothèques : l'art. 772, C. proc., d'après lequel l'ordre ne peut, hors le cas d'expropriation forcée, être ouvert qu'après cet accomplissement, est ici inapplicable. — Cass., 3 août 1864, précité.

10. En tout cas, si le droit de surenchère ouvert aux créanciers inscrits par l'art. 2185, C. civ., ne peut être exercé sur la vente des immeubles d'un failli poursuivie par le syndic, dans les conditions ordinaires de l'état de faillite, il en est autrement au cas d'une adjudication prononcée à la suite d'une demande en compte, liquidation et partage dirigée par le syndic contre des cohéritiers du failli, et en exécution d'un jugement ordonnant la licitation d'immeubles communs, alors surtout qu'à la date de ce jugement, les créanciers n'étaient point encore en état d'union, que la procédure en licitation était à peu près terminée quand le contrat d'union est intervenu, et qu'enfin les formes déterminées par le Code de commerce pour la vente des immeubles du failli n'ont pas été suivies. — Cass., 24 févr. 1869, précité.

11. Pareillement, cette disposition de l'art. 573 n'est pas applicable au cas où la vente a eu lieu sur la poursuite à fin de licitation intentée par un créancier en vertu de l'art. 1166, C. civ., et accueillie par jugement avant la déclaration de faillite, et alors, en outre, que la demande du syndic à l'effet d'être subrogé dans cette poursuite a été repoussée par une décision passée en force de chose jugée. — Cass., 14 nov. 1866 [S. 67. 1. 21, P. 67. 27, D. P. 67. 1. 58]

12. Une telle adjudication reste, au contraire, sous l'empire du droit commun, et, dès lors, l'échéance du délai de quinzaine depuis l'adjudication ne dispense pas les créanciers hypothécaires de faire renouveler leurs inscriptions, sous peine de déchéance. — Même arrêt.

CHAPITRE X

DE LA REVENDICATION.

Art. **574**. Pourront être revendiquées, en cas de faillite, les remises en effets de commerce ou autres titres non encore payés, et qui se trouveront en nature dans le portefeuille du failli à l'époque de sa faillite, lorsque ces remises auront été faites par le propriétaire, avec le simple mandat d'en faire le recouvrement et d'en garder la valeur à sa disposition, ou lorsqu'elles auront été, de sa part, spécialement affectées à des paiements déterminés. — C. comm., 91 et s., 136, 138, 187, 437, 443, 550, 575 et s.

1. La revendication des effets de commerce et autres titres remis au failli n'est recevable qu'autant que le remettant est resté propriétaire de ces titres ou effets : et il en sera ainsi, aux termes de notre article, soit lorsque les remises auront été faites par le propriétaire avec le simple mandat d'en faire le recouvrement et d'en garder la valeur à sa disposition, soit lorsqu'elles auront été, de sa part, spécialement affectées à des paiements déterminés. Dans tout autre cas, la remise devra être considérée comme ayant été faite à titre de propriété, et, par suite, il ne peut plus être question de revendication. — Sur l'endossement des lettres de change à titre de propriété, V. *suprà*, art. 136, n. 30 et s. — Sur l'endossement à titre de procuration, V. *suprà*, art. 138, n. 1 et s. — Sur le caractère des présomptions en vertu desquelles l'endossement irrégulier est censé à titre de procuration, et l'endossement régulier à titre de propriété, V. *suprà*, art. 138, n. 2 et s., et 18 et s.

2. Jugé à cet égard, que le banquier, qui a remis au failli, avant la faillite, des effets de commerce qui se trouvaient encore en nature dans le portefeuille du failli au jour de la faillite, n'en peut exercer la revendication, alors, d'une part, que ces effets ont été passés à l'ordre du failli en vertu d'un endossement régulier apposé par lui-même, ne donnant pas un simple mandat de recouvrement, mais transmettant leur propriété au débiteur, et alors, d'autre part, que celui-ci avait accepté ce transfert de propriété, en portant, le jour même de leur réception, le montant de ces effets au crédit du compte du banquier. — Dijon, 14 janv. 1895 [S. et P. 96. 2. 202]

3. Peu importe qu'aux termes du tarif de banque, les remises d'effets ne soient faites qu'avec mandat d'encaisser, alors qu'en réalité, et contrairement aux stipulations de ce tarif, les remises d'effets dont s'agit ont été faites au failli avec transmission de propriété et passation immédiate en compte courant. — Même arrêt.

4. D'ailleurs, ce tarif eût-il été imposé par le créancier et accepté par le débiteur, que cette circonstance serait sans importance ; il ne saurait appartenir aux parties elles-mêmes de déroger par avance, au moyen de conventions privées, aux dispositions de loi qui règlent le rang des créanciers du failli, lesquelles sont d'ordre public. — Même arrêt.

5. D'une manière plus générale, les effets remis en compte courant, n'étant pas affectés à des paiements déterminés, deviennent la propriété du récepteur dès le jour même de leur inscription au compte courant, et ne peuvent plus, dès lors, être revendiqués dans sa faillite par le remettant. — Cass., 14 mai 1862 [S. 62. 1. 499, P. 63. 185, D. P. 63. 1. 173] ; 19 févr. 1896 [S. et P. 96. 1. 328, D. P. 97. 2. 157] — Dijon, 14 janv. 1895, précité. — Paris, 2 déc. 1898 [D. P. 99. 2. 89, et la note de M. Claro] — *Sic*, Bédarride, t. 3, n. 1110 ; Lyon-Caen et Renault, t. 4, n. 806 et t. 8, n. 809 ; Thaller, n. 1653 ; Ruben de Couder, *Suppl.*, v° *Revendication*, n. 7 ; et notre *Rép. gén. alph. du dr. fr.*, v[is] *Compte courant*, n. 151 et s., et *Faillite*, n. 3381 et s. — Sur l'effet que produit la faillite sur le compte courant, V. *suprà*, art. 443, n. 129 et s.

6. Peu importe à cet égard que le compte courant n'ait été crédité de cette remise que sous réserve implicite d'encaissement ; la clause « sauf encaissement », expresse ou tacite, ne constituant qu'une condition résolutoire et non une condition suspensive, n'enlève pas à l'endossement régulier son effet translatif. — Cass., 5 août 1874 [S. 74. 1. 437, P. 74. 1104, D. P. 75. 1. 105] — Lyon, 17 nov. 1863 [S. 64. 2. 111, P. 64. 639, D. P. 64. 2. 39] — Rennes, 27 nov. 1867 [S. 68. 2. 142, P. 68. 600] — Grenoble, 8 mars 1872 [S. 72. 2. 142, P. 72. 637] — Rouen, 19 févr. 1877 [D. P. 77. 2. 82] — Douai, 14 janv. 1895, précité. — *Contrà*, Lyon-Caen, t. 8, n. 809. — Sur les effets de la clause « sauf encaissement », V. *suprà*, art. 443, n. 142.

7. Il en serait autrement cependant, si les parties, au moment de la remise d'un effet de commerce, avaient exclu cet effet du compte courant, ou l'avaient affecté à un paiement déterminé : dans ce cas, l'endossement irrégulier de cet effet ne vaudrait que comme procuration et l'endosseur pourrait le revendiquer, par application de notre article, dans la faillite du récepteur. — *Sic*, Thaller, n. 1653 ; Lyon-Caen et Renault, t. 4, n. 806 et s., et t. 8, n. 809.

8. Mais le seul fait que des effets de commerce auraient été endossés en blanc ou avec la mention « valeur en recouvrement », ne suffirait pas pour que les parties soient considérées comme ayant voulu exclure ces effets de leur compte courant : par suite, le remettant ne pourrait pas les revendiquer dans la faillite du récepteur. — Cass., 1er févr. 1876 [S. 76. 1. 149, P. 76. 360, D. P. 78. 1. 229] — Paris, 2 déc. 1898 [D. P. 99. 2. 89 et la note de M. Claro] — *Contrà*, Chambéry, 7 juin 1886, sous Paris, 2 déc. 1898, précité.

9. Notre article exige en outre, pour que la revendication soit recevable, que les effets de commerce et autres titres se retrouvent en nature dans le portefeuille du failli à l'époque de la faillite. — Cass., 19 mars 1883 [S. 83. 1. 203, P. 83. 1. 498, D. P. 84. 1. 28] — *Sic*, Lyon-Caen et Renault, t. 8, n. 812 ; Renouard, t. 2, p. 374 ; et notre *Rép. gén. alph. du dr. fr.*, v° *Faillite*, n. 3392 et s.

10. Jugé à cet égard, que, même en admettant que des effets remis en compte courant puissent être revendiqués dans la faillite du porteur, il en est autrement et la revendication n'est plus recevable, alors qu'antérieurement au jugement déclaratif de la faillite, le porteur de ces effets les a négociés, encore bien que cette négociation n'ait eu lieu que postérieurement à la cessation de ses paiements. — Colmar, 3 août 1864 [S. 64. 2. 271, P. 64. 1191]

11. Mais un effet doit être considéré comme se trouvant encore dans le portefeuille du failli, si le failli ne l'a endossé à un tiers qu'à titre de procuration et pour en opérer le recouvrement : le portefeuille du mandataire substitué est à cet égard réputé le portefeuille du mandataire même. — Cass., 5 févr. 1812 [S. et P. chr., D. *Rép.*, v° *Faillite*, n. 1191] ; 25 avr. 1849 [S. 49. 1. 394] — *Sic*, Pardessus, t. 3, n. 1284 ; Demangeat, sur Bravard, t. 5, p. 625 ; Lyon-Caen et Renault, t. 8, n. 812 ; Delamarre et Lepoitvin, t. 3, n. 233 ; Boulay-Paty, t. 2, n. 755.

12. D'autre part, le renouvellement de l'effet à l'échéance ne lui enlève pas son individualité, la créance que l'effet représente subsistant jusqu'au paiement : en conséquence, l'effet renouvelé peut être valablement revendiqué. — Cass., 5 avr. 1831 [P. chr., D. *Rép.*, v° *cit.*, n. 1183] — *Sic*, Lyon-Caen et Renault, *loc. cit.* ; Demangeat, sur Bravard, *loc. cit.*

ART. 575. Pourront être également revendiquées, aussi longtemps qu'elles existeront en nature, en tout ou en partie, les marchandises consignées au failli à titre de dépôt, ou pour être vendues pour le compte du propriétaire.

Pourra même être revendiqué le prix ou la partie du prix desdites marchandises qui n'aura été ni payé, ni réglé en valeur, ni compensé en compte courant entre le failli et l'acheteur. — C. comm., 91, 93 et s.

INDEX ALPHABÉTIQUE.

DIVISION

§ 1er. *Revendication des marchandises remises au failli à titre de dépôt ou pour être vendues.*

α) *Cas où il y a lieu à revendication.* — 1. La revendication réglementée par notre article n'étant que l'application du droit commun, il en résulte que l'expression de marchandises dont il se sert doit être entendue dans son sens le plus large, et qu'elle comprend toutes les choses mobilières qui sont déposées chez le failli, alors même qu'elles ne seraient pas destinées au commerce. C'est ainsi que la revendication peut avoir pour objet des meubles meublants qui ont été déposés chez un tapissier, ou encore des titres nominatifs ou au porteur qui ont été déposés chez un banquier ou chez un agent de change. — *Sic*, Lyon-Caen et Renault, t. 8, n. 793; et notre *Rép. gén. alph. du dr. fr.*, v° *Faillite*, n. 3302 et s.

2. Notre article assimile au cas de dépôt proprement dit, le cas où les marchandises ont été consignées chez un commissionnaire avec mandat de les vendre pour le compte du commettant. Cette consignation, pas plus que le dépôt proprement dit, ne transfère pas la propriété des marchandises au commissionnaire : et il n'y a pas lieu de distinguer à cet égard le commissionnaire du croire du commissionnaire ordinaire. — Sur ce dernier point, V. *suprà*, art. 94, n. 98 et s.

β) *Conditions de la revendication.* — 3. Aux termes du premier alinéa de notre article, la revendication n'est recevable qu'autant que les marchandises revendiquées existent encore en nature dans les magasins du failli. Si donc les marchandises ont subi une transformation telle qu'elles soient devenues méconnaissables, le déposant ne peut plus les revendiquer dans la faillite du dépositaire. — *Sic*, Lyon-Caen et Renault, *loc. cit.;* Bravard et Demangeat, t. 5, p. 516; Delamarre et Lepoitvin, t. 3, n. 208; et notre *Rép. gén. alph. du dr. fr.*, *v° cit.*, n. 3319 et s.

4. Jugé en ce sens, que, lorsque des matières premières fournies à un fabricant ont subi une transformation (par exemple, des fils de fer et des laitons, transformés en clous et en pointes), l'action en revendication ouverte au cas de faillite par l'art. 575, C. comm., cesse de pouvoir être exercée. — Paris, 23 août 1865, joint à Cass., 15 janv. 1868 [S. 68. 1. 79, P. 68. 164, D. P. 68. 1. 199]

5. Dans tous les cas, le fournisseur de ces matières premières ne peut revendiquer, comme représentant ses marchandises, les objets transformés existant dans les magasins du failli, s'il ne lui est pas possible d'établir que ces objets sont réellement et identiquement la représentation des matières premières par lui fournies. — Cass., 15 janv. 1868, précité.

6. Dans le cas où les marchandises déposées auraient été aliénées, il y a lieu de distinguer suivant que l'aliénation a été opérée par un consignataire ou par un simple dépositaire. Le consignataire ayant reçu mandat de vendre, il en résulte que le commettant ne peut plus revendiquer ses marchandises, dès que la vente a été conclue, et alors même que lesdites marchandises n'auraient pas encore été livrées par le commissionnaire au tiers acheteur. — *Sic*, Lyon-Caen et Renault, *loc. cit.;* Thaller, n. 1124; Pardessus, t. 3, n. 1279. — Sur la revendication du prix des marchandises vendues, V. *infrà*, n. 34 et s.

7. Mais il n'en est plus de même lorsque le failli est un dépositaire ordinaire qui a aliéné les marchandises en abusant du dépôt qui lui avait été confié. Dans ce cas, le déposant peut revendiquer ses marchandises, même après que la vente a été conclue et tant que les marchandises n'auront pas été livrées à l'acheteur : c'est seulement lorsqu'il aura été mis en possession que l'acheteur pourra se prévaloir de sa bonne foi et invoquer les art. 1141 et 2279, C. civ.

— *Sic*, Lyon-Caen et Renault, *loc. cit.*; Thaller, *loc. cit.* — Sur la revendication du prix de vente par le déposant ou commettant, V. *infrà*, n. 34 et s.

8. Cette dernière règle doit également être appliquée à la constitution des marchandises en gage, sans qu'il y ait à distinguer d'ailleurs suivant que le failli est un simple dépositaire ou un consignataire. La formation du contrat de gage ne suffit pas à elle seule pour mettre obstacle à la revendication du déposant. Mais la revendication n'est plus recevable dès que les marchandises ont été livrées au créancier gagiste, à la condition que ce créancier gagiste soit de bonne foi. — *Sic*, Lyon-Caen et Renault, *loc. cit.*

9. Mais le droit de propriété du disposant ou commettant ne saurait être considéré comme anéanti par le fait que le consignataire aurait remis à un sous-consignataire les marchandises qu'il était chargé de vendre : il n'a pu en effet transférer sur ces marchandises qu'une détention précaire comme la sienne propre. — *Sic*, Pardessus, t. 3, n. 1274 et 1278; Lainné, p. 507 et s.; Renouard, t. 2, p. 349; Bédarride, t. 3, n. 1122 et s.; Boulay-Paty et Boileux, t. 2, n. 986; Laroque-Sayssinel, t. 2, sur l'art. 575, n. 1.

10. Jugé en ce sens, que les marchandises consignées au failli peuvent être revendiquées, même entre les mains de son propre consignataire, si elles se trouvent en nature, avec leur origine et leur identité, dans le magasin de ce dernier. — Et ce droit de revendication s'applique également aux sommes versées au failli contre la remise de la marchandise et représentant partie de son prix ou de sa valeur. — Paris, 26 août 1875 [S. 76. 2. 246, P. 76. 976, D. *Rép.*, *Suppl.*, v° *Faillite*, n. 1243]

11. Il ne suffit pas, pour que la revendication soit recevable, que les marchandises existent encore en nature dans l'actif du failli : il faut de plus que le revendiquant prouve l'identité de ces marchandises avec celles qu'il a déposées ou consignées. En conséquence, et en principe du moins, le numéraire ou les billets de banque déposés entre les mains du failli ne peuvent être revendiqués par le déposant. — Lyon, 11 nov. 1863 [S. 64. 2. 235, P. 64. 1131, D. P. 65. 2. 69] — Bordeaux, 24 févr. 1886 [S. 88. 2. 92, P. 88. 1. 476, D. P. 87. 2. 94] — Angers, 18 avr. 1891 [S. 91. 2. 159, P. 91. 1. 892, D. P. 93. 2. 49] — *Sic*, Esnault, t. 3, n. 631, Laroque-Sayssinel et Dutruc, t. 2, n. 1590; Alauzet, t. 8, n. 2821; Boistel, n. 1001; Lyon-Caen et Renault, t. 8, n. 817; Delamarre et Lepoitvin, t. 3, n. 200; Ruben de Couder, v° *Revendication*, n. 51 et s., et *Suppl.*, *eod. v°*, n. 3; et notre *Rép. gén. alph. du dr. fr.*, *v° cit.*, n. 3369 et s.

12. Spécialement, lorsqu'un banquier, qui est en même temps directeur d'une Compagnie de gaz, est déclaré en faillite, la Compagnie ne peut être admise à revendiquer les sommes dont le failli était détenteur pour son compte à titre de mandat ou de dépôt, s'il est établi que le failli n'avait qu'une seule caisse et qu'un seul livre de caisse, sur lequel figuraient toutes les opérations d'encaissement, sans distinction entre celles qui étaient faites pour son compte, et celles qui étaient effectuées pour le compte de la Compagnie. — Bordeaux, 24 févr. 1886, précité. — Trib. comm. de Montereau, 13 déc. 1898 [D. P. 99. 2. 272]

13. Et il en est ainsi surtout, lorsqu'il existe un compte courant entre le revendiquant et le failli. — Lyon, 11 nov. 1863, précité. — Angers, 18 avr. 1891, sol. impl., précité.

14. Mais il en serait autrement, et la revendication serait recevable, dans le cas où les sommes en numéraires ou billets de banque, qui ont été remises au dépositaire, sont demeurées distinctes, de telle sorte qu'elles ne se sont pas confondues dans l'actif du failli et que leur identité peut encore être établie. — Bordeaux, 24 févr. 1886, précité. — Angers, 18 avr. 1891, précité ; 9 avr. 1892 [D. P. 93. 2. 50]

15. Spécialement, le client pour le compte duquel un agent de change avait fait à un notaire, depuis déclaré en faillite, un envoi d'argent, à titre de dépôt, en billets de banque de mille francs, est en droit de revendiquer les billets de mille francs trouvés dans la caisse de l'étude au moment de l'apposition des scellés, alors qu'il résulte de l'inspection du livre de caisse que ces billets sont les mêmes que ceux qui avaient été expédiés au notaire. — Angers, 18 avr. 1891, précité.

16. Il en est ainsi surtout, alors qu'il n'existait aucun compte courant entre le notaire et le client, et que celui-ci n'était point débiteur du notaire. — Même arrêt.

17. Jugé également, que si, en principe, le droit de revendication organisé par les art. 574 et s., C. comm., ne peut s'exercer que sur des corps certains, et, par suite, n'est pas applicable à des espèces monnayées et à des billets de banque, il en est autrement lorsque les espèces ou billets remis au failli avec une destination spéciale, ou entrés en sa possession à l'aide d'une fraude, et saisis sur lui au moment de son arrestation, peuvent être individualisés et sont bien exactement ceux-là mêmes qu'il a reçus ou dont il a réussi à s'emparer ; dans ces deux cas, les choses revendiquées, n'ayant jamais appartenu légitimement au failli, n'ont pu devenir la propriété de la masse. — Cass., 7 juill. 1898 [S. et P. 1900. 1. 205, D. P. 1900. 1. 312]

18. D'ailleurs, c'est exclusivement aux juges du fait qu'il incombe de statuer sur l'identité des marchandises, effets ou valeurs, objets de la revendication, et leur décision, à cet égard, est souveraine. — Même arrêt.

19. Il importe peu que l'identité, à laquelle est subordonné l'exercice de l'action en restitution des billets de banque saisis sur le failli, ait disparu postérieurement à la faillite ; il suffit qu'elle ait existé à la date du jugement déclaratif. — Paris, 5 févr. 1898 [S. et P., sous Cass., 7 juill. 1898, précité, D. P. 98. 2. 172]

20. Ainsi, il n'importe que les billets de banque, placés par le commissaire de police sous scellés, et ultérieurement remis au syndic par ordre du juge d'instruction, aient été versés par le syndic comme espèces fongibles au compte de la faillite à la Caisse des dépôts et consignations, en sorte que l'identification des billets est devenue impossible par suite de leur confusion avec les autres espèces se trouvant dans les coffres de la Caisse. — Même arrêt.

21. Et le syndic exciperait à tort, au nom de la masse, du bénéfice de l'art. 2279 C. civ., pour repousser l'action en restitution ; le bénéfice de l'art. 2279 n'existant qu'au profit de celui qui justifie d'une possession non équivoque et de bonne foi. — Cass., 7 juill. 1898, précité.

22. Les dispositions spéciales des art. 574 à 578, C. comm., en vertu desquelles les tribunaux de

commerce sont compétents pour connaître de la revendication d'effets, marchandises ou deniers trouvés en la possession du failli, ne portent aucune atteinte à la règle générale qui attribue aux tribunaux de répression le droit d'ordonner, même en cas d'acquittement, la restitution à leur légitime propriétaire des objets ou effets, dont l'enlèvement, frauduleux ou non, a fait l'objet de la poursuite. — Même arrêt.

23. Il en est de même de l'art. 595, C. comm., lequel, en autorisant les tribunaux correctionnels et les cours d'assises saisis d'une poursuite en banqueroute à ordonner la réintégration à la masse des objets soustraits à cette masse, n'apporte aucune restriction à la compétence des tribunaux de répression, et ne leur interdit pas d'ordonner la restitution au propriétaire des objets trouvés illégalement en possession du failli. — Même arrêt.

24. En conséquence, la juridiction correctionnelle statue valablement sur la demande de banquiers tendant à obtenir la restitution de valeurs escroquées à leur préjudice par un failli. — Même arrêt.

25. La revendication de titres au porteur trouvés dans le portefeuille d'un failli est également subordonnée à la condition que ces titres soient identiquement les mêmes que ceux qui avaient été déposés. — Dijon, 15 juin 1899 [S. et P. 1900. 2. 103, D. P. 1900. 2. 209] — V. aussi *suprà*, art. 76, n. 266 et s.

26. Mais la question de savoir de quelles circonstances peut résulter la preuve de cette identité est laissée à l'appréciation des juges. — Même arrêt.

27. Et la revendication de titres au porteur (dans l'espèce, des titres de rente 3 0/0) trouvés dans le portefeuille d'un agent de change failli est possible, alors même que ces titres ne seraient pas matériellement les mêmes que ceux déposés, si d'ailleurs ces titres n'en étaient pas moins les mêmes corps substantiellement identiques aux titres déposés par leur nature, leur valeur, leur nombre et leur affectation. — Même arrêt.

28. Il n'importe que les numéros des titres aient été changés, et que le déposant n'ait pas connu ni approuvé ce changement de numéros. — Même arrêt.

29. Jugé également, que ne font pas partie de l'actif de la faillite d'un banquier les titres au porteur que le banquier a fait acheter par un agent de change en son nom pour un client, et qui ont été remis par l'agent de change à un représentant du banquier, puis, par le représentant du banquier, au client pendant la période de cessation des paiements, si d'ailleurs les titres ainsi remis sont ceux-là mêmes que le client avait donné ordre d'acheter. Le mandataire ou le substitué du mandataire représentant le mandant, la remise faite au représentant du banquier par l'agent de change a transféré immédiatement au client la propriété des titres. — Cass., 6 déc. 1880 [S. 81. 1. 169, P. 81. 1. 393, D. P. 81. 1. 346]

30. En conséquence, le syndic est mal fondé à demander au représentant du banquier la restitution de ces titres ou des dommages-intérêts. — Même arrêt.

31. De même, l'action en revendication d'un titre au porteur peut être exercée contre le syndic d'une faillite, lorsque le revendiquant établit avec certitude qu'il en est le véritable propriétaire. — En conséquence, lorsqu'un bon au porteur, trouvé parmi les papiers d'un failli et dont l'identité ne peut être contestée, porte la mention que ce titre appartient à un tiers, et que cette mention, écrite par le failli, loin d'être entachée d'aucune fraude, ne contient que la constatation sincère d'un fait vrai, ce tiers doit être considéré comme propriétaire dudit bon, et son action en revendication doit être accueillie. — Cass., 9 janv. 1888 [S. 91. 1. 54, P. 91. 1. 122, D. P. 89. 1. 209] — Paris, 5 mars 1892 [D. P. 93. 2. 17]

32. De même encore, lorsqu'un titre au porteur est trouvé dans les papiers d'un banquier tombé en faillite avec une fiche apposée par le banquier, et portant le nom de l'un des clients de celui-ci, le client, qui avait, avant la faillite, donné l'ordre au banquier de lui acheter un titre de pareille valeur, doit être considéré comme propriétaire du titre, et admis à le revendiquer. — Paris, 30 juin 1893 [S. et P. 94. 2. 48, D. P. 94. 2. 501]

33. Il importe peu que la fiche apposée par le banquier sur le titre ne concorde pas avec les indications de ses livres, lesquels portent comme acheté au nom du demandeur en revendication un titre de même valeur, mais d'un numéro différent, et qui n'a pas été retrouvé après la faillite; le banquier, qui avait mandat d'acheter, non un titre d'un numéro spécifié, mais un titre *in genere*, ayant pu valablement affecter à son client un titre autre que le titre dont le numéro figure sur les livres. — Même arrêt.

§ 2. *Revendication du prix.*

34. Le commettant n'a pas seulement le droit de revendiquer ses marchandises existant en nature dans la faillite du consignataire : aux termes de deuxième alinéa de notre article, il peut aussi, au cas où le consignataire a vendu ces marchandises, en revendiquer le prix à l'encontre de sa faillite, alors du moins qu'au moment de la faillite la créance du prix subsiste avec son individualité propre. Cette créance est alors subrogée aux marchandises vendues; elle appartient exclusivement au commettant. — Lyon-Caen et Renault, t. 8, n. 799; Thaller, n. 1131; et notre *Rép. gén. alph. du dr. fr.*, v° *cit.*, n. 3326 et s.

35. Mais la revendication n'est plus recevable dans le cas où, avant la faillite, le prix a été payé, ou réglé en valeurs, ou compensé en compte courant entre l'acheteur et le failli : dans ces diverses hypothèses en effet, la créance du prix n'existe plus; elle s'est confondue avec l'actif du consignataire failli, et, par suite, elle ne peut, à aucun point de vue, être l'objet d'une revendication de la part du commettant. — *Sic*, Lyon-Caen et Renault, *loc. cit.*

36. Au paiement en numéraire, il faut assimiler les autres modes d'extinction des obligations, tels que la compensation, la novation, la remise de dettes, etc., qui font disparaître la créance du prix et qui mettent également obstacle à toute action en revendication. — *Sic*, Lyon-Caen et Renault, t. 8, n. 800.

37. Par règlement en valeurs, il faut entendre le règlement en effets de commerce, lettres de change, billets à ordre ou chèques. — Jugé, à cet égard, que la remise par un acheteur au commissionnaire chargé de vendre pour le compte d'autrui, d'un bon autorisant ce commissionnaire à toucher chez un banquier le montant du prix de vente, n'équivaut pas à un paiement ou à un règlement en valeurs : ce bon ne constitue qu'un simple mandat de tou-

cher, révocable par celui qui l'a donné. Par suite, le propriétaire des marchandises vendues n'a point perdu, par la remise de ce bon, le droit, au cas de faillite du commissionnaire, d'en revendiquer le prix entre les mains de l'acheteur. — Cass., 27 juill. 1858 [S. 59. 1. 109, P. 59. 646, D. P. 58. 1. 436]

38. Mais dès qu'il y a règlement en effets de commerce, il importe peu que le consignataire ait négocié ces effets de commerce, ou qu'il les ait encore dans son portefeuille au moment de la faillite. Même dans ce dernier cas, la revendication du commettant ne serait pas recevable : les règlements en effets de commerce étant assimilés aux règlements en espèces, doivent nécessairement produire les mêmes effets. — *Sic*, Thaller, n. 1133; et notre *Rép gén. alph. du dr. fr.*, *v° cit.*, n. 3339. — *Contrà*. Lyon-Caen et Renault, t. 8, n. 801; Demangeat, sur Bravard, t. 5, p. 519, note 1.

39. Notre article assimile au paiement et au règlement en valeurs le cas où la créance du prix aurait été *compensée* en compte courant entre l'acheteur et le failli. Il ne suffit donc pas, pour que la revendication de la créance du prix soit déclarée non recevable, que cette créance ait été passée en compte courant : il faut qu'elle ait été compensée dans ce compte courant. Il en sera ainsi dans le cas où, lors de l'entrée de cette créance en compte, au débit de l'acheteur, cet acheteur est crédité d'une somme égale ou supérieure au montant de la créance : il y a alors compensation mettant obstacle à la revendication du commettant. — *Sic*, Lyon-Caen et Renault, t. 8, n. 802-B; Thaller, n. 1134-*a*; et notre *Rép. gén. alph. du dr. fr.*, *v° cit.*, n. 3342.

40. Mais il n'y aurait plus compensation en compte courant et, par suite, notre article ne pourrait plus recevoir son application, si le compte courant ne contenait que des articles de débit à la charge de l'acheteur. Dans ce cas, en effet, la créance du prix est bien passée en compte, au débit de l'acheteur : mais comme cet acheteur n'a aucun article à son crédit, la créance du prix ne peut pas être l'objet d'une compensation, de telle sorte que le commettant conserve le droit de la revendiquer. — *Sic*, Lyon-Caen et Renault, t. 8, n. 802-A; Thaller, n. 1134-*b*; Pardessus, t. 3, n. 1281.

41. Et la même solution doit être admise dans le cas où le compte courant, contenant des articles de crédit et de débit pour les deux parties, se balance exactement ou se solde au profit du commissionnaire lors de l'entrée de la créance du prix. Ici encore, il n'y a pas matière à compensation : la créance du prix portée au crédit du commissionnaire n'a en face d'elle aucun article de débit avec lequel elle puisse être compensée; elle peut donc être revendiquée par le commettant. — *Sic*, Boistel, n. 1003; Da, *Théorie du Compte courant*, n. 44; et notre *Rép. gén. alph. du dr. fr.*, *v° cit.*, n. 3344 et s. — *Contrà*, Lyon-Caen et Renault, t. 8, n. 802-C.

42. En tout cas, notre article ne peut recevoir son application qu'autant qu'il s'agit d'un compte courant entre le commissionnaire et l'acheteur. Quant au compte courant existant entre le commettant et le commissionnaire, on est d'accord pour admettre que l'inscription du prix au crédit du commettant a nécessairement pour conséquence de priver ce commettant de son droit de revendication par suite de la novation qui résulte du compte courant; en effet, le commettant n'est plus créancier du commissionnaire en sa qualité primitive; la créance qui se rattachait à cette qualité s'est transformée dans le compte courant en un article de crédit qui ne lui confère plus aucun droit particulier. — *Sic*, Delamarre et Lepoitvin, t. 3, n. 221; Lyon-Caen et Renault, t. 8, n. 803. — *Contrà*, Pardessus, t. 3, n. 1283.

43. Si le commettant peut, sous les conditions déterminées par notre article, revendiquer le prix des marchandises vendues par le consignataire, à plus forte raison ce même droit de revendication doit-il être accordé au déposant, dans le cas où le dépositaire, abusant du dépôt, a vendu les marchandises qui lui avaient été confiées : le déposant pourrait en outre, si l'acheteur était insolvable, se présenter comme créancier de dommages-intérêts dans la faillite du dépositaire infidèle. — *Sic*, Lyon-Caen et Renault, t. 8, n. 805; Demangeat sur Bravard, t. 5, p. 518, note 2.

44. D'autre part, on admet généralement que dans le cas d'incendie des marchandises déposées ou consignées, l'indemnité d'assurance est subrogée à ces marchandises et doit être payée au déposant. — Jugé en ce sens, que, lorsque des marchandises appartenant à des tiers ont été incendiées dans l'établissement d'un industriel, à qui elles avaient été confiées pour être façonnées, l'assurance qui les couvrait et que ce dernier avait contractée pour le compte de leurs propriétaires, quoique sans ordre de ces derniers, n'en doit pas moins profiter exclusivement à ceux-ci. — Grenoble, 12 mars 1883 [S. 84. 2. 12, P. 84. 96, D. P. 83. 2. 233]

45. Par suite, les créanciers de l'industriel n'ont aucun droit à l'indemnité, laquelle n'a jamais fait partie du patrimoine de leur débiteur. — Même arrêt.

§ 3. *Autres cas de revendication.*

46. Les art. 574 et 575 ont énuméré les cas les plus importants de revendication. Mais on est d'accord pour décider que cette énumération n'a rien de limitatif et que la revendication doit être admise toutes les fois qu'une personne se prétend propriétaire de biens qui sont en la possession du failli. — *Sic*, Lyon-Caen et Renault, t. 8, n. 792 et 816; Boistel, n. 998; Thaller, n. 1939; et notre *Rép. gén. alph. du dr. fr.*, *v° cit.*, n. 3266 et s.

47. Ainsi, le propriétaire d'objets mobiliers qui les a loués à un commerçant, depuis tombé en faillite, peut les revendiquer contre les syndics, ces objets étant restés sa propriété. Mais ce propriétaire ne peut assigner le syndic en restitution de ces objets ou en paiement de leur valeur, alors que les objets ayant été sous-loués ou prêtés par le failli n'existaient plus en nature en la possession du failli lors du jugement déclaratif, et que la faillite n'en a ni continué la location ni fait usage ou tiré profit. — Le locateur est dans ce cas un créancier ordinaire qui ne peut agir que par voie de production, au marc le franc, au passif de la faillite. — Cass., 27 mai 1879 [S. 81. 1. 470, P. 81. 1201, D. P. 79. 1. 356]

48. La créance du locateur contre le failli ne peut produire des intérêts à l'égard de la masse après le jugement déclaratif de la faillite. — Même arrêt.

49. Jugé d'une manière générale, que le propriétaire des choses mobilières existant en la possession du failli ou du liquidé judiciaire peut les revendiquer, pourvu qu'il en prouve l'identité ; ce droit,

expressément spécifié pour certains cas déterminés par les art. 574 et 575, C. comm., ne doit pas en effet, être limité à ces seuls cas, mais doit être étendu aux hypothèses analogues. — Montpellier, 12 déc. 1899 [S. et P. 1901. 2. 35, D. P. 1900. 2. 113 et la note de M. Valéry]

50. Ainsi, au cas où des sacs destinés à loger des marchandises, et marqués du nom de leur propriétaire, ont été donnés en location par un commerçant, — avec stipulation que le locataire, s'il vendait ou donnait en dépôt ou nantissement les marchandises logées dans les sacs, serait tenu de mentionner dans le contrat la location des sacs et de réserver le droit de propriété de celui à qui ils appartiennent, — celui-ci peut revendiquer les sacs contre la faillite ou la liquidation judiciaire d'un tiers à qui le locataire des sacs a vendu les marchandises qui y étaient renfermées, dès lors que ce tiers a été informé, par les mentions des factures, que les sacs avaient été donnés en location. — Même arrêt.

51. De même l'acheteur d'un corps certain, quand la vente a été consentie de bonne foi avant la faillite du vendeur et que la livraison n'en a pas encore été exécutée, peut revendiquer l'objet et agir contre les syndics pour obtenir l'exécution de la vente, ou, à défaut, des dommages-intérêts. — Bourges, 6 août 1831 [S. 32. 2. 348, P. chr.]

52. Jugé également, qu'encore bien que le vendeur ne puisse exercer l'action en résolution de la vente pour défaut de paiement du prix, alors que les marchandises vendues sont parvenues dans les magasins de l'acheteur avant la faillite, encore faut-il, pour qu'il en soit ainsi, que la vente ait été conclue entre les parties. Si donc les marchandises ont été vendues sous la condition de l'agrément de l'acheteur, le vendeur reste propriétaire tant que cette condition n'est pas réalisée : et par suite, il pourra revendiquer lesdites marchandises dans la faillite de l'acheteur, si celui-ci n'a pas encore donné son agrément au moment où sa faillite est déclarée. — Bordeaux, 2 nov. 1886 [D. P. 87. 2. 257]

53. De même, dans une société en participation pour la vente des marchandises, formée entre l'expéditeur des marchandises et celui auquel elles sont expédiées pour être vendues, la propriété des marchandises continue de résider entièrement sur la tête de l'associé expéditeur. Du moins, l'arrêt qui le décide ainsi par interprétation des conventions des parties échappe à la censure de la Cour de cassation. — Cass., 7 août 1838 [S. 38. 1. 691, P. 38. 2. 422, D. *Rép.*, v° *Société*, n. 1618-1°] ; 23 févr. 1864 [S. 64. 1. 63, P. 64. 427, D. P. 64. 1. 136]

54. Par suite, si l'associé chargé d'opérer la vente des marchandises vient à tomber en faillite, l'associé expéditeur est fondé à revendiquer ces marchandises, ou le prix s'il en est encore dû par l'acheteur. — Même arrêt.

Art. **576**. Pourront être revendiquées les marchandises expédiées au failli, tant que la tradition n'en aura point été effectuée dans ses magasins, ou dans ceux du commissionnaire chargé de les vendre pour le compte du failli.

Néanmoins la revendication ne sera pas recevable si, avant leur arrivée, les marchandises avaient été vendues sans fraude, sur factures ou connaissements ou lettres de voitures signées par l'expéditeur.

Le revendiquant sera tenu de rembourser à la masse les acomptes par lui reçus, ainsi que toutes avances faites pour fret ou voiture, commission, assurances, ou autres frais, et de payer les sommes qui seraient dues pour mêmes causes. — C. civ., 1184, 1650, 1654, 2102-4°, 2279 ; C. comm., 91, 95 et s., 222, 281, 286, 332, 577 et s.

INDEX ALPHABÉTIQUE.

DIVISION.

§ 1er. *Qui peut revendiquer.*

1. On s'accorde à reconnaître que l'action, que notre article qualifie improprement d'action en revendication, n'est autre chose que l'action en résolution pour défaut de paiement du prix, qui est soumise à des conditions spéciales et dérogatoires au droit commun : si notre article parle de revendication, c'est qu'en définitive, la résolution de la vente aboutit au même résultat final qu'une revendication proprement dite, à savoir la reprise par le vendeur de la propriété de la chose vendue. — *Sic*, Renouard, t. 2, p. 360 ; Boistel, n. 1005 ; Bravard et Demangeat, t. 5, p. 533 ; Laurin, n. 1078 ; Lyon-Caen et Renault, t. 8, n. 840 ; Thaller, n. 1952 ; et notre *Rép. gén. alph. du dr. fr., v° Faillite*, n. 3434 et s.

2. Jugé à cet égard, qu'au cas de faillite et vis-à-vis des tiers créanciers, le droit de résolution du vendeur d'effets mobiliers, pour inexécution des conditions du paiement, ne peut s'exercer que sous le titre de revendication, et dans les limites tracées par l'art. 576, C. comm. — En conséquence, les conclusions prises, d'une part, en revendication des marchandises vendues, de l'autre, en résolution de la vente pour inexécution des conditions du payement, se confondant, quant à leur objet et leurs moyens, en une même demande, les motifs donnés pour repousser la revendication s'appliquent directement et virtuellement à la résolution. — Cass., 21 avr. 1884 [S. 86. 1. 105, P. 86. 1. 238, D. P. 84. 1. 241]

3. L'action en revendication peut être exercée, dans les conditions ci-après déterminées, par tout vendeur de marchandises et autres effets mobiliers dont la créance n'est pas éteinte par paiement ou de toute autre manière. — Jugé en ce sens, que le vendeur de marchandises peut les revendiquer, en vertu de l'art. 576, C. comm., tant qu'elles ne sont pas entrées dans les magasins de l'acheteur tombé en faillite, même après que ce dernier a obtenu un concordat. — Paris, 27 févr. 1857 [S. 57. 2. 336, P. 57. 859] — *Sic*, Ruben de Couder, v° *Revendication*, n. 172 et s.; et notre *Rép. gén. alph. du dr. fr., v° cit.*, n. 3448 et s.

4. De même, un vendeur non payé qui, en sa qualité de créancier, a fait prononcer la déclaration de faillite de son débiteur, ne se rend pas par là non recevable à poursuivre la revendication des marchandises vendues et expédiées à son acheteur : vainement objecterait-on que le jugement déclaratif de faillite passé en force de chose jugée lui attribue la qualité de créancier, exclusive de celle de propriétaire. — Cass., 18 févr. 1874 [S. 74. 1. 369, P. 74. 919, D. P. 74. 1. 300] — *Sic*, Alauzet, t. 5, n. 1903 ; Geoffroy, p. 392 et s.; Esnault, t. 3, n. 653 ; Bédarride, t. 3, n. 1168 *bis*.

5. De même encore, le vendeur d'une coupe de bois qui a poursuivi par voie de saisie-exécution le paiement du prix de la vente, ne s'est pas, par ce seul fait, rendu non recevable à exciper du droit de revendication des bois existant en nature sur le parterre de la coupe : et cette exception peut être présentée par lui incidemment à la demande principale en nullité de la saisie devant le tribunal civil dont la compétence n'a pas été déclinée, et qui d'ailleurs est essentiellement compétent, cette revendication se rattachant à un acte qui n'était pas commercial de la part du vendeur. — Orléans, 30 déc. 1845 [P. 47. 1. 80]

6. Peu importe d'ailleurs, que le vendeur soit un non-commerçant, comme le serait un propriétaire qui aurait vendu le produit de sa récolte : du moment que l'acheteur est un commerçant en faillite, cette qualité détermine la loi applicable, sans que le vendeur puisse exciper de sa situation de non-commerçant pour réclamer à son profit l'application des dispositions de la loi civile. — Bordeaux, 22 févr. 1850 [D. P. 52. 2. 252]

7. D'autre part, les dispositions du Code de commerce qui privent le vendeur d'effets mobiliers du droit de demander la résolution de la vente pour défaut de payement du prix, quand la chose vendue est parvenue en la possession de l'acheteur, s'appliquent à la vente d'un meuble incorporel. — Cass., 3 mars 1890 [S. 91. 1. 65, P. 91. 1. 140, et la note de M. Lyon-Caen, D. P. 91. 1. 415]

8. Elles sont spécialement applicables à la cession d'une concession de chemin de fer, quand le cessionnaire a été déclaré en faillite. — Même arrêt.

9. Cette cession constitue une vente, quand même le cessionnaire s'est obligé, en dehors du capital, à pourvoir chaque année au service des obligations ; une pareille charge ne constitue qu'une modalité du payement du prix, ne modifiant en rien le caractère du contrat principal. — Même arrêt.

§ 2. *Conditions de la revendication.*

A. *Identité de la marchandise revendiquée.* — 10. Bien que la loi de 1838 n'ait pas reproduit l'ancien art. 580, C. comm., qui exigeait formellement la preuve de l'identité de la marchandise revendiquée, on décide cependant que cette identité est nécessaire à la recevabilité de l'action en revendication : la preuve de cette identité peut d'ailleurs être fournie par tous moyens ; il y a là une question de fait qui est laissée au pouvoir souverain d'appréciation des tribunaux. — *Sic*, Renouard, t. 2, p. 397 ; Pardessus, t. 3, n. 1292; Bédarride, t. 3, n. 1149 ; Lyon-Caen et Renault, t. 8, n. 843; Thaller, n. 1353 ; et notre *Rép. gén. alph. du dr. fr.*, v° *cit.*, n. 3459 et s.

11. Jugé en ce sens, que, bien que des marchandises vendues aient subi quelque changement ou altération dans leur nature et leur quantité, elles peuvent, au cas de faillite de l'acheteur, être revendiquées par le vendeur, si d'ailleurs leur identité est certaine : à cet égard, la nouvelle loi sur les faillites a innové à l'ancien art. 580. — Spécialement, lorsqu'un propriétaire a vendu à un marchand du bois de sa forêt, que l'acheteur a fait, du consentement du vendeur, dresser ce bois en fourneaux sur les lieux mêmes où il a été coupé, et qu'il en a converti une partie en charbon, le vendeur a le droit, si l'acheteur vient à faire faillite, de revendiquer la chose par lui vendue, quoiqu'une partie se trouve carbonisée, pourvu qu'il n'y ait pas de doute sur l'identité de cette chose. — Limoges, 6 mai 1843 [S. 43. 2. 326]

12. De même, des bois vendus en grume (sous écorce) ne cessent pas d'être identiquement les mêmes, dans le sens de l'art. 580 (aujourd'hui 576), C. comm., et de pouvoir être revendiqués en cas de faillite par cela seul qu'ils ont été ébranchés et équarris, alors que leur identité est parfaitement constatée par des marques dont ils avaient été empreints. — Rouen, 18 mars 1839 [S. 39. 2. 322, P. 39. 2. 252, D. *Rép.*, v° *Faillite*, n. 1279-1°]

13. A plus forte raison, les manipulations qu'on fait subir à des marchandises dans un lazaret ne détruisent pas l'identité exigée pour la revendication. — Aix, 4 févr. 1834 [P. chr., D. *Rép.*, v° *cit.*, n. 1279-2°]

14. D'autre part, le mélange des marchandises vendues avec d'autres marchandises ne fait pas nécessairement obstacle à la revendication. — Jugé en ce sens, qu'encore que des marchandises aient été mélangées avec d'autres de même nature (des grains) mises à bord du même navire également pour le compte du failli, la revendication n'est pas moins recevable lorsque l'identité des marchandises revendiquées n'a pas été détruite ni même sensiblement modifiée par ce mélange, les prohibitions de l'ancien art. 580, C. comm., n'ayant pas été reproduites, en ce qui concerne l'identité, par la loi plus récente du 23 mai 1838. — Cass., 16 avr. 1866 [S. 66. 1. 249, P. 66. 636, D. P. 66. 1. 491]; 17 août 1871 [S. 71. 1. 134, P. 71. 104, D. P. 71. 1. 287] — Rennes, 26 mars 1858 [S. 58. 2. 632, P. 58. 782] — *Sic*, Delamarre et Lepoitvin, t. 6, n. 164 ; Bédarride, t. 3, n. 1149 *bis*; Laroque-Sayssinel, sur l'art. 576, n. 35 ; Alauzet, t. 8, n. 2839 ; Demangeat, sur Bravard, t. 5, p. 546, note, *in fine*.

B. *Tradition non encore effectuée dans les magasins de l'acheteur ou d'un tiers possédant pour son compte.* — 15. D'une manière générale, il y a tradition dans le sens de notre article, toutes les fois que la marchandise vendue a été mise en la possession apparente et ostensible de l'acheteur ou de son mandataire, de telle sorte que les créanciers de cet acheteur ont pu compter que cette marchandise faisait partie de leur gage. — *Sic*, Renouard, t. 2, p. 353 ; Pardessus, t. 3, n. 1288; Bédarride, t. 3, n 1145 ; Alauzet, t. 8, n. 2838 ; Bravard et Demangeat, t. 5, p. 536; Delamarre et Lepoitvin, t. 6, n. 196 ; Boistel, n. 1005 ; Lyon-Caen et Renault, t. 8, n. 845 ; et notre *Rép. gén. alph. du dr. fr.*, v° *cit.*, n. 3471 et s.

16. Mais la simple spécialisation de la marchandise vendue, bien qu'entraînant translation de propriété ou même délivrance au profit de l'acheteur, ne saurait être considérée comme une tradition dans le sens de notre article et ne mettrait pas obstacle à la revendication. — Jugé en ce sens, que le vendeur de marchandises non payées peut les revendiquer en cas de faillite de l'acheteur, même après la livraison de ces marchandises ; l'entrée dans les magasins de l'acheteur fait seule obstacle au droit de revendication. — Montpellier, 12 mars 1875, sous Cass., 29 nov. 1875 [S. 78. 1. 104, P. 78. 252, D. P. 78. 1. 17] — *Sic*, Lyon-Caen et Renault, t. 8, n. 845, *in fine*.

17. Jugé également, que les marchandises vendues ne sont pas réputées entrées dans les magasins de l'acheteur failli, et par suite n'échappent point à l'action en revendication du vendeur, tant qu'elles n'ont pas été mises en la possession à la fois réelle et apparente de l'acheteur. — Montpellier, 7 févr. 1874 [S. 74. 2. 139, P. 74. 599, D. *Rép.*, *Suppl.*, v° *cit.*, n. 1271]

18. Il importe peu que l'acheteur ait pris livraison de la marchandise dans les magasins du vendeur, qu'il l'ait même expédiée vers une destination inconnue ; ces circonstances ne font pas obstacle à la revendication. — Même arrêt.

19. De même, le vendeur qui s'est chargé d'abattre des arbres vendus peut les revendiquer dans les conditions de notre article : il n'importe à cet égard, que ces arbres aient été recettés (reconnus), numérotés et frappés de la marque des deux parties, si, d'après leur commune intention, ces signes symboliques n'avaient pour objet que de déterminer le choix de l'acheteur, de faciliter pour le vendeur le transport dont il était chargé, et d'éviter une réexpédition des rebuts. — Besançon, 27 févr. 1865 [S. 65. 2. 127, P. 65. 588, D. P. 65. 2. 46]

20. Jugé cependant, que la revendication de marchandises achetées par le failli ne peut être exercée par le vendeur non payé, lorsque celui-ci a prévenu son propre vendeur, encore détenteur des marchandises, qu'il les a revendues et qu'elles doivent, par suite, être tenues à la disposition du nouvel acquéreur aujourd'hui failli ; il y a là, au profit de ce dernier, une tradition feinte qui met obstacle au droit de revendication du second vendeur. — Lyon, 15 juill. 1874 [S. 75. 2. 235, P. 75. 957, D. *Rép.*, *Suppl.*, v° *cit.*, n. 1282]

21. Il appartient aux juges du fond de déclarer, par appréciation des circonstances de la cause, que des marchandises vendues à un commerçant en faillite ont été, depuis la tradition qui en avait été faite à ce dernier, en sa pleine et entière possession, et que ces marchandises doivent être considérées comme étant entrées « dans les magasins » du failli. — Cass., 17 août 1871 [S 71. 1. 134, P. 71. 404, D. P. 71. 1. 287] ; 21 avr. 1884 [S. 86. 1. 105, P. 86. 1. 238, D. P. 84. 1. 241] — *Contrà*, Cass., 20 juin 1859 [S. 59. 1. 737, P. 60. 208, D. P. 59. 1. 388] ; 29 juill. 1875 [S. 76. 1. 49, P. 76. 113, D. P. 76. 1. 113]

α) *Marchandises en cours de route.* — 22. Le vendeur peut exercer son action en résolution tant que les marchandises sont entre les mains du voiturier : ce dernier en effet ne peut être considéré comme possédant les marchandises pour le compte de l'acheteur. — Jugé en ce sens, que la mise en charge et en grenier, à bord d'un navire, de marchandises expédiées au failli n'équivaut pas à leur entrée en magasin exigée par l'art. 576, C. comm., pour que le vendeur soit non recevable à les revendiquer : le véhicule, quel qu'il soit, qui sert au transport de marchandises voyageant même aux risques et périls de l'acheteur, ne pouvant jamais être considéré comme le magasin du failli dans le sens dudit article. — Rouen, 26 mars 1858 [S. 58. 2. 632, P. 58. 782, D. P. 59. 2. 24]

23. De même, des marchandises vendues à un négociant et livrées sur son ordre par le vendeur au patron d'un bateau pour le compte de l'acheteur, peuvent, au cas où cet acheteur vient à tomber en faillite, être valablement revendiquées dans le cours du chargement, par le vendeur non payé. — Cass., 16 avr. 1866 [S. 66. 1. 249, P. 66. 636, D. P. 66. 1. 490]

24. Et cette revendication a effet même à l'encontre de tiers auxquels l'acheteur aurait revendu les marchandises et auxquels elles étaient en conséquence adressées, si cette revente n'a pas été faite sur facture, connaissement ou lettre de voiture. — Même arrêt.

25. Jugé également, que les marchandises expédiées au failli pouvant, aux termes de l'art. 576, C. comm., être revendiquées tant que la tradition n'en a pas été effectuée dans les magasins du failli, le dessaisissement du vendeur, tel qu'il résulte de la prise en charge par l'acheteur, et de l'expédition faite au nom de celui-ci et à ses frais, ne suffit pas pour mettre obstacle à la revendication ; il faut de plus une appréhension ostensible et réelle par l'acheteur, caractérisée par l'emménagement de la marchandise dans un lieu où elle se trouve notoirement à sa libre disposition. — Cass., 17 août 1871 [S. 71. 1. 134, P. 71. 104, D. P. 71. 1. 287] — Dijon, 26 janv. 1899 [S. et P. 99. 2. 173, D. P. 99. 2. 102]

26. Spécialement, le vendeur de charbons transportés par bateaux affrétés au nom de l'acheteur est fondé, en cas de faillite de celui-ci, à revendiquer les charbons, si les bateaux n'étaient pas arrivés au lieu de destination. — Dijon, 26 janv. 1899, précité.

27. Mais des marchandises vendues sont réputées entrées dans les magasins de l'acheteur failli, et, par conséquent, cessent d'être soumises à la revendication du vendeur non payé, quand elles ont été mises en la possession, à la fois apparente et réelle, de l'acheteur dans un bateau lui appartenant et destiné à recevoir les objets de son commerce, encore bien que ces marchandises aient ensuite voyagé pour arriver à une autre destination. — Cass., 20 juin 1859 [S. 59. 1. 737, P. 60. 208, D. P. 59. 1. 388]

28. Il en est ainsi, alors surtout que les marchandises ont été mélangées dans le bateau avec d'autres marchandises, de même nature ou de nature différente, de telle sorte qu'il ne soit plus possible d'en reconnaître l'identité. — Même arrêt.

29. Dans ce cas, les marchandises ne peuvent être revendiquées contre celui à qui elles ont été vendues en cours de voyage, bien que cette vente n'ait pas eu lieu sur facture ou connaissement. — Même arrêt.

30. D'autre part, l'arrivée des marchandises à leur lieu de destination n'implique pas nécessairement la tradition de ces marchandises à l'acheteur et n'empêche pas la revendication du vendeur. Ainsi, des planches expédiées à flot sur une rivière, et qui sont arrivées au lieu de leur destination, ne peuvent être considérées comme entrées dans les magasins du failli, et, comme ne pouvant plus, par suite, faire l'objet d'une revendication, si elles sont encore à flot au moment de la faillite, et n'ont éprouvé ni changement, ni altération. — Metz, 18 août 1821 [S. et P. chr.]

31. De même, ne peuvent être considérées comme entrées dans les magasins de l'acheteur failli, et comme échappant, par suite, à l'action en revendication du vendeur, les marchandises demeurées momentanément dans une gare de chemin de fer où elles ont été expédiées sur la demande du failli : cette gare ne pouvant, à défaut d'une convention expresse, être assimilée au magasin de l'acheteur. — Orléans, 24 mai 1859 [S. 60. 2. 87, P. 59. 889, D. P. 59. 2. 100] — Limoges, 24 mars 1870 [S. 70. 2. 202, P. 70. 825, D. P. 70. 2. 133]

32. Et il en est ainsi, encore bien que la lettre de voiture ait été payée. — Aix, 4 mai 1869 [S. 70. 2. 71, P. 70. 340, D. P. 70. 2. 133]

33. Il en est de même des marchandises retirées par un entrepositaire, si ce retrait n'a point été opéré pour le compte du failli. — Même arrêt.

34. Jugé également, que l'on doit considérer comme étant en cours de voyage les arbres confiés, en gare d'arrivée, pour être transportés chez l'acheteur, à un voiturier qui les a déposés sur un terrain dont il est locataire, lorsqu'il n'est pas établi que ce voiturier fût un simple préposé de l'acheteur, ni qu'il lui eût concédé temporairement le terrain dont il s'agit. — Besançon, 27 févr. 1865 [S. 65. 2. 127, P. 65. 588, D. P. 65. 2. 46]

35. De même, on ne saurait considérer comme magasin, ni comme emplacement affecté au magasinage, la partie d'un quai où les marchandises ne sont que momentanément déposées et admises par tolérance. — Rennes, 7 janv. 1879 [S. 80. 2. 235, P. 80. 943, D. P. 79. 1. 106]

36. Et le dépôt des marchandises dans une gare de chemin de fer où elles étaient adressées au failli n'équivaut pas à une tradition, bien que le failli ait réexpédié à des tiers ces marchandises consistant dans des liquides, après paiement des frais de transport et échange des acquits-à-caution, si cette réexpédition a été déterminée par l'état de faillite déclarée de l'acheteur, et si les tiers à qui elle a été faite, fût-ce même en vue d'une revente des marchandises pour le compte du failli, n'ont point eux-mêmes pris livraison de ces marchandises dans leurs magasins. — Orléans, 24 mai 1859, précité.

37. On ne peut non plus considérer comme ayant fait l'objet d'une tradition consommée dans le sens de l'art. 576, C. comm., et comme échappant, dès lors, à l'action en revendication du vendeur, les marchandises qui, d'abord reçues et laissées dans la gare d'un chemin de fer par un commissionnaire, mandataire du failli, n'ont été ultérieurement transportées dans les magasins de ce commissionnaire qu'à la suite d'une saisie-arrêt dont elles ont été frappées entre ses mains par un créancier du failli ; alors d'ailleurs que le commissionnaire n'avait pas pouvoir de revendre ces marchandises. — Metz, 23 août 1860 [S. 61. 2. 118, P. 60. 969, D. P. 61. 5. 228]

38. Jugé de même, qu'une saisie conservatoire, non suivie d'effet, pratiquée par un créancier du

failli sur des marchandises dans la gare de destination, ne saurait être assimilée à une tradition dans les magasins du failli mettant obstacle à la revendication du vendeur. — Cass., 18 févr. 1874 [S. 74. 1. 369, P. 74. 919, D. P. 74. 1. 300]

β) *Tradition dans les magasins de l'acheteur.* — 39. En thèse générale, on entend par magasins de l'acheteur tout local spécialement aménagé par l'acheteur pour recevoir ses marchandises, ou même, si la marchandise ne comporte pas de magasinage proprement dit, tout emplacement dans lequel l'acheteur, après avoir obtenu la délivrance des marchandises, en prend possession d'une manière ostensible et apparente comme si elles étaient chez lui. — V. notamment Montpellier, 7 févr. 1874, motifs, précité ; 12 mars 1875, motifs, précité.

40. Jugé à cet égard, que des marchandises vendues sont réputées entrées dans les magasins de l'acheteur failli, et par conséquent cessent d'être soumises à la revendication du vendeur non payé, quand elles ont été mises en la possession à la fois apparente et réelle de l'acheteur dans un bateau lui appartenant et destiné à recevoir les objets de son commerce, encore bien que ces marchandises aient ensuite voyagé pour arriver à une autre destination. — Cass., 20 juin 1859 [S. 59. 1 737, P. 60. 208, D. P. 59. 1. 388]

41 Il en est ainsi, alors surtout que les marchandises ont été mélangées dans le bateau avec des marchandises de même nature ou de nature différente, de telle sorte qu'il ne soit plus possible d'en reconnaître l'identité. — Même arrêt.

42. Dans ce cas, les marchandises ne peuvent être revendiquées contre celui à qui elles ont été vendues en cours de voyage, bien que cette vente n'ait pas eu lieu sur facture ou connaissement. — Même arrêt.

43. D'autre part, lorsqu'il s'agit de marchandises encombrantes qui ne sont pas normalement susceptibles d'emmagasinage au sens propre du mot, on décide en général qu'une prise de possession caractérisée de la part de l'acheteur peut être considérée comme équivalant à la tradition dans les magasins de cet acheteur. — *Sic*, Lyon-Caen et Renault, t. 8, n. 845, *in fine;* Thaller, n. 1944 ; Ruben de Couder, v° *Revendication*, n. 159 et s., et *Suppl.*, *eod. v°*, n. 12 ; et notre *Rép. gén. alph. du dr. fr.*, *v° cit.*, n. 3529 et s.

44. Jugé, conformément à cette doctrine, que des betteraves vendues au poids sont réputées entrées dans les magasins de l'acheteur failli, et, dès lors, cessent de pouvoir être revendiquées ou retenues par le vendeur non payé, lorsque, après la pesée contradictoirement faite sur le terrain de production et la remise des bons de pesée au vendeur, elles ont été conduites et mises en silos par ce dernier dans un champ lui appartenant, mais désigné à cet effet dans l'acte de vente, champ où elles sont restées à la disposition et aux risques et périls de l'acheteur, à l'exception seulement de ceux résultant de la gelée. — Douai, 19 mars 1861 [P. 61. 1112, D. P. 61. 2. 104]

45. D'autre part, il est de jurisprudence constante que l'emplacement ou parterre d'une coupe de bois doit être considéré comme le magasin de l'acheteur tombé en faillite. — Par suite, le vendeur ne peut plus exercer de droit de rétention sur les bois coupés, qui sont ainsi réputés en la possession de l'acheteur. — Cass., 16 janv. 1850 [P. 52. 2. 259, D. P. 51. 5. 260] ; 4 août 1852 [S. 52. 1. 705, P. 54. 1. 204, D. P. 52. 1. 297] ; 25 janv. 1869 [S. 69. 1. 154, P. 69. 1080, D. P. 69. 1. 134] ; 2 juin 1869 [S. 69. 1. 416, P. 69. 1080, D. P. 70. 1. 123] ; 2 août 1880 [S. 80. 1. 401 P. 80. 1022, D. P. 81. 1. 39] — Paris, 8 août 1845 [S. 45. 2. 540, P. 45. 1. 79, D. P. 46. 2. 9] ; 20 déc. 1849 [P. 50. 1. 567, D. P. 50. 2. 207] ; 17 janv. 1878 [S. 78. 2. 5, P. 78. 201, D. P. 78. 2. 235] — Orléans, 30 déc. 1847 [P. 47. 1. 80] ; 13 avr. 1867 [S. 67. 2. 237, P. 67. 908, D. P. 68. 2. 143] ; 25 août 1880 [S. 82. 2. 104, P. 82. 1. 573, D. P. 82. 2. 47] — Caen, 3 janv. 1849 [S. 49. 2. 640, P. 50. 2. 113, D. P. 51. 2. 103] — Besançon, 14 déc. 1864 [S. 65. 2. 127, P. 65. 588, D. P. 64. 2. 231] ; 16 janv. 1865 [S. 65. 2. 127, P. 65. 588, D. P. 65. 2. 14] ; 17 janv. 1865 [S. *Ibid.*, P. *Ibid.*, D. P. *Ibid.*] — Bordeaux, 28 févr. 1870 [S. 70. 2. 176, P. 70. 711, D. P. 71. 2. 54] — Dijon, 11 févr. 1881 [S. 82. 2. 7, P. 82. 1. 89, D. P. 81. 2. 196] — *Sic*, Renouard, t. 2, p. 397 ; Esnault, t. 3, n. 646 ; Lyon-Caen et Renault, t. 8, n. 845 ; Thaller, n. 1954. — *Contrà*, Limoges, 16 févr. 1844 [P. 47. 1. 75]

46. Jugé en ce sens, que le droit de rétention ou de revendication de marchandises, au cas de faillite de l'acheteur, ne peut être exercé par le vendeur lorsque la délivrance a été consommée sur place par une tradition directe qui a mis la chose vendue à la libre disposition de l'acheteur. — Besançon, 14 déc. 1864, précité ; 16 janv. 1865, précité.

47. Spécialement, il y a tradition et reprise de possession d'une coupe de bois, de nature à arrêter l'exercice du droit de revendication du vendeur, lorsque le permis d'exploiter a été délivré à l'adjudicataire, et lorsque le parterre de la coupe a été converti en chantier par l'abatage des bois, leur débit, leur façonnement et leur revente partielle à des tiers. — Besançon, 14 déc. 1864, précité.

48. Il y a également délivrance et prise de possession d'arbres vendus à prendre au choix de l'acheteur moyennant un prix unique et en bloc, lorsque ces arbres ont été abattus par le vendeur, choisis, églobés (façonnés à moitié), marqués, numérotés et partiellement enlevés par l'acheteur, au vu et su du vendeur et de ses agents. — Besançon, 16 janv. 1865, précité ; 17 janv. 1865, précité.

49. Peu importe que les arbres n'aient pas été frappés du marteau de l'adjudicataire : cette formalité n'étant pas (à moins d'une stipulation contraire) une condition substantielle de la délivrance, mais une simple mesure de police forestière se référant exclusivement à l'enlèvement des bois du parterre de la coupe. — Mêmes arrêts.

50. A plus forte raison, le parterre d'une coupe de bois doit être considéré comme le magasin de l'acheteur, dans le sens de l'art. 576, C. comm., lorsque les bois vendus ont été exploités et façonnés sur place, si le cahier des charges autorisait l'acheteur à établir ses ateliers sur le terrain même du vendeur. Ce dernier ne peut donc, en cas de faillite de l'acheteur, exercer soit un droit de revendication, soit un droit de rétention sur les bois vendus, qui sont réputés en la possession de celui-ci. — Bordeaux, 28 févr. 1870 [S. 70. 2. 176, P. 70, 711, D. P. 71. 2. 54]

51. Mais lorsqu'il n'y a pas de clause spéciale à cet égard, la fiction, en vertu de laquelle le parterre d'une coupe de bois est considéré comme le magasin de l'acheteur, ne s'applique qu'aux bois mobilisés

par l'abatage et gisant sur le parterre de la coupe. Par suite, le vendeur a le droit d'exercer sur les arbres vendus, mais non encore détachés du sol, au jour de la faillite, les droits de revendication et de rétention réglés par les art. 576 et 577, C. comm. — Bourges, 26 mars 1855 [S. 55. 2. 588, P. 55. 1. 376, D. P. 55. 2. 308] — Orléans, 25 août 1880, précité.

52. De même, lorque le vendeur s'est chargé d'abattre les arbres, de les faire transporter à une gare voisine et de faire procéder lui-même à leur chargement et à leur expédition par le chemin de fer, il n'y a pas délivrance dans le sens de notre article, et le vendeur peut revendiquer lesdits arbres, tant qu'ils ne sont pas arrivés dans la possession de l'acheteur. — Besançon, 27 févr. 1865 [S. 65. 2. 127, P. 65. 188, D. P. 65. 2. 46]

53. D'un autre côté, si, en général, les bois déposés, pour les besoins de l'exploitation, sur le parterre de la coupe, doivent être considérés comme livrés et entrés dans les magasins de l'adjudicataire depuis tombé en faillite, et sont, par suite, à l'abri de l'action en revendication exercée par le vendeur non payé, il en est autrement lorsque, par une clause spéciale du cahier des charges, il a été stipulé que le parterre des coupes ne serait pas considéré comme le chantier ou magasin des adjudicataires, et que les bois qui y seraient déposés pourraient être revendiqués en cas de faillite : une telle clause n'a rien d'illicite, ni de contraire à l'ordre public. Dès lors, le vendeur, en cas de faillite de l'adjudicataire, peut revendiquer lesdits bois ou exercer sur eux le droit de rétention. — Cass., 25 janv. 1869 [S. 69. 1. 154, P. 69. 1080]; 2 juin 1869 [S. 69. 1. 416, P. 69. 1080, D. P. 70. 1. 123]; 2 août 1880 [S. 80. 1. 401, P. 80. 1022, D. P. 81. 1. 39] — Amiens, 20 nov. 1847 [S. 51. 2. 493, P. 51. 1. 631, D. P. 51. 2. 64] — Paris, 2 déc. 1863 [S. 63. 2. 244, P. 64. 196]; 17 janv. 1878 [S. 78. 2. 35, P. 78. 201, D. P. 78. 2. 235] — Dijon, 11 févr. 1881 [S. 82. 2. 7, P. 82. 1. 89, D. P. 81. 2. 196] — *Sic*, Bravard et Demangeat, t. 5, p. 547; Lyon-Caen et Renault, t. 8, n. 845, p. 126, note 6; et notre *Rép. gén. alph. du dr. fr., v° cit.*, n. 3543 et s. — V. aussi Aubry et Rau, t. 3, p. 119, § 256 *bis;* Thézard, *Des priv. et hyp.*, n. 26; Laurent, t. 29, n. 302. — *Contrà*, Bourges, 11 nov. 1863 [S. 63. 2. 244, P. 64. 196] — Orléans, 13 avr. 1867, précité. — Cass., Belg., 2 nov. 1883 [S. 86. 4. 4, P. 86. 2. 6, D. *Rép., Suppl., v° cit.*, n. 1286]

54. En pareil cas, le droit du vendeur qui constitue bien plutôt un droit de rétention qu'un droit de revendication, s'étend à tous les bois restant encore sur le parterre de la coupe, soit au jour de la faillite, soit à la date de la déclaration par lui faite de son intention d'user dudit droit, et aussi aux bois transportés dans l'usine de l'adjudicataire contrairement à cette déclaration et y existant encore en nature. — Cass., 25 janv. 1869, précité.

55. Spécialement, la clause du procès-verbal d'adjudication des bois d'une commune, portant que « le parterre des coupes ne sera pas considéré comme le chantier ou magasin des adjudicataires, et que les bois s'y trouvant déposés pourront par suite être saisis ou revendiqués en cas de faillite, conformément aux art. 2102, C. civ., et 576, C. comm., » a pour conséquence juridique, tout en permettant l'exploitation de la forêt vendue, de n'opérer la délivrance complète et définitive des bois coupés qu'après paiement. Dans ces termes, la clause est licite, et si elle a été insérée sans fraude dans un acte qui, par la publicité des enchères, a été porté à la connaissance de tous, elle est opposable aux tiers. — Cass., 2 août 1880, précité.

56. Par suite, la commune non payée est investie, non pas d'un droit de suite sur les bois sortis de ses mains, mais d'un droit de rétention sur les bois restés dans le parterre. — Même arrêt.

57. Peu importe : 1° qu'après l'adjudication, l'adjudicataire mis en possession des lots de bois en ait commencé l'exploitation en vertu du permis de la commune; 2° que plus tard il ait revendu les bois à un tiers sous-acquéreur de bonne foi; 3° que l'exploitation ait été continuée par ce dernier au vu et su de la commune; 4° et enfin que la commune ait accepté du tiers l'offre des bois d'affouage, conformément à la réserve par elle stipulée. Ces circonstances n'ont eu ni pour objet, ni pour effet, d'opérer la délivrance matérielle et effective avant le paiement. — Même arrêt.

58. Dans ce cas, le tiers acquéreur, privé de tout droit propre en présence de la possession retenue par la commune, ne se trouve pas dans le cas d'invoquer utilement la maxime qu' « en fait de meubles, possession vaut titre ». — Même arrêt.

59. Mais si l'on admet que les parties puissent valablement stipuler que le parterre d'une coupe de bois ne sera pas considéré comme le magasin de l'acheteur, une pareille stipulation ne saurait résulter que d'une disposition précise et non équivoque. — Ainsi, cette stipulation ne résulte pas d'une énonciation de l'acte de vente portant que le vendeur restera propriétaire des bois composant la coupe jusqu'au paiement du prix, surtout si cette déclaration est contraire à la réalité de la convention. — Bourges, 13 avr. 1875, sous Cass., 29 mai 1876 [S. 76. 1. 351, P. 76. 856, D. P. 76. 1. 361]

60. Et les juges du fond qui le décident ainsi, en s'appuyant sur l'intention des parties, refusent justement au vendeur tout droit exclusif à la propriété et au prix des bois par lui revendiqués. — Cass., 29 mai 1876, précité.

61. De même, la stipulation en vertu de laquelle le parterre de la coupe ne serait point considéré comme le chantier et le magasin de l'adjudicataire, ne saurait produire son effet si elle n'a point été publiée : elle ne peut nuire aux tiers qui ne l'ont pas connue. — Bordeaux, 28 févr. 1870 [S. 70. 2. 176, P. 70. 711, D. P. 71. 2. 54]

62. D'autre part, la clause par laquelle le vendeur d'une coupe de bois a stipulé que le paiement serait la condition de la livraison, a pour effet de lui conserver la possession des bois non payés et d'empêcher que le sol sur lequel ils ont été abattus soit considéré comme parterre de vente ou magasin de l'acheteur. Dès lors, en cas de faillite de celui-ci, le vendeur peut revendiquer ces bois ou exercer le droit de rétention. — Rouen, 6 déc. 1860 [S. 63. 2. 244, P. 64. 196]

63. De même, en admettant que les emplacements où se trouvent et sont exploités des arbres épars sur divers héritages puissent être assimilés au parterre circonscrit d'une coupe de bois, et considérés en général comme le magasin de l'acheteur, il en est autrement lorsque le vendeur a contracté sous la condition que les bois dont il n'est pas dessaisi resteront déposés sur ces emplacements jusqu'après le paiement du prix. — Paris, 26 avr. 1867 [S. 67. 2. 119, P. 67. 554, D. P. 67. 2. 175]

64. Pareillement, la clause par laquelle le vendeur d'une coupe de bois stipule que les bois ne pourront être enlevés avant le paiement du prix, a pour effet de subordonner la délivrance au paiement, et de conserver à ce vendeur la possession et, par suite, le droit de rétention des bois non payés. — Cass., 23 mai 1881 [S. 81. 1. 312, P. 81. 1. 760, D. P. 82. 1. 176] — Agen, 26 mai 1868 [S. 68. 2. 231, P. 68. 965, D. *Rép.*, *Suppl.*, *v° cit.*, n. 1257]

65. ... Et il en est de même pour la coupe d'un certain nombre d'arbres plantés épars sur diverses pièces de terre. — Paris, 26 avr. 1867, précité.

66. La stipulation que le prix sera payé avant que la délivrance ne soit devenue complète n'a pas pour objet de créer un privilège au profit du vendeur, mais constitue une condition de la vente, dont le vendeur peut réclamer l'exécution même au cas de faillite de l'acheteur. — Même arrêt.

67. En cas de tradition partielle dans les magasins de l'acheteur, il ne peut y avoir revendication que pour la partie des marchandises qui n'a pas encore été livrée, à moins cependant que la chose vendue ne forme un tout indivisible qui ne peut être considéré comme livré qu'autant que toutes les parties en sont parvenues entre les mains de l'acheteur. — Jugé, en ce sens, que, dans les ventes de machines composées de diverses parties formant un tout indivisible, la tradition ne se fait pas pièce par pièce, et ne doit s'appliquer qu'à l'ensemble de la machine, qui seul forme l'objet du contrat. En conséquence, bien que les pièces d'une machine vendue aient été transportées chez l'acheteur tombé en faillite, la tradition n'en peut être considérée comme définitivement effectuée dans le sens de l'art. 576, C. comm., et le vendeur peut en exercer la revendication, tant que, des ouvrages d'ajustage ou de précision étant nécessaires pour faire marcher cette machine, elle n'est pas en état de fonctionner et prête à être reçue. Il n'importe que certains ouvrages du mécanicien aient été incorporés dans l'immeuble où la machine doit fonctionner, ces ouvrages étant jusqu'à complet achèvement, toujours provisoires, conditionnels et susceptibles d'être détruits ou enlevés par l'ouvrier mécontent de son œuvre et libre de la modifier. — Metz, 3 juin 1856 [S. 57. 2. 46, P. 56. 1. 429, D. P. 57. 2. 25]

γ) *Tradition dans les magasins d'un tiers possédant pour le compte de l'acheteur.* — 68. En principe, les entrepôts publics, tels par exemple que les magasins généraux et les entrepôts de douane, qui ont reçu les marchandises expédiées à l'acheteur doivent être considérés comme possédant pour le compte de cet acheteur, et, par suite, sont assimilés à ses magasins dans le sens de notre art. 576. En conséquence, l'entrée des marchandises dans ces entrepôts met obstacle à l'action en revendication du vendeur. — Cass., 31 janv. 1826 [S. et P. chr., D. *Rép.*, *v° cit.*, n. 1251-2°]; 27 avr. 1853 [S. 53. 1. 353, P. 54. 2. 105, D. P. 53. 1. 220] — Caen, 27 janv. 1824 [S. et P. chr.] — Bruxelles, 7 févr. 1844 [D. *Rép.*, *v° cit.*, n. 1251-3°]

69. Spécialement jugé, que l'entrepôt réel de la douane où l'acheteur tombé en faillite a volontairement déposé les marchandises à lui expédiées, en attendant qu'elles puissent être vendues, doit être considéré comme son magasin. Par suite, le vendeur ne peut plus revendiquer ces marchandises, qui sont ainsi réputées en la possession de l'acheteur. — Rennes, 20 févr. 1862 [S. 63. 2. 126, P. 63. 857, D. P. 63. 2. 47] — Bruxelles, 25 avr. 1810 [S. et P. chr., D. *Rép.*, *v° cit.*, n. 1257]

70. D'autre part, et d'une façon générale, les marchandises achetées par le failli ne peuvent plus être revendiquées par le vendeur non payé, lorsque ces marchandises, expédiées sur l'ordre de l'acheteur à un tiers chargé de les recevoir pour lui et de les tenir à sa disposition, ont été livrées dans les magasins de ce tiers. — Cass., 29 juill. 1875 [S. 76. 1. 49, P. 76. 113, et la note de M. Labbé, D. P. 76. 1. 113] — Douai, 12 déc. 1874 [S. 75. 2. 25, P. 75. 200, D. P. *Ibid.*] — *Sic*, Alauzet, t. 8, n. 2836; Delamarre et Lepoitvin, t. 6, n. 196; et notre *Rép. gén. alph. du dr. fr.*, *v° cit.*, n. 3514 et s.

71. Peu importe que ces marchandises aient été déclarées pour l'exportation et exportées au moins pour partie, si le vendeur est resté étranger aux ventes que le failli en a pu faire ou aux marchés qu'il aurait antérieurement contractés. — Mêmes arrêts.

72. Jugé également, que les magasins de l'acheteur, dans le sens de l'art. 576, C. comm., sont, quand il s'agit de spiritueux, le lieu où les acquits doivent être entreposés, et où le commerçant prend habituellement ses acquits pour réexpédier les marchandises qu'il reçoit. — Poitiers, 19 févr. 1877 [S. 77. 2. 210, P. 77. 863, D. P. 77. 2. 109]

73. Pour les mêmes motifs, les magasins du commissionnaire doivent être considérés comme les magasins de l'acheteur, alors du moins que ce commissionnaire a reçu mandat de vendre les marchandises pour le compte de cet acheteur. — Cass., 29 juill. 1875, motifs, précité. — Caen, 22 janv. 1850 [P. 52. 1. 638, D. P. 50. 5. 228]

74. Mais l'entrée de marchandises expédiées à un failli, dans les magasins du commissionnaire chargé de les vendre pour le compte de celui-ci, ne fait point obstacle à leur revendication par le vendeur, lorsque cette entrée n'a eu lieu que postérieurement au jugement déclaratif de la faillite, et alors, par suite, que ledit commissionnaire avait cessé d'être le mandataire du failli. — Rennes, 26 mars 1858 [S. 58. 2. 632, P. 58. 782]

75. D'autre part, le vendeur de marchandises non payées peut les revendiquer en cas de faillite de l'acheteur, même après l'entrée de ces marchandises dans les magasins du commissionnaire de celui-ci, si ce commissionnaire est chargé non pas de les vendre, mais seulement de les réexpédier au failli; les marchandises étant présumées être encore en cours de voyage. — Cass., 7 mars 1848 [S. 49. 1. 140, P. 49. 1. 376, D. P. 49. 1. 83]; 15 juin 1900 [S. et P. 1900. 1. 389, D. P. 1900. 1. 420] — Caen, 7 août 1820 [S. et P. chr., D. *Rép.*, *v° cit.*, n. 1256-5°] — Toulouse, 19 déc. 1826 [S. et P. chr., D. *Rép.*, *v° cit.*, n. 1261-2°] — Rennes, 7 janv. 1879 [S. 80. 2. 235, P. 80. 943, D. P. 79. 1. 106] — Bruxelles, 8 févr. 1889 [*J. des faill.*, 89. 562] — *Sic*, Esnault, t. 3, n. 649; Pardessus, t. 3, n. 1288; Renouard, t. 2, p. 398; Bédarride, t. 3, n. 1148; Laroque-Sayssinel et Dutruc, t. 2, n. 1380; Lyon-Caen et Renault, t. 8, n. 847; et notre *Rép. gén. alph. du dr. fr.*, *v° cit.*, n. 3521 et s.

76. Mais l'ordre de vendre les marchandises fait échec à la revendication, sans qu'il y ait à distinguer suivant que cet ordre a été donné au commissionnaire avant l'expédition de ces marchandises ou en

même temps que cette expédition. — Caen, 22 janv. 1850 [P. 52. 1. 638, D. P. 50. 5. 228]

77. Il appartient aux tribunaux d'apprécier souverainement si le commissionnaire a reçu la marchandise pour la revendre, ou pour la tenir à la disposition de l'acheteur, ou simplement comme commissionnaire de transport ou en transit. — Cass., 29 juill. 1875, précité.

78. En tout cas, des marchandises qui ont été vendues à un négociant depuis tombé en faillite, et expédiées à son commissionnaire, peuvent, quoiqu'elles soient arrivées au lieu de leur destination, être considérées comme étant encore en cours de voyage, et, par conséquent, être revendiquées par le vendeur, lorsque, celui-ci ayant dans l'intervalle donné l'ordre au commissionnaire de les lui réexpédier par suite d'un désaccord survenu entre l'acheteur et lui, et le commissionnaire ne les ayant point retirées des magasins de la compagnie du chemin de fer qui en a opéré le transport, cette compagnie en a fait le dépôt, sous son nom et sans le concours du commissionnaire, à l'entrepôt de la douane. — Paris, 24 mai 1855 [S. 56. 2. 111, P. 55. 2. 481]

79. D'autre part, la revendication des marchandises vendues à un failli peut être exercée, alors même qu'elles ont été déchargées et déposées dans les magasins du voiturier ou d'un commissionnaire de transport sur la demande du failli lui-même : les magasins du voiturier ou du commissionnaire de transport ne sauraient, même en ce cas, être considérés comme ceux du failli. — Paris, 16 juill. 1842 [S. 42. 2. 529, P. 43. 1. 526, D. *Rép., v° cit.*, n. 1256-2°]

80. Dans le cas où un négociant, depuis déclaré en état de faillite, s'est fait remettre des marchandises à l'aide de manœuvres frauduleuses, à raison desquelles il a été condamné pour escroquerie, si ces marchandises se trouvant encore sous toile et sous cordes ont été rendues, par l'intervention d'un officier de police judiciaire, à ceux qui les avaient livrées, cette restitution est bonne et valable, et ces derniers ne sont pas tenus de rapporter les marchandises à la masse de la faillite, quand même la restitution aurait été faite dans les dix jours qui ont précédé l'ouverture de la faillite : à ce cas ne sont pas applicables les dispositions du Code de commerce relatives au rapport et à la revendication en matière de faillite. — Paris, 11 déc. 1857 [S. 58. 2. 332, P. 58. 214]

C. *Revente des marchandises en cours de route.* — 81. Pour que la revente mette obstacle à la revendication, il faut tout d'abord, aux termes du deuxième alinéa de notre article, qu'elle ait eu lieu à la fois sur facture et sur connaissement ou lettre de voiture : il ne suffirait pas qu'elle ait eu lieu sur l'une de ces deux pièces seulement. — Cass., 11 févr. 1840 [S. 40. 1. 565, P. 40. 1. 221, D. *Rép., v° cit.*, n. 1262-1°] ; 3 avr. 1878 [S. 78. 1. 103, P. 78. 760, D. *Rép., Suppl., v° cit.*, n. 1290] ; 15 juin 1900 [S. et P. 1900. 1. 389, D. P. 1900. 1. 420] — *Sic*, Pardessus, t. 3, n. 1290 ; Renouard, t. 2, p. 369 ; Bédarride, t. 2, n. 1154 ; Laroque-Sayssinel et Dutruc, t. 2, p. 645 ; Alauzet, t. 8, n. 2841 ; Lyon-Caen et Renault, t. 8, n. 849 ; Thaller, n. 1955 ; et notre *Rép. gén. alph. du dr. fr., v° cit.*, n. 3564 et s. — *Contrà*, Bordeaux, 5 avr. 1848 [P. 50. 2. 631, D. P. 51. 2. 173] — Paris, 1er déc. 1860 [S. 61. 2. 117, P. 61. 514, D. P. 61. 2. 88]

82. Jugé en ce sens, que celui qui a fait acheter des marchandises par l'entremise d'un commissionnaire depuis tombé en faillite, ne peut s'opposer à la revendication de ces marchandises de la part du vendeur non payé, si, dans l'acte d'achat et dans les actes subséquents, il n'a été désigné que comme le *correspondant* du commissionnaire acheteur, au lieu de l'être comme son *mandant*. Peu importe, d'ailleurs, que ces marchandises lui aient été adressées par des intermédiaires avec facture et connaissement, si la transmission première, faite par le commissionnaire acheteur, n'a eu lieu que sur connaissement non accompagné de facture. — Cass., 11 févr. 1840, précité.

83. Un arrêt justifie suffisamment la non-recevabilité de la revendication des marchandises expédiées au failli, en constatant qu'avant leur arrivée, ces marchandises ont été revendues sans fraude sur connaissement, s'il résulte, en outre, des motifs du jugement confirmé auquel il se réfère, que cette revente a eu lieu, non sur connaissement seul, mais à la fois sur facture et connaissement. — Cass., 3 avr. 1878, précité.

84. Il ne suffit pas d'ailleurs que la revente ait eu lieu sur facture et connaissement : il faut en outre que ces pièces soient signées par l'expéditeur ; c'est seulement à cette condition que l'expéditeur peut être considéré comme ayant renoncé à son droit de revendication. — Jugé en ce sens, que la vente de marchandises expédiées au failli, faite par lui avant leur arrivée, n'est un obstacle à la revendication exercée par l'expéditeur qu'autant que le connaissement sur lequel cette vente a eu lieu se trouve revêtu de la signature de l'expéditeur : la signature de la lettre d'envoi du connaissement et celle de la facture ne sauraient remplacer la signature du connaissement..., surtout quand rien ne prouve que l'expéditeur ait entendu renoncer à son droit de revendication — Amiens, 14 juill. 1848 [S. 48. 2. 686, P. 50. 1. 71, D. P. 49. 2. 95] — Caen, 14 août 1860 [S. 61. 2. 115, P. 61. 1072] — *Sic*, Renouard, t. 2, p. 357 ; Bédarride, t. 3, n. 1154 ; Lyon-Caen et Renault, t. 8, n. 849. — *Contrà*, Rouen, 14 janv. 1848 [S. 48. 2. 461, P. 50. 1. 70, D. P. 49. 2. 96] — *Adde*, Laroque-Sayssinel et Dutruc, t. 2, p. 649.

85. Spécialement, les marchandises achetées par un négociant quelques jours avant sa mise en liquidation judiciaire, et aussitôt revendues par lui à un tiers, peuvent être revendiquées par le vendeur originaire, lorsqu'il est constaté que l'acquéreur primitif n'a jamais eu la possession réelle apparente des marchandises revendiquées, qu'elles se trouvaient en cours de route dans les magasins d'un commissionnaire, où elles n'avaient été déposées que pour être réexpédiées, et que le tiers acquéreur n'était pas en possession d'une lettre de voiture signée de l'expéditeur. — Cass., 15 juin 1900 [S. et P. 1900. 1. 389, D. P. 1900. 1. 420]

86. Mais il ne semble pas nécessaire que lesdites pièces soient régulièrement transmises au tiers acheteur. Notre article, en effet, n'exige pas cette transmission : il parle seulement d'une revente faite sur facture et connaissement ou lettre de voiture. Il suffit donc que le failli ait produit ces deux titres au tiers acheteur, ou lui en ait fait une remise quelconque, alors même que cette remise n'aurait pas le caractère d'une transmission régulière. — *Sic*, Bravard et Demangeat, t. 5, p. 541 ; Lyon-Caen et Renault, t. 8, n. 850. — *Contrà*, Boistel, n. 1008.

87. Toutefois les conditions ci-dessus ne doivent plus être requises et il n'est pas nécessaire, pour que l'action en revendication du vendeur soit irrecevable que la revente ait eu lieu à la fois sur facture et sur connaissement ou lettre de voiture, dans le cas où l'acheteur a transmis au sous-acquéreur ce connaissement ou cette lettre de voiture au moyen d'un endossement régulier : alors en effet la revendication du vendeur non payé se heurterait de la part du tiers possesseur de bonne foi à une exception péremptoire tirée de l'art. 2279, C. civ. — *Sic*, Lyon-Caen et Renault, t. 8, n. 851.

88. En tout cas, cette solution ne saurait faire doute dans l'hypothèse où l'acheteur a constitué les marchandises en gage. Jugé, en ce sens, que, pour que le créancier gagiste puisse opposer son privilège à la revendication de l'expéditeur, il suffit que les marchandises aient été données en gage par la remise d'un connaissement ou d'une lettre de voiture. — L'art. 576, § 2, C. comm., qui exige pour la validité de la revente la réunion d'un connaissement ou d'une lettre de voiture et d'une facture, n'est pas applicable à la constitution de gage. — Douai, 12 déc. 1874 [S. 75. 2. 25, P. 75. 200, D. P. 76. 1. 113]

89. La tradition manuelle de ces récépissés suffit pour leur transmission, sans qu'il soit nécessaire de recourir aux formalités de l'art. 1690. — Même arrêt. — V. aussi Cass., 27 avr. 1853 [S. 53. 1. 353, P. 54. 2. 105, D. P. 53. 1. 220]

90. D'autre part et à l'inverse, la revendication est toujours recevable, malgré la réunion des conditions ci-dessus, en cas de fraude entre le failli et le tiers acquéreur. — Lyon-Caen et Renault, t. 8, n. 849.

91. De même, la revendication subsiste, nonobstant la revente sur facture et connaissement, si cette revente a eu lieu sous une condition qui ne s'est pas réalisée, telle que le refus par l'acheteur d'une marchandise non conforme à l'échantillon. — Limoges, 24 mars 1870 [S. 70. 2. 202, P. 70. 825, D. P. 70. 2. 133]

D. *Réserve de la propriété par le vendeur.* — 92. La disposition de notre article, par cela même qu'elle a pour but de restreintre les garanties du vendeur dans l'intérêt général du crédit, doit être considérée comme une disposition d'ordre public. En conséquence, le vendeur ne peut se réserver ni directement, ni indirectement, la propriété de la chose vendue, contrairement aux dispositions de notre article. — Cass., 4 août 1852 [S. 52. 1. 705, P. 54. 1. 204, D. P. 52. 1. 297] ; 17 juill. 1895 [S. et P. 99. 1. 350, D. P. 96. 1. 57 et la note de M. Thaller] ; 21 juill. 1897 [S. et P. 1901. 1. 524, D. P. 98. 1. 269] — Amiens, 12 janv. 1849 [S. 49. 2. 143, P. 49. 1. 599, D. P. 49. 2. 150] — Bordeaux, 28 févr. 1870 [S. 70. 2. 176, P. 70 711, D. P. 71. 2. 54] — Montpellier, 20 févr. 1885 [D. P. 86. 2. 171] — Bourges, 26 déc. 1887 [S. 88. 2. 78, P. 88. 1. 453] — Cass. Belge, 25 janv. 1877 [S. 78. 2. 23, P. 78. 104] — *Sic*, Renouard, t. 2, n. 270 ; Alauzet, t. 8, n. 2784 ; Laroque-Sayssinel et Dutruc, t. 2, n. 1165 ; Lyon-Caen et Renault, t. 8, n. 838 ; Thaller, n. 1947 ; Colin, note sous Alger, 18 févr. 1888 [*Rev. algér.*, 1888, p. 415] ; Ruben de Couder, v° *Faillite*, n. 875, et *Suppl.*, v° *Revendication*, n. 18 ; et notre *Rép. gén. alph. du dr. fr.*, v° *cit.*, n. 3421 et s. — *Contrà*, Cass., 28 janv. 1869 [S. 69. 1. 154, P. 69. 384, D. P. 69. 1. 134] ; 2 juin 1869 [S. 69. 1. 416, P. 69. 1080, D. P. 70. 1. 123] — Alger, 18 févr. 1888 [S. 89. 2. 115, P. 89. 1. 598]

93. Ainsi jugé que la stipulation qu'une vente de meubles, suivie de livraison, sera soumise à une condition suspensive, retardant la translation de la propriété jusqu'au paiement du prix par l'acheteur, n'est pas opposable à la faillite de l'acheteur, aucune revendication ne pouvant être exercée par un vendeur sur les marchandises que le failli a reçues dans son magasin et qui sont devenues, par la possession ostensible qu'il en avait comme acheteur, l'un des éléments de sa solvabilité apparente. — Cass., 17 juill. 1895, précité ; 21 juill. 1897, précité.

94. A plus forte raison, en cas de faillite de l'acheteur, les effets mobiliers non payés ne peuvent être revendiqués par le vendeur, nonobstant la convention par laquelle les parties ont, après la vente définitive, essayé de transformer cette vente en prêt ou vente sous condition suspensive ; cette convention n'est pas opposable au syndic de la faillite. — Cass. Belge, 25 janv. 1877, précité.

95. De même, lorsqu'un constructeur de machines a déclaré donner, *à titre de location*, à un fabricant, diverses machines, avec stipulation que ces machines seront payables par termes mensuels, et que la propriété en sera acquise au fabricant lorsque les versements mensuels auront atteint le montant total de la valeur des machines, telle qu'elle est indiquée au contrat, puis que le fabricant est tombé en faillite, c'est vainement que le constructeur prétendrait revendiquer la propriété des machines qu'il a livrées, et que, à cet effet, il invoquerait la clause du contrat qui lui donnait le droit de reprendre les machines livrées, à défaut de payement d'un terme mensuel ; cette stipulation, n'étant autre que la réserve, soit de l'action résolutoire, soit du privilège ou du droit de revendication accordés par l'art. 2102, C. civ. — Bourges, 26 déc. 1887, précité. — *Contrà*, Alger, 18 févr. 1888, précité.

96. Jugé toutefois, que la convention par laquelle une partie donne à l'autre diverses machines en location pour une durée de trois ou quatre années, au gré du preneur, qui peut en devenir propriétaire après la quatrième année moyennant le paiement d'une soulte complémentaire, en sorte que le prix des objets doit se composer pour la majeure partie des loyers accumulés, fait naître un doute sur le point de savoir si elle constitue un bail ou une vente, et il appartient dès lors aux juges du fond de l'interpréter. — Cass., 29 janv. 1902 [S. et P. 1902. 1. 168]

97. Et les juges du fond peuvent décider que la convention constitue un bail, en se basant sur : 1° l'intention des parties révélée par la correspondance ; 2° l'absence de toute pensée de fraude à l'égard des tiers ; 3° la stipulation portant que les objets loués seront pendant la durée du bail assurés contre l'incendie au nom du bailleur ; 4° la faculté de résilier, à l'expiration de la troisième année, accordée au locataire ; 5° enfin l'obligation pour celui-ci de payer une certaine somme d'argent, en sus des loyers, s'il veut se rendre acquéreur en fin de bail. — Même arrêt.

98. Une telle interprétation et appréciation de la convention par les juges du fait ne dénature pas le contrat, et est souveraine. — Même arrêt.

§ 3. *Effets de la revendication.*

99. Le vendeur, par suite de l'exercice de son action en revendication, reprend la propriété des marchandises vendues : mais il est tenu, aux termes du troisième alinéa de notre article, de restituer les acomptes qu'il aurait reçus et de supporter les frais qui auraient pu être faits relativement aux dites marchandises. — Sur la question de savoir si le vendeur peut réclamer à la faillite des dommages-intérêts à raison du préjudice que lui cause la résolution de la vente, V. *infrà*, art. 577, n. 18 et s.

ART. **577.** Pourront être retenues par le vendeur les marchandises, par lui vendues, qui ne seront pas délivrées au failli ou qui n'auront pas encore été expédiées, soit à lui, soit à un tiers pour son compte. — C. civ., 1613 ; C. comm., 576.

INDEX ALPHABÉTIQUE.

1. Il résulte de la généralité des termes dont se sert notre article, que le droit de rétention appartient au vendeur non seulement dans les ventes au comptant, mais aussi dans les ventes à terme. — *Sic*, Lyon-Caen et Renault, t. 8, n. 858 ; et notre *Rép. gén. alph. du dr. fr.*, v° *Faillite*, n. 3608.

2. Jugé même, que celui qui a vendu à terme, à un commerçant en état de concordat, dont il ignorait la faillite, un objet excédant les facultés présumées de l'acheteur, n'est point obligé de lui en faire livraison : en un tel cas, la vente doit être résolue. — Paris, 22 janv. 1856 [S. 56. 2. 287, P. 56. 1. 217, D. P. 56. 2. 95]

3. Mais le vendeur de marchandises avec délai pour le paiement, ne peut exercer, dans les termes des art. 576 et 577, C. comm., ni revendication, ni rétention contre l'acheteur qui est encore *in bonis* le jour où le vendeur veut reprendre les marchandises ; c'est, en effet, la faillite seule, qui, en rendant exigibles les dettes du failli non encore échues, donne naissance, dans ce cas, à l'un comme à l'autre des droits de revendication et de rétention. — Cass., 23 juin 1891 [S. et P. 95. 1. 486, D. P. 92. 1. 65]

4. Le droit de rétention accordé, dans le cas de faillite de l'acheteur, au vendeur de marchandises non payées, ne cesse que par la délivrance matérielle et effective de ces marchandises dans les mains ou magasins de l'acheteur. — Et l'on ne peut considérer comme emportant délivrance ou tradition effective dans le sens de la loi, la convention arrêtée entre les parties au moment de la vente et d'après laquelle les marchandises resteraient dans les magasins du vendeur à la disposition de l'acheteur, moyennant un droit de magasinage. — Cass., 24 janv. 1859 [S. 59. 1. 106, P. 59. 509, D. P. 59. 1. 67]

5. De même, dans le cas où l'acheteur de marchandises, les a laissées dans les magasins du vendeur, pour la garantie de celui-ci, il est considéré comme n'en ayant pas encore pris légalement livraison, quand même il aurait été mis en possession des clefs des magasins où sont déposées les marchandises, et que même il en aurait revendu une partie à des tiers. Dès lors, si cet acheteur vient à tomber en faillite, le vendeur a le droit de retenir les marchandises. — Rouen, 4 mai 1847 [S. 48. 2. 379, P. 48. 2. 366, D. P. 48. 2. 134] — Paris, 15 janv. 1874 [S. 76. 2. 10, P. 76. 93]

6. Jugé également, qu'il n'y a pas livraison dans le sens de l'art. 577, lorsque les objets vendus sont restés dans les magasins de la participation qui les détient pour le compte du coparticipant vendeur, lequel seul en a toujours disposé en maître, sans protestation de l'autre, n'autorisant leur livraison qu'au fur et à mesure des versements d'espèces effectués par son coparticipant et arrêtant cette livraison dès la mise en liquidation judiciaire de celui-ci. — Douai, 11 nov. 1897 [D. P. 99. 2. 85]

7. De même, on ne doit pas considérer comme une tradition réelle, mettant obstacle à l'exercice du droit de rétention, l'agréage par l'acheteur des vins, non encore sortis des chais du vendeur, alors même que ce dernier aurait permis à l'acheteur, de mettre sa marque sur les barriques, de prélever des échantillons pour les envoyer à sa clientèle, et de se prévaloir dans des avis privés ou publics de la garantie d'authenticité donnée aux vins par la mise en bouteilles au château du vendeur. — Bordeaux, 18 juin 1900 [D. P. 1901. 2. 73, et la note de M. Lacour]

8. De même encore, lorsqu'il a été convenu, dans le bordereau de vente, que les vins seront livrés, à telle époque, dans un lieu autre que le domicile du vendeur, la seule disposition du bordereau d'agréage d'après laquelle les vins restant dans les chais du vendeur seront aux frais, risques et périls de l'acheteur, y compris ceux d'incendie, ne peut être considérée comme entraînant la tradition desdits vins, alors d'ailleurs que l'acheteur n'est pas devenu locataire des chais et n'en a pas reçu les clefs. — Bordeaux, 28 mai 1900 [D. P. 1901. 2. 73, et la note de M. Lacour]

9. Et les usages commerciaux ne peuvent ici se substituer à la loi. — Bordeaux, 18 juin 1900, précité.

10. D'autre part, si, en général, l'emplacement ou parterre d'une coupe de bois doit être considéré comme le magasin de l'acheteur, de telle sorte qu'après la vente de la coupe de bois, le vendeur ne peut plus exercer son droit de restitution sur les bois coupés par l'acheteur, il en est autrement lorsque le vendeur s'est chargé d'abattre les arbres,

de les faire transporter à une gare voisine, et de faire procéder lui-même à leur chargement et à leur expédition par le chemin de fer : dans ce cas, il n'y a pas délivrance et les arbres ne peuvent être considérés comme sortis des mains du vendeur, tant qu'ils n'ont pas été chargés ni expédiés; le vendeur peut, dès lors, exercer encore le droit de rétention sur ces arbres. — Besançon, 27 févr. 1865 [S. 65. 2. 127, P. 65. 188, D. P. 65. 2. 46] — Sur la règle en vertu de laquelle le parterre d'une coupe de bois est considéré comme le magasin de l'acheteur et sur les tempéraments que comporte cette règle, V. *suprà*, art. 576, n. 45 et s.

11. Peu importe que ces arbres aient été recettés (reconnus), numérotés et frappés de la marque des deux parties, si, d'après leur commune intention, ces signes symboliques n'avaient pour objet que de déterminer le choix de l'acheteur, de faciliter pour le vendeur le transport dont il était chargé et d'éviter une réexpédition des rebuts. — Même arrêt.

12. Jugé également, qu'en cas de vente d'une certaine quantité de bois, faite à tant la mesure, le mesurage et la livraison d'une partie de ce bois n'emportent pas livraison de la partie qui n'a pas été mesurée; et, dès lors, si l'acquéreur est déclaré en faillite, le vendeur peut retenir cette dernière partie comme n'entrant pas dans l'actif de la faillite. — Cass., 24 févr. 1857 [S. 57. 1. 827, P. 58. 727, D. P. 57. 1. 65]

13. De même, lorsque les bois vendus sont destinés à être convertis en charbon, la livraison n'est parfaite et la propriété n'est transmise à l'acquéreur, qu'à partir du moment où celui-ci, ou ses agents, sont arrivés sur le parterre de la vente pour cuire, et que le bois a été dressé en corde en leur présence. — En conséquence, si l'acquéreur vient à être déclaré en faillite, les seules parties de bois qui avaient subi ces opérations, font partie de l'actif de la faillite; le reste peut être retenu par le vendeur. — Paris, 28 janv. 1852 [S. 52. 2. 600, P. 52. 1. 404, D. P. 52. 3. 18]

14. La revente de la marchandise, alors même qu'elle a été portée à la connaissance du premier vendeur, n'éteint pas le droit de rétention de ce dernier, à moins qu'il n'ait accepté la substitution d'acquéreur. Mais cette acceptation ne se présumant pas, ne peut résulter de ce que le vendeur aurait marqué ou laissé marquer la marchandise au nom du sous-acquéreur et lui en aurait envoyé une partie. — Bordeaux, 18 juin 1900 [D. P. 1901. 2. 73, et la note de M. Lacour]

15. Le règlement du prix en valeurs négociables acceptées ou endossées, n'opérant point novation dans la dette de l'acheteur, laisse également subsister le droit de rétention du vendeur. — Même arrêt.

16. Si le vendeur demeuré en possession de la chose vendue peut se prévaloir du droit de rétention, il peut aussi demander la résolution de la vente pour défaut de paiement du prix, conformément à l'art. 1654, C. civ. Ce droit de résolution en effet, appartient même au vendeur qui a expédié les marchandises vendues, tant que ces marchandises ne sont pas parvenues dans les magasins de l'acheteur; à plus forte raison doit-il être accordé au vendeur qui n'a pas encore livré. — Paris, 22 janv. 1856 [S. 56. 2. 287, P. 56. 1. 217, D. P. 56. 2. 95] — *Sic*, Lyon-Caen et Renault, t. 8, n. 860; Thaller, n. 1957.

17. Jugé en ce sens, que le vendeur, même au comptant, d'effets mobiliers, a le droit, lorsque l'acheteur tombe en faillite avant la livraison, de retenir la marchandise en ses magasins et par conséquent, d'en reprendre la libre disposition, comme si le contrat était résolu, sauf la faculté réservée au syndic de demander l'exécution du contrat en payant le prix convenu. — Cass., 16 févr. 1887 [S. 87. 1. 145, P. 87. 1. 353, et la note de M. Labbé, D. P. 87. 1. 501] — Amiens, 7 juill. 1887 [S. 88. 2. 76, P. 88. 1. 449, D. P. 88. 2. 228]

18. Mais le vendeur pourrait-il, tout en demandant la résolution de la vente, produire dans la faillite pour les dommages-intérêts qui peuvent provenir du préjudice que cette résolution lui aurait causé? Une première opinion résoud cette question par l'affirmative. Elle se fonde sur l'art. 1184, C. civ., qui constitue le droit commun et qui doit être appliqué au vendeur en matière commerciale comme en matière civile, du moment qu'aucun texte formel ne vient y déroger. D'autre part, et en cas de faillite du vendeur, il est certain que l'acheteur peut demandeur la résolution de la vente avec des dommages-intérêts : on ne voit pas pourquoi ce même droit à des dommages-intérêts ne serait pas accordé, par une juste réciprocité, au vendeur en cas de faillite de l'acheteur. — Paris, 4 mars 1886 [S. 87. 2. 25, P. 87. 1. 194, D. P. 87. 1. 201] — Cass. belg., 7 févr. 1889 [S. 90. 4. 1, P. 90. 2. 1, D. P. 91. 2. 286] — Cass. Grand-Duché de Luxembourg, 4 août 1893 [S. et P. 96. 4. 28, D. P. 96. 2. 49] — *Sic*, Esnault, t. 3, p. 671; Bédarride, t. 3, n. 1168; Delamarre et Lepoitvin, t. 6, n. 132, Lyon-Caen et Renault, t. 8, n. 861; Thaller, n. 1957, *Des faill. en dr. comp.*, t. 2, p. 18, et note sous Paris, 19 mai 1892 [D. P. 95. 2. 233]; Ch. Appleton, *Ann. de dr. comm.*, 1887, t. 1, p. 257 et s.; Labbé, notes sous Cass., 16 févr. 1887 [S. 87. 1. 145, P. 87. 1. 353], sous Paris, 4 mars 1886 [S. 87. 2. 25, P. 87. 1. 194], et sous Cass. belge, 7 févr. 1889 [S. 90. 4. 1, P. 90. 2. 1]; Pic, note sous Cass. Grand-Duché du Luxembourg, 4 août 1893 [D. P. 96. 2. 49]; et notre *Rép. gén. alph. du dr. fr.*, *v° cit.*, n. 3633 et s.

19. Un deuxième système, tout en admettant le vendeur à réclamer des dommages-intérêts lorsqu'il retient les marchandises non encore expédiées, lui refuse au contraire ce même droit dans le cas où, après avoir expédié les marchandises vendues à l'acheteur, il revendique ces marchandises en cours de route; dans ce dernier cas en effet, l'art. 576 oblige le vendeur à supporter les frais qui ont pu être faits sur lesdites marchandises, ce qui implique qu'il ne peut réclamer aucune indemnité à raison de l'inexécution de la vente. — Bordeaux, 3 sept. 1847 [D. P. 47. 4. 256] — *Sic*, Pardessus, t. 3, n. 1289; Lyon-Caen et Renault, *Précis de dr. comm.*, t. 2, n. 3024.

20. La jurisprudence française décide au contraire que le vendeur qui demande la résolution de la vente n'est pas recevable à réclamer des dommages-intérêts à la faillite. Le principe qui domine la théorie de la faillite en effet est le principe de l'égalité entre les créanciers. Si les art. 576 et 577, C. comm., dérogent à ce principe en faveur du vendeur, ces dérogations doivent être interprétées restrictivement : et, par suite, le vendeur qui s'en prévaut se place lui-même en dehors du droit com-

mun, et ne peut réclamer d'autres droits dans la faillite. Ce qui le prouve au surplus, c'est que, aux termes de l'art. 576, le vendeur est tenu de supporter les frais relatifs aux marchandises vendues et expédiées : n'ayant pas droit au remboursement de ces frais, *a fortiori* ne peut-il avoir droit à aucuns dommages-intérêts. — Cass., 21 avr. 1884 [S. 86. 1. 105, P. 86. 1. 238, D. P. 84. 1. 241] ; 16 févr. 1887 [S. 87. 1. 145, P. 87. 1. 353, D. P. 87. 1. 501]; 8 avr. 1895 [S. et P. 95. 1. 268, D. P. 95. 1. 481] — Bourges, 26 déc. 1887 [S. 88. 2. 78, P. 88. 1. 453] — Amiens, 7 juill. 1887 [S. 88. 2. 76, P. 88. 1. 449, D. P. 88. 2. 228] — Nancy, 23 mai 1893 [S. et P. 93. 2. 246, D. P. 94. 2. 227] — Douai, 29 mai 1893 [S. et P. *Ibid.*, D. P. *Ibid.*]; 1er août 1901 [D. P. 1902. 2. 321]; 31 oct. 1901 [D. P. *Ibid.*]; 2 nov. 1901 [D. P. *Ibid.*]; 13 nov. 1901 [D. P. *Ibid.*]; 24 déc. 1901 [D. P. *Ibid.*] — *Sic*, Ruben de Couder, *Suppl.*, v° *Faillite*, n. 135, 192 et 209; Bonfils, *Rev. crit.*, 88. 453.

21. En d'autres termes, le vendeur de marchandises non encore livrées à l'acheteur lors de la déclaration de faillite ou de la mise en liquidation judiciaire de celui-ci, n'a qu'un droit d'option entre la rétention de ces marchandises, dont il reprend alors la libre disposition, et leur livraison avec production à la faillite ou à la liquidation judiciaire pour la créance du prix ; mais il ne peut, en retenant les marchandises, réclamer des dommages-intérêts à raison de l'inexécution du marché. — Nancy, 23 mai 1893, précité. — Douai, 29 mai 1893, précité.

22. Il importe peu que la convention ait expressément réservé au vendeur, exerçant, en cas de cessation de paiements de l'acheteur, la rétention des marchandises non livrées, le droit d'obtenir des dommages-intérêts. — Cass., 4 août 1852 [S. 52. 1. 705, P. 54. 1. 204, D. P. 52. 1. 297] — Bourges, 26 déc. 1887, précité. — Douai, 29 mai 1893, précité; 1er août 1901, précité; 2 nov. 1901, précité.

23. Spécialement, la clause d'une vente de marchandises qui, par référence aux usages du marché de Paris, stipule qu'en cas de cessation de paiements de l'acheteur, le vendeur aura le droit, en retenant les marchandises, de réclamer des dommages-intérêts représentant la différence entre le prix de vente et le cours des marchandises au lendemain du jour de la cessation de paiements, est illicite et ne saurait avoir effet. — Douai, 29 mai 1893, précité ; 1er août 1901, précité; 2 nov. 1901, précité. — *Contrà*, Lyon-Caen et Renault, t. 8, n. 863.

24. De même, le commissionnaire chargé d'acheter ne peut produire à la faillite de son commettant que pour ce qui lui est dû à titre de droits de commission et d'avances, mais il ne peut réclamer dans cette faillite des dommages-intérêts de résiliation. — Douai, 1er août 1901, précité; 2 nov. 1901, précité. — *Contrà*, Douai, 13 nov. 1901, précité ; 24 déc. 1901, précité.

25. En tout cas, si le commissionnaire chargé d'acheter a été en même temps commissionnaire du croire du vendeur, la perte que lui cause la différence entre les cours d'achat et ceux de revente résulte du contrat passé avec le vendeur et non du contrat passé avec l'acheteur. En conséquence, ce n'est qu'en se mettant aux lieu et place du vendeur que le commissionnaire pourrait réclamer des dommages-intérêts d'inexécution, et il ne peut le faire puisque ce droit n'appartient pas au vendeur lui-même. — Douai, 2 nov. 1901, précité. — *Contrà*, Douai, 13 nov. 1901, précité. — V. aussi la note de M. Raynal [D. P. 1902. 2. 321]

Art. **578**. Dans le cas prévu par les deux articles précédents, et sous l'autorisation du juge-commissaire, les syndics auront la faculté d'exiger la livraison des marchandises, en payant au vendeur le prix convenu entre lui et le failli. — C. civ., 1184, 1650.

1. Notre article, qui autorise le syndic à exiger la livraison des marchandises contre le paiement du prix convenu, n'accorde pas réciproquement au vendeur la faculté d'exiger le prix des marchandises aux lieu et place des marchandises elles-mêmes. — Rennes, 7 janv. 1878 [S. 80. 2. 235, P. 80. 943, D. P. 79. 2. 106]

2. Mais le vendeur pourrait renoncer à son action en résolution et contraindre le syndic à prendre livraison des marchandises, pour produire lui-même à la faillite en qualité de créancier chirographaire. — Nîmes, 4 juill. 1885 [S. 86. 2. 91, P. 86. 1. 569, D. *Rép.*, *Suppl.*, v° *Faillite*, n. 1308]

3. Spécialement, le syndic d'une faillite ne peut se refuser à prendre livraison de marchandises expédiées au failli dans une gare de chemin de fer, et grevées de droits de magasinage supérieurs à leur valeur, en se fondant sur ce que le vendeur est en droit de revendiquer les marchandises; et, en ce cas, le syndic est tenu d'acquitter les droits de magasinage. — Même arrêt.

4. Les syndics ou les liquidateurs judiciaires doivent user, dans un bref délai, de la faculté qui leur est accordée par l'art. 578, C. comm., d'opter pour l'exécution de la vente faite au failli ou au liquidé de marchandises non encore livrées au moment de la déclaration de faillite ou de la mise en liquidation judiciaire. — Douai, 29 mai 1893 [S. et P. 93. 2. 246, D. P. 94. 2. 227]

5. Mais si le vendeur, en mettant les liquidateurs judiciaires en demeure d'opter pour l'exécution ou la résolution de la vente, les a en même temps assignés en résolution de la vente pour une date déterminée, il doit être réputé les avoir autorisés à user de tout le délai de l'assignation pour prendre parti. — Même arrêt.

6. Le syndic qui, sur son refus de recevoir les marchandises et d'en payer intégralement le prix, a été assigné par le vendeur en revendication et condamné par un jugement dont l'exécution provisoire a été ordonnée, ne peut plus, par des conclusions subsidiaires proposées devant la Cour, user de la faculté d'exiger la livraison des marchandises en payant au vendeur le prix convenu entre lui et le failli. — Poitiers, 19 févr. 1877 [S. 77. 2. 210, P. 77. 863, D. P. 77. 2. 109]

7. Jugé également, que le droit de revendication ou de rétention de marchandises vendues, conféré

au vendeur, en cas de faillite de l'acheteur, par les art. 576 et 577, C. comm., ne constitue pas, au profit du premier, un privilège de plein droit, mais une simple faculté qui ne peut être exercée par lui qu'à la charge de rembourser les acomptes qu'il a reçus, ainsi que toutes avances faites par l'acheteur. — Dijon, 19 févr. 1867 [S. 67. 2. 316, P. 67. 1128, D. P. 68. 2. 139]

8. Dès lors, à défaut par le vendeur d'avoir annoncé l'intention d'user de cette faculté et d'avoir offert ce remboursement, le syndic de la faillite de l'acheteur a le droit de prendre livraison des marchandises et de les vendre. — Même arrêt.

9. Et, en agissant ainsi, le syndic ne saurait être considéré comme s'étant obligé à payer au vendeur dans le sens de l'art. 578, C. comm., le prix lui restant dû. — Même arrêt.

Art. **579**. Les syndics pourront, avec l'approbation du juge-commissaire, admettre les demandes en revendication : s'il y a contestation, le tribunal prononcera après avoir entendu le juge-commissaire. — C. comm., 576 et s., 635.

1. Il résulte de notre article qu'il n'est pas nécessaire, sauf le cas de contestation, de saisir le tribunal, par voie d'assignation, de la demande en revendication : il suffit d'adresser une requête au syndic qui peut admettre la demande avec l'autorisation du juge-commissaire. — *Sic*, Lyon-Caen et Renault, t. 8, n. 791 et 856.

2. En tout cas, à supposer que la revendication puisse s'exercer autrement que par un exploit de demande ou par une saisie, et qu'elle puisse avoir lieu notamment par lettre ou par dépêche, il appartient aux juges du fond de décider souverainement que la dépêche, dans l'intention de ses auteurs, n'avait pas la portée d'une revendication. — Cass., 29 juill. 1875 [S. 76. 1. 49, P. 76. 113, D. P. 76. 1. 113]

3. Le failli replacé à la tête de ses affaires n'est pas recevable à critiquer la remise faite, sans opposition de la part du syndic, à l'expéditeur qui les a revendiquées, de marchandises vendues avant la faillite, ... surtout si la réclamation n'a été élevée par le failli que par suite d'un concert arrêté entre son syndic et lui, dans son intérêt personnel, après l'expiration des fonctions de ce dernier. — Cass., 7 mars 1848 [S. 49. 1. 140, P. 49. 1. 376, D. P. 49. 1. 83]

CHAPITRE XI

DES VOIES DE RECOURS CONTRE LES JUGEMENTS RENDUS EN MATIÈRE DE FAILLITE.

Art. **580**. Le jugement déclaratif de la faillite, et celui qui fixera à une date antérieure l'époque de la cessation de payements seront susceptibles d'opposition, de la part du failli, dans la huitaine, et de la part de toute autre partie intéressée, pendant un mois. Ces délais courront à partir du jour où les formalités de l'affiche et de l'insertion énoncées dans l'article 442 auront été accomplies. — C. proc. civ., 156, 165, 443 et s. ; C. comm., 42, 440 et s., 492 et s., 532.

Art. **581**. Aucune demande des créanciers tendant à faire fixer la date de la cessation des payements à une époque autre que celle qui résulterait du jugement déclaratif de la faillite ou d'un jugement postérieur, ne sera recevable après l'expiration des délais pour la vérification et l'affirmation des créances. Ces délais expirés, l'époque de la cessation de payements demeurera irrévocablement déterminée à l'égard des créanciers. — C. comm., 440 et s., 497.

INDEX ALPHABÉTIQUE.

DIVISION

§ 1. *Opposition.*

A. Qui peut former opposition.

α) Failli.

β) Personnes intéressées.

B. Formes de l'opposition.

C. Délai de l'opposition.

α) Oppositions au jugement déclaratif de faillite.

β) Oppositions au jugement qui fixe la date de la cessation des paiements.

§ 2. *Appel.*

A. Qui peut interjeter appel.

α) Failli.

β) Personnes intéressées.

B. Formes de l'appel.

§ 3. *Acquiescement.*

§ 4. *Effets de l'opposition et de l'appel.*

---

§ 1. *Opposition.*

A. *Qui peut former opposition.* — α) *Failli.* — 1. Le failli peut former opposition au jugement déclaratif de faillite dans tous les cas où ce jugement aura été rendu par défaut à son égard. Il en sera ainsi et l'opposition du failli sera recevable quand la faillite aura été déclarée d'office, ou encore quand elle aura été déclarée sur la requête d'un créancier ou même sur l'assignation d'un créancier si le failli assigné n'a pas comparu. — *Sic*, Lyon-Caen et Renault, t. 7, n. 129 ; Boistel, n. 903 ; Thaller, n. 1763-1° ; et notre *Rép. gén. alph. du dr. fr.*, v° *Faillite*, n. 4120 et s.

2. Jugé même, que le fait de la part du failli d'avoir déposé son bilan ne le prive pas du droit de former opposition, alors que ce dépôt du bilan s'explique par une gêne momentanée et que l'état de cessation de paiements qui en avait été la conséquence a actuellement pris fin. — Nancy, 15 déc. 1885 [D. P. 87. 2. 15] — *Sic*, Alauzet, t. 8, n. 2847 ; Bédarride, t. 3, n. 1181 et s. ; Demangeat, sur Bravard, t. 5, p. 646, note 1. — *Contrà*, Lyon-Caen et Renault, t. 7, n. 129, note 2 ; Boistel, n. 903. — Sur la question de savoir quels sont les pouvoirs de la juridiction saisie de l'opposition ou de l'appel, V. *infrà*, n. 75 et s.

3. Mais l'opposition ne serait pas recevable de la part du failli qui aurait fait défaut sur une première opposition par lui formée contre le jugement déclaratif de faillite : on applique ici la règle de l'art. 165, C. proc. civ., en vertu de laquelle opposition sur opposition ne vaut. — *Sic*, Lyon-Caen et Renault, t. 7, n. 129, p. 108, note 3. — V. sur le principe, notre *Code de proc. civ. annoté*, art. 165.

4. Dans le cas où le jugement déclaratif de faillite est un jugement par défaut, il y a lieu d'appliquer l'art. 156, C. proc. civ., aux termes duquel les jugements par défaut faute de comparaître doivent être exécutés dans les six mois de leur obtention, à peine d'être réputés non avenus. — *Sic*, Lyon-Caen et Renault, t. 7, n. 131 ; Ruben de Couder, v° *Faillite*, n. 134.

5. D'ailleurs, la publication du jugement déclaratif de faillite, ou du jugement d'*exequatur*, rendu par défaut contre partie, et l'intervention du syndic à l'ordre ouvert sur le prix d'un immeuble dont le failli a été exproprié, constituent une exécution mettant ce jugement à l'abri de la péremption. — Cass., 26 oct. 1887 [S. 90. 1. 307, P. 90. 1. 751, D. P. 88. 1. 111] — Sur la péremption des jugements par défaut, V. notre *Code de proc. civ. annoté*, art. 156, et notre *Rép. gén. alph. du dr. fr.*, v° *Jugements et arrêts* (mat. civ.), n. 3379 et s.

β) *Personnes intéressées.* — 6. Au nombre des personnes intéressées qui, comme telles, peuvent former opposition figurent en première ligne le syndic et les créanciers du failli, sans qu'il y ait d'ailleurs à distinguer entre les créanciers chirographaires et les créanciers hypothécaires ou privilégiés. — *Sic*, Lyon-Caen et Renault, t. 7, n. 132.

7. Et le droit de former opposition appartient à chacun des créanciers de la masse envisagé individuellement. Jugé en ce sens, que les créanciers chirographaires du failli sont compris parmi les « parties intéressées », qui peuvent, aux termes de l'art. 580, C. comm., faire opposition pendant le mois au jugement qui fixe la date de la cessation des payements ; l'art. 580 crée au profit des créanciers un droit direct et individuel pour l'exercice duquel ils ne sont pas représentés par le syndic. — Cass., 15 mai 1854 [S. 54. 1. 382, P. 54. 2. 92, D. P. 54. 1. 209] ; 30 janv. 1867 [S. 67. 1. 103, P. 67. 251, D. P. 67. 1. 70] ; 10 janv. 1894 [S. et P. 98. 1. 506, D. P. 95. 1. 17] — C. de Saint-Louis [Sénégal], 7 août 1885 [D. P. 87. 1. 249] — Toulouse, 31 janv. 1893 [S. et P. 94. 2. 97, D. P. 94. 2. 22] — *Sic*, Lyon-Caen et Renault, t. 7, n. 158 ; Bravard et Demangeat, t. 5, p. 658 ; Boistel, n. 903.

8. Les créanciers n'étant pas représentés par le syndic, peuvent former opposition au jugement qui fixe l'époque de la cessation des payements, alors même que le syndic aurait antérieurement

formé une opposition rejetée par le tribunal : le jugement rendu contre le syndic ne saurait avoir autorité de chose jugée à leur égard. — Cass., 30 janv. 1867, précité ; 12 août 1868, sol. impl. [S. 69. 1. 70, P. 69. 149, D. P. 71. 5. 188] — Toulouse, 23 août 1878 [S. 78. 2. 253, P. 78. 1014, D. *Rép., Suppl.*, v° *Faillite*, n. 1366] — *Contrà*, Pau, 21 août 1867 [S. 68. 2. 209, P. 68. 829] — Orléans, 12 janv. 1869 [S. 69. 2. 146, P. 69. 702, D. P. 69. 2. 24]

9. Il en est ainsi surtout, lorsque l'action en report du syndic reposait sur des moyens différents et avait en vue d'autres intérêts que ceux actuellement visés par l'action des créanciers. — Toulouse, 23 août 1878, précité.

10. Le droit individuel de former opposition au jugement déclaratif de faillite ou au jugement qui fixe la date de la cessation de paiements appartient à tout créancier, alors même que sa créance n'a pas encore été vérifiée et peut être sujette à contestation. — Cass., 4 janv. 1842 [S. 42. 1. 267, P. 42. 1. 159, D. *Rép., v° cit.*, n. 1345-2] — Agen, 4 juill. 1851 [S. 52. 2. 31, P. 53. 1. 327, D. P. 51. 2. 230]

11. On admet en général que les actionnaires d'une société anonyme ont qualité pour former opposition au jugement déclaratif de la faillite de cette société. Il est vrai que les actionnaires ne pourraient pas provoquer la faillite de la société dont ils font partie. Mais ils n'en sont pas moins intéressés à faire rapporter le jugement déclaratif de faillite, et cet intérêt suffit pour qu'ils puissent y former opposition. — Rouen, 25 janv. 1887 [S. 90. 2. 53, P. 90. 1. 331] — *Sic*, Ruben de Couder, *Suppl.*, v° *Faillite*, n. 532 *bis*.

12. Par identité de motif, ce même droit de former opposition doit être accordé aux commanditaires dans les sociétés en commandite : ces commanditaires, comme toute autre personne intéressée, jouissent à cet égard d'un droit individuel et ne sauraient être considérés comme représentés par le gérant de la commandite. — *Sic*, Alauzet, t. 8, n. 2850 ; Renouard, t. 2, p. 383 ; Laroque-Sayssinel et Dutruc, t. 2, n. 1752 ; Ruben de Couder, *Suppl., v° cit.*, n. 533 ; et notre *Rép. gén. alph. du dr. fr.*, *v° cit.*, n. 4128 et s. — *Contrà*, Paris, 26 nov. 1839 [P. 40. 1. 16, D. *Rép., v° cit.*, n. 1332] — *Adde*, Bédarride, t. 3, n. 1178 ; Ruben de Couder, v° *Faillite*, n. 1099.

13. En tout cas, un actionnaire ou un groupe d'actionnaires peut intervenir sur l'opposition formée par le gérant à un jugement par défaut qui déclare la faillite de la société. — Paris, 5 févr. 1872 [D. P. 74. 2. 235]

14. D'autre part, l'opposition au jugement déclaratif de faillite ou au jugement qui fixe l'époque de la cessation des paiements peut être formée par toute personne dont les droits peuvent être atteints par l'effet de ces jugements et notamment par les tiers ayant passé avec le débiteur des actes susceptibles d'être annulés en vertu des art. 446 et s., C. comm., ou ayant acquis des droits dont la faillite diminuerait l'étendue. — *Sic*, Lyon-Caen et Renault, t. 7, n. 132.

15. Le droit d'opposition reconnu à toute personne intéressée autre que le failli n'implique pas que cette personne ait fait défaut ; et par suite, il ne s'agit pas ici d'une opposition proprement dite, mais plutôt d'une tierce opposition dont le délai est réduit dans d'étroites limites. — Jugé en conséquence, que l'art. 580, C. comm., qui fixe d'une manière spéciale les délais dans lesquels le failli ou toute autre partie intéressée seront recevables à former opposition au jugement qui fixe l'époque de la cessation des paiements, est exclusif du droit de se pourvoir par tierce opposition contre un tel jugement, conformément aux dispositions du Code de procédure civile. — Cass., 10 janv. 1894 [S. et P. 98. 1. 506, D. P. 95. 1. 17] — Paris, 17 mars 1858 [S. 58. 2. 567, P. 58. 552, D. P. 58. 2. 121] — *Sic*, Lyon-Caen et Renault, t. 7, n. 134 ; Alauzet, t. 8, n. 2851 ; Bravard et Demangeat, t. 5, p. 648 ; Boistel, n. 903 ; Bédarride, t. 3, n. 1185 ; Ruben de Couder, *v° cit.*, n. 1132.

16. De ce que l'opposition réglementée par nos articles n'est autre chose que la tierce opposition de l'art. 474, C. proc. civ., renfermée seulement dans le délai d'un mois, il résulte qu'il y a lieu d'appliquer ici la règle des art. 466 et 474 dudit Code, en vertu de laquelle toute personne, qui peut former tierce opposition à un arrêt à rendre, peut intervenir en cour d'appel. En conséquence, l'intervention des créanciers en cour d'appel du jugement déclaratif de faillite ou de celui ayant fixé la date de la cessation de paiements, est recevable, bien que le syndic soit en cause. — Cass., 8 nov. 1869, sol. impl. [S. 70. 1. 23, P. 70. 35, D. P. 72. 1. 195] ; 10 janv. 1894 [S. et P. 98. 1. 506]

17. Il n'y a pas à distinguer, à ce point de vue, entre les créanciers chirographaires et les créanciers hypothécaires. — Aix, 24 mai 1892, sous Cass., 10 janv. 1894, précité.

18. Il n'importe également que ces créanciers soient porteurs de créances civiles. — Même arrêt.

B. *Formes de l'opposition.* — 19. L'opposition au jugement déclaratif de faillite doit dans tous les cas, être signifiée au syndic de la faillite ; le jugement déclaratif qui a été rendu en effet est exécutoire par provision, et tant qu'il n'est pas rapporté, le syndic est le représentant légal de la masse des créanciers. — Jugé, en ce sens, que l'opposition du failli au jugement déclaratif de faillite est irrecevable, lorsqu'elle n'a été notifiée qu'aux créanciers qui ont provoqué cette décision, sans que le syndic ait été mis en cause. — Metz, 6 déc. 1849 [S. 50. 2. 590, P. 50. 1. 66, D. P. 50. 2. 146] — Rennes, 2 juin 1879 [S. 81. 2. 128, P. 81. 1. 709, D. P. 81. 2. 32] — Bordeaux, 17 nov. 1890 [*J. des faill.*, 92. 326] — *Sic*, Massé, t. 2, n. 1163 ; Renouard, t. 2, p. 387 ; Lyon-Caen et Renault, t. 7, n. 139. — *Contrà*, Agen, 4 juill. 1851 [S. 52. 2. 31, P. 53. 1. 207, D. P. 51. 2. 230] — Aix, 1er mai 1868 [D. P. 69. 2. 130]

20. D'autre part et dans le cas où la faillite a été déclarée à la requête d'un créancier, il paraît rationnel de décider que l'opposition doit être également signifiée à ce créancier qui est partie à l'instance et qui est mieux à même que toute autre personne de défendre à la demande de rétractation du jugement déclaratif de faillite. — Cass., 16 déc. 1850 [S. 52. 1. 575, P. 52. 2. 127, D. P. 52. 1. 117] ; 15 mai 1854 [S. 54. 1. 382, P. 54. 2. 192, D. P. 54. 1. 205] — Chambéry, 29 déc. 1877 [S. 78. 2. 321, P. 78. 1270, et la note de M. Ripert, D. P. 79. 5. 228] — *Sic*, Bravard et Demangeat, t. 5, p. 649 ; Massé, t. 2, n. 1162 ; Lyon-Caen et Renault, t. 7, n. 139 ; Ruben de Couder, *v° cit.*, n. 1106. — *Contrà*, Aix, 13 janv. 1872 [S. 73. 2. 89, P. 73. 447, D. P. 73. 5. 263]

21. Dans ce cas, les syndics, aussi bien que le créancier, sont fondés à demander que l'opposition soit déclarée non recevable. — Chambéry, 29 déc. 1877, précité.

22. L'opposition au jugement déclaratif de faillite, qui a été notifiée tant au créancier sur la demande duquel la faillite a été déclarée qu'au syndic et aux successibles du failli décédé, conserve son efficacité en cas de renonciation à la succession de la part de ces derniers, alors surtout que le curateur nommé à la succession devenue vacante est intervenu dans l'instance. — Pau, 4 févr. 1884 [S. 86. 2. 205, P. 86. 1. 1104, D. P. 85. 2. 249]

23. Quant à l'opposition au jugement qui fixe l'époque de la cessation des paiements, elle n'est pas assujettie à la forme d'une opposition proprement dite ; c'est ainsi que les créanciers peuvent l'exercer par voie de demande principale. — Orléans, 6 mars 1850 [S. 50. 2. 642, P. 50. 1. 245, D. P. 50. 2. 49] — *Sic*, Alauzet, t. 8, n. 2856 ; Laroque-Sayssinel et Dutruc, t. 2, n. 1807.

24. Jugé, d'autre part, que pendant le délai fixé par l'art. 581, C. comm., des décisions successives peuvent être provoquées sur la fixation de la date de la cessation des paiements, soit par le syndic, soit par des tiers, sans mise en cause du failli ou de ceux à qui la nouvelle fixation pourrait préjudicier : la garantie des intéressés consistant, non dans l'organisation d'un débat contradictoire, mais dans la publication des jugements de fixation et dans le droit d'opposition accordé par l'art. 580 auxdits intéressés. — Cass., 5 juin 1893 [S. et P. 94. 1. 486, D. P. 94. 1. 47]

25. Le report de la date de la cessation des payements peut être demandé par le syndic, par voie de simple requête au tribunal, et même par une déclaration verbale dont il est donné acte par le tribunal. — Cass., 1er août 1900 [D. P. 1901. 1. 304] — Nîmes, 24 juill. 1891, sous Cass., 5 juin 1893, précité.

C. *Délai de l'opposition.* — α) *Opposition au jugement déclaratif de faillite.* — 26. Le délai de huitaine accordé au failli et celui d'un mois accordé à toute autre partie intéressée par l'art. 580, C. comm., pour former opposition au jugement de déclaration de faillite court à partir de l'accomplissement des formalités d'affiche et de publication dudit jugement, sans qu'il soit nécessaire qu'il ait été signifié au failli, ou à toute autre personne intéressée, soit par un huissier commis, soit par un huissier quelconque. — Cass., 15 déc. 1830 [S. et P. chr.] ; 4 nov. 1857 [S. 58. 1. 70, P. 58. 303, D. P. 58. 1. 34] ; 22 mai 1895, motifs [S. et P. 95. 1. 326, D. P. 95. 1. 384] — *Sic*, Bravard et Demangeat, t. 5, p. 647 ; Alauzet, t. 8, n. 2852 ; Laroque-Sayssinel et Dutruc, t. 2, n. 1772 ; Lyon-Caen et Renault, t. 7, n. 135 ; Thaller, n. 1763-2° ; Ruben de Couder, *v° cit.*, n. 1108, et *Suppl.*, *eod. v°*, n. 534 ; et notre *Rép. gén. alph. du dr. fr.*, *v° cit.*, n. 4151 et s.

27. Jugé à cet égard, que l'opposition faite par un créancier à un jugement déclaratif de faillite n'est pas tardive, alors même qu'elle intervient plus d'un mois après la publication du jugement par la voie de la presse, s'il n'a pas encore été procédé à la formalité de l'affichage. — Bordeaux, 21 déc. 1899 [D. P. 1901. 2. 187]

28. En ce qui concerne la publication dans les journaux, lesdits délais ont pour point de départ la date placée en tête du numéro du journal qui renferme l'annonce de la déclaration de faillite, alors même que ce journal serait, d'après les habitudes notoires, publié la veille du jour de sa date apparente, et que même une date particulière serait donnée aux annonces judiciaires dans le corps du journal. — Bordeaux, 20 nov. 1866 [S. 67. 2. 229, P. 67. 835, D. P. 68. 2. 21] — V. toutefois, Bordeaux, 2 juin 1863 [S. et P. *Ibid.*, *ad notam*]

29. Lesdits délais courent, alors même que l'exemplaire du journal dans lequel a été inséré l'extrait desdits jugements n'a pas été enregistré, ou ne l'a pas été dans le délai de trois mois fixé par l'art. 42, C. comm. — Cass., 4 nov. 1857, précité.

30. En tout cas, l'irrégularité de la publication de ces jugements est couverte par la vérification et l'affirmation des créances, faites dans les délais et avec les formalités prescrits par les art. 492 et s., C. comm. — Même arrêt.

31. Quant à l'affichage, la preuve de l'accomplissement de cette formalité ne peut résulter que d'un acte dressé par l'officier public compétent au moment même où il l'accomplit : elle ne saurait être laissée à la libre appréciation du juge d'après les circonstances et documents de la cause. Notamment, on ne peut considérer comme suffisant pour faire courir les délais de l'opposition un affichage qui ne serait attesté que plusieurs mois après sa date par un simple certificat du greffier du tribunal de commerce. — Cass., 22 mai 1895, précité. — Douai, 27 févr. 1810 [S. et P. chr.] — Colmar, 17 mars 1810 [S. et P. chr., D. *Rép.*, *v° cit.*, n. 140-1°] — Caen, 24 août 1841 [S. 51. 2. 24, P. 51. 1. 350, D. *Rép.*, *v° cit.*, n. 132] — Orléans, 11 mars 1846 [S. 51. 2. 24, D. P. 46. 2. 77] — *Sic*, Alauzet, t. 8, n. 2853 ; Bédarride, t. 1, n. 71 et t. 3, n. 1180 ; Laroque-Sayssinel et Dutruc, t. 2, n. 1774 et s. ; Lyon-Caen et Renault, t. 7, n. 138 ; Ruben de Couder, *v° cit.*, n. 1109 et s., et *Suppl.*, *eod. v°*, n. 535 ; et notre *Rép. gén. alph. du dr. fr.*, *v° cit.*, n. 4154 et s. — *Contrà*, Riom, 4 juill. 1809 [S. et P. chr., D. *Rép.*, *v° cit.*, n. 160] — Poitiers, 23 mars 1850 [S. 51. 2. 24, P. 50. 2. 315, D. P. 50. 2. 83]

32. Au surplus, l'apposition, dans la salle des audiences du tribunal de commerce, de l'affiche du jugement déclaratif de la faillite et de celui qui en fixe l'ouverture, prescrite pour faire courir les délais de l'opposition contre ces jugements, peut être faite par un huissier, lequel doit constater l'accomplissement de cette formalité au moyen d'un procès-verbal : le greffier n'est pas le seul officier ministériel qui ait qualité pour procéder à l'accomplissement de cette formalité. — Cass., 7 janv. 1856 [S. 56. 1. 447, P. 56. 1. 141, D. P. 56. 1. 168]

33. Les délais déterminés par l'art. 580 sont de rigueur : ils ne sont pas susceptibles d'augmentation à raison des distances qui séparent le lieu où les formalités de publicité ont été accomplies du domicile de la partie qui forme opposition. — *Sic*, Alauzet, t. 8, n. 2853 ; Bravard et Demangeat, t. 5, p. 647 ; Bédarride, t. 3, n. 1186 ; Lyon Caen et Renault, t. 7, n. 137.

34. D'autre part, ces délais ne varient pas avec le changement d'état des parties ou les moyens qu'elles invoquent. — Jugé en ce sens, que l'opposition, par l'héritier encore mineur du failli, au jugement dé-

claratif de faillite, doit être formée dans le délai de huitaine que l'art. 580, C. comm., accorde au failli lui-même et non dans le délai d'un mois accordé à toute autre partie intéressée ; l'héritier agissant en cette seule qualité ne peut invoquer d'autres droits que ceux du failli. — Cass., 6 mars 1878 [S. 78. 1. 256, P. 78. 650] — Caen, 8 janv. 1866 [S. 66. 2. 150, P. 66. 676, D. P. 66. 5. 219] — Limoges, 14 janv. 1876 [S. 76. 2. 44, P. 76. 218, D. *Rép., Suppl., v° cit.*, n. 1341]

35. De même, toute personne intéressée a, pour former son opposition, un délai d'un mois, sans qu'il y ait à distinguer suivant qu'elle invoque des moyens qui lui sont propres ou des moyens personnels au failli. — Pau, 4 mars 1874 [D. P. 77. 2. 232] — *Sic*, Lyon-Caen et Renault, t. 7, n. 136, p. 112, note 1.

36. Jugé cependant, en sens contraire, que le délai d'un mois accordé aux tiers intéressés (au lieu de celui de huit jours accordé au failli) pour former opposition au jugement déclaratif de faillite, ne peut trouver son application qu'autant que l'opposition formée par les tiers est fondée sur des moyens à eux propres et étrangers au failli. Autrement (et par exemple, si elle repose sur un moyen d'incompétence *ratione personæ*) l'opposition n'est recevable, de leur part, que dans la huitaine accordée au failli. — Nancy, 18 déc. 1869 [S. 71. 2. 92, P. 71. 319, D. P. 70. 2. 55]

37. En tout cas, la demande en nullité d'une société commerciale, formée par un créancier personnel de l'un des associés, encore bien qu'elle soit accompagnée d'une demande accessoire en rapport d'un jugement qui a déclaré la faillite de la société, ne saurait être considérée comme opposition à ce jugement, dans les termes de l'art. 580, C. comm. ; dès lors, elle n'est pas soumise au délai fixé par cet article. — Rennes, 6 mars 1869 [S. 69. 2. 254, P. 69. 1009, D. P. 70. 2. 224] — Poitiers, 27 mars 1874 [D. P. 76. 2. 15] — Lyon, 21 déc. 1883 [D. P. 86. 2. 113] — V. cependant *contrà*, les observations de M. le conseiller Cotelle et la note de M. Thaller, sous Cass., 5 juill. 1900 [D. P. 1902. 1. 89]

β) *Opposition au jugement qui fixe la date de la cessation des paiements.* — 38. En ce qui concerne le failli et les personnes intéressées autres que les créanciers, le délai de l'opposition est déterminé par l'art. 580, C. comm. : il est de même durée (huit jours ou un mois), et il a le même point de départ (publicité par affiche et insertion dans les journaux) que le délai de l'opposition contre le jugement déclaratif de faillite. — *Sic*, Lyon-Caen et Renault, t. 7, n. 160 ; Thaller, n. 1766.

39. Mais en ce qui concerne particulièrement les créanciers, l'art. 581 ajoute que leur opposition sera recevable jusqu'à l'expiration des délais pour la vérification et l'affirmation des créances. Or cette disposition, qui fixe ainsi pour l'opposition des créanciers des délais essentiellement variables suivant les cas, paraît contradictoire avec celle de l'art. 580 qui fixe un délai invariable d'un mois pour l'opposition de toute personne intéressée, et on s'est demandé comment on devait les concilier. — Un premier système soutient que l'art. 580 doit s'appliquer à tous les intéressés autres que les créanciers, mais que ceux-ci, les créanciers, seront uniquement régis par l'art. 581 quant au délai de leur opposition. — Cass., 4 nov. 1857, motifs [S. 58. 1. 70, P. 58. 383, D. P. 58. 1. 34] — *Sic*, Lainné, p. 345 ; Bioche, *Dict. de proc.*, v° *Faillite*, n. 1388, 1400 et s.

40. D'après un deuxième système, le délai d'un mois fixé par l'art. 580 serait un délai maximum pour la recevabilité de l'opposition. En conséquence, les créanciers ne pourraient plus former opposition après ce délai, alors même que la procédure de vérification et d'affirmation ne serait pas encore terminée : et à l'inverse, ils seraient également non recevables dans leur opposition, si la procédure de vérification et d'affirmation était terminée avant ledit délai d'un mois. — *Sic*, Bravard, t. 5, p. 527 ; Renouard, t. 2, p. 391 et s. ; Laurin, n. 1045 et s. ; Ruben de Couder, *v° cit.*, n. 1114.

41. Enfin, un troisième système, auquel s'est ralliée la jurisprudence, distingue suivant qu'il s'agit ou bien d'une opposition qui est formée par un créancier agissant dans l'intérêt de la masse ou encore par le syndic représentant la masse, ou bien d'une opposition formée par un créancier agissant dans un intérêt propre et contraire à celui de la masse. Dans le premier cas, l'opposition a pour objet d'étendre la durée de la période suspecte ; elle est avantageuse pour la masse des créanciers ; il y a lieu ici d'en faciliter l'exercice. En conséquence, les créanciers ou le syndic pourront opter entre les deux délais établis par les art. 580 et 581, C. comm. ; ils seront recevables à former leur opposition, soit dans le délai d'un mois de l'art. 580, alors même que la procédure de vérification et d'affirmation serait terminée avant l'expiration de ce délai, soit également jusqu'au moment de la clôture de cette procédure, alors même qu'elle aurait lieu après l'expiration dudit délai d'un mois. — Cass., 21 déc. 1858 [S. 59. 1. 469, P. 59. 897, D. P. 59. 1. 36] ; 23 avr. 1861 [S. 61. 1. 408, P. 61. 447, D. P. 61. 1. 160] ; 1er avr. 1879 [S. 80. 1. 21, P. 80. 31, D. P. 79. 1. 354] ; 11 nov. 1891 [S. et P. 94. 1. 455, D. P. 92. 1. 49] ; 14 mai 1900 [S. et P. 1901. 1. 211, D. P. 1900. 1. 357] — Paris, 13 févr. 1841 [P. 41. 1. 386, D. *Rép.*, *v° cit.*, n. 1341-1°] — Angers, 30 déc. 1842 [S. 42. 2. 409, P. 43. 2. 155, D. *Rép.*, *v° cit.*, n. 1341-2°] — Orléans, 6 mars 1850 [S. 50. 2. 642, P. 50. 1. 245, D. P. 50. 2. 49] — Bordeaux, 30 juin 1856 [S. 57. 2. 17, P. 57. 718] — Caen, 20 janv. 1864 [S. 64. 2. 269, P. 64. 1099] — Toulouse, 23 août 1878 [S. 78. 2. 253, P. 78. 1014, D. *Rép.*, *Suppl.*, *v° cit.*, n. 1366] — *Sic*, Alauzet, t. 8, n. 2856 ; Laroque-Sayssinel et Dutruc, t. 2, n. 1787 et 1792 ; Boistel, n. 940 ; Demangeat, sur Bravard, t. 5, p. 654 et s. ; Lyon-Caen et Renault, t. 7, n. 164 ; Thaller, n. 1766 ; Ruben de Couder, *Suppl.*, *v° cit.*, n. 537 ; et notre *Rép. gén. alph. du dr. fr.*, *v° cit.*, n. 4232 et s.

42. Et le délai accordé aux créanciers pour demander le report est applicable au syndic représentant la masse des créanciers. — Cass., 1er août 1900 [D. P. 1901. 1. 304]

43. Mais la situation est tout autre lorsqu'un créancier agit dans un intérêt propre et contraire à celui de la masse. Ici l'opposition a pour objet de réduire la durée de la période suspecte, de manière à empêcher telle ou telle créance de tomber sous le coup de la nullité édictée par les art. 446 et s. pour les actes passés durant cette période. Ce n'est donc plus en qualité de créancier faisant partie de la masse, mais plutôt en qualité de personne indivi-

duellement intéressée qu'agit l'opposant ; et, dans ces conditions, on ne peut plus lui accorder le délai de faveur établi par l'art. 581 au profit des créanciers. Son opposition ne sera recevable qu'autant qu'elle sera formée dans le délai d'un mois de l'art. 580, comme celle de tout autre intéressé. — Cass., 23 nov. 1861, précité ; 13 mai 1885 [S. 85. 1. 368, P. 85. 1. 902, D. P. 86. 1. 136] — Bordeaux, 30 juin 1856, précité. — Toulouse, 28 août 1858 [S. 60. 2. 90, P. 60. 746] ; 17 nov. 1881 [S. 82. 2. 117, P. 82. 1. 676, D. *Rép., Suppl., v° cit.*, n. 1370] — Chambéry, 27 nov. 1894 [S. et P. 96. 2. 143] — *Sic*, Bédarride, t. 3, n. 1191 ; Alauzet, t. 8, n. 2857 ; Laroque-Sayssinel et Dutruc, t. 2, n. 1800 ; Demangeat, sur Bravard, *loc. cit.* ; Lyon-Caen et Renault, t. 7, n. 167 ; Thaller, *loc. cit.* ; Ruben de Couder, *loc. cit.* ; et notre *Rép. gén. alph. du dr. fr., v° cit.*, n. 4248 et s.

44. Spécialement, l'art. 581 est inapplicable à l'égard d'un créancier hypothécaire qui prétendrait faire modifier l'époque de la cessation des paiements de manière à assurer le maintien de son hypothèque. En un tel cas, le créancier hypothécaire, dont l'intérêt se trouve en opposition avec celui de la masse des créanciers, rentre dans la catégorie des parties intéressées auxquelles s'applique l'art. 580, et son droit d'opposition est limité à un mois. — Cass., 23 avr. 1861, précité. — Toulouse, 28 août 1858, précité. — Chambéry, 27 nov. 1894, précité.

45. Mais si le créancier hypothécaire agissait uniquement non plus dans un intérêt opposé à celui de la masse, mais dans son intérêt de simple créancier, il pourrait alors se prévaloir de la disposition de l'art. 581 : en conséquence, son action serait recevable, alors même que le délai d'un mois accordé aux parties intéressées par l'art. 580 serait expiré, si ceux de l'affirmation ou de la vérification des créances ne le sont pas encore. — Cass., 14 mai 1900, précité. — Colmar, 19 avr. 1860 [S. 61. 2. 25]

46. Il résulte de l'art. 581, C. comm., qu'il n'y a pas chose jugée sur la fixation de la date de la cessation des paiements jusqu'au moment où cet article la déclare irrévocablement fixée par l'expiration du délai qu'il édicte. — En conséquence, les créanciers d'un commerçant failli ne sont déchus du droit de demander le report de la date de la faillite de leur débiteur qu'à l'expiration du délai de huitaine à partir du procès-verbal de vérification des créances. — Cass., 21 déc. 1858 [S. 58. 1. 469, P. 59. 897, D. P. 59. 1. 35] ; 8 mai 1860 [S. 60. 1. 406, P. 60. 998, D. P. 60. 1. 242] ; 12 août 1868 [S. 69. 1. 70, P. 69. 149, D. P. 71. 5. 188] ; 10 déc. 1890 [S. 91. 1. 255, P. 91. 1. 618, D. P. 91. 1. 257] ; 11 nov. 1891 [S. et P. 94. 1. 455, D. P. 92. 1. 49] ; 5 juin 1893 [S. et P. 94. 1. 486, D. P. 94. 1. 47] ; 3 janv. 1898 [D. P. 99. 1. 198] ; 22 nov. 1899 [S. et P. 1900. 1. 385, D. P. 1900. 1. 14] — Orléans, 6 mars 1850 [S. 50. 2. 642, P. 50. 1. 24, D. P. 50. 2. 49] — Pau, 21 août 1867 [S. 68. 2. 209, P. 68. 829] — Toulouse, 23 août 1878 [S. 78. 2. 253, P. 78. 1014, D. *Rép., Suppl., v° cit.*, n. 1366] — Paris, 21 févr. 1883 [S. 85. 2. 197, P. 85. 1. 1123, D. P. 84. 2. 173] — Nîmes, 24 juill. 1891, sous Cass., 5 juin 1893, précité. — *Sic*, Bédarride, t. 3, n. 1188 ; Alauzet, t. 8, n. 2856 ; Boistel, n. 940 ; Lyon-Caen et Renault, t. 7, n. 129.

47. Il en est ainsi, et le report de l'ouverture de la faillite ne cesse de pouvoir être demandé par les créanciers ou prononcé d'office par le tribunal qu'à l'expiration du délai de huitaine, à partir de la vérification des créances, accordé par la loi pour l'affirmation de ces mêmes créances, encore bien que, de fait, l'affirmation ait eu lieu le jour même de la vérification, lors de la clôture du procès-verbal, et qu'ainsi les créanciers n'aient pas usé de ce délai de huitaine. — Cass., 8 mai 1860, précité. — Sur la question de savoir à partir de quel moment doit se placer la clôture des opérations de vérification des créances, V. *suprà*, art. 493, n. 2 et s.

48. De même, il importe peu que la date de la cessation des paiements ait été antérieurement déterminée par l'arrêt correctionnel condamnant le failli pour banqueroute simple. — Cass., 3 janv. 1898, précité. — V. aussi *suprà*, art. 441, n. 29 et s.

49. D'autre part, la disposition de l'art. 581, C. comm., portant qu'aucune demande des créanciers tendant à faire fixer la date de la cessation des paiements à une époque autre que celle qui résulterait du jugement déclaratif de faillite, ou d'un jugement postérieur, ne sera recevable après l'expiration des délais pour la vérification et l'affirmation des créances, s'oppose à ce que le tribunal change, d'office, la fixation de cette date, qui se trouve irrévocablement déterminée à l'égard des créanciers. — Cass., 8 mai 1860, précité ; 1er avr. 1879 [S. 80. 1. 21, P. 80. 31, D. P. 79. 1. 353] — Aix, 2 déc. 1863 [S. 64. 2. 198, P. 64. 953]

50. L'action en report de l'ouverture de la faillite ne peut plus être exercée après la clôture du procès-verbal de vérification et l'expiration du délai accordé par l'art. 497, C. comm., pour l'affirmation des créances, alors même qu'une créance a été contestée lors de la vérification, et que la contestation a été renvoyée à l'audience par le juge-commissaire : cette circonstance ne proroge pas le délai de l'action jusqu'au jugement à intervenir sur la contestation. — Cass., 21 déc. 1858 [S. 59. 1. 469, P. 59. 897, D. P. 59. 1. 36] ; 12 août 1868 [S. 69. 1. 70, P. 69. 149, D. P. 71. 5. 188] — Pau, 21 août 1867 [S. 68. 2. 209, P. 68. 329] — *Sic*, Alauzet, t. 8, n. 2857 ; Laroque-Sayssinel et Dutruc, t. 2, n. 1799 ; Lyon-Caen et Renault, t. 7, n. 168 ; Ruben de Couder, *v° cit.*, n. 1118.

51. Mais le report de l'ouverture de la faillite peut être prononcé même après la clôture du procès-verbal de vérification et d'affirmation des créances, quand la demande en a été formée en temps utile, c'est-à-dire avant l'expiration du délai pour la vérification et l'affirmation. — Cass., 22 janv. 1861 [S. 62. 1. 86, P. 62. 765, D. P. 61. 1. 365] — *Sic*, Alauzet, *loc. cit.* ; Laroque-Sayssinel et Dutruc, t. 2, n. 1805 ; Lyon-Caen et Renault, t. 7, n. 170.

52. Et la demande n'en doit pas moins être considérée comme formée avant l'expiration de ce délai, bien qu'elle ait été renouvelée depuis, si la seconde demande ne tend pas à d'autres fins que la première. — Même arrêt.

53. De même le report de l'ouverture de la faillite, demandé dans les délais de l'art. 581, peut encore être régulièrement prononcé après la constitution des créanciers en état d'union, alors surtout que le procès-verbal de vérification des créances n'est pas encore clôturé. — Cass., 5 juin 1893, précité.

54. Mais aucune action en report de l'ouverture

de la faillite ne peut plus être intentée après le concordat ou après l'union, même par des créanciers dont les créances n'ont été vérifiées et affirmées que postérieurement. — Poitiers, 31 déc. 1856 [S. 58. 2. 424, P. 58. 429, D. P. 57. 5. 172]

§ 2. *Appel.*

A. *Qui peut interjeter appel.* — α) *Failli.* — 55. Bien qu'en principe l'appel ne puisse être interjeté que par les personnes qui ont été parties ou représentées devant les juges du premier degré, on décide néanmoins que le failli peut toujours interjeter appel soit contre le jugement déclaratif de faillite et alors même que ce jugement aurait été prononcé d'office ou à la requête d'un créancier, soit contre le jugement fixant la date de la cessation des paiements. Ces jugements atteignent en effet directement le failli dans ses intérêts pécuniaires ou moraux, et, par suite, il doit être légalement considéré comme y ayant toujours été partie. — Lyon, 28 août 1860 [S. 61. 2. 499, P. 62. 614, D. P. 61. 5. 226] — Toulouse, 16 mai 1861 [S. 61. 2. 492, P. 61. 798, D. P. 61. 2. 118] — Orléans, 16 déc. 1868 [S. 69. 2. 145, P. 69. 701, D. P. 69. 2. 22] — *Sic*, Alauzet, t. 8, n. 2862 ; Demangeat, sur Bravard, t. 5, p. 665 ; Lyon-Caen et Renault, t. 7, n. 142 ; Boitard, Colmet-Daage et Glasson, *Leç. de proc. civ.*, t. 2, p. 56, note 2 ; Garsonnet, *Cours de proc. civ.*, t. 5, n. 917 et s. — Sur les personnes qui de droit commun peuvent interjeter appel, V. notre *Rép. gén. alph. du dr. fr.*, v° *Appel* (mat. civ.), n. 1301 et s.

56. Et le cessionnaire, qui a été représenté par le cédant dans un jugement relatif à la cession ou à ses effets, a le droit d'en interjeter appel comme aurait pu le faire le cédant lui-même. — Orléans, 16 déc. 1868, précité.

57. Ainsi, le cessionnaire par endossement d'effets de commerce peut, au cas où le cédant vient à être déclaré en faillite, interjeter appel du jugement qui reporte l'ouverture de la faillite à une époque antérieure à la cession, et qui aurait pour effet de l'obliger à rapporter à la masse le montant des billets cédés. — Même arrêt.

β) *Personnes intéressées.* — 58. On a soutenu que toute personne intéressée pouvait interjeter appel contre le jugement qui déclare ou qui reporte l'ouverture de la faillite, par cela même qu'elle pouvait y former opposition. — Orléans, 4 mai 1864 [S. 64. 2. 113, P. 64. 784, D. P. 64. 5. 181] — *Sic*, Alauzet, t. 8, n. 2859 ; Ruben de Couder, v° *cit.*, n. 1126 et s.

59. Mais cette opinion n'a pas prévalu. L'opposition que peuvent former les personnes intéressées, aux termes de nos articles, n'est autre chose qu'une tierce opposition (V. *suprà*, n. 15), et par suite on ne peut conclure de la recevabilité de cette opposition à la recevabilité de l'appel. En conséquence, l'appel contre le jugement qui déclare ou qui reporte l'ouverture de la faillite (ou de la liquidation judiciaire) n'est recevable de la part des personnes intéressées et spécialement des créanciers que dans les conditions du droit commun : il faut que ces personnes aient été parties audit jugement ou qu'elles y soient devenues parties en y formant opposition. — Cass., 15 mai 1854 [S. 54. 1. 382, P. 54. 2. 192, D. P. 54. 1. 205] ; 30 janv. 1867 [S. 67. 1. 103, P. 67. 251, D. P. 67. 1. 70] ; 2 août 1875 [S. 75. 1. 443, P. 75. 1141, D. *Rép., Suppl.*, v° *cit.*, n. 1347] — Lyon, 11 juill. 1865 [S. 65. 2. 327, P. 65. 1229] — Rennes, 1er mai 1876 [D. P. 78. 2. 207] — Toulouse, 13 janv. 1893 [S. et P. 94. 2. 97, D. P. 94. 2. 21] — Besançon, 21 mars 1894 [S. et P. 95. 2. 263, D. P. 94. 2. 512] — *Sic*, Lyon-Caen et Renault, t. 7, n. 145 et 175 ; Thaller, n. 1764 ; Demangeat, sur Bravard, t. 5, p. 665 ; Renouard, t. 2, p. 366 ; Ruben de Couder, *Suppl.*, v° *cit.*, n. 544 ; et notre *Rép. gén. alph. du dr. fr.*, vis *Appel* (mat. civ.), n. 1576 et s., et *Faillite*, n. 4134 et s., et 4277 et s.

60. En principe, l'appel est recevable de la part d'un créancier, alors même que le montant de sa créance serait inférieur à 1.500 francs : l'objet de la demande en déclaration de faillite ou en report de l'ouverture de la faillite, n'a pas en effet une valeur déterminée. — Cass., 12 nov. 1890 [*J. des faill.* 91. 7] — *Sic*, Lyon-Caen et Renault, t. 7, n. 153.

61. Mais il en serait autrement et l'appel ne serait plus recevable, dans le cas où le requérant aurait été débouté de sa demande par le motif qu'il n'aurait pas justifié de sa qualité de créancier. — Jugé en ce sens, qu'est en dernier ressort le jugement qui statue sur une demande en déclaration de faillite, bien que présentée par un chef distinct, lorsque cette demande est subordonnée à la reconnaissance de la créance dont le demandeur réclame le paiement, et que cette créance est inférieure à 1.500 francs. — Cass., 19 nov 1884 [S. 86. 1. 254, P. 86. 1. 616]

62. Spécialement, est en dernier ressort le jugement du tribunal de commerce qui, saisi par le même exploit de deux demandes formées par le même demandeur, l'une en paiement d'un billet à ordre de 500 francs, protesté à son échéance, l'autre en déclaration de faillite du débiteur — sans qu'aucune autre cause de créance soit alléguée — déboute le demandeur de sa demande en payement, en se fondant sur ce que le débiteur s'était complètement libéré vis-à vis de lui et décide, en conséquence, qu'il n'y a pas lieu à déclaration de faillite. — Même arrêt.

B. *Formes de l'appel.* — 63. L'appel contre le jugement déclaratif de faillite doit être signifié, comme l'opposition à ce même jugement, tant au syndic de la faillite qu'au créancier qui a obtenu ce jugement. — Jugé en ce sens, que, toutes les actions qui intéressent la masse de la faillite devant être intentées contre les syndics, l'appel interjeté par le failli du jugement déclaratif n'est pas recevable, si le syndic n'a pas été mis en cause. — Paris, 30 juin 1862 [S. 62. 2. 358, P. 62. 687] — Toulouse, 10 janv. 1880 [S. 80. 2. 287, P. 80. 1099, D. P. 80. 2. 184] — *Sic*, Alauzet, t. 8, n. 2859 ; Bravard et Demangeat, t. 5, p. 666 ; Laroque-Sayssinel et Dutruc, t. 2, n. 1844 ; Lyon-Caen et Renault, t. 7, n. 140 ; Ruben de Couder, v° *cit.*, n. 1128.

64. L'appel ne peut être interjeté seulement contre le créancier à la requête duquel la faillite a été déclarée. — Cass., 25 mai 1887 [S. 87. 1. 368, P. 87. 1. 907, D. P. 88. 1. 484]

65. Mais l'appel d'un jugement rejetant une requête en déclaration de faillite peut être interjeté, soit par exploit signifié en la forme ordinaire au failli, soit même par voie de simple requête. — Poitiers, 1er juin 1880 [S. 82. 2. 181, P. 82. 1. 915, D. P. 81. 2. 113]

66. Quant à l'appel contre le jugement qui fixe l'époque de la cessation des paiements, il peut tou-

jours être formé par voie de simple requête, sans qu'il soit nécessaire d'intimer par exploit, soit le failli, soit le créancier qui a poursuivi la déclaration de faillite, si ni l'un ni l'autre n'ont été parties au jugement attaqué. — Agen, 20 juin 1855 [S. 56. 2. 198, P. 56. 2. 390, D. P. 56. 2. 97]

67. Sur le délai de l'appel contre les jugements rendus en matière de faillite, V. *infrà*, art. 582.

§ 3. *Acquiescement.*

68. On a soutenu que le jugement déclaratif de faillite n'était pas susceptible d'acquiescement de la part du failli, soit parce qu'il touche à l'ordre public, soit parce qu'il crée contre le failli des incapacités et qu'il doit ainsi être assimilé à un jugement prononçant une interdiction où nommant un conseil judiciaire. — Cass. belge, 21 mai 1891 [*J. des faill.*, 91, 298] — *Sic*, Lyon-Caen et Renault, t. 7, n. 130.

69. L'opinion la plus générale décide au contraire que le jugement déclaratif de faillite ne saurait être assimilé à un jugement d'interdiction en ce sens qu'il ne crée aucune incapacité contre le failli, et que, par suite, ce jugement peut être valablement acquiescé. — Cass., 25 août 1868 [S. 69. 1. 120, P. 69. 280, D. P. 68. 1. 443] — Bordeaux, 17 juill. 1899 [D. P. 99. 2. 439] — Cour de justice de Genève, 9 avr. 1883 [S. 83. 4. 39, P. 83. 2. 64, D. *Rép., Suppl.*, v° *cit.*, n. 1353]

70. Et le failli doit être réputé y avoir acquiescé, et est, en conséquence, non recevable à en interjeter appel, lorsqu'il a assisté, sans protestation aucune, à l'apposition des scellés à son domicile et a signé le procès-verbal constatant cette opération ; qu'il a également assisté, sans protestation ni réserves, à l'inventaire de son mobilier; et enfin, qu'il a, par un consentement formel et par sa signature, adhéré à des requêtes présentées par le syndic et tendant à obtenir l'autorisation de faire assurer et même de vendre des biens et des marchandises dépendant de la faillite. — Cass., 25 août 1868, précité.

71. De même, le failli, qui, en présence d'un jugement ordonnant la réouverture de la faillite et nommant un syndic, s'est borné à réclamer la nomination d'un autre syndic, doit être considéré comme ayant nécessairement acquiescé à la disposition du jugement ordonnant la réouverture de la faillite. — En conséquence, le failli n'est plus recevable à interjeter appel de cette dernière disposition. — Cour just. Genève, 9 avr. 1883, précité.

72. Mais l'acquiescement du failli ne résulterait pas des faits d'exécution auxquels le failli ne peut se soustraire et qui, dès lors, ne sauraient se retourner contre lui : ainsi on ne peut voir un acquiescement dans le fait par le failli d'avoir apposé sa signature sur l'inventaire dressé par le syndic. — Orléans, 21 déc. 1864 [D. P. 65. 2. 23] — Bordeaux, 17 juill. 1899, précité. — *Sic*, Lyon-Caen et Renault, t. 7, n. 130.

73. ... Ni dans une demande faite par lui de secours qu'il a ensuite acceptés. — Bordeaux, 17 juill. 1899, précité.

74. En tout cas, l'acquiescement du failli ne saurait mettre obstacle à l'opposition ou à l'appel des créanciers. — *Sic*, Lyon-Caen et Renault, *loc. cit.*, *in fine* ; Alauzet, t. 8, n. 2847. — *Contrà*, Bédarride, t. 3, n. 1178.

§ 4. *Effets de l'opposition et de l'appel.*

75. Il n'est pas douteux que le commerçant qui attaque le jugement l'ayant déclaré en faillite, et qui, sur opposition ou sur appel, établit que, au moment où le jugement a été rendu, il n'y avait point de sa part cessation de paiements, peut obtenir la rétractation du jugement déclaratif de faillite, ou sa réformation. — Bordeaux, 9 juill. 1832 [S. 32. 1. 652, D. *Rép.*, v° *cit.*, n. 159-2°] — Paris, 18 janv. 1875 [D. P. 76. 5. 246] — Rouen, 26 mai 1884 [S. 85. 2. 143, P. 85. 1. 717] — *Sic*, Bédarride, t. 3, n. 1182 ; Boistel, n. 904 ; Lyon-Caen et Renault, t. 7, n. 156; Thaller, n. 1762; Ruben de Couder, *Suppl.*, v° *cit.*, n. 547.

76. Spécialement, le jugement déclaratif de faillite doit être rapporté, s'il est justifié, sur l'appel formé par le failli, que, au jour du jugement, l'état de cessation des paiements avait pris fin, par suite d'une libération conventionnelle obtenue de l'unanimité des créanciers. — Rouen, 26 mai 1884, précité.

77. Mais le failli peut-il présenter, sur opposition ou sur appel, des moyens résultant de circonstances survenues postérieurement au jugement déclaratif de faillite? Spécialement, le failli peut-il obtenir la rétractation ou la réformation du jugement en justifiant que, depuis ce jugement, tous les créanciers ont été désintéressés? — Suivant un premier système, il serait inadmissible qu'un tribunal rétractât sur opposition, ou qu'une Cour réformât sur appel, un jugement qui a été bien rendu, eu égard à l'état de choses existant au moment où il est intervenu. Si, le failli étant revenu à meilleure fortune, l'état de cessation de paiements a pris fin, les juges pourront bien prononcer la clôture des opérations et ordonner que le failli sera remis à la tête de ses affaires, ou bien encore ils pourront prononcer la réhabilitation du failli dans les conditions des art. 604 et s.; mais ils ne sauraient, sans aller contre la vérité des choses, rétracter ou réformer le jugement, comme s'il n'y avait eu ni cessation de paiement, ni faillite. — Cass., 20 nov. 1827 [S. et P. chr., D. *Rép.*, v° *cit.*, n. 1539-2°]; 28 nov. 1827 [S. et P. chr., D. *Rép.*, v° *cit.*, n. 127-2°] — Rouen, 4 janv. 1839 [S. 39. 2. 148, D. *Rép.*, v° *cit.*, n. 1336-1°] — Bordeaux, 10 mai 1859 [S. 59. 2. 688, P. 59. 800, D. P. 59. 2. 200] — Agen, 31 août 1858 [S. 59. 2. 143, P. 59. 73, D. P. 59. 2. 94] — Paris, 21 juill. 1849 [S. 49. 2. 516, D. P. 49. 2. 235]; 18 mai 1874 [S. 75. 2. 236, P. 75. 958]; 2 mai 1888 [S. 90. 2. 40, P. 90. 1. 228, D. P. 89. 2. 216]; 27 nov. 1888 [D. *Rép., Suppl.*, v° *cit.*, n. 1355] — *Sic*, Lyon-Caen et Renault, t. 7, n. 156 ; Ruben de Couder, v° *cit.*, n. 1098; Beudant, note sous Paris, 27 août 1868 [D. P. 69. 2. 73]; Glasson, note sous Agen, 2 juill. 1900 [D. P. 1902. 2. 66]

78. L'opinion la plus générale décide au contraire que l'opposition ou l'appel ont pour effet de remettre en question le procès tout entier et qu'ainsi les juges qui en sont saisis ont à juger le procès comme si aucune décision n'avait encore été rendue. En conséquence, le jugement déclaratif de faillite doit être rapporté sur opposition ou sur appel, si le failli parvient à établir qu'il n'est plus actuellement en état de cessation de paiements, soit parce qu'il a intégralement désintéressé ses créanciers, soit parce qu'il a obtenu de l'unanimité desdits créanciers un concordat amiable ou tout au moins un pacte d'ater-

moiement avec faculté d'échelonner ses paiements. Et l'on ne saurait objecter dans cette dernière hypothèse l'art. 16 de la loi du 4 mars 1889, aux termes duquel un concordat amiable ne peut être valablement consenti dans le cours d'une faillite : cette prohibition ne saurait être appliquée qu'autant que le jugement déclaratif de faillite est inattaquable et a acquis autorité de chose jugée. — Cass., 23 nov. 1881 [S. 82. 1. 113, P. 82. 1. 251, D. P. 82. 1. 265] ; 25 avr. 1883 [S. 83. 1. 247, P. 83. 1. 604, D. *Rép., Suppl., v° cit.,* n. 251] ; 11 mai 1891 [S. et P. 95. 1. 390, D. P. 92. 1. 213] — Paris, 27 août 1868 [S. 68. 2. 337, P. 68. 1146, D. P. 69. 2. 73] ; 9 juin 1893 [S. et P. 94. 2. 234, D. P. 94. 2. 144] — Rouen, 7 juin 1875 [S. 75. 2. 234, P. 75. 955, D. P. 78. 5. 268] ; 26 mars 1884, précité. — Dijon, 11 mai 1882 [S. 82. 2. 175, P. 82. 1. 906, D. P. 82. 2. 130] — Bordeaux, 25 juill. 1882 [S. 83. 2. 69, P. 83. 1. 440, D. *Rép., Suppl., v° cit.,* n. 1356] — Orléans, 14 févr. 1885 [S. 85. 2. 175, P. 85. 1. 986, D. P. 86. 2. 70] — Douai, 19 mai 1886 [S. 86. 2. 228, P. 86. 1. 1224, D. P. 87. 2. 156] — Alger, 29 nov. 1897 [D. P. 99. 2. 78] — Agen, 2 juill. 1900 [S. et P. 1902. 2. 159, D. P. 1902. 2. 66] — Cour just. civ. Genève, 14 juin 1893 [S. et P. 93. 4. 31] — *Sic,* Alauzet, t. 8, n. 2847 ; Boistel, n. 904 ; Thaller, n. 1762. et *Rev. crit.,* 1883, p. 372 ; Ruben de Couder, *Suppl., v° cit.,* n. 550 ; et notre *Rép. gén. alph. du dr. fr., v° cit.,* n. 4208 et s.

79. Il en est ainsi, notamment, lorsqu'il est établi, d'une part, que le créancier, à la requête duquel la faillite a été prononcée, a été complètement désintéressé, et que, d'autre part, malgré la publicité donnée au jugement déclaratif, aucun créancier n'a produit à la faillite. — Douai, 19 mai 1886, précité.

80. Il importe peu qu'une instance en payements de billets à ordre, souscrits par le failli, et qu'il a refusé de payer, soit actuellement pendante, si la validité des billets est contestée, et si la créance est très sérieusement litigieuse. — Même arrêt.

81. Il importe peu, également, qu'un tiers ait, à un moment donné, manifesté l'intention de se porter créancier du failli, si, malgré la publicité qui a accompagné les formalités de la vérification des créances, il n'a pas demandé son admission au passif de la faillite. — Orléans, 14 févr. 1885, précité.

82. En résumé, dans ce second système, pour que le jugement déclaratif de faillite puisse être rétracté, il suffit qu'il n'ait point acquis l'autorité de la chose jugée. — Même arrêt.

82 *bis.* Spécialement jugé, dans le même sens, que la faillite doit être rétractée sur l'appel du failli, lorsque tous les créanciers du failli ont été, depuis le jugement déclaratif de faillite, désintéressés par un tiers qui s'est fait subroger à leurs droits, et qui, intervenant sur l'appel interjeté par le failli du jugement déclaratif, déclare accorder terme et délai au failli pour se libérer et se joint à lui pour demander le rapport de la faillite. — Agen, 2 juill. 1900, précité.

82 *ter.* Il en est ainsi du moins, si le tiers qui se présente comme seul créancier du failli est bien le cessionnaire des droits des autres créanciers, et non leur mandataire. — Même arrêt.

82 *quater.* Peu importe, dans ce cas, que les créanciers aient été désintéressés par le tiers d'une manière inégale, et que la plupart d'entre eux n'aient reçu qu'un paiement partiel, dès lors qu'aucune fraude n'est alléguée à l'encontre de la convention intervenue entre eux et le tiers auquel ils ont cédé leurs créances. — Même arrêt.

83. La rétractation peut, d'ailleurs, être prononcée... soit sur la demande d'un tiers intéressé... — Orléans, 14 févr. 1885, précité.

84. ... Soit sur la demande du failli lui-même, qui s'est porté appelant du jugement déclaratif de faillite. — Bordeaux, 25 juill. 1882, précité.

85. Jugé également dans le même sens, que le jugement déclaratif de faillite d'une société en commandite doit être rapporté, lorsqu'il est constaté que la société a obtenu des créanciers opposants à la déclaration de faillite terme et délai pour se libérer et que ces créanciers ont offert de payer et consigner les sommes dues aux créanciers non opposants portés au bilan déposé sans droit par le gérant. — Cass., 11 mai 1891, précité.

86. Jugé, d'autre part, dans une opinion intermédiaire, que, la faillite, étant une mesure d'ordre public, les juges du second degré, s'ils admettent qu'elle a été légalement et régulièrement déclarée par ceux du premier degré, doivent lui laisser produire tous ses effets, alors même que le créancier qui a provoqué la déclaration de faillite se borne devant la cour à s'en remettre à justice. — Aix, 21 mai 1892 [D. P. 95. 1. 17 et la note de M. Valéry]

87. La décision rendue à cet égard ne saurait être rétractée sous prétexte que, depuis le jugement qui a déclaré la faillite, le passif commercial du failli a cessé d'être en souffrance ; cette rétractation ne pourrait être prononcée que dans le cas où il serait établi que le débiteur s'est très facilement et très complètement libéré dans l'intervalle du jugement et de l'arrêt, cette circonstance étant de nature à prouver que l'état de cessation des paiements n'était pas aussi complet que les juges de première instance l'avaient supposé. — Même arrêt.

88. En tout cas, à défaut d'opposition ou d'appel, le jugement déclaratif de faillite acquiert l'autorité de la chose jugée, et affecte irrévocablement la personne du débiteur de toutes les conséquences inhérentes à l'état de faillite, conséquences dont il ne peut être relevé que par la réhabilitation. Le jugement ne peut donc être rapporté par le tribunal de commerce sur une requête à lui présentée, et sous prétexte que le débiteur aurait désintéressé ses créanciers et ne serait plus en faillite — Cass., 6 févr. 1889 [S. et P. 92. 1. 371, D. P. 90. 1. 464] — *Sic,* Lyon-Caen et Renault, t. 7, n. 156 *ter.*

89. La rétractation du jugement déclaratif de faillite dans les conditions ci-dessus déterminées n'empêche pas que ce jugement n'ait été antérieurement bien rendu : en conséquence, le failli doit être condamné aux frais de première instance et à ceux de l'opposition ou de l'appel. — Cass., 23 nov. 1881, précité. — Bordeaux, 25 juill. 1882, précité. — Nancy, 15 déc. 1885 [D. P. 87. 2. 15] — *Sic,* Lyon-Caen et Renault, t. 7, n. 156 *bis* ; Ruben de Couder, *Suppl., v° cit.,* n. 550, *in fine.* — *Contrà,* Dijon, 11 mai 1882, précité.

90. La rétractation ou la réformation du jugement déclaratif de faillite, produit, comme ce jugement lui-même, ses effets *ergà omnes,* en ce sens qu'elle est opposable même aux créanciers qui n'ont pas été parties en cause : c'est la conséquence né-

cessaire du principe de l'indivisibilité de la faillite. — Cass., 16 févr. 1892 [D. P. 93. 1. 426] — *Sic*, Boistel, n. 903; Lyon-Caen et Renault, t. 7, n. 157.

91. D'autre part, l'annulation d'un jugement déclaratif de faillite entraîne de plein droit la nullité des jugements et arrêts, même passés en force de chose jugée, qui auraient été rendus dans l'intervalle contre les syndics : en conséquence, un jugement qui a statué ultérieurement, à l'égard de la chose faisant l'objet de ces jugements et arrêts, sans en tenir compte, ne renferme pas en cela violation de la chose jugée. — Alger, 31 juill. 1849 [S. 50. 2. 53, P. 49. 2. 244, D. P. 50. 2. 45]

92. Il en est ainsi, alors surtout que les actions sur lesquelles ont statué les jugements et arrêts dont il s'agit n'ont été que la suite d'un dol, au moyen duquel le demandeur avait surpris la déclaration de la faillite de son débiteur. — Même arrêt.

Art. 582. Le délai d'appel, pour tout jugement rendu en matière de faillite, sera de quinze jours seulement à compter de la signification.

Ce délai sera augmenté à raison d'un jour par cinq myriamètres pour les parties qui seront domiciliées à une distance excédant cinq myriamètres du lieu où siège le tribunal. — C. proc. civ., 443 et s., 456, 1033; C. comm., 446 et s., 482, 635.

INDEX ALPHABÉTIQUE.

DIVISION

α) Délai de l'appel.

β) Point de départ du délai de l'appel.

α) *Délai de l'appel.* — 1. Le délai de l'appel, qui de droit commun et aux termes de l'art. 443, C. proc. civ., est de deux mois, est réduit par notre article à quinze jours pour tout jugement rendu en matière de faillite. Et il faut entendre par jugements rendus en matière de faillite, non seulement les jugements qui statuent sur des actions qui ont leur source dans la faillite elle-même, mais aussi ceux qui statuent sur des actions exercées à l'occasion de la faillite et intéressant l'administration de cette faillite. — Cass., 1er avr. 1840 (régl. de juges) [S. 40. 1. 447, P. 40. 1. 634, D. *Rép.*, v° *Faillite*, n. 1372-3°); 20 juin 1849 [S. 50. 1. 620, D. P. 50. 1. 83]; 2 avr. 1850 [S. 50. 1. 419, P. 50. 2. 353]; 27 juill. 1852 [S. 52. 1. 621, P. 54. 1. 202, D. P. 52. 1. 111]; 10 mai 1853 [S. 53. 1. 509, P. 53. 2. 181, D. P. 53. 1. 159]; 9 juill. 1867 [S. 67. 1. 445, P. 67. 1182, D. P. 68. 1. 72]; 23 janv. 1868 [S. 68. 1. 177, P. 68. 407, D. P. 68. 1. 55]; 21 nov. 1882 [S. 83. 1. 114, P. 83. 1. 271, D. P. 83. 1. 384]; 31 janv. 1894 [S. et P. 98. 1. 310, D. P. 94. 1. 150]; 15 févr. 1897 [S. et P. 1901. 1. 446, D. P. 97. 1. 247] — V. notre *Rép. gén. alph. du dr. fr.*, v° *Appel* (mat. civ.), n. 2049 et s.

2 Jugé, en ce sens, que l'art. 582, C. comm., ne soumet au court délai qu'il édicte que l'appel des jugements rendus sur un litige né de l'événement de la faillite, sur le sort duquel elle exerçait une influence, et qui sans elle n'aurait pu se produire; l'art. 582 est, dès lors, inapplicable si la contestation sur laquelle il a été statué dérivait d'un engagement antérieur à la faillite, et qui en était indépendant. — Cass., 15 févr. 1897, précité

3. Ainsi, l'art. 582, C. comm., n'est point applicable à l'appel du jugement rendu sur la demande formée par le syndic contre le souscripteur de billets créés à l'ordre du failli avant l'ouverture de la faillite, demande tendant à obtenir remboursement des dividendes payés par la faillite au banquier qui avait escompté les billets. — Même arrêt.

4. Il en est encore ainsi, lorsqu'à cette demande, le souscripteur des billets oppose une contre-lettre signée par le failli, dans laquelle celui-ci reconnaît que les billets ainsi souscrits à son profit étaient des effets de complaisance, que le souscripteur n'en était pas le débiteur, et qu'ils devaient être payés par le failli, tandis que le syndic soutient que la contre-lettre est, aux termes de l'art. 1321, C. civ., inopposable aux créanciers chirographaires, qui, dans le sens de cet article, sont des tiers; une telle contestation n'est pas née de l'événement de la faillite, d'autant que, si la faillite n'avait pas existé, elle aurait également pu se produire entre le souscripteur et les créanciers du failli. — Même arrêt.

5. Jugé de même, qu'on ne doit pas considérer comme un jugement rendu en matière de faillite auquel notre article puisse être appliqué... ni le jugement intervenu sur la demande formée par un tiers lors de l'apposition et de la levée des scellés dans les magasins du failli, à fin de distraction d'objets qu'il prétend lui appartenir, et que les syndics prétendent au contraire être la propriété du failli. — Cass., 1er avr. 1840, précité.

6. Et il en est ainsi, alors surtout que cette revendication d'objets mobiliers est fondée sur des conventions antérieures à la faillite et qu'elle ne rentre pas

d'ailleurs dans les cas spéciaux de revendication déterminés par les art. 564 et s., C. comm. — Cass., 21 nov. 1882, précité.

7. ... Ni le jugement qui a statué sur la demande formée par le syndic d'une société en faillite contre des associés commanditaires, à fin de versement de leur commandite. — Bordeaux, 27 juin 1844 [S. 44. 2. 621] — V. cependant *infrà*, n. 13.

8. ... Ni le jugement intervenu après concordat entre le failli concordataire et un de ses créanciers, et cela alors même que des commissaires liquidateurs auraient été adjoints au failli et que la demande du créancier aurait été formée contre ces derniers. — Cass., 27 juill. 1852, précité ; 10 mai 1853, précité.

9. ... Ni le jugement qui a statué sur une action tendant à faire déclarer un tiers débiteur du montant d'une traite tirée sur lui par le failli antérieurement à sa faillite. — Cass., 30 juill. 1844 [S. 45. 2. 224, D. P. 45. 2. 178]

10. ... Ni le jugement qui, rendu sur une instance introduite avant la déclaration de faillite, prononce une condamnation contre le syndic au profit d'un créancier, alors même que, comme conséquence de cette condamnation, le jugement ordonnerait l'admission de ce créancier au passif de la faillite : le délai de l'appel est donc celui ordinaire de trois mois (deux mois), et non celui de quinze jours fixés par l'art. 582. — Cass., 9 juill. 1867, précité.

11. ... Ni le jugement qui statue sur une contestation entre les créanciers d'un entrepreneur de travaux publics tombé en faillite, relativement au privilège qu'attribue à certains d'entre eux le décret du 26 pluv. an II sur les sommes dues à raison de l'entreprise. — Cass., 22 janv. 1868, précité.

12. Pareillement, le délai spécial d'appel (quinze jours) établi par l'art. 582, C. comm., pour les jugements rendus en matière de faillite, n'est applicable qu'à ceux rendus par les tribunaux de commerce en vertu des attributions particulières qui leur sont conférées par l'art. 635, même Code ; il ne l'est pas aux jugements émanés des tribunaux civils qui, alors même qu'ils intéressent la faillite, se trouvent placés en dehors de ses opérations : de tels jugements ne peuvent être considérés comme rendus en matière de faillite. — Cass., 6 avr. 1868 [S. 68. 1. 295, P. 68. 761, D. P. 68. 1. 257] — Pau, 4 mai 1843 [S. 43. 2. 417] — Bordeaux, 28 nov. 1878 [S. 79. 2. 292, P. 78. 1169] — *Sic*, Renouard, t. 2, p. 399 ; Bédarride, t. 3, n. 1194 ; Alauzet, t. 8, n. 2859 ; Laroque-Sayssinel et Dutruc, t. 2, n. 1830 ; Boulay-Paty et Boileux, t. 2, n. 1052 ; et notre *Rép. gén. alph. du dr. fr.*, v° *cit.*, n. 2065. — *Contrà*, Ruben de Couder, v° *Faillite*, n. 745.

13. Au contraire, on doit considérer comme rendu en matière de faillite le jugement qui statue sur la demande formée par le syndic de la faillite d'une société en commandite par actions contre un commanditaire pour obliger celui-ci à rapporter les sommes par lui reçues à titre de dividendes, alors que la société n'avait réalisé aucuns bénéfices ; dès lors, l'appel de ce jugement est non recevable s'il a été interjeté après la quinzaine. — Cass., 3 mars 1863 [S. 63. 1. 137, P. 63. 644, D. P. 64. 1. 223] ; 23 avr. 1883 [S. 83. 1. 314, P. 83. 1. 764, D. P. 83. 1. 35]

14. ... Le jugement rendu avec le failli, après que la résolution du concordat a été prononcée. — Paris, 13 mars 1856 [S. 58. 2. 92, P. 58. 430, D. P. 58. 2. 144]

15. ... Le jugement statuant sur l'action intentée par le failli contre son syndic, à l'effet de faire prononcer la nullité de la vente consentie par celui-ci de certains objets, sous prétexte que ces objets ne pouvaient être vendus aux enchères, ni faire partie de l'actif de la faillite. — Lyon, 13 juill. 1880 [S. 81. 2. 88, P. 81. 1. 462, D. P. 81. 2. 20]

16. ... Le jugement rendu sur une demande d'admission d'une créance au passif de la faillite et sur le contredit élevé contre cette demande. — Poitiers, 2 juill. 1846 [S. 46. 2. 553, D. P. 46. 4. 285] — Amiens, 14 mai 1878 [D. P. 79. 2. 200] — Paris, 6 juill. 1901 [D. P. 1901. 2. 486]

17. Spécialement, doivent être considérées comme nées de la faillite et intéressant son administration, l'instance résultant du renvoi à l'audience de la demande d'un créancier en admission à la faillite, et l'instance résultant de la demande de ce même créancier en paiement d'une somme représentant le montant de la créance pour laquelle il a produit, somme comprenant, outre les dommages-intérêts par lui réclamés pour inexécution par le failli d'un marché de fournitures, une indemnité pour l'inexécution du même marché par le syndic, et le montant de billets restés impayés par suite de l'événement de la faillite. — Cass., 31 janv. 1894 [S. et P. 98. 1. 310, D. P. 94. 1. 150]

18. Et, si ces deux instances ont été jointes, à raison de la connexité, sur la demande même du créancier, le jugement est rendu en matière de faillite. — En conséquence, l'appel de ce jugement est non recevable, s'il a été interjeté après l'expiration du délai de quinzaine fixé par l'art. 582, C. comm. — Même arrêt.

19. La même solution doit être admise, et le délai de quinzaine fixé par notre article doit être appliqué à l'appel du jugement qui statue sur l'excusabilité du failli. — Bordeaux, 7 mai 1851 [D. P. 53. 5. 219] — Orléans, 4 mai 1852 [S. 53. 2. 140, P. 52. 2. 34, D. P. 53. 2. 206] ; 28 mars 1860 [S. 61. 2. 27, P. 60. 894] — Paris, 19 août 1852 [S. 52. 2. 518, P. 52. 2. 699, D. P. 53. 2. 70] ; 13 déc. 1853 [D. P. 55. 2. 102] — Nîmes, 13 juin 1853 [S. 53. 2. 409, P. 54. 2. 515, D. P. 53. 2. 207] ; 4 janv. 1865 [S. 65. 2. 3, P. 65. 84] — Rouen, 18 juill. 1858 [S. 59. 2. 167, P. 59. 1105] — Limoges, 9 août 1862 [S. 62. 2. 307, P. 63. 88, D. P. 62. 5. 161] — *Contrà*, Bourges, 11 févr. 1851 [S. 52. 2. 81, P. 51. 1. 225, D. P. 51. 2. 87] — Montpellier, 8 avr. 1853 [S. 55. 2. 202, P. 54. 2. 217, D. P. 55. 2. 349] — Amiens, 11 déc. 1855 [S. 56. 2. 232, P. 56. 1. 414, D. P. 56. 2. 164]

20. L'appel du jugement qui refuse de prononcer la déclaration de faillite d'un commerçant doit être interjeté dans le délai de quinzaine fixé par l'art. 582, C. comm., c'est là un jugement rendu en matière de faillite. — Cass., 16 août 1842 [S. 42. 1. 979, P. 42. 2. 665, D. *Rép.*, v° *cit.*, n. 1364] — Paris, 8 déc. 1849 [S. 50. 2. 49, D. P. 50. 5. 222] — Poitiers, 4 juill. 1860 [S. 60. 2. 586, P. 61. 495, D. P. 60. 2. 168] — *Sic*, Lyon-Caen et Renault, t. 7, n. 154. — *Contrà*, Riom, 12 févr. 1840 [S. 40. 2. 163, D. *Rép.*, *loc. cit.*]

21. Le délai de quinze jours fixé pour l'appel des jugements en matière de faillite est un délai franc : il ne faut y comprendre ni le jour de la signification du jugement, ni celui de l'échéance du délai. — Rennes, 26 févr. 1851 [S. 51. 2. 471, P. 51. 1. 113, D. P. 51. 5. 249] — Amiens, 10 mai 1851

[S. 51. 2. 571, P. 52. 1. 461, D. P. 51. 5. 250]

22. Le délai est susceptible d'augmentation, aux termes du deuxième alinéa de notre article, à raison de la distance qui sépare le domicile des parties du lieu où siège le tribunal. Mais il ne saurait être augmenté à raison de la distance qui existe entre le domicile de l'appelant et celui de la partie intimée. — Caen, 17 déc. 1844 [S. 45. 2. 348, P. 46. 1. 363, D. P. 45. 2. 45] — *Sic*, Renouard, t. 2, p. 401 ; Laroque-Sayssinel, t. 2, n. 1834 ; Bédarride, t. 3, n. 1197. — *Contrà*, Paris, 29 mai 1868 [S. 68. 2. 212, P. 68. 835]

β) *Point de départ du délai d'appel.* — 23. La disposition de notre article en vertu de laquelle le délai de l'appel court à partir de la signification du jugement s'applique sans difficulté aux jugements contradictoires. Mais dans le cas où il s'agit de jugements par défaut, on a soutenu que ledit délai ne devait courir, conformément au droit commun de l'art. 443, C. proc. civ., qu'à partir de l'expiration du délai de l'opposition. — Montpellier, 10 mai 1844 [S. 45. 2. 280] — Rouen, 19 août 1845 [D. P. 45. 4. 22] — Amiens, 9 févr. 1850 [S. 50. 2. 441] — Bordeaux, 6 avr. 1859 [S. 59. 2. 602, P. 60. 183, D. P. 60. 2. 72] — Aix, 6 avr. 1870 [S. 71. 2. 8, P. 71. 76, D. P. 71. 2. 10] — *Sic*, Chauveau et Carré, t. 3, n. 1566 ; Bédarride, t. 2, n. 1187 ; Alauzet, t. 8, n. 2861 ; Ruben de Couder, *v° cit.*, n. 1126.

24. La jurisprudence actuelle décide au contraire que notre article, dans un but de simplicité et de rapidité, doit être interprété comme ayant substitué aux dispositions du droit commun une règle unique et absolue d'après laquelle, pour tout jugement rendu en matière de faillite, le délai d'appel n'est jamais que de quinze jours à compter de la signification, sans qu'il y ait à distinguer entre les décisions contradictoires et les décisions par défaut. Spécialement, quand le jugement déclaratif de faillite a été rendu d'office ou à la requête des créanciers, le délai d'appel a pour point de départ, non le jour de l'expiration du délai de l'opposition, mais le jour de la signification du jugement. — Cass., 23 juin 1851 [S. 51. 1. 494, P. 52. 1. 306, D. P. 51. 1. 186] ; 2 janv. 1877 [S. 77. 1. 160, P. 77. 395, D. P. 77. 1. 64] — Paris, 19 mai 1851 [S. 51. 1. 493, *ad notam*, P. 52. 1. 309, D. P. 54. 5. 357] — Douai, 14 mai 1853 [S. 55. 2. 589, P. 55. 1. 416, D. P. 55. 5. 221] — Grenoble, 9 juin 1900 [D. P. 1901. 2. 19] — *Sic*, Renouard, t. 2, p. 402 ; et notre *Rép. gén. alph. du dr. fr.*, v[is] *Appel* (mat. civ.), n. 2067 et s., et *Faillite*, n. 4376 et s. — V. aussi Lyon-Caen et Renault, t. 7, n. 151.

25. En ce qui concerne le jugement d'excusabilité du failli, on a soutenu que le délai d'appel courait du jour même où le jugement avait été rendu ; la signification n'aurait point ici de raison d'être, les syndics ayant cessé leurs fonctions. — Bourges, 11 févr. 1851 [S. 52. 2. 81, P. 51. 1. 225, D. P. 51. 2. 87] — *Sic*, Renouard, t. 2, p 212, Esnault, t. 3, n. 672 ; Bravard et Demangeat, t. 5, p. 666.

26. Mais cette solution n'a pas prévalu : les fonctions des syndics en effet doivent se prolonger tant que la question d'excusabilité reste en suspens et n'est pas définitivement tranchée, et, dès lors, notre article doit encore ici recevoir son application. — Douai, 9 juill. 1846 [P. 46. 2. 753] ; 29 déc. 1862 [S. 64. 2. 38, P. 64. 385] — Orléans, 4 mai 1852 [S. 53. 2. 140, P. 52. 2. 34, D. P. 53. 2. 206] ; 28 mars 1860 [S. 61. 2. 27, P. 60. 894] — Paris, 19 août 1852 [S. 52. 2. 518, P. 52. 2. 699, D. P. 53. 2. 70] ; 8 janv. 1864 [S. 64. 2. 38, P. 64. 8, D. P. 64. 5. 178] — Montpellier, 8 avr. 1853 [S. 55. 2. 202, P. 54. 2. 517, D. P. 55. 2. 349] — Lyon, 14 nov. 1853 [S. 54. 2. 443, P. 54. 2. 517, D. P. 54. 5. 372] — Rouen, 28 juill. 1858 [S. 59. 2. 167, P. 59. 1105] — Bourges, 28 nov. 1863 [S. 64. 2. 38, P. 64. 385] — *Sic*, notre *Rép. gén. alph. du dr. fr.*, v° *Faillite*, n. 3070 et s., et 4299 et s.

27. La règle en vertu de laquelle le délai d'appel a pour point de départ la signification du jugement comporte toutefois une exception, dans le cas où le créancier qui a provoqué la faillite a procédé par voie de requête et sans mettre en cause le débiteur. On ne concevrait pas que ce dernier pût être tenu de signifier un jugement auquel il n'a pas été partie et qu'il est censé ignorer. Aussi décide-t-on, dans cette hypothèse, que le délai d'appel court à partir du prononcé du jugement : car autrement le créancier pourrait interjeter appel sans limitation de délai. — Cass., 3 avr. 1883 [S. 84. 1. 558, P. 84. 1. 558, D. P. 84. 1. 328] — Poitiers, 1er juin 1880 [S. 82. 2. 181, P. 82. 1. 915, D. P. 81. 2. 113] — *Sic*, Lyon-Caen et Renault, t. 7, n. 154. — *Contrà*, Bravard et Demangeat, t. 5, p. 665.

28. En principe, la signification qui fait courir le délai d'appel doit être faite à personne ou à domicile, conformément à l'art. 443, C. proc. civ. Toutefois, au cas où la partie non domiciliée au lieu où siège le tribunal n'y a pas fait élection de domicile, la signification faite au greffe, conformément à l'art. 422, C. proc. civ., fait également courir le dit délai. — Douai, 20 mai 1876 [S. 76. 2. 207, P. 76. 829, D. P. 76. 2. 97] — *Sic*, Lyon-Caen et Renault, t. 7, n. 147 ; Carré et Chauveau, t. 7, p. 427. — *Contrà*, Paris, 31 janv. 1856 [S. 56. 2. 230, P. 56. 1. 603, D. P. 56. 2. 142] — Nancy, 4 mars 1873 [S. 73. 2. 219, P. 73. 888, D. P. 74. 2. 41] — *Adde*, Laroque-Sayssinel et Dutruc, t. 2, n. 1836.

ART. **583**. Ne seront susceptibles ni d'opposition, ni d'appel, ni de recours en cassation :

1° Les jugements relatifs à la nomination ou au remplacement du juge-commissaire, à la nomination ou à la révocation des syndics ;

2° Les jugements qui statuent sur les demandes de sauf-conduit et sur celles de secours pour le failli et sa famille ;

3° Les jugements qui autorisent à vendre les effets ou marchandises appartenant à la faillite ;

4° Les jugements qui prononcent sursis au concordat, ou admission provisionnelle de créanciers contestés ;

5° Les jugements par lesquels le tribunal de commerce statue sur les recours formés contre les ordonnances rendues par le juge-commissaire dans les limites de ses attributions.

INDEX ALPHABÉTIQUE.

DIVISION

§ 1er. *Jugements qui ne sont susceptibles d'aucun recours.*

α) Jugements relatifs à la nomination ou au remplacement du juge-commissaire et à la nomination ou à la révocation des syndics.

β) Jugements statuant sur des demandes de sauf-conduit ou de secours pour le failli et sa famille.

γ) Jugements prononçant sursis au concordat ou admission provisionnelle de créanciers contestés.

δ) Jugements sur les recours contre les ordonnances du juge-commissaire dans les limites de ses attributions.

§ 2. *Jugements susceptibles d'appel.*

§ 1. *Jugements qui ne sont susceptibles d'aucune voie de recours.*

α) Jugements relatifs à la nomination ou au remplacement du juge commissaire et à la nomination ou à la révocation des syndics. — 1. A cet égard, la disposition du premier alinéa de notre article est absolue, et aucune voie de recours ne peut être formée contre ces jugements, alors même qu'elle serait fondée sur leur irrégularité. — Nîmes, 9 oct. 1856 [D. P. 60. 5. 174]

2. La même disposition doit être appliquée par analogie au jugement prononçant la révocation des contrôleurs nommés conformément à l'art. 10 de la loi du 4 mars 1889. — *Sic*, Lyon-Caen et Renault, t. 7, n. 462. — *Contrà*, Malapert, *Régime de la liquid. judic.*, n. 570.

β) Jugements statuant sur les demandes de sauf-conduit ou de secours pour le failli et sa famille. — 3. Le jugement qui statue sur une demande de sauf-conduit n'est pas susceptible d'appel, alors même qu'il fait corps avec un jugement déclaratif de faillite. — Cass., 22 mai 1867 [S. 67. 1. 199, P. 67. 491, D. P. 67. 1. 198]

4. Mais, si le jugement qui statue sur la demande de sauf-conduit formée par le failli n'est pas susceptible d'appel, il n'en est pas de même de celui qui rejette la demande de mise en liberté définitive émanant du failli incarcéré. — Cass., 26 juill. 1853 [P 53. 2. 305, D. P. 53. 1. 254] — Montpellier, 11 mars 1870 [S. 71. 2. 110, P. 71. 344, D. P. 72. 2. 28]

γ) Jugements prononçant sursis au concordat ou admission provisionnelle de créanciers contestés. — 5. Les dispositions qui interdisent l'appel contre un jugement, étant exceptionnelles et dérogatoires au droit commun, ne peuvent être étendues d'un cas à un autre. En conséquence, le jugement qui refuse le sursis au concordat demandé par un créancier n'est pas, comme le jugement qui prononce le sursis, affranchi de toute voie de recours : il est notamment susceptible d'appel. — Paris, 28 avr. 1857 [S. 57. 2. 452, P. 57. 1. 211] — Caen, 20 janv. 1868 [S. 69. 2. 11, P. 69. 95, D. P. 69. 2. 100] — *Sic*, Renouard, t. 2, p. 407 ; Bravard et Demangeat, t. 5, p. 671.

6. Mais la disposition de notre article qui interdit l'opposition et l'appel contre les jugements prononçant l'admission provisionnelle de créanciers contestés s'étend aux jugements ordonnant, par suite d'une telle admission, qu'il sera passé outre aux opérations de la faillite, et spécialement au concordat. — Paris, 18 oct. 1854 [S. 57. 2. 142, P. 56. 2. 548, D. P. 56. 2. 43]

δ) Jugements sur les recours contre les ordonnances du juge-commissaire dans les limites de ses attributions. — 7. Notre article donne un exemple de ces jugements en mentionnant, dans son troisième paragraphe, les jugements autorisant la vente des effets ou marchandises du failli. Mais ces jugements ne sont inattaquables qu'autant que le juge-commissaire a statué dans les limites de ses attributions : ils pourraient donc être attaqués pour incompétence ou pour excès de pouvoirs. — *Sic*, notre *Rép. gén. alph. du dr. fr.*, v° *Appel* (mat. civ.), n. 1064.

8. Jusqu'à la loi du 4 mars 1889, on décidait que le jugement qui statuait sur les honoraires des syndics était susceptible d'appel. — Cass., 17 mars 1875 [S. 75. 1. 160, P. 75. 378, D. P. 75. 1. 232] — Rennes, 22 déc. 1841 [S. 42. 2. 62] — Nancy, 2 mai 1867 [S. 68. 2. 118, P. 68. 575, D. P. 67. 2. 83] — *Sic*, Alauzet, t. 8, n. 2867 ; Bédarride, t. 1, n. 229 ; Esnault, t. 2, n. 287 ; Laroque-Sayssinel et Dutruc, t. 2, n. 472.

9. Mais l'art. 15 de ladite loi, applicable à la faillite comme à la liquidation judiciaire, ayant décidé que les honoraires des syndics ou liquidateurs seraient taxés par le juge-commissaire sauf recours au tribunal de commerce, il en résulte que le jugement rendu en cette matière par le tribunal tombe sous le coup de notre article et ne peut être attaqué par aucune voie de recours. — *Sic*, notre *Rép. gén. alph. du dr. fr.*, v° *Faillite*, n. 1730.

§ 2. *Jugements susceptibles d'appel.*

10. Notre article dérogeant au droit commun doit être interprété dans un sens strictement limitatif. En conséquence, il ne saurait être appliqué au juge-

ment qui statue sur l'excusabilité du failli. Ce jugement ne peut sans doute être frappé d'opposition, attendu que ni le failli, ni les créanciers n'y sont appelés et qu'ainsi il ne peut être rendu par défaut. Mais il est toujours susceptible d'appel, et cet appel peut être interjeté soit par le failli, soit individuellement par les créanciers. — Bourges, 11 févr. 1851 [S. 52. 2. 81, P. 51. 1. 225, D. P. 51. 2. 87]; 28 nov. 1863 [S. 64. 2. 38, P. 64. 385] — Orléans, 4 mai 1852 [S. 53. 2. 140, P. 52. 2. 34, D. P. 53. 2. 206] — Paris, 19 août 1852 [S. 52. 2. 518, P. 52. 2. 699, D. P. 53. 2. 70]; 31 déc. 1853 [S. 54. 2. 123, P. 54. 2. 515, D. P. 55. 2. 102]; 8 janv. 1864 [S. 64. 2. 38, P. 64. 385, D. P. 64. 5. 178] — Nîmes, 13 juin 1853 [S. 53. 2. 409, P. 54. 2. 515, D. P. 53. 2. 207] — Douai, 29 déc. 1862 [S. 64. 2. 38, P. 64. 385] — *Sic*, Renouard, t. 2, n. 167; Esnault, t. 2, n. 500, et t. 3, n. 677, *in fine*; Alauzet, t. 8, n. 2860; Laroque-Sayssinel et Dutruc, t. 2, n. 1829; Bravard et Demangeat, t. 5, p. 666; et notre *Rép. gén. alph. du dr. fr.*, v[is] *Appel* (mat. civ.), n. 1065, et *Faillite*, n. 4292.

11. De même est susceptible d'appel, mais non d'opposition, le jugement qui statue sur l'homologation du concordat. — V. *suprà*, art. 513, n. 30 et s.

TITRE II

DES BANQUEROUTES

CHAPITRE PREMIER.

DE LA BANQUEROUTE SIMPLE.

ART. **584**. Les cas de banqueroute simple seront punis des peines portées au Code pénal, et jugés par les tribunaux de police correctionnelle, sur la poursuite des syndics, de tout créancier, ou du ministère public. — C. comm., 51, 89, 527, 585 et s., 589, 591, 612; C. instr. crim., 179 et s., 637, 638; C. pén., 3, 59, 402, 404.

INDEX ALPHABÉTIQUE.

DIVISION

§ 1. *Généralités.*
§ 2. *Poursuites.*

---

§ 1. *Généralités.*

1. En matière de banqueroute simple, la tentative n'est pas assimilée au délit consommé : l'art. 3, C. pén., décide en effet que « les tentatives de délit ne sont considérées comme délits que dans les cas déterminés par une disposition spéciale de la loi » ; or cette disposition fait ici défaut. — *Sic*, Bravard et Demangeat, t. 6, p. 55; Renouard, t. 2, p. 448 ; Lyon-Caen et Renault, t. 8, n. 944; Garraud, *Tr. du dr. pén. français*, t. 5, n. 354 ; et notre *Rép. gén. alph. du dr. fr.*, v° *Banqueroute*, n. 206. — Sur les peines de la banqueroute simple, V. notre *Code pénal annoté*, art. 402. — Sur la faillite des agents de change et les pénalités qu'elle entraîne, V. *suprà*, art. 89, et notre *Code pénal annoté*, art. 404.

2. D'autre part, en matière de banqueroute simple, la complicité n'est pas punissable. Il est vrai que l'art. 59, C. pén., assimile d'une manière générale, les auteurs et les complices d'un crime ou d'un délit. Mais il y a lieu d'observer que le Code de commerce de 1808 excluait formellement la complicité en matière de banqueroute simple ou frauduleuse et que la loi de 1838 ne l'admet que pour la banqueroute frauduleuse. D'où il suit que la complicité ne saurait être admise pour la banqueroute simple, qui rentre ainsi dans la disposition finale de l'art. 59, C. pén. : « à moins que la loi n'en ait autrement disposé. » Et cette interprétation doit d'autant mieux être admise que la plupart des faits constitutifs de banqueroute simple sont essentiellement personnels au failli et ne comportent pas de complicité. — Cass., 10 oct. 1844 [S. 44. 1. 750, P. 45. 1. 342, D. P. 45. 1. 24] — *Sic*, Chauveau, F. Hélie et Villey, t. 5, n. 1962 ; Blanche, t. 6, n. 136 ; Garraud, t. 5, n. 355 ; Bravard et Demangeat, t. 6, p. 55; Esnault, t. 3, n. 698 ; Boistel, n. 1088; Lyon-Caen et Renault, t. 8, n. 945 ; Thaller, n. 2167 ; et notre *Rép. gén. alph. du dr. fr.*, v° *cit.*, n. 207. — *Contrà*, Pardessus, n. 1308 ; Ruben de Couder, v° *Banqueroute*, n. 53.

3. Mais les coauteurs seraient punissables comme le failli lui-même. — Jugé en ce sens, que la concubine qui, en se présentant comme femme légitime de celui avec qui elle vit, s'associe aux actes de son commerce, et donne son propre nom à l'établissement qu'ils exploitent en commun, est tenue, au point de vue pénal, en sa qualité d'associée de fait, des mêmes obligations que son coassocié, et se rend, faute de les accomplir, passible des peines concernant la banqueroute. — Cass., 8 août 1867 [S. 68. 1. 349, P. 68. 912, D. P. 68. 1. 41]

§ 2. *Poursuites.*

4. Lorsque le failli a été poursuivi pour l'un des faits constitutifs de la banqueroute simple et qu'il a été acquitté, il ne peut plus être poursuivi à raison de ce même fait, même devant une juridiction différente. — Jugé en ce sens, que, lorsqu'un commerçant a été déclaré en faillite par deux tribunaux appartenant à des arrondissements différents à raison d'actes de commerce se rattachant à un même ensemble d'opérations commerciales, il ne peut, après avoir été l'objet d'une poursuite en banque-

route simple terminée par une ordonnance de non-lieu dans l'arrondissement où la première faillite a été déclarée, être ensuite traduit sous la même prévention et pour les mêmes faits devant le tribunal correctionnel de l'arrondissement dans lequel la seconde faillite a été déclarée. — Trib. Alençon, 18 déc. 1883 [*J. des faill.*, 85. 547]

5. Mais le failli, acquitté sur un des faits constitutifs de la banqueroute, peut de nouveau être poursuivi pour un autre fait. — Bordeaux, 13 juin 1877 [*Rec.* de cette cour, 77. 149] — *Sic*, Demangeat sur Bravard, t. 6, p. 53 et s.; Blanche, t. 6, n. 133; Garraud, t. 5, n. 359; et notre *Rép. gén. alph. du dr. fr.*, *v° cit.*, n. 99 et s. — *Contrà*, Aix, 9 août 1837 [S. 38. 2. 127, P. 37. 2. 531, D. *Rép.*, v° *Chose jugée*, n. 483] — *Adde*, Bédarride, n. 1234; Laroque-Sayssinel, t. 2, n. 1869; Alauzet, t. 8, n. 2865.

6. D'autre part, la banqueroute simple et la banqueroute frauduleuse constituant deux infractions distinctes l'une de l'autre, il s'ensuit que le commerçant acquitté du chef de la banqueroute frauduleuse peut être poursuivi pour banqueroute simple, et réciproquement, si la nouvelle poursuite est fondée sur des faits différents. — Jugé en ce sens, que, lorsque la cour d'assises est saisie du délit de banqueroute simple comme connexe du crime de banqueroute frauduleuse, l'acquittement de l'accusé sur le chef de banqueroute frauduleuse ne lui enlève pas le droit de statuer sur le délit, si l'accusé en est déclaré convaincu. — Cass., 18 nov. 1813 [S. et P. chr., D. *Rép*, v° *Acte de commerce*, n. 220]

7. Spécialement, le failli acquitté d'une accusation de banqueroute frauduleuse motivée sur le défaut de registres ou sur le fait d'avoir caché ses registres, peut, sans violation de la maxime *non bis in idem*, être ensuite poursuivi comme prévenu de banqueroute simple pour n'avoir point tenu de registres ou pour les avoir tenus irrégulièrement. — Metz, 18 déc. 1826 [P. chr., D. *Rép.*, v° *Faillite*, n. 1409] — Montpellier, 14 août 1837 [P. 37. 2. 532, D. *Rép.*, *v° cit.*, n. 1404-2°]

8. De même, l'individu acquitté sur la prévention de banqueroute frauduleuse fondée sur ce qu'il avait présenté dans ses comptes des dépenses simulées, peut être poursuivi pour délit de banqueroute simple résultant de ce qu'il a fait dans sa maison des dépenses excessives. — Montpellier, 14 août 1837, précité.

9. Il en est ainsi surtout, alors que la poursuite correctionnelle avait été réservée par l'arrêt de mise en accusation. — Cass., 13 août 1825 [S. et P. chr., D. *Rép.*, v° *Chose jugée*, n. 482-2°]

10. ... Ou bien encore si les faits constitutifs du délit de banqueroute simple n'ont été soumis à aucun point de vue à l'appréciation du jury. — Montpellier, 14 août 1837, précité. — Toulouse, 13 mars 1839 [P. 44. 1. 326, D. *Rép.*, *v° cit*, n. 587]

11. Aux termes de notre article, la poursuite de banqueroute simple peut être exercée, conformément au droit commun, soit par le ministère public, soit par le syndic qui doit alors être autorisé conformément à l'art. 589 ci-après, soit par un créancier agissant individuellement. — V. notre *Rép. gén. alph. du dr. fr.*, *v° cit.*, n. 106 et s.

12. Tout créancier a donc le droit de poursuivre par voie de citation directe le failli devant le tribunal correctionnel ou de se porter partie civile sur la poursuite dirigée contre lui par le ministère public pour banqueroute simple. — Paris, 2 sept. 1833 [P. chr., D. *Rép.*, v° *Faillite*, n. 1442] — Aix, 6 août 1897 [S. et P. 98. 2. 101] — *Sic*, Alauzet, t. 8, n. 2866; Lyon-Caen et Renault, t. 8, n. 948; Esnault, t. 3, n. 696; Bédarride, t. 3, n. 1211; Gadrat, p. 574; Renouard, t. 2, p. 433; Laroque-Sayssinel et Dutruc, t. 2, n. 1903 et s.; Mangin et Sorel, *Tr. de l'act. publ.*, t. 1, n. 126; Ruben de Couder, v° *Banqueroute*, n. 16; et notre *Rép. gén. alph. du dr. fr.*, *v° cit.*, n. 118 et s.

13. Et ce droit doit à plus forte raison être reconnu aux créanciers lorsque la faillite a été clôturée pour cause d'insuffisance d'actif, la clôture pour cause d'insuffisance d'actif ayant pour effet de faire rentrer les créanciers dans l'exercice de leurs actions individuelles tant contre les biens que contre la personne du failli. — Aix, 6 août 1897, précité. — Sur les effets de la clôture de la faillite pour insuffisance d'actif, V. *suprà*, art. 527, n. 3 et s.

14. Jugé d'autre part, que le cessionnaire d'une créance contre le failli cédée antérieurement à la faillite est recevable à se joindre comme créancier aux poursuites en banqueroute simple exercées contre ledit failli, alors même que la cession n'aurait été ni enregistrée, ni signifiée, si le prévenu n'a pas fait de ce non-enregistrement et de cette non-signification l'objet d'une fin de non-recevoir devant le juge du fond. — Cass., 7 déc. 1866 [D. P. 67. 2. 206]

15. Mais les tribunaux répressifs, saisis d'une poursuite pour banqueroute contre un failli, sont incompétents pour accorder des dommages-intérêts aux créanciers qui se sont portés partie civile sur cette poursuite : il serait en effet contraire à l'équité qu'un créancier pût obtenir personnellement des dommages-intérêts et se créer ainsi une situation privilégiée à raison d'un fait qui préjudicie aux autres créanciers comme à lui-même. — Cass., 7 nov. 1840 [S. 41. 1. 84, P. 41. 2. 393, D. *Rép.*, v° *Faillite*, n. 1442]; 3 juill. 1841 [P. 43. 2. 860, D. *Rép.*, *v° cit.*, n. 1476] — *Sic*, Alauzet, t. 8, n. 2886; Boistel, n. 1100; Bravard et Demangeat, t. 6, p. 155 et s.; Esnault, t. 3, n. 696 et 705; Bédarride, t. 3, n. 1303; Boulay-Paty, t. 2, n. 1201; Renouard, t. 2, p. 497 et s.; Laroque-Sayssinel et Dutruc, t. 2, n. 1871 et 2001; Rousseau et Defert, *Code ann. des faill.*, sur l'art. 601, n. 8 et 9; Dutruc, v° *Banqueroute*, n. 6; Ruben de Couder, v° *Banqueroute*, n. 86; Le Sellyer, *Tr. de la comp. et de l'organ. des trib. chargés de la répression*, t. 2, n. 1151; et notre *Rép. gén. alph. du dr. fr.*, *v° cit.*, n. 120 et s. — V. cependant *Contrà*, pour le cas de banqueroute frauduleuse, Gadrat, *Tr. des faill. et banquer.*, p. 593.

16. Et il en est ainsi, par identité de motifs, après la clôture de la faillite pour cause d'insuffisance d'actif. Jugé à cet égard, que la clôture pour insuffisance d'actif ayant pour effet, non pas de faire cesser l'état de faillite, mais de mettre un terme à ses opérations, on ne saurait reconnaître aux créanciers le droit de réclamer devant la juridiction répressive, saisie de la poursuite pour banqueroute simple, sous forme de dommages-intérêts, le montant de leur créance contre le failli ; d'une part, c'est au tribunal de commerce seul qu'il appartient de statuer sur la collocation des créances contre la faillite; et, d'autre part, le tribunal de police correctionnelle, en cas de poursuites pour banqueroute, est incompétent pour connaître d'une action civile qui prend sa source dans la faillite. — Aix, 6 août 1897 [S. et P. 98. 2. 101]

17. L'action en banqueroute simple, comme toute action correctionnelle, est soumise à la prescription de trois ans (art. 637 et 638, C. instr. crim.). Cette prescription a pour point de départ, soit le jour de la cessation des paiements, c'est-à-dire le jour de la faillite virtuelle, s'il s'agit de faits antérieurs, tels que des dépenses excessives ou l'irrégularité de la tenue des livres,... soit le jour où l'infraction a été commise, s'il s'agit de faits postérieurs à la cessation des paiements, tels par exemple que le fait de n'avoir pas déposé son bilan dans le délai légal, ou même le fait d'avoir payé son créancier au préjudice de la masse. — Cass., 22 janv. 1847 [S. 47. 1. 472, P. 47. 1. 568, D. P. 47. 1. 258]; 9 juin 1864 [S. 64. 1. 343, P. 64. 1031, D. P. 64. 1. 449] — *Sic*, Bédarride, t. 3, n. 1264; Laroque-Sayssinel et Dutruc, t. 2, n. 1875; Lyon-Caen et Renault, t. 8, n. 850; et notre *Rép. gén. alph. du dr. fr.*, v° *cit.*, n. 231 et s. — *Contrà*, Gadrat, p. 582.

18. Spécialement jugé, que la prescription du délit de banqueroute simple à l'égard du prévenu qui, ayant continué ses affaires depuis sa cessation de paiements jusqu'à la déclaration de sa faillite, a commis pendant cet intervalle les infractions constitutives de la banqueroute, court, non du jour de la cessation de ses paiements, mais seulement de celui de ces infractions. — Cass., 9 juin 1864, précité.

Art. **585**. Sera déclaré banqueroutier simple tout commerçant failli qui se trouvera dans un des cas suivants :

1° Si ses dépenses personnelles ou les dépenses de sa maison sont jugées excessives ;

2° S'il a consommé de fortes sommes, soit à des opérations de pur hasard, soit à des opérations fictives de bourse ou sur marchandises ;

3° Si, dans l'intention de retarder sa faillite, il a fait des achats pour revendre au-dessous du cours; si, dans la même intention, il s'est livré à des emprunts, circulation d'effets, ou autres moyens ruineux de se procurer des fonds ;

4° Si, après cessation de ses payements, il a payé un créancier au préjudice de la masse. — C. comm., 89, 437, 446 et s.; L. 8 avr. 1885.

INDEX ALPHABÉTIQUE.

DIVISION

α) Dépenses personnelles ou de maison jugées excessives.

β) Opérations fictives ou de pur hasard.

γ) Achats pour revendre au-dessous du cours, emprunts, circulation d'effets ou autres moyens ruineux pour retarder la faillite.

δ) Paiement après la cessation des paiements et au préjudice de la masse.

1. Les cas de banqueroute simple sont classés par les art. 585 et 586 en deux catégories. Il y a d'abord des cas où le failli doit être condamné comme banqueroutier simple par cela seul que le juge constate l'existence des faits prévus par la loi : ces cas de banqueroute simple obligatoire sont énumérés par notre article. Il y a ensuite d'autre cas, énumérés par l'art. 586, où le juge, suivant son appréciation, reste libre de ne prononcer aucune condamnation, et cela sans être tenu de motiver à cet égard son jugement. — Cass., 9 mars 1883 [D. *Rép.*, *Suppl.*, v° *Faillite*, n° 1408] — V. aussi Lyon-Caen et Renault, t. 8, n. 940; Garraud, t. 5, n. 347.

2. Au surplus, qu'il s'agisse de banqueroute simple obligatoire ou de banqueroute simple facultative, la fraude n'est jamais nécessaire pour constituer le délit; la faute suffit. — Cass., 2 juin 1870 [S. 70. 1. 412, P. 70. 1052, D. P. 70. 1. 286]

α) *Dépenses personnelles ou de maison jugées excessives.* — 3. Il appartient aux tribunaux d'apprécier si les dépenses personnelles du failli ou de sa maison sont excessives : leur décision est à cet égard souveraine et échappe à la censure de la Cour de cassation. — Cass., 29 juin 1883 [*J. des faill.*, 83. 353] — Trib. corr. Chambéry, 2 févr. 1888 [D. *Rép.*, *Suppl.*, v° *cit.*, n. 1410]

β) *Opérations fictives ou de pur hasard.* — 4. Par opérations fictives, on doit entendre les opérations qui, se présentant sous l'apparence de marchés à terme ou de marchés à livrer, ne doivent cependant pas, d'après la commune intention des parties, aboutir à une livraison, mais seulement se résoudre en un simple paiement de différences suivant la hausse ou la baisse des cours. La loi du 8 avr. 1885, qui a exclu pour ces sortes d'opérations l'exception de jeu, n'a porté aucune atteinte au pouvoir qui appartient aux tribunaux d'apprécier leur caractère fictif au point de vue de l'application des peines de la banqueroute simple. — *Sic*, Lyon-Caen et Renault, t. 8, n. 941-2°; Bravard et Demangeat, t. 6, p. 30; Garraud, t. 5, n. 349-2°.

5. Quant aux opérations de pur hasard, il ne faut

pas les confondre avec les opérations hasardées ou simplement aléatoires : car autrement toute opération de commerce, par cela seul qu'elle présente un caractère d'incertitude dans ses résultats, serait de nature à entraîner la banqueroute simple. On doit donc entendre par opérations de pur hasard les opérations qui sont de pure spéculation et dans lesquelles le hasard joue le rôle principal. — Ainsi sera passible de la banqueroute simple le négociant au-dessous de ses affaires qui engage des capitaux considérables dans l'achat ou la revente d'actions soumises à des fluctuations exorbitantes de hausse et de baisse. — Trib. corr. Chambéry, 2 févr. 1888, précité.

6. De même il a été décidé qu'on ne pouvait comprendre parmi les opérations de pur hasard interdites par la loi, ni la facilité à donner des signatures de crédit et de circulation, ni le fait d'expédier des marchandises sans les avoir fait préalablement assurer ou d'être soi-même son assureur, en un mot de courir tous les risques pour recueillir tous les bénéfices, une pareille spéculation étant permise et même préférée par plusieurs bons négociants. — Rennes, 7 janv. 1811 [S. et P. chr.]

7. Au surplus, il appartient aux tribunaux d'apprécier souverainement le caractère des opérations incriminées et de trancher la question de savoir si le failli y a consacré des sommes assez fortes pour motiver les peines de la banqueroute. — *Sic*, Garraud, *loc. cit.*

γ) *Achats pour revendre au-dessous du cours, emprunts, circulation d'effets ou autres moyens ruineux pour retarder la faillite.* — 8. L'énumération du troisième alinéa de notre article n'est pas limitative : du moment que le failli a employé un moyen ruineux, quel qu'il soit, pour retarder sa faillite, il devient par là passible de la banqueroute simple. Jugé, en ce sens, que le commerçant qui, se trouvant au-dessous de ses affaires, n'a, pendant plusieurs années, soutenu son crédit et retardé sa faillite que par la création d'effets de commerce et leur renouvellement à chaque échéance, a été à bon droit déclaré banqueroutier. — Rennes, 17 janv. 1849 [S. 52. 2. 301, D. P. 51. 2. 104] — Nancy, 16 mai 1882 [*J. des faill.*, 82. 356] — Trib. corr. de Chambéry, 2 févr. 1888, précité.

9. Jugé également, qu'on doit considérer comme banqueroutier simple le commerçant qui, dans l'intention de retarder sa faillite, s'est livré à une circulation de traites tirées par lui sur un tiers qui ne lui devait rien et qui consentait néanmoins à apposer sur lesdites traites des acceptations sans caractère sérieux ; et qu'il en est ainsi, alors même que le tireur a déposé chez le tiré des marchandises avec mandat de les vendre, et que, pour chaque trimestre, les traites tirées ont été notablement inférieures à la valeur des marchandises déposées, du moment que le tiré ne devait tenir compte au tireur du prix des marchandises qu'après la vente effectuée, qu'en cas de non-vente le tireur faisait lui-même les fonds à l'échéance et que les acceptations apposées par le tireur sur les traites n'étaient ainsi que des acceptations de pure complaisance. — Cass., 14 mai 1886 [*J. des faill.*, 86. 261, *Bull. crim.*, n. 177, p. 284]

10. Mais pour que les actes énumérés par notre article puissent motiver une condamnation pour banqueroute simple, il faut nécessairement que ces actes aient été accomplis par le failli dans le but de retarder sa faillite. — Jugé à cet égard, que l'arrêt qui, en relevant à la charge du failli des moyens ruineux pour se procurer des fonds, ne constate pas qu'il ait agi ainsi dans l'intention de retarder sa faillite, ne peut de ce chef prononcer une condamnation pour banqueroute simple. — Cass., 29 juin 1883 [D. *Rép.*, *Suppl.*, v° *Faillite*, n. 1415]

11. Jugé également, qu'il ne suffit pas, pour qu'un commerçant doive être déclaré banqueroutier simple, dans les termes de l'art. 585-3°, C. comm., qu'il se soit livré à une circulation d'effets atteignant un chiffre considérable ; il faut encore que cette circulation d'effets ait eu lieu dans l'intention de retarder sa faillite. — Lyon, 27 juin 1899 [S. et P. 99. 2. 272, D. P. 1900. 2. 127]

12. En conséquence, ne saurait être déclaré banqueroutier simple le commerçant qui ne s'est livré à une circulation d'effets considérable que dans le but de se procurer des ressources pour faire face à ses goûts de luxe exagéré et de débauche. — Même arrêt.

δ) *Paiement après la cessation des paiements au préjudice de la masse.* — 13. Il résulte du quatrième alinéa de notre article que deux conditions sont nécessaires pour qu'un paiement effectué par le failli puisse motiver la banqueroute simple. Il faut d'abord que ce paiement ait eu lieu au préjudice de la masse. Peu importe, d'ailleurs que le failli ait eu ou non l'intention de nuire à la masse : il suffit, mais il faut, qu'un préjudice ait été causé à celle-ci. Aussi, dans le cas où le failli aurait payé après cessation de ses paiements un créancier hypothécaire ou privilégié venant en rang utile, il n'encourrait pas la banqueroute simple. — Cass., 9 mars 1883 [*J. des faill.*, 83. 148] — *Sic*, Bédarride, t. 3, n. 1225 ; Laroque-Sayssinel, t. 2, n. 1882 ; Bravard et Demangeat, t. 6, p. 39 ; Gadrat, p. 565 ; Lyon-Caen et Renault, t. 8, n. 941-4° ; Garraud, t. 5, n. 349-4° ; et notre *Rép. gén. alph. du dr. fr.*, *v° cit.*, n. 163 et s.

14. Il faut ensuite que ce paiement soit postérieur à la cessation des paiements. C'est d'ailleurs au tribunal correctionnel qu'il appartient de fixer souverainement l'époque de cette cessation de paiements. — Jugé en ce sens, que les tribunaux de répression ne sont pas liés par la déclaration du tribunal de commerce sur l'époque de la cessation des paiements, et qu'ils peuvent considérer comme constitutifs de la banqueroute simple des paiements antérieurs à la date fixée par le tribunal de commerce comme étant celle de la cessation des paiements. — Cass., 10 mars 1870 [D. *Rép.*, *Suppl.*, *v° cit.*, n. 1397] — Sur le droit pour les tribunaux répressifs de prononcer la banqueroute simple ou frauduleuse même en dehors des décisions des tribunaux de commerce, V. *suprà*, art. 437, n. 129 et s.

15. Mais dès que ces deux conditions sont réunies, notre article doit recevoir son application. Peu importe, que le paiement soit maintenu ou annulé en vertu des art. 446 et s., C. comm. — *Sic*, Lyon-Caen et Renault, t. 8, n. 941, *in fine ;* Garraud, t. 5, n. 349, p. 363, note 1.

16. Peu importe également l'intention du failli. — Jugé en ce sens, que le tribunal correctionnel, qui reconnaît qu'un failli a désintéressé un de ses créanciers postérieurement à la cessation de ses paiements et au préjudice de la masse, ne peut, sur le motif que ce failli n'a eu d'autre intention que d'éviter la déclaration de faillite, se dispenser de le déclarer banqueroutier simple et de lui faire application de la loi pénale. — Cass., 30 juill. 1841 [S. 42. 1. 479, P. 42. 1. 320, D. *Rép.*, *v° cit.*, n. 1416]

ART. **586**. Pourra être déclaré banqueroutier simple tout commerçant failli qui se trouvera dans un des cas suivants :

1° S'il a contracté, pour le compte d'autrui, sans recevoir des valeurs en échange, des engagements jugés trop considérables eu égard à sa situation lorsqu'il les a contractés ;

2° S'il est de nouveau déclaré en faillite sans avoir satisfait aux obligations d'un précédent concordat ;

3° Si, étant marié sous le régime dotal, ou séparé de biens, il ne s'est pas conformé aux articles 69 et 70;

4° (*Ainsi modifié, L. 4 mars 1889,* art. 23). Si, dans les quinze jours de la cessation de ses payements, il n'a pas fait au greffe la déclaration exigée par les articles 438 et 439 ou si cette déclaration ne contient pas les noms de tous les associés solidaires ;

5° Si, sans empêchement légitime, il ne s'est pas présenté en personne aux syndics dans les cas ou dans les délais fixés, ou si, après avoir obtenu un sauf-conduit, il ne s'est pas présenté à la justice ;

6° S'il n'a pas tenu de livres et fait exactement inventaire ; si ses livres ou inventaires sont incomplets ou irrégulièrement tenus, ou s'ils n'offrent pas sa véritable situation active ou passive, sans néanmoins qu'il y ait fraude. — C. civ., 1536, 1540 ; C. comm., 8 et s., 65 et s., 437, 472 et s., 520 et s.

INDEX ALPHABÉTIQUE.

DIVISION

α) Engagements pour autrui sans valeurs en échange.

β) Nouvelle faillite après concordat.

γ) Défaut de publication du contrat de mariage.

δ) Défaut de déclaration de cessation des paiements.

ε) Défaut de présentation du failli devant la justice.

θ) Défaut de livres, ou irrégularités dans leur tenue.

α) *Engagements pour autrui sans valeurs en échange.* — 1. Le premier alinéa de notre article vise spécialement les effets de complaisance qui auraient été créés par le failli, non plus pour les besoins de son commerce, mais pour le compte d'autrui et qui impliqueraient de sa part des engagements trop considérables eu égard à sa situation. — *Sic*, Lyon-Caen et Renault, t. 8, n. 942-1° ; Garraud, t. 5, n. 350-1° ; et notre *Rép. gén. alph. du dr. fr.* v° *Banqueroute*, n. 169.

2. Notre article s'appliquerait encore dans le cas d'abandons ou de remises de fonds consentis par le failli à un tiers sans réception de valeurs en échange, lorsque leur importance par rapport à sa situation ne permet pas de les considérer comme de simples actes de générosité. — Cass., 21 nov. 1879 [*Bull. crim.*, n. 198]

β) *Nouvelle faillite après concordat.* — 3. Le deuxième alinéa de notre article ne distinguant pas à cet égard, il en résulte que la banqueroute simple peut être prononcée, quelle que soit la cause de la nouvelle faillite. — Jugé en ce sens, que le failli concordataire déclaré de nouveau en faillite « pour n'avoir pas satisfait aux obligations de son concordat, » encourt les peines de la banqueroute simple, au même titre que si la nouvelle faillite avait été prononcée à défaut de paiement de dettes postérieures au concordat. — Cass., 2 juin 1870 [S. 70. 1. 412, P. 70. 1052, D. P. 70. 1. 286] — *Sic*, Bédarride, t. 3, n. 1230 ; Laroque-Sayssinel et Dutruc, t. 2, n. 1884 ; Lyon-Caen et Renault, t. 8, n. 942-2° ; Blanche, t. 6, n. 125; Garraud, t. 5, n. 350-2° ; et notre *Rép. gén. alph. du dr. fr.*, v° *cit.*, n. 172 et s.

4. Mais notre article serait inapplicable dans le cas où le concordat aurait été annulé pour cause de dol. Ici en effet, l'annulation du concordat ne provient plus de l'inexécution par le failli de ses obligations, mais d'un vice inhérent au contrat lui-même, vice qui pourrait d'ailleurs motiver une poursuite en banqueroute frauduleuse contre le failli. — *Sic*, Lyon-Caen et Renault, *loc. cit.*; Garraud, *loc. cit.*

5. Au surplus, le failli qui, bien que non dégagé des liens de la faillite, se livre de nouveau au commerce, est tenu, au point de vue pénal, des mêmes obligations que le commerçant non failli. — Et, dès lors, s'il n'a pas rempli les obligations prescrites à tout commerçant, il est passible, en cas de nouvelles cessations de paiements, des peines édic-

tées contre la banqueroute. — Cass., 8 août 1867 [S. 68. 1. 349, P. 68. 912]

γ) *Défaut de publication du contrat de mariage.* — 6. Pour qu'il y ait lieu à la banqueroute simple, il faut que le commerçant qui n'a pas fait publier son contrat de mariage ait pu se croire commerçant. Jugé, sous l'empire du Code de 1808, qu'on ne peut déclarer banqueroutier frauduleux (aujourd'hui banqueroutier simple), pour n'avoir pas fait publier son contrat de mariage dans le délai prescrit, un failli qui était horloger dans la vallée d'Auge et qui ne se croyait pas marchand, ainsi que pouvaient l'autoriser à le penser des arrêts ou des actes administratifs qui l'avaient déchargé de la patente. — Caen, 15 avr. 1823 [P. chr., D. *Rép.*, v° *Faillite*, n. 774]

δ) *Défaut de déclaration de cessation des paiements.* — 7. Il a été jugé à cet égard, que la loi du 9 mai 1871 sur les concordats amiables, n'a nullement modifié les art. 438 et 586, § 4, C. comm., sur le délai dans lequel le dépôt du bilan doit être opéré, et que, même sous l'empire de cette loi, le défaut de déclaration de la cessation de paiements dans le délai légal a pu motiver une condamnation pour banqueroute simple. — Cass., 7 févr. 1874 [S. 74. 1. 403, P. 74. 966, D. P. 76. 1. 140]

ε) *Défaut de présentation du failli devant la justice.* — 8. La disparition du failli ne suffirait pas à elle seule pour constituer la banqueroute simple : il faut de plus, pour que le délit existe, que le failli ne se soit pas présenté en personne aux syndics dans les cas et délais fixés par la loi. — Cass., 17 mai 1866 [D. P. 66. 5. 217]

9. Le failli est obligé sous peine de banqueroute simple, de se présenter en personne aux syndics, alors même qu'il n'a pas obtenu de sauf-conduit : c'est ce qui résulte de l'art. 475, C. comm., qui n'admet le failli à comparaître devant les syndics par fondé de pouvoirs que s'il justifie d'une cause d'empêchement légitime. — *Sic*, Lyon-Caen et Renault, t. 8, n. 942-5°; Garraud, t. 5, n. 350-5°.

θ) *Défaut de livres ou irrégularités dans leur tenue.* — 10. De la disposition générale du dernier alinéa de notre article, il résulte qu'un négociant failli peut être déclaré banqueroutier s'il n'a pas tenu le livre d'inventaire prescrit par l'art. 9, C. comm., et si, au lieu du livre-journal prescrit par l'art. 8, il n'a tenu qu'un registre de mains détachées, connu sous le nom de brouillard. — Orléans, 15 nov. 1835 [P. chr., D. *Rép.*, *v° cit.*, n. 1432]

11. Même solution dans le cas où le failli n'a pas tenu un livre d'inventaire, encore bien qu'il soit muni de tous les livres auxiliaires propres à établir le bilan de sa situation commerciale, et alors même que, dans le commerce spécial qu'il exerce, il serait d'usage de supprimer la tenue du livre d'inventaire. — Cass., 8 déc. 1849 [P. 51. 1. 480, D. P. 50. 5. 224]

12. De même, c'est à bon droit qu'un commerçant failli est déclaré en état de banqueroute simple, lorsque l'arrêt constate, en fait, que ses écritures étaient irrégulières et que, dans un espace de trente-deux ans, il n'a dressé que trois inventaires partiels relatifs à des marchandises, et pas un seul remplissant les conditions exigées par l'art. 9, C. comm. — Cass., 7 févr. 1874 [S. 74. 1. 403, P. 74. 976, D. P. 76. 1. 140]

13. Jugé également, que le commerçant qui a continué ses affaires depuis la cessation de ses paiements peut être l'objet de poursuites pour banqueroute simple, aussi bien à raison des faits d'omission d'inventaire ou de défaut de tenue des livres prescrits, qui sont postérieurs à cette cessation de paiements, qu'à raison des omissions semblables qui lui sont antérieures. — Cass., 9 juin 1864 [S. 64. 1. 343, P. 64. 1031, D. P. 64. 1. 449]

14. D'autre part, la simple négligence ou le manque de surveillance du failli dans la tenue de ses livres suffit, indépendamment de toute pensée de fraude ou de mauvaise foi, pour constituer le délit de banqueroute simple. — Cass., 24 nov. 1836 [S. 37. 1. 38, D. *Rép.*, *v° cit.*, n. 1430]; 21 août 1852 [D. P. 61. 5. 224] — Amiens, 16 janv. 1837 [P. 37. 1. 470]

15. Le jugement qui, pour condamner un individu du chef de banqueroute simple, retient, comme motif de sa décision, le fait par le prévenu d'avoir intentionnellement fait ressortir par ses écritures une situation autre que sa situation véritable, vise à la fois, dans ses constatations, l'élément matériel et l'élément moral du délit qu'il qualifie. — Cass., 20 oct. 1899 [S. et P. 1901. 1. 543]

Art. **587**. Les frais de poursuite en banqueroute simple intentée par le ministère public ne pourront, en aucun cas, être mis à la charge de la masse.

En cas de concordat, le recours du Trésor public contre le failli pour ses frais ne pourra être exercé qu'après l'expiration des termes accordés par ce traité. — C. comm., 590, 592.

Art. **588**. Les frais de poursuite intentée par les syndics, au nom des créanciers, seront supportés, s'il y a acquittement, par la masse, et s'il y a condamnation, par le Trésor public, sauf son recours contre le failli, conformément à l'article précédent.

Art. **589**. Les syndics ne pourront intenter de poursuite en banqueroute simple, ni se porter partie civile au nom de la masse, qu'après y avoir été autorisés par une délibération prise à la majorité individuelle des créanciers présents. — C. instr. crim., 63.

Art. **590**. Les frais de poursuite intentée par un créancier seront supportés, s'il y a condamnation, par le Trésor public, s'il y a acquittement, par le créancier poursuivant.

1. Le prévenu déclaré coupable de banqueroute simple doit être condamné aux dépens comme toute partie qui succombe, sauf à être fait état, s'il y a lieu, pour l'exécution de cette condamnation, des dispositions spéciales de l'art. 587. Cet article, en effet, en déclarant que les frais de poursuite en banqueroute simple, intentée par le ministère public, ne peuvent, en aucun cas, être mis à la charge de la masse, règle les rapports du Trésor public avec les créanciers du failli, mais laisse intacte l'obligation de ce dernier, commune à tout condamné, de supporter seul et définitivement les frais de la poursuite. — Cass., 20 oct. 1899 [S. et P. 1901. 1. 543]

2. Les frais dont parlent les art. 587 et s. doivent s'entendre seulement des frais de poursuite. Ils ne comprennent pas les frais d'affichage et de publication du jugement de condamnation, qui restent à la charge du condamné, c'est-à-dire de l'actif de la faillite. — *Sic*, Bravard et Demangeat, t. 6, p. 71.

3. Les dispositions des art. 2 et 4 de la la loi du 5 sept. 1807, aux termes desquelles le privilège du Trésor public pour les frais de justice criminelle ne s'exerce qu'après les sommes dues pour la défense personnelle du condamné, ont eu pour effet d'établir, au profit du défenseur du condamné, un privilège distinct, qui prend rang avant celui du Trésor public. — Trib. comm. de Mamers, 9 janv. 1891 [S. et P. 93. 2. 86]

4. Et ce privilège peut être réclamé par le défenseur aussi bien lorsque le prévenu a été acquitté que lorsqu'il a été condamné. — Même jugement.

5. Les art. 587, 588 et 592, C. comm., d'après lesquels le privilège du Trésor public pour les frais de poursuite de banqueroute simple ou de banqueroute frauduleuse ne peut être exercé au détriment de la masse, n'excluant que le privilège du Trésor public, le défenseur du prévenu poursuivi pour banqueroute simple ou banqueroute frauduleuse peut exercer le privilège qui lui est reconnu par les art. 2 et 4 de la loi du 5 sept. 1807. — Même jugement.

6. D'autre part, nos articles ne s'appliquent pas aux frais se rattachant à des poursuites pour des délits autres que la banqueroute poursuivis en même temps qu'elle. Par suite, il y a lieu, en cas de poursuites pour divers délits, à une ventilation pour permettre de recouvrer contre la masse les frais étrangers à la poursuite de la banqueroute. — Cass., 11 août 1857 [S. 57. 1. 751, P. 57. 823, D. P. 57. 1. 342]

CHAPITRE II.

DE LA BANQUEROUTE FRAUDULEUSE.

ART. **591.** Sera déclaré banqueroutier frauduleux, et puni des peines portées au Code pénal, tout commerçant failli qui aura soustrait ses livres, détourné ou dissimulé une partie de son actif, ou qui, soit dans ses écritures, soit par des actes publics ou des engagements sous signature privée, soit par son bilan, se sera frauduleusement reconnu débiteur de sommes qu'il ne devait pas. — C. comm., 8 et s., 89, 437, 586-6°, 612; C. pén., 402, 404, 463; L. 4 mars 1889, art. 19.

INDEX ALPHABÉTIQUE.

DIVISION

§ 1. *Généralités.*

1. Le crime de banqueroute frauduleuse implique d'une part un élément matériel consistant dans le fait d'avoir commis un des actes énumérés par notre article, et d'autre part, un élément intentionnel consistant dans l'intention de frauder. Dès que ces deux éléments sont réunis, il y a nécessairement banqueroute frauduleuse : notre article n'admet pas de banqueroute frauduleuse facultative. — V. Lyon-Caen et Renault, t. 8, n. 943.

2. La déclaration du jury doit porter sur l'un et l'autre de ces deux éléments. En ce qui concerne l'élément matériel, il ne suffirait pas que le jury soit simplement appelé à se prononcer sur la question de savoir si l'accusé est ou non coupable de banqueroute frauduleuse : il faut de plus que sa réponse précise les faits qui constituent la banqueroute. En conséquence, serait nulle la réponse du jury qui aurait déclaré un individu coupable de banqueroute frauduleuse, sans s'expliquer catégoriquement sur les faits constitutifs de ce crime énoncés

dans la question. — Cass., 11 juill. 1816 [S. et P. chr.]; 12 nov. 1829 [S. et P. chr., D. *Rép.*, v° *Faillite*, n. 1463-1°]; 16 sept. 1830 [S. et P. chr.]

3. Au surplus, lorsque les questions soumises au jury, tout en portant sur le crime unique de banqueroute frauduleuse, se réfèrent à des éléments distincts de ce crime, la réponse du jury peut être affirmative sur l'un de ces éléments et négative sur l'autre. — Cass., 6 oct. 1853 [D. P. 53. 5. 217]; 19 sept. 1856 [D. P. 56. 1. 418]; 14 nov. 1873 [S. 74. 1. 92, P. 74. 85, D. P. 74. 1. 136]

4. Ces deux éléments peuvent aussi faire l'objet d'une question unique, mais alternative, posée au jury. — Cass., 6 avr. 1883 [D. *Rép.*, *Suppl.*, v° *cit.*, n. 1438]

5. En ce qui concerne l'élément intentionnel, on admet que la question par laquelle on demande au jury si l'accusé est coupable d'avoir dissimulé ou détourné une partie de son actif implique nécessairement, sans qu'il soit besoin de l'indiquer d'une manière formelle, l'existence d'une intention frauduleuse de la part du failli. En conséquence, la réponse du jury à cette question ne peut être arguée d'insuffisance, ni en ce qui concerne l'accusé principal, ni même en ce qui concerne les complices de la dissimulation ou du détournement. — Cass., 2 avr. 1846 [D. P. 46. 4. 110]; 21 déc. 1854 [S. 55. 1. 79, P. 55. 1. 409]; 26 juin 1862 [D. P. 62. 5. 547]; 15 juin 1866 [D. P. 67. 5. 205]; 6 janv. 1876 [S. 76. 1. 48, P. 76. 77, D. P. 77. 1. 234] — *Sic*, Laroque-Sayssinel, t. 2, n. 1926; et notre *Rép. gén. alph. du dr. fr.*, v° *Banqueroute*, n. 249.

6. La même solution doit être admise en ce qui concerne la soustraction de ses livres par le failli. Cette soustraction n'est autre chose qu'un moyen pour le failli de dissimuler sa véritable situation, et, par suite, il semble bien qu'elle suffise à elle seule pour justifier l'application de notre article, sans qu'il soit nécessaire d'indiquer formellement qu'elle a eu lieu dans une intention frauduleuse. — Cass., 16 janv. 1840 [P. 43. 1. 352, D. *Rép.*, v° *cit.*, n. 1454] — *Sic*, Bédarride, t. 3, n. 1256; Laroque-Sayssinel, t. 2, n. 1925; Lyon-Caen et Renault, t. 8, n. 943; et notre *Rép. gén. alph. du dr. fr.*, v° *cit.*, n. 250.

7. Mais la seule déclaration, que l'accusé n'avait pas tenu des livres présentant sa véritable situation active et passive n'implique pas nécessairement l'existence de la fraude et ne peut servir de base à une condamnation. — Cass., 26 janv. 1827 [S. et P. chr., D. *Rép.*, v° *cit.*, n. 1458-4°]; 19 sept. 1828 [S. et P. chr., D. *Rép.*, v° *cit.*, n. 1456-2°]

8. Jugé d'ailleurs, et dans tous les cas, qu'il n'appartient qu'au jury de décider si, en tenant des livres irréguliers, un failli a agi avec fraude, et que la cour d'assises ne peut trancher cette question sous prétexte qu'elle présenterait à résoudre une question de droit. — Cass., 3 nov. 1826 [S. et P. chr.]

§ 2. *Cas de banqueroute frauduleuse.*

α) *Soustraction des livres.* — 9. Il n'est pas nécessaire que le failli ait soustrait tous ses livres : il suffit qu'il ait fait disparaître ceux qui établissaient sa situation. — *Sic*, Garraud, t. 5, n. 352-*a*.

10. La tenue irrégulière des livres, lorsque les irrigularités ont été commises dans une pensée de fraude, équivaut à la soustraction et entraîne les peines de la banqueroute frauduleuse : cette solution résulte en effet de l'art. 586-6° qui considère la tenue irrégulière des livres comme un cas de banqueroute simple, sauf s'il y a fraude. — *Sic*, Garraud, *loc. cit.*; Blanche, t. 6, n. 108.

β) *Détournement ou dissimulation de l'actif.* — 11. Tout détournement d'une partie de l'actif entraîne la banqueroute frauduleuse. En conséquence, doit être puni des peines portées par l'art. 591, C. comm., l'accusé que le jury déclare coupable de détournement frauduleux, au préjudice des créanciers de la faillite, de sommes d'argent, dettes actives, marchandises ou effets mobiliers. — Cass., 7 mars 1839 [P. 43. 1. 352, D. *Rép.*, v° *cit.*, n. 1498]

12. Et le détournement ou la dissimulation d'une partie de l'actif constitue suffisamment la banqueroute frauduleuse, sans qu'il soit nécessaire de spécifier de quoi se composaient les valeurs détournées ou dissimulées. — Cass., 16 janv. 1840 [P. 43. 1. 352, D. *Rép.*, v° *cit.*, n. 1449-2°]

13. Mais la réponse affirmative faite par le jury à la question de savoir si un négociant failli a *détourné* ou *dissipé* une partie de son actif, ne peut donner lieu à l'application de la peine des travaux forcés prononcée par l'art. 591, C. pén., le fait de banqueroute frauduleuse ne pouvant résulter que du détournement ou de la dissimulation, tandis que la *dissipation* ne pourrait constituer que la banqueroute simple. — Cass., 13 janv. 1854 [P. 55. 1. 410, D. P. 54. 1. 134]

14. D'autre part, l'abus de confiance ne constitue plus aujourd'hui un cas de banqueroute frauduleuse, comme il le constituait sous l'ancienne loi des faillites. — Cass., 7 juin 1845 [S. 45. 1. 558, P. 45. 2. 302, D. P. 45. 1. 374]

15. Peu importe d'ailleurs, lorsqu'il y a détournement ou dissimulation, que ces faits soient antérieurs ou postérieurs au jugement déclaratif de faillite : dans tous les cas, les peines de la banqueroute frauduleuse doivent être prononcées. — Cass., 5 mars 1813 [S. et P. chr.]; 24 sept. 1819 [S. et P. chr.]; 29 déc. 1828 [P. chr., D. *Rép.*, v° *cit.*, n. 1402-2°]; 27 janv. 1844 [D. *Rép.*, v° *cit.*, n. 1402-1°]; 14 nov. 1872 [*Bull. crim.*, n. 269] — *Sic*, Alauzet, t. 8, n. 2871; Bédarride, t. 3, n. 1259; Laroque-Sayssinel, t. 2, n. 1909; et notre *Rép. gén. alph. du dr. fr.*, v° *cit.*, n. 243 et 278.

γ) *Exagération ou simulation du passif.* — 16. Ne constitue pas un fait de banqueroute frauduleuse la déclaration par laquelle un failli annonce à son assureur la perte de son navire, afin de toucher le prix de l'assurance : il y a là, non une simulation de passif, mais la simulation d'une perte dont l'objet, loin de nuire à la masse, serait tout au contraire d'augmenter l'actif. — Cass., 15 mai 1823 [S. chr., D. *Rép.*, v° *Chose jugée*, n. 566]

17. Il en serait de même et pour la même raison de la dissimulation par le failli d'une partie de son passif. — *Sic*, Laroque-Sayssinel, t. 2, n. 1929; Bravard et Demangeat, t. 6, p. 75; Ruben de Couder, v° *Banqueroute*, n. 48.

ART. **592.** Les frais de poursuite en banqueroute frauduleuse ne pourront, en aucun cas, être mis à la charge de la masse.

Si un ou plusieurs créanciers se sont rendus parties civiles en leur nom personnel, les frais, en cas d'acquittement, demeureront à leur charge. — C. instr. crim., 63, 368.

1. La disposition de l'art. 592, C. comm., qui ne permet en aucun cas de mettre à la charge de la masse d'une faillite les frais de poursuite en banqueroute frauduleuse, ne peut, en ce qu'elle déroge au droit commun, être étendue hors des limites dans lesquelles elle est circonscrite par ses termes. — Cass., 11 août 1857, Metzger [S. 57. 1. 751, P. 58. 823, D. P. 57. 1. 342]; 11 août 1857, Sucillon [S. P. et D. P. *Ibid.*]

2. Ainsi, lorsque les poursuites dirigées contre le failli comprennent à la fois un crime de banqueroute frauduleuse et un crime de faux, les frais concernant l'accusation de faux sont à la charge de la faillite. — Mêmes arrêts.

3. Peu importe d'ailleurs, que les frais relatifs à la poursuite du faux aient été faits après la déclaration de faillite, si le faux a été commis avant cette époque. — Cass., 11 août 1857, précités.

4. Et l'on doit comprendre dans les frais à la charge de la faillite les frais d'extradition, bien qu'ils aient été occasionnés par la fuite du failli postérieure à la déclaration de faillite. — Cass., 11 août 1857, Sucillon, précité.

CHAPITRE III.

DES CRIMES ET DES DÉLITS COMMIS DANS LES FAILLITES PAR D'AUTRES QUE PAR LES FAILLIS.

ART. **593**. Seront condamnés aux peines de la banqueroute frauduleuse :

1° Les individus convaincus d'avoir, dans l'intérêt du failli, soustrait, recélé ou dissimulé tout ou partie de ses biens, meubles ou immeubles; le tout sans préjudice des autres cas prévus par l'article 60 du Code pénal;

2° Les individus convaincus d'avoir frauduleusement présenté dans la faillite et affirmé, soit en leur nom, soit par interposition de personnes, des créances supposées;

3° Les individus qui, faisant le commerce sous le nom d'autrui ou sous un nom supposé, se sont rendus coupables de faits prévus par l'article 591. — C. comm., 497; C. pén., 60, 402 et s., 463.

INDEX ALPHABÉTIQUE.

DIVISION

§ 1. *Complicité de droit commun.*

1. En renvoyant à l'art. 60, C. pén., notre article admet tous les modes de complicité, tels qu'ils sont définis par le droit commun. — Jugé en ce sens, que le commissaire-priseur qui a sciemment donné le conseil à un négociant obéré (tombé depuis en faillite) de simuler une obligation au profit d'un tiers, à l'aide de laquelle on pourrait poursuivre la vente à l'encan des marchandises de ce négociant dans le but d'en frustrer ses créanciers, et qui a procédé ensuite à la vente ainsi poursuivie, peut être réputé s'être en cela rendu complice de la banqueroute frauduleuse résultant de la simulation de créance. — Cass., 21 nov. 1844 [S. 45. 1. 377, P. 45. 2. 288, D. P. 45. 1. 36] — *Sic*, Garraud, t. 5, n. 356; Lyon-Caen et Renault, t. 8, n. 945; et notre *Rép. gén. alph. du dr. fr.*, v° *Banqueroute*, n. 289 et s.

2. Jugé également, qu'il y a complicité de banqueroute frauduleuse, dans le fait de l'individu déclaré coupable de s'être entendu avec l'accusé principal, pour soustraire à la masse des créanciers une partie de l'actif mobilier du failli, encore que ce fait frauduleux ait eu lieu avant la faillite. — Cass., 24 janv. 1828 [S. et P. chr.]

3. D'autre part, en matière de banqueroute frauduleuse, comme en toute autre matière, la culpabilité du complice demeure indépendante de celle de l'auteur principal ; dès lors, l'accusé de complicité peut être déclaré coupable après l'acquittement du failli, si d'ailleurs il n'existe aucune contradiction entre les différents termes de la déclaration du jury. — Cass., 9 mars 1876 [S. 76. 1. 188, P. 76. 426] — V. aussi Cass., 9 févr. 1855 [S. 55. 1. 237, P. 55. 2. 196]; 19 sept. 1856 [D. P. 56. 1. 418] ; 25 juin 1857 [*Bull. crim.*, n. 241] ; 19 févr. 1859 [*Bull. crim.*, n. 58] — *Sic*, Chauveau, F. Hélie et Villey, t. 5, n. 2181 ; Blanche, t. 6, n. 134 ; Massabiau, *Man. du minist. publ.*, t. 2, n. 3786 ; Laroque-Sayssinel, t. 2, n. 1981 ; Alauzet, t. 8, n. 2873 ; Bédarride, t. 3, n. 1270 et s.; et notre *Rép. gén. alph. du dr. fr.*, v° *cit.*, n. 292 et s.

4. Mais pour qu'un individu puisse être condamné comme complice du crime de banqueroute frauduleuse, il faut que toutes les circonstances constitutives de ce crime résultent de la déclaration du jury, et notamment que cette déclaration énonce que celui auquel la banqueroute est imputée, était commerçant failli. En cas d'omission à cet égard, dans la déclaration du jury, le complice de banqueroute peut se prévaloir de cette omission pour faire annuler la condamnation prononcée contre lui. — Cass., 17 mars 1831 [S. 31. 1. 257, P. chr., D. *Rép.*, v° *Faillite*, n. 1498]; 11 août 1837 [S. 37. 1. 1026, P. 37. 2. 427, D. *Rép.*, v° *cit.*, n. 1394-2°] ; 4 mai 1842 [S. 42. 1. 953, P. 42. 1. 620]

5. En tout cas, il n'y a complicité du crime de banqueroute frauduleuse qu'autant que l'accusé a agi *avec connaissance*, lors des faits qui ont préparé, facilité ou consommé le détournement opéré par le failli d'une partie de son actif. Il est donc nécessaire, pour l'application de la peine, que cette circonstance soit déclarée par le jury. — Cass., 14 oct. 1847 [S. 48. 1. 96, P. 48. 1. 68, D. P. 47. 1. 323]

6. Remarquons qu'un individu peut être déclaré à la fois auteur et complice d'une banqueroute frauduleuse : il en sera ainsi dans le cas où un associé a commis personnellement des détournements ou autres actes frauduleux au préjudice de la masse de ses créanciers, et où il a en outre facilité des actes de même nature commis par ses associés au préjudice des mêmes créanciers. — Cass., 17 sept. 1835 [P. chr., D. *Rép.*, v° *cit.*, n. 1505] ; 7 mars 1839 [P. 43. 1. 351, D. *Rép.*, v° *cit.*, n. 1498]

§ 2. *Complicité spéciale à la banqueroute frauduleuse.*

7. Indépendamment des règles générales de la complicité, notre article assimile à des complices et punit des mêmes peines, dans trois hypothèses qu'il énumère limitativement, des tiers qui, dans le sens rigoureux et juridique de ce mot, ne sont pas complices du crime de banqueroute frauduleuse.

α) *Soustraction de tout ou partie de l'actif.* — 8. A cet égard, les peines de la banqueroute frauduleuse peuvent être prononcées en dehors de toute participation du failli au détournement ou de tout concert frauduleux avec lui. — Cass., 2 mai 1840 [S. 43. 1. 837, P. 44. 1. 326, D. *Rép.*, v° *cit.*, n. 1483] ; 3 juin 1843 [S. 43. 1. 838, P. 43. 2. 490, D. *Ibid.*] ; 9 févr. 1850 [D. P. 50. 5. 114] — *Sic*, Renouard, t. 2, p. 478 ; Bédarride, t. 3, n. 1271 ; Laroque-Sayssinel, t. 2, n. 1948 ; Bravard et Demangeat, t. 6, p. 98 ; Lyon-Caen et Renault, t. 8, n. 955-1° *a* ; Chauveau, F. Hélie et Villey, t. 5, n. 2183 ; Garraud, t. 5, n. 356 *b*-1° ; et notre *Rép. gén. alph. du dr. fr.*, v° *cit.*, n. 342.

9. Mais pour qu'il en soit ainsi, il faut que la soustraction ait eu lieu dans l'intérêt du failli. — Cass., 18 mars 1852 [S. 53. 1. 446, P. 54. 1. 95, D. P. 52. 2. 266]

10. Jugé, en conséquence, que la circonstance que le recel a eu lieu dans l'intérêt du failli doit nécessairement figurer dans la déclaration du jury, comme constitutive de la criminalité. — Même arrêt.

11. Si la soustraction, la dissimulation ou le recel n'ont eu lieu ni de concert avec le failli, ni dans l'intérêt du failli, il n'y a plus qu'un crime ou un délit ordinaire qui doit être poursuivi conformément aux dispositions générales du Code pénal. — *Sic*, Alauzet, t. 8, n. 2873 ; Bravard et Demangeat, t. 6, p. 99.

β) *Supposition de créances.* — 12. Il n'est pas nécessaire ici que la présentation et l'affirmation de créances supposées aient eu lieu dans l'intérêt du failli : le deuxième alinéa de notre article qui réglemente l'hypothèse de supposition n'exige pas cette condition. — Cass., 19 nov. 1859 [S. 60. 1. 180, P. 60. 820, D. P. 60. 1. 50] — *Sic*, Bravard et Demangeat, t. 6, p. 100 ; Lyon-Caen et Renault, t. 8, n. 955 *b* ; Ruben de Couder, v° *Banqueroute*, n. 63 et 66 ; Garraud, t. 5, n. 356 *b*-2° ; et notre *Rép. gén. alph. du dr. fr.*, v° *cit.*, n. 350. — *Contrà*, Laroque-Sayssinel, t. 2, n. 1948 ; Chauveau, F. Hélie et Villey, t. 5, n. 2184.

13. A plus forte raison il n'est pas besoin, pour l'application de notre article, qu'il y ait eu un concert frauduleux avec le failli. — Cass., 2 mai 1840 [S. 43. 1. 837, P. 44. 1. 326, D. *Rép.*, v° *cit.*, n. 1483]

14. Mais pour que les peines de la banqueroute frauduleuse soient encourues dans notre hypothèse, il ne suffit pas de s'être présenté faussement à la faillite comme créancier ; il faut encore avoir affirmé la créance supposée dans les formes prescrites par l'art. 497, C. comm. — Cass., 13 mars 1851 [D. P. 51. 5. 251] — *Sic*, Lyon-Caen et Renault, t. 8, n. 954 *b* ; Garraud, t. 5, n. 356 *b*-2°.

15. Il n'y a pas à considérer du reste, si l'affirmation émane du faux créancier lui-même ou d'une personne qu'il a chargée d'affirmer pour lui : dans ce dernier cas, le mandataire serait puni comme complice dans les conditions du droit commun, s'il avait connu le caractère frauduleux de l'affirmation. — *Sic*, Lyon-Caen et Renault, *loc. cit.* ; Garraud, *loc. cit.*

γ) *Exercice du commerce sous le nom d'autrui ou sous un nom supposé.* — 16. Les peines de la banqueroute frauduleuses sont applicables dans cette hypothèse, comme dans l'hypothèse précédente, alors même qu'il n'y aurait pas eu de déclaration de banqueroute frauduleuse vis-à-vis de l'auteur principal : il s'agit ici en effet d'un crime principal, susceptible de faire l'objet d'une action parfaitement distincte. — *Sic*, Garraud, t. 5, n. 356 *b*-3° ; Ruben de Couder, v° *cit.*, n. 67.

Art. **594**. Le conjoint, les descendants ou les ascendants du failli, ou ses alliés aux mêmes degrés, qui auraient détourné, diverti ou recélé des effets appartenant à la faillite sans avoir agi de complicité avec le failli, seront punis des peines du vol. — C. comm., 593 ; C. pén., 60, 253, 384, 401, 463.

1. En appliquant les peines du vol au lieu de celles de la banqueroute frauduleuse, notre article ne déroge pas aux règles ordinaires de la complicité : si donc les parents du failli se sont entendus avec lui pour opérer la soustraction ou le recel des effets appartenant à la faillite, ils deviennent ainsi passibles des peines de la banqueroute frauduleuse, comme complices et par application de l'art. 60, C. pén. — *Sic*, Renouard, t. 2, p. 480 ; Lyon-Caen et Renault, t. 8, n. 956 ; Garraud, t. 5, n. 369.

2. D'autre part, notre article ne déroge pas aux deuxième et troisième alinéa de l'art. 593 : c'est seulement quand il y aura soustraction d'une partie de l'actif que, par dérogation au premier alinéa dudit art. 593, les parents énumérés par notre article encourront, non plus les peines de la banqueroute frauduleuse, mais simplement les peines du vol. — *Sic*, Lyon-Caen et Renault, *loc. cit.*

3. Jugé à cet égard, que l'acquittement en cour d'assises d'un failli accusé de banqueroute frauduleuse, ainsi que de sa femme accusée de complicité du même crime, ne fait pas obstacle à ce que la femme soit ultérieurement poursuivie par voie correctionnelle, en vertu de l'art. 594, C. comm., pour avoir détourné, diverti ou recélé des effets appartenant à la faillite, sans complicité avec le failli. — Cass., 12 févr. 1875 [D. p. 75. 1. 331] ; 7 juill. 1875, ch. réun. [D. p. 76. 1. 47]

4. Les peines du vol sont d'ailleurs encourues, en vertu de notre article, sans qu'il y ait à distinguer suivant que les détournements, divertissements ou recels des effets appartenant à la faillite ont eu lieu dans l'intérêt du failli, ou suivant qu'ils ont eu lieu dans l'intérêt personnel des parents ou alliés qui les ont commis. — Cass., 2 avr. 1853 [S. 53. 1. 231, P. 53. 1. 610, D. p. 53. 1. 116] ; 27 janv. 1877 [S. 77. 1. 236, P. 77. 570, D. p. 78. 1. 239] — Dijon, 23 avr. 1879 [S. 79. 2. 269, P. 79. 1121, D. p. 80. 2. 94] — *Sic*, Laroque-Sayssinel, t. 2, n. 1953 ; Alauzet, t. 8, n. 2874 ; Renouard, t. 2, p. 480 ; Bédarride, t. 3, n. 1273 ; Bravard et Demangeat, t. 6, p. 105 ; Lyon-Caen et Renault, *loc. cit.* ; Garraud, t. 5, n. 369 c ; Chauveau, F. Hélie et Villey, t. 5, n. 2186 ; Ruben de Couder, v° *Banqueroute*, n. 71 ; et notre *Rép. gén. alph. du dr. fr.*, v° *Banqueroute*, n. 364.

5. Peu importe, du reste, que le détournement soit antérieur au jugement déclaratif de faillite, si au moment où il a été opéré, la cessation des paiements était attestée soit par des protêts, soit par des contrats d'atermoiements successifs que le failli avait sollicités de ses créanciers sans pouvoir en remplir les conditions, et qu'il soit jugé en fait que le prévenu en a eu connaissance. — Dijon, 23 avr. 1879, précité.

6. Quant à la consommation du délit, il a été jugé que le père du failli, qui, à l'inventaire fait au décès de la mère commune en biens, omet de déclarer certaines valeurs dans le but de s'approprier la part revenant au fils failli ou à ses créanciers dans les biens de la communauté, commet le délit de détournement prévu et puni par l'art. 594, C. comm. — Et le délit est consommé, dès que l'inventaire a été clos après que le père a prêté le serment prescrit par la loi sans faire connaître les valeurs par lui recélées. — Cass., 27 janv. 1877, précité.

7. La déclaration des juges correctionnels que les valeurs recélées appartenaient à la communauté est suffisante pour caractériser le délit. — La juridiction correctionnelle, saisie de la poursuite en détournement n'a pas à surseoir jusqu'à ce que le juge civil ait statué sur l'action en partage. — Même arrêt.

8. En pareil cas, le tribunal ou la cour saisis ont pouvoir d'ordonner toutes mesures conservatoires autorisées par la loi civile à l'effet d'assurer la réintégration des valeurs détournées ; ils peuvent notamment ordonner le séquestre de ces valeurs, leur retrait de la Banque et leur dépôt à la Caisse des consignations. — Même arrêt.

9. Notre article applique les peines du vol, telles qu'elles sont déterminées par le Code pénal, avec les circonstances qui peuvent les aggraver. En conséquence, si le détournement est commis avec bris de scellés et effraction d'un meuble, il constitue un vol qualifié, qui rentre sous l'application des art. 253 et 384, C. pén., et qui devient, par suite, justiciable des cours d'assises. — Cass., 13 mai 1841 [S. 42. 1. 172, P. 42. 1. 442, D. *Rép.*, v° *Faillite*, n. 1504] — *Sic*, Renouard, t. 2, p. 481 ; Bédarride, t. 3, n. 1274 ; Laroque-Sayssinel, t. 2, n. 1955 ; Bravard et Demangeat, t. 6, p. 106 ; Ruben de Couder, v° *cit.*, n. 75.

Art. **595**. Dans les cas prévus par les articles précédents, la cour ou le tribunal saisis statueront, lors même qu'il y aurait acquittement : 1° d'office sur la réintégration à la masse des créanciers de tous biens, droits ou actions frauduleusement soustraits ; 2° sur les dommages-intérêts qui seraient demandés, et que le jugement ou l'arrêt arbitrera. — C. civ., 1149, 1382 ; C. proc. civ., 126, 128 ; C. instr. crim., 191, 358, 360 ; C. pén., 52.

1. Il a été jugé spécialement, par application de notre article, que la cour d'assises est compétente pour prononcer, contradictoirement avec les prévenus, auteurs et complices du crime, et en l'absence

du tiers intéressé, la nullité de la vente d'une maison dépendant de la faillite, et pour ordonner la réintégration de cette maison à la masse. — Cass., 6 oct. 1853 [S. 54. 1. 219, P. 56. 1. 53]

2. Et il en est ainsi, même dans le cas d'acquittement, en vertu du principe que les mêmes faits sur lesquels un individu a été acquitté au criminel peuvent donner lieu contre lui à des réparations civiles. — Cass., 27 janv. 1877 [S. 77. 1. 236, P. 77. 570, D. P. 78. 1. 239]

3. Jugé à cet égard, qu'après déclaration de non-culpabilité rendue par le jury sur une accusation de complicité de banqueroute frauduleuse, la cour d'assises peut, sans violer l'autorité de la chose jugée, reconnaître que l'accusé acquitté a frauduleusement soustrait des biens appartenant à la masse des créanciers et le condamner à les réintégrer. — Cass., 1er sept. 1854 [S. 55. 1. 317, P. 55. 2. 300, D. P. 55. 1. 43]

4. A plus forte raison, la cour pourrait-elle ordonner des mesures conservatoires, telles que le séquestre des valeurs soustraites par le failli. — Cass., 27 janv. 1877, précité.

5. Au surplus, si la cour d'assises n'a pas ordonné d'office la réintégration à la masse de l'actif soustrait par le banqueroutier et ses complices, le syndic a encore le droit de s'adresser à la juridiction civile pour faire reconnaître les droits de la masse sur cet actif. — Paris, 16 juill. 1886 [*J. des faill.*, 87. 23, D. *Rép.*, *Suppl.*, v° *Faillite*, n. 1455]

ART. **596**. Tout syndic qui se sera rendu coupable de malversation dans sa gestion sera puni correctionnellement des peines portées en l'article 406 du Code pénal.

1. Notre article punit certains actes qui n'auraient pas pu rentrer dans la définition légale de l'abus de confiance. Le mot de « malversations », dont il se sert est en effet plus large que les mots de « détournement » ou de « dissipation », qu'emploie, pour définir l'abus de confiance, l'art. 406, C. pén.; il laisse ainsi au juge un pouvoir d'appréciation plus étendu. — *Sic*, Garraud, t. 5, n. 364.

2. La disposition de notre article n'est pas applicable aux liquidateurs qui ne sont que des mandataires ordinaires et ne sauraient être assimilés aux syndics. — Cass., 24 juin 1859 [S. 59. 1. 964, P. 59. 918, D. P. 59. 1. 473]

3. Mais il en serait autrement pour les liquidateurs judiciaires institués par la loi du 4 mars 1889 : l'art. 24 de cette loi porte en effet que toutes les dispositions du Code de commerce non modifiées par la présente loi seront applicables à la liquidation judiciaire. — *Sic*, Garraud, t. 5, n. 364, p. 378, note 1.

ART. **597**. Le créancier qui aura stipulé soit avec le failli, soit avec toutes autres personnes, des avantages particuliers à raison de son vote dans les délibérations de la faillite, ou qui aura fait un traité particulier duquel résulterait en sa faveur un avantage à la charge de l'actif du failli, sera puni correctionnellement d'un emprisonnement qui ne pourra excéder une année, et d'une amende qui ne pourra être au-dessus de 2,000 francs.

L'emprisonnement pourra être porté à deux ans si le créancier est syndic dans la faillite. — C. civ., 1431; C. comm., 347, 446 et s., 507 et s., 537; C. pén., 463.

INDEX ALPHABÉTIQUE.

DIVISION

§ 1. *Avantages particuliers stipulés par un créancier à raison de son vote dans les délibérations de la faillite.*

1. La formule générale dont se sert notre article comprend toutes les hypothèses dans lesquelles un créancier peut être appelé à voter, à quelque titre que ce soit, dans les délibérations de la faillite. — Jugé à cet égard, que notre article est applicable au créancier qui a stipulé avec le failli des avan-

tages particuliers à raison de son vote lors de l'avis que les créanciers sont appelés à donner, aux termes de l'art. 537, sur l'excusabilité du failli : cet avis constitue un vote dans les délibérations de la faillite, dans le sens de la loi. — Cass., 20 mars 1852 [S. 52. 1. 587, P. 53. 1. 102, D. P. 52. 5. 265]

2. Peu importe que le vote du créancier qui s'est fait consentir en échange des avantages particuliers, soit conforme ou non à son intérêt ou à celui du failli, ou encore qu'il soit resté sans effet par suite du refus d'homologation du concordat par le tribunal, ou même qu'il n'ait eu aucune influence sur la majorité. — Jugé à cet égard, que notre article, qui punit le créancier qui a stipulé soit avec le failli, soit avec tous autres, des avantages particuliers à raison de son vote dans les délibérations de la faillite, s'étend à toutes les stipulations de ce genre, lors même que le seul préjudice qui en résulte pour les autres créanciers consiste dans l'augmentation frauduleusement obtenue du nombre des votes émis dans le même sens. — Cass., 22 juin 1877 [S. 77. 1. 388, P. 77. 966, D. P. 77. 1. 407] — *Sic*, Alauzet, t. 8, n. 2877; Laroque-Sayssinel, t. 2, n. 1969 et 1974; Lyon-Caen et Renault, t. 8, n. 960; et notre *Rép. gén. alph. du dr. fr.*, v° *Faillite*, n. 2924 et s.

3. Jugé également, que le délit est consommé dès que le créancier qui a stipulé un avantage particulier émet dans une délibération le vote qu'il a promis en échange de cet avantage, encore bien que l'homologation ait été ultérieurement refusée à ladite délibération. — Même arrêt.

4. Peu importe d'autre part, que les avantages stipulés par un créancier à raison de son vote aient été promis par un tiers et ne soient pas à la charge de l'actif de la faillite : ces avantages doivent s'entendre également de toute concession, pécuniaire ou autre, obtenue du failli ou d'une tierce personne, qui met le créancier stipulant dans une condition meilleure, ou autre, que celle des autres créanciers. — Cass., 9 août 1862 [S. 62. 1. 220, P. 63. 288, D. P. 63. 1. 107]; 2 avr. 1863 [S. 63. 1. 266, P. 63. 1021, D. P. 63. 1. 326]; 11 févr. 1875 [S. 75. 1. 440, P. 75. 1088, D. P. 75. 1. 398] — Lyon, 20 janv 1869 [S. 69. 2. 68, P. 69. 335, D. P. 69. 2. 52] — Aix, 16 juin 1870 [S. 70. 2. 288, P. 70. 1089, D. P. 71. 2. 107] — Paris, 5 mars 1879 [S. 79. 2. 286, P. 79. 1133, D. P. 79. 2. 147]; 17 juin 1887 [S. 89. 2. 126, P. 89. 1. 699, D. P. 88. 2. 121 et la note de M. Levillain] — Bordeaux, 1er déc. 1887 [S. 90. 2. 165, P. 90. 1. 903, D. P. 83. 2. 185]

5. Spécialement, la prohibition de notre article s'étend à l'engagement contracté par la femme, conjointement et solidairement avec son mari en état de cessation de paiements, au profit d'un créancier de celui-ci ; la femme étant, en pareil cas, aux termes de l'art. 1431, C. civ., réputée simple caution du mari, et devenant ainsi créancière de celui-ci pour la somme dont elle s'est constituée solidairement débitrice avec lui. — Bordeaux, 1er déc. 1887, précité.

6. Peu importe également, que le vote soit émis par le créancier lui-même ou par son mandataire. — Jugé en ce sens, que notre article ne s'applique point exclusivement aux créanciers mêmes ; il s'applique à toute personne ayant droit et qualité pour être admise à voter dans les délibérations relatives à la faillite, et spécialement au mandataire d'un créancier ... Peu importe du reste, que le bénéfice de la stipulation illicite ne soit pas resté dans les mains de ce mandataire, mais ait été ultérieurement remis par lui au créancier. — Cass., 2 avr. 1863, précité.

7. Mais pour que notre article reçoive son application, il faut que le vote à raison duquel le créancier s'est fait remettre une somme d'argent ou consentir un avantage particulier ait réellement eu lieu : notre article implique en effet qu'un vote est intervenu ; or les dispositions pénales doivent s'interpréter restrictivement. — Cass., 9 août 1862 précité ; 22 juin 1877, précité. — *Contrà*, Lyon-Caen et Renault, t. 8, n. 960 ; et notre *Rép. gén. alph. du dr. fr.*, v° *cit.*, n. 2927.

8. D'autre part, il faut que les créanciers soient appelés à voter. — Jugé à cet égard, que la disposition de l'art. 597, C. comm., qui interdit toute convention au moyen de laquelle un créancier stipulerait un avantage particulier, « *à raison de son vote dans les délibérations de la faillite* » n'est pas applicable à la promesse d'une somme faite par un parent du failli à un créancier, en vue d'obtenir le consentement de celui-ci *au rapport* de la faillite déclarée, ce rapport étant l'œuvre exclusive des tribunaux, et ne comportant de la part des créanciers ni délibération, ni vote. — Cass., 30 déc. 1889 [S. et P. 92. 1. 388, D. P. 90. 1. 303]

9. Il y aurait lieu toutefois d'assimiler au traité par lequel un créancier engage son vote au concordat celui par lequel il aurait renoncé, moyennant certains avantages, à l'opposition par lui formée à l'homologation du concordat. — *Sic*, Alauzet, t. 8, n. 2877 ; Bédarride, t. 3, n. 1236 ; Boulay-Paty, t. 2, n. 1142 Renouard, t. 2, n. 487; Gadrat, p. 615 ; Ruben de Couder, v° *Concordat*, n. 321, et *Suppl.*, *eod. v°*, n. 60; Levillain, note sous Paris, 17 juin 1887 [D. P. 88. 2. 121] — *Contrà*, Bravard et Demangeat, t. 6, p. 119.

§ 2. *Avantages particuliers stipulés par un créancier à la charge de l'actif.*

10. Plusieurs conditions sont nécessaires pour que les avantages particuliers stipulés au profit d'un créancier tombent sous le coup de notre article. Il faut d'abord que ces avantages aient été stipulés postérieurement au jour de la cessation des paiements: les stipulations qui auraient eu lieu antérieurement sont exclusives, à raison de leur date, de la fraude que le législateur a voulu réprimer, et, par suite, notre article ne saurait s'y appliquer. — Cass., 26 déc. 1888 [S. 88. 1. 461, P. 88. 1. 1141, D. P. 89. 1. 258] — Bordeaux, 1er déc. 1887 [S. 90. 2. 169, P. 90. 1. 903, D. P. 88. 2. 185]; 29 févr. 1888 [S. 89. 2. 125, P. 89. 1. 697, D. *Rép.*, *Suppl.*, v° *Faillite*, n. 380] — *Sic*, Lyon-Caen et Renault, t. 8, n. 962-1°; Ruben de Couder, *Suppl.*, *v° cit.*, n. 61; et notre *Rép. gén. alph. du dr. fr.*, *v° cit.*, n. 2933.

11. Jugé spécialement en ce sens, que la disposition des art. 597 et 598, C. comm., qui prononce la nullité de tout traité passé avec un failli, duquel il résulterait en faveur de l'un de ses créanciers un avantage particulier à la charge de l'actif de la faillite, ne s'applique pas au traité par lequel un débiteur qui a obtenu de ses créanciers une remise sur le montant de leurs créances et un atermoiement, s'engage envers quelques-uns d'eux seulement à leur payer un dividende plus fort, alors que ce traité est

intervenu avant toute cessation de paiements constatée et à une époque antérieure à celle où a été fixée l'ouverture de la faillite du débiteur ultérieurement déclarée. — Paris, 15 déc. 1863 [S. 64. 2. 39, P. 64. 413, D. P. 63. 5. 178]

12. Ne donnent pas lieu non plus à l'application des peines édictées par les art. 597 et 598, C. comm., contre le créancier qui a stipulé des avantages particuliers et à l'annulation de ces avantages, l'acte par lequel un créancier a obtenu, plusieurs mois avant la faillite, la garantie de la femme du failli pour le paiement de sa créance, ni les contrats ultérieurs n'ayant eu pour but que de confirmer cet engagement, ni l'acquiescement de la femme à des jugements par défaut obtenus contre elle, acquiescement qui n'a procuré au créancier d'autre bénéfice que celui de lui éviter les frais d'exécution. — Cass., 11 févr. 1875 [S. 75. 1. 440, P. 75. 1088, D. P. 75. 1. 398]

13. Mais dès que le traité intervient après la cessation de paiements, notre article doit recevoir son application, quelles que soient les circonstances dans lesquelles ce traité est intervenu. — Jugé à cet égard, que, au cas prévu et puni par l'art. 597, C. comm., comme délit commis dans une faillite, où un créancier fait un traité particulier duquel résulterait en sa faveur un avantage à la charge de l'actif de la faillite, il n'est pas nécessaire que la stipulation soit intervenue à l'occasion d'un concordat, d'un contrat d'atermoiement ou de toute autre délibération de la faillite; le délit existe par cela seul que, indépendamment de tout concordat ou autre contrat amiable du même genre, et même avant la déclaration de faillite, mais après la cessation des paiements, une convention particulière a eu pour effet, par suite d'un concert coupable, d'assurer au créancier un avantage préjudiciable aux intérêts de la faillite. — Cass., 17 nov. 1870 [S. 71. 1. 62, P. 71. 181, D. P. 70. 1. 377]

14. Vainement prétendrait-on que ces faits, déjà prévus par les art. 446 et 447, C. comm., qui se bornent à les déclarer annulables, ne sauraient encore tomber comme délits sous le coup des dispositions pénales des art. 597 et 598; les art. 446 et 447 statuent en effet relativement à la masse seule et au point de vue purement civil, tandis que les art. 597 et 598, dans le but d'atteindre les fraudes à l'aide desquelles des créanciers tenteraient, soit d'échapper aux conditions d'un concordat ou d'une délibération des créanciers, soit de se soustraire, en dehors même de tout concordat ou délibération, aux nullités et restitutions prononcées par les art. 446 et 447, qualifient délit toute stipulation ou tout traité qui, frauduleusement et au préjudice de la masse, aurait pour objet d'assurer à un membre une position meilleure dans un désastre commun. — Même arrêt.

15. Ainsi, le créancier qui, sachant qu'il se crée une position meilleure que celle des autres créanciers, se fait remettre par son débiteur des marchandises, qu'il enlève pendant la nuit et en dissimulant leur provenance aux acheteurs pour s'en appliquer le prix, commet le délit réprimé par l'art. 597, C. comm., et non une irrégularité prévue par les art. 446 et 447, s'il est constaté que les enlèvements, bien qu'antérieurs à la date de la déclaration de faillite du débiteur, ont eu lieu, avec connaissance par le créancier de l'état d'insolvabilité de celui-ci, postérieurement à l'époque de la cessation de ses paiements. — Même arrêt.

16. D'autre part, la jurisprudence appliquant ici sa théorie des faillites virtuelles ou non déclarées, décide que notre article est applicable, alors même qu'il n'y a pas eu de jugement déclaratif de faillite : il suffit que la cessation des paiements ait existé au moment de la stipulation. En conséquence, tombent sous le coup de notre article les avantages stipulés en matière de concordat amiable comme en matière de concordat judiciaire. — V. *suprà*, art. 437, n. 122 et s.

17. Ainsi quand, postérieurement à l'époque fixée par le jugement déclaratif de faillite pour la cessation de ses payements, un négociant conclut un atermoiement avec ses créanciers, et que l'un d'eux tout en ayant connaissance de cette cessation, obtient de son débiteur, par des menaces et des poursuites, des avantages particuliers au préjudice des autres signataires de l'arrangement, le créancier ainsi favorisé peut être condamné, conformément à l'art. 447, C. comm., à rapporter à la masse le montant des paiements qui lui ont été faits. — Cass., 5 août 1881 [S. 82. 1. 269, P. 82. 1. 640] — V. aussi Paris, 5 févr. 1892 [D. P. 92. 2. 120]

18. En second lieu et d'autre part, un traité passé par un créancier après la cessation des paiements ne tombe sous le coup de notre article qu'autant qu'il a eu lieu clandestinement. — Jugé à cet égard, que le traité intervenu entre le failli et l'unanimité de ses créanciers est valable, encore bien qu'il contienne des avantages particuliers au profit de certains créanciers, si ces avantages ont été faits publiquement et du consentement de tous. — Agen, 23 juin 1859 [S. 59. 2. 408, P. 59. 1021, D. P. 59. 2. 175] — *Sic*, Alauzet, t. 7, p. 2635; Laroque-Sayssinel et Dutruc, t. 1, n. 743 et t. 2, n. 1981; Lyon-Caen et Renault, t. 8, n. 961; Thaller, *Des faill. en dr. comp.*, t. 2, n. 195; et notre *Rép. gén. alph. du dr. fr.*, v° *cit.*, n. 2939. — *Contrà*, Bédarride, t. 2, n. 526 et s.

19. Jugé également, que le paiement en marchandises obtenu ostensiblement par un créancier avant la déclaration de faillite de son débiteur, et alors que celui-ci avait cessé ses paiements, ne constitue pas, même alors que le créancier connaissait l'état des affaires de son débiteur, le traité particulier réprimé par l'art. 597, C. comm. Il doit seulement être annulé relativement à la masse. — Rouen, 24 nov. 1871 [S. 72. 2. 128, P. 72. 614]

20. Enfin les avantages stipulés au profit d'un créancier ne tombent sous le coup de notre article qu'autant qu'ils sont à la charge de l'actif de la faillite. — Jugé à cet égard, que le créancier qui, par un traité postérieur à la faillite de son débiteur, reçoit de lui une somme que celui-ci possédait par suite d'un prêt qu'il avait obtenu depuis sa faillite, commet le délit prévu par l'art. 597, C. comm.; la somme ainsi empruntée par le failli, augmentant d'autant son actif, formait le gage de tous les créanciers, aussi bien que l'actif existant au moment même de la faillite. — Cass., 24 déc. 1857 [S. 58. 1. 175, P. 58. 1042, D. P. 58. 1. 432]

21. De même, l'associé commanditaire d'une maison de commerce, qui, connaissant l'état de cessation de paiements d'un débiteur de cette maison se fait remettre par ce débiteur des valeurs et marchandises destinées à couvrir la créance de la maison dont il est l'un des intéressés, et se procure ainsi des avantages personnels au détriment de la masse des créanciers, commet le délit prévu et réprimé

par l'art. 597, C. comm. — Orléans, 8 nov. 1859 [P. 60. 408, D. P. 59. 2. 219]

22. Il n'importe que la faillite n'ait été déclarée que postérieurement à cette remise, par exemple dans la soirée du même jour.— Même arrêt.

23. Mais notre article ne s'appliquerait pas au cautionnement fourni par un tiers, avant la faillite, en faveur d'un créancier qui consent à accorder terme et délai au débiteur, si, d'ailleurs, ce créancier n'a pris aucun engagement relativement à un vote futur ou à un concordat amiable. — Aix, 28 févr. 1868 [S. 68. 2. 144, P. 68. 676, D. *Rép.*, *Suppl.*, v° *Faillite*, n. 1462]—V. aussi Cass., 10 janv. 1883 [S. 85. 1. 63, P. 85. 1. 137, D. P. 83. 1. 358]

24. Et la circonstance que la faillite a été ultérieurement déclarée sur la demande même du créancier ainsi garanti n'a pas pour effet de décharger la caution de son obligation. — Même arrêt.

25. Spécialement, le traité par lequel un créancier, qui avait pour codébiteurs solidaires le failli et sa femme, après avoir saisi-arrêté le dividende de cette dernière dans la faillite, et fait opposition au concordat, donne mainlevée de la saisie-arrêt et de l'opposition, sous la double condition que la femme lui cédera et transportera les sommes à elle promises par le mari dans le concordat, et le subrogera, pour sûreté de cette cession, dans son hypothèque légale, ne tombe pas sous l'application des art. 597 et 598, C. comm., alors que les garanties, ainsi stipulées, n'ont pas pour résultat de rendre meilleure la situation du créancier, mais constituent un simple dédommagement aux renonciations qu'il consent, en tant que créancier de la femme, pour faciliter le concordat. — Paris, 17 juin 1887 [S. 89. 2. 126, P. 89. 1. 699, D. P. 88. 2. 121]

26. De même, le cautionnement donné par la femme du failli, avant la déclaration de la faillite, à une dette de son mari, pour éviter la continuation des poursuites, au profit d'un créancier qui a stipulé ce cautionnement en pleine connaissance de l'état de cessation de payements du mari, ne tombe pas sous l'application de l'art. 598, C. comm., alors, d'une part, que le créancier cautionné n'a pas produit à la faillite, et alors, d'autre part, que le mari n'ayant pas d'immeubles, le recours de la femme, à raison de son cautionnement, n'était pas garanti par l'hypothèque légale, et ne pouvait aboutir qu'à une simple participation aux dividendes de la faillite, aux lieu et place du créancier cautionné. — Bordeaux, 29 févr. 1888 [S. 89. 2. 125, P. 89. 1. 697, D. *Rép.*, *Suppl.*, *v° cit.*, n. 380]

27. Jugé également, que la découverte d'un procédé industriel faite par un failli, restant la propriété de l'inventeur, tant qu'il n'en a fait aucune application pratique, la cession qu'il en aurait faite à l'un de ses créanciers ne saurait, alors surtout que le cessionnaire est de bonne foi, être considérée comme un traité particulier attribuant à celui-ci un avantage à la charge de la masse, et tombant conséquemment sous les dispositions pénales des art. 597 et 598, C. comm. — Paris, 27 avr. 1872 [S. 72. 2. 291, P. 72. 463, D. P. 72. 2. 225] — V. aussi, Paris, 5 févr. 1892 [D. P. 92. 2. 120] — Sur la propriété des inventions faites par le failli, V. *suprà*, art. 443, n. 53 et s.

28. De même, l'engagement pris par un failli envers l'un de ses créanciers, après le concordat, de payer à ce créancier l'intégralité de la créance, est licite et valable, comme découlant d'une obligation naturelle. — Cass., 29 avr. 1873 [S. 74. 1. 127, P. 74. 291, D. P. 73. 1. 207] — Bordeaux, 24 août 1849 [D. P. 50. 2. 402] — Rennes, 8 janv. 1872 [S. 72. 2. 91, P. 72. 462]

29. ... Alors, d'ailleurs, que souscrit avec la clause « *dès que ses ressources le permettront* » (ce qui implique que son exécution est subordonnée à l'accomplissement intégral vis-à-vis de tous les créanciers des conditions du concordat), il n'est susceptible de porter aucun préjudice à la masse de la faillite. — Cass., 29 avr. 1873, précité.

30. Un tel engagement, bien qu'il ait été contracté en reconnaissance du vote favorable émis par le créancier lors du concordat, ne saurait être considéré comme nul par application de l'art. 597, C. comm., qui prohibe les avantages particuliers consentis par le failli au profit d'un de ses créanciers, si, d'ailleurs, il est reconnu qu'il n'existe aucun lien entre l'engagement pris et le vote émis lors du concordat. — Même arrêt.

31. Décidé dans le même sens, qu'un tel engagement ne saurait être considéré comme nul par application de l'art. 597, C. comm., qui prohibe les avantages particuliers consentis par le failli au profit de l'un de ses créanciers, s'il n'est susceptible de causer aucun préjudice à la masse de la faillite, et qu'il ait été contracté spontanément, sans une contrainte quelconque, fût-il inspiré par un sentiment de gratitude pour le vote favorable de ce créancier au concordat. — Rennes, 8 janv. 1872, précité.

§ 3. *Pénalités.*

32. De ce que notre article dispose que le créancier qui enfreindra cette prohibition sera puni correctionnellement d'un emprisonnement et d'une amende dont il ne fixe pas le minimum, il résulte que ce minimum ne peut être abaissé au-dessous de 16 francs pour l'amende et de 6 jours pour l'emprisonnement. — Cass., 21 août 1856 [P. 57. 742, D. P. 56. 1. 414] — Agen, 6 févr. 1850 [D. P. 50. 2. 88]

33. Ce délit, au reste, étant réprimé par une loi spéciale, celle du 28 mai 1838, ne comporte pas l'application de l'art. 463, C. pén., sur les circonstances atténuantes. — Cass., 21 août 1856, précité.

34. Le créancier qui a vendu son vote ou qui a stipulé un avantage particulier est seul frappé par notre article. Aucune peine n'est applicable au failli, non plus qu'au tiers dont le créancier a stipulé : la loi a voulu que ce failli ou ce tiers puissent, sans s'exposer à aucune peine, demander la nullité de leurs engagements. — *Sic*, Lyon-Caen et Renault, t. 8, n. 965 ; Garraud, t. 5, n. 367.

35. Toutefois il y a un cas où le failli et le créancier seraient punis l'un et l'autre, mais en raison de deux délits distincts. C'est le cas où le failli, après la cessation de ses paiements, aurait payé un créancier au préjudice de la masse : le failli pourrait alors être condamné comme banqueroutier simple par application de l'art. 585, § 4, C. comm. — *Sic*, Lyon-Caen et Renault, *loc. cit.*; Garraud, *loc. cit.*

ART. **598**. Les conventions seront, en outre, déclarées nulles à l'égard de toutes personnes, et même à l'égard du failli.

Le créancier sera tenu de rapporter à qui de droit les sommes ou valeurs qu'il aura reçues en vertu des conventions annulées. — C. comm., 443, 446 et s.

ART. **599**. Dans le cas où l'annulation des conventions serait poursuivie par la voie civile, l'action sera portée devant les tribunaux de commerce. — C. comm., 635.

DIVISION

§ 1. *Nullité.*

§ 2. *Compétence et procédure.*

§ 1. *Nullité.*

1. La nullité absolue, édictée par l'art. 598 devra recevoir son application dans le cas où un créancier a reçu une rémunération pour son vote d'une personne autre que le failli : on ne saurait appliquer ici les art. 446 et s., C. comm., et la nullité simplement relative qu'ils édictent, attendu que ces articles ne visent que des actes qui émanent du failli. — *Sic*, Lyon-Caen et Renault, t. 8, n. 967; et notre *Rép. gén. alph. du dr. fr.*, v° *Faillite*, n. 2942.

2. En sens inverse, les art. 597 et 598 ne concernant que les actes accomplis depuis la cessation des paiements (V. *suprà*, art. 597, n. 10 et s.), il en résulte que l'art. 446 s'appliquera seul aux actes passés avec le failli dans les dix jours qui précèdent la cessation des paiements : par suite, ces actes ne seront pas nuls d'une manière absolue, mais seulement au regard de la masse, conformément à cet article. — *Sic*, Lyon-Caen et Renault, *loc. cit.*

3. Quant aux actes passés par le failli depuis la cessation des paiements, il y a lieu de distinguer suivant que le créancier a agi ou non dans une intention frauduleuse. Dans le premier cas, c'est la nullité absolue de l'art. 598 qui sera encourue ; dans le second cas, on appliquera simplement la nullité relative des art. 446 et s. — *Sic*, Lyon-Caen et Renault, *loc. cit.*; et notre *Rép. gén. alph. du dr. fr.*, v° *cit.*, n. 2943.

4. La convention illicite étant annulée par application de l'art. 598, il y a lieu à restitution, et cette restitution doit comprendre toutes les sommes indûment touchées, sans aucune déduction. Spécialement, en cas d'annulation du traité secret par lequel le créancier d'un failli s'est fait garantir, en échange de son vote au concordat, le paiement intégral de sa créance, ce créancier est tenu de rapporter à la masse toutes les sommes par lui reçues en vertu du traité annulé, sans pouvoir déduire, par voie de compensation, le dividende promis par le concordat, alors d'ailleurs que sa créance n'a pas été vérifiée. — Cass., 13 mars 1893 [S. et P. 97. 2. 511, D. P. 94. 1. 400]

5. La restitution doit comprendre également, outre le capital, les intérêts des sommes ou valeurs reçues par le créancier, à dater de l'indue réception, et non pas seulement à dater de la demande. — Nancy, 7 avr. 1880, sous Cass., 5 août 1881 [S. 82. 1. 269, P. 82. 1. 640, D. P. 82. 1. 29]

§ 2. *Compétence et procédure.*

6. Le tribunal correctionnel est compétent, lorsqu'il est appelé à reconnaître l'existence d'un des faits prévus par l'art. 597, pour prononcer la nullité de la convention et pour ordonner, s'il y a lieu, la restitution, et cela, non seulement lorsqu'il y a eu constitution de la partie civile, mais encore d'office. — Cass., 23 mai 1846 [S. 46. 1. 793] — *Sic*, Lyon-Caen et Renault, t. 8, n. 970.

7. Mais l'annulation peut également être prononcée par le tribunal de commerce, auquel l'art. 599 attribue spécialement compétence. Toutefois, si l'action publique était pendante devant le tribunal correctionnel, le tribunal de commerce pourrait se voir obligé de surseoir à statuer sur l'action civile, par application de la règle que le criminel tient le civil en état. — *Sic*, Lyon-Caen et Renault, t. 8, n. 969 ; et notre *Rép. gén. alph. du dr. fr.*, v° *cit.*, n. 2949.

8. Et le tribunal de commerce est compétent pour statuer sur l'action en nullité, même si la convention attaquée est constatée par acte notarié. — Trib. comm. Seine, 6 janv. 1870, sous Cass., 29 juin 1874 [D. P. 75. 1. 172]

9. L'action en nullité ayant sa source dans la faillite, la compétence appartient non pas au tribunal du domicile du failli, mais au tribunal de commerce qui a déclaré la faillite. — *Sic*, Lyon-Caen et Renault, t. 8, n. 969; Alauzet, t. 8, n. 2883.

10. Si le tribunal correctionnel et le tribunal de commerce sont également compétents pour statuer sur la nullité, leur jugement ne produit pas pour cela les mêmes effets. Le jugement prononcé par le tribunal correctionnel existe *erga omnes*, tandis que le jugement du tribunal de commerce n'a autorité de chose jugée qu'à l'égard de celui qui y a été partie. — Cass., 4 juill. 1854 [S. 54. 1. 785, P. 55. 1. 208, D. P. 54. 1. 405] — *Sic*, Lyon-Caen et Renault, t. 8, n. 971.

11. L'action civile intentée par le syndic est soumise, non pas à la prescription de trois ans, mais à la prescription de trente ans, comme toute action en répétition de l'indû. — Cass., 28 août 1855 [S. 56. 1. 37, P. 56. 2. 474, D. P. 55. 1. 407] ; 5 mai 1863 [S. 63. 1. 301, P. 64. 603, D. P. 63. 1. 195] — Dijon, 17 juin 1864, sous Cass., 6 nov. 1866 [D. P. 66. 1. 441] — *Sic*, Alauzet, t. 8, n. 2883 ; Laroque-Sayssinel et Dutruc, t. 2, n. 1996 ; Bravard et Demangeat, t. 6, p. 145 et s.; Ruben de Couder, v° *Faillite*, n. 1187; et notre *Rép. gén. alph. du dr. fr.*, v° *cit.*, n. 2953 et s. — *Contrà*, Grenoble, 17 mai 1853 [S. 54. 2. 301, P. 56. 1. 396, D. P. 55. 2. 65] — *Adde*, Bédarride, t. 3, n. 1298. — V. aussi, Lyon-Caen et Renault, t. 8, n. 972.

ART. **600**. Tous arrêts et jugements de condamnation rendus, tant en vertu du présent chapitre que des deux chapitres précédents, seront affichés et publiés suivant les formes établies par l'article 42 du Code de commerce aux frais des condamnés.

La publicité prescrite par cet article n'est requise que pour les jugements ou arrêts prononçant une peine, mais non pour les jugements prononçant des nullités d'actes par application de l'art. 598. — *Sic*, Lyon-Caen et Renault, t. 8, n. 973.

CHAPITRE IV

DE L'ADMINISTRATION DES BIENS EN CAS DE BANQUEROUTE.

ART. **601**. Dans tous les cas de poursuite et de condamnation pour banqueroute simple ou frauduleuse, les actions civiles autres que celles dont il est parlé dans l'article 598 resteront séparées, et toutes les dispositions relatives aux biens, prescrites pour la faillite, seront exécutées sans qu'elles puissent être attribuées ni évoquées aux tribunaux de police correctionnelle, ni aux cours d'assises. — C. comm., 584 et s., 635.

ART. **602**. Seront cependant tenus, les syndics de la faillite, de remettre au ministère public les pièces, titres, papiers et renseignements qui leur seront demandés. — C. comm., 483, 603.

ART. **603**. Les pièces, titres et papiers délivrés par les syndics seront pendant le cours de l'instruction tenus en état de communication par la voie du greffe ; cette communication aura lieu sur la réquisition des syndics, qui pourront y prendre des extraits privés, ou en requérir d'authentiques, qui leur seront expédiés par le greffier.

Les pièces, titres et papiers dont le dépôt judiciaire n'aurait pas été ordonné seront, après l'arrêt ou le jugement, remis aux syndics qui en donneront décharge. — C. proc. civ., 199, 853; C. comm., 491.

1. Le principe que le failli est dessaisi de l'administration de ses biens au profit de la masse des créanciers, à partir du jour de l'ouverture de la faillite, ne souffre pas atteinte au cas où le failli, étant ultérieurement poursuivi pour crime de banqueroute frauduleuse, se trouve en état de contumace : en ce cas, est inapplicable la disposition de l'art. 465, C. inst. crim., qui ordonne que les biens des accusés contumax soient séquestrés pendant l'instruction de la contumace. — Caen, 17 janv. 1849 [S. 52. 2. 189, P. 51. 1. 143, D. P. 51. 2. 105] — Trib. Lyon, 15 nov. 1865 [D. P. 66. 3. 16] — *Sic*, Alauzet, t. 8, n. 2886 ; Bravard et Demangeat, t. 6, p. 152 ; Lyon-Caen et Renault, t. 8, n. 953. — *Contrà*, Montpellier, 22 juin 1838 [P. 38. 2. 426, D. *Rép.*, v° *Faillite*, n. 559-2°]

2. En conséquence, une ordonnance du président de la cour d'assises, qui prescrit, en un tel cas, le séquestre des biens du contumax, n'a qu'un caractère de mesure générale, et ne donne pas le droit à la régie des domaines de se saisir de l'administration des biens du failli, au préjudice de la masse des créanciers. — Caen, 17 janv. 1849, précité.

3. Et si la régie des domaines s'est emparée, en vertu d'une telle ordonnance, de l'administration des biens du failli, elle doit remettre ces biens aux syndics, sans pouvoir exiger qu'on appelle à cette remise le failli, ou, en cas de décès, ses héritiers ou un curateur à sa succession. — Même arrêt.

TITRE III

DE LA RÉHABILITATION

ART. **604**. Le failli qui aura intégralement acquitté, en principal, intérêts et frais, toutes les sommes par lui dues, pourra obtenir sa réhabilitation.

Il ne pourra l'obtenir, s'il est l'associé d'une maison de commerce tombée en faillite, qu'après avoir justifié que toutes les dettes de la société ont été intégralement acquittées en principal, intérêts et frais, lors même qu'un concordat particulier lui aurait été consenti. — C. civ., 1154; C. comm., 22 et s., 83, 438, 445, 605 et s.

INDEX ALPHABÉTIQUE.

1. L'acquittement intégral de toutes ses dettes qui est nécessaire pour que le failli puisse obtenir sa réhabilitation doit s'entendre d'un paiement réel et effectif, ou d'un mode d'extinction des dettes qui soit équivalent et de nature à donner satisfaction aux créanciers. — Rennes, 11 sept. 1846 [S. 51. 2. 726, P. 46. 2. 548, D. P. 51. 2. 132] — *Sic*, Alauzet, t. 8, n. 2888; Laroque-Sayssinel et Dutruc, t. 2, n. 2013; Bravard et Demangeat, t. 6, p. 162 et s.; Lyon-Caen et Renault, t. 8, n. 981; Thaller, n. 2184; Ruben de Couder, v° *Réhabilitation*, n. 13; et notre *Rép. gén. alph. du dr. fr.*, v° *Faillite*, n. 4315 et s.

2. Il en sera ainsi, et il faudra assimiler au paiement la compensation légale, ou encore la confusion sur la même tête des qualités de créancier ou de débiteur, dans le cas tout au moins où les deux dettes sont également liquides. — Jugé à cet égard, que, dans le cas où le failli, après avoir acquitté tout son passif, reste uniquement débiteur d'une succession à laquelle il est appelé, concurremment avec avec d'autres héritiers, il ne lui suffirait pas, pour obtenir sa réhabilitation, de faire offre de subir, sur sa part héréditaire, un retranchement correspondant à ce qu'il doit : il faut que la succession soit liquidée, de façon à faire ressortir exactement l'actif net lui revenant après acquittement de sa dette, si mieux il n'aime verser immédiatement le montant de cette dette aux mains de ses cohéritiers. — Pau, 19 avr. 1853 [S. 53. 2. 489, P. 54. 2. 265, D. P. 55. 2. 316]

3. Mais on ne saurait considérer comme équivalant à un paiement,... ni la novation qui ne fait que substituer un engagement nouveau à la dette ancienne. — Cass., 17 nov. 1857 [S. 58. 1. 679, P. 59. 33, D. P. 58. 1. 241] — *Sic*, mêmes auteurs.

4. ... Ni la prescription libératoire des intérêts ou de la créance. — *Sic*, Lyon-Caen et Renault, t. 8, n. 985 *bis;* Thaller, *loc. cit.*

5. ... Ni même la remise de dettes consentie volontairement par certains créanciers. — Rennes, 11 sept. 1846, précité. — *Sic*, Alauzet, *loc. cit.*; Bravard et Demangeat, *loc. cit.*; Thaller, *loc. cit.* — *Contrà*, Lyon-Caen et Renault, t. 8, n. 981 ; Namur, t. 3, n. 2099.

6. Le failli ou ses héritiers demandeurs en réhabilitation peuvent être autorisés à consigner, pendant un temps déterminé, le montant en capital et intérêts des sommes dues à des créanciers dont l'identité et le domicile ne peuvent être constatés. — Lyon, 29 juin 1865 [S. 65. 2. 299, P. 65. 1130, D. P. 65. 2. 191] — Bordeaux, 6 juin 1874 [S. 75. 2. 240, P. 75. 965, D. P. 78. 5. 275] — *Sic*, Alauzet, t. 8, n. 2877; Laroque-Sayssinel et Dutruc, t. 2, n. 2019.

7. Les dettes qui doivent être acquittées sont celles qui constituaient le passif de la faillite, mais non pas celles qui auraient été contractées depuis la faillite. — *Sic*, Thaller, n. 2183; Lyon-Caen et Renault, t. 8, n. 981.

8. Le failli ne doit pas seulement payer le capital de ses dettes : il doit aussi, pour obtenir sa réhabilitation, en payer intégralement les intérêts. Mais à partir de quel moment courent ces intérêts ? S'il s'agit d'une créance produisant déjà des intérêts, conventionnels ou moratoires, avant le jugement déclaratif de faillite, ces intérêts continuent à courir contre le failli après comme avant le jugement : car la déclaration de faillite n'arrête les intérêts qu'à l'égard de la masse, et non pas à l'égard du failli. — V. *suprà*, art. 445, n. 16 et s.

9. S'il s'agit d'une créance ne produisant pas d'intérêt avant la faillite les intérêts moratoires ne courent contre le failli qu'à partir de la production des créanciers à la faillite. — V. *suprà*, art. 445, n. 18 et s.

10. Mais notre article n'ayant pas parlé des intérêts des intérêts, il y a lieu d'appliquer la règle générale posée pas l'art. 1154, C. civ., d'après laquelle les intérêts ne sont eux-mêmes productifs d'intérêts qu'en vertu d'une convention ou d'une

demande en justice. En conséquence, le failli peut obtenir sa réhabilitation sans être tenu de payer à ses créanciers les intérêts des intérêts. — Paris, 12 févr. 1900 [D. P. 1902. 2. 42] — *Sic*, Demolombe t. 24, n. 645, 651 et s.; Lyon-Caen et Renault, t. 8, n. 984; Ruben de Couder, *v° cit.*, n. 22; de Folleville, note sous Douai, 12 mars 1875 [D. P. 75. 2. 91]; et notre *Rép. gén. alph. du dr. fr.*, *v° cit.* n. 4331.

ART. **605**. Toute demande en réhabilitation sera adressée à la cour royale dans le ressort de laquelle le failli sera domicilié. Le demandeur devra joindre à sa requête les quittances et autres pièces justificatives.

1. Les cours d'appel ont un pouvoir souverain d'appréciation dans la vérification des pièces produites par les faillis qui sollicitent leur réhabilitation. — Cass., 9 août 1853 [S. 55. 1. 103, P. 55. 1. 527, D. P. 54. 1. 73]; 17 nov. 1857 [S. 58. 1. 679, P. 59. 33, D. P. 58. 1. 241] — Besançon, 20 mars 1876 [S. 76. 2. 206, P. 76. 827, D. P. 76. 2. 119] *Sic*, Alauzet, t. 8, n. 2888; Boistel, n. 1103; Bravard et Demangeat, t. 6, p. 87; Lyon-Caen et Renault, t. 8, n. 991; et notre *Rép. gén. alph. du dr. fr.*, v° *Faillite*, n. 4340 et s.

2. Ainsi, lorsque des circonstances de force majeure, par exemple la mort des créanciers et la disparition de leurs livres de commerce, mettent le failli dans l'impossibilité de produire des quittances en due forme, la cour peut rechercher dans d'autres documents la preuve que ces créanciers ont été entièrement désintéressés en principal, intérêts et frais. — Besançon, 20 mars 1876, précité.

3. Jugé, d'autre part, que la cour peut rejeter la demande de réhabilitation, malgré les quittances produites par le failli, en décidant que ces quittances ne sont pas sincères. — Cass., 17 nov. 1857, précité.

4. Mais dans le cas où le failli justifie, par des quittances reconnues sincères, le paiement de toutes ses dettes en capital et intérêts, la cour d'appel est tenue de prononcer la réhabilitation qui constitue un droit pour le failli. — *Sic* Lyon-Caen et Renault, t. 8, n. 991; Thaller, n. 2188.

ART. **606**. Le procureur général près la cour royale, sur la communication qui lui aura été faite de la requête, en adressera des expéditions certifiées de lui au procureur du roi et au président du tribunal de commerce du domicile du demandeur, et, si celui-ci a changé de domicile depuis la faillite, au procureur du roi et au président du tribunal de commerce de l'arrondissement où elle a eu lieu, en les chargeant de recueillir tous les renseignements qu'ils pourront se procurer sur la vérité des faits exposés.

1. Les renseignements recueillis par le ministère public, au cas de demande en réhabilitation formée par un failli, sur la vérité des faits exposés à l'appui de cette demande, constituent, non une information judiciaire, mais une information confidentielle, dont aucune disposition légale ne prescrit la communication au failli. — Cass., 17 nov. 1857 [S. 58. 1. 579, P. 59. 33, D. P. 58. 1. 241] — *Sic*, Laroque-Sayssinel et Dutruc, t. 2, n. 2024; Bravard et Demangeat, t. 6, p. 183 et s.

2. Dans tous les cas, le failli qui a su que les conclusions du ministère public étaient contraires à sa demande en réhabilitation, et qui, par conséquent, a été mis à même de fournir des explications nouvelles, n'est pas fondé à se plaindre du défaut de communication. — Même arrêt.

ART. **607**. A cet effet, à la diligence tant du procureur du roi que du président du tribunal de commerce, copie de ladite requête restera affichée pendant un délai de deux mois, tant dans les salles d'audience de chaque tribunal qu'à la Bourse et à la maison commune, et sera insérée par extrait dans les papiers publics.

ART. **608**. Tout créancier qui n'aura pas été payé intégralement de sa créance en principal, intérêts et frais, et toute autre partie intéressée, pourra, pendant la durée de l'affiche, former opposition à la réhabilitation par simple acte au greffe, appuyé des pièces justificatives. Le créancier opposant ne pourra jamais être partie dans la procédure de réhabilitation.

1. L'opposition doit être faite dans la forme déterminée par l'art. 608. En conséquence, ne constitue pas une opposition à la réhabilitation, dont la mainlevée puisse être judiciairement demandée, la lettre écrite par un des créanciers du failli au président du tribunal de commerce, au cours de l'enquête officieuse prescrite par les art. 606 et s., C. comm., et dans laquelle ce créancier prétend n'avoir pas été désintéressé par le failli. — Orléans, 10 juill. 1884 [S. 84. 2. 197, P. 84. 1. 1019]

2. Mais bien que l'art. 608 ne confère le droit de former opposition que pendant la durée de l'affiche, on décide cependant que l'opposition peut avoir lieu même après l'expiration du délai légal, tant qu'il n'a pas été statué sur la demande en réhabilitation. — Pau, 19 avr. 1853 [S. 53. 2. 489, P. 54. 2. 265, D. P. 55. 2. 316] — *Sic*, Esnault, t. 3, n. 733; Alauzet, t. 8, n. 2894; Laroque-Sayssinel et Dutruc, t. 2, n. 2027.

ART. **609**. Après l'expiration de deux mois, le procureur du roi et le président du tribunal de commerce transmettront, chacun séparément, au procureur général près la cour royale, les renseignements qu'ils auront recueillis et les oppositions qui auront pu être formées. Ils y joindront leurs avis sur la demande.

ART. **610**. Le procureur général près la cour royale fera rendre arrêt portant admission ou rejet de la demande en réhabilitation. Si la demande est rejetée, elle ne pourra être reproduite qu'après une année d'intervalle.

ART. **611**. L'arrêt portant réhabilitation sera transmis aux procureurs du roi et aux présidents des tribunaux auxquels la demande aura été adressée. Ces tribunaux en feront faire la lecture publique et la transcription sur leurs registres.

La demande en réhabilitation ne soulève pas une contestation sur l'état civil du failli, et par conséquent elle doit être portée en audience ordinaire et non pas en audience solennelle. — Cass., 6 nov. 1883 [S. 84. 1. 105, P. 84. 1. 238, D. P. 84. 1. 471] — *Sic*, Bravard et Demangeat, t. 6, p. 180; Laroque-Sayssinel et Dutruc, t. 2, n. 2032 et s.; Lyon-Caen et Renault, t. 8, n. 990, *in fine*.

ART. **612**. Ne seront point admis à la réhabilitation les banqueroutiers frauduleux, les personnes condamnées pour vol, escroquerie ou abus de confiance, les stellionataires, ni les tuteurs, administrateurs ou autres comptables qui n'auront pas rendu et soldé leurs comptes.

Pourra être admis à la réhabilitation le banqueroutier simple qui aura subi la peine à laquelle il aura été condamné.

En décidant que le banqueroutier simple peut être réhabilité, notre article n'a pas entendu conférer à la Cour le droit de refuser la réhabilitation à ce banqueroutier dans le cas où il aurait acquitté toutes ses dettes : il a simplement voulu opposer la banqueroute simple à la banqueroute frauduleuse qui est exclusive de toute réhabilitation. — *Sic*, Lyon-Caen et Renault, t. 8, n. 991. — Sur la question de savoir si la réhabilitation peut être refusée au failli qui a acquitté toutes ses dettes, V. *suprà*, art. 605, n. 4.

ART. **613**. Nul commerçant failli ne pourra se présenter à la Bourse, à moins qu'il n'ait obtenu sa réhabilitation (1). — C. comm., 71, 83.

ART. **614**. Le failli pourra être réhabilité après sa mort. — C. comm., 437.

(1) *a*) 22 frim. an VIII. — CONSTITUTION.

Art. 5. L'exercice des droits de citoyens français est suspendu par l'état de débiteur failli.

b) 16 janv. 1808 — DÉCRET *qui arrête définitivement les statuts de la Banque de France.*

Art. 50. Tout failli non réhabilité ne peut être admis à l'escompte.

c) 2 févr. 1852. — DÉCRET *organique pour l'élection des députés au Corps législatif.*

Art 15. Ne doivent pas être inscrits sur les listes électora-

INDEX ALPHABÉTIQUE.

DIVISION

§ 1. *Incapacités résultant de la faillite.*

§ 2. *Effets de la réhabilitation.*

§ 1. *Incapacités résultant de la faillite.*

1. D'après l'art. 5 de la Constitution du 22 frim. an VIII, le failli est suspendu de ses droits de citoyen français. Il résulte de là tout d'abord que le failli est privé d'une manière absolue de ses droits électoraux : et ce principe a été appliqué par de nombreux textes législatifs aux différentes élections. En vertu de ces textes, le failli n'est ni électeur, ni éligible... à la Chambre des députés (Décr. du 2 févr. 1852, art. 15-17°).

2. ... Au Sénat (L. du 9 déc. 1884, art. 4).

3. ... Aux conseils généraux et aux conseils d'arrondissement (L. du 10 août 1871, art. 5 et 6).

4. ... Aux conseils municipaux (L. du 5 avr. 1884, art. 14 et 32).

5. ... Aux conseils de prud'hommes (L. du 1er juin 1853, art. 6).

6. ... Aux tribunaux de commerce (L. du 8 déc. 1883, art. 2-8° et 8).

7. ... Aux chambres de commerce et aux chambres consultatives des arts et manufactures (Décr. du 22 janv. 1872, art. 1, 3 et 4).

8. D'autre part, le failli, étant privé de ses droits civiques, ne peut exercer aucune fonction publique : il ne peut être nommé ni notaire (L. 25 vent. an XI, art. 35).

9... Ni agent de change ou courtier privilégié. — (C. comm., art. 83).

10. ... Ni être porté sur la liste des courtiers inscrits (L. 18 juill. 1866, art. 2, § 3).

11. ... Ni être juré soit en matière criminelle, soit en matière d'expropriation pour cause d'utilité publique (L. du 21 nov. 1872, art. 2-8°).

12. Enfin le failli est frappé par des textes spéciaux de certaines incapacités qui ne se rattachent qu'indirectement à la privation des droits civiques. Telles sont l'interdiction d'entrée à la Bourse (C. comm., art. 613).

13. ... L'exclusion du bénéfice de l'escompte de la Banque de France (Décr. du 16 janv. 1808, art. 50).

14. ... L'interdiction de porter les insignes de membre de la Légion d'honneur ou de décoré de la médaille militaire et d'exercer les droits qui y sont

les... 17° les faillis non réhabilités dont la faillite a été déclarée soit par les tribunaux français, soit par jugements rendus à l'étranger, mais exécutoires en France.

d) 16 mars 1852. — DÉCRET *organique de la Légion d'honneur.*

Art. 39. L'exercice des droits et des prérogatives des membres de la Légion d'honneur est suspendu par les mêmes causes que celles qui suspendent les droits de citoyen français.

e) 24 nov. 1852. — DÉCRET *sur la discipline des membres de la Légion d'honneur et des décorés de la médaille militaire.*

Art. 7. La suspension des droits et prérogatives attachés à la qualité de membre de la Légion d'honneur ou de décoré de la médaille militaire emporte la suspension de l'autorisation de porter les insignes d'un ordre étranger quelconque. La privation des mêmes droits emporte également le retrait définitif de l'autorisation de porter les insignes d'un ordre étranger.

f) 1er juin 1853. — LOI *sur les conseils de prud'hommes.*

Art. 6. Ne peuvent être éligibles ni électeurs, les étrangers et aucun des individus désignés dans l'art. 15 de la loi du 2 févr. 1852.

g) 18 juill. 1866. — LOI *sur les courtiers de marchandises.*

Art. 2. Il pourra être dressé par le tribunal de commerce une liste des courtiers de marchandises de la localité qui auront demandé à y être inscrits... Aucun individu en état de faillite, ayant fait abandon de biens ou atermoiement, sans s'être depuis réhabilité, ou ne jouissant pas des droits de citoyen français, ne pourra être inscrit sur la liste dont il vient d'être parlé.

h) 10 août 1871. — LOI *relative aux conseils généraux.*

Art. 5. L'élection se fait au suffrage universel, dans chaque commune, sur les listes dressées pour les élections municipales.

Art. 6. Sont éligibles au conseil général tous les citoyens inscrits sur une liste d'électeurs, ou justifiant qu'ils devaient y être inscrits avant le jour de l'élection, âgés de vingt-cinq ans accomplis....

i) 22 janv. 1872. — DÉCRET *qui détermine le mode d'élection des membres des chambres de commerce et des chambres consultatives des arts et manufactures.*

Art. 1. Les membres des chambres de commerce, lorsque la circonscription de ces chambres est la même que le ressort d'un tribunal de commerce, sont nommés par les électeurs désignés conformément aux art. 618 et 619 du Code de commerce, modifiés par la loi du 21 déc. 1871, susvisée.

3. L'élection des membres des chambres consultatives des arts et manufactures est faite par les électeurs domiciliés dans la circonscription de chacune des chambres et inscrits sur les listes dressées d'après les bases indiquées ci-dessus.

4. Les conditions d'éligibilité déterminées par l'article 620 du Code de commerce modifié par la loi susvisée, en ce qui concerne les juges des tribunaux de commerce, sont applicables aux élections des membres des chambres de commerce et des chambres consultatives des arts et manufactures.

j) 21 nov. 1872. — LOI *sur le jury.*

Art. 2. Sont incapables d'être jurés : ..... 8° les faillis non réhabilités, dont la faillite a été déclarée, soit par les tribunaux français, soit par un jugement rendu à l'étranger, mais exécutoire en France.

k) 29 juill. 1881. — LOI *sur la liberté de la presse.*

Art. 6. Tout journal ou écrit périodique aura un gérant. — Le gérant devra être Français, majeur, avoir la jouissance de ses droits civils et n'être privé de ses droits civiques par aucune condamnation judiciaire.

l) 8 déc. 1883. — LOI *relative à l'élection des membres des tribunaux de commerce.*

Art. 2. Ne pourront participer à l'élection : ..... 8° les faillis non réhabilités dont la faillite a été déclarée, soit par les tribunaux français, soit par des jugements rendus à l'étranger, mais exécutoires en France.

8. Sont éligibles aux fonctions de président, de juge et de juge suppléant tous les électeurs inscrits sur la liste électorale, âgés de trente ans.

m) 5 avr. 1884. — LOI *sur l'organisation municipale.*

Art. 14. Les conseillers municipaux sont élus par le suffrage universel direct. — Sont électeurs tous les Français âgés de vingt et un ans accomplis, et n'étant dans aucun cas d'incapacité prévu par la loi.

32. Ne peuvent être élus conseillers municipaux : — 1° Les individus privés du droit électoral ; 2° .....

n) 9 déc. 1884. — LOI *portant modification aux lois organiques sur l'organisation du Sénat et les élections des sénateurs.*

Art. 4. Nul ne peut être élu sénateur s'il n'est Français, âgé de quarante ans au moins et s'il ne jouit de ses droits civils et politiques.

afférents (Décr. du 16 mars 1852, art. 39; décr. du 24 nov. 1852, art. 2).

15.... L'interdiction de porter les insignes d'un ordre étranger quelconque (Décr. du 24 nov. 1852, art. 7).

16. Les incapacités qui frappent le failli ne sauraient être étendues par voie d'analogie. En conséquence, le failli pourrait être désigné comme expert par le tribunal ou choisi comme arbitre par les parties, les experts ou les arbitres n'exerçant pas des fonctions publiques. — Rennes, 25 juin 1810 [P. chr.] — *Sic*, Carré et Chauveau, t. 6, quest. 3260; Bourbeau, t. 6, p. 504; Lyon-Caen et Renault, t. 8, n. 976. — V. sur les personnes capables d'être nommées arbitres ou experts, notre *Rép. gén. alph. du dr., fr.*, v^is^ *Arbitrage*, n. 348 et s., et *Expertise*, n. 79 et s.

17. Le failli pourrait également être nommé tuteur. — *Sic*, Lyon-Caen et Renault, *loc. cit.* — Sur la question de savoir si la faillite est une cause de destitution de la tutelle, V. notre *Code civil annoté*, art. 444, n. 14 et s.

18. De même, le failli peut être témoin instrumentaire dans un acte de l'état civil ou même dans un acte notarié : l'art. 9 de la loi du 25 vent. an XI, modifié par la loi du 12 août 1902, exige simplement que les témoins instrumentaires soient Français et majeurs, qu'ils sachent signer et qu'ils aient la jouissance de leurs droits civils. — Sur la jurisprudence antérieure à la loi du 12 août 1902, V. notre *Rép. gén. alph. du dr. fr.*, v° *Faillite*, n. 598.

19. On a soutenu également que le failli pouvait être gérant d'un journal, en se fondant sur ce que l'art. 6 de la loi sur la presse du 29 juin 1881 n'interdit d'être gérant qu'à celui qui est privé de ses droits civiques par une condamnation judiciaire : or, dit-on, cet article ne saurait s'appliquer au failli, puisque le jugement déclaratif n'emporte aucune condamnation. — Paris, 12 juin 1886 [S. 87. 1. 189, P. 87. 1. 428, D. P. 86. 2. 158] — Caen, 17 mars 1887, sous Cass., 22 juin 1887 [D. P. 87. 1. 281] — *Sic*, Barbier, t. 1, n. 82; Thaller, n. 1864.

20. La Cour de cassation décide au contraire que le failli est incapable d'être gérant. L'art. 6 de la loi de 1881 en effet ne distingue pas suivant que l'incapacité provient d'une juridiction civile, ou d'une juridiction pénale, et par suite, il n'y a pas lieu d'interpréter à la lettre le mot de « condamnation » dont il se sert. D'autre part, l'incapacité pour le failli d'être gérant d'un journal était la règle admise par les lois antérieures, notamment par le décr. du 17 févr. 1852, art. 1 et par la loi du 11 mai 1868, art. 1, et rien n'indique dans les travaux préparatoires de la loi de 1881 que le législateur ait voulu innover sur ce point. — Cass., 17 déc. 1886 [S. 87. 1. 189, P. 87. 1. 428, D. P. 87. 1. 281]; 22 juin 1887, ch. réun. [S. 87. 1. 342, P. 87. 1. 811, D. P. 87. 1. 281] — *Sic*, Lyon-Caen et Renault, t. 8, n. 978; et notre *Rép. gén. alph. du dr. fr.*, v° *Journaux et écrits périodiques*, n. 348 et s.

21. Les incapacités ci-dessus énumérées sont personnelles au failli et ne frappent pas ses héritiers. A cet égard, l'art. 5 de la Constitution du 22 frim. an VIII, qui privait de l'exercice des droits de citoyen français « l'héritier immédiat détenteur, à titre gratuit, de la succession totale ou partielle d'un failli, » a été abrogé par l'art. 15-17° du décret du 2 févr. 1852. En conséquence, le premier héritier immédiat et le second successeur médiat d'un failli ne sont frappés d'aucune incapacité électorale. — Trib. de paix Constantine, 22 févr. 1879, sous Cass., 24 juin 1879 [S. 80. 1. 316, P. 80. 751, D. P. 79. 1. 407]

22. En tout cas, pour que lesdites incapacités soit encourues, il faut qu'il y ait un jugement déclarant la faillite. Jugé, en ce sens, que l'insolvabilité n'est pas une cause d'exclusion de la liste des électeurs communaux. — Cass., 16 janv. 1844 [S. 44. 1. 344]

23. De même, le débiteur qui a fait cession de biens à ses créanciers n'est pas non plus, comme le failli, privé de l'exercice de ses droits électoraux. — Montpellier, 25 oct. 1837 [S. 37. 2. 490, P. 37. 2. 605]

24. Mais peu importe que le jugement déclaratif de faillite soit frappé d'appel : ce jugement étant exécutoire par provision aux termes de l'art. 440, C. comm., l'individu déclaré en faillite par un jugement frappé d'appel ne peut être inscrit sur la liste électorale. — Cass., 12 nov. 1850 [S. 50. 1. 843, P. 50. 2. 513, D. P. 50. 1. 330]

25. Peu importe également la juridiction qui a reconnu l'état de faillite. Jugé à cet égard, que l'incapacité électorale résulte de l'état de faillite d'un commerçant dès que cet état a été reconnu par une juridiction compétente. En conséquence, ne peut être inscrit sur les listes électorales l'individu condamné pour banqueroute simple, alors même que sa faillite n'a pas été déclarée par le tribunal de commerce. — Cass., 8 juill. 1885 [S. 86. 1. 133, P. 86. 1. 276, D. P. 85. 1. 279] — Sur la jurisprudence relative aux faillites non déclarées ou faillites de fait, V. *suprà*, art. 437, n. 108 et s.

§ 2. *Effets de la réhabilitation.*

26. La réhabilitation seule peut effacer les incapacités résultant du jugement déclarant la faillite. En conséquence, les incapacités électorales subsistent alors même que le failli aurait obtenu son concordat. — Cass., 28 avr. 1880 [S. 81. 1. 325, P. 81. 1. 783, D. P. 80. 1. 276]

27. ... Ou encore dans le cas où le failli a été déclaré excusable. — Cass., 17 mars 1873 [S. 73. 1. 84, P. 73. 173, D. P. 73. 1. 440] ; 16 nov. 1874 [S. 75. 1. 38, P. 75. 61, D. P. 75. 1. 78] — Cons. d'Etat, 28 nov. 1873 [S. 75. 2. 221, P. adm. chr., D. P. 74. 3. 60]

28. ... Ou même si le failli produit seulement, à l'appui de sa demande d'inscription sur les listes électorales, un certificat de son syndic attestant qu'il aurait désintéressé tous ses créanciers. — Cass., 5 avr. 1894 [S. et P. 94. 1. 293]

29. La réhabilitation a également pour effet d'obliger le failli qui a obtenu son concordat à payer intégralement les créanciers qui ne se seraient pas présentés dans le cours de la procédure : le failli ne serait pas fondé à prétendre qu'il n'ont droit qu'au dividende déterminé par le concordat. — Cass., 20 mai 1846 [S. 46. 1. 359, P. 46. 2. 87, D. P. 46. 1. 185] — *Sic*, Alauzet, t. 8, n. 2895; Boistel, n. 1105; Lyon-Caen et Renault, t. 8, n. 997; et notre *Rép. gén. alph. du dr. fr.*, v° *Faillite*, n. 4357.

APPENDICE AU LIVRE III

LOI DU 4 MARS 1889, PORTANT MODIFICATION A LA LÉGISLATION DES FAILLITES.

ART. 1er. Tout commerçant qui cesse ses paiements peut obtenir, en se conformant aux dispositions suivantes, le bénéfice de la liquidation judiciaire telle qu'elle est réglée par la présente loi.

1. La liquidation judiciaire, n'étant autre chose qu'une faillite atténuée, devait nécessairement être soumise aux mêmes conditions que la faillite elle-même. Il faut donc, pour qu'un individu puisse en obtenir le bénéfice : 1° qu'il soit commerçant, et 2° qu'il ait cessé ses paiements. — *Sic*, Lyon-Caen et Renault, t. 8, n. 1010; Thaller, n. 1715 et s.; Courtois, *Tr. de la liquid. judic.*, p. 105 et s.; Goirand et Périer, *Comment. de la loi du 4 mars 1889 sur la liquid. jud.*, p. 32 et s.; Ruben de Couder, *Suppl.*, v° *Liquidation judiciaire*, n. 6 et s.; et notre *Rép. gén. alph. du dr. fr.*, v° *Liquidation judiciaire*, n. 80 et s. — Sur les éléments constitutifs de la qualité de commerçant, V. *suprà*, C. comm., art. 1er, n. 1 et s. — Sur les conditions de la faillite, V. *suprà*, C. comm., art. 437, n. 1 et s.

2. Jugé à cet égard, que, si la qualité de commerçant était contestée par le requérant lui-même, sa demande devrait être déclarée irrecevable. Le fait, de la part du principal intéressé, de n'être pas ou de prétendre ne pas être dans la double situation prévue par la loi (exercice du commerce et cessation de paiements), vicie sa requête, et enlève par conséquent au tribunal, lequel ne peut accorder le bénéfice de la liquidation judiciaire que sur la présentation d'une requête régulière, la faculté de l'examiner au fond. — Chambéry, 30 juill. 1889 [*Rec. de Grenoble*, 89. 2. 152]

3. Les étrangers comme les Français, peuvent obtenir le bénéfice de la liquidation judiciaire. Cette solution était déjà consacrée par la jurisprudence en ce qui concerne les dispositions de la loi du 22 avr. 1871, qui affranchissait de la qualification de failli et des incapacités qui y sont attachées les commerçants tombés en état de cessation de paiements depuis le 10 juill. 1870 jusqu'au 30 sept. 1871. — Paris, 11 juin 1872 [S. 72. 2. 126, P. 72. 611, D. P. 72. 2. 191] — *Sic*, Lalubie, *Liquid. judic.*, n. 13; Ruben de Couder, *Suppl.*, v° *cit.*, n. 10.

4. D'autre part, les sociétés, comme les individus peuvent également obtenir le bénéfice de la liquidation judiciaire; c'est ce qui résulte d'abord de la généralité des termes employés par notre article, et, en outre, des art. 3 et 4, § 2, de notre loi, qui déterminent les formes de la requête présentée au nom de la société et les effets particuliers de la liquidation judiciaire d'une société dissoute. — V. notre *Rép. gén. alph. du dr. fr.*, v° *cit.*, n. 90 et s.

5. Sous l'empire du Code de commerce, il était admis par une jurisprudence constante que la faillite d'une société en nom collectif ou en commandite entraînait nécessairement la faillite des associés en nom ou des commandités. Depuis la loi du 4 mars 1889, qui a introduit à côté du régime de la faillite, le régime de la liquidation judiciaire, le même principe doit recevoir son application, en ce sens que la cessation de paiements d'une société en nom ou en commandite, une fois qu'elle a été constatée par un jugement de déclaration de faillite ou d'admission au bénéfice de la liquidation judiciaire entraîne toujours et nécessairement l'état de cessation de paiements des associés en nom ou des commandités. — Cass., 12 nov. 1894 [S. et P. 97. 1. 117, D. P. 95. 1. 38] — *Sic*, Lyon-Caen et Renault, t. 8, n. 1146; Ruben de Couder, *Suppl.*, v° *cit.*, n. 15. — Sur le principe, V. *suprà*, C. comm., art. 437, n. 17 et s.

6. Mais on est d'accord pour admettre qu'il n'y a pas corrélation forcée entre le régime sous lequel est placée la société et le régime sous lequel sont placés les associés. La liquidation judiciaire en effet est un bénéfice qui présente un caractère essentiellement personnel. On conçoit donc très bien que ce bénéfice soit accordé à un associé qui en est personnellement jugé digne, et que la société et les autres associés qui ne le méritent pas soient déclarés en faillite : c'est ce qui arrivera dans le cas où un associé, n'étant pas gérant, ne s'est pas spécialement occupé des affaires sociales dont la mauvaise direction a amené la cessation de paiements de la société, ou bien encore dans le cas où un associé gérant n'a participé à la gestion fautive que d'une façon très restreinte et pendant un temps très court. — Paris, 21 mai 1890 [S. 90. 2. 145, P. 90. 1. 856 et la note de M. Lyon-Caen, D. P. 91. 2. 361 et la note de M. Boistel] — *Sic*, Lyon-Caen et Renault, t. 8, n. 1148; Lyon-Caen, *J. Le droit*, 19 juill. 1900; Courtois, p. 178 et s.; Thaller, n. 2193; Ruben de Couder, *Suppl.*, v° *cit.*, n. 16; et notre *Rép. gén. alph. du dr. fr.*, v° *cit.*, n. 101 et s.

7. A l'inverse et pour le même motif, un des associés en nom collectif ou un des commandités peut être déclaré en faillite, alors que la société et les autres associés sont admis au bénéfice de la liquidation judiciaire. Il en sera ainsi, par exemple, si cet associé a fait des dépenses personnelles excessives, ou bien encore s'il s'est livré à des opérations imprudentes auxquelles les autres associés et la so-

ciété sont demeurés étrangers. — *Sic*, Lyon-Caen, *loc. cit.*; Boistel, *loc. cit.* — Sur la question de savoir si la conversion de la liquidation judiciaire en faillite prononcée contre un des associés entraîne également la faillite de la société, V. *infrà*, art. 19, n. 32.

Art. 2. La liquidation judiciaire ne peut être ordonnée que sur requête présentée par le débiteur au tribunal de commerce de son domicile, dans les quinze jours de la cessation de ses paiements. Le droit de demander cette liquidation appartient au débiteur assigné en déclaration de faillite pendant cette période.

La requête est accompagnée du bilan et d'une liste indiquant le nom et le domicile de tous les créanciers.

Peuvent être admis au bénéfice de la liquidation judiciaire de la succession de leur auteur, les héritiers qui en font la demande dans le mois du décès de ce dernier, décédé dans la quinzaine de la cessation de ses paiements, s'ils justifient de leur acceptation pure et simple ou bénéficiaire.

INDEX ALPHABÉTIQUE.

DIVISION

§ 1. *De la requête à fin de liquidation judiciaire.*

α) *Par qui doit être formée la requête.* — 1. Tandis que la faillite peut être déclarée soit à la demande du débiteur, soit à la requête de ses créanciers, soit même d'office, la liquidation judiciaire ne peut être ordonnée qu'à la requête du débiteur lui-même. Quant aux créanciers, ils sont irrecevables à provoquer la mise en liquidation de leur débiteur, même au nom et du chef de ce dernier : ils ne pourraient qu'introduire contre lui une instance en déclaration de faillite, sauf à lui à demander le bénéfice de la liquidation judiciaire sur cette instance, s'il est encore dans les délais déterminés par notre article. — *Sic*, Lyon-Caen et Renault, t. 8, n. 1018; Ruben de Couder, *Suppl.*, v° *Liquidation judiciaire*, n. 26 et s.; et notre *Rép. gén. alph. du dr. fr.*, v° *Liquidation judiciaire*, n. 122 et s. — Sur la question de savoir qui peut provoquer la déclaration de faillite, V. *suprà*, C. comm., art. 440, n. 1 et s.

2. D'autre part, en cas de décès d'un commerçant en état de cessation de paiements, le bénéfice de la liquidation judiciaire peut être demandé, dans les délais ci-après déterminés, par ses héritiers. Et cette expression d'héritiers doit être prise ici dans son sens le plus large : elle comprend non seulement les héritiers *ab intestat*, mais encore tous les autres successeurs *in universum*, successeurs irréguliers, légataires universels ou à titre universel, à la seule condition qu'ils justifient de leur acceptation pure et simple ou même bénéficiaire. — *Sic*, Frémont et Camberlin, *Code pratique des liquid. et faillites*, t. 1, n. 593; Lecomte, *Tr. de la liquid. judic.*, n. 404; Goirand et Périer, p. 41; Courtois, p. 132; Lyon-Caen et Renault, t. 8, n. 1011; Ruben de Couder, *loc. cit.*, n. 28 et s.; et notre *Rép. gén. alph. du dr. fr.*, v° *cit.*, n. 127. — Sur la déclaration de faillite après décès, V. *suprà*, C. comm., art 437, n. 91 et s.

β) *Formes de la requête.* — 3. Bien que notre article soit muet en ce qui concerne les mentions de la requête, on admet d'une manière unanime que la requête doit contenir toutes les énonciations qui sont nécessaires pour permettre au tribunal de se prononcer en connaissance de cause. A ce titre, la requête doit tout d'abord être datée; elle doit en outre mentionner les noms, qualités et domicile du requérant, la date et les causes de la cessation de ses paiements, et l'objet de la demande; elle doit enfin être signée par le requérant. — *Sic*, Ruben de Couder, *loc. cit.*, n. 33; et notre *Rép. gén. alph. du dr. fr.*, v° *cit.*, n. 128. — Sur les formes de la requête dans le cas où le requérant est une société commerciale, V. *infrà*, art. 3, n. 1 et s.

4. Elle peut aussi être signée par un mandataire muni d'une procuration spéciale à cet effet : dans ce cas, la procuration enregistrée est annexée à la requête et reste entre les mains du greffier. — *Sic*, Goirand et Périer, p. 49; Courtois, p. 120; Lyon-Caen et Renault, t. 8, n. 1017; Ruben de Couder, *loc. cit.*, n. 41; Lalubie, n. 10; et notre *Rép. gén. alph. du dr. fr.*, v° *cit.*, n. 129.

5. Au cas où la liquidation judiciaire est requise par les héritiers d'un commerçant décédé en état de

cessation de payements, l'opposition de l'un d'eux suffit pour rendre la demande irrecevable. Mais il n'est pas indispensable que la requête soit signée par tous les héritiers : la présentation de la requête constituant plutôt un acte conservatoire, il suffira qu'un seul héritier l'effectue dans les délais légaux au nom et pour le compte de ses cohéritiers, et que ces derniers acquiescent à la demande, même après l'expiration desdits délais. Ce mode de procéder est le seul d'ailleurs qui puisse être suivi dans l'hypothèse où certains héritiers sont absents ou incapables : les héritiers présents et capables signeront seuls la requête et le tribunal surseoira à statuer jusqu'à ce que les absents ou les représentants légaux des incapables aient le temps d'intervenir dans la procédure. — *Sic*, Courtois, p. 133; Thaller, n. 1720; Lyon-Caen et Renault, t. 8, n. 1011, *in fine;* Lecomte, n. 407; et notre *Rép. gén. alph. du dr. fr.*, *v° cit.*, n. 145. — *Contrà*, Rousseau et Defert, *Code annoté des liquid. judic.* etc., sur l'art. 2.

6. Lorsque la liquidation judiciaire est demandée par une société, la requête doit être présentée par les gérants ou administrateurs de cette société. D'où il résulte que la société mise en état de liquidation judiciaire est valablement avertie du jour choisi pour l'épreuve du concordat par l'avis donné aux administrateurs en fonctions. — Orléans, 29 juill. 1896 [D. P. 1902. 1. 225]

7. L'opposition faite par un associé au dépôt du bilan par le liquidateur de la société dissoute ne saurait lui faire perdre personnellement le bénéfice de la liquidation judiciaire. — Alger, 29 nov. 1897 [D. P. 99. 2. 78]

8. Dans tous les cas, le requérant doit joindre à sa requête son bilan contenant les énonciations prescrites par l'art. 439, C. comm., et une liste indiquant le nom et le domicile de tous les créanciers : la liquidation judiciaire devrait être convertie en faillite s'il avait omis sciemment le nom d'un ou de plusieurs créanciers. — V. notre *Rép. gén. alph. du dr. fr.*, *v° cit.*, n. 130 et s. — Sur les mentions que doit contenir le bilan, V. *suprà*, C. comm., art. 439. — Sur la conversion de la liquidation judiciaire en faillite par suite de l'omission d'un ou de plusieurs créanciers, V. *infrà*, art 19, n. 21 et s.

γ) *Délai de présentation de la requête.* — 9. Le délai établi pour présenter la requête varie suivant qu'il s'agit du débiteur ou de ses héritiers. Pour le débiteur, le délai est de quinze jours à partir de la cessation des paiements : aux termes de l'art. 23 modifiant l'art. 438, 1er alin., C. comm., ce délai de quinzaine comprend le jour de la cessation des paiements. — V. notre *Rép. gén. alph. du dr. fr.*, *v° cit.*, n. 148 et s. — V. aussi *suprà*, C. comm., art. 438, n. 1 et s.

10. Pour les héritiers, le délai est d'un mois à compter du jour du décès, à supposer bien entendu que leur auteur soit décédé dans la quinzaine de la cessation de ses paiements. Mais à défaut d'un texte spécial, il semble bien que le jour du décès ne doit pas être compris dans le délai d'un mois. — *Contrà*, Ruben de Couder, *loc. cit.*, n. 45.

11. Si, en principe, un commerçant ne peut obtenir le bénéfice de la liquidation judiciaire qu'à la condition d'avoir déposé son bilan dans la quinzaine de la cessation de ses paiements, le délai ne peut courir, à l'égard d'une société civile qui s'est transformée en société commerciale, dans les termes de la loi du 1er août 1893, plus de quinze jours après sa cessation de paiements, que du jour de la commercialisation de la société. S'il en était autrement en effet, on en arriverait à enlever à cette société une partie des avantages attachés à sa nouvelle qualité. Et d'autre part, cette solution cadre parfaitement avec l'esprit de la loi de 1889 qui est d'obliger le commerçant à déposer son bilan dans le plus bref délai possible, à partir du jour où il a pu effectuer ce dépôt : ce jour sera celui de la cessation des paiements, s'il était alors commerçant; dans le cas contraire, ce ne peut être que le jour où il est devenu commerçant. — Paris, 10 juill. 1894 [S. et P. 96. 2. 57 et la note de M. Walh, *in fine*, D. P. 95. 2. 105 et la note de M. Lacour] — Sur la transformation d'une société civile en société commerciale, V. *suprà*, *Appendice* II au liv. I, tit. III, la loi du 1er août 1893, art. 7, n. 18 et s.

§ 2. *Pouvoir du tribunal.*

α) *Requête présentée dans le délai légal.* — 12. Dans le cas où le tribunal relève contre le requérant une des causes d'indignité (nullité d'un acte accompli pendant la période suspecte, banqueroute simple ou frauduleuse, dissimulation de l'actif, exagération du passif ou fraude quelconque) qui ont pour effet d'entraîner obligatoirement la conversion de la liquidation judiciaire en faillite, aux termes de l'art. 19, 2e alin., de notre loi, il est certain que le bénéfice de la liquidation judiciaire doit être refusé au requérant, alors même que sa requête a été présentée dans les formes et dans les délais légaux. — *Sic*, Thaller, n. 1734 *a;* Lyon-Caen et Renault, t. 8, n. 1023.

13. Mais si le tribunal ne constate aucune des causes d'indignité ci-dessus indiquées, il paraît difficile d'admettre qu'il puisse refuser au requérant le bénéfice de la liquidation judiciaire en se fondant simplement sur ce que le requérant n'en serait pas digne. Il y a en effet une corrélation des plus étroites entre les dispositions des art. 2 et 19 de notre loi, et le pouvoir du juge ne saurait être différent au début et dans le cours de la liquidation : en d'autres termes, du moment que le tribunal ne peut convertir la liquidation judiciaire en faillite qu'autant qu'il y a eu fraude de la part du débiteur, cette même condition de fraude constatée est également nécessaire pour que le tribunal puisse repousser la liquidation judiciaire qui lui est demandée dans le délai légal et prononcer la faillite du requérant. — Lyon, 5 juin 1889 [S. 90. 2. 57, P. 90. 2. 338, D. P. 90. 2. 249] — *Sic*, Lyon-Caen et Renault, t. 8, n. 1023; Thaller, n .1735 et *Annales de dr. comm.*, 90. 2. 209; Wahl, *Ibid.*, 89. 1. 205.

14. Dans une autre opinion vers laquelle paraît incliner la jurisprudence, on décide au contraire que le tribunal a le droit absolu, même dans le cas où la fraude n'est pas établie et si la situation dans laquelle se trouve le débiteur présente un caractère suspect, de lui refuser le bénéfice de la liquidation judiciaire. Cette opinion se fonde, d'une part, sur les travaux préparatoires de la loi de 1889 au cours desquels il a été déclaré à diverses reprises que le tribunal disposait d'un pouvoir souverain d'appréciation, et, d'autre part, sur les termes de l'art. 1er de notre loi qui porte simplement que tout commerçant *peut* obtenir le bénéfice de la liquidation judiciaire : le tribunal n'est donc pas obligé de le lui accorder. — Paris, 26 nov. 1889 [S. 90. 2. 57, P. 90. 1. 338,

D. P. 90. 2. 249 et la note de M. Boistel] — Bordeaux, 17 juill. 1899 [S. et P. 1900. 2. 234, D. P. 99. 2. 439] — *Sic*, Lecomte, p. 142 et s.; Courtois, p. 144 et s.; Bailly, *Annales de dr. comm.*, 89. 2. 54; Ruben de Couder, *loc. cit.*, n. 57 et s ; et notre *Rép. gén. alph. du dr. fr.*, v° *cit.*, n. 115 et s.

β) *Requête présentée après le délai légal.* — 15. La question de savoir si le tribunal peut accorder la liquidation judiciaire qui lui est ainsi tardivement demandée divise encore aujourd'hui la jurisprudence. De nombreux arrêts reconnaissent ce droit au tribunal. D'une part, en effet, il serait souverainement injuste de refuser le bénéfice de la liquidation judiciaire à un débiteur de bonne foi, par le seul motif qu'il n'a pas indiqué exactement la date de la cessation de paiements, alors qu'il est souvent difficile de déterminer cette date d'une façon certaine et précise. D'autre part, et d'après l'art. 19, 1er alin., de notre loi, le tribunal peut seulement, sans y être obligé, prononcer la faillite lorsqu'il reconnaît par la suite que la requête n'a pas été présentée dans les délais légaux : on ne voit pas pourquoi il n'aurait pas le même pouvoir au début de la procédure. — Toulouse, 26 juin 1893 [S. et P. 93. 2. 176, D. P. 94. 2. 213] — Trib. civ. Pontarlier, sous Besançon, 21 mars 1894 [S. et P. 95. 2. 263, D. P. 94. 2. 512]; 30 avr. 1896 [D. P. 98. 2. 301] — *Sic*, Lyon-Caen et Renault, t. 8, n. 1022; Thaller, n. 1735, et *Ann. de dr. comm.*, 90. 2. 209; Boistel, *Comment. de la loi du 4 mars 1889*, p. 10 et s.; Travers, note sous Lyon, 4 nov. 1896 [*Ann. de dr. comm.*, 97. 93]; Ruben de Couder, *loc. cit.*, n. 48.

16. La majorité des arrêts et des auteurs décide au contraire que le délai établi par notre article est un délai de rigueur, dont l'inobservation entraîne *de plano* l'irrecevabilité de la demande en liquidation judiciaire. Le texte de notre article impose en effet cette solution, et elle cadre parfaitement avec le but de la loi qui est d'inciter le débiteur à ne pas prolonger au delà d'un certain délai son état de cessation de paiements. Quant à l'objection tirée de l'art. 19 de notre loi, elle est loin d'être concluante : si le tribunal n'est pas obligé de convertir la liquidation judiciaire en faillite quand il s'aperçoit par la suite que la requête n'a pas été présentée dans le délai légal, c'est parce que cette déchéance prononcée après coup serait trop rigoureuse : mais il ne résulte pas de là que le tribunal ait le pouvoir d'accorder la liquidation judiciaire à un débiteur qui ne remplit pas les conditions déterminées par la loi. — Cass., 10 juill. 1900 [S. et P. 1900. 1. 397, D. P. 1900. 1. 470] — Paris, 19 mai 1892 [S. et P. 92. 2. 141, D. P. 93. 2. 390] — Pau, 29 nov. 1894 [S. et P. 95. 2. 48, D. P. 95. 2. 295] ; 6 janv. 1899 [S. et P. 1901. 2. 132, D. P. 1901. 2. 455] — Douai, 2 févr. 1897 [D. P. 98. 2. 302] — Lyon, 4 nov. 1896 [*Ann. de dr. comm.*, 97.93] — Trib. comm. Rennes, 10 juill. 1889, sous Rennes, 11 juin 1889 [S. 90. 2. 57, P. 90. 1. 338] — *Sic*, Rivière, *Comment. de la loi du 4 mars 1889*, p. 33, et rapport sous Cass., 11 nov. 1891 [S. et P. 94. 1. 455, D. P. 92. 1. 50]; Bailly, *Ann. de dr. comm.*, 89. 2. 53; Lecomte, n. 409; Goirand et Périer, p. 51; Coulon, p. 57; Frémont et Camberlin, t. 1, n. 70; Lalubie, p. 92; Courtois, p. 126; Boistel, note sous Rennes, 11 juin 1889 [D. P. 89. 2. 193]; et notre *Rép. gén. alph. du dr. fr.*, v° *cit.*, n. 154 et s.

17. Et il importe peu que la qualité de commerçant déniée par le débiteur ne lui ait été reconnue que par un jugement rendu moins de quinze jours après la présentation de la requête, ce jugement n'ayant pas créé un état nouveau, mais seulement constaté chez le débiteur une qualité préexistante. — Paris, 19 mai 1882, précité.

Art. 3. En cas de cessation de paiements d'une société en nom collectif ou en commandite, la requête contient le nom et l'indication du domicile de chacun des associés solidaires, et elle est signée par celui ou ceux des associés ayant la signature sociale.

En cas de cessation de paiements d'une société anonyme, la requête est signée par le directeur ou l'administrateur qui en remplit les fonctions.

Dans tous les cas, elle est déposée au greffe du tribunal dans le ressort duquel se trouve le siège social. A défaut de siège social en France, le dépôt est effectué au greffe du tribunal dans le ressort duquel la société a son principal établissement.

1. Il résulte de notre article que, si le nom de tous les associés en nom collectif ou commandités doit figurer dans la requête, il n'est pas cependant nécessaire que tous ces associés s'entendent et soient d'accord pour solliciter la liquidation judiciaire : c'est aux associés gérants seuls qu'appartient le droit de présenter la requête, sous leur responsabilité et à raison de leur connaissance particulière des affaires sociales, et ce droit ne peut pas leur être enlevé, même par le *veto* d'un associé, sauf toutefois clause contraire des statuts sociaux. — Cass., 12 nov. 1894 [S. et P. 97. 1. 117, D. P. 95. 1. 38] — *Sic*, Courtois, p. 136. — V. aussi *suprà*, art. 438, n. 5 et s.

2. L'accord des associés ne serait nécessaire qu'au cas où le gérant aurait été choisi parmi les personnes étrangères à la société : notre article en effet n'autorise à présenter et à signer la requête que celui ou ceux des associés qui ont la signature sociale. — *Sic*, notre *Rép. gén. alph. du dr. fr.*, v° *Liquidation judiciaire*, n. 136.

3. Il n'est pas même nécessaire, malgré la formule trop absolue du premier alinéa de notre article, que la requête soit signée par tous les associés gérants. C'est là une solution qui est unanimement admise dans le cas où il y a impossibilité matérielle ou même une difficulté sérieuse à l'apposition de la signature de l'un des associés sur la requête. Et il en est ainsi surtout alors que, tous les associés ayant la signature sociale, l'un d'eux se trouve, par suite de son absence, dans l'impossibilité de signer. — Paris, 1er mai 1890 [S. 90. 2. 111, P. 90. 1. 593

et la note de M. Lyon-Caen, D. P. 91. 2. 329 et la note de M. Boistel]

4. Quelques auteurs vont même plus loin : ils estiment que l'opposition de l'un des associés gérants ne peut priver la société du bénéfice de la liquidation judiciaire, et ils décident en conséquence que la requête est recevable malgré cette opposition et le désaccord des gérants. — *Sic*, Coulon, p. 67. — *Contrà*, Drouaux, *Comment. de la loi du 4 mars 1889*, p. 27 ; et notre *Rép. gén. alph. du dr. fr.*, v° *cit.*, n. 137.

5. Dans le cas où il s'agit d'une société anonyme, la requête doit être présentée et signée par le directeur ou par l'administrateur délégué. Le directeur ou l'administrateur délégué n'a pas besoin de joindre à la requête l'autorisation du conseil d'administration qu'il représente. Mais comme en définitive, il n'est que l'agent exécutif de ce conseil d'administration, la requête par lui signée ne serait pas recevable si le conseil d'administration s'était opposé à cette requête et s'il avait été passé outre à cette opposition. — *Sic*, notre *Rép. gén. alph. du dr. fr.*, v° *cit.*, n. 141. — V. aussi *suprà*, C. comm., art. 438, n. 6 et s.

6. En tout cas, le directeur ou l'administrateur délégué peut valablement présenter et signer la requête, sans qu'il lui soit nécessaire de se faire autoriser au préalable par l'assemblée générale des actionnaires. D'une part, en effet, la convocation de l'assemblée et les délais qu'elle exige seraient incompatibles avec l'obligation de déposer la requête dans la quinzaine de la cessation des paiements. D'autre part, la cessation des paiements est un simple fait pour la constatation duquel il n'est pas nécessaire de convoquer et de consulter les actionnaires. Enfin, la présentation de ladite requête ne peut avoir que des avantages, puisque, si elle est admise, elle évite la faillite et sauvegarde ainsi les intérêts des actionnaires. — Paris, 7 août 1894 [S. et P. 95. 2. 309, D. P. 95. 2. 265] — *Sic*, Ruben de Couder, v° *Liquidation judiciaire*, n. 40 ; Lyon-Caen et Renault, t. 8, n. 1162 ; et notre *Rép. gén. alph. du dr. fr.*, v° *cit.*, n. 142 et s.

7. Lorsqu'une société a été dissoute et qu'il a été nommé soit un liquidateur amiable, soit un liquidateur judiciaire, c'est à ce liquidateur qu'appartient le droit de présenter la requête à fin de liquidation judiciaire au nom de la société. Cette solution découle du texte de l'art. 4, 2° alin., de notre loi : en décidant que le liquidateur antérieurement nommé à la suite de la dissolution de la société représente cette société dans les opérations de la liquidation judiciaire, ce texte l'habilite implicitement à présenter la requête qui est le point de départ de toute la procédure. — *Sic*, Bailly, *Ann. de dr. comm.*, 89. 2. 53, note 1 ; Lyon-Caen et Renault, t. 8, n. 1163 ; Courtois, p. 137 ; et notre *Rép. gén. alph. du dr. fr.* v° *cit.*, n. 144.

Art. **4**. Le jugement qui statue sur une demande d'admission à la liquidation judiciaire est délibéré en chambre du conseil et rendu en audience publique. Le débiteur doit être entendu en personne, à moins d'excuses reconnues valables par le tribunal. Si la requête est admise, le jugement nomme un des membres du tribunal juge-commissaire et un ou plusieurs liquidateurs provisoires. Ces derniers, qui sont immédiatement prévenus par le greffier, arrêtent et signent les livres du débiteur dans les vingt-quatre heures de leur nomination et procèdent avec celui-ci à l'inventaire. Ils sont tenus, dans le même délai, de requérir les inscriptions d'hypothèques mentionnées en l'article 490 du Code de commerce.

Dans le cas où une société est déclarée en état de liquidation judiciaire, s'il a été nommé antérieurement un liquidateur, celui-ci représentera la société dans les opérations de la liquidation judiciaire. Il rendra compte de sa gestion à la première réunion des créanciers. Toutefois, il pourra être nommé liquidateur provisoire.

Le jugement qui déclare ouverte la liquidation judiciaire est publié conformément à l'article 442 du Code de commerce. Il n'est susceptible d'aucun recours et ne peut être attaqué par voie de tierce opposition. Cependant, si le tribunal est saisi en même temps d'une requête en admission au bénéfice de la liquidation judiciaire et d'une assignation en déclaration de faillite, il statue sur le tout par un seul et même jugement, rendu dans la forme ordinaire, exécutoire par provision et susceptible d'appel dans tous les cas.

INDEX ALPHABÉTIQUE.

DIVISION

§ 1. *Du jugement.*

§ 2. *Voies de recours.*

α) Jugement admettant la liquidation judiciaire.

β) Jugement rejetant la liquidation judiciaire.

---

§ 1. *Du jugement.*

1. A la différence du jugement déclaratif de faillite, le jugement qui statue sur une demande d'admission à la liquidation judiciaire est délibéré en chambre du conseil avant d'être prononcé en audience publique, et le débiteur doit être entendu en personne, à moins d'excuses reconnues valables par le tribunal. Dans ce dernier cas, le tribunal aura à fixer les mesures propres à suppléer au défaut de comparution : il pourra ou bien déléguer un juge auprès du débiteur empêché, ou bien admettre ce dernier à présenter des observations écrites, ou bien enfin l'autoriser exceptionnellement à se faire représenter par un mandataire. — *Sic*, Goirand et Périer, p. 54; Lecomte, n. 426; Courtois, p. 142; Lyon-Caen et Renault, t. 8, n. 1024; et notre *Rép. gén. alph. du dr. fr.*, v° *Liquidation judiciaire*, n. 171 et s.

2. Si la requête est admise, le jugement nomme un juge-commissaire et un ou plusieurs liquidateurs provisoires. En vertu de l'art. 24 de notre loi, les règles de la faillite sur la nomination et les attributions du juge-commissaire sont applicables, en principe, à la liquidation judiciaire. Jugé à cet égard, qu'en matière de liquidation judiciaire, comme en matière de faillite, le juge-commissaire doit faire au tribunal un rapport sur toutes les contestations que la liquidation judiciaire peut faire naître, à peine de nullité du jugement à intervenir. — Riom, 15 févr. 1890 [D. P. 91. 2. 137] — Poitiers, 17 mars 1891 [D. P. 92. 1. 49] — *Sic*, Lyon-Caen et Renault, t. 8, n. 1075; Ruben de Couder, *Suppl.*, v° *Liquidation judiciaire*, n. 159; et notre *Rép. gén. alph. du dr. fr.*, *v° cit.*, n. 422 et s. — Sur les attributions spéciales du juge-commissaire dans la liquidation judiciaire, V. *infrà*, art. 6, n. 19 et s.

3. Quant aux liquidateurs provisoires, le tribunal peut les choisir librement, même parmi les créanciers ou les parents ou alliés du débiteur : il résulte en effet des travaux préparatoires et spécialement du rapport de M. Laroze à la Chambre des députés qu'on ne peut étendre à la liquidation judiciaire l'art. 463, C. comm., aux termes duquel aucun parent ou allié du failli jusqu'au quatrième degré inclusivement ne peut être nommé syndic. — *Sic*, Goirand, p. 95; Courtois, p. 264; Ruben de Couder, *loc. cit.*, n. 162; et notre *Rép. gén. alph. du dr. fr.*, *v° cit.*, n. 391. — *Contrà*, Lyon-Caen et Renault, t. 8, n. 1070. — V. aussi le rapport de M. Laroze, *J. off.*, doc. parlem., Chambre des députés, nov. 1887, p. 876. — Sur la nomination des syndics de faillite, V. *suprà*, C. comm., art. 462-464, n. 1 et s.

4. Dans le cas où une société déclarée en liquidation judiciaire est déjà pourvue d'un liquidateur social, ce dernier peut être nommé liquidateur provisoire, aux termes du deuxième alinéa de notre article. Mais il semble que dans ce cas le liquidateur social devenu liquidateur provisoire doit être remplacé dans ses fonctions primitives : car autrement la société n'aurait plus personne pour la représenter et pour jouer le rôle de liquidé. — *Sic*, Lalubie, p. 40 et s.; Lyon-Caen et Renault, t. 8, n. 1193; et notre *Rép. gén. alph. du dr. fr.*, *v° cit.*, n. 397. — *Contrà*, Trib. comm. Seine, 25 févr. 1891 [*Ann. de dr. comm.*, 91. 1. 102]

5. En ce qui concerne les attributions que le premier alinéa de notre article confère aux liquidateurs provisoires, il y a lieu d'observer que le délai de vingt-quatre heures qui leur est imposé ne vise que la signature des livres du débiteur et les inscriptions d'hypothèque. Mais aucun délai préfix n'est établi et ne pouvait être établi pour la confection de l'inventaire. — *Sic*, Ruben de Couder, *loc. cit.*, n. 172 et s. — *Contrà*, Lalubie, n. 25.

6. D'autre part, la formalité des scellés étant ici écartée, l'intervention du juge de paix n'est pas nécessaire pour la confection de l'inventaire. — *Sic*, Ruben de Couder, *loc. cit.*, n. 171. — Sur l'inventaire en matière de faillite, V. *suprà*, C. comm., art. 479 et s.

7. Bien que notre article soit muet à cet égard, on décide généralement que le jugement qui admet la liquidation judiciaire, comme le jugement déclaratif de faillite, peut fixer la date de la cessation des paiements, sauf au tribunal à reporter cette date à une époque antérieure par un nouveau jugement : aucun article de notre loi ne modifie à cet égard les dispositions du Code de commerce. — *Sic*, Lyon-Caen et Renault, t. 8, n. 1027 ; Thaller, n. 1753; Ruben de Couder, *loc. cit.*, n. 22; et notre *Rép. gén. alph. du dr. fr.*, *v° cit.*, n. 352 et s. — Sur la question de savoir par qui et jusqu'à quelle époque le report de la date de la cessation de paiements peut être prononcée, V. *infrà*, art. 19, n. 9 et s., 36 et s.

8. Aux termes du dernier alinéa de notre article, le jugement qui déclare la liquidation judiciaire doit être publié, comme le jugement déclaratif de faillite. — Sur les formalités de publicité, V. *suprà*, C. comm., art. 442.

§ 2. *Voies de recours.*

α) *Jugement admettant la liquidation judiciaire.* — 9. D'après le dernier alinéa de notre article, ce jugement « n'est susceptible d'aucun recours, et ne peut être attaqué par voie de tierce opposition. » De cette formule absolue, il résulte, d'une part, que ce jugement ne peut être attaqué ni par le débiteur, ni par ses créanciers, et, d'autre part, qu'il n'est susceptible ni des voies de recours ordinaires, opposition et appel, ni même du pourvoi en cassation. — *Sic*, Lyon-Caen et Renault, t. 8, n. 1030 ; Morand, *De la liquid. judic. et des voies de recours, France judiciaire*, 1891, p. 175 ; Ruben de Couder, *loc. cit.*, n. 66 ; Valéry, note sous Paris, 7 févr. 1893 [D. P. 93. 2. 585] — V. cependant en faveur de la recevabilité du pourvoi en cassation de la part du débiteur, Goirand, p. 63 ; Voron, p. 97 ; et notre *Rép. gén. alph. du dr. fr.*, *v° cit.*, n. 182 et s.

10. Notre article ajoute que « si le tribunal est saisi en même temps d'une requête en admission au bénéfice de la la liquidation judiciaire et d'une assignation en déclaration de faillite, il statue sur le tout par un seul et même jugement, rendu dans la forme ordinaire, exécutoire par pro-

vision et susceptible d'appel dans tous les cas. » Ce jugement peut donc être attaqué par la voie de l'appel même dans le cas où il prononce la liquidation judiciaire, et l'appel peut être interjeté soit par les créanciers qui y ont été parties, soit par le débiteur lui-même. — *Sic*, Lyon-Caen et Renault t. 8, n. 1030 *bis*; Thaller, n. 1760, p. 908, note 1; Ruben de Couder, *loc. cit.*, n. 73 et s.; et notre *Rép. gén. alph. du dr. fr.*, v° *cit.*, n. 184 et s. — Sur les voies de recours contre le jugement déclaratif de faillite V. *suprà*, C. comm., art. 580-581, n. 1 et s.

11. Jugé en ce sens, que lorsqu'au cours d'une instance en déclaration de faillite formée contre un commerçant par un de ses créanciers, le commerçant a présenté requête à fin d'être admis au bénéfice de la liquidation judiciaire, le jugement qui, statuant sur cette double demande, admet le commerçant au bénéfice de la liquidation judiciaire, est susceptible d'appel de la part du commerçant admis à la liquidation judiciaire qui demande qu'elle soit rapportée, sur le motif qu'il n'était pas en état de cessation de paiement, ou qu'il a, depuis le jugement, désintéressé ses créanciers. — Caen, 24 avr. 1895 [S. et P. 96. 2. 177, D. P. 97. 2. 465 et la note de M. Valéry]

12. Et le jugement admettant la liquidation judiciaire doit être rapporté, sur l'appel du débiteur, s'il ressort des faits de la cause que celui-ci, qui avait éprouvé une gêne momentanée, et n'avait subi qu'un seul protêt pour une somme minime, a, depuis le jugement, désintéressé tous ses créanciers commerciaux, et si d'ailleurs ses créanciers civils, dont les créances ne sont pas exigibles, sont nantis de garanties hypothécaires leur donnant toute sécurité. — Même arrêt.

13. Mais, en pareil cas, le débiteur doit être condamné aux dépens de première instance et d'appel. — Même arrêt.

14. *A fortiori*, le jugement dont il s'agit pourra-t-il être attaqué par ceux qui y ont été parties au moyen du pourvoi en cassation. — *Sic*, notre *Rép. gén. alph. du dr. fr.*, v° *cit.*, n. 194. — V. cependant *contrà*, Lyon-Caen et Renault, t. 8, n. 1031.

15. Quant aux créanciers qui n'ont pas été parties au jugement et qui comme tels ne peuvent interjeter appel, ni former un pourvoi en cassation, la question de savoir s'ils peuvent attaquer ce jugement par la voie de la tierce opposition est vivement controversée. Les partisans de l'affirmative argumentent *a contrario* de la disposition de notre article qui ne prohibe la tierce opposition que dans le cas où la requête émane du débiteur seul sans intervention des créanciers et qui, par suite, l'autorise dans tous les autres cas. — *Sic*, Frémont et Camberlin, t. 1, n. 543; Courtois, p. 159; Goirand et Périer, p. 62. — V. conforme, pour le cas où le tribunal, n'étant saisi que de la requête à fin de liquidation judiciaire, l'a rejetée, Orléans, 9 mars 1894 [S. et P. 95. 2. 310, D. P. 95. 2. 265]

16. L'opinion la plus générale applique ici les mêmes règles qu'en matière de faillite, et décide en conséquence que les créanciers qui n'ont pas été parties au jugement ne peuvent l'attaquer par la voie de la tierce opposition ni au principal, ni sous forme d'intervention devant la cour d'appel. — Jugé en ce sens, que, la tierce opposition n'étant pas admise en matière de liquidation judiciaire, et, d'autre part, en matière de déclaration de faillite, les créanciers qui n'ont pas figuré en première instance ne pouvant intervenir en cause d'appel, un créancier qui n'a pas figuré à l'instance n'est pas recevable à intervenir sur l'appel formé par un autre créancier du jugement qui a rejeté sa demande en déclaration de faillite, et admis la requête à fin de liquidation judiciaire du débiteur. — Paris, 26 nov. 1889, en note *a*, sous Orléans, 9 mars 1894 [S. et P. 95. 2. 310]; 19 mai 1892 [S. et P. 92. 2. 141, D. P. 93. 2. 390] — *Sic*, Lecomte, n. 429. — V. cependant, pour l'intervention des créanciers en matière de faillite, Cass., 10 janv. 1894 [S. et P. 98. 1. 506]

17. En tout cas, il semble bien que les créanciers puissent se prévaloir de l'art. 580, C. comm., et qu'ils aient le droit de former opposition au jugement dans le délai d'un mois, conformément à cet article. — *Sic*, notre *Rép. gén. alph. du dr. fr.*, v° *cit.*, n. 198.

β) *Jugement rejetant la liquidation judiciaire.* — 18. Notre article n'ayant exclu les voies de recours qu'à l'égard du jugement d'admission de la liquidation judiciaire, il en résulte *a contrario* que le jugement de rejet reste soumis aux règles du droit commun. Le jugement est donc susceptible des voies de recours établies en matière de faillite, et, spécialement, il peut être attaqué par la voie de l'appel. — Orléans, 9 mars 1894 [S. et P. 95. 2. 310, D. P. 95. 2. 265 et la note de M. Boistel] — Paris, 7 août 1894 [S. et P. 95. 2. 309, D. P. 95. 2. 266] — Douai, 2 févr. 1897 [S. et P. 98. 2. 176, D. P. 98. 2. 24] — *Sic*, André, *Manuel prat. de la liquid. jud.*, p. 16; Rivière, n. 90; Frémont et Camberlin, t. 1, n. 550; Coulon, p. 107; Courtois, p. 160; Thaller, n. 1760, *in fine*; Lyon-Caen et Renault, t. 8, n. 1032; Ruben de Couder, *loc. cit.*, n. 69 et s.; et notre *Rép. gén. alph. du dr. fr.*, v° *cit.*, n. 200 et s.

19. L'appel devra être interjeté dans le délai de quinzaine déterminé par l'art. 582, C. comm. Seulement ce délai n'aura plus pour point de départ la signification du jugement de rejet : ici, en effet, il ne peut être question de signification, puisque le demandeur n'avait pas de contradicteur. Le délai courra du jour du prononcé du jugement, ce jour étant censé connu du débiteur sur la requête de qui le tribunal a statué. — *Sic*, Courtois, p. 161; Lyon-Caen et Renault, t. 8, n. 1030 *bis*; et notre *Rép. gén. alph. du dr. fr.*, v° *cit.*, n. 202.

20. Pour les autres voies de recours, il faut appliquer les règles posées *suprà*, n. 14 et s. — Jugé cependant, contrairement à la jurisprudence, que les créanciers d'une société sont recevables à intervenir devant la Cour, sur l'appel interjeté par le liquidateur judiciaire de cette société du jugement qui a rejeté sa demande à fin d'admission de la société au bénéfice de la liquidation judiciaire, si le jugement, auquel les créanciers n'ont pas été appelés préjudicie à leurs droits, notamment en décidant que la société a cessé d'exister d'une manière absolue. — Orléans, 9 mars 1894 [S. et P. 95. 2. 310, D. P. 95. 2. 265].

ART. 5 (*Ainsi modifié, L. du 4 avr. 1890*). A partir du jugement qui déclare ouverte la liquidation judiciaire, les actions mobilières ou immobilières et toutes voies d'exécution, tant sur les meubles que sur les immeubles, sont suspendues comme en matière de faillite. Celles qui subsistent doivent être intentées ou suivies à la fois contre les liquidateurs et le débiteur.

Il ne peut être pris sur les biens de ce dernier d'autres inscriptions que celles mentionnées en l'article 4, et les créanciers ne peuvent poursuivre l'expropriation des immeubles sur lesquels ils n'ont pas d'hypothèque.

De son côté, le débiteur ne peut contracter aucune nouvelle dette ni aliéner tout ou partie de son actif, sauf dans les cas qui sont énumérés ci-après.

DIVISION

α) Situation juridique du liquidé judiciaire.
β) Suspension des poursuites individuelles.

α) *Situation juridique du liquidé judiciaire.* — 1. Le liquidé judiciaire, à la différence du failli, n'est pas dessaisi de la possession et de l'administration de ses biens : il reste à la tête de ses affaires et continue à gérer sa maison de commerce, mais avec l'assistance d'un liquidateur et sous le contrôle de la justice pour les actes qui seront ci-après déterminés. — V. *infrà*, art. 6 et 7. — Sur le dessaisissement résultant du jugement déclaratif de faillite, V. *suprà*, C. comm., art. 443, n. 1 et s.

2. En tout cas, le liquidé judiciaire, comme le failli, ne peut contracter seul aucune nouvelle dette, ni aliéner seul tout ou partie de son actif au préjudice de la masse de ses créanciers. — Rennes, 15 avr. 1893 [S. et P. 93. 2. 156, D. P. 93. 2. 263]

3. Et à cet égard, le jugement qui ouvre une liquidation judiciaire produit ses effets pour la journée entière de sa date et à partir de l'origine de cette journée, de la même manière que le jugement déclaratif de faillite, encore bien qu'à la différence de l'art. 443, C. comm., aux termes duquel « le jugement déclaratif de faillite emporte de plein droit, *à partir de sa date*, dessaisissement pour le failli », l'art. 5 de la loi du 4 mars 1889 fasse courir l'incapacité en matière de liquidation judiciaire « *à partir du jugement* qui déclare ouverte la liquidation judiciaire. » — Même arrêt. — *Sic*, Lyon-Caen et Renault, t. 8, n. 1050. — Sur le moment à partir duquel le jugement déclaratif de faillite produit ses effets, V. *suprà* art. 443, n. 1 et s.

4. La sanction des prohibitions découlant de l'état de faillite ou de liquidation judiciaire est identique. Les actes passés par le liquidé, comme par le failli, sont inopposables aux créanciers. Mais le liquidé, pas plus que le failli, n'est un incapable, de telle sorte que ses actes sont valables en eux-mêmes et l'obligent en tant que l'intérêt des créanciers est hors de cause. — Jugé en ce sens, que le liquidé judiciaire qui souscrit un billet après avoir obtenu un concordat de ses créanciers, mais avant l'homologation de ce concordat par le tribunal, est valablement obligé, un engagement de cette nature ne pouvant être annulé que dans l'intérêt de la masse créancière. — Trib. comm. Seine, 7 sept. 1894 [*J. des faillites*, 95. 122]

β) *Suspension des poursuites individuelles.* — 5. Antérieurement à la loi du 4 avr. 1890, c'était une question vivement controversée que celle de savoir si les créanciers chirographaires du liquidé conservaient ou non leurs droits de poursuites individuelles après le jugement de liquidation judiciaire. La loi de 1890 a mis fin à la controverse, et, à cet égard, elle a assimilé avec raison le jugement de liquidation judiciaire au jugement déclaratif de faillite. — Pour la jurisprudence antérieure à la loi de 1890, V. notre *Rép. gén. alph. du dr. fr.*, v° *Liquidation judiciaire*, n. 302 et s.

6. Mais les créanciers ne peuvent-ils pas tout au moins continuer les poursuites qu'ils auraient commencées avant le jugement de liquidation? Ici, comme en matière de faillite, la jurisprudence paraît plutôt favorable à l'affirmative. — Montpellier, 31 oct. 1895 [S. et P. 96. 2. 161] — V. sur la question, *suprà*, C. comm., art. 443, n. 270 et s.

7. En tout cas, les créanciers nantis d'un privilège spécial peuvent procéder aux voies d'exécution contre la masse de la liquidation judiciaire. — Bordeaux, 6 déc. 1893 [S. et P. 96. 2. 172, D. P. 94. 2. 478] — Trib. civ. Compiègne, 5 nov. 1891 [*Ann. de dr. comm.*, 92 1. 35, et la note de M. Mahoudeau] — *Sic*, notre *Rép. gén. alph. du dr. fr.*, *v° cit.*, n. 321 et s.

8. Spécialement, le Trésor public ayant un privilège sur les loyers et revenus des immeubles sujets à la contribution pour le recouvrement de l'impôt foncier, le tiers, qui a acquitté l'impôt foncier à la décharge du débiteur alors en état de liquidation judiciaire, est fondé à agir directement par voie de saisie-arrêt pour obtenir payement de sa créance, laquelle constitue une avance faite à la masse de la liquidation pour le compte des liquidateurs. — Bordeaux, 6 déc. 1893, précité.

9. Si les créanciers perdent leurs droits de poursuites individuelles par suite du jugement d'ouverture de la liquidation judiciaire, peuvent-ils intervenir tout au moins dans les instances engagées ou soutenues par le débiteur et le liquidateur? La question est vivement controversée en matière de faillite. Mais si on admet le droit d'intervention dans la faillite, à plus forte raison faut-il l'admettre dans la liquidation judiciaire : le liquidateur en effet est un simple curateur, placé auprès du liquidé pour l'assister et pour contrôler sa gestion; mais on ne saurait le considérer comme représentant les créanciers au même titre et de la même manière qu'un syndic de faillite. Ceux-ci ont donc un intérêt légitime à intervenir dans les instances engagées par leur débiteur. — Paris, 12 juill. 1889 [D. P. 90. 2. 177 et la note de M. Boistel] — *Sic*, Wahl, *Ann. de dr. comm.*,

89. 1. 214; et notre *Rép. gén. alph. du dr. fr.*, v° *cit.*, p. 314 et s. — Sur l'intervention des créanciers en matière de faillite, V. *suprà*, C. comm., art. 443, n. 258 et s.

10. Jugé cependant, en sens contraire, que les créanciers d'un commerçant en état de liquidation judiciaire, qui, comme tels, ont été représentés en première instance par leur débiteur assisté de son liquidateur judiciaire, et qui n'auraient pas eu qualité pour former tierce opposition à l'arrêt à rendre, n'ont pas le droit d'intervenir en instance d'appel. — Cass., 10 févr. 1896 [S. et P. 1900. 1. 516]

11. Il en est ainsi notamment lorsqu'il s'agit d'un procès dans lequel un tiers, pour se faire reconnaître créancier, invoquait un règlement de compte dont les créanciers intervenants contestaient les effets, si, d'ailleurs, il n'a jamais été allégué que le débiteur eût souscrit ce règlement de compte en vue de faire fraude aux droits des intervenants, droits non encore nés à l'époque de cet acte. — Même arrêt.

Art. 6. Le débiteur peut, avec l'assistance des liquidateurs, procéder au recouvrement des effets et créances exigibles, faire tous actes conservatoires, vendre les objets sujets à dépérissement ou à dépréciation imminente ou dispendieux à conserver, et intenter ou suivre toute action mobilière ou immobilière.

Au refus du débiteur, il pourra être procédé par les liquidateurs seuls, avec l'autorisation du juge-commissaire. Toutefois, s'il s'agit d'une action à intenter, cette autorisation ne sera pas demandée, mais les liquidateurs devront mettre le débiteur en cause.

Le débiteur peut aussi, avec l'assistance des liquidateurs et l'autorisation du juge-commissaire, continuer l'exploitation de son commerce ou de son industrie.

L'ordonnance du juge-commissaire qui autorise la continuation de l'exploitation est exécutoire par provision et peut être déférée, par toute partie intéressée, au tribunal de commerce.

Les fonds provenant des recouvrements et ventes sont remis aux liquidateurs, qui les versent à la Caisse des dépôts et consignations.

INDEX ALPHABÉTIQUE.

DIVISION

α) *Actes que le liquidé peut faire seul.* — 1. Ces actes sont les mêmes que ceux que le failli peut faire seul, malgré le dessaisissement dont il est atteint. Ils comprennent notamment les actes ayant pour objet l'administration légale des biens d'autrui, l'exercice des droits attachés à la personne et enfin les actes susceptibles d'accroître le patrimoine du liquidé. — *Sic*, Lyon-Caen et Renault, t. 8, n. 1052; et notre *Rép. gén. alph. du dr. fr.*, v° *Liquidation judiciaire*, n. 243 et s. — V. aussi *suprà*, C. comm., art. 443, n. 51 et s.

β) *Actes que le liquidé ne peut faire qu'avec l'assistance du liquidateur.* — 2. Aux termes du premier alinéa de notre article, ces actes comprennent le recouvrement des effets et créances exigibles, les actes conservatoires, la vente des objets sujets à dépérissement ou à dépréciation imminente ou dispendieux à conserver, et enfin l'exercice des actions en justice soit comme demandeur, soit comme défendeur. — Jugé en ce sens, que le commerçant admis à la liquidation judiciaire ne pouvant, aux termes de l'art. 6 de la loi du 4 mars 1889, intenter ou suivre aucune action mobilière ou immobilière sans l'assistance du liquidateur, est nulle l'assignation délivrée à la requête du débiteur seul, sans le concours du liquidateur. — Nancy, 8 févr. 1896 [S. et P. 96. 2. 195, D. P. 98. 1. 521, sous Cass., 17 juin 1897]

3. Jugé également, que le commerçant admis au bénéfice de la liquidation judiciaire ne peut seul interjeter appel d'un jugement qu'il prétend lui faire grief. — Cass., 17 juin 1897 [S. et P. 98. 1. 180, D. P. 98. 1. 521 et la note de M. Valéry] — Poitiers, 26 déc. 1892 [S. et P. 94. 2. 297, D. P. 94. 2. 73] — Nancy, 8 févr. 1896, précité.

4. Il importe peu qu'au moment où le débiteur

en état de liquidation judiciaire a formé son appel, le concordat ait été voté, s'il n'a été homologué qu'après l'appel interjeté. — Nancy, 8 févr. 1896, précité. — V. aussi *infrà*, art. 19, n. 38 et s.

5. Et il en est de même dans le cas où le liquidé est défendeur. Jugé à cet égard, que la demande en séparation de biens doit être intentée, à peine de nullité, à la fois contre le liquidé et contre son liquidateur. — Trib. civ. Bayonne, 3 juill. 1889 [*Ann. de dr. comm.*, 89. 1. 217 et la note de M. Wahl] — V. en matière de faillite, *suprà*, C. comm., art. 443, n. 209 et s.

6. ... A la différence d'ailleurs de la demande en séparation de corps qui, à raison de son caractère rigoureusement personnel, ne suppose pas la mise en cause du liquidateur. — Trib. civ. Sens, 7 mars 1890 [*Ann. de dr. comm.*, 90. 1. 151] — V. en matière de faillite, *suprà*, C. comm., art. 443, n. 192 et s.

7. Si en cas de séparation de biens, suivie et obtenue par la femme contre son mari et le syndic de la faillite de celui-ci, les dépens doivent rester à la charge des deux défendeurs divisément alors qu'il n'y a entre eux aucune solidarité, soit légale, soit conventionnelle, et alors, du reste, qu'il n'est allégué contre eux aucune faute commune dont chacun d'eux serait responsable pour le tout, à plus forte raison ce principe doit-il être admis au cas de liquidation judiciaire. — Cass., 11 déc. 1895 [S. et P. 96. 1. 37, D. P. 97. 1. 17] — V. pour la faillite, *suprà*, C. comm., art. 565-566, n. 17 et s.

8. En exigeant l'assistance du liquidateur pour les actes ci-dessus énumérés, le législateur a voulu que le liquidateur fût présent à ces actes et qu'il y concourût personnellement. — Jugé à cet égard, que la nullité d'une assignation lancée par le débiteur seul, sans le concours du liquidateur, ne saurait être couverte par l'assignation que le débiteur signifierait ultérieurement au liquidateur à l'effet d'intervenir au procès et de l'assister. S'il en était autrement en effet, le débiteur pourrait intenter une action en justice sans l'assistance de son liquidateur et même malgré son opposition, sauf ensuite à le mettre en cause et à lui forcer ainsi la main quand les choses ne seraient plus entières. Or si notre article permet au liquidateur seul d'intenter une action au cas de refus du liquidé, à la seule condition de le mettre en cause, par cela même il refuse ce droit au liquidé, qui ne peut, dès lors, réparer le vice de l'assignation qu'il a lancée seul par la mise en cause tardive du liquidateur. — Nancy, 8 févr. 1896 [S. et P. 96. 2. 195, D. P. 98. 1. 521, sous Cass., 17 juin 1897] — *Sic*, Ruben de Couder, *Suppl.*, v° *Liquidation judiciaire*, n. 105; et notre *Rép. gén. alph. du dr. fr.*, *v° cit.*, n. 256 et s. — *Contrà*, Valéry, note sous Cass.. 17 juin 1897 [D. P. 98. 1. 521]

9. A supposer d'ailleurs que la mise en cause du liquidateur ou son intervention volontaire au procès puissent couvrir la nullité de l'assignation donnée par le débiteur seul, il n'en saurait être ainsi qu'autant que le liquidateur manifesterait d'une manière formelle l'intention d'habiliter le débiteur, ou s'associerait tout au moins aux conclusions prises par celui-ci. — Nancy, 8 févr. 1896, précité.

10. Et les conclusions par lesquelles le liquidateur judiciaire, appelé en cause d'appel par le liquidé, déclare s'en rapporter à justice sur l'appel interjeté par ce dernier, ne peuvent être considérées comme un acquiescement aux fins de l'appel, alors surtout qu'il s'est refusé à former lui-même appel, et emportent au contraire contradiction aux prétentions de l'appelant. — Cass., 17 juin 1897 [S. et P. 98. 1. 180, D. P. 98. 1. 521] — Nancy, 8 févr. 1896, précité.

11. Mais malgré l'art. 5 de la loi du 4 mars 1889, d'après lequel, à partir du jugement d'ouverture de la liquidation judiciaire, les actions mobilières et immobilières existant contre le débiteur doivent être intentées ou suivies à la fois contre le liquidateur et le débiteur, la demande est régulièrement formée, quoique l'assignation donnée à l'un et à l'autre ait été signifiée par exploits séparés, si les deux ajournements concourent à l'introduction d'une instance unique. — Cass., 28 oct. 1902 [S. et P. 1902. 1. 481 et la note de M. Lyon-Caen, D. P. 1902. 1. 515]

12. L'assistance impliquant un complet accord entre le liquidé et le liquidateur, il en résulte que le liquidé ne pourrait combattre, étant intimé sur l'appel interjeté par une autre partie, les conclusions prises par son liquidateur sans l'assistance duquel il ne peut agir. — Poitiers, 26 déc. 1892 [S. et P. 94. 2. 297, D. P. 94. 2. 73]

13. Si le liquidé refuse d'accomplir un des actes ci-dessus énumérés, il peut y être procédé par les liquidateurs seuls, avec l'autorisation du juge-commissaire. Cette autorisation n'est cependant pas nécessaire lorsqu'il s'agit d'une action à intenter : les liquidateurs devront seulement mettre en cause le débiteur. En ce qui concerne l'exercice des actions en justice, notre article doit être complété par l'art. 10, 2° alin., qui exige dans tous les cas l'avis des contrôleurs. — V. notre *Rép. gén. alph. du dr. fr.*, *v° cit.*, n. 380.

14. D'autre part, le liquidateur judiciaire, de même que le syndic, ne représente pas seulement la personne du failli, mais aussi la masse des créanciers, et il a, en cette qualité, le mandat légal de faire valoir tous les droits pouvant résulter au profit de cette masse d'une disposition de la loi : spécialement, il lui appartient de faire inscrire l'hypothèque établie par l'art. 490, C. comm. — Paris, 18 juin 1897 [D. P. 98. 2. 119]

15. En cas de négligence ou de refus du liquidé et du liquidateur, on s'est demandé si les créanciers du liquidé ne pourraient pas exercer ses droits et actions en son nom et en vertu de l'art. 1166, C. civ. En matière de faillite, ce droit ne saurait leur être accordé, attendu que le failli est dessaisi de l'administration de ses biens qui passe aux syndics. Mais le liquidé conserve l'exercice de ses droits et actions avec l'assistance de son liquidateur, et partant de là, on a soutenu que l'art. 1166, C. civ., devait recevoir ici son application. Et on ne saurait objecter à cette solution l'art. 5 de notre loi qui suspend toutes actions mobilières ou immobilières des créanciers : cet article en effet, vise seulement les actions exercées par les créanciers de leur propre chef, mais non celles qu'ils exercent au nom de leur débiteur. — *Sic*, Malapert, n. 281 et 382; Frémont et Camberlin, n. 39; Huvelin, note sous Trib. civ. Blois, 13 févr. 1893 [*Ann. de dr. comm.*, 94. 1. 20] — *Contrà*, Trib. civ. Blois, 13 févr. 1893, précité. — *Adde*, Lyon-Caen et Renaud, t. 8, n. 1053 *bis*.

16. Notre article, en permettant au liquidé de vendre avec l'assistance du liquidateur « les objets

sujets à dépérissement ou à dépréciation imminente, dispendieux à conserver », ne vise évidemment que les meubles du liquidé. Mais que faut-il décider en ce qui concerne les immeubles? En matière de faillite, la jurisprudence est unanime à reconnaître que le syndic peut procéder à la vente des immeubles du failli avec le consentement de ce dernier et l'autorisation du tribunal : et il semble bien que cette même solution doit être également admise en matière de liquidation judiciaire. Les motifs qui justifient cette mesure, dépréciation des immeubles, nécessité de se procurer des capitaux pour la continuation du commerce, etc., sont en effet les mêmes dans les deux cas. Et, d'autre part, cette solution résulte de la disposition générale de l'art. 24 de notre loi qui étend à la liquidation judiciaire toutes les dispositions du titre de la faillite qui n'ont pas été modifiées par la ladite loi. — *Sic*, Rivière, n. 130; Lecomte, n. 456; Courtois, p. 331 ; Thaller, n. 2147, et note sous Douai, 8 août 1894 [D. P. 96. 2. 1]; et notre *Rép. gén. alph. du dr. fr.*, v° *cit.*, n. 462 et s. — Sur la vente des immeubles en matière de faillite, V. *suprà*, C. comm., art. 486, n. 10 et s.

17. Jugé, en sens contraire, que la vente des immeubles d'un commerçant en état de liquidation judiciaire ne peut être autorisée par justice, au cours de la période préparatoire au concordat, alors même que le liquidateur et le liquidé seraient d'accord pour procéder à cette vente. — Douai, 8 août 1894 [D. P. 96. 2 1] — *Sic*, Bailly, p. 12; Frémont et Camberlin, t. 1, n. 162.

18. Par exception, il en est autrement dans le cas où le débiteur est une société qui a été déclarée dissoute dès avant le jugement d'ouverture de sa liquidation judiciaire : alors en effet il n'y a plus aucun intérêt à conserver ses immeubles, puisqu'ils doivent être nécessairement vendus à la suite et comme conséquence de la dissolution de la société. — Douai, 27 févr. 1895 [D. P. 96. 2. 1, et la note de M. Thaller]

γ) *Actes pour lesquels l'autorisation du juge-commissaire est nécessaire.* — 19. Aux termes du deuxième alinéa de notre article, le débiteur peut, avec l'assistance des liquidateurs et l'autorisation du juge-commissaire, continuer l'exploitation de son commerce ou de son industrie. La continuation du commerce exige avant tout le consentement du débiteur : ici, à la différence de ce qui a lieu pour les actes énumérés par le premier alinéa de notre article, le liquidateur ne pourrait pas se substituer au liquidé et continuer son commerce ou son industrie contre son gré. — *Sic*, Lyon-Caen et Renault, t. 8, n. 1063; Ruben de Couder, *loc. cit.*, n. 116; et notre *Rép. gén. alph. du dr. fr.*, v° *cit.*, n. 272 et 381. — *Contrà*, Drouaux, p. 36.

20. L'autorisation du juge-commissaire est une autorisation générale, qui vaut, une fois donnée, pour tous les actes que l'exploitation comporte. L'art. 5 porte en effet dans son quatrième alinéa, que l'ordonnance du juge-commissaire, qui autorise la continuation de l'exploitation est exécutoire par provision et peut être déférée, par toute partie intéressée, au tribunal de commerce. Or cette disposition ne peut viser qu'une autorisation unique du juge-commissaire — *Sic*, Lyon-Caen et Renault, t. 8, n. 1057 ; Lyon-Caen, note sous Cass., 28 oct. 1902 [S. et P. 1902. 1. 481] — *Contrà*, Malapert, n. 285; Coulon, p. 164 et s. ; Goirand et Périer, p. 159 et s.

21. De même, dans ce cas, l'assistance du liquidateur n'est requise, comme l'autorisation du juge-commissaire, qu'une fois, en vue d'obtenir pour le liquidé l'autorisation nécessaire : elle ne saurait être exigée ensuite pour chacun des actes de l'exploitation. D'une part, en effet, l'art. 6, dans son troisième alinéa, met sur la même ligne l'assistance du liquidateur et l'autorisation du juge-commissaire. D'autre part, la nécessité de l'intervention continuelle du liquidateur serait incompatible avec l'exercice de commerce du liquidé. — Cass., 28 oct. 1902 [S. et P. 1902. 1. 481 et la note de M. Lyon-Caen, D. P. 1902. 1. 515] — *Sic*, Frémont et Camberlin, t. 1, n. 173 ; Lecomte, n. 450; Bailly, p. 15 ; Courtois, p. 321 ; Lyon-Caen et Renault, *loc. cit.* ; Ruben de Couder, *loc. cit.*, n. 118 et s. — *Contrà*, Coulon, p. 166 ; Goirand et Périer, p. 159. — V. aussi notre *Rép. gén. alph. du dr. fr.*, v° *cit.*, n. 275 et s.

22. L'autorisation de faire le commerce peut d'ailleurs être retirée à toute époque. Dans ce cas, conformément au troisième alinéa de notre article, le liquidateur ou les créanciers déféreront au tribunal de commerce l'ordonnance du juge-commissaire : notre article, en effet, n'a établi aucun délai pour le recours contre cette ordonnance. — *Sic*, notre *Rép. gén. alph. du dr. fr.*, v° *cit.*, n. 280.

δ) *Fonds provenant des recouvrements et des ventes.* — 23. Les liquidateurs, comme les syndics, peuvent, en vertu des art. 489 et 565, C. comm., qui sont applicables à la liquidation judiciaire, employer, avec l'autorisation du juge-commissaire, une partie des sommes par eux recouvrées aux besoins de l'administration. Mais bien entendu, ces fonds ne s'entendent que de ceux qui appartiennent à la masse; ils ne comprennent pas l'actif qui était déjà sorti du patrimoine du débiteur. — Cass., 10 déc. 1901 [S. et P. 1902. 1. 503]

24. Spécialement, ils ne comprennent pas les sommes dues au débiteur au moment de l'ouverture de la liquidation, lorsque ces sommes avaient fait l'objet d'un transport signifié conformément à l'art. 1690, C. civ., et étaient devenues, par le fait du transport, la propriété des cessionnaires. — Même arrêt.

25. Dans le cas où le liquidateur est appelé à recouvrer des créances dont une partie revient à la liquidation, tandis qu'une autre partie doit être touchée directement par les cessionnaires, les tribunaux peuvent, si ces parts sont indéterminées, décider que, jusqu'à leur fixation, le prix total sera consigné à un compte spécial ouvert au nom de la liquidation et des cessionnaires, conjointement et indivisément; les tribunaux ne sont pas tenus de faire une ventilation provisoire des droits de chacun, alors qu'aucune demande de ce genre ne leur a été faite, et qu'ils n'ont sous les yeux aucun document susceptible d'amener la solution du litige. — Même arrêt.

26. D'autre part, l'art. 489, C. comm., obligeant, par une disposition applicable au liquidateur judiciaire, le syndic à verser immédiatement à la Caisse des dépôts et consignations les deniers provenant des ventes, a surtout en vue la production des intérêts au profit de la masse, dès lors qu'il indique qu'en cas de retard, le syndic devra les intérêts des sommes qu'il n'aura pas versées. — Rouen, 19 janv. 1898, sous Cass., 18 déc. 1899 [S. et P. 1902. 1. 39]

27. En admettant même qu'on puisse faire déri-

ver de cette obligation une faute engageant la responsabilité du syndic, il ne résulte pas de l'art. 489, C. comm., contre le syndic, autre chose que le devoir de consigner et de justifier au juge-commissaire du versement à la Caisse des dépôts et consignations dans les trois jours de la vente. — Même arrêt.

28. Au regard de l'officier ministériel chargé de la vente, il ne découle pas dudit article que le syndic soit tenu, sous la sanction édictée, d'exiger immédiatement de cet officier vendeur le versement du montant des sommes à toucher des acheteurs. — Même arrêt.

29. Et, c'est à bon droit qu'est repoussée la demande d'un créancier en condamnation personnelle du liquidateur judiciaire d'un commerçant au paiement du montant de la vente au comptant des meubles de celui-ci par un huissier devenu insolvable, dès lors qu'il est constaté qu'aucun fait n'a pu éveiller les soupçons à l'égard de cet huissier, que, d'autre part, le détournement était consommé dès le troisième jour depuis la vente, et que, dans ces circonstances, il n'est pas établi que le préjudice subi par ce créancier a été causé par la faute du liquidateur. — Cass., 18 déc. 1899 [S. et P. 1902. 1. 39, D. P. 1901. 1. 236]

Art. 7. Le débiteur peut, après l'avis des contrôleurs qui auraient été désignés conformément à l'article 9, avec l'assistance des liquidateurs et l'autorisation du juge-commissaire, accomplir tous actes de désistement, de renonciation ou d'acquiescement.

Il peut, sous les mêmes conditions, transiger sur tout litige dont la valeur n'excède pas 1.500 francs.

Si l'objet de la transaction est d'une valeur indéterminée ou excédant 1.500 francs, la transaction n'est obligatoire qu'après avoir été homologuée dans les termes de l'article 487 du Code de commerce.

L'article 1er de la loi du 11 avril 1838 sur les tribunaux civils de première instance est applicable à la détermination de la valeur des immeubles sur lesquels a porté la transaction.

Tout créancier peut intervenir sur la demande en homologation de la transaction.

1. Par l'expression de désistement dont se sert notre article, il faut entendre non seulement l'abandon du droit, mais aussi l'abandon de l'instance. Notre article en effet ne distingue pas, et, d'autre part, l'abandon de l'instance présente de très graves inconvénients, en ce sens qu'il entraîne des frais en cas de reprise d'instance et qu'il peut aussi compromettre le droit lui-même s'il a lieu à la veille de l'expiration d'un délai de prescription. — *Sic*, Goirand et Périer, p. 163; Courtois, p. 324; Ruben de Couder, *Suppl.*, v° *Liquidation judiciaire*, n. 122; et notre *Rép. gén. alph. du dr. fr.*, v° *Liquidation judiciaire*, n. 283.

2. Malgré la disposition formelle de notre article, un arrêt confondant l'exercice des actions en justice avec l'acquiescement, a décidé que le liquidé judiciaire pouvait, avec la seule assistance des liquidateurs, acquiescer valablement aux conclusions de l'adversaire, au cours d'une instance. — Besançon, 3 janv. 1894 [D. P. 95. 2. 258]

3. En ce qui concerne les transactions, notre article s'inspire de la distinction établie en matière de faillite par l'art. 487, C. comm. Mais tandis que dans la faillite l'homologation du tribunal est requise au-dessous de 300 francs, ce chiffre est porté par notre article à 1.500 francs en matière de liquidation judiciaire : au-dessous de cette somme, le liquidé peut transiger dans les mêmes conditions que pour les actes de désistement, de renonciation ou d'acquiescement. — Sur le tribunal compétent pour homologuer la transaction, V. *suprà*, C. comm., art 487, n. 8 et s.

Art. 8. Le jugement qui déclare ouverte la liquidation judiciaire rend exigibles, à l'égard du débiteur, les dettes passives non échues : il arrête, à l'égard de la masse seulement, le cours des intérêts de toute créance non garantie par un privilège, par un nantissement ou par une hypothèque.

Les intérêts des créances garanties ne peuvent être réclamés que sur les sommes provenant des biens affectés au privilège, à l'hypothèque ou au nantissement.

Cet article n'est que la reproduction des dispositions des art. 444 et 445, C. comm. — Jugé, à cet égard, que la règle de l'exigibilité des dettes à terme, même pour les créanciers hypothécaires ou privilégiés, s'étend de la faillite à la liquidation judiciaire. — Trib. civ. Châtillon-sur-Seine, 17 mars 1897 [D. P. 98. 2. 249] — V. aussi Amiens, 11 févr. 1892 [*J. des faill.*, 93. 207] — V. cependant *infrà*, art. 15, n. 13.

ART. **9**. Dans les trois jours du jugement, le greffier informe les créanciers, par lettres et par insertions dans les journaux, de l'ouverture de la liquidation judiciaire et les convoque à se réunir, dans un délai qui ne peut excéder quinze jours, dans une des salles du tribunal, pour examiner la situation du débiteur. Le jour de la réunion est fixé par le juge-commissaire.

Au jour indiqué, le débiteur, assisté des liquidateurs provisoires, présente un état de situation qu'il signe et certifie sincère et véritable et qui contient l'énumération et l'évaluation de tous ses biens mobiliers et immobiliers, le montant des dettes actives et passives, le tableau des profits et pertes et celui des dépenses.

Les créanciers donnent leur avis sur la nomination des liquidateurs définitifs. Ils sont consultés par le juge-commissaire sur l'utilité d'élire immédiatement parmi eux un ou deux contrôleurs.

Ces contrôleurs peuvent être élus à toute période de la liquidation, s'ils ne l'ont été dans cette première assemblée.

Il est dressé de cette réunion et des dires et observations des créanciers un procès-verbal portant fixation par le juge-commissaire, dans un délai de quinzaine, de la date de la première assemblée de vérification des créances.

Ce procès-verbal est signé par le juge-commissaire et par le greffier. Sur le vu de cette pièce et le rapport du juge-commissaire, le tribunal nomme des liquidateurs définitifs.

ART. **10**. Les contrôleurs sont spécialement chargés de vérifier les livres et l'état de la situation présenté par le débiteur et de surveiller les opérations des liquidateurs; ils ont toujours le droit de demander compte de l'état de la liquidation judiciaire, des recettes effectuées et des versements faits.

Les liquidateurs sont tenus de prendre leur avis sur les actions à intenter ou à suivre.

Les fonctions des contrôleurs sont gratuites. Ils ne peuvent être révoqués que par le tribunal de commerce, sur l'avis conforme de la majorité des créanciers et la proposition du juge-commissaire. Ils ne peuvent être déclarés responsables qu'en cas de faute lourde et personnelle.

Les liquidateurs peuvent recevoir, quelle que soit leur qualité, une indemnité qui est taxée par le juge-commissaire.

INDEX ALPHABÉTIQUE.

DIVISION

α) Convocation des créanciers.

β) Nomination des contrôleurs.

γ) Attributions et responsabilité des contrôleurs.

α) *Convocation des créanciers.* — **1.** Tandis qu'en matière de faillite, l'art. 462, C. comm., ne fixe point de délai pour la convocation des créanciers, l'art. 9 décide, dans son premier alinéa, que le greffier du tribunal de commerce doit, dans les trois jours du jugement, informer les créanciers, tant par lettres que par insertions dans les journaux, de l'ouverture de la liquidation judiciaire et les convoquer à se réunir au jour fixé par le juge-commissaire dans un délai qui ne peut excéder quinze jours. Cette première assemblée a pour objet d'examiner la situation du débiteur, de prendre l'avis des créanciers sur la nomination des liquidateurs définitifs et de procéder, s'il y a lieu, à la désignation des contrôleurs.

β) *Nomination des contrôleurs.* — 2. Les contrôleurs doivent nécessairement être pris parmi les créanciers. Mais aucune autre condition n'est requise : on peut donc nommer contrôleur même un créancier étranger. Le nombre des contrôleurs ne peut être supérieur à deux. — *Sic*, Lyon-Caen et Renault, t. 7, n. 455; Lalubie, n. 64 ; Ruben de Couder, *Suppl.*, vº *Liquidation judiciaire*, n. 199 et 200.

3. Le mandat conféré aux contrôleurs est essentiellement personnel. Un contrôleur pourrait bien se faire assister par un homme de l'art pour des opérations techniques, telles que la vérification d'une comptabilité : mais il ne pourrait pas se substituer une autre personne, même prise parmi les créanciers. — *Sic*, Lyon-Caen et Renault, t. 7, n. 460 ; Lalubie, n. 68 ; Ruben de Couder, *op.* et *loc. cit.*, n. 197 et 198.

4. Les contrôleurs sont élus par les créanciers, à la majorité des membres présents, soit dans leur première assemblée, soit dans toute autre assemblée tenue au cours de la procédure de la liquidation judiciaire. — Jugé, à cet égard, en matière de faillite, que cette élection peut être faite même dans la réunion convoquée pour assister à la reddition de compte des syndics. — Lyon, 8 juill. 1893 [D. p. 94. 2. 257]

5. Il n'est pas nécessaire d'ailleurs de réunir à cet effet une assemblée spéciale ; l'élection peut avoir lieu dans une assemblée quelconque, par exemple dans une assemblée de vérification des créances, à la condition toutefois qu'elle soit portée d'avance à l'ordre du jour de cette assemblée. — *Sic*, Lyon-Caen et Renault, t. 7, n. 454, *in fine* ; Lalubie, n. 61 ; Ruben de Couder, *op.* et *loc. cit.*, n. 206.

6. Aux termes du troisième alinéa de notre art. 9, le juge-commissaire doit consulter les créanciers sur la nomination des contrôleurs. Mais c'est là tout son pouvoir : les créanciers sont seuls juges du point de savoir s'il convient de déférer à cette invitation, et ils peuvent aussi prendre l'initiative de la nomination des contrôleurs. Le tribunal, ni le juge-commissaire ne peuvent s'y opposer. — *Sic*, Lyon-Caen et Renault, t. 7, n. 454 ; Ruben de Couder, *op.* et *loc. cit.*, n. 202 et 203 ; et notre *Rép. gén. alph. du dr. fr.*, vº *cit.*, n. 412 et s.

7. Jugé en ce sens, que, dans le cas où un conflit s'élève à cet égard entre les créanciers et le juge-commissaire, le tribunal saisi de la question ne peut nommer un expert à l'effet de s'éclairer sur l'opportunité de la nomination des contrôleurs, les créanciers étant seuls juges de cette opportunité. Encore moins le tribunal peut-il faire jouer par l'expert lui-même le rôle qui doit appartenir aux contrôleurs. En conséquence, le jugement qui nomme cet expert doit être réformé comme occasionnant à la liquidation des frais inutiles et frustratoires. — Lyon, 8 juill. 1893 [D. p. 94. 2. 257]

8. Le tribunal ne peut, dans ce cas, refuser de faire droit à la demande de nomination des contrôleurs, en alléguant que la majorité des créanciers y serait contraire, alors qu'il ne connaît cette opinion de la majorité que par des pétitions dont les signatures peuvent avoir été obtenues au moyen de sollicitations. — Même arrêt,

9. Jugé d'autre part, que le juge-commissaire n'a aucun pouvoir de juridiction pour statuer sur une motion proposée dans une réunion légale et régulière des créanciers de la faillite, et tendant à l'élection de contrôleurs pour vérifier le compte du syndic ; il doit purement et simplement, comme président de l'assemblée, ouvrir un scrutin immédiat pour l'élection. — Cass., 6 nov. 1895 [S. et p. 99. 1. 503, D. p. 97. 1. 219]

10. Le juge-commissaire, en omettant d'ouvrir le scrutin, sous la réserve de ce qu'en déciderait le tribunal, cause aux créanciers un grief dont ceux-ci sont fondés à poursuivre le redressement contre le syndic, non par voie d'opposition à une décision qui n'a pas été prise dans aucun sens, mais par la voie d'une action directe, intentée, dans les formes ordinaires, devant le tribunal de commerce. — Même arrêt.

11. Et, ce tribunal ne statue qu'à charge d'appel, l'intérêt du litige étant indéterminé, et une telle instance ne présentant point le caractère des recours dirigés contre une ordonnance du juge-commissaire sur lesquels le tribunal prononce en dernier ressort. — Même arrêt.

γ) *Attributions et responsabilité des contrôleurs.* — 12. Le rôle principal des contrôleurs est de surveiller les opérations de la liquidation : à ce titre, ils sont spécialement chargés, aux termes du premier alinéa de notre art. 10, de vérifier les livres et l'état de situation présenté par le débiteur, et ils ont toujours le droit de demander compte de l'état de la liquidation judiciaire, des recettes effectuées et des versements faits. En ce qui concerne la vérification des livres, on décide en général que les contrôleurs sont tenus de se rendre, pour les examiner, chez le liquidé ou chez le syndic du failli : le transport des livres chez les contrôleurs présenterait le double inconvénient de paralyser la continuation du commerce ou les opérations de la liquidation et d'exposer ces livres à des dangers de perte ou de destruction. — *Sic*, Lyon-Caen et Renault, t. 7, n. 458 ; Ruben de Couder, *loc. cit.*, n. 209 ; et notre *Rép. gén. alph. du dr. fr.*, vº *cit.*, n. 416.

13. En confiant aux contrôleurs la mission de vérifier les livres du liquidé, notre art. 10 n'a pas entendu enlever aux créanciers le bénéfice des dispositions du droit commun. En conséquence, il y a lieu d'appliquer ici, comme en matière de faillite, l'art. 14, C. comm., et d'accorder aux créanciers du liquidé le droit de requérir la communication des livres de leur débiteur. — Paris, 28 nov. 1891 [S. et P. 92. 2. 48, D. p. 92. 2. 78]

14. Mais il appartient aux juges, saisis de la demande de communication, d'apprécier si elle présente quelque utilité pour les créanciers et si elle doit être ou non ordonnée. — Même arrêt.

15. Les contrôleurs ont en outre des attributions consultatives qui leur sont conférées par différents articles de notre loi : aux termes du deuxième alinéa de notre art. 10, les liquidateurs sont tenus de prendre leur avis sur les actions à intenter ou à suivre. — V. aussi *suprà*, art. 7, 1er et 2e alin., et *infrà*, art. 18.

16. Au surplus, les contrôleurs ne sont appelés qu'à donner un avis, et non pas une autorisation. D'où il suit que les liquidateurs ne sont pas obligés de suivre cet avis et qu'ils peuvent passer outre avec l'autorisation du juge-commissaire. — *Sic*, Lalubie, n. 66 ; Lyon-Caen et Renault, t. 7, n. 459 ; Ruben de Couder, *loc. cit.*, n. 212.

17. Aux termes du troisième alinéa de notre art. 10, les fonctions des contrôleurs sont gratuites, et le

même article tire de là cette conséquence que les contrôleurs ne peuvent être déclarés responsables qu'en cas de faute lourde et personnelle : il en sera ainsi, par exemple, dans le cas où les contrôleurs, ayant vérifié les livres, n'ont pas constaté ou n'ont pas relevé les irrégularités graves qu'ils contenaient. — *Sic*, Ruben de Couder, *loc. cit.*, n. 214.

18. Par cela même que notre article restreint la responsabilité des contrôleurs au cas de fautes personnelles, il exclut la solidarité entre les contrôleurs : il en serait autrement cependant et il y aurait solidarité entre eux, s'ils avaient commis une faute commune et concertée. — *Sic*, Lyon-Caen et Renault, t. 7, n. 461 ; Ruben de Couder, *loc. cit.*, n. 213 et s. — Sur la solidarité entre comandataires, V. notre *Code civil annoté*, art. 1995, n. 2 et s.

19. Les contrôleurs peuvent aussi être révoqués par jugement du tribunal de commerce, sur l'avis conforme de la majorité des créanciers et la proposition du juge-commissaire. Le jugement de révocation n'est susceptible d'aucun recours : telle est la solution donnée par l'art. 583-1°, C. comm., pour le jugement prononçant la révocation des syndics, et on ne comprendrait pas qu'il en fût autrement pour le jugement de révocation des contrôleurs. — *Sic*, Lyon-Caen et Renault, t. 7, n. 462; Ruben de Couder, *loc. cit.*, n. 218 et 219 ; Goirand et Périer, p. 123 ; Courtois, p. 297. — *Contrà*, Lalubie, n. 67 ; Malapert, *Du régime de la liquid. judic.*, n. 570 ; et notre *Rép. gén. alph. du dr. fr.*, v° *cit.*, n. 447.

ART. **11**. A partir du jugement d'ouverture de la liquidation judiciaire, les créanciers pourront remettre leurs titres, soit au greffe, soit entre les mains des liquidateurs.

En faisant cette remise, chaque créancier sera tenu d'y joindre un bordereau énonçant ses nom, prénoms, profession et domicile, le montant et les causes de sa créance, les privilèges, hypothèques ou gages qui y sont affectés.

Cette remise n'est astreinte à aucune forme spéciale.

Le greffier tient état des titres et bordereaux qui lui sont remis et en donne récépissé. Il n'est responsable des titres que pendant cinq années à partir du jour de l'ouverture du procès-verbal de vérification.

Les liquidateurs sont responsables des titres, livres et papiers qui leur ont été remis, pendant dix ans, à partir du jour de la reddition de leurs comptes.

ART. **12**. Après la réunion dont il est parlé en l'article 9, ou le lendemain au plus tard, les créanciers sont convoqués en la forme prévue par le même article pour la première assemblée de vérification. Les lettres de convocation et les insertions dans les journaux portent que ceux d'entre eux qui n'auraient pas fait à ce moment la remise des titres et bordereaux mentionnés en l'article 11 doivent faire cette remise, de la manière indiquée audit article, dans le délai fixé pour la réunion de l'assemblée de vérification. Ce délai peut être augmenté, par ordonnance du juge-commissaire, à l'égard des créanciers domiciliés hors du territoire continental de la France.

La vérification et l'affirmation des créances ont lieu dans la même réunion et dans les formes prescrites par le Code de commerce en tout ce qui n'est pas contraire à la présente loi.

ART. **13**. Le lendemain des opérations de la première assemblée de vérification, il est adressé, en la forme prescrite en l'article 9, une convocation à tous les créanciers, invitant ceux qui n'ont pas produit à faire leur production.

Les créanciers sont prévenus que l'assemblée de vérification à laquelle ils sont convoqués sera la dernière. Cette assemblée a lieu quinze jours après la première.

Si des lettres de change ou des billets à ordre souscrits ou endossés par le débiteur et non échus au moment de cette dernière assemblée sont en circulation, les liquidateurs pourront obtenir du juge-commissaire la convocation d'une nouvelle assemblée de vérification.

1. Nos articles reproduisent dans ses grandes lignes, et sauf les différences ci-après signalées, la procédure de la vérification des créances telle qu'elle est réglementée en matière de faillite par les art. 491 et s., C. comm. Tout d'abord et aux termes de l'art. 11, qui a été étendu à la faillite par l'art. 20 de notre loi, les créanciers peuvent immédiatement produire leurs titres soit au greffe, soit entre les mains des liquidateurs, et ils doivent y joindre un bordereau contenant les énonciations énumérées par le premier alinéa dudit art. 11, et notamment les privilèges, hypothèques et gages qui sont affectés à leurs créances. — V. Lyon-Caen et Renault, t. 8, n. 1090.

2. D'après certains auteurs, cette dernière disposition trancherait la controverse qui s'était élevée sous l'empire du Code de commerce, sur le point de savoir si les créanciers privilégiés ou hypothécaires sont obligés de faire vérifier et affirmer leurs créances au même titre que les créanciers chirographaires. La jurisprudence avait résolu cette question par la négative; elle ne soumettait les créanciers dont il s'agit à la procédure de la vérification des créances qu'autant qu'ils venaient par la suite concourir avec les créanciers chirographaires sur l'actif de la faillite. Mais aujourd'hui la solution contraire paraît trouver un nouvel appui dans la disposition de notre art. 11 : du moment en effet, que d'après cet article, le bordereau de production doit énoncer les privilèges et les hypothèques attachés à la créance, c'est que les créanciers privilégiés et hypothécaires doivent produire et faire vérifier leurs créances pour pouvoir exercer leurs droits dans la faillite. — *Sic*, Lyon-Caen et Renault, *Man. de dr. comm.*, 1re édit., n. 1143; et notre *Rép. gén. alph. du dr. fr.*, v° *Liquidation judiciaire*, n. 472. — Sur la jurisprudence antérieure à la loi de 1889, V. *suprà*, C. comm., art. 491, n. 7 et s.

3. Mais cette interprétation de notre art. 11 paraît difficilement admissible. Sans doute cet article exige que les créanciers privilégiés ou hypothécaires indiquent dans leur bordereau les garanties spéciales affectées à leurs créances. Mais cette obligation leur est-elle imposée d'une manière absolue et pour qu'ils puissent faire valoir leurs droits dans la faillite? Ou bien au contraire cette obligation ne s'applique-t-elle qu'au cas où ces créanciers voudraient par la suite concourir sur l'actif de la faillite avec les créanciers chirographaires? C'est ce que notre article ne dit pas, et, dès lors, cet article ne saurait être invoqué contre la jurisprudence antérieure. — Cass., 1er déc. 1897 [S. et P. 1901. 1. 525, D. P. 98. 1. 166] — *Sic*, Lyon-Caen et Renault, t. 7, n. 554, *in fine*, et t. 8, n. 1090; Lalubie, n. 69; Ruben de Couder, *Suppl.*, v° *Vérification de créances*, n. 2.

4. Jugé que la règle admise en matière de faillite, que le créancier valablement nanti d'un gage, étant investi par la loi d'un droit exclusif sur la valeur de ce gage, est en réalité en dehors de la faillite, et qu'en conséquence, ce créancier, qui ne doit être inscrit dans la masse que pour mémoire, n'est pas astreint à faire vérifier et à affirmer sa créance préalablement à tout exercice de son droit de créancier gagiste, est applicable à la liquidation judiciaire. — Cass., 1er déc. 1897, précité.

5. Si le mode de production des créanciers est le même dans la faillite et dans la liquidation judiciaire, nos articles ont simplifié, en matière de liquidation judiciaire, la procédure proprement dite de la vérification des créances. D'une part, en effet, tandis qu'en matière de faillite et d'après l'art. 492, C. comm., le délai de convocation est de vingt jours avec augmentation plus ou moins considérable à raison des distances suivant que les créanciers sont domiciliés en France ou à l'étranger, en matière de liquidation judiciaire, l'art. 12, 1er alin., établit un seul et même délai, qui est au maximum de quinze jours, pour tous les créanciers; ce délai peut toutefois être augmenté, par ordonnance du juge-commissaire, pour les créanciers domiciliés hors du territoire continental de la France. — V. Lyon-Caen et Renault, t. 8, n. 1091.

6. D'autre part, tandis qu'en matière de faillite le nombre des assemblées de vérification n'est pas limité, en matière de liquidation judiciaire et d'après les alinéas 1 et 2 de l'art. 13, il ne peut y avoir que deux assemblées de vérification séparées par un délai de quinze jours. Par exception, le juge-commissaire peut autoriser une troisième assemblée sur la demande des liquidateurs dans le cas prévu par le troisième alinéa dudit art. 13. Cette demande des liquidateurs doit être faite avant que la clôture des opérations de vérification ait été prononcée. — Trib. comm. Seine, 27 avr. 1889 [*J. des faillites*, 89. 247, D. *Rép.*, *Suppl.*, v° *Faillite*, n. 156] — V. pour les assemblées de vérification en matière de faillite, *suprà*, C. comm., art. 493, n. 1 et s.

7. Enfin, la vérification et l'affirmation des créances qui, dans la procédure de la faillite, peuvent être séparées par un délai de huit jours, ont lieu dans la même réunion pour la liquidation judiciaire, aux termes du dernier alinéa de notre art. 12. — Sur le délai de l'affirmation en matière de faillite, V. *suprà*, C. comm., art. 497, n. 5 et s.

8. A tous autres points de vue, les règles de la faillite doivent recevoir leur application. — Jugé à cet égard, que l'admission d'une créance au passif d'une liquidation judiciaire, tout en étant en principe inattaquable, peut cependant être annulée, quand c'est par dol ou par fraude que le créancier a surpris son admission. Et il en est ainsi spécialement, quand le tireur d'une lettre de change acceptée par une maison de banque se sera fait admettre au passif de la liquidation judiciaire de cette maison, bien qu'il sût en réalité que ladite lettre était sans cause, en s'abstenant de communiquer aux liquidateurs des pièces dont il était détenteur, et qui étaient décisives pour la démonstration de l'inexistence de la créance alléguée. — Cass., 17 avr. 1893 [S. et P. 94. 1. 24, D. P. 93. 1. 384] — Sur l'effet de l'admission et de l'affirmation des créances en matière de faillite, V. *suprà*, C. comm., art. 497, n. 8 et s.

9. Jugé également, qu'il y a lieu d'appliquer aux créanciers retardataires la disposition de l'art. 503, C. comm. En conséquence, la voie de l'opposition est ouverte à ces créanciers jusqu'à la distribution des deniers inclusivement, sauf à eux à supporter les frais de cette opposition. — Trib. comm. Marseille, 2 juill. 1889 [D. *Rép.*, *Suppl.*, v° *cit.*, n. 168]

ART. **14.** Le lendemain de la dernière assemblée, dans laquelle le juge-commissaire prononce la clôture de la vérification, tous les créanciers vérifiés, ou admis par provision, sont invités, en la forme prescrite par l'article 9, à se réunir pour entendre les propositions de concordat du débiteur et en délibérer.

Cette réunion a lieu quinze jours après la dernière assemblée de vérification.

Toutefois, en cas de contestation sur l'admission d'une ou plusieurs créances, le tribunal de commerce peut augmenter ce délai sans qu'il soit dérogé pour le surplus aux dispositions des articles 499 et 500 du Code de commerce.

1. On a soutenu que le délai de quinze jours établi par le deuxième alinéa de notre article devait être considéré comme un délai fatal et que le concordat ne pouvait être voté ni plus tôt, ni plus tard, sous peine de nullité. C'est ce qui résulterait de l'art. 16 de notre loi qui déclare « nuls et de nul effet tous traités ou concordats qui, apres l'ouverture de la liquidation judiciaire, n'auraient pas été souscrits dans les formes ci-dessus prescrites ». Et cette solution doit d'autant plus être admise qu'elle est en harmonie avec celle que consacre la jurisprudence sur l'art. 509, C. comm. : d'après cet article, dans le cas où le concordat n'a réuni qu'une des deux majorités requises par la loi, la délibération est remise à huitaine pour tout délai; or la jurisprudence décide qu'il y a là un délai fatal dont l'inobservation entraîne la nullité du concordat. — *Sic*, Coulon, p. 250; Frémont et Camberlin, t. 1, n. 628; Rivière, n. 247; Rousseau et Defert, p. 82; Pic, note sous Bourges, 20 déc. 1892 [D. P. 94. 2. 273]

2. La jurisprudence se prononce en faveur de l'opinion opposée. Elle se fonde surtout sur le troisième alinéa de notre article, aux termes duquel le tribunal de commerce peut augmenter le délai de quinzaine au cas de contestation sur l'admission d'une ou de plusieurs créances : or on ne concevrait pas que ce pouvoir ait été attribué au tribunal si le délai de quinzaine était, aux yeux du législateur, un délai fatal, dont l'inobservation devrait entraîner la nullité du concordat. Quant à l'art. 16 de notre loi, il ne saurait être objecté contre cette solution : car il ne prescrit la nullité que pour inobservation des formes, mais non pas pour inobservation des délais de convocation de l'assemblée concordataire. De même, l'art. 509, C. comm., avec l'interprétation qu'en donne la jurisprudence, doit être écarté : il s'agit en effet dans cet article, non pas du délai de convocation de l'assemblée concordataire, mais, ce qui est bien différent, d'un délai supplémentaire et qui doit nécessairement être très court, dans lequel une délibération définitive doit être prise, après qu'une première fois l'assemblée des créanciers a été appelée à délibérer. — *Sic*, Lalubie, n. 77; Ruben de Couder, *Suppl.*, v° *Liquidation judiciaire*, n. 224 et s. — V. aussi notre *Rép. gén. alph. du dr. fr.*, v° *Liquidation judiciaire*, n. 495 et s.

3. Jugé en ce sens, qu'on ne saurait arguer de nullité le concordat, sous le prétexte qu'il aurait été voté dans une réunion des créanciers tenue moins de quinze jours après la dernière assemblée de vérification des créances. — Bourges, 20 déc. 1892 [S. et P. 95. 2. 133, D. P. 94. 2. 273]

4. Il en est ainsi surtout, alors qu'il n'est nullement établi que le vote du concordat ait été obtenu au moyen de manœuvres frauduleuses, et alors que les créanciers ont eu le temps nécessaire pour s'éclairer et décider en pleine connaissance de cause. — Même arrêt.

5. Mais jugé, dans un système intermédiaire, que le délai de notre article doit être considéré, comme prescrit à peine de nullité, en tant que délai *minimum*, de telle sorte qu'une assemblée réunie avant l'expiration de ce délai serait irrégulière, tandis qu'il serait loisible au juge de convoquer valablement l'assemblée postérieurement à ce délai. — Douai, 27 févr. 1893 [*J. des faillites*, 93. 456]

ART. **15**. Le traité entre les créanciers et le débiteur ne peut s'établir que s'il est consenti par la majorité de tous les créanciers vérifiés et affirmés ou admis par provision, représentant en outre les deux tiers de la totalité des créances vérifiées et affirmées ou admises par provision. Le tout à peine de nulllité.

Si le concordat est homologué, le tribunal déclare la liquidation judiciaire terminée. Lorsque le concordat contient abandon d'un actif à réaliser, les créanciers sont consultés sur le maintien ou le remplacement des liquidateurs et des contrôleurs. Le tribunal statue sur le maintien ou le remplacement des liquidateurs. Les opérations de réalisation et de répartition de l'actif abandonné se suivent conformément aux dispositions de l'article 541 du Code de commerce.

Dans la dernière assemblée, les liquidateurs donnent connaissance de l'état de leurs frais et indemnités, taxés par le juge-commissaire. Cet état est déposé au greffe. Le débiteur et les créanciers peuvent former opposition à la taxe dans la huitaine. Il est statué par le tribunal en chambre du conseil.

Dans tous les cas où il y a lieu à reddition de comptes par les liquidateurs, la disposition du paragraphe précédent est applicable.

ART. **16**. Sont nuls et sans effet, tant à l'égard des parties intéressées qu'à l'égard des tiers, tous traités ou concordats qui, après l'ouverture de la liquidation judiciaire, n'auraient pas été souscrits dans les formes ci-dessus prescrites.

INDEX ALPHABÉTIQUE.

DIVISION

α) Concordat.

β) Concordat amiable.

γ) Concordat par abandon d'actif.

δ) Union.

ε) Clôture de la liquidation judiciaire pour cause d'insuffisance d'actif.

α) *Concordat.* — 1. L'art. 15 n'a apporté qu'une seule modification aux dispositions du Code de commerce relatives au concordat; il a réduit la majorité des trois quarts en sommes qui était requise par l'art. 507, C. comm., à la majorité des deux tiers. Cette disposition nouvelle est d'ailleurs étendue à la faillite par l'art. 20 de notre loi. A tous autres points de vue, les règles du concordat en matière de faillite s'appliquent sans changement au concordat en matière de liquidation judiciaire. — V. notre *Rép. gén. alph. du dr. fr.*, v° *Liquidation judiciaire*, n. 503 et s. — Sur la formation et et les effets du concordat, V. *suprà*, C. comm., art. 507 et s.

2. Jugé en ce sens, par application de l'art. 508, C. comm., que le banquier qui, ayant ouvert un compte courant et un compte séparé de garantie à un négociant, depuis déclaré en état de liquidation judiciaire, produit à la liquidation, y est admis et vote le concordat pour l'intégralité de la créance résultant du compte courant, sans en déduire l'actif du négociant au compte de garantie, perd par cela même la sûreté que lui donnaient les effets à lui remis en nantissement en vertu du compte de garantie. — Cass., 18 nov. 1896 [S. et P. 97. 1. 351, D. P. 97. 1. 485]

3. Par suite, le négociant en liquidation judiciaire, qui a obtenu son concordat, et recouvre ainsi le plein exercice de ses actions, peut réclamer du banquier la restitution de la partie de son actif qui formait à la banque le montant de son compte de garantie, désormais délivré de tout gage ou privilège. — Même arrêt.

4. Mais le simple fait, de la part d'un créancier hypothécaire, de se rendre à l'assemblée, alors que tous les autres créanciers se sont dispensés d'y assister, n'implique nullement renonciation de sa part. Et ce créancier ne saurait être déchu de ses droits hypothécaires, pour avoir déclaré, dans cette assemblée, où il se trouvait seul en présence du liquidé et du liquidateur, qu'il acceptait pour sa part les propositions du débiteur. — Paris, 20 févr. 1894 [D. P. 95. 2. 401] — V. au surplus, *suprà*, C. comm., art. 508, n. 13 et s.

5. Le droit d'opposition à l'homologation du concordat appartient à tout créancier, même à ceux qui ont voté au concordat. Il appartient également au liquidateur, qui a, de son chef, droit et qualité pour former opposition et pour réclamer la conversion de la liquidation judiciaire en faillite. — Bordeaux, 22 juin 1892 [D. P. 94. 2. 37]

6. Jugé à cet égard, que l'art. 512, 2ᵉ alin., C. comm., aux termes duquel « l'opposition sera motivée, et devra être signifiée aux syndics et au failli, à peine de nullité, dans les huit jours qui suivront le concordat », est applicable au cas de liquidation judiciaire comme au cas de faillite. — Paris, 9 août 1893 [D. P. 94. 2. 32]

7. En conséquence, le créancier qui n'a pas fait usage de la faculté d'opposition dans le délai de huitaine, n'est pas recevable à interjeter appel contre le jugement d'homologation. — Même arrêt.

8. Jugé également, que le tribunal de commerce peut d'office, et pour les mêmes causes qui sont énumérées par l'art. 515, C. comm., refuser l'homologation du concordat et convertir la liquidation judiciaire en faillite. — Bordeaux, 22 juin 1892, précité.

9. Il en est ainsi spécialement, dans le cas où le liquidé a tenu une comptabilité irrégulière, où il a employé, pour prolonger sa vie commerciale, des expédients ruineux, et qu'il se trouve ainsi réduit à un actif insignifiant qui ne lui permet pas d'offrir à ses créanciers des dividendes sérieux. — Paris, 3 août 1894 [D. P. 95. 2. 173]

10. ... Ou bien encore dans le cas où il est établi en fait que le liquidé a encouru plusieurs condamnations correctionnelles, par exemple, pour falsification de marchandises et vente de marchandises falsifiées. — Paris, 20 avr. 1893, en note sous Paris, 17 juill. 1896 [S. et P. 97. 2. 179, D. P. 94. 2. 547]; 10 août 1894 [D. P. 95. 2. 183]

11. Mais il n'y a pas lieu pour un tribunal de refuser l'homologation du concordat passé entre une société en état de liquidation judiciaire et ses créanciers (ayant tous, à l'exception d'un seul, la qualité d'obligataires), par cette raison que la société aurait vendu à forfait à un établissement de crédit les obligations à émettre moyennant un rabais de beaucoup supérieur à la commission d'usage, et que la même société aurait passé, pour des travaux im-

portants, un contrat très onéreux avec une autre société, si les obligataires ont été avertis dès l'origine que le produit total des obligations serait affecté à ces travaux, et qu'ils n'auraient à toucher d'intérêts que sur le produit net de l'exploitation. — Paris, 17 avr. 1894 [S. et P. 95. 2. 121 et la note de M. Wahl, D. P. 97. 1. 113 et la note de M. Thaller, sous Cass., 5 nov. 1895]

12. Et lorsqu'une société a dû suspendre ses paiements et se mettre en état de liquidation judiciaire par suite de la cessation du paiement de la garantie promise par un gouvernement, il est de l'intérêt des créanciers que le tribunal homologue un concordat qui, tout en réduisant les droits des actionnaires, permet à la société de continuer son existence et d'entamer des négociations pour assurer, aux conditions les plus avantageuses possibles, la continuation du service de la garantie ou son remplacement par un avantage équivalent. — Même arrêt.

13. Il a été toutefois jugé, mais par une décision qui viole manifestement l'art. 24 de notre loi, que, à la différence de ce qui a lieu en matière de faillite, le concordat accordé au débiteur déclaré en liquidation judiciaire, ayant pour effet, aux termes de notre article, de terminer la liquidation judiciaire, il en résulte qu'un créancier privilégié et hypothécaire, qui n'a pas commencé ses poursuites avant le dit concordat, ne peut plus se prévaloir de l'exigibilité de sa créance établie par l'art. 8 ci-dessus, et doit attendre pour poursuivre le liquidé concordataire l'échéance du terme prévu par la convention. — Trib. civ. Châtillon-sur-Seine, 17 mars 1897 [D. P. 98. 2. 249] — Sur la situation des créanciers privilégiés et hypothécaires en cas de faillite de leur débiteur, V. *suprà*, C. comm., art. 444.

14. D'autre part, les art. 597 et 598, C. comm., doivent recevoir leur application en cas de liquidation judiciaire comme en cas de faillite. En conséquence, l'engagement du liquidé judiciaire et de sa femme, qui se sont obligés conjointement et solidairement envers un créancier du liquidé à lui payer l'intégralité de sa créance en vue de son vote dans le concordat, est nul aussi bien à l'égard de la femme qu'à l'égard du liquidé lui-même. — Cass., 9 mars 1898 [S. et P. 1902. 1. 495, D. P. 99. 1. 156]

β) *Concordat amiable.* — 15. Notre art. 16, qui déclare nuls et sans effet « tous traités ou concordats qui, après l'ouverture de la liquidation judiciaire, n'auraient pas été souscrits dans les formes ci-dessus prescrites doit être appliqué au concordat amiable qui serait consenti, après rejet du concordat, à un débiteur en état de liquidation judiciaire, par l'unanimité de ses créanciers. — Trib. comm, Angoulême, 9 mai 1891 [*J. des faillites*, 91. 226] — *Sic*, notre *Rép. gén. alph. du dr. fr.*, *v° cit.*, n. 529 et s. — Sur la question de savoir si la prohibition de notre art. 16 doit être étendue à la faillite, V. *suprà*, Appendice à la sect. 2, chap. 6, livr. 3, C. comm., n. 1 et s.

16. Et cette nullité ne peut disparaître par le fait d'une homologation émanée du tribunal, attendu qu'il n'est pas au pouvoir de celui-ci, lorsque les propositions concordataires ont été rejetées, de revenir en arrière et d'empêcher la liquidation de suivre son cours. — Même jugement.

γ) *Concordat par abandon d'actif.* — 17. Ce concordat est soumis aux mêmes conditions et il produit aussi les mêmes effets qu'en matière de faillite. Mais par cela même, il modifie profondément la situation des liquidateurs et du liquidé. Ici, en effet, le tribunal statue, après avis des créanciers, sur le remplacement ou sur le maintien des liquidateurs qui vont être chargés de réaliser et de répartir l'actif abandonné : et ces liquidateurs deviennent alors de véritables syndics. Ce sont eux qui vont procéder seuls, en dehors de l'intervention du liquidé, aux opérations que nécessite le concordat par abandon d'actif, de telle sorte que le liquidé est désormais dessaisi des biens qu'il a abandonnés. C'est ce qui résulte du deuxième alinéa de notre art. 15 qui renvoie à cet égard à l'art. 541, C. comm., lequel décide que la liquidation de l'actif abandonné devra se faire conformément au régime de l'union des créanciers. — V. Lyon-Caen et Renault, t. 8. n. 1100; et notre *Rép. gén. alph. du dr. fr.*, *v° cit.*, n. 514 et s.

δ) *Union.* — 18. Le rejet du concordat par les créanciers ou par le tribunal chargé de l'homologuer n'a pas nécessairement pour effet d'entraîner la conversion de la liquidation judiciaire en faillite : aux termes de l'art. 19, § 1-2°, cette conversion est simplement facultative pour le tribunal. Si donc le tribunal maintient la liquidation judiciaire malgré le rejet du concordat, les créanciers seront alors en état d'union, et il y aura lieu de procéder à la réalisation de l'actif du liquidé. — Sur la question de savoir quelles sont les règles de cette réalisation, V. *infrà*, art. 19, n. 14 et s.

ε) *Clôture de la liquidation judiciaire pour cause d'insuffisance d'actif.* — 19. L'insuffisance d'actif n'étant pas comprise dans l'art. 19 de notre loi qui énumère limitativement les cas de conversion de la liquidation judiciaire en faillite, il en résulte que le jugement prononçant la clôture pour insuffisance d'actif ne met pas fin à la liquidation judiciaire ; il en suspend seulement les opérations, conformément aux dispositions des art. 527 et s., C. comm. — Douai, 9 mars 1893 [D. P. 94. 2. 369] — *Sic*, Lyon-Caen et Renault, t. 8, n. 1108 ; Ruben de Couder, *loc. cit.*, n. 242 et s. ; et notre *Rép. gén. alph. du dr. fr.*, *v° cit.*, n. 484.

20. Jugé en ce sens, que, lorsqu'un créancier, postérieurement au jugement de clôture, a pratiqué une saisie-arrêt aux mains d'un débiteur du liquidé, si le tribunal vient à rapporter ledit jugement avant que la saisie ait été validée, le créancier saisissant perd le droit d'assigner le débiteur saisi en validité, conformément à l'art. 563, C. proc. civ., et le liquidé, assisté de son liquidateur, doit être autorisé à faire rentrer dans la masse la somme saisie-arrêtée. — Douai, 9 mars 1893, précité.

Art. **17.** Les prescriptions du décret du 18 juin 1880, contenant le tarif des droits et émoluments que les greffiers des tribunaux de commerce sont autorisés à percevoir, sont applicables au cas de liquidation judiciaire comme au cas de faillite (1).

(1) V. le décret du 18 juin 1880, art. 4, 7 et 8, *infrà*, C. comm., en note sous l'art. 624.

Art. 18. La notification à faire, s'il y a lieu, au propriétaire dans les termes de l'article 450 du Code de commerce est faite par le débiteur et les liquidateurs avec l'autorisation du juge commissaire, les contrôleurs entendus. Ils ont, pour cette notification, un délai de huit jours à partir de la première assemblée de vérification.

A part les règles spéciales établies par notre article au point de vue des personnes qui doivent faire la notification et du délai de cette notification, les dispositions des art. 450 et 550, C. comm., s'appliquent aussi bien à la liquidation judiciaire qu'à la faillite. — *Sic*, notre *Rép. gén. alph. du dr. fr.*, v° *Liquidation judiciaire*, n. 338 et 339.

Art. 19. La faillite d'un commerçant admis au bénéfice de la liquidation judiciaire peut être déclarée par jugement du tribunal de commerce, soit d'office, soit sur la poursuite des créanciers :

1° S'il est reconnu que la requête à fin de liquidation judiciaire n'a pas été présentée dans les quinze jours de la cessation des payements ;

2° Si le débiteur n'obtient pas de concordat. Dans ce cas, si la faillite n'est pas déclarée, la liquidation judiciaire continue jusqu'à la réalisation et la répartition de l'actif, qui se feront conformément aux dispositions du deuxième alinéa de l'article 15 de la présente loi. Si la faillite est déclarée, il est procédé conformément aux articles 529 et suivants du Code de commerce.

Le tribunal déclare la faillite à toute période de la liquidation judiciaire :

1° Si, depuis la cessation de paiements ou dans les dix jours précédents, le débiteur a consenti l'un des actes mentionnés dans les articles 446, 447, 448 et 449 du Code de commerce, mais dans le cas seulement où la nullité aura été prononcée par les tribunaux compétents ou reconnue par les parties ;

2° Si le débiteur a dissimulé ou exagéré l'actif ou le passif, omis sciemment le nom d'un ou de plusieurs créanciers, ou commis une fraude quelconque, le tout sans préjudice des poursuites du ministère public ;

3° Dans le cas d'annulation ou de résolution du concordat ;

4° Si le débiteur en état de liquidation judiciaire a été condamné pour banqueroute simple ou frauduleuse.

Les opérations de la faillite sont suivies sur les derniers errements de la procédure de la liquidation.

INDEX ALPHABÉTIQUE.

DIVISION

γ) Annulation ou résolution du concordat.

δ) Condamnation du débiteur pour banqueroute simple ou frauduleuse.

§ 3. *Jugement de conversion.*

α) Comment le jugement est rendu.

β) Jusqu'à quel moment la demande de conversion est recevable.

§ 4. *Procédure de la faillite.*

---

1. La conversion de la liquidation judiciaire en faillite est tantôt facultative et tantôt obligatoire. — Jugé à cet égard, que les tribunaux ont un pouvoir souverain d'appréciation pour décider, d'après les circonstances, s'il y a lieu de maintenir l'état de liquidation judiciaire ou d'y substituer l'état de faillite, soit lorsque la requête à fin de liquidation judiciaire n'a pas été présentée dans les quinze jours de la cessation des paiements, soit lorsque le débiteur n'obtient pas de concordat; mais que, dans les quatre autre cas énumérés par notre article, le tribunal est toujours obligé de déclarer la faillite. — Cass., 5 juin 1893 [S. et P. 95. 1. 501, D. P. 94. 1. 47]

2. L'énumération de notre article est essentiellement limitative : le juge ne saurait donc prononcer la conversion de la liquidation judiciaire en faillite pour une cause autre que l'une de celles prévues et visées par ledit article. — Trib. comm. Seine, 4 juin, 22 juin et 1er oct. 1889 [*Ann. de dr. comm.*, 89. 1. 252] — Trib. civ. Sedan, 14 mars 1890 [D. *Rép.*, *Suppl.*, v° *Faillite*, n. 167]

3. Il a cependant été jugé que, dans le cas où le liquidé, soit pour se soustraire aux obligations et aux ennuis de la liquidation, soit dans le but malveillant de porter préjudice à ses créanciers, soit pour toute autre cause, se désintéresse de l'administration de son commerce et refuse la coopération qu'il doit, il y a là un obstacle tel à la marche de la liquidation que le tribunal doit nécessairement déclarer la faillite. — Trib. civ. de la Réunion, 21 mars 1894 [D. P. 97. 2. 81] — *Contrà*, Boistel, note sous cet arrêt [D. P. *Ibid.*]; et notre *Rép. gén. alph. du dr. fr.*, *v° cit.*, n. 545.

4. Il en est ainsi spécialement en matière de société anonyme, lorsque tous les membres du conseil d'administration ont donné leur démission, de telle sorte que la société n'est plus représentée et que les liquidateurs ne peuvent plus continuer les opérations de la liquidation. — Même jugement.

§ 1. *Cas de conversion facultative.*

α) *Présentation tardive de la requête à fin de liquidation judiciaire.* — 5. La faculté pour le tribunal de déclarer la faillite dans cette hypothèse est subordonnée à la preuve formelle de la tardivité de la requête. De simples soupçons ne suffiraient pas : il est indispensable que le demandeur en déclaration de faillite, ou que le tribunal lui-même, s'il croit devoir statuer d'office, s'appuient sur des faits non équivoques, desquels résulte la preuve que la requête a été déposée plus de quinze jours après la cessation des paiements. — Trib. civ. Sedan, 14 mars 1890 [D. *Rép.*, *Suppl.*, v° *Faillite*, n. 167.

6. Le fait de la tardivité de la requête une fois établi, le tribunal jouit alors d'une entière liberté d'appréciation pour déclarer la faillite ou pour maintenir la liquidation judiciaire, en tenant compte de toutes les circonstances particulières de la cause, et spécialement de la bonne foi du débiteur et des faits qui lui ont permis de s'illusionner sur sa situation. — Cass., 5 juin 1893 [S. et P. 95. 1. 501, D. P. 94. 1. 47]; 30 déc. 1896 [S. et P. 1900. 1. 519, D. P. 97. 1. 317]; 10 juill. 1900 [S. et P. 1900. 1. 397, D. P. 1900. 1. 470]; 24 oct. 1900 [S. et P. 1902. 1. 509] — Besançon, 18 nov. 1896 [S. et P. 99. 2. 35, D. P. 98. 2. 301] — Dijon, 18 juill. 1898 [D. P. 99. 1. 108]

7. Spécialement, les juges peuvent conserver au débiteur le bénéfice de la liquidation judiciaire, en se fondant sur ce que la situation malheureuse de ce débiteur n'a été amenée ni par des spéculations hasardeuses, ni par des agissements malhonnêtes de sa part, et qu'elle est la conséquence de pertes importantes et imprévues qu'il aurait subies. — Cass., 30 déc. 1896, précité.

8. Il en est de même, lorsqu'un débiteur a pu croire jusqu'à la demande en déclaration de faillite à la possibilité de rester à la tête de ses affaires; que l'erreur qu'il a commise de bonne foi s'explique par un ensemble de circonstances dont la plus grave est la déconfiture d'un débiteur dans des conditions plus désastreuses que celles qui étaient annoncées; et que ce n'est qu'à une époque concomitante du dépôt de son bilan qu'il a dû se rendre compte de la perte totale, ou à peu près, de sa créance sur ce dernier, qui n'était pas à prévoir jusqu'à cette époque. Dans ces conditions, il y a lieu de maintenir la liquidation judiciaire, alors surtout que l'intérêt des créanciers à faire prononcer la faillite n'est pas démontré. — Besançon, 18 nov. 1896, précité.

9. Il résulte de notre article qu'en cas de liquidation judiciaire, comme en cas de faillite, le jugement qui admet un débiteur au bénéfice de la liquidation judiciaire ne fixe pas irrévocablement la date de la cessation des paiements : cette date peut être reportée, par un nouveau jugement à une époque antérieure. Du moment en effet que le tribunal a le droit de maintenir la liquidation judiciaire, alors qu'il est reconnu que la requête du débiteur n'a pas été présentée dans le délai légal, ce ne peut être qu'après avoir constaté que la cessation des paiements doit être reportée à une date antérieure à celle qui avait été précédemment fixée. En vain, objecterait-on la disposition de l'art. 4 de notre loi, d'après laquelle le jugement accordant la liquidation judiciaire n'est susceptible d'aucun recours; cette disposition ne s'oppose pas à ce que la date de la cessation des paiements soit reportée, mais seulement à ce que la liquidation judiciaire soit transformée en faillite en dehors des cas déterminés par notre article. — Cass., 11 nov. 1891 [S. et P. 94. 1. 455, D. P. 92. 1. 49]; 19 févr. 1895 [S. et P. 95. 1. 176, D. P. 95. 1. 422]; 30 déc. 1896 [S. et P. 1900. 1. 519, D. P. 97. 1. 317] — Douai, 4 nov. 1889 [S. 91. 2. 20, P. 91. 1. 210, D. P. 90. 2. 33 et la note de M. Boistel] — Agen, 30 déc. 1892 [S. et P. 93. 2. 131, D. P. 94. 2. 110] — Besançon, 18 janv. 1893 [S. et P. 93. 2. 48, D. P. 93. 2. 131]; 18 nov. 1896 [S. et P. 99. 2. 35, D. P. 98. 2. 301] — Chambéry, 20 nov. 1900 [D. P. 1901. 2. 135] — *Sic*, Frémont et Camberlin, t. 1, n. 71 et s.; Goirand et Périer, p. 202; Valabrègue, *Notice sur la loi de 1889*, p. 15; Voron, n. 88 *ter;* Coulon, p. 343; Courtois, p. 165; Lyon-Caen et Renault, t. 8, n. 1064

et 1113-1°; Boistel, n. 1202; Ruben de Couder, *loc. cit.*, n. 22 et s.; et notre *Rép. gén. alph. du dr. fr.*, *v° cit.*, n. 352 et s. — Sur la question de savoir qui peut agir à l'effet de demander le report de la date de la cessation des paiements, V. *infrà*, n. 36 et s.

10. Tout en reportant à une date antérieure le jour de la cessation des paiements, le tribunal peut maintenir la liquidation judiciaire : il ne serait obligé de convertir la liquidation en faillite qu'autant qu'il croirait devoir annuler, par application des art. 446 et s., un acte accompli par le liquidé pendant cette période ainsi délimitée. — V. *infrà*, n. 18.

11. Par dérogation à l'art. 581, C. comm., il y a lieu de décider que le droit pour le tribunal, qui a admis un débiteur au bénéfice de la liquidation judiciaire, de reporter la date de la cessation des paiements à une date antérieure à celle qui avait été primitivement fixée, peut s'exercer même après les huit jours qui suivent la clôture définitive de la vérification des créances. Le tribunal en effet ne peut user de la faculté que lui donne notre article de convertir la liquidation judiciaire en faillite que s'il reconnaît que la première fixation de la date de la cessation des paiements a été erronée. Or, comme notre article permet au tribunal de prononcer cette conversion sans limitation de temps, il en résulte que ce droit peut être exercé par le tribunal à toute époque des opérations de la liquidation judiciaire, et, par suite, que le report de la date de la cessation des paiements peut également être prononcé à toute époque, tant que les opérations de la liquidation judiciaire ne sont pas terminées. — Cass., 19 févr. 1895, précité. — Douai, 4 nov. 1889, précité. — Agen, 30 déc. 1892, précité. — Besançon, 11 janv. 1893, précité ; 18 nov. 1896, précité. — *Sic*, Labbé, note sous Cass., 30 nov. 1891 [S. et P. 93. 1. 113]; et notre *Rép. gén. alph. du dr. fr.*, *v° cit.*, n. 363 et s. — Sur le cas où la liquidation judiciaire a été convertie en faillite avant qu'il ait été procédé à la vérification des créances, V. *infrà*, n. 61 et s.

β) *Rejet du concordat.* — 12. Le tribunal a la faculté de convertir la liquidation judiciaire en faillite, non seulement lorsque le concordat n'a pas été voté par les créanciers. — Cass., 5 juin 1893 [S. et P. 95. 1. 501, D. P. 94. 1. 47] — Paris, 19 déc. 1891 [D. P. 92. 2. 132]

13. — Mais aussi dans le cas où, le concordat ayant été voté par les créanciers, l'homologation en a été refusée par le tribunal : tant qu'il n'est pas homologué en effet, le concordat ne peut pas être considéré comme obtenu par le débiteur. — Paris, 20 avr. 1893, en note sous Paris, 17 juill. 1896 [S. et P. 97. 2. 179, D. P. 94. 2. 547]; 17 juill. 1896 [S. et P. *Ibid.*, D. P. 97. 2. 86] — Sur l'homologation du concordat, V. *suprà*, C. comm., art. 515, n. 1 et s.

14. Que la faillite soit déclarée ou que la liquidation judiciaire soit maintenue à la suite du rejet du concordat, les créanciers sont en état d'union, et il y a lieu de procéder à la réalisation et à la répartition de l'actif du failli, conformément aux art. 529 et s., C. comm. Dans le premier cas, cette solution, qui est formellement consacrée par le premier alinéa, *in fine*, de notre article, va de soi, puisque le régime de la faillite remplace désormais le régime de la liquidation judiciaire. Dans le second cas, la liquidation judiciaire continue, mais avec un caractère différent et conformément aux règles de la faillite. Le même alinéa de notre article en effet renvoie, pour les opérations de la réalisation et de la répartition de l'actif à l'art. 15 de notre loi, aux termes duquel ces opérations sont soumises aux dispositions de l'art. 541, C. comm. : or, cet art. 541 renvoie lui-même aux art. 529 et s., C. comm., et par suite à la procédure de l'union en matière de faillite. Il résulte de là que le liquidé non concordataire est dessaisi de l'administration de ses biens, comme le failli, et que le rôle des liquidateurs est profondément modifié à partir de l'union : ils ne se bornent plus désormais à assister le débiteur qui disparaît désormais; ils agissent seuls, en dehors de toute intervention du liquidé, à l'effet de réaliser son actif et de répartir les deniers qui en proviennent entre ses créanciers : ce sont de véritables syndics, moins la dénomination. — Cass., 6 févr. 1899 [S. et P. 99. 1. 113, le rapport de M. le conseiller Ruben de Couder et la note de M. Lyon-Caen, D. P. 99. 1. 221] — Limoges. 17 déc. 1900 [S. et P. 1902. 2. 302, D. P. 1902, 2. 224] — Trib. de la Seine [Ch. du conseil]. 3 juill. 1895 [J. *le Droit*, 22 sept. 1895] — Trib. d'Évreux, 5 août 1896 [*J. des faillites*, 97. 86] — *Sic*, Lyon-Caen et Renault, t. 8, n. 1103; Lyon-Caen, *Comment. de la loi du 4 mars 1889* [*Ann. de législ. fr.*, 1890, p. 76, note 1, *in fine*]; Rivière, n. 302; Thaller, n. 2126; Ruben de Couder, *Suppl.*, v° *Liquidation judiciaire*, n. 239 et s.; et notre *Rép. gén. alph. du dr. fr.*, v° *Liquidation judiciaire*, n. 538 et s.

15. Par suite, les liquidateurs d'une société en liquidation judiciaire peuvent, en cas d'union des créanciers, actionner un tiers en déclaration de faillite, sans mise en cause de la société. — Cass., 6 févr. 1899, précité.

16. Le débiteur conserve seulement le droit d'intervenir au cas où il le jugerait utile à ses intérêts : le liquidateur judiciaire n'est pas tenu de le mettre en cause. — Limoges, 17 déc. 1900, précité.

17. Mais si le débiteur est dessaisi de l'administration de ses biens par suite de l'état d'union, il n'en conserve pas moins le bénéfice de la liquidation judiciaire, en ce sens qu'il n'est pas frappé des déchéances qui résultent de la faillite. — Cass., 6 févr. 1889, précité. — *Sic*, Lyon-Caen, note précitée. — Sur les différences entre la faillite et la liquidation judiciaire au point de vue des déchéances pénales, V. *infrà*, art. 21.

§ 2. *Cas de conversion obligatoire.*

α) *Nullité des actes passés pendant la période suspecte.* — 18. Aux termes du § 2-1° de notre article, le tribunal doit convertir la liquidation judiciaire en faillite, lorsque le débiteur a accompli pendant la période suspecte un des actes énumérés par les art. 446, 447, 448 et 449, C. comm., et que la nullité de cet acte a été prononcée par les tribunaux compétents ou reconnue par les parties. — Cass., 18 nov. 1891 [S. et P. 94. 1. 460, D. P. 92. 1. 537] — Nancy, 2 juill. 1889 [D. *Rép. Suppl.*, v° *Faillite*, n. 169] — Besançon, 20 nov. 1889 [D. *Ibid.*] — Trib. civ. Sedan, 14 mars 1890 [D. *Ibid.*, n. 167] — V. notre *Rép. gén. alph. du dr. fr.*, *v° cit.*, n. 553 et s.

19. Et les nullités édictées par les art. 446 et s., C. comm., peuvent être prononcées aussi bien en

cas de liquidation judiciaire qu'en cas de faillite. Spécialement, le tribunal peut déclarer nulle et sans effet, relativement à la masse, une hypothèque conventionnelle constituée par le liquidé judiciaire, pour dette antérieurement contractée, moins de dix jours avant la cessation de ses paiements. — Chambéry, 20 nov. 1900 [D. P. 1901. 2. 135]

20. Jugé de même, que l'art. 448, C. comm., suivant lequel les droits d'hypothèque et de privilège valablement acquis peuvent être inscrits jusqu'au jour du jugement déclaratif de la faillite, mais peuvent cependant être déclarés nuls en certaines circonstances indiquées par ce texte, doit être étendu à la liquidation judiciaire. — Bordeaux, 9 mars 1896 [S. et P. 99. 2. 273, D. P. 99. 2. 65 et la note de M. Valéry]

β) *Dissimulation et exagération de l'actif ou du passif. Fraude.* — 21. Cette disposition du § 2-2° de notre article complète la précédente, en rendant obligatoire la conversion de la liquidation judiciaire en faillite à raison d'actes dolosifs qui ne rentrent pas dans l'énumération des art. 446 et s., C. comm., ou qui, bien que rentrant dans cette énumération, n'auraient donné lieu, en fait, à aucune annulation. Ici la fraude commise par le débiteur suffit pour que la liquidation judiciaire soit obligatoirement convertie en faillite. — V. notre *Rép. gén. alph. du dr. fr.*, v° *cit.*, n. 561 et s.

22. Jugé en ce sens, que le tribunal doit nécessairement déclarer la faillite, dès qu'il constate l'existence d'une manœuvre dolosive caractérisée et de nature à causer préjudice aux créanciers. — Dijon, 11 févr. 1895 [D. P. 95. 2. 520]

23. Spécialement, un tribunal doit prononcer la faillite d'un commerçant déclaré en liquidation judiciaire, lorsqu'il constate que ce commerçant a indiqué dans le dépôt de son bilan, une évaluation de son actif mobilier supérieure à la réalité, et qu'il a détourné dudit actif des meubles et marchandises qui étaient le gage de ses créanciers ; et, à cet égard, l'appréciation par le tribunal des documents, faits et circonstances de la cause, est souveraine. — Cass., 4 avr. 1898 [S. et P. 98. 1. 405, D. P. 98. 1. 200]

24. Mais notre article ne peut recevoir son application qu'autant qu'il y a fraude de la part du débiteur. Si donc la mauvaise foi du débiteur n'est pas démontrée et, à plus forte raison, si sa bonne foi est établie, la liquidation judiciaire ne peut pas être convertie en faillite. — Jugé en ce sens, qu'il n'y a pas lieu à l'application de l'art. 19, § 2-2°, de la loi du 14 mars 1889, d'après lequel le tribunal doit déclarer la faillite à toute époque de la liquidation judiciaire, « si le débiteur a dissimulé ou exagéré l'actif ou le passif, omis sciemment le nom d'un ou de plusieurs créanciers, ou commis une fraude quelconque », lorsque les exagérations d'actif ou dissimulations d'actif incriminées dans le bilan déposé par le débiteur sont le résultat d'erreurs commises par lui et ne peuvent lui êtres imputées à fraude. — Besançon, 18 nov. 1896 [S. et P. 99. 2. 35, D. P. 98. 2. 301] — V. notre *Rép. gén. alph. du dr. fr.*, v° *cit.*, n. 562 et s.

25. Jugé également, que le fait qu'un commerçant, deux jours après la date de sa mise en liquidation judiciaire, aurait pris livraison de marchandises par lui antérieurement achetées, ne saurait suffire pour faire transformer la liquidation judiciaire en faillite, si les circonstances du procès démontrent la bonne foi de ce commerçant. — Bordeaux, 11 avr. 1894 [S. et P. 95. 2. 167, D. P. 95. 2. 65 et la note de M. Boistel]

26. ... Alors surtout qu'au cours des opérations de la liquidation est intervenu un concordat, dûment homologué, par lequel le commerçant s'est engagé à désintéresser complètement ses créanciers en quatre termes échelonnés de six mois en six mois. — Même arrêt.

27. De même encore, on ne saurait considérer comme un détournement d'actif entraînant l'application des dispositions impératives de notre article le fait par un commerçant d'avoir, avec la permission du liquidateur, conservé momentanément la jouissance de quelques meubles garnissant ses bureaux, ni d'avoir, avant la liquidation judiciaire, vendu une bicyclette qui lui servait à transporter des échantillons. — Alger, 22 nov. 1897 [D. P. 99. 2. 290]

γ) *Annulation ou résolution du concordat.* — 28. Les causes d'annulation ou de résolution du concordat sont les mêmes qu'en matière de faillite. — V. *suprà*, C. comm., art. 520 et s.

29. Jugé à cet égard, que, lorsqu'à la suite d'une liquidation judiciaire et d'un concordat régulièrement obtenu et homologué au profit du liquidé, celui-ci est décédé, laissant une veuve commune en biens et des héritiers qui ont accepté les obligations de leur auteur, le retard momentané apporté au paiement du dividende dû à l'un des créanciers ne suffit pas pour faire prononcer la résolution du concordat et la faillite du liquidé, s'il est justifié que les dividendes dus aux autres créanciers ont été payés antérieurement à la demande de la résolution du concordat et que l'actif du liquidé est supérieur aux dividendes restant dus. — Paris, 28 févr. 1896 [*J. des trib de comm.*, 97. 290]

δ) *Condamnation du débiteur pour banqueroute simple ou frauduleuse.* — 30. Il ne suffit pas, pour que l'art. 19, § 2-4°, puisse recevoir son application, que le débiteur se soit seulement rendu coupable de faits passibles de la banqueroute : il faut qu'une condamnation correctionnelle ou criminelle ait été prononcée contre lui. — Trib. civ. Sedan, 14 mars 1890 [D. *Rép., Suppl.*, v° *Faillite*, n. 167]

31. Dans le cas contraire, le tribunal peut sans doute déclarer la faillite pour cause de fraude et par application du § 2-3° de notre article : mais il est alors investi en ce qui concerne la bonne foi du débiteur et les circonstances de la cause, d'un pouvoir souverain d'appréciation qui lui fait absolument défaut en présence d'une condamnation pour banqueroute passée en force de chose jugée. — *Sic*, notre *Rép. gén. alph. du dr. fr.*, v° *cit.*, n. 577.

32. Lorsqu'une société a été admise au bénéfice de la liquidation judiciaire, la condamnation pour banqueroute simple prononcée contre un des associés ne suffit pas pour entraîner la faillite de la société, celle-ci constituant un être moral distinct de la personne de chacun des associés. — Trib. comm. Seine, 26 juin 1890 [D. *Rép., Suppl.*, v° *cit.*, n. 173] — Sur la question de savoir s'il y a corrélation nécessaire entre le régime de la société et le régime des associés, V. *suprà*, art. 1, n. 6 et s.

§ 3. *Jugement de conversion.*

α) *Comment le jugement de conversion est rendu.* — 33. La faillite, même lorsque le tribunal est tenu de la déclarer, n'existe pas de plein droit, mais seulement à partir du jour où le jugement de conversion de la liquidation judiciaire en faillite a été rendu par le tribunal compétent. Il en est ainsi notamment dans le cas où un commerçant, mis en état de liquidation judiciaire, a été condamné pour banqueroute simple. — Paris, 14 mars 1890 [S. 91. 2. 1, P. 91. 1. 79 et la note de M. Lyon-Caen, D. P. 90. 2. 79]

34. Il résulte du premier alinéa de notre article que le jugement de conversion peut être rendu, soit d'office, soit à la requête des intéressés, c'est-à-dire à la requête du liquidateur représentant la masse, ou d'un ou de plusieurs créanciers agissant isolément, sauf au cas bien entendu où l'on pourrait opposer au requérant l'autorité de la chose jugée. — V. notre *Rép. gén. alph. du dr. fr.*, v° *cit.*, n. 579 et s.

35. Mais un créancier, qui n'a été ni partie, ni représenté à un jugement maintenant l'état de liquidation judiciaire malgré le dépôt tardif de la requête, est recevable à demander ultérieurement, pour le même motif, la conversion de la liquidation judiciaire en faillite, sans qu'on puisse lui opposer l'exception de la chose jugée. — Besançon, 18 nov. 1896 [S. et P. 99. 2. 35, D. P. 98. 2. 301]

36. Si le liquidateur et les créanciers individuellement peuvent ainsi provoquer la conversion de la liquidation judiciaire en faillite, faut-il aussi leur reconnaître le droit d'agir en report de la date de la cessation des paiements ou en nullité des actes accomplis par le liquidé pendant la période suspecte? En ce qui concerne le liquidateur, l'affirmative est généralement admise. Il est vrai qu'aux termes de l'art. 6 de notre loi, ce n'est pas le liquidateur qui agit en justice, mais bien le liquidé, avec l'assistance de son liquidateur. Seulement ce même article réserve expressément au liquidateur le droit d'agir seul, au cas du refus du débiteur. Or ici, on ne concevrait pas l'initiative prise par le débiteur : comment pourrait-il, par exemple, demander la nullité des actes qu'il a passés pendant la période suspecte, puisque cette nullité n'existe pas à son égard, mais seulement à l'égard de ses créanciers? Il faut donc, de toute nécessité, que le liquidateur puisse exercer seul les actions en nullité et les actions en report de la cessation des paiements. — Douai, 4 nov. 1889 [S. 91. 2. 30, P. 91. 1. 210, D. P. 80. 2. 33 et la note de Boistel] — *Sic*, Frémont et Camberlin, t. 1, n. 75; Coulon p. 343; Voron, n. 88; Lalubie, n. 86; Courtois, p. 367; Goirand et Périer, p. 503; Valabrègue, p. 15; Lyon-Caen, p. 68, note 5; Lyon-Caen et Renault, t. 8, n. 1111; Ruben de Couder, *loc. cit.*, n. 23 et 180 et s.; et notre *Rép. gén. alph. du dr. fr.*, v° *cit.*, n. 366 et s.

37. En ce qui concerne les créanciers, la question est plus douteuse. D'un côté, en effet, on peut dire que les créanciers sont représentés par les liquidateurs, et, par suite, qu'ils ne peuvent plus agir individuellement. Mais, d'un autre côté, et du moment que notre article confère aux créanciers le droit de provoquer individuellement la déclaration de faillite après l'obtention de la liquidation judiciaire, il semble logique qu'ils puissent exercer individuellement des actions qui sont le préliminaire de la déclaration de faillite. — Paris, 19 mai 1892 [*J. des faillites*, 93. 154] — *Sic*, Courtois, p. 166; Coulon, p. 343; et notre *Rép. gén. alph. du dr. fr.*, v° *cit.*, n. 367 et s. — *Contrà*, Douai, 4 nov. 1899, précité.

38. Le jugement rendu sur la demande formée par un créancier du débiteur admis au bénéfice de la liquidation judiciaire, à l'effet de faire déclarer sa faillite, est susceptible d'être attaqué par la voie de l'appel. C'est là une solution qui ne saurait être douteuse en présence de l'art. 4 de notre loi, qui, prévoyant le cas où le tribunal est saisi simultanément d'une requête en admission au bénéfice de la liquidation judiciaire et d'une assignation en déclaration de faillite, dispose qu'il sera statué sur le tout par un seul jugement qui est susceptible d'appel dans tous les cas : *à fortiori*, l'appel doit-il être recevable contre le jugement qui statue sur une demande de déclaration de faillite, formée après l'ouverture de la liquidation judiciaire. — Paris, 7 févr. 1893 [S. et P. 95. 2. 278, D. P. 93. 2. 585 et la note de M. Valéry]

39. Dans ce cas, les effets du jugement prononçant la liquidation judiciaire sont subordonnés au résultat définitif de l'instance en déclaration de faillite et de l'appel interjeté du jugement intervenu sur cette instance. — Même arrêt.

40. Il en est ainsi, alors même qu'avant qu'il ait été statué sur cet appel, le débiteur admis à la liquidation judiciaire aurait obtenu un concordat, et que ce concordat aurait été homologué. — Même arrêt.

41. Par suite, et malgré l'homologation du concordat, le débiteur ne peut figurer seul et sans l'assistance de son liquidateur judiciaire à l'instance pendante devant la cour sur la demande en conversion de liquidation judiciaire en faillite. — Même arrêt. — Sur l'exercice des actions en justice dans la liquidation judiciaire, V. *suprà*, art. 6, n. 2 et s.

β) *Jusqu'à quel moment la demande de conversion est-elle recevable?* — 42. Aux termes du deuxième alinéa de notre article, la faillite peut être déclarée à toute période de la liquidation judiciaire. En d'autres termes, la demande de conversion est recevable, tant que la liquidation judiciaire suit son cours; elle ne l'est plus, quand la liquidation judiciaire a pris fin. — V. notre *Rép. gén. alph. du dr. fr.*, v° *cit.*, n. 588 et s.

43. Mais quand peut-on dire que la liquidation judiciaire prend fin? Dans le cas où la liquidation judiciaire a abouti à l'union, elle ne prend fin qu'après la dissolution de l'union par suite de la réalisation et de la répartition de l'actif du liquidé : la demande de conversion ne pourra donc être valablement formée que jusqu'au moment de cette dissolution. — Trib. comm. Marseille, 7 juill. 1890 [*J. de jurispr. de Marseille*, 90. 1. 263] — *Sic*, Lyon-Caen et Renault, t. 8, n. 1114; Lyon-Caen, note sous Paris, 14 mars 1890 [S. 91. 2. 1, P. 91. 1. 79]; et notre *Rép. gén. alph. du dr. fr.*, v° *cit.*, n. 588.

44. Dans le cas où la liquidation judiciaire a abouti à un concordat, elle doit être considérée comme terminée, aux termes mêmes du deuxième alinéa de l'art. 15 de notre loi, dès que ce concordat a été homologué par le tribunal compétent. La demande en déclaration de faillite pourra être formée jusqu'au jour de l'homologation du concordat : à partir de ce jour, elle serait tardive et non recevable, à moins bien entendu que le concordat ne soit ensuite annulé ou résolu. — Cass., 27 juill. 1898 [S. et P. 99. 1. 17 et la note de M. Wahl, D. P. 99. 1. 497 et la note de M. Thaller] — Paris, 14 mars 1890 [S. 91. 2. 1, P. 91. 1. 79 et la note

de M. Lyon-Caen, D. P. 90. 2. 79] — Alger, 19 juill. 1893 [*J. des faillites*, 94, n. 1801] — Bordeaux, 18 déc. 1895 [*Ibid.*, 96, n. 2146] — *Sic*, Lyon-Caen et Renault, t. 8, n. 1114; Rivière, n. 274; Coulon, p. 284; Ruben de Couder, *loc. cit.*, n. 260 et 261; et notre *Rép. gén. alph. du dr. fr.*, *v° cit.*, n. 589.

45. Mais que faut-il décider et jusqu'à quel moment la demande de conversion sera-t-elle recevable, lorsque le jugement qui statue sur l'homologation du concordat a été frappé d'appel? A notre avis, la demande de conversion peut être utilement formée jusqu'au jour où la cour d'appel aura rendu son arrêt, sans qu'il y ait d'ailleurs à distinguer suivant que le jugement frappé d'appel avait accordé ou refusé l'homologation qui lui était demandée. Et en effet, à quel moment faut-il se placer pour savoir si une demande est recevable? C'est incontestablement au moment où cette demande est introduite. Or dans notre hypothèse, l'homologation, qui met fin à la liquidation judiciaire et qui empêche sa conversion en faillite, n'existe et ne peut être considérée comme acquise qu'autant que la cour d'appel l'a prononcée : c'est donc seulement à partir de ce moment-là que la demande de conversion n'est plus recevable. — *Sic*, Ruben de Couder, *loc. cit.*, n. 262; Lyon-Caen, note sous Paris, 14 mars 1890 [S. 91. 2. 1, P. 91. 1. 79]; et notre *Rép. gén. alph. du dr. fr.*, *v° cit.*, n. 590 et s.

46. Jugé cependant en sens contraire, que, la conversion de la liquidation judiciaire en faillite d'un commerçant condamné pour banqueroute simple ne pouvant plus être prononcée après le vote du concordat qui met fin à l'état de liquidation judiciaire, il en résulte que doit être rejetée comme non recevable la demande en déclaration de faillite formée après le vote du concordat, alors même que le concordat n'aurait pas été homologué en première instance, si l'homologation a été ensuite accordée en appel. — Paris, 14 mars 1890, précité.

47. Il ne pourrait y avoir lieu, en pareil cas, à déclaration de faillite qu'à raison de faits postérieurs au concordat. — Même arrêt.

48. Le tribunal saisi d'une requête d'homologation du concordat et d'une demande de conversion se prononcera généralement ou bien pour l'homologation du concordat et le rejet de la demande de conversion, ou bien pour le refus du concordat et la déclaration de faillite. Mais le tribunal peut aussi donner sur ces deux points des solutions différentes. Il homologuera le concordat et prononcera en même temps la conversion de la liquidation judiciaire, si par exemple le débiteur a commis envers les créanciers une de ces fraudes qui, aux termes du § 2-2° de notre article, entraînent obligatoirement la conversion, mais qui néanmoins peuvent ne pas paraître au tribunal assez graves pour léser l'ordre public et pour empêcher l'homologation d'un concordat favorable aux intérêts des créanciers. Et réciproquement le tribunal pourra refuser l'homologation du concordat tout en maintenant la liquidation judiciaire, si par exemple la fraude reprochée au débiteur n'a pas été dirigée contre ses créanciers : cette fraude suffit pour empêcher l'homologation du concordat, mais non pour entraîner la conversion de la liquidation judiciaire en faillite. — *Sic*, Wahl, note sous Cass., 27 juill. 1898 [S. et P. 99. 1. 15]; Thaller, note sous le même arrêt [D. P. 99. 1. 497]

49. Et il en est de même en cause d'appel. Ainsi, lorsqu'un appel a été interjeté contre le jugement qui avait homologué le concordat d'un liquidé et rejeté par voie de conséquence la demande de conversion de la liquidation judiciaire en faillite, et lorsque cet appel était fondé sur la fraude du liquidé envers ses créanciers, l'effet de l'appel remettant en question l'homologation du concordat, la cour d'appel peut et doit prononcer la conversion de la liquidation judiciaire en faillite. — Cass., 27 juill. 1898, précité.

50. Dans ce cas, la conversion n'empêchant pas les opérations relatives au concordat de recevoir la suite qu'elles comportent, et le vote émis par la majorité des créanciers subsistant, la cour d'appel a encore à statuer sur l'homologation, et cette homologation, intervenant après la conversion, fait du concordat voté dans la période de liquidation judiciaire un concordat en matière de faillite. — Même arrêt.

51. Les deux mesures, loin de s'exclure, se complètent et n'impliquent aucune contradiction; l'arrêt peut, en effet, également constater à la charge du liquidé judiciaire un fait déterminé de fraude entraînant de plein droit la conversion de la liquidation judiciaire en faillite, tout en reconnaissant dans la généralité de ses agissements et dans l'ensemble de sa conduite, des circonstances de nature à ne pas le priver du bénéfice de son concordat. — Même arrêt.

52. Et la cour d'appel procède régulièrement, en statuant ainsi par deux dispositions distinctes, d'abord sur la conversion, ensuite sur l'homologation. — Même arrêt.

53. Mais une décision judiciaire ne pourrait pas, par le même jugement, homologuer d'abord le concordat et prononcer ensuite la conversion. — Même arrêt. — *Sic*, Ruben de Couder, *loc. cit.*, n. 263. — *Contrà*, Wahl, note précitée.

§ 4. *Procédure de la faillite.*

54. Aux termes du dernier alinéa de notre article, lorsque la liquidation judiciaire est convertie en faillite, « les opérations de la faillite sont suivies sur les derniers errements de la procédure de la liquidation. » Il résulte de là que les actes et opérations accomplis sous le régime de la liquidation judiciaire restent acquis et survivent à la faillite déclarée. — Cass., 30 nov. 1891 [S. et P. 93. 1. 113 et la note de M. Labbé, D. P. 92. 1. 289 et la note de M. Boistel] — V. Lyon-Caen et Renault, t. 8, n. 1117 *bis* et s.; Ruben de Couder, *loc. cit.*, n. 285 et s; et notre *Rép. gén. alph. du dr. fr.*, *v° cit.*, n. 597 et s.

55. En conséquence, en l'absence de fixation de la date de la cessation des paiements dans le jugement déclaratif de faillite, celle faite par le jugement ouvrant la liquidation judiciaire doit être maintenue et subsister après la déclaration de faillite. — Cass., 30 nov. 1891, précité.

56. Et le silence du jugement déclaratif de faillite ne doit pas être considéré comme emportant de plein droit une fixation nouvelle de cette date au jour de ce jugement, en vertu de la disposition de l'art. 441, C. comm. — Même arrêt.

57. Au surplus, l'expiration des délais pour la vérification et l'affirmation des créances après le jugement déclaratif de faillite, a pour effet d'attribuer définitivement à la cessation de paiements la

date fixée par le jugement d'admission à la liquidation judiciaire. — Caen, 12 août 1890, sous Cass., 30 nov. 1891 [S. et P. 93. 1. 113]

58. L'omission, dans l'extrait publié du jugement qui ouvrait la liquidation, de la date fixée de la cessation des paiements, ne rend pas ce jugement nul et inopposable à un créancier. — Même arrêt.

59. Mais l'art. 19, aux termes duquel les opérations de la faillite sont suivies sur les derniers errements de la procédure de la liquidation, n'empêche pas de procéder aux mesures qui sont la conséquence de la déclaration de faillite, ou qui n'ont pas été accomplies au cours de la liquidation judiciaire. — Cass., 18 nov. 1891 [S. et P. 94. 1. 460, D. P. 92. 1. 537 et la note de M. Boistel]

60. Echappe en conséquence à toute critique l'arrêt qui, après avoir déclaré la faillite, désignerait des syndics provisoires, alors même qu'il y aurait eu des liquidateurs définitifs sous l'empire de la procédure antérieure arrêtée par la déclaration de faillite, et qui prescrirait l'apposition des scellés sur les effets du failli, conformément aux art. 455 et 462, C. comm. — Même arrêt.

61. En ce qui concerne les formes et les délais de la vérification des créances, qui sont différents dans la faillite et dans la liquidation judiciaire, il y a lieu de distinguer plusieurs hypothèses. Si le jugement de conversion intervient dès le début de la liquidation judiciaire et avant que la procédure de vérification établie par la loi de 1889 ait commencé, ce sont les formes et les délais de la faillite qui devront être observés. Si au contraire le jugement intervient après la clôture de la vérification d'écritures, celle-ci devra être considérée comme acquise, et il devra être procédé, comme en matière de faillite, à la délibération et au vote sur le concordat. — V. notre *Rép. gén. alph. du dr. fr.*, *v° cit.*, n. 606 et 616. — Sur les formes et délais de la vérification des créances en matière de faillite, V. *suprà*, C. comm., art. 490 et s.

62. D'autre part, si le jugement de conversion intervient au cours de la procédure de la vérification des créances, il faut pour que la procédure soit régulière, que les créanciers jouissent, pour la vérification de leurs créances, soit du délai imparti par la loi de 1889 pour le cas de liquidation judiciaire (savoir quinze jours au moins depuis la première assemblée), soit du délai établi par l'art. 492, C. comm., pour le cas de faillite (savoir vingt jours au moins après la première convocation). — Douai, 27 févr. 1893 [D. P. 95. 2. 469]

63. En conséquence, la procédure serait entachée d'une irrégularité susceptible de vicier la délibération concordataire postérieure, si la vérification avait été close cinq jours seulement après la date de la première réunion et quinze jours seulement après le jugement prononçant la liquidation judiciaire. La circonstance que dans l'intervalle entre les deux réunions (douze jours, en l'espèce, après le jugement de liquidation judiciaire), cette liquidation aurait été convertie en faillite ne saurait priver les créanciers des délais destinés à prévenir les surprises et à permettre aux intéressés de faire valoir leurs droits en temps utile. — Même arrêt.

64. Notre article doit également recevoir son application dans le cas où, une société en nom collectif ayant obtenu, ainsi que les associés, le bénéfice de la liquidation judiciaire, le tribunal a prononcé contre l'un des associés la conversion de la liquidation judiciaire en faillite : cette faillite est à bon droit, suivie sur les errements de la liquidation judiciaire de la société en nom collectif dont ledit associé faisait partie. — Cass., 12 nov. 1894 [S. et P. 97. 1. 117, D. P. 95. 1. 38] — Sur la question de savoir s'il y a corrélation nécessaire entre le régime de la société et celui des associés, V. *suprà*, art. 1, n. 4 et s.

65. Au surplus, notre article est applicable dans tous les cas où une administration de faillite est substituée à celle d'une liquidation judiciaire. Spécialement, il en est ainsi, lorsque le tribunal, saisi d'une requête en admission au bénéfice de la liquidation judiciaire, et d'une assignation en déclaration de faillite, ayant admis le commerçant au bénéfice de la liquidation judiciaire, la cour, sur l'appel de ce jugement, déclare le commerçant en état de faillite. — Pau, 6 janv. 1899 [S. et P. 1901. 2. 132, D. P. 1901. 2. 455]

Art. **20**. L'article 11 et les dispositions des paragraphes 1er, 3 et 4 de l'article 15 de la présente loi sont applicables à l'état de faillite.

Sont également applicables à l'état de faillite les dispositions de la présente loi concernant l'institution des contrôleurs.

1. Jugé, par application de l'art. 11, que les syndics de faillite, comme les liquidateurs, sont libérés au bout de dix ans de la responsabilité des livres et papiers confiés à leur soins; et cette prescription doit s'appliquer même aux livres et papiers de faillite antérieurs au 4 mars 1889, malgré la disposition transitoire de l'art. 25, laquelle ne saurait s'appliquer qu'aux règles de gestion des faillites en cours, et non à une question de prescription tout à fait étrangère à la direction des faillites. — Trib. comm. Caen, 13 mai 1893 [D. P. 96. 2. 274]

2. Mais la loi de 1889 ne pouvant avoir d'effet rétroactif, c'est seulement à partir de la promulgation de cette loi que court ladite prescription de dix ans pour les anciennes faillites. — Même jugement.

Art. **21**. A partir du jugement d'ouverture de la liquidation judiciaire, le débiteur ne peut être nommé à aucune fonction élective; s'il exerce une fonction de cette nature, il est réputé démissionnaire.

1. A la différence du failli qui est privé d'une manière absolue de ses droits électoraux, le liquidé n'est pas rayé de la liste électorale et reste électeur, sans qu'il ait d'ailleurs à justifier, soit qu'il a obtenu un concordat, soit que le concordat a été homologué. — Cass., 7 avr. 1891 [S. 91. 1. 349, P. 91. 1. 823, D. P. 91. 1. 156] — *Sic*, Goirand et Périer, p. 252 ; Courtois, p. 136 ; et notre *Rép. gén. alph. du dr. fr.*, v° *Liquidation judiciaire*, n. 212 et s. — Sur les incapacités encourues par le failli, V. *suprà*, C. comm., art. 613-614, n. 1 et s.

2. Etant électeur, le liquidé ne peut être considéré comme étant privé de ses droits politiques, et, par suite, à la différence du failli il conserve le droit de faire partie du jury et de porter les insignes des décorations françaises ou étrangères. — Cour d'assises du Loiret, 22 janv. 1894 [S. et P. 94. 2. 87, D. P. 94. 2. 72] — *Sic*, Goirand et Périer, p. 250 ; Courtois, *loc. cit.* — V. cependant *contrà*, en ce qui concerne le droit de faire partie du jury, Lyon-Caen et Renault, t. 8, n. 1126.

3. Par contre, il est généralement admis que le liquidé ne peut ni être nommé agent de change, ou courtier privilégié, ni pénétrer à la Bourse. Ces déchéances résultent en effet des art. 83 et 613, C. comm. : or d'après l'art. 24 de notre loi, toutes les dispositions du Code de commerce qui ne sont pas modifiées par la loi nouvelle s'appliquent à la liquidation judiciaire. — Mêmes auteurs.

4. Mais le liquidé peut être porté sur la liste des courtiers inscrits et il peut aussi faire escompter par la Banque de France ses effets de commerce : les textes qui édictent contre le failli cette double incapacité ne figurent pas dans le Code de commerce et, par suite, ne rentrent pas dans le renvoi de l'art. 24 de notre loi. — *Sic*, Ruben de Couder, *Suppl.*, v° *Liquidation judiciaire*, n. 87 ; et notre *Rép. gén. alph. du dr. fr.*, v° *cit.*, n. 216.

Art. **22**. L'article 549 du Code de commerce est modifié ainsi qu'il suit : .... — V. le nouveau texte, *suprà*, C. comm., art. 549.

Art. **23**. Le premier paragraphe de l'article 438 du Code de commerce et le n° 4 de l'énumération faite par l'article 586 sont modifiés comme il suit : .... — V. les nouveaux textes, *suprà*, C. comm., art. 438 et 586.

Art. **24**. Toutes les dispositions du Code de commerce qui ne sont pas modifiées par la présente loi continueront à recevoir leur application en cas de liquidation judiciaire comme en cas de faillite.

Dispositions transitoires.

Art. **25**. Le commerçant en état de cessation de paiements dont la faillite n'aura pas été déclarée, ou dont le jugement déclaratif de faillite ne sera pas devenu définitif à la date de la promulgation de la présente loi, pourra obtenir le bénéfice de la liquidation judiciaire. Cette faculté s'exercera devant la juridiction saisie. La requête devra, dans tous les cas, être présentée dans la quinzaine de la promulgation.

Les faillites déclarées antérieurement à cette promulgation continueront à être régies par les dispositions du Code de commerce; sont toutefois applicables à ces faillites les dispositions de la présente loi concernant l'institution des contrôleurs.

Le jugement qui homologuera le concordat obtenu par le débiteur dont la faillite aura été déclarée antérieurement à la promulgation de la présente loi, ou qui déclarera celui-ci excusable, pourra décider que le failli ne sera soumis qu'aux incapacités édictées par l'article 21 contre les débiteurs admis à la liquidation judiciaire.

Cette disposition sera applicable à tout ancien failli qui aura obtenu son concordat ou qui aura été déclaré excusable. Il devra saisir par requête le tribunal de commerce qui a déclaré sa faillite et produire son casier judiciaire. Cette requête sera affichée pendant quinze jours dans l'auditoire. Le tribunal statuera en chambre du conseil. Sa décision n'est susceptible d'aucun recours.

L'inscription sur les listes électorales pourra être faite, à la suite de ces formalités, jusqu'au 31 mars, date de la clôture des listes.

ART. **26**. La présente loi est applicable aux colonies de la Guadeloupe, de la Martinique et de la Réunion.

1. La plupart des questions transitoires réglées par l'art. 25 ne présentent plus aujourd'hui qu'un intérêt purement historique. On ne concevrait pas qu'un commerçant, qui était en état de cessation de paiements lors de la promulgation de la loi de 1889, puisse demander actuellement le bénéfice de la liquidation judiciaire, et on ne concevrait pas davantage, au cas où une faillite était en cours en 1889, que cette faillite n'ait pas encore abouti à l'homologation du concordat où à une déclaration d'excusabilité du failli. — Sur les difficultés auxquelles a donné lieu, à cet égard, notre art. 25 dans les premières années qui ont suivi la promulgation de la loi de 1889, V. notre *Rép. gén. alph. du dr. fr.*, v° *Liquidation judiaire*, n. 621 et s.

2. Mais notre art. 25 peut encore recevoir son application dans le cas où il s'agit d'un commerçant dont la faillite était close au jour de la promulgation de la loi de 1889. Cet ancien failli, s'il a obtenu son concordat ou s'il a été déclaré excusable, a toujours le droit de s'adresser au tribunal de commerce dans les formes déterminées par ledit article, et le tribunal peut décider qu'il ne sera désormais soumis qu'aux incapacités édictées par l'art. 21 contre les débiteurs admis au bénéfice de la liquidation judiciaire. — V. Chante-Grellet, *Tr. des élections*, t. 1, n. 104; Greffier, *Code électoral*, n. 62 et 63; et notre *Rép. gén. alph. du dr. fr.*, v° *cit.*, n. 628, et v° *Elections*, n. 272.

3. Jugé à cet égard, que les faillis non réhabilités ne peuvent être inscrits sur les listes électorales, à moins que, la faillite ayant été déclarée antérieurement à la loi du 4 mars 1889, ils n'aient obtenu du tribunal qui a homologué leur concordat, ou qui les a déclarés excusables, une décision portant qu'ils ne seraient privés que du droit d'être nommés à une fonction élective. — Cass., 5 avr. 1894 [S. et P. 94. 1. 298] — Sur les effets de la réhabilitation, V *suprà*, C. comm., art. 613-614.

4. Par suite, ne peut être inscrit sur les listes électorales le failli produisant seulement un certificat de son syndic attestant qu'il aurait désintéressé tous ses créanciers. — Même arrêt.

5. Mais le commerçant, failli antérieurement à la loi du 4 mars 1889, qui depuis a été admis au bénéfice de cette loi par un jugement du tribunal de commerce, peut être inscrit sur les listes électorales jusqu'à leur clôture, à la seule condition que sa réclamation ait été formée dans les vingt jours qui suivent la publication des listes. — Cass., 30 mai 1894 [S. et P. 94. 1. 463]

6. Et si, dans ce cas, le jugement du tribunal de commerce a été rendu après la décision de la commission municipale, le juge de paix, saisi de l'appel de la décision de cette commission ne peut refuser de tenir compte du jugement, sous prétexte que ce jugement n'a pas été présenté au juge de première instance, et que la justification qui en est faite en appel ne l'est plus en temps utile ; la partie qui n'a pas produit toutes les justifications nécessaires devant la commission municipale est encore à temps pour les produire en appel devant le juge de paix. — Même arrêt.

7. Au surplus, bien que qualifiée de transitoire, la disposition du dernier paragraphe de la loi du 4 mars 1889, — qui, visant le commerçant failli relevé, dans les termes de l'art. 25, des incapacités autres que l'inéligibilité comme en matière de liquidation judiciaire, autorise l'inscription de ce commerçant sur la liste électorale « jusqu'au 31 mars date de la clôture des listes », — est toujours en vigueur, et ne s'applique pas seulement pour l'année 1889, la loi n'ayant imparti aucun délai pour son application. — Cass., 18 mars 1902 [S. et P. 1902. 1. 359]

8. Il suffit, dès lors, que la décision qui relève le commerçant de son incapacité soit intervenue à quelque époque que ce soit, pourvu seulement que la réclamation d'inscription se soit produite dans le délai prescrit par l'art. 2 de la loi du 7 juill. 1874. — Même arrêt.

9. D'autre part, lorsqu'un jugement, déclarant excusable un ancien failli, décide qu'il ne sera soumis qu'aux incapacités de l'art. 21, ce débiteur, en vertu même de cet article, reste inéligible aux fonctions de membre du conseil municipal. — Cons. d'Etat, 5 août 1893 [D. P. 94. 5. 234]

10. En tout cas, le commerçant déclaré en état de faillite postérieurement à la loi du 4 mars 1889, sur la liquidation judiciaire, doit être rayé des listes électorales, bien qu'il ait été déclaré excusable. Les dispositions de l'art. 25 de la loi du 4 mars 1889 ne sont applicables, en effet, qu'aux commerçants dont la faillite est antérieure à la promulgation de cette loi. — Cass., 12 mai 1891 [S. 91. 1. 349, P. 91. 1. 834]

LIVRE IV

DE LA JURIDICTION COMMERCIALE

TITRE PREMIER

DE L'ORGANISATION DES TRIBUNAUX DE COMMERCE.

ART. **615**. Un règlement d'administration publique déterminera le nombre des tribunaux de commerce, et les villes qui seront susceptibles d'en recevoir par l'étendue de leur commerce et de leur industrie (1).

ART. **616**. L'arrondissement de chaque tribunal de commerce sera le même que celui du tribunal civil dans le ressort duquel il sera placé, et s'il se trouve plusieurs tribunaux de commerce dans le ressort d'un seul tribunal civil, il leur sera assigné des arrondissements particuliers.

ART. **617** (*Ainsi modifié, L. 18 juill. 1889*). Chaque tribunal de commerce sera composé d'un président, de juges et de juges suppléants. Le nombre des juges ne peut être inférieur à deux, non compris le président. Un règlement d'administration publique fixera pour chaque tribunal le nombre des juges et juges suppléants (2).

ART. **618** (*Ainsi modifié, L. 21 déc. 1871*). Les membres des tribunaux de commerce seront nommés dans une assemblée d'électeurs pris parmi les commerçants recommandables par leur probité, esprit d'ordre et d'économie.

Pourront aussi être appelés à cette réunion les directeurs des compagnies anonymes de

(1) 6 oct. 1809. — DÉCRET *concernant l'organisation des tribunaux de commerce.*

ART. 1er. Il y aura un tribunal de commerce dans chacune des villes désignées dans le tableau annexé à notre présent décret.

2. Ces tribunaux seront composés du nombre de juges et de suppléants fixé par le même tableau.

3. Dans les ressorts des tribunaux civils où il se trouve plusieurs tribunaux de commerce, l'arrondissement de chacun d'eux sera composé des cantons désignés au tableau mentionné dans les articles précédents.

4. Lorsque, par des récusations ou des empêchements, il ne restera pas dans les tribunaux de commerce un nombre suffisant de juges ou de suppléants, ces tribunaux seront complétés par des négociants pris sur la liste formée en vertu de l'article 619 du Code de commerce, et suivant l'ordre dans lequel ils y sont portés, s'ils ont d'ailleurs les qualités énoncées en l'article 620 de la même loi.

5. Le tribunal de commerce de Paris sera divisé en deux sections, et aura quatre huissiers.

6. Les autres tribunaux de commerce n'auront que deux huissiers. — Les huissiers seront, autant que faire se pourra, choisis parmi ceux déjà nommés par nous.

(2) 20 août 1889. — DÉCRET *modifiant le nombre des membres du tribunal de commerce de la Seine.*

ART. 1. A l'avenir, le tribunal de commerce de la Seine sera composé de : un président, vingt et un juges titulaires et vingt et un juges suppléants.

commerce, de finance et d'industrie, les agents de change, les capitaines au long cours et les maîtres au cabotage ayant commandé des bâtiments pendant cinq ans et domiciliés depuis deux ans dans le ressort du tribunal. Le nombre des électeurs sera égal au dixième des commerçants inscrits à la patente ; il ne pourra dépasser 1.000, ni être inférieur à 50 ; dans le département de la Seine, il sera de 3.000.

Art. **619** (*Ainsi modifié, L. 21 déc. 1871*). La liste des électeurs sera dressée par une commission composée :

1° Du président du tribunal de commerce, qui présidera, et d'un juge au tribunal de commerce. Pour la première élection qui suivra la création d'un tribunal, on appellera dans la commission le président du tribunal civil et un juge au même tribunal ;

2° Du président et d'un membre de la chambre de commerce ; si le président de la chambre de commerce est en même temps président du tribunal, on appellera un autre membre de la chambre; dans les villes où il n'existe pas de chambre de commerce, on appellera le président et un membre de la chambre consultative des arts et métiers ; à défaut, on appellera un conseiller municipal ;

3° De trois conseillers généraux choisis, autant que possible, parmi les membres élus dans les cantons du ressort du tribunal ;

4° Du président du conseil des prud'hommes, et, s'il y en a plusieurs, du plus âgé des présidents ; à défaut du conseil des prud'hommes, on appellera dans la commission le juge de paix ou le plus âgé des juges de paix de la ville où siège le tribunal.

5° Du maire de la ville où siège le tribunal de commerce, et, à Paris, du président du conseil municipal.

Les juges au tribunal de commerce, les membres de la chambre de commerce, les juges du tribunal civil, les conseillers généraux et les conseillers municipaux, dans les cas prévus aux paragraphes précédents, seront élus par les corps auxquels ils appartiennent. Chaque année, la commission remplira les vacances provenant de décès ou d'incapacités légales survenus depuis la dernière revision. Elle ajoutera à la liste, en sus du nombre d'électeurs fixé par l'article 619, les anciens membres de la chambre et du tribunal de commerce, et les anciens présidents des conseils des prud'hommes.

Ne pourront être portés sur la liste ni participer à l'élection, s'ils y avaient été portés :

1° Les individus condamnés soit à des peines afflictives ou infamantes, soit à des peines correctionnelles pour des faits qualifiés crimes par la loi, ou pour délit de vol, escroquerie, abus de confiance, usure, attentat aux mœurs, soit pour contrebande quand la condamnation pour ce dernier délit aura été d'un mois au moins d'emprisonnement;

2° Les individus condamnés pour contravention aux lois sur les maisons de jeu, les loteries et les maisons de prêts sur gages ;

3° Les individus condamnés pour les délits prévus aux articles 413, 414, 419, 420, 421, 423, 430, § 2, du Code pénal, et aux articles 596 et 597 du Code de commerce;

4° Les officiers ministériels destitués;

5° Les faillis non réhabilités et généralement tous ceux que la loi électorale prive du droit de voter aux élections législatives.

La liste sera envoyée au préfet, qui la fera publier et afficher. Un exemplaire signé par le président du tribunal de commerce sera déposé au greffe du tribunal de commerce. Tout patenté du ressort aura le droit d'en prendre connaissance et, à toute époque, de demander la radiation des électeurs qui se trouveraient dans un des cas d'incapacité ci-dessus. L'action sera portée sans frais devant le tribunal civil, qui prononcera en la chambre du conseil. En appel, la cour statuera dans la même forme.

ART. **620** (*Ainsi modifié, L. 5 déc. 1876*). Tout commerçant ou agent de change âgé de trente ans, inscrit à la patente depuis cinq ans et domicilié, au moment de l'élection, dans le ressort du tribunal; toute personne ayant rempli pendant cinq ans les fonctions de directeur de société anonyme, tout capitaine au long cours et maître au cabotage ayant commandé pendant cinq ans, justifiant des mêmes conditions d'âge et de domicile, porté sur la liste des électeurs ou étant dans les conditions voulues pour y être inscrit, pourra être nommé juge ou suppléant.

(*Paragraphe ajouté, L. 21 déc. 1871*). Les anciens commerçants et agents de change seront éligibles s'ils ont exercé leur commerce pendant le même temps.

Nul ne pourra être nommé juge s'il n'a été nommé juge suppléant.

Le président ne pourra être choisi que parmi les anciens juges.

ART. **621** (*Ainsi modifié, L. 21 déc. 1871*). L'élection sera faite au scrutin de liste pour les juges et les suppléants, et au scrutin individuel pour le président. Lorsqu'il s'agira d'élire le président, l'objet spécial de cette élection sera annoncé avant d'aller au scrutin.

Les élections se feront dans le local du tribunal de commerce, sous la présidence du maire du chef-lieu où siège le tribunal, assisté de quatre assesseurs qui seront les deux plus jeunes et les deux plus âgés des électeurs présents.

La convocation des électeurs sera faite, dans la première quinzaine de décembre, par le préfet du département.

Au premier tour de scrutin, nul ne sera élu s'il n'a réuni la moitié plus un des suffrages exprimés et un nombre égal au quart du nombre des électeurs inscrits. Au deuxième tour, qui aura lieu huit jours après, la majorité relative sera suffisante. La durée de chaque scrutin sera de deux heures au moins.

Le procès-verbal sera dressé en triple original, et le président en transmettra un exemplaire au préfet et un autre au procureur général : le troisième sera déposé au greffe du tribunal. Tout électeur pourra, dans les cinq jours après l'élection, attaquer les opérations devant la cour d'appel, qui statuera sommairement et sans frais. Le procureur général aura un délai de dix jours pour demander la nullité.

Les art. 618 à 621 ont été abrogés par la loi du 8 déc. 1883 pour les élections des juges des tribunaux de commerce. Mais il sont toujours en vigueur, quant aux conditions d'électorat et d'éligibilité, pour les élections des membres des chambres de commerce. — V. *infrà*, pour les tribunaux de commerce, *Appendice* au liv. 4, tit. 1, la loi du 8 déc. 1883, — et pour les chambres de commerce, *Appendice au Code de commerce*, v° *Chambres de commerce*, le décr. du 22 janv. 1872 et la loi du 9 avr. 1898.

ART. **622** (*Ainsi modifié, L. 3 mars 1840*). A la première élection, le président et la moitié des juges et des suppléants dont le tribunal sera composé, seront nommés pour deux ans; la seconde moitié des juges et des suppléants sera nommée pour un an : aux élections postérieures, toutes les nominations seront faites pour deux ans.

Tous les membres compris dans une même élection seront soumis simultanément au renouvellement périodique, encore bien que l'institution de l'un ou de plusieurs d'entre eux ait été différée. — V. *infrà*, *Appendice* au liv. 4, tit. 1, la L. du 8 déc. 1883, art. 18.

Art. 623 (*Ainsi modifié, L. 3 mars 1840*). Le président et les juges, sortant d'exercice après deux années, pourront être réélus immédiatement pour deux autres années. Cette nouvelle période expirée, ils ne seront éligibles qu'après un an d'intervalle.

Tout membre élu en remplacement d'un autre, par suite de décès ou de toute autre cause, ne demeurera en exercice que pendant la durée du mandat confié à son prédécesseur. — L. 8 déc. 1883, art. 13.

1. La disposition de notre article, aux termes de laquelle le président et les juges au tribunal de commerce, sortant d'exercice après deux années, ne sont plus, à la suite d'une nouvelle période de deux ans, rééligibles qu'après une année d'intervalle, est inapplicable aux juges suppléants. En conséquence, les juges suppléants sont indéfiniment rééligibles en cette qualité, et ils peuvent aussi être élus juges titulaires, sans qu'il y ait à tenir compte du temps pendant lequel ils ont siégé comme suppléants. — Cass., 8 mai 1877 [S. 78. 1. 70, P. 78. 149, D. P. 77. 1. 448] — Bordeaux, 2 mars 1881 [S. 81. 2. 259, P. 81. 1. 1251, D. *Rép.*, *Suppl.*, v° *Organisation judiciaire*, n. 306] — *Sic*, Alauzet, t. 8, n. 2930; Lyon-Caen et Renault, t. 1, n. 343; Bravard et Demangeat, t. 6, p. 268; Pardessus, t. 4, n. 1341. — *Contrà*, Toulouse, 28 janv. 1874, sous Cass., 23 févr. 1875 [S. 75. 1. 353, P. 78. 859, D. P. 75. 1. 193]

2. Mais la disposition de notre article est absolue, sauf la réserve qui y est apportée par l'art. 13 de la loi du 8 déc. 1883, en ce qui concerne le président et les juges titulaires. En conséquence, le président et les juges titulaires, après deux élections successives, ne peuvent être élus même comme juges suppléants qu'après une année d'intervalle. — Cass., 27 mai 1879 [S. 79. 1. 408, P. 79. 1066, D. P. 79. 1. 431] — Agen, 9 nov. 1881 [S. 81. 2. 269, P. 81. 1. 1260, D. P. 82. 2. 64] — *Sic*, Lyon-Caen et Renault, t. 1, n. 343. — *Contrà*, Bordeaux, 3 mars 1879 [S. 79. 2. 72, P. 79. 333, D. *Rép.*, *Suppl.*, v° *cit.*, n. 307] — V. *infrà*, *Appendice* au liv. 4, tit. 1, la loi du 8 déc. 1883, art. 13.

3. La durée des fonctions du juge de commerce date du jour de l'élection et expire à la fin de la période de deux ans pour laquelle il a été élu. — Cass., 20 nov. 1882 [S. 83. 1. 261, P. 83. 1. 627, D. P. 83. 1. 193]; 2 mai 1883 [S. 85. 1. 21, P. 85. 1. 32, D. P. *Ibid.*]

4. En conséquence, si un juge nouvellement élu n'ayant pu prendre possession de son siège et remplacer effectivement le magistrat dont le mandat est expiré, celui-ci a continué à prendre part aux travaux du tribunal, cette continuation du service judiciaire, exceptionnelle et temporaire, a eu pour objet unique d'empêcher l'interruption du cours de la justice, et n'a pas pu faire obstacle à la réélection de l'ancien juge, après une année écoulée depuis l'expiration légale du premier mandat. — Mêmes arrêts.

Art. 624. Il y aura près de chaque tribunal un greffier et des huissiers nommés par le chef de l'État : leurs droits, vacations et devoirs seront fixés par un règlement d'administration publique (1).

(1) *a*) 18 juin 1880. — Décret *qui fixe les émoluments attribués aux greffiers des tribunaux de commerce spéciaux, aux greffiers des tribunaux civils qui exercent la juridiction commerciale, et aux greffiers des justices de paix des villes maritimes où il n'existe pas de tribunaux de commerce.*

Art. 1er. Les greffiers des tribunaux de commerce ont droit aux émoluments fixés par les articles suivants :

CHAPITRE Ier. — *Jugements.*

2. Il est alloué : — 1° Pour tout jugement porté sur la feuille d'audience, ceux de simple remise exceptés, cinquante centimes (0 fr. 50 c.); — 2° Pour tout jugement rendu sur requête ou sur le rapport des juges-commissaires des faillites, cinquante centimes (0 fr. 50 c.); — 3° Pour la rédaction des qualités de tout jugement, lorsqu'il est expédié, savoir : s'il est par défaut, un franc (1 fr.); s'il est contradictoire, deux francs (2 fr.).

CHAPITRE II. — *Procès-verbaux.*

3. Il est alloué : — Pour la rédaction d'un procès-verbal de compulsoire, quatre francs (4 fr.); — Et pour celle d'un procès-verbal d'interrogatoire sur faits et articles, deux francs (2 fr.).

4. Il est pareillement alloué aux greffiers, pour la rédaction des procès-verbaux ci-après designés, dressés en matière de faillite : — 1° Assemblée des créanciers d'une faillite pour la composition de l'état des créanciers présumés et la nomination des syndics définitifs, deux francs (2 fr.); — 2° Reddition de comptes des syndics provisoires aux syndics définitifs, trois francs (3 fr.); — 3° Vérification et affirmation de créances, que ces opérations soient ou non simultanées, savoir : — Pour chaque créance vérifiée, cinquante centimes (0 fr. 50 c.); — Pour chaque renvoi à l'audience, par suite de contredit, cinquante centimes (0 fr. 50 c.); — Pour chaque créance affirmée, quinze centimes (0 fr. 15 c.); — 4° Assemblée des créanciers dont les créances ont été vérifiées et affirmées, constatant la formation du concordat ou de l'union, quatre francs (4 fr.); — 5° Assemblée des créanciers constatant le renvoi à huitaine, trois francs (3 fr.); — 6° Reddition de comptes des syndics au failli, au cas de concordat, quatre francs (4 fr.); — 7° Reddition de compte des syndics définitifs aux syndics de l'union, quatre francs (4 fr.); — 8° Reddition de compte des syndics aux créanciers, quatre francs (4 fr.); — 9° Assemblée des créanciers pour procéder à une délibération non prévue par les dispositions précédentes, trois francs (3 fr.).

CHAPITRE III. — *Actes spéciaux aux tribunaux de commerce des villes maritimes.*

5. Il est alloué : — 1° Pour la rédaction du rapport d'un capitaine de navire à l'arrivée d'un voyage de long cours ou de grand cabotage, trois francs (3 fr.); — 2° Pour la rédaction d'un rapport à l'arrivée d'un voyage de petit cabotage, de bornage ou de navigation fluviale, deux francs (2 fr.); — 3° Pour la déclaration des causes de relâche dans un voyage, deux francs (2 fr.); — 4° Pour la déclaration du rapport du capitaine en cas de naufrage ou d'échouement, trois francs (3 fr.).

CHAPITRE IV. — *Formalités et actes divers.*

6. Il est alloué pour l'inscription de chaque cause au rôle, indépendamment de la remise accordée par l'art. 19 de la loi

1. Les greffiers des tribunaux de commerce sont nommés par décret du président de la République, et aucune loi n'impose comme condition de leur nomination l'agrément préalable de ces tribunaux. — Cass., 13 avr. 1893 [S. et P. 93. 1. 286, D. P. 93. 1. 225]

2. Ils doivent prêter serment devant les tribunaux auxquels ils sont attachés, et ceux-ci ne peuvent refuser de les y admettre pour une cause autre que leur incapacité légale. — Même arrêt.

3. Le président du tribunal de commerce commet un double excès de pouvoir en se substituant au tribunal à l'occasion d'une réception de serment à laquelle le tribunal était chargé de procéder, et en refusant de recevoir le serment, non pour une cause d'incapacité légale, mais pour des motifs se rattachant à une question de valeur morale et professionnelle dont l'appréciation n'appartenait ni à lui ni au tribunal. — Même arrêt.

4. En pareil cas, il y a lieu d'annuler, par la voie du recours en annulation pour excès de pouvoir porté devant la chambre des requêtes, les actes illé-

du 21 vent. an VII, un émolument de quinze centimes à la charge des parties (0 fr. 15 c.).

7. Il est alloué : — 1° Pour la rédaction de l'extrait du jugement déclaratif de faillite à afficher et de celui qui doit être adressé au parquet, ensemble un franc (1 fr.) ; — 2° Pour la rédaction de l'extrait du jugement fixant ou modifiant l'époque à laquelle a eu lieu la cessation des payements, cinquante centimes (0 fr. 50 c.) ; — 3° Pour la rédaction de l'extrait du jugement et d'une copie de l'avis à insérer dans les journaux, cinquante centimes (0 fr. 50 c.) ; — Pour chaque copie en sus, lorsque l'insertion a lieu dans plusieurs journaux, quinze centimes (0 fr. 15 c.) ; — 4° Pour la rédaction, l'impression et l'envoi des lettres de convocation aux créanciers de la faillite, par chaque lettre de convocation, vingt centimes (0 fr. 20 c.) ; — 5° Pour l'avis à donner au juge de paix, au juge-commissaire et aux syndics, par chaque lettre d'avis, vingt centimes (0 fr. 20 c.) ; — 6° Pour le récépissé à délivrer à chaque créancier de la faillite, en cas de dépôt de titres, cinquante centimes (0 fr; 50 c.) ; — 7° Pour communication des pièces, procès-verbaux et renseignements dans les procédures de faillite (un seul droit par chaque faillite, quel que soit le nombre des créanciers), dix francs (10 fr.) ; — 8° Pour la tenue du registre de comptabilité des faillites, la communication de ce registre au failli et aux créanciers, l'établissement des relevés trimestriels et leur envoi au procureur général, par trimestre et par faillite, deux francs (2 fr.).

8. Il est alloué : — 1° Pour la rédaction d'un acte constatant le dépôt au greffe des actes de constitution, modification et dissolution de sociétés commerciales, cinquante centimes (0 fr. 50 c.) ; — 2° Pour la rédaction d'un acte constatant tout autre dépôt autorisé par la loi, cinquante centimes (0 fr. 50 c.) ; — 3° Pour la rédaction du procès-verbal constatant la remise de l'affiche des extraits de contrats de mariage et autres actes soumis à cette formalité, ainsi que des jugements en matière de faillite, cinquante centimes (0 fr. 50 c.) ; — 4° Pour la rédaction des certificats délivrés par le greffier, dans les cas prévus par les lois et règlements ou prescrits par jugement, un franc (1 fr.) ; — 5° Pour la rédaction de chaque certificat constatant la vérification d'un extrait des livres d'un commerçant, un franc (1 fr.) ; — 6° Pour la rédaction de chaque certificat constatant que les livres d'un commerçant ont été cotés et parafés, cinquante centimes (0 fr. 50 c.) ; — 7° Pour l'inscription de ce dernier certificat sur le registre prescrit par l'ordonnance de 1673, titre III, article 4, vingt-cinq centimes (0 fr. 25 c.) ; — 8° Pour tout acte, déclaration ou certificat fait ou transcrit au greffe et qui ne donne pas lieu à un émolument particulier, quel que soit le nombre des parties, un franc (1 fr.) ; — 9° Pour communication, sans déplacement, des pièces dont le dépôt est constaté par un acte de greffe, cinquante centimes (0 fr. 50 c.) ; — 10° Pour la rédaction du procès-verbal de dépôt de chaque marque de fabrique et pour le coût de l'expédition, un franc (1 fr.).

9. Il est alloué, conformément à l'art. 14 de la loi du 21 vent. an VII, à titre de droit de recherche des actes, jugements et ordonnances faits ou rendus depuis plus d'une année, et dont il n'est pas demandé d'expédition, savoir : — Pour la première année, cinquante centimes (0 fr. 50 c.) ; — Pour chacune des autres années, vingt-cinq centimes (0 fr. 25 c.).

10. Il est alloué : — 1° Pour chaque légalisation de signature dans les cas prévus par la loi, vingt-cinq centimes (0 fr. 25 c.) ; — 2° Pour chaque visa d'exploit donné par le greffier, vingt-cinq centimes (0 fr. 25 c.) ; — 3° Pour la mention de chaque acte sur le répertoire dont la tenue est prescrite par l'art. 49 de la loi du 22 frim. an VII, dix centimes (0 fr. 10 c.).

CHAPITRE V. — *Droits d'expédition.*

11. Il est alloué pour chaque rôle d'expédition, indépendamment de la remise accordée par l'art. 19 de la loi du 21 ventôse an VII, un émolument de dix centimes à la charge des parties (0 fr. 10 c.). — V. *infra*, le décr. du 23 juin 1892.

CHAPITRE VI. — *Remboursement de papier timbré.*

12. Il est alloué, à titre de remboursement de papier timbré : — 1° Pour chaque jugemement porté sur la feuille d'audience, ceux de simple police exceptés, quatre-vingts centimes (0 fr. 80 c.) ; — 2° Pour chaque acte porté sur un registre timbré, soixante centimes (0 fr. 60 c.) ; — 3° Pour chaque mention portée sur un registre timbré, vingt-cinq centimes (0 fr. 25 c.).

CHAPITRE VII. — *Des greffiers des tribunaux civils qui exercent la juridiction commerciale et des greffiers des justices de paix des villes maritimes où il n'existe pas de tribunaux de commerce.*

13. Les allocations attribuées aux greffiers des tribunaux spéciaux de commerce par les dispositions des art. 1 à 11 du présent décret sont accordées aux greffiers des tribunaux civils qui exercent la juridiction commerciale, à l'exception du droit de 50 centimes déterminé pour les jugements par les paragraphes 1 et 2 de l'art. 2. Dans l'exercice de la juridiction commerciale, ils ne recevront, pour la communication, sans déplacement, des pièces dont le dépôt est constaté par un acte du greffe, que l'émolument fixé par l'art. 8-9°, et, à titre de remboursement du papier timbré, que les allocations fixées par l'art. 12.

14. Les greffiers des justices de paix des villes maritimes, où il n'existe pas de tribunaux de commerce, ont droit aux allocations qui sont accordées aux greffiers de ces tribunaux par l'art. 5 du présent décret pour la réduction des actes désignés audit article.

CHAPITRE VII. — *Dispositions générales.*

15. Les greffiers doivent inscrire au pied des expéditions qu'ils délivrent aux parties le détail des déboursés et des droits auxquels chaque jugement ou acte donne lieu. — A défaut d'expédition, ils mentionnent le détail sur des états signés d'eux qu'ils remettent aux parties ou à leurs mandataires. — Ils portent sur les registres dont la tenue est prescrite par la loi toutes les sommes qu'ils reçoivent. — Les déboursés et les émoluments sont inscrits dans des colonnes séparées.

16. Il est interdit aux greffiers, ainsi qu'à leur commis, de recevoir, sous quelque prétexte que ce soit, d'autres ou plus forts droits que ceux qui leur sont alloués par la loi ou les décrets; ils ne peuvent exiger ni recevoir aucun droit de prompte expédition. — Le contrevenant est, suivant la gravité des circonstances, destitué de son emploi et poursuivi pour l'application des peines prononcées soit par l'art. 23 de la loi du 21 vent. an VII, soit par l'art. 174, C. pén., sans préjudice de la restitution des sommes perçues et de tous dommages-intérêts, s'il y a lieu.

17. Les greffiers n'ont droit à aucun émolument pour l'accomplissement des obligations qui leur sont imposées soit à l'effet de régulariser le service du greffe, soit dans un intérêt d'ordre public ou d'administration judiciaire.

18. Sont et demeurent abrogés l'ordonnance du 9 oct. 1825 et le décret du 6 janv. 1814. — Est également abrogé l'arrêté du 8 avr. 1848, dans la partie de ses dispositions qui est relative aux émoluments des greffiers des tribunaux de commerce.

b) 23 juin 1892. — DÉCRET *portant fixation des émoluments des greffiers des cours d'appel, des tribunaux civils et de commerce en ce qui concerne les expéditions, mandements ou bordereaux de collocation délivrés par eux.*

Art. 1er. Il est alloué pour chaque rôle d'expédition : — aux greffiers des cours d'appel, une remise de 60 centimes ; — aux greffiers des tribunaux de commerce et des tribunaux civils jugeant commercialement, y compris l'émolument de 10 centimes accordé par l'art. 11 du décret du 18 juin 1880, une remise de 60 centimes ; — aux greffiers des tribunaux civils de première instance, une remise de 45 centimes.

2. Sur les expéditions que les agents de la République demandent en son nom et pour soutenir ses droits, la remise allouée par l'article précédent est réduite : — pour les greffiers des cours d'appel, à 40 centimes ; — pour les greffiers des tribunaux de commerce, à 40 centimes ; — pour les greffiers des tribunaux civils de première instance : — en matière commerciale, à 40 centimes ; — en matière civile, à 30 centimes.

galement commis par le président, et d'ordonner impérativement au tribunal de commerce de procéder à la réception de serment du greffier. — Même arrêt.

5. Les huissiers audienciers près les tribunaux de commerce doivent être choisis parmi les huissiers résidant au lieu où siège le tribunal. — Cass., 14 déc. 1836 [S. 37. 1. 366, P. 37. 1. 426]

6. Cette nomination doit se faire en suivant l'ordre hiérarchique des juridictions. Ainsi le tribunal civil de première instance doit être appelé avant le tribunal de commerce à faire le choix de ses huissiers, en tenant compte des circonstances locales et de manière à ne pas entraver le service des autres juridictions : le tribunal de commerce ne peut procéder à cette opération que postérieurement, en ne choisissant que des huissiers non élus par le tribunal civil. — Cass., 14 juill. 1873 [S. 73. 1. 392, P. 73. 962, D. P. 73. 1. 419] — Sur les huissiers audienciers, V. notre *Rép. gén. alph. du dr. fr.*, v° *Huissier*, n. 663 et s.

Art. **625**. Il sera établi, pour la ville de Paris seulement, des gardes du commerce pour l'exécution des jugements emportant la contrainte par corps ; la forme de leur organisation et leurs attributions seront déterminées par un règlement particulier.

Cet article a été implicitement abrogé par la loi du 22 juill. 1867, qui aboli la contrainte par corps en matière civile.

Art. **626**. Les jugements, dans les tribunaux de commerce, seront rendus par trois juges au moins : aucun suppléant ne pourra être appelé que pour compléter ce nombre.

(*Ajouté, L. 5 déc. 1876*). Lorsque, par des récusations ou empêchements, il ne restera pas un nombre suffisant de juges ou de juges suppléants, il y sera pourvu au moyen d'une liste formée annuellement par chaque tribunal de commerce entre les éligibles du ressort, et, en cas d'insuffisance, entre les électeurs, ayant les uns et les autres leur résidence dans la ville où siège le tribunal.

Cette liste sera de cinquante noms à Paris, de vingt-cinq noms pour les tribunaux de neuf membres, de quinze noms pour les autres tribunaux.

Les juges complémentaires seront appelés dans l'ordre fixé par un tirage au sort fait en séance publique, par le président du tribunal, entre tous les noms de la liste.

Les dispositions de cet article ont été remplacées par les art. 15, 2e al., et 16 de la loi du 8 déc. 1883. — V. *infrà*, *Appendice* au liv. 4, tit. 1.

Art. **627**. Le ministère des avoués est interdit dans les tribunaux de commerce, conformément à l'article 414 du Code de procédure civile; nul ne pourra plaider pour une partie devant ces tribunaux, si la partie présente à l'audience ne l'autorise, ou s'il n'est muni d'un pouvoir spécial. Ce pouvoir, qui pourra être donné au bas de l'original ou de la copie de l'assignation, sera exhibé au greffier avant l'appel de la cause, et par lui visé sans frais.

(*Ajouté, L. 3 mars 1840, art. 4*). Dans les causes portées devant les tribunaux de commerce, aucun huissier ne pourra, ni assister comme conseil, ni représenter les parties en qualité de procureur fondé, à peine d'une amende de 25 à 50 francs, qui sera prononcée sans appel par le tribunal, sans préjudice des peines disciplinaires contre les huissiers contrevenants.

Cette disposition n'est pas applicable aux huissiers qui se trouveront dans l'un des cas prévus par l'article 86 du Code de procédure civile (1).

(1) 10 mars 1825. — Ordonnance du roi *qui prescrit de nouvelles formalités pour constater l'exécution de l'art. 421 du Code de procédure civile, et de l'art. 627 du Code de commerce.*

Art. 1er. Lorsqu'une partie aura été défendue devant le tribunal de commerce par un tiers, il sera fait mention expresse, dans la minute du jugement qui interviendra, soit de l'autori-

INDEX ALPHABÉTIQUE.

DIVISION

§ 1. *Représentants des parties devant les tribunaux de commerce : agréés.*

α) *Choix des mandataires* ad litem. — **1.** Les parties peuvent se présenter elles-mêmes ou choisir librement leur mandataire devant les tribunaux de commerce. En décidant que le ministère des avoués est interdit auprès de ces tribunaux, notre article veut dire simplement que ce ministère n'est pas obligatoire et que les avoués, s'ils sont choisis comme mandataires, ne jouiront pas des privilèges qui leur sont conférés devant les tribunaux civils de première instance. — *Sic*, Lyon-Caen et Renault, t. 1, n. 425.

2. Mais les huissiers ne pourraient pas représenter les parties devant les tribunaux de commerce, sauf dans les causes de leurs femmes, parents ou alliés en ligne directe et dans celles de leurs pupilles. — V. notre *Rép. gén. alph. du dr. fr.*, v° *Huissier*, n. 65 et s. — Sur la question de savoir si un huissier peut être choisi comme mandataire pour représenter un créancier dans la procédure de vérification des créances, V. *suprà*, art. 492, n. 6 et s. — Sur l'interdiction pour les magistrats en exercice de représenter les parties en justice, V. notre *Code de proc. civ. annoté*, art. 86.

β) *Des agréés près les tribunaux de commerce.* — 3. La plupart des tribunaux de commerce sont dans l'usage de désigner aux plaideurs certains mandataires qu'ils jugent particulièrement dignes de confiance et qu'on appelle des agréés. C'est là un usage qui n'a rien de contraire à la loi et qui est conforme à une tradition constante. — V. notre *Rép. gén. alph. du dr. fr.*, v° *Agréé*, n. 7 et s. — Sur la question de savoir si les agréés font acte de commerce et sont des commerçants, V. *infrà*, art. 632.

4. Mais il ne serait pas permis aux tribunaux de commerce de procéder à cet égard par voie de règlement. — Jugé en ce sens, que la délibération prise par un tribunal de commerce et ayant pour but de créer un corps d'agréés près ce tribunal, de régler leur nombre, leurs attributions, l'organisation de leur chambre syndicale, leur régime disciplinaire, leur costume, le serment qu'ils doivent prêter et le tarif de leurs émoluments, est nulle comme constituant un empiètement sur les droits du gouvernement et de l'autorité administrative, et comme ayant un caractère réglementaire et de généralité contraire aux prohibitions de l'art. 5, C. civ. — Cass., 25 juin 1850 et les conclusions de M. Dupin [S. 50. 1. 743, P. 51. 2. 118, D. P. 50. 1. 228]; 16 mars 1852 [S. 52. 1. 458, P. 53. 1. 639, D. P. 52. 1. 127] — Chambéry, 27 août 1873 [S. 73. 2. 249, P. 73. 1064, D. P. 74. 2. 122] — *Sic*, Lyon-Caen et Renault, t. 1, n. 352; Garsonnet, t. 1, n. 285; Ruben de Couder, v° *Agréé*, n. 16; et notre *Rép. gén. alph. du dr. fr.*, v° *Agréé*, n. 16 et s.

5. Les agréés ne sont que des mandataires privés et n'ont à aucun degré le caractère de fonctionnaires publics, ni même d'officiers ministériels. — Bourges, 11 mai 1839 [P. 44. 1. 478]

6. En conséquence, les offices d'agréés, n'étant point reconnus par la loi, ne peuvent faire l'objet d'une transmission. Mais la pratique ou clientèle attribuée à un cabinet, objet incorporel et d'une valeur appréciable, est dans le commerce et peut être légalement la matière d'un contrat de vente. — Cass., 14 déc. 1847 [S. 48. 1. 97, P. 48. 1. 78, D. P. 48. 1. 12] — Bordeaux, 23 mai 1865 [S. 66. 2. 32, P. 66. 107] — *Sic*, Alauzet, t. 8, n. 2911; Nouguier, t. 1, p. 117; Ruben de Couder, v° *cit.*, n. 20; et notre *Rép. gén. alph. du dr. fr.*, v° *cit.*, n. 31 et s.

7. Et la clientèle, rentrant dans la catégorie des objets mobiliers, aux termes de l'art. 535, C. civ., combiné avec l'art. 529, même Code, le vendeur a, sur le prix de la revente, le privilège de l'art. 2102, § 4, C. civ. — Cass., 14 déc. 1847, précité.

8. De même, est nulle pour excès de pouvoir la délibération par laquelle un tribunal de commerce prononce la peine de la suspension contre des agréés. — Chambéry, 27 août 1873, précité.

9. Le tribunal de commerce pourrait seulement exercer sur les agréés un pouvoir disciplinaire en les excluant de la liste, mais non leur interdire de plaider comme des mandataires ordinaires. — *Sic*, Lyon-Caen et Renault, t. 1, n. 352; Camberlin, p. 284 et s.; Garsonnet, t. 1, p. 457 et s.; et notre *Rép. gén. alph. du dr. fr.*, v° *cit.*, n. 99 et s.

10. D'autre part, les agréés près les tribunaux de commerce n'ont aucune existence légale, et ne peuvent, sous aucun rapport, être assimilés à des officiers ministériels; leur désignation et leur inscription sur la liste dressée par le tribunal ne leur confèrent ni monopole, ni privilège, les plaideurs conservant le droit de prendre pour défenseur ou mandataire toute personne exerçant une profession quelconque, sauf celle d'huissier, et le tribunal ne pouvant refuser l'accès de la barre à aucun manda-

sation que ce tiers aura reçue de la partie présente, soit du pouvoir spécial dont il aura été muni.

2. Les magistrats chargés de procéder à la vérification ordonnée par l'art. 6 de l'ordonnance du 5 novembre 1823, s'assureront si la formalité prescrite par l'article précédent est observée dans tous les jugements rendus entre des parties qui ont été défendues ou dont l'une a été défendue par un tiers. Ils consigneront dans leur procès-verbal le résultat de leur examen à cet égard.

3. En cas de contravention à l'art. 1er de la présente ordonnance, il en sera rendu compte à notre garde des sceaux, pour être pris à l'égard du greffier telles mesures qu'il appartiendra.

taire muni d'un pouvoir spécial et régulier. — Lyon, 27 déc. 1898 [S. et P. 1901. 2. 41 et la note de M. Tissier]

11. Mais les agréés n'en ont pas moins une situation de fait incontestable et dérivant de leur titre pris en dehors de toute réglementation ; en les désignant, le tribunal de commerce ne fait pas un acte illicite et n'excède point ses pouvoirs ; leur institution, si elle n'est pas reconnue par la loi, n'est pas davantage proscrite par elle. — Même arrêt.

12. En conséquence, si toute personne peut se présenter aux justiciables comme mandataire près le tribunal de commerce en concurrence avec les agréés, elle doit s'abstenir dans cette concurrence de tout agissement présentant le caractère d'un acte de concurrence déloyale au regard des agréés. — Même arrêt.

13. Et le fait de se présenter au public comme agréé sans l'autorisation du tribunal, et d'usurper ainsi un titre qui appartient aux seuls agréés admis par le tribunal, constitue, au premier chef, un acte de cette nature, en créant une confusion qui est de nature à porter préjudice aux véritables agréés. — Même arrêt.

14. Ceux-ci, en possession légitime d'une situation de fait qui n'a rien d'illicite ni de contraire à la loi, ont le droit de se défendre contre tout empiètement et toute usurpation, et de demander réparation du préjudice à eux causé par ceux qui ont pris indûment le titre d'agréé. — Même arrêt.

§ 2. *Nécessité d'un pouvoir spécial.*

15. De ce que notre article exige un pouvoir spécial pour représenter une partie devant les tribunaux de commerce, il résulte qu'une procuration donnée pour toutes les affaires que le client pourrait avoir, soit en demandant, soit en défendant, serait insuffisante. Par suite, la délibération, par laquelle un tribunal de commerce prononcerait par voie de disposition générale et réglementaire qu'un semblable mandat est suffisamment spécial, devrait être annulée comme entachée d'excès de pouvoir et contraire à l'art. 5, C. civ. — Cass., 19 juill. 1825 [S. et P. chr.]

16. Le pouvoir doit être donné ou bien par la partie elle-même à l'audience du tribunal de commerce, ou bien par écrit. Il ne résulterait pas de la simple remise à l'agréé de l'original ou de la copie de l'assignation ou de toute autre pièce. — Rouen, 1er mars 1811 [S. et P. chr.] — Rennes, 10 juill. 1820 [S. et P. chr.]

17. Lorsque le pouvoir est donné par écrit, il n'est assujetti à aucune forme spéciale : il peut être contenu dans un acte authentique, ou dans un acte sous seing privé, ou même dans une simple lettre missive. — *Sic*, Lyon-Caen et Renault, t. 1, n. 429.

18. Mais le tribunal de commerce, devant lequel une personne se présente comme mandataire d'une partie en vertu d'un pouvoir sous seing privé, peut exiger la légalisation de la signature du mandant ; et, en cas de refus du mandataire, le tribunal peut ne pas l'admettre à plaider et donner défaut contre le mandant. — Cass., 1er mai 1883 [S. 83. 1. 265, P. 83. 1. 634, D. P. 83. 1. 441] — Paris, 6 mars 1880 [S. 81. 2. 27, P. 81. 197, D. P. 81. 3. 97] — Trib. comm. de la Seine, 14 févr. 1879 [D. P. 81. 3. 54] — Trib. civ. Bordeaux, 25 août 1879 [D. P. *Ibid.*] — *Sic*, Lyon-Caen et Renault, t. 1, n. 430 ; Camberlin, p. 301 et s. ; et notre *Rép. gén. alph. du dr. fr.*, *v° cit.*, n. 56 et s.

19. Et la même solution doit être admise dans le cas où le mandataire est un agréé : s'il en était autrement en effet, on établirait au profit des agréés un privilège qui serait incompatible avec la faculté que la loi a donnée aux parties de choisir librement leur mandataire devant les tribunaux de commerce. — *Sic*, Lyon-Caen et Renault, *loc. cit.*, *in fine*. — *Contrà*, Camberlin, p. 300 et s.

20. Sur la question de savoir si le client est obligé de recourir à la procédure du désaveu, dans le cas où son mandataire, et spécialement son agréé, a fait en son nom des offres, aveux ou consentements, V. notre *Code de procéd. civ. annoté*, art 362, n. 91 et s., et notre *Rép. gén. alph. du dr. fr.*, *v° cit.*, n. 78 et s.

Art. **628**. Les fonctions des juges de commerce sont seulement honorifiques.

Art. **629**. Ils prêtent serment avant d'entrer en fonctions à l'audience de la cour d'appel, lorsqu'elle siège dans l'arrondissement communal où le tribunal de commerce est établi ; dans le cas contraire, la cour d'appel commet, si les juges de commerce le demandent, le tribunal civil de l'arrondissement pour recevoir leur serment ; et, dans ce cas, le tribunal en dresse procès-verbal, et l'envoie à la cour d'appel, qui en ordonne l'insertion dans ses registres. Ces formalités sont remplies sur les conclusions du ministère public et sans frais.

Art. **630**. Les tribunaux de commerce sont dans les attributions et sous la surveillance du ministre de la justice.

Les juges des tribunaux de commerce ne sont pas soumis au pouvoir disciplinaire de la cour de cassation statuant comme conseil supérieur de la magistrature. L'art. 14 de la loi du 30 août 1883 ne soumet à ce pouvoir que les membres des tribunaux de première instance et des cours d'appel : or, en matière de compétence répressive, les textes ne peuvent être étendus par voie d'analogie. — *Sic*, Lyon-Caen et Renault, t. 1, n. 347 *bis* ; Garsonnet, t. 1, n. 34, *in fine* ; Boitard, Colmet-Daage et Glasson, t. 1, p. 47.

APPENDICE AU LIVRE IV, TITRE I

LOI DU 8 DÉCEMBRE 1883, RELATIVE A L'ÉLECTION DES MEMBRES DES TRIBUNAUX DE COMMERCE

ART. **1**. Les membres des tribunaux de commerce seront élus par les citoyens français, commerçants patentés ou associés en nom collectif depuis cinq ans au moins, capitaines au long cours et maîtres de cabotage ayant commandé des bâtiments pendant cinq ans, directeurs des compagnies françaises anonymes de finance, de commerce et d'industrie, agents de change et courtiers d'assurances maritimes, courtiers de marchandises, courtiers-interprètes et conducteurs de navires institués en vertu des articles 77, 79 et 80 du Code de commerce, les uns et les autres après cinq années d'exercice, et tous, sans exception, devant être domiciliés depuis cinq ans au moins dans le ressort du tribunal.

Sont également électeurs, dans leur ressort, les membres anciens ou en exercice des tribunaux et des chambres de commerce, des chambres consultatives des arts et manufactures, les présidents anciens ou en exercice des conseils de prud'hommes.

(*Ajouté, L. du 23 janv. 1898*). Les femmes qui remplissent les conditions énoncées dans les paragraphes précédents seront inscrites sur la liste électorale : néanmoins, elles ne peuvent être appelées à faire partie d'un tribunal de commerce.

INDEX ALPHABÉTIQUE.

DIVISION

α) Commerçants et associés en nom collectif.

β) Capitaines au long cours, maîtres de cabotage et directeurs des sociétés anonymes.

γ) Anciens magistrats consulaires

---

1. En décidant que les membres des tribunaux de commerce seront élus par les citoyens français, notre article exclut les étrangers qui exercent le commerce en France. Mais l'acceptation, par un commerçant français, des fonctions de consul ou vice-consul d'un Gouvernement étranger, ne le rend pas incapable d'être porté sur les listes électorales pour la nomination des juges au tribunal de commerce. — Poitiers, 27 janv. 1880, sous Cass., 14 avril 1880 [S. 81. 1. 121, P. 81. 1. 265, D. P. 80. 2. 59]

2. D'autre part le droit de vote a été accordé aux femmes commerçantes par la loi du 23 janv. 1898.

α) *Commerçants et associés en nom collectif.* — 3. Tout commerçant est électeur aux tribunaux de commerce à la double condition qu'il soit patenté depuis cinq ans au moins et qu'il soit domicilié également depuis cinq ans au moins dans le ressort du tribunal. — Jugé, à cet égard, que les agents d'affaires, étant des commerçants, doivent être inscrits sur les listes électorales, s'ils remplissent les conditions prescrites par notre article. — Cass., 23 déc. 1884 [S. 85. 1. 73, P. 85. 1. 153 et la note de M. Lyon-Caen, D. P. 85. 1. 82] — Trib. de paix, Paris (1er arr.), 7 nov. 1884 [S. 85. 2. 48, P. 85. 1. 478, D. P. *Ibid.*] — Trib. de paix, Paris (15e arr.), 15 nov. 1884 [S. P. et D. P. *Ibid.*) — *Sic*, Lyon-Caen et Renault, t. 1, n. 335-1°; Lyon-Caen, *Rev. crit. de législ.*, 1884, p. 330; Ruben de Couder, *Suppl.*, v° *Tribunal de commerce*, n. 18. — Sur la question de savoir si les agents d'affaires sont des commerçants, V. *suprà*, C. comm., art. 1er, n. 101 et 140, et *infrà*, C. comm., art. 632.

4. On ne saurait exiger toutefois que les cinq années de patente soit des années consécutives. — V. Aix, 12 févr. 1874 [S. 74. 2. 72, P. 74. 344, D. P. 74. 2. 171] — V. cependant Cass., 28 nov. 1898 (motifs) [S. et P. 1902. 1. 508]

5. Mais notre article doit être entendu en ce sens

que le commerçant doit avoir exercé le commerce, avec patente, pendant cinq années entières. Il ne suffirait pas d'avoir été inscrit cinq fois, au rôle des patentes : il faut uniquement avoir égard à la situation du commerçant au moment de l'élection, sans qu'il y ait à tenir compte des mois non encore écoulés de l'année courante, bien que l'impôt ait été payé d'avance pour l'année entière. — V. Cass., 6 août 1877 [S. 78. 1. 70, P. 78. 148, D. P. 77. 1. 447] — Nîmes, 5 mai 1873 [S. 75. 2. 78, P. 75. 437, D. P. 74. 2. 39] — Rennes, 23 janv. 1883 [S. 84. 2. 64, P. 84. 1. 343, D. *Rép.*, *Suppl.*, v° *Organisation judiciaire*, n. 274]

6. D'autre part, le droit à l'électorat consulaire est attaché, non au paiement de la contribution des patentes, ni à la propriété d'un établissement de commerce, mais à l'inscription personnelle du commerçant sur le rôle des patentes, depuis cinq ans au moins. — Cass., 13 déc. 1886 [S. 87. 1. 132, P. 87. 1. 300, D. P. 87. 1. 135]

7. Ainsi, le commerçant, qui est imposé depuis moins de cinq ans au rôle de la contribution des patentes, ne peut être inscrit sur les listes électorales consulaires, encore bien que, propriétaire depuis plus de cinq ans de son fonds de commerce, il ait acquitté, avant d'être personnellement imposé à la patente, le droit de patente dont ce fonds était frappé sous le nom d'un tiers. — Même arrêt.

8. Il ne suffit pas, d'ailleurs d'avoir payé patente pendant cinq ans : il faut avoir été patenté en qualité de commerçant. Ainsi ne peuvent être inscrits sur les listes électorales consulaires, bien que payant patente... les notaires. — Cass., 25 août 1884 [S. 85. 1. 79, P. 85. 1. 165, D. *Rép.*, *Suppl.*, *v° cit.*, n. 273]

9. ... Les greffiers. — Même arrêt.

10. ... Les médecins. — Même arrêt.

11. ... Les vétérinaires. — Même arrêt.

12. ... Les huissiers. — Cass., 14 janv. 1885 [S. 85. 1. 79, P. 85. 1. 165, D. P. 85. 1. 82]

13. ... Les représentants de commerce. — Just. de paix d'Etain, 16 avr. 1884 [D. *Rép.*, *Suppl.*, *v° cit.*, n. 273]

14. ... Les commis et employés de commerce. — Just. de paix de Lille, 16 juin 1884 [D. *Ibid.*]

15. ... Les syndics de faillite. — Just. de paix de Lille, 18 juin 1884 [D. *Ibid.*]

16. ... Les architectes-experts. — Cass., 14 déc. 1897 [S. et P. 98. 1. 136]

17. Quant aux associés en nom collectif, le droit électoral consulaire appartient à tous ceux qui ont cette qualité depuis cinq ans; il n'y a aucune distinction à faire entre l'associé *principal*, seul tenu de payer le droit de patente et seul porté au rôle, aux termes de l'art. 21 de la loi des 15-22 juill. 1880, et les associés *secondaires*. — Cass., 3 janv. 1893 [S. et P. 93. 1. 88]

18. Mais le commerçant, associé en nom collectif, qui réclame son inscription sur les listes électorales consulaires, doit justifier de la qualité dont il excipe, soit par la production d'un extrait de l'acte constitutif de société, soit par tout autre document probant. — Cass., 13 déc. 1886 [S. 87. 1. 170, P. 87. 1. 396, D. P. 87. 1. 135]

19. Vainement alléguerait-il que, aux termes de l'art. 5 de la loi du 8 déc. 1883, les réclamations sont faites *sans frais;* le législateur, en affranchissant le demandeur des frais de la réclamation qui contient sa demande et de la procédure qui en est la suite, ne l'a point dispensé de prouver, d'une façon juridique, qu'il se trouve dans la situation alléguée par lui à l'appui de sa réclamation. — Même arrêt.

20. D'autre part, c'est seulement à l'associé en nom collectif que l'art. 1er de la loi du 8 déc. 1883 accorde le droit électoral consulaire, bien qu'il n'ait pas figuré sur le rôle des patentes. — Cass., 16 déc. 1891 [S. et P. 92. 1. 27, D. P. 93. 1. 41]

21. Si la preuve de l'existence d'une société de fait, sans indication de sa nature, de sa constitution et de son objet, peut bien, en certains cas, créer des obligations au regard du fisc et des tiers, elle ne suffit pas pour établir la qualité d'associé en nom collectif, à laquelle, même en l'absence de patente, est attaché le droit d'élire les membres du tribunal de commerce. — Même arrêt.

22. Dans ce cas, le juge, quand ne sont produits ni un acte de société, ni aucun autre document probant, ne peut, pour justifier la qualification de société en nom collectif, s'appuyer simplement sur la notoriété publique. — Même arrêt.

β) *Capitaines au long cours, maîtres de cabotage et directeurs des sociétés anonymes.* — 23. Depuis la loi du 1er août 1893, qui décide, dans l'art. 68 ajouté à la loi du 24 juill. 1867, que les sociétés anonymes, quel que soit leur objet, sont commerciales, les directeurs de ces sociétés sont électeurs aux tribunaux de commerce, alors même que ces sociétés ne feraient pas des opérations de finance, de commerce ou d'industrie. — *Sic*, Lyon-Caen et Renault, t. 1, n. 335-2°. — Sur le caractère juridique des sociétés constituées sous forme de société anonyme, V. *suprà*, Appendice II au livre 1, tit. 2, la L. du 1er août 1893, art. 6.

24. Mais les compagnies d'assurances mutuelles contre l'incendie ne sont pas des sociétés de commerce : par suite, leurs directeurs ne sont pas électeurs aux tribunaux consulaires. — V. Cass., 17 juin 1879 [S. 80. 1. 15, P. 80. 22, D. P. 79. 1. 343] — Sur le caractère juridique des sociétés d'assurances mutuelles, V. *infrà*, C. comm., art. 633, et notre *Rép. gén. alph. du dr. fr.*, vis *Acte de commerce*, n. 1044 et s., et *Assurances mutuelles*, n. 56 et s.

25. Le droit de vote n'appartient qu'aux directeurs seuls : il ne pourrait être réclamé par de simples agents, notamment par le préposé d'une succursale. — Cass., 26 janv. 1886 [S. 88. 1. 472, P. 88. 1. 1160, D. P. 86. 1. 128]; 30 déc. 1889 [S. 91. 1. 500, P. 91. 1. 1238, D. P. 90. 1. 74] — V. aussi dans le même sens, sous l'empire de la législation antérieure, Douai, 8 févr. 1875 [S. 75. 2. 131, P. 75. 565, D. P. 75. 2. 175] — Orléans, 18 févr. 1875 [S. 75. 2. 295, P. 75. 810, D. P. 75. 2. 100] — *Sic*, Lyon-Caen et Renault, t. 1, n. 335, p. 361, note 4; Ruben de Couder, v° *Tribunal de commerce*, n. 56 et s., et *Suppl.*, *eod. v°*, n. 24.

25 *bis*. Mais l'administrateur désigné d'une société anonyme doit être assimilé au directeur, lorsqu'il en remplit effectivement les fonctions et qu'il est investi par le conseil d'administration de la société du droit de la représenter dans la sphère de son activité financière, commerciale et industrielle. — Cass., 14 janv. 1903 [D. P. 1903. 1. 123]

25 *ter*. Et il en est ainsi, alors même que le mandat donné à l'administrateur ne s'étend pas au droit de représenter la société en justice, droit qui a été réservé au président du conseil d'administration. — Même arrêt.

26. Le directeur d'une société anonyme ne peut être inscrit sur la liste électorale consulaire que s'il justifie qu'il remplit ses fonctions depuis cinq ans au 1er septembre, époque où doivent commencer les opérations de la confection et la revision des listes. — Cass., 23 déc. 1891 [S. et P. 92. 1. 519, D. P. 92. 1. 272]

26 *bis*. Mais il n'est pas nécessaire que le directeur d'une société anonyme française soit inscrit au rôle des patentes, pour jouir du droit électoral. — Cass., 7 juin 1902 [D. P. 1902. 1. 463]

γ) *Anciens magistrats consulaires*. — 27. Les anciens membres de la chambre ou du tribunal de commerce, qui, à ce titre, doivent être inscrits sur les listes électorales consulaires, ne peuvent l'être que dans le ressort du tribunal de commerce où ils avaient été investis de leurs fonctions. — Cass., 20 déc. 1887 [S. 88. 1. 172, P. 88. 1. 399, D. P. 88. 1. 280]

28. L'ancien membre d'un tribunal de commerce, qui demande son inscription sur la liste des électeurs consulaires, n'est tenu de faire d'autre justification que celle de sa nomination aux fonctions de judicature et de l'exercice de ces fonctions au tribunal dans le ressort duquel il sollicite son inscription. — Cass., 1er déc. 1886 [S. 87. 1. 170, P. 87. 1. 395, D. P. 87. 1. 136]

29. En conséquence, doit être cassée la décision du juge de paix, qui impose à un ancien membre d'un tribunal de commerce, l'obligation de justifier qu'il n'a été frappé d'aucune condamnation entraînant incapacité électorale, et qui rejette sa demande d'inscription, faute par lui d'avoir fourni cette justification. — Même arrêt.

Art. **2**. Ne pourront participer à l'élection : — 1° Les individus condamnés soit à des peines afflictives ou infamantes, soit à des peines correctionnelles, pour faits qualifiés crimes par la loi ; — 2° Ceux qui ont été condamnés pour vol, escroquerie, abus de confiance, soustractions commises par les dépositaires de deniers publics, attentats aux mœurs ; — 3° Ceux qui ont été condamnés à l'emprisonnement pour délit d'usure, pour infraction aux lois sur les maisons de jeu, sur les loteries et les maisons de prêt sur gages, ou par application de l'article 1er de la loi du 27 mars 1851, de l'article 1er de la loi du 5 mai 1855, des articles 7 et 8 de la loi du 23 juin 1857 *et de l'article 1er de la loi du 27 juillet 1867 (abrogé L. 4 févr. 1888)*; — 4° Ceux qui ont été condamnés à l'emprisonnement par application des lois du 17 juillet 1857, du 23 mai 1863 et du 24 juillet 1867 sur les sociétés ; — 5° Les individus condamnés pour les délits prévus aux articles 400, 413, 414, 417, 418, 419, 420, 421, 423, 433, 439, 443 du Code pénal, et aux articles 594, 596 et 597 du Code de commerce; — 6° Ceux qui ont été condamnés à un emprisonnement de six jours au moins ou à une amende de plus de 1.000 francs pour infractions aux lois sur les douanes, les octrois et les contributions indirectes, et à l'article 5 de la loi du 4 juin 1859, sur le transport, par la poste, des valeurs déclarées; — 7° Les notaires, greffiers et officiers ministériels destitués en vertu de décisions judiciaires; — 8° Les faillis non réhabilités dont la faillite a été déclarée soit par les tribunaux français, soit par des jugements rendus à l'étranger, mais exécutoires en France; — 9° Et généralement tous les individus privés du droit de vote dans les élections politiques.

Art. **3**. Tous les ans, la liste des électeurs du ressort de chaque tribunal sera dressée pour chaque commune par le maire, assisté de deux conseillers municipaux désignés par le conseil, dans la première quinzaine du mois de septembre ; elle comprendra tous les électeurs qui rempliront, au 1er septembre, les conditions exigées par les articles précédents.

Art. **4**. Le maire enverra la liste ainsi préparée au préfet ou au sous-préfet, qui fera déposer la liste générale au greffe du tribunal de commerce, et la liste spéciale de chacun des cantons du ressort au greffe de chacune des justices de paix correspondantes : l'un et l'autre dépôt devant être effectués trente jours au moins avant l'élection. L'accomplissement de ces formalités sera annoncé dans le même délai, par affiches apposées à la porte de la mairie de chaque commune du ressort du tribunal.

Ces listes électorales seront communiquées sans frais à toute réquisition.

1. Si la loi dispose que les listes électorales seront dressées dans la première quinzaine de septembre, elles n'ont pas pas besoin d'être closes dans cette quinzaine, mais il faut qu'elles soient déposées plus de trente jours avant l'élection. — Cass., 28 avr. 1890 [S. et P. 93. 1. 517, D. P. 90. 1. 433]

2. Le préfet ou le sous-préfet, à qui les maires transmettent les listes électorales de leurs communes pour leur permettre de dresser la liste générale, n'ont pas le droit de modifier les listes communales par addition ou suppression de noms. — Cass., 24 oct. 1887, motifs [S 88. 1. 83, P. 88. 1. 173, D. P. 88. 1. 277] — *Sic*, Lyon-Caen et Renault, t. 1, n. 337, p. 363, note 2 ; Ruben de Couder, *Suppl.*, v° *Tribunal de commerce*, n. 35.

Art. **5.** Pendant les quinze jours qui suivront le dépôt des listes, tout commerçant patenté du ressort, et en général tout ayant droit compris dans l'article 1er pourra exercer ses réclamations, soit qu'il se plaigne d'avoir été dûment omis, soit qu'il demande la radiation d'un citoyen indûment inscrit. Ces réclamations seront portées devant le juge de paix du canton, par simple déclaration au greffe de la justice de paix du domicile de l'électeur dont la qualité sera mise en question. Cette déclaration se fera sans frais et il en sera donné récépissé.

Le juge de paix statuera sans opposition ni appel dans les dix jours, sans frais ni forme de procédure, et sur simple avertissement donné, par les soins du juge de paix lui-même, à toutes les parties intéressées.

La sentence sera, le jour même, transmise au maire de la commune de l'intéressé, lequel en fera audit intéressé la notification dans les vingt-quatre heures de la réception.

Toutefois, si la demande portée devant le juge de paix implique la solution préjudicielle d'une question d'état, il renverra préalablement les parties à se pourvoir devant les juges compétents, et fixera un bref délai dans lequel la partie qui aura élevé la question préjudicielle devra justifier de ses diligences. Il sera procédé, en ce cas, conformément aux articles 855, 857 et 858 du Code de procédure.

Les actes judiciaires auxquels l'instance devant le juge de paix donnera lieu ne seront pas soumis au timbre et seront enregistrés gratis.

DIVISION

α) Qui peut réclamer.

β) Délai des réclamations et sanction de ce délai.

α) *Qui peut réclamer.* — 1. Tout électeur peut demander la radiation d'un citoyen qui a été indûment inscrit sur la liste électorale; mais en cas d'omission d'un électeur, il n'appartient qu'à l'électeur omis de réclamer son inscription. — Cass., 13 janv. 1892 [S. et P. 92. 1. 226, D. P. 92. 1. 271] — Sur la preuve que doit fournir le réclamant, V. *suprà*, art. 1er, n. 18 et s.

2. L'intéressé peut d'ailleurs se faire représenter par un mandataire; mais encore faut-il qu'il n'y ait aucun doute sur l'existence de ce mandat. — Jugé en conséquence, que la production par un tiers de la lettre de convocation, adressée par le juge de paix à une partie qui réclame son inscription sur les listes électorales consulaires, peut être déclarée insuffisante comme preuve du mandat à l'effet de la représenter en justice. — Même arrêt.

3. En tout cas, le procureur de la République n'a pas qualité pour demander devant le juge de paix, la radiation d'un électeur inscrit sur la liste électorale consulaire. — Cass., 22 déc. 1884 [S. 85. 1. 267, P. 85. 1. 654, D. P. 85. 1. 82] — *Sic*, Lyon-Caen et Renault, t. 1, n. 337, p. 363, note 6. — V. en sens contraire, la circulaire ministérielle du 13 févr. 1884, rapportée dans nos *Lois annotées* de 1884, p. 637. — *Adde*, Sacré, *Manuel des élect. consulaires*, p. 39, n. 46; Houyvet, *Les trib. de comm.*, p. 15, note.

4. Ce droit n'appartient pas non plus au maire. — V. Cass., 25 août 1884 [S. 85. 1. 79, P. 85. 1. 165, D. *Rép.*, *Suppl.*, v° *Organisation judiciaire*, n. 273]

β) *Délai des réclamations et sanction de ce délai.* — 5. Lorsqu'aucune réclamation n'a été élevée, dans le délai de quinze jours qui suit le dépôt par le sous-préfet, de la liste générale des électeurs consulaires, au greffe du tribunal de commerce, et de la liste spéciale des électeurs de canton, aux greffes des diverses justices de paix, ces listes deviennent définitives, quelles que soient les irrégularités dont leur rédaction aurait pu être entachée par des modifications que le sous-préfet aurait à tort fait subir aux listes préparées par les maires. — Cass., 24 oct. 1887 [S. 88.1. 84, P. 88. 1. 173, D. P. 88. 1. 277]; 28 avr. 1890 [S. et P. 93. 1. 517, D. P. 90. 1. 433] — Riom, 11 janv. 1892 [S. et P. 93. 2. 215]

6. Par suite, le nombre des électeurs inscrits doit être calculé sur celui des électeurs portés sur les listes déposées par le sous-préfet, et non sur celui des électeurs inscrits sur les listes préparées par les

maires. — Cass., 24 oct. 1887, précité. — V. aussi *infrà*, art. 12.

7. Spécialement, lorsqu'aucune liste des électeurs consulaires d'une commune n'ayant été dressée par le maire, il n'a pas été formulé de réclamation contre cette irrégularité dans le délai légal, on ne saurait se prévaloir de cette omission pour demander l'annulation d'une élection, sous le prétexte que la commission de recensement des votes, en ne comprenant pas les électeurs de cette commune, qui ne figuraient pas sur les listes, dans le calcul du nombre des électeurs inscrits, aurait proclamé élus au premier tour de scrutin des magistrats qui n'avaient pas obtenu le quart des vo x des électeurs inscrits. — Riom, 11 janv. 1892, précité.

8. Par suite du même principe, la cour d'appel, saisie d'une action en nullité d'élections consulaires faites par application de la loi du 8 déc. 1883, doit rejeter, comme tardif et irrecevable, le moyen tiré de ce que la confection des listes aurait été irrégulière et de ce que la liste générale n'aurait pas été déposée au greffe du tribunal de commerce. — Grenoble, 14 août 1884 [S. 85. 2. 33, P. 85. 1 209, D. *Rép., Suppl.*, v° *Organisation judiciaire*, n. 328]

9. Jugé, toutefois, que l'inobservation des délais prescrits par l'art. 4 de la loi du 8 déc. 1883, pour le dépôt au greffe des listes électorales consulaires et l'affichage constatant ce dépot, constitue une violation des formes de l'élection, donnant ouverture à nullité, aux termes de l'art. 12, § 2, de la même loi. — Toulouse, 22 janv. 1885 [S. 85. 2. 33, P. 85. 1. 209, D. P. 86 2. 44]

10. Le juge de paix, qui statue sur des réclamations concernant la formation des listes électorales consulaires, n'est point tenu d'attendre l'expiration du délai de quinzaine accordé aux intéressés à partir du dépôt des listes pour exercer leurs réclamations ; il doit seulement statuer dans les dix jours qui suivent la déclaration au greffe, après un simple avertissement donné aux parties intéressées. — Cass., 13 janv. 1892 [S. et P. 92. 1. 225, D. P. 92. 1. 271]

ART. 6. La décision du juge de paix pourra être déférée à la Cour de cassation dans tous les cas par ceux qui y auront été parties, et, en outre, dans le cas où le jugement ordonnerait l'inscription sur la liste d'une personne qui n'y figurait pas, par tout électeur inscrit sur la liste électorale.

Le pourvoi ne sera recevable que s'il est formé dans les dix jours de la notification de la décision. Il ne sera pas suspensif. Il sera formé par simple requête, dénoncé aux défendeurs dans les dix jours qui suivront et jugé d'urgence, sans frais ni consignation d'amende. L'intermédiaire d'un avocat à la Cour de cassation ne sera pas obligatoire.

Les pièces et mémoires fournis par les parties seront transmis sans frais par le greffier de la justice de paix au greffier de la Cour de cassation.

La chambre civile de la Cour de cassation statuera définitivement sur le pourvoi.

ART. 7. La liste rectifiée, s'il y a lieu, par suite de décisions judiciaires, sera close définitivement dix jours avant l'élection. Cette liste servira pour toutes les élections de l'année.

DIVISION

α) Qui peut former un pourvoi en cassation.

β) Formes et délai du pourvoi.

γ) Dénonciation du pourvoi.

α) *Qui peut former un pourvoi en cassation.* — 1. En matière d'élections consulaires, il faut être électeur inscrit sur la liste électorale, ou avoir été partie au jugement, pour avoir le droit de se pourvoir contre une décision du juge de paix. — Cass., 25 août 1884 [S. 85. 1. 79, P. 85. 1. 165, D. *Rép., Suppl.*, v° *Organisation judiciaire*, n. 273]

2. Par suite, n'est pas recevable le pourvoi formé par un maire, non partie au jugement attaqué, alors, du moins, qu'il n'apparaît pas de l'acte du pourvoi qu'il a agi en qualité d'électeur inscrit. — Même arrêt.

3. Le pourvoi ne pourrait pas non plus être formé par le ministère public. — *Sic*, Lyon-Caen et Renault, t. 1, n. 337. — V. aussi Cass., 22 déc. 1884 [S. 85. 1. 267, P. 85. 1. 654, D. P. 85. 1. 82]

β) *Formes et délai du pourvoi.* — 4. Le pourvoi peut être formé ou bien par une requête adressée directement à la Cour de cassation. — Cass., 13 déc. 1886 [S. 87. 1. 171, P. 87. 1. 397, D. P. 87. 1. 136] — *Sic*, Lyon-Caen et Renault, t. 1, n. 337; Ruben de Couder, *Suppl.*, v° *Tribunal de commerce*, n. 47.

5. ... Ou bien par une requête déposée au greffe de la justice de paix, et transmise par le greffier de cette juridiction au greffe de la Cour de cassation. — Cass., 7 déc. 1886 (motifs) [S. 87. 1. 171, P. 87. 1. 397, D. P. 87. 1. 134] — *Sic*, mêmes auteurs.

6. Mais ce pourvoi ne pourrait être formé par lettre missive adressée au juge de paix qui a rendu la décision attaquée. — Même arrêt.

7. Le pourvoi en cassation contre une décision du juge de paix, en matière électorale consulaire, devant être formé dans les dix jours de la notification de la décision, le pourvoi n'est pas recevable,

si la requête, adressée par le demandeur à la Cour de cassation, n'a été reçue et déposée au greffe de cette Cour, que le onzième jour après la notification, et le lendemain, par conséquent, de l'expiration du délai. — Cass., 13 déc. 1886, précité.

8. Il importe peu que la requête porte une date antérieure à l'expiration du délai, si, cette date ayant été apposée par le demandeur lui-même (en sa qualité de greffier du juge de paix qui a rendu la décision attaquée), aucun document probant n'en constate la sincérité. — Même arrêt.

γ) *Dénonciation du pourvoi.* — 9. En matière électorale consulaire, la dénonciation du pourvoi dans les dix jours est substantielle. Par suite, est irrecevable le pourvoi formé contre une décision du juge de paix, si, dans les dix jours de sa date, il n'a pas été notifié au défendeur éventuel. — Cass., 25 août 1884 [S. 85. 1. 79, P. 85. 1. 165, D. *Rép.*, *Suppl.*, *v° cit.*, n. 273]; 16 déc. 1884 [S. 86. 1. 478, P. 86. 1. 1170]; 29 févr. 1892 [S. et P. 92. 1. 128]; 15 janv. et 21 févr. 1894 [S. et P. 94. 1. 291] — V. aussi *infrà*, art. 11, n. 24 et s.

10. Le maire d'une commune n'a pas plus qualité pour faire notifier un pourvoi formé par un tiers électeur contre un jugement infirmant une décision de la commission municipale en matière d'inscription sur les listes électorales consulaires qu'il n'a qualité pour se pourvoir lui-même contre le jugement. — Cass., 2 janv. 1894 [S. et P. 94. 1. 508]

11. Le fait que les membres de la commission pour la confection des listes électorales consulaires, considérés — quoique indûment, — comme parties intéressées au procès, ont été avertis par le juge de paix du jour où il serait statué sur l'appel d'un électeur consulaire dont ils n'ont pas admis l'inscription, et ont, à ce titre, figuré au jugement (sans d'ailleurs y avoir comparu), suffit pour les constituer défendeurs nécessaires au pourvoi ultérieurement formé contre ce jugement devant la Cour de cassation. — Cass., 16 déc. 1884 et le rapport de M. le conseiller Manau [S. 86. 1. 478, P. 84. 1. 1170]

ART. **8**. Sont éligibles aux fonctions de président, de juge et de juge suppléant tous les électeurs inscrits sur la liste électorale, âgés de trente ans, et les anciens commerçants français ayant exercé leur profession pendant cinq ans au moins dans l'arrondissement et y résidant.

Toutefois, nul ne pourra être élu président s'il n'a exercé pendant deux ans les fonctions de juge titulaire, et nul ne pourra être nommé juge s'il n'a été juge suppléant pendant un an.

DIVISION

α) Eligibles.

β) Judicatures antérieures.

α) *Eligibles.* — 1. Pour être éligible aux tribunaux de commerce en qualité de commerçant, il ne suffit pas d'être dans les conditions voulues pour être inscrit sur la liste électorale : il faut encore être inscrit sur cette liste au moment de l'élection. — Cass., 9 mars 1887 [S. 87. 1. 131, P. 87. 1. 299, D. P. 87. 1. 197]; 24 juin 1901 [D. P. 1901. 1. 475] — Paris, 6 janv. 1887 [S. 87. 2. 9, P. 87. 1. 93, D. P. 87. 2. 88] — Bourges, 14 mars 1887 [D. P. 87. 2. 207] — Riom, 31 déc. 1888 [S. 89. 2. 212, P. 89. 1. 1118, D. *Rép.*, *Suppl.*, v° *Organisation judiciaire*, n. 299] — Bordeaux, 28 janv. 1895 [S. et P. 96. 2. 15, D. P. 96. 2. 311]

2. Toutefois ne sont pas éligibles, bien qu'étant inscrits sur la liste électorale... les femmes commerçantes. — V. *suprà*, la loi du 23 janv. 1898, ajoutée à l'art. 1er de la loi du 8 déc. 1883.

3. ... Et les commerçants qui sont en état de liquidation judiciaire. — V. *suprà*, *Appendice* au liv. 3, la loi du 4 mars 1889, art. 21.

4. Quant aux « anciens commerçants ayant exercé leur profession pendant cinq ans au moins dans l'arrondissement et y résidant », que l'art. 8 de la loi du 8 déc. 1883 déclare éligibles au tribunal de commerce, ils doivent s'entendre d'anciens commerçants n'exerçant plus aucun commerce; il ne suffit pas, pour acquérir, au sens de la la loi de 1883, la qualité d'ancien commerçant, d'avoir changé de commerce ou d'industrie, ou de transporter son commerce ou son industrie dans un autre lieu. — Montpellier, 3 févr. 1896 [S. et P. 96. 2. 130, D. P. 98. 2. 310] — V. aussi, Douai, 8 févr. 1875 [S. 75. 2. 131, P. 75. 565, D. P. 75. 2. 174]

5. Par suite, est inéligible, en qualité d'ancien commerçant, au tribunal de commerce dans le ressort duquel il exerçait un commerce qu'il a abandonné, le candidat qui n'est inscrit sur aucune liste électorale consulaire du ressort de ce tribunal, et qui exerce présentement, soit dans le ressort de ce même tribunal, soit dans une autre circonscription, un commerce différent de celui qu'il a abandonné. — Montpellier, 3 févr. 1896, précité.

6. De l'art. 620, C. comm., modifié par la loi du 21 déc. 1871, qui a classé en deux catégories distinctes les citoyens éligibles comme magistrats consulaires, et qui comprend dans la première catégorie notamment les directeurs de sociétés anonymes, et dans la seconde seulement les anciens commerçants et les anciens agents de change, il résulte que les directeurs de sociétés anonymes en fonctions au moment de l'élection sont seuls éligibles, et non ceux qui ont perdu cette qualité à une époque antérieure; la loi du 5 déc. 1876 n'a rien changé à la classification antérieure des éligibles. — Cass., 5 avr. 1898 [S. et P. 99. 1. 31, D. P. 98. 1. 265]; 28 nov. 1898 [S. et P. 1902. 1. 508, D. P. 99. 1. 340]

7. Il en est ainsi spécialement en Algérie, où la loi du 5 déc. 1876, en tant qu'elle a donné une forme nouvelle au § 1er de l'art. 620, C. comm.,

doit être considérée comme étant applicable de plein droit, quoiqu'elle n'y ait pas été spécialement promulguée, dès lors qu'elle n'apporte qu'une modification partielle à la loi du 21 déc. 1871, rendue exécutoire en Algérie. — Cass., 5 avr. 1898, précité. — Sur l'exécution en Algérie de la loi du 21 déc. 1871, V. le décr. du 10 mai 1872 [S. *Lois annotées* de 1872, p. 205, P. *Lois, décr.*, etc., de 1872, p. 350] — Sur la question de savoir si la loi du 8 déc. 1883 est applicable en Algérie, V. *infrà*, art. 21.

β) *Judicatures antérieures.* — 8. Les deux ans d'exercice des fonctions de juge titulaire, exigés par l'art. 8, § 2, de la loi du 8 déc. 1883, pour l'éligibilité aux fonctions de président d'un tribunal de commerce, doivent s'entendre, non d'une double période de trois cent soixante-cinq jours, mais de deux judicatures. — Angers, 16 juill. 1884 [S. 85. 1. 81, P. 85. 1. 167, sous Cass., 10 déc. 1884, D. *Rép., Suppl.*, v° *cit.*, n. 302]

9. Spécialement, est régulière l'élection, comme président, d'un commerçant qui a rempli les fonctions de juge du 22 mars 1872 au 20 févr. 1874. — Même arrêt.

10. Mais il semble qu'il en serait autrement dans le cas où les fonctions de juge ou de juge suppléant n'auraient été exercées que pendant quelques mois de l'année. — Jugé à cet égard que, un intervalle d'une année devant être écoulé entre la première élection d'un candidat comme juge suppléant et son élection ultérieure aux fonctions de juge titulaire, doit être annulée l'élection comme juge titulaire d'un candidat élu juge suppléant le 14 février et juge titulaire au même siège le 15 décembre de la même année. — Cass., 26 févr. 1896 [S. et P. 96. 1. 460, D. P. 97. 1. 41] — V. aussi Caen, 13 janv. 1885 [D. P. 86. 2. 24]

11. De même, doit être annulée l'élection, en qualité de juge, d'un juge suppléant qui, au moment des opérations électorales, n'était installé dans ses fonctions que depuis deux mois. — Cass., 16 mars 1885 [S. 86. 1. 68, P. 86. 1. 145, D. P. 85. 1. 251]

Art. **9**. Le vote aura lieu par canton, à la mairie du chef-lieu. Dans les villes divisées en plusieurs cantons, le maire désignera, pour chaque canton, le local où s'effectueront les opérations électorales et déléguera, pour y présider, l'un de ses adjoints ou l'un des conseillers municipaux.

L'assemblée électorale sera convoquée par le préfet du département dans la première quinzaine de décembre au plus tard. Elle sera présidée par le maire ou son délégué assisté de quatre électeurs, qui seront les deux plus âgés et les deux plus jeunes des membres présents. Le bureau, ainsi composé, nomme un secrétaire pris dans l'assemblée. Il statue sur toutes les questions qui peuvent s'élever dans le cours de l'élection.

Cette assemblée pourra être divisée en plusieurs sections par arrêté du préfet, sur l'avis conforme du conseil général, dans les localités où cette division sera jugée nécessaire.

Le préfet pourra, par arrêté pris sur l'avis conforme du conseil général, convoquer les électeurs de deux cantons au chef-lieu de l'un de ces cantons en une seule assemblée électorale, qui sera présidée par le maire de ce chef-lieu.

1. La disposition de l'art. 9, § 2, qui porte que « l'assemblée électorale sera convoquée par le préfet dans la première quinzaine de décembre au plus tard », a donné lieu à des interprétations divergentes. Certains arrêts ont décidé que la convocation des électeurs et l'élection des juges consulaires devaient avoir lieu avant le 15 décembre, à peine de nullité de l'élection. — Angers, 4 févr. 1885 [S. 85. 2. 127, P. 85. 1. 701, D. P. 86. 2. 44-45] — Aix, 31 mars 1886 [S. 86. 2. 121, P. 86. 2. 674]

2. D'autres arrêts distinguent entre la convocation des électeurs et l'élection : dans ce système, la convocation seule devrait avoir lieu avant le 15 décembre, à peine de nullité de l'élection; mais l'élection pourrait avoir lieu valablement après cette date. — Toulouse, 22 janv. 1885 [S. 85. 2. 33, P. 85. 1. 209, D. P. 86. 2. 44-45]

3. Ces deux interprétations ont été repoussées avec raison par la Cour suprême. La prescription du deuxième alinéa de l'art. 9, en effet, n'est qu'une prescription d'ordre administratif, qui a été établie dans le but de rendre uniforme le renouvellement périodique des tribunaux de commerce et la durée des fonctions des juges consulaires. Mais l'inobservation de cette prescription ne saurait raisonnablement vicier l'élection elle-même et entraîner sa nullité, lorsque, d'une part, toutes les formalités légales ont été accomplies et que, d'autre part, les électeurs portés sur les listes régulièrement dressées ont tous été appelés à voter. — Cass., 2 août 1886 [S. 87. 1. 171, P. 87. 1. 398, D. P. 86. 1. 417] — *Sic*, Ruben de Couder, *Suppl.*, v° *Tribunal de commerce*, n. 68; Naquet, note sous Aix, 31 mars 1886 [S. 86. 2. 121, P. 86. 1. 674]

4. Au reste, cette prescription ne s'applique qu'aux élections auxquelles il est annuellement procédé, soit pour le renouvellement intégral, soit pour le renouvellement partiel des tribunaux de commerce; elle ne s'applique pas, lorsqu'il y a lieu de procéder à de nouvelles élections, par suite de l'annulation des opérations électorales; en ce cas, les élections peuvent être faites à une époque autre

que la première quinzaine de décembre. — Angers, 4 févr. 1885, précité. — Pau, 26 mai 1885 [S. 87. 2. 171, P. 87. 1. 974, D. P. 86. 2. 247]

5. Bien que notre article se borne à disposer que l'assemblée électorale sera convoquée par le préfet du département, on est d'accord pour décider que l'arrêté préfectoral qui convoque les électeurs doit préciser le nombre et les noms des juges à remplacer. — *Sic*, Sacré, *Manuel des élect. consul.*, n. 66; Ruben de Couder, *Suppl.*, *v° cit.*, n. 71. — V. également sous l'empire de la législation antérieure à la loi du 8 déc. 1883, Grenoble, 31 déc. 1878 [S. 80. 2. 253, P. 80. 972, D. P. 80. 2. 95]

6. Jugé en ce sens, que lorsqu'un arrêté préfectoral a convoqué les électeurs consulaires à l'effet de procéder à un jour déterminé à l'élection de trois juges titulaires et de deux juges suppléants, les électeurs ne peuvent, de leur seule initiative, et sur le motif que l'un des juges suppléants en fonctions est candidat à un poste de juge titulaire, auquel il a d'ailleurs été élu, procéder à l'élection d'un troisième juge suppléant, en même temps qu'à l'élection des trois juges titulaires et des deux juges suppléants pour la nomination desquels ils ont été convoqués. — Pau, 22 janv. 1894 [S. et P. 97. 2. 30] — Dijon, 11 janv. 1895 [S. et P. 95. 2. 280, D. P. 95. 2. 174]

7. En pareil cas, il ne peut être procédé à l'élection d'un troisième juge suppléant, en remplacement de celui qui a été nommé juge titulaire, qu'en vertu d'une convocation nouvelle, faite après l'expiration du délai accordé, soit aux intéressés, soit au ministère public, pour réclamer contre l'élection. — Mêmes arrêts.

8. Le vice dont l'élection est entachée a pour effet, non pas seulement d'amener la nullité de l'élection de celui des juges suppléants qui a obtenu le moins de voix, mais d'entraîner l'annulation de l'élection des juges suppléants dans son ensemble. — Mêmes arrêts.

9. Toutefois, en dehors d'une réclamation tendant à la nullité de l'élection des juges suppléants dans son ensemble, l'annulation ne peut être prononcée qu'en ce qui concerne ceux des juges suppléants dont l'élection a été attaquée, même pour d'autres motifs. — Pau, 22 janv. 1894, précité.

10. Lorsque les électeurs consulaires ont été convoqués pour élire trois juges titulaires et deux juges suppléants, on ne saurait arguer de nullité l'élection de l'un des juges suppléants, élu en remplacement d'un juge suppléant dont le mandat était expiré, et qui est nommé juge titulaire dans le même scrutin, sous le prétexte que ce remplacement n'aurait pu faire l'objet que d'un nouveau scrutin, après l'expiration du délai accordé par la loi pour protester contre l'élection du juge titulaire. — Pau, 22 janv. 1894 (sol. impl.), précité.

11. D'autre part, l'élection des juges titulaires est valable, si elle a eu lieu par boîtes séparées. — Dijon, 11 janv. 1895, précité.

Art. 10. Le président sera élu au scrutin individuel.

Les juges titulaires et les juges suppléants seront nommés au scrutin de liste, mais par des bulletins distincts déposés dans des boîtes séparées.

Ces élections auront lieu simultanément.

Aucune élection ne sera valable au premier tour de scrutin, si les candidats n'ont pas obtenu la majorité des suffrages exprimés, et si cette majorité n'est pas égale au quart des électeurs inscrits.

Si la nomination n'a pas été obtenue au premier tour, un scrutin de ballotage aura lieu quinze jours après, et la majorité relative suffira, quel que soit le nombre des suffrages.

La durée de chaque scrutin sera de six heures; il s'ouvrira à dix heures du matin et sera fermé à quatre heures du soir.

INDEX ALPHABÉTIQUE.

DIVISION

α) *Mode de votation.* — 1. Antérieurement à la loi du 8 déc. 1883, on décidait que l'élection du président, des juges titulaires et des juges suppléants d'un tribunal de commerce devait être faite par des scrutins distincts et successifs, et que la simultanéité des scrutins constituait un vice essentiel et d'ordre public qui entraînait la nullité de l'élection. — V. notamment Cass., 25 mars 1878 [S. 78. 1. 315, P. 78. 781, D. P. 78. 1. 466] — Bordeaux, 6 avr. 1881 [S. 81. 2. 259, P. 81. 1. 1250]

2. Notre article décide au contraire, dans son troisième alinéa, que les élections des président, juges titulaires et juges suppléants peuvent avoir lieu simultanément. Mais dans ce cas, chaque catégorie de nomination doit être faite par des bulletins distincts, déposés dans des urnes séparées. — Cass., 1er avr. 1895 [S. et P. 95. 1. 280] — Agen, 2 janv. 1895 [D. P. 95. 2. 215] — Montpellier 4 févr. 1895 [S. et P. 96. 2. 144, D. P. 95. 2. 245]

3. Chacun des trois scrutins, ouverts et fermés en même temps, doit être considéré comme s'il avait lieu seul, et dépouillé séparément, sans confusion avec les deux autres. — Mêmes arrêts.

3 *bis*. Dès lors, les bulletins trouvés dans l'urne destinée à l'élection du président, et portant le nom, soit d'un candidat à la fonction de juge titulaire, soit d'un candidat à la fonction de juge suppléant, ou réciproquement, doivent entrer en compte dans le dépouillement du scrutin spécial à l'urne où ils ont été déposés. — Mêmes arrêts.

3 *ter*. Et, d'autre part, on ne peut compter pour l'élection des juges suppléants des bulletins à leur nom trouvés dans une autre urne que celle destinée à leur élection. — Mêmes arrêts.

4. En conséquence, l'élection des juges suppléants doit être annulée, lorsqu'il a été attribué aux candidats proclamés élus des bulletins trouvés à leur nom dans une urne autre que celle destinée à leur élection, et lorsque, faute par le bureau électoral d'avoir mentionné le nombre des bulletins ainsi irrégulièrement attribués, il est impossible de savoir si, après retranchement de ces bulletins, les candidats proclamés élus conservent la majorité nécessaire. — Mêmes arrêts.

5. En tout cas, la nullité d'élections au tribunal de commerce ne peut être prononcée par le motif qu'elles ont eu lieu... le même jour... dans le même local... et devant le même bureau que les élections à la chambre de commerce, si le mode employé n'a pas pu provoquer des erreurs, ni fausser le résultat de l'élection. — Alger, 23 avr. 1884 [S. 85. 2. 33, P. 85. 1. 209, D. *Rép., Suppl.*, v° *Organisation judiciaire*, n. 336]

β) *Constitution du bureau*. — 6. Le défaut de constitution des bureaux de vote est de nature à entraîner la nullité des élections consulaires dans le cas où, par suite de cette non constitution, les électeurs ont été dans l'impossibilité d'exercer leur droits, et lorsque le nombre des électeurs inscrits dans ces bureaux peut exercer une influence appréciable sur le résultat du scrutin. — Cass., 31 juill. 1894 [S. et P. 94. 1. 508] — Pau, 26 mai 1885 [S. 87. 2. 171, P. 87. 1. 974, D. P. 86. 2. 247] — Bordeaux, 25 avr. 1894 [S. et P. 94. 2. 305, D. P. 94. 2. 359]

7. Mais la non-constitution des bureaux n'est une cause de nullité que si elle procède, non du fait des électeurs, dont aucun ne s'est présenté, mais de la négligence du maire ou de son délégué, qui se sont abstenus d'ouvrir ou de constituer le bureau. — Mêmes arrêts.

8. Ainsi, le défaut de constitution des bureaux pour les élections consulaires dû, non à la faute des maires ou leurs délégués, mais à l'indifférence des électeurs qui ne se sont pas présentés en nombre suffisant pour les constituer, n'entraîne point la nullité des élections. — Cass., 31 juillet 1894, précité.

9. Au contraire, l'élection doit être annulée lorsque, dans certains bureaux, le maire ou son délégué se sont retirés longtemps avant l'heure fixée pour la fermeture du scrutin. — Pau, 26 mai 1885, précité.

9 *bis*. D'autre part, la négligence des maires n'ayant point constitué les bureaux électoraux n'a point pour effet d'annuler le premier tour de scrutin, alors qu'elle est sans influence sur le résultat des opérations, en ce que les suffrages des électeurs inscrits dans ces bureaux, joints aux suffrages exprimés dans les autres bureaux, n'atteignent point le quart des électeurs inscrits. — Cass., 31 juill. 1894, précité.

10. Dans ce cas, le scrutin n'ayant pas abouti, il y a lieu de procéder à un scrutin de ballottage. — Même arrêt.

11. Les mêmes règles doivent être appliquées pour le second tour de scrutin. — Jugé en ce sens, que le second tour de scrutin est régulier, bien que, sur dix sections, huit seulement aient régulièrement constitué leurs bureaux, si c'est par la faute exclusive des électeurs que les bureaux n'ont pas été formés dans les deux autres. — Cass., 31 juill. 1894, précité.

12. De même, une élection consulaire ne peut être annulée par le motif qu'au second tour de scrutin, le bureau électoral de l'un des cantons n'a pas été constitué, et que, par suite, les électeurs de ce canton n'ont pu prendre part au vote, s'il appert des circonstances que les suffrages des électeurs du canton n'auraient pas modifié les résultats du scrutin. — Grenoble, 14 août 1884 [S. 85. 2. 33, P. 85. 1. 209, D. *Rép., Suppl.*, v° *cit.*, n. 338]

γ) *Nombre de voix nécessaires à la validité de l'élection*. — 13. Aux termes du quatrième alinéa de notre article, l'élection n'est valable au premier tour de scrutin que si les candidats ont obtenu la majorité des suffrages exprimés et si cette majorité représente au moins le quart des électeurs inscrits. Les bulletins blancs doivent être annulés et ne comptent pas pour le calcul de la majorité. — Nîmes, 5 mai 1873 [S. 75. 2. 78, P. 75. 437, D. P. 73. 2. 38] — *Sic*, Lyon-Caen et Renault, t. 1, n. 339, p. 367, note 4 ; Ruben de Couder, *Suppl.*, v° *Tribunal de commerce*, n. 87.

14. De même, les mentions manuscrites ou imprimées : « président, juge et juge suppléant », apposées extérieurement aux bulletins de vote, constituent le signe extérieur interdit par la loi et, par suite, les bulletins portant ces mentions doivent être annulés. — Dijon, 17 févr. 1886 [S. 87. 2. 61, P. 87. 1. 402, D. P. 86. 2. 100]

15. Mais l'emploi de ces bulletins, s'il a eu pour but d'éviter les erreurs toujours fréquentes dans les scrutins simultanés, et s'il n'a, dès lors, aucun caractère dolosif, n'est pas de nature à vicier l'élection. — Même arrêt.

16. D'autre part, en matière d'élections consulaires, les bulletins, portant des mentions injurieuses pour l'un des candidats qui y sont portés, doivent néanmoins compter pour la majorité. — Alger, 3 mars 1886 [S. 87. 2. 79, P. 87. 1. 454, D. P. 87. 2. 127]

17. Il en est ainsi, alors surtout que, le vote ayant lieu au scrutin de liste, le bulletin porte d'autres noms que celui du candidat auquel s'applique la mention injurieuse. — Même arrêt.

18. La formalité de l'émargement, c'est-à-dire de

la signature ou du paraphe d'un des membres du bureau sur la liste des électeurs, en marge du nom du votant, est une formalité substantielle dans les élections consulaires. — En conséquence, il y a lieu de retrancher au candidat les suffrages exprimés en sa faveur dans les bureaux de vote où la formalité de l'émargement n'a pas été remplie. — Pau, 15 févr. 1887 [S. 88. 2. 221, P. 88. 1. 1113, D. P. 87. 2. 212]

19. De même lorsqu'un certain nombre d'électeurs, non inscrits sur les listes électorales, ont néanmoins pris part au vote, le nombre des suffrages obtenus par le candidat proclamé élu doit être calculé en déduisant, du nombre des suffrages réellement obtenus, un nombre égal à celui des électeurs non inscrits ayant irrégulièrement pris part au vote. — Cass., 24 oct. 1887 [S. 88. 1. 84, P. 88. 1. 173, D. P. 88. 1. 277]

20. Mais le défaut d'émargement ou les irrégularités dans la tenue de la liste d'émargement ne peuvent être une cause d'annulation des élections que si elles ont eu pour but d'altérer frauduleusement la sincérité du scrutin et d'en modifier le résultat. — Cass., 9 avril 1895 [S et P. 95 1. 437, D. P. 95. 1. 288]

21. Par suite, il n'y a pas lieu d'annuler les opérations électorales pour le motif que, dans un bureau électoral, au lieu de constater tous les votes au moyen du paraphe ou de la signature d'un membre du bureau apposés sur la liste en regard du nom de chaque votant, on s'est borné, pour les électeurs qui n'appartenaient pas à la commune chef-lieu du canton, à inscrire leurs noms sur une feuille de papier, sur le vu de leur carte, à mesure qu'ils se présentaient pour déposer leur bulletin, alors que, d'une part, aucune fraude n'a été commise, et que, d'autre part, le résultat du vote n'a subi aucune modification, le nombre des votants irrégulièrement émargés n'étant pas assez élevé pour changer la majorité. — Même arrêt.

δ) *Second tour de scrutin.* — 22. Lorsqu'un second tour de scrutin est indispensable pour les élections consulaires, il n'est pas besoin d'une nouvelle convocation, ni pour informer les électeurs avertis par le procès-verbal déposé au greffe, ni pour faire connaître le jour de la nouvelle réunion fixée par la loi à la huitaine suivante. — Cass., 11 mai 1874 [S. 74. 1. 344, P. 74. 877, D. P. 74. 1. 360]

23. Il en est ainsi, surtout dans le cas où, après avoir indiqué la date, l'objet et le lieu de l'assemblée, l'arrêté de convocation pour le premier scrutin avertit les électeurs que, s'il échet de recourir à un second tour, il y sera procédé huit jours (aujourd'hui quinze jours) après. — Cass., 11 mai 1874, précité. — Orléans, 24 janv. 1874 [S. 74. 2. 98, P. 74. 462, D. *Rép.*, *Suppl.*, v° *cit.*, n. 328]

24. La loi qui veut qu'un délai de huit jours (aujourd'hui quinze jours) s'écoule entre les deux tours de scrutin n'exigeant pas que les électeurs soient prévenus huit jours (aujourd'hui quinze jours) à l'avance de l'heure à laquelle aura lieu ce second tour, peu importe que, dans un second arrêté publié moins de huit jours (aujourd'hui quinze jours) avant le second tour, l'heure de l'élection ait été changée, surtout si cet arrêté a reçu la plus complète publicité. — Angers, 1er févr. 1877 [S. 77. 2. 59, P. 77. 340, D. P. 78. 2. 203]

25. Au second tour de scrutin, la majorité relative suffit. Mais il y a nullité des élections du tribunal de commerce au second tour de scrutin, lorsque les bulletins ayant servi au premier tour n'ont pas été retirés des urnes et s'y trouvaient confondus avec ceux du second scrutin. — Dijon, 13 févr. 1873 [S. 74. 2. 200, P. 74. 846, D. P. 74. 2. 111]

26. Il n'importe que les membres du bureau aient constaté que les bulletins de la première élection avaient été trouvés ouverts, et ceux de la seconde pliés, et que le nombre de ces bulletins correspondait exactement à celui des votants dans chacune des deux opérations. — Même arrêt.

27. Il ne peut y avoir lieu à un second tour de scrutin qu'autant que les opérations du premier tour, quoique n'ayant pas abouti, ont été valables. — Poitiers, 21 janv. 1880 [S. 82. 2. 188, P. 82. 1. 970, D. P. 80. 2. 60]

28. Spécialement, le premier tour de scrutin, ouvert pour la nomination de trois juges consulaires, est nul lorsque le bureau a écarté du vote un certain nombre d'électeurs, dont il ne pouvait vérifier l'inscription, par suite de l'absence de la liste générale apportée tardivement. — Même arrêt.

29. Et le scrutin ouvert postérieurement, le même jour, pour l'élection d'un juge suppléant, est également nul, lorsqu'il est établi que plusieurs électeurs, écartés du premier vote, ont dû penser qu'ils ne seraient pas admis, et que, effectivement, ces électeurs ne se sont pas présentés au second vote. — Même arrêt.

30. Le premier tour de scrutin n'ayant pas eu lieu légalement, les élections, faites à la majorité relative au second tour, doivent être annulées. — Même arrêt.

31. D'autre part, lorsque les élections qui ont eu lieu après un second tour de scrutin pour la nomination de juges au tribunal de commerce ont été annulées, les opérations électorales auxquelles il est procédé à la suite de cette annulation constituent, non un second tour de scrutin, mais une élection nouvelle. En conséquence, il y a lieu d'annuler les élections des candidats qui n'ont pas réuni les conditions requises pour le premier tour de scrutin, et qui notamment n'ont obtenu qu'un nombre de voix inférieur au quart des électeurs inscrits. — Besançon, 6 avr. 1897 [D. P. 87. 5. 467]

Art. **11.** Le président de chaque assemblée proclame le résultat de l'élection, et transmet immédiatement au préfet le procès-verbal des opérations électorales.

Dans les vingt-quatre heures de la réception des procès-verbaux, le résultat général de l'élection de chaque ressort est constaté par une commission siégeant à la préfecture et composée ainsi qu'il suit : — le préfet, président ; — le conseiller général du chef-lieu du département, et, dans le cas où le chef-lieu est divisé en plusieurs cantons, le plus âgé des conseillers généraux du chef-lieu ; en cas d'absence ou d'empêchement des conseillers généraux, le conseiller d'arrondissement ou le plus âgé des conseillers d'arrondissement du chef-lieu ; — le maire du chef-lieu du département ou l'un de ses adjoints, en cas d'empêchement ou d'absence.

Dans les trois jours qui suivront les constatations des résultats électoraux par la commission ainsi composée, le préfet transmettra au procureur général près la cour d'appel une copie certifiée du procès-verbal de l'ensemble des constatations et une autre copie, également certifiée, à chacun des greffiers des tribunaux de commerce du département.

Le préfet transmettra également le résultat des opérations électorales à tous les maires des chefs-lieux de canton, qui devront les faire afficher à la porte de la maison commune.

Dans les cinq jours de l'élection, tout électeur aura le droit d'élever des réclamations sur la régularité et la sincérité de l'élection. Dans les cinq jours de la réception du procès-verbal, le procureur général aura le même droit.

Ces réclamations seront communiquées aux citoyens dont l'élection sera attaquée et qui auront le droit d'intervenir dans les cinq jours de la communication. Elles seront jugées sommairement et sans frais dans la quinzaine par la cour d'appel dans le ressort de laquelle l'élection a eu lieu.

L'opposition ne sera pas admise contre l'arrêt rendu par défaut et qui devra être signifié.

Le pourvoi en cassation contre l'arrêt rendu ne sera recevable que s'il est formé dans les dix jours de la signification. Il aura un effet suspensif et sera instruit suivant les formes indiquées à l'article 6.

INDEX ALPHABÉTIQUE.

DIVISION

§ 1. *Procès-verbal des opérations électorales.*

1. Le procès-verbal des opérations électorales, dressé par le président de chaque assemblée, ne saurait être considéré comme faisant foi jusqu'à inscription de faux des indications qui y sont contenues. — Jugé à cet égard, que le délai de dix jours (aujourd'hui cinq jours), accordé au procureur général pour demander la nullité des élections consulaires, court de la date de la proclamation du scrutin (aujourd'hui, de la réception du procès-verbal), telle que cette date est indiquée par le procès verbal de l'élection, qui lui est communiqué. Par suite, il n'y a pas lieu d'admettre l'inscription de faux, tendant à établir que la proclamation du vote a eu lieu la veille du jour porté dans le procès-verbal : cette inscription de faux n'aurait aucun résultat utile, le procureur général n'ayant pu être mis en demeure d'exercer son action que par la communication qui lui a été faite du procès-verbal. — Cass., 21 déc. 1881 [S. 82. 1. 368, P. 82. 1. 885, D. P. 82. 1. 232] — V. cependant *contrà*, Besançon, 8 janv. 1883 [D. P. 83. 2. 164]

2. La commission de recensement en matière d'élections consulaires, n'a d'autre mission que de totaliser les résultats partiels proclamés dans les assemblées de chefs-lieux de canton, sans pouvoir modifier ces résultats en écartant des suffrages qui auraient été comptés; c'est à la cour d'appel seule qu'il appartient de statuer sur les réclamations relatives au mode de computation des suffrages. — Dijon, 17 févr. 1886 [S. 87. 2. 61, P. 87. 1. 402, D. P. 86. 2. 100]

§ 2. *Recours contre l'élection.*

α) *Délai du recours.* — 3. Tout électeur inscrit sur les listes électorales, dressées en exécution de l'art. 618, C. comm., et dont l'inscription n'a été l'objet d'aucune contestation régulièrement formée, est habile à protester contre l'élection d'un juge au tribunal de commerce, et à en poursuivre l'annulation. — Cass., 14 avr. 1880 [S. 81. 1. 121, P. 81. 1. 265]

4. Le délai du recours est de cinq jours. Mais tandis que ce délai court, pour le procureur général, du jour de la réception du procès verbal des opérations électorales, il court pour les électeurs, du jour de l'élection; et il faut entendre par là le jour de la constatation, faite par la commission de recensement, des résultats généraux du scrutin. — Riom, 31 déc. 1888 [S. 89. 2. 212, P. 89. 1. 1118, D. *Rép., Suppl.*, v° *Organisation judiciaire*, n. 342]

5. Le délai de cinq jours accordé, par l'art. 11 de la loi du 8 déc. 1883, au procureur général pour réclamer contre la validité d'une élection consulaire est de rigueur, en telle sorte que son inobservation entraîne la déchéance du droit du procureur général. — Et si le procureur général, saisi régulièrement de réclamations de tiers électeurs, a le droit de les soumettre à la cour d'appel, il ne saurait prétendre couvrir le vice dont son action personnelle est entachée à raison de sa tardiveté en confondant les réclamations des tiers électeurs avec son action propre. — Cass., 15 mai 1888 [S. 91. 1. 173, P. 91. 1. 401, D. P. 88. 1. 455]

6. Jugé également, que les opérations électorales des deux tours de scrutin n'étant pas indivisibles, la protestation formulée contre l'ensemble des opérations des premier et deuxième tours de scrutin est tardive, et dès lors irrecevable, en ce qui concerne le premier tour, alors qu'elle se produit seulement dans les cinq jours qui suivent le second tour. — Cass., 9 avril 1895 [S. et P. 95. 1. 437, D. P. 95. 1. 288] — Dijon, 18 janv. 1895 [S. et P., sous Cass., 9 avr. 1895, précité, D. P. 95. 2. 174]

7. Et l'on ne saurait prétendre que les juges du fond auraient dû, tout au moins, retenir et examiner deux des griefs proposés, sous le prétexte qu'ils étaient communs aux deux tours de scrutin, alors que l'un de ces griefs avait fait l'objet d'une articulation séparée, appréciée dans son ensemble par les juges, et déclarée mal fondée même au point de vue des actes qui ont précédé le premier tour, et alors que le second grief, loin d'être commun aux deux tours, se subdivise en deux reproches distincts, dirigés séparément contre chacun des deux tours. — Mêmes arrêts.

β) *Formes du recours.* — 8. L'exercice du droit de réclamer contre l'élection, ouvert au profit de tous les électeurs par l'art. 11, § 8, de la loi du 8 déc. 1883, n'est subordonné qu'à la condition, que la réclamation ait lieu dans les cinq jours de l'élection; la loi ne prescrit rien quant à la manière dont la cour d'appel doit être saisie. — Ainsi, il n'est pas nécessaire que la réclamation soit faite par une déclaration au greffe de la cour; la réclamation peut être valablement remise au préfet. — Cass., 22 déc. 1884 [S. 85. 1. 308, P. 85. 1. 753, D. P. 85. 1. 5] — *Sic*, Ruben de Couder, *Suppl.*, v° *Tribunal de commerce*, n. 101 et s. — *Contrà*, les conclusions de M. l'avocat général Desjardins, sous Cass., 22 déc. 1884, précité.

9. Mais les tiers électeurs ne peuvent adresser leurs réclamations contre une élection consulaire, ni surtout faire de simples déclarations au procureur de la République, qui n'a aucun pouvoir pour les recevoir et les transmettre au procureur général. — Le procureur général ne peut donc soumettre à la cour d'appel des réclamations, ou même de simples déclarations, qui lui ont été signalées comme émanées de tiers électeurs par une lettre du procureur de la République, alors surtout que ces prétendues réclamations n'ont point été communiquées aux personnes dont l'élection est contestée. — Cass., 15 mai 1888 [S. 91. 1. 173, P. 91. 1. 401, D. P. 88. 1. 455]

10. Les réclamations doivent être communiquées, aux termes du sixième alinéa de notre article, aux citoyens dont l'élection est attaquée et qui ont le droit d'intervenir dans les cinq jours de cette communication. Mais il n'est pas nécessaire de leur faire connaître, soit par une citation, soit même par un simple avis, le jour où la cour doit statuer sur la réclamation. — Cass., 28 avr. 1890 [S. et P. 93. 1. 517, D. P. 90. 1. 433]

γ) *Instruction et jugement des réclamations.* — 11. Si la réclamation s'est produite en temps utile, la cour doit la juger dans la quinzaine du jour où elle est saisie, soit à la requête des parties intéressées, soit à la requête du procureur général, à qui le préfet est chargé de transmettre les réclamations qui lui sont remises relativement à l'élection. — Cass., 22 déc. 1884 [S. 85. 1. 308, P. 85. 1 753, D. P. 85. 1. 5]

12. L'électeur qui a régulièrement formé sa réclamation dans le délai de cinq jours est recevable à formuler, par des conclusions prises devant la Cour, un moyen nouveau non invoqué par lui dans sa réclamation. — Dijon, 18 janv. 1895 [S. et P. 95. 1. 437, sous Cass., 9 avr. 1895, D. P. 95. 2. 174]

13. Il est cependant douteux que l'électeur, qui a saisi la cour d'appel d'une protestation contre des élections consulaires, soit recevable à formuler, après la clôture des débats et avant l'audition du ministère public, par un télégramme adressé à chacun des magistrats, un moyen nouveau qui n'a été invoqué par lui, ni dans sa protestation, ni au cours des débats. — Aix, 31 mars 1886 [S. 86. 2. 121, P. 86. 1. 674]

14. Mais la cour d'appel, régulièrement saisie par un électeur d'une demande en nullité d'élections au tribunal de commerce, peut suppléer d'office, vu leur caractère d'ordre public, les moyens de nullité qui n'ont pas été spécialement visés par la protestation. — Cass., 2 août 1886 [S. 87. 1. 171, P. 87. 1. 398, D. P. 86. 1. 417] — Aix, 31 mars 1886, précité. — Dijon, 18 janv. 1895, précité.

15. Spécialement, la cour peut substituer, d'office, au moyen visé par la protestation, et tiré de l'incapacité du magistrat élu, un moyen tiré de la tardivité des élections. — Cass., 2 août 1886, précité. — Aix, 31 mars 1886, précité.

16. Au reste, la question de légalité des élections consulaires constitue une matière d'ordre public, et, par suite, l'acquiescement du procureur général à un arrêt validant une élection, fût-il établi, ne rendrait pas irrecevable le pourvoi formé par ce magistrat dans les délais fixés par la loi. — Cass., 8 mars 1881 et le rapport de M. le conseiller Greffier [S. 81. 1. 217, P. 81. 1. 521, D. P. 81. 1. 105]

17. Ainsi, la prestation de serment et l'installation d'un juge consulaire, en qualité de président du tribunal de commerce, ne peuvent constituer une fin de non-recevoir contre l'action en nullité de l'élection à la présidence, formée par le procureur général. — Dijon, 20 mai 1881 [S. 82. 2. 31, P. 82. 1. 209, D. P. 81. 2. 183]

18. Peu importe que le serment ait été reçu par un tribunal, en vertu d'une délégation spéciale résultant d'un arrêt de la cour d'appel du ressort, lequel n'a jamais été attaqué. — Même arrêt.

19. D'ailleurs, la participation du ministère public à la formalité de la prestation de serment, accomplie devant le tribunal spécialement délégué à cet effet, n'implique pas son acquiescement... soit à l'élection elle-même... soit à l'arrêt qui en aurait proclamé la validité. — Même arrêt.

δ) *Pourvoi en cassation.* — 20. Le pourvoi en cassation ne peut être formé que par ceux qui ont été parties au procès — En conséquence, le ministère public, dans les cas où il a le droit d'agir, en matière civile, comme partie principale, ne pouvant attaquer que les décisions qu'il a provoquées par son droit d'action, le procureur général près la cour d'appel, qui n'a pas usé du droit lui appartenant de déférer à la cour des élections consulaires arguées de nullité, n'est pas recevable à se pourvoir en cassation contre l'arrêt rendu sur la protestation formée par des électeurs. — Cass., 5 nov. 1884 et le rapport de M. le conseiller Monod [S. 85. 1. 265, P. 85. 1. 649, D. P. 85. 1. 81]

21. Le pourvoi doit être introduit, conformément au droit commun, au moyen d'une requête adressée à la Cour de cassation elle-même. — Jugé à cet égard, qu'aucune loi n'autorise le dépôt, au greffe de la justice de paix, d'une requête en pourvoi, formé contre un arrêt de cour d'appel rendu en matière de validité d'élections consulaires. — Cass., 17 févr. 1890 [S. 90. 1. 484, P. 90. 1. 1144, D. P. 90. 1. 344]

22. En conséquence, est irrégulier et tardif le pourvoi parvenu au greffe de la Cour de cassation plus de dix jours après que la notification de l'arrêt attaqué a été faite aux demandeurs en cassation, bien que cette requête paraisse avoir été déposée au greffe de la justice de paix dans les dix jours de la notification. — Même arrêt.

23. Le pourvoi doit être formé dans les dix jours de la signification de l'arrêt attaqué. L'irrégularité de la signification d'un arrêt statuant sur une protestation électorale a seulement pour effet d'empêcher le délai du pourvoi de courir, mais elle ne saurait donner ouverture à la cassation de l'arrêt. — Cass., 26 févr. 1896 [S. et P. 96. 1. 460, D. P. 97. 1. 41]

24. En matière d'élections consulaires, le pourvoi contre un arrêt de cour d'appel déclarant des élections valables doit être notifié dans les dix jours de sa date, aux magistrats dont l'élection est contestée : sinon, il n'est pas recevable. — Cass., 17 mars 1880 [S. 82. 1. 367, P. 82. 1. 884, D. *Rép.*, *Suppl.*, v° *Organisation judiciaire*, n. 358] ; 15 janv. 1894 [S. et P. 94. 1. 291]

25. Et la dénonciation du pourvoi en cassation contre l'arrêt d'une cour d'appel, qui a statué sur des contestations relatives à la régularité d'opérations électorales consulaires, est inopérante comme prématurée, lorsqu'elle a eu lieu à une date antérieure à celle du dépôt dudit pourvoi au greffe de la Cour de cassation. Le pourvoi est donc en ce cas entaché de la même irrégularité substantielle que s'il n'avait pas été dénoncé, et est, par suite, irrecevable. — Cass., 29 févr. 1892 [S. et P. 92. 1. 128, D. P. 93. 1. 124]

26. Le pourvoi du procureur général, contre un arrêt qui valide une élection, devant être instruit et jugé sans frais, aux termes des art. 21 et 22 du décret organique du 2 févr. 1852, décret déclaré applicable aux élections consulaires, la dénonciation de ce pourvoi est régulièrement faite par le ministère d'un agent assermenté, sans qu'il soit nécessaire de recourir à un huissier, dont le concours ne pourrait être requis sans attribution de la taxe affectée aux actes de son ministère. — Cass., 8 mars 1881 et le rapport de M. le conseiller Greffier [S. 81. 1. 217, P. 81. 1. 521, D. P. 81. 1. 105]

27. En déférant à la chambre civile de la Cour de cassation la connaissance des pourvois formés contre les décisions rendues en matière électorale, la loi du 26 janv. 1877 n'a pas modifié la procédure établie par l'art 23 du décret du 2 févr. 1852, qui attribuait ces pourvois à la chambre des requêtes. — Il suffit donc au demandeur de dénoncer la requête au défendeur, dans les dix jours qui suivent la déclaration du recours en cassation, et aucune autre mise en demeure de défendre au pourvoi ne doit être adressée au défendeur par voie d'assignation, ou autrement. — Même arrêt.

ART. **12**. La nullité partielle ou absolue de l'élection ne pourra être prononcée que dans les cas suivants :

1° Si l'élection n'a pas été faite selon les formes prescrites par la loi ;

2° Si le scrutin n'a pas été libre, ou s'il a été vicié par des manœuvres frauduleuses;

3° S'il y a incapacité légale dans la personne de l'un ou de plusieurs des élus.

Sont applicables aux élections faites en vertu du présent article les dispositions des articles 98, 99, 100, 102, 103, 104, 105, 106, 107, 108, 109, 110, 112, 113, 114, 116, 117, 118, 119, 120, 121, 122, 123 de la loi du 15 mars 1849.

DIVISION

α) Violation des formes prescrites par la loi.

β) Atteinte à la liberté du vote.

γ) Incapacité légale des élus.

α) *Violation des formes prescrites par la loi.* — 1. Par ces expressions de formes de l'élection, il faut entendre les formalités qui concernent l'élection elle-même, mais non pas celles qui sont seulement préparatoires de l'élection : c'est ainsi que les irrégularités dans la confection des listes électorales n'entraînent pas la nullité de l'élection. — V. *suprà*, art. 5, n. 5 et s. — V. aussi sur les différents cas de nullité pour violation des formes, *suprà*, art. 9, n. 1 et s., art. 10, n. 5 et s., 20 et s., 25, 28 et s., et art. 11, n. 14 et s.

β) *Atteinte à la liberté du vote.* — 2. L'intervention du président du tribunal de commerce, signalant à l'attention des électeurs une liste de candidats, tant en son nom qu'en celui de ses collègues, ne vicie pas les opérations électorales, alors que le président n'a agi que comme électeur consulaire et non dans l'exercice de ses fonctions de président, et nullement en vertu d'une délibération prise par le tribunal, et que les membres du tribunal de commerce, en usant de leur droit d'électeurs consulaires, n'ont fait que se conformer à un usage ancien, pratiqué dans un grand nombre de villes, et que rien n'indique de leur part l'intention d'exercer une pression sur le corps électoral. — Paris, 28 déc. 1849 [S. 51. 2. 545, P. 50. 1. 143] — Dijon, 18 janv. 1895 [S. et P. 95. 1. 437, sous Cass., 9 avr. 1895, D. P. 95. 1. 174] — Paris, 2 févr. 1897 [D. P. 97. 2. 176] — *Sic*, Nouguier, *Des élect. consulaires*, n. 181 ; Ruben de Couder, *Suppl.*, v° *Tribunal de commerce*, n. 122.

3. En pareil cas, les juges du fond peuvent écarter le moyen de nullité tiré de l'intervention des juges du tribunal de commerce dans la lutte électorale, alors que, tout en constatant qu'ils eussent fait preuve de plus de réserve et de prudence en s'abstenant de toute polémique électorale, les juges déclarent que les circulaires adressées par eux aux électeurs n'ont point porté atteinte à la liberté du vote et constitué des manœuvres frauduleuses de nature à la vicier, et que rien ne révèle l'intention d'exercer une pression sur le corps électoral. — Cass., 9 avr. 1895 [S. et P. 95. 1. 437, D. P. 95. 1. 288]

γ) *Incapacité légale des élus.* — 4. Les art. 5 et 6 de la loi du 8 déc. 1883 ayant attribué au juge de paix une compétence spéciale pour statuer sans opposition ni appel, et sauf recours en cassation, sur toutes les réclamations relatives à la composition de la liste électorale consulaire : — sous l'empire de la législation actuelle, il n'appartient pas à la cour d'appel d'apprécier la régularité d'une inscription sur la liste des électeurs consulaires, et par suite, de faire, du résultat de cette appréciation, la base de sa décision. — Cass., 25 avr. 1887 [S. 87. 1. 305, P. 87. 1. 748, D. P. 87. 1. 346] — Lyon, 17 juin 1887 [S. 87. 2. 196, P. 87. 1. 1004, D. P. 87. 5. 464] — V. aussi sous l'empire de la législation antérieure, dans le même sens, Alger, 23 avr. 1884 [S. 85. 2. 33, P. 85. 1. 209, D. *Rép., Suppl*, v° *Organisation judiciaire*, n. 336]

5. En conséquence, il n'appartient pas à la cour d'appel de prononcer l'annulation, pour cause d'incapacité légale, de l'élection d'un électeur, comme juge suppléant au tribunal de commerce, par le motif que cet électeur n'étant ni patenté depuis cinq ans au moins, ni directeur d'une société anonyme, ni même commerçant, figurait indûment sur la liste électorale. — Mêmes arrêts. — *Contrà*, Naquet, note sous Cass., 25 avr. 1887 [S. 87. 1. 306, P. 87. 1. 748]

6. Il rentrerait, toutefois, dans les pouvoirs de la cour de prononcer la nullité de l'élection, si l'élu appartenait aux catégories de personnes, qui sont mentionnées en l'art. 2 de la loi du 8 déc. 1883, et que la loi (qui leur interdit, pour cause d'indignité, toute participation à l'élection) prive, par cela même, de tout droit à l'éligibilité (Motifs). — Cass., 25 avr. 1887, précité.

7. La cour d'appel qui annule, pour cause d'inéligibilité du candidat proclamé, une élection au tribunal de commerce, n'a pas qualité pour proclamer élu le candidat qui a réuni le plus de suffrages après celui dont l'élection est annulée; il doit être procédé à une nouvelle élection. — Bordeaux, 28 janv. 1895 [S. et P. 97. 2. 15, D. P. 96. 2. 311]

Art. **13**. L'article 623 du Code de commerce est maintenu : toutefois le président, quel que soit, au moment de son élection, le nombre de ses années de judicature comme juge titulaire, pourra toujours être élu pour deux années, à l'expiration desquelles il pourra être réélu pour une seconde période de même durée.

Art. **14**. Dans la quinzaine de la réception du procès-verbal, s'il n'y a pas de réclamations, ou dans la huitaine de l'arrêt statuant sur les réclamations, le procureur général invite les élus à se présenter à l'audience de la cour d'appel, qui procède publiquement à leur réception et en dresse procès-verbal consigné dans ses registres.

Si la cour ne siège pas dans l'arrondissement où le tribunal de commerce est établi, et si les élus le demandent, elle peut commettre, pour leur réception, le tribunal civil de l'arrondissement, qui y procédera en séance publique, à la diligence du procureur de la République.

Le procès-verbal de cette séance est transmis à la cour d'appel, qui en ordonne l'insertion dans ses registres. Le jour de l'installation publique du tribunal de commerce, il est donné lecture du procès-verbal de réception.

Art. **15**. Le rang à prendre dans le tableau des juges et des suppléants sera fixé par l'ancienneté, c'est-à-dire par le nombre des années de judicature avec ou sans interruption, et, entre les juges élus pour la première fois et par le même scrutin, par le nombre de voix que chacun d'eux aura obtenu dans l'élection, et, en cas d'égalité de suffrages, la priorité appartiendra au plus âgé.

Les jugements seront rendus par trois juges au moins; un juge titulaire fera nécessairement partie du tribunal, à peine de nullité.

1. On a soutenu que l'art. 4 de la loi du 30 août 1883, aux termes duquel « les jugements des tribunaux de première instance seront rendus par des magistrats délibérant un nombre impair, à peine de nullité, » était inapplicable aux tribunaux de commerce. Cette loi, en effet, a pour objet principal l'organisation des tribunaux civils, et, d'autre part, la disposition de son art. 4 n'a pas été reproduite par la loi du 8 déc. 1883 sur l'organisation des tribunaux de commerce. — Montpellier, 28 mars 1890 [S. et P. 92. 2. 208, D. P. 92. 2. 69] — *Sic*, Boitard, Colmet-Daage et Glasson, *Leç. de proc.*, 15e édit., t. 1, n. 31, p. 23, note 2; Garsonnet, *Tr. th. et prat. de proc.*, t. 3, § 436; Glasson, note sous Douai, 31 janv. 1885 [D. P. 86. 2. 69]

2. L'opinion la plus générale se prononce au contraire pour l'application aux tribunaux de commerce de l'art. 4 de la loi du 30 août 1883. Il est vrai que cet article ne parle que des tribunaux de première instance : mais c'est là une expression qui peut s'entendre aussi bien des tribunaux de commerce que des tribunaux civils, qui sont en effet les uns et les autres des juridictions du premier degré. Ce qui est certain en tout cas, c'est que les jugements de partage présentent les mêmes inconvénients en matière commerciale et en matière civile : et par conséquent on ne comprendrait pas que le législateur ait voulu supprimer ces inconvénients dans les procès civils et en même temps les laisser subsister dans les procès commerciaux. — Douai, 31 janv. 1885 [S. 85. 2. 161, P. 85. 1. 839, D. P. 86. 2. 69] — Dijon, 19 janv. 1886 [S. 86. 2. 136, P. 86. 1. 698, D. P. 86. 2. 69] — Bourges, 29 déc. 1891 [S. et P. 92. 2. 208, D. P. 92. 2. 176] — Nancy, 31 janv. 1893 [S. et P. 93. 2. 95, D. P. 93. 2. 134] — *Sic*, Lyon-Caen et Renault, t. 1, n. 345; Thaller, n. 2221; Ruben de Couder, *Suppl.*, v° *Procédure*, n. 12.

3. Quant aux incompatibilités résultant de la parenté ou de l'alliance entre magistrats d'un même tribunal, il y a lieu d'appliquer à cet égard les règles du droit commun. — Jugé en ce sens, que la disposition de l'art. 63 de la loi du 20 avr. 1810, portant que les parents ou alliés jusqu'au degré d'oncle et de neveu inclusivement ne peuvent être simultanément membres d'un même tribunal ou d'une même Cour, s'applique à toutes les juridictions et spécialement aux tribunaux de commerce. — Caen, 19 janv. 1876 [S. 76. 2. 260, P. 76. 1001, D. P. 78. 2. 136] — Poitiers, 27 déc. 1876 [S. 78. 2. 291, P. 78. 1048, D. P. 78. 2. 141]

4. Dès lors, est irrégulière et nulle l'élection d'un juge suppléant dont un parent au degré prohibé est déjà juge au tribunal. — Caen, 19 janv. 1876, précité.

5. Inversement, lorsque l'élection d'un juge suppléant est devenue inattaquable et définitive, l'oncle de ce juge suppléant ne peut ultérieurement être élu juge titulaire, et il y a lieu de prononcer la nullité de son élection. — Poitiers, 27 déc. 1876, précité.

Art. **16**. Lorsque, par suite de récusation ou d'empêchement, il ne restera pas un nombre suffisant de juges ou de suppléants, le président du tribunal tirera au sort, en séance publique, les noms des juges complémentaires pris dans une liste dressée annuellement par le tribunal.

Cette liste, où ne seront portés que des éligibles ayant leur résidence dans la ville, ou, en cas d'insuffisance, des électeurs ayant légalement leur résidence dans la ville où siège le tribunal, sera de cinquante noms pour Paris, de vingt-cinq noms pour les tribunaux de neuf membres, et de quinze noms pour les autres tribunaux.

Les juges complémentaires seront appelés dans l'ordre fixé par un tirage au sort, fait en séance publique, par le président du tribunal entre tous les noms de la liste.

1. Il résulte de notre article que c'est seulement au moyen des juges complémentaires que le tribunal peut être complété. — Jugé en conséquence, sous le régime de la loi du 5 déc. 1876, qu'il y a lieu de considérer comme nul, le jugement rendu par un tribunal de commerce qui, à la suite de récusations ou d'empêchements, n'a pas été complété selon les dispositions de la loi du 5 déc. 1876, notamment le jugement rendu par un juge, un juge suppléant, et un notable, ancien juge. — Rouen, 18 avr. 1878 [S. 80. 2. 148, P. 80. 659, D. P. 78. 2. 232]

2. De même, sous l'empire de la législation actuelle, est nul le jugement du tribunal de commerce, qui, appelé à se compléter, s'adjoint un commerçant, qu'il qualifie de *notable*, sans constater que le

nom de ce commerçant était porté sur la liste spéciale annuelle, dressée par le tribunal, et que ce commerçant avait été appelé d'après l'ordre fixé par le tirage au sort, fait en audience publique par le président. — Cass., 12 juin 1883 [S. 86. 1. 462, P. 86. 1. 1144, D. P. 84. 1. 355]

3. Mais le jugement d'un tribunal de commerce, rendu par un juge faisant fonctions de président, un juge suppléant et un juge complémentaire, fait suffisamment présumer que ce dernier n'a été appelé à compléter le tribunal qu'à raison de l'insuffisance, en nombre, et des juges titulaires et des juges suppléants, lorsqu'il énonce que, un juge faisant fonctions de président, il a été nécessaire de recourir à un juge suppléant. — Cass., 12 mars 1883 [S. 84. 1. 382, P. 84. 1. 965, D. P. 84. 1. 111]

4. De même, le jugement du tribunal de commerce, auquel a concouru un juge suppléant, à défaut de juge titulaire, est valable, encore bien qu'il ne contienne pas la mention de l'empêchement de ce dernier. — Cass., 20 juin 1882 [S. 85. 1. 248, P. 85. 1. 521]

5. Les juges complémentaires ne pourraient à eux seuls composer le tribunal : mais deux de ces juges peuvent valablement juger avec un juge titulaire. — *Sic*, Lyon-Caen et Renault, t. 1, n. 346; Boitard, Colmet-Daage et Glasson, t. 1, p. 38 et s.; Ruben de Couder, *Suppl.*, v° *Tribunal de commerce*, n. 140.

6. En cas d'empêchement de tous les membres d'un tribunal de commerce, le tribunal civil en ferait fonction, comme s'il n'y avait pas de tribunal de commerce dans l'arrondissement. — Rouen, 4 nov. 1836 [D. P. 52. 5. 125] — *Sic*, Lyon-Caen et Renault, *loc. cit.;* Nouguier, n. 296 et s.; Garsonnet, t. 1, p. 135.

7. Jugé, en sens contraire, qu'en pareil cas, c'est à la cour d'appel qu'il appartient d'indiquer un autre tribunal de commerce chargé de statuer. — Caen, 2 août 1875 [S. 76. 2. 171, P. 76. 700, D. P. 76. 2. 105]

Art. **17**. Dans les villes de Paris et de Lyon, il y aura autant de collèges électoraux qu'il y a d'arrondissements.

Le vote aura lieu dans chaque mairie d'arrondissement, sur les listes électorales dressées conformément aux dispositions de la présente loi.

Dans les circonscriptions suburbaines comprises dans les départements de la Seine et du Rhône, les élections auront lieu au chef-lieu de canton, conformément aux règles précédemment établies.

Art. **18**. Il sera procédé à une élection générale dans les formes et délais prescrits par la présente loi.

A cette première élection, le président, la moitié des juges et des suppléants, dont le tribunal sera composé, seront nommés pour deux ans ; — la seconde moitié des juges et des suppléants sera nommée pour un an ; — aux élections postérieures toutes les nominations seront faites pour deux ans; — le tout conformément aux dispositions de l'art. 622 du Code de commerce.

Les présidents et juges en exercice au moment où aura lieu cette élection seront éligibles, sans qu'il soit tenu compte des années de judicature pendant lesquelles ils ont exercé leurs fonctions.

Art. **19**. Les pouvoirs des juges actuels sont maintenus jusqu'à l'installation de ceux qui doivent les remplacer.

Art. **20**. Il sera statué par une loi spéciale sur le mode d'élection des chambres de commerce et des chambres consultatives des arts et manufactures.

Art. **21**. Toutes dispositions antérieures qui seraient contraires à la présente loi sont et demeurent abrogées.

La loi du 8 déc. 1883 n'est pas, faute d'une promulgation spéciale, applicable à l'Algérie. — Cass., 5 nov. 1884 [S. 85. 1. 265, P. 85. 1. 649, D. P. 85. 1. 81]; 28 nov. 1898 [S. et P. 1902. 1. 508, D. P. 99. 1. 340] — Alger, 2 mars 1886 [S. 87. 2. 79, P. 87. 1. 454, D. P. 87. 2. 127]; 23 janv. 1893 [S. et P. 93. 2. 145] — *Contrà*, Alger, 23 avr. 1884 [S. 85. 2. 33, P. 85. 1. 209]

TITRE II

DE LA COMPÉTENCE DES TRIBUNAUX DE COMMERCE

Art. **631**. (*Modifié par la loi du 17 juillet 1856*). Les tribunaux de commerce connaîtront : 1° des contestations relatives aux engagements et transactions entre négociants, marchands et banquiers ; 2° des contestations entre associés, pour raison d'une société de commerce ; 3° de celles relatives aux actes de commerce entre toutes personnes. — C. comm., 1, 632 et s.

INDEX ALPHABÉTIQUE.

DIVISION

§ 8. *Des moyens opposés aux demandes dont les tribunaux de commerce sont saisis.*

A. Moyens dont les tribunaux de commerce peuvent apprécier le bien fondé.

B. Moyens dont les tribunaux de commerce ne peuvent rechercher le bien fondé.

---

§ 1er. *Généralités.*

1. Comme juges du premier degré, les tribunaux de commerce constituent des juridictions d'exception ; ils ne peuvent connaître que des matières dont les tribunaux ordinaires ont été dessaisis à leur profit d'une façon expresse. — Carré et Chauveau, quest. 4137 ; Rousseau et Laisney, v° *Compétence civile et commerciale*, n. 4 ; Ruben de Couder, v° *Compétence*, n. 16. — V. notre *Rép. gén. alph. du dr. fr.*, v° *Compétence civile et commerciale*, n. 522 et s. — Sur la compétence des tribunaux de commerce comme juges d'appel des décisions rendues par les conseils de prud'hommes, V. *infrà*, appendice sur les conseils de prud'hommes. — Sur l'incompétence *ratione materiæ* des tribunaux de commerce à l'égard des affaires dont la connaissance ne leur a pas été attribuée, V. notre *Code de procédure civile annoté*, art. 59, n. 25, t. 1er, p. 708, appendice à l'art. 168, n. 20 et s., art. 170, n. 1 et s., n. 15 et s. — *Adde*, Cass., 19 mars 1866 [S. 66. 1. 210, P. 66. 539, D. P. 66. 1. 166] — Sur l'incompétence *ratione personæ* des tribunaux civils à l'égard des affaires commerciales, V. notre *Code de procédure civile annoté*, appendice à l'art. 168, n. 71 et s., art 170, n. 23 et s. — Sur la règle que tout tribunal est juge de sa compétence, V. notre *Code de procédure civile annoté*, art. 59, n. 28 et s. — Quant à la compétence *ratione personæ* en matière commerciale, V. *suprà*, art. 5, n. 23 et 24, notre *Code de procédure civile annoté*, art. 420, n. 1 et s. — Sur le point de savoir si les tribunaux de commerce ont le pouvoir de statuer sur les demandes en validité ou en mainlevée des saisies conservatoires que leurs présidents peuvent autoriser dans les cas prévus par les art. 172 et 417, C. proc. civ., V. notre *Code de procédure civile annoté*, art. 172, n. 1 et s., art. 417, n. 27 et s. — Sur l'incompétence des tribunaux de commerce à connaître de l'exécution de leurs jugements, V. notre *Code de procédure civile annoté*, art. 442, n. 1 et s., et les renvois ; Lyon-Caen et Renault, t. 1er, n. 374 et s., *infrà*, art. 643. — Sur le point de savoir si les tribunaux de commerce peuvent connaître des demandes formées pour frais exposés devant eux par des officiers ministériels, V. notre *Code de procédure civile annoté*, art. 60, n. 2 et s. — Sur la compétence des tribunaux de commerce à l'égard des difficultés pouvant naître des ventes publiques de marchandises en gros, V. L. 28 mai 1858, art. 5. — Sur l'incompétence des tribunaux de commerce à ordonner la vente ou la saisie des navires, V. notre *Code de procédure civile annoté*, art. 442, n. 27, notre *Code de commerce annoté*, art. 201-207, n. 5 et 6 ; Av. Conseil d'Etat, 22 avr. 1809 reproduit en note sous l'art. 633 *infrà* ; Lyon-Caen et Renault, t. 1er, n. 374. — Sur le pouvoir pour les tribunaux de commerce d'interpréter leurs décisions, V. notre *Code de procédure civile annoté*, 2e appendice au tit. VIII, n. 93 et s., art. 442, n. 6 et s.

2. Bien que, comme les tribunaux de commerce, les justices de paix constituent des juridictions d'exception, il existe cependant entre ces deux juridictions d'exception, une différence capitale : la compétence des tribunaux de commerce n'est limitée, en effet, que par la nature du litige, tandis que la compétence du juge de paix est doublement limitée, et par la nature, et par la quotité de la demande. — Garsonnet et Cézar-Bru, t. 2, p. 85, § 442.

3. La compétence des tribunaux de commerce se trouve, à un certain point de vue, plus étendue que celle des tribunaux civils : c'est qu'en effet, tandis que les tribunaux civils ne connaissent pas des affaires dans lesquelles l'intérêt pécuniaire est inférieur à un certain taux et qui, précisément à raison de leur peu d'importance sont déférées aux juges de paix, les tribunaux de commerce connaissent en principe de toutes les affaires commerciales, sans que les justices de paix aient à statuer à l'occasion de litiges de cette nature, quelque faible que soit l'intérêt en jeu. — Sur l'incompétence des juges de paix à statuer en matière commerciale, V. notre *Code de procédure civile annoté*, t. 1er, p. 13, L. 25 mai 1838, art. 1er, n. 26 et s. ; Lyon-Caen et Renault, t. 1er, n. 371. — V. cep. sur le point de savoir si, au cas de contestations entre les aubergistes et les consommateurs pour dépenses d'hôtellerie d'une part et de contestations entre les voyageurs et les voituriers ou bateliers pour retards, frais de route et perte ou avaries d'effets accompagnant le voyageur, d'autre part, la compétence reconnue aux juges de paix par l'art. 2 de la loi du 25 mai 1838 s'entend aussi bien des contestations qui ont le caractère commercial que de celles qui ont le caractère civil, V. notre *Code de procédure civile annoté*, t. 1er, p. 24, L. 25 mai 1838, art. 2, n. 9 et s., n° 16 et s. ; *Adde*, Bourges, 17 déc. 1877 [S. 78. 2. 112, P. 78. 475, D. P. 78. 2. 40] ; Lyon-Caen et Renault, t. 1er, n. 373. — Sur une question analogue concernant les rapports entre les patrons et les ouvriers, V. notre *Code de procédure civile annoté*, L. 25 mai 1838, art. 5, n. 137 et s., *infrà*, art. 634, notre *Rép. gén. alph. du dr. fr.*, vis *Aubergiste*, n. 325 et s., *Chemins de fer*, n. 6267 et s., 6295, *Compétence civile et commerciale*, n. 561 et s.

4. On sait que les parties ne peuvent déroger à l'ordre légal des juridictions et attribuer compétence aux juges consulaires pour un débat civil. — Cass., 4 nov. 1885 [S. 88. 1. 459, P. 88. 1. 1139, D. P. 86. 1. 333] — V. notre *Code civil annoté*, art. 6, n. 4 et s., *Suppl.*, art. 6, n. 18, 22 et s., notre *Code de procédure civile annoté*, art. 7, n. 1 et s., art. 59, n. 3, art. 169-170, n. 80 et s. — *Sic*, Henrion de Pansey, *De l'Autor. jud.*, ch. 21 ; Carré, *Compét. civ.*, t. 1, n. 269. — V. notre *Rép. gén. alph. du dr. fr.*, v° *Compétence civile et commerciale*, n. 96 et s., 540. — Sur la validité des clauses attributives de juridiction à un tribunal de commerce donné pour connaître d'affaires commerciales, notamment lorsqu'elles sont insérées dans un connaissement, V. *suprà*, art. 281, n. 7 et s., art. 283, n. 2, art. 414, n. 10. — Mais sur les clauses attributives de juridiction en matière d'assurances autres que les assurances maritimes, V. L. 2 janv. 1902, notre *Code civil annoté*, *Suppl.*, art. 1134, n. 271 et s.

5. Spécialement, la soumission anticipée à la juridiction commerciale, de la part de celui qui n'est pas commerçant, à raison d'un acte qui, de sa nature, ne l'a pas soumis à cette juridiction, est nulle et sans effet : on ne peut, à cet égard, renoncer, par

des conventions privées, à l'ordre des juridictions, qui est d'ordre public. — Paris, 5 août 1848 [S. 48. 2. 529, P. 48 2. 441, D. P. 48. 2. 118]; 2 mai 1850 [P. 50. 1. 421, D. P. 50. 2. 187] — Caen, 5 déc. 1848 [S. 49. 2. 575, P. 50. 1. 653, D. P. 49. 2. 244] — Douai, 16 déc. 1848 [S. 48. 2. 709, D. P. 49. 2. 212]

6. L'attribution conventionnelle de compétence aux tribunaux de commerce a d'ailleurs pour effet de faire présumer le caractère commercial du contrat. — Décidé, à cet égard, que lorsque, dans une transaction, les parties attribuent compétence aux juges consulaires, on doit présumer jusqu'à preuve contraire que les intérêts réglés par la transaction étaient de nature commerciale, et, par suite, c'est à la partie qui propose plus tard l'incompétence du tribunal de commerce qu'il incombe de prouver qu'en réalité il ne s'agissait pas d'actes de commerce. — Cass., 4 nov. 1885, précité.

§ 2. *Des contestations relatives aux engagements et transactions entre négociants, marchands et banquiers.*

7. Celui qui, sans être commerçant, a cependant pris cette qualité dans un acte, n'est pas, par cela seul, justiciable des tribunaux de commerce à raison de cet acte, lors surtout que cette qualité est contestée. — Carré, *Comp. civ.*, t. 2, n. 484. — Sur ce qu'il faut entendre par commerçant, expression qui comprend celle de négociants, de marchands ou de banquiers, V. *suprà*, art. 1er, n. 1 et s. — Quant aux actions contre les veuves et héritiers des justiciables des tribunaux de commerce, V. notre *Code de procédure civile annoté*, art. 426, n. 1 et s., notre *Rép. gén. alph. du dr. fr.*, v° *Compétence civile et commerciale*, n. 854 et s. — Sur les actions contre les personnes qui répondent des engagements pris par les commerçants, et notamment sur les actions contre le mari à raison des engagements de sa femme, V. *suprà*, art. 5, n. 36 et 37.

8. La loi qui attribue aux tribunaux de commerce la connaissance de tout engagement pris par des négociants ne reçoit pas d'exception au cas d'un acte passé entre négociants qui ont été personnes interposées pour particuliers non commerçants. — Nîmes, 27 frim. an XI [S. et P. chr., D. *Rép.*, v° *Compét. comm.*, n. 110]

9. Les tribunaux de commerce ne sont compétents pour connaître des contestations relatives aux engagements et transactions entre négociants, qu'autant que ces transactions et engagements ont le caractère d'actes de commerce. — Colmar, 28 nov. 1849 [S. 51. 2. 331, P. 51. 1. 212, D. P. 52. 2. 201]

10. ... Ou d'une façon plus large qu'autant que les transactions ont trait à leur commerce. — Metz, 9 févr. 1816 [S. et P. chr., D. A. 2. 738, D. *Rép.*, v° *Acte de comm.*, n. 76] — Toulouse, 5 mars 1825 [S. et P. chr., D. P. 25. 2. 155, D. *Rép.*, *loc. cit.*] — Bourges, 10 mai 1843 [S. 44. 2. 37, P. 43. 2. 820, D. P. 44. 2. 36, D. *Rép.*, v° *cit.*, n. 40] — Colmar, 28 nov. 1849, précité. — *Sic*, Merlin, *Rép.*, v° *Consuls des marchands*, § 2, n. 3; Carré, *Comp.*, art. 384, n. 486; Pardessus, t. 1, n. 52; Orillard, *Compét. des trib. de comm.*, n. 208; Nouguier, *Trib. de comm.*, t. 2, p. 65. — V. *infrà*, n. 32 et s. — Sur la théorie de l'accessoire dans les actes de commerce, V. *infrà*, art. 632, n. 381 et s.

11. Les engagements entre commerçants, relatifs à leur commerce respectif, sont de la compétence des tribunaux de commerce, alors même d'ailleurs que le contrat n'a pas pour objet direct les choses dont l'un des contractants fait le commerce et ne se rattache qu'accessoirement à ce commerce. — Cass., 24 janv. 1865 [S. 65. 1. 153, P. 65. 369, D. P. 65. 1. 73] — *Sic*, Massé, *Dr. comm.*, t. 2, n. 968 et s.; Pardessus, t. 1, n. 17; Bédarride, *Jurid. comm.*, n. 225 et s; Em. Moreau, note sous Cass., 24 janv. 1865 [S. et P., précité] — V. aussi Merlin, *Quest. de dr.*, v° *Commerce (acte de)*, § 2. — *Contrà*, Alb. Desjardins, *Rev. crit.*, 1864, p. 216 et s.

12. Ainsi, d'une part, une demande en paiement de loyers, entre commerçants pour location d'un bien qui ne sert pas à l'exploitation commerciale n'est pas de la compétence du tribunal de commerce et ne prend pas le caractère commercial, alors même que le demandeur offre de tenir compte du prix de marchandises à lui fournies par le défendeur. — Metz, 10 déc. 1819 [S. et P. chr., D. *Rép.*, v° *Acte de comm.*, n. 310]

13. De même, les engagements que prend un commerçant pour le paiement des denrées qu'il a achetées pour son usage personnel ou celui de sa famille, ne sont pas considérés comme des actes de commerce. — Pardessus, t. 1, n. 51.

14. Les tribunaux de commerce sont incompétents pour statuer, même entre commerçants, sur la propriété d'un nom patronymique. — Lyon, 18 août 1881 [S. 82. 2. 53, P. 82. 1. 323] — V. *infrà*, art. 632, n. 548.

15. L'action en justice intentée par un syndicat professionnel formé entre commerçants exerçant la même profession contre un des membres du syndicat, pour manquement aux statuts du syndicat (dans l'espèce, pour avoir, contrairement aux statuts, fait travailler au-dessous des prix fixés par le tarif du syndicat pour la main-d'œuvre) est de la compétence du tribunal civil. — Caen, 30 mai 1892 [S. et P. 94. 2. 138]

16. Vainement, le commerçant assigné soutiendrait que l'engagement qu'il a contracté envers le syndicat, et dont l'exécution est poursuivie contre lui constituerait une obligation entre commerçants; le syndicat, bien que composé de commerçants, ne se livrant à aucune opération commerciale, peut, comme toute personne non commerçante, introduire, à son choix, devant le tribunal civil ou le tribunal de commerce, une demande relative à une obligation, qui n'est commerciale que de la part du défendeur. — Même arrêt.

17. Mais, d'autre part, les tribunaux de commerce sont compétents pour connaître, entre commerçants, de toutes contestations relatives aux engagements des commerçants entre eux, et, notamment, pour inexécution de règlements convenus entre eux, relativement au travail des ouvriers de leurs fabriques. — Cass., 16 janv. 1883 [S. 83. 1. 263, P. 83. 1. 630, D. P. 83. 1. 131]

18. Spécialement, le tribunal de commerce est compétent pour connaître d'une demande en dommages-intérêts, fondée sur l'infraction à un règlement, aux termes duquel « un ouvrier ne peut être admis dans une fabrique que sur la présentation de l'acquit de l'ancien patron sur son livret ». — Même arrêt. — V. d'ailleurs la loi du 2 juill. 1890 qui a abrogé les dispositions relatives aux livrets d'ouvrier.

19. Le tribunal de commerce est compétent pour

connaître de l'exécution d'une convention entre des commerçants de tenir leurs magasins fermés à certains jours de l'année. — Colmar, 10 juill. 1837 [S. 38. 2. 241, P. 37. 2. 397, D. P. 38. 2. 20, D. *Rép.*, v° *Acte de comm.*, n. 340]

20. Le tribunal de commerce est compétent, à l'exclusion du tribunal civil, pour connaître de la demande formée par un commerçant contre un autre commerçant pour le contraindre, à l'expiration d'un bail, à vider les lieux loués en enlevant des objets ou marchandises que le locataire prétend y laisser au compte du bailleur, comme les lui ayant vendus : dans ce cas, la contestation, ayant réellement pour objet l'existence de la vente alléguée par le locataire, est essentiellement commerciale et de la compétence du tribunal de commerce. — Douai, 7 déc. 1844 [S. 45. 2. 259]

21. L'action en nullité, pour fraude, d'un transport entre commerçants, pour prêt commercial, du prix de vente d'un fonds de commerce est de la compétence du tribunal de commerce. — Dijon, 25 juill. 1866 [S. 66. 2. 358, P. 66. 1277, D. P. 66. 2. 138] — V. en ce sens, Pardessus, t. 4, n. 1349, *in fine*; Orillard, *Compét. des Trib. de comm.*, n. 516.

22. Est aussi de la compétence du tribunal de commerce, comme ayant lieu entre commerçants, la contestation relative à l'engagement contracté envers une compagnie de chemin de fer par un entrepreneur de charpente, d'élever des constructions pour les bureaux de la compagnie, alors d'ailleurs que cet entrepreneur fournit les matériaux et la main-d'œuvre. — Cass., 10 juin 1872, [S. 72. 1. 280, P. 72. 697, D. P. 72. 1. 263]

23. La contestation qui peut s'élever entre l'expéditeur et le transporteur ayant pour objet l'exécution d'un contrat de transport entre deux commerçants, est de la compétence du tribunal de commerce. — Paris, 30 déc. 1871 [S. 73. 2. 4, P. 73. 83, D. P. 73. 2. 28]

24. De ce que les tribunaux de commerce connaissent de toutes les contestations relatives aux engagements et transactions entre négociants, il suit que le tribunal de commerce est compétent pour statuer sur la demande relative à un billet souscrit en paiement d'un dividende ayant une cause commerciale, par un individu qui a pris lui-même, dans l'acte de nantissement souscrit avec le billet, la qualité de négociant. — Cass., 17 juill. 1878 [S. 80. 1. 76, P. 80. 158]

25. L'agent ou directeur d'une société civile, telle qu'une société d'assurances mutuelles, peut être considéré comme commerçant ou agent d'affaires, selon la nature des opérations auxquelles il se livre habituellement. — Ainsi, il doit être considéré faisant un acte de commerce lorsqu'il traite avec une autre personne pour l'associer aux opérations et aux bénéfices de sa gérance ; et dès lors, les difficultés auxquelles l'exécution d'un pareil traité peut donner lieu sont de la compétence du tribunal de commerce. — Caen, 24 nov. 1846 [S. 47. 2. 251, P. 47. 1. 272]

26. L'art. 631, § 1er, s'applique aussi bien aux engagements nés sans convention qu'à ceux qui dérivent d'une convention (V. *infrà*, art. 632, n. 508 et s.). — Aussi, avant que la loi du 23 juin 1857 (art. 16) ait attribué compétence aux tribunaux civils en matière de contrefaçon de marques de fabrique, décidait-on que les tribunaux de commerce étaient compétents pour connaître de l'action civile en contrefaçon des marques d'un fabricant, formée par un commerçant contre un autre commerçant. — Cass., 26 févr. 1845 [S. 45. 1. 660, P. 45. 2. 96, D. P. 45. 1. 191] — V. notre *Rép. gén. alph. du dr. fr.*, vis *Contrefaçon*, n. 264 et s., 1557 et s.; *Marque de fabrique*, n. 128; *infrà*, appendice sur les marques de fabrique. — Sur l'incompétence des tribunaux de commerce en matière de brevets d'invention, V. L. 5 juill. 1844, art. 34; notre *Rép. gén. alph. du dr. fr.*, vis *Brevet d'invention*, n. 534 et s., 960 et s., 1515, *Contrefaçon*, n. 202 et s., 238 et s., 1489 et s., *infrà*, appendice sur les brevets d'invention.

27. Quoi qu'il en soit, le tribunal de commerce est compétent pour connaître entre deux commerçants de la contestation relative à la propriété d'un nom industriel. — Paris, 18 juill. 1877 [S. 78. 2. 241, P. 78. 993] — *Sic*, Rendu, *Droit industr.*, n. 460, Devilleneuve, Massé et Dutruc, *Dict. du content. commerc.*, v° *Nom industr.*, n. 54; Lyon-Caen et Renault, t. 1er, n. 179; Garsonnet et Cézar-Bru, t. 2, p. 75, § 436, note 23. — V. cependant Pouillet, *Marques de fabr.*, n. 442. — V. notre *Rép. gén. alph. du dr. fr.*, v° *Contrefaçon*, n. 273 et s.; *infrà*, Appendice sur le nom commercial. — Sur la compétence des tribunaux de commerce en matière de dessin de fabrique, V. Garsonnet et Cézar-Bru, *loc. cit.*; L. 18 mars 1806, art. 15; notre *Rép. gén. alph. du dr. fr.*, vis *Contrefaçon*, n. 286 et s., *Dessins et modèles industriels*, n. 185 et s., *infrà*, Appendice sur les dessins et modèles de fabrique.

28. Si, d'ailleurs, d'une façon générale, les tribunaux de commerce sont compétents pour connaître des quasi-délits entre commerçants, il n'en est ainsi qu'autant que ces quasi-délits se rattachent à leur commerce. — Ainsi, l'appréciation des dommages-intérêts réclamés à raison d'une saisie indûment faite, dans le magasin d'un débiteur, de marchandises appartenant à un tiers, est de la compétence, non de la juridiction commerciale, mais des tribunaux civils, bien que le saisissant et le tiers soient commerçants. — Lyon, 27 avr. 1871 [S. 71. 2. 86, P. 71. 310, D. P. 71. 2. 87] — *Sic*, Orillard, n. 196 et 197; Alauzet, t. 8, n. 2956; Rivière, *Répét. sur le Code de comm.*, p. 735.

29. Celui qui, en première instance et en appel, a plaidé comme commerçant, ne peut, pour la première fois devant la Cour de cassation, prétendre qu'il n'est pas commerçant, pour se faire un moyen de cassation de l'incompétence de la juridiction commerciale. — Cass., 26 mars 1855 [S. 56. 1. 504, P. 57. 560, D. P. 55. 1. 68]

§ 3. *Des contestations concernant les sociétés de commerce et notamment des contestations entre associés.*

30. Sous l'empire du Code de commerce, et d'après les articles 51 et s. de ce Code, les contestations entre associés pour raison d'une société de commerce étaient soumises à l'arbitrage forcé, et les tribunaux de commerce étaient incompétents *ratione personæ* pour en connaître. L'arbitrage forcé ayant été aboli par la loi du 17 juill. 1856, les tribunaux de commerce sont devenus compétents pour juger ces contestations comme toutes celles qui s'élèvent en matière de sociétés commerciales. — Lyon-Caen et Renault, t. 1er, n. 365. — V. notre *Rép. gén. alph. du dr. fr.*, v° *Compétence civile et commerciale*, n. 851 et s.

31. L'art. 631-2° s'applique aux rapports des associés dans les sociétés à objet civil qui, depuis la loi du 1er août 1893, se sont constituées sous la forme commerciale. — Lyon-Caen et Renault, *loc. cit.* — V. *suprà*, t. 1, p. 295, 2e append. au liv. 1er, tit. III, L. 1er août 1893, art. 6, n. 55.

32. La compétence des tribunaux de commerce en matière de société commerciale comporte les mêmes restrictions que leur compétence vis-à-vis de commerçants : il faut que le procès, dans lequel un associé se trouve directement ou indirectement intéressé, soit relatif à un acte de commerce ou, tout au moins, à un acte ayant trait au commerce. — Lyon-Caen et Renault, t. 1, n. 365. — V. *suprà*, n. 9 et s.

33. Ainsi, il n'y a pas lieu de faire application de l'art. 631-2° au procès engagé par un associé contre la société ou réciproquement, en vue de faire exécuter un contrat que l'associé a passé comme un tiers et non comme un associé. — Lyon-Caen et Renault, *loc. cit.*

34. Le tribunal de commerce est incompétent pour statuer entre un associé et l'héritier de son coassocié sur l'interprétation d'un écrit laissé par ce coassocié, l'héritier soutenant que l'acte, simple sous-seing privé ordinaire, l'a substitué comme associé à son auteur, tandis que l'associé survivant prétend que cet acte constitue un testament olographe révoqué par un testament postérieur. — Le tribunal de commerce, ainsi saisi de la question de savoir si l'acte est ou n'est pas un testament, et s'il doit produire effet ou s'il n'a pas été révoqué, est incompétent *ratione materiæ*. — Rouen, 16 déc. 1877 [S. 79. 2. 294, P. 79. 1146] — V. *suprà*, t. 1, p. 213, L. 24 juill. 1867, art. 28, n. 8, art. 35, n. 10 et s. — Sur la compétence des tribunaux de commerce à l'égard des sociétés à objet civil, transformées ou constituées sous forme de société commerciale, V. *suprà*, t. 1, p. 295 L. 1er août 1893, art. 6, n. 55 et s.

35. Il en est ainsi du moins, lorsque la prétention de l'associé survivant de faire considérer l'acte comme un testament, repose sur des données sérieuses, par exemple si cet acte offre tous les caractères d'un testament olographe. — Même arrêt.

36. Et le tribunal de commerce ne saurait se déclarer compétent par application de la maxime que « le juge de l'action est juge de l'exception » : l'objet essentiel de l'action étant ici de faire statuer sur la nature et l'efficacité de l'acte. — Même arrêt.

37. Le tribunal de commerce n'est pas compétent pour statuer sur les difficultés relatives à un compte rendu à des associés par un tiers. — Rennes, 8 août 1821 [S. et P. chr.]

38. D'une façon plus générale, l'art. 631-2° ne s'applique pas et la question reste soumise aux principes du droit commun, dans les hypothèses où le procès ne se cantonne pas entre associés, mais où il y figure comme demandeur ou défendeur un tiers quelconque, tel qu'un créancier ou un débiteur de la société. — Lyon-Caen et Renault, *loc. cit.*

§ 4. *Des contestations relatives aux actes de commerce.*

39. Les non-commerçants sont, comme les commerçants eux-mêmes, justiciables des tribunaux de commerce, par cela seul qu'ils sont poursuivis à raison d'actes de commerce : par suite, tout arrêt qui suppose qu'il faut être commerçant pour être justiciable de ces tribunaux, doit être cassé comme contraire à l'article 631. — Cass., 3 juin 1817 [S. et P. chr., D. *Rép.*, v° *Compét. comm.*, n. 46] — Sur ce qu'il faut entendre par actes de commerce, V. *infrà*, art. 632, n. 3 et s., art. 633, n. 1 et s.

40. L'obligation que contracte un aubergiste envers les voituriers logeant chez lui, quant à la garde des objets accompagnant ces derniers, a le caractère d'engagement commercial, qui soumet l'aubergiste à la juridiction du tribunal de commerce. — Caen, 27 févr. 1847 [S. 48. 2. 192, P. 48. 2. 102]

41. Les tribunaux de commerce sont compétents pour statuer sur des chefs de demandes d'une nature purement civile, mais qui sont l'accessoire inséparable d'actions commerciales dont ils se trouvent saisis. — Colmar, 13 mars 1850 [S. 51. 2. 540, P. 51. 1. 210]

42. Spécialement, un tribunal de commerce peut statuer sur une demande en mainlevée d'inscription formée comme conséquence de l'action principale en nullité d'un contrat commercial en vertu duquel cette inscription a été prise. — Même arrêt.

43. Le tribunal de commerce saisi d'une demande en paiement d'un effet de commerce est compétent pour statuer en même temps sur la validité d'une opposition au paiement de cet effet formée par un tiers : la question résultant de cette opposition ne doit être considérée que comme un accessoire à la cause principale. — Rennes, 12 mars 1819 [S. et P. chr.]

44. Peu importe qu'à raison de la qualité de l'une des parties, la cause fût de nature à être communiquée au ministère public devant le tribunal civil. — Même arrêt.

§ 5. *Des débats entre deux parties dont une seule est commerçante ou à propos d'une opération qui n'est commerciale que pour l'une des parties. — Des actes mixtes.*

45. Le même acte n'a pas nécessairement le même caractère pour toutes les parties qui y interviennent et il peut se faire qu'un acte soit commercial pour l'une d'elles et non commercial pour l'autre; on dit alors que l'acte est mixte. On soutient, dans un premier système, que la compétence doit se déterminer par le caractère que présente l'acte mixte pour le défendeur, de telle sorte que les tribunaux civils d'arrondissement ou les tribunaux de commerce sont compétents suivant que l'acte est civil ou commercial par rapport à ce défendeur. C'est là, disent les partisans de ce système, la seule solution, qui soit conforme aux principes généraux du droit : en principe, en effet, on se place au point de vue du défendeur pour déterminer quel est le tribunal compétent. — Bourges, 25 août 1830 [P. chr., D. *Rép.*, v° *Compét. comm.*, n. 23] — Orléans, 5 mars 1842, [S. 42. 2. 393, P. 42. 1. 453, D. P. 42. 2. 212, D. *Rép.*, *loc. cit.*] — Bastia, 10 août 1831, [S. 33. 2. 87, P. chr., D. P. 32. 2. 198, D. *Rép.*, *loc. cit.*] — *Sic*, Carré, t. 2, p. 533; Bédarride, *De la juridiction commerciale*, n. 193; Orillard, p. 216; Demangeat sur Bravard, t. 6, p. 388; Lyon-Caen et Renault, t. 1, n. 361; Thaller, n. 34; Boitard, Colmet-Daage et Glasson, t. 1, n. 145; Bioche, n. 88; Chauveau, sur Carré, quest. 277 *bis*.

46. Jugé, dans le sens de ce premier système, qu'un particulier non commerçant, qui n'a point acheté pour revendre, ne peut pas poursuivre la nullité des ventes à lui faites, devant les tribunaux

de commerce, encore que le vendeur soit négociant, et que les marchandises aient été achetées en foire. — Nîmes, 19 août 1809 [S. et P. chr., D. A. 2. 722, D. *Rép.*, v° *Acte de comm.*, n. 31]

47. Dans un second système, au contraire, on distingue suivant que l'action est exercée par la partie qui a fait un acte de commerce ou par celle qui a fait un acte civil; dans le premier cas, l'action doit nécessairement être portée devant les tribunaux civils d'arrondissement; dans le second, l'action peut, au gré du demandeur, être portée devant les tribunaux civils ou devant les tribunaux de commerce. — Merlin, *Quest. de dr.*, v° *Acte de commerce*, § 9; Pardessus, t. 4, n. 1347; Alauzet, t. 8, n. 2949; Nouguier, t. 1, n. 727; Acremant, *Compét. des trib. de comm.*, n. 36; Bourbeau, t. 7, n. 118; Bodière, t. 1, p. 42; Garsonnet et Cézar-Bru, t. 2, p. 82, § 440; Ruben de Couder, v° *Compétence*, n. 62; Rousseau et Laisney, v° *Compét. des trib. comm.*, n. 65; Boistel, n. 1467; Thaller, n. 34.

48. Ainsi, d'une part, la partie qui n'a pas fait acte de commerce n'est justiciable que du tribunal civil, et ne peut être assignée devant le tribunal de commerce. — Colmar, 28 nov. 1849 [S. 51. 2. 331, P. 51. 1. 212, D. P. 52. 2. 201]

49. Mais, d'autre part, quand un débat s'élève entre deux parties dont l'une seulement est commerçante ou à propos d'une opération qui n'est commerciale que pour l'une des parties, celle des parties qui n'est pas commerçante ou qui n'a pas fait acte de commerce peut, à son choix, actionner le défendeur commerçant, soit devant le tribunal civil, soit devant le tribunal de commerce. — Cass., 12 déc. 1836 [S. 37. 1. 412, P. chr., D. P. 37. 1. 194, D. *Rép.*, v° *Compét. comm.*, n. 24]; 6 nov. 1843 [S. 44. 1. 168, P. 44. 1. 374, D. P. 43. 1. 476, D. *Rép.*, *loc. cit.*]; 22 févr. 1859 [S. 59. 1. 321, P. 59. 945, D. P. 59. 1. 268]; 26 juin 1867 [S. 67. 1. 290, P. 67. 750, D. P. 67. 1. 424]; 21 juill. 1873 [S. 73. 1. 446, P. 73. 1143, D. P. 74. 1. 264]; 30 juill. 1884 [S. 85. 1.77, P.85. 1. 161, et le rapport de M. Demangeat, D. P. 85. 1. 193]; 5 févr. 1896 [S. et P. 96. 1. 217, D. P. 96. 1. 578] — Bourges, 17 juill. 1837 [S. 38. 2. 120, P. 37. 2. 408, D. P. 38. 2. 81, D. *Rép.*, *loc. cit.*]; 31 mars 1841 [S. 42. 2. 78, P. 42. 1. 200, D. P. 42. 2. 55, D. *Rép.*, *loc. cit.*] — Paris, 30 déc. 1853 [S. 54. 2. 120, P. 54. 1. 117]; 26 févr. 1874 [S. 76. 2. 2, P. 76. 82, D. P. 76. 2. 216]; 10 févr. 1883 [S. 83. 2. 197, P. 83. 1. 991]; — Limoges, 3 mars 1885 [S. 85. 2. 150, P. 85. 1. 821] — *Sic*, Alauzet, t. 8, n. 2949; Nouguier, t. 1, p. 350; Horson, *Quest. sur le Code de comm.*, t. 2, p. 455; Dageville, t. 1, p. 17. — Sur la représentation des livres de commerce au cas où l'acte n'est pas commercial à l'égard des deux parties, V. *suprà*, art. 12, n. 9 et s.

50. Cette partie ne perd pas, en se constituant demanderesse, le droit d'être jugée par la juridiction civile compétente à son égard. — Cass., 5 févr. 1896, précité.

51. Il a été aussi décidé que si le tiers, qui invoque, à l'encontre d'un commerçant, un quasi-contrat ou un quasi-délit, dérivant de faits qui, commis, soit par le commerçant, soit par des personnes dont il répond, se rattachent à l'exercice de son commerce ou de son industrie, n'est pas commerçant, il peut, à son choix, assigner le commerçant devant la juridiction civile ou devant la juridiction consulaire, sans que celui-ci puisse décliner la compétence de l'une ou de l'autre. — Cass., 28 oct. 1896 [S. et P. 97. 1. 436, D. P. 97. 1. 583]

52. Spécialement, le tuteur, qui demande la nullité d'une vente de meubles du mineur pour inobservation des formalités prescrites par l'art. 452, C. civ., peut actionner l'acheteur devant le tribunal de commerce, lorsque l'acte en question a constitué de la part de l'acheteur une opération commerciale. — Cass., 21 juill. 1873, précité. — *Sic*, Ruben de Couder, v° *Compét.*, n° 62.

53. Un commis ou directeur employé par une société commerciale, qui, en traitant avec cette société, n'a pas fait personnellement un acte de commerce, peut l'actionner devant le tribunal civil. — Cass., 22 févr. 1859, précité. — V. Devilleneuve, Massé et Dutruc, *Dict. du cont. comm.*, v° *Commis*, n. 32 et s.

54. Décidé qu'un ouvrier (facteur) qui, en traitant avec le commerçant qui l'emploie, n'a pas fait personnellement un acte de commerce, peut traduire ce commerçant devant le tribunal civil, bien qu'aux termes de l'art. 634, *infrà*, le commerçant, s'il était demandeur, pût assigner l'ouvrier devant le tribunal de commerce. — Cass., 12 déc. 1836 [S. 37. 1. 412, P. chr., D. P. 37. 1. 194, D. *Rép.*, v° *Compét. comm.*, n. 24] — V. *infrà*, art. 634.

55. Un syndicat professionnel, peut, comme toute personne non commerçante, introduire, à son choix, devant le tribunal civil ou le tribunal de commerce, une demande relative à une obligation qui n'est commerciale que de la part du défendeur. — Caen, 30 mai 1892 [S. et P. 94. 2. 139, D. P. 93. 2. 245]

56. Le commerçant qui vend, en foire publique, des marchandises de son commerce, à un non-commerçant et pour l'usage particulier de celui-ci, peut, à raison de ce fait, être assigné devant le tribunal de commerce. — Toulouse, 24 déc. 1824 [S. et P. chr., D. *Rép.*, v° *Acte de commerce*, n. 32] — *Sic*, Vincens, *Législ. comm.*, t. 1, p. 123; Pardessus, t. 1, n. 20 et t. 4, n. 1346 (l'auteur avait antérieurement professé l'opinion contraire); Horson, *Quest. sur le Cod. de comm.*, t. 2, p. 455; Orillard, n. 300; Nouguier, t. 1, p. 347.

§ 6. *Des actions comprenant plusieurs chefs de demande ou exercées contre plusieurs défendeurs.*

57. On admet généralement que les tribunaux civils, ayant la plénitude de juridiction, sont seuls compétents, à l'exclusion des tribunaux de commerce, pour statuer sur une demande reposant sur plusieurs chefs, les uns offrant un caractère commercial, les autres un caractère civil. — V. Toulouse, 6 juill. 1841 [P. 41. 2. 472, D. *Rép.*, v° *Comp. comm.*, n. 19] — V. cep. Metz, 21 avr. 1818 [S. et P. chr., D. A. 3. 332] — Paris, 18 mars 1836 [P. chr., D. P. 36. 2. 54, D. *Rép.*, *loc. cit.*] — Sur la compétence du tribunal civil à l'effet de statuer sur une demande comprenant des obligations civiles et des obligations commerciales, V. notre *Code de procédure civile annoté*, art. 59, n. 150; t. 1er, p. 711, appendice à l'art. 168, n. 71 et s.

58. La même solution doit être appliquée, par analogie de motifs, au cas où une demande est intentée contre plusieurs défendeurs dont les uns sont obligés commercialement et les autres civilement. Ici encore, le tribunal de commerce ne peut statuer qu'à l'égard des débiteurs obligés commerciale-

ment si l'affaire est divisible; et, s'il y a indivisibilité, il doit renvoyer l'affaire tout entière devant la juridiction civile. — Lyon-Caen et Renault, t. 1, n. 361 *bis*. — Sur la nature du cautionnement qui garantit le paiement d'une dette commerciale, V. *infrà*, art. 632, n. 26 et s., et les renvois.

59. Il a été décidé qu'un individu non marchand peut, pour l'exécution des engagements qu'il a contractés solidairement avec un marchand, être traduit conjointement avec ce marchand devant le tribunal de commerce. — Cass., 10 (13) vend. an XIII [S. et P. chr., D. A. 2. 716, D. *Rép.*, v° *Compét. comm.*, n. 140]

60. Au surplus, l'art. 59-2° reçoit son application, c'est-à-dire qu'au cas de pluralité de défendeurs, le tribunal du domicile de l'un d'eux est compétent à l'égard des autres défendeurs, alors que ces défendeurs relèvent les uns et les autres de tribunaux appartenant à la même juridiction. — Ainsi, lorsqu'à raison de l'avarie survenue à des marchandises en cours de voyage, le destinataire actionne tout à la fois le transporteur et l'assureur, en ce que la responsabilité doit peser sur l'un ou sur l'autre, selon que l'avarie résulterait d'une faute du transporteur ou d'une fortune de mer, il y a entre les deux actions un lien nécessaire autorisant le destinataire à assigner les deux défendeurs devant la même juridiction. — Cass., 29 juill. 1868 [S. 68. 1. 404, P. 68. 1087]; 14 mars 1883 [S. 83. 1. 259, P. 83. 1. 625]

§ 7. *Des demandes reconventionnelles et des demandes en garantie incidentes.*

61. Le tribunal de commerce, saisi d'une demande principale, peut connaître d'une demande reconventionnelle ou d'une action en garantie incidente lorsqu'à raison de la qualité des personnes ou de la nature de l'acte, cette demande reconventionnelle ou cette action en garantie relève de la juridiction des tribunaux de commerce. — Garsonnet et Cézar-Bru, t. 2, p. 97, § 449. — V. notre *Code de procédure civile annoté*, t. 1er, p. 708, appendice à l'art. 168, n. 22, n. 75; art 181, n. 1 et s.; notre *Rép. gén. alph. du dr. fr.*, v° *Compétence civile et commerciale*, n. 873 et s.

62. Ainsi, le tribunal de commerce est compétent pour connaître d'une demande reconventionnelle qui, se rattachant intimement à la demande principale, participe de sa nature commerciale : spécialement, il peut, sur une action en paiement d'ustensiles destinés à l'exploitation d'une entreprise commerciale, statuer sur la demande reconventionnelle en restitution d'ustensiles qui auraient été donnés pour modèles. — Orléans, 31 août 1852 [P. 52. 2. 697, D. P. 55. 2. 316]

63. De même, le tribunal de commerce, compétent pour connaître d'une demande portée devant lui à fin de paiement de marchandises, l'est également pour apprécier le mérite de la compensation opposée par le défendeur et fondée sur la fourniture d'autres marchandises. — Riom, 26 févr. 1849, [P. 49. 2. 444, D. P. 50. 2. 111]

64. La juridiction commerciale, compétente pour connaître de l'action d'un agent d'affaires en paiement d'une commission stipulée pour rémunération de ses services dans la négociation de la vente d'un fonds de commerce, l'est aussi pour connaître de la demande reconventionnelle formée par le propriétaire du fonds à l'effet d'obtenir remboursement des sommes payées par lui à titre d'acompte sur cette commission. — Cass., 15 déc. 1856 [P. 58. 432, D. P. 57. 1. 170]

65. Le tribunal de commerce, saisi de l'action d'un commis contre son patron en paiement de ses salaires, est compétent pour statuer sur la demande reconventionnelle formée par le patron en vertu de l'art. 634, *infrà*, à fin d'imputation, sur les salaires réclamés, de sommes que le commis aurait prises et employées pour son profit personnel, alors que ces sommes constituent un élément du compte de gestion à raison duquel le commis est justiciable des tribunaux de commerce aux termes de l'article précité. — Cass., 20 mars 1865 [S. 66. 1. 333, P. 66. 898, D. P. 66. 1. 268] — V. *infrà*, art. 634.

66. Le tribunal compétent pour statuer sur la réclamation formée contre un entrepreneur de travaux, en paiement de fournitures, est également compétent pour connaître de la demande en garantie dirigée contre une compagnie de chemins de fer dont le demandeur soutient, même à tort, que l'entrepreneur n'est que l'agent. — Angers, 30 mai 1849 [S. 51. 2. 601, P. 52. 1. 304, D. P. 54. 2. 180]

67. En sens inverse, et bien que la question ait été controversée (V. notre *Code de procédure civile annoté*, art. 181, n. 14 et s.), on peut considérer comme généralement admis à l'heure actuelle que le tribunal de commerce ne peut statuer sur une demande reconventionnelle ayant un caractère civil. — Cass., 2 avr. 1862 [S. et P. 96. 2. 217, *ad notam*, D. P. 63. 1. 454] — Pau, 22 avr. 1890 [S. et P. *Ibid.*, D. P. 91. 2. 71] — Dijon, 19 nov. 1894 [S. et P. 96. 2. 217, et la note de M. Tissier, D. P. 95. 2. 95] — Bruxelles, 21 avr. 1818 [S. et P. chr., D. A. 3. 365, D. *Rép.*, v° *Compét. comm.*, n. 334] — *Sic*, Nouguier, t. 2, p. 380; Despréaux, *Compét. des trib. de comm.*, n. 96; David, *De la compét., en mat. comm.*, n. 13; Albert Desjardins, *De la compensation et des demandes reconventionnelles*, n. 151; Garsonnet et Cézar-Bru, t. 2, p. 97, § 449; Alauzet, t. 8, n. 2954; Bravard-Veyrières et Demangeat, t. 6, p. 464; Lyon-Caen et Renault, *Précis*, t. 2, n. 3189, et *Tr.*, t. 1er, n. 380 *bis*; Ruben de Couder, v° *Compétence*, n. 155; Devilleneuve, Massé et Dutruc, *Dict. du content. comm.*, v° *Compétence*, n. 41.

68. Il en est ainsi, spécialement, au cas d'une demande reconventionnelle qui, à raison de la qualité de la personne contre laquelle elle est dirigée, ne rentre pas dans les limites de la compétence du tribunal de commerce. — Dijon, 19 nov. 1894, précité.

69. Jugé, par application de ce principe, que le juge, saisi d'une demande reconventionnelle, au cours d'un litige de sa compétence, ne pouvant retenir la demande reconventionnelle qu'au cas où il pourrait également le faire si la demande était principale, le tribunal de commerce, saisi d'une action en nullité de délibérations d'une société anonyme, dirigée par un actionnaire contre la société, est incompétent *ratione materiæ* pour connaître de l'action en dommages-intérêts formée reconventionnellement par la société contre l'actionnaire en réparation du préjudice qui lui aurait été causé par la multiplicité des instances formées par l'actionnaire contre la société, les agissements imputés à l'actionnaire, n'ayant pas par eux-mêmes, quoiqu'ils

aient été dirigés contre une société commerciale, un caractère commercial, et l'actionnaire ne pouvant, à raison de cette seule qualité, être commerçant. — Paris, 19 févr. 1897 [S. et P. 99. 2. 185, et la note de M. Wahl] — Sur le principe que l'actionnaire d'une société anonyme n'est pas commerçant, V. Lyon-Caen et Renault, *Tr. de dr. comm.*, t. 1er, n. 204 *bis*. — V. *infrà*, art. 632, n. 461 et s.

70. Il en est ainsi du moins, alors que la demande principale et la demande reconventionnelle ne sont pas en fait nécessairement indivisibles. — Même arrêt.

71. En effet, la règle que le tribunal de commerce ne peut connaître d'une demande reconventionnelle ayant un caractère civil souffre exception, lorsqu'il y a indivisibilité entre la demande reconventionnelle et la demande principale. — Cass., 2 avr. 1862, précité. — Pau, 22 avr. 1890, précité. — *Sic*, Alauzet, t. 8, n. 2954 ; Devilleneuve, Massé et Dutruc, *Dict. du content. comm.*, v° *Compétence*, n. 41. — *Contrà*, Lyon-Caen et Renault, t. 1er, n. 380 *bis;* Tissier, note précitée.

72. Une demande reconventionnelle peut être formée devant un tribunal de commerce compétemment saisi de la demande principale, encore bien que cette demande reconventionnelle porte sur des choses hors de sa compétence, si le jugement de l'une et l'autre demandes dépend de l'examen d'un compte à faire entre les parties et dont les éléments sont indivisibles. — Cass., 8 août 1860 [S. 61. 1. 535, P. 61. 893, D. P. 60. 1. 497]

73. Il en est ainsi, lorsque la demande reconventionnelle est la conséquence directe et nécessaire de la décision à intervenir sur la demande principale, en telle sorte que la décision intervenue sur l'une implique nécessairement la solution que l'autre doit recevoir. — Dijon, 19 nov. 1894, précité.

74. Mais le tribunal n'est pas compétent pour statuer sur les conclusions reconventionnelles tendant à la condamnation du demandeur à des dommages-intérêts pour le préjudice causé au défendeur par des livraisons défectueuses à lui faites, parce que cette demande reconventionnelle, bien que fondée sur l'exécution de la convention servant de base à l'action principale, n'a pas une relation directe et nécessaire avec la demande. — Même arrêt.

75. La règle que les tribunaux de commerce ne peuvent connaître d'une demande reconventionnelle qui ne rentre pas dans les limites de leur compétence, souffre également exception, lorsqu'il s'agit d'un moyen de défense, et en quelque sorte d'une réponse directe à l'action principale. — Même arrêt.

76. ... Pourvu toutefois qu'il ne s'agisse pas de questions qui, par leur nature, ressortissent nécessairement à une autre juridiction. — Même arrêt.

77. Spécialement, le tribunal de commerce, saisi d'une demande formée par un non-commerçant en paiement de marchandises, est compétent pour statuer sur les conclusions du défendeur ayant pour but d'établir qu'il ne doit pas la somme réclamée, parce que le demandeur aurait commis envers lui une fraude, dont la constatation entraînerait, aux termes de la convention, la perte du droit de demander le paiement des marchandises, et rendrait même exigible une indemnité fixée par une clause pénale. — Même arrêt.

78. Ce qui vient d'être dit pour les demandes reconventionnelles est également exact en ce qui concerne les demandes en garantie. — Ainsi, un tribunal de commerce, légalement saisi d'une demande principale, n'est pas néanmoins compétent pour connaître d'une demande en garantie formée à l'occasion de cette demande principale, alors que l'action en garantie est exercée contre un non-commerçant et résulte d'un fait purement civil. — Spécialement, le marchand qui a vendu un cheval à un particulier et a été assigné en nullité de la vente devant le tribunal de commerce, ne peut appeler en garantie devant le même tribunal le propriétaire non-commerçant duquel il avait lui-même acheté le cheval. — Paris, 14 juill. 1825 [S. et P. chr., D. P. 25. 2. 234, D. *Rép.*, v° *Compét. comm.*, n. 336] — V. Lyon-Caen et Renault, t. 1er, n. 380 *bis.*

79. Le tribunal de commerce est incompétent pour connaître d'une demande en garantie formée contre le non-commerçant qui a transmis par voie d'endossement un simple billet non négociable, et souscrit par un non-commerçant. — Paris, 14 févr. 1839 sous Cass., 8 août 1842 [S. 43. 1. 62, P. 43. 1. 161, D. P. 42. 1. 425] — V. notre *Code de procédure civile annoté*, art. 181, n. 6 et s.

§ 8. *Des moyens opposés aux demandes dont les tribunaux de commerce sont saisis.*

A. *Moyens dont les tribunaux de commerce peuvent apprécier le bien fondé.* — 80. Le tribunal de commerce est compétent pour apprécier les moyens allégués par le défendeur lorsque ces moyens sont fondés sur des règles du droit commercial : sous ce rapport, il ne saurait y avoir de difficulté, mais le même accord n'existe pas en ce qui concerne les moyens déduits des règles du droit civil; on admet, dans un système, que le tribunal de commerce est incompétent pour en connaître et que, quand le défendeur invoque un moyen de cette nature, le tribunal de commerce doit toujours surseoir à statuer jusqu'à ce que le moyen ait été apprécié par les tribunaux de droit commun. — Orillard, n. 85; Nouguier, t. 2, p. 113 ; Ruben de Couder, v° *Compétence*, n. 28; Rousseau et Laisney, v° *Compét. des trib. de comm.*, n. 27 ; Carré et Chauveau, quest. 1527. — V. notre *Code de procédure civile annoté*, art. 59, n. 560 et s., art. 181, n. 6 et s., art. 426, n. 17 et s., notre *Rép. gén. alph. du dr. fr.*, v° *Compétence civile et commerciale*, n. 902; sur la règle à suivre à l'égard des demandes reconventionnelles et des demandes en garantie, V. *suprà*, n. 61 et s.

81. Ainsi, le tribunal de commerce, saisi d'une demande en paiement d'un billet à ordre souscrit par un mandataire, n'est pas compétent, dans le cas où le mandant (défendeur) soutient que le mandat ne donnait pouvoir au mandataire que de souscrire des billets simples et non des billets à ordre, pour examiner à cet égard le mérite de la procuration, en apprécier l'étendue, les effets et la conséquence. — C'est là une question dont la connaissance appartient exclusivement aux tribunaux civils. — Poitiers, 26 août 1828 [S. et P. chr., D. P. 29. 2. 132, D. *Rép.*, *v° cit.*, n. 349]

82. Quand un aval a été signé par une femme en vertu de la procuration de son mari, et que celui-ci, non négociant, dénie cette procuration, le tribunal de commerce est incompétent pour statuer sur son existence. — Orléans, 27 janv. 1847 [P. 47. 1. 399]

83. Lorsque devant le tribunal de commerce

saisi de l'action en paiement de lettres de change ou de billets à ordre, il est reconnu par toutes les parties que la cause de ces effets était une dette de jeu, à raison de laquelle il s'agit d'examiner si la loi accorde ou refuse l'action en justice, le tribunal de commerce devient incompétent pour statuer sur ce moyen de défense, et doit, même d'office, renvoyer l'affaire devant la juridiction civile, seule compétente pour statuer sur l'exception de jeu. — Montpellier, 4 juill. 1828 [P. chr., D. *Rép.*, *v° cit.*, n. 352]

84. D'après un second système, les tribunaux de commerce, compétemment saisis d'une demande, sont également compétents, sauf exceptions indiquées par la loi, pour statuer sur tous les moyens de défense opposés à cette demande, alors même que ces moyens de défense soulèvent des questions qui ne rentrent point dans la compétence *ratione materiæ* des tribunaux de commerce. — Garsonnet et Cézar-Bru, t. 2, p. 87, § 444; Rodière, t. 1, p. 101; Bourbeau, t. 6, p. 299 et s.; Lyon-Caen et Renault, t. 1er, n. 380. — Sur le droit pour les tribunaux de commerce d'accorder, aux femmes mariées qui plaident devant eux, l'autorisation que leurs maris leur refusent, V. notre *Code civil annoté*, art. 218, n. 54; Ruben de Couder, v° *Compétence*, n. 34; V. cep. Chauveau, sur Carré, quest. 2910 *bis*.

85. Jugé, en ce sens, qu'un tribunal de commerce peut connaître des exceptions ou incidents qui n'ont rien de commercial, mais qui se résolvent en moyens pour faire accueillir ou rejeter la demande principale. — Ainsi, lorsqu'un endosseur d'effet de commerce est cité devant le tribunal de commerce, par voie de recours, de la part du porteur, à défaut de paiement d'un effet protesté, s'il arrive que le défendeur conteste la recevabilité de l'action récursoire en soutenant qu'elle s'est éteinte par défaut de protêt régulier, cette question incidente doit (et ceci est sans difficulté) être décidée, comme la contestation principale, par le tribunal de commerce. — Mais si le demandeur soutient, à son tour, qu'en supposant le protêt nul, la nullité aurait été causée par les manœuvres frauduleuses de l'endosseur, assigné en recours, et que, sous forme de dommages-intérêts, pour avoir causé la nullité du protêt, le défendeur doit être condamné à une somme égale à la valeur du billet pour lequel il y a contre lui action récursoire, cette dernière exception se rattache encore, et nécessairement, à l'examen de la demande principale; elle peut être jugée par le tribunal de commerce. — Cass., 2 août 1827 [S. et P. chr., D. P. 27. 1. 440, D. *Rép.*, *v° cit.*, n. 344]

86. Un tribunal de commerce saisi d'une demande en paiement d'une dette commerciale est compétent pour statuer sur l'effet libératoire d'une cession de créance faite par le débiteur à son créancier en paiement de la dette, et qui est demeuré sans profit pour le cessionnaire par suite de l'insolvabilité du débiteur cédé. — Bordeaux, 8 mars 1844 [S. 45. 2. 1, P. 45. 1. 164, D. P. 45. 4. 100, D. *Rép.*, *v° cit.*, n. 351] — *Sic*, Devilleneuve, Massé et Dutruc, v° *Compét. commerc.*, n. 25.

87. Le tribunal de commerce saisi d'une demande en paiement d'une lettre de change est compétent pour connaître des exceptions opposées à cette demande, et spécialement du moyen tiré de ce que la lettre de change aurait pour cause un supplément de prix d'un office ministériel, et serait, par conséquent, nulle. — Cass., 30 juill. 1855 [S. 56. 1. 864, P. 58. 313, D. P. 55. 1. 422]

88. Peu importe que l'action en nullité de l'obligation ayant pour objet un supplément de prix soit en même temps pendante devant un tribunal civil, si le tribunal de commerce a été saisi le premier. — Même arrêt.

B. *Moyens dont les tribunaux de commerce ne peuvent rechercher le bien fondé.* — 89. Si, avec le second système exposé dans les nos 84 et s., l'on admet qu'en thèse générale les tribunaux de commerce sont compétents pour apprécier les moyens reposant sur d'autres principes que ceux du droit commercial, on doit reconnaître cependant que cette règle générale de la compétence des tribunaux de commerce comporte une double série d'exceptions : l'une concerne les questions de propriété ou de privilège, l'autre les questions d'état. — Garsonnet et César-Bru, t. 2, p. 32, § 412; Chauveau, sur Carré, quest. 1527; Pardessus, t. 4, n. 1348; Ruben de Couder, n. 19; Rousseau et Laisney, n. 10 et s.; Merlin, *Rép.*, v° *Consuls des marchands*, § 2, n. 3. — V. notre *Rép. gén. alph. du dr. fr.*, v° *Compétence civ. et commerc.*, n. 925 et s.; notre *Code de procédure civile annoté*, art. 426, n. 22 et s. — Sur l'incompétence des tribunaux de commerce à connaître, soit par voie principale, soit par voie incidente, des questions relatives à l'état des personnes, V. notre *Code de procédure civile annoté*, art. 426, n. 11 et s.; notre *Rép. gén. alph. du dr. fr.*, v° *Compétence civile et commerciale*, n. 930 et s.; Lyon-Caen et Renault, t. 1, n. 373, p. 380. — Sur l'incompétence des tribunaux de commerce à statuer sur les questions d'inscription de faux et de vérification d'écriture, V. notre *Code de procédure civile annoté*, art. 427, n. 1 et s.

90. Ainsi, dans ce système, le tribunal de commerce est incompétent pour connaître d'une contestation existant entre deux commerçants sur la propriété d'un terrain bien que ce terrain, serve d'emplacement à un établissement de commerce. — Douai, 3 juin 1812 [S. et P. chr., D. *Rép.*, v° *Compét. comm.*, n. 123]

91. Il en est de même à l'égard de la demande en restitution d'objets prétendus enlevés par un négociant à un autre négociant : c'est là une action purement civile. — Cass., 11 (13) vend. an XIII [S. et P. chr., D. A. 3. 360, D. *Rép.*, v° *Acte de comm.*, n. 357]

92. De même, le tribunal de commerce, saisi d'une demande en condamnation solidaire contre le mari et la femme au paiement d'une dette que la femme marchande publique aurait contractée avant le mariage, n'est pas compétent pour décider si la dette a date certaine antérieure au mariage dans le sens de l'art. 1410, C. civ., et tombe dès lors à la charge de la communauté. — Cass., 6 juill. 1853 [S. 54. 1. 33, P. 53. 2. 19, D. P. 53. 1. 269]

93. Dans ce cas, l'exception d'incompétence peut être proposée pour la première fois en appel. — Même arrêt.

94. C'est au tribunal civil et non au tribunal de commerce qu'il appartient de prononcer sur une question de privilège élevée dans une faillite entre deux créanciers, lorsque d'ailleurs la faillite n'y est pas intéressée. — Cass., 17 juill. 1849 [S. 50. 1. 529, P. 49. 2. 649, D. P. 50. 1. 131]; 21 juill. 1851 [S. 51. 1. 608, P. 51. 2. 435, D. P. 51. 1. 199] — *Sic*, Pardessus, t. 4, n. 1186. — V. aussi Cass., 9 févr.

1886 [S. 89. 1. 220, P. 89. 1. 527, D. P. 86. 1. 453] — Poitiers, 2 avr. 1830 [S. et P. chr., D. P. 30. 2. 199, D. *Rép.*, v° *Faillite*, n. 1311] — V. *infrà*, art. 635.

95. Observons d'ailleurs qu'en sens inverse le tribunal de commerce de la faillite est compétent pour connaître d'une question de privilège, élevée entre deux créanciers, lorsque la faillite y est intéressée. — Limoges, 16 mai 1840 [S. 40. 2. 494, P. 40. 2. 433, D. P. 41. 2. 17, D. *Rép.*, v° *Compét. comm.*, n. 271] — Caen, 16 août 1842 [S. 43. 2. 91, P. 43. 1. 214, D. *Rép.*, *loc. cit.*]; 22 nov. 1894 [S. et P. 95. 2. 210] — Lyon, 23 déc. 1885 [S. 90. 1. 751, P. 90. 1. 157]

95 *bis*. ... Et spécialement, pour statuer sur le privilège réclamé par le propriétaire de la maison habitée par le failli. — Bordeaux, 17 déc. 1839 [S. 40. 2. 202, P. 43. 1. 212, D. P. 40. 2. 128, D. *Rép., loc. cit.*]

95 *ter*. Et le tribunal de commerce devant lequel le déclinatoire n'est pas proposé, doit se déclarer d'office incompétent. — Cass., 21 juill. 1851, précité.

96. Un tribunal de commerce ne peut statuer sur le privilège prétendu par un commissionnaire qui a fait des avances sur le prix à provenir des marchandises déposées dans ses magasins, et ordonner, par suite, la distribution des deniers, lorsque d'autres créanciers opposants sont intervenus et ont demandé le renvoi de la question de privilège devant les juges civils. — Paris, 25 janv. 1820 [S. et P. chr., D. A. 3. 374, D. *Rép.*, v° *Compét. comm.*, n. 72]

97. Le litige qui existe dans un ordre entre les créanciers inscrits, sur le *quantum* de la créance de l'un d'eux, résultant d'un crédit par lui ouvert au débiteur commun, ne peut être porté devant la juridiction commerciale, et notamment devant les arbitres auxquels se seraient soumis le débiteur commun et le créancier qui a ouvert le crédit, pour le règlement de leurs comptes. — En un tel cas, les créanciers inscrits ont, les uns à l'égard des autres, une action personnelle et directe, au moyen de laquelle ils ne sont pas liés par des engagements particuliers du débiteur commun, et en conséquence, ils sont fondés à réclamer la juridiction ordinaire et à décliner la juridiction commerciale saisie de la nomination d'arbitres, comme incompétente *ratione materiæ*. — Paris, 22 févr. 1831 [S. 31. 2. 140, P. chr., D. P. 31. 2. 162]

98. Mais il a été jugé que la contestation entre deux commerçants ayant pour objet la restitution de marchandises que l'un d'eux s'est fait remettre par le mandataire de l'autre, comme lui ayant été promises à titre de gage d'une créance, et que celui-ci prétend avoir été enlevées sans droit, est de la compétence du tribunal de commerce sous un double rapport : *ratione materiæ* et *ratione personæ*. — Cass., 31 mai 1836 [S. 36. 1. 857, P. chr., D. P. 36. 1. 378]

99. ... Et que le tribunal de commerce est compétent pour statuer sur l'action en revendication intentée par un négociant pour des marchandises qu'il prétend lui appartenir, et qui ont été remises à un autre négociant, par un ouvrier qu'ils employaient en commun. — Nîmes, 24 mars 1809 [S. et P. chr., D. A. 3. 361, D. *Rép.*, v° *Acte de comm.*, n. 348] — *Sic*, Nouguier, t. 1, p. 399.

100. ... Que le tribunal de commerce, saisi d'une demande en condamnation, à raison d'une créance commerciale, est compétent pour statuer sur le privilège attaché à cette créance. — Rouen, 24 mars 1872 [S. 73. 2. 137, P. 73. 586]

ART. **632** (*modifié : L. 7 juin 1894*). La loi répute actes de commerce :

Tout achat de denrées et marchandises pour les revendre, soit en nature, soit après les avoir travaillées et mises en œuvre, ou même pour en louer simplement l'usage;

Toute entreprise de manufactures, de commission, de transport par terre ou par eau;

Toute entreprise de fournitures, d'agences, bureaux d'affaires, établissements de ventes à l'encan, de spectacles publics;

Toute opération de change, banque et courtage;

Toutes les opérations des banques publiques;

Toutes obligations entre négociants, marchands et banquiers;

Entre toutes personnes, les lettres de change. — C. comm., 1, 110 et s., 631, 633.

INDEX ALPHABÉTIQUE.

DIVISION

§ 1er. *Des actes commerciaux par eux-mêmes.*

A. Généralités.

B. Achat pour revendre ou pour louer.

a) Achat.

b) Achat de denrées ou marchandises. Achat d'immeubles.

c) Achat de denrées ou marchandises pour les revendre ou pour en louer simplement l'usage.

C. Location en vue d'une sous-location.

D. Vente d'objets achetés en vue d'être revendus. Cession de brevets d'invention.

E. Cession à bail d'objets achetés ou loués en vue d'être loués.

F. De la vente et de l'exploitation de ses œuvres par un auteur ou par un artiste.

G. Entreprise de manufactures, de constructions, de commission, de transport par terre et par eau.

a) Entreprise de manufactures et de constructions.

b) Entreprise de commission.

c) Entreprise de transport par terre et par eau.

H. Entreprise de fournitures, d'agences, bureaux d'affaires, établissements de vente à l'encan, de spectacles publics.

a) Entreprise de fournitures.

b) Entreprise d'agences, bureaux d'affaires.

c) Entreprise de spectacles publics.

I. Opération de change, banque et courtage. Opérations des banques publiques, etc.

§ 2. *Des actes réputés commerciaux à raison de la qualité de leur auteur. Théorie de l'accessoire.*

A. Caractères généraux.

B. De l'achat et de la vente des fonds de commerce, des charges ou offices.

C. De l'émission et de la souscription aux actions des sociétés commerciales.

D. De l'assurance autre que les assurances maritimes.

E. Des quasi-contrats, quasi-délits et délits.

---

1. Bien que le Code de commerce ne se soit occupé de la distinction entre les actes civils et les actes commerciaux qu'au point de la compétence, cette distinction offre à d'autres égards un intérêt pratique considérable. — V. notre *Rép. gén. alph. du dr. fr.*, v° *Acte de commerce*, n. 7 et s., 18 et s. — Sur l'utilité de la distinction entre chacun de ces groupes d'actes, au point de vue de la compétence, V. *suprà*, art. 631, n. 1 et s., *infrà*, n. 3 et s., art. 633 et s., n. 1 et s. — . . au point de vue de l'acquisition de la qualité de commerçant, V. *suprà*, art. 1er, n. 11 et s. — ... au point de vue de la capacité requise pour faire des actes de commerce, V. *suprà*, art. 2, n. 77 et s., art. 3, n. 1 et s. — ... au point de vue de la preuve, V. notre *Code civil annoté*, art. 1341, n. 238 et s.; art. 1348, n. 144; *suppl.*, art. 1341 n. 74 et s., *suprà*, art. 109, n. 8 et s. — ... au point de vue des usages commerciaux, V. L. 13 juin 1866, art. 1er, *infrà*, appendice au

tit. 3, liv. 4 — ... au point de vue de gage, V. *suprà*, art. 91, n. 1 et s. — ... au point de vue du taux de l'intérêt, V. notre *Code civil annoté*, art. 1907, n. 86 et s. — ... au point de vue de la répression du crime de faux, V. notre *Code pénal annoté*, art. 147, n. 670 et s., art. 150 — ... au point de vue des droits d'enregistrement, V. L. 11-17 juin 1854, art. 22; Lyon-Caen et Renault, t. 1, n. 98. — Sur la suppression de la contrainte par corps en matière commerciale, V. L. 22 juill. 1867, art. 1er.

2. Au surplus, les règles posées dans les art. 632 et s., pour la distinction des actes commerciaux et des actes civils en ce qui concerne les règles de compétence doivent être étendues à toutes les espèces où, à un point de vue quelconque, il est utile de distinguer entre ces deux classes d'actes; on peut observer toutefois que si, en raison des circonstances de fait, un acte peut être considéré à certains points de vue et notamment en ce qui concerne la compétence comme civil à l'égard de l'une des parties et comme commercial à l'égard de l'autre partie, ce dualisme de nature ne se comprend pas à certains points de vue particuliers, en ce qui concerne par exemple le taux des intérêts. — V. Lyon-Caen et Renault, t. 1, n. 99, n. 101. — *Contrà*, Beslay, *Comment. du Code de commerce*, t. 1, n. 83 et 84.

§ 1er. — *Des actes commerciaux par eux-mêmes.*

A. *Généralités.* — 3. On ne saurait admettre de critérium qui permette de faire sûrement la distinction entre les actes commerciaux et les actes civils: il faut s'en tenir, en principe, aux dispositions des art. 632 et s., tout en donnant de ces textes une interprétation limitative, puisque les actes commerciaux, si nombreux et si importants qu'ils soient, constituent des actes exceptionnels. — Lyon-Caen et Renault, t. 1, n. 103 et 104; Labbé, note sous Paris, 15 févr. 1868 [S. 68. 2. 329, P. 68. 1223]; Thaller, *Tr. élément. de dr. comm.*, n. 6. — Sur l'idée de spéculation comme base de la distinction des actes en actes civils ou en actes commerciaux, V. Appert, *Des actes de commerce terrestre*; Thaller, n. 4 et 11. — Sur l'idée d'entremise employée à cette même fin, V. Beslay, n. 5 et s.

4. Cela étant, on comprend sans peine que, dans tous les cas où il y a doute sur la nature civile ou commerciale d'une convention faisant l'objet d'un litige, et par suite sur la juridiction qui doit être saisie de ce litige, la question doit être résolue dans le sens de l'attribution de la cause à la juridiction civile. — Poitiers, 7 janv. 1856 [S. 56. 2. 556, P. 56. 1. 355, D. P. 56. 2. 84, D. *Rép.*, v° *Organ. judic.*, n. 526] — *Sic*, Lyon-Caen et Renault, t. 1, n. 104. — V. notre *Rép. gén. alph. du dr. fr.*, v° *Acte de commerce*, n. 1.

5. On a soutenu, dans une opinion, que des pactes illicites ou immoraux ne pouvaient avoir le caractère d'actes de commerce et par suite imprimer à ceux qui les ont consentis la qualité de commerçants. — Décidé, à cet égard, que les teneurs de maisons de tolérance ne peuvent, à raison de l'exercice de leur industrie, être considérés comme commerçants. — Colmar, 28 juin 1866 [S. 66. 2. 364, P. 66. 1286] — Aix, 10 août 1883 [S. 85. 2. 200, P. 85. 1. 1125] — Cour de justice Genève, 7 sept. 1885 [S. 86. 4.8, P. 86. 2. 17] — *Sic*, sur le principe, Bozérian, *La Bourse*, t. 1, n. 385 *bis*. — *Contrà*, sur le principe, Alauzet, t. 1, n. 259; Massé, t. 2, n. 963 *in fine*; Ruben de Couder, v° *Commerçant*, n. 19-28°; Rousseau et Defert, *Code annoté de liquid. judic., des faillites et banqueroutes*, p. 7; Lyon-Caen et Renault, t. 1, n. 103 *bis*; Labbé, note sous Cass., 27 juin 1883 [S. 85. 1. 241, P. 85. 1. 609] — *Contrà*, sur l'application Lyon-Caen et Renault, *loc. cit.*; Massé, *loc. cit.* — V. enfin *infrà*, n. 335, notre *Rép. gén. alph. du dr. fr.*, v° *Acte de commerce*, n. 15 et s., 184 et s., 1314 et s.; notre *C. civ. annoté*, sur l'art. 1133, n. 77; notre *Code de commerce annoté*, art. 1, n. 59, 87, 117 et s. — Sur le caractère commercial ou civil de l'acquisition d'une maison de tolérance, V. *infrà*, n. 389 et s. — Sur le caractère commercial des marchés à terme non sérieux ne portant que sur des différences, V. Aix, 26 janv. 1841 [S. 42. 2. 7, P. 42. 1. 251, D. P. 42. 2. 79] — V. aussi *infrà*, n. 354, n. 361, n. 373, n. 448.

6. L'objet principal de leur exploitation n'a pas, en effet, un caractère commercial. — Cour de justice Genève, 7 sept. 1885, précité.

7. Peu importe que, accessoirement et dans l'intérêt de leur exploitation, ils se livrent à quelques actes de commerce, tels que des achats de vins et de denrées alimentaires pour les revendre; cela ne suffit pas pour leur donner la qualité de commerçants. — Même arrêt.

8. En conséquence, ils ne peuvent être assignés devant le tribunal de commerce, en payement des fournitures de marchandises à eux faites, lorsque, en recevant ces fournitures, ils n'ont pas fait acte de commerce. — Aix, 10 août 1883, précité.

9. Ils ne sauraient non plus être déclarés en faillite. — Cour de justice Genève, 7 sept. 1885, précité.

10. Au surplus, les teneurs de maison de tolérance qui achètent des vins et liqueurs pour les revendre, et qui font ainsi habituellement des actes de commerce, sont des commerçants. — Trib. comm. Genève, 18 juin 1885 [S. 85. 4. 24, P. 85. 2. 31] — *Sic*, Massé, *loc. cit.* — V. notre *Rép. gén. alph. du dr. fr.*, v° *Acte de commerce*, n. 186.

11. De même, et spécialement, le teneur d'une maison de tolérance fait des actes de commerce, et doit même être considéré comme commerçant, lorsqu'il achète habituellement, soit des marchandises, étoffes, costumes, etc., pour les revendre ou les louer à ses pensionnaires, soit des denrées alimentaires et boissons, pour les revendre à sa clientèle, et que, en réalité, outre son établissement principal, il tient un café, si ce n'est même une pension. — Cour de justice Genève, 7 sept. 1885, précité. — Trib. comm. Genève, 24 sept. 1885 [S. 86. 4. 8, P. 86. 2. 17] — V. notre *Rép. gén. alph. du dr. fr.*, v° *cit.*, n. 187.

12. En conséquence, il est justiciable du tribunal de commerce, à raison des fournitures qui lui sont ainsi faites pour son exploitation... — Même arrêt et même jugement.

13. ... Et il peut aussi, dès lors, être mis en faillite. — Trib. comm. Genève, 18 juin 1885, précité.

14. Tout au moins, un teneur de maison de tolérance fait acte de commerce en achetant des vêtements et autres objets pour les revendre ou les louer avec profit aux filles de son établissement; dès lors, le tribunal de commerce est compétent pour connaître des contestations relatives à ces achats. — Colmar, 28 juin 1866, précité.

15. Les actes commerciaux des personnes à qui le commerce est interdit n'en sont pas moins à considérer comme des actes de commerce. — Pardessus, t. 1, n. 76; Vincens, *Législ. comm.*, t. 1, p. 142. — Sur le point de savoir à quelles personnes le commerce est interdit et si les actes, que font ces personnes, peuvent être considérés comme des actes commerciaux donnant la qualité de commerçants à ceux qui les accomplissent habituellement, V. *suprà*, art. 1, n. 117 et s. — V. aussi Cass., 3 mars 1903 [*Gaz. Pal.*, 20 mai 1903] (interdiction faite aux notaires de figurer comme associés dans une société en nom collectif). — Paris, 10 juill. 1902 [S. et P. 1903. 2. 136, D. P. 1902. 2. 352] (interdiction faite aux prêtres de se livrer au commerce). — Sur le caractère des actes de commerce accomplis par l'Etat ou pour le compte de l'Etat, V. *infrà*, n. 88 et s., 252 et s., 449 et s. — Thaller, n. 81 et s.

16. Ainsi, bien que les syndicats professionnels, ayant exclusivement pour objet l'étude et la défense des intérêts économiques, industriels, commerciaux ou agricoles, ne doivent pas se livrer à des actes de commerce, le fait par un syndicat agricole d'acheter des marchandises (dans l'espèce, des engrais) pour les revendre avec un bénéfice, n'en constitue pas moins un acte de commerce à raison duquel le syndicat est justiciable des tribunaux de commerce, — Trib. comm. Le Mans, 6 mars 1894 et Angers 29 déc. 1894 [S. et P. 95. 2. 80] — *Sic*, Lyon-Caen et Renault, t. 1, n. 115, p. 118, note 2. — V. *infrà*, n. 76.

17. Il avait été précédemment jugé que les syndicats professionnels, ne pouvant avoir d'autre objet que l'étude et la défense des intérêts économiques, industriels, commerciaux et agricoles, ne peuvent être considérés comme commerçants ni faire acte de commerce. — Trib. comm. Saint-Nazaire, 16 juin 1894 [S. et P. 94. 2. 314]

18. Le contrat qui se forme entre les membres d'un syndicat professionnel régulièrement constitué est un contrat de droit commun, dont l'inexécution relève de la compétence des tribunaux civils. — Même jugement.

19. En conséquence le tribunal de commerce est incompétent pour connaître de l'action en paiement de cotisations arriérées, introduite par un syndicat professionnel constitué entre commerçants, contre un de ses membres. — Même jugement.

20. Il importe peu que le syndicat professionnel soit constitué entre commerçants (sol. implic.). — Même jugement.

21. Les personnes incapables de faire le commerce ne sont pas justiciables des tribunaux consulaires à raison des actes de commerce qu'elles ont pu faire avant d'avoir obtenu l'autorisation nécessaire pour faire le commerce. — Ainsi, un mineur émancipé n'est justiciable que du tribunal civil, et non du tribunal de commerce, à raison des obligations ayant le caractère commercial qu'il a contractées avant d'avoir reçu l'autorisation qui lui était nécessaire pour se livrer au commerce. — Rouen, 23 juill. 1858, [S. 59. 2. 630, P. 60. 1059, D. P. 59. 2. 216] — V. *suprà*, art. 2, n. 8, n. 77 et s.; art. 4, n. 9, n. 73; art. 5, n. 72, n. 78.

22. La cessation de la qualité de commerçant, de la part de celui qui l'était lorsqu'il s'est engagé, ne change point la qualité de l'engagement, qui conserve toujours le caractère d'acte de commerce. — Pardessus, t. 1, n. 50. — V. *suprà*, art. 1er, n. 77 et s.

23. Malgré le pouvoir discrétionnaire dont jouissent les juges du fond pour apprécier les circonstances de fait d'où ils font découler le caractère civil ou commercial de l'acte soumis à leur examen, il appartient à la Cour suprême de restituer à cet acte son véritable caractère lorsque les juges du fond ont mal interprété l'une des définitions que nous fournissent les art. 632 et s. des actes de commerce. — V. Cass., 29 avr. 1868 [S. 68. 1. 281, P. 68. 870, D. P. 69. 1. 229] — Lyon-Caen et Renault, t. 1, n. 104 *bis;* Massé, t. 1, n. 22 *bis*, t. 2, n. 948; Boistel, n. 32. — V. notre *Code civil annoté*, art. 1407, n. 129.

23 *bis*. Le moyen tiré de ce qu'un engagement constituerait non un acte de commerce, mais une obligation civile échappant à la juridiction commerciale, ne peut, en ce qu'il se complique de fait et de droit, être proposé pour la première fois devant la Cour de cassation. — Cass., 29 avr. 1873 [S. 74. 1. 127, P. 74. 291, D. P. 73. 1. 207]

24. Les actes commerciaux par leur nature, dont l'énumération figure dans l'art. 632, sont commerciaux par cela seul que les conditions requises se trouvent réunies, abstraction faite de la qualité de leur auteur et la volonté des parties intéressées est impuissante à leur attribuer par elle-même ce caractère si ces conditions ne se trouvent pas remplies. — V. notre *Rép. gén. alph. du dr. fr.*, v[is] *Acte de commerce*, n. 2; *Commerçant*, n. 47 et s. — V. cep. en ce qui concerne les sociétés soit avant, soit après la promulgation de la loi du 1er août 1893, *suprà*, t. 1, p. 291, appendice 2, au liv. 1er, tit. 3, L. 24 juill. 1867, art. 68, n. 1 et s.

25. Toutefois, on doit observer qu'une obligation, civile ou commerciale à l'origine, peut changer de nature par l'effet d'une novation et notamment devenir une obligation commerciale à la suite de la souscription d'une lettre de change, bien qu'elle ait été civile à l'origine. — Lyon-Caen et Renault, t. 1, n. 181; Molinier, t. 1, n. 96; Pardessus, t. 1, n. 52.

26. Une obligation ne prend pas le caractère d'obligation commerciale par cela seul qu'elle est l'accessoire d'une obligation de cette nature, dont elle garantit l'exécution : c'est ainsi que le cautionnement même donné par un commerçant au profit d'un autre commerçant conserve sa nature propre d'obligation civile. — Lyon-Caen et Renault, t. 1, n. 182; Nouguier, t. 2, n. 319. — V. *infrà*, n. 353 et s.; notre *Rép. gén. alph. du dr. fr.*, v[is] *Acte de commerce*, n. 36 et s., *Commerçant*, n. 53 et s. — V. notre *Code civil annoté*, art. 2011, n. 24 et s. — Sur la distinction entre le gage civil et le gage commercial, V. *suprà*, art. 91, n. 2 et s. — Sur le cas où le cautionnement devient commercial comme ayant été donné sous forme d'endos à une lettre de change ou autrement dit sous forme d'aval, V. notre *Code civil annoté*, art. 2011, n. 53 et s., notre *Code de commerce annoté*, *suprà*, art. 141-148, n. 11 et s.

26 *bis*. Ainsi l'engagement, par un non-commerçant, de faire les fonds de certaines traites à leur échéance, ne saurait, alors que cet engagement n'a en lui-même et dans sa forme aucun caractère commercial, et qu'il n'a pas pour objet un acte ou une opération de commerce, soumettre le signataire à la juridiction commerciale : ce n'est pas là un acte de commerce. — Cass., 30 avr. 1862 [S. 62. 1. 687, P. 62. 573, D. P. 62. 1. 351] — V. *suprà*, art. 112 et s.

26 *ter*. Jugé que la cession d'une police d'assu-

rance sur la vie, consentie par un commerçant à un banquier en garantie d'une ouverture de crédit, est un acte de commerce. — Bourges, 9 janv. 1901 [S. et P. 1901. 2. 80]

B. *Achat pour revendre ou pour louer.* — a) *Achat.* — 27. L'achat pour revendre est la première opération indiquée par l'art. 632 comme constituant un acte de commerce ; on est d'accord pour reconnaître que l'on doit assimiler à l'achat tout mode d'acquisition à titre onéreux, tel par exemple que l'échange. — Lyon-Caen et Renault, t. 1, n. 106 *bis.* — V. notre *Rép. gén. alph. du dr. fr.*, v° *Acte de commerce*, n. 100 et s., 122 et s.

28. Mais la vente des marchandises d'un fonds de magasin, acquises à titre successif, ne rend pas commerciales les opérations de partage ou de liquidation entre les héritiers ou légataires. — Pardessus, t. 1, n. 11.

29. De même, la vente que ferait le donataire des objets qui lui ont été donnés n'attribue point à l'opération le caractère d'acte de commerce. — Pardessus, t. 1, n. 11.

30. L'achat de matières premières pour les revendre après les avoir mises en œuvre, constitue, de la part de l'acheteur, alors même que cet acheteur n'est pas commerçant, une opération commerciale. — Bourges, 20 juin 1856 [S. 56. 2. 682, P. 56. 2. 16] — *Sic*, Pardessus, t. 1, n. 17 et 20.

31. b) *Achat de denrées ou marchandises.* — *Achat d'immeubles.* — Pour constituer un acte de commerce, l'achat a dû porter sur des denrées ou marchandises, c'est-à-dire sur des meubles, que ces objets soient destinés ou non à l'alimentation des hommes ou des animaux, quelle que soit leur valeur plus ou moins grande. — Lyon-Caen et Renault, t. 1, n. 107; Laurin, n. 9 et 10; Pardessus, t. 1, n. 8 ; Alauzet, t. 6, n. 2964. — V. notre *Rép. gén. alph. du dr. fr.*, v° *Acte de commerce*, n. 189 et s.

32. Les négociations relatives aux monnaies métalliques ou aux valeurs que l'on désigne sous le nom de papier-monnaie peuvent, en certains cas, présenter les caractères d'actes de commerce, lorsqu'elles sont fréquemment répétées par la même personne dans la vue d'un profit. — Riom, 2 juill. 1824 [S. et P. chr., D. *Rép.*, v° *Acte de commerce*, n. 245] — *Sic* Lyon-Caen et Renault, t. 1, n. 107. — Pour ce qui est des opérations sur le change, V. *infrà*, n. 324 et s.

33. Les opérations sur des meubles incorporels peuvent constituer des actes de commerce au même titre que les opérations sur des meubles corporels. — Lyon-Caen et Renault, t. 1, n. 108 ; Thaller, n. 18 et 19 ; Ruben de Couder, v° *Acte de commerce*, n. 86 ; Molinier, n. 20; Laurin, n. 10 ; Alauzet, t. 8, n. 2967 ; Boistel, n. 36. — V. notre *Rép. gén. alph. du dr. fr.*, *v° cit.*, n. 198 et s. — En ce qui concerne les opérations sur les effets publics, V. *infrà*, n. 354 et s.

34. Il en est ainsi par exemple de l'achat d'un brevet d'invention ou d'une marque de fabrique. — Lyon-Caen et Renault, t. 1, n. 108. — Sur le caractère commercial ou civil de la cession d'un brevet d'invention, V. *infrà*, n. 137 et s.

35. Le libraire-éditeur à qui l'auteur a cédé le droit de publier ses œuvres, fait en les éditant et en les publiant pour son compte, un acte de commerce, puisqu'il vend l'ouvrage qu'il a acheté en vue de réaliser des bénéfices. — Pardessus, t. 1, n. 15 ; Lyon-Caen et Renault, t. 1, n. 108 ; Thaller, n. 17. — V. *infrà*, n. 153 et s., notre *Rép. gén. alph. du dr. fr.*, *v° cit.*, n. 159 et s., 207 et s., 538 et s.

36. Il en est de même du créancier d'un auteur qui prend en paiement de ses créances les ouvrages de cet auteur, et qui les fait imprimer à son compte pour les débiter ensuite. — V. Pardessus, t. 1, n. 15.

37. Il en serait encore de même de l'homme de lettres qui a publié un ouvrage avec le concours de plusieurs collaborateurs, alors même qu'il serait auteur de plusieurs des articles qui le composent, si, pour la vente de cet ouvrage, il a employé les moyens usités dans le commerce, tels que prospectus, commis-voyageurs, etc. — Paris, 7 août 1847 [S. 49. 2. 114, P. 47. 2. 484, D. P. 50. 2. 204]

38. Le fait d'un homme de lettres d'éditer simplement des articles littéraires composés par d'autres auteurs constitue un acte de commerce qui le soumet à la juridiction du tribunal de commerce. — Paris, 25 avr. 1844 [S. 45. 2. 611, P. 44. 1. 576, D. P. 44. 2. 165, D. *Rép.*, v° *Acte de comm.*, n. 93]

39. Un journaliste peut être assimilé à l'éditeur d'un ouvrage, et, par suite, être justiciable du tribunal de commerce, lorsqu'il est propriétaire du journal et étranger à la rédaction. — Orillard, *Compét. comm.*, n. 264 ; Pardessus, n. 15; Carré, *Compét.*, n. 494; Devilleneuve, Massé et Dutruc, *Dict. du content. comm.*, v° *Acte de commerce*, n. 13; Thaller, *loc. cit.* — V. Paris, 13 mai 1848 [S. 49. 2. 113, D. P. 50. 2. 204]

40. Décidé, à cet égard, que fait acte de commerce la société qui publie un recueil littéraire ou scientifique sans posséder dans son sein aucun des auteurs ou rédacteurs de cette œuvre. Dans ce cas, la société qui a recours au talent d'autrui pour la création de cette œuvre, et qui emploie d'ailleurs pour les besoins de son exploitation tous les moyens en usage dans le commerce, est commerciale, quoique qualifiée de civile dans ses statuts. — Paris, 2 juill. 1880 [S. 81. 2. 89, P. 81. 1. 463, et la note Labbé, D. P. 80. 2. 226] — *Sic*, Labbé, note précitée. — V. *infrà*, n. 164 et s.

41. En conséquence, la juridiction commerciale est compétente pour statuer sur la validité de la société. — Même arrêt.

42. Une pareille société constituée en forme de société anonyme, sans l'observation des formalités de publicité prescrites, est nulle. — Même arrêt.

43. La nullité prononcée laisse subsister entre les parties une communauté d'intérêts qui doit être liquidée comme une société. — Même arrêt.

44. Bien que la question ait été vivement controversée, il faut poser en règle absolue que l'acquisition d'immeubles ou de biens-fonds, pour les revendre en détail, ne constitue pas un acte de commerce. — Cass., 4 juin 1850 [S. 50. 1. 593, P. 50. 2. 698, D. P. 50. 1. 263]; 18 avr. 1882 [S. 82. 1. 407, P. 82. 1. 1016, D. P. 83. 1. 64] — Bourges, 10 mai 1843 [S. 44. 2. 37, P. 43. 2. 820, D. P. 44. 2. 36, D. *Rép.*, v° *Acte de comm.*, n. 40]; 8 juill. 1885 [S. 86. 2. 21, P. 86. 1. 202] — Poitiers, 30 janv. 1889 [S. 89. 2. 80, P. 89. 1. 459] — *Sic*, Merlin, *Quest. de droit.*, v° *Commerce (acte de)*, § 4 ; Favard de Langlade, *Rép.*, v° *Acte de comm.*, § 1, n. 6 ; Pardessus, t. 1, n. 8 ; Vincens, *Législ. comm.*, t. 1, p. 123, Malepeyre et Jourdain, *Soc. comm.*,

p. 9; Devilleneuve, Massé et Dutruc, *Dict. du cont. comm*, v° *Acte de comm.*, n. 81 et s; Bravard-Veyrières et Demangeat, t. 6, n. 324; Massé, t. 2, n. 969, 1382 et s.; Molinier, *Droit commercial*, t. 1, n. 14; Nouguier, *Trib. de comm.*, t. 1, p. 359, *Tr. des actes de commerce*, t. 1, n. 30; Lyon-Caen et Renault, t. 1, n. 109; Labbé, note sous Paris, 15 févr. 1868 [S. 68. 2. 329, P. 68.1223]; P. Pont, t. 1, n. 106; Thaller, n. 18; Boistel, n. 36; Carré, *Compét.*, t. 7, p. 119; Despréaux, n. 342; Delangle, *Soc.*, n. 28, *Rev. prat.*, t. 37, p. 158; Laurin, n. 11 et s.; Troplong, *Société*, t. 1, n. 319. — V. notre *Rép. gén. alph. du dr. fr.*, v° *Acte de commerce*, n. 90 et s., n. 209 et s.

45. Celui qui achète des terrains, pour y élever des constructions et les revendre, ne peut être considéré comme commerçant..., même vis-à-vis des ouvriers et fournisseurs qui ont concouru à l'établissement des constructions. — Lyon, 26 févr. 1829 [S. et P. chr., D. *Rép., loc. cit.*]

46. Par suite, l'action en paiement du prix de vente d'un immeuble est essentiellement de la compétence des tribunaux civils, et ce, non seulement en ce qui touche le prix proprement dit fixé en argent, mais aussi en ce qui concerne les charges accessoires qui entrent comme éléments dans la composition du prix total, quel que puisse être d'ailleurs, le caractère commercial ou civil de ces charges prises en elles-mêmes. — Cass., 18 avr. 1882, précité.

47. De même, celui qui fait sa profession de l'achat d'immeubles pour les revendre n'est pas commerçant et ne peut pas être déclaré en faillite. — Poitiers, 30 janv. 1889, précité.

48. Jugé toutefois, en sens contraire, que l'achat d'un immeuble pour le revendre, avec ou sans nouvelles constructions, constitue un acte de commerce. — Paris, 11 févr. 1837 [P. 41. 2. 412, D. P. 42. 2. 21, D. *Rép.*, v° *Acte de comm.*, n. 41]; 12 juill. 1842 [J. *Le Droit*, 15 juill.] — Colmar, 30 déc. 1845 [P. 46. 1. 656, D. P. 46. 4. 7, D. *Rép.*, v° *Compét. comm.*, n. 49] — Aix, 5 août 1868 [S. 68. 2. 334, P. 68. 1233, D. P. 68. 2. 209]; 23 juill. 1881 [S. 83. 2. 35, P. 83. 1. 217] — *Sic*, Garsonnet, *Revue crit.*, t. 35, 1869, p. 325; Ruben de Couder, v° *Acte de commerce*, n. 91, *in fine*, Em. Olivier, *Rev. prat.*, 1856. 1. 241; Demangeat, sur Bravard-Veyrières, t. 6, p. 324; Beslay, t. 1, n. 107; Ruben de Couder, v° *Acte de commerce*, n. 91. — V. aussi notre *Rép. gén. alph. du dr. fr.*, v° *Acte de commerce*, n. 209 et s.

49. ... Que l'achat d'immeubles, dans un but de spéculation, constitue un acte de commerce. — C. d'appel Bruxelles (motifs), 12 juin 1882, [S. 82. 4. 43, P. 82. 2. 72]

50. On reconnaît d'ailleurs, dans ce système, que l'achat d'immeubles a un caractère purement civil, quand, au moment où il est conclu, l'acheteur, commerçant ou non commerçant, ne se proposait pas de revendre ou de louer l'immeuble. — Même arrêt.

51. Il en est de même, en pareil cas, que l'acheteur ait eu l'intention d'installer son commerce dans l'immeuble. — Même arrêt.

52. Spécialement, l'acquisition, par une maison de banque ou de commerce, d'un immeuble pour y établir ses bureaux, n'est point un acte de commerce. Dès lors, cette maison n'est pas justiciable du tribunal de commerce à raison d'honoraires réclamés par un tiers pour avoir procuré cette acquisition. — Paris, 22 mars 1851 [S. 51. 2. 205, P. 51. 1. 629, D. P. 51. 2. 90] — V. Molinier, n. 36; Thaller, n. 61.

53. De même, l'achat par un commerçant (déjà commerçant au moment du contrat) de matériaux pour construire, ou achever de construire, un bâtiment qui n'est pas destiné à être vendu ou à être loué, mais à servir d'installation à son commerce, a un caractère purement civil. — Bruxelles, 12 juin 1882, précité.

54. En conséquence, le tribunal civil est compétent pour connaître de cet achat. — Même arrêt.

55. Quoi qu'il en soit des divergences qui viennent d'être exposées, on peut admettre comme certain que l'acquisition d'immeubles n'est pas, en principe, un acte de commerce; il en est différemment, toutefois, lorsque l'acquéreur a pour intention de transformer les immeubles acquis en meubles et de les revendre lorsqu'ils auront pris cette nouvelle nature; c'est ce qui se produit, par exemple, au cas d'acquisition d'un immeuble à démolir et que l'intention de l'acheteur est de revendre les matériaux. — Décidé, à cet égard, que l'achat de récoltes sur pied pour les couper et revendre, constitue un acte de commerce, rendant l'acheteur justiciable des tribunaux consulaires. — Nîmes, 28 août 1874 [S. 75. 2. 147, P. 75. 676, D. P. 76. 5. 10] — *Sic*, Lyon-Caen et Renault, t. 1, n. 111; Alauzet, t. 8, n. 2971; Ruben de Couder, n. 56; Boistel, n. 36. — *Contrà*, Pardessus, t. 1, n. 11. — V. notre *Rép. gén. alph. du dr. fr.*, v° *Acte de commerce*, n. 243 et s.

56. Il en est de même de l'achat d'une coupe de bois pour la revendre. — V. Lyon, 7 déc. 1854 [D. P. 55. 5. 7] — Ripert, *Essai sur la vente commerciale*, p. 26; Lyon-Caen et Renault, *loc. cit.*; Orillard, n. 287; Pardessus, t. 1, n. 8; Garsonnet, *Rev. crit.*, 1869, t. 2, p. 351; Boistel, *loc. cit.*

57. Ainsi, celui qui s'est rendu acquéreur des coupes de bois d'une commune, dans l'intention de les revendre, est, pour toutes les contestations relatives à cet achat, justiciable des tribunaux de commerce, bien qu'il n'y ait pas de ministère public devant ces tribunaux : l'art. 83, C. proc. civ., qui ordonne la communication au ministère public dans les causes concernant les communes, n'est relatif qu'aux contestations que celles-ci ont devant les tribunaux civils. — Liège, 23 déc. 1817 [S. et P. chr., D. A. 3. 374, D. *Rép.*, v° *Compét. comm.*, n. 29] — V. notre *Code de procédure civile annoté*, art. 83, n. 54 et s.

58. On doit ranger dans la classe des actes commerciaux plusieurs des faits qui sont la suite habituelle de l'achat de biens immeubles pour les revendre, tels que la vente en détail des bois, des bestiaux, et même des matériaux provenant de la démolition des bâtiments achetés. — Bourges, 19 mars 1831 [S. 32. 2. 33, P. chr., D. P. 32. 2. 185, D. *Rép.*, v° *Acte de comm.*, n. 43] — *Sic*, Pardessus, t. 1, n. 8.

59. S'il est constant que l'achat d'une coupe de bois à faire dans une forêt est commercial, la jurisprudence et la doctrine refusent, en général, ce caractère à l'acquisition d'une forêt y compris le sol pour en exploiter les produits. Dans ce cas, en effet, on a acheté un immeuble en même temps que le bois à couper, c'est-à-dire le terrain sur lequel s'élevait la forêt et dont l'acheteur restera propriétaire. — Bourges, 17 déc. 1850 [P. 50.2.701, D. P. 51. 2. 90] — Paris, 10 mai 1867, [J. *Trib. comm.*, t. 17, p. 269] — Mais l'opération est commerciale

aux yeux de ceux qui estiment que les spéculations immobilières ne sont pas exclusives de la commercialité. — Garsonnet, *Rev. crit.*, 1869, t. 2, p. 351.

60. Les règles qui viennent d'être indiquées pour le cas d'acquisition d'immeubles par des particuliers devaient être considérées jusqu'à la promulgation de la loi du 1er août 1893, comme applicables au cas où l'acquisition était faite pour le compte d'une société; jusqu'à la promulgation de cette loi, il était vrai de dire que les sociétés, ayant pour objet des immeubles, étaient essentiellement civiles : les art. 632 et 633, qui énumèrent les actes ayant un caractère de commercialité et réputent tels tous achats de denrées et marchandises pour les revendre, ne comprennent point les achats et ventes d'immeubles, dont la nature résiste à la commercialité. — Paris, 15 févr. 1868 [S. 68. 2. 329, P. 68. 1223 et la note Labbé, D. P. 68. 2. 208]; 17 août 1868 [S. et P. *ibid.*, D. P. 68. 2. 192]; 29 août 1868 [S. et P. *ibid.*] — *Sic*, Duvergier, *Sociétés*, n. 485; Delangle, *Soc. commerc.*, t. 1, n. 28; Bédarride, *id.*, t. 1, n. 88; Orillard, n. 285 et 286; Namur, *Comment. dr. commerc.*, t. 1, p. 26; Delamarre et Lepoitvin. *Tr. dr. comm.*, t. 6, n. 24. — V. cependant Beslay, *Code de comm.*, n. 107.

61. On ne pouvait donc considérer comme commerciale, et par suite, justiciable à ce seul titre des tribunaux de commerce ou susceptible d'être déclarée en faillite, une société formée en vue, soit d'obtenir une concession d'eaux tirées d'un fleuve et destinées à alimenter un canal d'irrigation. — Paris, 17 août 1868, précité.

62. ... Soit de se livrer à l'achat, la vente, la construction et l'exploitation de terrains ou bâtiments. — Paris, 15 févr. 1868, précité; 29 août 1868, précité.

63. Il n'importait, dans ce dernier cas, que le gérant eût reçu des statuts le pouvoir de passer des marchés, acheter des matériaux, créer des ateliers et commanditer des entreprises; ces actes, qui n'avaient pour but que la mise en valeur des immeubles de la société, n'étant que des accessoires de la propriété de ces immeubles dont ils prenaient la nature et suivaient la réglementation civile. — Paris, 15 févr. 1868, précité; 17 août 1868, précité; 29 août 1868, précité.

64. ... Ou même, d'entreprendre des constructions pour le compte des tiers, alors que cette faculté ne lui avait été conférée qu'en vue d'une éventualité qui pouvait ne pas se réaliser et qui, en fait, ne s'était pas réalisée. — Paris, 15 févr. 1868, précité.

65. Ces diverses solutions sont encore exactes à l'égard des sociétés immobilières fondées avant la loi du 1er août 1893, sauf, peut-être, le cas où elles se seraient commercialisées dans les conditions de l'art. 7 de cette loi de 1893; pour les sociétés immobilières qui se sont fondées postérieurement à la mise en vigueur de cette loi de 1893 et qui ont revêtu la forme extérieure des sociétés commerciales, diverses opinions se sont fait jour. — V. Lyon-Caen et Renault, t. 1, n. 108, p. 103, note 4, n. 109, p. 112, note 2. — V. *suprà*, liv. 1, tit. III, append. 2, L. 1er août 1893, t. 1, p. 292, art. 6, n. 6, n. 44 et s., p. 300, art. 7, n. 18 et s. — Sur le point de savoir si, d'une façon générale et abstraction faite du cas particulier d'achat d'immeubles pour revendre, on doit considérer comme commerciaux les actes passés par les sociétés à objet civil et à forme commerciale, V. *suprà*, t. 1, p. 295, liv. 1, tit. III, append. 2, L. 1er août 1893, art. 6, n. 56 et s.

66. La règle qui considère comme ne constituant pas des actes commerciaux les achats d'immeubles pour les revendre n'a pas pour résultat de dénier le caractère commercial à toute opération portant sur des immeubles. — Ainsi, la société formée « pour la mise en valeur et l'exploitation de terrains acquis ou à acquérir, et pour toutes les opérations commerciales et industrielles se rattachant à la mise en valeur et à l'exploitation desdits terrains » est commerciale ; et dès lors, le tribunal de commerce est compétent pour connaître des contestations relatives aux engagements contractés par cette société. — Cass., 6 juill. 1868 [S. 68. 1. 396, P. 68. 1073] — V. Lyon-Caen et Renault, t. 1, n. 110 *bis*, n. 137, p. 138, note 2.

67. Est commerciale et, dès lors, justiciable du tribunal de commerce, la société formée en vue de contructions à élever, pour être revendues, sur des terrains acquis par les associés. — Aix, 5 août 1868 [S. 68. 2. 334, P. 68. 1233, D. P. 68. 2. 210]

68. Une société formée entre des entrepreneurs de constructions, dans le but d'acheter des terrains et d'y élever des maisons pour les revendre, et dont les spéculations portent principalement sur les constructions et accessoirement seulement sur les terrains, doit être considérée comme ayant pour objet des entreprises de travaux et de fournitures, et par conséquent comme une société de commerce, alors qu'elle a traité avec des sous-entrepreneurs et qu'elle a cautionné commercialement les fournitures à eux faites, ou qu'elle s'est procuré elle-même, au moyen d'achats commerciaux, les matériaux nécessaires à l'exécution de ces travaux, et, qu'il y a solidarité entre les associés. — Cass., 20 avr. 1868 [S. 69. 1. 217, P. 69. 521, D. P. 69. 1. 160] ; 3 févr. 1869 [*Ibid.*]

69. En conséquence, le tribunal de commerce est compétent pour connaître, soit des contestations qui peuvent s'élever entre les associés, soit des actions exercées par les tiers contre la société ou contre les associés. — Mêmes arrêts.

c) *Achat de denrées ou marchandises pour les revendre ou pour en louer simplement l'usage.* — 70. Pour que l'achat de marchandises constitue un acte commercial, il faut qu'au moment même où l'acquisition est réalisée l'acquéreur ait l'intention de revendre les marchandises, soit en bloc soit en détail, dans leur état actuel, ou après les avoir travaillées ou mises en œuvre. — Lyon-Caen et Renault, t. 1, n. 113 et 114 ; Thaller, n. 13 ; Pardessus, t. 1, n. 12; Nouguier, n. 42; Ruben de Couder, n. 38 et 39; Bédarride, *Jurisp. comm.*, n. 241; Bravard-Veyrières et Demangeat, t. 6, p. 226. — V. notre *Rép. gén. alph. du dr. fr.*, v° *cit.*, n. 131 et s., 143 et s.

71. Cela étant, on doit décider que celui qui a acheté du bois pour la construction de sa maison, et qui, sa maison construite, a vendu la portion de ces bois qui lui est devenue inutile, ne fait pas en cela un acte de commerce justiciable des tribunaux de commerce. — Amiens, 8 avr. 1823 [S. et P. chr., D. A. 2. 726, D. *Rép.*, v° *Acte de comm.*, n. 51]

72. Il n'y a pas non plus acte de commerce dans le fait d'une personne qui a acheté, mais sans intention de spéculer, plus de denrées qu'elle n'en avait besoin pour sa consommation, et qu'elle revend parce qu'elle craint de les perdre, ou parce que le renché-

rissement de ces objets lui fait espérer de grands bénéfices. — Pardessus, t. 1, n. 12.

73. Ne fait pas acte de commerce le propriétaire qui achète des glaces, non pour les revendre, mais pour en orner sa maison. Dès lors, il n'est pas obligé commercialement au paiement des billets à ordre qu'il a souscrits au profit du vendeur. — Paris, 2 août 1843 [P. 43. 2. 355, D. *Rép.*, v° *Comp. comm.*, n. 51]

74. De même, une fourniture de pain, faite par un boulanger pour la consommation de la maison d'un particulier, ne peut pas être considérée comme opération commerciale de la part de l'acheteur, qui peut être justement assigné en paiement devant la juridiction civile. — Rennes, 18 janv. 1831 [P. chr., D. *Rép.*, v° *Acte de comm.*, n. 31]

75. L'ouvrier qui achète des outils en vue de fabriquer les objets qui lui sont commandés ne fait pas acte de commerce au moment où il les achète, puisque l'intention de les revendre fait défaut (Lyon-Caen et Renault, t. 1, n. 118 et 119; Pardessus, t. 1, n. 19). — Sur le point de savoir si un ouvrier ne peut pas être considéré comme faisant acte de commerce à raison du temps qu'il emploie à la confection des objets qui lui sont commandés, V. *infrà*, n. 195 et s.

76. En réalité, l'intention de revendre qui, seule, est relevée dans notre article ne suffit pas pour qu'on puisse attribuer à l'achat de marchandises la nature d'un acte de commerce; ce qu'il faut c'est qu'au moment de l'acquisition, on ait eu l'intention de revendre avec bénéfice : ainsi, il n'y a pas acte de commerce de la part du syndicat agricole qui achète des matières premières en vue de les revendre à ses membres, non pas avec bénéfice, mais avec une légère majoration destinée à couvrir les frais et déboursés que cette opération nécessite. — Toulouse, 26 mars 1889 [D. P. 90. 2. 144] — *Sic*, Lyon-Caen et Renault, t. 1, n. 115; Thaller, n. 13, 16. — V. *suprà*, n. 16 et s., notre *Rép. gén. alph. du dr. fr.*, *v° cit.*, n. 45 et s. — V. en ce qui concerne les sociétés coopératives de consommation, *suprà*, t. 1, p. 255, liv. 1er, tit. III, app. II, L. 24 juill. 1867, art. 48, n. 9 et s.

77. A plus forte raison, il n'y aurait pas acte de commerce dans le fait d'individus qui achètent des marchandises, sans doute dans la pensée de les revendre, mais de les revendre à perte, en vue de se procurer immédiatement des ressources qui leur manquent. — V. Bordeaux, 1er avr. 1856 [*J. arr. Bordeaux*, 1856, p. 160] — Lyon-Caen et Renault, t. 1, n. 115.

78. ... Ou dans le fait de personnes qui, dans une pensée d'obligeance ou de charité, achètent des marchandises avec l'intention de les revendre au prix coûtant. — Lyon-Caen et Renault, *loc. cit.*; Beslay, t. 1, n. 47.

79. Il en est ainsi dans le cas de la société coopérative de consommation qui achète des denrées qu'elle se borne à livrer à ses sociétaires à des conditions convenues à l'avance dans l'intérêt exclusif des associés. — V. *suprà*, t. 1, p. 255, 2e appendice au liv. I, tit. III, L. 24 juill. 1867, art. 48, n. 9 et s.

80. La cour de Paris s'est inspirée du même principe en décidant que l'achat et la revente de bestiaux, effectués par un comice agricole en dehors de toute pensée de spéculation et dans le seul but de favoriser l'agriculture et d'encourager l'élevage d'une espèce, ne présente aucun caractère commercial. — Paris, 13 juill. 1875 [S. 75. 2. 316, P. 75. 1228, D. P. 76. 2. 189]

81. L'acquisition que l'ouvrier fait des matières premières revêt, suivant les circonstances, le caractère d'acte commercial : il en est ainsi, lorsque cette acquisition est assez importante par rapport à la valeur totale de l'ouvrage pour qu'on puisse dire que l'ouvrier a eu l'intention de spéculer sur le bénéfice à tirer de cet achat. — V. Colmar, 28 mai 1850 [S. 51. 2. 487, P. 51. 444, D. P. 52. 5. 102] — Orléans, 25 juin (juill.) 1850 [S. 51. 2. 13, P. 52. 2. 37, D. P. 52. 2. 74] — Beslay, t. 1, n. 37 et s.; Lyon-Caen et Renault, t. 1, n. 118; Bédarride, 2e édit., t. 1, n. 40; Coin-Delisle, *Contr. par corps*, p. 71; Massé, *Dr. commerc.*, t. 1, n. 19; Pardessus, t. 1, n. 81; Orillard, n. 149; Nouguier, t. 2, p. 72; Rivière, *Répét. écrites sur le Code de commerce*, 7e édit., p. 845; Ruben de Couder, v° *Commerçant*, n. 23.

82. Ainsi, la couturière, qui fournit à sa clientèle tout ou partie des étoffes et garnitures employées dans ses confections, fait acte de commerce, en achetant ces marchandises pour les revendre, après les avoir mises en œuvre dans les travaux de son état. — Cass., 24 juill. 1883 [S. 85. 1. 72, P. 85. 1. 152, D. P. 84. 1. 124]

83. Il en est ainsi, spécialement, lorsque ses achats ont été faits d'une manière continue dans la même maison, qui connaissait depuis longtemps son genre d'industrie, et qui, en vue de cette entreprise commerciale, lui vendait les marchandises à crédit, contrairement à ce qui avait lieu pour les clients, ordinaires non commerçants, et que ce mode de procéder habituel avait lieu sous les yeux du mari qui autorisait ainsi tacitement sa femme à faire le commerce. — Même arrêt.

84. L'association formée dans un but de spéculation pour l'exploitation d'un cercle, avec partage des bénéfices et des pertes, après des apports et des prélèvements réciproques, a le caractère d'une exploitation commerciale. — Paris, 5 janv. 1888 [S. 90. 2. 146, P. 90. 1. 870, D. P. 89. 2. 140] — *Sic*, Alauzet, t. 8, n. 2981; Orillard, n. 334. — V. notre *Rép. gén. alph. du dr. fr.*, v° *Acte de comm.*, n. 50 et 829.

85. En conséquence, le tribunal de commerce est compétent pour connaître des contestations nées à l'occasion de cette exploitation. — Même arrêt.

86. Mais il en serait autrement, et l'association fondée pour l'établissement et la tenue d'un cercle n'aurait pas un caractère commercial, si elle n'avait pas eu en vue une spéculation. — Paris, 31 déc. 1855 [rapporté par Orillard, *loc. cit.*] — V. au surplus, sur ce point, constant en jurisprudence, que les cercles et autres associations n'ayant pas en vue le partage de bénéfices, n'ont même pas le caractère de sociétés civiles, V. notre *Code civil annoté*, art. 1832, n. 42 et s.

87. Décidé aussi que l'entrepreneur d'un cercle de lecture, de jeux de cartes, de billard, etc., ne peut être réputé commerçant, même sous le rapport des fournitures qu'il a pu faire aux abonnés dans le local même du cercle. En conséquence, il ne peut être déclaré en faillite, au cas de cessation de payements. — Grenoble, 12 déc. 1829 [S et P. chr., D. P. 32. 2. 153, D. *Rép.*, v° *Acte de commerce*, n. 198]

88. Les débitants de tabac sont de simples préposés de la régie; ils ne peuvent être considérés comme commerçants. — Bruxelles, 5 mai 1813 [S.

et P. chr., D. A. 2. 739, D. *Rép.*, v° *Commerc.*, n. 22] — Colmar, 30 juill. 1814 [S. et P. chr., D. *Rép.*, *loc. cit.*] — Lyon, 29 août 1861 [S. 62. 2. 507, P. 63. 669]; 8 mai 1879 [S. 80. 2. 79, P. 80. 421, D. P. 81. 2. 48] — Caen, 10 juin 1862 [S. 62. 2. 507, P. 63. 669] — Grenoble, 4 août 1887 [D. P. 88. 2. 182] — *Sic*, Bordeaux, t. 1, n. 16; Molinier, n. 131; Lyon-Caen et Renault, t. 1, n. 115, p. 118, note 5; Orillard, n. 273; Bédarride, *Commerçants*, n. 45; Alauzet, t. 8, n. 2994; Nouguier, t. 1, n. 89. — *Contrà*, Metz, 28 janv. 1817 [S. chr., D. *Rép.*, *loc. cit.*] — V. *suprà*, art. 1, n. 50; *infrà*, n. 252 et s.; notre *Code civil annoté*, art. 1128, n. 23, art. 1598, n. 11 et s.; notre *Rép. gén. alph. du dr. fr.*, v° *cit.*, n. 59 et s.

89. ... Bien qu'ils vendent des pipes, des tabatières, des briquets et autres objets accessoires. — Bruxelles, 6 mars 1813 [S. et P. chr., D. A. 2. 704, D. *Rép.*, *loc. cit.*] — Lyon, 29 août 1861, précité; 8 mai 1879, précité. — Caen, 10 juin 1862, précité. — *Sic*, Orillard, *Compét. commerc.*, n. 274; Lyon-Caen et Renault, *loc. cit.* — *Contrà*, Nouguier, *Trib. de commerce*, t. 1, p. 386.

90 ... Du moins, si cette vente n'est qu'accidentelle. — Caen, 10 juin 1862, précité. — Lyon, 8 mai 1879, précité. — *Sic*, Orillard, *loc. cit.*

91. Il faut encore placer sur la même ligne les salpêtriers commissionnés, parce qu'ils travaillent au nom de l'Etat et qu'ils sont ses agents. — Angers, 28 janv. 1824 [S. et P. chr., D. A. 2. 705, D. *Rép.*, v° *Acte de comm.*, n. 123] — Mais les salpêtriers libres, et même ceux qui sont munis d'une simple licence, accomplissent de véritables actes de commerce; ils achètent des matières premières, ils en extraient le salpêtre, et c'est en leur nom personnel qu'ils vendent à l'Etat ou à l'industrie les produits qu'ils obtiennent. — Même arrêt. — *Sic*, Paris, n. 169; Orillard, n. 276; Dutruc, v° *Acte de commerce*, n. 36; Alauzet, t. 8, n. 2996; Nouguier, t. 1, n. 135.

92. Les achats qui se rattachent spécialement à l'exercice d'un art ou d'une profession libérale ne sont pas des actes de commerce. C'est ainsi qu'il a été jugé que le dentiste qui achète des matières, par exemple, des dents d'hippopotame, pour les soumettre aux travaux et emplois de son art, ne fait pas en cela un acte de commerce. — Paris, 24 janv. 1849 [S. 49. 2. 155, D. P. 49. 5. 6] — V. dans le sens de ce principe Nouguier, *Trib. de comm.*, t. 1, p. 372; Orillard, n. 262 et s.; Molinier, *Droit comm.*, t. 1, n. 25; Devilleneuve, Massé et Dutruc, v° *Acte de commerce*, n. 17 et s.; Lyon-Caen et Renault, t. 1, n. 116; Ruben de Couder, v° *Acte de commerce*, n. 55 *bis*; Thaller, n. 16. — V. notre *Rép. gén. alph. du dr. fr.*, v° *cit.*, n. 159 et s. — V. aussi en ce qui concerne l'achat de l'or par les dentistes. — Trib. Bruxelles, 29 nov. 1846 [D. P. 50. 5. 8] — Sur le point de savoir si les pharmaciens sont des commerçants, V., dans le sens de l'affirmative, Metz, 19 nov. 1813 [S. et P. chr., D. *Rép.*, v^is *Commerçant*, n. 32, *Acte de commerce*, n. 64, n. 107] — Nîmes, 27 mai 1829 [S. et P. chr., D. P. 30. 2. 270, D. *Rép.*, *loc. cit.*] — Caen, 28 déc. 1840 [D. P. 41. 2. 96, D. *Rép.*, *loc. cit.*] — Rouen, 30 mai 1840 [P. 40. 2. 264, D. *Rép.*, v° *Commerçant*, n. 32] — Paris, 25 mars 1858 [S. 59. 2. 25, P. 58. 257, D. P. 58. 2. 75] — Grenoble, 28 mars 1859 [S. 59. 2. 257, P. 59. 576, D. P. 59. 2. 71] — Bruxelles, 2 juin 1881 [D. *Rép.*, *loc. cit.*] — Trib. Beaune, 29 mars 1845 [D. P. 45. 3. 112, D. *Rép.*, v° *Acte de comm.*, n. 107] — Trib. Draguignan, 10 oct. 1854 [D. P. 55. 5. 78] — Lyon-Caen et Renault, t. 1, n. 116, p. 120, note 2, *in fine*; Esnault, *Faillite*, t. 1, n. 41; Molinier, t. 11, n. 133; Laterrade, *Code des pharmaciens*, n. 79; Alauzet, t. 8, n. 2966. — *Contrà*, Montpellier, 19 févr. 1836 [S. 36. 2. 366, P. chr., D. P. 37. 2. 64, D. *Rép.*, *loc. cit.*]; Orillard, n. 278; Nouguier, t. 1, p. 382; Planiol, *Code de commerce belge*, t. 1, n. 49. — V. notre *Rép. gén. alph. du dr. fr.*, v^is *Acte de commerce*, n. 376 et s., *Commerçant*, n. 64 et s. — V. pour les pédicures-manicures, Paris, 18 juill. 1877 [S. 78. 2. 241, P. 78. 993, D. *Rép.*, *Suppl.*, v° *Commerc.*, n. 26]

93. Le dentiste qui confectionne lui-même, avec des matières par lui achetées, des râteliers artificiels qu'il fait servir à l'exercice de sa profession, en les fournissant aux clients qui réclament ses soins, ne fait pas en cela un acte de commerce, alors d'ailleurs qu'il ne tient pas un magasin, ouvert au public, de dents et râteliers artificiels; en conséquence, il n'est pas justiciable du tribunal de commerce à raison des demandes formées contre lui en paiement du prix de vente des matières ainsi employées. — Paris, 8 avr. 1858 [S. 59. 2. 24, P. 58. 631, D. P. 58. 2. 103]

94. Le médecin ou officier de santé qui achète des drogues pour préparer les médicaments que la loi du 21 germ. an II (art. 27) l'autorise à fournir aux malades près desquels il est appelé, dans les lieux où il n'existe pas de pharmacies, ne fait point acte de commerce. — Limoges, 6 janv. 1827 [S. et P. chr. [D. P. 28. 2. 25, D. *Rép.*. v° *cit.*, n. 103] — Bourges, 9 août 1828 [S. et P. chr., D. P. 29. 2. 29, D. *Rép.*, *loc. cit.*] — Rennes, 20 janv. 1859 [S. 59. 2. 256, P. 59. 755, D. P. 59. 5. 11] — *Sic*, Lyon-Caen et Renault, t. 1, n. 116, p. 119, note 2, *in fine*; Ruben de Couder, v° *Acte de commerce*, n. 55; Ripert, p. 77.

95. ... A moins que le médecin ou officier de santé ne tienne lui-même une officine ouverte et ne revende des remèdes à tout venant. — Rennes, 20 janv. 1859, précité.

96. Le fait par un vétérinaire d'acheter des drogues pour les revendre à ses clients, sans d'ailleurs tenir à cet effet une officine ouverte, constitue un accessoire de l'exercice de sa profession, et a, par suite, un caractère civil, comme cette profession elle-même. — Caen, 6 mai 1901 [S. et P. 1902. 2. 293] — V. aussi Nancy, 19 juill. 1876 [S. 76. 2. 289, P. 76. 1. 1119, D. *Rép.*, *Suppl.*, v° *Commerçant*, n. 26]

97. Par suite, un vétérinaire ne saurait, à raison de ces faits, être considéré comme commerçant, et, comme tel, être déclaré en état de faillite. — Cass., 6 mai 1901, précité.

98. Il faut faire la même distinction relativement à la sage-femme qui reçoit chez elle des pensionnaires pour y faire leurs couches. En principe, elle ne fait pas acte de commerce; l'objet principal de sa spéculation réside dans les soins qu'elle donne, et dans les secours de son art. — Cass., 30 août 1833, [S. 33. 1. 874, P. chr., D. P. 33. 1. 168]; 22 août 1845 [S. 46. 1. 196, P. 46. 2. 323, D. P. 45. 4. 46]; 18 juin 1846 [D. P. 46. 1. 233]; 12 sept. 1846, Senget [P. 49. 1. 359, D. P. 46. 4. 38]; 12 sept. 1846, Dorcy [D. P. 46. 4. 38] — Toutefois, si l'exercice de sa profession n'est qu'un accessoire pour elle, si elle spécule surtout sur l'entretien, la nourriture et le

logement d'un grand mombre de pensionnaires, elle exerce alors une industrie qui est indépendante de sa profession et qui est commerciale. — Paris, 15 avr. 1837, [P. 37. 1. 303, D. P. 38. 2. 190] — *Sic*, Orillard, n. 279 *bis*; Nouguier, t. 1, n. 184; Ruben de Couder, v° *Acte de comm.*, n. 55; Alauzet, *loc. cit.;* Bédarride, *Jur. comm.*, n. 232.

99. L'achat de la matière première constitue pour les auteurs et pour les artistes une dépense accessoire, ce qui fait que cet achat ne peut être considéré comme commercial. Ainsi, le sculpteur ne fait pas acte de commerce en achetant de la terre à modeler pour exercer son art. — Grenoble, 28 mars 1859 [D. P. 59. 2. 71] — Metz, 7 août 1862 [S. 63. 2. 106, P. 63. 852, D. P. 63. 5. 7] — *Sic*, Alauzet, t 8, n. 2966 et 2969; Pardessus, t. 1, n. 15; Nouguier, t. 1, p. 372; Orillard, n. 265; Thaller, n. 16.

100. Il en est de même lorsqu'il achète du marbre pour en composer des statues; le marbrier, au contraire, fait un acte de commerce, quand il achète des marbres pour en faire des tables, des chambranles ou autres objets d'architecture. — Pardessus, t. 1, n. 15. — V. Paris, 5 mai 1855 [P. 56. 1. 269, D. P. 56. 2. 119]

101. De même, l'artiste peintre qui achète des couleurs, des toiles, des cadres, qu'il revend ensuite convertis en tableaux, ne fait point acte de commerce, pour cet achat, quoique le peintre en bâtiments fasse un acte de commerce en pareille circonstance. — Pardessus, t. 1, n. 15, Rivière, p. 788 et 789; Alauzet, t. 8, n. 2966.

102. Jugé, en ce sens, qu'un artiste peintre ne peut, bien que se livrant plus particulièrement à la peinture de décors de théâtres, être considéré comme commerçant, et qu'il n'est pas, dès lors, justiciable du tribunal de commerce à raison des achats, par lui faits, de couleurs destinées à la confection de décors et de tableaux. — Paris, 5 mai 1855 [P. 56. 1, 269, D. P. 56. 2. 119]

103. On se demande quelle est la nature des achats de matières premières opérés par le photographe en vue de leur emploi dans la production ou dans la reproduction des œuvres photographiques; on considère dans une opinion que la photographie n'est qu'une industrie ordinaire, consistant dans l'achat, la mise en œuvre et la revente des marchandises sur lesquelles on opère. — V. Paris, 11 mars 1862 [*J. Trib. comm.*, t. 11, p. 280, D. P. 94. 2. 274, note]; 15 nov. 1862 [*J. Trib. comm.*, t. 12, p. 288] — Bordeaux, 29 févr. 1864, [*Rec. Bordeaux*, 64. 87, *J. Marseille*, 64. 2. 175] — Trib. comm. Seine, 14 déc. 1860, [*J. Trib. comm.*, t. 10, p. 85] — Trib. 5e canton de Nantes, 11 août 1869, [D. P. *loc. cit.*] — Ruben de Couder, v^is *Acte de commerce*, n. 52, *Commerçant*, n. 20-3°; Rousseau et Defert, *Code annoté des faillites*, sur l'art. 437, n. 13-3°.

104. On admet, dans une autre opinion, que les achats de matières premières par les photographes doivent être traités de la même manière que les achats de matières premières, telles que marbre, couleurs, etc., effectués par les sculpteurs, les peintres, etc. — V. Paris, 12 juin 1863 [*Ann. prop. ind.*, 63. 225] — Trib. Malines, 22 avr. 1880 [S. 81. 4. 31, P. 81. 2. 62] — Beslay, t. 1 n. 23; Pouillet, *Propr. littér. et artist.*, n. 100 et 101; Lyon-Caen et Renault, t. 1, n. 117.

105. Les propriétés littéraires peuvent être exploitées par le propriétaire, de même que les propriétés foncières, sans que les achats ou ventes nécessaires à cette exploitation soient réputés des actes de commerce? Ainsi, un auteur n'est pas réputé commerçant parce qu'il vend son ouvrage, ni même parce qu'il achète du papier et prend à son compte les frais d'impression; par suite, il n'est pas justiciable, pour de tels faits, du tribunal de commerce. — Paris, 4 nov. 1809, [S. et P. chr., D. A. 2. 728, D. *Rép.*, v° *Acte de comm.*, n. 88]; 3 févr. 1836 [S. 36. 2. 125, P. chr., D. P. 36. 2. 172, D. *Rép.*, *loc. cit.*] — *Sic*, Carré, *Lois de la comp.*, quest. 494; Merlin, *Quest.*, v° *Commerce (acte de)*, § 3; Locré, *Esp. du C. de comm.*, sur l'art. 632; Lyon Caen et Renault, t. 1, n. 117, n. 123; Thaller, n. 17; Ruben de Couder, v° *Acte de commerce*, n. 51; Beslay, t. 1, n. 53. — V. notre *Rép. gén. alph. du dr. fr.*, v^is *Acte de commerce*, n. 166 et s., 538 et s., *Commerçant*, n. 99 et s.

106. Et il en est ainsi, même de l'auteur d'un ouvrage relatif à la profession particulière qu'il exerce. — Paris, 1er déc. 1809, [S. et P. chr., D. A. 2. 728, D. *Rép.*, *loc. cit.*]

107. L'auteur d'une œuvre littéraire ou scientifique ne fait pas acte de commerce en publiant son œuvre, alors même qu'il achète les objets nécessaires à l'édition et à la publication. — Paris, 2 juill. 1894 [S. et P. 94. 2. 296, D. P. 95. 2. 164]

108. En conséquence, cet auteur ne saurait être assigné devant le tribunal de commerce en paiement du prix de fournitures faites pour sa publication. — Même arrêt.

109. Jugé, contrairement aux décisions qui précèdent, qu'un auteur fait un acte de commerce en achetant des marchandises pour servir à l'impression ou à l'autographie de ses ouvrages. — Limoges, 29 févr. 1844 [S. 44. 2. 582, P. 45. 1. 134, D. P. 45. 4. 8, D. *Rép.*, v° *Compét. comm.*, n. 55] — Tr. Seine, 2 oct. 1844 [S. 44. 2. 582, *ad notam*] — *Contrà*, Merlin, *Quest. de droit*, v° *Commerce (acte de)*, aux additions, § 3; Locré, *Esp. du C. de com.*, sur l'art. 632; Vincens, *Législ. comm.*, t. 1, p. 133; Pardessus, t. 1, n. 15 (qui excepte toutefois les journaux); Devilleneuve, Massé et Dutruc, *Dict. du content. comm.*, v° *Acte de commerce*, n. 12 et 13; Orillard, n. 17; Ruben de Couder, v° *Acte de comm.*, n. 51; Nouguier, *Trib. de comm.*, t. 1, p. 372.

110. Ce qui vient d'être dit de l'écrivain doit être étendu au journaliste pourvu, d'ailleurs, qu'il s'agisse d'un véritable journaliste, c'est-à-dire d'une personne qui, au moins, surveille l'élaboration du journal, et non d'un simple bailleur de fonds, qui, ne spéculant que sur le travail d'autrui, ne peut se refuser à être considéré comme commerçant. — Ainsi donc, l'achat par un journaliste du papier nécessaire à l'impression de son journal ne constitue pas un acte de commerce qui le rende justiciable du tribunal de commerce, alors même qu'il y a entre le journaliste et le marchand de papier une association d'après laquelle celui-ci est chargé de fournir le papier. — Bruxelles, 13 déc. 1816 [S. et P. chr., D. A. 2. 728, D. *Rép.*, v° *Acte de comm.*, n. 92]; 8 oct. 1818 [S. et P. chr., D. A. 2. 729, D. *Rép.*, *loc. cit.*] — *Sic*, Lyon-Caen et Renault, t. 1, n. 117, *in fine*. — *Contrà*, Pardessus, t. 1, n. 15.

111. D'une façon plus générale, celui qui publie un recueil ou journal périodique, dans les sciences, les arts, la littérature ou la politique, lorsqu'il est l'auteur de ces ouvrages, ne peut être considéré comme commerçant, même alors qu'il achète ce qui est nécessaire à leur publication. — Devilleneuve,

Massé et Dutruc, *Dict. du cont. comm.*, v° *Acte de comm.*, n. 18 ; Lyon-Caen et Renault, t. 1, n. 117. — Pardessus (*loc. cit.*) professe sur ce dernier point une opinion contraire.

112. Parmi les personnes dont les achats pour revendre ne constituent pas des actes de commerce parce qu'ils ne sont que l'accessoire d'une profession non commerciale, il faut ranger les instituteurs ou maîtres de pension relativement aux fournitures nécessaires à leurs établissements. Ce n'est pas en effet, sur la nourriture, l'entretien, le logement des enfants, que le maître de pension prétend gagner, mais sur l'instruction qu'il donne à ses élèves et dont la distribution ne constitue pas un acte de commerce. La jurisprudence, sur ce point, est constante. — Cass., 23 nov. 1827 [S. et P. chr., D. P. 28. 1. 31, D. *Rép.*, v° *Acte de comm.*, n. 98]; Paris, 19 mars 1814 [S. et P. chr., D. A. 2. 694, D. *Rép.*, *loc. cit.*]; 11 juill. 1829 [S. et P. chr., D. P. 29. 2. 189, D. *Rép.*, *loc. cit.*]; 19 mars 1831, [S. 31. 2. 306, P. chr., D. P. 31. 2. 142, D. *Rép.*, *loc. cit.*]; 16 janv. 1835 [S. 35. 2. 199, P. chr., D. P. 35. 2. 88, D. *Rép.*, v° *cit.*, n. 102]; 16 déc. 1837 [P. 38. 1. 132, D. P. 38. 2. 33] ; 21 avr. 1838 [S. 39. 2. 71, P. 38. 1. 634, D. P. 38. 2. 137, D. *Rép.*, v° *cit.*, n. 98]; 13 juin 1843 [P. 43. 2. 137, D. *Rép.*, *loc. cit.*] — Douai, 14 févr. 1827 [S. et P. chr., D. P. 28. 2. 43, D. *Rép.*, *loc. cit.*]; — et elle est approuvée par une doctrine unanime. — Vincens, t. 1, p. 133 ; Pardessus, t. 1, n. 15 ; Orillard, n. 268; Alauzet, t. 8, n. 2966 ; Ruben de Couder, v° *Acte de commerce*, n. 54 ; Bédarride, *Jur. comm.*, n. 231 ; Beslay, t. 1, n. 57 ; Ripert, p. 76 ; Nouguier, t. 1, n. 197.

113. On signale toutefois deux arrêts en sens contraire : l'un de la cour de Paris, qui a décidé que les maîtres de pension sont justiciables des tribunaux de commerce à raison des billets à ordre par eux souscrits pour fournitures faites à leurs pensionnats. — Paris, 26 nov. 1807 [S. et P. chr., D. A. 2. 694, D. *Rép.*, v° *Acte de comm.*, n. 97] ; — l'autre, de la cour de Rouen, d'après lequel les emprunts faits par les maîtres de pension pour payer les fournitures sont actes de commerce. — Rouen, 30 mai 1820 [S. et P. chr., D. P. 26. 2. 147, D. *Rép.*, *loc. cit.*] — Mais ces décisions sont restées isolées. — Beslay, *loc. cit.*

114. Il n'est point nécessaire, pour qu'un achat constitue un acte commercial, qu'il ait été fait en vue d'une revente *stricto sensu* de ces marchandises ; il y a encore acte commercial lorsque l'achat a lieu en vue de tirer profit de la location de ces mêmes objets. — V. Rennes, 5 mars 1873 [S. 73. 2. 264, P. 73. 700, D. P. 73. 5. 8] — Alger, 10 févr. 1897 [D. P. 97. 1. 415] ; Lyon-Caen et Renault, t. 1, n. 119 ; Boistel, n. 34 ; Molinier, n. 12 ; Bravard-Veyrières et Demangeat, t. 6, p. 226 ; Nouguier, *Des trib. de commerce,* t. 1, p. 365 et s.; Ruben de Couder, v° *Acte de commerce*, n. 62, 112; notre *Rép. gén. alph. du dr. fr.*, v° *Acte de commerce*, n. 268 et s., 302, 379 et s.

115. Ainsi l'achat, par un cultivateur, d'une machine agricole pour la louer, est un acte de commerce à raison duquel il peut, dès lors, être actionné devant la juridiction commerciale. — Trib. comm. Nantes, 17 févr. 1869 [S. 70. 2. 55, P. 70. 233, D. P. 69. 3. 92]

116. Il en est de même de l'achat des livres et les objets nécessaires à l'exploitation d'un cabinet de lectures. — Paris, 12 sept. 1838 [D. *Rép.*, v° *Acte de commerce*, n. 68]

117. ... De l'achat d'un manège de chevaux de bois pour l'exploiter. — Rennes, 5 mars 1873 [D. P. 73. 5. 8]

118. Le mécanicien qui, ayant fabriqué à l'aide de marchandises par lui achetées, un manège de vélocipèdes et un jeu de balançoires, a passé à bail ces objets pour en tirer profit, fait un acte de commerce. — Nancy, 22 févr. 1896 [S. et P. 98. 2. 302, D. P. 96. 2. 351]

119. Il en est de même en pareil cas du preneur. — Même arrêt.

120. En conséquence, le tribunal de commerce est seul compétent pour connaître des difficultés relatives à cette location. — Même arrêt.

121. Au surplus, l'achat fait en vue de la location ne peut pas, plus que l'achat fait en vue de la revente, être regardé comme un acte de commerce, lorsque l'objet acheté est un immeuble ou que, meuble de sa nature, il a été acheté en vue d'en faire un immeuble par destination, ou même en vue de l'affecter à l'usage d'un immeuble, dont le prix de location pourra ainsi être augmenté; c'est ainsi qu'un propriétaire qui achète des meubles pour les placer dans un appartement garni ne fait pas acte de commerce. — V. Cass., 30 avr. 1862 [S. 62. 1. 687, P. 62. 573, D. P. 62. 1. 351] — Lyon-Caen et Renault, t. 1, n. 120.

122. Décidé, dans cet ordre d'idées, que la location, à divers industriels par le propriétaire d'une pompe à feu, de la force motrice de cette pompe dans des proportions déterminées ne constitue pas un acte de commerce, bien que la pompe ait été placée dans un établissement destiné par le propriétaire à un usage industriel et alors même qu'il s'est chargé d'alimenter lui-même et d'entretenir la pompe. — Rouen, 17 juill. 1840 [S. 40. 2. 388, P. 40. 2. 397, D. P. 40. 2. 248, D. *Rép.*, v° *Acte de comm.*, n. 133]

123. L'intention même de revendre ou de louer une chose achetée, lorsqu'elle est prouvée, peut donner à l'achat le caractère d'un acte de commerce, quoique la revente ou la location n'ait pas encore eu lieu. — Pardessus, t. 1, n. 18.

C. *Location en vue d'une sous-location.* — 124. C'est une question très controversée que de savoir si, en principe, la location des choses mobilières pour les sous-louer constitue un acte de commerce. V. pour l'affirmative, Pardessus, t. 1, n. 32 ; Merlin, *Quest. de dr.*, v° *Commerce* (*Acte de*), § 6, n. 3 ; Nouguier, *Trib. de comm.*, t. 1, p. 368 ; Molinier, *Tr. de dr. commerc.*, n. 26 ; Alauzet, t. 8, n. 2972; Beslay, *Des commerçants*, n. 11, note, et n. 18, note 2 ; Bravard Veyrières et Demangeat, t. 6, p. 334 ; Ruben de Couder, v° *Acte de commerce*, n. 168 et s. ; Lyon-Caen et Renault, t. 1er, n. 121. — Pour la négative, Carré, *Lois de la compét.*, t. 7, quest. 499, p. 152 ; Orillard, n. 297. — V. notre *Rép. gén. alph. du dr. fr.*, v° *Acte de commerce*, n. 302 et s.

125. A supposer qu'il en soit ainsi, on a décidé, à juste raison, puisque la location n'était pas faite en vue d'une sous location éventuelle, que la prise à bail et la perception des droits établis sur les places et marchés d'une ville ne constituent pas un acte de commerce. — Metz, 9 févr. 1816 [S. et P. chr., D. A. 2. 738, D. *Rép.*, v° *Acte de comm.*, n. 77] — Angers, 23 févr. 1877 [S. 77. 2. 333, P. 77. 1300,

D. P. 77. 2. 172] — *Sic*, Pardessus, t. 1, n. 16; Nouguier, t. 1, p. 387; Ruben de Couder, v° *Acte de commerce*, n. 46; Lyon-Caen et Renault, t. 1er, p. 116, n. 112, note 4 *in fine*; Merlin, *Quest. de dr.*, v° *Commerce (Acte de)*, § 7; Orillard, n. 333; Alauzet, t. 8, n. 2978. — V. *infrà*, art. 634; notre *Rép. gén. alph. du dr. fr.*, v° *Acte de commerce*, n. 81 et s.

126. Dès lors, le fermier des droits de place n'est pas justiciable de la juridiction consulaire, lors même qu'il aurait soumissionné la ferme des droits de place dans un but de spéculation. — Angers, 23 févr. 1877, précité.

127. Peu importe encore que ce fermier, soit commerçant de profession, si la ferme des droits est complètement étrangère à son commerce (celui de banquier). — Même arrêt.

128. De même, il n'y a pas acte de commerce de la part de celui qui se rend adjudicataire de la ferme de l'octroi d'une ville. — Toulouse, 5 mars 1825 [S. et P. chr., D. P. 25. 2. 155, D. *Rép.*, v° *cit.*, n. 76] — V. *infrà*, art. 634, n. 54, n. 65.

129. Jugé, pareillement, que l'exploitation de la ferme des droits de pesage public et de condition des soies d'une ville ne constitue pas un acte de commerce; dès lors, la société formée pour cette exploitation est exclusivement civile et ne rentre pas dans la compétence des tribunaux de commerce. — Il en est ainsi, lors même que ladite société donnerait, en outre, en location un local pour des spectacles publics, un fait de cette nature étant complètement distinct de celui d'entreprise de ces mêmes spectacles. — Nîmes, 27 mai 1851 [P. 52. 1. 224, D. P. 54. 2. 43]

130. Il a cependant été décidé que la société concessionnaire de la régie d'un marché aux bestiaux est commerciale. — Trib. comm. Seine, 28 juin 1872, sous Paris, 30 déc. 1873 [S. 74. 2. 249, P. 74. 1038]

131. En tout cas, la location d'immeubles pour les sous-louer ne constitue pas un acte de commerce. — Paris, 13 juill. 1861 [S. 61. 2. 568, P. 61. 929, D. P. 61. 5. 9] — *Sic*, Lyon-Caen et Renault, t. 1, n. 121. — V. *infrà*, n. 313.

132. Par suite, la société formée pour ce genre de spéculation a le caractère de société purement civile; et le tribunal de commerce est incompétent pour connaître de la contestation relative à des travaux que cette société a fait faire à une maison louée par elle. — Même arrêt.

133. Jugé même que la location de partie d'une maison garnie pour l'exploiter en sous-louant les chambres ou appartements meublés doit, bien que comprenant des effets mobiliers, être considérée comme ayant pour objet principal un immeuble et ne constitue pas un acte de commerce; qu'en conséquence, la juridiction civile est seule compétente, à l'exclusion de la juridiction commerciale, pour connaître de l'action en paiement des loyers. — Trib. comm. Marseille, 17 mai 1867 [S. 68. 2. 25, P. 68. 109, D. P. 67. 3. 79] — V. aussi, Aix, 27 déc. 1855 [P. 57. 851, D. P. 56. 2. 208] — *Contrà*, Dutruc, n. 88 *bis*.

D. *Vente d'objets achetés en vue d'être revendus. Cession de brevets d'invention.* — 134. La revente des marchandises qu'on avait achetées en vue de les revendre constitue, au moins à l'égard du vendeur, un acte de commerce; l'acte ne revêt ce même caractère à l'égard des acquéreurs que s'ils ont eux-mêmes l'intention de revendre. — V. Aix, 28 avr. 1837 [P. 37. 2. 144] — Lyon-Caen et Renault, t. 1er, n. 122; Thaller, n. 12; Vincens, t. 1, p. 123; Laurin, n. 19; Pardessus, t. 1, n. 20; Bravard-Veyrières et Demangeat, t. 6, p. 226 et 336; Ruben de Couder, n. 101. — *Contrà*, en ce sens que la revente n'est commerciale, même au regard du vendeur, que si elle est faite entre commerçants, Delamarre et Lepoitvin, t. 1er, n. 40. — V. notre *Rép. gén. alph. du dr. fr.*, v° *Acte de commerce*, n. 252 et s.

135. Il a cependant été décidé que le commerçant qui vend des marchandises de son commerce à un non-commerçant, pour l'usage personnel de celui-ci, ne fait pas un acte de commerce, et, qu'à raison de ce fait, il n'est pas justiciable des tribunaux de commerce. — Metz, 19 avr. 1823 [S. et P. chr., D. A. 2. 723, D. *Rép.*, v° *Acte de comm.*, n. 31] — *Sic*, Locré, *Esp. du Cod. de comm.*, art. 632, n. 12; Carré, *Compét.*, art. 385; Coin-Delisle, *Contrainte par corps*, p. 76. — V. aussi Nîmes, 19. août 1809 [S. et P. chr., D. A. 2. 722, D. *Rép.*, *loc cit.*] — Rennes, 18 janv. 1831 [P. chr., D. *Rép.*, *loc. cit.*]

136. En tout cas, la vente d'immeubles par ceux qui en sont propriétaires ne constitue pas un acte de commerce, quand bien même il y aurait eu entre ces propriétaires une société pour cette vente. — V. Lyon-Caen et Renault, t. 1er, n. 110 *bis*.

137. La vente d'un brevet constitue, selon les circonstances, soit un contrat civil, soit un contrat commercial. — V. Nouguier, *Des brev. d'invent.*, n. 277 et 278; Allard, *Id.*, n. 103; Huard, *Rép. des législ. et de jurisp. en matière de brev. d'invent.*, p. 453; A. Rendu, *Codes de la propr. industr.*, t. 1er (*Brev. d'invent.*), n. 186; Picard et Olin, *Brevets d'invent.*, n. 497 et s.; Pouillet, *Id.*, n. 296; Lyon-Caen et Renault, t. 1er, n. 123; Ruben de Couder, v° *Brevets d'invent.*, n. 454. — V. notre *Rép. gén. alph du dr. fr.*, v[is] *Acte de commerce*, n. 208, 1279 et s.; *Brevet d'invention*, n. 1178 et s.

138. Jugé, d'une part, que la cession faite par un commerçant à un autre commerçant d'un brevet d'invention pour un procédé typographique constitue un acte de commerce. — Lyon, 4 janv. 1839 [S. 39. 2. 340, P. 39. 1. 638, D. P. 39. 2. 221, D. *Rép.*, v° *cit.*, n. 143] — V. aussi Trib. Marseille, 7 sept. 1851 [*J. Marseille*, 1851. 1. 288]

139. ... Que si la cession d'un procédé en dehors de toute exploitation est un acte civil de la part de l'inventeur, il en est autrement, lorsqu'au moment du contrat la destination industrielle du procédé, ainsi que les stipulations des parties en font une opération purement commerciale, et que l'inventeur associe le cessionnaire à son œuvre dans un but exclusif de spéculation, et pour l'exploiter à frais communs. — Colmar, 31 juill. 1848 [D. P. 50. 2. 150] — Dijon, 27 avr. 1865 [S. 65. 2. 205, P. 65. 848] — *Sic*, Alauzet, t. 8, n. 2970; Demangeat, sur Bravard-Veyrières, t. 6, p. 345.

140. Par suite, la livraison faite par l'inventeur au cessionnaire, suivant prix convenu, des matières premières destinées à être tranformées et revendues dans un intérêt commun sous une forme nouvelle, est un acte de commerce dont la connaissance appartient à la juridiction consulaire. — Dijon, 27 avr. 1865, précité.

141. Et la contestation qui s'élève au sujet du

paiement desdites matières peut être portée devant le tribunal du lieu où la proposition faite par le cédant a été définitivement acceptée et la marchandise livrée en gare. — Même arrêt.

142. Mais décidé, d'autre part, que la cession d'un brevet d'invention faite par un non-commerçant, et encore bien que celui-ci en fasse l'acquisition dans un but commercial, ne constitue pas un acte de commerce, du moins à l'égard du cédant. — Paris, 16 nov. 1852 [S. 52. 2. 677, P. 53. 1. 58] — *Sic*, Alauzet, t. 8, n. 2970.

143. ... Que la vente d'un procédé industriel et du matériel nécessaire à son exploitation, ne constitue pas un acte de commerce. — Paris, 14 janv. 1836 [S. 36. 2. 125, P. chr., D. P. 36. 2. 174, D. *Rép.*, v° *Acte de comm.*, n. 74]

144. Au surplus, il a été jugé que les tribunaux civils, étant compétents pour statuer sur les questions relatives à la propriété des brevets d'invention, ces tribunaux ont seuls compétence, à l'exclusion des tribunaux de commerce, pour connaître d'une action en nullité d'une vente de brevet d'invention. — Alger, 18 nov. 1885 [S. 86. 2. 113, P. 86. 1. 684 et la note Lyon-Caen] — *Contrà*, Lyon-Caen, note précitée; Lyon-Caen et Renault, t. 1. n. 123, p. 126, notes 3-4. — V. L. 3 mai 1844, art. 34, notre *Rép. gén. alph. du dr. fr.*, v° *Brevet d'invention*, n. 1178 et s., n. 1515 et s.

145. En tous cas, l'art. 34, L. 5 juill. 1844 qui attribue aux tribunaux civils les contestations relatives à la propriété des brevets d'invention, ne s'applique point aux demandes qui ont pour objet principal le paiement du prix de cession, et non la propriété de l'invention. — Bourges, 5 févr. 1853 [P. 53. 1. 357, D. P. 55. 2. 286] — Paris, 2 févr. 1861 [*Ann. prop. ind.*, 1861, p. 77] — V. Pouillet, *Brevet d'inv.*, n. 296.

146. La demande de dommages-intérêts fondée sur l'inexécution d'une convention accessoire à la cession d'un procédé industriel doit être formée en même temps et soumise au même tribunal que la demande relative à la cession elle-même. — Bourges, 5 févr. 1853, précité.

E. *Cession à bail d'objets achetés ou loués en vue d'être loués.* — 147. Le bail à loyer ou location d'un fonds de commerce, accompagné de la vente des ustensiles et de l'achalandage, intervenu entre deux commerçants, est un acte de commerce. — Colmar, 28 mai 1850 [S. 51. 2. 487, P. 51. 1. 444, D. P. 52. 5. 7] — *Sic*, Lyon-Caen et Renault, t. 1er, n. 119, n. 122; Thaller, n. 12.

148. Mais la location d'un immeuble est une opération civile de sa nature, et la circonstance que le bail aurait été fait dans l'intérêt du commerce du preneur ne peut avoir pour effet de lui faire perdre ce caractère et de la changer en opération commerciale. — C. sup. de justice (cassation) du Luxembourg, 10 mars 1899 [S. et P. 99. 4. 39] — *Sic*, Pardessus, t. 1er, n. 52; Molinier, n. 89.

149. La preuve n'en peut donc être reçue que suivant les principes de l'art. 1341, C. civ.: au-dessus de 150 francs, une preuve écrite est nécessaire, à moins d'une des exceptions à l'art. 1341, et notamment d'un commencement de preuve par écrit. — Même arrêt.

150. Le bail d'une usine et de son mobilier industriel ne constitue pas un acte de commerce de la part du propriétaire, au cas même où il est commerçant et bien que cet acte ait le caractère commercial à l'égard du preneur qui a loué l'usine pour l'exploiter. — Colmar, 28 nov. 1849 [S. 51. 2. 331, P. 51. 1. 212, D. P. 52. 2. 201] — *Sic*, Alauzet, t. 8, n. 2972. — V. notre *Rép. gén. alph. du dr. fr.*, v° *Acte de commerce*, n. 277.

151. La location d'une loge (dans un marché, ou sous une halle) par un marchand à un autre marchand, pour la durée d'une foire, n'est pas non plus un acte de commerce. — Caen, 24 mai 1826 [S. et P. chr., D. P. 27. 2. 83, D. *Rép.*, v° *Acte de comm.*, n. 310]

152. Jugé toutefois que si, en principe, le louage d'immeubles n'a pas le caractère commercial, il peut néanmoins revêtir ce caractère lorsque, en fait, il se rattache à une cession d'industrie dont il n'est qu'un accessoire, et que les immeubles loués sont destinés, non à l'usage personnel du preneur, mais uniquememt aux besoins de son industrie. — Cass., 29 janv. 1883 [S. 85. 1. 482, P. 85. 1. 1153, D. P. 83. 1. 314] — V. notre *Rép. gén. alph. du dr. fr.*, v° *Acte de commerce*, n. 1060 et s.

F. *De la vente et de l'exploitation de ses œuvres par un auteur ou par un artiste.* — 153. L'auteur qui vend son ouvrage ne fait point acte de commerce. — Merlin, *Quest. de droit*, v° *Acte de comm.*, § 4; Carré, *Comp.*, t. 7, p. 143; Vincens, t. 1, p. 135; Locré, sur l'art. 632, C. comm.; Pardessus, t. 1. n. 11; Lyon-Caen et Renault, t. 1, n. 123; Pouillet, *Prop. litt.*, n. 280; Massé, t. 2, n. 1392; Alauzet, t. 8, n. 2969. — V. *suprà*, n. 35 et s., notre *Rép. gén. alph. du dr. fr.*, v° *Acte de commerce*, n. 166 et s., n. 207, n. 538 et s. — Sur le caractère de la vente de sa bibliothèque par un auteur, V. notre *Code civil annoté*, art. 2272, n. 14.

154. Ne fait pas acte de commerce l'auteur qui édite ses propres ouvrages, et passe avec une société un traité de publicité pour en faciliter la vente. — Paris, 13 déc. 1901 [*J. des trib. de commerce*, 1903, p. 312] — *Sic*, Lyon-Caen et Renault, *loc. cit.*; Nouguier, t. 1, n. 150.

155. C'est en vain que, pour le faire déclarer justiciable des tribunaux consulaires, on exciperait de la clause d'un bulletin de commande stipulant que le tribunal de commerce de la Seine sera seul compétent pour connaître de toutes contestations, quel que soit le domicile de l'abonné. — Même arrêt.

156. Une pareille clause est nulle en tant qu'elle porte renonciation par une partie non commerçante à exciper de l'incompétence « *ratione materiæ* », laquelle étant d'ordre public, ne comporte aucune dérogation conventionnelle, peut être soulevée en tout état de cause, et doit même être prononcée d'office. — Même arrêt.

157. La publication d'une œuvre littéraire par l'auteur lui-même n'est pas un acte de commerce, encore qu'il se soit associé avec une autre personne pour cet objet. Dès lors, l'auteur n'est pas justiciable du tribunal de commerce à raison des obligations qu'il a contractées pour cette publication. — Paris, 23 déc. 1840 [S. 41. 2. 323, P. 41. 1. 252, D. P. 41. 2. 175, D. *Rép.*, v° *Acte de comm.*, n. 89] — *Sic*, Locré, *Esp. du C. de comm.*, sur l'art. 632, n. 4; Merlin, *Quest de droit*, v° *Commerce (acte de)*, § 3; Pardessus, t. 1, n. 15; Carré, *Compét.*, t. 7, p. 143 (édit. Foucher); Lyon-Caen et Renault, *loc. cit.*

158. Ainsi, le traité fait entre un auteur et un imprimeur, pour l'impression d'un ouvrage, ne constitue pas, de la part de l'auteur, un acte de

commerce qui le rende justiciable du tribunal de commerce quant aux difficultés relatives à l'exécution de ce traité, et cela, encore bien que l'auteur soit l'éditeur et le vendeur de son propre ouvrage. Les faits postérieurs de débit et de vente ne peuvent changer le caractère purement civil du contrat. — Paris, 23 oct. 1834 [S. 34. 2. 641, P. chr., D. P. 35. 2. 22, D. *Rép.*, *v° cit.*, n. 88] — V. dans ce sens, Renouard, *Des droits d'auteurs*, t. 2, n. 22.

159. Le traité passé entre l'auteur d'un ouvrage littéraire et un imprimeur, par lequel celui-ci s'engage à imprimer l'ouvrage dont il s'agit à un nombre déterminé d'exemplaires, moyennant le partage égal avec l'auteur des bénéfices ou des pertes éventuels de l'entreprise, et prélèvement fait, au profit de l'imprimeur, des frais d'impression sur les bénéfices, ne constitue pas un acte de commerce de la part de l'auteur. Mais le traité constitue un acte de commerce de la part de l'imprimeur. De plus, ce traité établit entre les parties une société en participation qui a le caractère commercial par rapport à l'imprimeur, et qui, dès lors, le soumettait avant la loi du 17 juill. 1856 à la juridiction des arbitres forcés, sur les actions contre lui formées par l'auteur relativement aux difficultés auxquelles cette société pouvait donner lieu entre eux. — Paris, 16 févr. 1844 [S. 45. 2. 612, P. 44. 1. 379, D. P. 44. 2. 165, D. *Rép.*, *v° cit.*, n. 90]

160. On a soutenu que le caractère littéraire ou scientifique de l'ouvrage publié était une condition nécessaire pour exclure la commercialité. — Ainsi, l'auteur d'un ouvrage de simple utilité pratique, tel qu'un almanach, un indicateur, un guide, etc., ferait, en le publiant et en le vendant, des actes de commerce. — Alauzet, t. 8, n. 2966 ; Ruben de Couder, n. 51 ; Nouguier, n. 149 ; Laurin, n. 21, note 1.

161. On a jugé, notamment, que la publication d'une simple compilation, dont la rédaction n'a exigé aucun travail intellectuel, constitue une entreprise industrielle et commerciale, et que l'entrepreneur peut même être réputé commerçant, tandis qu'il faut considérer comme une œuvre éminemment scientifique un répertoire de législation, de doctrine et de jurisprudence, qui, par l'étendue de son cadre, la méthode de son ensemble, le mérite de ses traités, la conscience et le talent qui ont présidé à leur rédaction, a rendu des services certains à la science du droit. — Colmar, 9 déc. 1857 [S. 65 2. 273, *ad notam*, P. 65. 1036, *ad notam*, D. P. 58. 2. 23] — V. *suprà*, n. 40 et s.

162. Jugé aussi qu'au cas de publication d'un livre qui ne contient qu'une indication de rues, de monuments et autres renseignements du même genre, une telle publication constitue un acte de commerce, qui soumet l'auteur à la juridiction commerciale. — Paris, 9 févr. 1841 [S. 41. 2. 324, P. 41. 2. 253. D. P. 42. 2. 175, D. *Rép.*, v° *Acte de comm.*, n. 94]

163. Ces distinctions, basées sur le caractère plus ou moins littéraire, plus ou moins scientifique des productions de l'esprit, sont souvent, dans la pratique, plus que délicates et en dehors de la compétence des tribunaux de commerce; elles sont en tous cas étrangères à la loi, qui se base exclusivement, pour définir la commercialité, sur l'existence ou l'absence de l'acte d'entremise. A notre avis, on doit les écarter.

164. L'auteur d'un recueil littéraire ou scientifique ne fait pas un acte de commerce en publiant son œuvre par lui-même ou par un éditeur, alors même qu'il emploie le concours d'écrivains par lui rémunérés. — Paris, 2 juill. 1880 [S. 81. 2. 89, P. 81. 1. 463, et la note de M. J.-E. Labbé, D. P. 80. 2. 226] — *Sic*, Lyon-Caen et Renault, t. 1, n. 117; Ruben de Couder, *v° cit.*, n. 513; Ripert, *De la vente comm.*, p. 71 et s.; Labbé, note précitée. — V. *suprà*, n. 40 et s.; notre *Rép. gén. alph. du dr. fr.*, v° *Acte de commerce*, n. 549 et s.

165. Jugé de même que la publication d'une revue ne constitue pas, de la part de l'auteur et éditeur, une opération commerciale, encore bien que partie des articles soient composés par des collaborateurs que l'auteur s'adjoint. — Lyon, 22 août 1860 [S. 61. 2. 103, P. 61. 831, D. P. 61. 2. 72] — V. notre *Rép. gén. alph. du dr. fr.*, *v° cit.*, n. 563 et s.

166. Ne fait pas acte de commerce l'auteur qui publie et édite un journal hebdomadaire qui a le caractère d'un recueil littéraire, traitant de philosophie, de conseils d'hygiène et de morale, de tenue de maison et de savoir-vivre. — Paris, 2 juill. 1894 [S. et P. 94. 2. 296, D. P. 95. 2. 164]

167. Pareillement, l'auteur d'un recueil périodique affecté à la publication d'articles littéraires ou d'utilité domestique ne fait pas acte de commerce en publiant son œuvre. — Paris, 22 déc. 1886 [S. 87. 2. 132, P. 87. 1. 707]

168. Décidé également que la publication d'un journal politique par celui qui en est à la fois le propriétaire et le rédacteur n'a pas le caractère d'un acte de commerce. — Par suite, le propriétaire-rédacteur de ce journal n'est pas un commerçant, et ne saurait être déclaré en faillite. — Rouen, 2 févr. 1898 [S. et P. 98. 2. 104]

169. La publication d'un journal scientifique, tel qu'un journal de jurisprudence, ne constitue pas, à l'égard de l'auteur ou rédacteur en chef, une opération commerciale, qui le soumette à la juridiction du tribunal de commerce, à raison des fournitures à lui faites dans l'intérêt de sa publication, et cela, bien que partie des articles ne soit pas de lui, mais de collaborateurs qu'il s'adjoint. — Paris, 25 mai 1855 [S. 55. 2. 413, P. 55. 2. 391, D. P. 56. 2. 275] — V. aussi la note qui accompagne un arrêt de Douai, 27 août 1852 [S. 55. 2. 39] — Suivant Alauzet, t. 9, n. 2966; Paris, *Dr. comm. fr.*, n. 162; Orillard, n. 264, le journaliste qui ne publie que ses œuvres n'est pas commerçant, mais il en est autrement s'il spécule sur les œuvres d'autrui.

170. Jugé de même que la publication, par une association syndicale de pharmaciens, avec le concours désintéressé de son directeur et de rédacteurs non rétribués, d'une revue exclusivement consacrée à des discussions scientifiques, à des formules de préparation de médicaments, et à un bulletin de jurisprudence pharmaceutique n'a pas le caractère d'une entreprise commerciale. — Toulouse, 28 oct. 1886 [S. 87. 2. 129, P. 87. 1. 702]

171. Dès lors, le tribunal de commerce est incompétent pour connaître de l'action en dommages-intérêts, intentée contre le syndicat par un tiers qui se prétend lésé par la publication dans cette revue d'un jugement correctionnel rendu contre lui. — Même arrêt.

172. Il importe peu que la revue ou le journal insère, moyennant rétribution, des annonces industrielles ; la publication de ces annonces, à supposer qu'elle ait un caractère commercial, n'étant qu'un accessoire de la publication du journal lui-même.

— Toulouse, 28 oct. 1886, précité ; Paris, 22 déc. 1886, précité; 2 juill. 1894, précité. — Rouen, 2 févr. 1898, précité.

173. Peu importe également que les articles publiés dans le recueil contiennent des indications de prix, si ces indications constituent plutôt des renseignements utiles que des annonces dont l'objet serait de constituer une publicité commerciale. — Paris, 22 déc. 1886, précité.

174. Dès lors, l'auteur du recueil ne peut être poursuivi devant la juridiction commerciale en paiement du papier qui lui a été fourni pour sa publication. — Même arrêt.

175. Il importe peu que l'éditeur donne en prime, à prix réduit, à ses abonnés, une eau de toilette, et vende au bureau de son journal une teinture pour étoffes, cette exploitation, distincte de celle du journal, ne pouvant donner un caractère commercial à la publication du journal. — Paris, 2 juill. 1894, précité.

176. De même, la publication, par des avocats, d'un recueil de jurisprudence et de bibliographie, ne saurait constituer, à raison de son caractère scientifique, un acte de commerce. — C. d'appel de Rome, 18 juill. 1889 [S. 91. 4. 19, P. 91. 2. 39]

177. Il n'importe que le recueil ait le caractère d'une compilation : la coordination et la symétrie des choses scientifiques sont des opérations de l'esprit échappant au trafic commercial. — Même arrêt.

178. Il n'importe également que le recueil puisse réussir à procurer aux avocats qui le publient des bénéfices ou des pertes : l'aléa seul ne suffit pas à faire de la publication une affaire commerciale. — Même arrêt.

179. Il n'importe encore que la couverture du recueil contienne des annonces, d'après lesquelles les avocats, publicateurs du recueil, se chargent de la négociation des prêts hypothécaires, si ces actes rentrent dans l'exercice de la profession d'avocat. — Même arrêt.

180. Il n'importe enfin que la publicité du recueil ait pu augmenter la clientèle des avocats publicateurs. — Même arrêt.

181. En pareil cas, les avocats qui ont fondé et qui publient le recueil ne sauraient davantage être considérés comme commerçants, sur le motif qu'ils feraient un acte de spéculation, et qu'en outre ils auraient pris la qualité d'éditeurs-propriétaires du recueil : d'une part, la rémunération qui peut leur advenir ne constitue pas une spéculation, et, d'autre part, la qualification d'éditeurs, prise par eux, est synonyme d'auteur, le véritable éditeur ou entrepreneur de la publication étant l'imprimeur avec qui ils ont traité pour la publication. — Même arrêt.

182. En conséquence, les avocats publicateurs du recueil ne sauraient être déclarés en faillite sur la demande de l'imprimeur non payé. — Même arrêt.

183. D'ailleurs, alors même que le propriétaire-rédacteur du journal aurait la qualité de commerçant, il ne pourrait être déclaré en faillite à raison d'une obligation ayant un caractère purement civil qu'autant que la preuve serait rapportée de la cessation de paiement d'autres dettes de nature commerciale. — Rouen, 2 févr. 1898, précité. — V. Lyon-Caen et Renault, t. 7, n. 62 et s., 92.

184. Toutefois, on doit observer, que, d'après un jugement assez ancien d'ailleurs, si l'auteur, qui se borne à éditer l'œuvre de son intelligence, ne fait pas un acte de commerce, il en est autrement de celui qui réédite son ouvrage, alors surtout que, pour cette réédition, il emploie un voyageur, envoie des prospectus, circulaires et bulletins de souscription, et s'engage envers son imprimeur à lui tenir compte des intérêts à 6 p. 100 des sommes dont il sera son débiteur. — Trib. comm. Nantes, 4 févr. 1865 [S. 65. 2. 273, P. 65. 1036] — *Contrà*, Colmar, 9 déc. 1857, [S. et P. *ibid.*, *ad notam.*, D. P. 58. 2. 23]

185. ... Qu'en conséquence, cet auteur est soumis à la juridiction commerciale pour le paiement du prix des travaux d'imprimerie exécutés pour son compte. — Trib. comm. Nantes, 4 févr. 1865, précité.

186. On a décidé que le libraire, qui est en même temps auteur, fait acte de commerce en exploitant ses propres ouvrages dans son commerce de librairie. En conséquence, il est justiciable des tribunaux de commerce, à raison des conventions par lui faites avec un imprimeur pour l'impression de ses ouvrages. — Bordeaux, 23 nov. 1843 [S. 44. 2. 583] — V. cep. notre *Rép. gén. alph. du dr. fr.*, v° *Acte de commerce*, n. 543.

G. *Entreprise de manufactures, de constructions, de commission, de transport par terre et par eau.* — a) *Entreprise de manufactures et de constructions.* — 187. Celui qui fait travailler par des ouvriers à ses gages des matières qu'il n'a pas achetées, et qui lui ont été fournies pour être travaillées, fait acte de commerce tout comme celui qui achète des matières brutes et les fait travailler à son compte. — Massé, t. 1, n. 20; Lyon-Caen et Renault, t. 1er, n. 134 ; Thaller, n. 22. — V. notre *Rép. gén. alph. du dr. fr.*, v° *Acte de commerce*, n. 700 et s.

188. L'entreprise de manufactures suppose ordinairement que l'entrepreneur réunit dans un lieu appelé atelier ou fabrique, les ouvriers dont il loue les services ; mais, elle n'en existerait pas moins dans le cas où les travaux seraient exécutés par des ouvriers travaillant dans leur domicile propre. — Pardessus, t. 1, n. 35; Nouguier, t. 1, n. 219.

189. Il y a entreprise de manufactures lorsque, dans un but de spéculation, pour réaliser des bénéfices, on se livre, à l'aide de capitaux avancés ou engagés dans l'opération, à la fabrication ou transformation d'une matière première par les mains de l'ouvrier, et qu'on réalise ainsi, par le travail salarié d'autrui, des produits industriels qui sont mis dans le commerce. — Angers, 26 déc. 1856 [P. 57. 849, D. P. 56. 2. 114]

190. ... Alors, d'ailleurs, qu'il ne s'agit point de quelques actes particuliers ou temporaires de fabrication, mais d'un établissement important et permanent, essentiellement industriel dont le but est la réalisation de bénéfices par spéculation sur la vente des produits manufacturés. — Même arrêt.

191. Pour être commerciale, l'entreprise de manufactures doit être accompagnée de spéculation. Ainsi, la personne qui, dans le but de faire avancer les sciences ou les arts, fonde une usine pour se livrer à la découverte de quelques procédés utiles et encore inconnus, ne peut être considérée comme un manufacturier, lors même qu'elle occuperait un grand nombre de bras. — Paris, 6 mars 1858 [P. 58. 1069] — *Sic*, Pardessus, t. 1, n. 35 ; Orillard, n. 304 ; Ruben de Couder, n. 123.

192. La spéculation doit être motivée par un intérêt privé. Les manufactures, qui sont fondées et exploitées dans un intérêt public, ne constituent pas des établissements commerciaux. Telles sont les

manufactures de tabacs, les fabriques de poudre, alors que, pour accroître les revenus de l'Etat, on lui a réservé le monopole de la vente de ces objets. — Pardessus, *loc. cit.*

193. Les entrepreneurs de travaux publics, achetant et traitant en leur nom et dans leur intérêt privé pour exécuter les marchés qu'ils ont faits même avec l'Etat, font en cela des actes de commerce. — Molinier, *Droit comm.*, t. 1, n. 33.

194. Des règles spéciales de compétence ont été consacrées par le législateur en matière de contentieux de travaux publics; le conseil de préfecture a été désigné comme autorité compétente. — Observons toutefois que l'enlèvement de terres, dans une propriété privée, effectué par un entrepreneur de travaux publics, sans l'autorisation du propriétaire et sans l'accomplissement des formalités prescrites pour les fouilles et extractions, constituant un acte commercial, le tribunal de commerce est compétent pour statuer sur la demande en indemnité, formée par le propriétaire, à l'effet d'obtenir paiement de la valeur des terres enlevées. — Limoges, 3 mars 1885 [S. 85. 2. 150, P. 85. 1. 821] — *Sic*, Lyon-Caen et Renault, t. 1, n. 137 *ter*. — V. aussi Cass., 23 juin 1879 [S. 80. 1. 127, P. 80. 274, D. P. 80. 1. 28] — Poitiers, 18 juill. 1881 [S. 84. 2. 27, P. 84. 1. 198, D. P. 82. 2. 232] — Douai, 28 juin 1882, Motifs [S. 83. 2. 182, P. 83. 1. 906, D. P. 83. 2. 143] — V. L. 28 pluv. an VIII, art. 4; L. 22 juill. 1889; L. 29 déc. 1892, art. 1er.

195. L'ouvrier qui travaille à ses pièces, ou à forfait, dans son domicile, ne peut pas être considéré comme *commerçant*, ni comme *facteur* ou *commis* du fabricant auquel il s'engage à fournir son travail pendant un temps déterminé. — Cass., 12 déc. 1836 [S. 37. 1. 412, P. chr., D. P. 37. 1. 194, D. *Rép.*, v° *Acte de comm.*, n. 116] — *Sic*, Lyon-Caen et Renault, t. 1, n. 118; Thaller, n. 23. — V. art. 1308, Code civil ; *infrà*, art. 634; notre *Rép. gén. alph. du dr. fr.*, v° *Acte de commerce*, n. 641 et s. — Pour le cas où l'ouvrier fournit les matières premières, V. *suprà*, n. 81 et s.

196. Une opération de *main d'œuvre* est, en effet, autre chose qu'une opération de *manufactures*, dans le sens de l'art. 632. En conséquence, les ouvriers qui s'engagent à travailler pour autrui, en recevant une matière, et s'obligent à la rendre après l'avoir façonnée, ne font pas un acte qui les rende justiciables des tribunaux de commerce. — Rome, 5 sept. 1811 [S. et P. chr., D. A. 2. 733, D. *Rép.*, *loc. cit.*] — *Sic*, Molinier, t. 1, n. 39. — *Contrà*, Merlin, *Quest. de droit*, v° *Acte de comm.*, § 6, n. 3.

197. Jugé cependant que la convention entre un fabricant et un particulier non négociant, par laquelle ce dernier s'engage à donner ses soins pendant plusieurs années à la manufacture du premier et à la perfectionner, à l'aide de procédés de physique, est un acte de commerce dont la connaissance appartient aux juges de commerce. — Liège, 27 déc. 1811 [S. et P. chr., D. A. 2. 734, D. *Rép.*, v° *cit.*, n. 164]

198. « L'entreprise de manufactures, dans son sens usuel, désigne la fabrication de choses mobilières, mais il y a des entreprises très importantes qui ont des immeubles pour objet (construction d'édifices, de ponts, de routes, de canaux, de digues, terrassements, plantations, desséchements, draînage, etc.). Celui qui s'y livre semble être dans une situation tout à fait identique à celle du manufacturier; comme celui-ci, il spécule sur ses machines, sur les services de ses ouvriers; souvent sur l'achat et la revente des matières premières ». — Lyon-Caen et Renault, t. 1er, n. 136. — Dès lors, ces opérations sont considérées, dans une opinion, comme commerciales en principe, sauf le cas où l'entrepreneur n'a rien à fournir, pas même la main d'œuvre et où il ne spécule que sur son industrie. — Merlin, *Rép.*, v° *Acte de comm.*, § 6, n. 3; Boistel, n. 40; Bédarride, *Jur. commerc.*, n. 304; Garsonnet, *Rev. crit.*, 1869, t. 2, p. 360; Laurin, n. 15 et s.; Dutruc, n. 114. — V. *Rép. gén. alph. du dr. fr.*, v° *Acte de commerce*, n. 711 et s.

199. Il a été jugé, en ce sens, que l'entreprise de construction d'une maison, pour le compte d'un particulier, constitue un acte de commerce de la part de l'entrepreneur. Dès lors, c'est au tribunal de commerce qu'il appartient de statuer sur une demande en dommages-intérêts, formée contre l'entrepreneur par le propriétaire-constructeur, à raison d'un retard apporté dans la construction de la maison. — Poitiers, 23 mars 1841 [S. 41. 2. 633, P. 43. 1. 235, D. P. 41. 2. 151, D. *Rép.*, v° *Acte de comm.*, n. 208]

200. ... Que l'entreprise de drainage faite dans un but de spéculation et pour laquelle l'entrepreneur fournit les conduits de drainage ainsi que les ustensiles et outils nécessaires à l'entreprise et au travail des ouvriers, constitue un acte de commerce. — Caen, 2 févr. 1858 [S. 59. 2. 160, P. 58. 849]

201. ... Que l'entreprise de confection ou de réparation de routes publiques est une opération de commerce dans le sens de l'art. 632; qu'en conséquence, l'entrepreneur est justiciable du tribunal de commerce, à raison des contestations qui s'élèvent entre lui et ses ouvriers. — Limoges, 21 nov. 1835 [S. 37. 2. 191, P. chr., D. P. 38. 2. 103, D. *Rép.*, v° *Acte de comm.*, n. 208] — *Sic*, Pardessus, t. 1, n. 36; Merlin, *Quest. de dr.*, v° *Comm. (acte de)*, § 6.

202. ... Que l'entreprise de celui qui se charge de réparations de chemins publics, et de l'achat des pierres nécessaires à ces réparations est une opération de commerce. — Caen, 27 mai 1818 [S. et P. chr., D. A. 2. 736, D. *Rép.*, *loc. cit.*]

203. ... Que l'entreprise de travaux de construction, tels que les travaux de terrassement d'un chemin de fer, constitue de la part de l'entrepreneur un acte de commerce. En conséquence, cet entrepreneur est justiciable du tribunal de commerce, à raison des contestations qui surviennent entre lui et les sous-entrepreneurs avec lesquels il a traité pour l'exécution d'une portion de ces travaux. — Orléans, 14 mai 1844 [S. 45. 2. 213, P. 44. 1. 772, D. P. 45. 2. 30, D. *Rép.*, *loc. cit.*]

204. Mais ordinairement, on admet, à raison d'un incident des travaux préparatoires (V. Locré, *Esprit du Code de commerce*, t. 8, p. 292), que ne peuvent être considérées comme actes de commerce, les entreprises de constructions autres que les constructions maritimes et qu'en conséquence, les contestations qui s'élèvent au sujet de la construction d'un édifice sur terre doivent être soumises aux tribunaux civils. — Colmar, 8 juin 1822 [S. et P. chr., D. *Rép.*, *v° cit.*, n. 205] — *Sic*, Lyon-Caen et Renault, t. 1er, n. 136 et 137 ; Orillard, *Compét. des trib. de commerce*, n. 307 et s. ; Thaller, n. 25.

205. ... Que l'entreprise de travaux de construction, tels que la construction d'un palais de justice et d'une prison, ne constitue pas, de la part de l'entrepreneur, un acte de commerce qui le rende justiciable du tri-

bunal de commerce : une entreprise de travaux de construction n'est réputée acte de commerce qu'autant qu'elle a la navigation pour objet. — Poitiers, 21 déc. 1837 [S. 38. 2. 297, P. 38. 2. 281, D. P. 38. 2. 34, D. Rép., v° cit., n. 204]

206. ... Qu'il en est de même, d'une entreprise de constructions et bâtiments de terre, spécialement de fortifications. — Bruxelles, 5 nov. 1818 [S. et P. chr., D. A. 2. 737, D. Rép., loc. cit.]

207.... Qu'il en est de même d'une entreprise de travaux de construction d'un canal. — Bruxelles, 22 mai 1819 [S. et P. chr., D. A. 2. 737, D. Rép., v° cit., n. 205] — Nancy, 15 mars 1842 [S. 42. 2. 480, P. 42. 2. 193, D. P. 42. 2. 107, D. Rép., loc. cit.] ; 6 avr. 1843 [S. 43. 2. 491, P. 43. 2. 649, D. P. 43. 2. 171, D. Rép., loc. cit.] — Paris, 8 mars 1889, Canal interocéanique [S. 89. 2. 225, P. 89. 1. 1218, D. P. 90. 2. 233] — Sic, Carré, Compét. civ., t. 2, n. 516 — Contrà, Merlin, Quest. de droit, v° Commerce (acte de), § 5 (addit.) ; Pardessus, t. 1er, n. 36 ; Orillard, n. 308 et 309.

208. ... Que la construction et l'exploitation d'un canal destiné à faciliter la distribution des eaux du domaine public ne constitue pas, plus de la part du sous-concessionnaire, que du titulaire de la concession, une entreprise commerciale. — Cass., 6 janv. 1874 [S. 77. 1. 27, D. 77. 1. 42, D. P. 74. 1. 437] ; 17 mars 1874 [S. 75. 1. 106, P. 75. 256, D. P. 74. 1. 420] — Sic, Ruben de Couder, Dict. de dr. commerc., v° Acte de commerce, n. 127.

209. Par suite, les actions intentées contre le sous-concessionnaire ne sont pas de la compétence de la juridiction commerciale. — Cass., 6 janv. 1874, précité.

210. ... Qu'une entreprise de travaux de construction d'un chemin vicinal, même avec fourniture de quelques matériaux et de pain aux ouvriers, ne constitue pas de la part de l'entrepreneur un acte de commerce. — En conséquence, il ne peut être assigné devant le tribunal de commerce par le boulanger qui lui a fourni le pain nécessaire à ses ouvriers. — Nancy, 14 mai 1856 [S. 56. 2. 624, P. 56. 1. 488, D. P. 56. 2. 194]

211. Et qu'il en est ainsi alors même que l'entrepreneur aurait cédé accidentellement à des tiers quelques pains inutiles à ses ouvriers. — Même arrêt.

212. L'entrepreneur de construction ne peut donc, en principe, être considéré comme faisant des actes de commerce ; on reconnait toutefois que cet entrepreneur est justiciable des tribunaux de commerce à raison des achats de matériaux faits par lui pour être employés aux travaux dont il est chargé et que ces achats ont le caractère d'actes de commerce. — Bruxelles, 23 juill. 1819 [S. et P. chr., D. A. 2. 738] — Poitiers, 21 déc. 1837, précité. — Sic, Lyon-Caen et Renault, t. 1er, n. 137.

213. On va même plus loin dans une opinion ; on considère comme constituant un acte de commerce la convention par laquelle un sous-entrepreneur s'engage à exécuter une partie déterminée des travaux adjugés à l'entrepreneur et par exemple une partie d'un canal d'irrigation concédé par l'État. — Cass., 20 nov. 1876 [S. 78. 1. 464, P. 78. 1208, D. P. 78. 1. 80] — Sic, Lyon-Caen et Renault, t. 1er, n. 137, p. 138, note 2 ; Bravard-Veyrières et Demangeat, t. 6, n. 346 et 347.

214. Dès lors, le tribunal de commerce est compétent pour connaître des contestations relatives à l'exécution de cette convention, soit à raison de la qualité de commerçant appartenant aux parties, soit à raison de la nature de l'opération essentiellement commerciale. — Même arrêt.

215. A l'appui de ce système intermédiaire, on a fait observer que si la concession perpétuelle d'un canal par l'Etat à une ville constitue pour la ville une entreprise purement civile, et si la subrogation à la concession, consentie par la ville à un tiers pour un temps limité, conserve à l'opération son caractère civil, en l'absence de tous faits venant à l'altérer ou la modifier : au contraire, les marchés passés par un sous-entrepreneur du tiers subrogé avec d'autres entrepreneurs pour l'exécution d'une partie des travaux, ont un caractère commercial. — Dès lors, le tribunal de commerce est compétent pour connaître des difficultés relatives à l'exécution de ces marchés. — Grenoble, 11 août 1875 [S. 77. 2. 44, P. 77. 226]

216. Jugé même que les entreprises de travaux publics (tels que les travaux de construction d'un pont) sont commerciales, et que, par suite, les contestations entre les entrepreneurs et leurs ouvriers sont de la compétence du tribunal de commerce. — Poitiers, 20 févr. 1851 [S. 51. 2. 637, P. 52. 664, D. P. 52. 2. 129]

217. Jugé, en sens contraire, que le traité par lequel un entrepreneur de travaux de construction charge un charpentier de faire pour son compte tous les travaux de charpente de l'entreprise, n'est pas un acte de commerce, mais un marché à prix fait, régi par les dispositions du Code civil relatives au louage d'ouvrage. — Poitiers, 21 déc. 1837 [S. 38. 2. 297, P. 38. 2. 281, D. P. 38. 2. 34, D. Rép., v° Acte de comm., n. 204]

218. Il est bien évident d'ailleurs que celui pour le compte duquel les travaux ont été exécutés sur ses immeubles ne peut être considéré comme ayant fait un acte de commerce ; par suite, les tribunaux de commerce sont incompétents pour statuer sur les litiges nés à l'occasion de ces travaux, à moins que le propriétaire ne soit commerçant, ce qui rend les tribunaux de commerce compétents en vertu de l'art. 631-1°. — Spécialement, le tribunal de commerce est incompétent pour statuer sur la demande d'un entrepreneur en paiement de travaux de nivellement et d'un plan fait par lui pour l'établissement d'une minoterie pour compte et d'ordre d'un particulier, alors que ce particulier n'était pas commerçant, et que, n'ayant pas l'intention d'exploiter lui-même la minoterie, il n'a pas fait acte de commerce en traitant avec l'architecte. — Aix, 1er mai 1879 [S. 80. 2. 76, P. 80. 328] — Sic, Lyon-Caen et Renault, t. 1, n. 137 bis.

219. L'action en paiement de travaux de charpente exécutés dans une maison destinée à l'établissement d'un cabaret ne peut être portée par le charpentier devant le tribunal de commerce, alors que le constructeur n'était pas commerçant à l'époque où il a traité avec le charpentier. — Dijon, 15 avr. 1879 [S. 79. 2. 290, P. 79. 1139]

220. La construction d'une maison, même destinée à l'exploitation d'un commerce, ne constitue pas par elle-même, de la part du constructeur, un acte de commerce le rendant justiciable du tribunal de commerce à raison de l'action en paiement de travaux formée par le charpentier. — Même arrêt.

221. Peu importe qu'aussitôt après la construction de la maison, le constructeur y ait établi

un cabaret qu'il exploite, et soit ainsi devenu commerçant, cette nouvelle qualité ne peut rétroagir au jour du traité avec le charpentier. — Même arrêt.

222. Jugé même que le propriétaire, qui fait élever des constructions sur son terrain, même pour l'usage exclusif de son commerce ou de son industrie, fait un acte purement civil et qu'en conséquence, l'action de l'entrepreneur contre le propriétaire est de la compétence du tribunal civil. — Trib. comm. Anvers, 23 août 1881 [S. 82. 4. 16, P. 82. 2. 33]

223. Il en est du propriétaire, qui fait construire une maison pour son commerce, comme de celui qui achète une maison ou un magasin : dans les deux cas, le propriétaire fait un acte civil; les immeubles n'étant pas susceptibles de devenir l'objet d'actes de commerce. — Même jugement.

224. Décidé aussi que le fait par un commerçant de traiter avec un entrepreneur pour la construction d'une maison destinée à servir d'hôtellerie, ne constitue pas un acte de commerce qui rende ce commerçant justiciable de la juridiction commerciale quant aux difficultés relatives à cette opération. — Nancy, 3 janv. 1872 [S. 72. 2. 18, P. 72. 194, D. P. 73. 5. 124] — *Sic*, Bédarride, *Juridict. comm.*, p. 304 et s. — V. toutefois Bioche, *Dict. de proc*, v° *Acte de comm.*, n. 152 et s.; Pardessus, t. 1, n. 36.

225. Et, en pareil cas, l'incompétence du tribunal de commerce, étant d'ordre public, peut être proposée pour la première fois en appel. — Même arrêt.

226. Quoiqu'il en soit des difficultés nées des travaux préparatoires, il est hors de doute que l'objection qu'on en peut tirer ne vaut qu'à l'égard des travaux qui, ayant pour objet des immeubles, éveillent l'idée d'une construction à faire : aussi, nous semble-t-il que, dans l'une et l'autre opinions, on devrait décider que l'entreprise pour le nettoiement d'une ville est virtuellement comprise dans les actes de commerce spécifiés par l'art. 632, et soumet les entrepreneurs à la juridiction commerciale. — Turin, 26 févr. 1814 [S. et P. chr., D. A. 1. 667]

227. Il en est de même de l'entreprise pour le curage ou l'entretien de canaux ou égouts et autres travaux de cette espèce. — Pardessus, t. 1, n. 36.

228. Il en est de même des entreprises d'arrosage et d'éclairage d'une ville. — Décidé, à cet égard, que la société, qui a pour objet l'exploitation de l'éclairage et de la force électrique, qu'elle met en œuvre au moyen de machines et du travail de ses ouvriers, et qu'elle distribue à ses abonnés en leur fournissant les appareils nécessaires, ayant le caractère de société commerciale, cette société est valablement assignée devant le tribunal de commerce par l'un de ses abonnés, à raison d'une difficulté relative à l'exécution du contrat d'abonnement. — Lyon, 4 juill. 1890 [S. et P. 92. 2. 275, D. P. 91. 2. 81] — *Sic*, Pardessus, n. 21.

b) *Entreprise de commission.* — 229. Différents systèmes ont été proposés pour distinguer entre le mandat et la commission ; nous ne reviendrons pas sur cette discussion ; nous nous bornerons à rappeler que, d'après la jurisprudence, la commission existe par cela seul qu'une personne, même non commerçante, fait un acte de commerce pour le compte d'autrui. Notre article exige d'ailleurs, pour qu'il y ait acte de commerce, qu'il y ait entreprise de commission; au surplus, peu importe l'importance de l'entreprise et il y a entreprise de commission alors même que le commissionnaire n'emploie son activité qu'à un certain genre d'opérations. — Thaller, n. 19 ; Bravard-Veyrières et Demangeat, t. 6, p. 349 ; Orillard, n. 320 ; Boistel, n. 41 ; Nouguier, t. 1, n. 234 ; Lyon-Caen et Renault, t. 1, n. 138. — V. notre *Rép. gén. alph. du dr. fr.*, v° *Acte de commerce*, n. 773 et s. — Sur le courtage, V. *infrà*, n. 326 et s. — Sur le critérium à adopter pour la distinction entre la commission et le mandat, V. notre *Code civil annoté*, art. 1984, n. 10 et s., *suprà*, art. 94, n. 1 et s., art. 95, n. 2.

230. Au cas d'entreprise de commission, chaque acte de commission est commercial, tant à l'égard du commettant qu'à l'égard du commissionnaire; celui-ci peut donc assigner son commettant devant le tribunal de commerce. — Aix, 29 oct. 1813 [S. et P. chr., D. A. 11. 308, D. *Rép.*, v° *Compét. comm.*, n. 71] — *Sic*, Pardessus, t. 1er, n. 58.

231. Les facteurs aux halles de Paris, dont la mission consiste à servir d'intermédiaires entre les vendeurs de denrées alimentaires et les acheteurs en gros de ces mêmes denrées, en prêtant leur concours à des opérations qui sont commerciales tout au moins du côté des acheteurs, et dans lesquelles ils agissent en leur nom et pour le compte d'autrui, sont des commissionnaires, et rentrent, par suite, dans la catégorie des commerçants, justiciables du tribunal de commerce à raison des actes accomplis en vue de leur profession. — Paris, 27 avril 1898 [S. et P. 1900. 2. 46, D. P. 99. 2. 455] — V. L. 11 juin 1896, notre *Rép. gén. alph. du dr. fr*, *v° cit.*, n. 778 et s. — V. aussi Cass., 25 févr. 1854 [S. 54. 1. 506, P. 55. 1. 326]; 13 juill. 1864 (2 arrêts) [S. 64. 1. 413, P. 64. 1143, D. P. 64. 1. 462] — Paris, 9 avr. 1825 [S. et P. chr., D. P. 25. 2. 174, D. *Rép.*, v° *Commerc.*, n. 46]; 20 juin 1840 [P. 40. 2. 173, D. P. 41. 2. 10, D. *Rép.*, v° *Acte de commerce*, n. 173]

232. Il importe peu qu'à raison de la réglementation et de la discipline auxquelles ils sont assujettis, ils aient le caractère de véritables officiers publics, et qu'il leur soit interdit de faire pour leur compte le commerce des denrées qu'ils sont chargés de vendre. — Paris, 27 avr. 1898, précité. — V. *suprà*, art. 1er, n. 60 et s.

233. Décidé, au contraire, que les facteurs aux halles de Paris, étant soumis à une réglementation particulière, qui ne leur permet ni de faire pour leur propre compte le commerce des denrées qu'ils sont chargés de vendre, ni d'être rémunérés autrement que par une commission librement débattue entre eux et leurs mandants, ne sont pas des commerçants, et ne sont pas soumis, par suite, à la juridiction des tribunaux de commerce à raison des actes accomplis dans l'exercice de leur profession. — Trib. comm. Seine, 5 déc. 1899 [S. et P. 1900. 2. 83]

234. En conséquence, le tribunal de commerce, saisi d'une contestation entre facteurs aux halles à raison d'un contrat passé entre eux pour l'exercice de leur profession, doit d'office se déclarer incompétent. — Même jugement.

235. Ce que notre texte dit de la commission est également vrai de certaines opérations désignées plus ou moins justement sous le nom de mandat com-

mercial. — Décidé que le mandat donné par un commerçant à un autre commerçant, de recouvrer, moyennant un droit de commission, une créance commerciale, est un mandat commercial, encore bien que, pour opérer ce recouvrement, il ait fallu recourir à des voies judiciaires. En conséquence, le tribunal de commerce est compétent pour connaître de l'action formée contre le mandant par le mandataire, en paiement de ses honoraires et déboursés. — Bordeaux, 8 mars 1841 [S. 42. 2. 107, P. 41. 2. 60]

236. Il a été aussi décidé, dans une opinion, que le mandat donné par un commerçant à un agent d'affaires de vendre son fonds de commerce est un mandat commercial, et qu'en conséquence, le tribunal de commerce est compétent pour connaître de l'action du mandataire en paiement de ses salaires. — Paris, 25 juin 1859 [S. 59. 2. 440, P. 59. 897, D. P. 59. 5. 10]; 7 févr. 1870 [S. 71. 2. 149, P. 71. 518, D. P. 71. 2. 43] — V. *infrà*, n. 266 et s.

237. Le mandat donné par un commerçant à un agent d'affaires à l'effet de trouver un acheteur de son fonds de commerce est commercial et dès lors, c'est le tribunal de commerce qui est compétent pour connaître de la demande en restitution des honoraires payés par l'acheteur à l'agent d'affaires qui a servi d'intermédiaire et qu'on prétend complice de la fraude. — Paris, 30 juill. 1870 [S. 71. 2. 149, P. 71. 518, D. P. 71. 2. 16]

238. Jugé, en sens contraire, que le mandat donné pour la vente d'un fonds de commerce n'établit entre le mandant et le mandataire qu'une obligation civile. — Paris, 10 juill. 1857 [S. 57. 2. 555, P. 58. 433, D. P. 57. 2. 125]; 23 sept. 1857 [S. 57. 2. 599, P. 58. 433]; 9 juin 1869 [S. 71. 2. 149, P. 71. 518, D. P. 70. 2. 6]

239. ... Que le mandat donné par un commerçant à un agent d'affaires de le représenter devant le jury d'expropriation, ne rentrant à aucun titre dans les opérations du commerce du mandant, et ayant, par suite, au regard de ce commerçant un caractère purement civil, c'est devant le tribunal civil que l'agent d'affaires doit assigner celui-ci en paiement de ses honoraires. — Paris, 20 nov. 1894 [S. et P. 97. 2. 214, D. P. 95. 2. 445]

240. ... Que l'action en responsabilité que le vendeur d'actions dans une société commerciale, voudrait diriger contre le mandataire, commerçant ou non, par l'intermédiaire de qui la vente aurait été effectuée, à raison des fautes par lui commises dans l'exercice de son mandat, n'a rien de commercial, et ne peut, dès lors, soit sous le nom d'action en garantie, soit comme action récursoire, être soumise avec la demande en nullité de la vente au tribunal de commerce. C'est une demande principale rentrant dans la compétence exclusive de la juridiction civile. — Bourges, 26 déc. 1870 [S. 70. 2. 318, P. 70. 1176, D. P. 72. 2. 222]

241. En tout cas, pour être réputé acte de commerce, il faut que la commission ou mandat commercial soit donné à un tiers qui a pour profession de s'entremettre pour le compte d'autrui. — Aussi on ne saurait approuver un arrêt d'après lequel le mandat donné par un individu à un autre de lui procurer un associé pour une entreprise commerciale, constitue un acte de commerce, et, que dès lors, le tribunal de commerce est compétent pour connaître de l'action du mandataire en paiement de la rémunération qu'il prétend lui être due. — Douai, 31 janv. 1876 [S. 76. 2. 296, P. 76. 1131] — *Sic*, Sur le principe, Lyon-Caen et Renault, t. 1, n. 138, p. 140, note 1.

c) *Entreprise de transport par terre et par eau.* — 242. Il y a entreprise de transport lorsqu'on se met à la disposition du public pour transporter d'un lieu dans un autre des personnes ou des marchandises par des voies quelconques, voitures, chemins de fer, bateaux à vapeur ou autres. Pour qu'un fait de transport par terre ou par eau ait un caractère commercial, il faut d'abord qu'il y ait entreprise, c'est-à-dire qu'on fasse des transports sa profession habituelle, qu'on forme dans ce but un établissement. Il en résulte qu'un acte isolé de transport ne serait pas commercial, quand même il serait salarié. — Pardessus, t. 1, n. 39; Orillard, n. 324; Alauzet, t. 8, n. 2978; Lyon-Caen et Renault, t. 1, n. 139, t. 3, n. 553, n. 561; Boistel, n. 42; Nouguier, t. 1, n. 237. — V. notre *Rép. gén. alph. du dr. fr.*, v° *Acte de commerce*, n. 785 et s.

243. Les personnes qui ont l'habitude de se livrer à des transports par terre ou par eau sont commerçantes; peu importe, du reste, que les bateaux ou voitures qu'ils emploient pour les transports leur appartiennent en toute propriété, ou qu'ils les aient loués en vue d'en sous-louer l'usage. — Aix, 6 août 1829 [S. et P. chr., D. P. 29. 2. 184, D. *Rép.*, v° *Acte de comm.*, n. 131] — Bordeaux, 31 août 1831 [S. 32. 2. 19, P. chr., D. P. 32. 2. 20]

244. Une association de mariniers qui se chargent de haler les bateaux dans un passage difficile peut être considérée comme une entreprise commerciale de transport par eau, justiciable, à ce titre, du tribunal de commerce. — Cass., 24 févr. 1841 [S. 41. 1. 427, P. 41. 2. 383, D. P. 41. 1. 120, D. *Rép.*, v° *Acte de comm.*, n. 182] — Sur la compétence en matière de contrat de transport, V. notre *Code de procédure civile annoté*, t. 1er, p. 24, L. 25 mai 1838, art. 2, n. 12 et s.; Code procéd. civ., art. 420, n. 16 et 17, n. 69 et s., *suprà*, art. 106, n. 33 et s.; t. 1, p. 577, *Transports internationaux de marchandises par chemin de fer*, n. 87 et s.; t. 1, p. 628, *Des colis postaux*, n. 16 et s. — Lyon-Caen et Renault, t. 1, n. 139, p. 141, note 1.

245. Décidé cependant que la conduite des bateaux par le pilote employé au passage des endroits dangereux d'un fleuve ou d'une rivière ne peut être considérée comme acte de commerce : ce n'est qu'un simple louage de service; et, dès lors, le pilote n'est pas justiciable du tribunal de commerce à raison de ses opérations. — Lyon, 9 mars 1867 [S. 67. 2. 256, P. 67. 923, D. P. 67. 2. 84] — V. *suprà*, art. 227, n. 29 et s.; art. 407, n. 67.

246. De même que l'affrètement d'un navire pour le transport des pierres, la location d'une grue à des entrepreneurs pour le déchargement de ces mêmes pierres destinées à leurs travaux, pour le compte d'autrui, constitue un acte de commerce, soumettant les entrepreneurs à la juridiction consulaire. — Rennes, 1er mai 1877 [S. 78. 2. 263, P. 78. 1280]

247. Une entreprise de transports militaires est réputée acte de commerce à l'égard des tiers; en conséquence, les entrepreneurs sont justiciables du tribunal de commerce, à raison des contestations qui s'élèvent entre eux et des sous traitants. — Cass., (règlement de juges), 22 frim. an IX [S. et P. chr., D. A. 3. 382, D. *Rép.*, v° *Acte de comm.*, n. 178]; 11 vendém. an X [S. et P. chr., D. A. 2.

734, D. *Rép.*, *loc. cit.*] — Trèves, 10 juin 1808 [S. chr.] — Lyon, 30 juin 1827 [S. et P. chr., D. P. 28. 2. 73, D. *Rép.*, v° *Acte de comm.*, n. 178] — *Sic*, Merlin, *Quest. de dr.*, v° *Trib. de comm.*, § 5; Orillard, n. 325. — *Contrà*, Carré, t. 2, n. 510.

248. Si le service des pompes funèbres constitue une entreprise commerciale lorsqu'il est exploité par un adjudicataire ou un régisseur dans son intérêt particulier, il en est autrement quand les fabriques et consistoires exercent directement le monopole qui leur est conféré par l'art. 22 du décret du 23 prair. an XII. — Paris, 3 mai 1881 [S. 82. 2. 45, P. 82. 1. 313, D. P. 81. 2. 193] — V. Cass., 9 janv. 1810 [S. et P. chr., D. A. 2. 706, D. *Rép.*, v° *Acte de commerce*, n. 196] — V. *infrà*, n. 265.

249. Peu importe d'ailleurs que les fabriques et consistoires, au lieu d'agir isolément, soient, comme à Paris, représentés par un conseil d'administration agissant dans leur intérêt collectif. — Paris, 3 mai 1881, précité.

250. L'exploitation d'un chemin de fer est une entreprise commerciale. — Massé, t. 2, n. 1385; Orillard, *Compét. des trib. de commerce*, n. 332; Lyon-Caen et Renault, t. 1, n. 139; Thaller, n. 26. — V. notamment Cass., 28 juin 1843 [S. 43. 1. 574, P. 43. 2. 153, D. P. 43. 1. 357, D. *Rép.*, v° *Acte de commerce*, n. 165]; 26 mai 1857 [S. 58. 1. 263, P. 57. 1211, D. P. 57. 1. 246]; 30 déc. 1857 [D. P. 58. 1. 395]; 14 juill. 1862 [S. 62. 1. 938, D. P. 62. 1. 518]; 27 avr. 1871 (Sol. implic.) [D. P. 72. 1. 92] — Lyon, 1er juill. 1836 [P. chr., D. P. 39. 2. 106, D. *Rép.*, v° *Acte de commerce*, n. 185] — Nîmes, 10 juin 1840 [P. 40. 2. 556]

251. Il en est de même de toutes les entreprises telles que celles de tramways, de voitures qui se trouvent affectés au transport des marchandises et des personnes, soit même uniquement au transport de personnes. — Thaller, *loc. cit.*

252. L'Etat, qui a, en tant que personne civile, des intérêts et des droits de même nature que ceux des simples citoyens, est habile, par ses représentants légaux, à traiter avec les particuliers sur les bases de l'égalité, à les obliger envers lui, et à s'obliger envers eux. Le motif (politique ou autre), qui détermine de sa part un acte de la vie privée, est sans influence sur la nature propre de cet acte, et ne peut changer les effets que la loi y attache. — Cass. Belgique (Ch. réun.), 27 mai 1852, en sous-note, sous Cass., 8 juill. 1889 [S. 90. 1. 473, P. 90. 1. 1124]

253. C'est ainsi que l'administration des chemins de fer de l'Etat, en exploitant les lignes de son réseau, fait, comme les administrations concessionnaires des autres lignes, des actes de commerce. — Cass., 8 juill. 1889 [S. 90. 1. 473, P. 90. 1. 1124, D. P. 89. 1. 353] — *Sic*, Chavegrin, note sous Cass., 18 nov. 1895 [S. et P. 98. 1. 385] — Lyon-Caen et Renault, t. 1, n. 210, t. 3, n. 561; Thaller, n. 81. — V. cep. Cass. Belge, 14 nov. 1844 [S. 45. 2. 564, D. *Rép.*, v° *Compét. comm.*, n. 336]; Pardessus, t. 1, n. 39.

254. Et lorsque, pour cette exploitation commerciale, l'administration a conclu, avec une société d'imprimerie et de librairie, un marché de fournitures d'imprimés, en stipulant que toutes les contestations relatives à ce traité seraient soumises au tribunal de commerce, l'autorité judiciaire doit se référer au droit commun pour résoudre ces contestations, et non aux règles du droit administratif, concernant la gestion des intérêts publics de l'Etat. — Cass., 8 juill. 1889, précité. — Cass. Belgique, 27 mai 1852, précité. — *Adde*, conf., Cass. Belgique, 7 mai 1869 [*Pasicrisie belge*, 1869. 1. 330]

255. L'administration des chemins de fer de l'Etat, pour l'exploitation de l'entreprise industrielle à laquelle elle est préposée, est tenue envers les tiers de la même manière que les compagnies concessionnaires, et, par suite, elle est soumise comme celles-ci à la juridiction de droit commun, lorsque sa responsabilité est engagée en vertu des art. 631, 632, C. comm., et 1382, C. civ. — Cass., 18 nov. 1895 [S. et P. 98. 1. 385 et la note Chavegrin, D. P. 96. 1. 341]

256. Mais cette administration constitue un service, qui, quoique distinct des autres services publics, n'en est pas moins placé sous l'autorité directe du ministre des travaux publics, et confié à un conseil dont les membres sont nommés par le président de la République; ses agents sont considérés comme agents temporaires de l'Etat pendant la durée de leur service. — Même arrêt.

257. La qualité de fonctionnaires publics étant ainsi attribuée à ces agents, il s'ensuit que les actes du conseil d'administration qui les nomment ou qui les révoquent sont des actes administratifs, dont l'appréciation est interdite à l'autorité judiciaire. — Même arrêt.

258. Par suite, les tribunaux de l'ordre judiciaire sont incompétents pour connaître de la demande en dommages-intérêts fondée par un agent sur la révocation dont il a été l'objet. — Même arrêt.

H. *Entreprise de fournitures, d'agences, bureaux d'affaires, d'établissements de ventes à l'encan, de spectacles publics.* — *a*) *Entreprise de fournitures.* — 259. Ce fut jadis une question vivement controversée que celle de savoir si les maîtres de postes nommés par le Gouvernement faisaient acte de commerce lorsqu'ils louaient leurs chevaux à des tiers. — V. dans le sens de l'affirmative, Cass., 4 mars 1868 [S. 68. 1. 226, P. 68. 537, D. P. 68. 1. 432] — Paris, 6 oct. 1813 [S. et P. chr., D. A. 2. 731, D. *Rép.*, v° *Acte de comm.*, n. 179]; 22 févr. 1841 [P. 41. 1. 313, D. P. 41. 2. 144, D. *Rép.*, v° *Commerçant*, n. 49] — Orléans, 21 févr. 1837 [P. 37. 2. 529, D. *Rép.*, v° *Acte de comm.*, n. 179] — Lyon, 7 mai 1841 [P. 41. 2. 601, D. P. 42. 2. 25, D. *Rép.*, v° *Commerçant*, n. 49] — *Contrà*, Bruxelles, 11 janv. 1808 [S. et P. chr., D. A. 6. 617, D. *Rép.*, v° *Acte de comm.*, n. 179] — Limoges, 1er juin 1821 [S. et P. chr., D. A. 2. 705, D. *Rép.*, v° *Acte de commerce*, n. 179] — Caen, 28 juin 1830 [S. et P. chr., D. P. 31. 2. 61, D. *Rép.*, v° *cit.*, n. 180]

260. Les entreprises de fournitures, que le 3e alinéa de l'art. 632 considère comme des actes de commerce se confondent le plus souvent avec les achats pour revendre dont s'occupe le 1er alinéa de ce même article : elles s'en différencient en ce que, dans l'entreprise de fournitures, la promesse de livrer la propriété ou l'usage d'un objet aux tiers précède le moment où le promettant s'est procuré cet objet. — V. Thaller, n. 12; Lyon-Caen et Renault, t. 1, n. 127 et s. — V. notre *Rép. gén. alph. du dr. fr.*, v° *Acte de commerce*, n. 814 et s.

261. Les individus qui tiennent une pension bourgeoise sont à considérer comme entrepreneurs de fournitures, à moins que le maître de la maison ne reçoive à sa table que quelques pensionnaires de son

choix. — Limoges, 16 févr. 1833 [S. 33. 2. 277, P. chr., D. P. 33. 2. 210, D. *Rép.*, v° *Acte de comm.*, n. 199]

262. Les entreprises littéraires, connues sous le nom de souscriptions, qui sont exploitées par d'autres que l'auteur de l'ouvrage ainsi publié, rentrent dans la classe des entreprises de fournitures, et comme telles sont considérées comme actes de commerce. — Pardessus, t. 1, n. 21.

263. Celui qui se charge à forfait et en vue de bénéfices éventuels de la fourniture des objets nécessaires à l'établissement d'un nouveau culte, fait une entreprise commerciale qui lui imprime la qualité de commerçant. — Paris, 15 avr. 1834 [S. 34. 2. 414, P. chr., D. P. 34. 2. 113, D. *Rép.*, v° *Acte de comm.*, n. 196]

264. Celui qui s'oblige envers une ville à installer une usine à gaz pour l'éclairage et à faire toutes fournitures nécessaires pour cet objet, se livre à une entreprise commerciale qui le soumet à la compétence des tribunaux de commerce. — Caen, 3 août 1847 [P. 48. 1. 270]

265. Il y a entreprises de fournitures dans le fait de se charger de la location des choses nécessaires à la célébration des pompes funèbres. Dans ce cas, l'entreprise de fournitures est mélangée d'une entreprise de transports. — Cass., 9 janv. 1810 [S. et P. chr., D. A. 2. 706, D. *Rép.*, v° *Acte de comm.*, n. 196] — V. *suprà*, n. 248 et s.

b) *Entreprise d'agences et bureaux d'affaires.* — 266. Il n'y a que les établissements connus sous le nom d'agences ou bureaux d'affaires, et qui se recommandent à la confiance publique par des circulaires ou autres moyens de ce genre, qui doivent être considérés comme entreprises commerciales. — Pardessus, t. 1, n. 42 ; Devilleneuve, Massé et Dutruc, *Dict. du cont. commerc.*, v° *Agents d'affaires* n. 7 ; Lyon-Caen et Renault, t. 1, n. 140. — V. notre *Rép. gén. alph. du dr. fr.*, v° *cit.*, n. 832 et s.

267. L'agence d'affaires est une entreprise qui a pour caractère d'accepter tous les mandats ayant trait à la gestion des affaires d'autrui, de s'entremettre dans les transactions les plus diverses, achats et ventes d'immeubles, d'effets publics ou privés, de fonds de commerce, placements de capitaux, régie d'immeubles, liquidations, renseignements commerciaux, recouvrements de créances pour compte ou à forfait, etc. — Montpellier, 18 avril 1894 [S. et P. 95. 2. 29, D. P. 94. 2. 571] — *Sic*, Lyon-Caen et Renault, *loc. cit.* — V. sur la détermination des actes qui constituent l'agence d'affaires, *suprà*, n. 236 et s.; notre *Rép. gén. alph. du dr. fr.*, v° *Agent d'affaires*, n. 1 et s. — V. en ce sens qu'une entreprise de publicité constitue une agence d'affaires, Paris, 5 août 1873 [*J. Trib. comm.* XXIII, 62] — Bruxelles, 3 déc. 1877 [*Pasicr.*, B. 1878, 148] ; Lyon-Caen et Renault, t. 1, n. 140, p. 143, note 1. — ... En ce sens qu'une agence de brevets constitue une agence d'affaires, Bruxelles, 9 nov. 1859 [*Pasicr.*, B. 1860. 42] ; Lyon-Caen et Renault, *loc. cit.*

268. Une telle agence est une entreprise commerciale. — Montpellier, 18 avr. 1894, précité. — V. notre *Rép. gén. alph. du dr. fr.*, v° *cit.*, n. 51.

269. Une société formée par actions au porteur pour la répartition, entre les actionnaires, des bénéfices éventuels d'une tontine dite d'amortissement, peut être considérée, sinon comme une société commerciale, du moins comme une entreprise d'agence et de bureau d'affaires, soumise par conséquent à la juridiction commerciale. — Cass., 15 déc. 1824 [S. et P. chr., D. P. 25. 1. 15, D. *Rép.*, v° *Acte de comm.*, n. 223] — *Sic*, Pardessus, t. 1, n. 43. — *Contrà*, Bédarride, n. 273.

270. Jugé même que l'emprunt fait par un particulier tenant maison à usage de pension, pour le paiement du vin qu'il fournit à ses pensionnaires, est un acte de commerce rentrant dans les entreprises d'agences, et dont la connaissance appartient à la juridiction commerciale. — Rouen, 30 mai 1820 [S. et P. chr., D. P. 26. 2. 147, D. *Rép.*, v° *Acte de comm.*, n. 97]

271. On admet, dans une opinion, que l'art. 632 s'applique exclusivement aux agences et bureaux d'affaires qui concernent le commerce. — Ainsi est justiciable des tribunaux civils, pour raison d'un billet à ordre, l'agent d'affaires dont l'agence est exclusivement relative à des affaires civiles, alors d'ailleurs que le billet n'a eu pour cause aucune livraison de marchandises. — Bruxelles, 8 nov. 1823 [S. et P. chr., D. *Rép.*, v° *Ag. d'aff.*, n. 7] — V. notre *Rép. gén. alph. du dr. fr.*, v° *Acte de commerce*, n. 837.

272. Ainsi, on ne peut considérer comme agent d'affaires, et par suite, comme justiciable des tribunaux de commerce, celui dont les occupations habituelles consistent seulement à représenter les parties, comme fondé de pouvoir, devant le juge de paix, et à donner des conseils pour la conduite de ces affaires, lorsque, d'ailleurs, il ne tient ni bureau ni cabinet d'affaires. — Amiens, 10 juin 1823 [S. et P. chr., D. A. 9. 959, D. *Rép.*, v° *cit.*, n. 6] — Sur la condition, au point de vue de la distinction entre les actes civils et les actes commerciaux, des agréés, V. *infrà*, n. 283 et s. ; des arbitres rapporteurs et arbitres experts, V. *infrà*, n. 291 et s.; des avocats, V. *infrà* n. 298; des avoués, V. *infrà*, n. 300.

273. Toutefois, jugé que la gestion de l'agent d'une compagnie d'assurance à prime contre l'incendie, chargé de conclure des contrats d'assurance et de recouvrer les primes dues par les assurés, a le caractère commercial comme la compagnie elle-même : par suite, il est, pour les difficultés qui s'élèvent entre la compagnie et lui, relativement à sa gestion, justiciable de la juridiction commerciale. — Grenoble, 25 juin 1852 [S. 53. 2. 272, P. 54. 1. 217, D. P. 54. 5. 51]

274. Le traité par lequel le gérant d'une société de commerce cède sa gérance à un autre agent de la même société, constitue un acte de commerce; dès lors, les difficultés auxquelles ce traité peut donner lieu, sont de la compétence des tribunaux de commerce. — Lyon, 5 févr. 1846 [S. 47. 2. 76, P. 46. 1. 36, D. P. 47. 4. 5, D. *Rép.*, v° *Compét. comm.*, n. 85]

275. Mais on estime, dans une autre opinion, qu'il n'y a pas lieu de distinguer suivant que les actes à accomplir sont des actes civils ou des actes commerciaux; il suffit pour qu'il y ait agence d'affaires qu'une personne ait pour habitude de se charger de gérer les affaires d'autrui. — Ainsi, le préposé d'une société civile (spécialement, d'une compagnie d'assurances mutuelles), chargé de rechercher des affaires pour la société, moyennant une prime et des avantages déterminés, est un agent d'affaires, et, comme tel, il est justiciable du tribunal de commerce, à raison de ses rapports avec la compa-

gnie. — Paris, 27 févr. 1869 [S. 69. 2. 136, P. 69. 596] — *Sic*, Lyon-Caen et Renault, t. 1, n. 140; Alauzet, t. 8, n. 2982; Nouguier, t. 1, n. 282; Orillard, n. 338; Boistel, n. 43.

276. Un agent d'affaires est, comme commerçant, justiciable du tribunal de commerce, à raison des traités passés avec lui par des tiers, encore bien qu'il ait pris la qualité de propriétaire dans l'acte : cette qualification ne lie point la partie avec laquelle il a traité. — Montpellier, 26 janv. 1832 [S. 33. 2. 491, P. chr., D. P. 32. 2. 181, D. *Rép.*, v° *Ag. d'aff.*, n. 12]

277. Décidé, d'une part, que la demande en paiement d'honoraires, dirigée par un agent d'affaires contre un commerçant qui lui a donné le mandat de recouvrer certaines créances commerciales, est de la compétence des tribunaux civils; l'engagement du commerçant de payer des honoraires à son mandant, étant contracté sans esprit de lucre, a une cause étrangère à son commerce, malgré sa corrélation avec ce commerce. — Cass. Belgique, 10 oct. 1895 [S. et P. 98. 4. 28] — Paris, 11 avr. 1863 [S. 63. 2. 223, P. 64. 102, D. P. 63. 5. 5]; 23 juin 1863 [*Id.*] — V. notre *Code de procédure civile annoté*, art. 60, n. 5 et 6; notre *Rép. gén. alph. du dr. fr.*, v^is^ *Acte de commerce*, n. 875 et s.; *Agents d'affaires*, n. 157 et s. — Sur le point de savoir quel tribunal civil ou commercial est compétent *ratione personæ*, V. notre *Code de procédure civile annoté*, art. 60, n. 31.

278. Il en est ainsi, du moins, lorsque les créances à recouvrer n'ont aucun caractère commercial. — Paris, 23 juin 1863, précité.

279. Mais décidé, d'autre part, que l'action en paiement des salaires réclamés par un agent d'affaires, à raison de la liquidation des affaires d'un commerçant, est de la compétence du tribunal de commerce. — Paris, 23 mai 1857 [S. 57. 2. 598, P. 58. 89] — *Sic*, Bravard-Veyrières et Demangeat, t. 6, p. 358; Nouguier, t. 1, n. 292; Lyon-Caen, *Rev. crit.*, 1884, p. 329.

280. Décidé aussi que le tribunal de commerce est compétent pour statuer sur la demande en restitution d'honoraires indûment perçus par l'agent d'affaires à raison de l'opération dont il a été chargé. — Cass., 15 déc. 1856 [P. 58. 432, D. P. 57. 1. 170] — Paris, 30 juill. 1870 [S. 71. 2. 149, P. 71. 520, D. P. 71. 2. 16]

281. L'agent d'affaires qui commande en cette qualité, pour le compte de son client, à un huissier, des actes de son ministère, peut être assigné devant le tribunal de commerce en paiement du coût de ces actes, cette demande ayant pour objet le remboursement d'avances faites pour les besoins et dans l'intérêt de la profession de l'agent d'affaires débiteur. — Cass., 31 janv. 1837 [S. 37. 1. 320, P. 37. 1. 252, D. P. 37. 1. 60, D. *Rép.*, v° *Acte de comm.*, n. 232] — Paris, 22 mars 1851 [P. 52. 2. 369, D. P. 51. 5. 18]; — 19 mai 1857 [*J. trib. comm.*, t. 6, p. 69]; — 15 nov. 1876 [S. 77. 2. 40, P. 77. 220]

282. La décision d'un tribunal qui, en interprétant les actes et les faits de la cause, a jugé qu'un individu avait géré en qualité d'agent d'affaires, et non comme mandataire gratuit, ne peut offrir ouverture à cassation. — Cass., 18 mars 1818 [S. et P. chr., D. A. 9. 959, D. *Rép.*, v° *cit.*, n. 15]

283. On admet assez couramment que les agréés ne sont pas commerçants. — Paris, 10 févr. 1883 [S. 83. 2. 197, P. 83. 1. 991, D. *Rép.*, *Suppl.*, v° *Agréé*, n. 25] — Rouen, 7 mars 1896 [S. et P. 97. 2. 294, D. P. 97. 2. 323]; 12 août 1896 [S. et P. 97. 2. 48, D. P. 97. 2. 47] — *Sic*, Ruben de Couder, v° *Commerçant*, n. 198; Rousseau et Defert, *Code des faillites*, sur l'art. 437, n. 11-8°; L. David, *De la compét. en mat. commerc.*, n. 69 et 71; Nouguier, t. 1, n. 142 *bis*, n. 281; Rodière, t. 1, p. 103; Boistel, n. 43; Lyon-Caen, *Rev. crit.*, 1884, p. 328; notre *Rép. gén. alph. du dr. fr.*, v° *Agréé*, n. 12. — Sur ce point que les agréés ne sont pas non plus des officiers ministériels, et qu'ils n'ont aucun caractère officiel, V. notre *Code de procédure civile annoté*, art. 60, n. 25 et s.; notre *Rép. gén. alph. du dr. fr.*, v^is^ *Acte de commerce*, n. 854 et s., *Agréé*, n. 1 et s.

284. Par suite, le mandat donné par un commerçant à un agréé de le représenter devant le tribunal de commerce n'est pas commercial à l'égard de l'agréé. — Douai, 4 janv. 1882 [S. 83. 2. 197, P. 83. 1. 991, D. P. 83. 2. 136] — Rouen, 7 mars 1896, précité; 12 août 1896, précité. — *Sic*, Ruben de Couder, *loc. cit.*; Defert et Rousseau, *loc. cit.*; Orillard, n. 239; Louis David, *loc. cit.*; notre *Rép. gén. alph. du dr. fr.*, v° *Agréé*, n. 111. — *Contrà*, Lyon-Caen, *Rev. crit.*, 1884, p. 329; Lyon-Caen et Renault, t. 1, n. 140, n. 403.

285. Dès lors, le commerçant ne peut porter devant le tribunal de commerce les actions dérivant du mandat contre l'agréé; il doit assigner celui-ci devant le tribunal civil. — Mêmes arrêts.

286. Mais si, d'après l'opinion généralement suivie, le mandat de l'agréé n'est jamais commercial, s'il est toujours civil à l'égard de l'agréé, ce mandat peut n'avoir pas le même caractère à l'égard du client. Il faut distinguer. Lorsque le client n'est pas commerçant, et que le litige n'est pas commercial quant à lui, le mandat demeure civil, même vis-à-vis du client : en conséquence, l'agréé ne peut citer le client en paiement de frais et honoraires que devant le tribunal civil. — V. Dijon, 7 mars 1873 [S. 73. 2. 219, P. 73. 889, D. P. 74. 2. 40] — Ruben de Couder, v° *Agréé*, n. 60 et 61; Rodière, t. 1, p. 102; Rousseau et Laisney, v° *Agréé*, n. 30; notre *Rép. gén. alph. du dr. fr.*, v^is^ *Acte de commerce*, n. 1200 et s., *Agréé*, n. 112 et 115. — V. cep. Trib. comm. Bordeaux, 7 avr. 1873 [D. P. 79. 5. 86]

287. Si, au contraire, le client est commerçant, et si le procès où a figuré l'agréé se rattachait aux opérations du commerce du plaideur, il y a controverse : d'après une première opinion, l'action d'un agréé en paiement de ses frais et honoraires est, en ce cas, de la compétence du tribunal de commerce. — Cass., 8 févr. 1869 [S. 69. 1. 203, P. 69. 498, D. P. 69. 1. 174] — Paris, 14 juin 1833 [S. 33. 2. 336, P. chr., D. P. 33. 2. 207, D. *Rép.*, v° *Agréé*, n. 67] — Riom, 27 févr. 1878 [S. 78. 2. 258, P. 78. 1121, D. P. 78. 2. 153] — Dijon, 11 déc. 1883 [S. 84. 2. 177, P. 84. 1. 905, D. P. 84. 2. 228] — Toulouse, 21 mai 1889 [S. 89. 2. 167, P. 89. 1. 969] — *Sic*, Orillard, n. 237; Nouguier, t. 1, p. 129; Ruben de Couder, v° *Agréé* n. 61; Lyon-Caen et Renault, t. 1, n. 403. — Rouen, 12 août 1896, précité. — Bordeaux, 24 nov. 1902 [S. et P. 1903. 2. 107] — V. notre *Rép. gén. alph. du dr. fr.*, v° *Agréé*, n. 112, n. 116 et s.

288. C'est là, du reste, pour l'agréé une pure faculté. — Jugé, en effet, que la créance de l'agréé sur un commerçant, pour ses frais et honoraires à l'occasion de procès suivis devant le tribunal de

commerce, étant pour l'agréé une créance purement civile, rien ne s'oppose à ce que l'agréé assigne le commerçant en paiement devant le tribunal civil. — Paris, 10 févr. 1883, précité.

289. Par application du droit commun, l'agréé peut assigner le commerçant en paiement de ses frais et honoraires devant le tribunal du domicile de celui-ci. — Toulouse, 21 mai 1889, précité. — V. notre *Code de procédure civile*, art. 420, n. 44.

290. Jugé, au contraire, que l'action en paiement de frais et honoraires, exercée par un agréé contre son client, même commerçant et à raison d'intérêts purement commerciaux, ne peut être portée devant le tribunal de commerce : la juridiction civile est seule compétente pour en connaître. — Rouen, 20 juill. 1867 [S. 67. 2. 311, P. 67. 1120, D. P. 68. 2. 53] — Bordeaux, 12 mars 1884 [S. 84. 2. 177, P. 84. 1. 905] — Rouen, 7 mars 1896, précité. — *Sic*, Favard de Langlade, *Rép.*, v° *Ajourn.*, § 1, n. 11 ; Pardessus, t. 4, n. 1348; Thomine-Desmazures, *Proc. civ.*, t. 1, n. 85-2° ; Bioche, v° *Agréé*, n. 16 ; Despréaux, *Compét. comm.*, n. 530; Chauveau, sur Carré, *Lois de la proc.*, quest. 277 *bis;* Demangeat, sur Bravard-Veyrières, t. 6, p. 376.

291. Le tribunal de commerce est incompétent pour connaître des actions en paiement d'honoraires et déboursés formées par les arbitres-experts à raison des rapports par eux faits sur des contestations pendantes devant les tribunaux de commerce. — Cass., 12 févr. 1895 [S. et P. 97. 1. 258, D. P. 95. 1. 208] — Lyon, 16 déc. 1892 [S. et P. 93. 2. 286, D. P. 93. 2. 259] — Agen, 6 mars 1899 [S. et P. 1900. 2. 245] — *Sic*, Devilleneuve, Massé et Dutruc, v° *Arbitre rapporteur*, n. 13; Ruben de Couder, v° *Arbitre rapporteur*, n. 29 ; Rousseau et Laisney, v° *Arbitre rapporteur*, n. 44 ; Lyon-Caen et Renault, t. 1, n. 140. — *Contrà*, Paris, 12 juill. 1826 [S. et P. chr., D. P. 27. 2. 130, D. *Rép.*, v° *Compét. comm.*, n. 376] — Orillard, n. 241. — V. au surplus, notre *Code de procédure civile annoté*, art. 60, n. 27 et s.; notre *Rép. gén. alph. du dr. fr.*, v° *Acte de commerce*, n. 1203. — Sur l'incompétence des tribunaux de commerce à connaître des demandes en paiement d'honoraires formées par des arbitres rapporteurs, V. *suprà*, art. 429, n. 17. — Lyon-Caen et Renault, t. 1, n. 140. — Sur le point de savoir si les syndics de faillite et le liquidateur judiciaire peuvent être considérés comme des commerçants, V. *suprà*, art. 1, n. 22, 57, notre *Rép. gén. alph. du dr. fr.*, v° *Acte de commerce*, n. 866 et s. — *Adde*, Besançon, 29 déc. 1875 [S. 78. 2. 65, P. 78. 325 et la note Ortlieb, D. P. 77. 2. 123] — Paris, 10 févr. 1883 [J. *Le Droit*, 8 août 1883] — Trib. comm. Dôle, 19 févr. 1881 [S. 81. 2. 95, P. 81. 1. 478]

292. Et un litige portant sur un règlement d'honoraires ne peut être rangé, à aucun titre, dans les contestations que l'art. 631, *suprà*, défère à la connaissance des tribunaux de commerce. — Agen, 6 mars 1899, précité.

293. Les experts-arbitres, commis par les tribunaux de commerce pour faire rapport sur les contestations qui leur sont soumises, n'ont pas, en effet, la qualité de commerçants, et les rapports présentés par les arbitres-experts n'ont pas le caractère d'actes de commerce. — Lyon, 16 déc. 1892 (motifs), précité.

294. D'autre part, les arbitres-experts ne sont pas davantage des officiers ministériels pouvant invoquer les dispositions de l'art. 60, C. proc., relatives à la compétence des tribunaux près desquels ces officiers ministériels sont institués pour connaître des demandes en paiement de leurs frais et honoraires. — Cass., 12 févr. 1895, précité. — Lyon, 16 déc. 1892 (motifs), précité. — Agen, 6 mars 1899, précité.

295. Le tribunal de commerce est incompétent pour connaître de l'action en paiement de ses déboursés et honoraires, formée par un arbitre-expert, commis par le tribunal de commerce pour faire rapport sur un procès..., soit qu'elle ait été formée contre un non-commerçant. — Lyon, 16 déc. 1892, précité.

296. ... Soit qu'elle ait été formée contre un commerçant. — En effet, si un négociant peut être traduit devant la juridiction consulaire, non seulement à raison de conventions ou de faits qui constituent par eux-mêmes des actes de commerce, mais encore pour tous engagements contractés dans l'intérêt de son négoce, cette règle reçoit néanmoins exception lorsque l'objet du litige est, par sa nature même, exclusif de tout caractère commercial, et il en est ainsi des rapports faits par les arbitres-experts sur des contestations pendantes devant les tribunaux de commerce. — Cass., 12 févr. 1895, précité.

297. Le tribunal de commerce, incompétent pour statuer, par voie d'action principale, sur des difficultés relatives au règlement des honoraires d'un arbitre-expert, est également sans qualité pour statuer par voie d'opposition sur l'ordonnance du président qui a rendu exécutoire la taxe faite à ce sujet; la seule voie de recours contre cette ordonnance est l'appel. — Agen, 6 mars 1899, précité.

298. Décidé que la demande en paiement d'honoraires, dirigée par un avocat contre un commerçant à raison d'un procès devant la juridiction commerciale, est de la compétence exclusive du tribunal civil, alors même que le procès se rapporterait à un prêt d'argent fait au commerçant dans l'exercice de son commerce; l'obligation du commerçant de rémunérer l'avocat est étrangère à son commerce, malgré le lien qui peut exister entre cette obligation et le commerce. — Gand, 11 janv. 1896 [S. et P. 98. 4. 31] — *Sic*, Lyon-Caen et Renault, t. 1, n. 140, — *Contrà*, Magnesse, *Jurispr. de la cour d'appel de Liège*, 1896, p. 1 à 4. — V. au surplus, Champcommunal, *Rev. crit.*, 1897, p. 311, note 3. — V. notre *Code de procédure civile*, art. 60, n. 34 et s., n. 72 et s.; notre *Rép. gén. alph. du dr. fr.*, v° *Avocat*, n. 469.

299. On doit considérer comme agent d'affaires l'avocat étranger qui ne se borne pas à donner des consultations sur le droit de son pays, mais tient un cabinet où il rédige et prépare des actes, reçoit des mandats et se charge d'opérer des recouvrements dans son pays. — Cons. d'Et., 27 févr. 1874 [*Rec. Cons. d'Et.*, p. 198]

300. Mais décidé que le tribunal de commerce est compétent pour connaître de l'action d'un avoué en paiement des frais faits par lui à l'occasion d'un mandat à lui donné par un commerçant pour défendre les intérêts de son commerce devant la juridiction consulaire. — Poitiers, 20 déc. 1876 [S. 77. 2. 215, P. 77. 871, D. P. 77. 2. 97] — *Contrà*, Lyon-Caen et Renault, *loc. cit.* — V. notre *Code de procédure civile annoté*, art. 60, n. 70 et s., notre *Rép. gén. alph. du dr. fr.*, v° *Acte de commerce*, n. 1203.

c) *Entreprise de spectacles publics*. — 301. On doit considérer comme établissement de spectacles publics toute entreprise qui a pour objet d'amuser ou d'instruire le public moyennant une certaine rémunération, alors même que le spectacle est organisé en plein air, en dehors de tout édifice ou construction. — Lyon-Caen et Renault, t. 1, n. 142; Ruben de Couder, v° *Acte de commerce,* n. 147; Molinier, n. 46. — V. notre *Rép. gén. alph. du dr. fr.,* v° *Acte de commerce,* n. 886 et s.

302. ... Qu'il a pour objet de pures fantaisies ou certaines expériences d'une valeur plus ou moins scientifique. — V. Trib. comm. Seine, 24 janv. 1887 [*J. Le Droit,* 11 févr. 1887] (il s'agissait, dans l'espèce, de l'exhibition d'un jeûneur).

303. D'une façon plus générale, les mots spectacles publics ne désignent pas seulement les représentations théâtrales, c'est-à-dire les entreprises qui ont pour objet l'exploitation de l'art dramatique, lyrique ou musical; les auteurs sont d'accord pour les étendre à tout établissement consacré aux divertissements du public et exigeant le concours d'un plus ou moins grand nombre de personnes. — Ainsi, les établissements de salles de danse ou de salles de concert, les cafés-concerts, les casinos, les cirques, les hippodromes, les montagnes russes, les panoramas, les théâtres de marionnettes, les ménageries, les expositions de tableaux, les tirs, etc., constituent des entreprises commerciales et sont régis par la disposition de l'art. 632. — Paris, 29 mai 1852 [*J. trib. comm.,* t. 1, p. 245]; 19 août 1852 [*J. trib. comm.,* t. 1, p. 466]; 10 janv. 1853 [*J. trib. comm.,* t. 2, p. 131]; 31 mai 1854 [*J. trib. comm.,* t. 3, p. 380]; 3 juill. 1857 [S. 58.2. 103, P. 57. 881] — *Sic,* Pardessus, t. 1, n. 45; Orillard, n. 347; Devilleneuve, Massé et Dutruc, v° *Acte de comm.,* n. 135; Bédarride, *Jur. comm.,* n. 281; Rivière, p. 795; Alauzet, t. 8, n. 2984; Ruben de Couder, v° *Acte de comm.,* n. 147; Boistel, n. 45; Lyon-Caen et Renault, t. 1, n. 142.

304. Cette disposition comprend aussi les entreprises de spectacles forains. Ainsi, il a été décidé que la location des services d'un artiste, par le directeur d'un théâtre forain, a un caractère commercial à l'égard du locataire, et que, par suite, le juge de paix est incompétent pour connaître de la demande en paiement des appointements dus en vertu de cet engagement. — Trib. Liège, 2 nov. 1871 [D. P. 73. 3. 16]

305. Pour qu'un spectacle public soit considéré comme acte commercial, il faut qu'il soit donné dans une pensée de spéculation; il ne suffirait pas qu'un droit d'entrée fût versé s'il était uniquement destiné à couvrir les frais occasionnés par la séance. — Nouguier, n. 345; Lyon-Caen et Renault, *loc. cit.*

306. Ainsi l'association formée entre des amateurs pour représenter des ouvrages dramatiques sans avoir pour objet des bénéfices pécuniaires, ne présente aucun caractère commercial. — Paris, 25 juin 1853 [*J. trib. comm.,* t. 2, p. 306] — *Sic,* Devilleneuve, Massé et Dutruc, v° *Acte de comm.,* n. 139; Nouguier, t. 1, p. 346.

307. Il faut regarder également comme étranger au commerce le fait de l'aéronaute qui opérerait des ascensions dans un intérêt purement scientifique et pour faire progresser la science de l'aérostation, alors même que, pour couvrir ses frais, il exigerait une rétribution des spectateurs. — Paris, 1er août 1832 [P. chr., D. P. 34. 2. 50] — *Sic,* Nouguier, t. 1, p. 345.

308. Il n'y aurait pas non plus une entreprise commerciale dans le fait, par une société, d'organiser des courses de chevaux, lorsque ces courses ont le caractère d'une œuvre d'intérêt général et qu'elles ont été organisées sous le patronage du Gouvernement en vue de poursuivre l'amélioration de la race chevaline. — Cons. d'Et., 13 juin 1873 [D. P. 73. 3. 93]

309. Mais une association formée pour organiser des fêtes par souscription dans le but d'en retirer un bénéfice personnel, constitue une société commerciale, soumise à la juridiction du tribunal de commerce à raison de la demande en paiement du prix des fournitures faites à l'association. — Paris, 29 mai 1852, précité.

310. Il faut, en outre, que la spéculation soit motivée par un intérêt privé. Ainsi, il est constant que l'art. 632 ne s'applique qu'aux entreprises de spectacles formées par des particuliers et qui sont leur propriété, et non aux administrations établies par le gouvernement pour la direction de certains théâtres. — Pardessus, n. 46; Orillard, n. 348.

311. L'artiste qui organise une exécution ou concert dans lequel il doit figurer seul ne peut être considéré comme faisant acte de spéculation. — Il a cependant été décidé que le professeur de musique (une maîtresse de chant), qui donne un concert public à son profit, est soumis à la juridiction commerciale pour les contestations auxquelles ce concert peut donner lieu. — Paris, 3 juill. 1857 [S. 58. 2. 193 et la note Devilleneuve, P. 57. 881 et la note Alauzet] — *Sic,* Devilleneuve, note précitée. — *Contrà,* Molinier, n. 47; Bravard-Veyrières et Demangeat, t. 6, p. 363; Alauzet, note précitée; Lyon-Caen et Renault, t. 1, n. 143 qui citent Trib. comm. Seine, 18 nov. 1887 [*J. La Loi,* 7 déc.]; Boistel, n. 45; Nouguier, t. 1, n. 202, n. 354 — V. Thaller, n. 17.

312. Pour avoir le caractère commercial, les actes accomplis par l'entrepreneur de spectacles doivent être relatifs à des meubles — Ainsi, bien que les entreprises théâtrales soient des actes de commerce, cependant, les obligations contractées par le directeur d'une administration théâtrale envers un architecte ou entrepreneur de travaux pour la construction d'un théâtre n'ont pas un caractère commercial. — Orillard, n. 349. — *Contrà,* Paris, 10 juill. 1837 [*Gaz. Trib.* 28 sept.]; Bravard-Veyrières et Demangeat, t. 6, n. 364; Nouguier, t. 1, n. 347. — V. *suprà,* n. 44 et s.

313. De même, l'entrepreneur de spectacles ne fait pas un acte de commerce lorsqu'il prend à bail l'immeuble dans lequel il se propose de donner des représentations théâtrales, lyriques ou autres; il en est ainsi, si l'on admet, avec la majorité de la doctrine, que la prise à bail d'un immeuble en vue de spéculer sur sa sous-location n'est pas commerciale. — Lyon-Caen et Renault, *loc. cit.* — *Contrà,* Bravard-Veyrières et Demangeat, t. 6, p. 363. — V. *suprà,* n. 131 et s.

314. L'entrepreneur qui prend à bail une salle de spectacles ne fait pas plus acte de commerce que le propriétaire qui livre son immeuble à titre de bail pour qu'on y établisse un spectacle public. — Nîmes, 27 mai 1851 [P. 52. 1 224, D. P. 54. 2. 43]

315. On admet, dans une opinion, que si, au regard de l'entrepreneur de spectacles, l'exploitation d'un spectacle public constitue une opération commerciale, l'artiste dramatique ne fait pas acte de commerce; il n'est point intéressé dans l'entreprise aux chances de bénéfices ou de pertes de laquelle il ne participe

point; en louant son industrie, il ne contracte qu'un engagement civil — Cass., 8 déc. 1875 [S. 76. 1. 25, P. 76. 38, D. P. 76. 1. 359] — Paris, 5 mai 1808 [S. et P. chr., D. *Rép.*, v° *Acte de commerce*, n. 242]; 28 nov. 1834 [S. 35. 2. 12, P. chr., D. P. 35. 2. 34, D. *Rép.*, *loc. cit.*]; 25 févr. 1865 [S. 65. 2. 325, et la note Am. Boullanger, P. 65. 1225, D. P. 66. 2. 230]; 1er mars 1877 [D. P.78. 2.108] — Bordeaux, 1er avr. 1867 [S. 67. 2. 327, P. 67. 1232, D. P. 68. 2. 8] — Trib. Seine, 17 nov. 1847 [S 65. 2. 325 *ad notam*, P. 65 1225, *ad notam*]; 16 oct. 1867 [D. P. 71. 5. 378]; 13 janv. 1887 [D. P. 87. 242] — Trib. Toulouse, 17 févr. 1870 [S. 70. 2. 171, P. 70. 704] — *Sic*, Vincens, *Législ. commerc.*, t. 1, p. 135; Pardessus, t. 1, n. 45, et t. 2, n. 517; Carré, *Org. jud.* (Ed. Foucher), t. 7, p. 214; Vivien et Blanc, *Législ. théâtr.*, n. 312; Vulpian et Gauthier, *Code des théâtr.*, p. 208; Ruben de Couder, v° *Acte de commer.*, n. 151; Lacan et Paulmier, *Lég. des théâtr.*, t. 1, p. 240; Agnel, *Cod. man. art. dram.*, n. 244 et s.; Demangeat, sur Bravard-Veyrières, *Tr. de dr. comm.*, t. 6, p. 383; Lassime, *Tr. de la contr. par corps*, p. 157; Vien, dissert. insérée *Rev. de dr. commerc.*, t. 2, p. 61 et 229; Am. Boullanger, note précitée; Dutruc, sur Devilleneuve et Massé, v° *Acte de commerce*, n. 76, n. 137, 174; Rivière, *Répétitions écrites sur le Code de commerce*, p. 852; Lyon-Caen et Renault, t. 1er, n. 145. — *Contrà*, Molinier, n. 49. — V. notre *Rép. gén. alph. du dr. fr.*, v° *Acte de commerce*, n. 586 et s. — V. pour les artistes de l'Opéra, Cass., 3 janv. 1837 [S. 37. 1. 8, P. 37. 1. 75, D. P. 37. 1. 210, D. *Rép.*, v° *Théâtre*, n. 348]

316. L'artiste dramatique ne peut, non plus, en vertu d'un tel engagement, être assimilé aux commis de l'entrepreneur de théâtre. — Cass., 8 déc. 1875, précité. — Paris, 25 févr. 1865, précité. — Bordeaux, 1er avr. 1867, précité. — Trib. Toulouse, 17 févr. 1870, précité. — *Sic*, Molinier, *loc. cit.*; Agnel, *loc. cit.*; Demangeat, *loc. cit.*; Lacan et Paulmier, t. 1, p. 471; Lyon-Caen et Renault, *loc. cit.*; Pardessus, *loc. cit.* — *Contrà*, Paris, 23 août 1842, D. *Rép.*, v° *Théâtre*, n. 324. — Trib. comm. de la Seine, 24 janv. 1834; 26 mars 1841; 6 août 1845; 21 juin 1865, cités en note sous Paris, 25 févr. 1865 [S. 65. 2. 325, P. 65. 1225] — Orillard, n. 350; Nouguier, t. 1, p. 443; Bédarride, *Jurid. comm.*, n. 285. — V. *infrà*, art. 634.

317. ...Ni à ses serviteurs. — Cass. 8 déc. 1875, précité. — *Sic*, Lyon-Caen et Renault, *loc. cit.* — V. *infrà*, art. 634.

318. ... Il n'agit, en effet, ni comme son mandataire, ni comme son représentant. — Paris, 25 févr. 1865, précité.

319. Dès lors, la juridiction commerciale est incompétente pour connaître de l'action intentée par le directeur contre l'artiste dramatique. — Cass., 8 déc. 1875, précité. — Paris, 25 févr. 1865, précité. — Bordeaux, 1er avr. 1867, précité.

320. Jugé, en sens contraire, que les contestations qui s'élèvent entre un directeur de théâtre et un artiste dramatique relativement à l'exécution de l'engagement de celui-ci, sont de la compétence des tribunaux de commerce. — Amiens, 7 mai 1839 [P. 44. 1. 338, D. P. 40. 2. 117 D. *Rép.*, v° *Acte de commerce*, n. 142] — Paris, 27 juin 1840 [S. 65. 2. 325, *ad notam*, P. 65. 1225, *ad notam*, D. *Rép.*, v° *Théâtre*, n. 325]; 25 août 1842 [D. *Rép.*, v° *Théâtre*, n. 325]; 22 janv. 1848 [P. 48. 1. 508, D. *Rép.*, *loc. cit.*] — Toulouse, 22 déc. 1866 [S. 67. 2. 107, P. 67. 465] — Nîmes, 11 mars 1870 [S. 70. 2. 171, P. 70. 704] — Montpellier, 20 déc. 1874 [S. 75. 2. 83, P. 75. 444] — Trib. civ. Seine, 18 juill. 1850 [S. 65. 2. 325, *ad notam*, P. 65. 1225, *ad notam*]; — Trib. comm. Seine, 21 juin 1865 [*Id.*] — *Sic*, Molinier, *Tr. dr. comm.*, t. 1, n. 49; Despréaux, *Comp. des trib. de comm.*, n. 401; Alauzet, t. 6, n. 2984; Bédarride, *Jurid. commerc.*, n. 85. — V. aussi Beslay, *Des commerçants*, n. 27.

321. ... Surtout si les parties sont convenues dans l'acte d'engagement que les difficultés d'exécution seraient jugées par le tribunal de commerce. — Nîmes, 11 mars 1870, précité.

322. Décidé, conformément à cette dernière doctrine, que l'artiste musicien fait acte de commerce en contractant un engagement avec le directeur d'un théâtre. En conséquence, la juridiction commerciale est compétente pour connaître des contestations relatives à cet engagement. — Pau, 29 juill. 1865 [S. 66. 2. 195, P. 66. 811]

323. On se demande si, au regard du propriétaire de la salle, l'établissement de spectacles publics constitue ou non un acte de commerce. — V. dans le sens de l'affirmative, Demangeat, sur Bravard-Veyrières, t. 6, p. 364; dans le sens de la négative, Lyon-Caen et Renault, t. 1, n. 144

I. *Opérations de change, banque et courtage. Opérations des banques publiques, Opérations de Bourse, etc.* — 324. Une opération de change manuel, commerciale au regard du changeur, ne revêt ce caractère au regard de ses clients que suivant les données du droit commun, c'est-à-dire que si ce client est un commerçant et qu'en faisant le change il agit pour le meilleur fonctionnement de son commerce. — Ainsi, le simple échange d'espèces monnayées opéré par des personnes qui agissent par pure obligeance n'est pas en soi une opération commerciale. Dès lors, le défendeur à la demande en paiement de la différence ne peut, encore qu'il soit marchand, être assigné devant le tribunal de commerce. — Riom, 2 juill. 1824 [S. et P. chr., D. *Rép.*, v° *Acte de comm.*, n. 245] — *Sic*, Lyon-Caen et Renault, t. 1, n. 148; Thaller, n. 28, Bravard-Veyrières et Demangeat, t. 6, p. 368. — V. notre *Rép. gén. alph. du dr. fr.*, v° *Acte de commerce*, n. 938 et s.

325. Jugé pareillement que le simple échange, par une personne non commerçante, de monnaies étrangères contre d'autres valeurs, ne constitue pas, de la part de cette personne, un acte de commerce. — Paris, 11 mars 1833 [S. 33. 2. 227, P. chr., D. P. 33. 2. 140, D. *Rép.*, *loc. cit.*] — *Sic*, Bravard-Veyrières et Demangeat, *loc. cit.*; Nouguier, t. 1, n. 439.

326. Toute opération de courtage, c'est-à-dire tout fait d'un individu qui, sans entendre s'engager soi-même, met en présence deux personnes dont l'une désire vendre et l'autre désire acheter, constitue un acte de commerce, sans qu'il soit nécessaire que cet acte se renouvelle. — Thaller, n. 20; Lyon-Caen et Renault, t. 1, n. 146. — V. *suprà*, art. 1, n. 62, notre *Rép. gén. alph. du dr. fr.*, v° *Acte de commerce*, n. 906. — Sur la nature des lettres de change, des billets à ordre, des billets à domicile, des billets au porteur, des chèques, etc., V. *infrà*, art. 636 et 637.

327. L'entremise du courtier constitue un acte commercial, alors même que l'opération pour laquelle il offre ses bons offices n'est pas elle-même

une opération commerciale; c'est ainsi que l'on considère comme de nature commerciale l'intervention d'un courtier en vue de la vente de ses produits par un producteur. — Demangeat, sur Bravard, t. 6, p. 374; Lyon-Caen et Renault, t. 1, n. 146; Devilleneuve, Massé et Dutruc, n. 152; Molinier, n. 54.

328. Il faut en dire autant de celui qui s'entremet pour l'achat et la vente des immeubles. — Devilleneuve, Massé et Dutruc, v° *Acte de commerce*, n. 152; Lyon-Caen et Renault, *loc. cit.* — *Contrà*, Nouguier, n. 460.

329. Il résulte de cette observation que le courtier, qui, en cas de contestation avec son client, peut être poursuivi devant le tribunal de commerce, ne saurait lui-même, dans le cas inverse, actionner toujours son client devant le même tribunal. — Il devra l'attaquer devant le tribunal civil, s'il s'est entremis pour la conclusion d'une opération civile. — Cass., 25 juill. 1864 [S. 64. 1. 500, P. 64. 961, D. P. 64. 1. 489] — *Sic*, Bravard-Veyrières et Demangeat, t. 6, p. 373.

330. A la différence de la commission dont l'entreprise seule est qualifiée d'opération commerciale, l'art. 632 imprime ce caractère à toute opération de courtage. Il en résulte que l'acte de courtage isolé, accompli par un simple particulier qui n'a ni office ni profession de courtier, est un acte de commerce. — Boistel, n. 41; Lyon-Caen et Renault, *loc. cit.* — Il suffit qu'il y ait de sa part spéculation, c'est-à-dire qu'il ait stipulé un salaire.

331. Ainsi, celui qui se charge moyennant une prime ou commission du placement d'actions industrielles, fait acte de commerce. — Paris, 15 mars 1875 [*J. trib. comm.*, t. 25, p. 143]; 20 déc. 1875 [*J. trib. comm.*, t. 25, p. 368] — *Sic*, Nouguier, t. 1, p. 29.

332. Le courtage constitue une opération commerciale alors qu'il est le fait de courtiers privilégiés, c'est-à-dire des courtiers maritimes et des courtiers d'assurances maritimes. — Lyon-Caen et Renault, *loc. cit.*

333. Jugé, cependant, que le courtage relatif à des opérations d'achats et de reventes, ainsi que les soins donnés à ces opérations, ne constituent des actes de commerce qu'autant que celles-ci ont elles-mêmes ce caractère. — En conséquence, l'action formée, même par un commerçant contre un autre commerçant, en payement de frais et salaires pour dépenses faites et soins donnés par le demandeur à l'acquisition d'un immeuble que le défendeur se proposait d'acheter pour le revendre, n'est point de la compétence des tribunaux commerciaux. — Nancy, 30 nov. 1843 [P. 44. 2. 40, D. P. 44. 2. 62, D. *Rép.*, v° *cit.*, n. 252]

334. Décidé aussi qu'un courtier d'immeubles n'est pas commerçant. — Trib. comm. Marseille, 15 mars 1860 [D. P. 62. 3. 24] — *Contrà*, Molinier, t. 1, n. 54; Lyon-Caen et Renault, *loc. cit.*

335. En sens inverse, on doit considérer comme actes de commerce les faits de courtage passés par des tiers en violation du privilège attribué à certains courtiers. — Lyon-Caen et Renault, *loc. cit.*; Demangeat, sur Bravard-Verrières, t. 6, n. 372; Pardessus, t. 1, n. 41; Bédarride, n. 295; Devilleneuve, Massé et Dutruc, v° *Acte de commerce*, n. 251; Nouguier, n. 461. — *Contrà*, Molinier, n. 53; Orillard, n. 364. — V. *suprà*, n. 5 et s.

336. Il doit être bien entendu, d'ailleurs, que si toute opération de courtage constitue un acte de commerce au regard du courtier, il n'en est ainsi au regard des tiers qui traitent par l'entremise du courtier que si l'opération à laquelle ils consentent, est elle-même commerciale. — Lyon-Caen et Renault, *loc. cit.*

337. L'art. 632 déclare acte de commerce toute opération de banque. On désigne sous ce nom les opérations qui ont pour objet le commerce de l'argent et des titres qui le représentent. Elles sont très nombreuses et très diverses. Nous citerons à titre d'exemples les dépôts, les recouvrements, les comptes-courants, l'escompte des effets de commerce, les ouvertures de crédit, les avances sur titres, etc. — V. notre *Rép. gén. alph. du dr. fr.*, v° *Acte de commerce*, n. 921 et s.

338. Les opérations de banque ont le caractère commercial, non seulement lorsqu'elles émanent d'un banquier de profession, mais aussi quand elles sont accomplies accidentellement par un simple particulier, étranger au commerce de banque. — Ainsi, le prêt fait par une maison de banque en vertu d'un acte notarié contenant constitution d'hypothèque sur les biens de l'emprunteur peut être considéré comme un acte de commerce, non seulement de la part de cette maison de banque, mais encore à l'égard d'une personne non commerçante au profit de laquelle le transport de la créance a été consenti, dans le cas où il est reconnu que cette cession se liait à l'acte de prêt par suite d'une connivence frauduleuse ayant existé entre le prêteur et son cessionnaire. — Cass., 11 févr. 1834 [S. 35. 1. 475, P. chr., D. P. 34. 1. 216]

339. Les opérations de banque, qui sont toujours commerciales de la part du banquier, ne constituent pas nécessairement des actes de commerce de la part de ceux qui ont traité avec lui. Comme dans l'achat pour revendre ou louer, comme dans les diverses entreprises commerciales, il peut arriver que, des deux parties contractantes, une seule fasse acte de commerce, tandis que l'autre accomplit un acte purement civil. — Pardessus, t. 1, n. 29; Orillard, n. 353; Bravard-Veyrières et Demangeat, t. 6, p. 368; Alauzet, t. 8, n. 2988; Bédarride, *Jur. comm.*, n. 291 et 293; Nouguier, n. 415; Boistel, n. 47.

340. Le compte courant, qui a pour objet des opérations commerciales de leur nature, comme des remises de lettre de change, constitue un contrat commercial indépendamment de la qualité des parties. — Lyon-Caen et Renault, t. 4, n. 799; Boistel, n. 881; Clément, *Compte cour.*, n. 25; Da, *Id.*, n. 21 et s.; Helbronner, *Id.*, n. 26; Feitu, *Id.*, n. 82. — V. Thaller, n. 55. — V. notre *Rép. gén. alph. du dr. fr.*, v[is] *Acte de commerce*, n. 930 et s., 1226; *Banque*, n. 206 et s.; *Compte courant*, n. 65 et s.

341. Si les opérations portées en compte sont, les unes civiles et les autres commerciales, il faut considérer quelles sont les plus nombreuses ou les plus importantes, ou encore si, à raison de la qualité des parties, le compte est civil ou commercial. Ainsi des créances non commerciales telles que des loyers ou des frais de voyage empruntent, en entrant dans un compte courant commercial, le caractère commercial de ce compte lui-même. — Cass., 19 déc. 1827 [P. chr., D. P. 28. 1. 64, D. *Rép.*, v° *Acte de comm.*, n. 336]; 8 mars 1853 [S. 54. 1. 769, P. 53. 1. 668, D. P. 54. 1. 336]; 8 mars 1870 [*J. Le Droit*, 10 mars] — Clément, n. 24 et 25; Boistel, n. 881; Feitu, n. 82 et s.

342. Mais si le compte courant existe entre deux commerçants, il est commercial. — Boistel, *loc. cit.*; Feitu, n. 83; Da, n. 21; Lyon-Caen et Renault, *loc. cit.*; Clément, *loc. cit.*

343. S'il a lieu, au contraire, entre deux non-commerçants, il doit être considéré, jusqu'à preuve contraire, comme un contrat civil. — Cass., 9 févr. 1836 [P. chr., D. *Rép.*, v° *Compte cour.*, n. 40] — *Sic*, Clément, n. 25; Feitu, n. 85.

344. Que décider si le compte courant existe entre un commerçant et un non-commerçant? La Cour de cassation a jugé « qu'il importe peu que l'un des contractants ne soit pas commerçant, puisque la convention à laquelle il prend part est un acte de commerce, et qu'en outre, la réciprocité est la première condition de ce contrat. » — Cass., 11 mars 1856 [S. 56. 1. 729, P. 57. 157, D. P. 56. 1. 407] — *Sic*, Morin, p. 75 ; Héraud, *Des opérat. de banque et de commerce*, p. 86 ; Clément, n. 24.

345. On estime, dans une autre opinion, qu'il y a lieu de distinguer suivant que l'on apprécie la nature du compte courant en se plaçant au point de vue du banquier ou au point de vue du particulier; dans ce système, lorsque le compte courant existe entre un commerçant et un non-commerçant, ce compte courant n'est pas, à l'égard de celui-ci, un acte de commerce. — Nancy, 30 déc. 1848 [S. 50. 2. 577, D. P. 50. 2. 90] ; 18 mai 1849 [S. *Ibid.*, D. P. 50. 2. 91] — *Sic*, Lyon-Caen et Renault, t. 4, n. 779 ; Boistel, n. 881 ; Feitu, n. 84.

346. Mais, il va sans dire que le banquier qui prête des fonds sur dépôt de valeurs, même à un non-commerçant auquel il a ouvert un compte courant, fait acte de commerce. — Cass., 26 juill. 1865, Gérente [S. 65. 1. 409, P. 65. 1067, D. P. 65. 1. 484]; même date, Danner [*Ibid.*]

347. Et un tel prêt ne cesse pas nécessairement d'avoir un caractère commercial, encore bien que le contrat en vertu duquel il a eu lieu soit qualifié par les juges de nantissement. — Cass., 26 juill. 1865, Gérente, précité.

348. En conséquence, le banquier qui l'a consenti est justiciable des tribunaux de commerce. — Cass., 26 juill. 1865, Gérente, précité.

349. Le mandat donné par un non-négociant à un négociant d'une autre ville, de fournir à un tiers désigné l'argent nécessaire pour faire un voyage, ou le crédit ouvert à ce tiers, ne constitue pas un acte de commerce ni une opération de change, qui soumette le mandant à la juridiction des tribunaux de commerce. — Paris, 13 juin 1828 [S. et P. chr., D. A. 29. 2. 94, D. *Rép.*, v° *Acte de commerce*, n. 272] — *Sic*, Molinier, *Dr. comm.*, t. 1, n. 60.

350. Le dépôt de fonds effectué par un officier ministériel dans la caisse d'un banquier, et leur reprise par à comptes successifs, ne constituent pas, de la part du déposant, un acte de commerce qui le rende justiciable des tribunaux de commerce, lors même qu'il aurait reçu des billets pour garantie de son dépôt. — Rouen, 15 juin 1840 [P. 44. 1. 340, D. P. 41. 2. 39, D. *Rép.*, *v° cit.*, n. 247]

351. Une opération sur des valeurs industrielles n'est pas nécessairement commerciale : elle ne revêt ce caractère qu'autant que les parties ou l'une d'elles sont commerçantes, ou qu'il est établi que les conventions passées entre celles-ci sont elles-mêmes d'une nature commerciale. — Cass., 21 févr. 1860 [S. 60. 1. 362, P. 60. 1. 909, D. P. 60. 1. 129] — V. *suprà*, art. 76, n. 337 et s.

352. Par suite, la juridiction commerciale ne peut se déclarer compétente pour connaître de la demande à fin d'exécution de l'engagement pris par une partie de livrer à une autre un certain nombre d'actions d'une société projetée pour une exploitation de mines, sur le seul motif qu'il s'agit d'une opération sur des valeurs industrielles, et sans s'expliquer ni sur la question de savoir si les parties ou l'une d'elles ont la qualité de commerçant, ni sur le caractère commercial de leurs conventions. — Même arrêt.

353. On ne peut considérer comme constituant un acte de commerce de la part du commis ou directeur d'une société commerciale, le fait d'avoir versé à titre de cautionnement une somme qui a été convertie en actions de la société, demeurées au registre à souche pour la garantie de sa gestion. — Cass., 22 févr. 1859 [S. 59. 1. 321, P. 59. 945, D. P. 59. 1. 268] — V. *suprà*, n. 26 et s.

353 *bis*. A plus forte raison, le tiers qui prête des titres au porteur pour compléter un cautionnement ne fait pas acte de commerce. — Aussi a-t-il été décidé que la demande en restitution de titres au porteur prêtés par un non-commerçant, dans un esprit de pure bienveillance, au caissier d'une société, pour compléter son cautionnement, est compétemment portée devant le tribunal civil, alors même qu'elle est formée contre une société commerciale. — Alger, 20 janv. 1879 [S. 79. 2. 237, P. 79. 987]

354. Si les opérations de bourse sur les effets publics ne constituent pas nécessairement et par elles-mêmes des actes de commerce, elles peuvent recevoir ce caractère des circonstances et du but dans lequel elles ont eu lieu. — Cass , 26 août 1868 [S. 69. 1. 20, P. 69. 30, D. P. 68. 1. 439] ; 21 mai 1873 [S. 73. 1. 469, P. 73. 1182, D. P. 73. 1. 415]; 15 juin 1874 [S. 75. 1. 303, P. 75. 729, D. P. 75. 1. 158] ; 23 janv. 1882 [S. 82. 1. 263, P. 82. 1. 630, D. P. 82. 1. 246]; 4 janv. 1893 [S. et P. 98. 1. 214, *ad notam*] ; 7 févr. 1894 [S. et P. 98. 1. 214, D. P. 94. 1. 410] ; 29 nov. 1899 [S. et P. 1901. 1. 187, D. P. 1900. 1. 20] — V. *suprà*, art. 76, n. 337 et s., notre *Rép. gén. alph. du dr. fr.*, v° *Acte de commerce*, n. 326 et s. — Sur le caractère civil ou commercial des opérations de bourse qui ne constituent qu'un jeu ou pari, V. notre *Rép. gén. alph. du dr. fr.*, v° *Acte de commerce*, n. 347 et s. *suprà*, n. 5, *infrà*, n. 373.

355. ... Ou de l'objet que se propose le négociateur... — Cass., 26 août 1868, précité; 4 juill. 1881 [S. 82. 1. 15, P. 82. 1. 23, D. P. 82. 1. 104]

356. ... Comme aussi de la multiplicité et de la permanence des opérations, lorsque celles-ci constituent des spéculations habituelles jointes à la profession commerciale de la partie qui s'y livre. — Cass., 4 janv. 1886 [S. 89. 1. 21, P. 89. 1. 32]

357. L'habitude de semblables négociations peut donner à celui qui s'en occupe, dans des vues de trafic, la qualité de commerçant. — Cass., 4 juill. 1881, précité. — *Sic*, Boistel, n. 46; Ruben de Couder, v° *Acte de comm.*, n. 90; Rogron et de Boislisle, *C. de comm. expliqué*, p. 1212.

358. A ce point de vue, sont des commerçants ceux qui se livrent à des achats et à des ventes réitérés d'effets publics. — Cass., 23 janv. 1882, précité; 7 févr. 1894, précité. — *Sic*, Merlin, *Rép.*, v° *Effets publics*, n. 4; Pardessus, t. 1, n. 10; Coin-Delisle, *Contrainte par corps*, p. 76; Nouguier, t. 1, p. 380; Orillard, n. 284; Favard de Langlade,

v° *Acte de comm.*, § 1, n. 6; Lyon-Caen et Renault, t. 1, n. 108, p. 108, note 2; Devilleneuve, Massé et Dutruc, *Dict. du cont. comm.*, v° *Acte de comm.*, n. 94.

359. ... Et celui qui, lui servant d'intermédiaire, fait profession de prêter habituellement son concours auxdites spéculations. — Cass., 7 févr. 1894, précité.

360. Des opérations de bourse peuvent être considérées comme constituant des actes de commerce, lorsqu'elles ont eu lieu de commerçant à commerçant, qu'elles ont été nombreuses, et qu'elles ont porté sur des achats de valeurs industrielles dans le but d'en opérer la revente. — Cass., 21 mai 1873, précité; 15 juin 1874, précité.

361. Celui qui, sans être négociant, achète des effets publics dans le but de les revendre avec profit, fait un acte de commerce qui le rend justiciable des tribunaux de commerce. — Cass., 18 févr. 1806 D. A. 2. 724, D. *Rép.*, v° *Acte de comm.*, n. 46]; 29 juin 1808 [S. et P. chr., D. A. 2. 725, D. *Rép. loc. cit.*] — Aix, 16 juill. 1861 [S. 62. 2. 109, P. 62. 1192, D. P. 63. 2. 71] — *Sic*, Bédarride, n. 215 et 216; Alauzet, t. 8, n. 2967. — Sur le point de savoir si les opérations de bourse, remplissant les conditions qui viennent d'être indiquées, offrent le caractère d'actes de commerce lorsque ces opérations n'étaient pas sérieuses et ne constituaient que des opérations de jeu, V. *suprà*, art. 76, n. 345 et s., notre article, n. 5, n. 354, *infrà*, n. 373.

362. Il en est de même de celui qui achète à la Bourse des effets publics à livrer. — Paris, 14 févr. 1810 [S. et P. chr., D. *Rép loc. cit.*]

363. Le caractère commercial appartient à des opérations de report faites par un coulissier ou un banquier pour le compte d'un particulier sur des valeurs industrielles achetées en bourse, sans qu'il y ait eu livraison de ces titres. — Cass., 29 nov. 1899, précité.

364. Par suite, la preuve du mandat donné au banquier ou au coulissier par le client de faire ces opérations de report peut être administrée, comme en matière commerciale, d'après les documents et circonstances de la cause. — Même arrêt.

365. De même, l'action en règlement des opérations du banquier ou du coulissier contre le donneur d'ordre est de la compétence du tribunal de commerce. — Même arrêt (Motifs).

366. Il y a encore acte commercial dans l'achat d'actions d'une société pour les revendre. — Orléans, 15 mars 1864 [P. 64 249, D. P. 64. 5. 6] — Trib. comm. Lyon, 15 mai 1880, sous Lyon, 7 janv. 1881 [S. 81. 2. 25, P. 81. 1. 193 et la note de M. Ch. Lyon-Caen, D. P. 81. 2. 153] — V. *infrà*, n. 461 et s., notre *Rép. gén. alph. du dr. fr.*, v° *Acte de commerce*, n. 338 et s.

367. La juridiction commerciale est compétente pour connaître des opérations de bourse qui constituent des actes de commerce, spécialement le tribunal de commerce est compétent pour connaître des contestations relatives à l'achat d'actions d'une société financière, lequel constitue un acte commercial, s'il fait partie d'un ensemble d'opérations effectuées par ministère d'agent de change, et ayant toutes en vue la réalisation de bénéfices par l'achat et la revente des valeurs de bourse. — Cass., 3 juin 1885 [S. 85. 1. 259, P. 85. 1. 640, D. P. 86. 1. 25]

368. Décidé également que le mandat, entre personnes justiciables des tribunaux de commerce, pour des actes ou des opérations de commerce, a un caractère commercial, et que, dès lors, les actions qui en dérivent sont de la compétence de la juridiction commerciale. — Cass., 4 juill. 1881 [S. 82. 1. 15, P. 82. 1. 23, D. P. 82. 1. 104]

369. Tel est le mandat en vertu duquel un agent de change vend et achète des effets publics ou autres valeurs négociables à la bourse, pour le compte, soit d'un établissement de banque ou de crédit, dont les opérations consisteraient, principalement, ou en partie, en négociations de cette nature, soit même d'un spéculateur qui fait habituellement un trafic analogue. — Même arrêt.

370. Jugé également, que le fait, par un négociant, d'acheter ou de faire acheter des valeurs industrielles pour les revendre, constitue un acte commercial qui le soumet à la juridiction des tribunaux de commerce vis-à-vis du tiers auquel ce négociant avait donné mandat d'opérer pour lui. — Cass., 3 juin 1867 [S. 67. 1. 322, P. 67. 865, D. P. 68. 1. 31]

371. Les achats et reventes d'effets publics dans un but de spéculation constituant des actes de commerce, le mandat donné à un agent de change, même par un non-commerçant, d'effectuer de semblables opérations, est également commercial, et, par suite, l'action de l'agent de change en remboursement de ses avances est de la compétence du tribunal de commerce. — Aix, 16 juill. 1861 [S. 62. 2. 109, P. 62. 1192, D. P. 63. 2. 71]

372. Et il en est ainsi, alors même que le défendeur opposerait l'exception de jeu : ici est applicable la règle que le juge de l'action est le juge de l'exception... Surtout lorsque cette exception n'est pas dès à présent justifiée. — Même arrêt.

373. La demande formée par un agent de change contre son client en paiement d'un solde de compte d'opérations de bourse, est de la compétence du tribunal de commerce, lorsque les opérations avaient pour but des spéculations sur des valeurs de bourse, et faisaient suite à de nombreuses opérations de même nature, et lorsque, du reste, elles n'ont point constitué des marchés fictifs devant se régler par des paiements de différences. — Cass., 9 mars 1885 [S. 85. 1. 241, P. 85. 1. 609 et la note de M. Labbé] — Sur le point de savoir si les opérations de bourse purement fictives et différentielles, c'est-à-dire qui, dans la pensée des parties contractantes, devaient se résoudre dans le paiement de simples différences constituent ou non des actes de commerce, V. *suprà*, art. 76, n. 345 et s., notre article, n. 5, n. 354, notre *Rép. gén. alph. du dr. fr.*, v° *Acte de commerce*, n. 347 et s.

374. Décidé toutefois que l'opération d'achat et de revente d'effets publics, qu'elle soit sérieuse ou fictive, ne constitue point par elle-même, et bien qu'elle ait été réitérée, un acte de commerce qui rende le spéculateur (non négociant) justiciable du tribunal de commerce. — Paris, 7 avr. 1835 [S. 35. 2. 305, P. chr., D. P. 35. 2. 76, D. *Rép.*, v° *Acte de commerce*, n. 46]

375. En tout cas, l'achat par un non-commerçant de valeurs industrielles même commerciales, ne constituant pas un acte de commerce, lorsqu'il a été fait dans un but de placement de fonds, sans intention de revendre, le mandat par lui donné à cet effet à un agent de change est purement civil de sa part et ne revêt le caractère commercial que

de la part de l'agent de change. L'acheteur n'est donc point soumis à la juridiction du tribunal de commerce pour les contestations relatives à l'exécution du mandat. — Douai, 5 mai 1869 [S. 70. 2. 49, P. 70. 229, D. P. 69. 2. 155] — *Sic*, Mollot, *Bourses de comm., ag. de change et courtiers*, n. 638 et s., Waldmann, *La profession d'agent de change*, n. 157 et s., p. 144 et s.; Devilleneuve, Massé et Dutruc, v[is] *Agent de change*, n. 243, *Compét. commerc.*, n. 81 et s.; Ruben de Couder, v° *Agent de change*, n. 352, Bioche, v° *Agent de change*, n. 68; notre *Rép. gén. alph. du dr. fr.*, v° *Acte de commerce*, n. 634 et s.

376. Peu importerait, du reste, que l'opération fût commerciale dans les rapports de l'acheteur et d'une société dont il devient actionnaire par l'achat de ses actions. — Même arrêt.

377. Mais, de toute façon, les opérations d'achat et de vente de titres effectuées en bourse par un agent de change sont de la part de l'agent des actes de commerce. La demande du client ayant pour objet le règlement de ces opérations, est donc de la compétence des tribunaux de commerce. — Cass., 5 juill. 1888 [S. 89. 1. 408, P. 89. 1. 1021, D. P. 89. 1. 120] — *Sic*, Mollot, n. 648; Devilleneuve, Massé et Dutruc, v° *Agent de change*, n. 248; Ruben de Couder, v° *Agent de change*, n. 64.

378. S'il est vrai que l'ordre d'achat et de vente donné à un agent de change constitue un mandat civil qui ne confère pas, en général, à celui-ci une action commerciale contre son client, il en est autrement lorsque c'est l'agent de change qui est actionné en justice pour l'exécution de ce mandat, et que les opérations suivies entre lui et son client, commerçant, se rattachent à leur négoce respectif. — Cass., 25 juill. 1864 [S. 64. 1. 500, P. 64. 961, D. P. 64. 1. 489]

379. Ainsi, le règlement de comptes entre un agent de change et un agent d'affaires constitue une liquidation d'opérations commerciales, et rentre dans la compétence des tribunaux de commerce, lorsqu'il est certain que l'agent d'affaires avait pour profession habituelle la négociation pour autrui des valeurs de bourse. — Même arrêt.

380. En pareil cas, la compétence commerciale existe, alors même que la demande formée par l'agent d'affaires serait qualifiée de demande en restitution de dépôt de titres et valeurs, s'il est constant que cette qualification couvre une contestation portant sur l'apurement de ses comptes avec l'agent de change. Les juges peuvent, sans préjuger le fond, rechercher dans les documents de la cause, pour s'éclairer sur leur compétence, quel est l'objet véritable de l'action. — Même arrêt.

§ 2. *Des actes réputés commerciaux à raison de la qualité de leur auteur. Théorie de l'accessoire.*

A. *Caractères généraux.* — 381. La théorie de l'accessoire peut se résumer de la façon suivante : à côté des actes commerciaux par eux-mêmes, ayant ce caractère par quelque personne qu'ils soient faits, il est des actes qui ne sont commerciaux qu'autant qu'ils sont faits par un commerçant; ce sont ceux qui sont accomplis par un commerçant pour les besoins de son commerce. — Décidé, à cet égard, que lors même qu'une convention (ou même, d'une façon plus générale, une obligation) n'a pas, par sa nature propre, le caractère commercial, il suffit qu'elle se rattache à l'exploitation d'un commerce et en soit l'accessoire ou le moyen pour qu'elle affecte le caractère commercial et que les contestations y relatives soient de la compétence du tribunal de commerce. — Cass., 29 janv. 1883 [S. 85. 1. 482, P. 85. 1. 1153, D. P. 83. 1. 314]; 21 mars 1892 [S. et P. 93. 1. 229, D. P. 92. 1. 228] — V. Moreau, note sous Cass., 24 janv. 1865 [S. 65. 1. 153, P. 65. 369]; Labbé, note sous Cass., 28 janv. 1878 [S. 79. 1. 289, P. 79. 737]; Lyon-Caen, note sous Paris, 18 déc. 1885 [S. 87. 2. 121, P. 87. 1. 674]; Thaller, n. 7, n. 54; Massé, t. 2, n. 968 et s.; Bédarride, n. 225 et s.; Boistel, n. 49; Alauzet, t. 8, n. 2990; Devilleneuve, Massé et Dutruc, v° *Acte de commerce*, n. 155 *ter*; Ruben de Couder, v° *Acte de commerce*, n. 9; Demangeat, sur Bravard-Veyrières, t. 6, p. 350. — V. cep. Desjardins, *Rev. crit.*, 1864, t. 24, p. 216. — V. notre *Rép. gén. alph. du dr. fr.*, v° *Acte de commerce*, n. 1056 et s.

382. La théorie de l'accessoire ne suppose pas nécessairement la qualité de commerçant chez toutes les parties, mais seulement chez celle qui est actionnée en justice. — Labbé, *loc. cit.*; Lyon-Caen *loc. cit.*; Boistel, n. 39; Laurin, n. 54; Lyon-Caen et Renault, t. 1, n. 173; Thaller, n. 54. — V. notre *Rép. gén. alph. du dr. fr.*, v° *cit.*, n. 1070.

383. Toutes les obligations contractées par un commerçant sont réputées commerciales, à défaut de preuve contraire. — Cass., 29 avr. 1889 [S. 89. 1. 425, P. 89. 1. 1049, D. P. 90. 1. 19]; 10 janv. 1894 [S. et P. 98. 1. 506, D. P. 95. 1. 17] — *Sic*, Molinier, t. 1, n. 87 et s.; Rivière, *Répét. écr. de dr. comm.*, p. 832; Pardessus, t. 1, n. 49; Orillard, n. 217 et 218; Nougnier, *Trib. de comm.*, t. 4, p. 334 et 340; Thaller, n. 7, n. 60; Alauzet, t. 8, n. 2948; Ruben de Couder, v° *Acte de commerce*, n. 6; Lyon-Caen et Renault, t. 1, n. 168. — V. *infrà*, art. 638; notre *Rép. gén. alph. du dr. fr.*, v° *Acte de commerce*, n. 1113 et s.

384. Spécialement, les obligations souscrites en forme de reconnaissance par le gérant d'une banque commerciale sont présumées faites dans l'intérêt de l'entreprise et dès lors commerciales, en l'absence de circonstances contraires et spéciales établissant une autre destination. — Cass., 10 janv. 1859 [S. 60. 1. 445, P. 59. 1052, D. P. 59. 1. 225]

385. Ainsi, un prêt d'argent entre commerçants est présumé fait pour le commerce de l'emprunteur, et, par conséquent, l'action à laquelle il donne lieu est de la compétence du tribunal de commerce. — Paris, 9 avr. 1825 [S. et P. chr., D. P. 52. 2. 174, D. *Rép.*, v° *Commerce*, n. 46] — *Sic*, Lyon-Caen et Renault, t. 1, n. 182 *ter*. — V. notre *Rép. gén. alph. du dr. fr.*, v° *Acte de commerce*, n. 1204 et s. — Sur la distinction du prêt commercial et du prêt civil, particulièrement au point de vue du taux de l'intérêt, V. notre *Code civil annoté*, art. 1907, n. 86 et s., *suprà*, art. 631, n. 1.

386. En sens inverse, on ne peut considérer comme commerciale une opération qui n'est pas l'œuvre d'un commerçant, alors même qu'elle est faite en prévision d'une exploitation commerciale prochaine. — Ainsi, l'achat par un particulier non commerçant du mécanisme destiné à une usine en cours d'exécution et qu'il se propose d'exploiter après son achèvement, ne constitue pas un acte de commerce, et, dès lors, la juridiction commerciale n'est pas compétente pour connaître de la contestation relative à cet achat. — Angers, 21 mars 1867

[S. 68. 2. 215, P. 68. 840, D. P. 67. 2. 205] — V. Lyon-Caen et Renault, t. 1, n. 174 *bis*. — *Contrà*, Labbé, note sous Cass., 28 janv. 1878 [S. 79. 1. 289, P. 79. 1. 737] — V. notre *Rép. gén. alph. du dr. fr.*, v° *cit.*, n. 1063.

387. Il a cependant été décidé que le tribunal de commerce est compétent pour connaître des contestations entre l'entrepreneur de bâtiments dans lesquels on veut établir une usine et les personnes associées pour l'exploitation ultérieure de cette usine. C'est également à la juridiction commerciale qu'il appartient de connaître de la demande en paiement d'honoraires, formée dans les mêmes circonstances, par l'architecte spécialiste chargé de la construction. — Paris, 11 août 1874 [D. P. 75. 2. 38] — V. aussi Cass. 28 janv. 1878 [S. 79. 1. 289, P. 79. 737, D. P. 78. 1. 461]

388. Une obligation peut être considérée comme commerciale en vertu de la théorie de l'accessoire, qu'il s'agisse d'une convention unilatérale ou synallagmatique. — Pardessus, t. 1, n. 50.

388 *bis*. Peu importe aussi que cette convention soit simplement verbale ou qu'elle soit rédigée sous signatures privées ou par acte authentique. — Rivière, *op. cit.*, p. 832, *in fine;* Pardessus, *loc. cit.;* Lyon-Caen et Renault, *Précis*, t. 1, n. 1333; Boistel, n. 49, n. 867; Ruben de Couder, v° *cit.*, n. 15. — V. au surplus notre *Rép. gén. alph. du dr. fr.*, v° *cit.*, 1118 et s., 1128 et s.

389. Ainsi, le prêt verbal fait à un commerçant doit, comme le prêt écrit, être présumé, jusqu'à preuve contraire, fait pour les besoins de son commerce. — Poitiers, 20 mars 1877 [S. 77. 2. 121, P. 77. 490, D. P. 77. 2. 100] — *Sic*, Pardessus, n. 50 ; Nouguier, *Trib. de comm.*, t. 1, p. 334 et 340 ; Orillard, n. 218 ; Alauzet, t. 8, n. 2948; Bédarride, *Juridict. comm.*, n. 392; Devilleneuve, Massé et Dutruc, v° *Acte de commerce*, n. 98 *bis*. — *Contrà*, Bourges, 21 janv. 1812 [S. et P. chr., D. *Rép.*, v° *Acte de comm.*, n. 380] — Poitiers, 22 mai 1829 [S. et P. chr., D. P. 29. 2, 247, D. *Rép.*, *loc. cit.*] — V. *infrà*, art. 638.

390. C'est devant le tribunal de commerce que doit être portée la demande en remboursement de capitaux prêtés à un négociant par un individu non commerçant et en remise de compte et de pièces justificatives. — Paris, 3 avr. 1813 [S. et P. chr., D. *Rép.*, v° *Comp. comm.* n. 137]

391. Il en est de ce prêt comme des billets souscrits par un commerçant, lesquels sont censés faits pour son commerce, lorsqu'une autre cause n'y est point exprimée. — En conséquence, la preuve d'un tel prêt peut avoir lieu devant le tribunal de commerce, par tous les moyens autorisés en matière commerciale, sauf à renvoyer les parties devant la juridiction civile, s'il vient à être démontré que le prêt n'a pas eu pour objet le commerce du défendeur. — Douai, 11 juill. 1821 [S. et P. chr., D. A. 3. 336, D. *Rép.*, *loc. cit.*] — Bourges, 29 mai 1824 [S. et P. chr., D. A. 3. 337, D. *Rép.* v° *Acte de comm.*, n. 380] — Rennes 2 juill. 1838 [S. 39. 2. 340, D. *Rép.*, v° *Compét. comm.*, n. 138]

392. Et il en est de même au cas où il a été passé acte notarié du prêt et que le taux de l'intérêt stipulé est celui prévu pour les prêts en matière civile. — Douai, 27 févr. 1825 [S. et P. chr.]

393. Jugé de même que le prêt fait par une maison de banque à un individu non commerçant, par une obligation notariée contenant constitution d'hypothèque sur les biens de l'emprunteur, peut être considéré comme une opération commerciale. — Et un tel acte a pour effet de rendre justiciable du tribunal de commerce non seulement le prêteur, mais encore son cessionnaire, non commerçant, lorsque surtout il est établi que l'acte de cession se liait à l'acte de prêt, par suite d'une connivence frauduleuse qui avait existé entre le prêteur et son cessionnaire. — Cass., 11 fév. 1834 [S. 35. 1. 145, P. chr., D. P. 34. 1. 216]

394. A plus forte raison, le commerçant qui emprunte une somme et la verse dans son commerce, fait-il en cela un acte de commerce. — Cass., 12 déc. 1838 [S. 39. 1. 528, P, 39. 1. 195, D. P. 39. 1. 124, D. *Rép.*, v° *Acte de comm.*, n. 312]

395. La présomption de commercialité attachée aux engagements du commerçant peut d'ailleurs être combattue par la preuve contraire. — Cass., 29 avr. 1889 [S. 89. 1. 425, P. 89. 1. 1049, D. P. 90. 1. 19] ; 10 janv. 1894, précité. — *Sic*, Lyon-Caen et Renault, t 1, n. 168 et 169 ; David, *De la compét. en mat. commerciale*, n. 33 et s. — V. aussi notre *Rép. gén. alph. du dr. fr.*, v° *cit.*, n. 1112 et s., 1134 et s.

396. Les juges du fond ont un pouvoir souverain pour apprécier si la preuve fournie est suffisante à l'effet d'établir le caractère civil de l'engagement.

397. Ce n'est pas seulement lorsqu'ils constituent l'exercice même d'un commerce que des actes sont considérés comme des actes commerciaux en vertu de la théorie de l'accessoire, il y a encore des actes qui, bien que ne constituant pas l'exercice même du commerce, fournissent à l'intéressé le moyen de se livrer au commerce, tel est l'achat d'outils par un artisan, ou par une manufacture, l'achat de combustible ou de vases destinés à contenir des marchandises. — Lyon-Caen et Renault, t. 1, n. 171 ; Alauzet, t. 8, n. 2948; Molinier, n. 21, 24; Pardessus, t. 1, n. 19, 57; Locré, *Exp. du Code de comm.*, sur l'art. 632 ; Favard de Langlade, *Rép.*, v° *Acte de comm.*, § 1, n. 5. — *Contrà*, Jousse, sur l'art. 4, tit. XII, ord. de 1673 ; Desjardins, *Rev. crit.*, 1864, t. 24, p. 216 ; Carré, *Compét.*, n. 491.

398. Jugé cependant que les engagements contractés par un commerçant n'ont le caractère d'actes de commerce, le soumettant à la juridiction commerciale, qu'autant que ces engagements rentrent dans l'objet direct de son commerce ; il ne suffirait pas qu'il fussent avantageux à l'exploitation de son industrie. — Rouen, 28 nov. 1856 [S. 57. 2. 280, P. 58. 390, D. P. 57. 2. 98]

399. En tous cas, on admet, en pratique, qu'il y a un acte de commerce dans l'achat des poids, balances et autres instruments à l'aide desquels un détaillant débite ses marchandises, dans l'achat de registres, papiers ou autres objets que fait un commerçant pour l'approvisionnement de ses bureaux. — Pardessus, t. 1, n. 51. — V. notre *Rép. gén. alph. du dr. fr.*, v° *Acte de comm.*, n. 1154 et s.

400. De même, l'achat ou le louage des choses nécessaires à l'exercice d'un commerce ou d'une industrie, bien qu'elles ne fassent pas l'objet de ce commerce ou de cette industrie, constitue un acte de commerce. — Cass., 1er déc. 1851 [S. 52. 1. 23, P. 54. 2. 496, D. P. 51. 1. 325] — *Sic*, Alauzet, t. 8, n. 2948 ; Molinier, n. 24 ; Ruben de Couder, v° *Acte de comm.*, n. 10.

401. Tel est l'achat ou le louage d'une voiture par un commissionnaire, pour transporter de ville

en ville les marchandises qu'il se charge de placer. — Même arrêt. — *Sic*, Lyon-Caen et Renault, t. 1, n. 171 ; Ruben de Couder, *loc. cit.*

402. Tel est l'achat par le maître de poste aux chevaux d'un cheval pour le service de son établissement. — Paris, 6 oct. 1813 [S. et P. chr , D. A. 2. 731, D. *Rép.*, v° *Acte de comm.*, n. 179] — *Sic*, Molinier, t. 1, n. 130. — *Contrà*, Orillard, n. 295 ; Pardessus, t. 1, n. 16.

403. L'achat par un voiturier, d'une charrette et de chevaux ou mulets pour effectuer le transport des marchandises et autres objets qui lui sont confiés, constitue un acte de commerce. — Rennes, 19 août 1819 [S. et P. chr., D. A. 11. 645, D. *Rép.*, v° *Compét, comm.*, n. 393] — Aix, 6 août 1829 [S. et P. chr., D. P. 29. 2. 184, D. *Rép.*, v° *Acte de comm.*, n. 131]

404. Il y a encore acte commercial dans l'achat de tôles nécessaires à la couverture d'une usine, par celui qui exploite cette usine. — Cass., 11 avr. 1854 [S. 54. 1. 299, P. 54. 1. 526, D. P. 54. 1. 182]

405. Les travaux de réparation et d'embellissements faits à un établissement de commerce (un café) constituent un acte de commerce qui rend le propriétaire de cet établissement justiciable du tribunal de commerce, à raison des difficultés auxquelles donne lieu le paiement du prix de ces travaux. — Bourges, 15 févr. 1842 [S. 43. 2. 21, P. 43. 1. 273, D. P. 44. 4. 83, D. *Rép.*, v° *Acte de comm.*, n. 314] — *Sic*, Alauzet, t. 8, n. 2999.

406. Un industriel, tel qu'un cafetier ou aubergiste, est justiciable du tribunal de commerce à raison des travaux d'embellissement qu'il a fait exécuter dans son établissement. — Rouen, 2 janv. 1858 [S. 59. 1. 159, P. 58. 849, D. P. 59. 5 10] — *Contrà*, Rouen, 28 nov. 1856 [S. 57. 2. 280, P. 58. 390, D. P. 57. 2. 98]

407. Il y a encore acte commercial au cas où un commerçant achète d'un autre commerçant les ustensiles qui lui sont nécessaires pour son commerce, bien qu'il ne les achète pas pour les revendre. — Bruxelles, 3 mars 1810 [S. et P. chr., D. A. 12. 140]

408. Doivent aussi être réputées avoir été faites dans un but commercial des fournitures faites par un aubergiste à un marchand, pour la nourriture des voituriers et des chevaux que celui-ci emploie dans son industrie. — Lyon, 16 janv. 1838 [S. 39. 2. 92, P. 38. 2. 633, D. P. 39. 2. 16, D. *Rép.*, v° *Acte de comm.*, n. 316] — Caen, 25 mars 1846 [S. 46. 2. 481, P. 47. 1. 92, D. P. 46. 4. 81, D. *Rép.*, v° *Compét. comm.*, n. 121] — *Contrà*, Metz, 9 juill. 1813 [S. et P. chr., D. A. 2. 716, D. *Rép.*, v° *Acte de comm.*, n. 317]; 4 janv. 1823 [S. et P. chr., D. *Rép.*, *loc. cit.*] — Limoges, 2 mars 1837 [S. 39. 2. 141, P. 39. 1. 210, D. P. 39. 2. 16, D. *Rép.*, *loc. cit.*]

409. Dans ce cas, les fournitures faites sur l'ordre de l'entrepreneur, par un aubergiste, aux ouvriers et aux chevaux employés aux travaux, pour leur nourriture, rendent l'entrepreneur justiciable du tribunal de commerce, pour les sommes dont il est, à raison des objets fournis, redevable envers l'aubergiste. — Cass., 29 nov. 1842 [S. 43. 1. 85, P. 43. 1. 236, D. P. 43. 1. 25, D. *Rép.*, v° *cit.*, n. 318] — Caen, 2 févr. 1858 [S. 59. 2. 160, P. 58. 849] — *Sic*, Pardessus, t. 1, n. 51.

410. Les fournitures de pain faites par un boulanger à un marchand de bois, non pour l'usage personnel de ce dernier, mais pour la nourriture des ouvriers qu'il emploie dans son industrie, constituent un acte de commerce, non seulement de la part du boulanger, mais encore de la part du marchand de bois; par suite, le tribunal de commerce est compétent pour connaître de la demande formée par le boulanger contre le marchand de bois, en paiement de ses fournitures. — Limoges, 21 févr. 1839 [S. 40. 2 57, P. 43. 1. 18, D. P. 40. 2. 88, D. *Rép.*, *loc. cit.*]; 13 juin 1839 [S. 40. 2. 57] — *Sic*, Molinier, t. 1, n. 32.

411. Le contrat de louage de services qui s'est formé entre une société commerciale et des ouvriers peut avoir, en ce qui concerne la société, un caractère commercial, parce qu'il se rattache directement à des opérations industrielles. — Cass., 5 févr. 1896 [D. P. 96. 1. 578] — V. Lyon-Caen et Renault, t. 1, n. 171 *bis*.

412. Décidé aussi qu'il y a acte de commerce, de la part d'un teinturier, dans l'achat de couleurs pour les employer à la teinture des étoffes qui lui sont remises. — Bruxelles, 3 janv. 1820 [S. et P. chr., D. A. 2. 730, D. *Rép.*, v° *Acte de comm.*, n. 85]

413. En partant de l'idée que les immeubles ne pouvant être l'objet d'un acte de commerce, le bail d'une maison n'est jamais commercial, encore que les lieux loués doivent être affectés à l'exercice d'un commerce, il a été décidé que l'action en paiement de travaux d'appropriation d'un établissement industriel, exécutés par un propriétaire pour le compte d'un locataire, est de la compétence du tribunal civil, et non du tribunal de commerce, lorsque ces travaux ont été prévus dans le bail et qu'ils doivent profiter au bailleur à la fin de la location. — Cass., 8 juill. 1873 [S. 74. 1. 65, P. 74. 140 et la note, D. P. 74. 1. 55] — V. Laurin, n. 56 et 57; Bravard-Veyrières et Demangeat, t. 6, p. 345, 364. — V. aussi Lyon-Caen et Renault, t. 1, n. 122; Em. Moreau, note sous Cass., 24 janv. 1865 [S. 65. 1. 153, P. 65. 369]; Garsonnet, *Rev. crit.*, 1869, t. 35, p. 357 et s., note anonyme [S. 74. 1. 65, P. 74. 140]; Lyon-Caen et Renault, t. 1, n. 172. — V. notre *Rép. gén. alph. du dr. fr.*, v° *Acte de commerce*, n. 1086 et s.

414. Au surplus, la théorie de l'accessoire n'a pas été admise sans conteste. C'est ainsi qu'il a été décidé que l'achat de fournitures par un maître de pension pour son pensionnat ne constitue pas un acte de commerce; en conséquence, la demande en paiement de ces fournitures ne peut être portée devant les tribunaux de commerce. — Douai, 14 févr. 1827 [S. et P. chr., D. P. 28. 2. 43, D. *Rép.*, v° *Acte de comm.*, n. 98] — *Sic*, sur le principe, Pardessus, t. 1, n. 15; Vincens t. 1, p. 133; Desjardins, *Rev. crit.*, 1864, p. 216 et s.; Devilleneuve, Massé et Dutruc, v° *Compét. commerc.*, n. 157. — V. aussi Paris, 19 mars 1814 [S. et P. chr., D. A. 2. 694, D. *Rép.*, *loc. cit.*]

415. ... Que l'action pour raison de blanchissage du linge d'un commerçant, même d'un maître d'hôtel, n'est pas de la compétence du tribunal de commerce. — Rouen, 5 avr. 1838 [S. 39. 2. 300, P. 39. 1. 574, D. P. 39. 2. 204, D. *Rép.*, v° *Acte de comm.*, n. 315]

416. ... Que l'action intentée contre un négociant, à raison de fournitures pour l'éclairage de sa boutique ou l'achat d'appareils à raison de l'éclairage n'est pas de la compétence du tribunal de commerce. — Rouen, 9 déc. 1836 [S. 39. 2. 300, P. chr., D.

P. 32. 2. 204, D. *Rép., loc. cit.*] ; 1er mars 1844 [S. 44. 2. 352, P. 45. 2. 245, D. P. 44. 4. 2, D. *Rép., loc. cit.*]

417. Jugé aussi que le serrurier qui achète de la houille ne fait pas un acte de commerce qui le rende justiciable des tribunaux de commerce, alors même qu'il ferait cet achat exclusivement pour l'usage de sa forge. — Bruxelles, 28 nov. 1815 [S. et P. chr., D. A. 2. 729, D. *Rép., loc. cit.*]

418. ... Que le propriétaire d'une usine n'est pas justiciable des tribunaux de commerce à raison des réparations qu'il fait faire à son usine par un ouvrier. Peu importe, que l'exploitation de cette usine puisse, d'ailleurs, le faire considérer comme commerçant. — Aix, 9 mars 1827 [S. et P. chr., D. P. 28. 2. 54, D. *Rép.*, v° *Acte de comm.*, n. 165] — *Sic*, Nouguier, t. 1, p. 406.

419. On admet aussi que les achats de parures et d'habits de décoration que font individuellement des acteurs pour jouer leurs rôles ne sont point des actes de commerce. — Pardessus, t. 1, n. 19.

B. *De l'achat et de la vente des fonds de commerce, des charges ou offices.* — 420. Bien que certaines juridictions aient hésité à l'admettre, on peut considérer comme acquis en jurisprudence que la vente d'un fonds de commerce pour l'exploiter, constitue de la part de l'acheteur, comme de celle du vendeur, un acte commercial. — Paris, 11 août 1829 [S. et P. chr., D. P. 30. 2. 23, D. *Rép.*, v° *Acte de comm.*, n. 69]; 7 févr. 1870 [S. 71. 2. 149, P. 71. 518, D. P. 71. 2. 43]; 30 juill. 1870 [S. et P. *id.*, D. P. 71. 2. 16]; 20 déc. 1877 [S. 78. 2. 251, P. 78. 1011] — Douai, 30 juill. 1850 [S. 50. 2. 482, P. 51. 1. 443] — *Sic*, Alauzet, t. 8, n. 2968; Bédarride, *Juridict. comm.*, n. 214; Massé, t. 2, n. 1390, *in fine*; Ripert, *Vente comm.*, p. 56 et s.; Boistel, n. 50; Ruben de Couder, vis *Acte de comm.*, n. 94; *Compétence*, n. 38 *bis*; Pardessus, t. 4, n. 1349, Orillard, n. 516; Lyon-Caen et Renault, t. 1, n. 175; Thaller, n. 73. — *Contrà*, Beslay, *Des commerç.*, n. 350. — V. notre *Rép. gén. alph. du dr. fr.*, v° *Acte de commerce*, n. 1232 et s. — Sur le droit pour le mineur commerçant d'acheter ou de vendre un fonds de commerce, V. notre *Code civil annoté*, art. 1308, n. 2 et s.; *suprà*, art. 2, n. 62; Labbé, note sous Cass., 28 janv. 1878 [S. 79. 1. 289, P. 79. 73] — Sur le caractère commercial ou civil du mandat donné soit pour vendre, soit pour acheter un fonds de commerce, V. notre *Rép. gén. alph. du dr. fr.*, v° *Acte de commerce*, n. 1269 et s.

421. Par suite, la demande formée par l'acheteur contre le vendeur, en exécution des clauses de l'acte de vente, peut être portée devant le tribunal de commerce. — Douai, 30 juill. 1850, précité. — *Sic*, sur le principe, Alauzet, t. 8, n. 2968; Boistel, n. 50; Massé, t. 2, n. 1390; Despréaux, *Compét. des trib. de comm.*, n. 336, p. 190; Orillard, n. 2611; Nouguier, t. 1, p. 389, *Actes commerce*, t. 1, n. 98; P. Pont, *Rev. crit.*, t. 1, p. 599; Devilleneuve, Massé et Dutruc, v° *Acte de commerce*, n. 55; Lyon-Caen et Renault, t. 1, n. 175; Horson, t. 2, quest. 184 et 197; Devilleneuve, note sous Paris, 20 juin 1849 [S. 49. 2. 577]; Ripert, *Rev. prat.*, t. 37, p. 196 et s.

422. Par suite encore, c'est le tribunal de commerce qui est compétent pour connaître de la demande formée par l'acquéreur en nullité, pour cause de fraude d'une telle vente. — Dijon, 25 juill. 1866 [S. 66. 2. 358, P. 66. 1277, D. P. 66. 2. 138] — Paris, 30 juill. 1870, précité.

423. Si l'on se place au point de vue du vendeur pour envisager l'aliénation du fonds de commerce, on peut constater qu'on n'a guère hésité à considérer cette aliénation comme un acte de commerce. — Ainsi donc, la vente d'un fonds de commerce comprenant, avec la clientèle, l'achalandage et le matériel, la totalité des marchandises en magasin, et la cession de bail qui en a été l'accessoire constituent des actes de commerce dont la connaissance et l'appréciation appartiennent au tribunal de commerce. — Cass., 23 mars 1891 [S. et P. 94. 1. 395, D. P. 91. 1. 485] — Nancy, 5 mars 1894 [S. et P. 94. 2. 293, D. P. 94. 2. 232] — *Sic*, Lyon-Caen et Renault, t, 1, n. 175; Levé, *Code de la vente commerciale*, n. 105. — V. au surplus, notre *Rép. gén. alph. du dr. fr.*, v° *Acte de commerce*, n. 1232 et s.

424. Il en est ainsi spécialement de la vente d'un fonds de brasserie. — Nancy, 5 mars 1894, précité.

425. ... De la vente d'un fonds de porteur d'eau avec tonneau à bras. — Paris, 15 juill. 1831 [S. 31. 2. 319, P. chr., D. P. 32. 2. 12, D. *Rép., loc. cit.*]

426. ... De la vente d'un manège de chevaux de bois. — Rennes, 5 mars 1873 [S. 73. 2. 164, P. 73. 700, D. P. 73. 5. 8]

427. Et la vente qu'il fait de ce manège pour ne s'en dessaisir qu'à une certaine époque, en en continuant pour son compte l'exploitation, constitue non seulement un acte relatif à son industrie commerciale, mais encore un acte de commerce, dont la connaissance appartient au tribunal de commerce. — Même arrêt.

428. Il importe peu, au point de vue du caractère commercial de l'opération, que, dans la vente du fonds de commerce, aient été compris des immeubles, si ceux-ci, étant destinés à l'exploitation du fonds de commerce, ne forment qu'un accessoire de l'objet principal du contrat. — Nancy, 5 mars 1894, précité. — *Sic*, Molinier, t. 1, n. 38; Lyon-Caen et Renault, *Tr. de dr. comm.*, t. 1, n. 175, *in fine*; Levé, *Code de la vente commerciale*, n. 101; Lèbre, *Fonds de commerce*, n. 217; et notre *Rép. gén. alph. du dr. fr.*, v° *Acte de commerce*, n. 1091.

429. La vente d'un fonds de commerce constitue pour le vendeur un acte de commerce alors même que la vente ne comprend pas de marchandises. Il ne faudrait donc pas considérer comme consacrant une théorie absolument exacte un arrêt d'après lequel la cession d'un fonds de commerce, en tant du moins qu'elle comprend la vente de marchandises dont la valeur dépasse de beaucoup celle du fonds lui-même, constitue un acte de commerce. — Cass., 8 mars 1880 [S. 81. 1. 27, P. 81. 1. 43, D. P. 81. 1. 261] — V. sur cet arrêt, Lyon-Caen et Renault, t. 1, n. 175, p. 178, note 1, *in medio*.

430. Quoi qu'il en soit, certaines décisions judiciaires se sont refusées à voir un acte commercial dans la vente d'un fonds de commerce, d'une charge, etc. — Décidé, à cet égard, avant leur suppression, que les commissionnaires au mont-de-piété ne sont pas des commerçants, et ne font pas un acte de commerce en cédant leur charge. — En conséquence, le tribunal de commerce est incompétent pour connaître des contestations relatives à cette cession. — Trib. de comm. de Paris, 12 avr. 1870 [S. 71. 2. 121, P. 71. 362, D. P. 71. 3. 24] — Sur la cession des charges ou offices, V. notre *Rép. gén. alph. du dr. fr.*, v° *Acte de commerce*, n. 1272 et s. — Sur le caractère commercial des sociétés formées pour

l'achat et l'exploitation des charges d'agent de change, V. *suprà*, art. 75, n. 10 et s.

431. ... Que les contestations relatives à la cession d'un office d'agent de change sont de la compétence des tribunaux civils et non des tribunaux de commerce. — Paris, 2 août 1832 [S. 33. 2. 50, P. chr., D. P. 33. 2. 16. D. *Rép.*, v° *Acte de comm.*, n. 250] — Aix, 5 mai 1840 [S. 40. 2. 348, P. 40. 2. 348, D. P. 40. 2. 178, D. *Rép.*, v° *cit.*, n. 251]; 6 juin 1855 [S. 57. 2. 15, P. 57. 297, D. P. 57. 2. 128] — Rennes, 13 avr. 1859 [S. 60. 2. 96, P. 60. 1032, D. P. 60. 2. 95]

432. La solution qui vient d'être indiquée pour la vente des fonds de commerce a été étendue, non sans de sérieuses hésitations, à l'achat de ces mêmes fonds. Quoi qu'il en soit, on peut actuellement considérer comme acquis en jurisprudence que l'achat d'un fonds de commerce pour l'exploiter soi-même constitue un acte de commerce. — Paris, 7 août 1832 [S. 33. 2. 52, P. chr., D. P. 33. 2. 232, D. *Rép.*, v° *Acte comm.*, n. 68]; 12 avr. 1834 [S. 34. 2. 616, P. chr., D. P. 35. 2. 178, D. *Rép.*, v° *cit.*, n. 66]; 20 juin 1849 [S. 49. 2. 577, P. 49. 2. 75, D. P. 50. 5. 9]; 12 nov. 1849 [S. 49. 2. 577, et la note Devilleneuve, P. 49. 2. 513, D. P. 50 5. 8] — Bourges, 24 avr. 1843 [S. 44. 2. 584, P. chr., D. *Rép.*, v° *Compét. comm.*, n. 52] — Caen, 23 avr. 1845 [S. 45. 2. 478, D. P. 46. 4. 85, D. *Rép.*, v° *cit.*, n. 142] — Douai, 5 mars 1850 [S. 50. 2 481, P. 51. 1. 443]; 30 juill. 1850 [S. 50. 2. 482, P. 51. 1. 443] — Lyon, 15 mars 1856 [S. 58. 2. 432 P. 58. 431, D. P. 56. 2. 201] — *Sic*, Alauzet, t. 8, n. 2968; Molinier, t. 1, n. 21; Devilleneuve, notes précitées; Orillard, t. 1, p. 389, n. 261; Nouguier, *Trib. de comm.*, t. 1, p. 389 et s.; Horson, *Quest.*, t. 2, n. 184, 197; Lyon-Caen et Renault, t. 1, n. 175; Thaller, n. 78; Duchange, *Tr. des actes de commerce par relation*, p. 188; Pélissier, *Vente des fonds de commerce*, n. 25 et 26; Lèbre, *Tr. des fonds de commerce*, n. 26; Bédarride, n. 214. — V. notre *Rép. gén. alph. du dr. fr.*, v° *Acte de commerce*, n. 1238 et s.

433. Il en est ainsi, par exemple, de l'achat d'un fonds de pharmacie. — Nîmes, 27 mai 1829 [S. et P. chr., D. P. 30. 2. 270, D. *Rép.*, v° *Acte de comm.*, n. 64]

434. ... Alors surtout que l'achat du fonds de commerce comprend des marchandises qui se trouvent faire partie du fonds. — Orléans, 25 juin 1850 [S. 51. 2. 13, P. 50. 2. 37, D. P. 52. 2. 74] — Rouen, 25 janv. 1877 [S. 78. 2. 104, P. 78. 462, D. P. 78. 2. 41]

435. Il en est ainsi, spécialement, de l'achat d'un fonds de porteur d'eau à Paris, avec le matériel et les ustensiles nécessaires à son exploitation. — Montpellier, 19 nov. 1852 [S. 53. 2. 217, P. 54. 1. 312, D. P. 55. 5. 8]

436. Et il en est ainsi surtout, lorsque l'achat du fonds de commerce est fait par un individu déjà commerçant. — Paris, 12 nov. 1849, précité.

437. Si l'achat d'un fonds de commerce par un non-commerçant, même en vue de l'exploiter, ne constitue pas nécessairement un acte de commerce, il y a néanmoins présomption que tel est son caractère, puisque cet achat manifeste, de la part de l'acquéreur, l'intention d'entrer dans la vie commerciale. — Poitiers, 14 mai 1901 [S. et P. 1902. 2. 175, D. P. 1902. 2. 13]

438. Et le caractère d'acte de commerce doit lui être reconnu, lorsque cette présomption est corroborée par les circonstances de la cause, notamment lorsque, s'agissant d'un fonds de commerce d'hôtel, l'acquéreur est un ancien hôtelier, et que la vente du fonds de commerce comprend, avec le droit au bail, des approvisionnements et une cave importante. — Même arrêt.

439. Il y a d'ailleurs acte commercial, non seulement au cas où l'achat embrasse les marchandises, l'achalandage et le mobilier professionnel, mais au cas où il est borné à un seul de ces objets. — Douai, 30 juill. 1850, précité. — Trib. Cambrai, 7 juill. 1886 [J. *Le Droit*, 2 juin 1887] — *Sic*, Lyon-Caen et Renault, t. 1, n. 175, p. 178, note 1, *in medio*.

440-441. Dans ces différentes hypothèses, le tribunal de commerce est compétent pour connaître de l'action intentée contre l'acheteur en paiement du prix de vente. — V. Rouen, 25 janv. 1877, précité

442. Ainsi que nous l'avons déjà dit, on a longtemps hésité à reconnaître le caractère commercial à l'achat des fonds de commerce, sauf d'ailleurs lorsque l'achat du fonds comprend des marchandises, opération qui alors rentre directement dans les prévisions de l'art. 632. — Il a été jugé, d'une manière absolument générale, que l'achat d'un fonds de commerce ne constitue jamais un acte de commerce; et qu'en conséquence, les tribunaux civils sont seuls compétents pour prononcer sur les contestations auxquelles l'opération donne lieu. — Paris, 23 avr. 1828 [S. et P. chr., D. A. 28. 2. 139, D. *Rép.*, v° *Acte de comm.*, n. 59]

443. ... Il en est ainsi même dans le cas où l'achat de l'hôtel garni est fait par une personne non commerçante, et qui achète pour exploiter elle-même — Paris, 14 avr. 1831 [S. 31. 2. 160, P. chr.]

444. C'est à ce système que se rattachent les décisions suivantes d'après lesquelles l'achat d'un fonds de commerce, considéré abstraction faite des marchandises, ne constitue pas un acte de commerce et qu'en conséquence, l'acheteur n'est pas justiciable des tribunaux de commerce à raison des difficultés auxquelles la vente peut donner lieu. — Paris, 18 août 1834 [S. 34. 2. 615, P. chr., D. P. 40. 2. 101, D. *Rép.*, *loc. cit.*]

445. L'achat de l'achalandage ou clientèle d'un ouvrier (un rémouleur) qui ne vend pas de marchandises, ne constitue pas un acte de commerce. — Paris, 17 nov. 1849, sous Paris 20 juin 1849 [S. 49. 2. 577, *ad notam*, P. 49. 2. 514]

446. On estime, dans un système intermédiaire que l'achat d'un fonds de commerce peut, d'après les faits et les qualités des parties, être réputé acte de commerce et comme tel soumettre l'acheteur à la juridiction commerciale, quant aux contestations qui s'élèvent sur l'exécution du contrat. — Cass. 7 juin 1837 [S. 38. 1. 78, P. 37. 2. 251, D. P. 37. 1. 444, D. *Rép.*, v° *cit.*, n. 68]

447. Jugé, à cet égard, que l'achat d'un fonds de commerce par un non-commerçant, pour l'exploiter lui-même plus tard, ne constitue pas un acte de commerce. — Paris, 12 mars 1829 [S. et P. chr., D. P. 29. 2. 196, D. *Rép.*, v° *Acte de comm.*, n. 59]; 19 nov. 1830 [S. et P. chr., D. P. 31. 2. 78, D. *Rép.*, *loc. cit.*]; 2 janv. 1843 [S. 43. 2. 269, P. 43. 1. 141, D. P. 43. 2. 77, D. *Rép.*, v° *cit.*, n. 61] — *Sic*, Molinier, t. 1, n. 21; Ruben de Couder, v° *Acte de commerce*, n. 94.

448. Des pactes illicites ou immoraux, dont l'efficacité est d'ailleurs subordonnée au bon vouloir d

l'administration, ne peuvent avoir le caractère d'actes de commerce. — Décidé, à cet égard, que la cession d'une maison de tolérance (même lorsqu'elle comprend le mobilier qui la garnit) ne constitue pas un acte de commerce ; dès lors, le tribunal de commerce est incompétent pour connaître des contestations relatives à cette cession. — Orléans, 26 nov. 1861 [S. 62. 2. 216, P. 62. 419, D. P. 62. 2. 7] — *Sic*, sur le principe, Alauzet, t. 8, n. 3001 ; Massé, t. 2, n. 963 *in fine* ; Ruben de Couder, v° *Commerçant*, n. 19-28°. — V. notre *Code civil annoté*, art. 1133, n. 77 ; notre *Code de commerce*, art. 1, n. 87, art. 632, n. 5 et s., n. 354, n. 361, n. 373 ; notre *Rép. gén. alph. du dr. fr.*, v° *Acte de commerce*, n. 15 et s., 184 et s.

449. De même, comme il ne peut y avoir d'entreprise de poste qu'au moyen d'une commission du gouvernement, l'achat d'un établissement de poste aux chevaux ne constitue pas un acte de commerce. — Caen, 28 juin 1830 [S. et P. chr., D. P. 31. 2. 61, D. *Rép.*, v° *Acte de comm.*, n. 180] — *Contrà*, à l'égard des achats de chevaux, fourrages, etc., Pardessus t. 1, n. 16 ; Carré, *Comp. civ.*, t. 7, p. 147 ; Despréaux, n. 353.

450. Décidé aussi que l'achat d'une charge de courtier de commerce et les emprunts faits pour cet achat, n'ont point un caractère commercial. — Paris, 2 août 1832 [S. 33. 2. 50, P. chr., D. P. 33. 2. 16, D. *Rép.*, v° *cit.*, n. 250] — Aix, 6 juin 1855 [S. 57. 2. 15, P. 57. 297, D. P. 57. 2. 128]

451. De même, la vente d'un débit de tabac ne constitue pas un acte de commerce. — Lyon, 29 août 1861 [S. 62. 2. 507, P. 63. 669] — Dijon, 21 mars 1873 [S. 73. 2. 215, P. 73. 881, D. P. 74. 1. 5] — *Sic*, Pardessus, t. 1, n. 16 ; Molinier, t. 1, n. 131. — V. notre *Code civil annoté*, art. 1128, n. 23, art. 1598, n. 11 et s. — V. au surplus, sur la question de savoir si les débitants de tabacs sont ou non commerçants, *suprà*, art. 1, n. 50.

452. Par suite, les billets à ordre souscrits à son occasion par l'acheteur ne le rendaient point passible de la contrainte par corps. — Caen, 10 juin 1862 [S. 62. 2. 507, P. 63. 669]

453. De même, la cession de la gérance d'un bureau de tabac n'offre pas le caractère commercial. — Paris, 1er févr. 1859 [S. 59. 2. 511, P. 59. 434]

454. Décidé que les difficultés relatives à la cession d'une clientèle attachée à l'exercice d'une profession libérale (dans l'espèce, la profession de vétérinaire), ne sont pas de la compétence des tribunaux de commerce. — Nancy, 19 juill. 1876 [S. 76. 2. 289, P. 76. 1119]

455. L'achat d'une agence d'affaires, et spécialement de la direction d'une compagnie d'assurances sur la vie, ne constitue pas un acte de commerce... peu importe que des actions de la compagnie, affectées au cautionnement du directeur, soient cédées comme accessoires de la direction. — Paris, 24 mars 1849 [S. 49. 2. 717, D. P. 49. 2. 175]

456. La dation en paiement d'un fonds de commerce emprunte son caractère commercial ou civil à la nature commerciale ou civile de la dette qu'il s'agit d'éteindre. — Ainsi, d'une part, la dation en paiement d'un fonds de commerce constitue de la part de son auteur un acte de commerce si elle est faite pour l'acquit d'une dette commerciale. — Amiens, 30 juill. 1839 [P. 41. 1. 314, D. P. 41. 2. 30, D. *Rép.*, v° *Acte de comm.*, n. 67] — *Sic*, Lyon-Caen et Renault, t. 1, n. 176 *bis*. — V. notre *Rép. gén. alph. du dr. fr.*, v° *Acte de commerce*, n. 1264 et s.

457. Mais, d'autre part, la dation en paiement d'un fonds de commerce, faite par un mari à sa femme après la séparation de biens, à titre de restitution de sa dot, n'est pas un acte commercial, et demeure, par suite, soumise aux règles du droit civil. — Cass., 17 janv. 1882 [S. 83. 1. 128, P. 83. 1. 295] — V. notre *Code civil annoté*, art. 1341, n. 274 et 275.

458. En conséquence, le mari est non recevable à prouver par témoins ou par présomptions, contre et outre le contenu de l'acte de dation en paiement. — Même arrêt.

459. Il a été décidé, mais cette décision a été vivement contestée, que l'achat d'un fonds de commerce était commercial, alors même que l'acheteur se serait proposé, non d'exploiter le fonds, mais d'en faire donation à un tiers. — Rouen, 25 janv. 1877 [S. 78. 2. 104, P. 78. 462, D. P. 78. 2. 41] — *Contrà*, Alauzet, t. 8, n. 2968 ; Lyon-Caen et Renault, t. 1, n. 176.

460. Le caractère commercial appartient, non-seulement à l'achat et à la vente d'un fonds de commerce, mais aussi à la location qui en est faite. — Ainsi, il a été jugé que la location d'un fonds de serrurerie, accompagnée de la vente des outils qui y sont attachés et de l'achalandage, constitue, aussi bien que la vente de ce fonds, un acte de commerce qui soumet les parties à la juridiction commerciale pour toutes les suites de cette convention. — Colmar, 28 mai 1850 [S. 51. 2. 487, P. 51. 1. 444, D. P. 52. 5. 7] — *Sic*, Massé, t. 2, n. 1990, *in fine*.

C. *De l'émission et de la souscription aux actions des sociétés commerciales.* — 461. La souscription aux actions d'une société de commerce (société anonyme ou société en commandite) est un acte de commerce alors même qu'elle émane d'un non-commerçant. En conséquence, le tribunal de commerce est compétent pour connaître des contestations relatives à cette souscription. — Cass., 13 août 1856 [S. 56. 1. 769, P. 57. 55, D. P. 56. 1. 343] ; 15 juill. 1863 [S. 63. 1. 485, P. 64. 91, D. P. 63. 1. 347] ; 8 mai 1867 [S. 67. 1. 253, P. 67. 642] — Paris, 27 févr. 1847 [S. 47. 2. 133, P. 47. 1. 436, D. P. 47. 2. 51, D. *Rép.*, v° *Société*, n. 1346] ; 20 nov. 1847 [S. 49. 2. 220, P. 48. 1. 352, D. P. 47. 4. 450, D. *Rép.*, *loc. cit.*] ; 31 déc. 1847 [S. 49. 2. 219, P. 48. 1. 351, D. P. 47. 4. 450, D. *Rép.*, *loc. cit.*] ; 3 oct. 1850 [S. 50. 2. 607, P. 52. 2. 408, D. P. 51. 2. 33] ; 22 janv. 1853 [S. 53. 2. 679, D. P. 54. 2. 258] ; 3 juin 1856 [S. 56. 2. 641, P. 57. 54] ; 8 août 1866 [S. 67. 2. 101, P. 67. 453] ; 21 mai 1884 [S. 85. 2. 97, P. 85. 1. 562 et la note Lyon-Caen, D. P. 85. 2. 177] — Grenoble, 13 juin 1853 [P. 53. 2. 131] ; 25 févr. 1857 [S. 58. 2. 693, P. 58. 658, D. P. 59. 2. 15] — Lyon, 21 juill. 1858 [S. 60. 2. 247, P. 60. 65, D. P. 59. 2. 29] — Rouen, 25 juin 1859 [S. 60. 2. 247, P. 60. 917, D. P. 60. 5. 7] — Caen, 16 août 1864 [S. 65. 2. 33, P. 65. 217, D. P. 65. 2. 194] — Bourges, 26 déc. 1870 [S. 70. 2. 318, P. 70. 1176, D. P. 72. 2. 222] — *Sic*, Lyon-Caen et Renault, t. 1, n. 182 *bis*, t. 2, n. 470 et s., n. 686 *bis* ; Laurin, n. 360, *in fine* ; Vavasseur, *Soc. civ. et comm.*, t. 1, n. 288 et 752 ; Deloison, *Des soc. comm.*, t. 1, n. 217, *ad notam* ; Vincens, t. 1, p. 322, n. 7 ; Malepeyre et Jourdain, *Soc. comm.*, p. 138 ; Molinier, n. 491, n. 546 ; Bédarride, *Soc. comm.*, t. 1, n. 241 ; Coin-Delisle, *Rev. crit.*, t. 10, p. 289 ; Demangeat, sur Bravard-Veyrières, t. 1, p. 246, note; Boistel, n. 211. — *Contrà*, Ruben de Couder, v° *Acte de commerce*, n. 96. — V. aussi Ballot, *Rev. de dr. fr.*, 1847, t. 4, p. 425. — V. notre *Rép. gén. alph. du dr. fr.*, v° *Acte de commerce*, n. 1296 et s. — Sur le point de savoir si l'on doit considérer comme des commerçants les actionnaires des sociétés de commerce, V. *suprà*, art. 1, n. 72 et s. — Sur la preuve de la souscription du capital social, V. *suprà*, t. 1, p. 122, 2e App., au liv. 1er, tit. III, art. 1, n. 29. — Sur la capacité requise de la part du souscripteur d'action, alors que l'on admet que cette souscription est un acte de commerce, V. *suprà*, *loc. cit.*, art. 1, n. 35.

462. Du moins en est-il ainsi, lorsque cette mise sociale consiste en un versement de fonds dans une société en commandite ayant pour objet des opérations de banque. — Cass., 28 févr. 1844, Mouret, [S. 44. 1. 692, P. 44. 2. 644, D. P. 44. 1. 145, D. *Rép.*, v° *Société*, n. 1346]; 28 févr. 1844, Beaulieu [S. 44. 1. 692, P. 44. 2. 644]

463. Ce n'est pas seulement la souscription aux actions d'une société qui constitue un acte de commerce, c'est aussi l'acquisition par un individu, même non négociant, de pareilles actions que lui cède le souscripteur. — Paris, 3 oct. 1850, précité, V. *suprà*, n. 366.

464. A plus forte raison, l'acquisition par des individus commerçants de droits et d'intérêts dans une société en nom collectif dont ils étaient déjà membres, constitue-t-elle un acte de commerce qui les soumet à la juridiction commerciale. — Douai, 26 janv. 1843 [S. 43. 2. 181, P. 43. 2. 79, D. P. 44. 4. 7, D. *Rép.*, v° *Acte de comm.*, n. 40]

465. L'obligation pour les actionnaires d'une société en commandite fondée dans un but commercial, de restituer les dividendes pris sur le capital social, est une obligation commerciale qui les rend justiciables du tribunal de commerce. — Cass., 3 mars 1863 [S. 63. 1. 137, P. 63. 644, D. P. 63. 1. 125] — Rouen, 25 nov. 1861 [S. et P. sous Cass., 3 mars 1863, précité, D. P. 62. 2. 106] — Pau, 18 déc. 1865 [S. 66. 2. 178, P. 66. 708] — Bourges, 26 déc. 1870, précité; 21 août 1871 [S. 71. 2. 257, P. 71. 831, D. P. 73. 2. 34] — V. *suprà*, t. 1, p. 179, 2e append. au liv. Ier, tit. III, L. 24 juill. 1867, art. 10, n. 15. — V. aussi en ce qui concerne la contrainte par corps, Cass., 16 août 1864 [S. 65. 2. 33, P. 65. 217, D. P. 65. 2. 194]

466. Jugé, cependant, que si l'engagement pris par le commanditaire de verser le montant de sa souscription dans une société de commerce constitue une dette commerciale qui donnait lieu à la contrainte par corps, même contre le commanditaire non commerçant, il en est autrement de l'obligation du commanditaire de restituer des dividendes qui lui ont été distribués en l'absence de bénéfices sociaux : il n'y a là rien de commercial. — Cass., 8 mai 1867, précité.

467. Mais on soutient, dans une opinion opposée à celle précédemment indiquée (V. *suprà*, n. 461 et s.) que celui qui souscrit des actions dans une société anonyme ne fait pas acte de commerce, bien que la société ait un but commercial; qu'en conséquence, le tribunal de commerce est incompétent pour connaître de la demande formée contre lui par le gérant de la société en paiement du prix de ces actions. — Rouen, 6 août 1841 [S. 41. 2. 636, P. 44. 2. 519, D. P. 42. 2. 96, D. *Rép.*, v° *Acte de comm.*, n. 82] — Paris, 28 févr. 1842 [P. 42. 1. 209, D. P. 42. 2. 223, D. *Rép.*, *loc. cit.*]; 22 déc. 1848 [S. 49. 2. 220, P. 47. 1. 114, D. P. 47. 2. 52, D. *Rép.*, v° *Société*, n. 1346] — Bourges, 17 déc. 1850 [S. 50. 2. 701, D. P. 51. 2. 90] — Dijon, 20 mars 1851 [S. 51. 2, 764, P. 52. 2. 320, D. P. 52. 5. 5]; 4 août 1857 [S. 58. 2. 195, P. 57. 915, D. P. 58. 2. 117] — Angers, 18 janv. 1865 [S. 65. 2. 211, P. 65. 857, D. P. 65. 2. 67] — *Sic*, Malepeyre et Jourdin, *Sociétés*, p. 137; Orillard, n. 534; Nouguier, t. 1, p. 374; P. Pont, *Rev. de législ.*, t. 20, p. 352, *Soc. civ. et comm.*, n. 1424; Devilleneuve, Massé et Dutruc, v° *Acte de comm.*, n. 94 *bis*; Ruben de Couder, v° *Acte de commerce*, n. 96; Thaller, n. 242; Delangle, *Sociétés*, t. 1, n. 313; Pardessus, t. 4, n. 1510; Alauzet, t. 1, n. 150, t. 8, n. 2967; Foureix, *Tr. des soc. comm.*, n. 116; Ballot, *Revue de dr. fr.*, 1847, t. 4, p. 425; Devilleneuve, note sous Cass., 13 août 1856 [S. 56. 1. 769]; Buchère, *Tr. des valeurs mobil. et effets publ.*, n. 352 et s.

468. De même, la simple cession d'actions dans une compagnie commerciale ou industrielle, par un individu non négociant, ne constitue pas, par elle-même, un acte de commerce; en conséquence, les demandes formées contre le cédant relativement à cette cession, ne sont pas de la compétence de la juridiction commerciale. — Lyon, 7 févr. 1850 [S. 50. 2. 369 et la note Devilleneuve, P. 52. 1. 185, D. P. 50. 2. 135, D. *Rép.*, v° *Vente*, n. 1864]

469. Il en est de même de l'acquisition faite par des individus non commerçants, de droits et intérêts dans une société en nom collectif dont ils n'étaient pas membres, et qui ne leur a conféré que la simple qualité de commanditaires. Il n'y a pas là acte de commerce de leur part, les soumettant à la juridiction commerciale. — En un tel cas, et bien que l'acquisition ait été faite par le même acte, les acheteurs soumis à la juridiction civile n'attirent pas les autres acheteurs devant cette juridiction, si les droits achetés sont distincts, n'ont rien d'indivisible, et s'il n'y a aucune solidarité entre les divers acheteurs. — Douai, 26 janv. 1843, précité.

470. Décidé aussi que l'achat ou la souscription d'une action dans une société anonyme n'implique pas par lui-même, de la part de l'acheteur ou souscripteur, un acte de commerce. — Bordeaux, 22 mars 1893 [S. et P. 94. 2. 47, D. P. 93. 2. 527] — V. notre *Rép. gén. alph. du dr. fr.*, v° *Acte de commerce*, n. 1296 et s.

471. Dès lors, l'actionnaire, en tant que détenteur du titre, n'est pas astreint à procéder devant le tribunal de commerce, et il peut assigner la société devant la juridiction civile. — Même arrêt.

472. La création d'actions au porteur et leur mise en circulation sur la place par les administrateurs d'une tontine, constituent de leur part un acte de commerce qui les rend justiciables des tribunaux consulaires. — Paris, 4 mars 1825 [S. et P. chr., D. P. 26. 2. 208, D. *Rép.*, v° *Acte de comm.*, n. 223]

473. Il a été aussi décidé que l'émission d'obligations par une société, — qui, ayant pour objet de poursuivre la concession de lignes de chemins de fer pour la rétrocéder ensuite ou l'exploiter elle-même, a un caractère commercial, — avec indication dans les prospectus que la société a pour objet la construction et « l'exploitation » des chemins de fer, et que c'est aux dépenses de cette entreprise que doit être appliqué le montant de l'emprunt, constitue un acte de commerce, à raison duquel ladite

société est, quelle que soit la qualification qu'aient cru devoir lui donner ses fondateurs, justiciable du tribunal de commerce. — Cass., 8 nov. 1892 [S. et P. 93. 1. 32, D. P. 93. 1. 79]

D. *De l'assurance autre que les assurances maritimes.* — 474. Abstraction faite des assurances maritimes que l'art. 633 *infrà*, répute actes de commerce, il n'existe aucun texte qui détermine la nature commerciale ou civile des autres espèces d'assurances; on distingue ordinairement, à cet égard, selon qu'il s'agit d'assurances à primes ou d'assurances mutuelles; pour les assurances à primes, on sous-distingue encore, selon qu'on se place au point de vue de l'assureur ou au point de l'assuré; en ce qui concerne l'assureur cette opération est regardée comme commerciale. — V. Cass., 1er avr. 1830 [S. et P. chr., D. P. 30. 1. 191, D. *Rép.*, v° *Acte de commerce*, n. 36, n. 301]; 30 déc. 1846 [S. 47. 1. 285, P. 47. 1. 374, D. P. 47. 1. 80] — Rouen, 24 mai 1825 [S. et P. chr., D. P. 28. 2. 8, D. *Rép.*, vis *Acte de commerce*, n. 226, *Assur. terr.*, n. 36] — Paris, 23 juin 1825 [S. et P. chr., D. P. 25. 2. 216, D. *Rép.*, *loc. cit.*] — Colmar, 25 févr. 1839 [P. 39. 1. 526, D. P. 39. 2. 176, D. *Rép.*, vis *Acte de commerce*, n. 36, n. 301, *Compétence commerciale*, n. 84] — Cologne, 1er févr. 1847 [D. P. 47. 2. 142] — Grenoble, 25 juin 1852 [S. 53. 2. 272, P. 54. 1. 217, D. P. 54. 5. 51] — Bédarride, n. 277; Demangeat, sur Bravard-Veyrières, t. 6, p. 392; Lyon-Caen et Renault, t. 1, n. 164; Thaller, n. 32; Vincens, t. 1, p. 348; Grün et Joliat, *Assur. terrestre*, n. 346; Quénault, p. 314; Delangle, *Soc.*, t. 1, n. 32; Troplong, *Société*, t. 1, n. 345; Alauzet, *Assurances*, t. 1, n. 208. — *Contrà*, Orillard, *Compét. des trib. de comm.*, n. 472; Persil, *Tr. des assur. terr.*, n. 10. — V. notre *Rép. gén. alph. du dr. fr.*, vis *Acte de comm.*, n. 1033 et s.; *Assurances (en général)*, n. 91 et s. — V. d'ailleurs pour les sociétés fondées depuis la loi du 1er août 1893, l'art. 68 (de droit nouveau) de la loi de 1867 sur les sociétés. — Sur le point de savoir si, pour les assurances autres que les assurances maritimes, la rédaction d'un écrit est une condition nécessaire de validité de la police d'assurance, V. notre *Code civil annoté*, art. 1341, n. 26 et s.; Lyon-Caen et Renault, t. 6, n. 1183.

475. Ainsi, l'assurance à prime contre l'incendie est, comme l'assurance maritime, réputée *acte de commerce*; en conséquence, les entrepreneurs d'une telle assurance, s'ils cessent leurs paiements, peuvent être déclarés en état de faillite. — Cass., 8 avr. 1828 [S. et P. chr., D. P. 28. 1. 204, D, *Rép.*, v° *Assur. terr.*, n. 36]

476. De même, les opérations des compagnies d'assurances à prime sur la vie ont le caractère d'actes de commerce au regard de l'assureur. — Rennes, 26 juill. 1884 [S. 86. 2. 201, P. 86. 1. 1074 et la note de M. Labbé] — *Sic*, Herbault, *Assur. sur la vie*, n. 302; Mornard, *Du contr. d'assur. sur la vie*, p. 92; Ruben de Couder, vis *Acte de comm.*, n. 178, *Assur. terr.*, n. 3. — V. aussi, Vibert, *Le contr. d'assur. sur la vie*, p. 46; notre *Rép. gén. alph. du dr. fr.*, v° *Assur. sur la vie*, n. 775.

477. Par suite, l'action formée par l'assuré contre la compagnie, pour l'exécution du contrat d'assurance, est régulièrement portée devant le tribunal de commerce. — Même arrêt.

478. Le contrat par lequel une compagnie d'assurances s'engage, moyennant une prime fixe payée par l'assuré, à lui rembourser, en cas d'incendie, la valeur de certains objets mobiliers désignés dans la police, constitue, de la part de cette compagnie, une spéculation, et, par suite, un acte de commerce; dès lors, en cas de retard dans l'exécution de son engagement, la compagnie est tenue de l'intérêt des sommes par elle dues à l'assuré au taux commercial de 6 p. 100. — Cass., 16 juill. 1872 [S. 72. 1. 277, P. 72. 690, D. P. 73. 1. 97]

479. Il n'importe que l'assuré ne soit passible des intérêts de la prime qu'à raison de 5 p. 100, le contrat étant purement civil en ce qui le concerne. — Même arrêt.

480. D'une façon plus générale, les compagnies d'assurances à primes fixes sont justiciables de la juridiction commerciale en raison des engagements qu'elles contractent même envers des non-commerçants. — Cass., 5 févr. 1894 [S. et P. 94. 1. 277, D. P. 94. 1. 134] — V. au surplus, notre *Rép. gén. alph. du dr. fr.*, v° *Actes de commerce*, n. 1033 et s., et v° *Assurance (en général)*, n. 941 et s.

481. Par suite, l'assuré non commerçant peut assigner la compagnie d'assurances devant le tribunal de commerce. — Même arrêt.

482. Mais, au regard de l'assuré, le contrat d'assurance à prime a un caractère civil. — Il en est notamment ainsi au cas d'assurance sur la vie ou d'assurance contre l'incendie. — Aix, 26 juin 1845 [D. P. 45. 4. 94, D. *Rép.*, v° *Compét. comm.*, n. 83] — Rouen, 12 mars 1873 [D. P. 74. 2. 60] — Rennes, 26 juill. 1884, précité. — *Sic*, Herbault, n. 301; Ruben de Couder, *loc. cit.*; Lyon-Caen et Renault, *loc. cit.*; notre *Rép. gén. alph. du dr. fr.*, v° *Assurance sur la vie*, n. 776 et s. — V. cep. trib. comm. Bruxelles, 26 févr. 1896 [J. *la Loi*, 29 avr. 1896] qui a considéré comme commerciale, l'assurance sur la vie contractée par un commerçant en vue de pouvoir emprunter une somme d'argent pour l'usage de son commerce.

483. En conséquence, l'assuré doit, pour l'exécution de ses engagements, être traduit devant le tribunal civil. — Rennes, 26 juill. 1884, précité. — *Sic*, Grün et Joliat, n. 341.

484. La personne qui s'assure contre les risques des accidents de voiture ne fait pas acte de commerce; le contrat étant civil de sa part, elle peut actionner la compagnie d'assurances devant le tribunal civil. — Aix, 15 janv. 1884 [S. 85. 2. 134, P. 85. 1. 713, D. P. 85. 2. 49 et la note Glasson]

485. On sait d'ailleurs, qu'au point de vue de la juridiction un acte peut être commercial, pour une partie, et civil pour l'autre. Celle qui a fait acte de commerce ne peut, si elle est défenderesse, décliner la compétence du tribunal de commerce; l'autre le peut. La compétence se règle par la qualité, de même que par le domicile du défendeur. — *Sic*, Labbé, note précitée, sous Rennes, 26 juill. 1884. — V. sur la compétence, en matière d'actes mixtes, *suprà*, art. 631.

486. Ce qui vient d'être dit des assurés à des compagnies à prime fixe est également vrai des assurés à des compagnies mutuelles, mais les associations d'assurances mutuelles n'ont pas, en ce qui concerne les assureurs, le même caractère que pour les assurances à primes, puisque ces sociétés d'assurances ne se livrent pas à une spéculation, qu'elles n'ont pas en vue un profit à réaliser, et qu'elles ne font pas des actes de commerce. — Elles ne se livrent, en principe, qu'à des opérations civiles. — Lyon-Caen et Renault, t. 1, n. 164; Ruben de Cou-

der, v° *Assurance mutuelle terrestre*, n. 3; Lyon-Caen, note sous Paris, 18 déc. 1885 [S. 87. 2. 121, P. 87. 1. 674]; Thaller; n. 31. — Sur le point de savoir si les sociétés d'assurances mutuelles constituent de véritables sociétés, V. notre *Code civil annoté*, art. 1832, n. 39; Lyon-Caen, note précitée. — Sur le point de savoir si, à supposer que ces groupements constituent des sociétés, ces sociétés sont civiles ou commerciales, V. notre *Code civil annoté*, art. 1832, n. 40 et s.

487. Jugé, à cet égard, qu'une compagnie d'assurances mutuelles constitue une société civile, et les engagements, purement civils, intervenus entre un assuré et la société conservent ce caractère, bien que l'assuré ait contracté postérieurement, avec des sociétés commerciales, une autre assurance pour une somme supplémentaire, formant risque commun. — Cass., 15 juill. 1884 [S. 85. 1. 348, P. 85. 1. 867, D. P. 85. 1. 173]

488. Et il importe peu, d'une part, que ladite compagnie, loin de résilier la première assurance, après avoir reçu notification de la seconde, ait consenti à la proroger au delà de la période en cours; d'autre part, qu'après un sinistre survenu, elle ait fait choix d'un expert amiable, de concert avec ses coassureurs. — Même arrêt.

489. En conséquence, elle n'est pas devenue justiciable de la juridiction consulaire, et on ne peut la traduire devant le tribunal de commerce, concurremment avec les autres compagnies pour le paiement de l'indemnité d'assurances. — Même arrêt.

490. Une compagnie d'assurances mutuelles à cotisations fixes, qui n'a pas pour objet de réaliser des bénéfices, ayant le caractère d'une société civile, alors même que ses adhérents sont des commerçants, les contestations qui s'élèvent entre la compagnie et un mutualiste sont valablement portées devant la juridiction civile. — Paris, 18 févr. 1890 [S. et P. 92. 2. 316, D. P. 91. 2. 367]

491. Une société d'assurances mutuelles contre les risques des faillites n'est pas commerciale, alors même qu'elle est formée entre commerçants, et que l'acte qui la constitue stipule l'établissement d'une caisse de réserve et le partage, en certains cas, entre les associés des fonds versés dans cette caisse. — Cass., 8 févr. 1860 [S. 60. 1. 207, P. 60. 570, D. P. 60. 1. 83]

492. Et le directeur ou gérant d'une telle société, encore bien qu'elle ne soit pas légalement autorisée, ne peut, par le seul fait de sa gestion, être considéré comme commerçant. — Même arrêt.

493. En conséquence, les contestations existant entre ce directeur et les associés sont de la compétence de la juridiction civile et non de la juridiction commerciale. — Même arrêt.

494. Jugé, contrairement au principe admis par les arrêts qui précèdent, qu'une compagnie d'assurances mutuelles a le caractère de société commerciale, lorsque l'acte qui la constitue renferme des clauses destinées à procurer un bénéfice éventuel aux associés en ce que, par là, cette compagnie participe de la nature des compagnies à prime : en conséquence, elle est justiciable des tribunaux de commerce à raison des contestations qui s'élèvent entre elle et les associés. — Amiens, 27 août 1858 [S. 58. 2. 702, P. 59. 625, D. P. 59. 2. 39] — Cet arrêt a été cassé par celui de la Cour de cassation du 8 févr. 1860, précité. — V. dans le même sens que l'arrêt de la cour d'Amiens, Lyon-Caen, note précitée.

495. Bien qu'en principe les assurances mutuelles ne constituent pas des actes commerciaux au regard des assureurs, il en est différemment lorsque ceux-ci transforment la nature de leur gestion et qu'ils en font un objet de spéculation. — Ainsi, les directeurs et liquidateurs des compagnies d'assurances mutuelles ne peuvent, en général, être considérés, en cette seule qualité, comme commerçants, mais il en est autrement à l'égard du directeur qui a entrepris la gestion de la société à ses risques et périls moyennant une rémunération déterminée ; ce directeur doit être réputé commerçant, et les actions formées contre lui à raison de sa gestion sont de la compétence du tribunal de commerce. — Paris, 12 févr. 1857 [S. 58. 2. 197, P. 57. 1066, D. P. 57. 2. 134]

496. Jugé aussi que le directeur-gérant d'une société d'assurances mutuelles, qui, s'étant chargé à forfait et à ses risques et périls, de la gestion de la société, s'est adjoint des associés étrangers devant participer avec lui, dans la proportion de leurs apports, aux chances de bénéfices et de pertes, et a fondé ainsi une véritable entreprise commerciale, devient, dès lors, justiciable de la juridiction commerciale pour toutes les contestations qui se rapportent à cette entreprise. — Cass., 28 déc. 1886 [S. 88. 1. 68, P. 88. 1. 146, D. P. 87. 1. 311] — *Sic*, P. Pont, *Sociétés civ. et commerc.*, t. 1, n. 108.

497. Le caractère civil des assurances, tant à primes que mutuelles, au regard des assurés, se maintient, dans une opinion, alors même que ces assurances sont contractées par des commerçants dans l'intérêt de leur commerce. — Ainsi le commerçant qui, en qualité de simple propriétaire ou locataire, fait assurer tout à la fois sa maison d'habitation, ses magasins, son mobilier et ses marchandises, ne fait pas en cela un acte de commerce, qui le soumette à la juridiction commerciale. — Lyon, 30 mai 1849 [S. 49. 2. 288, P. 49. 2. 107, D. P. 50. 5. 7] — V. aussi Aix, 17 nov. 1896 [J. *Le Droit*, 1er janv. 1897]

498. Le commerçant qui, en même temps que ses marchandises, fait assurer les édifices qui les contiennent et le recours des voisins, ne fait pas en cela un acte de commerce, qui le soumette à la juridiction commerciale. — Cass., 3 juill. 1877 [S. 77. 1. 417, P. 77. 1097, D. P. 78. 1. 345]

499. L'assurance faite par un commerçant, déclarant agir comme propriétaire, de ses marchandises, des édifices où elles se trouvent et se fabriquent, de ses bâtiments d'habitation et de son mobilier personnel, a un caractère civil qui exclut la compétence du tribunal de commerce pour la demande en paiement des primes. — Paris, 30 mars 1878 [S. 78. 2. 171, P. 78. 722]

500. Il suit de là que l'action en paiement des cotisations, formée contre un commerçant assuré, n'est pas de la compétence du tribunal de commerce. — Paris, 20 avr. 1885 [S. 87. 2. 121, P. 87. 1. 674] ; 4 avr. 1886 [*Idem*] — *Contrà*, la note de M. Ch. Lyon-Caen sous l'arrêt.

501. Comme le caractère purement civil des engagements intervenus entre une société d'assurances mutuelles et l'assuré persiste, encore bien que l'assuré ait contracté postérieurement, avec des sociétés commerciales, une autre assurance pour une somme supplémentaire, formant risque commun, il en résulte que la première compagnie n'est pas devenue justiciable de la juridiction consulaire, et qu'on ne peut la traduire devant le tribunal de com-

merce, concurremment avec les autres compagnies, pour le paiement de l'indemnité d'assurance. — Cass., 15 juill. 1884 [S. 85. 1. 348, P. 85. 1. 867, D. P. 85. 1. 173] — *Contrà*, Lyon-Caen, note précitée.

502. Mais, dans une autre opinion, on se prononce pour une application à la matière des assurances de la théorie de l'accessoire. — Décidé, à cet égard, que le négociant qui fait assurer son commerce contre les chances des faillites qui peuvent l'atteindre, fait en cela un acte de commerce. — Amiens, 27 août 1858 [S. 58. 2. 702, P. 59. 625, D. P. 59. 2. 39] — *Sic*, sur le principe, Lyon-Caen, note précitée; Rousseau, *Soc. comm.*, t. 1, n. 132.

503. De même, l'assurance contractée par un commerçant avec une société d'assurances mutuelles, pour se garantir contre les pertes d'argent qu'il peut éprouver dans l'exercice de son commerce, constitue un acte de commerce, et par suite, la demande en paiement de cotisations formée contre lui par la société est régulièrement portée devant le tribunal de commerce. — Paris, 18 déc. 1885 [S. 87. 2. 121, P. 87. 1. 674 et la note Lyon-Caen]

504. De même encore, l'assurance contre les conséquences des accidents qui pourraient être causés par une voiture servant à l'industrie de l'assuré est un acte de commerce à l'égard des deux parties. — Trib. de la Seine, 29 juill. 1871 [S. 72. 2. 282, P. 72. 1083, D. P. 72. 3. 56]

505. En conséquence, l'assureur appelé en garantie par l'assuré, sur une demande en dommages-intérêts formée contre ce dernier devant la juridiction civile, à raison d'un accident causé par sa voiture, peut demander son renvoi devant le tribunal de commerce. — Même jugement.

506. Le contrat d'assurance contre les accidents de voitures sur la voie publique, souscrit entre une compagnie dont l'industrie consiste à assurer, moyennant les primes, contre ces accidents, et une entreprise de transports qui s'est fait assurer à raison de la circulation de ses voitures, est un contrat commercial soumis à la juridiction du tribunal de commerce, bien que le contrat ne porte pas sur le transport, mais sur les risques du transport. — Cass., 24 janv. 1865 [S. 65. 1. 153, P. 65. 369, D. P. 65. 1. 72]

507. Décidé, enfin, que l'action d'une compagnie d'assurance contre l'incendie, intentée contre un assuré en paiement des primes convenues, doit être portée devant le tribunal de commerce, lorsque cet assuré est lui-même commerçant, et que l'objet de son assurance consiste en meubles et immeubles servant à l'exploitation de son commerce. — Rouen, 22 avr. 1847 [S. 48. 2. 449, P. 49. 2 524, D. P. 48. 2. 150]

E. *Des quasi-contrats, quasi-délits et délits.* —

508. Les tribunaux de commerce sont compétents pour connaître des engagements qui se forment sans convention, lorsqu'il se rattachent à des faits commerciaux. — Cass., 4 mars 1845 [S. 45. 1. 273, P. 46. 1. 516, D. P. 46. 1. 208, D. *Rép.*, v° *Compét. comm.*, n. 127] — *Sic*, Lyon-Caen et Renault, t. 1, n. 177; Thaller, n. 55; Massé, t. 4, n. 2611; Alauzet, t. 8, n. 2956 et 2957; Boistel, n. 50; Nouguier, *Trib. de comm.*, t. 2, p. 354; *Acte de comm.*, t. 1, n. 128 et s.; G. Le Poittevin, p. 37. — V. Bourges, 23 févr. 1844 [S. 45. 2. 527, P. 45. 1. 708, D. P. 45. 4. 101, D. *Rép.*, *loc. cit.*] — V. *suprà*, art. 262, n. 56 et s., notre *Rép. gén. alph. du dr. fr.*, v° *Acte de commerce*, n. 1306 et s. — V. sur la compétence des tribunaux civils en matière de brevets d'invention, L. 5 juill. 1844, art. 34, notre *Rép. gén. alph. du dr. fr.*, v° *Brevet d'invention*, n. 1178 et s.; en matière de marques de fabrique, L. 23 juin 1857, art. 16, notre *Rép. gén. alph. du dr. fr.*, v° *Marque de fabrique*, n. 128; mais pour la compétence des tribunaux de commerce en matière de dessins de fabrique, L. 18 mars 1806, art. 15, notre *Rép. gén. alph. du dr. fr.*, v° *Dessins et modèles industriels*, n. 185 et s.; ... en matière de nom commercial, notre *Rép. gén. alph. du dr. fr.*, v° *Contrefaçon*, n. 273 et s.

509. En termes généraux, les tribunaux de commerce sont compétents pour connaître, entre commerçants, des obligations qui naissent des quasi-contrats ou des quasi-délits, lorsque ces obligations résultent d'un fait ou d'une faute commise dans l'exercice du commerce. — Orléans, 27 avr. 1881 [S. 83. 2. 63, P. 83. 1. 347, D. P. 82. 2. 24] — Paris, 31 mars 1882 [S. 82. 2. 139, P. 82. 1. 710] — Toulouse, 24 mai 1888 [S. 88. 2. 160, P. 88. 1. 862, D. P. 89. 2. 162]

510. Il en est ainsi, spécialement, de l'action en réparation du dommage causé par un abordage entre deux bateaux sur un canal. — Amiens, 4 mai 1858 [S. 58. 2. 635, P. 58. 753] — *Sic*, Lyon-Caen et Renault, t. 1, n. 177; Orillard, n. 206; Caumont, *Compét.*, n. 6; Demangeat sur Bravard-Veyrières, t. 6, p. 403; Boistel, n. 50. — *Contrà*, Ruben de Couder, v° *Abordage fluvial*, n. 2; G. Le Poittevin, p. 40. — V. *suprà*, art. 407, n. 103 et s., 117 et s.

511. ... De l'action en dommages-intérêts formée par un voiturier contre un aubergiste, à raison du dommage causé aux voitures et à leur chargement par un incendie qui a éclaté dans l'auberge. — Cass., 27 févr. 1854 [S. 54. 1. 538, P. 55. 1. 180, D. P. 54. 1. 98]

512. Jugé de même que c'est au tribunal de commerce et non au tribunal civil qu'il appartient de connaître d'une contestation entre commerçants, relative à un contrat commercial, tel qu'une expédition de marchandises non parvenues en totalité au destinataire, quand même l'action du demandeur prendrait sa base dans un délit ou quasi-délit, tel qu'une violation de dépôt imputée au défendeur. — Paris, 21 août 1855 [S. 56. 2. 715, P. 56. 2. 420, D. P. 55. 2. 305]

513. Au surplus, les tribunaux de commerce ne sont compétents pour connaître, entre négociants, des engagements qui se forment sans convention, qu'à la condition que ces engagements aient pris naissance dans des faits commerciaux. — Cass., 11 mai 1868 [S. 68. 1. 305, P. 68. 777, D. P. 69. 1. 368]; 3 janv. 1872 [S. 72. 1. 33, P. 72. 52]; 9 juill. 1873 [S. 73. 1. 372, P. 73. 930] — Caen, 2 févr. 1874 [D. P. 77. 2. 44] — *Sic*, Lyon-Caen et Renault, t. 1, n. 178.

514. Autrement dit, si le tribunal de commerce est compétent pour connaître des demandes en dommages-intérêts formées contre un commerçant à raison d'une faute qu'il aurait commise, c'est seulement lorsque cette faute se rattache, par un lien direct, immédiat, à l'exercice de son commerce ou de son industrie. — Cass., 9 déc. 1901 [J. *Le Droit*, 4 avr. 1902]

515. Ainsi, les tribunaux de commerce sont incompétents pour connaître d'une action en dommages-intérêts, intentée par un négociant contre

un autre négociant à raison de poursuites correctionnelles injustes et vexatoires dont il a été l'objet, de la part de ce dernier, pour prétendus faits d'escroquerie et d'abus de confiance. — Cass., 11 mai 1868, précité.

516. Il y a d'ailleurs dissidence sur les conditions moyennant lesquelles l'action en dommages-intérêts formée contre un commerçant, et fondée sur un quasi-contrat, un quasi-délit, ou un délit, peut ressortir à la juridiction commerciale. — D'après une opinion, qui implique que le tribunal de commerce n'est compétent que si le demandeur et le défendeur sont commerçants, il est nécessaire que le fait sur lequel est basée l'action ait pris sa source dans des rapports commerciaux entre les deux parties.

517. Jugé, en ce sens, que l'action en dommages-intérêts, formée par un commerçant contre un commerçant, à raison d'un quasi-délit commis par celui-ci dans l'exercice de son commerce, n'est de la compétence du tribunal de commerce qu'autant que le quasi-délit s'est produit à l'occasion des rapports commerciaux existant entre l'auteur et la victime du fait dommageable. — Rouen, 13 avr. 1853 [S. 53. 2. 695, P. 54. 1. 587, D. P. 53. 2. 114] — Paris, 18 janv. 1870 [S. sous Paris, 30 déc. 1873, 74. 2. 249, P. sous Paris, 30 déc. 1873, 74. 1038, D. P. 70. 2. 173] — Bordeaux, 27 déc. 1893 [S. et P. 95. 2. 39, D. P. 94. 2. 424]

518. En conséquence, le tribunal de commerce est incompétent pour statuer sur l'action en dommages-intérêts intentée par un commerçant, victime d'un accident, contre une compagnie de tramways qui en est l'auteur, s'il n'est pas établi que l'accident s'est produit à l'occasion de rapports commerciaux existant entre le demandeur et la compagnie défenderesse — Bordeaux, 27 déc. 1893, précité.

519. De même, la juridiction commerciale n'est pas compétente pour connaître de la demande en dommages-intérêts formée par les créanciers d'un commerçant failli, qui a revendu ses marchandises au-dessous du cours, contre le commerçant qui, en les lui achetant, a facilité l'exécution de cette opération frauduleuse. — Rouen, 13 avril 1853, précité.

520. Elle est également incompétente pour connaître de l'action formée par un commerçant contre un autre commerçant, en restitution de marchandises qui, quoique destinées au premier, ont été par erreur livrées au second et retenues sciemment par lui, et en réparation du préjudice qu'il a causé par ce fait au destinataire. — Paris, 10 mars 1854 [S. 55. 2. 534, P. 55. 1. 546, D. P. 56. 2. 237]

521. Jugé, dans le même sens, qu'une action entre négociants à fin de réparation du préjudice causé par un quasi-délit, n'est pas commerciale, et doit être jugée suivant la règle du droit commun, notamment en ce qui touche l'admissibilité des preuves, lorsque le quasi-délit est étranger à tout acte de commerce intervenu entre eux. — Orléans, 13 mars 1857 [S. 58. 2. 270, P. 58. 30]

522. Il en est ainsi, spécialement, de l'action formée par une caisse commerciale contre un commerçant, en réparation du préjudice que celui-ci aurait causé à la caisse, en déterminant son gérant, par des manœuvres frauduleuses, à ouvrir un crédit à un autre commerçant qu'il savait être insolvable. — Même arrêt.

523. L'action en restitution, avec dommages-intérêts, de sommes obtenues par des moyens frauduleux, constitutifs d'une escroquerie, et qui a été intentée séparément de l'action publique, contre l'auteur de l'escroquerie, est de la compétence de la juridiction civile, à l'exclusion de la juridiction commerciale, alors même que les sommes, dont il s'agit, avaient été remises à l'auteur de l'escroquerie, pour être employées dans une soi-disant association commerciale, du moment où le délit commis par lui a précisément consisté à simuler l'existence de la société en question laquelle était purement fictive. — Cass., 7 janv. 1861 [S. 62. 1. 32, P. 62. 499, D. P. 62. 1. 96]; 4 juill. 1888 [S. 89. 1. 367, P. 89. 1. 906, D. P. 89. 1. 100]

524. Mais les tribunaux de commerce sont compétents pour connaître entre négociants d'une action qui résulte de faits ayant le caractère d'un quasi-délit, alors d'ailleurs que ces faits ont eu lieu à l'occasion et dans l'exercice même de leur industrie. — Amiens, 4 mai 1858 [S. 58. 2. 635, P. 58. 753]

525. D'après une seconde opinion, les tribunaux de commerce sont compétents pour connaître entre commerçants des obligations qui naissent des quasi-délits, pourvu que ces obligations aient pour cause une faute commise dans l'exercice de leur commerce, et qui a porté atteinte aux intérêts du commerce du demandeur, sans qu'il soit nécessaire que le quasi-délit se soit produit à l'occasion des relations commerciales directement engagées entre les parties. — Lyon, 26 déc. 1893 [S. et P. 95. 2. 231, D. P. 95. 2. 182]

526. Autrement dit, les tribunaux de commerce sont compétents pour connaître entre négociants d'une action fondée sur des faits ayant le caractère d'un quasi-délit, alors d'ailleurs que ces faits ont eu lieu à l'occasion et dans l'exercice même de leur industrie. — Cass. (deux arrêts), 24 août 1863 [S. 63. 1. 497, P. 64. 279, D. P. 63. 1. 348] — Paris, 28 avr. 1866 [S. 66. 2. 314, P. 66. 1144, D. P. 66. 2. 128] — *Sic*, Alauzet, t. 8, n. 2956; Massé, t. 4, n. 2611 et s.; Nouguier, t. 2, p. 354; Boistel, n. 50; Arthuys, *Rev. crit.*, 1897, p. 297. — *Contrà*, Pardessus, n. 53, Ruben de Couder, *Dict. de dr. comm.*, v° *Acte de comm.*, n. 8-9°.

527. Jugé, par application de ce principe, que la disposition de l'art. 631, portant que les tribunaux de commerce connaissent de toutes les contestations relatives aux engagements et transactions entre négociants, comprend, dans la généralité de ses expressions, toutes les contestations relatives, non seulement aux obligations conventionnelles, mais encore à celles qui se forment sans convention, par l'effet d'un quasi-contrat ou même d'un quasi-délit, lorsque ces engagements résultent d'une faute commise dans l'exercice d'une industrie dont les règles et les devoirs sont méconnus par un commerçant au préjudice d'un autre. — Cass., 11 déc. 1895 [S. et P. 96. 1. 32, D. P. 96. 1. 263]; 20 mai 1896 [S. et P. 96. 1. 336, D. P. 96. 5. 134]

528. L'attribution de compétence, faite aux tribunaux de commerce, de la connaissance de toutes les contestations relatives aux engagements commerciaux comprend les contestations relatives, non seulement aux obligations conventionnelles, mais encore à celles qui se forment sans convention, par l'effet d'un quasi-contrat ou d'un quasi-délit, lorsqu'elles dérivent de faits qui, commis soit par le commerçant lui-même, soit par les personnes dont il doit répondre, se rattachent à l'exercice de son commerce ou de son industrie. — Cass., 28 oct. 1896 [S. et

P. 97. 1. 436, D. P. 97. 1. 583]; 11 juill. 1900 [S. et P. 1902. 1. 318, D. P. 1900. 1. 508]

529. Ainsi, la juridiction commerciale est compétente pour connaître de l'action en dommages-intérêts intentée par un commerçant à une compagnie de tramways, en raison d'un accident arrivé à la charrette du commerçant, et imputable, dans l'exercice de son service, au conducteur de l'une des voitures de la compagnie de tramways, lequel n'aurait pas donné avec sa corne le signal d'avertissement et marchait à toute vitesse, sans prendre garde que des tonneaux bordant la voie ferrée des tramways ne permettaient pas de se garer au charretier du commerçant, circulant pour les besoins du commerce de celui-ci. — Cass., 11 déc. 1895, précité.

530. Jugé, dans le même sens, que la juridiction commerciale est compétente pour connaître de l'action en dommages-intérêts intentée par un commerçant à une compagnie de tramways, à raison d'un accident arrivé à la voiture de ce commerçant par la faute du conducteur de l'une des voitures de la compagnie de tramways, lequel marchait à une vitesse accélérée, et n'avait pas donné avec sa corne le signal d'avertissement au conducteur de la voiture du commerçant, débouchant d'une rue à une allure modérée. — Cass., 20 mai 1896, précité.

531. Ainsi encore, les tribunaux de commerce sont compétents pour statuer sur une demande de dommages-intérêts, formée par un commerçant, pour dégâts causés à sa voiture de commerce par une autre voiture de commerce. — Paris, 31 mars 1882 [S. 82. 2. 139, P. 82. 1. 710]

532. Spécialement, lorsque, dans la rencontre de deux voitures appartenant à deux commerçants, et affectées l'une et l'autre au transport de leurs marchandises, le cheval attelé à l'une de ces voitures a été tué, le commerçant, propriétaire du cheval tué, est bien fondé à assigner l'autre commerçant devant le tribunal de commerce, en réparation du dommage à lui causé par l'accident. — Toulouse, 24 mai 1888 [S. 88. 2. 160, P. 88. 1. 862, D. P. 89. 2. 162]

533. Le tribunal de commerce est exclusivement compétent pour connaître de l'action en dommages-intérêts formée par un commerçant contre une maison de banque, en réparation du préjudice que cette maison de banque lui aurait causé en escomptant des valeurs présentées par un employé de ce commerçant, et faussement revêtues de sa signature commerciale, les faits d'où procéderait la faute alléguée contre la maison de banque se rattachant au commerce respectif des deux parties. — Lyon, 26 déc. 1893, précité. — *Sic*, Lyon-Caen et Renault, t. 1, n. 177, p. 181, note 2, *in fine*.

534. De même, les tribunaux de commerce sont compétents pour connaître d'une demande formée par un commerçant, contre un autre commerçant, à fin de restitution, avec dommages-intérêts, de marchandises appartenant au demandeur, et dont le domestique du défendeur avait pris livraison, par erreur, à une gare de chemin de fer. — Orléans, 27 avr. 1881 [S. 83. 2. 63, P. 83. 1. 347, D. P. 82. 2. 24]

535. Jugé également, par application du même principe, que le tribunal de commerce est compétent pour statuer entre commerçants sur une action en dommages-intérêts pour concurrence déloyale. — Aix, 3 juin 1863 [S. 64. 2. 167, P. 64. 870, D. P. 64. 2. 207] — Paris, 28 avr. 1866 [S. 66. 2. 314, P. 66. 1144, D. P. 66. 2. 128] — Orléans, 7 nov. 1895 [S. et P. 96. 2. 238, D. P. 96. 2. 140] — *Sic*, Devilleneuve, Massé et Dutruc, v° *Compét. comm.*, n. 165; Boistel, n. 50; Nouguier, *Actes de comm.*, t. 1, n. 130; Thaller, n. 56; Lyon-Caen et Renault, t. 1, n. 175. — *Contrà*, Bédarride, t. 1, n. 400; V. notre *Rép. gén. alph. du dr. fr.*, v^{is} *Acte de commerce*, n. 1325 et s., *Concurr. déloyale*, n. 741 et s.

536. Tous les engagements auxquels donnent naissance les actes de concurrence déloyale sont de la compétence exclusive du tribunal de commerce, quelle que soit la forme sous laquelle ils se produisent. — Paris, 9 juill. 1867 [S. 68. 2. 85, P. 68. 447]

537. Spécialement, c'est au tribunal de commerce et non au juge de paix, qu'appartient la connaissance d'une demande en dommages-intérêts formée pour réparation du préjudice causé par une diffamation verbale, lorsque cette diffamation a été, de la part d'un commerçant, le moyen de faire une concurrence déloyale envers un autre commerçant. — Même arrêt.

538. Le tribunal de commerce est compétent pour connaître, entre le vendeur et l'acheteur d'un fonds de commerce, d'une demande en dommages-intérêts, pour concurrence déloyale, à raison d'imputations diffamatoires avancées par le vendeur, en vue de nuire au crédit de l'acheteur et de déprécier son fonds de commerce, et avec l'arrière-pensée de rentrer en possession de ce fonds; les imputations diffamatoires se rattachant ainsi à l'acte commercial intervenu entre les parties. — Cass., 14 févr. 1882 [S. 84. 1. 214, P. 84. 1. 523, D. P. 82. 1. 411]

539. C'est qu'en effet, et d'une manière générale, les tribunaux de commerce sont compétents pour connaître de l'action en concurrence déloyale, alors même que cette action a pour base une concurrence déloyale pratiquée par un commerçant vis-à-vis d'un autre commerçant au moyen d'imputations diffamatoires contenues dans ses circulaires. — Orléans, 7 nov. 1895, précité. — *Sic*, Allart, *Concurr. déloyale*, n. 300, p. 330, et notre *Rép. gén. alph. du dr. fr.*, v° *Concurrence déloyale*, n. 774 et s. — *Contrà*, Pouillet, *Marques de fabr. et concurr. dél.*, n. 669.

540. ... Au moyen de propos malveillants tenus dans un but de concurrence déloyale. — C. d'ap. Bruxelles, 18 mai 1881 [S. 82. 4. 15, P. 82. 2. 65]

541. Mais la disposition de l'art. 35 de la loi du 29 juill. 1881, qui interdit la preuve de la vérité des faits diffamatoires, s'appliquant, à raison de son caractère d'ordre public, devant le tribunal de commerce saisi d'une demande en dommages-intérêts pour concurrence déloyale par la voie d'imputations diffamatoires, le tribunal de commerce ne peut, ... ni admettre le défendeur à faire la preuve de la vérité des faits diffamatoires. — Orléans, 14 nov. 1895 [S. et P. 96. 2. 238, D. P. 96. 2. 140]

542. ... Ni, pour le condamner à des dommages-intérêts, vérifier et constater la fausseté des imputations diffamatoires. — Même arrêt.

543. L'art. 16 de la loi du 23 juin 1857, qui attribue aux tribunaux civils les actions civiles relatives aux marques de fabrique et de commerce, est inapplicable au cas où il s'agit, non point d'usurpation ou de contrefaçon de marque, mais uniquement d'actes successifs de concurrence déloyale, consistant de la part d'un fabricant à faire figurer dans sa marque, en caractères apparents, le nom d'une ville où se fabriquent des produits similaires de façon

à causer une confusion sur la provenance réelle du produit. C'est devant la juridiction commerciale, conformément au droit commun, que doivent porter leur action les fabricants qui se prétendent lésés par de tels actes. — Orléans, 20 janv. 1864 [S. 64. 2. 115, P. 64. 480, D. P. 64. 5. 303]

544. Si au lieu de se produire dans les rapports entre commerçants, les faits de concurrence déloyale se produisaient dans les rapports entre non-commerçants, tels que médecins ou officiers ministériels, la compétence pour en connaître appartiendrait aux tribunaux civils. — Trib. Seine, 7 mai 1886 [J. *Le Droit*, 30 juill. 1887] — Lyon-Caen et Renault, *loc. cit.*; Thaller, n. 56.

545. Les solutions qui viennent d'être indiquées pour le cas de concurrence déloyale doivent être étendues au cas d'une action en modification d'enseigne. — Paris, 28 avr. 1866, précité. — Bordeaux, 23 août 1851 [S. 52. 2. 228, P. 53. 1. 39] — *Sic*, Devilleneuve, Massé et Dutruc, v° *Compét. commerc.*, n. 166; G. Le Poittevin, p. 39; Boistel, n. 50; Alauzet, t. 8, n. 2958. — V. aussi Devilleneuve, note sous Paris, 10 févr. 1845 [S. 45. 2. 257]; Pardessus, t. 1, n. 53; Goujet, *Dict. de dr. comm.*, v° *Acte de comm.*, n. 8-9°.

546. Décidé cependant que le tribunal de commerce est incompétent pour connaître d'une demande relative à l'usurpation d'une enseigne. — Trib. d'Alger, 31 mai 1843 [S. 45. 2. 4 et la note Devilleneuve] — *Sic*, Et. Blanc, *De la contrefaçon*, p. 233.

547. Jugé, dans le même sens, que le tribunal civil est compétent, à l'exclusion du tribunal de commerce, pour connaître de la demande formée par le cédant d'une entreprise commerciale contre son cessionnaire, afin de l'empêcher de se servir de son nom dans ses enseignes, alors que cette demande est fondée sur un quasi-délit commis par ce dernier, et qui serait de nature à engager la responsabilité de son cédant. — Paris, 10 févr. 1845 [S. 45. 2. 257, P. 45. 1. 575, D. P. 45. 4. 102, D. *Rép.*, v° *Compét. comm.*, n. 126-4°]

548. Quoi qu'il en soit de cette divergence, le tribunal de commerce est compétent pour statuer sur une demande tendant à ce qu'il soit fait défense à un individu de prendre tel ou tel nom patronymique, alors que l'intérêt principal du litige est commercial. — Colmar, 1er mai 1867 [S. 68. 2. 83, P. 68. 443, D. P. 67. 2. 169] — *Sic*, Lyon-Caen et Renault, t. 1, n. 179. — V. *suprà*, art. 631, n. 14.

549. Enfin, dans une troisième opinion, on décide que la compétence du tribunal de commerce pour connaître des actions en dommages-intérêts fondées sur un fait ayant le caractère d'un quasi-délit, et se rattachant à l'exercice du commerce ou de l'industrie du défendeur, n'est pas restreinte au cas où le litige s'élève entre commerçants ; elle s'applique même au cas où le demandeur n'est pas commerçant. — Aix, 5 mai 1890 [S. et P. 97. 2. 225, *ad notam*] — Paris, 19 mars 1885 [S. 85. 2. 112, P. 85. 1. 588] — Trib. comm. de la Seine, 17 oct. 1891 [S. et P. *Ibid*] — *Sic*, Lyon-Caen et Renault, t. 1, n. 177 ; Laurin, p. 45, note.

550. Par suite, l'action en dommages-intérêts, formée par un non-commerçant contre un commerçant, à raison d'un quasi-délit commis par celui-ci dans l'exercice de son industrie, est de la compétence du tribunal de commerce. — Paris, 27 juill. 1892 [S. et P. 93. 2. 93, D. P. 92. 2. 557]

551. Spécialement, le tribunal de commerce est compétent pour connaître de l'action en dommages-intérêts formée contre une compagnie d'omnibus par un voyageur qui a été victime d'un accident survenu pendant le transport. — Même arrêt.

552. Ainsi encore, le tribunal de commerce est compétent pour statuer sur l'action en responsabilité, dirigée contre une compagnie de voitures par une personne, même non commerçante, qui a été la victime d'un accident occasionné par la faute d'un cocher de cette compagnie. — Paris, 19 mars 1885, précité.

553. L'action en dommages-intérêts intentée contre un commettant, à raison d'un accident causé par l'imprudence de son préposé, est de la compétence des tribunaux de commerce, lorsque le fait préjudiciable a été commis à l'occasion d'opérations commerciales, par l'emploi imprudent d'objets affectés au service de l'exploitation commerciale. — Bruxelles, 26 nov. 1880 [S. 81. 4. 38, P. 81. 2. 61]

554. Spécialement, doit être portée, devant le tribunal de commerce, l'action en dommages-intérêts formée contre un brasseur, dont le domestique, en conduisant imprudemment une charrette chargée de tonneaux et autres objets du commerce du brasseur, a occasionné des blessures à un tiers. — Même arrêt.

555. Les solutions qui précèdent sont également vraies, qu'il s'agisse de dommages causés à un simple objet ou à un être humain ; il en est ainsi, dans les rapports entre patrons et ouvriers, sauf d'ailleurs à tenir compte des dispositions des art. 15 et 16 de la loi du 9 avr. 1898 lorsqu'à raison de la nature de l'industrie dans laquelle était employé l'ouvrier blessé ou tué il y a lieu de faire application de cette législation spéciale. — Quoi qu'il en soit, il a été jugé, par application du troisième système qu'en vertu des termes généraux de l'art. 631, C. comm., la juridiction consulaire est compétente pour connaître de l'action en dommages-intérêts dirigée contre un commerçant par un de ses ouvriers, à raison d'un accident éprouvé par celui-ci dans l'exécution de son travail. — Aix, 5 mai 1890, précité. — Paris, 6 juin 1894 [S. et P. 97. 2. 225 et la note de M. Lacoste]; 19 juin 1894 [S. et P. *Ibid.*] — Amiens, 1er févr. 1896 [S. et P. *Ibid.*, D. P. 96. 2. 384] — *Sic*, Lyon-Caen et Renault, t. 1, n. 180; Laurin, p. 43 et s., note 1; Thaller, n. 57. — V. notre *Code de procédure civile annoté*, t. 1er, p. 42: L. 25 mai 1838, art. 5, n. 100 et s. — V. *infrà*, Appendice consacré aux lois industrielles, le commentaire de la loi du 9 avr. 1898. — V. en ce qui concerne les rapports entre armateurs ou capitaines et matelot blessé ou représentant de matelot tué, notre *Code de commerce annoté*, art. 262, n. 21 et 33 ; Lyon-Caen et Renault, t. 1, n. 180, p. 183, note 3.

556. Ainsi, un ouvrier, victime d'un accident, résultant d'un quasi-délit commis dans l'exercice de son industrie par son patron, entrepreneur de travaux publics, et, par suite, commerçant, peut actionner le patron en dommages-intérêts devant le tribunal de commerce. — Rouen, 8 juill. 1882 [S. 83. 2. 240, P. 83. 1. 1223]; 29 nov. 1882 [*Ibid.*]

557. Jugé, contrairement aux données du troisième système, que si les tribunaux de commerce sont compétents pour connaître, entre commerçants, des conséquences d'un quasi-délit résultant d'un fait de nature commerciale, le non-commerçant, victime d'un délit ou quasi-délit commis par un commerçant

dans l'exercice de son industrie, ne peut former sa demande en dommages-intérêts devant le tribunal de commerce. — Caen, 15 juill. 1884 [S. 85. 2. 149, P. 85. 1. 820]

558. Spécialement, le chauffeur, au service d'une compagnie de chemins de fer, qui a été victime, dans l'exercice de ses fonctions, d'un accident occasionné par la faute des préposés de la Compagnie, ne peut porter sa demande en dommages-intérêts, contre la compagnie, devant le tribunal de commerce. — Même arrêt.

559. Il importe peu, au point de vue de la comtence du tribunal de commerce pour connaître de ction en dommages-intérêts ayant pour base un asi-délit commis dans l'exercice d'un commerce u d'une industrie, que le fait quasi-délictueux soit imputable au patron lui-même, ou à un préposé, des fautes duquel il est responsable, dans les termes de l'art. 1384, C. civ. — Cass., 28 oct. 1896 [S. et P. 97. 1. 436, D. P. 97. 1. 583]; 11 juill. 1900 [S. et P. 1902. 1. 318, D. P. 1900. 1. 508] — Trib. comm. de la Seine, 17 oct. 1891 [S. et P. 97. 2. 225, *ad notam*] — *Sic*, Arthuys, *Rev. crit.*, 1897, p. 298; Lyon-Caen et Renault, t. 1er, p. 179 *bis;* Thaller, n. 55. — *Contrà*, Trib. comm. de la Seine, 17 mars 1893 [*Annales de dr. comm.*, 1893, *Jurispr.*, p. 111]

560. Jugé, dans le même sens, qu'en vertu des termes généraux de l'art. 631, *suprà*, la juridiction consulaire est compétente pour connaître de l'action en dommages-intérêts dirigée contre un commerçant par un de ses ouvriers à raison d'un accident éprouvé par celui-ci dans l'exécution de son travail. — Paris, 6 juin 1894 [S. et P. 97. 2. 225, D. P. 95. 2. 7]; 19 juin 1894 [*Ibid.*] — Amiens, 1er févr. 1896 [S. et P. 97. 2. 225, D. P. 96. 2. 384]

561. Il importe peu que le patron ait été lui-même l'auteur de la faute qui a occasionné l'accident, ou que cette faute soit imputable à une personne dont le patron est responsable, aux termes de l'art. 1384, C. civ. — Paris, 6 juin 1894, précité; 19 juin 1894, précité.

562. Jugé, dans le même sens, que l'ouvrier au service d'un commerçant peut compétemment saisir la juridiction commerciale de l'action en dommages-intérêts qu'il intente contre son patron, comme civilement responsable du quasi-délit commis par un autre ouvrier au service du patron, qui, dans son travail, l'a, par son imprudence, grièvement blessé. — Cass., 28 oct. 1896, précité.

563. Jugé encore, par application du même principe, que le tribunal de commerce est compétent pour connaître de l'action civile en responsabilité intentée contre un patron à raison des crimes de faux commis par son employé, alors que les faux imputés au commis ont été réalisés dans l'exercice même d'opérations commerciales auxquelles le patron l'avait préposé. — Cass., 30 juin 1897 [S. et P. 97. 1. 495, D. P. 97. 1. 468]

564. Est, pareillement, de la compétence du tribunal de commerce l'action en dommages-intérêts, intentée contre un entrepreneur de messageries, à raison de blessures causées, au cours d'un transport par un cheval que le conducteur avait abandonné sans surveillance. — Vainement dirait-on que l'entrepreneur étant assigné comme civilement responsable, en vertu de l'art. 1384, C. civ., l'obligation établie par cet article n'était pas de nature commerciale. — C. d'appel Bruxelles, 1er juill. 1881 [S. 81. 4. 38, P. 81. 2. 65]

Art. 633. La loi répute pareillement actes de commerce :

Toute entreprise de construction, et tous achats, ventes et reventes de bâtiments pour la navigation intérieure et extérieure;

Toutes expéditions maritimes;

Tout achat ou vente d'agrès, apparaux et avitaillements;

Tout affrètement ou nolissement, emprunt ou prêt à la grosse;

Toutes assurances et autres contrats concernant le commerce de mer;

Tous accords et conventions pour salaires et loyers d'équipages;

Tous engagements de gens de mer, pour le service de bâtiments de commerce (1). — C. comm., 190 et s., 221 et s., 250 et s., 273 et s., 286 et s., 311 et s., 332 et s.

(1) 17 mai 1809. — Avis *du conseil d'Etat portant que la connaissance des ventes des navires saisis appartient aux tribunaux ordinaires.*

Le conseil d'Etat, qui, d'après le renvoi ordonné par Sa Majesté, a entendu le rapport de la section de législation sur celui du grand-juge ministre de la justice, tendant à faire décider à qui des tribunaux ordinaires ou des tribunaux de commerce il appartient de connaitre des ventes des navires saisis;

Considérant qu'aux termes de l'art. 442, C. proc. civ., les tribunaux de commerce ne peuvent connaître de l'exécution de leurs jugements;

Que la vente des navires saisis ne peut être faite sans le ministère d'avoués, puisque l'art. 204, C. comm., porte expressément que le nom de l'avoué du poursuivant doit être désigné dans les criées, publications et affiches;

Que le ministère des avoués est interdit dans les tribunaux de commerce par l'art. 414, C. proc., et par l'art. 627, C. comm.;

Que de ces diverses dispositions il résulte que la vente des navires saisis ne peut avoir lieu devant les tribunaux de commerce;

Qu'enfin, il ne peut être établi aucune assimilation entre les tribunaux de commerce actuels et les amirautés; qu'il existait auprès des amirautés un officier du ministère public; que le ministère des procureurs, loin d'y être interdit, y était nécessaire, et qu'elles connaissaient de l'exécution de leurs jugements; que si, dans cet état, les amirautés ont dû connaître des ventes des navires saisis, la raison contraire en exclut les tribunaux de commerce;

Est d'avis que la connaissance des ventes des navires saisis appartient aux tribunaux ordinaires, et que le présent avis soit inséré au *Bulletin des lois*.

INDEX ALPHABÉTIQUE.

1. Notre article n'a en vue que les constructions de navires à l'entreprise ou à forfait, lorsqu'il déclare acte de commerce toute entreprise de construction de navire; il ne faut pas d'ailleurs induire du silence de la loi que la construction à l'économie n'est jamais un acte de commerce; celui qui, dans ces conditions, fait construire un navire fait acte de commerce lorsqu'il se propose de l'employer au commerce d'armement et de le fréter, ou encore de l'utiliser au transport de ses propres marchandises; c'est là une des applications de la théorie de l'accessoire. — V. notre *Rép. gén. alph. du dr. fr.*, v° *Acte de commerce*, n. 980 et s. — Sur la distinction entre la construction des navires à l'entreprise ou à forfait et leur construction à l'économie, V. *suprà*, art. 195, n. 1 et s. — Sur le point de savoir si l'on doit considérer comme commerciale toute entreprise de constructions autre que les entreprises de constructions navales, V. *suprà*, art. 632, n. 198 et s.

2. La construction à l'entreprise ou à forfait constitue un acte de commerce, alors même que l'entrepreneur ne fournit que la main-d'œuvre et que les matériaux sont fournis par le propriétaire du navire. — Bravard-Veyrières et Demangeat, t. 6, p. 380; Lyon-Caen et Renault, t. 1, n. 136 et s., n. 154.

3. On estime, dans un système, que toutes ventes ou locations volontaires de navire, sont des actes de commerce, même à l'égard d'un non-commerçant et bien qu'aucune pensée de spéculation n'ait inspiré les contractants. — Pardessus, t. 3, n. 600; Alauzet, t. 8, n. 3003; Locré, t. 1, p. 140 et 141; Orillard, n. 462; Delamarre et Lepoitvin, t. 1, n. 35-1°; Lyon-Caen et Renault, t. 1, n. 155, t. 6, n. 105. — V. *suprà*, art. 1, n. 17, art. 220, n. 63 et 64, notre *Rép. gén. alph. du dr. fr.*, v° *cit.*, n. 986 et s. — Sur le point de savoir si les questions nées à la suite d'une vente forcée de navire rentrent ou non dans la compétence des tribunaux civils, V. dans le sens de l'affirmative, Avis cons. d'Etat, 17 mai 1809 reproduit en note: *suprà*, art. 207, n. 5; Orillard, n. 462; Alauzet, t. 8, n. 3003; Bédarride, *Jur. comm.*, n. 310; Bravard-Veyrières et Demangeat, t. 6, p. 381. — Sur les ventes de navire après faillite ou liquidation judiciaire, V. *infrà*, art. 635.

4. Mais, le plus souvent, on admet que l'achat et la vente des navires ne sont des actes de commerce que s'ils remplissent les conditions ordinaireme[nt] requises pour qu'il y ait acte de commerce. — **Déci[dé]** à cet égard, que la disposition de l'art. **633**, [qui] répute actes de commerce tous achats de bâtime[nts] pour la navigation intérieure et extérieure, n'[est] point applicable au cas où un non-commerçant com[mande] à un constructeur un yacht de plaisan[ce] destiné à des voyages d'étude ou d'agrément. — Cass., 23 janv. 1888 [S. 88. 1. 109, P. 88. 1. 26 et le rapport de M. le conseiller Demangeat, sur [le] deuxième moyen, D. P. 88. 1. 405] — *Sic*, Béda[r]ride, *Juridict. comm.*, n. 310 et 317; Boistel, n. 4 Bravard-Veyrières et Demangeat, t. 6, p. 381. V. notre *Rép. gén. alph. du dr. fr.*, v° *Acte comm.*, n. 989.

5. Dans ce système, l'aliénation d'un navire co[n]sentie par un héritier forme un acte purement civ[il] — V. Lyon-Caen et Renault, *loc. cit.*

6. L'achat ou la vente d'un navire constitue [un] acte de commerce, que le navire soit destiné à la n[a]vigation maritime ou à la navigation fluviale. Demangeat sur Bravard, t. 6, p. 400; Lyon-Ca[en] et Renault, t. 1, n. 153.

7. Les expéditions maritimes sont des actes [de] commerce, soit que le propriétaire du navire [le] prête à des tiers, soit qu'il l'emploie au transp[ort] de ses marchandises. — Décidé, à cet égard, q[ue] l'armement d'un navire est un acte de commerc[e] dans le sens de l'art. 633. — C'est donc aux trib[u]naux de commerce qu'il appartient de statuer s[ur] les contestations qui s'élèvent entre l'armateur [et] les actionnaires intéressés à l'entreprise. — Par[is], 1er août 1810 [S. et P. chr., D. A. 2. 708, D. *Ré[p.]* v° *Acte de commerce*, n. 294] — *Contrà*, Car[ré,] *Comp.*, art. 386, quest. 520. — V. notre *Rép. g[én.] alph. du dr. fr.*, v° *Acte de commerce*, n. 997 et — Sur le point de savoir si la copropriété de navir[e] appartenant à plusieurs personnes constitue u[ne] simple communauté d'intérêts, ou une société et, [à] supposer qu'elle constitue une société, si cette socié[té] est civile ou commerciale, V. *suprà*, art. 220, n. et s. — Sur la compétence des juges consulaires [à] raison de toutes actions nées d'un abordage mar[i]time entre navires de commerce, V. *suprà*, ar[t.] 407, n. 103 et s.; notre *Rép. gén. alph. du dr. f[r.]* v° *Acte de commerce*, n. 1314 et s. — Sur la comp[é]tence des tribunaux de commerce en matière [de] sauvetage et d'assistance, V. *suprà*, t. 1, p. 88 annexe au liv. II, tit. IV, de l'assistance et du sa[u]vetage, n. 4 et 5, 68, 71. — ... En matière de jet de contribution, V. *suprà*, art. 414, n. 1 et s.; ... E[n] matière de pilotage, V. *suprà*, art. 227, n. 29 et art. 407, n. 67, art. 632, n. 245.

8. L'art. 633 comprend dans ses termes générau[x] les expéditions faites quotidiennement en mer po[ur] un patron pêcheur. — Aix, 23 nov. 1840 [P. 41. 253] — Caen, 24 févr. 1892 [S. et P. 92. 2. 10 D. P. 92. 2. 244] — *Sic*, Bédarride, *Jur. comm* n. 311; Alauzet, t. 8, n. 3004; Devilleneuve, Mas[sé] et Dutruc, v° *Acte de commerce*, n. 167. — notre *Rép. gén. alph. du dr. fr.*, v° *Acte de comm* n. 1002.

9. Le tribunal de commerce est seul compéte[nt] pour connaître de l'action en paiement du prix [de] travaux, faits pour l'armement du navire, par patron et le copropriétaire de ce navire (lors mêm[e] que celui-ci aurait cessé d'être patron et copropri[é]taire). — Cass., 30 nov. 1881 [S. 83. 1. 467,] 83. 1. 1165] — Sur le point de savoir si le cap

-taine du navire est ou non un commerçant, V. *suprà*, art. 1, n. 45 et s., n. 58.

10. Le tribunal de commerce, compétemment saisi d'une demande principale en dommages-intérêts pour opposition au départ d'un navire, peut accessoirement prononcer la mainlevée de l'opposition. — Rouen, 16 févr. 1874 [S. 76. 2. 247, P. 76. 978]

11. Il est également compétent pour connaître de la demande en mainlevée d'une opposition ou saisie-arrêt, lorsque cette opposition ou saisie-arrêt frappe sur un objet essentiellement commercial, tel que les expéditions d'un navire. — Rouen, 15 août 1819 [S. et P. chr., D. P. 27. 2. 78, D. *Rép.*, v° *Compét. comm.*, n. 397-2°]

12. Il en est ainsi, lorsque la demande en mainlevée de saisie est accessoire à la demande principale. — Paris, 16 germ. an XI [S. et P. chr., D. A. 3. 348, D. *Rép.*, *v° cit*., n. 397-1°]

13. Le caractère commercial s'attache, non seulement à l'expédition prise en elle-même, mais encore à tous les faits de mer qui en sont la suite et à toutes les obligations qui en dérivent. — Ainsi, l'action en paiement des frais dus à une commission sanitaire pour visite du navire est de la compétence du tribunal de commerce, comme faisant partie des frais de l'expédition maritime, acte essentiellement commercial. — Cass., 22 avr. 1835 [S. 35. 1. 435, P. chr., D. P. 38. 1. 94, D. *Rép.*, v° *Acte de comm.*, n. 300] — *Sic*, sur le principe, Dutruc, v° *Acte de comm.*, n. 168; Bravard-Veyrières et Demangeat, t. 6, p. 383; Orillard, n. 463 et s.; Alauzet, t. 8, n. 3005.

14. La vente des agrès, apparaux et avitaillements n'est commerciale qu'autant qu'elle réalise un acte d'entremise et que le vendeur spécule sur cet acte d'entremise. En conséquence, la vente qu'un propriétaire ferait de denrées provenant de son crû pour avitailler un navire, ne le rendrait pas justiciable des tribunaux de commerce. — Bravard-Veyrières et Demangeat, t. 6, p. 384; Lyon-Caen et Renault, t. 1, n. 116; Boistel, n. 48.

15. On doit considérer comme énonciative l'énumération des contrats concernant le commerce de mer que notre article répute actes de commerce. — Ainsi, on doit considérer comme acte de commerce, quoique le législateur n'en parle pas, la convention par laquelle un capitaine se charge de vendre en voyage une pacotille, et s'oblige à en partager le prix au retour avec celui qui la lui a confiée. Les contestations auxquelles cette opération pourra donner lieu seront de la compétence des tribunaux consulaires. — Rouen, 6 mai 1828 [P. chr., D. P. 30. 2. 232, D. *Rép.*, *v° cit.*, n. 299]

16. Il a été décidé que si tout affrètement ou nolissement est réputé acte de commerce, il n'en est ainsi qu'autant que le contrat d'affrètement ou de nolissement concerne le commerce de mer. — Cass., 30 juill. 1884 [S. 85. 1. 77, P. 85. 1. 161, D. P. 85. 1. 193] — Aix, 29 juin 1899 [S. et P. 1900. 2. 167, D. A. 99. 2. 438] — *Sic*, Bédarride, *Juridict. commerc.*, n. 317; Boistel, n. 48. — *Contrà*, dans le sens de l'opinion d'après laquelle le contrat d'affrètement est un acte de commerce pour l'affréteur dans tous les cas, Demangeat et Bravard-Veyrières, t. 6, p. 406; Desjardins, *Dr. marit.*, t. 3, n. 861; Lyon-Caen et Renault, t. 1, n. 158; notre *Rép. gén. alph. du dr. fr.*, v° *Affrètement*, n. 10 et s. — Sur la compétence du tribunal civil pour connaître de l'action formée par un passager non commerçant contre l'armateur ou capitaine de navire en paiement de la valeur de ses bagages perdus, V. *suprà*, t. 1, p. 979, *Du transport des personnes et des bagages par eau*, n. 34. — Alauzet, t. 8, n. 3005. — *Contrà*, Locré, *Esprit du Code de comm.*, sur l'art. 633; Valin, *Com. de l'ord. de la mar.*, liv. 3, tit. 3, art. 18; Pothier, *Louage marit.*, 1re part., n. 1; Lyon-Caen et Renault, t. 1, n. 159; Desjardins, t. 3, n. 861. — Sur la compétence des tribunaux de commerce en matière de prêt à la grosse, V. *suprà*, art. 312, n. 5, art. 312, n. 6. — ... En matière d'assurance maritime, V. *suprà*, art. 332, n. 62 et s. — ... En matière d'engagement des gens de mer, V. *suprà*, art. 262, n. 21, 33; Lyon-Caen et Renault, t. 5, n. 358.

17. Ainsi, le non-commerçant qui traite avec une compagnie maritime pour le transport, partie par eau et partie par terre, de son propre mobilier, du port d'embarquement à sa nouvelle résidence, ne fait pas acte de commerce, et il peut assigner la compagnie devant la juridiction civile, en réparation du dégât occasionné au mobilier transporté. — Cass., 30 juill. 1884, précité. — *Sic*, Bédarride, *loc. cit.*; Boistel, *loc. cit.* — *Contrà*, Desjardins, t. 3, n. 861.

18. L'affrètement, qui constitue toujours un acte commercial au regard de l'armateur, n'offre ce caractère au regard de l'affréteur que si l'affrètement se rattache à une opération de commerce. — Ainsi, le non-commerçant, qui passe un contrat d'affrètement en vue d'un simple transport, qui n'est point commercial de sa nature, ne fait pas un acte de commerce. — Aix, 29 juin 1899, précité. — *Contrà*, Lyon-Caen et Renault, t. 5, n. 641.

19. Spécialement, l'affrètement d'un ou de plusieurs navires par un propriétaire, pour le transport des produits de son domaine au lieu de vente, n'est pas un acte de commerce. — Même arrêt.

20. On ne peut considérer, comme actes de commerce, les opérations que le second d'un navire accomplit en l'absence du capitaine et en ses lieu et place, telles que réceptions des marchandises à charger sur le navire et signatures des reçus d'expéditions. — Bordeaux, 11 juill. 1866 [S. 66. 2. 344, P. 66. 1249]

ART. **634**. Les tribunaux de commerce connaîtront également :

1° Des actions contre les facteurs, commis des marchands ou leurs serviteurs, pour le fait seulement du trafic du marchand auquel ils sont attachés;

2° Des billets faits par les receveurs, payeurs, percepteurs ou autres comptables des deniers publics. — C. comm., 638; C. pén., 408.

INDEX ALPHABÉTIQUE.

DIVISION

§ 1er. *Des actions formées contre ou dirigées par les facteurs, commis des marchands ou leurs serviteurs.*

1. Dans le silence de l'art. 634, à l'égard des actions concernant les facteurs, commis des marchands ou leurs serviteurs, on eût dû les considérer comme dérivant d'actes mixtes, commerciaux à l'égard des patrons et civils envers les facteurs, commis et serviteurs, et, par application des règles de droit commun, on eût dû considérer comme rentrant dans la compétence des tribunaux civils les actions du patron contre les facteurs, commis et serviteurs et reconnaître à ceux-ci le droit d'agir à leur gré, contre leur patron, soit devant la juridiction civile, soit devant la juridiction commerciale : notre texte attribue compétence aux tribunaux de commerce pour les actions contre les facteurs, commis des marchands ou leurs serviteurs; comme cette disposition consacre une dérogation au droit commun, on doit l'interpréter restrictivement. — V. Bravard-Veyrières et Demangeat, t. 6, p. 431; Rousseau et Laisney, v° *Compét. des trib. de comm.* n. **121**; **Lyon-Caen et Renault**, t. 1, n. 368; Garsonnet et Cézar-Bru, t. 2, § 439, p. 78. — V. notre *Rép. gén. alph. du dr. fr.*, v° *Compét. civile et commerciale*, n. 564 et s.

2. On doit entendre par facteurs ou commis les personnes qui sont chargées de faire des opérations au nom et pour le compte d'un commerçant et qu'on désigne sous les noms divers d'employés de commerce, de commis-voyageurs, de commis-placiers, de représentants de commerce, etc. — V. notre *Rép. gén. alph. du dr. fr.*, v^is^ *Acte de commerce*, n. 1181 et s., *Compétence civile et commerciale*, n. 567 et s. — Sur le point de savoir si on peut considérer les acteurs comme des commis dans leurs rapports avec les directeurs de théâtre, V. *suprà*, art. 632, n. 315 et s., n. 419. — Sur la même question dans les rapports entre les directeurs propriétaires de journaux et les rédacteurs en chef, V. Trib. Seine, 11 déc. 1885 [J. *Le Droit*, 19 déc.]; Lyon-Caen et Renault, t. 1, n. 168, p. 400, note 3. — Sur les règles de compétence *ratione personæ* à appliquer dans les cas prévus par l'art 634, § 1, V. notre *Code de procédure civile annoté*, art. 420, n. 49 et s.

3. On ne doit pas considérer comme un commis l'individu qui s'est chargé, pour le compte d'autrui, de la gérance d'un fonds de commerce sous sa responsabilité personnelle : cet individu, agissant désormais en son nom propre, cesse d'être un simple commis pour devenir lui-même commerçant, et il est, dès lors, obligé commercialement envers les tiers en vertu de sa gestion. — Paris, 17 déc. 1859 [D. P. 60. 5. 6]

4. Mais la demande formée par un ingénieur en paiement de ses frais et honoraires contre une compagnie commerciale pour travaux exécutés sur la proposition de cette compagnie doit être assimilée à une demande d'appointements formée par un employé, et elle peut être portée devant les tribunaux civils. — Paris, 3 févr. 1843 [P. 43. 1. 366, D. *Rép.*, v° *Compét. civ. des trib. d'arr.*, n. 219]

5. L'artiste qui a loué ses services d'une manière exclusive au directeur d'une entreprise industrielle et s'est chargé, par exemple, de retoucher des portraits photographiés, est un véritable employé de commerce, et se trouve, par suite, justiciable des tribunaux consulaires pour toutes les contestations relatives à l'exécution de ses engagements. — Paris, 20 févr. 1857 [D. P. 58. 5. 81]

6. On doit considérer comme facteurs ou commis, non seulement les commis proprement dits qui reçoivent un salaire ou traitement en rémunération de leur travail, mais encore les commis-apprentis que leurs patrons rémunèrent en leur apprenant le commerce et en leur fournissant le logement et la nourriture, et, dès lors, le tribunal de commerce est compétent pour connaître des contestations qui peuvent s'élever entre le patron et l'apprenti de commerce. — V. notre *Rép. gén. alph. du dr. fr.*, v^is^ *Acte de commerce*, n. 1188 et 1189 et *Apprentissage*, n. 232 et s.

7. Ainsi, le tribunal de commerce, à l'exclusion du conseil des prud'hommes, du juge de paix et du tribunal civil, est compétent pour connaître de l'exécution du contrat intervenu entre un maître et son commis-apprenti. — Paris, 2 juill. 1831 [S. 32. 2. 439, P. chr., D. P. 32. 2. 191, D. *Rép.*, v° *Compét. civ. des trib. de paix*, n. 169] — Rouen, 10 mai 1878 [S. 80. 2. 233, P. 80. 939, D. *Rép. Suppl.*, v° *Compétence commerciale*, n. 58] — *Sic*, Benech,

Des justices de paix, t. 1, p. 200; Foucher, *Comment. des lois des 25 mai et 11 avr. 1838*, n. 218; Carou, *Juridict. civile des juges de paix*, t. 1. n. 343; Bourbeau, *De la justice de paix*, n. 201.

8. On entend par serviteurs de marchands les personnes, employées au commerce, par exemple, à titre de garçon de bureau, de garçon de peine, etc., sans être chargées d'aucune opération juridique au nom et pour le compte de leur patron. — Lyon-Caen et Renault, t. 1, n. 368. — Sur la modification apportée sur ce point particulier à l'art. 634 par la loi sur les juges de paix du 25 mai 1838, V. notre *Code de procédure civile annoté*, t. 1, p. 43, L. 25 mai 1838, art. 5, n. 110 et s., n. 118 et s.

9. L'attribution exceptionnelle de compétence faite par notre texte aux tribunaux de commerce ne doit pas être étendue aux rapports entre patrons et ouvriers ou apprentis, rapports qui, d'ailleurs, relèvent de la compétence des conseils de prud'hommes et des juges de paix. — Lyon-Caen et Renault, t. 1, n. 368, *in fine*. — V. notre *Code de procédure civile annoté*, t. 1, p. 45, L. 25 mai 1838, art. 5, n. 134 et s., *infrà*, appendice sur les conseils de prud'hommes ; notre *Rép. gén. alph. du dr. fr.*, v[is] *Acte de commerce*, n. 627 et s., *Compétence civile et commerciale*, n. 575 et s.; *Juge de paix*, n. 742 et s.; *Prud'hommes*, n. 76 et s. — Sur la compétence entre patrons et artisans c'est-à-dire au cas où des ouvriers travaillent sur commande, V. *suprà*, art. 632, n. 195 et s.

10. Les tribunaux de commerce ne sont pas compétents pour connaître des actions intentées par des ouvriers contre leurs maîtres (quoique marchands), pour le paiement de leurs salaires ou traitements, et pour l'exécution des clauses du contrat de louage d'industrie. — Nancy, 9 juin 1826 [S. et P. chr., D. P. 27. 2. 43, D. *Rép.*, v° *Compét. comm*, n. 153]

11. Ainsi, le tribunal de commerce est incompétent pour statuer sur la demande en paiement de salaire formée par un ouvrier briquetier loué à l'année, lequel, n'étant qu'un homme de peine, doit porter son action devant le juge de paix. — Toulouse, 6 mars 1838 [P. 38. 2. 319, D. P. 38. 2. 89]

12. C'est aussi devant le tribunal civil, et non devant le tribunal de commerce, que doit être portée l'action d'un ouvrier carrier en paiement du prix de ses journées, contre un propriétaire pour lequel il était employé à extraire des pierres d'une carrière ouverte sur son fonds. — Orléans, 13 mars 1844 [S. 45. 2. 5, P. 44. 1. 655, D. P. 44. 4. 9, D. *Rép.*, v° *Acte de comm.*, n. 290]

13. Le tribunal de commerce n'est pas non plus compétent pour connaître de l'action en paiement de salaires intentée par un contremaître contre le fabricant qui l'emploie. — Caen, 8 mars 1825 [S. et P. chr., D. P. 25. 2. 212, D. *Rép.*, v° *cit.*, n. 164]

14. Ces éliminations une fois faites, il convient de rechercher la portée exacte d'application de notre texte : on constate tout d'abord que le texte, étant conçu en termes absolus, comprend dans ses prévisions notamment les actions formées contre les commis et serviteurs par les tiers qui ont traité avec eux. — Lyon-Caen et Renault, t. 1, n. 368 ; Orillard, n. 200 et 201 ; Ruben de Couder, v° *Compétence*, n. 122 ; Rousseau et Laisney, v° *Compét. des trib. de comm.*, n. 122; Pardessus, t. 4, n. 1346; Acrement, n. 111; Nougnier, t. 2, p. 77. — V. notre *Code de procédure civile annoté*, art. 541, n. 53.

15. Ainsi, les tribunaux de commerce sont compétents pour connaître des demandes formées par un tiers contre les commis d'un commerçant, à l'occasion du commerce de leur patron, et pour juger l'action en paiement dirigée par un vendeur contre le commis d'un marchand acheteur par l'entremise de ce commis. — Bordeaux, 25 juill. 1838 [P. 38. 2. 463, D. P. 39. 2, 165, D. *Rép.*, v° *Compét. comm.*, n. 145] — Paris, 11 juill. 1840 [P. 40. 2. 138, D. P. 40. 2. 233, D. *Rép.*, v° *cit.*, n. 147] — Trib. comm. Seine, 12 avr. 1853 [*J. Trib. comm.*, t. 2, p. 233]

16. ... Pour connaître d'une demande formée par un tiers contre un commis-voyageur à l'occasion d'un marché conclu par celui-ci pour le compte de son patron. Néanmoins, ce commis-voyageur ne peut être condamné personnellement lorsque sa véritable qualité était connue de ce tiers, et qu'il n'a du reste pris aucun engagement personnel. — Paris, 20 janv. 1846 [P. 46. 1. 596, D. P. 46. 2. 17]

17. L'art. 634 attribue compétence aux tribunaux de commerce pour toutes les actions contre les commis, alors même que ces actions sont fondées sur un quasi-délit. — Ainsi, le tribunal de commerce est compétent pour connaître de la demande intentée par le syndic de la faillite d'un banquier contre les fondés de pouvoir du banquier, et tendant à obtenir : 1° des dommages-intérêts à raison du concours des fondés de pouvoir aux manœuvres ayant eu pour résultat de retarder la déclaration de faillite; 2° la restitution de titres et de sommes d'argent qu'ils se seraient attribués de connivence avec le failli; une telle demande, dirigée contre les commis d'un négociant, et motivée sur des agissements que seule leur participation à son négoce avait rendus possibles, et qui ne pouvaient être appréciés que d'après leurs relations avec la maison et leur situation dans cette maison, rentre dans les termes de l'art. 634. — Cass., 3 mai 1892 [S. et P. 97. 1. 495, D. P. 94. 1. 202] — *Sic*, Lyon-Caen et Renault, t. 1, n. 368, p. 399, note 1.

18. Il n'importe que l'action prenne sa source dans un quasi délit ou dans des fraudes de même caractère; l'art. 634 ne limite pas aux engagements contractuels l'attribution de juridiction aux tribunaux de commerce des actions dirigées contre les commis des marchands. — Même arrêt. — *Sic*, Lyon-Caen et Renault, *loc. cit.*

19. Au surplus, pour que les actions des tiers contre les commis des marchands rentrent dans la compétence des tribunaux de commerce, il faut que leur engagement concerne le trafic du marchand auquel ces commis sont attachés. — Ainsi, celui qui, étant employé chez son frère en qualité de commis, s'engage à payer la dette de ce dernier envers un tiers, n'est pas en cela réputé s'engager pour le fait du trafic du marchand auquel il est attaché, quand cet engagement est la condition imposée par le créancier à sa renonciation à faire déclarer la faillite de son débiteur. Dans ce cas, les tribunaux de commerce ne sont pas compétents pour connaître de l'engagement du commis. — Cass., 26 janv. 1852 [S. 52. 1. 202, P. 52. 2. 258] — *Sic*, Lyon-Caen et Renault, t. 1, n. 368.

20. On peut actuellement considérer comme de jurisprudence constante que les tribunaux de commerce sont compétents pour connaître des actions formées contre les commis-marchands par leurs patrons eux-mêmes, pour le fait de leur trafic, tout aussi bien

que des actions formées contre ces commis par des tiers. — Cass., 15 déc. 1835 [S. 36. 1. 333, P. chr., D. P. 36. 1. 67, D. *Rép.*, v° *Compét. comm.*, n. 154] — Paris, 24 août 1829 [S. et P. chr., D. *Rép.*, *loc. cit.*]; 11 juill. 1844 [S. 45. 2. 165, P. 44. 2. 143] — Limoges, 30 juill. 1836 [S. 36. 2. 389, P. chr., D. P. 37. 2. 82, D. *Rép.*, *loc. cit.*] — Montpellier, 24 janv. 1851 [S. 51. 2. 518, P. 53. 1. 119, D. P. 52. 2. 267] — *Sic*, Nouguier, t. 2. p. 77; Pardessus, t. 1, n. 38, t. 4, n. 1346; Despreau, n. 424 et 425; Orillard, n. 478; Dutruc, v° *Commis*, n. 31; Boistel, n. 68; Bédarride, n. 318 et s.; Alauzet, t. 8, n. 3008; Rousseau et Laisney, n. 124; Demangeat sur Bravard-Veyrières, t. 6, p. 432; Ruben de Couder, n. 122; Lyon-Caen et Renault, t. 1, n. 368. — V. aussi Cass., 3 janv. 1828 [S. et P. chr., D. P. 28. 1. 302, D. *Rép.*, v° *cit.*, n. 147] — V. notre *Rép. gén. alph. du dr. fr.*, v^is *Commis*, n. 170 et s.; *Compétence civile et commerciale*, n. 588 et s.

21. De même, les tribunaux de commerce sont compétents pour connaître des contestations survenues entre un commerçant et son commis-voyageur, toutes les fois qu'il s'agit entre eux de faits relatifs au commerce du patron. — Rouen, 13 mars 1847 [S. 48. 2. 494, P. 48. 2. 312, D. P. 48. 2. 167]

22. Il en est ainsi surtout à l'égard d'une demande en règlement de compte, formée par une maison de commerce contre son commis-voyageur... lorsqu'il est reconnu, par le commis-voyageur lui-même, que le compte doit être réglé au domicile de son commettant, et d'après l'inspection de ses livres. — Bourges, 10 janv. 1823 [S. et P. chr., D. A. 3. 387, D. *Rép.*, v° *cit.*, n. 147]

23. Encore bien que le salaire du commis soit un des éléments du compte à régler. — Rouen, 13 mars 1847, précité.

24. De même, l'action intentée par un marchand contre son commis en restitution de valeurs prétendues détournées par le commis dans l'exercice de ses fonctions, doit être considérée comme se rattachant au trafic du marchand, et, par suite, qu'elle est de la compétence du tribunal de commerce. — Paris, 12 déc. 1829 [S. et P. chr., D. P. 30. 2. 107, D. *Rép.*, *loc. cit.*] — V. aussi Douai, 23 mars 1848 [D. P. 50. 2. 203]

25. Il en est de même de l'action formée par les syndics d'une faillite et ayant pour objet de forcer un commis au rapport de sommes par lui puisées dans la caisse au moment de la faillite, sous prétexte d'arrérages d'appointements. — Metz, 30 août 1821 [S. et P. chr., D. *Rép.*, v° *cit.*, n. 147]

26. En partant de l'idée que les liquidateurs et les gérants de société sont des préposés, il a été décidé que les tribunaux de commerce sont compétents pour connaître d'une demande en reddition du compte de sa gestion, formée contre le liquidateur d'une maison de commerce, encore que ce liquidateur ne soit point commerçant. — Cass., 20 nov. 1834 [S. 35. 1. 477, P. chr., D. P. 35. 1. 40, D. *Rép.*, v° *cit.*, n. 150] — *Sic*, Lyon-Caen et Renault, t. 1, n. 368, p. 399. — V. Grenoble, 15 mai 1891 [J. *La Loi*, 21 juin 1891]

27. Jugé aussi que l'action en restitution de pièces remises par le liquidateur (même non commerçant) d'une maison commerciale, à un teneur de livres chargé de la vérification du compte de liquidation, est de même nature que l'action en reddition de compte formée contre le liquidateur, et doit comme telle être soumise au tribunal de commerce saisi de cette action, et non au tribunal civil. Le tribunal de commerce seul peut distinguer les papiers qui appartiennent à la société commerciale, et ceux qui doivent rester au liquidateur comme pièces justificatives de son compte. — Cass., 20 nov. 1834 [S. 35. 1. 478, P. chr., D. P. 35. 1. 40, D. *Rép.*, *loc. cit.*]

28. Plus généralement, la demande formée par un marchand contre son commis ou facteur, en reddition de compte de la gestion qui lui a été confiée, est de la compétence du tribunal de commerce et non du tribunal civil. — Cass., 3 janv. 1828 [S. et P. chr., D. P. 28. 1. 302, D. *Rép.*, v° *cit.*, n. 147] — Lyon, 17 janv. 1821 [P. chr., D. A. 3. 333, D. *Rép.*, *loc. cit.*] — Bourges, 10 janv. 1823 [S. et P. chr., D. A. 3. 387, D. *Rép.*, *loc. cit.*]

29. Est également de la compétence du tribunal de commerce l'action d'un commerçant contre son préposé chargé de la vente des marchandises en paiement des sommes que ce dernier a reçues des acheteurs. — Paris, 28 avr. 1854 [S. 55. 1. 808 *ad notam*, P. 54. 2. 243]

30. De même, c'est au tribunal de commerce qu'il appartient de connaître de la demande en dommages-intérêts formée par un industriel contre un chimiste, son employé, qui a révélé à un tiers un secret de fabrication qu'il avait découvert dans le cours des études qu'il était chargé de faire pour le compte de son patron. — Paris, 23 janv. 1890 [D. P. 90. 2. 275] — *Sic*, Lyon-Caen et Renault, t. 1, n. 368, p. 398, note 1.

31. Les tribunaux de commerce sont également compétents pour connaître de la demande reconventionnelle formée par le commerçant contre son commis et se rattachant aux fonctions de celui-ci, par exemple, de la demande tendant à ce que le commis soit tenu d'imputer sur ses salaires les sommes puisées, pour ses besoins personnels, dans la caisse de son patron. — Cass., 20 mars 1865 [S. 66. 1. 333, P. 66. 898, D. P. 66. 1. 268] — V. *suprà*, art. 631, n. 65.

32. Cette opinion n'a pas toujours été admise sans conteste. On a prétendu que les tribunaux de commerce n'étaient pas compétents pour connaître de l'action formée par les patrons contre leurs facteurs ou commis. Jugé, en ce sens, que les tribunaux de commerce sont incompétents pour connaître d'une demande formée par un marchand contre son commis, en paiement du reliquat des sommes que celui-ci aurait touchées en sa qualité de commis. — Amiens, 21 déc. 1824 [S. et P. chr., D. A. 3. 334, D. *Rép.*, v° *cit.*, n. 147] — *Sic*, Carou, n. 341 et 342; Carré, t. 2, n. 832, art. 387.

33. Jugé aussi que la disposition de l'art. 634, § 1, ne concerne que les tiers; aussi ne donne-t-elle pas attribution à un tribunal de commerce sur la demande que le commerçant lui-même engage contre son commis, en restitution des carnets de commission, de vente, et en remboursement de sommes surpayées, parce que cela ne constitue que des rapports nés à l'occasion d'un contrat civil rentrant dans la compétence des tribunaux ordinaires. — Nîmes, 16 août 1839, [P. 40. 1. 496, D. P. 40. 2. 125, D. *Rép.*, *loc. cit.*]

34. ... Que les tribunaux de commerce ne sont pas compétents pour connaître de la demande formée par un marchand contre l'individu qui s'est engagé à son service comme commis-voyageur en paiement du dédit promis par celui-ci pour le cas où il ne

remplirait pas son engagement. — Bruxelles, 30 oct. 1823 [P. chr.]

35. ... Que l'action en reddition de compte qu'un directeur de messageries a intentée contre le facteur chargé de remettre à domicile les objets expédiés et d'en recevoir le prix de transport, n'est qu'une action purement civile, dont ne peuvent connaître les tribunaux de commerce, alors surtout qu'elle n'est exercée que longtemps après que le directeur a lui-même rendu ses comptes à l'administration de l'entreprise. — Cass., 20 nov. 1833 [S. 34. 1. 301, P. chr., D. P. 34. 1. 18, D. *Rép.*, v° *cit.*, n. 148]

36. Jugé aussi que les tribunaux de commerce sont incompétents pour connaître des contestations relatives aux salaires des commis-voyageurs, alors même que ces salaires consisteraient dans un droit de commission sur les ventes réalisées. — Rouen, 6 nov. 1845 [S. 47. 2. 96, P. 47.1.413, D. P. 47. 4. 92, D. *Rép.*, v° *cit.*, n. 153]

37. On admet généralement que les tribunaux de commerce, compétents pour connaître des actions des marchands contre leurs commis, le sont aussi pour connaître des actions formées par ceux-ci contre leurs patrons en paiement de leurs appointements. — Cass., 15 déc. 1835 [S. 36. 1. 333, P. chr., D. P. 36. 1. 67, D. *Rép.*, v° *Compét. comm.*, n. 154] — Paris, 29 nov. 1825 [S. et P. chr., D. P. 27. 2. 85, D. *Rép.*, *loc. cit.*]; 24 août 1829 [S. et P. chr., D. P. 29. 2. 279, D. *Rép.*, *loc. cit.*] — Limoges, 30 juill. 1836 [S. 36. 2. 389, P. chr., D. P. 37. 2. 82, D. *Rép.*, *loc. cit.*] — Bordeaux, 4 août 1840 [S. 41. 2. 14, P. 40. 2. 715, D. P. 41. 2. 67, D. *Rép.*, *loc. cit.*] — Chambéry, 3 déc. 1883 [S. 85. 2. 178, P. 85, 1. 990] — *Sic*, Pardessus, t. 1, n. 38, t. 4, n. 1346; Delvincourt, *Inst. comm.*, t. 2, p. 506; Horson, *Quest. sur le Code de comm.*, n. 204; Orillard, n. 479; Nouguier, t. 2, p. 79 et s.; Bédarride, *Juridict. comm.*, n. 324 et s.; Alauzet, t. 8, n. 3009; Bravard-Veyrières et Demangeat, t. 6, n. 236, p. 419 et s.; Rivière, *Rép. écr.*, p. 707; Ruben de Couder, n. 125; Rousseau et Laisney, n. 127; Lyon-Caen et Renault, t. 1, n. 169. — V. notre *Rép. gén. alph. du dr. fr.*, v^{is} *Commis*, n. 174 et s.; *Compétence civile et commerciale*, n. 602 et s.

38. ... Pour connaître des engagements respectifs entre les commerçants et leurs commis, ces engagements se rattachant exclusivement au fait du trafic, ... alors même que le commis, étranger à la vente, ne participerait pas directement au commerce et qu'il serait employé comme directeur d'usine. — Cass., 10 févr. 1851 [S. 51. 1. 737, P. 51. 2. 681, D. P. 54. 5. 161]

39. Décidé, d'autre part, qu'il en est ainsi parce que le contrat de louage de services intervenu entre le commis et le patron a, de la part de ce dernier, un caractère commercial. — Chambéry, 3 déc. 1883, précité.

40. D'une façon plus complète, les engagements d'un commerçant envers ses employés, à raison de leur collaboration, ont essentiellement un caractère commercial, et soumettent, par conséquent, ce commerçant à la juridiction du tribunal de commerce pour les contestations relatives à ces engagements. — Cass., 6 juill. 1868 [S. 68. 1. 396, P. 68. 1073]

41. Les tribunaux de commerce sont compétents pour connaître de l'action intentée par un facteur ou commis contre le marchand qui l'a employé, alors surtout que cette action a pour objet le remboursement du cautionnement et des avances que le facteur ou commis aura faits à son patron. — Bordeaux, 17 juill. 1846 [S. 48. 2. 431, P. 48. 2. 373, D. P. 48. 2. 167]

42. L'engagement pris par un commerçant de faire à ses employés une pension de retraite et de leur payer leurs salaires d'activité constitue un engagement commercial et par suite, les tribunaux de commerce sont compétents pour statuer sur les contestations relatives à cet engagement. — Caen, 30 juin 1874 [*Rec. de Caen*, 74. 213] — Aix, 6 mai 1876 [*Ibid.*, 77. 1. 38] — Trib. comm. Havre, 14 nov. 1871 [*Rec. du Havre*, 71. 1. 189] — Trib. Marseille, 23 août 1875 [*Journ. de Marseille*, 75. 1. 311]

43. L'action dirigée par l'employé d'une maison de commerce contre son patron en paiement du dédit stipulé pour le cas de rupture des engagements respectifs est de la compétence du tribunal de commerce. — Rouen, 12 janv. 1853 [P. 53. 2. 189, D. P. 53. 2. 47] — Lyon, 7 déc. 1854 [D. P. 55. 5. 96]

44. Toutefois, il a été jugé, dans un second système, que les tribunaux civils sont seuls compétents pour connaître des actions formées contre les marchands par leurs commis, en paiement d'appointements que ceux-ci prétendent leur être dus. — Florence, 20 sept. 1809 [S. et P. chr., D. *Rép.*, v° *Comp. comm.*, n. 153] — Rouen, 19 janv. 1813 [S. et P. chr., D. A. 3. 331, D. *Rép.*, *loc. cit.*] — Grenoble, 31 août 1814 [S. et P. chr.] — Metz, 13 juill. 1818 [P. chr. D. A. 3. 331, D. *Rép.*, *loc. cit.*] 16 févr. 1819 [S. et P. chr., D. *Rép.*, *loc. cit.*] — Caen, 8 mars 1825 [S. et P. chr., D. P. 25. 2. 212, D. *Rép.*, v° *Acte comm.*, n. 164] — Nancy, 9 juin 1826 [S. et. P. chr., D. P. 27. 2. 43, D. *Rép.*, v° *Compét. comm.*, n. 153] — Aix, 26 janv. 1828 [P. chr., D. *Rép.*, v° *cit.*, n. 450]; 23 janv. 1830 [S. et P. chr., D. P. 33. 2. 133, D. *Rép.*, v° *cit.*, n. 153] — Poitiers, 27 janv. 1830 [S. et P. chr., D. P. 30. 2. 261, D. *Rép.*, *loc. cit.*] — Montpellier, 10 juill. 1830 [S. et P. chr., D. P. 30. 2. 263, D. *Rép.*, *loc. cit.*] — Nîmes, 28 juin 1839 [S. 39. 2. 522, P. 39. 2. 46, D. P. 39. 2. 243, D. *Rép.*, *loc. cit.*] — *Contrà*, Bordeaux, 10 janv. 1843 [S. 43. 2. 192, P. chr., D. *Rép.*, *loc. cit.*] — *Sic*, Favard de Langlade, *Rép.*, v° *Trib. de comm.*, sect. 2, § 1, n. 9; Vincens, *Législ. comm.*, t. 1, p. 41; Carré, *Comp. civ.*, t. 2, p. 612, art. 387; Despréaux, n. 415 et s.; Carou, n. 341 et 342; Foucher, sur Carré, t. 7, p. 268 à la note.

45. ... Et pour l'exécution des conventions qui s'y rapportent. — Rouen, 26 mai 1828 [S. et P. chr., D. P. 29. 2. 65, D. *Rép.*, *loc. cit.*]

46. Dans ce cas, l'incompétence des tribunaux de commerce peut être proposée pour la première fois en appel. — Amiens, 8 mai 1821 [S. et P. chr.]

47. Jugé aussi que les tribunaux de commerce sont incompétents pour statuer sur la demande formée contre un négociant par son commis en paiement de ses appointements, à moins qu'il n'y ait en même temps litige sur une matière commerciale, connexe et indivisible, telle que la tenue des registres. — Metz, 21 avr. 1818 [S. et P. chr., D. *Rép.*, v° *Compét. comm.*, n. 153]

48. ... Que, pareillement, les tribunaux de commerce sont incompétents pour statuer sur les actions intentées par les commis des marchands, soit en

paiement de dommages-intérêts et indemnités réclamés à raison d'un renvoi subit et imprévu, soit en remboursement d'avances faites pour les opérations commerciales de leurs patrons. — Metz, 13 juill. 1818, précité.

49. On estime, dans un système intermédiaire, que les deux jurisprudences sont l'une et l'autre trop absolues et que, par une application particulière de la théorie générale des actes mixtes, le commis, qui, dans ses rapports avec le patron n'a pas fait acte de commerce, peut, lorsqu'il est demandeur, l'assigner, à son choix, devant le tribunal civil ou devant le tribunal de commerce. — Orillard, n. 328; Rousseau et Laisney, v° *Compét. des trib. de comm.*, n. 127; Houyvet, n. 102; Boistel, n. 69. — V. *suprà*, art. 631, n. 45 et s., notre *Rép. gén. alph. du dr. fr.*, *v° cit.*, n. 607.

50. Les termes généraux de l'art. 634 s'appliquent tout à la fois aux actions dirigées par les marchands envers les préposés et leurs commis, comme aux actions que ces derniers peuvent avoir à exercer entre eux, respectivement, pour le fait du négoce auquel ils sont attachés. On en a conclu que la remise d'un sac d'argent pour être transporté à sa destination, faite à un conducteur de trains par un employé de chemin de fer qui l'avait reçu en cette qualité, constitue un acte de commerce, susceptible, dès lors, d'être prouvé par témoins, quel que soit le montant de la valeur. En conséquence, si le conducteur est poursuivi pour abus de confiance, les juges correctionnels doivent admettre la preuve testimoniale du fait de la remise déniée par le prévenu. — Cass., 1er sept. 1848 [S. 48. 1. 653, P. 48. 2. 68, D. P. 49. 1. 22]

§ 2. *Des actions dérivant des billets faits par les receveurs, percepteurs ou autres comptables des deniers publics.*

51. Il faut entendre par comptables de deniers publics, conformément à l'art 1er, Décr. réglem. 31 mai 1862, les comptables des deniers de l'État, des départements, des communes, des établissements publics ou de bienfaisance, tels que les receveurs généraux ou particuliers, les percepteurs des contributions directes, les employés des douanes chargés de la perception, les conservateurs des hypothèques, les receveurs de l'enregistrement et du timbre, etc. — Lyon-Caen et Renault, t. 1, n. 370. — V. notre *Rép. gén. alph. du dr. fr.*, v° *Compétence civile et commerciale*, n. 617 et s.

52. Il a été jugé que l'art. 634-2° s'applique aux simples commis des receveurs, alors qu'ils ont reçu des sommes à charge de les verser dans la caisse desdits receveurs. — Riom, 3 août 1815 [P. chr., D. *Rép.*, v° *Compét. comm.*, n. 169]

53. Mais les débitants de tabac ne peuvent être considérés comme comptables de deniers publics. — Caen, 10 juin 1862 [S. 62. 508, P. 63. 669] — *Sic*, Alauzet, t. 8, n. 3031; Bravard-Veyrières et Demangeat, t. 6, p. 444. — *Contrà*, Orillard, n. 274; Nouguier, t. 1, n. 89.

54. Il en est de même des fermiers de l'octroi d'une ville ou du bac d'une commune : sans doute, il sont obligés de payer à la commune le prix stipulé, mais comme ils n'ont qu'à payer ce prix, ils ne sont pas tenus de rendre compte des sommes qu'ils ont effectivement perçues conformément au tarif établi. — Nîmes, 13 avr. 1812 [S. et P. chr., D. A. 2. 734, D. *Rép.*, v° *Compét. comm.*, n. 160] — Toulouse, 5 mars 1825 [S. et P. chr., D. P. 25. 2. 155, D. *Rép. loc. cit.*] — *Sic*, Nouguier, t. 1, p. 328; Rousseau et Laisney, n. 149; Ruben de Couder, n. 120. — V. cep. *infrà*, n. 65.

55. Celui qui a cessé d'être percepteur de deniers publics lorsqu'il signe un billet à ordre, n'est pas justiciable des tribunaux de commerce, comme s'il eût été encore en exercice, bien qu'il se livrât à cette époque au recouvrement de quelques contributions arriérées. — Aix, 2 août 1808 [S. et P. chr., D. A. 3. 342, D. *Rép.*, *v° cit.*, n. 167] — *Sic*, Lyon-Caen et Renault, t. 1, n. 370.

56. On estime, dans une opinion, que les comptables de deniers publics sont justiciables des tribunaux de commerce, non seulement à raison des billets par eux souscrits, mais aussi à raison de leurs engagements purement verbaux. — Orillard, *Compét. des trib. de comm.*, n. 485. — V. notre *Rép. gén. alph. du dr. fr.*, v° *Compétence civile et commerciale*, n. 627 et s.

57. Mais, le plus souvent, on décide que les comptables publics ne sont pas justiciables des tribunaux de commerce à raison de leurs engagements purement verbaux. — Pardessus, t. 1, n. 54; Nouguier, t. 1, p. 330; Bravard-Veyrières et Demangeat, t. 6, p. 475.

58. De même, il a été jugé avec raison que le tribunal de commerce ne peut connaître d'une contrainte décernée par le ministre du trésor impérial contre un comptable, ni de la validité d'une saisie-arrêt pratiquée par le Trésor entre les mains de débiteurs d'un comptable. — Rennes, 19 janv. 1814, [P. chr., D. *Rép. v° cit.*, n. 389]

59. Dès que l'action a pour objet un billet signé par un comptable de deniers publics, peu importe que ce billet soit un billet à ordre ou un simple billet non négociable par la voie de l'endossement; la négociabilité du billet n'est pas exigée par l'art. 634-2° pour que les tribunaux de commerce soient compétents. — Rouen, 29 nov. 1814 [S. et P. chr. D. A. 3. 335, D. *Rép.*, *v° cit.*, n. 163] — Poitiers, 24 janv. 1832 [S. 32. 2. 320, P. chr., D. P. 32. 2. 134. D. *Rép. v° cit.*, n. 162]. — *Sic*, Molinier, n. 106; Nouguier, t. 1, p. 330; Rousseau et Laisney, v° *Compétence des trib. de comm.*, n. 143. — *Contrà*, Carré, t. 2, p. 615.

60. L'endossement, aussi bien que la souscription d'un billet à ordre par un receveur ou comptable de deniers publics, rend l'endosseur justiciable du tribunal de commerce. — Poitiers, 24 janv. 1832, précité. — *Sic*, Rousseau et Laisney, *v° cit.*, n. 142; Pardessus, t. 1, n. 54; Alauzet, t. 8, n. 3030; Nouguier, t. 1, n. 484, p. 330; Ruben de Couder, v° *Compét.*, n. 116; Lyon-Caen et Renault, t. 1, n. 370.

61. Mais décidé que l'endossement d'un billet à ordre par un receveur de deniers publics n'a pas le même effet que la souscription du billet. Le receveur qui ne fait qu'endosser ne devient pas, pour cela seul, justiciable des tribunaux de commerce. — Colmar, 23 août 1814 [S. et P. chr., D. A. 2. 722, D. *Rép.*, *v° cit.*, n. 162] — *Sic*, Carré, t. 2, p. 616.

62. Pour que les tribunaux de commerce soient compétents, il faut que le billet souscrit ou endossé par un comptable de deniers publics ait pour cause sa gestion ; dans le silence du billet à cet égard, on présume qu'il a été souscrit par le comptable

pour les besoins de sa gestion; cette présomption comporte d'ailleurs la preuve contraire. — Décidé, à cet égard, que les tribunaux de commerce sont compétents pour connaître de tous billets souscrits par des receveurs de deniers publics, lorsqu'il n'y est pas énoncé qu'ils ont été faits pour une cause étrangère à leur gestion. — Rouen, 29 nov. 1814, précité. — *Sic*, Ruben de Couder, v° *Comp.*, n. 11 et s.; Bravard-Veyrières et Demangeat, t. 6, p. 447; Lyon-Caen et Renault, t. 1, n. 370; Rousseau et Laisney, v° *Comp. des trib. de comm.*, n. 142. — V. *infrà*, art. 638. — V. aussi Cass., 15 juill. 1817 [S. et P. chr.] — Toulouse, 21 août 1835 [S. 36. 2. 205, P. chr., D. P. 36. 2. 32] — V. cpd. Bédarride, n. 337.

63. Jugé même que les billets souscrits par un comptable des deniers publics sont censés faits pour sa gestion, encore qu'ils soient dits causés *pour amiable prêt :* cette énonciation n'indique nullement que la cause des billets soit étrangère à la gestion du comptable. En conséquence, le souscripteur de tels billets est justiciable du tribunal de commerce. — Aix, 30 mai 1829 [S. et P. chr., D. P. 30. 2. 1. D. *Rép., loc. cit.*]

64. En tout cas, le billet souscrit au profit d'un prêteur de fonds, pour une somme « devant servir à faire le cautionnement de la place de receveur des deniers publics que l'emprunteur doit obtenir, » bien que les fonds soient dits « spécialement affectés au cautionnement », n'a pas le caractère de billet par un receveur, dans le sens du deuxième alinéa de l'art. 634. Le souscripteur d'un tel billet est fondé à décliner la juridiction du tribunal de commerce. — Paris, 22 juill. 1826 [S. et P. chr., D. P. 28. 2. 27, D. *Rép.*, v° *cit.*, n. 166] — *Contrà*, Orillard, n. 486.

65. Mais, un fermier de l'octroi peut être considéré comme receveur des deniers publics, et comme tel soumis à la juridiction commerciale, pour billets à ordre souscrits au profit des receveurs particuliers, pour cause de cautionnements versés par eux dans ses mains ou dans les mains de ses représentants. — Cass., 12 mai 1814 [S. et P. chr., D. A. 3. 334, D. *Rép., loc. cit.*] — V. *suprà*, art. 632, n. 128, notre article, *suprà*, n. 54.

ART. **635**. (*Ainsi modifié, L. 28 mai 1838*). Les tribunaux de commerce connaîtront de tout ce qui concerne les faillites, conformément à ce qui est prescrit au Livre troisième du présent Code. — C. comm., 437 et s. ; C. proc. civ., 59.

INDEX ALPHABÉTIQUE.

---

1. L'attribution faite par les art. 59, C. pr. civ., et 635, C. comm., au tribunal du domicile du failli des actions intentées en matière de faillite, est inapplicable au cas de faillites déclarées par des tribunaux étrangers. — Lyon, 24 avr. 1850 [S. 51. 2. 354, P. 51. 1. 215, D. P. 54. 2. 119]

2. Il y a eu lieu d'appliquer l'art. 635 aux liquidations judiciaires, créées par la loi du 22 avr. 1871. — Cass., 24 janv. 1887 [S. 88. 1. 454, P. 88. 1. 1130, D. P. 87. 1. 214] — *Sic*, Lyon-Caen et Renault, t. 1, n. 366. — V. *infrà*, n. 29.

3. Notre article s'applique aux liquidations judiciaires prononcées en vertu de la loi du 4 mars 1889. — Lyon-Caen et Renault, *loc. cit.* — V. L. 4 mars 1889, art. 24.

4. Malgré la généralité des termes de notre article, on est d'accord pour reconnaître que l'attribution de compétence faite aux tribunaux de commerce en matière de faillite ne s'étend pas à toutes les espèces dans lesquelles la faillite figure comme demanderesse ou comme défenderesse : la juridiction commerciale n'embrasse, en effet, dans ses attributions, en vertu des prescriptions spéciales à l'état

de faillite, que les litiges qui ont pour cause l'événement de la faillite ou son administration. Lorsqu'au contraire l'action dérive d'un engagement antérieur sur le sort duquel la faillite n'a pas d'influence à exercer, la compétence reste soumise aux règles du droit commun. — Cass., 11 janv. 1869 [S. 69. 1. 83, P. 69. 170] — *Sic*, Thaller, n. 1539 et s.; Lyon-Caen et Renault, t. 1, n. 366. — V. notre *Rép. gén. alph. du dr. fr.*, v° *Compétence civile et commerciale*, n. 746 et 747, n. 780 et s. — Sur les actions qui, comme la déclaration de faillite, la fixation de l'époque de cessation des paiements, etc., touchent directement à la procédure de la faillite et rentrent dans la compétence des tribunaux de commerce en vertu de textes spéciaux, V. *suprà*, art. 440 et 441, art. 451 et s., art. 462, art. 464, art. 466, art. 467, art. 472 et s., art. 487, art. 498 et s., art. 512 et s. art. 519 et 520, art. 527 et s., art. 538, art. 570, art. 575, art. 580, art. 599, art. 601; notre *Rép. gén. alph. du dr. fr.*, v° *Compétence civile et commerciale*, n. 748 et s. — Sur la compétence *ratione personæ* des tribunaux de commerce en matière de faillite, V. notre *Code de procédure civile annoté*, art. 59, n. 378 et s.

5. Cela étant, il en résulte que la juridiction commerciale, en matière de faillite, ne s'étend pas aux contestations relatives à des obligations contractées antérieurement à l'ouverture de la faillite ou du moins aux dix jours qui l'ont précédée. — Cass., 11 juin 1888 [S. 90. 1. 516, P. 90. 1. 1249, D. P. 89. 1. 239] — Alger, 19 sept. 1851 [S. 53. 2. 207, P. 52. 2. 569, D. P. 54. 5. 163] — *Sic*, Thaller, n. 1540. — V. notre *Rép. gén. alph. du dr. fr.*, v° *Compétence civile et commerciale*, n. 820 et s. — V. aussi, dans le même sens, comme application de l'art. 59, C. proc. — Cass., 9 mars 1858 [S. 58. 1. 648, P. 58. 460, D. P. 58. 1. 303] — Lyon, 24 avr. 1850, précité. — Metz, 23 mai 1855 [S. 55. 2. 343, P. 55. 2. 287, D. P. 56. 2. 5]

6. Il en est ainsi surtout lorsqu'il s'agit de demandes formées contre le failli personnellement après qu'il a obtenu un concordat. — Peu importe que ces demandes ne tendent en définitive qu'au paiement des dividendes dus en vertu du concordat, à raison des obligations dont il s'agit. — Alger, 19 sept. 1851, précité.

7. La contestation purement civile qui se rattache à une collocation obtenue dans un ordre, et a exclusivement sa cause dans des faits antérieurs à la cessation des paiements, n'est pas née de la faillite. — En conséquence, cette constatation n'est pas de la compétence du tribunal de la faillite, dans les termes des art. 59, § 7, C. proc. et 635, C. comm. — Cass., 9 févr. 1886 [S. 89. 1. 220, P. 89. 1. 527, D. P. 86. 1. 453] — V. *suprà*, art. 631, n. 94 et s.

8. L'action par laquelle le propriétaire d'un immeuble loué à un commerçant, depuis tombé en faillite, exerce le privilège qui lui est conféré par l'art. 2102 sur tout ce qui garnit les lieux loués, dérivant d'un contrat antérieur sur le sort duquel la faillite n'exerce pas d'influence juridique, échappe à la règle de compétence édictée par l'art. 635, C. comm., et reste soumise au droit commun. — Cass., 28 nov. 1898 [S. et P. 1902. 1. 142, D. P. 99. 1. 35]

9. En conséquence, la demande en validité de la saisie-revendication pratiquée par le bailleur sur des objets mobiliers enlevés des lieux loués est valablement portée devant le tribunal civil, nonobstant les dispositions des art. 551 et 579, *suprà*, inapplicables à l'action exercée par le bailleur pour la conservation ou la réalisation de son gage. — Même arrêt.

10. Le compte que le commissaire-priseur, chargé par le syndic de la faillite de procéder à la vente des meubles du failli, peut avoir à rendre de sa gestion à son mandant, n'empêche pas que le commissaire-priseur n'ait à tenir état des obstacles juridiques apportés à l'exécution de son mandat, et que, pour le règlement des questions litigieuses à débattre, le commissaire-priseur et le syndic ne soient soumis aux règles ordinaires qui déterminent les juridictions et la compétence. — Rouen, 8 mai 1886, Heuzé et Tinel [S. 89. 2. 76, P. 89. 1. 453]

11. Spécialement, lorsqu'une saisie-arrêt a été pratiquée entre les mains d'un commissaire-priseur, sur le prix de la vente des meubles d'un failli, par le bailleur des immeubles loués au failli, le droit du bailleur, provenant d'un contrat antérieur à la faillite, le tribunal de commerce est incompétent pour ordonner la remise par le commissaire-priseur aux mains du syndic, nonobstant la saisie-arrêt du bailleur, du prix de la vente des meubles par lui effectuée. — Même arrêt.

12. C'est donc le tribunal civil qui est compétent, à l'exclusion du tribunal de commerce, pour connaître de la demande en validité ou en mainlevée de la saisie-arrêt, que le bailleur des immeubles occupés par le failli a pratiquée, entre les mains du commissaire-priseur, sur le prix de la vente des meubles de son locataire, vente effectuée à la requête du syndic de la faillite. — Rouen, 8 mai 1886, Chaudet [S. 88. 2. 237, P. 88. 1. 1238, D. P. 88. 2. 111] — Rouen, 8 mai 1886, Heuzé et Tinel [*Idem*]

13. Le tribunal civil est compétent pour statuer sur la demande du syndic à fin de nullité d'une saisie-revendication opérée par le vendeur d'objets mobiliers avant le jugement déclaratif de faillite de l'acheteur. — Douai, 17 juin 1875 [D. P. 76. 2. 66] — V. notre *Rép. gén. alph. du dr. fr.*, v° *Compétence civile et commerciale*, n. 834.

14. ... Sur la demande tendant à faire annuler, comme faite en fraude des droits des créanciers, une vente d'immeubles consentie par le failli avant le jugement déclaratif de faillite et l'époque de la cessation des paiements : le tribunal de commerce ne serait compétent qu'autant que la vente aurait été passée pendant la période suspecte et en vertu de l'art. 447, *suprà*. — Lyon, 15 déc. 1881 [D. P. 82. 2. 134]

15. ... Sur l'action ayant pour objet l'exécution d'un cautionnement contracté par un non-commerçant envers un créancier du failli antérieurement au jugement déclaratif de faillite. Si, au contraire, le cautionnement avait pour objet d'assurer l'exécution du concordat, dans ce cas, on devrait considérer que le contrat de garantie et l'action en exécution de ce contrat ont leur source dans la faillite, et cette action rentrerait dans la compétence de la juridiction commerciale. — Besançon, 20 nov. 1884 [S. 86.2. 206, P. 86. 1. 1108, D. P. 86. 2. 87]

16. Lorsque, sur la demande formée par les syndics devant le tribunal de la faillite, en restitution de sommes touchées par un créancier, celui-ci oppose qu'il y a eu, avant la faillite, compensation de ces sommes avec d'autres qui lui étaient dues et qu'il demande son renvoi devant les juges de son

domicile, il résulte de là une question préjudicielle de propriété, qui est étrangère à la faillite, et à raison de laquelle le déclinatoire doit être accueilli. — Cass., 22 mars 1821 [S. et P. chr., D. A. 3. 214, D. Rép., v° *Compét. civ. des trib. d'arr.*, n. 131-4°]

17. L'action en reddition de compte d'un mandat donné par un négociant tombé depuis en faillite doit être portée par le syndic devant le tribunal civil du mandataire, dès lors que le contrat est antérieur à la faillite. — Cass., 11 janv. 1869 [S. 69.1. 83, P. 69. 170] — Lyon, 28 avr. 1874 [S. 75. 2. 234, P. 75. 956]

18. Spécialement, le tiers qui a donné mandat à un agent de change de souscrire pour lui à un emprunt, et qui, n'ayant pas fait en cela acte de commerce, eût eu le droit de poursuivre cet officier public, pour la livraison de ses titres, indifféremment devant la juridiction civile ou devant la juridiction commerciale, conserve ce droit, même après que l'agent de change est tombé en faillite; il peut, dès lors, saisir la juridiction civile de sa demande en revendication des titres à lui appartenant et dont celui-ci était encore détenteur lors de sa déclaration de faillite. — Cass., 11 janv. 1869, précité.

19. L'action intentée contre les syndics d'une faillite par le propriétaire des lieux occupés par le failli, à fin d'exécution d'un acte de résiliation du bail qui avait été passé avant la faillite, est de la compétence du tribunal civil, et non du tribunal de commerce devant lequel se poursuit l'instance de la faillite, quand même les syndics soutiendraient que cet acte de résiliation du bail a été fait en fraude des droits des créanciers. — Amiens, 4 déc. 1846 [S. 47. 2. 281, P. 47. 1. 458, D. P. 47. 4. 93, D. Rép., v° *Compét. comm.*, n. 256]

20. Dans ce cas, le tribunal civil n'est pas tenu de surseoir au jugement sur cette action jusqu'à ce que le tribunal de commerce, devant lequel a été formée par les syndics une demande en nullité de l'acte de résiliation du bail, ait statué lui-même sur cette demande. — Même arrêt.

21. Les actions nées au cours de la faillite ne rentrent pas dans la compétence des tribunaux de commerce, lorsqu'elles sont entièrement indépendantes de l'état de faillite ou, en d'autres termes, lorsqu'elles seraient nées, dans les mêmes conditions, en l'absence de tout jugement déclaratif de faillite. — Rousseau et Laisney, v° *Faillite*, n. 493. — V. notre *Rép. gén. alph. du dr. fr.*, v° *cit.*, n. 840 et s.

22. Jugé, en ce sens, que les tribunaux civils sont seuls compétents pour statuer sur la demande intentée par les syndics au nom du failli, en compte, liquidation et partage d'une succession échue à celui-ci. — Paris, 8 mai 1833 [S. 33. 2. 514, P. chr., D. P. 33. 1. 180, D. *Rép.*, v° *cit.*, n. 250]

23. ... Sur la demande de séparation des patrimoines intentée par les créanciers d'une succession contre la faillite de l'héritier. — Caen, 28 mars 1871 [S. 71. 2. 208, P. 71. 663, D. P. 72. 2. 63]

24. La compétence des tribunaux civils reprend son ampleur ordinaire aussitôt après la clôture des opérations de la faillite ou lorsque la déclaration de faillite vient à être rapportée. — Décidé, à cet égard, que les tribunaux civils sont seuls compétents pour connaître des demandes en paiement de dividendes dus par suite d'un concordat qui a fait remise au failli de la contrainte par corps. — Cass., 3 janv. 1814 [S. et P. chr., D. A. 8. 90] — *Sic*, Lyon-Caen et Renault, t. 1, n. 366, p. 394, note 5. — V. *suprà*, n. 5.

25. ... Que le tribunal civil est compétent pour connaître de l'action qui, après la clôture de la faillite pour insuffisance d'actif et la cessation des fonctions du syndic, est formée contre ce dernier personnellement par le propriétaire des lieux loués au failli à l'effet de faire décider que sa créance doit être payée, sur l'actif réalisé, par privilège et préférence aux frais de la faillite et aux honoraires du syndic. — Paris, 25 août 1866 [S. 67. 2. 320, P. 67. 1130]

26. ... Que lorsque le tribunal de commerce, en prononçant, après le paiement de tous les créanciers, la clôture des opérations de la faillite et l'apurement du compte du syndic, a omis d'ordonner la radiation des inscriptions prises dans l'intérêt de la masse, la demande de cette radiation est valablement formée contre le syndic et devant le tribunal civil. — Caen, 13 févr. 1865 [S. 65. 2. 138, P. 65. 691]

27. Est de la compétence du tribunal civil une action en dommages-intérêts dirigée contre le syndic d'une faillite à raison de l'inobservation de plusieurs règles de la loi et spécialement de sa négligence à faire rentrer des sommes indûment payées à des créanciers au détriment de la masse, alors que la demande est introduite dans l'intérêt exclusif d'un créancier après que les opérations de la faillite sont terminées. — Douai, 28 nov. 1892 [D. P. 94. 2. 107] — *Sic*, Lyon-Caen et Renault, *loc. cit.*

28. Enfin si, en principe, l'action du syndic en paiement de ses frais et honoraires doit être portée devant le tribunal de commerce saisi des opérations de la faillite, néanmoins, lorsque le jugement déclaratif de faillite a été infirmé en appel, par un arrêt qui a rapporté la faillite, les tribunaux de commerce sont incompétents pour prononcer sur la demande du syndic provisoire en paiement de ses avances et honoraires. — Lyon, 15 juill. 1881 [S. 84. 2. 213, P. 84. 1. 1128, D. P. 82. 2. 219]

29. Jugé, à l'occasion d'une liquidation judiciaire créée par la loi du 22 avr. 1871, que l'arrangement conclu entre les créanciers d'une société en nom collectif et les associés, afin de substituer la liquidation judiciaire à la faillite, ne peut être considéré comme un concordat qui aurait replacé le failli à la tête de ses affaires, et qui aurait ainsi fait cesser l'attribution de compétence au tribunal du domicile du failli. — Cass., 24 janv. 1887 [S. 88. 1. 454, P. 88. 1. 1130, D. P. 87. 1. 214] — V. *suprà*, n. 2.

30. L'art. 635 n'a pas pour effet d'attribuer compétence au tribunal de commerce d'ouverture de la faillite lorsque la solution à intervenir dans l'instance, engagée par ou contre les syndics, est sans intérêt pour la faillite. — Esnault, n. 659.

31. Ainsi, l'art. 635, C. comm. (nouv.), portant que les tribunaux de commerce connaîtront de tout ce qui concerne les faillites, n'est pas applicable au cas où il s'agit d'une opération faite par les syndics avec une personne étrangère à la faillite telle que la vente du mobilier du failli. La contestation relative à une telle vente doit être portée devant le tribunal civil. — Riom, 11 mars 1839 [S. 39. 2. 374, D. *Rép.*, v° *Compét. comm.*, n. 274]

32. Le syndic, même négociant, d'une faillite, qui emprunte dans l'intérêt de la masse des créanciers, sous sa responsabilité personnelle, et souscrit à cet égard des billets, ne fait pas en cela un acte

de commerce qui le rende justiciable du tribunal de commerce. — Toulouse, 15 janv. 1833 [S. 33. 2. 315, P. chr., D. P. 33. 2. 127]

33. Mais l'action intentée par le syndic de la faillite de l'acquéreur d'un fonds de commerce contre le vendeur, à l'effet de faire déclarer commune à celui-ci la faillite prononcée antérieurement contre l'acquéreur seul, sur le motif que la vente du fonds était nulle comme fictive, et que, jusqu'à l'époque de la faillite, le vendeur était resté l'associé de l'acquéreur, est régulièrement portée devant le tribunal de commerce. — Cass., 23 mars 1891 [S. et P. 94. 1. 395, D. P. 91. 1. 485]

34. En considérant que l'art. 635 n'a pas de portée législative en lui-même et, qu'étant donné le renvoi par lui fait aux dispositions du liv. 3 C. comm., il ne constitue qu'un article sans effet propre dans les hypothèses qui n'ont pas été directement prévues par un autre texte, il a été décidé que le tribunal de commerce est incompétent pour connaître de l'action en revendication d'objets mobiliers (des machines), que le revendiquant prétend avoir loués au failli et qu'une telle action doit être portée devant la juridiction civile. — Metz, 31 mai 1843 [S. 43. 2. 506, P. chr., D. *Rép.*, v° *Compét. comm.*, n. 278]

35. On a voulu limiter, à un autre point de vue, la portée d'application de l'art. 635; on a soutenu, dans une opinion, que la juridiction commerciale ne s'étendait en vertu de l'art. 635 qu'aux contestations relatives à des opérations ayant essentiellement le caractère commercial. — Lyon, 23 déc. 1844 [S. 45 2. 75. P. chr.] — Rouen, 18 janv. 1851 [S. 51. 2. 355, P. 51. 2. 404, D. P. 51. 2. 186] — Bastia, 11 févr. 1852 [S. 52. 2. 106, P. 52. 1. 476, D. P. 52. 2. 202] — Orléans, 9 mars 1852 [P. 52. 1. 474, D. P. 52. 2. 219] — *Sic*, Nouguier, t. 2, p. 203; Renouard, t. 2, p. 496; Horson, p. 206; Ruben de Couder, v° *Faillite*, n. 1056 et 1057; Esnault, t. 3, n. 658. — V. notre *Code de procédure civile annoté*, t. 1, p. 708, appendice à l'art. 168, n. 24 et s.; notre *Rép. gén. alph. du dr. fr.*, v° *cit.*, n. 780 et s.

36. ... Que la règle que les contestations en matière de faillite doivent être portées devant le tribunal de commerce où se poursuit la faillite ne saurait prévaloir sur le principe de la séparation des juridictions; qu'ainsi, les contestations qui ont le caractère civil, dans lesquelles une faillite est partie, ne sont point attirées au tribunal de commerce devant lequel ont lieu les opérations de la faillite. — Colmar, 28 nov. 1849 [S. 51. 2. 331, P. 51. 1. 212, D. P. 52. 2. 201]

37. ... Qu'il en est ainsi dans le cas même où il s'agit simplement, conformément aux conventions des parties, de faire nommer des arbitres pour le jugement de leur différend : l'adversaire de la faillite n'est pas censé avoir renoncé au bénéfice de la juridiction civile, en consentant d'avance à soumettre à des arbitres les contestations auxquelles leur convention pourrait donner lieu. — Même arrêt.

38. Cela étant, on en a conclu que le tribunal de commerce est incompétent pour connaître de la demande en nullité d'une vente d'immeubles, comme faite par le failli depuis sa cessation de paiements : cette demande doit être portée devant la juridiction civile. — Rouen, 18 janv. 1851, précité.

39. ... Que le tribunal de commerce est incompétent pour statuer sur les reprises de la femme du failli après séparation de biens. — Poitiers, 24 juill. 1838 [D. P. 40. 2. 23, D. *Rép.*, v° *Compét. comm.*, n. 265] — *Sic*, Esnault, n. 659.

40. ... Pour connaître de la demande formée contre le failli par le père de sa femme, décédée en reprise de la dot constituée à celle-ci, en vertu d'un droit de retour stipulé au contrat de mariage. — Orléans, 9 mars 1852, précité.

41. ... Pour connaître d'une question de dotalité telle que celle résultant de l'action en nullité de la vente d'un fonds de commerce prétendu dotal. — Caen, 26 janv. 1842 [P. 43. 1. 94, D. P. 42. 2. 140, D. *Rép.*, v° *cit.*, n. 256] — *Sic*, Esnault, *loc. cit.*

42. ... Que l'action civile intentée contre le complice d'un failli déclaré en état de banqueroute, à fin de restitution de valeurs du failli recélées par lui, n'est pas de la compétence des tribunaux de commerce : qu'elle doit être portée devant les tribunaux civils, d'après les règles générales sur la compétence. — Bastia, 11 févr. 1852, précité.

43. ... Que la demande des syndics, tendant à faire rendre à l'actif de la faillite des marchandises détournées par un fait illicite, n'est pas une demande commerciale de la compétence du tribunal de commerce, juge spécial des contestations qui intéressent la faillite. — C'est une demande en réparation civile d'un fait illicite qui doit être portée au tribunal civil, suivant les règles ordinaires de compétence. — Cass., 25 mars 1823 [S. et P. chr., D. A. 3. 351, D. *Rép.*, v° *cit.*, n. 277]

44. ... Que la demande formée par le créancier du failli, contre la caution de celui-ci, en paiement de la somme cautionnée, est de la compétence du tribunal civil et non du tribunal de commerce, alors que ni le créancier, ni la caution, ne sont commerçants, que la caution n'a rien de commercial, et que la solution de la question est sans intérêt pour la faillite. — Cass., 9 août 1842 [S. 42. 1. 845, P. 42. 2. 520, D. P. 42. 1. 356, D. *Rép.*, v° *cit.*, n. 257] — V. *infrà*, n. 64 et s.

45. ... Que la demande formée par l'entrepreneur des travaux d'un chemin de fer contre la compagnie tombée en faillite, à fin de maintien sur la voie ou sur ses dépendances d'un préposé chargé de veiller à la conservation d'outils et ustensiles à lui appartenant et dont la propriété ne lui est pas contestée, ne présentant aucun caractère commercial et étant étrangère aux règles et aux formes spéciales de la faillite, rentre dans la compétence de la juridiction civile. En conséquence, s'il y a urgence, le juge des référés est compétent pour prescrire à cet égard les mesures nécessaires. — Cass., 20 avr. 1868 [S. 68. 1. 444, P. 68. 1186, D. P. 69. 1. 291]

46. ... Que la vente des créances et recouvrements d'une faillite, consentie par les syndics au profit d'un individu, même commerçant, ne constitue ni un engagement ou transaction entre commerçants, ni un acte de commerce, dans le sens des art. 631 et 632, *suprà*; en conséquence, le tribunal de commerce n'est pas compétent pour connaître de la demande en paiement du prix d'une telle vente. — Riom, 11 mars 1839 [S. 39. 2. 374, D. *Rép.*, v° *Comp. comm.*, n. 275]

47. ... Que la question de savoir à qui, d'un créancier particulier ou de la masse de la faillite, appartient une somme déposée par le failli entre les mains d'un tiers, forme une contestation purement civile, de la compétence des tribunaux ordinaires. — Caen, 23 juill. 1827 [S. et P. chr., D. P. 28. 2. 248, D. *Rép.*, v° *cit.*, n. 255]

48. Mais on admet, le plus souvent, que le tribunal de commerce est compétent pour connaître des actions qui naissent de la faillite, bien que, par leur nature, ces actions ne soient pas de la compétence de la juridiction commerciale. — Cass., 19 avr. 1853 [S. 53. 1. 433, P. 54. 1. 491, D. P. 53. 1. 147] — Alger, 21 déc. 1865 [S. 66. 2. 254, P. 66. 937] — Paris, 4 mars 1873 [S. 74. 2. 17, P. 74. 105] — *Sic*, Alauzet, t. 8, n. 3012; Demangeat, sur Bravard-Veyrières, t. 6, p. 419 et s.; Rousseau et Laisney, v° *Faillite*, n. 492; Garsonnet et Cézar-Bru, t. 2, p. 79, § 439, p. 129, § 472; Boistel, n. 959; Lyon-Caen et Renault, t. 1, n. 366; Thaller, n. 1541; Houyvet, n. 106.

49. ... Pour connaître des actions qui dérivent de la faillite et qui se rattachent directement à son administration, bien que, par leur nature, ces actions ne soient pas de la compétence de la juridiction commerciale. — Paris, 6 août 1866 [S. 66. 2. 254, P. 66. 938]

50. Ainsi, le tribunal de commerce est compétent pour statuer sur la vérification d'une créance, même purement civile, produite dans le passif d'une faillite. — Bruxelles, 18 févr. 1820 [S. et P. chr., D. A. 3. 353, D. *Rép.*, v° *Compét. comm.*, n. 263] — *Contrà*, Colmar, 31 déc. 1831 [S. 33. 2. 91, P. chr., D. P. 33. 2. 122, D. *Rép.*, *v° cit.*, n. 265] — V. d'ailleurs, *suprà*, art. 491 et s.

51. Doit être également considéré comme concernant la faillite et rentré, dès lors, dans la compétence du tribunal de commerce, le litige ayant pour objet de faire déterminer l'étendue des droits d'un créancier, comme créancier de la faillite, et, spécialement, de faire décider si le syndic avait pu, au préjudice de la masse, lui payer la totalité de sa créance, ou si ce créancier devait suivre le sort commun des autres créanciers. — Cass., 16 juin 1874 [S. 74. 1. 345, P. 74. 878, D. P. 74. 1. 445]

52. Le tribunal de commerce est compétent pour statuer sur l'action en nullité des actes passés par le failli, dessaisi de l'administration de ses biens et de l'exercice de ses actions intentée par le syndic dans l'intérêt de la masse. — Cass., 12 janv. 1864 [S. 64. 1. 17, P. 64. 324, D. P. 64. 1. 130]

53. ... Pour statuer sur l'action en nullité dirigée contre un partage auquel a participé un failli, et fondée sur les art. 446 et 447, C. comm. — Limoges, 24 mars 1893 [S. et P. 94. 2. 121, et la note de M. Wahl, D. P. 95. 2. 137, et la note de M. Cohendy] — *Sic*, Thaller, n. 1541; Lyon-Caen et Renault, t. 1, n. 366; Chavegrin, note sous Cass., 15 juin 1887 [S. 88. 1. 209, P. 88. 1. 508]

54. ... Pour connaître de la demande en nullité d'un bail d'immeuble consenti par le failli, quand cette demande est fondée sur les art. 446 et 447, C. comm. — Paris, 4 mars 1873, précité. — *Sic*, Lyon-Caen et Renault, *loc. cit.*

55. ... Pour connaître de la demande en nullité d'une inscription hypothécaire prise par un créancier du failli antérieurement à la déclaration de faillite, mais postérieurement à la date de la cessation des paiements. — Cass., 11 juin 1872 [D. P. 73. 2. 233]

56. ... Pour connaître de la demande en nullité d'un transport de droits successifs comme fait à titre de dation en paiement par le failli depuis la cessation de ses paiements. — Alger, 21 déc. 1865 [S. 66. 2. 254, P. 66. 937]

57. ... Pour connaître de la demande en nullité d'une vente d'immeubles, comme faite par le failli depuis sa cessation de paiement. — Cass., 19 avr. 1853, précité. — Trib. comm. Bône, 25 oct. 1886 [*J. des faillites*, 1887, p. 281] — *Sic*, Thaller, n. 1541.

58. ... Pour connaître de la demande en nullité de l'hypothèque affectée par le failli à la dot qu'il a constituée à sa fille. — Paris, 6 août 1866, précité.

59. ... Pour statuer sur l'action en nullité de paiements faits par le failli autrement qu'en espèces ou en effets de commerce depuis la cessation des paiements ou dans les dix jours qui l'ont précédée, quelle que soit la nature de la créance qui a fait l'objet des paiements attaqués. — Cass., 29 juin 1870 [S. 70. 1. 417, P. 70. 1105, D. P. 71. 1. 289] — Bordeaux, 31 déc. 1887 [D. P. 89. 2. 231]

60. De même encore, doit être considérée comme dérivant de la faillite, et, par suite, comme étant de la compétence du tribunal de commerce, la contestation concernant la validité d'une hypothèque, fondée sur ce que la faillite devait être reportée à une date où le failli n'aurait pu conférer une hypothèque valable. — Cass., 15 avr. 1878 [S. 78. 1. 311, P. 78. 775] — *Contrà*, Ruben de Couder, v° *Faillite*, n. 1059.

61. Le tribunal de commerce du domicile du failli est compétent pour connaître de l'action formée par le syndic de la faillite pour faire rentrer dans la masse de la faillite des objets mobiliers livrés par un tiers au failli et par lui repris aux mains du failli, alors qu'il était déjà en état de cessation de paiements, ladite reprise constituant soit une donation en paiement prohibée par l'art. 446, *suprà*. — Caen, 22 nov. 1894 [S. et P. 95. 2. 210]

62. ... Soit une revendication ou l'exercice d'un privilége proscrits par l'art. 550, *suprà*. — Même arrêt.

63. Il importe peu que, pour l'exécution des contrats relatifs aux objets mobiliers dont le syndic demande le rapport à la masse, le failli et son cocontractant aient fait une attribution spéciale de juridiction. — Même arrêt.

64. Le cautionnement donné, même par un non-commerçant, pour garantie des engagements pris par un failli, dans un concordat ou traité d'atermoiement que ce dernier a obtenu de ses créanciers, soumet la caution à la juridiction commerciale, du moins lorsqu'elle est actionnée conjointement avec le débiteur principal. — Dijon, 16 août 1853 [S. 53. 2. 668, P. 55. 1. 55, D. P. 55. 5. 95]; 18 août 1853 [*Ibid.*]

65. Il en est ainsi, même au cas où le fait du cautionnement est contesté par la prétendue caution. — Mêmes arrêts.

66. L'art. 635 attribuant à la juridiction consulaire toutes les actions nées de la faillite, il en résulte que le tribunal de commerce est compétent pour connaître d'une action tendant à l'exécution d'un cautionnement donné dans un concordat aux créanciers du failli pour assurer l'exécution du concordat. — Besançon, 20 nov. 1884 [S. 86 2. 206, P. 86. 1. 1107, D. P. 86, 2. 87] — *Contrà*, Laroque-Saissynel, *Faill.*, t. 2, n. 206; Rousseau et Defert, *C. annoté des faill.*, sur l'art 635, n. 41; Devilleneuve, Massé et Dutruc, *Dict. du content. commerc.*, v° *Faillite*, n. 1601; Ruben de Couder, v° *Faillite*, n. 1076.

67. La demande en paiement de frais dus à un

agréé à raison des opérations d'une faillite dont il a été chargé, se rattachant aux frais d'administration de la faillite, est de la compétence du tribunal de commerce. — Paris, 14 juin 1833 [S. 33. 2. 236, P. chr., D. P. 33. 2. 207, D. *Rép.*, v° *Compét. comm.*, n. 284]

68. Les créanciers d'un agent de change failli sont tenus de porter leur demande devant le tribunal de commerce, saisi de la faillite, encore que les créances résultent de faits de charge et que ces faits ne soient pas réputés actes de commerce. — Paris, 25 avr. 1811 [S. et P. chr., D. A. 1. 324, D. *Rép.*, v° *Acte de comm.*, n. 250.

69. Les actions qui ont pour cause la gestion des syndics rentrent également dans la compétence des tribunaux de commerce. — Ainsi, le tribunal de commerce de la faillite est seul compétent, à l'exclusion de la juridiction civile, pour connaître d'une action en dommages-intérêts dirigée contre le syndic par le concordataire, et ayant pour objet la réparation d'un préjudice qu'auraient occasionné à ce dernier de prétendus retards subis, soit par la remise de son actif, soit par la reddition des comptes du syndic. Cass., 7 août 1894 [S. et P. 94. 1. 392, D. P. 95. 1. 128] — *Sic*, Orillard, n. 504; Nouguier, t. 2, p. 306; Laroque-Sayssinel, t. 2, n. 2067. — V. notre *Rép. gén. alph. du dr. fr.*, v° *cit.*, n. 816 et s.

70. L'action intentée par un créancier contre le syndic d'une faillite, et tendant à faire condamner ledit syndic à lui payer une certaine somme, que le syndic entendait lui retenir sur le dernier dividende lui revenant dans la faillite, constitue un litige né de la faillite, et, par suite, est de la compétence de la juridiction commerciale. — Cass., 13 nov. 1889 [S. 90. 1. 203, P. 90. 1. 498, D. P. 90. 5. 281]

71. Il en est de même des actions intentées par les syndics en paiement de leurs frais et honoraires. — Dijon, 7 mars 1873 [S. 73. 2. 219, P. 73. 889, D. P. 74. 2. 40]

72. La combinaison qu'il y a lieu de faire entre la disposition de l'art 551 *suprà* et celle de notre article a donné naissance à une difficulté particulière au cas de contestations relatives à des priviléges : on a soutenu, dans un premier système, que les tribunaux de commerce sont toujours compétents pour connaître de ces difficultés, alors même que l'affaire est d'ordre purement civil et qu'elle n'intéresse pas la faillite. — Nouguier, t. 2, p. 299; Alauzet, t. 8, n. 3012. — V. *suprà*, art. 631, n. 94 et s., notre *Rép. gén. alph. du dr. fr.*, v° *cit.*, n. 798 et s.

73. Jugé, en ce sens, d'une manière générale, que le tribunal de commerce est compétent pour statuer sur la réclamation d'un privilége sur l'actif d'une faillite, alors même que ce privilége n'a rien de commercial et qu'il est exclusivement régi par une disposition de la loi civile. — Bordeaux, 17 déc. 1839 [S. 40. 2. 202, P. 43. 1. 212, D. P. 40. 2. 128, D. *Rép.*, v° *Compét. comm.*, n. 271] — Caen, 16 août 1842 [S. 43. 2. 91, P. 43. 1. 273, D. *Rép.*, *loc. cit.*] — Paris, 31 mars 1848 [P. 48. 1. 415, D. P. 49. 2. 236]

74. ... Spécialement, que le tribunal de commerce est compétent pour connaître de la demande formée par le propriétaire de la maison habitée par le failli en réclamation de son privilége. — Rouen, 31 déc. 1818 [S. et P. chr., D. *Rép.*, *loc. cit.*]

75. ... Que le créancier subrogé dans le privilége du propriétaire à raison de loyers échus, qui a demandé son admission au passif de la faillite, et de plus a fait vérifier et affirmer sa créance devant le juge-commissaire, accepte la compétence du tribunal de commerce et ne peut ultérieurement décliner sa juridiction à l'occasion des contestations élevées sur cette subrogation, par les syndics de la faillite. — Paris, 29 août 1841 [P. 41. 2. 563]

76. On admet, dans un autre système, que l'art. 551, *suprà*, bien que conçu en termes généraux, ne peut avoir pour effet d'attribuer en toute hypothèse compétence aux tribunaux de commerce toutes les fois qu'une question de privilége est en jeu; on doit distinguer selon que l'action intéresse ou non la faillite et qu'elle a ou non sa source dans la faillite; si l'action a sa source dans la faillite et intéresse la faillite, le tribunal de commerce est compétent, alors même que le privilége est fondé sur une créance civile; dans le cas contraire, l'action doit être portée devant le tribunal civil. — Laroque-Sayssinel, t. 2, n. 2058; Pardessus, t. 3, n. 1186; Orillard, n. 518; Rousseau et Laisney, *Faillite*, n. 498 et 499; Alauzet, t. 8, n. 3012; Lyon-Caen et Renault, t. 1er, n. 366; Devilleneuve, Massé et Dutruc, v° *Faillite*, n. 1591 et s. — V. notre *Rép. gén. alph. du dr. fr.*, v° *Compétence civile et commerc.*, n. 803 et s.

77. Il résulte de là et il a été jugé que les tribunaux de commerce sont compétents pour statuer sur la demande formée par le vendeur d'un fonds de commerce en réclamation de son privilége; la question de savoir si le privilége du vendeur existe en matière commerciale est, en effet, une question qui a sa source dans la faillite, si bien qu'elle ne se poserait pas s'il n'y avait pas eu faillite. — Limoges, 16 mai 1840 [S. 40. 2. 494, P. 40. 2. 433, D. P. 41. 2. 17, D. *Rép.*, v° *Compét. comm.*, n. 271]

78. Les tribunaux de commerce sont compétents pour statuer sur le point de savoir si le privilège du vendeur d'un office sur le prix de revente de cet office peut être exercé au cas de faillite du cessionnaire. — Paris, 14 févr. 1868 [S. 68. 2. 170, P. 68. 707]

79. Lorsque le privilége du propriétaire est reconnu par les syndics de la faillite du locataire, et que ceux-ci n'en contestent que l'étendue, le tribunal de commerce est compétent pour statuer sur la contestation; mais il est incompétent pour connaître de la nature et de l'étendue des réparations locatives à la charge du failli, bien que le privilège du propriétaire pour cet objet ne soit pas non plus méconnu par les syndics. — Orléans, 29 janv. 1850 [P. 50. 1. 88]

80. Le tribunal de commerce est compétent pour statuer sur la demande formée par le syndic d'une faillite contre un créancier civil en restitution du montant de sa créance qu'il lui avait intégralement payée, parce qu'il pensait que ce créancier était investi d'un privilége qui, en réalité, ne lui appartenait pas; la validité d'un tel paiement, en effet, ne peut être remise en question que par suite de l'état de faillite dans lequel se trouvait le débiteur au moment où il avait eu lieu. — Cass., 16 juin 1874 [S. 74. 1. 345, P. 74. 878, D. P. 74. 1. 445]

81. Mais, en sens inverse, les dispositions du Code de commerce relatives aux faillites ont pour objet la conservation du gage commun des créanciers; elles ne peuvent recevoir d'application qu'entre les créanciers ayant un droit à ce gage commun, elles ne s'étendent point à une classe particulière de créanciers qui ont un droit spécial sur un gage qui leur

est expressément réservé ; les tribunaux de commerce sont donc incompétents pour connaître des privilèges réclamés sur des sommes dues par le Gouvernement à des entrepreneurs de travaux publics, et des oppositions formées au Trésor sur ces sommes, par des créanciers prétendus privilégiés. — Paris, 28 août 1816 [S. et P. chr., D. A. 9. 64]

82. Les tribunaux civils sont encore compétents, à l'exclusion des tribunaux de commerce, pour statuer à l'égard du privilège réclamé par le Trésor public sur les biens d'un comptable tombé en faillite, ce privilège étant établi par la loi du 5 sept. 1807, et étant ainsi étranger aux dispositions du Code de commerce relatives aux faillites. — Cass., 19 mars 1808 [S. et P. chr., D. A. 8. 183]

83. ... Pour prononcer sur une demande en résiliation de bail, formée contre les syndics provisoires de la faillite du locataire. — Nîmes, 22 août 1811 [P. chr.] — Metz, 10 déc. 1819 [P. chr.] — ... ou pour connaître entre négociants d'une demande en paiement de loyers.

84. ... Pour déterminer le rang respectif des privilèges réclamés sur le cautionnement d'un officier comptable chargé du service des fourrages, par un fournisseur et par le bailleur des fonds qui ont servi à constituer ce cautionnement. — Cass., 17 juill. 1849 [S. 50. 1. 529, P. 49. 2. 650, D. P. 50. 1. 131] — et sur renvoi, Angers, 23 janv. 1850, [P. 51. 2. 644, D. P. 50. 2. 86]

85. ... Pour statuer sur le débat élevé entre les ouvriers d'un entrepreneur de travaux publics, exerçant le privilège établi à leur profit par la loi du 26 pluv. an II, et le cessionnaire de la créance résultant de ces travaux. — Cass., 21 juill. 1851 [S. 51. 1. 608, P. 51. 2. 435, D. P. 51. 1. 199]

86. Enfin, dans un troisième système, on a fait application à la matière des privilèges d'une théorie générale précédemment exposée : on a considéré que la compétence des tribunaux de commerce disparaissait par cela même que le litige relatif au privilège ne concernait que des créances purement civiles. — Décidé à cet égard que c'est au tribunal civil, et non au tribunal de commerce, qu'il appartient de connaître des questions de privilège qui s'élèvent dans une faillite entre créances purement civiles, et cela soit qu'il s'agisse de l'existence des privilèges, soit qu'il s'agisse seulement de leur rang. — Nancy, 19 juill. 1853 [S. 53. 2. 627, P. 54. 1. 121, D. P. 54. 2. 68]

87. Que les tribunaux de commerce qui sont compétents pour vérifier les créances même purement civiles ne peuvent pas décider si les créances vérifiées sont hypothécaires, ou seulement chirographaires. — Poitiers, 2 avr. 1830 [S. et P. chr., D. P. 30. 2. 199]

88. On sait que les tribunaux civils sont seuls compétents en principe pour statuer sur la validité ou la mainlevée d'une saisie-arrêt et même d'une saisie conservatoire alors même que, par sa nature, l'affaire rentre dans la compétence de la juridiction commerciale. — V. notre *Code de procédure civile annoté*, art. 417, n. 27 et s., art. 567, n. 1 et s.; notre *Rép. gén. alph. du dr. fr.*, v° *Compétence civile et commerciale*, n. 833, n. 1003 et s.

89. On admet, dans un système, que ce principe doit recevoir exception au cas d'une saisie-arrêt pratiquée au cours d'une faillite, par application de la règle posée par l'art. 635, C. comm., d'après lequel les tribunaux de commerce connaissent des actions nées de la faillite, et ayant pour cause l'événement de la faillite, bien qu'il s'agisse de contestations qui, de leur nature, sont de la compétence des tribunaux civils... — Jugé, à cet égard, que l'art. 567, C. proc., n'attribuant pas aux tribunaux civils une compétence exclusive pour statuer sur la validité des saisies-arrêts, le tribunal de commerce, devant lequel se poursuit la faillite du débiteur saisi, est compétent pour connaître de la demande en mainlevée d'une saisie-arrêt, demande formée par le syndic contre le tiers saisi, et qui a pour cause l'événement de la faillite. — Limoges, 29 juin 1885 [S. 87. 2. 81, P. 87. 1. 458, D. P. 85. 2. 265] — *Contrà*, Ruben de Couder, v° *Faillite*, n. 1067.

90. Si le principe que les tribunaux civils sont seuls compétents pour connaître d'une demande en validité de saisie-arrêt peut recevoir exception en matière de faillite, et si le tribunal de commerce, en cette matière, peut être compétent pour connaître d'une demande en validité de saisie-arrêt, ce ne peut être qu'autant que la saisie-arrêt a pour cause des opérations commerciales, que la créance en vertu de laquelle elle est pratiquée est née de la faillite et s'y rattache par un lien intime et direct, et qu'il y a intérêt à faire statuer sur la validité de la saisie-arrêt par les mêmes juges qui doivent connaître au fond de la contestation portée devant eux. — Rouen, 31 déc. 1898 [S. et P. 1900. 2. 239, D. P. 99. 2. 436]

91. Mais, il n'en saurait être ainsi au cas où la saisie-arrêt, formée entre les mains d'un débiteur de la faillite, a pour objet d'assurer le paiement des dépens auxquels le syndic a été condamné envers un tiers, dans une instance formée contre ce tiers par le syndic en remboursement de billets; en pareil cas, la créance pour sûreté de laquelle a été pratiquée la saisie-arrêt ne saurait être considérée comme ayant pour origine l'événement de la faillite. — Même arrêt.

92. Mais décidé, d'autre part, que l'action intentée contre un commissaire-priseur, qui a vendu, sur saisie, des meubles d'un commerçant depuis tombé en faillite, action tendant à contraindre le commissaire-priseur à vider ses mains entre celles du syndic de la faillite, ne saurait être considérée comme née de la faillite, par le fait seul qu'elle est intentée par le syndic; les devoirs et obligations des officiers ministériels, tels qu'ils ont été tracés par la loi, étant formulés en termes généraux et absolus, et indépendamment d'événements tels que la faillite. — Cass., 4 juin 1888 [S. 89. 1. 177, D. P. 89. 1. 65] — V. sur le principe, Lyon-Caen et Renault, *Précis*, t. 2, n. 3179; Bravard-Veyrières et Demangeat, t. 6, p. 398 et s.; Boistel, n. 959.

93. En conséquence, une telle action échappe à la compétence du tribunal de commerce. — Même arrêt.

94. Mais on admet dans un autre système, que lorsque, dans une faillite, le créancier de la masse, déclaré tel par jugement du tribunal de commerce, a formé saisie-arrêt entre les mains du syndic-caissier, le tribunal de commerce ne peut connaître de la demande en validité. — Cass., 27 juin 1821 [S. et P. chr., D. A. 8. 211]

95. On a vu précédemment (V. *suprà*, n. 35 et s.), que l'art. 635 a pour résultat de faire échec aux règles de la compétence *ratione materiæ* en ce sens que, d'après une opinion généralement suivie, il attribue compétence aux tribunaux de commerce,

même dans les matières purement civiles; on se demande si ce même article a aussi pour effet de faire échec aux règles de la séparation des pouvoirs et pour attribuer compétence aux tribunaux de commerce au cas de procès qui, normalement, rentrent dans la compétence des tribunaux administratifs : on se prononce généralement pour la négative. — V. Chavegrin, note sous Cass., 15 juin 1887 [S. 88. 1. 209, P. 88. 1. 508] — Hauriou, note sous Trib. des conflits, 12 juill. 1890 [S. et P. 92. 3. 113] — V. *infrà*, art. 636, n. 33 et s.

96. Décidé, à cet égard, que les conseils de préfecture sont seuls compétents pour statuer sur les difficultés qui peuvent s'élever entre les entrepreneurs de travaux publics et l'administration concernant l'exécution de leurs marchés; c'est là une règle tenant à l'ordre des juridictions et à la séparation des pouvoirs, c'est-à-dire d'ordre et de droit public. — Cass., 15 juin 1887 [S. 88. 1. 209, P. 88. 1. 508 et la note Chavegrin, D. P. 88. 3. 100]

97. Et cette règle de compétence ne saurait être modifiée, à défaut d'un texte formel et spécial de la loi, par la situation de l'entrepreneur tombé en faillite; notamment la demande de la nullité d'une convention de résiliation d'un marché de travaux publics, formée par le syndic comme intervenue depuis l'ouverture de la faillite, ne peut être soumise à l'appréciation des tribunaux de l'ordre judiciaire. — Même arrêt.

98. Décidé aussi que c'est au conseil de préfecture qu'il appartient de statuer sur la demande d'un syndic tendant à l'annulation, relativement à la masse, des conventions passées depuis la cessation de paiements entre l'État et un entrepreneur de travaux publics, et notamment de la renonciation par celui-ci à toute réclamation ultérieure contre l'administration. — Trib. des conflits, 12 juill. 1890 [S. et P. 92. 3. 113, les conclusions de M. le commissaire du Gouvernement Jagerschmidt et la note Hauriou, D. P. 92. 3. 17]

Art. **636**. Lorsque les lettres de change ne seront réputées que simples promesses, aux termes de l'article 112, ou lorsque les billets à ordre ne porteront que des signatures d'individus non négociants, et n'auront pas pour occasion des opérations de commerce, trafic, change, banque ou courtage, le tribunal de commerce sera tenu de renvoyer au tribunal civil, s'il en est requis par le défendeur. — C. comm., 1 et s., 112, 113, 187, 637; C. proc. civ., 168 et s.

INDEX ALPHABÉTIQUE.

DIVISION

§ 1. *De la compétence des tribunaux de commerce en matière de lettres de change.*

1. Depuis que la loi du 7 juin 1894, modificative des art. 110 et 632, a supprimé la remise de place en place comme condition de validité des lettres de change, la loi répute actes de commerce les lettres de change entre toutes les personnes, sans qu'il soit besoin d'une remise de place en place, et par suite les tribunaux de commerce sont seuls compétents pour connaître des difficultés pouvant naître à l'occasion des lettres de change, même lorsqu'il n'y a pas remise de place en place. — V. notre *Rép. gén. alph. du dr. fr.*, v[is] *Acte de commerce*, n. 954 et s., *Compétence civile et commerc.*, n. 714 et s.

2. Les tribunaux de commerce sont compétents pour connaître de toute demande en paiement de lettres de change, même lorsqu'elles ont été souscrites par des individus non commerçants... — Colmar, 7 févr. 1806 [S. et P. chr.] — Toulouse, 3 déc. 1829

[S. et P. chr., D. P. 32. 2. 13, D. *Rép.*, v° *Effets de comm.*, n. 472] — *Sic*, Orillard, *Compét. des trib. de comm.*, n. 377; Devilleneuve, Massé et Dutruc, *Dictionn. du content. comm.*, *hoc verb.*, § 15; Nouguier, *Lettres de change*, t. 1, p. 455 et s., et *Trib. de comm.*, t. 2, p. 172 et s.

3. ... Même alors que la cause de la lettre de change serait purement civile, et qu'elle n'aurait rien de commercial. — Paris, 22 août 1810 [S. et P. chr., D. A. 2. 720, D. *Rép.*, v° *Comp. comm.*, n. 176] — Pau, 11 nov. 1834 [S. 35. 2. 167, P. chr., D. P. 35. 2. 56, D. *Rép.*, *loc. cit.*]

4. ... Alors même que la lettre de change aurait pour cause le prix de vente d'un immeuble. — Bordeaux, 13 déc. 1842 [S. 43. 2. 153, P. chr.] — *Sic*, Nouguier, t. 1, p. 99, n. 32.

5. L'autorisation donnée par un débiteur à son créancier de tirer sur lui, pour le paiement d'une dette civile, une lettre de change payable à l'ordre d'un tiers, a pour effet de substituer à l'obligation primitive une opération de change dont la nature et la forme essentiellement commerciales rendent le tiré justiciable du tribunal de commerce, en cas de non-paiement de la lettre de change. — Cass., 18 avr. 1866 [S. 66. 1. 287, P. 66. 760, D. P. 66. 1. 248]

6. Peu importe, du reste, que cette lettre de change n'ait pas été acceptée : le défaut d'acceptation ne pouvant, en pareil cas, avoir d'autre effet que d'enlever au tireur la présomption de provision, et non de modifier les règles de la compétence. — Même arrêt.

7. Le client qui, ayant chargé un huissier d'opérer des recouvrements, autorise, par lettre, l'huissier, à tirer sur lui une lettre de change pour le paiement des frais, est valablement assigné par le tiers porteur devant le tribunal de commerce. — Cass., 15 févr. 1882 [S. 83. 1. 81, P. 83. 1. 166, et le Rapport de M. le conseiller Rivière, D. P. 82. 1. 401]

8. Jugé toutefois que les tribunaux de commerce ne sont pas compétents pour connaître entre particuliers non négociants de contrats purement civils, faussement qualifiés lettre de change. — Turin, 22 août 1806 [S. et P. chr.] — *Sic*, Nouguier, t. 1, p. 456.

9. Jugé encore, dans ce sens, qu'une lettre de change souscrite pour prix d'un remplacement au service militaire, n'ayant qu'une cause purement civile, doit être considérée comme une simple promesse, et par suite que les contestations auxquelles cette lettre de change (même souscrite par un négociant) peut donner lieu ne sont pas de la compétence du tribunal de commerce. — Aix, 5 nov. 1830 [S. et P. chr., D. P. 31. 2. 239, D. *Rép.*, *v° cit.*, n. 177]

10. Les tribunaux de commerce sont seuls compétents en matière de lettre de change, même quand le montant de la lettre de change est inférieur à 200 francs et qu'abstraction faite de l'emploi de cette forme spéciale d'effet de commerce, l'affaire rentre dans la compétence des juges de paix. — Trib. paix Châlons-sur-Marne, 6 nov. 1888 [J. *La Loi*, 9 nov. 1888] — *Sic*, Lyon-Caen et Renault, t. 4, n. 370.

11. L'action en nullité d'une lettre de change que vient à former le souscripteur de l'effet contre le bénéficiaire, après avoir été contraint d'en payer le montant au porteur, d'ailleurs commerçant, peut être valablement portée par lui devant le tribunal de commerce, et cela quand même il ne serait pas commerçant. — Grenoble, 10 janv. 1853 [S. 53. 2. 392, P. 53. 1. 287, D. P. 56. 2. 22]

12. ... En un tel cas, le tribunal de commerce ne pourrait se déclarer incompétent sur l'exception du bénéficiaire, soit parce que, au fond, tant que la lettre de change subsiste, elle conserve son caractère commercial, soit parce que, dans tous les cas, l'exception d'incompétence ne pourrait être opposée par le bénéficiaire de l'effet, s'il est commerçant. — Même arrêt.

13. Le tribunal de commerce saisi d'une demande en paiement d'une lettre de change est compétent pour connaître des exceptions opposées à cette demande, et spécialement du moyen tiré de ce que la lettre de change aurait pour cause un supplément de prix d'un office ministériel, et serait, par conséquent, nulle. — Cass., 30 juill. 1855 [S. 56. 1. 864, P. 58. 313, D. P. 55. 1. 422]

14. Peu importe que l'action en nullité de l'obligation ayant pour objet un supplément de prix, soit en même temps pendante devant un tribunal civil, si le tribunal de commerce a été saisi le premier. — Même arrêt.

15. Le tribunal de commerce, saisi d'une question de propriété de la provision de lettres de change entre les porteurs de ces traites et d'autres créanciers qui ont opéré des saisies-arrêts entre les mains du tiré, doit se borner à décider cette question de propriété de la provision, sans s'occuper de la question de validité ou d'effet des saisies-arrêts, cette dernière question appartenant aux tribunaux civils. — Toutefois, s'il a prononcé sur ces saisies-arrêts et en a donné mainlevée, cette infraction aux règles de sa compétence n'emporte pas nullité de sa décision sur la question de propriété de la provision. — Rouen, 24 avr. 1845 [S. 47. 2. 65, P. 48. 1. 226, D. P. 47. 2. 201, D. *Rép.*, v° *Compét. comm.*, n. 397 et s.]

16. Mais décidé que les tribunaux de commerce sont compétents pour connaître d'une demande formée par le porteur d'une lettre de change en mainlevée d'une saisie-arrêt pratiquée par un créancier du tireur sur la provision de l'effet. — Rouen, 11 janv. 1844 [S. 45. 2. 232, P. 44. 1. 227, P. 44. 1. 227, D. P. 45. 2. 112, D. *Rép.*, v° *Effets de comm.*, n. 234] — V. notre *Code de procédure civile annoté*, art. 507.

17. Si l'on admet la validité de l'acceptation de la lettre de change par acte séparé, il s'ensuit que, cette acceptation étant régulière, entraîne la compétence commerciale pour toutes les contestations qui peuvent naître entre le tiré, le tireur, les endosseurs ou le porteur. — Décidé, à cet égard, que la lettre, par laquelle le débiteur d'un commerçant déclare en termes formels accepter de payer le reliquat d'un compte au moyen de lettres de change tirées sur lui, constitue une acceptation des lettres de change, qui a pour effet de soumettre par là même à la juridiction commerciale, pour le paiement des lettres de change, l'auteur de l'acceptation. — Caen, 6 mai 1901 [S. et P. 1902. 2. 293] — V. *suprà*, art. 122, n. 20 et s. — *Adde*, Dijon, 7 déc. 1899 [S. et P. 1903. 2. 126, D. P. 1902. 2. 385]; notre *Rép. gén. alph. du dr. fr.*, v^is^ *Acceptation de lettre de change*, n. 244 et s.; *Acte de commerce*, n. 958.

18. La supposition de valeur ne fait pas dégéné-

rer la lettre de change en simple promesse, comme la supposition de nom, etc., aux termes de l'art. 112, *suprà*. — Toulouse, 19 mai 1820 [S. et P. chr., D. *Rép.*, v° *Compét. comm.*, n. 184]

19. Ainsi, de ce qu'une lettre de change est réputée simple promesse lorsqu'elle ne contient pas l'indication de la valeur fournie, il ne s'ensuit pas que le tribunal de commerce soit incompétent, si d'ailleurs les tireurs et porteurs sont tous négociants. — Liège, 10 août 1814 [S. et P. chr., D. A. 6. 623, D. *Rép.*, v° *cit.*, n. 180]

20. Et il en doit être ainsi, même vis-à-vis de non-négociants, bien que l'effet en litige porte, outre leurs signatures, celles d'individus négociants. — Liège, 1er déc. 1814 [S. et P. chr., D. A. 3. 347, D. *Rép.*, v° *cit.*, n. 216]

21. L'incompétence des tribunaux de commerce pour connaître des demandes en paiement de lettres de change, lorsqu'elles ne sont en réalité que de simples promesses, n'est pas absolue ; elle doit être proposée *in limine litis*, et se couvre par les défenses au fond. — Toulouse, 20 (21) mars 1854 [S. 54. 2. 620, P. 54. 2. 243, D. P. 54. 2. 219] — *Sic*, Lyon-Caen et Renault, t. 1er, n. 381; Merlin, *Rép.*, v° *Lettre de change*, § 2 (Addit.); Nouguier, n. 861. — V. notre *Code de procédure civile annoté*, t. 1er, p. 708, *Appendice sur la compétence* ratione personæ *et la compétence* ratione materiæ, n. 23, *infrà*, n. 71 et s., notre *Rép. gén. alph. du dr. fr.*, v° *Compétence civile et commerc.*, n. 716 et s. — Sur l'influence, au point de vue de la compétence, des suppositions de nom ou de qualité, V. *suprà*, art. 112, n. 6, 7 et 17. — Sur l'effet, au point de vue de la compétence, de l'apposition sur une lettre de change de la signature de femmes ou de filles non négociantes, V. *suprà*, art. 113, n. 6 et s.

22. Elle ne peut être proposée pour la première fois en appel. — Aix, 15 janv 1825 [S. et P. chr., D. P. 25. 2. 223, D. *Rép.*, v° *cit.*, n. 214] — *Sic*, Carré, quest. 1518.

23. Mais l'individu non commerçant qui a souscrit une lettre de change réputée simple promesse, ou un billet pour une cause non commerciale, et qui laisse prendre défaut, peut, sur l'opposition, requérir son renvoi devant les juges ordinaires. — Carré, *Comp.*, t. 2, n. 526.

24. Quoi qu'il en soit, même dans le cas de supposition avérée, les juges de commerce ne doivent pas d'office se déclarer incompétents pour prononcer condamnation touchant des lettres de change devenues simples promesses : le renvoi ne doit être prononcé que quand il a été requis par le défendeur. — Trèves, 4 juill. 1812 [S. et P. chr., D. *Rép.*, v° *cit.*, n. 187] — Toulouse 20 (21) mars 1854, précité. — *Sic*, Merlin, *loc. cit.*; Nouguier, n. 831; Lyon-Caen et Renault, t. 1, n. 381. — *Contrà*, Colmar, 15 juin 1813 [S. et P. chr., D. A. 6. 572, D. *Rép.*, v° *Effets de comm.*, n. 128]

25. De ce qu'une lettre de change est réputée simple promesse, il ne s'ensuit pas que le tribunal de commerce soit incompétent, si d'ailleurs les tireur et porteur sont tous négociants. — Turin, 1er août 1811 [S. et P. chr., D. A. 3. 340] — *Sic*, Nouguier, t. 1, p. 455.

26. ... Lorsque les lettres de change ont été souscrites à l'occasion d'opérations de change intervenues entre les parties. — Toulouse, 20 (21) mars 1854, précité. — *Sic*, Orillard, n. 409; Nouguier, t. 2, n. 829 et s ; Despréaux, n. 469.

27. Le tribunal de commerce qui, sur une action en paiement d'une lettre de change, déclare nul cet effet comme ayant été souscrit par un mineur non autorisé, n'est pas compétent pour connaître de la demande formée subsidiairement par le porteur en remboursement des fournitures ou avances faites au souscripteur, cette demande n'ayant pas une cause commerciale. — Toulouse, 9 août 1860 [S. 61. 2. 23, P. 61. 495, D. P. 61. 5. 96]

28. L'engagement du mineur commerçant résultant d'une lettre de change est commercial de plein droit. — Pardessus, t. 1, n. 62.

29. L'action en paiement d'une lettre de change souscrite par un mineur autorisé à faire le commerce, ne cesse pas d'être exclusivement de la compétence du tribunal de commerce, par cela seul que le mineur oppose à cette action une exception fondée sur ce que la souscription de l'effet lui aurait été surprise par dol et fraude, ou qu'il l'aurait souscrit pour une cause étrangère au commerce qu'il était autorisé à exercer. — Cass., 23 mars 1857 [S. 58. 1. 300, P. 58. 74, D. P. 57. 1. 126]

30. Par suite, si le mineur forme lui-même devant le tribunal civil une action en nullité de l'effet pour les causes susénoncées, ce tribunal doit se déclarer incompétent alors du moins qu'il n'est pas établi que cette action en nullité ait été formée antérieurement à toute poursuite contre le mineur pour le paiement de la lettre de change. — Même arrêt.

31. Mais l'action en nullité d'une lettre de change, fondée sur ce que l'effet a été souscrit par un mineur commerçant, pour une cause étrangère au commerce qu'il est autorisé à exercer, est de la compétence du tribunal civil et non du tribunal de commerce. — Rouen, 17 nov. 1855 [S. 57. 2. 451, P. 57. 1090]

32. Et il en est ainsi, même à l'égard du tiers porteur de l'effet, qui en a connu le vice dès le moment de l'endossement qui lui en a été fait. — Même arrêt.

33. Notre article qui, en matière de lettre de change, attribue compétence aux tribunaux de commerce à l'exclusion des tribunaux civils, n'a cependant pas pour effet d'enlever aux juridictions administratives la connaissance des affaires qui, abstraction faite de l'emploi des lettres de change, rentrent dans leur compétence. — Ainsi, c'est à l'autorité administrative, et non à l'autorité judiciaire, qu'il appartient de connaître de l'effet que doivent produire, contre un garde-magasin des vivres de la marine, des lettres de change souscrites par lui en sa qualité d'agent du Gouvernement. — Cass., 22 pluv. an X [S. et P. chr., D. A. 3. 181, D. *Rép.*, v° *Compét. admin.*, n. 112-3°] — V. *suprà*, art. 635, n. 95 et s.

34. Il en est de même à l'égard de lettres de change tirées sur le trésor public par un agent consulaire du Gouvernement pour faire face à des dépenses qui sont au compte du Gouvernement lui-même. — Cons. d'Etat, 11 avr. 1810 [S. chr., P. adm. chr.]

§ 2. *De la compétence des tribunaux de commerce en matière de billets à ordre et autres effets de commerce.*

35. La Cour de cassation a plusieurs fois décidé qu'un billet à ordre n'est pas, par lui-même et à raison de la forme qu'il revêt, un effet de com-

merce; qu'il ne prend ce caractère et ne donne lieu par conséquent à la compétence du tribunal de commerce que lorsqu'il est souscrit par un commerçant ou à l'occasion d'une opération commerciale. — Cass., 17 mars 1890 [S. et P. 93. 1. 502, D. P. 91. 1. 84]; 1er août 1900 [S. et P. 1901. 1. 84, D. P. 1900. 1. 504] — V. notre *Rép. gén. alph. du dr. fr.*, vis *Acte de commerce*, n. 1142 et s.; *Billet à ordre*, n. 11; *Compétence civile et commerciale*, n. 644 et s. — Sur l'incompétence, sous l'empire de l'ordonnance de 1673, des tribunaux de commerce au cas de billets à ordre souscrits entre simples particuliers, V. Cass., 14 oct. 1791 [S. chr., D. A. 3. 347] — Sur la compétence en matière de billets à ordre lorsqu'on relève dans leur libellé certaines omissions, V. *suprà*, art. 188, n. 8, 42.

36. Cette formule demande, tout au moins, quelques explications : il est vrai de dire qu'à la différence de la lettre de change, le billet à ordre n'est pas, par lui-même et à raison de la forme qu'il revêt, un effet de commerce ; il est également vrai de dire qu'il devient commercial lorsqu'il est souscrit à l'occasion d'une opération commerciale; mais il n'est pas absolument exact de dire qu'il en est encore ainsi lorsqu'il est souscrit par un commerçant : en pareil cas, et cela résulte de l'art. 638 *infrà*, on présume sans doute que le commerçant a agi en vue de son commerce, ce qui prête au billet à ordre le caractère d'un effet de commerce, mais on reconnaît aux intéressés le droit de faire tomber cette présomption à l'aide de la preuve contraire ; ce qui, au cas de succès, a pour résultat d'enlever au billet à ordre le caractère commercial que lui avait provisoirement communiqué jusque-là le fait qu'il avait été souscrit par un négociant. — Lyon-Caen et Renault, t. 1er, p. 150, n. 167; Thaller, n. 1339.

37. Cette présomption de commercialité n'existerait d'ailleurs, d'après un arrêt déjà ancien, que si le billet à ordre portait effectivement la signature d'un négociant. — Décidé, à cet égard, que la marque en forme de croix qu'un négociant appose sur un billet à ordre ne peut être considérée comme une signature de négociant qui rende le tribunal de commerce compétent pour connaître du paiement du billet. — Bruxelles, 5 mars 1811 [S. chr.]

38. On peut d'ailleurs observer que, par dérogation à la règle générale, la loi du 11 juill. 1851 (art. 12), sur les banques coloniales considère comme justiciables des tribunaux de commerce tous les signataires de billets à ordre souscrits au profit des banques coloniales. — Lyon-Caen et Renault, t. 1, n. 150.

39. Ainsi donc, d'une part, comme un agent d'affaires est commerçant, les billets par lui souscrits ou endossés sont réputés faits pour son commerce, lorsqu'une autre cause n'y est pas énoncée. — Paris, 18 août 1836 [S. 36. 2. 453, P. chr., D. P. 37. 2. 77, D. *Rép.*, v° *Compét. comm.*, n. 235] — V. *suprà*, art. 632, n. 266 et s.

40. Le souscripteur d'un billet à ordre qui s'y qualifie marchand ne peut d'ailleurs prétexter ensuite qu'il n'est pas marchand pour se soustraire à la juridiction commerciale. — Paris, 28 juin 1813 [S. et P. chr., D. A. 2. 709, D. *Rép.*, v° *Commerc.*, n. 98]

41. Un négociant est justiciable des tribunaux de commerce à raison des billets à ordre qu'il a souscrits, encore bien que ce soit au profit d'un particulier non négociant. — Nîmes, 5 févr. 1811 [S. et P. chr., D. *Rép.*, v° *Compét. comm.*, n. 28]

42. Il en est ainsi, bien que ces billets n'aient pas été négociés. — Rouen, 10 mai 1813 [S. et P. chr., D. A. 8. 36, D. *Rép.*, v° *Acte de comm.*, n. 370]

43. Le défaut d'énonciation de la valeur fournie ne suffit pas pour faire perdre à un billet à ordre souscrit par un négociant sa nature commerciale. — Paris, 18 févr. 1830 [S. et P. chr., D. P. 30. 2. 220, D. *Rép.*, v° *Compét. comm.*, n. 206]

44. Les billets souscrits par un marchand, et causés valeur reçue, sont, jusqu'à preuve contraire, présumés faits pour raison de son négoce, et le rendent justiciable des tribunaux de commerce. — Bruxelles, 24 juin 1809 [S. chr.] — Sur le caractère des billets à ordre qui n'expriment aucune cause, V. *suprà*, art. 1er, n. 4.

45. Il en est de même des billets causés valeur reçue comptant. — Paris, 1er oct. 1806 [S. et P. chr., D. A. 10. 133, D. *Rép.*, v° *Acte de comm.*, n. 371] — V. aussi Cass., 9 vend. an XIII [S. et P. chr., D. A. 2. 718, D. *Rép.*, *loc. cit.*] — Rouen, 3 mai 1808 [S. et P. chr., D. A. 2. 718, D. *Rép.*, v° *cit.*, n. 375]

46. De même, l'action en paiement de billets à ordre qui, bien que causés valeur reçue comptant, ont eu pour cause le prix de la vente de partie d'un établissement de voitures publiques, et se rattachaient à une société commerciale formée entre le vendeur et l'acheteur, le jour même de la vente, est de la compétence du tribunal de commerce. — Cass., 24 déc. 1850 [S. 51. 1. 24, P. 52. 1. 348, D. P. 51. 1. 31]

47. Au cas d'une vente d'immeubles, faite en vue d'opérations de négoce, et dont le prix est stipulé payable en effets de commerce, l'acquéreur est justiciable des tribunaux de commerce, à raison des billets par lui souscrits en exécution du contrat. — Paris, 11 mars 1806 [S. et P. chr., D. A. 2. 731, et 6. 580, D. *Rép.*, v° *Effet de comm.*, n. 91-2°]

48. L'art. 678, qui répute faits pour son commerce, lorsqu'une autre cause n'y est pas énoncée, les billets souscrits par un négociant, s'applique aux obligations notariées consenties au profit même d'un non-négociant : l'expression billets n'est pas limitative. — Cass., 6 juill. 1836 [S. 36. 1. 694, P. chr., D. P. 36. 1. 407, D. *Rép.*, v° *Effet de comm.*, n. 312] — *Sic*, Pardessus, t. 1, n. 50 ; Despréaux, *Compét. des trib. de comm.*, n. 525 ; Molinier, t. 1, p. 179 ; Delvincourt, *Inst. de dr. commerce*, t. 2, p. 4. — V. Paris, 6 août 1829 [S. et P. chr., D. P. 29. 2. 169, D. *Rép.*, *loc. cit.*]

49. Le tribunal de commerce est compétent pour statuer sur la validité d'un acte notarié, lorsque les conventions que cet acte renferme sont de nature commerciale et passées entre négociants. — Cass., 23 mars 1824 [S. et P. chr., D. A. 10. 672, D. *Rép.*, v° *Compét. comm.*, n. 352]

50. L'obligation souscrite dans la forme des effets de commerce est un acte commercial, qui ne perd pas sa nature par le fait qu'il serait stipulé des échéances éloignées et qu'une hypothèque serait consentie en garantie du paiement. — Bruxelles, 15 nov. 1809 [S. et P. chr.]

51. Au surplus, la présomption que les billets souscrits par un commerçant sont faits pour son commerce, lorqu'une autre cause n'y est pas énoncée, peut être détruite par la preuve contraire. Et cette preuve peut être opposée aussi bien au tiers porteur qu'à celui au profit duquel les billets ont été sous-

crits. — Metz, 22 mars 1839 [S. 41. 2. 272, P. 40. 2. 371, D. P. 41. 2. 59] — *Sic*, Pardessus, n. 52 et 1505.

52. Cette présomption peut même être combattue par des présomptions contraires. — Bordeaux, 19 avr. 1836 [S. 36. 2. 421, P. chr., D. P. 37. 2. 43, D. *Rép.*, v° *Compét. comm.*, n. 139] — *Sic*, Pardessus, t. 1, p. 52; Despréaux, n. 527.

53. Ainsi, un billet souscrit par un commerçant peut être réputé fait pour une cause étrangère à son commerce, quoique le billet ne l'énonce pas formellement, si les termes dans lesquels il est conçu pouvaient faire découvrir qu'il n'avait pas réellement une cause commerciale. — Cass., 20 janv. 1836 [S. 36. 1. 494, P. chr., D. P. 36. 1. 127]

54. De même, un billet, quoique souscrit par un commerçant, ne doit pas être considéré comme un acte de commerce, lorsqu'il est établi, par une énonciation formelle de la valeur fournie, que le billet a une toute autre cause qu'une cause commerciale. — Bruxelles, 5 mars 1823 [S. et P. chr., D. *Rép.*, v° *Acte de comm.*, n. 382]

55. L'action en paiement de billets à ordre souscrits pour droits de douanes dus sur des marchandises n'est pas de la compétence des tribunaux de commerce, encore que ces billets soient signés de commerçants. — La cause énoncée dans de tels billets n'ayant rien de commercial, les signataires ne sont soumis qu'à une action civile. — Rouen, 16 juin 1827 [S. et P. chr., D. P. 29. 2. 163, D. *Rép.*, v° *Compét. comm.*, n. 219]

56. Un billet à ordre, dans lequel le souscripteur ne s'oblige que sous condition, ne peut être réputé effet de commerce, attributif de juridiction aux tribunaux de commerce..., surtout si la condition suspensive est telle, que les contestations auxquelles elle pourrait donner lieu seraient de la compétence des tribunaux civils. — Grenoble, 19 juin 1824 [S. et P. chr., D. P. 25. 2. 10, D. *Rép.*, v° *Effet de comm.*, n. 169]

57. Nous avons supposé jusqu'ici que le billet à ordre avait été souscrit par un commerçant; des non-commerçants peuvent également souscrire des billets à ordre. — Il y a lieu d'observer, à cet égard, que le souscripteur non commerçant d'un billet à ordre au profit d'un commerçant ne peut être traduit devant le tribunal de commerce, lorsque le billet ne porte la signature d'aucun commerçant, et que d'ailleurs il n'a pas une cause commerciale. — Bruxelles, 16 oct. 1822 [S. et P. chr., D. A. 3. 343, D. *Rép.*, v° *Compét. comm.*, n. 227] — Sur le cas où le billet est revêtu de signatures de commerçants et de non-commerçants, V. *infrà*, art. 637, n. 1 et s.

58. La demande en paiement d'intérêts d'un billet à ordre ne saurait être soumise à la compétence de la juridiction consulaire, lorsqu'il n'est pas établi que la société qui l'a souscrit avait nécessairement pour objet des opérations de commerce, et que, par conséquent, le billet émis pour les besoins de l'exploitation sociale présentait le même caractère. — Cass., 1er août 1900 [S. et P. 1901. 1. 84, D. P. 1900. 1. 504]

59. Pour que des billets à ordre revêtus seulement de signatures de non-négociants soumettent les signataires à la juridiction commerciale, il ne suffit pas que les billets énoncent que les fonds prêtés étaient destinés à une opération de commerce ; il faut encore que ces fonds y aient été réellement appliqués. — Bastia, 29 janv. 1833 [S. 33. 2. 246, P. chr., D. P. 33. 2. 146, D. *Rép.*, v° *cit.*, n. 208]

60. Le billet à ordre causé valeur reçue comptant, souscrit par un individu non négociant, ne rend pas le souscripteur justiciable des tribunaux de commerce. — Bruxelles, 21 pluv. an X [S. chr.]

61. De même, un billet à ordre, souscrit par un non-commerçant valeur reçue en marchandises, ne constitue pas par lui-même un acte de commerce, et ne soumet point dès lors le souscripteur à la juridiction commerciale. — Rouen, 3 mars 1812 [S. et P. chr., D. *Rép.*, v° *Acte de comm.*, n. 273]

62. Le tribunal de commerce est incompétent pour connaître des difficultés relatives à un billet à ordre causé pour l'acquisition de rentes viagères sur l'Etat. — Paris, 22 déc. 1809 [S. et P. chr., D. *Rép.*, v° *Compét. comm.*, n. 219]

63. De ce qu'un billet à ordre est causé valeur en marchandises, il ne s'ensuit pas que le souscripteur (non-commerçant) soit par cela seul justiciable du tribunal de commerce : il faut de plus que les marchandises aient été achetées pour être revendues. — Paris, 17 sept. 1828 [S. et P. chr., D. P. 29. 2. 23, D. *Rép.*, v° *Acte de comm.*, n. 273]

64. En un tel cas, et pour déterminer la compétence, il est nécessaire, selon la règle générale, d'apprécier la nature des opérations qui ont donné naissance au billet. — Angers, 11 juin 1824 [S. et P. chr., D. A. 2. 720, D. *Rép.*, v° *Acte de comm.*, n. 56] — Lyon, 26 févr. 1829 [S. et P. chr., D. *Rép.*, *loc. cit.*] — Paris, 10 déc. 1829 [S. et P. chr., D. P. 30. 2. 79, D. *Rép.*, *loc. cit.*]

65. Il n'y a pas expression suffisante de la valeur fournie dans un billet à ordre portant : valeur reçue à ma satisfaction. — En conséquence, un tel billet n'a (entre non-commerçants) le caractère que d'une simple promesse, à l'égard de laquelle le tribunal de commerce est incompétent. — Liège, 18 mai 1824 [S. et P. chr., D. A. 6. 582, D. *Rép.*, v° *Effets de comm.*, n. 182]

66. Le fait de souscrire des billets à ordre pour une somme importante et d'obtenir d'un banquier l'avance de leur montant moyennant escompte, ne suffit pas pour attribuer à ces billets un caractère commercial; en conséquence, la demande ayant pour objet le règlement de ces opérations n'est pas de la compétence des tribunaux de commerce. — Cass, 17 mars 1890 [S. et P. 93. 1. 502, D. P. 91. 1. 84]

67. Le billet à ordre qui n'énonce pas la valeur fournie est une simple promesse et ne rend pas le particulier non négociant qui l'a souscrit justiciable des tribunaux de commerce, encore qu'il puisse être cédé par la voie de l'endossement. — Cass., 6 août 1811 [S. et P. chr., D. A. 3. 346, D. *Rép.*, v° *Compét. comm.*, n. 216] — *Sic*, Massé, t. 4, n. 140.

68. L'attribution de compétence au tribunal de commerce faite par l'art. 636 au cas où le billet à ordre est relatif à des affaires commerciales comporte les mêmes exceptions que l'attribution générale de compétence faite par les art. 631 et s. — Aussi, a-t-il été décidé que le tribunal de commerce est incompétent pour connaître de la difficulté élevée sur la propriété d'un billet à ordre souscrit au profit de l'épouse et revendiqué par le mari. — Il est également incompétent pour décider que l'épouse avait des biens paraphernaux, et qu'elle a pu disposer d'un effet de commerce, sans le consentement de

son mari. — Riom, 22 nov. 1808 [S. et P. chr., D. A. 9. 2. 77, D. *Rép.*, v° *cit.*, n. 359] — V. *suprà*, art. 631, n. 89 et s.

69. De même, le tribunal de commerce, saisi d'une demande en paiement d'un billet à ordre souscrit par un mandataire, n'est pas compétent, dans le cas où le mandant (défendeur) soutient que le mandat ne donnait pouvoir au mandataire que de souscrire des billets simples et non des billets à ordre, pour examiner à cet égard le mérite de la procuration, en apprécier l'étendue, les effets et la conséquence. — C'est là une question dont la connaissance appartient exclusivement aux tribunaux civils. — Poitiers, 26 août 1828 [S. et P. chr., D. P. 29. 2. 132, D. *Rép.*, v° *cit.*, n. 349]

70. Le tribunal de commerce, saisi par un non-commerçant de l'action en paiement d'un billet à ordre souscrit par un commerçant, n'est compétent pour connaître d'une demande reconventionnelle opposée par le souscripteur qu'autant que cette demande se rattache intimement à l'action originaire, mais non lorsqu'elle a sa source dans un acte purement civil, et qui, distinct de celui pour lequel le billet a été créé, n'en procède en aucune façon. — V. en ce sens, Alauzet, t. 4, n. 2079; Nouguier, t. 2, p. 379; Orillard, n. 50; Despréaux, *Compét. des trib. de comm.*, n. 96; Goujet et Merget, v° *Compét.*, n. 115; Bioche, *Dict. de proc.*, v° *Compét. des trib. de comm.*, n. 182 et 230; Sébire et Carteret, *Encyclop. du dr.*, v° *Compét. comm.*, n. 7. — V. *suprà*, art. 632 et s.

71. Bien qu'en principe l'incompétence des tribunaux de commerce à connaître des questions relevant de la compétence des tribunaux civils soit une incompétence *ratione materiæ*, il résulte cependant de l'art. 636 que le tribunal de commerce ne peut pas d'office se déclarer incompétent dans les procès relatifs aux billets à ordre sans caractère commercial; il ne peut, en pareil cas, se déclarer incompétent que s'il en est requis par le défendeur. — V. Cass., 16 juin 1863 [D. P. 64. 1. 471]; Thaller, n. 1339; Lyon-Caen et Renault, t. 1, n. 381; Carré et Chauveau, quest. 1518; Nouguier, *Trib. de comm.*, t. 1, p. 159. — V. *suprà*, n. 21 et s.

72. Décidé aussi que l'incompétence du tribunal de commerce, pour connaître d'une demande en paiement d'un billet à ordre ne portant que des signatures d'individus non négociants et n'ayant point pour cause des opérations de commerce, n'est pas absolue : elle peut être couverte par l'acquiescement des parties. — Metz, 12 avril 1820 [S. et P. chr., D. A. 3. 349, D. *Rép.*, v° *Compét. comm.*, n. 187] — *Sic*, Chauveau, sur Carré, *Lois de la procéd.*, t. 2, art. 170, note 7; Orillard, n. 417, 418 et 431 *in fine*; Thaller, *loc. cit.* — *Contrà*, nos observ. en note de l'arrêt ci-dessus. — V. *suprà*, v° *Billet à ordre*, n. 77 et s.

73. Une exception d'incompétence, d'abord proposée devant le tribunal de commerce, par application de notre article, puis reproduite devant les juges d'appel, est couverte par des conclusions au fond prises par l'appelant devant la cour saisie par lui de l'examen du fond par plusieurs incidents soulevés par ledit appelant et sur lesquels la cour a prononcé. — Cass., 12 févr. 1890 [S. 90. 1. 396, P. 90. 1. 959, D. P. 91. 1. 23] — V. cep. Agen, 12 déc. 1809 [S. et P. chr., D. *Rép.*, v° *Except.*, n. 535-1°]

74. D'une façon générale, l'incompétence des tribunaux de commerce dans l'une et l'autre hypothèses prévues par notre article doit être soulevée *in limine litis*. — Bruxelles, 31 juill. 1809 [S. et P. chr., D. A. 3. 348, D. *Rép.*, v° *Compét. commerciale*, n. 187]; 17 mars 1812 [S. et P. chr., D. A. 3. 753, D. *Rép.*, *loc. cit.*]; 20 sept. 1822 [P. chr., D. A. 3. 350, D. *Rép.*, *loc. cit.*] — Paris, 16 août 1811 [S. et P. chr., D. A. 3. 348, D. *Rép.*, *loc. cit.*]; 1er déc. 1831 [S. 32. 2. 350, P. chr., D. P. 33. 2. 54, D. *Rép.*, *loc. cit.*] — Trèves, 4 juill. 1812 [S. et P. chr., D. *Rép. loc. cit.*] — Rennes, 13 juin 1814 [P. chr., D. *Rép.*, v° *Compét. comm.*, n. 213]; — Metz, 12 avr. 1820 [S. et P. chr., D. A. 3. 349, D. *Rép.*, v° *cit.*, n. 187]; — Bourges, 30 juin 1829 [D. *Rép.*, v° *cit.*, n. 213] — Caen, 27 janv. 1841 [D. *Rép.*, *loc. cit.*]

75. Si, sous l'empire de l'ancien art. 632, *suprà*, les difficultés relatives aux billets à domicile étaient de la compétence des tribunaux de commerce, par la raison que la création de ces effets constituait un contrat de change résultant de la remise d'argent de place en place, il n'en est plus ainsi depuis la loi du 7 juin 1894, qui a modifié le dernier paragraphe de l'art. 632, en supprimant dans l'énumération des actes de commerce « les remises d'argent faites de place en place ». — Besançon, 11 mars 1895 [S. et P. 98. 2. 297] — Désormais les billets à domicile doivent être traités comme des billets à ordre et ne deviennent commerciaux que sous les distinctions indiquées pour les billets à ordre. — Lyon-Caen et Renault, t. 1, n. 150, n. 362 *bis*. — V. sur la question, avant la loi du 7 juin 1894, notre *Rép. gén. alph. du dr. fr.*, vis *Acte de commerce*, n. 950; *Billet à domicile*, n. 10 et s.; *Compétence civile et commerc.*, n. 743.

76. La loi du 14 juin 1865 (art. 4, al. 1er) ne considère pas le chèque comme constituant un acte de commerce par sa nature; il y a donc lieu d'étendre à cet effet de circulation les règles admises en matière de billet à ordre; les travaux préparatoires peuvent être invoqués en ce sens. — Lyon-Caen et Renault, t. 1, n. 151, n. 363; Alauzet, t. 4, n. 1592; Boistel, n. 867; Bédarride, n. 54; Chastenet, *Etude sur les chèques*, p. 108. — V. *suprà*, t. 1, p. 746, appendice au titre VIII, liv. 1er, art. 4. — V. aussi *infrà*, art. 637, n. 1 et s.; notre *Rép. gén. alph. du dr. fr.*, vis *Acte de commerce*, n. 26, n. 1284; *Chèque*, n. 50 et s.; *Compétence civile et commerciale*, n. 745.

77. Si, par sa nature, l'émission d'un chèque ne constitue pas un acte de commerce, le chèque devient un effet de commerce lorsqu'il est employé entre commerçants pour la liquidation de leurs affaires commerciales. — Paris, 26 nov. 1880, sous Cass., 7 mars 1882 [S. 83. 1. 241, P. 83. 1. 593, et la note Labbé, D. P. 82. 1. 147] — V. aussi Cass., 24 juill. 1873 [S. 73. 1. 485, P. 73. 1209, D. P. 76. 1. 94]

78. On se demande si cette assimilation ainsi faite, au point de vue du caractère intrinsèque et des règles de compétence, entre le chèque et le billet à ordre doit être complète et notamment si, par une interprétation extensive d'une disposition de l'art. 636, on doit considérer comme purement relative l'incompétence des tribunaux de commerce à connaître des difficultés nées à l'occasion d'un chèque, mis en circulation pour des opérations purement civiles. — V. dans le sens d'une assimilation complète : Alauzet, *loc. cit.*; Bédarride, n. 54; Lyon-

Caen et Renault, t. 1, n. 381. — *Contrà*, en ce sens que, dans les circonstances qui viennent d'être indiquées, le tribunal de commerce devrait d'office se déclarer incompétent, Boistel, n. 867.

79. Les simples reconnaissances sous seing privé, souscrites par un commerçant, sont, comme ses billets à ordre, censées faites pour son commerce, quand une autre cause n'y est pas énoncée. — Amiens, 4 avr. 1826 [S. et P. chr., D. P. 27. 2. 193, D. *Rép.*, vº *Acte de comm.*, n. 113] — V. cep. sous l'empire de l'ord. de 1673, Cass., 26 vend. an VII [S. et P. chr., D. A. 2. 715, D. *Rép.*, vº *Acte de comm.*, n. 308]

80. Les billets au porteur soumettent leurs signataires commerçants à la juridiction commerciale, toutes les fois qu'ils ont pour cause un acte de commerce. — V. Agen, 22 juill. 1879 [D. P. 80. 2. 136] — Locré, sur l'art. 188, C. comm.; Nouguier, t. 1, p. 546 et s.; Lyon-Caen et Renault, t. 1er, n. 364. — V. notre *Rép. gén. alph. du dr. fr.*, vis *Billet au porteur*, n. 21 *bis*, n. 32 et s.; *Compétence civile et commerciale*, n. 744.

ART. 637. Lorsque ces lettres de change et ces billets à ordre porteront en même temps des signatures d'individus négociants et d'individus non négociants, le tribunal de commerce en connaîtra: mais il ne pourra prononcer la contrainte par corps contre les individus non négociants, à moins qu'ils ne se soient engagés à l'occasion d'opérations de commerce, trafic, change, banque ou courtage. — L. 22 juill. 1867.

INDEX ALPHABÉTIQUE.

1. La loi du 22 juill. 1867, sur la contrainte par corps, a enlevé toute application directe à la disposition finale de notre article; cette disposition, ainsi devenue sans effet immédiat, permet encore cependant de déterminer dans quel esprit l'art. 637 a été conçu : en attribuant compétence aux tribunaux de commerce à l'égard de tous ceux dont les signatures figuraient sur les promesses et billets à ordre, lorsque parmi ceux-ci les uns sont négociants et les autres ne le sont pas, le législateur n'a pas voulu donner à l'égard de tous le caractère d'effets de commerce à ces promesses et à ces billets; il a simplement entendu, dans un but de célérité, les faire rentrer à l'égard de tous dans la compétence des tribunaux de commerce, mais ces billets et promesses conservent sous tous autres rapports (taux de l'intérêt, formes de la constitution et de la réalisation du gage, etc.), leur nature propre ou autrement dit ces titres ne sont commerciaux, réserve faite de la question de compétence, qu'à l'égard de ceux des souscripteurs qui, en les signant, ont fait acte de commerce. — V. Rouen, 19 déc. 1846 [S. 48. 2. 706, P. 49. 2. 640, D. P. 49. 2. 208] — Lyon-Caen et Renault, t. 1, n. 362; Pardessus, t. 1, n. 480; Orillard, n. 423. — V. notre *Rép. gén. alph. du dr. fr.*, vº *Compétence civile et commerciale*, n. 679 et s.

2. La formule de l'art. 637 appelle une observation qui en précise le sens : d'après ce texte, il semble que c'est la signature d'un commerçant sur une promesse ou sur un billet à ordre qui a pour effet d'en attribuer la connaissance à la juridiction commerciale : en réalité, la signature d'un commerçant peut ne pas amener ce résultat s'il est établi qu'en apposant sa signature sur l'acte litigieux, il n'a pas agi en vue de son commerce; en sens inverse, d'ailleurs, la signature d'un non-commerçant peut amener ce résultat si celui-ci a fait acte de commerce en apposant sa signature. — Lyon-Caen et Renault, *loc. cit.*; Boistel, n. 642. — V. *suprà*, art. 1, n. 47.

3. L'art. 636, et, par voie de conséquence, l'art. 637 ne s'occupent expressément que des lettres de change réputées simples promesses aux termes de l'art. 112, *suprà;* le silence observé à l'égard de l'art. 113 a fait naître la question de savoir si les art. 636 et 637 s'appliquaient à l'égard des lettres de change signées par des femmes ou des filles non négociantes ou marchandes publiques : différents systèmes ont été imaginés. — V. *suprà*, art. 113, n. 6 et s. — *Adde*, Lyon-Caen et Renault, t. 4, n. 498. — V. notre *Rép. gén. alph. du dr. fr.*, vº *Compétence civile et commerciale*, n. 714 et s.

4. Il a été décidé que l'art. 637, qui déclare les tribunaux de commerce compétents pour connaître des contestations relatives aux lettres de change réputées simples promesses, lorsqu'elles se trouvent en même temps revêtues de signatures d'individus négociants et d'individus non négociants, est applicable même au cas où l'on attaque la lettre de change comme engagement ordinaire, et où on lui refuse la qualité de simple promesse. — Cass., 28 avr. 1819 [S. et P. chr., D. A. 3. 338, D. *Rép.*, vº *Compétence comm.*, n. 195] — Paris, 21 nov. 1817 [S. et P. chr., D. *Rép. loc. cit.*]

5. Les dispositions de l'art. 637 ne reçoivent application que si le billet sur lequel figurent des signatures de négociants et de non-négociants réunit les conditions de forme exigées par le législateur pour qu'il y ait eu véritablement billet à ordre. — Lyon-Caen et Renault, t. 1, n. 362, p. 387, note 4. — V. *suprà*, art. 188, n. 8, 16, 35, 42; notre *Rép. gén. alph. du dr. fr.*, vis *Billets à ordre*, n. 52 et s., 77 et s.; *Compétence civile et commerciale*, n. 686 et s.

6. Il n'en est pas du billet à ordre comme de la lettre de change pour la juridiction, au cas où le défaut d'indication de l'espèce des valeurs reçues ne permet d'y voir qu'une simple promesse. — Ainsi,

bien qu'une lettre de change, réputée simple promesse pour les causes portées en l'art. 112, *suprà*, puisse être attributive de la juridiction commerciale, aux termes des art. 636 et 637, le billet à ordre réputé simple promesse pour défaut d'indication de l'espèce des valeurs reçues (art. 186, *suprà*), ne peut donner lieu qu'à une action civile de la compétence des tribunaux ordinaires, encore qu'il soit revêtu de signatures de négociants. — Riom, 6 mai 1817 [S. et P. chr., D. A. 3. 346, D. *Rép., v° cit.*, n. 216] — Rouen, 20 juin 1822 [S. et P. chr., D. A. 3. 347, D. *Rép., loc. cit.*] — Toulouse, 17 nov. 1828 [S. et P. chr., D. P. 29. 2. 145, D. *Rép., loc. cit.*]

7. Jugé, au contraire, que le tribunal de commerce est compétent pour connaître de l'action en paiement d'un billet à ordre souscrit par un individu non commerçant et qui ne contient pas l'énonciation de la valeur fournie, lorque ce billet à ordre se trouve revêtu de l'endos d'un commerçant au profit d'un autre commerçant. — Paris, 19 nov. 1825 [S. et P. chr., D. *Rép.*, v° *Effets de comm.*, n. 958]

8. La règle de l'art. 637 n'exige pas que le souscripteur du billet à ordre soit commerçant : cette règle est générale, applicable même au cas où le souscripteur est un non-commerçant, du moment qu'il y a des commerçants parmi les endosseurs. — Cass., 23 juin 1897 [S. et P. 1901. 1. 510, D. P. 97. 1. 558] — Bruxelles, 30 avr. 1812 [S. et P. chr., D. A. 3. 344, D. *Rép.*, v° *Comp. comm.*, n. 227] — Lyon, 3 janv. 1848 [S. 48. 2. 705, et la note Devilleneuve, P. 49. 2. 511, D. P. 49. 2. 209, D. *Rép.*, v° *Effets de comm.*, n. 902] — Orléans, 7 mai 1850 [S. 50. 2. 332, P. 50. 1. 498, D. P. 50. 2. 145] — Bastia, 28 août 1854 [S. 54. 2. 644, P. 55. 2. 192] — Besançon, 14 janv. 1866 [D. P. 68. 2. 206] — *Sic*, Devilleneuve, note précitée. — Lyon-Caen et Renault, t. 1, n. 362, p. 387, note 3.

9. Peu importe que la signature du négociant soit postérieure à celle de l'individu non marchand assigné; peu importe aussi que le négociant ayant été désintéressé ne soit pas en cause. — Bourges, 6 août 1825 [S. et P. chr., D. P. 26. 2. 190, D. *Rép.*, v° *Compét. comm.*, n. 229] — Douai, 11 déc. 1840 [S. 48. 2. 705, à la note, P. 42. 1. 11, D. P. 42. 2. 162, D. *Rép., loc. cit.*]

10. Spécialement, le souscripteur d'un billet à ordre, causé valeur en prix de vente d'immeuble, est justiciable du tribunal de commerce, lorsque ce billet a été endossé par un commerçant au profit d'un autre commerçant, pour valeur reçue en marchandises. — Caen, 18 avr. 1814 [S. et P. chr.]

11. L'individu non négociant, signataire d'un billet à ordre, peut être appelé en garantie devant le tribunal de commerce, si l'endosseur est justiciable de ce tribunal. — Paris, 15 févr. 1810 [S. et P. chr., D. A. 3. 343, D. *Rép.*, v° *Compét. comm.*, n. 227]

12. Les bons de caisse émis par le mont de piété qui, énonçant la valeur fournie, ont les caractères légaux du billet à ordre, rentrent dans la compétence de la juridiction commerciale, dès lors qu'ils ont été l'objet de plusieurs endossements et que quelques-uns des endosseurs sont négociants. — Cass., 23 juin 1897, précité.

13. La signature du gérant d'une société qui est commerçant, apposée comme aval sur des billets à ordre souscrits par un commanditaire au profit d'un tiers pour le versement de sa mise dans la société déclarée nulle, rend le tribunal de commerce compétent pour connaître de la demande en remboursement formée contre le souscripteur, alors même que ce dernier ne serait pas commerçant, la nullité de la société ne pouvant d'ailleurs exercer aucune influence sur la validité des billets et leur caractère obligatoire. — Cass., 14 août 1862 [S. 63. 1. 197, P. 63. 718, D. P. 62. 1. 458]

14. Jugé cependant que l'art. 637 n'est pas applicable au cas où le premier endosseur, ayant désintéressé tous les autres endosseurs, réclame le paiement contre le seul souscripteur non négociant. — Paris, 17 sept. 1828 [S. et P. chr., D. P. 29. 2. 23, D. *Rép.*, v° *Effet de comm.*, n. 1871-2°.

15. On doit observer d'ailleurs que l'art. 637 n'est pas applicable au cas où les commerçants ne figurent que dans des endossements irréguliers qui ne leur ont pas transmis la propriété du billet. — Paris, 23 sept. 1812 [S. et P. chr.]; 17 juill. 1885 [D. P. 86. 2. 104] — Bordeaux, 19 nov. 1827 [S. et P. chr., D. P. 28. 2. 49, D. *Rép.*, v° *Compét. comm.*, n. 221] — Orléans, 11 déc. 1840 [S. 40. 2. 489]; 27 juill. 1864 [S. 65. 2. 102, P. 65. 473] — Rouen, 24 juill. 1874 [D. P. 77. 5. 111] — *Sic*, Alauzet, t. 8, n. 3021; Lyon-Caen et Renault, t. 1, n. 362, p. 387, note 3. — V. aussi Bédarride, *Jurid. comm.*, n. 378, notre *Rép. gén. alph. du dr. fr.*, v° *Compétence civile et commerciale*, n. 697 et s.

16. Cet article suppose, en effet, que les signataires négociants peuvent être recherchés pour le paiement : il n'est donc pas applicable au cas où les endossements par eux souscrits sont irréguliers et ne valent que comme procuration. — Bastia, 4 janv. 1832 [S. 32. 2. 635, P. chr., D. P. 32. 2. 115, D. *Rép.*, v° *Compét. comm.*, n. 179] — *Contrà*, Nouguier, t. 1, p. 515.

17. Réserve faite de ce cas particulier, il est vrai de dire que l'art. 637 ne fait pas de distinction entre le cas où le négociant a simplement *endossé* le billet et celui où il l'a *souscrit*. Dans l'un et l'autre cas, il importe peu que le porteur du billet n'agisse que contre les non-négociants : la juridiction commerciale lui est acquise par le seul fait de la signature du billet de la part d'un négociant; peu importe aussi que le porteur ait perdu son recours contre ce négociant : une telle circonstance ne saurait influer sur la question de compétence. — Montpellier, 25 févr. 1831 [S. 31. 2. 213, P. chr., D. *Rép.*, *v° cit.*, n. 227]

18. Ainsi donc, la règle de l'art. 637 est applicable même au cas de poursuites dirigées uniquement contre les signataires non commerçants d'une lettre de change réputée simple promesse. — Paris, 26 mars 1858 [S. 58. 2. 568, P. 58. 467] — *Sic*, Pardessus, t. 4, n. 1349 ; Nouguier, *Lettres de change*, n. 928, et *Trib. de comm.*, t. 2, p. 200-202; Alauzet, t. 8, n. 3019; Rivière, *Répét. écrites sur le C. comm.*, p. 33 ; Monnier, *Manuel du content. comm.*, p. 515; Vincens, t. 1, p. 138 ; Lyon-Caen et Renault, t. 1, n. 362 ; Ruben de Couder, v° *Billet à ordre*, n. 116,

19. De même, lorsqu'un billet à ordre porte en même temps des signatures d'individus négociants et d'individus non négociants, le tribunal de commerce est compétent pour en connaître, encore bien que les poursuites ne soient dirigées que contre un signataire non négociant. — La disposition de l'art. 637 est générale et absolue et ne souffre point d'exception dans ce cas. — Cass., 26 juin 1839 [S. 39. 1. 878, P. 39. 2. 12, D. P. 39. 1. 249, D. *Rép.*, v° *Compét. comm.*, n. 229] ; 28 déc. 1847 [S. 48. 1. 231, P. 48. 1. 128, D. P. 48. 1. 25] — Caen,

10 août 1815 [S. et P. chr., D. A. 3. 345, D. *Rép.*, *loc. cit.*] — Amiens, 7 mars 1837 [S. 37. 2. 399, P. 40. 1. 487, D. P. 37. 2. 156, D. *Rép.*, *loc. cit.*] — Bordeaux, 17 janv. 1832 [S. 32. 2. 76, P. chr., D. P. 32. 2. 142, D. *Rép.*, *loc. cit.*]; 26 mai 1843 [S. 48. 2. 705, *ad notam*, P. 43. 2. 169, D. *Rép.*, *loc. cit.*]; 23 nov 1843, [S. 44. 2. 437, P. 44. 2. 453, D. P. 44. 4. 82, D. *Rép.*, *loc. cit.*] — Grenoble, 7 févr. 1832 [S. 32. 2. 402, P. chr., D. P. 33. 2. 78, D. *Rép.*, *loc. cit.*] — Paris, 25 nov. 1834 [S. 35. 2. 104, P. chr., D. P. 35. 2. 52, D. *Rép.*, *v° cit.*, n. 202] — Rennes, 7 avr. 1838 [S. 45. 2. 657, P. 45. 1. 740, D. *Rép.*, *v° cit.*, n. 229] — Pau, 16 févr. 1874 [D. P. 75. 2. 98] — Dijon, 12 déc. 1892 [D. P. 93. 2. 52] — *Sic*, Boistel, n. 843 ; Lyon-Caen et Renault, *loc. cit.* ; Chastenet, p. 110 et 111 ; Bravard-Veyrières, et Demangeat, t. 6, p. 455 ; Nouguier, t. 2, p. 248 ; Lyon-Caen et Renault, *loc. cit.* ; Alauzet, t. 8, n. 3019. — V. notre *Rép. gén. alph. du dr. fr.*, v° *Compétence civile et commerciale*, n. 703 et s.

20. Elle s'appl que notamment au cas de poursuite dirigée contre une femme en raison d'un aval par elle donné sur un billet à ordre. — Cass., 26 juin 1839, précité.

21. Il n'y a pas lieu de distinguer entre le cas où le litige se meut entre des commerçants et le cas où il intéresse un non-commerçant, soit exclusivement, soit avec les commerçants. — C. sup. de justice de Luxembourg (appel), 2 janv. 1891 [S. 91. 4. 37, P. 91, 2. 62]

22. La femme qui, par billet à ordre, s'oblige solidairement avec son mari, marchand, est justiciable des tribunaux de commerce, alors même que l'action n'est pas exercée simultanément contre l'un et contre l'autre. — Bruxelles, 27 juin 1809 [S. et P. chr., D. A. 10. 695, D. *Rép.*, *v° cit.*, n. 324] — Paris, 16 mai 1812 [S. et P. chr., D. A. 10. 696]

23. ... Encore qu'elle n'ait point été explicitement autorisée. — Paris, 1er oct. 1806 [S. et P. chr., D. A. 10. 133, D. *Rép.*, v° *Acte de comm.*, n. 371]

24. Jugé, au contraire, que l'art. 637 n'est pas applicable au cas où l'action est dirigée uniquement contre les non-négociants. — Colmar, 23 mars 1814 [S. et P. chr., D. A. 6. 562, D. *Rép.*, v° *Compét. comm.*, n. 228] — Limoges, 30 déc. 1825 [S. et P. chr., D. P. 27. 2. 116, D. *Rép.*, *loc. cit.*] — Paris, 19 mars 1831 [S. 31. 2 306, P. chr., D. P. 31. 2. 142, D. *Rép.*, *loc. cit.*]; 17 févr. 1844 [S. 48. 2. 705, à la note, P. 44. 1. 365] — Nancy, 5 avr. 1845 [S. 45 2. 658, P. 45. 1. 740, D. P. 45. 2. 54, D. *Rép.*, *loc. cit.*] — Aix, 5 avr. 1873 [S. 74. 2. 206, P. 74. 855, D. P. 74. 2. 79] — *Sic*, Orillard, n. 433 ; Horson, *Quest.*, n. 201 ; Despréaux, *Compét.*, n. 499 ; Bédarride, *Jurid. comm.*, n. 374 et s.

25. Il a été décidé que l'art. 637, ne s'applique pas aux billets au porteur. — Cass., 20 janv 1836 [S. 36. 1. 494, P. chr., D. P. 36. 1. 127, D. *Rép.*, v° *Compét. comm.*, n. 238] — *Sic*, Lyon-Caen et Renault, t. 1, n. 364.

26. Mais la disposition de l'art. 637 est applicable au chèque, qui, au point de vue de la compétence, est régi par des principes identiques à ceux du billet à ordre. — Lyon-Caen et Renault, t. 1, n. 363; Alauzet, t. 4, n. 1592 ; Chastenet, p. 109 ; Bédarride, n. 54 ; Nouguier, t. 2, p. 200; Boistel, n. 867. — V. notre *Rép. gén. alph. du dr fr.*, v° *Chèque*, n. 55 et s.

ART. **638**. Ne seront point de la compétence des tribunaux de commerce, les actions intentées contre un propriétaire, cultivateur ou vigneron, pour vente de denrées provenant de son crû, les actions intentées contre un commerçant, pour paiement de denrées et marchandises achetées pour son usage particulier.

Néanmoins, les billets souscrits par un commerçant seront censés faits pour son commerce, et ceux des receveurs, payeurs, percepteurs, ou autres comptables de deniers publics seront censés faits pour leur gestion, lorsqu'une autre cause n'y sera pas énoncée. — C. civ. 1350, 1362.

INDEX ALPHABÉTIQUE.

1. Le propriétaire qui vend sa récolte ne fait pas, en cela, acte de commerce. — Cass., 26 juin 1867 [S. 67. 1. 290, P. 67. 750, D. P. 67. 1. 424] — *Sic*, Alauzet, t. 8, n. 3024; Beslay, n. 16 et s.; Pardessus, t. 1, n. 11; Lyon-Caen et Renault, t. 1, n. 124; Thaller, n. 14; note sous Cass., 21 avr. 1891 [S. 91. 1. 201, P. 91. 1. 494]; Boistel, n. 35; Nouguier, t. 1, n. 169 et 170. — V. notre *Rép. gén. alph. du dr. fr.*, v° *Acte de commerce*, n. 404 et s.

2. Sur la compétence des tribunaux civils au cas d'actions intentées contre un commerçant pour paiement de denrées et marchandises achetées pour son usage particulier, V. *suprà*, art. 631, n. 13. — Sur la présomption de commercialité attachée aux billets, souscrits par un commerçant, V. *suprà*, art. 636, n. 36 et s.; ... par des receveurs, payeurs, percepteurs ou autres comptables de deniers publics, V. *suprà*, art. 634, n. 51 et s.

3. Peu importe que le propriétaire ou fermier vende ses récoltes en gros ou en détail. Alors même qu'il tient boutique ouverte pour débiter les produits de son crû, il n'accomplit pas d'acte de commerce; car ce mode de vendre ne fait pas qu'il y ait acte d'entremise. — Beslay, t. 1, n. 123 et s. — *Contrà*, Massé, t. 1, n. 22; Garsonnet, *Rev. crit.*, 1869, p. 357.

4. L'engagement pris par un propriétaire ou fermier de fournir à un boulanger pendant un temps déterminé le blé nécessaire au service de sa boulangerie n'a pas le caractère commercial, alors du moins qu'il n'est pas établi que le propriétaire ou fermier fût dans l'impuissance de fournir la quantité de blé promise de ses propres récoltes, et qu'il fût par suite dans la nécessité d'en acheter. En conséquence, c'est au tribunal civil exclusivement qu'il appartient de statuer sur la question de l'existence ou de la validité d'un tel engagement. — Poitiers, 7 janv. 1856 [S. 56. 2. 556, P. 56. 1. 335, D. P. 56. 2. 84]

5. De même, le commerçant qui, étranger au commerce des grains, s'engage envers une personne à ensemencer son champ et à lui livrer, pour un prix convenu, le produit de sa récolte, n'est pas, pour l'exécution de cette obligation, justiciable des tribunaux de commerce. — Liège, 21 janv. 1813 [S. et P. chr., D. A. 2. 726, D. *Rép.*, v° *Acte de comm.*, n. 138]

6. Mais jugé que l'engagement pris par un fermier envers un tiers de lui livrer, pendant deux années consécutives et pour un prix déterminé, une quantité fixe de foin de première qualité, impliquant de sa part un achat éventuel pour le cas où sa récolte serait insuffisante, ou serait d'une qualité inférieure à celle stipulée au marché, constitue un acte de commerce. — En conséquence, le fermier peut être assigné, à raison de cet engagement, devant le tribunal de commerce. — Rennes, 12 févr. 1894 [S. et P. 97. 2. 138, D. P. 94. 2. 548] — V. au surplus, notre *Rép. gén. alph. du dr. fr.*, v° *Acte de commerce*, n. 425 et s.

7. Quoi qu'il en soit, on reconnaît, en principe, que la vente faite de ses produits ou récoltes par le propriétaire ou fermier conserve un caractère civil, encore bien que, soit pour satisfaire aux demandes de ses clients habituels, soit pour améliorer ses produits, il se soit vu dans la nécessité de faire lui-même quelques achats. — Lyon-Caen et Renault, t. 1, n. 116, p. 119, note 1, n. 126. — V. cep. Ripert, *Vente commerc.*, p. 67.

8. De même, le propriétaire qui, pour ouvrir un débouché avantageux à ses produits agricoles, les fait manufacturer, avant de les vendre, ne peut pas être considéré comme se livrant à une spéculation commerciale. — Orillard, n. 304; Pardessus, *loc. cit.*; Thaller, n. 15; Bonfils, *Rev. crit.*, 1892, p. 436; Ripert, p. 87. — V. *infrà*, n. 18 et s.

9. Il en est encore ainsi du propriétaire qui achète des grains pour l'ensemencement de ses terres, des instruments de labourage, ou autres objets nécessaires à la culture. — Pardessus, t. 1, n. 14; Locré, sur l'art. 638.

10. On estime que la personne qui achète une récolte future pour la revendre, ne fait point acte de commerce. — Pardessus, t. 1, n. 11.

11. L'agriculteur qui achète des bestiaux pour les engraisser avec les produits de ses propriétés, et les revendre ensuite, ne fait pas en cela un acte de commerce qui le rende justiciable des tribunaux de commerce. — Dijon, 15 févr. 1847, sous Cass., 16 avr. 1849 [S. 49. 1. 409, P. 49. 2. 30] — *Sic*, Pardessus, t. 1, n. 14; Despréaux, *Compét. des trib. de comm.*, n. 354; Devilleneuve, Massé et Dutruc, v° *Acte de comm.*, n. 16; Lyon-Caen et Renault, t. 1, n. 116, p. 119, note 1. — V. Massé, *Dr. comm.*, t. 1, n°s 21 et 22. — V. notre *Rép. gén. alph. du dr. fr.*, v° *Acte de commerce*, n. 156 et s.

12. Le fermier ou propriétaire d'un domaine de terres arables et d'herbages ne fait pas acte de commerce en achetant des bestiaux pour les engraisser sur ses herbages et les revendre; c'est là une opération qui se lie étroitement à l'exploitation agricole de la ferme et qui constitue un acte de la même nature que le surplus de cette exploitation. — Cass., 7 avr. 1869 [S. 69. 1. 312, P. 69. 776, D. P. 69. 1. 455] — Dijon, 11 mars 1881 [S. 81. 2. 156, P. 81. 1. 822] — Bourges, 9 févr. 1885 [S. 85. 2. 216, P. 85. 1. 1249, D. P. 86. 2. 88] — V. sur la question de savoir quand l'engraissement des bestiaux constitue ou non une opération commerciale, Pardessus, *loc. cit.*; Massé, *loc. cit.*; Molinier, n. 23; Alauzet, t. 8, n. 3026; Beslay, t. 1, n. 54; Rivière, *Répét. écr. sur le C. comm.*, p. 739; Despréaux, n. 354; Orillard, n. 272; Devilleneuve, Massé et Dutruc, *loc. cit.*; Ruben de Couder, v° *Acte de commerce*, n. 56 et s.

13. Il en est de même du fermier qui achète des bestiaux pour les engraisser avec les produits de sa ferme, ou même avec ceux de prés affermés séparément, et les revendre ensuite; il ne fait pas en cela un acte de commerce. — Bourges, 14 févr. 1840 [S. 41. 2. 99, P. 42. 1. 45, D. P. 41. 1. 77, D. *Rép.*, v° *Acte de comm.*, n. 111]

14. Il importe peu que, pour se procurer les fonds nécessaires à son exploitation, il se soit adressé à des banquiers. — Dijon, 11 mars 1881, précité. — Bourges, 9 févr. 1885, précité.

15. ... Et même qu'il leur ait souscrit ou endossé des billets à ordre. — Dijon, 11 mars 1881, précité.

16. Par suite, ce fermier ne saurait être considéré comme commerçant et déclaré en faillite. — Dijon, 11 mars 1881, précité. — Bourges, 9 févr. 1885, précité.

17. L'achat de bestiaux que fait un propriétaire pour les donner à son fermier, à titre de bail à cheptel, n'est point un acte de commerce, encore bien qu'il retire un prix de la location de ces bestiaux; dans ce cas, la location des bestiaux ne doit

être considérée que comme accessoire de la location du fonds affermé. Mais le contraire arriverait, si les bestiaux étaient donnés à un fermier, à titre de bail à cheptel, par un individu autre que le propriétaire. — Pardessus, t. 1, n. 18.

18. L'établissement d'une fabrication de sucre de betteraves, comme accessoire d'une exploitation rurale, n'est pas une entreprise de manufacture dans le sens de l'art. 632, *suprà*, qui rende le propriétaire justiciable du tribunal de commerce à raison des engagements relatifs à cette fabrique. — Douai, 21 juill. 1830 [S. et P. chr.] — *Sic*, Lyon-Caen et Renault, *loc. cit.;* Alauzet, t. 8, n. 3024; Beslay, t. 1, n. 51, p. 54, note 1. — *Contrà*, Demangeat, sur Bravard-Veyrières, t. 6, p. 765; Garsonnet, *Rev. crit.*, 1869, t. 2, p. 350; Ruben de Couder, v° *Acte de commerce*, n. 119; Laurin, p. 31, note. — V. Massé, t. 1, n. 22. — V. *infrà*, n. 36 et s., notre *Rép., gén. alph. du dr fr.*, v° *Acte de commerce*, n. 445 et s.

19. La jurisprudence est allée beaucoup plus loin dans cette voie : on considère comme ne devenant pas commerçant le propriétaire qui, accessoirement, convertirait en sucre les produits des propriétés voisines. — Cass., 12 mai 1875 [S. 76. 1. 376, P. 76. 898, D. P. 76. 1. 320]; 18 déc. 1888 [S. 89. 1. 149, P. 89. 2. 360, D. P. 89. 1. 397] — V. cependant pour le cas où la fabrication du sucre de betteraves est l'objet principal de l'exploitation. — Douai, 3 avr. 1841 [P. 42 1. 135, D. P. 42 2. 90, D. *Rép.*, v° *Acte de commerce*, n. 162]

20. Jugé que lorsque le propriétaire ne s'est pas borné à traiter exclusivement dans son usine les produits de son fonds, cannes ou betteraves, mais qu'il a aussi traité des produits achetés à d'autres, pour écarter le caractère commercial qui peut s'attacher à l'exploitation, il ne suffit pas au juge de déclarer qu'il n'est pas établi que l'importance des cannes achetées dépasse ou même atteigne celle des cannes produites par les terres possédées ou louées par le propriétaire. — Cass., 21 avr. 1891 [S. 91. 1. 201, P. 91. 1. 494]

21. Pour que des achats faits habituellement par un usinier de produits (des cannes à sucre dans l'espèce), destinés à être transformés et revendus, constituent des actes de commerce, il n'est pas nécessaire que les achats dépassent ou atteignent la quantité de produits tirés des terres appartenant à l'usinier; en dehors de cette condition, ces achats et reventes peuvent encore constituer des actes de commerce, quand ils figurent pour une part importante dans la fabrication et le mouvement d'affaires qui en est la conséquence. — Même arrêt.

22. Il faut donc, pour écarter le caractère commercial de l'exploitation de l'usine, établir, à l'aide des documents de la cause, ou que l'achat de cannes n'était pas habituel, ou que la quantité de cannes achetées était dans des proportions assez restreintes, eu égard à l'ensemble de la fabrication, de telle sorte qu'elle n'en constituait réellement que l'accessoire. — Même arrêt.

23. Le fait de transformer en rhum une partie du résidu de ses récoltes de cannes à sucre, et de se procurer les matières, en petite quantité d'ailleurs, qui sont indispensables pour opérer cette transformation, ne peut imprimer à un propriétaire la qualité de commerçant ou d'industriel, une semblable manipulation étant pour le propriétaire le seul moyen d'utiliser ces sortes de produits. — Aix, 29 juin 1899 [S. et P. 1900. 2. 167, D. P. 99. 2. 438]

24. Le propriétaire qui a acheté des vins ou denrées pour les revendre avec ceux de sa récolte, ne fait pas un acte de commerce, lorsqu'il n'a eu en vue que d'améliorer celle-ci et d'en faciliter l'écoulement. — Bordeaux, 12 juill. 1848 [S. 49. 2. 16, D. P. 49. 2. 108]

25. Le propriétaire de vignobles qui achète des alcools destinés à relever le titre alcoolique de sa récolte de vin, et qui remet les vins provenant de cette récolte à un consignataire pour en opérer la vente, ne fait pas acte de commerce de nature à le rendre justiciable, à raison de ces opérations, des tribunaux de commerce. — Montpellier, 7 mai 1887 [S. 88. 2. 216, P. 88. 1. 1214, D. P. 88. 2. 48]

26. Le propriétaire qui revend, avec le vin de son crû, les tonneaux qu'il avait achetés pour le renfermer, ne fait pas un acte de commerce, parce que la vente de ce vin n'est pas elle-même un acte de commerce. — Pardessus, t. 1, n. 13; Lyon-Caen et Renault, t. 1, n. 116.

27. Il faut encore assimiler au propriétaire qui vend sa récolte, celui qui vend le miel et la cire provenant de ses ruches, alors même qu'elles ne seraient pas toutes placées sur des terrains à lui appartenant ou par lui exploités. — Cons. d'Etat, 12 août 1859 [D. P. 62. 3. 26]; 19 déc. 1861 [D. P. 62. 5. 234]

28. Mais, au contraire, rentre dans le commerce le fait de celui qui ne se borne pas à vendre le produit des ruches qu'il élève et achète des ruches mortes pour en retirer le miel ou la cire, ou du miel et de la cire brute pour les manipuler et les revendre. — Cons. d'Etat, 10 janv. 1862 [S. 63. 2. 24, P. adm. chr., D. P. 62. 3. 26]

29. Un pépiniériste qui se borne à vendre des arbres provenant de ses pépinières ne peut être considéré comme commerçant. — Cass., 13 mars 1878 (Sol. implic.) [S. 78. 1. 312, P. 78. 775] — Colmar, 17 juin 1809 [S. et P. chr., D. A. 2. 708, D. *Rép.*, v° *Commerce*, n. 39] — Metz, 4 août 1819 [S. et P. chr., D. *Rép.*, *loc. cit.*] — Toulouse, 12 juill. 1839 [P. chr., D. P. 45 2. 158, D. *Rép.*, v° *Compét. comm.*, n. 62] — *Sic*, Ruben de Couder, v° *Commerçant*, n. 14 : Lyon-Caen et Renault, t. 1, n. 116, p. 119, note 1, n. 124, p. 127, note 1; Alauzet, t. 8, n. 3025.

30. Celui qui achète une forêt pour en vendre la coupe ne fait pas un acte de commerce. — Bourges, 17 déc. 1850 [P. 50. 2. 701, D. P. 51. 2. 90] — Bruxelles, 18 mars 1879 [D. P. 84. 2. 79] — V. Lyon-Caen et Renault, t. 1, n. 174.

31. Les achats de fumier faits par un champignonniste dans l'intérêt de son exploitation ne constituent pas des actes commerciaux; et dès lors, le tribunal de commerce n'est point compétent pour connaître de pareils achats. — Orléans, 27 avr. 1861 [S. 61. 2. 467, P. 61. 567, D. P. 61. 2. 80] — Paris, 2 mars 1875 [S. 75. 2. 180, P. 75. 697] — Caen, 9 juill. 1891 [D. P. 93. 2. 388] — *Sic*, Lyon-Caen et Renault, *loc. cit.;* Ruben de Couder, n. 57; Nouguier, t. 1, n. 161; Alauzet, t. 8, n. 2966, *in fine*.

32. Celui qui cultive des champignons dans des caves sur des couches de fumier mélangé avec de la terre, ne fait pas acte de commerce, en vendant les champignons qu'il a obtenus par ce mode de culture; il ne peut, dès lors, à raison de ces achats et ventes, être considéré comme commerçant et

déclaré en faillite. — Orléans, 27 avr. 1861, précité.

33. L'achat fait par le champignonniste d'une machine destinée à faciliter sa culture ne constitue pas non plus un acte commercial. — Paris, 11 févr. 1880 [S. 81. 2. 68, P. 81. 1. 433] — *Sic*, Ruben de Couder, v° *Acte de commerce*, n. 57 et 104; Devilleneuve, Massé et Dutruc, *eod. verb.*, n. 15 et 64. — V. notre *Rép. gén. alph. du dr. fr.*, v° *cit.*, n. 441.

34. Dès lors, le tribunal de commerce n'est pas compétent pour connaître d'un pareil achat. — Même arrêt.

35. Décidé cependant que celui qui cultive et vend les champignons qu'il obtient sur des couches de fumier manipulé d'une certaine façon, et sans rien demander à la terre, fait un acte de commerce, et est, dès lors, justiciable de la juridiction consulaire à raison des obligations qu'il contracte pour son exploitation. — Trib. comm. de la Seine, 12 mars 1875 [S. 75. 2. 180, P. 75. 698]

36. Quoi qu'il en soit de ces divergences, il est exact de poser en principe que le propriétaire, qui se borne à vendre ses produits et au besoin à les transformer pour leur donner une valeur marchande, ne fait pas acte de commerce; toutefois, cette règle comporte des exceptions ou atténuations : ainsi, on doit considérer comme commerçant celui qui, en transformant les produits de son domaine, obtient un produit industriel nouveau. — Toulouse, 27 févr. 1893 [S. et P. 93. 2. 140, D. P. 93. 2. 272] — V. sur la question, Massé, t. 1, n. 22; Bravard et Demangeat, *Tr. de dr. comm.*, t. 6, p. 345; et *Man. de dr. comm.*, p. 765; Lyon-Caen et Renault, t. 1, n. 126; Garsonnet, *Rev. crit.*, 1869, t. 2, p. 350; Laurin, p. 31, note; Boistel, n. 40; Ruben de Couder, n. 119. — V. *suprà*, n. 18 et s.

37. Jugé aussi, qu'en cas de vente de denrées agricoles faisant l'objet du commerce du vendeur, l'action intentée par l'acheteur, à raison de l'exécution du marché, est de la compétence du tribunal de commerce (alors même que les denrées proviendraient des récoltes du vendeur). — Cass., 5 juin 1882 [S. 84. 1. 214, P. 84. 1. 522]

38. La loi du 5 nov. 1894 relative à la création de sociétés de crédit agricole considère ces sociétés comme des sociétés commerciales. — V. Lyon-Caen et Renault, t. 1, n. 125.

39. Le fait, par le fermier d'un droit de pêche, de vendre le produit de sa pêche, ne constitue pas un acte de commerce qui le rende justiciable du tribunal consulaire, à raison de l'achat par lui fait d'instruments de pêche. — Paris, 31 mai 1869 [S. 70. 2. 330, P. 70. 1195, D. P. 70. 2. 183] — *Sic*, Martin, *C. nouv. de la pêche fluviale*, n. 184; Lyon-Caen et Renault, t. 1, n. 124. — V. notre *Rép. gén. alph. du dr. fr.*, v° *Acte de commerce*, n. 503 et s.

40. Mais décidé que l'adjudicataire d'un cantonnement de pêche fait acte de commerce en revendant les produits de la pêche, et dès lors est soumis, quant à ce, à la juridiction commerciale. — Toulouse, 27 juill. 1860 [S. 61. 2. 77, P. 61. 1193, D. P. 60. 2. 154]

41. En principe, le propriétaire d'une mine, d'une minière ou d'une carrière ne fait pas nécessairement acte de commerce en vendant les produits de l'exploitation de cette mine. — Cass., 31 janv. 1865 [S. 65. 1. 123, P. 65. 272, D. P. 65. 1. 390] — Amiens, 26 févr. 1881 [S. 82. 2. 188, P. 82. 1. 969] — *Sic*, Pardessus, t. 1, n. 36; Lyon-Caen et Renault, t. 1, n. 124; Thaller, n. 14; Bédarride, *Société*, t. 1, p. 94; Massé, t. 2, n. 1383; Ripert, p. 26; Garsonnet, *Rev. crit.*, 1869, t. 2, p. 325; Ruben de Couder, n. 104; Boistel, n. 35. — *Contrà*, Orillard, n. 315. — V. L. 21 avr. 1810, art. 32, notre *Rép. gén. alph. du dr. fr.*, v° *Acte de commerce*, n. 460 et s.

42. Peu importe que la mine ait été concédée à un autre que le propriétaire du fonds.

43. Il faut aussi considérer comme purement civile la vente de la concession d'une mine. Outre qu'elle a un immeuble pour objet, on peut dire que vendre la mine est une manière de l'exploiter. — Paris, 19 mai 1855 [D. P. 55. 2. 181] — *Sic*, Garsonnet, *Rev. crit.*, 1869, t. 2, p. 353.

44. Le propriétaire qui exploite une saline ne peut être considéré comme commerçant. — Trib. comm. Aix, 7 juin 1858 [D. P. 59. 5. 12] — V. notre *Rép. gén. alph. du dr. fr.*, v° *Acte de commerce*, n. 498 et s.

45. Ne fait pas le commerce le propriétaire ou concessionnaire de marais salants, qui se borne à dégager et à solidifier le sel au moyen de l'évaporation pour le livrer ensuite au commerce. — Cons. d'Etat, 10 août 1828 [S. et P. chr.]; 20 août 1847 [S. 48. 2. 334, *ad notam*, P. adm. chr., D. P. 48. 3. 58]; 3 janv. 1848 [S. 48. 2. 334, P. adm. chr., D. P. 48. 3. 58]; 21 avr. 1848 [D. P. 48. 3. 75]; 2 mars 1849 [D. P. 48. 3. 69]

46. N'est pas commerçant celui qui exploite une ardoisière, bien qu'il façonne les ardoises et qu'il ait pris une patente. — Metz, 24 nov. 1849 [D. P. 51. 5. 8]

47. Mais il a été décidé, en sens contraire, que le propriétaire d'une ardoisière, qui, dans un but de spéculation, au moyen d'avance de capitaux, avec un matériel important et à l'aide de nombreux ouvriers et employés, fait confectionner, avec le schiste ardoisier extrait de sa carrière, des ardoises qu'il vend et dont il entreprend même à l'aide de ses voitures, le transport jusqu'au port d'embarquement, est un entrepreneur de manufacture dans le sens de l'art. 632, *suprà*, et a la qualité de commerçant. — Angers, 26 déc. 1855 [P. 57. 849, D. P. 56. 2.114]

48. Alors surtout qu'il paie ses ouvriers fendeurs d'après la quantité d'ardoises par eux tirées de la matière première, à titre de remise, qu'il a recours à des ouvertures de crédit et souscrit de nombreux billets à ordre sans cesse renouvelés; qu'enfin, pour donner à ses ouvriers la facilité de se procurer les denrées et objets de consommation journalière, il achète et leur cède ces objets, en se chargeant de les payer pour eux en déduction de leur salaire. — Même arrêt.

49. Vainement soutiendrait-il que, n'ayant exploité qu'une carrière qui est sa propriété et n'ayant vendu que les produits tirés de son fonds, il n'a point fait acte de commerce, aux termes de l'art. 638 ; l'exception admise par cet article s'applique en effet, uniquement au propriétaire cultivateur ou vigneron qui vend les denrées provenant de son crû, ou même au propriétaire qui extrait et vend brute la matière première détachée de son fonds, telle que de la pierre, de la marne, mais non à celui qui ne la vend qu'après l'avoir fait travailler et confectionner. — Même arrêt.

50. Vainement encore invoquerait-il l'art. 32, L. 21 avr. 1810, suivant lequel l'exploitation des mines

n'est pas considérée comme un acte de commerce et n'est pas sujette à patente, cet article, spécial aux mines objet d'une concession et non sujettes à patente, ne pouvant être étendu aux carrières dont l'exploitation soumise à la patente est régie par les dispositions des art. 81 et 82 de la même loi. — Même arrêt.

51. En conséquence, un tel exploitant est, quand il cesse ses paiements, en état de faillite, et non pas simplement en déconfiture. — Même arrêt.

52. Ne fait pas acte de commerce, la compagnie houillère qui achète du goudron pour la fabrication de ses agglomérés — Lyon, 13 févr. 1878 [S. 78. 2. 325, P. 78. 1. 278, D. P. 79. 2. 99] — *Sic*, Lyon-Caen et Renault, t. 1, n. 126, p. 131, note 2.

53. ... Qui exploite un chemin de fer destiné uniquement au service des mines et qui ne peut servir à aucun autre trafic. — Paris, 8 janv. 1876 [D. P. 79. 2. 99]

54. Et il en est ainsi alors même que la propriété de la mine appartient à une société si rien n'établit que cette société ait un caractère commercial. — Cass., 31 janv. 1865 [S. 65. 1. 123, P. 65. 272, D. P. 65. 1. 390] — *Sic*, Peyret-Lallier, *Législ. des min.*, t. 1, n. 178, 375 et s.

55. Une société formée pour l'exploitation d'une mine de charbon est en principe une société civile. — Cass., 7 févr. 1826 [S. et P. chr., D. P. 26. 1. 157, D. *Rép.*, v° *Société*, n. 232-3°] ; 15 avr. 1834 [S. 34. 1. 650, P. chr., D. P. 34. 1. 195, D. *Rép.*, v° *cit.*, n. 232-1°] ; 10 mars 1841 [S. 41. 1. 357, P. 41. 1. 487, D. P. 41. 1. 173, D. *Rép.*, *loc. cit.*] — Rennes, 13 juin 1833 [S. 34. 2. 122, P. chr., D. P. 34. 2. 103, D. *Rép.*, v° *Acte de comm.*, n. 278] — Aix, 12 mars 1841 [S. 41. 2. 484, P. 43. 1. 575, D. P. 41. 2. 153, D. *Rep.*, v° *Mines*, n. 580] — Riom, 21 janv. 1842 [S. 42. 2. 260, P. 42. 2. 641, D. P. 42. 2. 202, D. *Rép.*, v° *Société*, n. 494] — Douai, 17 déc. 1842 [S. 43. 2. 81, D. P. 43. 2. 84, D. *Rép.*, v° *cit.*, n. 491] ; 15 févr. 1858 [S. 58. 2. 326, P. 59. 265] — Nancy, 18 mai 1872 [S. 72. 2. 197, P. 72. 818, D. P. 73. 2. 103] — Trib. Seine, 20 juill. 1886, sous Paris, 21 mai 1892 [S. et P. 92. 2. 270, D. P. 92. 2. 325] — *Sic*, Lyon-Caen et Renault, t. 1, n. 109, p. 109; Troplong, *Soc.*, t. 1, n. 326 et s.; Duvergier, *Sociétés*, n. 485; Beslay, t. 1, n. 187; Bédarride, *Soc. commer.*, t. 1, n. 94. — V. L. 21 avr. 1810, art. 32, notre *Code civil annoté*, art. 1832, n. 61.

56. En conséquence, l'action en nullité d'une telle société ne peut être portée devant le tribunal de commerce. — Douai, 15 févr. 1858, précité.

57. Et il en est ainsi, alors même que les administrateurs de la société se seraient livrés à des opérations de commerce dans l'intérêt de leur exploitation, mais en dehors des termes de leur mandat et sans l'approbation formelle de tous les associés. — Même arrêt.

58. Une société formée pour l'exploitation d'une mine peut, d'ailleurs, d'après les circonstances, être considérée comme société commerciale, et non comme société civile. — Cass., 26 mars 1855 [S. 56. 1. 504, P. 57. 560]; 1er août 1893 [S. et P. 94. 1. 22, D. P. 94. 1. 126] — Colmar, 4 juin 1862 [S. 62. 2. 249, P. 62. 1010, D. P. 62. 2. 163] — Paris, 7 août 1894 [S. et P. 95. 2. 309, D. P. 95. 2. 266] — V. sur cette question, avant et après la mise en vigueur de la loi du 1er août 1893, notre *Code civil annoté*, art. 1832, n. 61 et s.; notre *Code de commerce annoté*, t. 1, p. 291, L. 24 juill. 1867, art. 68, n. 1 et s., 48 et 49.

59. Spécialement, il en est ainsi lorsque les produits naturels de la mine sont, à l'aide de leur combinaison avec d'autres matières achetées, convertis en produits industriels et livrés comme tels au commerce ; et que, d'un autre côté, l'acte constitutif de la société lui attribue le caractère de société commerciale. — Colmar, 4 juin 1862, précité.

60. Si l'exploitation ordinaire et normale d'une mine ne constitue pas une opération commerciale, il en est autrement lorsqu'une société de mines, au lieu de se former pour cette exploitation, a pour but de la combiner avec un ensemble d'actes de commerce. — Cass., 18 oct. 1885 [S. 86. 1. 108, P. 86. 1. 244, D. P. 86. 1. 63]

61. Bien qu'en principe, l'exploitation des mines ne soit pas considérée comme un commerce, cependant l'exploitation d'une mine sur un terrain dont on n'est pas propriétaire, lorsqu'elle a lieu sans concession préalable de la part du Gouvernement, constitue un acte de commerce. — Montpellier, 28 août 1833 [S. 34. 2. 557, P. chr., D. P. 34. 2. 56, D. *Rép.*, v° *Acte de comm.*, n. 287]

62. Jugé aussi que le propriétaire qui vend des cailloux extraits de sa propriété, non point tels qu'elle les produit naturellement, mais après les avoir fait casser de la grosseur déterminée par les règlements pour être employés à l'entretien des routes, fait acte de commerce, et est, dès lors, justiciable de la juridiction consulaire à raison de cette vente. — Rouen, 28 févr. 1861 [S. 61. 2. 613, P. 62. 748] — *Sic*, Alauzet, t. 8, n. 3024. — *Contrà*, Lyon-Caen et Renault, t. 1, n. 126, p. 132, note 2, *in fine*.

63. On se demande si l'exploitation d'une mine, minière ou carrière reste une opération civile quand elle est faite, non par le concessionnaire ou le propriétaire, mais par un tiers qui tient le droit de l'exploiter du concessionnaire ou du propriétaire; d'après une première opinion, le tiers, à la différence du concessionnaire ou propriétaire, fait un acte de commerce parce qu'il se porte acheteur des produits de la mine, minière ou carrière en vue de les revendre et spécule ainsi sur un acte d'entremise. — V. Cass., 30 juill. 1901 [S. et P. 1902. 1. 84] — Bordeaux, 29 févr. 1832 [P. chr., D. P. 32. 2. 95, D. *Rép.*, v° *Acte de comm.*, n. 291] — Montpellier, 28 août 1833, précité. — Caen (Motifs), 26 janv. 1836 [P. chr., D. *Rép.*, v° *Mines*, n. 761]; 7 déc. 1847 [P. 49. 1. 575, D. P. 48. 5. 4, D. *Rép.*, v° *Compét. comm.*, n. 103]; Ruben de Couder, v° *Acte de commerce*, n. 76 ; Devilleneuve, Massé et Dutruc, n. 63 ; Pardessus, t. 1, n. 35. — V. notre *Rép. gén. alph. du dr. fr.*, v° *Acte de commerce* n. 479 et s.

64. Jugé encore que celui qui extrait des matières anormales sur un terrain dont il n'est pas propriétaire, pour les employer et les convertir en des objets qu'il revend, doit être réputé commerçant. — Cass., 15 déc. 1835 [S. 36. 1. 333, P. chr., D. P. 36. 1. 67, D. *Rép.*, v° *Acte de comm.*, n. 287]

65. Mais, suivant une autre opinion, l'exploitation de la mine, minière ou carrière, même par le tiers conserve son caractère civil, car, étant donné que l'extraction de produits du sol est en dehors de la commercialité, le tiers, qui tient ses droits du concessionnaire ou du propriétaire, ne fait pas plus un acte de commerce que celui qui prend à ferme le fonds d'autrui pour lui faire produire des fruits qu'il se propose de vendre. — V. Aix (motifs), 12

mars 1841, précité. — Paris, 22 févr. 1848 [P. 48. 1. 449, D. P. 54. 5. 11] — Toulouse, 19 mars 1863, sous Cass., 14 juin 1865 [S. 67. 1. 440, P. 67. 1175] — Boistel, n. 35; Lyon-Caen et Renault, t. 1, n. 124; Bédarride, t. 1, n. 104.

66. Le propriétaire d'un établissement thermal qui vend et distribue les eaux jaillissant de son sol ne fait, pas plus que le propriétaire qui vend les denrées provenant de son crû, acte de commerce. — Cass., 27 mars 1866 [S. 66, 1. 211, P. 66. 541, D. P. 66. 1. 428] — Metz, 16 mars 1865 [S. 65. 2. 165, P. 65. 1024, D. P. 65. 2. 65] — Dijon, 19 mars 1868 [S. 68 2. 333, P. 68. 1231] — Trib. comm. Saint-Étienne, 30 mars 1903 [*Droit*, 22-23 juin 1903] — *Sic*, Lyon-Caen et Renault, t. 1, n. 124. — V. notre *Rép. gén. alph. du dr. fr.*, v° *Acte de commerce*, n. 510 et s.

67. Il en est de même de la société que ce propriétaire s'est substituée, en vertu d'un bail, quelles que soient la dénomination et la forme extérieure de cette société. — Cass., 27 mars 1866, précité. — Metz, 16 mars 1865, précité,

68. ... Alors que, continuant l'exploitation dans les conditions où elle l'a reçue, elle n'en a point changé le caractère purement civil. — Cass., 27 mars 1866, précité.

69. En conséquence, ne ressortissent point aux tribunaux de commerce les contestations relatives aux marchés qu'une telle société a passés en vue de l'exécution des travaux et des constructions nécessaires au développement de son exploitation. — Cass., 27 mars 1866, précité. — Metz, 16 mars 1865, précité.

70. ... Alors surtout que ces marchés constituaient l'une des obligations que son bail lui imposait. — Metz, 16 mars 1865, précité.

71. Peu importe qu'au nombre de ces constructions soient des hôtels qui, une fois terminés, doivent être exploités même commercialement par la société, cette circonstance ultérieure ne modifiant en rien le caractère des marchés qui avaient pour objet exclusif les travaux d'établissement. — Cass., 27 mars 1866, précité. — Metz, 16 mars 1865, précité.

72. Jugé encore qu'il importe peu que des hôtels et un casino aient été construits pour les besoins de l'établissement, alors que cette construction n'a eu lieu que dans le but d'utiliser les produits naturels du fonds. — Dijon, 19 mars 1868, précité.

73. Le propriétaire d'un établissement thermal, qui loue aux malades des chambres garnies dépendant de son établissement, ne fait pas acte de commerce et n'est pas dès lors, à raison des locations, justiciable des tribunaux de commerce, alors que ces locations sont un simple accessoire de l'exploitation, et n'en modifient pas le caractère essentiellement civil. — Montpellier, 28 août 1874 [S. 74. 2. 299, P. 74. 1269]

74. L'acquisition par un médecin d'un établissement thermal, comprenant à la fois les bâtiments affectés à la station thermale et des hôtels destinés à recevoir les malades, ne constitue pas un acte de commerce, alors qu'il résulte des circonstances que l'acquéreur a eu principalement en vue l'exploitation des eaux minérales, et que les hôtels n'étaient que l'accessoire de l'établissement thermal. — Grenoble, 13 juin 1893 [S. et P. 94. 2. 36, D. P. 94. 2. 528] — *Sic*, Lyon-Caen et Renault, t. 1, n. 124, et notre *Rép. gén. alph. du dr. fr.*, v° *Acte de comm.*, n. 512 et s.

75. L'apport par l'acheteur de cette acquisition dans une société formée pour l'exploitation de l'établissement thermal n'a pas davantage le caractère d'un acte de commerce. — Même arrêt.

76. Le propriétaire d'un établissement thermal, qui élève des constructions (dans l'espèce, un casino), dans le but de faciliter l'usage de la propriété et de rendre plus fructueuse l'exploitation d'une source jaillissant naturellement du sol, ne fait pas acte de commerce. — Montpellier, 10 août 1883 [S. 84. 2. 36, P. 84. 1. 215] — *Sic*, Ruben de Couder, n. 104 et 129; Lyon-Caen et Renault, *Précis*, n. 89, note 3, *in fine*.

77. Par suite, et alors même que ce propriétaire serait commerçant et serait inscrit à la patente, l'action en paiement des matériaux dirigée contre lui est de la compétence, non des juges consulaires, mais du tribunal civil. — Même arrêt.

78. Peu importe que les constructions une fois terminées, l'exploitation pût devenir commerciale; cette circonstance ultérieure ne modifiant en rien le caractère des marchés qui avaient pour objet exclusif les travaux d'établissement. — Même arrêt.

79. Peu importe qu'une autre partie, assignée conjointement et pour les mêmes fournitures, soit justiciable du tribunal de commerce; l'art. 59, § 2, C. proc., n'étant applicable que lorsque les deux parties, conjointement citées, sont soumises à la même juridiction. — Même arrêt. — *Sic*, Bioche, v° *Compétence des tribunaux civils*, n. 224 ; Rousseau et Laisney, v° *Compétence*, n. 51.

80. Toutefois, une exploitation d'eaux thermales peut être considérée comme une exploitation commerciale lorsqu'au lieu de se préoccuper de chercher à satisfaire un intérêt public, la compagnie concessionnaire a principalement en vue la réalisation de bénéfices. La détermination du caractère civil ou commercial d'une exploitation de cette sorte rentre d'ailleurs dans le pouvoir d'appréciation des juges du fond. — Il a été jugé, à ce sujet, que doit être réputé commerçant le fondateur d'une société pour l'exploitation d'un établissement thermal dont il est propriétaire, alors qu'il est oonstaté par les juges du fait qu'il exploite, par lui-même ou par ses préposés, un hôtel meublé, auquel il a joint un vaste casino, et dont la construction et l'aménagement de luxe ont entraîné des dépenses telles, que l'on peut dire en réalité, en comparant ces dépenses au prix d'acquisition de l'établissement de bains, que celui-ci, loin de constituer une valeur principale de la société, n'en est que l'accessoire. — Cass., 18 déc. 1888, Albiot c. Christophe [S. 89. 1. 149, P. 89. 1. 360, D. P. 89. 1. 397] ; 18 déc. 1888, Albiot c. Rafel [S. et P. *Id.*]

81. Il en est surtout ainsi, alors, d'une part, qu'il est également constaté que ce propriétaire a des habitudes commerciales incontestables, qu'il paie patente comme commerçant, et qu'il a payé, comme tel, sa quote-part dans les dépenses de la chambre de commerce du lieu de son établissement... — Mêmes arrêts.

82. ... Et que, d'autre part, il est de notoriété publique que le même propriétaire a organisé plusieurs autres sociétés semblables, dont quelques-unes ont donné lieu à de nombreuses émissions d'actions négociables. — Cass., 18 déc. 1888, Albiot c. Rafel, précité.

83. En conséquence, c'est à bon droit que le tribunal de commerce a été déclaré compétent pour sta-

tuer sur une demande en paiement de travaux de construction, appropriation et réparation, effectués aux divers bâtiments de l'établissement en question. — Cass., 18 déc. 1888, Albiot c. Christophe, précité; 18 déc. 1888, Albiot c. Rafel, précité.

84. Décidé aussi que, lorsque les juges du fait, interprétant, sans les dénaturer, les actes qui leur étaient soumis, ont déclaré, par une appréciation souveraine, que lesdits actes, par lesquels une ville concède à un particulier, un établissement thermal, ainsi que le théâtre, le casino et le cercle y annexés, et lui loue les immeubles où doit être exploitée cette concession, ne constituent point une concession faite au particulier pour ses besoins personnels, mais ont pour objet principal et réel l'exploitation commerciale de ces établissements par le concessionnaire dans un but de spéculation, le tribunal de commerce est à bon droit déclaré compétent pour connaître des difficultés relatives aux actes de concession et de location, et notamment de la demande en résiliation desdites concession et location dans les cas prévus au contrat. — Cass., 21 mars 1892 [S. et P. 93. 1. 229, D. P. 92. 1. 228]

85. Il faut considérer comme civile l'exploitation d'une prise d'eau ordinaire, à une source ou dans un fleuve, pour la distribuer et la vendre au public. — V. notre *Rép. gén. alph. du dr. fr.*, v° *Acte de commerce*, n. 516.

86. L'absence de commercialité persiste, même lorsque la vente ou la distribution des eaux est faite par un autre que le propriétaire de la source, c'est-à-dire par un concessionnaire ou un locataire. C'est un point consacré par une jurisprudence bien établie. — Cass., 18 déc. 1871 [S. 71. 1. 196, P. 71. 607, D. P. 72. 1. 9]; 26 févr. 1872 [S 72. 1. 175, P. 72. 406, D. P. 72. 1. 9]; 21 juill. 1873 [S. 73. 1. 156, P. 73. 1159, D. P. 74. 1. 117]; 6 janv. 1874 [S. 77. 1. 27, P. 77. 42, D. P. 77. 1. 215]

87. L'exploitation des eaux du domaine public n'ayant pas, de la part du concessionnaire de ces eaux, le caractère d'une spéculation commerciale, il faut encore admettre comme conséquence que la construction du canal nécessaire à leur dérivation ne constitue pas, en ce qui concerne le concessionnaire, un acte de commerce. L'exécution du canal, n'étant que l'accessoire de son exploitation, ne saurait dénaturer le caractère civil de cette exploitation. Dès lors, les contestations qui s'élèvent entre lui et l'ingénieur directeur des travaux, au sujet de leurs engagements respectifs, ne sont pas de la compétence de la juridiction commerciale. — Cass., 17 mars 1874 [S. 75.1.106, P. 75. 256, D. P. 74.1. 420]

88. Il a été jugé, dans le même sens, que, lorsqu'une société a été formée pour la distribution, dans une ville, d'eaux concédées par l'État, l'apport fait à cette société, par son fondateur, d'un traité passé entre lui et un autre entrepreneur de travaux pour l'exécution d'une canalisation, ne constitue pas, de sa part, un acte de commerce, alors qu'elle a accepté cet apport uniquement dans le but de réaliser dans son propre intérêt la distribution des eaux en vue de laquelle elle s'était constituée. — Cass., 22 déc. 1873 [D. P. 75. 1. 438]

89. La construction et l'exploitation d'un canal destiné à faciliter la distribution des eaux du domaine public, ne constituent pas plus de la part du sous-cessionnaire que du titulaire de la concession, une entreprise commerciale. — Cass., 6 janv. 1874 [S. 77. 1. 27, P. 77. 42]

90. Par suite, les actions intentées contre le sous-concessionnaire ne sont pas de la compétence de la juridiction commerciale. — Même arrêt.

ART. **639** (*ainsi modifié par la loi du 3 mars 1840*). Les tribunaux de commerce jugeront en dernier ressort :

1° Toutes les demandes dans lesquelles les parties justiciables de ces tribunaux, et usant de leurs droits, auront déclaré vouloir être jugées définitivement et sans appel ;

2° Toutes les demandes dont le principal n'excédera pas la valeur de quinze cents francs ;

3° Les demandes reconventionnelles ou en compensation, lors même que, réunies à la demande principale, elles excéderaient quinze cents francs.

Si l'une des demandes principale ou reconventionnelle s'élève au-dessus des limites ci-dessus indiquées, le tribunal ne prononcera sur toutes qu'en premier ressort.

Néanmoins, il sera statué en dernier ressort sur les demandes en dommages et intérêts, lorsqu'elles seront fondées exclusivement sur la demande principale elle-même. — C. comm., 646; C. proc. civ., 7, 453.

INDEX ALPHABÉTIQUE.

1. En matière commerciale, les parties peuvent certainement renoncer au bénéfice de l'appel, tandis qu'en matière civile la question est controversée. — Lyon-Caen et Renault, t. 1, n. 383. — V. notre *Code de procédure civile annoté*, art. 443, n. 22 et s.

2. Le taux d'appel en matière commerciale est le même qu'en matière civile. — V. à cet égard notre *Code de procédure civile annoté*, t. 2, p. 58, L. 11 avr. 1838, art. 1er, n. 69 et s.

3. En vertu de l'art. 639, ce n'est qu'autant que, soit la demande principale, soit la demande reconventionnelle s'élève l'une ou l'autre au-dessus de 1.500 francs qu'il ne peut être prononcé par le tribunal de commerce sur toutes les deux qu'en premier ressort; si l'une ou l'autre sont inférieures à 1.500 francs, le jugement est en dernier ressort. — Cass., 11 avr. 1900 [S. et P. 1902. 1. 231, D. P. 1900. 1. 200] — V. notre *Rép. gén. alph. du dr. fr.*, v° *Appel* (mat. civ.), n. 537 et s. — Sur la compétence des juges de paix à l'égard des demandes reconventionnelles, V. notre *Code de procédure civile annoté*, t. 1, p. 57, L. 25 mai 1838, art. 7-8, n. 8 et s. — Sur cette même question au cas de demande principale portée devant un tribunal civil de première instance, V. notre *Code de procédure civile annoté*, t. 2, p. 104, L. 11 avr. 1838, art. 2, n. 1 et s.

4. Et, dans ce cas, l'exception de dernier ressort ne saurait être repoussée par le motif que le montant des deux demandes réunies excéderait 1.500 francs. — Même arrêt.

5. Il résulte des lois du 11 avril 1838, art. 2, sur les tribunaux de première instance, du 25 mai 1838, art. 7 et s., sur les justices de paix, et de l'art. 639 tel qu'il a été modifié par la loi du 3 mars 1840, art. 1er, que les demandes reconventionnelles en dommages-intérêts formées par le défendeur ne doivent pas être prises en considération pour la détermination du ressort, lorsqu'elles sont exclusivement fondées sur la demande principale. — Thaller, n. 1998.

6. On considère, d'ailleurs, comme n'étant pas fondées exclusivement sur la demande principale, et comme devant, dès lors, être prises en considération pour la détermination du ressort, les demandes en dommages-intérêts qui sont fondées sur des faits antérieurs à la demande principale. — V. Cass., 10 févr. 1886 [S. 89. 1. 261, P. 89. 1. 643, D. P. 86. 1. 366]; 31 oct. 1893 [S. et P. 94. 1. 16, D. P. 94. 1. 326]; 22 déc. 1897 [S. et P. 99. 1. 38, D. P. 98. 1. 135]

7. Au contraire, une demande reconventionnelle en dommages-intérêts formée par le défendeur ne doit pas être prise en considération pour la détermination du premier ou du dernier ressort, lorsqu'elle n'a pas eu pour cause des faits distincts de la demande principale, qu'elle y puise ses seuls éléments et qu'elle a avec elle une complète connexité. — Cass., 25 févr. 1896 [S. et P. 96. 1. 320, D. P. 96. 1. 208]

8. Ainsi, au cas d'une action en détaxe d'une valeur inférieure à 1.500 francs formée devant un tribunal de commerce par un expéditeur contre une compagnie de chemins de fer, il est statué en dernier ressort sur cette demande principale et sur la demande reconventionnelle en 2.000 francs de dommages-intérêts, formée par la compagnie contre l'expéditeur, lorsque cette dernière demande est fondée sur une déclaration inexacte de la nature des marchandises expédiées, sur des réclamations instantes et les vérifications qui en ont été la suite, sur les démarches abusives d'un agent de l'expéditeur et le préjudice qu'elles ont occasionné au crédit et à l'honorabilité de la compagnie. — Même arrêt.

9. Une réclamation, relativement à laquelle un tribunal est incompétent, ne saurait être jointe à une autre demande, dont il est compétemment saisi, pour élever, à l'égard de celle-ci, le taux du ressort. — Cass., 9 déc. 1901 [S. et P. 1902. 1. 334, D. P. 1902. 1. 311]

10. Par application de ces principes, étant donné deux demandes portées devant les juges consulaires par un expéditeur contre une compagnie de chemins de fer, demandes qui tendaient, l'une à l'allocation d'une indemnité de 200 francs pour perte de colis, l'autre à la condamnation de la compagnie en 2.000 francs de dommages-intérêts à raison d'une prétendue surveillance abusive exercée sur le demandeur. — Même arrêt.

11. ... C'est à bon droit, en l'état de ces conclusions, qu'un arrêt décide, d'une part, que le tribunal de commerce était incompétent sur la deuxième question et d'autre part que sa décision sur la première n'est pas susceptible d'appel. — Même arrêt.

12. Mais jugé, au cas d'une action en détaxe d'une valeur inférieure à 1.500 francs formée par un expéditeur contre une compagnie de chemins de fer, et d'une demande reconventionnelle en 2.000 francs de dommages-intérêts, formée par la compagnie de chemins de fer contre l'expéditeur à raison des agissements d'un prétendu agent de celui-ci antérieurs au procès, que le juge d'appel ne peut, pour déclarer la demande en dommages-intérêts exclusivement fondée sur la demande principale, et par suite l'appel de la compagnie irrecevable, s'appuyer sur ce que le prétendu agent n'était pas le mandataire de l'expéditeur, et n'avait pu engager la responsabilité de celui-ci; en statuant ainsi sur la qualité d'un mandataire, le juge d'appel se saisit du fond du litige et applique faussement et par suite viole l'art. 639, C. comm. — Cass., 5 juill. 1897 [S. et P. 98. 1. 37, D. P. 98. 1. 399]

13. En tous cas, pour apprécier si la demande reconventionnelle, au point de vue du ressort, est exclusivement fondée sur la demande principale, il faut avoir égard aux termes mêmes de la demande reconventionnelle, et à l'objet de cette demande, telle qu'elle est formulée dans les conclusions; il n'y a pas lieu d'examiner si la demande est justifiée. En effet, le ressort, comme la compétence en général, se détermine par l'objet de la demande, tel qu'il est fixé par les conclusions, et, selon l'opinion la plus générale, il n'appartient pas au juge d'appel, saisi seulement de la question de savoir si, oui ou non, l'appel est recevable, d'entrer, pour résoudre cette question, dans l'examen du fond, et de se refuser à faire état, pour la détermination du ressort, d'une demande reconventionnelle, sur le motif qu'elle ne repose pas sur un fondement sérieux. — V. not. Cass., 25 juill. 1864 [S. 64. 1. 451, P. 64. 1200, D. P. 64. 1. 353]; 11 janv. 1865 [S. 65. 1. 223, P. 65. 535, D. P. 65. 1. 29]; 6 mai 1872 [S. 72. 1. 296, P. 72. 723, D. P. 72. 1. 170]; 30 avr. 1889 [S. 89. 1. 456, P. 89. 1. 1149, D. P. 89. 1. 462] — V. aussi notre *Rép. gén. alph. du dr. franc.*, v° *Appel* (*mat. civ.*), n. 582.

14. L'opinion contraire a d'ailleurs parfois été consacrée par la jurisprudence. Ainsi, il a été décidé qu'est en dernier ressort, et dès lors non susceptible d'appel, le jugement d'un tribunal de commerce rendu sur une demande principale ne dépassant pas le taux du dernier ressort, et sur une demande reconventionnelle supérieure à ce taux, si la demande reconventionnelle n'est pas sérieuse, et n'a été imaginée que dans le but de rendre susceptible d'appel le jugement à intervenir. — Bordeaux, 23 mai 1872 [S. 73. 2. 203, P. 73. 861, D. P. 72. 2. 154]

Art. **640**. Dans les arrondissements où il n'y aura pas de tribunaux de commerce, les juges du tribunal civil exerceront les fonctions et connaîtront des matières attribuées aux juges de commerce par la présente loi. — C. comm., 641, 642; C. proc. civ., 83.

Art. **641**. L'instruction, dans ce cas, aura lieu dans la même forme que devant les tribunaux de commerce, et les jugements produiront les mêmes effets. — C. comm., 640.

1. Ce n'est pas seulement au cas où il n'y a pas de tribunal civil dans l'arrondissement que les juges du tribunal civil exercent les fonctions des juges de commerce, il en est encore ainsi en cas d'abstention de tous les membres d'un tribunal de commerce pour le jugement d'une affaire portée devant lui. — Rouen, 4 nov. 1836 [S. 41. 2. 330, P. chr., D. P. 52. 5. 125] — V. Lyon-Caen et Renault, t. 1, n. 346. — *Contrà*, Despréaux, n. 188. — Sur l'organisation des tribunaux de commerce, V. *suprà*, art. 615 et s. — Sur le point de savoir si, lorsqu'à défaut d'un tribunal de commerce, un tribunal civil juge en matière commerciale, le ministère public doit ou non être entendu, V. notre *Code de procédure civile annoté*, art. 83, n. 56 et s.; Lyon-Caen et Renault, t. 1, n. 511.

2. Il a cependant été jugé qu'en cas d'abstention de tous les membres d'un tribunal de commerce, l'affaire doit être renvoyée par la cour d'appel devant un autre tribunal de commerce du ressort. — Rouen, 23 mai 1844 [S. 44. 2. 495, P. 44. 2. 552, D. P. 52. 5. 125] — Caen, 3 juin 1875 [D. P. 76. 2. 105]; 2 août 1875 [D. P. 76. 2. 105]

3. Un jugement rendu en matière commerciale, par le tribunal civil d'une ville dans laquelle il n'y a pas de tribunal de commerce, est régulier, bien qu'il ne mentionne pas qu'il ait été rendu commercialement, et bien que les parties aient employé le ministère d'avoués. — Metz, 21 janv. 1812 [S. et P. chr., D. A. 4. 702] — *Sic*, Nouguier, t. 1, p. 60. — V. *suprà*, art. 627, n. 1.

TITRE III

DE LA FORME DE PROCÉDER DEVANT LES TRIBUNAUX DE COMMERCE

ART. **642**. La forme de procéder devant les tribunaux de commerce sera suivie telle qu'elle a été réglée par le titre XXV du livre II de la première partie du Code de procédure civile. — C. proc. civ., 414 et s.

En général, les règles du Code de procédure sont applicables aux tribunaux de commerce, dans tous les cas où leur application n'est pas contraire à l'institution de ces tribunaux et aux règles spéciales de procéder devant eux. — Rouen, 18 mars 1828 [S. et P. chr., D. P. 28. 2. 90] — V. pour l'application du principe, notamment C. comm., art. 188, n. 1, art. 189, n. 2 et s. (communication de pièces), art. 407, n. 4, art. 409, n. 4 (enquête), art. 414, n. 1 et s. (procédure sans ministère d'avoué), art. 415, n. 1 et s. (mode de formation de la demande), art. 416 et s., n. 1 et s. (délai de l'assignation), art. 419, n. 1 et s. (formes de l'assignation), etc., etc.

ART. **643**. Néanmoins, les articles 156, 158 et 159 du même Code relatifs aux jugements par défaut rendus par les tribunaux inférieurs, seront applicables aux jugements par défaut rendus par les tribunaux de commerce.

1. Le rappel fait par notre texte des art. 156, 158 et 159 du Code de procédure civile a certainement pour effet d'étendre l'application des règles relatives aux jugements par défaut faute de comparaître rendus en matière civile aux jugements de même nature rendus en matière commerciale; il en résulte que ces jugements doivent être signifiés par huissier commis, que l'opposition est recevable contre eux jusqu'à ce qu'ils soient exécutés ou réputés exécutés et que ces jugements sont périmés s'ils n'ont pas été exécutés dans les six mois de leur date. — Sur le point de savoir si l'art. 153, C. proc. civ., qui consacre le défaut profit-joint est applicable en matière commerciale, V. notre *Code de procédure civile annoté*, art. 153, n. 5 et s., n. 48 et s., 97, art. 434. — Lyon-Caen et Renault, t. 1, n. 484.

2. Ces mêmes dispositions devraient même être étendues à tous les jugements par défaut rendus en matière commerciale si on adoptait l'opinion de certains auteurs qui estiment que la distinction entre jugements par défaut faute de comparaître et jugements par défaut faute de conclure n'existe pas en matière commerciale; mais on sait que cette opinion n'a pas triomphé en jurisprudence : ce qui fait que, malgré la généralité de notre texte, le renvoi aux art. 156, 158 et 159 est considéré comme ne concernant que les jugements par défaut faute de comparaître. — Lyon-Caen et Renault, t. 1, n. 483; Nouguier, t. 3, p. 103; Glasson sur Boitard, t. 2, n. 662, note. — V. cep. Boitard et Colmet-Daage, t. 2, n. 662; Bonnier, n. 959 et 960; Demangeat, sur Bravard-Veyrières, t. 6, p. 438. — V. notre *Code de procédure civile annoté*, art. 149, n. 68, art. 156, n. 38, n. 42 et s., n. 49 et s., art. 158, n. 1, art. 435, n. 3, art. 436, n. 2 et s. — Sur le critérium de la distinction en matière commerciale entre les jugements par défaut faute de comparaître et les jugements par défaut faute de conclure, V. notre *Code de procédure civile annoté*, art. 149, n. 69 et s.; Lyon-Caen et Renault, t. 1, p. 555 et s., n. 483.

3. Les jugements par défaut faute de conclure rendus en matière commerciale continuent donc à être régis par les textes du Code de procédure civile qui régissent les jugements par défaut de même nature rendus en matière civile : par suite, la signification de tels jugements par huissiers commis n'est pas nécessaire, l'opposition n'est recevable que pendant huitaine de la signification et il n'y a pas lieu à la péremption de six mois. — Lyon-Caen et Renault, t. 1, n. 483.

ART. **644**. Les appels des jugements des tribunaux de commerce seront portés pardevant les cours dans le ressort desquelles ces tribunaux sont situés. — C. proc. civ., 443 et s.

APPENDICE AU LIVRE IV, TITRE III

DES USAGES COMMERCIAUX (1)

INDEX ALPHABÉTIQUE.

DIVISION

§ 1. *Exposé général de la théorie des usages commerciaux.*

1. Indépendamment de la loi écrite et de la convention des parties, les relations commerciales sont régies par des usages dont certains ont d'ailleurs été codifiés et qui, même alors, ne s'appliquent que parce qu'ils sont considérés comme l'expression de la volonté présumée des parties : certains usages commerciaux en matière de vente de marchandises ont été codifiés par une loi du 13 juin 1866 dont le texte est reproduit en note ; une loi du 20 décembre 1892, mise en œuvre par un décret du 1er décembre 1893, a déterminé les usages ordinairement suivis en matière d'arrimage des marchandises à bord des navires de commerce. — V. *suprà*, art. 229, n. 24 et s.; les dispositions de ces lois et décrets ne s'appliquent qu'à défaut de convention contraire. — Lyon-Caen et Renault, t. 1, n. 80, t. 3, n. 89. — V. notre *Code civil annoté*, art. 1, n. 118 et s., art. 1134, n. 38 et 39, art. 1135, n. 1 et s., art. 1159, n. 1, art, 1160, n. 2, art. 1873. — Suppl., art. 1, n. 62 et s., art. 1135, n. 11, art. 1160, n. 1 et s. — V. aussi sur les usages maritimes de l'Algérie, arr. du gouverneur général de l'Algérie du 16 juill. 1868 [*J. Marseille*, 1869, 2, 3] — V. encore, en matière d'avaries communes les règles d'York et d'Anvers, reproduites, *suprà*, qui d'ailleurs n'ont pas en France

(1) 13 juin 1866. — Loi *concernant les usages commerciaux.*

Art. 1er. Dans les ventes commerciales, les conditions, tares et autres usages indiqués dans le tableau annexé à la présente loi sont applicables dans toute l'étendue de l'empire, à défaut de convention contraire.

2. La présente loi sera exécutoire à partir du 1er janvier 1867.

TABLEAU ANNEXÉ

à la loi concernant les usages commerciaux.

Ire PARTIE. — RÈGLES GÉNÉRALES.

I. Toute marchandise pour laquelle la vente est faite au poids se vend au poids brut ou au poids net.

Le poids brut comprend le poids de la marchandise et de son contenant. Le poids net est celui de la marchandise à l'exclusion du poids de son contenant.

La tare représente, à la vente, le poids présumé du contenant. La tare s'applique à certaines marchandises que, pour les facilités du commerce, il est d'usage de ne pas déballer.

II. Tout article se vendant au poids et non mentionné au tableau est vendu au poids net.

III. L'acheteur a le droit, en renonçant à la tare d'usage, de réclamer le poids net, même pendant le cours de la livraison.

IV. Pour la marchandise vendue au poids brut, l'emballage doit être conforme aux habitudes du commerce.

V. L'emballage (toile, fût, barrique, caisse, etc.) reste à l'acheteur, sauf les exceptions portées au tableau.

VI. Lorsqu'il y a deux emballages, l'emballage intérieur, en tant qu'il est considéré dans l'usage comme marchandise et qu'il est conforme aux habitudes du commerce, est compris dans le poids net.

VII. Le tonneau de mer s'entend du tonneau d'affrètement tel qu'il est réglé pour l'exécution des articles 3 et 6 de la loi du 3 juillet 1861.

VIII. Sauf les exceptions portées au tableau ci-après, il n'est accordé ni dons, ni surdons, ni tolérance.

IX. Dans les ports maritimes, toutes les marchandises autres que les articles manufacturés se vendent sur le pied de deux pour cent d'escompte au comptant, et, lorsque le vendeur consent à convertir tout ou partie de l'escompte en terme, l'escompte se règle à raison de un demi pour cent par mois.

Voir le tableau annexé au décret du 25 août 1861, inséré au Bulletin des lois du deuxième semestre 1861, n° 962.

On entend par don une réfaction pour altération ou déchet en quelque sorte forcé de la marchandise. Le surdon est un forfait facultatif pour l'acheteur, à raison d'avaries ou mouillures accidentelles. La tolérance, accordée en général pour le déchet nommé *pousse* ou *poussière*, a pour objet de limiter la réclamation de l'acheteur contre le vendeur.

IIe PARTIE

RÈGLES SPÉCIALES A CERTAINES MARCHANDISES.

MARCHANDISES.	TARES.	USAGES ET OBSERVATIONS.
Alcools. (V. *Spiritueux.*)		
Arachides :		
En greniers, sacs ou futailles	Poids net	2 p. 100 de tolérance sont accordés au vendeur pour la pousse ou poussière et les corps étrangers.
Argent vif	Poids net	La vérification du poids net est proportionnelle et s'établit sur 10 p. 100 de la livraison.
Arsenic :		
1° Blanc	11 kilog	Par baril de 200 à 205 kilogrammes.
2° Jaune	7 kilog	Par baril de 100 à 105 kilogrammes.
3° Rouge	4 kilog	Par baril de 50 à 60 kilogrammes.
Assa-fœtida :		
1° En sacs	2 p. 100	
2° En caisses ou futailles	Poids net	
Baies de genièvre	Poids brut	
Blé. (V. *Grains.*)		
Bois de construction	....	Les planches se vendent au mètre courant. Les douvelles se vendent au cent. Les poutres, etc., se vendent au stère Le mesurage des poutres se fait de 1 en 1 centimètre pour les largeurs et épaisseurs, et de 10 en 10 centimètres pour les longueurs.
Brai :		
1° Sec	Poids net	Se livre en baril.
2° Gras	Poids brut	
Cacao :		
En fûts	Poids net	Tolérance 2 p. 100 pour poussière.
En sacs	1 1/2 p. 100.	
Coques de. (V. ce mot.)		
Café :		
1° En fûts et caisses	Poids net	
2° En sacs de toile	1 1/2 p. 100.	
3° En balles, de la Réunion ou de Moka	Poids net	La vérification du poids net se fait proportionnellement par épreuve.
Cannelle :		
1° De Chine, en caisses	Poids net	Même observation que ci-dessus.
2° De Ceylan, en balles ou en sacs :		
Sous simple emballage	4 p. 100	
Sous double emballage	5 p. 100	
Chanvre :		
1° Indigène	Poids net	
2° De Russie	Poids net	
3° Des Etats-Unis	Poids net	
4° De Calcutta (jute)	2 p. 100	Liens compris.
5° Manille (abaca)	2 p. 100	
6° Du Mexique (itzle)	2 p. 100	
Charbon de terre	Poids net	Se vend aux 100 kilogrammes.
Chiendent :		
En balles	Poids brut	
Chiffons :		
En balles	Poids brut	
Cire brute :		
De toutes provenances	Poids net	La cire indigène se livre sans emballage.
Coaltar	Poids brut	
Coke. (V. *Charbon de terre.*)		
Coques de cacao	Poids brut	
Cordages :		
1° Neufs	Poids net	
2° Vieux	Poids brut	
Cornes	....	La vente a lieu ainsi qu'il suit : 1° Cornes de bœuf ou de vache, aux 100 cornes ; 2° Cornes de cerf, buffle, rhinocéros, etc., aux 100 kilogrammes.
Coton :		
De toute provenance	5 p. 100	Les types du Havre sont adoptés pour les cotons des deux Amériques et de l'Inde. Les types de Marseille pour les cotons d'Égypte, du Levant, et du bassin de la Méditerranée. En cas de contestations sur le classement de la marchandise, les échantillons en seront adressés suivant les provenances, à l'une ou l'autre des chambres de commerce des villes ci-dessus indiquées, pour être comparés aux types et être arbitrés par ses soins.
Crins :		
1° De Russie, en balles	Poids net	
2° De l'Amérique méridionale		
(*a*) En balles de toile	4 p. 100	Cercles en fer déduits.
(*b*) En balles de cuir	Poids net	
Cuirs et peaux :		
1° Cuirs de toute sorte :		
(*a*) Secs	....	Se vendent à nu et aux 100 kilogrammes.
(*b*) Salés	Poids net	Déduction faite du sel et des liens.

MARCHANDISES.	TARES.	USAGES ET OBSERVATIONS.
2° Peaux de chevaux :		
(*a*) Sèches	....	Se vendent à la pièce.
(*b*) Salées	Poids net...	Se vendent aux 100 kilogrammes.
3° Vachettes de l'Inde en balles	Poids net...	Les peaux servant d'emballage réduites à la moitié de leur valeur.
4° Autres peaux de toute sorte	....	Se vendent sans bonification, soit aux 100 kilogrammes, soit au nombre.
Curcuma (emballage en toile) :		
Simple (*gonis*)	2 p. 100....	
Dividivi	Poids brut..	
Douvelle. (V. *Bois.*)		
Eau de fleurs d'oranger	Poids net...	La vérification du poids net se fait proportionnellement.
Esprits. (V. *Spiritueux.*)		
Étoupes :		
1° De cordages	Poids brut..	
2° De lin	Poids net...	
Fanons de baleines	Poids net...	Réfaction à 2 p. 100 pour barbe et crasse.
Farines :		
1° Au baril	....	Le baril contenant 88 kilogrammes de farine.
2° En sacs	Poids brut..	Le poids brut du sac de farine s'entend de 125 kilogrammes. Conformément à la règle générale n° 5, le sac reste à l'acheteur.
Fécule de pommes de terre :		
1° En sacs et balles	Poids brut..	Se vend aux 100 kilogrammes.
2° En fûts	Poids net...	*Idem.*
Feuillards :		
De bois	....	Se vendent aux 1.000 brins.
Fèves. (V. *Grains.*)		
Figues :		
1° En corbeilles, couffes et cabas	Poids brut..	
2° En caisses	Poids net...	
3° De Smyrne, en caisses	10 p. 100...	
Foin :		
Lié	Poids brut..	
Non lié	Poids net...	
Froment. (V. *Grains.*)		
Gambier de l'Inde	Poids brut..	
Gaude	Poids brut..	
Gingembre :		
1° En barriques	Poids net...	
2° En sacs, simple toile	Poids net...	La vérification du poids net se fait proportionnellement.
Gomme :		
1° Ammoniaque	Poids net...	
2° Du Sénégal. en fûts	Poids net...	
2° Du Sénégal. en sacs	1 p. 100....	
3° De Barbarie et arabique	Poids net...	
Goudron	Poids brut..	Se livre à la barrique ou gonne.
Graines :		
1° De chanvre :		
(*a*) De provenance étrangère	Poids net...	Tolérance de 3 p. 100 accordée au vendeur pour pousse et corps étrangers.
(*b*) De provenance indigène	Poids net...	Pas de tolérance.
2° De colza :		
(*a*) De l'Inde et de la mer Noire	Poids net...	Tolérance 4 p. 100.
(*b*) De provenance indigène	Poids net...	Pas de tolérance.
(*c*) D'ailleurs	Poids net...	Pas de tolérance.
3° De coton	Poids net...	Tolérance 5 p. 100.
4° De genièvre. (V. *Baies.*)		
5° Graines jaunes :		
(*a*) En balles. Simple emballage	1 p. 100....	
(*a*) En balles. Double emballage	2 p. 100....	
(*b*) En fûts	Poids net...	
(*c*) En sacs de crin simples.	3 p. 100....	
6° De lin :		
(*a*) Étrangères à semer et indigènes	Poids net...	Pas de tolérance.
(*b*) Étrangères ordinaires	Poids net...	Tolérance 4 p. 100.
(*c*) Étrangères et indigènes à battre	Poids net...	Tolérance 4 p. 100.
7° De luzerne et de trèfle (graines).	Poids net...	Se vendent à la balle de 100 kilogrammes.
8° De moutarde	Poids net...	*Idem.*
9° De navette. (V. *Colza.*)		
10° De ravison	Poids net...	Tolérance 6 p. 100.
11° De sésame, d'œillette, de pavot et autres graines oléagineuses non dénommées :		
(*a*) De provenance étrangère.	Poids net...	Tolérance 3 p. 100.
(*b*) Indigènes	Poids net...	Sans tolérance.
12° Amandes de palmistes décortiquées	Poids net...	Tolérance 5 p. 100.
Grains	....	La vente des grains se fait aux 100 kilogrammes.

MARCHANDISES.	TARES.	USAGES ET OBSERVATIONS.
Graisses :		
1° Saindoux :		
(*a*) En tierçons	17 p. 100...	
(*b*) En futailles et barriques	Poids net...	
(*c*) En barils	18 p. 100...	
(*d*) En frequins	24 p. 100...	
(*e*) En vessies	Poids brut..	
2° Suifs :		
(*a*) En fûts ou caisses :		
1° De Russie	12 p. 100...	Barres déduites.
2° Indigènes	Poids net...	
3° Des Pays-Bas, d'Italie et d'Amérique	Poids net...	
(*b*) En outres et en surons...	4 p. 100....	
Guano	Poids brut..	
Hareng :		
1° Frais	Poids net...	
2° Salé :		
(*a*) Arrivant de la mer et vendu pour le repaquage	Poids net...	Se vend aux 100 kilogrammes, la futaille restant à l'acheteur.
(*b*) Livré à la consommation	Poids net...	Se vend au baril, lequel rend net en poisson 125 kilogrammes en minimum.
3° Saur	....	Se vend au nombre.
Houblon (simple emballage)	Poids brut..	
Houille. (V. *Charbon de terre.*)		
Huiles	....	La vente se fait aux 100 kilogrammes.
1° D'olive et de graines oléagineuses.	Poids net...	Par exception, à Marseille, le vendeur conserve la futaille, sauf pour les huiles d'olive comestibles.
2° De coco et de palme :		
(*a*) Par futailles au-dessous de 250 kilogrammes	20 p. 100...	
(*b*) Par futailles de 251 à 350 kilogrammes	17 p. 100...	La tare ne pouvant être inférieure à 50 kilogrammes.
(*c*) Par futailles de 351 kilogrammes et au-dessous...	15 p. 100...	La tare ne pouvant être inférieure à 60 kilogrammes.
3° De baleine et de cachalot	Comme de coco et de palme.	
4° De morue et de sardines	10 p. 100...	Sans barres ni plâtre, ou chaque barre pouvant être réglée à 1 kilogramme, au choix de l'acheteur.
5° De ricin et de menthe	Poids net...	
6° Essentielles	Poids net...	
7° De pétrole	....	Se vendent au baril de 150 kilogrammes brut, ou 120 kilogrammes net.
Indigo :		
1° En caisses	Poids net..	
2° En surons, emballage en cuir	10 p. 100...	
Jalap :		
1° En surons de 61 kilogrammes et au-dessus	7 p. 100....	
2° En surons de 60 kilogrammes et au-dessous	5 p. 100....	
3° En fûts ou caisses	Poids net...	
Joncs, rotins, bambous (pour cannes).	....	Se vendent au nombre. Les petits rotins en paquets se vendent aux 100 kilogrammes.
Jus de réglisse	Poids net..	Tolérance pour feuilles 4 p. 100.
Laines :		
1° Indigènes	Poids net...	La constatation du poids d'emballage se fait proportionnellement.
2° Étrangères	Poids net...	
Laines peignées et filées	Poids net...	Les numéros des laines filées expriment le nombre de 1.000 mètres au kilogramme. La reprise au conditionnement est de 17 p. 100.
Légumes secs (pois, fèves, haricots, lentilles) :		
1° En sacs	Poids brut..	Se vendent aux 100 kilogrammes.
2° En fûts	Poids net...	
Lichen, en balles	Poids brut..	
Lièges en balles	Poids brut..	
Manganèse :		
1° D'Allemagne, en futailles	5 p. 100....	
2° D'ailleurs ou autrement qu'en futailles	Poids net...	
Morue :		
1° Sèche	....	Se vend aux 100 kilogrammes.
2° D'Islande, en sel	....	Se livre à la tonne ou au baril.
3° D'Islande, en vrac	....	Se vend aux 100 kilogrammes.
4° Verte, de Terre-Neuve	....	Se vend aux 100 kilogrammes : 10 p. 100 de réfaction accordés pour le sel.
Mousses, en balles pressées	Poids brut..	
Nacre :		
1° De perle franche	Poids net...	Livraison à la pelle : 2 p. 100 de don. Livraison à la main : pas de don.
2° Bâtarde	Poids net ..	

MARCHANDISES.	TARES.	USAGES ET OBSERVATIONS.
Nitrate de potasse	5 p. 100	Réfaction pour corps étrangers au delà de 4 p. 100 au titrage.
Nitrate de soude :		
En simple emballage	3 p. 100	Même réfaction qu'au nitrate de potasse.
Noir de fumée :		
En balles et en fûts	Poids brut	
Noir animal :		
Résidu de raffinerie	Poids net	Se vend aux 100 kilogrammes.
Résidu d'ivoire	Poids net	
Noix de galle	Poids brut	
Ocre	Poids brut	Se vend aux 100 kilogrammes.
Olives	Poids brut	Se livrent en baril.
Onglons :		
1° De bétail	Poids brut	Se vendent aux 100 kilogrammes.
2° D'écailles de tortue	Poids net	
Orcanette :		
Simple emballage	Poids brut	
Oreillons et rognures de peaux :		
En balles	Poids brut	
Orseille :		
1° Naturelle ou lichen, en balles	2 p. 100	Simple emballage, cordes déduites.
2° En pâte, en fûts	Poids net	
Peaux. (V. *Cuirs.*)		
Perlasse et potasse :		
1° Des États-Unis, de Dantzig, d'Italie et de Russie	12 p. 100	
2° De Finlande	15 p. 100	
3° De Hongrie, d'Allemagne, du Rhin, de Bohême	Poids net	
Piment :		
1° En sac, simple emballage sans liens ni surcharge	2 p. 100	Tolérance pour pousse ou poussière, 1 p. 100.
2° En fûts	Poids net	
Plomb vieux	Poids brut	4 p. 100 de réfaction pour impuretés.
Plumes :		
1° De parure	Poids net	
2° De vautour et autres	4 p. 100	En balles, simple emballage, cercles déduits.
Poils d'animaux :		
1° Poils ou laines de chevreaux dits *chevrons*	2 p. 100	Simple emballage.
2° Tous autres poils	Poids net	
Poissons salés. (V. *Morue* et *Hareng.*)		
Poivre ou cubèbe :		
1° Simple emballage en toile	2 p. 100	Réfaction pour la pousse lorsqu'elle excède 2 p. 100.
2° En robins, bombes et fûts	Poids net	
Poix de Bourgogne	10 p. 100	
Porc salé :		
1° Salaisons	Poids net	Se vendent en baril.
2° Autres salaisons, non en saumure	Poids net	Se vendent aux 100 kilogrammes.
Quercitron :		
1° En fûts	12 p. 100	
2° En sacs, simple emballage	2 p. 100	
Quinquina :		
1° En caisses et fûts	Poids net	
2° En surons :		
(*a*) Par surons au-dessous de 60 kilogrammes	6 kilogr.	
(*b*) Par surons de 60 kilogrammes et au-dessus	8 kilog.	
Raisins secs :		
1° De Malaga	Poids net	Se livrent à la caisse.
2° De Denia :		
(*a*) Caisson simple	3 kilog. 1/2.	
(*b*) Caisson double	4 kilog.	
(*c*) En cabas	Poids brut	
3° De Zante :		
(*a*) En barils	10 p. 100	En fûts d'origine.
(*b*) En bottes de 1,000 kilogrammes	12 p. 100	
(*c*) En demi et quart de botte	14 p. 100	
4° De Lipari, en barils	10 kilog.	
5° De Naples, en corbeilles	Poids brut	
6° De Smyrne :		
(*a*) En sacs	1 kilog.	
(*b*) En tambours, gallons et caissons	10 p. 100	
Résine :		
1° D'Amérique, en fûts	16 p. 100	
2° Indigène et d'autre provenance	Poids net	
Rhum et tafia. (V. *Spiritueux.*)		Se vendent à l'hectolitre.
Riz :		
1° En fûts dits *tierçons*	12 p. 100	Les fûts du poids brut de 180 kilogrammes et au-dessous, barres déduites, sont rangés parmi les demi-tierçons.

MARCHANDISES.	TARES.	USAGES ET OBSERVATIONS.
2° En fûts dits *demi-tierçons*.......	14 p. 100...	Au-dessus de 180 kilogrammes, les fûts sont considérés comme tierçons pour l'application de la tare.
3° En sacs simples.. De Piémont..	Poids brut..	
Autres......	2 p. 100...	
4° En barils..........................	Poids net...	
Rocou :		
1° En fûts :		
(*a*) Avec feuilles.............	20 p. 100...	
(*b*) Sans feuilles.............	16 p. 100...	
2° En paniers et en caisses.........	Poids net...	
Rotins. (V. *Jones, etc.*)		
Safranum :		
1° D'Espagne........................	Poids net...	
2° Du Levant :		
(*a*) En ballot simple, toile légère................	2 p. 100...	
(*b*) En cabas recouverts de toile de l'Inde.........	10 p. 100...	
3° De l'Inde..........................	8 p. 100...	
Sagou :		
1° En sacs de toile..................	2 p. 100...	
2° En fûts..........................	Poids net...	
Salsepareille :		
1° Du Honduras, en balles :		
(*a*) Emballage simple et léger.	4 kilog......	Cordes comprises.
(*b*) Emballage simple et lourd.	5 kilog......	*Idem*.
2° Du Brésil.......................	Poids brut..	
3° Du Mexique et des autres provenances.......................	Poids net...	
Salpêtre, en simple emballage........	....	Frais de titrage partagés.
Savon :		
1° Bleu............................	Poids net...	La tare s'établit proportionnellement.
2° Blanc...........................	Poids net...	
3° Vert............................	Poids net...	Se livre au baril.
Sel marin et sel gemme..............	....	Se vend aux 100 kilogrammes.
Séné :		
1° En farde d'origine, sans surcharge.		
(*a*) D'Alexandrie............	10 p. 100...	
(*b*) De Tripoli..............	7 p. 100...	
2° En autre emballage.............	Poids net...	
Soies...............................	Poids net...	La reprise des soies au conditionnement est de 11 p. 100. L'épreuve de la finesse s'établit par 500 mètres et le pesage se fait au poids métrique descendant jusqu'à 5 milligrammes.
Soies de porc :		
1° De France......................	Poids net...	
2° Des autres provenances.........	Poids net...	
Soude :		
1° D'Espagne, en balles :		
(*a*) Avec trois enveloppes....	14 kilog.....	
(*b*) Avec quatre enveloppes..	16 kilog.....	
2° D'autres provenances, en futailles.	Poids net...	
Soufre (Fleur de) :		
1° En balles et sacs................	Poids brut..	
2° En futailles....................	Poids net...	
Spiritueux : Esprits, alcools et eaux-de vie......	....	ARTICLE PREMIER. Les esprits distillés du vin, dits 3/6 *de Languedoc*, sont vendus à 86° centigrades, à la température de 15 degrés centigrades. La surforce au-dessus de 86° ne donne pas lieu à bonification. La faiblesse au-dessous de 86° et jusqu'à 83° donne lieu à une réfaction proportionnelle. La faiblesse au-dessous de 83° permet à l'acheteur de refuser la marchandise. ART. 2. Les esprits distillés de la betterave, de la mélasse, de la pomme de terre, des grains, etc., sont vendus à 90° centigrades, à la température de 15° centigrades. La surforce au-dessus de 90° et jusqu'à 95° donne lieu à une bonification proportionnelle. La surforce au-dessus de 95° ne donne pas lieu à bonification. La faiblesse au-dessous de 90° et jusqu'à 87° donne lieu à une réfaction proportionnelle. La faiblesse au-dessous de 87° permet à l'acheteur de refuser la marchandise. ART. 3. Les eaux-de-vie de Cognac, de Saintonge, de La Rochelle et autres sont vendues à 60° centigrades, à la température de 15° centigrades. La surforce au-dessus de 60° et jusqu'à 63° donne lieu à une bonification proportionnelle. La surforce au-dessus de 63° permet à l'acheteur de refuser la marchandise.

MARCHANDISES	TARES.	USAGES ET OBSERVATIONS.
Spiritueux : Esprits, alcools et eaux-de-vie ...... (Suite).	....	La faiblesse au-dessous de 60° et jusqu'à 57° donne lieu à une réfaction proportionnelle. La faiblesse au-dessous de 57° permet à l'acheteur de refuser la marchandise. Les eaux-de-vie dites *vieilles* sont l'objet de conventions particulières. ART. 4. Les eaux-de-vie dites *preuves de Hollande*, d'Armagnac et de Marmande sont vendues à 52° centigrades, à la température de 15° centigrades. La surforce au-dessus de 52° et jusqu'à 54° donne lieu à une bonification proportionnelle. La surforce au-dessus de 54° permet à l'acheteur de refuser la marchandise La faiblesse au-dessous de 52° et jusqu'à 48° donne lieu à une réfaction proportionnelle. La faiblesse au-dessous de 48° permet à l'acheteur de refuser la marchandise Les eaux-de-vie dites *vieilles* sont l'objet de conventions particulières. ART. 5. La force des esprits et eaux-de-vie est reconnue au moyen de l'alcoomètre centésimal de Gay-Lussac, ramené par le calcul à la température de 15° au-dessus de zéro du thermomètre centigrade, suivant la table de Gay-Lussac, dite *force de richesse*. Les fractions de degré ne sont pas constatées ; elles sont en faveur du réceptionnaire. ART. 6. Les art. 3 et 4, ainsi que le dernier paragraphe de l'art. 5, ne s'appliquent qu'aux ventes donnant lieu à des expéditions au dehors des pays producteurs. ART. 7. Pour les esprits étrangers, la faiblesse du degré ne donne pas lieu à résiliation, mais à une réfaction proportionnelle. ART. 8. La contenance effective des pipes d'alcool, des esprits distillés de la mélasse, de la pomme de terre, des grains, etc., s'entend de 620 litres
Squine	2 p. 100. ..	
Stock-fish	....	Se vend aux 100 kilogrammes.
Sucres : Emballage en bois (fûts, caisses, etc.) Canastres .... Autres emballages.. { Simple...... { Double..... Sucres indigènes : En sacs	 13 p. 100.... 8 p. 100.... 2 p. 100.... 4 p. 100.... Poids net...	Il y a trois séries de types, savoir : 1° Pour les sucres terrés exotiques, la série des types de Hollande ; 2° Pour les sucres bruts exotiques, cinq types à régler périodiquement, comme il sera dit ci-après, savoir : Ordinaire, Bonne ordinaire ; Bonne quatrième ; Belle quatrième ; Fine quatrième ; 3° Pour les sucres de betterave, série complète de types à régler chaque année. La classification des types des deux dernières séries s'effectue au ministère de l'agriculture, du commerce et des travaux publics par des délégués des chambres de commerce intéressées sous la présidence d'un représentant du ministre. Les délégués à appeler pour les sucres bruts exotiques sont ceux des ports de : Le Havre, Marseille, Bordeaux, Et Nantes, avec l'adjonction d'un délégué de la chambre de commerce de Paris. Ils sont réunis à Paris en mai et en novembre de chaque année. Chacun des quatre ports présente la série de ses types ; les types de chaque localité sont mélangés par quantités égales, et les moyennes obtenues représentent les étalons acceptés. Les délégués à appeler pour les sucres de betterave sont ceux de : Paris, Lille, Arras, Valenciennes, Amiens, Et Saint-Quentin. Ils sont réunis à Paris au mois de novembre de chaque année.

de force obligatoire par elles-mêmes, mais n'en acquièrent que par l'accord des parties contractantes. — V. encore les règlements nationaux ou internationaux élaborés en vue d'éviter les abordages en mer, *suprà*, art. 407, n. 84 et s.

2. Abstraction faite des cas tout particuliers où certains usages ont été expressément constatés par le législateur, il faut, pour qu'un usage puisse être réputé obligatoire qu'il soit ordinairement admis et sans équivoque dans le pays où on prétend en faire l'application. — Rouen, 15 mars 1842 [P. 42. 2. 41, D. P. 42. 2. 129, D. *Rép.*, v° *Dr. marit.*, n. 1086.

3. Au surplus, pour être obligatoire, il n'est pas nécessaire qu'un usage soit consacré sur un territoire étendu ou qu'il soit commun à toutes les branches d'industrie : à côté des usages généraux, il existe des usages locaux et des usages spéciaux à telle ou telle branche d'industrie. — Lyon-Caen et Renault, t. 1, n. 81.

4. Pour être opposables à des tiers étrangers à la région, il faut qu'il soit établi que les usages ont été connus d'eux, preuve qui sera d'autant plus difficile que restreinte sera la région où ces usages sont en vigueur. — Décidé, à cet égard, que l'usage d'une place n'est point obligatoire pour une partie étrangère à la localité, lorsqu'elle n'a point été prévenue de l'existence de cet usage. — Lyon, 26 janv. 1869 [S. 69. 2. 195, P. 69. 841, D. P. 74. 5. 538] — *Sic*, Lyon-Caen et Renault, t. 1, n. 81; Ruben de Couder, v° *Usages commerciaux*, n. 7.

5. Il en est ainsi, spécialement, de l'usage qui autoriserait à vendre comme farine de seigle bonne ordinaire, un mélange de farine de seigle et de farine de froment de trosième qualité. — Même arrêt.

6. Mais décidé que dans le silence du contrat (spécialement, en matière de vente de marchandises), les parties doivent être présumées avoir réglé leurs conventions d'après les usages du pays. — Bordeaux, 23 mai 1894 (motifs) [S. et P. 95. 2. 142, D. P. 95. 2. 76]

7. Les usages locaux ou spéciaux ne doivent être étendus ni aux pays voisins ni aux industries voisines. — Décidé, à cet égard, qu'en l'absence de règlement public déterminant, sur la place de Paris, les droits et devoirs des acheteurs et vendeurs de mélasses, on ne saurait, par voie d'assimilation, étendre à ces mélasses les dispositions conventionnelles dérogatoires au droit commun en usage dans le commerce des sucres. — Paris, 2 juill. 1889 [*Gaz. Pal.*, 1889, 2ᵉ part., *Suppl.*, p. 28] — *Sic*, Lyon-Caen et Renault, t. 3, n. 128 *bis*.

8. Les ventes de mélasses sont donc régies par le droit commun, notamment en ce qui concerne les délais de livraison et les droits du vendeur en cas de non prise de livraison. — Même arrêt.

9. Que les règlements de place relatifs au marché

MARCHANDISES.	TARES.	USAGES ET OBSERVATIONS.
Sucres indigènes : En sacs (Suite).	Poids net...	Les délégués indiquent, autant que possible, la correspondance existant entre la série des types qu'ils arrêtent et les numéros de la série des types de Hollande. La chambre de commerce de Paris est chargée de faire établir, sous son contrôle, la confection des boîtes d'étalons à transmettre aux chambres de commerce qui en feront la demande.
Sumac :		
En feuilles	Poids brut..	
En poudre	Poids net...	
Tabac :		
1° En boucauts. De Virginie et Kentucky	12 p. 100....	
1° En boucauts. De Maryland	14 p. 100....	
2° Du Brésil, en balles, simple emballage	2 p. 100....	
3° Autres provenances	Poids net...	
Tan (Écorces à) : En bottes ou pulvérisées	Poids net...	Se vendent aux 100 kilogrammes.
Térébenthine :		
1° De Bordeaux	Poids net...	Se livre en barriques bordelaises.
2° De Suisse, en fûts	16 p. 100...	
3° De Venise	Poids net...	
Verdet :		
1° En sacs	Poids brut..	
2° En futailles	Poids net ..	
Vins	....	La contenance de la futaille dite *bordelaise* est au minimum de 225 litres. La contenance de la bouteille dite *de Bordeaux* est au minimum de 75 centilitres. La contenance de la bouteille dite *de Champagne* est au minimum de 80 centilitres. La contenance de la futaille dite *pièce de Beaune* est au minimum de 228 litres. La contenance de la bouteille dite *bourguignonne* est au minimum de 80 centilitres. La contenance de la futaille dite *mâconnaise* est au minimum de 212 litres. La contenance de la bouteille dite *mâconnaise* est au minimum de 80 centilitres.

des sucres, en usage à Paris, n'ont jamais eu que la valeur de documents privés, nullement obligatoires, et en dehors desquels le marché n'a jamais cessé d'être entièrement libre. — Paris, 7 juin 1889 [*Gaz. Pal.*, 1889, 2e part., *Suppl.*, p. 30]

10. En conséquence, on ne saurait les invoquer pour demander des modifications à un contrat, lorsque les termes de ce contrat, seule loi des parties, portent des conditions propres et particulières, sans référence aux règlements anciens ou à un règlement qui pourrait survenir. — Même arrêt.

11. On n'est pas d'accord sur la valeur réelle d'un usage une fois constaté : on se demande s'il est de nature à modifier la loi écrite ou même à la détruire : le mieux semble être de distinguer selon la nature de la disposition écrite avec laquelle l'usage entre en conflit : si cette disposition écrite n'est pas d'ordre impératif et qu'elle ne touche nullement à l'ordre public, rien ne s'oppose à ce qu'elle cesse d'être appliquée en présence d'un usage contraire, dûment constaté ; mais la solution contraire s'impose au cas où cette disposition est d'ordre impératif et qu'elle relève de l'ordre public. — Lyon-Caen et Renault, t. 1, n. 82 et 83, t. 3, n. 9 ; Thaller, n. 44. — V. notre *Code civil annoté*, art. 1, n. 120 et s., n. 383. — Sur le point de savoir si les usages commerciaux peuvent prévaloir sur les tarifs de chemins de fer, V. *suprà*, t. 1, p. 464, notions générales sur les transports par chemins de fer, n. 73, 223.

12. Cela étant, il en résulte qu'une partie (un vendeur, dans l'espèce) ne saurait être admise à invoquer la clause de son marché, portant que ce marché est conclu aux conditions et usages du marché de Paris », dès lors que ces prétendus usages sont contraires à la loi et tendent, notamment, à faire échec aux dispositions qui ont pour objet de maintenir l'égalité entre les créanciers de la faillite. — Cass., 8 avr. 1895 [S. et P. 95. 1. 268, D. P. 95. 1. 482 et la note de M. Guénée] — V. Thaller, *loc. cit.* — V. *suprà*, art. 577, n. 9, 23.

13. Spécialement, est illicite et ne saurait produire effet la clause d'une vente de marchandises qui, par référence aux usages du marché de Paris, stipule que, en cas de cessation de paiements de l'acheteur, le vendeur aura le droit, en retenant les marchandises, de réclamer des dommages-intérêts représentant la différence entre le prix de vente et le cours des marchandises au lendemain du jour de la cessation de paiements. — Même arrêt. — V. notre *Code civil annoté, Supplém.*, art. 1184, n. 5 et s., notre *Code de commerce*, art. 550, n. 14 et s., art. 575, n. 18 et s.

14. Au surplus, si l'usage (dans l'espèce, un usage commercial) peut, dans certains cas, modifier la loi et même la détruire, c'est à la condition, que cet usage soit constant, général, et accepté par les parties contractantes, comme une convention expressément consentie. — Douai, 22 mars 1886 [S. 88. 2. 147, P. 88. 1. 839] — V. Ripert, *Essai sur la vente commerc.*, p. 10 et s. ; Ruben de Couder, v° *Usages commerciaux*, n. 2 et s.

15. Si les usages commerciaux peuvent être invoqués dans le silence de la loi ou de la convention et si même, dans une opinion ils peuvent modifier la loi écrite ils ne sauraient autoriser le juge à méconnaître les effets que la loi attache à une convention dûment constatée. — Cass., 26 mai 1868 [S. 69. 1. 33, P. 69. 52, D. P. 68. 1. 471] ; 30 déc. 1879 [S. 80. 1. 199, P. 80. 475, D. P. 80. 1. 108] ; 8 janv. 1894 [S. et P. 95. 1. 174, D. P. 95. 1. 420] — *Sic*, Devilleneuve, Massé et Dutruc, *Dictionn. du content. commerc.*, v° *Usages commerciaux*, n. 14 ; Lyon-Caen et Renault, n. 82. — V. notre *Code civil annoté, Suppl.*, art. 1, n. 64 et s.

16. Spécialement, la loi du 13 juin 1866, sur les usages commerciaux, ne peut être invoquée à l'encontre d'une convention dûment constatée. — Cass., 8 janv. 1894, précité.

17. Les juges ne peuvent, sous prétexte de se conformer à un usage local, décider qu'un locataire de sacs n'est tenu, en cas de perte de ces sacs, qu'au paiement d'une année de loyer en sus de leur valeur, quelle qu'ait été la durée de sa jouissance : c'est là méconnaître les effets légaux du contrat de louage. — Cass., 26 mai 1868, précité.

18. Sauf le cas où, sur le point litigieux, il existe une loi de codification des usages, c'est à la partie intéressée qui invoque le bénéfice d'un usage commercial qu'il appartient d'établir l'existence de cet usage, par tous les moyens dont elle dispose, en produisant des parères ou des certificats de coutume ; la connaissance personnelle qu'en peuvent avoir les juges devant lesquels l'affaire est portée ne les autorise pas à suppléer sur ce point au silence des parties ou à l'impuissance de l'une d'elles à établir la réalité de l'usage par elle invoquée. — Ruben de Couder, v° *Usages commerciaux*, n. 11 ; Lyon-Caen et Renault, t. 1, n. 80 ; Thaller, n. 822. — V. cep. Demolombe, t. 29, n. 184. — V. notre *Code civil annoté*, art. 1, n. 125 et s. ; art. 1315, n. 11 et s. ; Suppl., art. 1, n. 1 et 2, n. 62 et s., n. 71, n. 105 et 106, n. 279 et s., n. 318 ; art. 1134, n. 8, 26 et s., 39 et s., 110 ; art. 1135, n. 4 et s. ; art. 1315, n. 6. — V. Décr. 3 sept. 1851, sur les chambres de commerce, art. 12 ; L. 21 mars 1884, sur les syndicats professionnels, art. 6, av.-dern. alin. — V. notre *Rép. gén. alph. du dr. fr.*, vis *Certificat de coutume*, n. 102 et s., n. 149 et s. ; *Parère*, n. 1 et s.

19. C'est aux juges du fait qu'il appartient de constater l'existence des usages allégués. — Ainsi, les juges du fait, en interprétant les conventions des parties par l'usage auquel elles se sont soumises, font une appréciation souveraine qui échappe au contrôle de la Cour de cassation. — Cass., 13 nov. 1901 [S. et P. 1902. 1. 164, D. P. 1902. 1. 94] — V. notre *Code civil annoté*, art. 1, n. 8 ; art. 1135, n. 6 et s. ; art. 1315, n. 16 et s. ; supplém., art. 1, n. 67 et s. — V. notre *Code de procédure civile annoté*, t. 2, p. 282, appendice sur le recours en cassation, n. 829 et s. ; notre *Rép. gén. alph. du dr. fr.*, v° *Cassation* (mat. civ.), n. 2918 et s.

20. Ainsi, il appartient aux juges du fait de constater souverainement que les parties ont donné pour base à une convention de commission l'usage aux termes duquel, dans le commerce des vins, la commission n'est payée qu'après la livraison de la marchandise et au représentant qui a donné l'ordre de livraison. — Même arrêt.

21. L'adoption des « usages de la fabrique » dans un contrat de vente de marchandises peut être considérée comme impliquant, dans la coutume commerciale, élection de domicile au tribunal du lieu dans lequel cette fabrique se trouve. — Cass., 8 févr. 1899 [S. et P. 1900. 1. 171, D. P. 1900. 1. 469]

22. Peu importe qu'une clause portant attribution de juridiction différente se rencontre dans une lettre de reconnaissance du contrat, émanée de l'une des

parties, cette clause imprimée et de style ne pouvant, dans les circonstances de la cause, prévaloir contre la clause manuscrite insérée dans le contrat, laquelle avait seule manifesté la volonté certaine et réfléchie des parties. — Même arrêt.

23. Du moins, les juges du fait qui le décident ainsi ne font qu'user de leur légitime pouvoir d'appréciation, sans aucunement dénaturer la convention intervenue entre les parties. — Même arrêt.

24. L'arrêt qui, en présence d'une convention par laquelle une partie vend à l'autre une certaine quantité d'avoine livrable sur wagons, décide que, l'expédition devant être faite dans un port déterminé, il y a lieu, quant à l'appréciation du point de savoir à la charge de qui, du vendeur ou de l'acheteur, est l'obligation de fournir les wagons, de consulter les usages commerciaux de ce port, et fait à la cause l'application de ces usages, se livre à une appréciation de fait souveraine qui échappe à la censure de la Cour de cassation. — Cass., 22 avr. 1874 [S. 74. 1. 311, P. 74. 791]

25. En vain, objecterait-on que le juge aurait arbitrairement substitué, comme place d'expédition, un port unique, alors que la convention accordait à cet égard au vendeur une alternative entre deux ports dont les usages commerciaux pouvaient être différents. — Bien que les conclusions et une première décision relatent expressément la convention dans les termes précités, et que ces termes ne soient pas contredits par l'arrêt attaqué, l'affirmation que renferme cet arrêt au sujet du port d'expédition ne saurait être revisée par la Cour de cassation. — Même arrêt.

26. Si large que soient les pouvoirs des juges du fait, ils ne pourraient considérer comme obligatoires des usages contraires à l'ordre public ou aux bonnes mœurs. — Lyon-Caen et Renault, t. 1, n. 82.

27. Décidé, à cet égard, que celui qui a vendu sa propre marchandise n'est pas fondé, en l'absence de toute convention contraire, à exiger, en sus du prix stipulé, les droits de commission et de courtage. — Aix, 30 juin 1866 [S. 68. 2. 14, P. 68. 101]

28. Vainement, d'ailleurs, il exciperait d'un usage admis pour la vente de certaines marchandises : un tel usage étant un abus que les tribunaux ont le devoir de réprimer. — Même arrêt.

29. On admet généralement que la violation d'un usage ne donne pas ouverture à cassation. — Aubry et Rau, 5ᵉ édit., t. 1, p. 76, § 23; Beudant, *Cours de dr. civ. introd.*, n. 54; Appert, note sous Cass., 5 juill. 1899 [S. et P. 1900. 1. 281]; Boistel, n. 22; Thaller, n. 45. — *Contrà*, Lyon-Caen et Renault, t. 1, n. 85; Pabon, *Dict. des usages commerciaux et maritimes de la place de Bordeaux et des places voisines*, p. 25 et s. — V. notre *Code civil annoté*, art. 1, n. 118, 129; *Code de procédure civile annoté*, t. 2, p. 282, appendice sur le recours en cassation, n. 829 et s. — V. notre *Rép. gén. alph. du dr. fr.*, vᵒ *Cassation* (mat. civ.), n. 2909 et s.

30. On reconnaît d'ailleurs que le recours en cassation est admissible au cas où le législateur a expressément renvoyé à l'usage ou a expressément consacré cet usage. — Mêmes autorités. — *Adde*, Lyon-Caen et Renault, *loc. cit.;* Pabon, *loc. cit.;* Thaller, n. 822.

31. On reconnaît généralement que les juges peuvent s'écarter des usages et trancher les questions litigieuses contrairement à ceux-ci. — Décidé, à cet égard, que s'il est d'usage, en matière de travaux d'imprimerie, que le tirage définitif n'ait lieu par l'imprimeur qu'après que lui a été délivré le « bon à tirer », il appartient aux juges du fait d'apprécier dans quelles conditions le tirage s'est fait sans « bon à tirer » et quelles en ont été les conséquences pour le travail effectué, et de décider souverainement, en suite de cette appréciation, qu'il n'y a pas lieu de résilier les conventions des parties, mais de réduire simplement le prix du travail. — Cass., 6 nov. 1895 [S. et P. 96. 1. 167, D. P. 96. 1. 83] — *Sic*, Boistel, n. 22; Ruben de Couder, vᵒ *Usages commerciaux*, n. 9; Crépon, *Pourvoi en cassation*, t. 2, n. 1886 et s. — *Contrà*, Lyon-Caen et Renault, t. 1, n. 85.

32. Une condamnation aux « intérêts de droit », ne signifie pas nécessairement que les intérêts doivent partir du jour de la demande; concernant l'accessoire, une telle condamnation doit s'interpréter d'après les conditions de la décision au principal; ainsi, une condamnation aux intérêts de droit, prononcée par un arrêt qui rétablit une convention résiliée par le jugement, doit s'entendre des intérêts payés conformément aux échéances stipulées dans ladite convention. — Même arrêt.

33. Il a été décidé que dans la convention entre un banquier et celui à qui il fait une ouverture de crédit, que le droit de commission du banquier sera perçu conformément aux usages de la place, ne fait pas obstacle à ce que les tribunaux ne puissent, lorsqu'il y a contestation sur le règlement de ce droit de commission, sans s'arrêter aux usages de la place, ordonner une expertise sur le point de savoir quel doit être le taux de la commission, eu égard à l'état de la place, au temps où les avances ont été faites, et aux peines et risques courus par le banquier : une telle décision ne contrevient pas à la loi du contrat. — Cass., 5 déc. 1854 [S. 55. 1. 30, P. 55. 1. 238, D. P. 54. 5. 173]

34. Il est possible de relever des usages commerciaux dans toutes les branches de l'activité commerciale, mais les usages sont particulièrement fréquents en matière de vente, contrat usuel et dont le législateur commercial ne s'est pas spécialement occupé : nous commencerons par faire quelques renvois concernant les usages en matière de vente, puis d'autres renvois relatifs à d'autre matières. — Sur les usages en matière de vente de vins et d'autres choses que l'on est dans l'usage de goûter, V. notre *Code civil annoté*, art. 1587, n. 15 et s. — *Adde*, Paris, 29 nov. 1898 [S. et P. 99. 2. 126] — (Il s'agissait en l'espèce d'une vente de beurre); Lyon-Caen et Renault, t. 3, n. 140. — Sur les usages en matière de vente sur échantillon, V. art. 1641, n. 24 et s., 76 et s. — *Adde*, Cass., 4 déc. 1871 [S. 71. 1. 184, P. 71. 589, D. P. 73. 1. 201]; 20 janv. 1873 [S. 73. 1. 456, P. 73. 1160, D. P. 73. 1. 359]; 21 mars 1893 [S. et P. 97. 1. 67, D. P. 94. 1. 324] — Rouen, 22 juill. 1872 [S. 73. 2. 262, P. 73. 1086, D. A. 73. 2. 100]; 7 juill. 1877 [sous Cass., 13 mars 1878, S. 78. 1. 253, P. 78. 646, D. P. 77. 2. 216] — Lyon-Caen et Renault, t. 3, n. 111. — Sur l'époque où la livraison doit être faite, le retirement effectué et sur l'obligation d'une mise en demeure préalable, V. art. 1611, n. 2 et s., art. 1656, n. 1 et s., 13; art. 1651, n. 10 et s. — *Adde*, Paris, 12 août 1870 [S. 72. 2. 151, P. 72. 756, D. P. 72. 5. 461]; 19 avr. 1872, sous Cass., 24 mars 1874 [S. 74. 1. 428, P. 74. 1089]; 25 avr. 1873, sous Cass., 24

mars 1874 [S. et P., *Ibid.*] — Lyon-Caen et Renault, t. 3, n. 145 et s. — Sur le cas où, à l'égard de l'acheteur, la marchandise est réputée livrée, V. art. 1585, n. 23 et s., art. 1648, n. 47. — Sur l'obligation pour l'acheteur de payer les frais accessoires à la vente et les gratifications d'usage, V. art. 1160, n. 12, art. 1593, n. 1 et s. — Sur le délai de la sommation de livrer dans les ventes à livrer, V. Paris, 12 août 1870, précité. — Sur le cas où la quantité de marchandises livrées n'est pas strictement égale à celle indiquée dans le marché et sur la tolérance laissée à cet égard au vendeur, V. art. 1616, n. 1 et s. — Sur la durée de l'action en garantie, V. art. 1648, n. 12. — Sur le point de savoir si l'acquéreur d'un fonds de commerce peut se libérer entre les mains du vendeur avant l'expiration du délai de dix jours fixé par l'usage, V. art. 1651, n. 14 et s.: Paris, 29 avr. 1897 [S. et P. 98. 2. 29, D. P. 98. 2. 38] — Boistel, n. 442; Ruben de Couder, v° *Fonds de commerce*, n. 36; Levé, *Code de la vente de commerce*, n. 405; Lyon-Caen et Renault, *Précis*, n. 606, *Traité*, t. 3, n. 251; Lèbre, *Fonds de commerce*, n. 147. — Sur les droits de commission dus aux commis-voyageurs, Bordeaux, 12 mars 1889 [S. 90. 2. 150, P. 90. 1. 877, D. P. 90. 2. 16] — Quant à l'influence des usages commerciaux sur le point de savoir pendant combien de temps les ordres de bourse demeurent valables, V. *suprà*, art. 76, n. 137. — Sur le salaire des commissionnaires, V. *suprà*, art. 94, n. 110 et s. — En matière d'acceptation de lettres de change, V. *suprà*, art. 118, n. 7, 14. — Sur la durée des jours de charge et de décharge, V. *suprà*, art. 274, n. 5, 7, 12, 13, 22, 33 et s. — Sur les frais de constatation du vide ou cas de chargement incomplet d'un navire, V. *suprà*, art. 288, n. 15. — En matière d'assurance maritime, V. *suprà*, art. 332, n. 2 et s.; art. 341, n. 28; art. 349, n. 6 et 7; art. 351, n. 11. — V. encore sur d'autres usages, *suprà*, art. 47-48, n. 9; art. 107, n. 12 et 13; art. 116, n. 77; art. 421, n. 11.

§ 2. *De la vente par filière.*

35. La vente par filière, imaginée par la pratique commerciale, implique une vente à livrer, c'est-à-dire une vente portant sur des marchandises qui ne sont livrables à l'acheteur qu'après l'expiration d'un certain délai; durant cette période, entre cette première vente et sa réalisation, ces mêmes marchandises peuvent faire l'objet de plusieurs ventes successives : rigoureusement, les marchandises et les prix devraient passer successivement entre les mains des divers acheteurs et des divers vendeurs : ces opérations peuvent être longues et onéreuses, surtout si l'on suppose que les parties habitent des localités différentes; la vente par filière a eu pour objet de supprimer ces déplacements de fonds et de marchandises intermédiaires et de mettre ainsi en rapport direct, au moins en fait, le vendeur primitif, appelé livreur, avec le dernier acheteur, appelé réceptionnaire. — Lyon-Caen, note sous Cass., 25 juill. 1887 [S. 90. 1. 161, P. 90. 1. 380] ; Levillain, note sous Paris, 22 janv. 1884 [D. P. 85. 2. 161]; Lyon-Caen et Renault, t. 3, n. 191 et 192 ; Thaller, n. 851 et 852.

36. Le livreur connaît l'existence du réceptionnaire de la façon suivante : les ventes à livrer qui sont l'occasion de vente par filières sont ordinairement faites pour tel ou tel mois (marchandises livrables en septembre, en octobre, par exemple) et ces marchandises sont déposées dans un magasin général, dans un entrepôt, etc.; on sait, d'autre part, que la livraison des marchandises, au cas de vente à livrer pour tel ou tel mois, peut se faire pendant toute la durée du mois fixé par les parties; cela étant, à un jour quelconque du mois indiqué pour la livraison, le vendeur primitif, au lieu de remettre à son acheteur les marchandises elles-mêmes, lui remet un ordre de livraison, ordinairement endossable, sur l'établissement dépositaire; au moyen d'endossements successifs, cet ordre parvient entre les mains du dernier acheteur. — Levillain, note précitée; Lyon-Caen, note précitée; Lyon-Caen et Renault, t. 3, n. 193 *bis*; Thaller, n. 852.

37. Telle est l'idée générale de la vente par filière; cette opération, due uniquement à l'usage, a fait l'objet d'une réglementation particulière sur certaines places de commerce; aussi, est-il bon de rappeler que, la vente de marchandises par filière constitue un contrat commercial innomé qui est régi par les règlements de la place sous l'empire desquels la filière a été créée. — Aix, 21 févr. 1888 [*Rec. d'Aix*, 1888, p. 306] — V. notre *Rép. gén. alph. du dr. fr.*, v° *Certificat de coutume*, n. 109 et s.

38. Ainsi, la vente de denrées livrables par filière, c'est-à-dire au moyen d'un bon transmis par endossement, est régie par les règlements en vigueur sur la place ou la filière a été créée. — Paris, 7 mars 1885 [*Gaz. Pal.*, 85. 1, *suppl.*, 75] ; 7 mars 1885 Marx et Cie [*Gaz. Pal.*, 85. 1 ; *suppl*, 95] ; 10 avr. 1885 [D. P. 85. 2. 161] ; 3 juin 1885 [*Id.*]; 23 juin 1885, Rabineau ; 2 juin 1886, Rabineau ; 12 juin 1886, Rabineau ; 30 nov. 1886 [*Gaz. Pal.*, 87. 1; *suppl.*, 34] — V. Règlement du marché des sucres blancs de la place de Paris, du 7 juin 1880.

39. En cas d'obscurité ou d'insuffisance de ces règlements, il incombe au juge de les interpréter, notamment par la commune intention des parties, résultant d'usages commerciaux reconnus constants. — Paris, 10 avr. 1885, précité.

40. Quoi qu'il en soit des divergences possibles résultant de pratiques contraires admises sur certaines places, on reconnaît, comme caractère de la vente par filière, le droit pour le réceptionnaire, soit d'arrêter la filière, soit de refuser de recevoir l'endossement de l'ordre de livraison.

41. Lorsque le réceptionnaire prend le premier parti, des difficultés particulières naissent dans le cas où, ce qui arrive le plus souvent, le prix des diverses ventes successives n'a pas été le même; on les résout de façon différente suivant les localités. Sur les places de commerce où le règlement est fait par les parties elles-mêmes, on peut recourir à deux procédés différents : tantôt, le réceptionnaire paie au livreur le prix dont celui-ci est personnellement créancier, puis, passant dans les bureaux des acheteurs successifs, il leur solde les différences auxquelles ils ont droit ou se fait remettre le montant de celles qu'ils ont à fournir; tantôt, au contraire, le créateur de la filière remet sa facture acquittée au premier acheteur avec lequel il a traité et ce dernier, au lieu de verser le prix, lui donne sa facture sur son propre acheteur, en même temps, il solde ou reçoit le montant de la différence. En échange de la facture ainsi fournie par le premier acheteur, le second acheteur remet au livreur sa facture sur le troisième, sauf règlement de la différence, et ainsi de suite, de telle sorte qu'à un moment donné,

et après règlement de toutes les différences, le vendeur originaire se trouve nanti de la facture du dernier vendeur sur le réceptionnaire. Celui-ci, lorsqu'il prend livraison de la marchandise, en acquitte le montant. — Guérin, rapport sous Cass., 25 juill. 1887 [S. 90. 1. 164, P. 90. 1. 380]; Lyon-Caen et Renault, t. 3, n. 194; Thaller, n. 853.

42. Dans les villes où le règlement a lieu par l'entremise de liquidateurs ou filiéristes, à Paris par exemple, il s'opère d'une façon analogue : le filiériste se présente chez les membres de la filière, ou se met en rapport avec eux dans un local public, en observant l'ordre dans lequel les marchés successifs sont intervenus; il paie ou encaisse les différences et se fait délivrer par chacun sa facture acquittée sur l'acheteur subséquent. Muni de la facture du dernier vendeur sur le réceptionnaire, il perçoit le prix dû par celui-ci et le remet au livreur après avoir prélevé le montant des sommes dont il a fait l'avance. — Guérin, *loc. cit.*

43. Si le réceptionnaire refuse de recevoir l'endossement de l'ordre de livraison, le premier vendeur ou livreur peut réclamer le paiement au premier acheteur ou faire revendre aux enchères les marchandises. Si le prix de cette revente est égal au prix de la première vente, il ne saurait y avoir de difficulté, mais il en est différemment lorsque le prix de la revente est inférieur au prix de la première vente; on se demande si le livreur, qui n'a pas reçu le prix stipulé par lui, peut agir directement contre le premier acheteur avec lequel il a traité.

44. La jurisprudence et la doctrine se sont prononcées pour l'affirmative. — V. Paris, 22 janv. 1884 [D. P. 85. 2. 161]; 2 févr. 1885 [*Id.*]; 6 mars 1885 [*Id.*]; 7 mars 1885 [J. *La Loi*, 26 mars 1885, *Gaz Trib.*, 3 avr. 1885]; 10 avr. 1885 [D. P. 85. 2. 161]; 3 juin 1885 [*Id.*]; Paris, 12 juin 1886 [J. *Le Droit*, 12-13 juill. 1886]; 20 nov. 1886 [J. *Le Droit*, 29 janv. 1887] — Trib. comm. Marseille, 26 avr. 1858 [*Rec. Marseille*, 1858. 1. 153]; 8 févr. 1870 [*Ibid.*, 70. 1. 78]; 31 mai 1870 [*Ibid.*, 70. 1. 213]; 20 mai 1874 [*Ibid.*, 74. 1. 192]; 18 déc. 1877 [*Ibid.*, 78. 1. 62] — Trib. comm. le Havre, 10 oct. 1870 [*Rec. du Havre*, 70. 1. 223] — Ripert, p. 195; Boistel, n. 484; Lyon-Caen, note précitée; Bonfils, *Rev. crit.* 1888, p. 440. — *Contrà*, Paris, 23 juin 1885 sous Cass., 25 juill. 1887, précité; 2 juin 1886 [J. *Le Droit*, 29 janv. 1887] — Ruben de Couder, v° *Vente*, n. 252; Levillain, note précitée; Godart, conclusions sur l'arrêt de Paris du 22 janv. 1884 [J. *Le Droit*, 4, 5 févr. 1884]; sur l'arrêt de Paris, du 20 nov. 1886 [J. *Le Droit*, 29 janv. 1887] — V. aussi Paris, 4 avr. 1887 [*Gaz. Trib.*, 24 sept. 1887] — Thaller, n. 858.

45. S'il en est ainsi, c'est que dans les ventes par filière, bien que les marchandises vendues soient livrables à ordre, le lien de droit résultant de la vente originaire entre le livreur et le premier acheteur n'en subsiste pas moins : il n'y a pas dans ce cas de novation. — Cass., 25 juill. 1887 (deux arrêts) [S. 90. 1. 161, P. 90, 1. 380 et la note Lyon-Caen, D. P. 88. 1. 21]

46. Ainsi, lorsqu'en cas de refus par le réceptionnaire de prendre livraison des marchandises, celles-ci sont revendues en Bourse par les soins du premier vendeur ou livreur, celui-ci a une action directe contre son acheteur pour obtenir de lui le montant de la différence entre le prix de la première vente et le prix de la revente faite en Bourse. — Mêmes arrêts.

47. Et il appartient aux juges du fait de décider souverainement que, d'après l'usage auquel les parties se sont soumises, le livreur doit donner avis préalable de la vente en Bourse au réceptionnaire défaillant et non au premier acheteur. — Cass , 25 juill. 1887, Goux c. Rabineau, précité. — *Sic*, Lyon-Caen et Renault, note précitée.

48. En pareil cas, la revente a valablement lieu à la première Bourse après le jour auquel le réceptionnaire qui refuse les marchandises devait se présenter à l'entrepôt ; ici ne s'applique pas le délai de trois jours accordé à l'acheteur pour remplir les formalités de réception et de paiement. — Paris, 22 janv. 1884, précité; 27 mai 1884, sous Cass., 25 juill. 1887, Goux c. Rabineau, précitée; 7 mars 1885, précité. — *Contrà*, Paris, 10 avr. 1885, précité.

49. Le livreur n'a pas d'action directe contre les endosseurs successifs de la filière, et notamment contre le dernier endosseur. — Paris, 22 janv. 1884, précité; 27 mai 1884, précitée; 7 mars 1885, précité. — Trib. comm. Marseille, 5 déc. 1861 [*J. Marseille*, 61. 1. 317]; Lyon-Caen, note précitée; Lyon-Caen et Renault, t. 3, n. 200. — *Contrà*, Paris, 10 avr. 1885, précité.

50. Le premier acheteur, actionné par le livreur, n'est pas fondé à recourir en garantie contre son acheteur; mais il est en droit de demander par action principale la résiliation de la vente passée entre lui et son acheteur, et la condamnation de celui-ci au paiement à titre d'indemnité, de la différence qu'il a dû payer au livreur. — Paris, 22 janv. 1884, précité; 27 mars 1884, précité; 2 févr. 1885, précité; 7 mars 1885, précité. — *Contrà*, Paris, 6 mars 1885, précité; 10 avr. 1885, précité; 3 juin 1885, précité.

51. Le double arrêt de cassation du 25 juillet 1887 qui reconnaît au vendeur primitif le droit d'agir directement contre son acheteur ne peut s'appliquer qu'autant que la liquidation de la filière se fait par le haut (la filière part du premier vendeur qui l'émet au profit de son acheteur immédiat pour aboutir au dernier acheteur); ses dispositions ne peuvent s'appliquer s'il y a liquidation par le bas, c'est-à-dire si l'on recourt à un mode de liquidation impliquant qu'en cas d'insuffisance du prix de la revente faite en Bourse, le premier vendeur doit s'attaquer avant tout au dernier endosseur dont l'endossement est demeuré en souffrance par suite de la défaillance du dernier acheteur; le monde des affaires paraît d'ailleurs avoir toujours eu des préférences pour ce mode de liquidation : et on peut observer qu'en prévision des arrêts de cassation de 1887, les négociants établis à Paris ont modifié les règlements des ventes par filière de manière à éviter le résultat consacré par la Cour suprême. — V. notamment Règlem. de Paris, pour le marché de farine douze marques, art. 49-2°; Règlem. de Paris, pour les marchés de sucres blancs, art. 22, 4e alin.; Lyon-Caen, note précitée.

52. Malgré la transmission de l'ordre de livraison faite par le livreur au réceptionnaire, les liens que la vente avait fait naître dans les rapports réciproques du vendeur primitif avec le premier acheteur continuent à subsister et le vendeur peut notamment réclamer à celui-ci le paiement de ce qui lui est dû, faculté particulièrement utile lorsque le réceptionnaire est insolvable. — Trib. comm. Marseille,

26 avr. 1858 [*J. Marseille*, 58. 1. 361] — Lyon-Caen et Renault, t, 3, n. 195 et 196.

53. Réciproquement, le réceptionnaire qui peut agir directement contre le livreur au cas où il a à se plaindre du défaut de livraison ou des défectuosités de la livraison des marchandises, peut, s'il le préfère, s'adresser à celui avec lequel il a directement traité. — Lyon-Caen et Renault, t. 3, n. 198.

54. Au surplus, comme la transmission de l'ordre de livraison donne au vendeur le droit de réclamer paiement au réceptionnaire, on doit admettre que le dernier réceptionnaire de l'ordre de livraison ne peut valablement payer son prix entre les mains de son vendeur immédiat, lorsqu'il est à sa connaissance que le vendeur primitif n'est pas désintéressé. — Cass., 30 janv. 1865 [S. 65. 1. 403, P. 65. 1058, D. P. 66. 1. 13] — *Sic, Table gén. de la jurispr. de Marseille*, v° *Vente à livrer*, n. 105 et s.; et *Rec. de Marseille*, 1848, p. 179, 1858, p. 153; Lyon-Caen et Renault, t. 3, n. 199.

55. Et au cas même où la filière a été rompue et où les marchandises ont été revendues à l'enchère par l'un des acheteurs, celui qui s'en est rendu ainsi acquéreur ne se libère pas valablement entre les mains de cet acheteur-revendeur, si, d'après les circonstances, il n'a pu ignorer que le vendeur primitif, dont il a reçu livraison, n'était pas payé. — Même arrêt.

56. La vente par filière ne crée de rapports ni entre le livreur et les acheteurs intermédiaires, ni entre le réceptionnaire et les vendeurs intermédiaires, ni entre les vendeurs et acheteurs intermédiaires : cela étant, il en résulte notamment que le réceptionnaire ne peut réclamer la délivrance des marchandises à un vendeur intermédiaire. — V. Trib. comm. Marseille, 31 mai 1870 [*J. Marseille*, 70. 1. 213]; 5 déc. 1870 [*J. Marseille*, 70. 1. 78] — Lyon-Caen et Renault, t. 3, n. 200 et 201.

57. Il a été décidé, que l'art. 7 du règlement du 3 mai 1878, en matière de ventes par filières, sur le marché aux avoines de Paris, d'après lequel, lors de l'arrêt de la filière et de la livraison effective, « le réceptionnaire peut demander une expertise sur le poids naturel de la marchandise vendue », confère au réceptionnaire une faculté exclusive, et n'autorise pas, par voie de réciprocité, celui qui fait la livraison à demander lui-même une expertise, afin de faire réviser le poids qu'il a tout d'abord déclaré, et qui est constaté par les pièces officielles, annexées aux filières qu'il a mises en circulation. — Cass., 2 févr. 1881 [S. 83. 1. 396, P. 83. 1. 1014]

58. ... Que l'art. 8 du même règlement, qui accorde aux deux parties, par suite au livreur lui-même, une contre-expertise « sur l'état sain » de la marchandise, doit s'appliquer restrictivement à l'état sain, et ne peut être invoqué, lorsque c'est le poids seulement qui est contesté. — En ce dernier cas, la contre-expertise doit donc être refusée au livreur. — Même arrêt.

TITRE IV

DE LA FORME DE PROCÉDER DEVANT LES COURS ROYALES (COURS D'APPEL)

Art. **645** (*L. 3 mai 1862*). Le délai pour interjeter appel des jugements des tribunaux de commerce sera de deux mois, à compter du jour de la signification du jugement pour ceux qui auront été rendus contradictoirement, et du jour de l'expiration du délai de l'opposition, pour ceux qui auront été rendus par défaut : l'appel pourra être interjeté du jour même du jugement. — C. proc. civ., 443 et s.

L'appel contre les jugements des tribunaux de commerce est recevable le jour même, non seulement lorsque le jugement est par défaut, mais aussi lorsqu'il a été rendu contradictoirement. — Lyon-Caen et Renault, t. 1, n. 490. — Sur le délai d'appel et les formes de la signification du jugement des tribunaux de commerce, V. notre *Code de procédure civile annoté*, art. 422, n. 1 et s., art. 425 n. 11 et s. — Sur la possibilité d'interjeter appel des jugements par défaut rendus en matière commerciale le jour même où ils ont été prononcés, V. notre *Code de procédure civile annoté*, art. 455, n. 44 et s.

Art. **646** (*ainsi modifié par la loi du 3 mars 1840*). Dans les limites de la compétence fixée par l'article 639 pour le dernier ressort, l'appel ne sera pas reçu, encore que le jugement n'énonce pas qu'il est rendu en dernier ressort, et même quand il énoncerait qu'il est rendu à la charge d'appel. — C. proc. civ., 453.

Les jugements des tribunaux de commerce par lesquels ceux-ci statuent sur leur propre compétence sont toujours susceptibles d'appel. — V. notre *Code de procédure civile annoté*, art. 425, n. 11 et s., art. 454, n. 2 et 3, n. 12 et s. — Sur la distinction entre les jugements en premier ressort et les jugements en second ressort rendus en matière commerciale, V. *suprà*, art. 639 et les renvois.

Art. **647**. Les cours royales (cours d'appel) ne pourront, en aucun cas, à peine de nullité, et même des dommages et intérêts des parties, s'il y a lieu, accorder des défenses ni surseoir à l'exécution des jugements des tribunaux de commerce, quand même ils seraient attaqués d'incompétence; mais elles pourront, suivant l'exigence des cas, accorder la permission de citer extraordinairement à jour et heure fixes, pour plaider sur l'appel. — C. proc. civ., 439, 459.

1. Le juge des référés ne peut ordonner un sursis à l'exécution provisoire d'un jugement du tribunal de commerce. — Paris, 19 germ. an XI [S. et P. chr., D. a. 11. 546]; 24 avr. 1866 [D. P. 66. 2. 82] — Bordeaux, 23 déc. 1879 [S. 80. 2. 175, P. 80. 787] — *Sic*, Lyon-Caen et Renault, t. 1, n. 494. — V. de Belleyme, *Ord. sur référés*, t. 1, p. 495. — V. notre *Code de procédure civile annoté*, art. 806 et s. — Sur l'exécution nonobstant appel des jugements des tribunaux de commerce, V. notre *Code de procédure civile annoté*, art. 439 et s., n. 1 et s., — ... particulièrement sur le point de savoir s'il est des cas où les cours d'appel peuvent accorder des sursis à statuer, en d'autres termes, sur le point de savoir quel est le sens exact de la première disposition de notre article, V. notre *Code de procédure civile annoté*, art. 439, n. 29 et s.; Lyon-Caen et Renault, t. 1, n. 493 et 494.

2. ... Lorsque le demandeur ne formule aucune difficulté relative à l'exécution de ce jugement. — Paris, 16 mai 1874 [S. 74. 1. 256, P. 74. 1137] — Sur le point de savoir si le juge des référés qui, à tort, a prononcé un sursis à l'exécution d'un jugement d'un tribunal de commerce peut être pris à partie, V. notre *Code de procédure civile annoté*, art. 505, n. 9 et 10.

ART. **648**. Les appels des jugements des tribunaux de commerce seront ins[...] et jugés dans les cours, comme appels de jugements rendus en matière sommaire. La [...]cédure, jusques et y compris l'arrêt définitif, sera conforme à celle qui est prescrite, [...] les causes d'appel en matière civile, au livre III de la première partie du Code de procéd[...] civile. — C. proc. civ., 404 et s., 443 et s.

Sur l'interprétation de l'article 648, V. notre *Code de procédure civile annoté*, art. 404, n. 55 et s.

www.ingramcontent.com/pod-product-compliance
Ingram Content Group UK Ltd.
Pitfield, Milton Keynes, MK11 3LW, UK
UKHW020608230726
13926UKWH00005B/2264

9 782016 152324